Storz/Kiderlen

Praxis des Zwangsversteigerungsverfahrens

D1730270

Praxis des Zwangsversteigerungsverfahrens

Leitfaden für
Gläubiger, Schuldner und Rechtspfleger

von

Dr. Karl-Alfred Storz
und Bernd Kiderlen

11. Auflage

Verlag C. H. Beck München 2008

Verlag C. H. Beck im Internet:
beck.de

ISBN 978 3 406 57521 1

© 2008 Verlag C. H. Beck oHG
Wilhelmstraße 9, 80801 München
Druck: Nomos Verlagsgesellschaft
In den Lissen 12, 76547 Sinzheim

Satz: Druckerei C. H. Beck Nördlingen

Gedruckt auf säurefreiem, alterungsbeständigem Papier
(hergestellt aus chlorfrei gebleichtem Zellstoff)

Vorwort

Der vorliegende Leitfaden unterscheidet sich wesentlich von vielen anderen Kommentaren und Fachbüchern zum ZVG: Zum einen wendet er sich nicht primär an die Rechtspfleger, sondern an die Verfahrensbeteiligten, also insbesondere an Schuldner und Gläubiger und deren Vertreter. Ihnen will er das Zurechtfinden in diesem abgelegenen aber wichtigen Spezialgebiet sowohl rechtlich als auch praktisch und taktisch erleichtern.

Außerdem ist der Leitfaden getragen von der Erkenntnis, daß das Zwangsversteigerungsverfahren entgegen einer weitverbreiteten Meinung noch während der Bietstunde und darüber hinaus bis zur Verkündung der Entscheidung über den Zuschlag außerordentlich beweglich ist und von jedem Verfahrensbeteiligten bis zuletzt vielschichtig beeinflußt werden kann. Und schließlich berücksichtigt der Leitfaden die praktische Erfahrung, daß es in den meisten Zwangsversteigerungsverfahren zu Interessengegensätzen kommt zwischen den Gläubigern und dem Schuldner (um die Versteigerung selbst), zwischen den Gläubigern mit dem Schuldner und den Bietinteressenten (um die Höhe des Preises) und besonders auch zwischen den Gläubigern untereinander (um das jeweils eigene Ergebnis der Versteigerung).

Für diese ständigen Interessengegensätze, die jedem Verfahrensbeteiligten mindestens bewußt sein müssen, versucht der Leitfaden nicht nur das erforderliche rechtliche Wissen sondern auch durch zahlreiche taktische Hinweise (TH), zusammenfassende Übersichts-Seiten (TS) und einen beispielhaften Aktenteil (AT) im Anhang das praktische Know-how zu vermitteln. Die Verfahrensbeteiligten sollen nicht nur wissen, welche Anträge rechtlich möglich sind, sondern sie sollen auch beurteilen können, warum sie wann welchen Antrag stellen (oder auch nicht stellen) sollten, was sie mit eigenen Anträgen nicht nur unmittelbar, sondern auch mittelbar erreichen können und vor was sie bei fremden Anträgen auf der Hut sein müssen. Gleichzeitig erfahren die Rechtspfleger, was hinter den offiziellen Kulissen vorgeht.

Der Leitfaden möchte allen Personen, die es mit der Zwangsversteigerung zu tun haben, helfen, das Verfahren zu verstehen und ihre berechtigten Interessen darin richtig wahrzunehmen. In diesem Sinne regt er auch immer wieder zu gezielter und bewußter Zusammenarbeit an, insbesondere auch mit dem Rechtspfleger. Der Leitfaden sollte dagegen nicht mißverstanden werden als ein Ratgeber dazu, wie eine Versteigerung aus sachfremden Erwägungen verkompliziert, verzögert oder verhindert werden kann. Umgekehrt sollte auch nicht gleich jedes Abweichen von gewohnten Bahnen als unzulässige Rechtsausübung diskriminiert werden; entscheidend bleibt immer die sachliche Rechtfertigung eines bestimmten Verhaltens.

Der schwerpunktmäßige Aufbau auf praktischen Erfahrungen bringt auch eine stark subjektive Betrachtungsweise mit sich. Andere Praktiker mögen andere oder zusätzliche Erfahrungen gesammelt haben, deren Weitergabe ich genauso erbitte wie sonstige Anregungen oder auch Kritik. Der gute Erfolg

Vorwort

der bisherigen Auflagen hat den eingeschlagenen Weg bestätigt, und eine ganze Reihe von Anregungen konnte schon in den bisherigen Auflagen berücksichtigt werden; dafür bedanke ich mich sehr.

Der Leitfaden hat in den 28 Jahren seit seinem ersten Erscheinen viel bewegen können in der Zwangsversteigerungspraxis und sehr viele Freunde gefunden. Die in der großen Nachfrage nach den bisherigen Auflagen zum Ausdruck kommende Anerkennung erfüllt mich mit tiefem Dank gegenüber den Lesern. Und sie bestärkt mich in meinen Bemühungen, mit dem Leitfaden immer einen ganz aktuellen Überblick über den Meinungsstand zu den Fragen der Zwangsversteigerung und gleichzeitig Ratschläge für die sich daraus ergebende Praxis anzubieten. Deshalb habe ich auch für diese Auflage den Leitfaden unter Beibehaltung seines bewährten Aufbaus sorgfältig überarbeitet.

Obwohl seit dem Erscheinen der 10. Auflage nur wenig mehr als ein Jahr vergangen ist, sind durch das 2. Justizmodernisierungsgesetz (BGBl 2006 I 3416) und durch das WEG-Änderungsgesetz (BGBl 2007 I 370) doch Anfang und Mitte des Jahres 2007 wesentliche Bestimmungen des Zwangsversteigerungsgesetzes in Kraft getreten, die ebenso eingearbeitet wurden wie zahlreiche weitere Entscheidungen des Bundesgerichtshofes sowie sonstige Veröffentlichungen.

Wieder sind die wertvollen Erfahrungen eingeflossen, die ich selbst in den letzten 18 Jahren als vorwiegend auf dem Gebiet der Vollstreckungsversteigerung, Teilungsversteigerung und Zwangsverwaltung bundesweit tätiger Rechtsanwalt sammeln konnte, was sich zB auch in einigen neuen Taktischen Hinweisen (TH) und Beispielen ausdrückt. Der Blickwinkel wird eben deutlich erweitert, wenn man das Zwangsversteigerungsverfahren aus den unterschiedlichen Positionen als Vertreter von Schuldnern, Gläubigern, Mietern oder Interessenten engagiert erlebt und mitgestaltet.

Und schließlich habe ich versucht, einer besorgniserregenden Entwicklung der letzten Jahre Rechnung zu tragen: Immer mehr professionelle Geschäftemacher drängen den von einer Zwangsversteigerung bedrohten Grundstückseigentümern ihre „Hilfe" auf, missbrauchen aber nur rücksichtslos das Vertrauen dieser Menschen und die Zwangsversteigerungsverfahren, um aus dieser Notsituation für sich selbst Kapital zu schlagen. Mein Leitfaden möchte allen seinen Adressaten (Schuldnern, Gläubigern und Rechtspflegern) dabei helfen, dieser gefährlichen Geschäftemacherei das Handwerk zu legen.

Schon früher konnte dieser Leitfaden das Gebiet der Teilungsversteigerung nur stiefmütterlich behandeln. Da aber die Zahl der Teilungsversteigerungen stetig zunimmt und die rechtliche und praktische Problematik hier besonders groß ist, habe ich im gleichen Verlag einen besonderen (und nach gleichen Gesichtspunkten aufgebauten) Leitfaden zu diesem Versteigerungsverfahren herausgegeben, der inzwischen bereits in 4. Auflage (2008) erschienen ist. Wer mit einer Teilungsversteigerung beschäftigt ist, sollte diesen speziellen Leitfaden zu Rate ziehen; trotzdem gibt es zwischen beiden Büchern zahlreiche Querverweise.

Seit September 2005 ist auch der neue Mitautor Bernd Kiderlen als Rechtsanwalt in meiner Kanzlei für Vollstreckungsversteigerungen, Teilungsversteigerungen und Zwangsverwaltungen bundesweit tätig und kann deshalb auch seine eigenen Kenntnisse und Erfahrungen in diese Neuauflage einbringen.

Stuttgart, Herbst 2007   Karl-Alfred Storz

**gewidmet meiner lieben Frau Lucia Marschall,
meinen Kindern und inzwischen vier Enkeln**

Inhaltsübersicht

Inhaltsübersicht

Anhang

Inhaltsverzeichnis

A. Einführung

B. Allgemeiner Teil

Inhaltsverzeichnis

Inhaltsverzeichnis

Inhaltsverzeichnis

XIV

Inhaltsverzeichnis

Inhaltsverzeichnis

XVI

Inhaltsverzeichnis

Inhaltsverzeichnis

XVIII

Inhaltsverzeichnis

Anhang: Aktenteil (AT)

Verzeichnis der wörtlich abgedruckten gesetzlichen Bestimmungen

Die Abschnitts-Einteilungen sowie die Abschnitts- und §§-Überschriften sind vom Verfasser teilweise frei gewählt worden, um dem Leser das Auffinden der von ihm gesuchten Erläuterungen zu erleichtern.

A Zwangsversteigerungsgesetz (ZVG)

1. Allgemeine Vorschriften (§§ 1–14)

2. Anordnung der Versteigerung, Beitritt (§§ 15–27)

3. Aufhebung, einstweilige Einstellung (§§ 28–34)

4. Bestimmung des Versteigerungstermins (§§ 35–43)

Gesetzesverzeichnis

XXII

Gesetzesverzeichnis

Gesetzesverzeichnis

11. Sonstige wörtlich abgedruckte Bestimmungen des ZVG

B. Zwangsverwalterverordnung (ZwVwV)

C. Bestimmungen aus anderen Gesetzen

1. EGZVG

2. BGB

3. ZPO

Gesetzesverzeichnis

Literatur- und Abkürzungsverzeichnis

Literatur u. Abkürzungen

XXVIII

Literatur u. Abkürzungen

Literatur u. Abkürzungen

Palandt/Bearbeiter	Kurzkommentar zum Bürgerlichen Gesetzbuch, 65. Auflage 2006
PKH	Prozesskostenhilfe
Recht	Das Recht, Rundschau für den deutschen Juristenstand
Reinhard-Müller	Das Zwangsversteigerungsgesetz, 3./4. Auflage 1931/1932
RG	Reichsgericht
RGZ	Entscheidungen des Reichsgerichts in Zivilsachen
RpflBl	Rechtspflegerblatt
Rpfleger	Der Deutsche Rechtspfleger
RpflG	Rechtspflegergesetz
Rpfleger JB	Rechtspflegerjahrbuch
RVG	Rechtsanwaltsvergütungsgesetz
RVO	Reichsversicherungsordnung
s. o.	siehe oben
Sichtermann/Hennings	Die Ausbietungsgarantie als Sicherungsmittel in der Grundstückszwangsversteigerung, 5. Auflage 1992
Steiner/Eickmann/Hagemann/Storz/Teufel	Kommentar zur Zwangsversteigerung und Zwangsverwaltung 9. völlig neu von Eickmann, Hagemann, Storz und Teufel bearbeitete Auflage des Kommentars von Steiner-Riedel, Band 1 1984, Band 2 1986; zitiert: Steiner-Bearbeiter
StGB	Strafgesetzbuch
Stöber	Zwangsversteigerungsgesetz (früher Zeller/Stöber), 18. Auflage 2006
Stöber	Forderungspfändung, 12. Auflage 1999
Stöber	Zwangsvollstreckung in das unbewegliche Vermögen Handbuch der Rechtspraxis, 8. Auflage 2007, zitiert: Handbuch Rz ...
Storz	Das Mietpreisrecht für den sozialen Wohnungsbau, 1970
Storz	Praxis der Teilungsversteigerung, 3. Auflage 2005; zitiert: Storz, Teilungsversteigerung
Storz	Textausgabe zum Zwangsversteigerungsrecht mit Einführung, 1994
Strauch	Die Befriedigungsfiktion im Zwangsversteigerungsgesetz München 1993
StPO	Strafprozeßordnung
str.	streitig
Teufel	Zwangsversteigerung und Zwangsverwaltung, 4. Auflage 2005
TH	Taktischer Hinweis
Thomas/Putzo	Zivilprozeßordnung, 25. Auflage 2003
TS	Thesen-Seite
unstr.	unstreitig
VerglO	Vergleichsordnung
VG	Vollstreckungsgericht
vgl	vergleiche

XXX

Literatur u. Abkürzungen

A. Einführung

1. Immobiliar-Zwangsvollstreckung

1.1. Allgemeines

1.1.1. Überblick über die Rechtslage

§ 864 ZPO. Gegenstand der Immobiliarvollstreckung

(1) Der Zwangsvollstreckung in das unbewegliche Vermögen unterliegen außer den Grundstücken die Berechtigungen, für welche die sich auf Grundstücke beziehenden Vorschriften gelten, die im Schiffsregister eingetragenen Schiffe und die Schiffsbauwerke, die im Schiffsbauregister eingetragen sind oder in dieses Register eingetragen werden können.

(2) Die Zwangsvollstreckung in den Bruchteil eines Grundstücks, einer Berechtigung der im Absatz 1 bezeichneten Art oder eines Schiffes oder Schiffsbauwerks ist nur zulässig, wenn der Bruchteil in dem Anteil eines Miteigentümers besteht oder wenn sich der Anspruch des Gläubigers auf ein Recht gründet, mit dem der Bruchteil als solcher belastet ist.

§ 865 ZPO. Verhältnis zur Mobiliarvollstreckung

(1) Die Zwangsvollstreckung in das unbewegliche Vermögen umfaßt auch die Gegenstände, auf die sich bei Grundstücken und Berechtigungen die Hypothek, bei Schiffen oder Schiffsbauwerken die Schiffshypothek erstreckt.

(2) [1]Diese Gegenstände können, soweit sie Zubehör sind, nicht gepfändet werden. [2]Im übrigen unterliegen sie der Zwangsvollstreckung in das bewegliche Vermögen, solange nicht ihre Beschlagnahme im Wege der Zwangsvollstreckung in das unbewegliche Vermögen erfolgt ist.

§ 866 ZPO. Arten der Vollstreckung

(1) Die Zwangsvollstreckung in ein Grundstück erfolgt durch Eintragung einer Sicherungshypothek für die Forderung, durch Zwangsversteigerung und durch Zwangsverwaltung.

(2) Der Gläubiger kann verlangen, daß eine dieser Maßregeln allein oder neben den übrigen ausgeführt werde.

(3) [1]Eine Sicherungshypothek (Absatz 1) darf nur für einen Betrag von mehr als siebenhundertfünfzig Euro eingetragen werden; Zinsen bleiben dabei unberücksichtigt, soweit sie als Nebenforderung geltend gemacht sind. [2]Auf Grund mehrerer demselben Gläubiger zustehender Schuldtitel kann eine einheitliche Sicherungshypothek eingetragen werden.

§ 869 ZPO. Zwangsversteigerung und Zwangsverwaltung

Die Zwangsversteigerung und die Zwangsverwaltung werden durch ein besonderes Gesetz geregelt.

Durch die Immobiliar-Zwangsvollstreckung erhalten die Gläubiger eines säumigen Schuldners gegen dessen Willen Zugriff auf die ihm gehörenden Grundstücke oder grundstücksgleichen Rechte, damit sie sich wegen ihrer fälligen Forderungen befriedigen können. Dazu stehen ihnen gemäß § 866 I ZPO drei Mittel zur Verfügung:

(1) mit der Zwangshypothek erreichen sie die dingliche Sicherung ihrer persönlichen Forderung;

(2) mit der Zwangsverwaltung vereinnahmen sie die laufenden Erträgnisse und/oder sie verbessern die rechtliche und/oder tatsächliche Verwertungsmöglichkeit des Grundstücks;

(3) mit der Zwangsversteigerung beanspruchen sie den Erlös aus der endgültigen Verwertung des Grundstücks.

Rechtlich beruht die Immobiliar-Zwangsvollstreckung insbesondere auf den sachenrechtlichen Vorschriften des BGB, den vollstreckungsrechtlichen Vorschriften der ZPO und auf dem ZVG.

Der Gesetzgeber hat sich mit diesen Normen um ein Verfahren bemüht, das den Gläubigern einerseits die Möglichkeit gibt, das Pfandgrundstück auch gegen den Willen eines säumigen Schuldners zu verwerten, das ihnen aber andererseits auch klare Grenzen für die Verwertung setzt, weil Grundstücke in der Regel erhebliche Vermögenswerte darstellen, mit deren Schicksal oft auch das wirtschaftliche und menschliche Schicksal ihres Eigentümers verknüpft ist. Wenn schon der Grundbesitz dem Schuldner nicht erhalten werden kann, soll doch ein möglichst hoher Erlös erzielt werden, damit der Schuldner in möglichst großem Umfang wenigstens von seinen persönlichen Zahlungsverpflichtungen entlastet wird.

Ein hoher Erlös kommt auch den anderen Beteiligten zugute. Deshalb müßten eigentlich während des Vollstreckungsverfahrens alle Beteiligten zusammenarbeiten und ihre Bemühungen unter diese wirtschaftliche Zielsetzung stellen. Leider sieht die Praxis fast immer anders aus. Abgesehen davon, daß es in der Zwangsversteigerung fast immer zu Interessengegensätzen zwischen allen Beteiligten kommt, wird viel zu häufig rein bürokratisch gedacht und gehandelt. Der Schuldner bemüht sich oft ausschließlich darum, das Verfahren zu verzögern oder gar zu verhindern; nebenher läßt er seinen Grundbesitz verkommen. Die Gläubiger beschränken ihre Bemühungen meist auf die bürokratische Durchführung der Vollstreckungsmaßnahmen; sie übersehen dabei aber zum eigenen Nachteil, daß das Zwangsversteigerungsverfahren oft nicht ausreicht, um Grundstücksinteressenten aufzutreiben, zu motivieren und zu angemessenen Preisen zu überreden. Gerade darauf wird aber bei einem freihändigen Verkauf die größte Sorgfalt gelegt und zwar auch bei begehrten Objekten! Das ZVG kann all das eben nicht regeln, was sogar bei gut verkäuflichen Objekten ein Makler (je nach den Besonderheiten der Zeit, der Region und des Objektes) machen würde, um überhaupt Käufer zu finden und um einen guten Preis zu erreichen, zB: Exposés, Besichtigungstermine, Inserate. Bei Zwangsversteigerungsobjekten wären derartige Bemühungen noch viel nötiger; hierum müssen sich die Beteiligten selbst kümmern, aber auch das Gericht kann mit etwas „verkaufswirksameren" Veröffentlichungen/Bekanntmachungen unter Beachtung der gesetzlichen Vorschriften schon viel helfen.

Es ist üblich geworden, dem Gesetzgeber beziehungsweise dem Alter des ZVG die Schuld dafür zuzuschieben, daß in der Zwangsversteigerung oft nur mäßige Erlöse erzielt werden. Es liegt aber nicht am Gesetz, sondern an den Beteiligten; wenn die Beteiligten nicht bürokratisch sondern wirtschaftlich denken und handeln würden, wenn sie nicht nur egoistisch vorgehen sondern im gemeinsamen Interesse zusammenarbeiten würden, und wenn sie die große Beweglichkeit ausnützen würden, die ihnen das ZVG bis zur Erlösverteilung einräumt, dann könnten wesentlich bessere Erlöse erzielt werden.

Auch die Versteigerungsgerichte sollten mehr auf ein möglichst gutes wirtschaftliches Ergebnis hinarbeiten und im Rahmen ihrer Sorge für die Einhaltung der gesetzlichen Vorschriften alle Bestrebungen des Schuldners und/oder der Gläubiger unterstützen, die ein besseres wirtschaftliches Ergebnis erwarten lassen. In einem gewissen Umfang tragen sie eine echte soziale Verantwortung!

Das ZVG regelt entsprechend seinem vollen Namen: „Gesetz über die Zwangsversteigerung und die Zwangsverwaltung" nach einigen allgemeinen Vorschriften (§§ 1–14) die Zwangsversteigerung (§§ 15–145) und die Zwangsverwaltung (§§ 146–161), außerdem die Zwangsversteigerung von Schiffen und Luftfahrzeugen (§§ 162–171 n) sowie die Zwangsversteigerung und Zwangsverwaltung in besonderen Fällen (§§ 172–185). Dagegen ist die Zwangshypothek nicht im ZVG sondern im BGB und vor allem in der ZPO geregelt.

Eine besondere Rolle innerhalb der Immobiliar-Zwangsvollstreckung spielt die „Zwangsversteigerung zum Zwecke der Aufhebung einer Gemeinschaft" (§ 180 I), die gemeinhin „Teilungsversteigerung" genannt wird. Diese Teilungsversteigerung wird dann durchgeführt, wenn sich eine Gemeinschaft nicht über die Verwendung/Verwertung eines gemeinsamen (zB Ehe- oder Erb-)Grundstücks einigen kann, oder wenn Gläubiger eines Miteigentümers/Teilhabers versuchen, über eine entsprechende Pfändung und dann Versteigerung des ganzen Grundstücks zu ihrem Geld zu kommen. Für die Teilungsversteigerung ergeben sich gegenüber der Forderungszwangsversteigerung eine ganze Reihe von Besonderheiten (zB hinsichtlich Voraussetzungen, einstweiliger Einstellung, geringstem Gebot, Mietverhältnisse, Sicherheitsleistung), so daß der Teilungsversteigerung ein besonderes (ähnlich wie hier aufgebautes) Buch gewidmet ist.[1] Deshalb geht dieser Leitfaden praktisch nicht auf die Besonderheiten der Teilungsversteigerung ein.[2]

Die folgenden kurzen Bemerkungen zur Zwangshypothek und zur Zwangsverwaltung dienen mehr der Abrundung der übrigen Ausführungen als der Darstellung dieser Vollstreckungsmittel. Denn das vorliegende Buch soll sich getreu seinem Titel auf die Zwangsversteigerung von Grundstücken beschränken.

---

[1] Storz, Praxis der Teilungsversteigerung, ein Leitfaden für Beteiligte und Rechtspfleger 4. Auflage 2008.

[2] Vgl aber die Ausführungen unten A. 3.2.

1.1.2. Taktischer Hinweis[3]

Es ist jedem Gläubiger zu empfehlen, in jeden Einzelfall genau zu prüfen, welche Vollstreckungs-Alterantive bzw welche Kombination ihn am leichtesten und wahrscheinlichsten zum Erfolg führt. Umgekehrt sollte jeder andere Gläubiger bzw Berechtigte prüfen, welche Konsequenzen die Wahl des Gläubigers für die eigene Position hat und wie er sich ggf verteidigen kann. Der Schuldner ist über § 765a ZPO gegen unverhältnismäßige Vollstreckungsaktivitäten geschützt.

Einige (unvollständige) Beispiele, sozusagen als **Faustregeln,** die oft, aber nicht immer, die richtige Richtung aufzeigen. Der Gläubiger sollte idR

– **eine Zwangshypothek eintragen lassen, bei**
  - Hoffnung auf langfristig „bessere Zeiten" oder
  - freier angemessener Rangstelle und/oder
  - Zwangsversteigerung bereits durch Andere
  - Eintragung der Zwangshypothek idR mit Pfändung der Rückgewähransprüche kombinieren.
– die **Zwangsversteigerung direkt aus dem persönlichen Vollstreckungstitel** betreiben, bei
  - geringer Grundstücksbelastung oder
  - bei Hoffnung auf „Lästigkeitszahlungen"
  - (früher auch bei Schwierigkeiten, einen Duldungstitel zu beschaffen; seit 1999 kann die Zwangsversteigerung aus einer Zwangshypothek auch ohne besonderen Duldungstitel direkt betrieben werden).
– die **Zwangsversteigerung neben und aus der zusätzlich einzutragenden Zwangshypothek** betreiben, bei
  - Wunsch nach sofortiger Zwangsversteigerung und langfristiger Rangsicherung und/oder
  - Hoffnung auf den gesetzlichen Löschungsanspruch des § 1179a BGB.
– die **Zwangsverwaltung** betreiben, bei
  - guten Mieteinnahmen, und/oder
  - Gefahr von verwertungschädlichen Maßnahmen durch den Schuldner bzw
  - zur Ermöglichung verwertungsfördernder Maßnahmen (beides idR neben einer Zwangsversteigerung).
– die **Miet-/Pachtzinsansprüche (oä) pfänden,** bei
  - hoher Grundstücksbelastung und verfügbaren Mieten, oder
  - laufender Zwangsversteigerung, wenn Mieten noch verfügbar sind und Größe bzw Rang des Befriedigungsrechtes aus evtl eigenen Grundpfandrechten nicht reichen, oder
  - nur kleineren Forderungen.
– die **Rückgewähransprüche aus den vorrangigen Grundschulden pfänden, bei**
  - werthaltigen Grundschulden immer, wenn nicht schon eindeutig abgetreten oder gepfändet, oder
  - nur kleineren Forderungen, oder

---

[3] Vgl Wieczorek-Storz, 3. Auflage 1999, § 866 ZPO Rdn. 17–24.

- sonst aussichtslosen Befriedigungschancen in Zwangsversteigerung/ -verwaltung/Zwangshypothek,
- im Zweifel mit Eintragung Zwangshypothek kombinieren.
- **die Ablösung des die Zwangsversteigerung bestrangig betreibenden Gläubigers** gemäß §§ 268, 1142, 1150 BGB oder § 75 ZVG vornehmen (das Ablösungsrecht setzt allerdings voraus, daß dem Gläubiger bereits ein „gefährdetes Recht" zusteht, vgl dazu Abschnitt B 7), bei
  - geringer Hoffnung auf sonstige Befriedigung und bonitätsmäßig risikoloser Ablösung,
  - der Chance, durch risikolosen Geldaufwand Einfluss auf den Verfahrensablauf zu erlangen.
- **die Ansprüche eines Miteigentümers gemäß §§ 749 I, 753 I BGB auf Aufhebung der Gemeinschaft am Grundstück und auf Mitwirkung bei der Teilung des Versteigerungserlöses sowie auf Auszahlung des auf den Pfändungsschuldner entfallenden Erlösanteils gemäß §§ 857, 829, 835 ZPO pfänden, sich zur Einziehung überweisen lassen und dann unmittelbar die Teilungsversteigerung betreiben,**[4] wenn
  - der Vollstreckungsschuldner nur Miteigentümer eines Grundstücks ist und die Teilungsversteigerung des ganzen Grundstücks die Befriedigung des Gläubigers eher ermöglicht als eine Zwangsversteigerung nur des isolierten Miteigentum Anteils.

1.2. Zwangshypothek

§ 867 ZPO. Zwangshypothek

(1) [1]Die Sicherungshypothek wird auf Antrag des Gläubigers in das Grundbuch eingetragen; die Eintragung ist auf dem vollstreckbaren Titel zu vermerken. [2]Mit der Eintragung entsteht die Hypothek. [3]Das Grundstück haftet auch für die dem Schuldner zur Last fallenden Kosten der Eintragung.

(2) [1]Sollen mehrere Grundstücke des Schuldners mit der Hypothek belastet werden, so ist der Betrag der Forderung auf die einzelnen Grundstücke zu verteilen. [2]Die Größe der Teile bestimmt der Gläubiger; für die Teile gilt § 866 Abs. 3 Satz 1 entsprechend.

(3) Zur Befriedigung aus dem Grundstück durch Zwangsversteigerung genügt der vollstreckbare Titel, auf dem die Eintragung vermerkt ist.

§ 868 ZPO. Erwerb der Zwangshypothek durch den Eigentümer

(1) Wird durch eine vollstreckbare Entscheidung die zu vollstreckende Entscheidung oder ihre vorläufige Vollstreckbarkeit aufgehoben oder die Zwangsvollstreckung für unzulässig erklärt oder deren Einstellung angeordnet, so erwirbt der Eigentümer des Grundstücks die Hypothek.

(2) Das gleiche gilt, wenn durch eine gerichtliche Entscheidung die einstweilige Einstellung der Vollstreckung und zugleich die Aufhebung der erfolgten Vollstreckungsmaßregeln angeordnet wird oder wenn die

---

[4] Näher dazu Storz Teilungsversteigerung (B 1.6.2).

zur Abwendung der Vollstreckung nachgelassene Sicherheitsleistung oder Hinterlegung erfolgt.

Literatur: *Bärmann* DNotZ 1985, 395; *Böhringer* BWNotZ 1998, 1; *Bruder* NJW 1990, 1163; *Deimann* Rpfleger 2000, 193; *Dümig*, Fehler bei der Eintragung von Zwangshypotheken, Rpfleger 2004, 1; *Groß* BWNotZ 1984, 121; *Hachenberg-Trompetter*, Die Zwangssicherungshypothek, ein weithin unbekannter Umweg zum Erfolg, ProzRB 2005, 298; *Habermeier*, Die Zwangshypotheken der Zivilprozessordnung, 1989; *Haefelin* JurBüro 1953, 385; *Haegele* BWNotZ 1972, 107; *Hagemann* Rpfleger 1982, 165; *Hintzen* Rpfleger 1999, 258; *Hornung* Rpfleger 1998, 402; *Keller* Rpfleger 1997, 1; *Löscher* JurBüro 1983, 41; *Reuter* Rpfleger 1986, 285; *Schneider* MDR 1986, 817; *Steuder* JurBüro 1973, 13.

1.2.1. Überblick über die Rechtslage

Mit der Zwangshypothek erreicht der Gläubiger die dingliche Sicherung seiner persönlichen Forderung (gemäß § 866 III ZPO mindestens EURO 750,01 – Hauptsumme) an bestmöglicher Rangstelle. Die Zwangshypothek ist entsprechend ihrer Entstehungsweise ein selbständiges Mittel der Zwangsvollstreckung neben Zwangsversteigerung und Zwangsverwaltung.

Der Gläubiger kann beim Grundbuchamt die Eintragung einer Zwangshypothek im Wege der Zwangsvollstreckung beantragen (§§ 867 I ZPO, 13 GBO), wenn er seine persönliche Forderung gegen den Grundstückseigentümer tituliert und mit einer Vollstreckungsklausel versehen hat, und wenn Titel und Klausel zugestellt sind.

1.2.2. Taktischer Hinweis

Obwohl er mit der Eintragung der Zwangshypothek (als Sicherungshypothek gemäß § 1184 BGB) noch nicht unmittelbar eine Befriedigung seiner Forderung erreicht, bringt die Zwangshypothek dem Gläubiger doch eine Reihe von Vorteilen:

(1) die Rechte eines Beteiligten in einer eventuell von anderen Gläubigern betriebenen Zwangsversteigerung oder -verwaltung;

(2) einen Anteil am Versteigerungs- oder Verwaltungserlös (auch aus Zubehör, Versicherungsforderungen usw), falls deren Höhe eine Befriedigung dieses Rechts noch zuläßt;

(3) das Recht, aus der Zwangshypothek selbst die Zwangsversteigerung oder Zwangsverwaltung zu betreiben, was seit Inkrafttreten der 2. Zwangsvollstreckungsnovelle zum 1. 1. 1999 aus dem vollstreckbaren Titel, auf dem die Eintragung vermerkt ist, möglich ist (§ 867 III ZPO). Vor dem 1. 1. 1999 mußte der Gläubiger zusätzlich einen Duldungstitel beschaffen (vgl. §§ 688, 794 I ZPO[5]), vor Erhebung der Duldungsklage den Schuldner zur Ausstellung einer vollstreckbaren Urkunde nach § 794 I Nr. 5 ZPO auffordern, andernfalls hat der Schuldner keine Veranlassung zur Klageerhebung gegeben;[6]

---

[5] In letzter Zeit herrsch Ans, vgl RGZ 123, 169; Düsseldorf Rpfleger 1975, 355; OLG München Rpfleger 1984, 325; Stöber § 1 Anm 80 mwN; **früher aA:** Bauer JurBüro 1965, 521; Schalhorn JurBüro 1974, 562 (565); Jonas-Pohle § 866 ZPO Anm II; Wieczorek (bis 2. Auflage 1981) § 866 ZPO Anm C.

[6] OLG München Rpfleger 1984, 325. – Das gilt aber dann nicht, wenn ein Sozialhilfeempfänger dem Träger der Sozialhilfe eine Sicherungshypothek bestellt; hier

(4) ein Ablösungsrecht gemäß §§ 268, 1150 BGB, sobald und solange ein vorrangiger Gläubiger Zahlung aus dem Grundstück verlangt;[7]

(5) die Möglichkeit, einen freihändigen Verkauf des Grundstücks zu verhindern, wenn der Eigentümer nicht die gesicherte Forderung bezahlt oder sich wenigstens mit dem Gläubiger über eine Abfindung einigt;

(6) außerdem ist mit einer nach dem 1. 1. 1978 eingetragenen Zwangshypothek der gesetzliche Löschungsanspruch gem § 1179a BGB verbunden;

(7) die Eintragung kann schon über § 720a ZPO erfolgen, dh auch ohne eine im Vollstreckungstitel angeordnete Sicherheitsleistung.

1.2.3. Arresthypothek

§ 928 ZPO. Vollziehung des Arrestes

Auf die Vollziehung des Arrestes sind die Vorschriften über die Zwangsvollstreckung entsprechend anzuwenden, soweit nicht die nachfolgenden Paragraphen abweichende. Vorschriften enthalten.

§ 929 ZPO. Vollstreckungsklausel; Vollziehungsfrist

(1) Arrestbefehle bedürfen der Vollstreckungsklausel nur, wenn die Vollziehung für einen anderen als den in dem Befehl bezeichneten Gläubiger oder gegen einen anderen als den in dem Befehl bezeichneten Schuldner erfolgen soll.

(2) Die Vollziehung des Arrestbefehls ist unstatthaft, wenn seit dem Tage, an dem der Befehl verkündet oder der Partei, auf deren Gesuch er erging, zugestellt ist, ein Monat verstrichen ist.

(3) [1]Die Vollziehung ist vor der Zustellung des Arrestbefehls an den Schuldner zulässig. [2]Sie ist jedoch ohne Wirkung, wenn die Zustellung nicht innerhalb einer Woche nach der Vollziehung und vor Ablauf der für diese im vorhergehenden Absatz bestimmten Frist erfolgt.

§ 932 ZPO. Arresthypothek

(1) [1]Die Vollziehung des Arrestes in ein Grundstück oder in eine Berechtigung, für welche die sich auf Grundstücke beziehenden Vorschriften gelten, erfolgt durch Eintragung einer Sicherungshypothek für die Forderung; der nach § 923 festgestellte Geldbetrag ist als der Höchstbetrag zu bezeichnen, für den das Grundstück oder die Berechtigung haftet. [2]Ein Anspruch nach § 1179a oder § 1179b des Bürgerlichen Gesetzbuchs steht dem Gläubiger oder im Grundbuch eingetragenen Gläubiger der Sicherungshypothek nicht zu.

(2) Im übrigen gelten die Vorschriften des § 866 Abs. 3 Satz 1, des § 867 Abs. 1 und 2 und des § 868.

(3) Der Antrag auf Eintragung der Hypothek gilt im Sinne des § 929 Abs. 2, 3 als Vollziehung des Arrestbefehls.

---

braucht die Behörde für die Zwangsversteigerung aus der Sicherungshypothek einen zivilprozessualen Vollstreckungstitel; eine Selbsttitulierung durch die Behörde ist nur für ihre persönliche Förderung selbst zulässig: OLG Hamm Rpfleger 2001, 562.

[7] Zur Ablösung vgl unten B. 7.2.

Bei der Arresthypothek (§ 932 ZPO), für die in fast jeder Beziehung ähnliches gilt, ist zusätzlich vor allem zu beachten, daß der Gläubiger innerhalb eines Monats nach Verkündung oder Zustellung des Arrestbefehls die Eintragung der Arresthypothek beim zuständigen Grundbuchamt beantragt haben muß (vgl §§ 929 II, 932 III ZPO; § 13 GBO), und daß aus ihr die Zwangsversteigerung nur mit einem besonderen Duldungstitel betrieben werden kann, weil § 867 III ZPO gem § 932 II ZPO hier nicht anwendbar ist. Bei Aufhebung des Arrestbefehls entsteht gem §§ 932 II, 868 ZPO eine Eigentümergrundschuld.

1.3. Zwangsverwaltung

Rechtsgrundlagen: §§ 146–161 ZVG (hier **auszugsweise** abgedruckt).

§ 146 ZVG

(1) Auf die Anordnung der Zwangsverwaltung finden die Vorschriften über die Anordnung der Zwangsversteigerung entsprechend Anwendung, soweit sich nicht aus den §§ 147 bis 151 ein anderes ergibt.

(2) Von der Anordnung sind nach dem Eingange der im § 19 Abs. 2 bezeichneten Mitteilungen des Grundbuchamts die Beteiligten zu benachrichtigen.

§ 147 ZVG

(1) Wegen des Anspruchs aus einem eingetragenen Rechte findet die Zwangsverwaltung auch dann statt, wenn die Voraussetzungen des § 17 Abs. 1 nicht vorliegen, der Schuldner aber das Grundstück im Eigenbesitze hat.

(2) Der Besitz ist durch Urkunden glaubhaft zu machen, sofern er nicht bei dem Gericht offenkundig ist.

§ 148 ZVG

(1) ¹Die Beschlagnahme des Grundstücks umfaßt auch die im § 21 Abs. 1, 2 bezeichneten Gegenstände. ²Die Vorschrift des § 23 Abs. 1 Satz 2 findet keine Anwendung.

(2) Durch die Beschlagnahme wird dem Schuldner die Verwaltung und Benutzung des Grundstücks entzogen.

§ 149 ZVG

(1) Wohnt der Schuldner zur Zeit der Beschlagnahme auf dem Grundstücke, so sind ihm die für seinen Hausstand unentbehrlichen Räume zu belassen.

(2) Gefährdet der Schuldner oder ein Mitglied seines Hausstandes das Grundstück oder die Verwaltung, so hat auf Antrag das Gericht dem Schuldner die Räumung des Grundstücks aufzugeben.

(3) ¹Bei der Zwangsverwaltung eines landwirtschaftlichen, forstwirtschaftlichen oder gärtnerischen Grundstücks hat der Zwangsverwalter aus den Erträgnissen des Grundstücks oder aus deren Erlös dem Schuldner die Mittel zur Verfügung zu stellen, die zur Befriedigung seiner und seiner Familie notwendigen Bedürfnisse erforderlich sind. ²Im Streitfall entscheidet das Vollstreckungsgericht nach Anhörung des Gläu-

bigers, des Schuldners und des Zwangsverwalters. [3] Der Beschluß unterliegt der sofortigen Beschwerde.

§ 150 ZVG

(1) Der Verwalter wird von dem Gerichte bestellt.

(2) Das Gericht hat dem Verwalter durch einen Gerichtsvollzieher oder durch einen sonstigen Beamten das Grundstück zu übergeben oder ihm die Ermächtigung zu erteilen, sich selbst den Besitz zu verschaffen.

§ 150 a ZVG

(1) Gehört bei der Zwangsverwaltung eines Grundstücks zu den Beteiligten eine öffentliche Körperschaft, ein unter staatlicher Aufsicht stehendes Institut, eine Hypothekenbank oder ein Siedlungsunternehmen im Sinne des Reichssiedlungsgesetzes, so kann dieser Beteiligte innerhalb einer ihm vom Vollstreckungsgericht zu bestimmenden Frist eine in seinen Diensten stehende Person als Verwalter vorschlagen.

(2) [1] Das Gericht hat den Vorgeschlagenen zum Verwalter zu bestellen, wenn der Beteiligte die dem Verwalter nach § 154 Satz 1 obliegende Haftung übernimmt und gegen den Vorgeschlagenen mit Rücksicht auf seine Person oder die Art der Verwaltung Bedenken nicht bestehen. [2] Der vorgeschlagene Verwalter erhält für seine Tätigkeit keine Vergütung.

§ 150 b ZVG

(1) [1] Bei der Zwangsverwaltung eines landwirtschaftlichen, forstwirtschaftlichen oder gärtnerischen Grundstücks ist der Schuldner zum Verwalter zu bestellen. [2] Von seiner Bestellung ist nur abzusehen, wenn er nicht dazu bereit ist oder wenn nach Lage der Verhältnisse eine ordnungsmäßige Führung der Verwaltung durch ihn nicht zu erwarten ist.

(2) Vor der Bestellung sollen der betreibende Gläubiger und etwaige Beteiligte der in § 150 a bezeichneten Art sowie die untere Verwaltungsbehörde gehört werden.

(3) Ein gemäß § 150a gemachter Vorschlag ist nur für den Fall zu berücksichtigen, daß der Schuldner nicht zum Verwalter bestellt wird.

§ 150 c ZVG

(1) [1] Wird der Schuldner zum Zwangsverwalter bestellt, so hat das Gericht eine Aufsichtsperson zu bestellen. [2] Aufsichtsperson kann auch eine Behörde oder juristische Person sein.

(2) [1] Für die Aufsichtsperson gelten die Vorschriften des § 153 Abs. 2 und des § 154 Satz 1 entsprechend. [2] Gerichtliche Anordnungen, die dem Verwalter zugestellt werden, sind auch der Aufsichtsperson zuzustellen. [3] Vor der Erteilung von Anweisungen im Sinne des § 153 ist auch die Aufsichtsperson zu hören.

(3) Die Aufsichtsperson hat dem Gericht unverzüglich Anzeige zu erstatten, wenn der Schuldner gegen seine Pflichten als Verwalter verstößt.

(4) [1] Der Schuldner führt die Verwaltung unter Aufsicht der Aufsichtsperson. [2] Er ist verpflichtet, der Aufsichtsperson jederzeit Auskunft über das Grundstück, den Betrieb und die mit der Bewirtschaftung zusam-

menhängenden Rechtsverhältnisse zu geben und Einsicht in vorhandene Aufzeichnungen zu gewähren. [3] Er hat, soweit es sich um Geschäfte handelt, die über den Rahmen der laufenden Wirtschaftsführung hinausgehen, rechtzeitig die Entschließung der Aufsichtsperson einzuholen.

§ 150 d ZVG

[1] Der Schuldner darf als Verwalter über die Nutzungen des Grundstücks und deren Erlös, unbeschadet der Vorschriften der §§155 bis 158, nur mit Zustimmung der Aufsichtsperson verfügen. [2] Zur Einziehung von Ansprüchen, auf die sich die Beschlagnahme erstreckt, ist er ohne diese Zustimmung befugt; er ist jedoch verpflichtet, die Beträge, die zu notwendigen Zahlungen zur Zeit nicht erforderlich sind, nach näherer Anordnung des Gerichts unverzüglich anzulegen.

§ 150 e ZVG

[1] Der Schuldner erhält als Verwalter keine Vergütung. [2] Erforderlichenfalls bestimmt das Gericht nach Anhörung der Aufsichtsperson, in welchem Umfange der Schuldner Erträgnisse des Grundstücks oder deren Erlös zur Befriedigung seiner und seiner Familie notwendigen Bedürfnisse verwenden darf.

§ 151 ZVG

(1) Die Beschlagnahme wird auch dadurch wirksam, daß der Verwalter nach § 150 den Besitz des Grundstücks erlangt.

(2) Der Beschluß, durch welchen der Beitritt eines Gläubigers zugelassen wird, soll dem Verwalter zugestellt werden; die Beschlagnahme wird zugunsten des Gläubigers auch mit dieser Zustellung wirksam, wenn der Verwalter sich bereits im Besitze des Grundstücks befindet.

(3) Das Zahlungsverbot an den Drittschuldner ist auch auf Antrag des Verwalters zu erlassen.

§ 152 ZVG

(1) Der Verwalter hat das Recht und die Pflicht, alle Handlungen vorzunehmen, die erforderlich sind, um das Grundstück in seinem wirtschaftlichen Bestande zu erhalten und ordnungsmäßig zu benutzen; er hat die Ansprüche, auf welche sich die Beschlagnahme erstreckt, geltend zu machen und die für die Verwaltung entbehrlichen Nutzungen in Geld umzusetzen.

(2) Ist das Grundstück vor der Beschlagnahme einem Mieter oder Pächter überlassen, so ist der Miet- oder Pachtvertrag auch dem Verwalter gegenüber wirksam.

§ 152 a ZVG

[1] Der Bundesminister der Justiz wird ermächtigt, Stellung, Aufgaben und Geschäftsführung des Zwangsverwalters sowie seine Vergütung (Gebühren und Auslagen) durch Rechtsverordnung mit Zustimmung des Bundesrates näher zu regeln. [2] Die Höhe der Vergütung ist an der Art und dem Umfang der Aufgabe sowie an der Leistung des Zwangsverwalters auszurichten. [3] Es sind Mindest- und Höchstsätze vorzusehen.

§ 153 ZVG

(1) Das Gericht hat den Verwalter nach Anhörung des Gläubigers und des Schuldners mit der erforderlichen Anweisung für die Verwaltung zu versehen, die dem Verwalter zu gewährende Vergütung festzusetzen und die Geschäftsführung zu beaufsichtigen; in geeigneten Fällen ist ein Sachverständiger zuzuziehen.

(2) ¹Das Gericht kann dem Verwalter die Leistung einer Sicherheit auferlegen, gegen ihn Zwangsgeld festsetzen und ihn entlassen. ²Das Zwangsgeld ist vorher anzudrohen.

§ 153 a ZVG

Ist in einem Gebiet das zu dem landwirtschaftlichen Betriebe gehörende Vieh nach der Verkehrssitte nicht Zubehör des Grundstücks, so hat, wenn der Schuldner zum Zwangsverwalter bestellt wird, das Vollstreckungsgericht gemäß § 153 Anordnungen darüber zu erlassen, welche Beträge der Schuldner als Entgelt dafür, daß das Vieh aus den Erträgnissen des Grundstücks ernährt wird, der Teilungsmasse zuzuführen hat und wie die Erfüllung dieser Verpflichtung sicherzustellen ist.

§ 153 b ZVG

(1) Ist über das Vermögen des Schuldners das Insolvenzverfahren eröffnet, so ist auf Antrag des Insolvenzverwalters die vollständige oder teilweise Einstellung der Zwangsverwaltung anzuordnen, wenn der Insolvenzverwalter glaubhaft macht, daß durch die Fortsetzung der Zwangsverwaltung eine wirtschaftlich sinnvolle Nutzung der Insolvenzmasse wesentlich erschwert wird.

(2) Die Einstellung ist mit der Auflage anzuordnen, daß die Nachteile, die dem betreibenden Gläubiger aus der Einstellung erwachsen, durch laufende Zahlungen aus der Insolvenzmasse ausgeglichen werden.

(3) Vor der Entscheidung des Gerichts sind der Zwangsverwalter und der betreibende Gläubiger zu hören.

§ 153 c ZVG

(1) Auf Antrag des betreibenden Gläubigers hebt das Gericht die Anordnung der einstweiligen Einstellung auf, wenn die Voraussetzungen für die Einstellung fortgefallen sind, wenn die Auflagen nach § 153 b Abs. 2 nicht beachtet werden oder wenn der Insolvenzverwalter der Aufhebung zustimmt.

(2) ¹Vor der Entscheidung des Gerichts ist der Insolvenzverwalter zu hören. ²Wenn keine Aufhebung erfolgt, enden die Wirkungen der Anordnung mit der Beendigung des Insolvenzverfahrens.

§ 154 ZVG

¹Der Verwalter ist für die Erfüllung der ihm obliegenden Verpflichtungen allen Beteiligten gegenüber verantwortlich. ²Er hat dem Gläubiger und dem Schuldner jährlich und nach der Beendigung der Verwaltung Rechnung zu legen. ³Die Rechnung ist dem Gericht einzureichen und von diesem dem Gläubiger und dem Schuldner vorzulegen.

§ 155 ZVG

(1) Aus den Nutzungen des Grundstücks sind die Ausgaben der Verwaltung sowie die Kosten des Verfahrens mit Ausnahme derjenigen, welche durch die Anordnung des Verfahrens oder den Beitritt eines Gläubigers entstehen, vorweg zu bestreiten.

(2) [1] Die Überschüsse werden auf die in § 10 Abs. 1 Nr. 1 bis 5 bezeichneten Ansprüche verteilt. [2] Hierbei werden in der zweiten, dritten und vierten Rangklasse jedoch nur Ansprüche auf laufende wiederkehrende Leistungen, einschließlich der Rentenleistungen, sowie auf diejenigen Beträge berücksichtigt, die zur allmählichen Tilgung einer Schuld als Zuschlag zu den Zinsen zu entrichten sind. [3] Abzahlungsbeträge auf eine unverzinsliche Schuld sind wie laufende wiederkehrende Leistungen zu berücksichtigen, soweit sie fünf vom Hundert des ursprünglichen Schuldbetrages nicht übersteigen.

(3) [1] Hat der eine Zwangsverwaltung betreibende Gläubiger für Instandsetzungs-, Ergänzungs- oder Umbauarbeiten an Gebäuden Vorschüsse gewährt, so sind diese zum Satze von einhalb vom Hundert über dem Zinssatz der Spitzenrefinanzierungsfazilität der Europäischen Zentralbank (SFR-Zinssatz) zu verzinsen. [2] Die Zinsen genießen bei der Zwangsverwaltung und der Zwangsversteigerung dasselbe Vorrecht wie die Vorschüsse selbst.

(4) [1] Hat der Zwangsverwalter oder, wenn der Schuldner zum Verwalter bestellt ist, der Schuldner mit Zustimmung der Aufsichtsperson Düngemittel, Saatgut oder Futtermittel angeschafft, die im Rahmen der bisherigen Wirtschaftsweise zur ordnungsmäßigen Aufrechterhaltung des Betriebs benötigt werden, so haben Ansprüche aus diesen Lieferungen den in § 10 Abs. 1 Nr. 1 bezeichneten Rang. [2] Das gleiche gilt von Krediten, die zur Bezahlung dieser Lieferungen in der für derartige Geschäfte üblichen Weise aufgenommen sind.

§ 156 ZVG

(1) [1] Die laufenden Beträge der öffentlichen Lasten sind von dem Verwalter ohne weiteres Verfahren zu berichten. [2] Dies gilt auch bei der Vollstreckung in ein Wohnungseigentum für die laufenden Beträge der daraus fälligen Ansprüche auf Zahlung der Beiträge zu den Lasten und Kosten des gemeinschaftlichen Eigentums oder des Sondereigentums, die nach § 16 Abs. 2, § 28 Abs. 2 und 5 des Wohnungseigentumsgesetzes geschuldet werden, einschließlich der Vorschüsse und Rückstellungen sowie der Rückgriffsansprüche einzelner Wohnungseigentümer. [3] Die Vorschrift des § 10 Abs. 1 Nr. 2 Satz 3 findet keine Anwendung.

(2) [1] Ist zu erwarten, daß auch auf andere Ansprüche Zahlungen geleistet werden können, so wird nach dem Eingange der im § 19 Abs. 2 bezeichneten Mitteilungen des Grundbuchamts der Verteilungstermin bestimmt. [2] In dem Termine wird der Teilungsplan für die ganze Dauer des Verfahrens aufgestellt. [3] Die Terminsbestimmung ist den Beteiligten sowie dem Verwalter zuzustellen. [4] Die Vorschriften des § 105 Abs. 2 Satz 2, des § 113 Abs. 1 und der §§ 114, 115, 124, 126 finden entsprechende Anwendung.

§ 157 ZVG

(1) [1]Nach der Feststellung des Teilungsplans hat das Gericht die planmäßige Zahlung der Beträge an die Berechtigten anzuordnen; die Anordnung ist zu ergänzen, wenn nachträglich der Beitritt eines Gläubigers zugelassen wird. [2]Die Auszahlungen erfolgen zur Zeit ihrer Fälligkeit durch den Verwalter, soweit die Bestände hinreichen.

(2) [1]Im Falle der Hinterlegung eines zugeteilten Betrags für den unbekannten Berechtigten ist nach den Vorschriften der §§ 135 bis 141 zu verfahren. [2]Die Vorschriften des § 142 finden Anwendung.

§ 158 ZVG

(1) [1]Zur Leistung von Zahlungen auf das Kapital einer Hypothek oder Grundschuld oder auf die Ablösungssumme einer Rentenschuld hat das Gericht einen Termin zu bestimmen. [2]Die Terminsbestimmung ist von dem Verwalter zu beantragen.

(2) [1]Soweit der Berechtigte Befriedigung erlangt hat, ist das Grundbuchamt von dem Gericht um die Löschung des Rechtes zu ersuchen. [2]Eine Ausfertigung des Protokolls ist beizufügen; die Vorlegung des über das Recht erteilten Briefes ist zur Löschung nicht erforderlich.

(3) Im übrigen finden die Vorschriften der §§ 117, 127 entsprechende Anwendung.

§ 158a ZVG

Für die Zwangsverwaltung eines Grundstücks, das mit einer Hypothek, Grundschuld oder Rentenschuld in einer nach § 28 Satz 2 der Grundbuchordnung zugelassenen Währung belastet ist, gelten folgende Sonderbestimmungen:

1. Die Beträge, die auf ein in der Fremdwährung eingetragenes Recht entfallen, sind im Teilungsplan in der eingetragenen Währung festzustellen.

2. Die Auszahlung erfolgt in Euro.

3. [1]Der Verwalter zahlt wiederkehrende Leistungen nach dem Kurswert des Fälligkeitstages aus. [2]Zahlungen auf das Kapital setzt das Gericht in dem zur Leistung bestimmten Termin nach dem amtlich ermittelten letzten Kurswert fest.

§ 159 ZVG

(1) Jeder Beteiligte kann eine Änderung des Teilungsplans im Wege der Klage erwirken, auch wenn er Widerspruch gegen den Plan nicht erhoben hat.

(2) Eine planmäßig geleistete Zahlung kann auf Grund einer späteren Änderung des Planes nicht zurückgefordert werden.

§ 160

Die Vorschriften der §§ 143 bis 145 über die außergerichtliche Verteilung finden entsprechende Anwendung.

§ 161 ZVG

(1) Die Aufhebung des Verfahrens erfolgt durch Beschluß des Gerichts.

(2) Das Verfahren ist aufzuheben, wenn der Gläubiger befriedigt ist.

(3) Das Gericht kann die Aufhebung anordnen, wenn die Fortsetzung des Verfahrens besondere Aufwendungen erfordert und der Gläubiger den nötigen Geldbetrag nicht vorschießt.

(4) Im übrigen finden auf die Aufhebung des Verfahrens die Vorschriften der §§ 28, 29, 32, 34 entsprechende Anwendung.

Literatur: *Depré/Mayer,* Die Praxis der Zwangsverwaltung, 2002; *Drasdo,* Der Zwangsverwalter – Rechte und Pflichten, NJW 2005, 1550 und NJW 2007, 1569; *Eickmann,* Probleme des Zusammentreffens von Konkurs und Zwangsverwaltung, ZIP 1986, 1517; *ders,* Neuregelung der Zwangsverwaltervergütung, ZiP 2004, 1736; *Erdle,* Probleme mit „Versteigerungsverhinderern", Rpfleger 2003, 14; *Garczynski,* Zwangsverwaltung und Aufrechnung von Mietzinsvorauszahlungen, JurBüro 1999, 61; *Haarmeyer/Wutzke/Förster/Hintzen,* Kommentar zu §§ 146–161 ZVG und ZVerwVO, 2000 (zitiert: Kommentar); *Haarmeyer/Wutzke/Förster/Hintzen,* Handbuch zur Zwangsverwaltung, 2002; *Hintzen,* Entwicklung des Zwangsversteigerungs- und Zwangsverwaltungsrechts seit 2001, Rpfleger 2004, 69; *ders, ...* seit 2004, Rpfleger 2006, 57; *Hintzen/Alff,* Die neue Zwangsverwalterverordnung, Rpfleger 2004, 129; *dies,* Kautionsrückzahlungspflicht des Zwangsverwalters, Rpfleger 2003, 635; *Jöris,* Zwangsverwaltung und Zwangsversteigerung der grundstücksbezogenen Gewerbebetriebes statt Liquidation im Konkurs ... Diss Münster 1990; *Jungmann,* Zusammentreffen von Zwangsverwaltung und eigenkapitalersetzender Nutzungsüberlassung, ZIP 1999, 601; *Klawikowski:* Auswirkung der Zwangsversteigerung auf Miet- und Pachtverhältnisse Rpfleger 1997, 418; *Mette,* Interessenkollision eines (Instituts-)Zwangsverwalters, Rpfleger 2003, 170; *Mayer,* Zwangsverwalter, Mietkaution und BGH, Rpfleger 2005, 175; *ders,* Zwangsverwaltung zwischen Zuschlag und Aufhebung, Rpfleger 1994, 101; *Nix,* Grundsätze der Zwangsverwaltung 1992; *Pape,* Verfassungsmäßigkeit der ZVerwVO, NZI 2001, 407; *ders,* Die Vergütung nach der neuen Zwangsverwalterverordnung, NZI 2004, 187; *Reismann,* Mietwohnung in der Zwangsverwaltung – Rechte des Mieters, WM 1998, 387; *Schmidberger,* Zwangsverwaltung und Zuschlag, Rpfleger 2007, 241; *ders,* Der Besitz und die Immobiliarvollstreckung, Rpfleger 2008, 105; *Söllner,* Der Zwangsverwalter ... zwischen Unternehmer und Vollstreckungsorgan, 1992; *Tetzlaff,* Rechtsprobleme der Kalten Zwangsverwaltung, ZfIR 2005, 179; *Vallender,* Zwangsversteigerung und Zwangsverwaltung im Lichte des neuen Insolvenzrechts, Rpfleger 1997, 353; *Waldherr/Weber,* Mindestvergütung des Zwangsverwalters ZfIR 2005, 184; *Wolick,* Zwangsverwaltung von Sondereigentum NZM 2000, 321; *Wrobel,* Umfang und Grenzen der Prozessführung durch den Zwangsverwalter KTS 1995, 19; *Wrobel,* Verfassungsrechtliche Probleme um die ZVerwVO und § 152 a ZVG, NJW 1993, 374; *Wrobel,* die Prozeßführungserlaubnis des Zwangsverwalters, Diss Münster 1993; *Vonnemann,* Abwicklung der Zwangsverwaltung nach deren Aufhebung, Rpfleger 2002, 415.

1.3.1. Überblick über die Rechtslage

Bei der Zwangsverwaltung soll im Gegensatz zur Zwangsversteigerung der wirtschaftliche Bestand des Grundstücks nicht angegriffen werden (§ 152 I). Die Gläubiger erhalten lediglich im Rahmen einer ordnungsgemäßen Bewirtschaftung des Grundstücks Zugriff auf die laufenden Erträgnisse. Daraus können sie die laufenden[8] wiederkehrenden Leistungen ihrer dinglichen

---

[8] Im Gegensatz zur Zwangsversteigerung nicht auch rückständige: § 155 II 2. Zur Unterscheidung von laufenden und rückständigen Zinsen vgl B. 5.4.

Rechte bedienen. Zahlungen auf die Hauptforderung erhalten die Gläubiger erst in der 5. Rangklasse und auch dort nur diejenigen Gläubiger, die die Zwangsverwaltung selbst betreiben; betreiben mehrere Gläubiger, so werden sie innerhalb der 5. Rangklasse nach der Zeitfolge der jeweils zu ihren Gunsten erfolgten Beschlagnahmen bedient und nicht nach der dinglichen Absicherung ihrer Forderungen (vgl § 11 II). Ansprüche der 6.–8. Rangklasse werden in der Zwangsverwaltung überhaupt nicht berücksichtigt (§ 155 II 1). Das Rechtsschutzbedürfnis für eine Zwangsverwaltung darf auch einem nachrangigen Gläubiger nicht verweigert werden, weil § 803 II ZPO hier nicht anwendbar ist und sich das Rechtsschutzbedürfnis daraus ergeben kann, daß das Grundstück durch die Zwangsverwaltung einer einträglicheren Nutzung zugeführt wird.[8a]

Gemäß § 152 hat der Zwangsverwalter das Recht und die Pflicht, das Grundstück in seinem wirtschaftlichen Bestand zu erhalten oder zu verbessern,[9] sowie das Grundstück ordnungsgemäß zu nutzen und die Nutzungen in Geld umzusetzen. Zwangsverwaltung ist deshalb insbesondere dann angebracht,[9a]

– wenn Maßnahmen nötig sind, um den wirtschaftlichen Bestand des Grundstücks zu erhalten oder zu verbessern,[9] und/oder
– wenn (insbesondere bei parallel laufender Zwangsversteigerung[10]) verwertungsschädliche Maßnahmen oder Verhältnisse beseitigt oder verhindert bzw verwertungsfördernde Maßnahmen durchgeführt werden sollen (denn auch solche Aktivitäten gehören zur Erhaltung oder Verbesserung des wirtschaftlichen Bestandes) und/oder
– wenn Nutzungen gezogen werden sollen, bzw wenn die Gläubiger diese Nutzungen vereinnahmen wollen, insbesondere durch den Zugriff auf Miet-/Pachteinnahmen.

Der Zwangsverwalter darf auch einen Grundstücksbezogenen Gewerbebetrieb des Schuldners fortführen, wenn dies zur ordnungsgemäßen Nutzung des beschlagnahmten Grundstücks erforderlich ist und er dabei nicht in Rechte des Schuldners an Betriebsmitteln eingreift, die unabhängig von ihrer Zugehörigkeit zum Gewerbebetrieb absolut geschützt sind.[10a]

Zwangsverwaltung ist also keineswegs nur dann angebracht, wenn es zB bei Mietshäusern oder gewerblichen Objekten um den Zugriff auf Miet- oder Pachterlöse geht. Oftmals muß die Zwangsverwaltung sogar bewusst auf das Erzielen/Vereinnahmen von Miet-/Pachtzinsen verzichten! Das gilt insbesondere dann, wenn das Grundstück (zB durch eine bereits anhängige Zwangsversteigerung) kurzfristig zur Verwertung ansteht. Hier kann die Aufgabe der Zwangsverwaltung zB darin bestehen,

---

[8a] BGH Rpfleger 2002, 578.
[9] BGH NJW 2003, 2162.
[9a] Vgl **TH A** 1.1.[2]
[10] Der BGH anerkennt ausdrücklich, daß eine Zwangsverwaltung in erster Linie mit dem Ziel beantragt werden kann, die Zwangsversteigerung vorzubereiten, vgl Rpfleger 2005, 210 und 557. **Dagegen** soll nach LG Heilbronn, Rpfleger 2003, 679 die Förderung des Zwangsversteigerungsverfahrens nicht Aufgabe des Zwangsverwalters sein; **Kritisch** Depré S. 226.
[10a] So für einen Hotelbetrieb BGH Rpfleger 2005, 557.

- verwertungsschädliche Miet-/Pachtverhältnisse zu beseitigen oder wenigstens rechtlich zu klären oder zu verhindern;
- bewusster Verzicht auf Neuvermietung kurz vor dem Versteigerungstermin, wenn die Verwertung durch eine Vermietung erschwert würde;
- Verhinderung der Rodung eines Waldes, wenn das Grundstück nur als Wald verwertet werden kann;
- Fertigstellung eines steckengebliebenen Bauvorhabens; dies hat zwar grundsätzlich unter Orientierung an den ursprünglichen Schuldner-Plänen zu geschehen, aber gemäß § 10 Nr. 1 ZwVwV sind auch wesentliche Änderungen genehmigungsfähig sogar mit dem Ziel gewisser Nutzungsänderungen, wenn die ursprüngliche Planung keinen Markt mehr findet.[10b]
- Sicherung eines leerstehenden Hausgrundstücks vor Schäden durch Witterung, Vandalismus usw, soweit dies nicht über § 25 bewirkt werden kann;
- Klärung behaupteter Kontaminierungen von Gebäuden oder Boden oder Einsturzgefährdungen und ggf Beseitigung entsprechender Gefahren oder Belastungen;
- usw, usw, usw.

In der Zwangsversteigerung kann das Gericht gegen den Willen des Schuldners keine Innenbesichtigung des Versteigerungsobjekts durchsetzen, nicht einmal für den gerichtlich bestellten Gutachter und schon gar nicht für evtl. Bietinteressenten; beide müssen also blind handeln.[10c]

Der Zwangsverwalter kann nur für sich selbst (aber nicht für Andere, also auch nicht für Bietinteressenten[10d]) den Zugang in die Wohn- und Geschäftsräume des Schuldners erzwingen und dafür gemäß § 892 ZPO die Hilfe des Gerichtsvollziehers in Anspruch nehmen.[10e] Vollstreckungstitel hierfür ist der Anordnungsbeschluss, für den hierfür keine besondere Vollstreckungsklausel erteilt werden muss.[10f]

Sind die Räume an Dritte vermietet/verpachtet, kann der Zwangsverwalter aus eigenem Recht nur den mittelbaren Besitz des Schuldners erlangen. Erzwingen kann er eine (eigene) Innenbesichtigung nur über einen Vollstreckungstitel gegen den Dritten auf Herausgabe oder Duldung aus einem Recht, das vom Gläubiger (oft in der Grundschuldbestellung begründet) oder vom Schuldner (oft in Miet-/Pachtvertrag begründet) an ihn abgetreten wird.[10g] Haben auch Schuldner und Gläubiger keine derartigen Rechte, ist der Zwangsverwalter mit seinen Möglichkeiten am Ende.

[10b] Vgl *Drasdo*, NJW 2005, 1549; **wesentlich enger** BGH Rpfleger 2005, 210 noch zum alten Recht!

[10c] Steiner-Teutel § 42 Rz 4; Böttcher § 42 Rz 1; Stöber § 42 Anm. 3.

[10d] LG Ellwangen Rpfleger 1995, 427; LG Heilbronn Rpfleger 2003, 679 (Schmidberger); Drasdo Rpfleger 2005, 1549; Stöber § 42 Anm. 3.

[10e] LG Ellwangen Rpfleger 1995, 427; AG Ottweiler Rpfleger 1998, 533; Mohrbutter KTS 1956, 107; Heinz DGVZ 1955, 17; Drischler DGVZ 1955, 131; Stöber § 150 Anm 5.2; Dassler-Muth § 150 Rz 10; Böttcher § 150 Rz 11; Steiner-Hagemann § 150 Rz 32.

[10f] LG Hamburg Rpfleger 2004, 304; Dassler-Muth § 149 Rz 10; Stöber § 149 Anm 3. – Der Anordnungsbeschluss ist aber kein Herausgabetitel gegen einen besitzenden Dritten: BGH Rpfleger 2006, 32.

[10g] BGH Rpfleger 1986, 26; OLG Koblenz Rpfleger 1985, 411; Steiner-Hagemann § 150 Rz 36.

Steht das Objekt leer, **kann** der Zwangsverwalter selbstverständlich Innenbesichtigungen zulassen und organisieren.[10h] Fraglich kann nur sein, ob er (in zumutbarem Umfang) dazu auch verpflichtet ist, denn es stellen sich (mE immer lösbare!) Haftungs- und Vergütungsfragen.[10i]

In den vergangenen Jahren werden die Vollstreckungsschuldner immer häufiger und immer aggressiver durch (zwar als hilfsbereite Berater auftretende, in Wirklichkeit aber ausschließlich auf ihren eigenen Vorteil bedachte) Geschäftemacher[11] dazu veranlasst, zB verwertungsschädliche Mietverträge (zT rückdatiert) abzuschließen oder Scheinverträge vorzulegen, angebliche frühere Mietvorauszahlungen oder Baukostenzuschüsse zu behaupten, Innenbesichtigungen durch den gerichtlich bestellten Sachverständigen und erst recht durch Bietinteressenten zu verhindern; alles mit dem einzigen Ziel, eine Zwangsversteigerung mindestens durch Verunsicherung der Bietinteressenten zu verhindern oder doch lange zu verzögern. Das Zwangsversteigerungsverfahren alleine bietet hier keine ausreichenden Abwehrmöglichkeiten (auch nicht über § 25[12]), weil das Vollstreckungsgericht zwar evtl Mieteransprüche ermitteln (vgl § 57b IV) und im Versteigerungstermin bekanntgeben muß (vgl § 66); aber die sachliche Berechtigung entsprechender Anmeldungen nicht überprüfen kann und darf. Dafür ist ausschließlich das Prozessgericht zuständig, sodaß diese Fragen (ohne Zwangsverwaltung) erst nach dem Zuschlag zwischen Ersteher und Mieter/Pächter geklärt werden können. Diese Unsicherheit für die Bieter ist aber Gift für die Versteigerung!

Eine effektive Zwangsversteigerung setzt möglichst weitgehende Rechtssicherheit voraus. Deshalb ist in diesen Fällen eine Zwangsverwaltung nötig, weil – wenn überhaupt – nur eine rechtzeitige und engagierte Zwangsverwaltung solche verwertungsschädlichen Maßnahmen/Konstruktionen verhindern, klären oder beseitigen kann. Deshalb kann zB durchaus auch die Zwangsverwaltung einer selbstgenutzten Eigentumswohnung sinnvoll bzw nötig sein! Und es gibt inzwischen einige Kreditinstitute, die wegen der Anhäufung solcher professioneller Verhinderungs- und Verzögerungsaktivitäten grundsätzlich neben jeder Zwangsversteigerung auch eine Zwangsverwaltung durchführen lassen.[13]

Das ZVG hat der hier geschilderten Entwicklung noch nicht entsprechend Rechnung getragen. Es wäre daher aus Rechtssicherheitsgründen[14] und auch zur Vereinheitlichung der Rechtspraxis dringend zu wünschen, daß der Gesetzgeber ausdrücklich auch die Verhinderung bzw Klärung oder Beseitigung verwertungsschädlicher Maßnahmen/Verhältnisse und die Durchführung verwertungsfördernder Maßnahmen mindestens bei parallel laufender Zwangsversteigerung als wichtige Aufgabe der Zwangsverwaltung bezeichnet!

Immerhin ist zum 1. 1. 2004 die neue Zwangsverwalterverordnung (ZwVwV) in Kraft getreten, die die „Verordnung über die Geschäftsführung

---

[10h] Depré S. 226; Stöber § 42 Anm 3; **str. aA:** Schmidberger Rpfleger 2003, 679.
[10i] Vgl dazu LG Heilbronn Rpfleger 2003, 679 (Schmidberger), Depré S. 226.
[11] Vgl B 1.1.1 und D 1.2.2.
[12] Dazu unten B 5.3.1.
[13] Vgl **TH A** 1.3.3.11; vgl auch Erdle Rpfleger 2003, 14; Klawikowski Rpfleger 2001, 103.
[14] Zur Verunsicherung der Praxis vgl zB LG Heilbronn Rpfleger 2003, 679.

und Vergütung der Zwangsverwalter" vom 16. 2. 1970 durch eine der zwischenzeitlichen Entwicklung angepasste Regelung ersetzt hat. Die „alte" Verordnung war nicht nur verfassungsrechtlich angezweifelt worden,[15] sondern hat auch zu unzähligen unterschiedlichen Gerichtsentscheidungen über die Vergütung der Zwangsverwalter geführt.[16] Schließlich war die „alte" Verordnung auch hinsichtlich der Vorschriften über die Buchführung und Rechnungslegung überholt.

Die seit 1. 1. 2004 geltende Zwangsverwalter-Verordnung lautet:

Zwangsverwalterverordnung (ZwVwV)
vom 19. 12. 2003 (BGBl. I S. 2804)

§ 1. Stellung

(1) Zwangsverwalter und Zwangsverwalterinnen führen die Verwaltung selbstständig und wirtschaftlich nach pflichtgemäßem Ermessen aus. Sie sind jedoch an die vom Gericht erteilten Weisungen gebunden.

(2) Als Verwalter ist eine geschäftskundige natürliche Person zu bestellen, die nach Qualifikation und vorhandener Büroausstattung die Gewähr für die ordnungsgemäße Gestaltung und Durchführung der Zwangsverwaltung bietet.

(3) Der Verwalter darf die Verwaltung nicht einem anderen übertragen. Ist er verhindert, die Verwaltung zu führen, so hat er dies dem Gericht unverzüglich anzuzeigen. Zur Besorgung einzelner Geschäfte, die keinen Aufschub dulden, kann sich jedoch der Verwalter im Falle seiner Verhinderung anderer Personen bedienen. Ihm ist auch gestattet, Hilfskräfte zu unselbstständigen Tätigkeiten unter seiner Verantwortung heranzuziehen.

(4) Der Verwalter ist zum Abschluss einer Vermögensschadenshaftpflichtversicherung für seine Tätigkeit mit einer Deckung von mindestens 500 000 Euro verpflichtet. Durch Anordnung des Gerichts kann, soweit der Einzelfall dies erfordert, eine höhere Versicherungssumme bestimmt werden. Auf Verlangen der Verfahrensbeteiligten oder des Gerichts hat der Verwalter das Bestehen der erforderlichen Haftpflichtversicherung nachzuweisen.

§ 2. Ausweis

Der Verwalter erhält als Ausweis eine Bestallungsurkunde, aus der sich das Objekt der Zwangsverwaltung, der Name des Schuldners, das Datum der Anordnung sowie die Person des Verwalters ergeben.

§ 3. Besitzerlangung über das Zwangsverwaltungsobjekt, Bericht

(1) Der Verwalter hat das Zwangsverwaltungsobjekt in Besitz zu nehmen und darüber einen Bericht zu fertigen. Im Bericht sind festzuhalten:

---

[15] Vgl zB Wrobel NJW 1993, 374; **zurückgewiesen** durch BVerfG NJW-RR 2001, 1203; OLG Bamberg Rpfleger 2000, 464; LB Braunschweig Rpfleger 1999, 458.
[16] Auch die Grundsatzentscheidung des BGH ZIP 2002, 1959 hat daran nicht viel geändert! Vgl zB LG Berlin Rpfleger 2004, 58.

1. Zeitpunkt und Umstände der Besitzerlangung;
2. eine Objektbeschreibung einschließlich der Nutzungsart und der bekannten Drittrechte;
3. alle der Beschlagnahme unterfallenden Mobilien, insbesondere das Zubehör;
4. alle der Beschlagnahme unterfallenden Forderungen und Rechte, insbesondere Miet- und Pachtforderungen, mit dem Eigentum verbundene Rechte auf wiederkehrende Leistungen, sowie Forderungen gegen Versicherungen unter Beachtung von Beitragsrückständen;
5. die öffentlichen Lasten des Grundstücks unter Angabe der laufenden Beträge;
6. die Räume, die dem Schuldner für seinen Hausstand belassen werden;
7. die voraussichtlichen Ausgaben der Verwaltung, insbesondere aus Dienst- oder Arbeitsverhältnissen;
8. die voraussichtlichen Einnahmen und die Höhe des für die Verwaltung erforderlichen Kostenvorschusses;
9. alle sonstigen für die Verwaltung wesentlichen Verhältnisse.

(2) Den Bericht über die Besitzerlangung hat der Verwalter bei Gericht einzureichen. Soweit die in Absatz 1 bezeichneten Verhältnisse nicht schon bei Besitzübergang festgestellt werden können, hat der Verwalter dies unverzüglich nachzuholen und dem Gericht anzuzeigen.

§ 4. Mitteilungspflicht

Der Verwalter hat alle betroffenen Mieter und Pächter sowie alle von der Verwaltung betroffenen Dritten unverzüglich über die Zwangsverwaltung zu informieren. Außerdem kann der Verwalter den Erlass von Zahlungsverboten an die Drittschuldner bei dem Gericht beantragen.

§ 5. Nutzungen des Zwangsverwaltungsobjektes

(1) Der Verwalter soll die Art der Nutzung, die bis zur Anordnung der Zwangsverwaltung bestand, beibehalten.

(2) Die Nutzung erfolgt grundsätzlich durch Vermietung oder Verpachtung. Hiervon ausgenommen sind:
1. landwirtschaftlich oder forstwirtschaftlich genutzte Objekte in Eigenverwaltung des Schuldners gemäß § 150 b des Gesetzes über die Zwangsversteigerung und die Zwangsverwaltung;
2. die Wohnräume des Schuldners, die ihm gemäß § 149 des Gesetzes über die Zwangsversteigerung und die Zwangsverwaltung unentgeltlich zu belassen sind.

(3) Der Verwalter ist berechtigt, begonnene Bauvorhaben fertig zu stellen.

§ 6. Miet- und Pachtverträge

(1) Miet- oder Pachtverträge sowie Änderungen solcher Verträge sind vom Verwalter schriftlich abzuschließen.

(2) Der Verwalter hat in Miet- oder Pachtverträgen zu vereinbaren,
1. dass der Mieter oder Pächter nicht berechtigt sein soll, Ansprüche aus dem Vertrag zu erheben, wenn das Zwangsverwaltungsobjekt vor der

Überlassung an den Mieter oder Pächter im Wege der Zwangsversteigerung veräußert wird;

2. dass die gesetzliche Haftung des Vermieters oder Verpächters für den vom Ersteher zu ersetzenden Schaden ausgeschlossen sein soll, wenn das Grundstück nach der Überlassung an den Mieter oder Pächter im Wege der Zwangsversteigerung veräußert wird und der an die Stelle des Vermieters oder Verpächters tretende Ersteher die sich aus dem Miet- oder Pachtverhältnis ergebenden Verpflichtungen nicht erfüllt;

3. dass der Vermieter oder Verpächter auch von einem sich im Fall einer Kündigung (§ 57 a Satz 1 des Gesetzes über die Zwangsversteigerung und die Zwangsverwaltung, § 111 der Insolvenzordnung) möglicherweise ergebenden Schadensersatzanspruch freigestellt sein soll.

§ 7. Rechtsverfolgung

Der Verwalter hat die Rechtsverfolgung seiner Ansprüche im Rahmen des pflichtgemäßen Ermessens zeitnah einzuleiten.

§ 8. Rückstände, Vorausverfügungen

Die Rechtsverfolgung durch den Verwalter erstreckt sich auch auf Rückstände nach § 1123 Abs. 1 und 2 des Bürgerlichen Gesetzbuchs und unterbrochene Vorausverfügungen nach § 1123 Abs. 1, §§ 1124 und 1126 des Bürgerlichen Gesetzbuchs, sofern nicht der Gläubiger auf die Rechtsverfolgung verzichtet.

§ 9. Ausgaben der Zwangsverwaltung

(1) Der Verwalter hat von den Einnahmen die Liquidität zurückzubehalten, die für Ausgaben der Verwaltung einschließlich der Verwaltervergütung und der Kosten des Verfahrens vorgehalten werden muss.

(2) Der Verwalter soll nur Verpflichtungen eingehen, die aus bereits vorhandenen Mitteln erfüllt werden können.

(3) Der Verwalter ist verpflichtet, das Zwangsverwaltungsobjekt insbesondere gegen Feuer-, Sturm-, Leitungswasserschäden und Haftpflichtgefahren, die vom Grundstück und Gebäude ausgehen, zu versichern, soweit dies durch eine ordnungsgemäße Verwaltung geboten erscheint. Er hat diese Versicherung unverzüglich abzuschließen, sofern

1. Schuldner oder Gläubiger einen bestehenden Versicherungsschutz nicht innerhalb von 14 Tagen nach Zugang des Anordnungsbeschlusses schriftlich nachweisen und

2. der Gläubiger die unbedingte Kostendeckung schriftlich mitteilt.

§ 10. Zustimmungsvorbehalte

(1) Der Verwalter hat zu folgenden Maßnahmen die vorherige Zustimmung des Gerichts einzuholen:

1. wesentliche Änderungen zu der nach § 5 gebotenen Nutzung; dies gilt auch für die Fertigstellung begonnener Bauvorhaben;

2. vertragliche Abweichungen von dem Klauselkatalog des § 6 Abs. 2;

3. Ausgaben, die entgegen dem Gebot des § 9 Abs. 2 aus bereits vorhandenen Mitteln nicht gedeckt sind;

4. Zahlungen von Vorschüssen an Auftragnehmer im Zusammenhang insbesondere mit der Erbringung handwerklicher Leistungen;

5. Ausbesserungen und Erneuerungen am Zwangsverwaltungsobjekt, die nicht zu der gewöhnlichen Instandhaltung gehören, insbesondere wenn der Aufwand der jeweiligen Maßnahme 15 Prozent des vom Verwalter nach pflichtgemäßem Ermessen geschätzten Verkehrswertes des Zwangsverwaltungsobjektes überschreitet;

6. Durchsetzung von Gewährleistungsansprüchen im Zusammenhang mit Baumaßnahmen nach § 5 Abs. 3.

(2) Das Gericht hat den Gläubiger und den Schuldner vor seiner Entscheidung anzuhören.

§ 11. Auszahlungen

(1) Aus den nach Bestreiten der Ausgaben der Verwaltung sowie der Kosten des Verfahrens (§ 155 Abs. 1 des Gesetzes über die Zwangsversteigerung und die Zwangsverwaltung) verbleibenden Überschüssen der Einnahmen darf der Verwalter ohne weiteres Verfahren nur Vorschüsse sowie die laufenden Beträge der öffentlichen Lasten nach der gesetzlichen Rangfolge berichtigen.

(2) Sonstige Zahlungen an die Berechtigten darf der Verwalter nur aufgrund der von dem Gericht nach Feststellung des Teilungsplans getroffenen Anordnung leisten. Ist zu erwarten, dass solche Zahlungen geleistet werden können, so hat dies der Verwalter dem Gericht unter Angabe des voraussichtlichen Betrages der Überschüsse und der Zeit ihres Einganges anzuzeigen.

(3) Sollten Auszahlungen auf das Kapital einer Hypothek oder Grundschuld oder auf die Ablösesumme einer Rentenschuld geleistet werden, so hat der Verwalter zu diesem Zweck die Anberaumung eines Termins bei dem Gericht zu beantragen.

§ 12. Beendigung der Zwangsverwaltung

(1) Die Beendigung der Zwangsverwaltung erfolgt mit dem gerichtlichen Aufhebungsbeschluss. Dies gilt auch für den Fall der Erteilung des Zuschlags in der Zwangsversteigerung.

(2) Das Gericht kann den Verwalter nach dessen Anhörung im Aufhebungsbeschluss oder auf Antrag durch gesonderten Beschluss ermächtigen, seine Tätigkeit in Teilbereichen fortzusetzen, soweit dies für den ordnungsgemäßen Abschluss der Zwangsverwaltung erforderlich ist. Hat der Verwalter weiterführende Arbeiten nicht zu erledigen, sind der Anordnungsbeschluss und die Bestallungsurkunde mit der Schlussrechnung zurückzugeben, ansonsten mit der Beendigung seiner Tätigkeit.

(3) Unabhängig von der Aufhebung der Zwangsverwaltung bleibt der Verwalter berechtigt, von ihm begründete Verbindlichkeiten aus der vorhandenen Liquidität zu begleichen und bis zum Eintritt der Fälligkeit Rücklagen zu bilden. Ein weitergehender Rückgriff gegen den Gläubiger bleibt unberührt. Dies gilt auch für den Fall der Antragsrücknahme.

(4) Hat der Verwalter die Forderung des Gläubigers einschließlich der Kosten der Zwangsvollstreckung bezahlt, so hat er dies dem Gericht

unverzüglich anzuzeigen. Dasselbe gilt, wenn der Gläubiger ihm mitteilt, dass er befriedigt ist.

§ 13. Masseverwaltung

(1) Der Massebestand ist von eigenen Beständen des Verwalters getrennt zu halten.

(2) Der Verwalter hat für jede Zwangsverwaltung ein gesondertes Treuhandkonto einzurichten, über das er den Zahlungsverkehr führt. Das Treuhandkonto kann auch als Rechtsanwaltsanderkonto geführt werden.

(3) Der Verwalter hat die allgemeinen Grundsätze einer ordnungsgemäßen Buchführung zu beachten. Die Rechnungslegung muss den Abgleich der Solleinnahmen mit den tatsächlichen Einnahmen ermöglichen. Die Einzelbuchungen sind auszuweisen. Mit der Rechnungslegung sind die Kontoauszüge und Belege bei Gericht einzureichen.

(4) Auf Antrag von Gläubiger oder Schuldner hat der Verwalter Auskunft über den Sachstand zu erteilen.

§ 14. Buchführung der Zwangsverwaltung

(1) Die Buchführung der Zwangsverwaltung ist eine um die Solleinnahmen ergänzte Einnahmenüberschussrechnung.

(2) Die Rechnungslegung erfolgt jährlich (Jahresrechnung) nach Kalenderjahren. Mit Zustimmung des Gerichts kann hiervon abgewichen werden.

(3) Bei Aufhebung der Zwangsverwaltung legt der Verwalter Schlussrechnung in Form einer abgebrochenen Jahresrechnung.

(4) Nach vollständiger Beendigung seiner Amtstätigkeit reicht der Verwalter eine Endabrechnung ein, nachdem alle Zahlungsvorgänge beendet sind und das Konto auf Null gebracht worden ist.

§ 15. Gliederung der Einnahmen und Ausgaben

(1) Die Soll- und Isteinnahmen sind nach folgenden Konten zu gliedern:

1. Mieten und Pachten nach Verwaltungseinheiten;
2. andere Einnahmen.

(2) Der Saldo der vorigen Rechnung ist als jeweiliger Anfangsbestand vorzutragen.

(3) Die Gliederung der Ausgaben erfolgt nach folgenden Konten:

1. Aufwendungen zur Unterhaltung des Objektes;
2. Öffentliche Lasten,
3. Zahlungen an die Gläubiger;
4. Gerichtskosten der Verwaltung;
5. Vergütung des Verwalters;
6. andere Ausgaben.

(4) Ist zur Umsatzsteuer optiert worden, so sind Umsatzsteueranteile und Vorsteuerbeträge gesondert darzustellen.

§ 16. Auskunftpflicht

Der Verwalter hat jederzeit dem Gericht oder einem mit der Prüfung beauftragten Sachverständigen Buchführungsunterlagen, die Akten und sonstige Schriftstücke vorzulegen und alle weiteren Auskünfte im Zusammenhang mit seiner Verwaltung zu erteilen.

§ 17. Vergütung und Auslagenersatz

(1) Der Verwalter hat Anspruch auf eine angemessene Vergütung für seine Geschäftsführung sowie auf Erstattung seiner Auslagen nach Maßgabe des § 21. Die Höhe der Vergütung ist an der Art und dem Umfang der Aufgabe sowie an der Leistung des Zwangsverwalters auszurichten.

(2) Zusätzlich zur Vergütung und zur Erstattung der Auslagen wird ein Betrag in Höhe der vom Verwalter zu zahlenden Umsatzsteuer festgesetzt.

(3) Ist der Verwalter als Rechtsanwalt zugelassen, so kann er für Tätigkeiten, die ein nicht als Rechtsanwalt zugelassener Verwalter einem Rechtsanwalt übertragen hätte, die gesetzliche Vergütung eines Rechtsanwalts abrechnen. Ist der Verwalter Steuerberater oder besitzt er eine andere besondere Qualifikation, gilt Satz 1 sinngemäß.

§ 18. Regelvergütung

(1) Bei der Zwangsverwaltung von Grundstücken, die durch Vermieten oder Verpachten genutzt werden, erhält der Verwalter als Vergütung in der Regel zehn Prozent des für den Zeitraum der Verwaltung an Mieten oder Pachten eingezogenen Bruttobetrags. Für vertraglich geschuldete, nicht eingezogene Mieten oder Pachten erhält er 20 Prozent der Vergütung, die er erhalten hätte, wenn diese Mieten eingezogen worden wären. Soweit Mietrückstände eingezogen werden, für die der Verwalter bereits ein Vergütung nach Satz 2 erhalten hat, ist diese anzurechnen.

(2) Ergibt sich im Einzelfall ein Missverhältnis zwischen der Tätigkeit des Verwalters und der Vergütung nach Absatz 1, so kann der in Absatz 1 Satz 1 genannte Prozentsatz bis auf fünf vermindert oder bis auf 15 angehoben werden.

(3) Für die Fertigstellung von Bauvorhaben erhält der Verwalter sechs Prozent der von ihm verwalteten Bausumme. Planungs-, Ausführungs- und Abnahmekosten sind Bestandteil der Bausumme und finden keine Anrechnung auf die Vergütung des Verwalters.

§ 19. Abweichende Berechnung der Vergütung

(1) Wenn dem Verwalter eine Vergütung nach § 18 nicht zusteht, bemisst sich die Vergütung nach Zeitaufwand. In diesem Fall erhält er für jede Stunde der für die Verwaltung erforderlichen Zeit, die er oder einer seiner Mitarbeiter aufgewendet hat, eine Vergütung von mindestens 35 Euro und höchstens 95 Euro. Der Stundensatz ist für den jeweiligen Abrechnungszeitraum einheitlich zu bemessen.

(2) Der Verwalter kann für den Abrechnungszeitraum einheitlich nach Absatz 1 abrechnen, wenn die Vergütung nach § 18 Abs. 1 und 2 ofensichtlich unangemessen ist.

§ 20. Mindestvergütung

(1) Ist das Zwangsverwaltungsobjekt von dem Verwalter in Besitz genommen, so beträgt die Vergütung des Verwalters mindestens 600 Euro.

(2) Ist das Verfahren der Zwangsverwaltung aufgehoben worden, bevor der Verwalter das Grundstück in Besitz genommen hat, so erhält er eine Vergütung von 200 Euro, sofern er bereits tätig geworden ist.

§ 21. Auslagen

(1) Mit der Vergütung sind die allgemeinen Geschäftskosten abgegolten. Zu den allgemeinen Geschäftskosten gehört der Büroaufwand des Verwalters einschließlich der Gehälter seiner Angestellten.

(2) Besondere Kosten, die dem Verwalter im Einzelfall, zum Beispiel durch Reisen oder die Einstellung von Hilfskräften für bestimmte Aufgaben im Rahmen der Zwangsverwaltung, tatsächlich entstehen, sind als Auslagen zu erstatten, soweit sie angemessen sind. Anstelle der tatsächlich entstandenen Auslagen kann der Verwalter nach seiner Wahl für den jeweiligen Abrechnungszeitraum eine Pauschale von 10 Prozent seiner Vergütung, höchstens jedoch 40 Euro für jeden angefangenen Monat seiner Tätigkeit, fordern.

(3) Mit der Vergütung sind auch die Kosten einer Haftpflichtversicherung abgegolten. Ist die Verwaltung jedoch mit einem besonderen Haftungsrisiko verbunden, so sind die durch eine Höherversicherung nach § 1 Abs. 4 begründeten zusätzlichen Kosten als Auslagen zu erstatten.

§ 22. Festsetzung

Die Vergütung und die dem Verwalter zu erstattenden Auslagen werden im Anschluss an die Rechnungslegung nach § 14 Abs. 2 oder die Schlussrechnung nach § 14 Abs. 3 für den entsprechenden Zeitraum auf seinen Antrag vom Gericht festgesetzt. Vor der Festsetzung kann der Verwalter mit Einwilligung des Gerichts aus den Einnahmen einen Vorschuss auf die Vergütung und die Auslagen entnehmen.

§ 23. Grundstücksgleiche Rechte

Die vorstehenden Bestimmungen sind auf die Zwangsverwaltung von Berechtigungen, für welche die Vorschriften über die Zwangsverwaltung von Grundstücken gelten, entsprechend anzuwenden.

§ 24. Nichtanwendbarkeit der Verordnung

(1) Die Vorschriften dieser Verordnung gelten nicht, falls der Schuldner zum Verwalter bestellt ist (§§ 150 b bis 150 e des Gesetzes über die Zwangsversteigerung und die Zwangsverwaltung).

(2) Die Vorschriften dieser Verordnung gelten ferner nicht, falls die durch §§ 150, 153, 154 des Gesetzes über die Zwangsversteigerung und die Zwangsverwaltung dem Gericht zugewiesene Tätigkeit nach landesgesetzlichen Vorschriften von einer landschaftlichen oder ritterschaftlichen Kreditanstalt übernommen worden ist.

§ 25. Übergangsvorschrift

In Zwangsverwaltungen, die bis einschließlich zum 31. Dezember 2003 angeordnet worden sind, findet die Verordnung über die Geschäftsführung und die Vergütung des Zwangsverwalters vom 16. Februar 1970 (BGBl. I S. 185), zuletzt geändert durch Artikel 9 des Gesetzes vom 13. Dezember 2001 (BGBl. I S. 3574), weiter Anwendung; jedoch richten sich die Vergütung des Verwalters und der Auslagenersatz für den ersten auf den 31. Dezember 2003 folgenden Abrechnungszeitraum nach den §§ 17 bis 22 dieser Verordnung.

§ 26. Inkrafttreten, Außerkrafttreten

Diese Verordnung tritt am 1. Januar 2004 in Kraft. Gleichzeitig tritt die Verordnung über die Geschäftsführung und die Vergütung des Zwangsverwalters vom 16. Februar 1970 (BGBl. I S. 185), zuletzt geändert durch Artikel 9 des Gesetzes vom 13. Dezember 2001 (BGBl. I S. 3574), außer Kraft.

Steht eine Eigentumswohnung unter Zwangsverwaltung und werden Mieteinnahmen nicht erzielt, so hat der Gläubiger gem § 161 III ZVG bei Meidung der Aufhebung des Zwangsverwaltungsverfahrens den für die Zahlung des Hausgeldes erforderlichen Betrag vorzuschießen;[17] Hausgeld muß der Zwangsverwalter nämlich als Verwaltungsausgaben sowie nach Maßgabe des Teilungsplanes an den WEG-Verwalter abführen.[18] Der Zwangsverwalter ist dafür verantwortlich, daß die Vorschüsse zu den jeweiligen Fälligkeitsterminen an die Berechtigten abgeführt werden (vgl §§ 154, 157); dabei darf er zwar Beträge für die Kosten der Verwaltung bereithalten, nicht aber bei regelmäßiger Mietzahlung Rücklagen für den Fall bilden, daß einmal Mietrückstände auftreten sollten. Wenn die Zwangsverwaltung sämtliche Einheiten einer Wohnanlage erfasst, darf sich der Zwangsverwalter auf die Verwaltung der Sondereigentumseinheiten beschränken, und für die Erhaltung des Gemeinschaftseigentums einen externen Verwalter beauftragen.[18a]

Viele BGH-Entscheidungen befassen sich mit der Frage, wie Mietkautionen in der Zwangsverwaltung zu behandeln sind.[18b]

Die Zwangsverwaltung setzt unmittelbaren oder mittelbaren Eigenbesitz des Schuldners voraus. Sie ist unzulässig, wenn und soweit dadurch in den Besitz eines nicht herausgabebereiten Dritten eingegriffen wird.[19] Ist also der Schuldner weder unmittelbarer noch mittelbarer Besitzer des Grundstücks und verweigert der Dritte, der den Besitz innehat, die Herausgabe, so ist die Zwangsverwaltung gegen den Schuldner rechtlich undurchführbar. Die Zwangsverwaltung darf wie jede andere Vollstreckungsmaßnahme nur das

---

[17] LG Oldenburg Rpfleger 1987, 326; der Zwangsverwalter muß/darf aber nur die nach Anordnung der Zwangsverwaltung fällig werdenden Wohngelder bezahlen: BayObLG Rpfleger 1999, 408.

[18] BGH Rpfleger 2004, 369; BayObLGZ 1991, 93; BayObLG 2 ZBR 33/99 vom 30. 4. 1999; LG Köln Rpfleger 1987, 325; Meyer-Stolte Rpfleger 1987, 327 – Vgl auch **TH A** 1.3.2.5. – Das gilt aber nur für die nach der Beschlagnahme beschlossene Jahresrechnung: BGH NJW 1999, 3713; BayObLG NJW-RR 1999, 1458; LG Rostock Rpfleger 2003, 680.

[18a] BGH WM 2003, 1098; AG Straubing Rpfleger 2004, 115.

[18b] Vgl BGH Rpfleger 2006, 489 und 30; 2005, 459 und 460 und 463 (Anm Schmidtberger) und 559; 2003, 678 (Anm Alff/Hintzen). – Vgl auch Mayer Rpfleger 2006, 175; Hintzen Rpfleger 2006, 57 (63).

[19] BGH Rpfleger 1986, 26; vgl auch **TH A** 1.3.2.3.

Vermögen des im Titel oder in der Klausel bezeichneten Schuldners erfassen (§§ 750 I 1, 795 ZPO). Als Eingriff in den Besitz ist sie daher unzulässig, wenn und soweit ein nicht herausgabebereiter Dritter den Besitz innehat. Deshalb kann der Vollstreckungsschuldner die Zwangsverwaltung bereits dadurch erheblich stören, daß er sein Grundstück während der Zwangsverwaltung zB verschenkt[20] oder kurz vor der Zwangsverwaltung mit einem (nachrangigen) Nießbrauch belastet.[21]

Die Zwangsverwaltung erfaßt ab der Beschlagnahme des Grundstücks (§§ 146 I, 20 ff) das Grundstück mit allen körperlichen Gegenständen und Forderungen,[22] auf die sich eine Hypothek erstreckt (§§ 148 I, 20 II, 21 II). Obwohl aus § 148 folgt, daß § 55 II in der Zwangsverwaltung nicht gilt, können auch schuldnerfremde, aber gem §§ 146, 20 II ZVG, §§ 1120, 1121 I BGB beschlagnahmte Zubehörstücke von der Zwangsverwaltung erfaßt werden, zB weil der Schuldner sie nach Eintragung der Grundschuld (aus der die Zwangsverwaltung betrieben wird) seiner Ehefrau geschenkt hatte, ohne daß die Stücke vom Grundstück entfernt worden waren.[23] Eventuelle Miet- und Pachtzinsrückstände werden bis zu einem Jahr erfaßt (§§ 1123 II BGB, 20 II),[24] so daß selbst eine schon vor der Zwangsverwaltung wirksam gewordene Mietabtretung oder Mietpfändung[25] zurücktreten muß und erst nach Abschluß der Zwangsverwaltung wieder aufleben kann; Mietpfändungen während der Zwangsverwaltung sind unwirksam.[26] Mietpfändungen wegen öffentlicher Lasten haben aber uU Vorrang (vgl Gesetz vom 9. 3. 1934, RGBl I 1934, 181).[27] War das Objekt bei Anordnung der Zwangsverwaltung vermietet, dann muss der Zwangsverwalter über die vom Mieter geleisteten Betriebskostenvorauszahlungen auch für solche Zeiträume abrechnen, die vor der Anordnung liegen.[27a]

Bei sog. „Betriebsaufspaltungen" oder ähnlichen Konstruktionen stellt sich im Falle eines Insolvenzverfahrens über das Vermögen des Grundstücksnutzers uU die Frage, ob im Ergebnis der Insolvenzverwalter das Betriebsgrundstück für die gesamte vereinbarte Restdauer kostenlos selbst nutzen und/oder sogar unterverpachten darf,[28] auch wenn das Grundstück mit Grundpfandrechten belastet ist, so daß selbst eine Zwangsverwaltung „ins Leere ginge",[29] oder ob sich der Zwangsverwalter (und damit der Grundpfandgläubiger) gegenüber

---

[20] Vgl dazu **TH A** 1.3.2.3!

[21] Vgl dazu BGH Rpfleger 2003, 523 (Anm Alff) = LMK 2003, 226 (Anm Storz).

[22] Zur Haftung von Versicherungsforderungen inbes bezgl Gebäudebrandversicherung vgl Mohrbutter FS für Herbert Schmidt 1981, 111.

[23] BGH NJW 1986, 59.

[24] OLG Celle WM 1955, 851; Mohrbutter-Drischler Muster 156 Anm 2; Stöber Forderungspfändung 8. Auflage 1987 Rdnr 231.

[25] BGH Rpfleger 2005, 684. – Vgl dazu **TH** A. 1.3.2.1. und **TH** A. 1.3.2.2. Vgl auch LG Braunschweig ZiP 1996, 193.

[26] RGZ 135, 206.

[27] Mohrbutter-Drischler Muster 156 Anm 3; Drischler Rpfl JB 1974, 371.

[27a] BGH NJW 2006, 2626.

[28] Vgl die „Lagergrundstück-Rechtsprechung" des BGH zur kapitalersetzenden Gebrauchsüberlassung ZiP 1989, 1542; 1993, 189; 1994, 1262; 1995, 1263; 1997, 1375.

[29] So OLG Karlsruhe ZiP 1997, 1758 mit zust Anm Brandes EWiR 1997, 991; LG München II ZiP 1996, 762; mit zust. Anm. Paulus EWiR 1996, 405.

dem Insolvenzverwalter (und damit den gesamten Gläubigern) durchsetzt.[30] Dies ist inzwischen durch den BGH geklärt.[31] Der Grundschuld-Gläubiger muß also, wenn der Insolvenzverwalter kapitalersetzende Nutzungsüberlassung geltend macht, die Zwangsverwaltung beantragen; eine dingliche Mietpfändung zur Geltendmachung der Hypothekenhaftung ist dagegen nach der Insolvenzeröffnung nicht mehr möglich.[32]

Wird dem Insolvenzverwalter dieses Zugriffsrecht auf die Mieten durch eine Zwangsverwaltung (oder dingliche Mietpfändung) entzogen, dann muss allerdings der Gesellschafter (idR Schuldner) den Wert des Nutzungsrechts ersetzen.[32a]

Schwierig und in weiten Teilen bisher auch streitig ist die Frage, ob der Zwangsverwalter auf dem beschlagnahmten Grundbesitz einen Gewerbebetrieb des Schuldners fortführen darf.[33] Der Bundesgerichtshof hat mit zwei Entscheidungen vom 10. 12. 2004 und 14. 4. 2005[34] in diesem Streit für weitgehende Klarheit gesorgt; der Leitsatz der letztgenannten Entscheidung lautet nämlich wörtlich:

„Der Zwangsverwalter ist befugt, einen auf dem beschlagnahmten Grundstück geführten grundstücksbezogenen Gewerbebetrieb des Schuldners fortzuführen, wenn dies zur ordnungsgemäßen Nutzung des Grundstücks erforderlich ist und er dabei nicht in Rechte des Schuldners an Betriebsmitteln eingreift, die unabhängig von ihrer Zugehörigkeit zu dem Gewerbebetrieb absolut geschützt sind."

Der Zwangsverwalter hat nach § 152 das Recht und die Pflicht, alle Handlungen vorzunehmen, die erforderlich sind, um das Grundstück in seinem wirtschaftlichen Bestand zu erhalten und ordnungsgemäß zu benutzen; dabei soll gemäß § 5 I ZwVwV die zur Zeit der Anordnung bestehende Nutzungsart im Zweifel beibehalten werden. Sind hierzu gewerbliche Tätigkeiten erforderlich, gehören auch sie zu den Aufgaben des Zwangsverwalters.[35] Die umfassende Einbeziehung von Grundstücks-Bestandteilen und -Zubehör in die Verwaltungsmasse gemäß §§ 148 I, 20 II; §§ 1120, 94, 97, 98 BGB und das Recht auf Hinzuziehung von Hilfskräften gemäß § 1 II 4 ZwVwV verdeutlichen nach Ansicht des BGH, daß der Zwangsverwalter nicht auf die Bodennutzung beschränkt sein darf/kann, sondern auch unternehmerische Tätigkeiten wie den

---

[30] So BGH ZiP 1999, 62; OLG München ZiP 1997, 177. – Vgl hierzu auch Jungmann ZiP 1999, 601 und unten B. 3.1.1. und **TH** B 3.1.3.8.

[31] Ebenso BGH ZIP 2000, 455; OLG München EWiR 2001, 963 (Anm Storz).

[32] BGH NJW 2006, 3356.

[32a] BGH Rpfleger 2005, 372.

[33] Positiv: RGZ 135, 197, 202; OLG Dresden MDR 1999, 889; OLG Celle Rpfleger 1989, 519; LG Trier Rpfleger 1989, 76; LAG Bremen DB 1987, 1847; Meyer-Stolte EWiR 1990, 103; Selke ZfIR 2002, 622; Dauenheimer BB 1979, 989. – **Str. aA.:** OLG Hamm OLGR 1994, 131; Stöber § 152 Anm 6.6 ff; Haarmeyer/Wutzke/Förster/Hintzen § 5 ZwVwV Rdn 14 ff; Steiner/Hagemann § 152 Rdn 81 ff; Drassler/Muth § 152 Rdn 18; Hintzen, Rpfleger 1992, 310; dies gilt sogar dann, wenn der Schuldner der Betriebsfortführung ausdrücklich zustimme – **insoweit aA.:** OLG Celle Rpfleger 1989, 519; LG Bamberg Rpfleger 1992, 309). – Ausführlich zu diesem früheren Streit: Söllner 1992.

[34] BGH Rpfleger 2005, 210 und 557.

[35] BGH Rpfleger 2005, 557; ebenso Stöber § 152 Anm 6.2; Steiner/Hagemann § 152 Rdn 94; Dassler/Muth § 152 Rdn 19; Haasmeyer/Wutzke/Förster/Hintzen § 5 ZwVwV Rdn 17.

Betrieb eines Hotelrestaurants, eines Parkhauses, eines Campingplatzes, einer Tennishalle oä ausüben darf[36] bzw evtl sogar muß.

Da sich die Verwaltungs- und Verfügungsbefugnis des Zwangsverwalters aber auf den der Hypothekenhaftung unterliegenden Grundbesitz beschränkt und nicht auch auf das übrige Betriebsvermögen des Schuldners erstreckt (wie zB auf Namensrechte, gewerbliche Schutzrechte, Geschäftsbücher usw;[37] diese kann sich der Zwangsverwalter aber evtl vertraglich nutzbar machen[38]), darf er mit seinem unternehmerischen Verhalten aber nicht in diese gewerblichen Schutzrechte eingreifen. Nicht geschützt werden nach dem BGH allerdings eventuelle Eingriffe in die Geschäftsidee und -organisation, Know-how, good will, Kundenstamm, Lieferantenbeziehungen und ähnliche immaterielle Betriebsmittel, denn diese sind für sich gesehen weder ein „sonstiges Recht" im Sinne des § 823 I BGB, noch auf diese Weise verletzbar, weil dem Schuldner durch die Zwangsverwaltungs-Beschlagnahme der Zugriff auf sämtliche grundstücksbezogene sächliche Betriebsmittel entzogen wird, sodaß er seinen Gewerbebetrieb selbst gar nicht mehr aufrechterhalten bzw fortführen kann.[39]

Gemäß § 5 I ZwVwV soll der Zwangsverwalter die bisherige Nutzung beibehalten; für wesentliche Änderungen dieser Nutzungen (und sogar für die in § 5 III ZwVwV ausdrücklich berechtigte Fertigstellung begonnener Bauvorhaben) hat der Verwalter gemäß § 10 I Nr. 1 ZwVwV die vorherige Zustimmung des Gerichts einzuholen. Aber die Einwilligung des Gerichts in die baumäßige Umgestaltung des Gebäudes mit einer Änderung des Nutzungszwecks ist jedenfalls dann und zu versagen, wenn dies zu einer unverhältnismäßigen Belastung des Schuldners führen würde.[39a]

Die Beschlagnahme des Grundstücks hat unter anderem die Wirkung eines Veräußerungsverbotes, so daß der Eigentümer (anders als bei der Zwangsversteigerung) auch nicht mehr einzelne Gegenstände im Rahmen einer „ordnungsmäßigen Bewirtschaftung" vom Grundstück entfernen darf (§§ 148 I 2, 23 I 2).[40] Alle zur Erhaltung und ordnungsmäßigen Nutzung des Grundstücks erforderlichen Maßnahmen werden ausschließlich durch den Zwangsverwalter getroffen (§§ 150 I, 152).

Der Zwangsverwalter macht unverzüglich allen Behörden, Betrieben und Partnern, mit denen der Schuldner bei der bisherigen Verwaltung seines Grundstücks in Geschäftskontakt gestanden hat, die Zwangsverwaltung bekannt (§ 4 ZwVwV).[41] Denn gemäß §§ 146, 22 II 2 wird die Zwangsverwaltung den Drittschuldnern gegenüber erst mit ihrer Bekanntgabe wirk-

---

[36] BGH Rpfleger 2005, 557; BGHZ 85, 234, 237.

[37] OLG Hamm OLGR 1994, 131; Vollkommer AP BGB § 613a Nr. 19 Bl 217 mwN.

[38] BAG NJW 1980, 2148; BGH Rpfleger 2005, 557, 559; Vollkommer aaO.

[39] BGH Rpfleger 2005, 557; Herold DB 1958, 1063.

[39a] LG Göttingen Rpfleger 2004, 113. – Noch zur „alten" Zwangsverwalterverordnung hatte der BGH (NZM 2005, 156) dem Zwangsverwalter bei der Fertigstellung eines Gebäudes die Umgestaltung oder Veränderung der Schuldner-Planungen verboten: statt 83 senioren- und behindertengerechten Appartements sollten 116 Pflegeheimplätze geschaffen werden.

[40] Vgl dazu **TH** A. 1.3.3.6. und **TH** B. 2.5.4.4.

[41] Muster für die Mitteilung an die Beteiligten bei Stöber Handbuch Anm 578.

sam;[42] bis dahin können die Drittschuldner mit befreiender Wirkung an den Schuldner zahlen. Im Gegensatz zur Zwangsversteigerung wird die Zwangsverwaltung also schon von Anfang an einer breiten Öffentlichkeit bekannt.[43]

Auch während des Verfahrens hat der Schuldner für sich und seine Familie Anspruch auf kostenlose Nutzung der für seinen Hausstand unentbehrlichen Wohnräume, sofern seine Familie schon während der Beschlagnahme auf dem Grundstück gewohnt hat (§ 149 I). Der Schuldner hat aber keinen Anspruch auf entbehrliche Wohnräume oder auf gewerbliche Räume. Gemäß § 149 II muß das Gericht auf Antrag des Verwalters oder eines sonstigen Verfahrensbeteiligten[44] dem Schuldner die Räumung auch der unentbehrlichen Wohnräume aufgeben, wenn er oder ein Mitglied seines Hausstands das Grundstück oder die Verwaltung gefährden.[45] Auch die beharrliche Weigerung des Schuldners, die Verbrauchs- und Betriebskosten für die von ihm genutzten Räumlichkeiten zu bezahlen, kann den Entzug des Wohnrechts nach § 149 II begründen.[45a] Der Anordnungsbeschluß ist dann auch Räumungstitel gegen den Schuldner.[45b]

Der Zwangsverwalter ist bei der Ausübung seines Amtes im Rahmen der Anweisungen des Gerichts (§ 153 I) selbständig, aber für die Erfüllung der ihm obliegenden Verpflichtungen sowohl dem Schuldner als auch den betreibenden Gläubigern gegenüber verantwortlich und rechenschaftspflichtig (§ 154 S. 1). Er muß allerdings vor wichtigen Entscheidungen die vorherige Zustimmung des Gerichts einholen (§ 10 ZwVwV), und er soll das Grundstück wie ein sorgfältiger und wirtschaftlich denkender Eigentümer verwalten: zweifellos hängt der Erfolg einer Zwangsverwaltung weitgehend davon ab, ob die Verwaltung mehr bürokratisch oder mehr wirtschaftlich ausgerichtet ist.

In der Praxis war es sehr unbefriedigend, daß bei der Zwangsversteigerung von Wohnungs- bzw Teileigentum immer wieder erhebliche Wohngeld-(bzw Hausgeld-)Rückstände entstehen, die letztlich von der Eigentümergemeinschaft aufgefangen werden mussten, weil der Ersteher hierfür nicht haftbar gemacht werden kann.[46] Dieses Problem hat der Gesetzgeber seit Mitte 2007 dadurch gelöst, daß Wohngeldrückstände den Vorrang des § 10 Abs 1 Nr. 2 erhalten haben. Da ein derartiger neuer Vorrang aber die Beleihbarkeit des Teileigentums beeinträchtigt, wurde der Vorrang auf höchstens 5% des festgesetzten Verkehrswertes beschränkt.[47]

Der Zwangsverwalter erhält für seine Tätigkeit eine Vergütung, die sich nach der Höhe seiner Einnahmen und nach dem Schwierigkeitsgrad richtet, sowie die Erstattung angemessener Auslagen und der darauf entfallenden Mehrwertsteuer (§ 17 II ZwVwV); für eine im Rahmen der Zwangsverwal-

---

[42] Oder bei der – selteneren – Zustellung eines Zahlungsverbots.
[43] Vgl **TH** A. 1.3.3.8.
[44] Vgl Stöber § 149 Anm 3.
[45] Vgl **TH** A. 1.3.3.1. und **TH** A. 1.3.3.2. und **TH** A. 1.3.3.4.
[45a] AG Heilbronn Rpfleger 2004, 236; LG Zwickau Rpfleger 2006, 426.
[45b] AG Dülmen Rpfleger 2007, 494; Zöller-Stöber § 885 ZPO Rz 3.
[46] Vgl B 2.2.1 und D 5.3.6.
[47] Vgl dazu ausführlich unten B.4.4.1.

tung nötige Anwaltstätigkeit kann er unter Umständen Rechtsanwaltsgebühren verlangen. Ein Institutsverwalter (§ 150a II 2)[48] und der Schuldner als Zwangsverwalter (§§ 150b, 150e)[48] erhalten keine Vergütung.[49] Die Vergütung des Zwangsverwalters beträgt gemäß § 18 ZwVwV 10% des für den Zeitraum seiner Verwaltung an Mieten und Pachten eingezogenen Bruttobetrages und liegt daher deutlich höher als vor Inkrafttreten der ZwVwV.[50] Falls er nach Zeitaufwand vergütet wird, beträgt sein Stundensatz gem § 19 ZwVwV zwischen EURO 35,– und 95,–. Obwohl die neue ZwVwV gerade das Vergütungsproblem regeln sollte, gibt es gerade auf diesem Gebiet besonders viele (BGH-)Entscheidungen und weiter bestehende Unklarheiten.[50a]

Obwohl die Zwangsverwaltung im Gegensatz zur Zwangsversteigerung nicht die Verwertung der Grundstückssubstanz bezweckt sondern sogar auf deren Erhaltung abzielt (vgl § 152), können Zwangsverwaltung und Zwangsversteigerung auch nebeneinander betrieben werden. Die Vorteile dieses doppelten Vergehens werden aber oft übersehen; insbesondere wird zu wenig beachtet, wie wichtig eine Zwangsverwaltung auch dann sein kann, wenn aus ihr keine direkten Einnahmen zu erzielen sind.[51]

Bei einem doppelten Vorgehen laufen trotzdem Zwangsversteigerung und Zwangsverwaltung völlig getrennt nebeneinander her; unter Umständen sind innerhalb des gleichen Gerichts auch verschiedene Rechtspfleger zuständig. Auch die Erlöse aus beiden Verfahren werden nicht etwa zusammengeworfen und dann gemeinsam verteilt, sondern sie werden (nach etwas unterschiedlichen Rangklassen[52]) getrennt ausgeschüttet. Allerdings müssen sich die Gläubiger die in einem Verfahren erzielten Einnahmen in dem anderen Verfahren anrechnen lassen.[52]

Wenn in der Zwangsverwaltung höhere Kosten/Ausgaben entstehen als Einnahmen, können diese Mehrkosten in der Zwangsversteigerung an der bevorzugten Rangstelle des § 10 I 1 geltend gemacht werden. Dazu müssen aber verschiedene Voraussetzungen erfüllt sein:[53]
– die Zwangsverwaltung muß bis zum Zuschlag angedauert haben;[54]
– die Mehrkosten werden von einem die Zwangsversteigerung betreibenden Gläubiger geltend gemacht und angemeldet (idR als Vorschuss für die Zwangsverwaltung);
– die Aufwendungen müssen objekterhaltend oder objektverbessernd gewirkt haben.[55]

---

[48] Zu diesen beiden Sonderformen der Zwangsverwaltung vgl Stöber § 150a und §§ 150b–150e. – Zur Institutsverwaltung vgl auch **TH A** 1.3.2.7 – **TH A** 1.3.2.10.
[49] Zur Zwangsverwaltung neben der Zwangsversteigerung vgl auch **TH B.** 2.5.5.4. und **TH B.** 5.2.2.1. und **TH B.** 5.3.2.1. und **TH D.** 4.2.2.3.
[50] Vgl dazu BGH ZIP 2002, 1959; LG Berlin Rpfleger 2004, 58.
[50a] Vgl. zB BGH V ZB 63/06 vom 18. 1. 2007 und V ZB 150/06 vom 25. 1. 2007 sowie Rpfleger 2006, 151; 2005, 152 und 99; NZM 2005, 194; 2004, 472; LG Essen Rpfleger 2005, 212; Waldherr/Weber ZfIR 2005, 184; Drasdo NJW 2005, 1549; Eickmann ZiP 2004, 1736; Pape, NZi 2004, 187; Hintzen Rpfleger 2006, 57 (64ff).
[51] Vgl **TH A.** 1.3.3.1. – **TH A.** 1.3.3.8. und **TH C.** 2.1.3.2.
[52] Vgl **TH E.** 4.2.1. und **TH E.** 5.7.3.
[53] Vgl dazu auch B. 4.4.2.
[54] LG Bochum Rpfleger 1994, 517; Stöber § 10 Anm 2.5.
[55] BGH Rpfleger 2003, 454; OLG Köln Rpfleger 1998, 482; LG Bochum Rpfleger 1994, 517.

Nach der Rechtsprechung kann auch die Vergütung des Zwangsverwalters nur dann in § 10 I 1 berücksichtigt werden, wenn die Zwangsverwaltung notwendig war, um das Grundstück in seinem wirtschaftlichen Bestand für die Zwangsversteigerung zu erhalten, wiederherzustellen oder zu verbessern.[55] Wohngeldzahlungen (zu denen der Zwangsverwalter verpflichtet ist!) dürfen daher nur mit ihren objekterhaltenden oder -verbessernden Teilen berücksichtigt werden.[56]

Wird die Zwangsverwaltung durch den Zuschlag in einer Zwangsversteigerung beendet, bekommt der Gläubiger einen evtl Überschuß; wird die Zwangsverwaltung dagegen durch Antragsrücknahme (zB wegen freihändigen Verkaufs) beendet, erhält der (bisherige) Grundstückseigentümer den evtl Überschuß.

1.3.2. Taktische Hinweise: Zwangsverwaltung – Allgemein

TH 1.3.2.1.: Ein Gläubiger, dessen persönliche Forderung auf dem Grundstück nicht ausreichend abgesichert ist, sollte (wenn er nicht der einzige Gläubiger ist) versuchen, den Zugriff auf Mieten nicht über die Zwangsverwaltung sondern eine Mietpfändung zu erreichen. Gelingt ihm das, so kann er nicht nur den vollen Erlös für sich alleine beanspruchen, sondern er kann ihn auch zunächst auf den dinglich nicht oder nicht einwandfrei abgesicherten Teil seiner persönlichen Forderung anrechnen. Umgekehrt müssen alle nicht einwandfrei gesicherten dinglichen Gläubiger jede Mietpfändung sofort mit einer Zwangsverwaltung abwehren.

Bei Mietpfändungen muß zusätzlich darauf geachtet werden, ob sie aus einem persönlichen oder einem dinglichen Titel erfolgen. Während nämlich Pfändungen aus einem persönlichen Titel dem zeitlichen Prioritätsprinzip voll unterworfen sind, geht auch eine spätere Mietpfändung aus einem dinglichen Titel einer früheren persönlichen Mietpfändung oder einer Mietabtretung gem §§ 1123 BGB, 829 ff, 865 ZPO vor.[57]

Die Auswirkungen der unterschiedlichen Vorgehensweise sollen an einem **Beispiel** verdeutlicht werden:

vermietetes Betriebsgrundstück; Wert = Versteigerungserlös: 160 000.– Mieteinnahmen während des Versteigerungsverfahrens (zusätzlich): 12 000.–. Persönliche Forderungen: J: 80 000.–; L: 60 000.–; D: 50 000. Dingliche Rechte[58] (nach Verfahrenskosten: 2 000.– und öffentliche Lasten: 1 000.–): J: 65 000.–; L: 60 000.–; D: 50 000.–; S: 15 000.–.

(1) Bei einer persönlichen Mietpfändung durch Gläubiger J könnte dieser die vollen 12 000.– Mieteinnahmen auf den nicht durch seine erste Grundschuld gesicherten Forderungsteil verrechnen und so insgesamt 77 000.– erzielen! Gläubiger D müßte dagegen mit insgesamt 32 000.– aus der 3. Grundschuld vorlieb nehmen.

(2) Bei einer persönlichen oder dinglichen Mietpfändung durch Gläubiger D könnte dieser die 12 000.– aus den Mieten vereinnahmen und in der Versteigerung auf seine 3. Grundschuld zusätzlich 32 000.– erzielen, insgesamt also 44 000.–.

---

[56] BGH Rpfleger 2003, 454.
[57] RGZ 81, 148; 137, 140; Schaarschmidt S. 232.
[58] Entsprechend ihrer dinglichen Rangfolge und jeweils einschließlich Hauptsumme, Zinsen und Kosten.

(3) Bei einer Zwangsverwaltung müßten die 12 000.– (nach Abzug der nicht unerheblichen Verwaltungskosten!) zwischen den Gläubigern JLD geteilt werden, weil jeder Gläubiger zunächst nur seine laufenden wiederkehrenden Leistungen geltend machen kann. Wegen der Verrechnungspflicht können sie in der Zwangsversteigerung aber nur entsprechend geringere Beträge geltend machen. Entsprechende Vormerkungen bzw entsprechende Abtretung der Rückgewährsansprüche vorausgesetzt würden Gläubiger L und D in der Zwangsversteigerung „vorrücken", so daß letzten Endes wieder D in den Genuß des höheren Gesamterlöses käme. In unserem Beispiel müßte sich also insbesondere Gläubiger D gegen eine Mietpfändung sofort mit der Zwangsverwaltung oder einer Mietpfändung aus dinglichem Titel wehren!

(4) Einer persönlichen Mietpfändung durch Gläubiger D könnte aber auch Gläubiger S mit einer dinglichen Mietpfändung begegnen: dann erhielte er – wenn bzw solange keine Zwangsverwaltung in Gang kommt – die DM 12 000.–, obwohl er an schlechtester Rangstelle steht und erst nach Gläubiger D die Miete gepfändet hat!

TH 1.3.2.2.: Es kann nicht nachhaltig genug betont werden, daß ein Zwangsversteigerungsverfahren die Mieten nicht berührt. Das ist zwar theoretisch allgemein bekannt, wird aber in der Praxis deshalb oft übersehen, weil sich die Gläubiger zu einseitig auf die Zwangsversteigerung und dort zu sehr auf ihre eigene Rolle konzentrieren: ein sich sicher fühlender Gläubiger ist zu bequem und ein schlecht abgesicherter Gläubiger resigniert zu früh. Also unternehmen beide nichts, sodaß ganz außenstehende Gläubiger oft eine reiche Belohnung für mutiges und schnelles Handeln finden.…

Schon hier bei Zwangsverwaltung und Mietpfändung zeigt sich eine für das Zwangsversteigerungsverfahren wichtige und immer wiederkehrende Erkenntnis: Die Immobiliarzwangsvollstreckung ist oft ein Kampf um das Erringen, Bewahren und Ausspielen von taktischen Positionen nicht nur gegenüber dem Schuldner und/oder dem Ersteher, sondern sehr häufig auch und besonders zwischen den Gläubigern.[59] Erfolg hat am ehesten, wer das begreift und ausnützt!

TH 1.3.2.3.: Ist der Grundstückseigentümer und Vollstreckungsschuldner weder unmittelbarer noch mittelbarer Besitzer des Grundstücks und der besitzende Dritte zur Herausgabe nicht bereit, gibt es für einen Gläubiger des Eigentümers folgende Möglichkeiten, doch die Zwangsverwaltung zu erwirken: Ist der Dritte (unmittelbarer oder mittelbarer) Eigenbesitzer, kann der Gläubiger wegen eines Anspruchs aus einem im Grundbuch eingetragenen Recht gegen ihn die Zwangsverwaltung beantragen, auch wenn der Dritte nicht eingetragener Eigentümer ist (§ 147). Dazu reicht allerdings der gegen den Eigentümer gerichtete Vollstreckungstitel nicht aus; entweder muß der Titel mit einer Vollstreckungsklausel gegen den Eigenbesitzer versehen werden (§§ 727 ff, 731, 795 ZPO),[60] oder der Gläubiger muß sich gegen den Eigenbesitzer einen Duldungstitel verschaffen. Ist der Dritte nicht Eigenbesitzer, oder geht es um die Vollstreckung eines persönlichen Anspruchs gegen den Eigentümer, muß der Gläubiger einen etwaigen Herausgabeanspruch des Eigentümers gegen den Besitzer pfänden und sich zur Einziehung überweisen lassen und einen Herausgabetitel gegen den Besitzer erwirken, um nach er-

---

[59] Vgl dazu **TH** A. 1.3.2.6. **TH** B. 1.2.2.1. und **TH** B. 3.2.4.5. und **TH** B. 6.5.7. und **TH** D. 4.2.2.2.
[60] Vgl BGH ZiP 1985, 1532.

folgter Herausgabe die Zwangsverwaltung durchführen zu lassen. In jedem Fall müssen also die Voraussetzungen für eine Zwangsvollstreckung in den Besitz des Dritten geschaffen werden.

TH 1.3.2.4.: Vgl zu den verschiedenen Vollstreckungsalternativen auch **TH. A. 1.1.2!**

TH 1.3.2.5.: Der Zwangsverwalter ist keineswegs nur der „verlängerte Arm" des Gläubigers, trotzdem aber von ihm schon deshalb etwas abhängig, weil der Gläubiger jederzeit seinen Zwangsverwaltungsantrag zurücknehmen und damit das Amt dieses Verwalters beenden kann. Wegen des häufig vorhandenen Interessengegensatzes zwischen den einzelnen Gläubigern sollte deshalb keiner von ihnen dem Anderen die Zwangsverwaltung „alleine überlassen", sondern in der Regel einer bereits angeordneten Zwangsverwaltung formal beitreten, wenn auch nur die Möglichkeit für Interessengegensätze besteht.[61]

TH 1.3.2.6.: Da die Verteilung der Zwangsverwaltungs-Überschüsse an die dinglichen Gläubiger im Teilungsplan festgeschrieben wird ohne Rücksicht darauf, wer die Zwangsverwaltung betreibt, scheint ein Beitritt zur Zwangsverwaltung wenig Sinn zu machen. So allgemein stimmt das aber nicht, denn mit dem Beitritt zur Zwangsverwaltung kann
– ein Gläubiger wichtige Kontroll- und Einflussrechte und bessere/frühere Informationen erlangen und ggf Rechtsmittel einlegen;
  ein vorrangiger Gläubiger verhindern, daß ein nachrangiger Gläubiger die Zwangsverwaltung kurz vor Ausschüttung eines Guthabens aufhebt, weil er schon vorher den dann gegebenen Herausgabeanspruch des Schuldners gepfändet hat;
– ein nachrangiger Gläubiger erreichen, daß die Erlöse zwar an den vorrangigen Gläubiger ausgeschüttet, von diesem aber in der Zwangsversteigerung nicht mehr geltend gemacht werden können, so daß der nachrangige Gläubiger hier entsprechend „aufrückt";
– ein persönlicher Gläubiger überhaupt (wenn auch nur nachrangig!) auf den Zwangsverwaltungserlös zugreifen.

TH 1.3.2.7.: Ein Institutsverwalter (§ 150 a) hat zwar grundsätzlich die gleichen Rechte und Pflichten und braucht auch die gleiche Qualifikation wie ein Fremdverwalter; trotzdem empfiehlt sich die Institutsverwaltung für Kreditinstitute besonders dann, wenn
– eine bereits laufende Fremdverwaltung nicht zufriedenstellend läuft und in eine Institutsverwaltung übergeleitet werden kann (evtl besser als eine Aufhebung der Fremdverwaltung);
– ein vorgesehener Fremdverwalter fachlich/persönlich nicht geeignet erscheint (vorherige Abstimmung mit dem zuständigen Rechtspfleger immer zweckmäßig!);
– die Zwangsverwaltung einen besonders großen Zeit-/Arbeitsaufwand oder ein besonderes persönliches Engagement des Verwalters erfordert;
– zB wegen einer parallel laufenden Zwangsverwaltung verwertungsschädliche Miet-/Pachtverhältnisse eher gekündigt oder verhindert als neu abgeschlossen werden sollten.

---

[61] Vgl dazu D 5.3.6.

TH 1.3.2.8.: Der Institutsverwalter muß zwar beim Kreditinstitut fest angestellt und darf nicht nur freier Mitarbeiter oder Rechtsanwalt sein,[61a] aber er darf auch bei einer 100%-Tochtergesellschaft angestellt sein,[61b] was besonders für solche Kreditinstitute interessant ist, die eigene Tochtergesellschaften für „Rettungserwerbe" und deren Betreuung und Verwertung unterhalten. Die Angestellten solcher Tochtergesellschaften können also schon vor dem (eventuellen) Rettungserwerb als Institutsverwalter tätig werden.

TH 1.3.2.9.: Für die Tätigkeit des Institutsverwalters darf gemäß § 150a II 2 keine Vergütung beansprucht werden. Trotzdem sollte ein ausfallgefährdetes Kreditinstitut auch dann einer Institutsverwaltung den Vorzug geben, wenn gut vermietete/verpachtete Objekte leicht und mit wenig Zeitaufwand zu verwalten sind. Damit kann das Kreditinstitut die Verwaltungskosten sparen.

TH 1.3.2.10.: Wenn die Institutsverwaltung mit besonderen Haftungsrisiken verbunden ist,[61c] sollte der Institutsverwalter zu seinem eigenen Schutz trotz der externen (!) Haftungsübernahme seines Kreditinstituts gemäß § 150a II 1 auf einer besonderen Haftpflichtversicherung für diese Tätigkeit bestehen.

1.3.3. Taktische Hinweise: Zwangsverwaltung neben Zwangsversteigerung

TH 1.3.3.1.: Aktive Maßnahmen zur Erhaltung oder Verbesserung des Grundstücks oder zur Fertigstellung von Baumaßnahmen sind praktisch nur bei einer Zwangsverwaltung möglich, weil § 25 dem betreibenden Gläubiger in einer Zwangsversteigerung nur gewisse Notmaßnahmen gegen Gefährdungen des Grundstücks ermöglicht.[62] Trotzdem sollte von § 25 mehr Gebrauch gemacht werden, als dies in der Praxis geschieht!

TH 1.3.3.2.: Für einen nachrangig gesicherten Gläubiger kann die Zwangsverwaltung auch deshalb sinnvoll sein, weil Auslagen zur Erhaltung oder notwendigen Verbesserung des Grundstücks in der Zwangsversteigerung dann unter Umständen das Vorrecht der 1. Rangklasse des § 10 I genießen,[63] wenn der Gläubiger diese Auslagen im Rahmen einer von ihm außerdem betriebenen Zwangsverwaltung gehabt hat und die Zwangsverwaltung bis zum Zuschlag angedauert hat. Solche Ausgaben genießen das Vorrecht aber nicht, wenn sie im Rahmen einer Verwaltung nach § 25 entstanden oder außerhalb des Verfahrens getätigt worden sind; sie können dann allenfalls als Kosten der dinglichen Rechtsverfolgung geltend gemacht werden,[64] was dann aber nicht viel nützt, wenn die Aufwendungen entgegen den Erwartungen nicht zu einem ausreichenden Versteigerungserlös geführt haben. Über die Zwangsverwaltung geht dagegen auch ein nachrangiger Gläubiger kein Kostenrisiko ein.

[61a] BGH Rpfleger 2005, 457 (Anm. Erler).
[61b] LG Koblenz Rpfleger 2004, 114.
[61c] Vgl BGH Rpfleger 2005, 616; OLG Hamm Rpfleger 2004, 369. LG Würzburg ZiP 2004, 1380.
[62] Vgl B. 5.3.1. und **TH** B. 5.3.2.2. und **TH** B. 5.3.2.3.
[63] Zu den Rangklassen des § 10 I vgl B. 4.4.2.
[64] Vgl Dassler-Muth § 25 Rz 12.

TH 1.3.3.3.: Durch die Zwangsverwaltung kann unter Umständen die Bewirtschaftung und Pflege des Grundstücks verbessert werden; dadurch wird unter Umständen das Anwachsen der im Rang vorgehenden Steuern und Zinsen verhindert.[65]

TH 1.3.3.4.: Verwertungsschädliche Mietverhältnisse und andere Rechtsverhältnisse können durch die Zwangsverwaltung verhindert werden; ebenso kann der auf dem Grundstück wohnende Eigentümer auf die für seinen Hausstand unentbehrlichen Wohnräume beschränkt und gegebenenfalls sogar zur Räumung des gesamten Grundstücks gezwungen werden.

TH 1.3.3.5.: Wenn der Eigentümer während des Zwangsversteigerungsverfahrens den Gläubigern und/oder eventuellen Interessenten den Zutritt zum Grundstück verweigert, kann unter Umständen[66] Zwangsverwaltung abhelfen. Wenn das bisherige Verhalten des Eigentümers darauf schließen läßt, daß er jede Möglichkeit zur Verzögerung oder Störung nützt, sollte die Zwangsverwaltung unter Umständen sogar präventiv betrieben werden, damit der Gläubiger jederzeit eine Besichtigung gewährleisten kann.

TH 1.3.3.6.: Im Gegensatz zur Zwangsversteigerung dürfen bei einer Zwangsverwaltung gemäß §§ 148, 23 I auch innerhalb der Grenzen einer ordnungsmäßigen Wirtschaft keine Zubehörgegenstände mehr vom Grundstück entfernt werden. Wenn solches Zubehör vorhanden und für den Wert des Grundstücks oder für seine Verwertbarkeit wichtig ist, sollten vor allem die nachrangigen Gläubiger über die Zwangsverwaltung die Entfernung verhindern.[67]

TH 1.3.3.7.: Sind zwar keine Mieten zu erzielen, bestehen aber Mietrückstände, für die einzelne noch auf dem Grundstück lagernde Gegenstände des Mieters über das Vermieterpfandrecht gemäß §§ 562–562d BGB haften, können die Gläubiger des Grundstückseigentümers über die Zwangsverwaltung auf diese Gegenstände zugreifen, allerdings nur für Mietrückstände bis zu einem Jahr vor der Beschlagnahme für die Zwangsverwaltung.[68] An diese Möglichkeit sollte immer dann gedacht werden, wenn Eigentümer und Nutzer des Grundstücks juristisch nicht identisch sind; das ist bei gewerblichen Grundstücken aus steuerlichen Gründen häufig auch dann der Fall, wenn Eigentümer und Nutzer persönlich und wirtschaftlich identisch sind.

TH 1.3.3.8.: Die praktische Erfahrung bringt gelegentlich überraschende Erkenntnisse. So hat sich schon gezeigt, daß allein die Tatsache der frühen allgemeinen Bekanntmachung der Zwangsverwaltung gegenüber der Zwangsversteigerung zu einem entscheidenden Vorteil für den Gläubiger werden kann, wenn der Eigentümer nur aus Furcht vor dieser Veröffentlichung Zugeständnisse macht, die er sich bei der Zwangsversteigerung bis zur Bekanntmachung des Termins[68] zurückgehalten hätte.

TH 1.3.3.9.: Die Rechtsfolgen des § 613a BGB, nach denen der rechtsgeschäftliche Erwerber eines Betriebes in die Rechte und Pflichten aus dem Ar-

---

[65] Vgl Stöber § 146 Anm 2.
[66] Vgl aber LG Heilbronn Rpfleger 2003, 679.
[67] Vgl **TH** B. 5.3.2.1.
[68] Vgl dazu C. 3.3.

beitsverhältnis eintritt, werden in der Rspr auch dann angewandt, wenn das Rechtsgeschäft im Rahmen eines Insolvenzverfahrens durchgeführt wird.[69] Dadurch wird gerade in Krisensituationen, in denen die Möglichkeit einer Betriebsveräußerung eigentlich gefördert werden müßte, diese zusätzlich erschwert. Hier kann uU – wenn genügend Zeit zur Verfügung steht – ein Ausweg über die Zwangsversteigerung und Zwangsverwaltung des Betriebsgrundstücks gefunden werden.[70]

TH 1.3.3.10.: Vgl zu den verschiedenen Vollstreckungs-Alternativen auch TH. A. 1.1.2!

TH 1.3.3.11.: Immer häufiger werden Eigentümer geradezu überhäuft von angeblichen Hilfsangeboten gegen die anhängige Zwangsversteigerung ihrer Grundstücke. Dahinter stecken aber leider oft gewissenlose Geschäftemacher, die ihre Informationen und die Adressen ihrer Opfer aus sog. Versteigerungskalendern beziehen. Diese Geschäftemacher nutzen die Not ihrer Opfer aus und verschlimmern diese im Endergebnis, auch wenn sie über Behinderungen und Verzögerungen der Zwangsversteigerung zunächst scheinbar erfolgreich sind.

Gläubiger sollten in diesen Fällen sofort die Zwangsverwaltung betreiben und sich auch durch die (in diesen Fällen absolut üblichen) Dauer-Rechtsmittel und Befangenheitsanträge nicht beeindrucken lassen. Nur durch die Zwangsverwaltung können die (in diesen Fällen üblichen) unangenehmen Überraschungen im Versteigerungstermin vermieden, verdächtige Mietverträge überprüft, verwertungsschädliche Verträge oder Maßnahmen beseitigt oder sogar verhindert, Besichtigungen durch Schätzer und Interessenten durchgesetzt, aber auch konstruktive Problemlösungen erarbeitet werden.

TH 1.3.3.12.: Schuldner/Eigentümer sollten grundsätzlich höchst vorsichtig sein, wenn ihnen unaufgefordert von unbekannter Seite eine derartige Hilfe angeboten wird. Eine Rechtsberatung (und um die handelt es sich hier eindeutig, auch wenn etwas anderes behauptet wird) durch Nicht-Rechtsanwälte ist nämlich schlicht verboten (Rechtsberatungsgesetz), und Rechtsanwälte dürfen trotz der inzwischen eingeführten Lockerungen nicht unaufgefordert konkreten Einzelpersonen für konkrete Probleme ihre Hilfe anbieten.[71] Vgl im übrigen TH. B. 1.1.2.9.

TH 1.3.3.13.: Gerade dann, wenn eine Zwangsversteigerung durch eine parallellaufende Zwangsverwaltung unterstützt werden muß, empfiehlt sich oft eine Institutsverwaltung gemäß § 150a. Vgl dazu Taktische Hinweise **TH A** 1.3.2.7 – **TH A** 1.3.2.10!

---

[69] Vgl zB BAG ZiP 1980, 117; 1983, 1377 mwN, Mohrbutter nZA 1985, 105 **gegen** Grub KTS 1978, 129; Uhlenbruck KTS 1974, 1 und 9175, 253 mwN.
[70] Vgl dazu Mohrbutter NZA 1985, 105.
[71] So auch OLG Stuttgart NJW 1997, Heft 32, **VIII.**

2. Zwangsversteigerung, Überblick

Um dem Leser den Einstieg in das Verständnis von Aufbau und Zielsetzung des ZVG und in die Kenntnis von einigen Einzelfragen zu erleichtern, sind in folgendem die wichtigsten Thesen zum Gesetz und zur Versteigerungspraxis auf wenigen Thesen-Seiten (**TS**) schlagwortartig zusammengefaßt, gewissermaßen als Kurzfassung des Leitfadens.

Die das allgemeine Verständnis von Gesetz und Praxis betreffenden Thesen-Seiten sind hier abgedruckt (**A**.2.1), während die Thesen-Seiten zu den verschiedenen Einzelfragen jeweils dort abgedruckt sind, wo die betreffende Einzelfrage behandelt wird. Ein Hinweis auf die Fundstellen findet sich im nächsten Abschnitt (**A**.2.2.).

2.1. Thesen-Seiten zum Verständnis von ZVG und Praxis

TS 1: Aufgabe jedes Beteiligten ist das Bemühen um einen guten wirtschaftlichen Erfolg;

TS 2: Das ZVG anerkennt die daraus folgenden Interessengegensätze und gibt Regeln für die Auseinandersetzung;

TS 3: Im Gegensatz zum Gläubiger ist der Schuldner daran interessiert, daß kein Zuschlag erteilt wird;

TS 4: Im Interessengegensatz zwischen Beteiligten und Bietern schützt das ZVG die Bieter nicht;

TS 5: Am vielfältigsten ist der Interessengegensatz zwischen den verschiedenen Gläubigern;

TS 6: Diesen Interessengegensatz löst das ZVG durch eine konsequente Benachteiligung nachrangiger Gläubiger;

TS 7: Das ZVG stellt einseitig auf den bestrangig betreibenden Gläubiger ab, der allerdings abgelöst werden kann;

TS 8: Die große wirtschaftliche Bedeutung für jeden Beteiligten erfordert eine hohe Beweglichkeit des Verfahrens;

TS 9/10: Dieser Beweglichkeit wird zum einen ermöglicht durch die besondere Konstruktion und Bedeutung des „geringsten Gebots";

TS 11: Die Beweglichkeit wird zum anderen erreicht durch die Selbständigkeit der Einzelverfahren in der Gesamtversteigerung;

TS 12: Die Beweglichkeit wirkt sich in allen Verfahrensabschnitten aus, bis unmittelbar vor Verkündung des Zuschlags;

TS 13: Nachträglich wurden ins ZVG einige Zuschlagsversagungsmöglichkeiten nach Gebotshöhe eingefügt.

TS 14: Ablauf eines Zwangsversteigerungsverfahrens.

Thesen-Seite 1: Aufgabe der Gläubiger in der Zwangsversteigerung
2.1
Bemühung um einen guten wirtschaftlichen Erfolg
(nicht: bürokratisches Verhalten)

- unter Beachtung der sozialen und menschlichen Verantwortung gegenüber dem Schuldner
- und unter Wahrung der Fairnis gegenüber den anderen Gläubigern;
- beides bedeutet nicht Interessenvertretung für andere, denn jeder ist für sich selbst verantwortlich.

Da die anderen Gläubiger ähnliche Aufgaben haben, sind in der Regel Interessengegensätze nicht zu vermeiden.

Für diese Auseinandersetzung ist daher neben Rechtskenntnissen ein taktisches, psychologisches Verhalten erforderlich:

- für die eigene Zielsetzung vor der Versteigerung einen realistischen Rahmen setzen und mit dem Rechtspfleger abstimmen;
- genau ermitteln, wer für die eigene Zielsetzung ein wichtiger Partner/ Gegner ist;
- (nur) die wichtigen Partner/Gegner auf deren tatsächliche Interessenlagen und Möglichkeiten analysieren;
- versuchen, die eigenen Interessen mit den wichtigsten Interessen der wichtigen Partner/Gegner in Übereinstimmung zu bringen;
- die wichtigen Partner/Gegner nicht überfordern.

Thesen-Seite 2: Das ZVG orientiert sich nicht am Grundstückswert
(seinem ursprünglichen Aufbau nach)

- die $^5/_{10}$-Grenze in § 85 a,
- die $^7/_{10}$-Grenze in § 74 a,
- die Befriedigungsfiktion in § 114 a,
- das Verschleuderungsverbot in § 765 a ZPO,
- das Wertsetzungsverfahren in § 74 a, Abs 5

wurden erst nachträglich eingefügt!

Das ZVG orientiert sich an den handelnden Personen und deren Interessengegensätzen:

- zwischen Gläubigern und Schuldner,
- zwischen Beteiligten und Interessen/Bietern,
- zwischen den verschiedenen Gläubigern.

Das ZVG anerkennt die Unterschiedlichkeit der Interessen und das Bemühen, die eigenen Interessen gegen die fremden Interessen wahrzunehmen. Das ZVG enthält die Regeln für diese Auseinandersetzung, in der der Staat nur das Interesse an einem ordnungsgemäßen Ablauf hat.

Thesen-Seite 3: Interessengegensatz Schuldner – Gläubiger

1. Vom ZVG vermuteter Gegensatz:

– Schuldner will Versteigerung immer verhindern, Gläubiger möchte Grundstück verwerten (Zuschlag).
– Schuldner will (oft) verzögern, Gläubiger möchte (meist) beschleunigen.
– Schuldner zerstört/vernachlässigt (uU) Grundstück, Gläubiger muß (dann uU) für Werterhaltung sorgen.

2. Vom ZVG geregelte Lösung:

– Wenn (auch) Gläubiger Versteigerung nicht (mehr) will, muß Versteigerung sofort beendet werden. Also Zuschlagsversagung auf Wunsch des Gläubigers:
   – ohne Rücksicht auf Höhe des Meistgebots
   – bis zum letzten Augenblick (Zuschlag)!
   Zuschlagsversagung gegen Willen des Gläubigers nur in engen Grenzen!
– Verzögerungen (einstweilige Einstellungen) auf Antrag des Schuldners nur in engen Grenzen, uU gegen Auflagen, Verzögerungen auf Bewilligung des Gläubigers einfach: (fast) ohne Zeitgrenze, ohne Begründung, ohne Form, ohne Mitspracherecht von Schuldner, Rechtspfleger oä.

Thesen-Seite 4: Interessengegensatz Beteiligte – Bieter/Interessenten

1. Vom ZVG vermuteter Gegensatz:

- Beteiligte (Schuldner/Gläubiger) wollen teuer versteigern, Bieter/Interessenten möchten billig erwerben.
- Beteiligte wollen sich (uU) gegen bestimmte Bieter sichern, Bieter/Interessenten möchten ungehindert bieten.
- Beteiligte wollen selbst flexibel bleiben, Bieter/Interessenten möchten auch flexibel sein.

2. Vom ZVG geregelte Lösung:

- Bieter/Interessenten werden nicht geschützt und haben nicht einmal Antragsrechte.
- Grundsatz der uneingeschränkten Bindung des Bieters an ein zugelassenes Gebot; die Beteiligten können aber Zuschlag verhindern.
- Wenn Sicherheitsleistung verlangt wird, muß diese sofort erbracht werden.

Thesen-Seite 5: Interessengegensatz zwischen den Gläubigern

1. Vom ZVG vermuteter Gegensatz:

– Ein Gläubiger will verzögern, ein anderer möchte beschleunigen.
– Ein Gläubiger will (bei bestimmtem Gebot) Zuschlag, ein anderer möchte (bei gleichem Gebot) Versagung.
– Jeder Gläubiger möchte für sich selbst möglichst viel erlösen, zT unabhängig von Rangordnung (wie beim freihändigen Verkauf).

2. Vom Gesetz geregelte Lösung:

– Jeder Gläubiger kann sein Pfandrecht verwerten, daher ist jeder Gläubiger selbständig und unabhängig; der Gläubiger darf bei seiner Verwertung aber einen vorrangigen Gläubiger nicht beeinträchtigen.
– Wenn mehrere Gläubiger verwerten (= vollstrecken = versteigern) kommt es nur auf den bestrangig Betreibenden an; Die Nachrangigen werden bewußt benachteiligt (Ausgleich durch einseitige Ablösungsmöglichkeit).
– Verschiedene Vollstreckungsarten (Versteigerung, Verwaltung, Pfändung, Einigung mit Schuldner, Bieter oder Dritten) führen unter Umständen zu unterschiedlichen Ergebnissen für die einzelnen Gläubiger.

Thesen-Seite 6: Mehrfache Benachteiligung nachrangiger Gläubiger

1. Erschwerte Verwertung:

Wenn Nachrangiger alleine betreibt, werden alle Vorrechte geschützt (d. h. Rechte selbst bleiben bestehen und Zinsen und Kosten müssen bezahlt werden), so daß geringstes Gebot unter Umständen über dem Objektwert liegt, und niemand bietet.

2. Schlechtere Verfahrensposition:

Geringstes Gebot als wichtigste Grundlage der Versteigerung richtet sich nur nach dem bestrangig betreibenden Gläubiger. Die Nachrangigen haben wenig Einfluß (zB $^7/_{10}$-Antrag) und können sich oft nur über Ablösung retten.

3. Höheres Risiko bei Fremdversteigerung:

Wenn aus Vorrecht betrieben wird, erlischt das eigene Recht, unter Umständen ersatzlos. Nur über § 59 oder § 91 kann Recht erhalten werden; das setzt aber die Mitwirkung Anderer voraus.

4. Geringere Erlöschancen:

Für die Befriedigung des Nachrangigen muß wegen des Ranggrundsatzes entsprechend viel geboten werden.

Thesen-Seite 7: Bedeutung des bestrangig betreibenden Gläubigers

1. Begründung seiner Machtstellung
    1.1. Das geringste Gebot als Grundlage des Verfahrens von der Bietstunde bis zur Zuschlagserteilung richtet sich nur nach ihm allein.
    1.2. Durch einfache Einstellungsbewilligung (die nicht begründet zu werden braucht) kann der bestrangig betreibende Gläubiger das geringste Gebot verändern und damit die bisherige Verfahrensgrundlage zerstören.
    1.3. Je nachdem, wann die Änderung wirksam wird, ergeben sich mehr oder weniger schwerwiegende Folgen für das Verfahren.
    1.4. Der bestrangig betreibende Gläubiger kann die Änderung durch Rücknahme seiner Einstellungsbewilligung auch wieder beseitigen.

2. Möglichkeiten des bestrangig Betreibenden
    2.1. Verhinderung des Zuschlags unabhängig von der Höhe des Meistgebots.
    2.2. Durchsetzung höherer Gebote während der Bietstunde.
    2.3. Durchsetzung von Zahlungen oder sonstigen Leistungen außerhalb der Versteigerung.

3. Ablösung des Gläubigers

    Die konsequente Benachteiligung der nachrangigen Gläubiger bzw. die ausschließliche Ausrichtung auf den bestrangig betreibenden Gläubiger ist nur gerechtfertigt, weil fast jeder andere Beteiligte ein einseitiges Ablösungsrecht hat und sich an die Stelle des bestrangig betreibenden Gläubigers setzen kann.

Thesen-Seite 8: Beweglichkeit des Verfahrens

Das ZVG berücksichtigt die hohe wirtschaftliche Bedeutung der Versteigerung für die Gläubiger und besonders für den Schuldner. Es anerkennt unterschiedliche Interessen der verschiedenen Beteiligten und gibt Möglichkeiten,
diese auch zu verfolgen:

– Das ZVG gibt einen gesetzlichen Rahmen, innerhalb dessen die Auseinandersetzung der Interessen unter Aufsicht des Vollstreckungsgerichts zu erfolgen hat. Das Gericht achtet (im Interesse des Schuldners) außerdem darauf, daß ein möglichst gutes wirtschaftliches Gesamtergebnis erzielt und
  daß vermeidbare Härten vermieden werden.
– Das Verfahren wird innerhalb dieses gesetzlichen Rahmens mit einer hohen Beweglichkeit ausgestattet
  – durch besondere Konstruktion/Bedeutung des „geringsten Gebots" und
  – durch Erhaltung der Selbständigkeit der Einzelverfahren der verschiedenen Vollstreckungsgläubiger innerhalb der Gesamtversteigerung.
– Wegen der Bedeutung der Versteigerung und zur Erhöhung der Beweglichkeit wird die eigentliche Entscheidung bis zur letzten theoretischen
  Möglichkeit hinausgezögert. Das Eigentum geht (im Gegensatz zur
  Kunstauktion) nicht schon über mit dem dritten Aufruf des Meistgebots,
  sondern erst mit der (uU Wochen später liegenden) Verkündung der Zuschlagsentscheidung. Bis dahin kann jeder Zuschlag noch verhindert werden.

Thesen-Seite 9: Das geringste Gebot

– richtet sich nicht nach dem Wert des Grundstücks, sondern ausschließlich nach Verfahrensregeln; es bringt zum Ausdruck, daß kein nachrangiger Gläubiger einen vorrangigen Gläubiger gefährden kann.
– Einziger Bezugspunkt für seine Berechnung ist der bestrangig betreibende Gläubiger.
– Das geringste Gebot kann sich bis zur Verkündung des Zuschlags ändern, damit bis zum letzten Augenblick noch eine Zuschlagsversagung möglich bleibt.

Folgen der Änderung:

– vor Beginn der Bietstunde: praktisch keine;
– während der Bietstunde: neue vollständige Bietstunde nötig; uU werden bisherige Gebote unwirksam;
– nach der Bietstunde: in der Regel Zuschlagsversagung (wenn Änderung nicht rückgängig gemacht wird) und neuer Versteigerungstermin unter Beachtung der Fristen des § 43.

Thesen-Seite 10: Berechnung und Änderung des geringsten Gebots

1. Geringstes Gebot

	Barteil	Bestehenbleibende Rechte
Verfahrenskosten	2 000,–	
öffentliche Lasten	1 000,–	
	3 000,–	– 0 –

Grundschuld A

	Barteil	Bestehenbleibende Rechte
Rechtsverfolgungskosten	500,–	
laufende/rückständige Zinsen	18 000,–	
Hauptsumme	–	50 000,–
Wegerecht Abt. II Nr. 1	–	Wegerecht
(EW 1 600,–)		
Leitungsrecht II Nr. 2	–	Leitungsrecht
(EW 1 200,–)		
	21 500,–	3 Rechte

Grundschuld B

2. Änderung des geringsten Gebots

1. Ermäßigung durch Hinzutreten eines neuen Bestrangigen; keine Überraschungen möglich wegen § 44 II.
2. Erhöhung wegen Wegfalls des bisherigen Bestrangigen; jederzeit Überraschungen möglich!
3. Änderung gemäß § 59 durch Vereinbarung; keine Überraschung der Beteiligten wegen Mitwirkung.

Thesen-Seite 11:
Beweglichkeit des Verfahrens; Selbständigkeit der Einzelverfahren

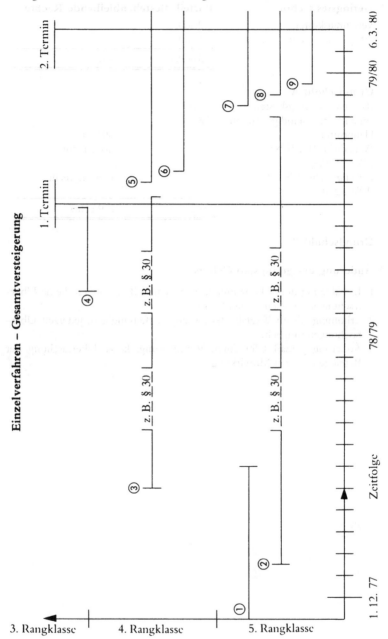

Thesen-Seite 12: Folgen der Beweglichkeit des Verfahrens

Bis zuletzt bleibt offen:

- wie lange das Zwangsversteigerungsverfahren dauert;
- ob es überhaupt mit einem Zuschlag endet;
- wie hoch der Versteigerungserlös ist;
- wie sich die vom Ersteher erbrachten Zahlungen auf die einzelnen Gläubiger verteilen.

Beweglichkeit während des ganzen Verfahrens

- vor dem Versteigerungstermin
- während der Bietstunde:
  Sitzungsunterbrechungen
  Änderung des geringsten Gebots
  Verlangen nach Sicherheitsleistung
- zwischen Bietstunde und Zuschlag:
  Zuschlagsversagung nach § 85 a
  $7/_{10}$-Antrag stellen/zurücknehmen (§ 74 a)
  Versagungsantrag nach § 85
  Versagung nach §§ 30, 33/Rücknahme der Einstellungsbewilligung
  Heilung von Verfahrensmängeln
  Vorgehen nach § 75 oder Ablösung
  Vollstreckungsschutz für Schuldner
  Abtretung der Rechte aus dem Meistgebot
- zwischen Zuschlag und Erlösverteilung:
  Liegenbelassen von Rechten
  Gesamtrechtsverteilung nach § 1132 BGB
- bei der Erlösverteilung

Thesen-Seite 13: Kein Zuschlag nach Gebotshöhe

Grundstückswert: 100 000,–

Belastungen:	Verfkosten, ÖflLasten	16 000
	Grundschuld J	32 000
	Grundschuld L	44 000
	Grundschuld D	30 000
	Grundschuld S	35 440
		157 440

1. **Kein Gebot:** (von Amts wegen) § 77: Einstw. Einstellg

2. **Unterhalb** $^5/_{10}$: (von Amts wegen) § 85a: Zuschlagsversagg **aber keine Versagung,** wenn Gebot + Ausfall mehr als $^5/_{10}$ sind, zB weil S für 16 000,– erwirbt (§ 85a III)

3. **Unterhalb** $^7/_{10}$: (auf Antrag best. Gl) § 74a: Zuschlagsversagung **aber keine Versagung,** wenn Gebot + unmittelbar anschließender Ausfall mehr als $^7/_{10}$ sind, zB weil L zu 48 000,– erwirbt (§ 74b); nur bei Gleichrang!

4. **Bei Verschleuderung:** (Antrag des Schu) § 765a ZPO: Zuschlagsversagung

5. **Jedes Gebot ohne Rücksicht auf seine Höhe:** (auf Einstellungsbewilligung des bestrangig betreibenden Gläubigers nach Bietstunde) § 30: Zuschlagsversagung

Thesen-Seite 14: Ablauf eines Zwangsversteigerungsverfahrens

1. Vorüberlegungen

- Welche Vollstreckungsart?
- Aus welchem Recht vorgehen?
- Versuch der Zusammenarbeit mit dem Schuldner!

2. Verfahrenseröffnung

- Versteigerungsantrag
- Anordnung des Verfahrens und Beitritt
- Selbständigkeit der Einzelverfahren
- Ranggrundsatz; Wirkung der Beschlagnahme

3. Vollstreckungsschutz

- §§ 30 a–30 f ZVG und § 765 a ZPO

4. Festsetzung des Grundstückswertes

- Verfahren und Rechtsmittel
- Bedeutung für §§ 10 I Nr. 2, 68, 85 a, 74 a, 30 a ff und § 765 a ZPO
- Befriedigungsfiktion gem. § 114 a

5. Versteigerungstermin

- Bekanntmachungsteil (§ 66)
  - Bedeutung
  - Anmeldungen
  - Versteigerungsbedingungen
  - Geringstes Gebot
- Bietstunde (§ 73)
  - Bedeutung, Beginn und Ende
  - Gebotsabgabe
  - Sicherheitsleistung
- Verhandlung über den Zuschlag (§ 74)
  - Versagungsgründe
  - Wirkungen des Zuschlags

6. Zuschlag und Verfahrensbeendigung

2.2. Thesen-Seiten zu Einzelfragen

Während die das allgemeine Verständnis von ZVG und Versteigerungspraxis betreffenden Thesen-Seiten (**TS**) im vorhergehenden Abschnitt (**A**.2.1.) abgedruckt sind, werden die Thesen-Seiten zu verschiedenen Einzelfragen jeweils dort abgedruckt, wo die betreffende Einzelfrage behandelt wird. Hier wird lediglich eine Übersicht mit Hinweisen auf die Fundstellen gegeben (dort jeweils am Ende des Kapitels).

TS 15: Vollstreckungsschutz gem § 30a (**B**.3.3.)
TS 16: Vollstreckungsschutz gem § 765a ZPO (**B**.3.3.)
TS 17: Ranggrundsatz gem §§ 10–12 (**B**.4.4.)
TS 18: Berechnung der dinglichen Zinsen (**B**.4.4.)
TS 19: Feststellung und Änderung des geringsten Gebots (**B**.6.3.)
TS 20: Gründe für die Ablösung des Gläubigers (**B**.7.5.)
TS 21: Voraussetzungen und Folgen der Ablösung (**B**.7.5.)
TS 22: Unterschied zwischen BGB-Ablösung und § 75 (**B**.7.5.)
TS 23: Anmeldung einer dinglichen Forderung (**C**.4.4.)
TS 24: Anmeldung einer teilvalutierten Grundschuld (**C**.4.4.)
TS 25: Einzel-Gruppen-Gesamtausgebot gem § 63 (**D**.2.6.)
TS 26/27: Gebots-Berechnung gem § 63 IV 1 (**D**.2.6.)
TS 28: Verteilung eines Gesamtrechts gem § 64 (**D**.2.6.)
TS 29: Antragsberechtigung nach § 74a (**D**.4.4.4.)
TS 30: Verteilungsalternativen bei teilvalutierter Grundschuld (**E**.5.7.)
TS 31: Befriedigungsfiktion gem § 114a (**E**.6.3.)
TS 32: Außergerichtliche Ergebnisrettung (**D**.5.5.)
TS 33: Überprüfung der taktischen Position (**C**.6.3.3.)
TS 34: Taktische Möglichkeiten innerhalb der Versteigerung (**C**.6.3.3.)
TS 35: Vor- und Nachteile eines Rettungserwerbes (**C**.6.3.3.)

3. Sonderformen der Zwangsversteigerung

Das ZVG regelt außer der Vollstreckungsversteigerung von Grundstücken auch die Zwangsversteigerung von Schiffen, Schiffsbauwerken und Luftfahrzeugen im Wege der Zwangsvollstreckung (§§ 162–171n) sowie die Zwangsversteigerung in besonderen Fällen, insbesondere die Insolvenzverwalterversteigerung (§§ 172–174 a), die Zwangsversteigerung auf Erbenantrag (§§ 175–179) und die Teilungsversteigerung (§§ 180–185). In dem vom Insolvenzverwalter betriebenen Verfahren ist auch Zwangsverwaltung möglich (§ 172 iVm § 165 InsO).

Im Großen und Ganzen finden auf diese Sonderformen die gleichen Vorschriften des ZVG Anwendung, die auch für die Vollstreckungsversteigerung maßgebend sind; deshalb soll auf sie nur vorab kurz eingegangen werden.

3.1. Insolvenzverwalterversteigerung

Rechtsgrundlagen: §§ 172–174 a ZVG.

Literatur: *Eickmann,* Problematische Wechselbeziehungen zwischen Immobilienvollstreckung und Insolvenz ZfIR 1999, 81; *Hintzen,* Insolvenz und Immobiliarzwangsvollstreckung Rpfleger 1999, 256; *Knees,* Die Bank als Grundpfandgläubiger in der Unternehmensinsolvenz ZIP 2001, 1568; *Rellermeyer,* Anordnung der Zwangsversteigerung „in besonderen Fällen" bei Auslandsberührung, Rpfleger 1997, 509; *Stöber,* Erlöschen der Auflassungsvormerkung und der Erbbauzinsreallast bei der Insolvenzverwalterversteigerung NJW 2000, 3600; *Stöber,* Insolvenzverfahren und Vollstreckungsversteigerung NZI 1998, 105; *ders,* Erlöschen der Auflassungsvollmacht und Erbbauzins − Reallast bei der Insolvenzverwalterversteigerung, NJW 2000, 3600; *Wenzel,* Rechtsstellung der Grundpfandgläubiger im Insolvenzverfahren NZI 1999, 101; vgl auch *Marotzke* KTS 2001, 67; *Vallendar* NZI 2001, 561; *Muth,* Zwangsversteigerung auf Antrag des Insolvenzverwalters, ZIP 1999, 945; *Vallender,* Zwangsversteigerung und Zwangsverwaltung im Lichte des neuen Insolvenzrechts, Rpfleger 1997, 353.

Die wichtigsten Besonderheiten bestehen darin, daß der Insolvenzverwalter keinen Vollstreckungstitel benötigt, daß die Anordnung des Verfahrens nicht zur Beschlagnahme des Grundstücks führt (§ 173 S. 1), daß der Insolvenzverwalter die Stellung sowohl des Eigentümers als auch des betreibenden Gläubigers hat und daß nach heute herrschender Auffassung der Beitritt eines Gläubigers nicht möglich ist.[1]

Auch in der Insolvenzverwalter-Versteigerung ist ein geringstes Gebot aufzustellen und zwar unter Beachtung von Deckungs- und Übernahmegrundsatz, sodaß alle eingetragenen Rechte (und zwar auch mit älteren Zinsrückständen iSd Rangklassen 7 und 8)[2] berücksichtigt werden müssen.

Da in der Insolvenz die Grundstücke des Gemeinschuldners idR sehr hoch belastet sind, führt dies meist zur praktischen Undurchführbarkeit. Deshalb

---

[1] Steiner-Eickmann § 172 Rz 31; Stöber § 172 Anm 7.1; **str. aA:** Kübler/Prütting/Kemper § 165 InsO Rdn 12.
[2] Dassler-Schiffhauer § 174 Rdn 2; Stöber § 174 Rdn 2.1.

spielt die Insolvenzverwalterversteigerung in der Praxis keine besondere Rolle, wenn sich Insolvenzverwalter und Grundpfandgläubiger nicht auf ein gemeinsames Vorgehen einigen.[3]

Vorsicht ist bei § 174 geboten: Jeder Gläubiger einer Grundschuld zum Beispiel kann (wenn, wie meist, der Gemeinschuldner für die gesicherte Forderung haftet) im Versteigerungstermin ein Doppelausgebot verlangen (ohne die bei § 59 evtl nötige Zustimmung von Beeinträchtigten), nach dem im geringsten Gebot nur die seiner Grundschuld vorgehenden Rechte berücksichtigt werden.

Die Gefahr besteht darin, daß bei zulässigen Geboten auf beide Gebotsformen nach heute wohl einhelliger Ansicht ohne Rücksicht auf den höheren Gebotswert immer auf die verlangte Abweichung zugeschlagen werden muß.[4]

Beispiel:

Grundstück belastet mit (ohne Zinsen/Kosten):
Grundschuld A   100 000
Grundschuld B   150 000
Grundschuld C   130 000
Geboten wird auf gesetzliches Ausgebot: (alle Rechte bleiben bestehen) EURO 10 000 und auf von Gl A beantragtes Doppelangebot: (alle Rechte erlöschen) EURO 100 000.

Zugeschlagen werden muß nach heute allg Ansicht auf die verlangte Abweichung, obwohl der wirtschaftliche Wert dieses Meistgebots nur EURO 100 000 beträgt gegenüber EURO 390 000 beim gesetzlichen Ausgebot.

Wenn der Grundpfandgläubiger, der den Antrag gemäß § 174 auf abweichende Ausgebote gestellt hat, seinen Antrag nach Schluß der Bietstunde zurücknimmt, muß der Zuschlag auf das gesetzliche Ausgebot erfolgen.[5] Er selbst kann sich also schützen (wenn er aufpasst!); aber die anderen Grundpfandgläubiger sind unmittelbar machtlos! Deshalb ist große Vorsicht geboten!

Eines gilt aber in jedem Fall: Wenn der Gläubiger seine Grundschuld (zB durch Zwangsversteigerung) in der Insolvenz verwertet, darf er den Erlös auch auf die Zinsansprüche seiner Insolvenzforderung verrechnen, die nach Insolvenzeröffnung bis zur Verwertung entstanden sind.[6]

Gemäß § 174 a kann der Insolvenzverwalter selbst verlangen, daß bei der Feststellung des geringsten Gebotes nur die den Ansprüchen aus § 10 I Nr. 1 a (Ansprüche des Insolvenzverwalters auf 4% des Wertes von mitversteigertem Zubehör) vorgehenden Rechte berücksichtigt werden. Auch hier kommt es zu Doppelausgeboten, und auch hier wird nach der oben dargestellten herrsch Ansicht über den Zuschlag entschieden. Aber hier kann der Insolvenzverwalter ein (für ihn!) ungünstiges Ergebnis durch Rücknahme seines § 174 a-Antrages und/oder seines § 172-Antrags verhindern. Die Grundpfandgläubiger können sich nur durch eigene § 174-Anträge (noch bis zur Zuschlagsverkündung im Versteigerungstermin möglich!) oder durch Ablösung des § 10 I 1 a-Anspruchs schützen.

---

[3] Vgl dazu **TH A.** 3.2.3.5.
[4] RGZ 75, 138; Dassler-Schiffhauer § 174 Rdn 8; Steiner-Eickmann § 174 Rdn 23 (mit Begründung); Zeller-Stöber § 174 Rdn 3.10.
[5] Vgl Stöber § 174 Anm 3.11.
[6] BGH Rpfleger 1997, 228; NJW 1956, 1594; RGZ 92, 181 (186).

Problematisch, praktisch unnötig und systemfremd ist es, daß der Gesetzgeber ausdrücklich die Abweichungsanträge aus §§ 174 und 174a „bis zum Schluß der Verhandlung im Versteigerungstermin" zugelassen, aber gleichzeitig die Antragsfrist für Abweichungsanträge nach §§ 59 und 63 auf die Zeit bis zur „Aufforderung zur Abgabe von Geboten" beschränkt hat. Zur Vermeidung von ganz erheblichen Verunsicherungen und Verkomplizierungen des Verfahrens und Meinungsverschiedenheiten[7] sollte der Gesetzgeber daher auch für §§ 174 und 174a die Anträge nur noch bis zur Aufforderung zur Abgabe von Geboten (vor Beginn der Bietstunde) zulassen! Problematisch ist auch, daß § 174a dem Insolvenzverwalter sogar die Möglichkeit gibt, eine Auflassungsvormerkung (die eigentlich nach § 106 InsO insolvenzfest ist!) oder eine nach § 9 III Nr. 1 ErbbauVO eigentlich „versteigerungsfeste" Erbbauzinsreallast abzuschütteln![8] Schließlich sollte der Gesetzgeber dringend regeln, wie im Falle mehrerer Doppelausgebote über den Zuschlag zu entscheiden ist.

3.2. Teilungsversteigerung

Rechtsgrundlagen:

§ 180 ZVG

(1) Soll die Zwangsversteigerung zum Zwecke der Aufhebung einer Gemeinschaft erfolgen, so finden die Vorschriften des Ersten und Zweiten Abschnitts entsprechende Anwendung, soweit sich nicht aus den §§ 181 bis 185 ein anderes ergibt.

(2) Die einstweilige Einstellung des Verfahrens ist auf Antrag eines Miteigentümers auf die Dauer von längstens sechs Monaten anzuordnen, wenn dies bei Abwägung der widerstreitenden Interessen der mehreren Miteigentümer angemessen erscheint. Die einmalige Wiederholung der Einstellung ist zulässig. § 30b gilt entsprechend.

(3) Betreibt ein Miteigentümer die Zwangsversteigerung zur Aufhebung einer Gemeinschaft, der außer ihm nur sein Ehegatte oder sein früherer Ehegatte angehört, so ist auf Antrag dieses Ehegatten oder früheren Ehegatten die einstweilige Einstellung des Verfahrens anzuordnen, wenn dies zur Abwendung einer ernsthaften Gefährdung des Wohls eines gemeinschaftlichen Kindes erforderlich ist. Die mehrfache Wiederholung der Einstellung ist zulässig. § 30b gilt entsprechend. Das Gericht hebt seinen Beschluß auf Antrag auf oder ändert ihn, wenn dies mit Rücksicht auf eine Änderung der Sachlage geboten ist.

(4) Durch Anordnungen nach Absatz 2, 3 darf das Verfahren nicht auf mehr als fünf Jahre insgesamt einstweilen eingestellt werden.

§ 181 ZVG

(1) Ein vollstreckbarer Titel ist nicht erforderlich.

(2) Die Zwangsversteigerung eines Grundstücks, Schiffes, Schiffsbauwerks oder Luftfahrzeugs darf nur angeordnet werden, wenn der An-

---

[7] Vgl Stöber § 174 Anm 3.7 und § 174 Anm 2.3; Muth ZIP 1999, 945; Eickmann § 26, 4. – Vgl dazu auch **TH A** 3.2.3.4.
[8] Stöber NJW 2000, 3600; Eickmann § 26, 4. – Vgl dazu auch **TH A.** 3.2.3.4.

tragsteller als Eigentümer im Grundbuch, im Schiffsregister, im Schiffsbauregister oder im Register für Pfandrechte an Luftfahrzeugen eingetragen oder Erbe eines eingetragenen Eigentümers ist oder wenn er das Recht des Eigentümers oder des Erben auf Aufhebung der Gemeinschaft ausübt. Von dem Vormund oder dem Betreuer eines Miteigentümers kann der Antrag nur mit Genehmigung des Vormundschaftsgerichts gestellt werden.

(3) Die Vorschrift des § 17 Abs. 3 findet auch auf die Erbfolge des Antragstellers Anwendung.

§ 182 ZVG

(1) Bei der Feststellung des geringsten Gebots sind die den Anteil des Antragstellers belastenden oder mitbelastenden Rechte an dem Grundstücke sowie alle Rechte zu berücksichtigen, die einem dieser Rechte vorgehen oder gleichstehen.

(2) Ist hiernach bei einem Anteil ein größerer Betrag zu berücksichtigen als bei einem anderen Anteile, so erhöht sich das geringste Gebot um den zur Ausgleichung unter den Miteigentümern erforderlichen Betrag.

§ 183 ZVG

Im Falle der Vermietung oder Verpachtung des Grundstücks finden die in den §§ 57 a und 57 b vorgesehenen Maßgaben keine Anwendung.

§ 184 ZVG

Ein Miteigentümer braucht für sein Gebot keine Sicherheit zu leisten, wenn ihm eine durch das Gebot ganz oder teilweise gedeckte Hypothek, Grundschuld oder Rentenschuld zusteht.

§ 185 ZVG

(1) Ist ein Verfahren über einen Antrag auf Zuweisung eines landwirtschaftlichen Betriebes nach § 13 Abs. 1 des Grundstücksverkehrsgesetzes vom 28. Juli 1961 (Bundesgesetzbl. I S. 1091) anhängig und erstreckt sich der Antrag auf ein Grundstück, dessen Zwangsversteigerung nach § 180 angeordnet ist, so ist das Zwangsversteigerungsverfahren wegen dieses Grundstücks auf Antrag so lange einzustellen, bis über den Antrag auf Zuweisung rechtskräftig entschieden ist.

(2) Ist die Zwangsversteigerung mehrerer Grundstücke angeordnet und bezieht sich der Zuweisungsantrag nur auf eines oder einzelne dieser Grundstücke, so kann das Vollstreckungsgericht anordnen, daß das Zwangsversteigerungsverfahren auch wegen der nicht vom Zuweisungsverfahren erfaßten Grundstücke eingestellt wird.

(3) Wird dem Zuweisungsantrag stattgegeben, so ist das Zwangsversteigerungsverfahren, soweit es die zugewiesenen Grundstücke betrifft, aufzuheben und im übrigen fortzufahren.

(4) Die Voraussetzungen für die Einstellung und die Aufhebung des Zwangsversteigerungsverfahrens sind vom Antragsteller nachzuweisen.

Literatur: *Böttcher,* Streitfragen bei der Teilungsversteigerung, Rpfleger 1993, 389; *Drischler,* die „Teilungsversteigerung" JurBüro 1981, 1441 und 1601 und 1765; *Drischler,* Einfluß familienrechtlicher Bestimmungen in der Teilungsversteigerung, RpflJB 1987, 359; *Ebeling,* Teilungs- und Vollstreckungsversteigerung, Rpfleger 1991, 349; *Eickmann,* Teilungsversteigerung, RWS-Skript 1989; *Gramentz,* Aufhebung der Bruchteilsgemeinschaft durch den Gläubiger eines Teilhabers, Diss 1989; *Martinek, Ittenbach,* Erbengemeinschaft und Vorkaufsrecht in der Teilungsversteigerung, BB 1993, 519; *Maurer,* Zuständigkeit des Rpflegers bei § 180 III, FamRZ 1991, 1141; *Rellermeyer,* Zwangsversteigerung zur Aufhebung der ehel. Eigentums- und Vermögensgemeinschaft des DDR-FGB? Rpfleger 1993, 469); *Schmid,* Verkaufsrecht des Miteigentümers in der Teilungsversteigerung, MDR 1975, 191; *Storz/Kiderlen,* Praxis der Teilungsversteigerung 4. Auflage 2008; *Schiffhauer* Besonderheiten in der Teilungsversteigerung ZIP 1982, 526 und 660;

3.2.1. Vorbemerkung

Die Zwangsversteigerung zum Zwecke der Aufhebung einer Gemeinschaft (allgemein „Teilungsversteigerung" genannt) erhält in der Praxis ein immer größeres Gewicht, weil sie ja nicht (nur) durch finanzielle, sondern vor allem (auch) durch gesellschaftliche Schwierigkeiten ausgelöst wird: wenn sich zB (führere) Eheleute oder die Teilhaber einer Erbengemeinschaft nicht über die Verwertung ihres gemeinsamen Haus- oder Wohnungseigentums einigen können, bleibt eben oft nur die Teilungsversteigerung. Dieses Versteigerungsverfahren ist in der Durchführung oft noch schwieriger als eine (Forderungs-)Zwangsversteigerung, weil manche Vorschriften (zB hins Antragsberechtigung, Einstellungsmöglichkeiten, geringstes Gebot, Erlösverteilung) noch komplizierter sind, und weil die Beteiligten der Teilungsversteigerung meist unversöhnlich und kompromißlos miteinander kämpfen. Gerade wegen dieser besonderen Schwierigkeiten sollen besonders die Miteigentümer/Teilhaber und ihre Rechtsanwälte, aber auch die Gläubiger und Rechtspfleger duch den ausführlichen Leitfaden von *Storz/Kiderlen* speziell zur Teilungsversteigerung unterstützt werden. Der Leitfaden zur Teilungsversteigerung ist ganz ähnlich aufgebaut wie der vorliegende Leitfaden zur Zwangsversteigerung allgemein; und beide sollen sich gegenseitig ergänzen.

3.2.2. Rechtslage

Wenn sich eine an einem Grundstück bestehende Gemeinschaft (nach Bruchteilen oder zur gesamten Hand) bei der Auseinandersetzung über das Grundstück nicht rechtsgeschäftlich einigen kann (notarielle Beurkundung erforderlich), kann durch eine Teilungsversteigerung nach §§ 180–185 erreicht werden, daß an die Stelle des in Natur nicht teilbaren Grundstücks eine unter die Miteigentümer aufteilbare Geldsumme tritt.[9] Für diese Teilungsversteigerung gelten gem § 180 I weitgehend die Vorschriften über die Vollstreckungsversteigerung entsprechend, soweit nicht in den §§ 181–185 etwas anderes bestimmt ist.

Auf folgende wichtige Besonderheiten sei aber kurz hingewiesen:

---

[9] BVerfG NJW 1976, 1391; BGH NJW 1984, 2526.

1. Nach § 180 II ist auf Antrag eines Miteigentümers die einstweilige Einstellung des Verfahrens auf längstens 6 Monate anzuordnen, wenn dies bei Abwägung der widerstreitenden Interessen der verschiedenen Miteigentümer angemessen erscheint. § 180 II gibt damit dem Antragsgegner einen ähnlichen Schutz, wie §§ 30a, c, d dem Schuldner in der Vollstreckungsversteigerung. Eindeutig ist daher, daß §§ 30a, c, d in der Teilungsversteigerung nicht anwendbar sind, während diese Frage bei § 765a ZPO sehr streitig ist.[10] In der Teilungsversteigerung übernimmt der Antragsteller praktisch die Rolle des betreibenden Gläubigers, alle anderen Miteigentümer sind Antragsgegner, aber jeder Miteigentümer kann dem Verfahren des anderen Miteigentümers jederzeit beitreten, so daß er im einen Verfahren Antragsteller und im anderen Antragsgegner ist. Deshalb kann ein Miteigentümer, auch wenn er selbst Antragsteller ist, in seiner Eigenschaft als Antragsgegner in dem von einem anderen Miteigentümer betriebenen Verfahren den Einstellungsantrag nach § 180 II stellen. Die Einstellung kann auch einmal wiederholt werden (§ 180 II 2); wegen der entsprechenden Anwendung des § 30b gem § 180 II 3 ist aber sowohl beim ersten als auch beim zweiten Einstellungsantrag[11] die Notfrist von 2 Wochen nach Anordnung, Beitritt bzw Fortsetzung des Verfahrens zu beachten. Die einstweilige Einstellung gem § 180 II kommt aber nur ausnahmsweise in Betracht, wenn dies bei Abwägung der widerstreitenden Interessen der verschiedenen Miteigentümer angemessen erscheint.[12]

2. In § 180 III und IV wird seit 1986 unmittelbar geregelt, was früher nur über § 180 II versucht werden konnte, nämlich die Berücksichtigung des Wohles der ehelichen Kinder. Im Gegensatz zu früher kann den Belangen der Kinder seither selbständig und ohne Rücksicht auf die Interessen der elterlichen Miteigentümer Rechnung getragen werden. § 180 III soll aber nicht die Teilungsversteigerung auf Dauer ausschließen, sondern nur die Versteigerung zur Unzeit verhindern; deshalb begrenzt § 180 IV die Einstellungsdauer auf 5 Jahre.

Eine ernsthafte Gefährdung des Kindeswohls setzt voraus, daß zu den allgemein mit einem Umzug und Wechsel von Wohnort, Schule, Freunden usw verbundenen Unannehmlichkeiten weitere Umstände hinzutreten, die den Verlust des Familienheims im jetzigen Zeitpunkt als besondere Beeinträchtigung des körperlichen, seelischen oder geistigen Wohles des Kindes erscheinen lassen.[13] Dies ist vom Vollstreckungsgericht zu prüfen, wobei der Rechts-

---

[10] Die heute wohl herrsch Ans **bejaht:** vgl BGH Rpfleger 2007, 408; Storz, Teilungsversteigerung A. 2.3; B. 3.4.2 und C. 8.2.2 mwN; Steiner-Teufel § 180 Rz 146 mwN; Stöber § 1 Anm 52.6; OLG Karlsruhe Rpfleger 1993, 413; OLG Karlsruhe Rpfleger 1994, 223; OLG Köln Rpfleger 1992, 197; OLG Bremen Rpfleger 1979, 72; OLG Braunschweig NJW 1961, 129; OLG Hamburg 1954, 369; OLG Schleswig MDR 1964, 263; **verneint** wird die Anwendung von § 765a ZPO in der Teilungsversteigerung dagegen von BGHZ 13, 133; OLG Hamm KTS 1973, 143; LG Frankenthal Rpfleger 1986, 489; Drischler JurBüro 1981, 1451; Schneider MDR 1980, 617; LG Berlin Rpfleger 1987, 515 und Rpfleger 1993, 297. Es wäre dringend zu wünschen, daß der Gesetzgeber diese Streitfrage durch eine Klarstellung im § 180 regelt.
[11] BGH KTS 1981, 428; Storz, Teilungsversteigerung B. 3.2.2.
[12] LG Braunschweig Rpfleger 1985, 76; LG Frankenthal Rpfleger 1985, 315; vgl auch OLG Karlsruhe EWiR 1992, 519 (Storz).
[13] LG Offenburg Rpfleger 1994, 177; LG Berlin Rpfleger 1987, 514; LG Frankenthal Rpfleger 1987, 124; Storz, Teilungsversteigerung B. 3.3.2.

pfleger auf die Bewertung des von den Beteiligten Vorgetragenen beschränkt ist, weil weder § 12 FGG noch § 616 ZPO hier anwendbar sind.[14] § 180 III dient nicht nur dem Schutz minderjähriger Kinder, obwohl diese hauptsächlich gemeint und betroffen sind. In seltenen Ausnahmefällen können die Voraussetzungen des § 180 III auch bei volljährigen Kindern erfüllt sein, insbesondere, wenn diese zB körperlich und/oder geistig behindert sind.[15]

3. Nach § 181 I setzt der Versteigerungs- (bzw Beitritts-)Antrag keinen vollstreckbaren Titel voraus, weil die Zulässigkeit der Teilung in aller Regel nicht streitig ist; eine evtl Unzulässigkeit der Teilung (zB nach §§ 751, 752, 2044 BGB) und damit der Teilungsversteigerung kann durch Drittwiderspruchsklage gem § 771 ZPO geltend gemacht werden, wenn sie sich nicht schon aus dem Grundbuch ergibt und dann gem § 28 von Amts wegen zu berücksichtigen ist;[16] bei Verstoß gegen § 28 ist Vollstreckungserinnerung gem § 766 ZPO gegeben.

4. Nach § 181 II 1 kann der Versteigerungsantrag zwar von den Eltern, nicht aber vom Vormund oder Betreuer eines Miteigentümers ohne Genehmigung des Vormundschaftsgerichts gestellt werden. Wenn die Teilungsversteigerung von einem Miteigentümer beantragt wird, der im gesetzlichen Güterstand der Zugewinngemeinschaft lebt und dessen Miteigentumsanteil sein wesentliches Vermögen darstellt, sind bzw waren im Zusammenhang mit dem evtl Zustimmungserfordernis des Ehegatten (§ 1365 BGB) viele Fragen streitig. Heute geht die herrsch Ans davon aus, daß § 1365 BGB bei der Teilungsversteigerung grundsätzlich anzuwenden ist,[17] daß die Zustimmung schon zum Antrag vorliegen muß und nicht erst zur Zuschlagsentscheidung,[18] und daß das Fehlen einer nach § 1365 BGB erforderlichen Zustimmung mit der Drittwiderspruchsklage gem § 771 ZPO geltend gemacht werden muß;[19] allerdings muß das Fehlen der Zustimmung ausnahmsweise dann von Amts wegen beachtet werden, wenn bei Verfahrensbeginn die Voraussetzungen des § 1365 BGB unstreitig gegeben sind.[20] Ergeben sich die Voraussetzungen unstreitig erst im Laufe des Verfahrens, kann die Zustimmungsbedürftigkeit noch mit der Vollstreckungserinnerung gem § 766 ZPO geltend gemacht

---

[14] Kritisch dazu Meyer-Stolte Rpfleger 1987, 516.

[15] LG Berlin Rpfleger 1987, 514; Storz, Teilungsversteigerung B. 3.3.2. – Pflegekinder werden dagegen durch § 180 III nicht geschützt: BGH Rpfleger 2007, 408.

[16] OLG Hamm Rpfleger 1964, 341; LG Tübingen NJW 1958, 1303; Drischler Jur-Büro 1963, 241; Stöber § 180 Anm 3 (8 d); Storz, Teilungsversteigerung B. 4.2.

[17] **früher aA:** KG NJW 1971, 711; LG Braunschweig Rpfleger 1985, 76; Schiffhauer FamRZ 1966, 338; Siegelmann ZMR 1968, 33.

[18] BGH Rpfleger 2007, 558; OLG Düsseldorf Rpfleger 1987, 472; BayObLG FamRZ 1985, 1010; OLG Bremen Rpfleger 1984, 156; LG Bielefeld Rpfleger 1986, 271; Stöber § 180 Anm 3.13; Böttcher Rpfleger 1985, 3 und 1986, 271; Storz, Teilungsversteigerung B. 1.4.2 und B. 4.3.6 mwN; **früher aA:** LG München I FamRZ 1965, 511; Drischler KTS 1981, 399.

[19] KG Rpfleger 1992, 211; BGH NJW 1985, 3066; OLG Stuttgart FamRZ 1982, 401; OLG Celle Rpfleger 1981, 69; LG Hannover Rpfleger 1995, 308; Meyer-Stolte Rpfleger 1984, 157; Storz, Teilungsversteigerung B. 1.7.1.

[20] OLG Bremen Rpfleger 1984, 156 mit **abl. Anm** Meyer-Stolte; Stöber § 180 Anm 3.13; LG Bielefeld Rpfleger 1986, 271.

werden.[21] – Eine grundlos verweigerte Zustimmung kann durch das Vormundschaftsgericht ersetzt werden.[22]

Besteht an einem Grundstück eine Bruchteilsgemeinschaft und an einem der Bruchteile wieder eine Erbengemeinschaft, so kann jeder beteiligte Miterbe die Teilungsversteigerung sowohl des erbengemeinschaftlichen Bruchteils als auch (allein und ohne Zustimmung der anderen Miterben) des ganzen Grundstücks beantragen („großes Antragsrecht").[23]

Gläubiger eines Miteigentümers können nach Pfändung und Überweisung der Ansprüche auf Aufhebung der Gemeinschaft und auf eine den Bruchteilen entsprechende Teilung und Auskehrung des Erlöses die Zwangsversteigerung des ganzen Grundstücks gem §§ 180 ff betreiben. Hat der Schuldner seinen Miteigentumsanteil auf den anderen Miteigentümer nach § 3 AnfG anfechtbar übertragen, kann der Gläubiger vom nunmehrigen Alleineigentümer als Anfechtungsgegner auch ohne vorherige Pfändung und Überweisung der og Ansprüche die Duldung der Zwangsversteigerung des ganzen Grundstücks verlangen, allerdings nur zwecks Befriedigung aus dem Teil des Versteigerungserlöses, der dem Schuldner ohne die anfechtbare Rechtshandlung zugestanden hätte.[24] – Gläubiger eines Miteigentümers können der „reinen" Teilungsversteigerung nicht beitreten. Wenn sie die Vollstreckungsversteigerung betreiben wollen, gibt es zwei verschiedene Versteigerungsverfahren.[25]

§ 11 I 1 WEG steht der Versteigerung zur Aufhebung einer Wohnungseigentümergemeinschaft auch dann nicht entgegen, wenn das Gebäude ganz oder teilweise zerstört worden ist.[26]

5. Nach § 182 I sind bei der Feststellung des geringsten Gebots (auch in der Teilungsversteigerung gilt der Deckungs- und Übernahmegrundsatz) die den Anteil des Antragstellers belastenden oder mitbelastenden Rechte an dem Grundstück sowie alle Rechte zu berücksichtigen, die einem dieser Rechte vorgehen oder gleichstehen. Ist danach bei einem Anteil ein größerer Betrag zu berücksichtigen als bei einem anderen, so erhöht sich der Barteil des geringsten Gebotes gem § 182 II um den zur Ausgleichung unter den Miteigentümern erforderlichen Betrag.

Hintergrund für diese Regelung ist der Gedanke, daß jeder Miteigentümer seinen eigenen Anteil nur unbeschadet der darauf ruhenden Belastungen veräußern kann. Dagegen erlöschen die nur den Miteigentumsanteil des Antragsgegners belastenden Rechte, weil durch sie nicht das schon früher bestehende Recht auf Aufhebung der Gemeinschaft beeinträchtigt werden soll. Anders ausgedrückt: Dadurch, daß ein Miteigentümer seinen Anteil belastet,

---

[21] OLG Frankfurt Rpfleger 1975, 330; OLG Bremen Rpfleger 1984, 156 mit **abl. Anm** Meyer-Stolte; LG Bielefeld Rpfleger 1986, 271 mit zust Anm Böttcher.

[22] BayObLG Rpfleger 1979, 135 und 1972, 368; Stöber § 180 Anm 4 (3 X).

[23] Stöber § 180 Anm 3.7.; Steiner-Teufel § 180 Rz 88; Schiffhauer ZIP 1982, 526; Storz, Teilungsversteigerung B. 1.4.3.

[24] BGH NJW 1984, 1968; Storz, Teilungsversteigerung B. 1.6.3; zur Anfechtung bei Übertragung von Miteigentumsanteilen vgl auch BGH ZIP 1985, 372.

[25] OLG Köln MDR 1974, 240; OLG Hamm Rpfleger 1970, 215; Storz, Teilungsversteigerung A. 3.1; Wolff-Hennings Anm 278; Stöber § 180 Anm 14 **str. aA:** BGH BB 1966, 661; LG Hamburg KTS 1970, 235; Mohrbutter-Drischler Muster 179 (18).

[26] LG Berlin Rpfleger 1976, 149; Stöber, Handbuch Rdn 702; vgl auch **TH** A. 3.2.2.2.

erschwert er seine eigene Teilungsversteigerungs-Möglichkeit; dagegen soll er damit nicht auch die Möglichkeiten der anderen Miteigentümer erschweren können. Nach diesen Grundsätzen müssen durch das geringste Gebot gedeckt sein:

(1) Alle nur den Anteil des Antragstellers belastenden Grundstücksrechte. Dies gilt auch dann, wenn sie erst nach dem Zwangsversteigerungsvermerk eingetragen und rechtzeitig angemeldet worden sind; lediglich bei einer von einem Erbteilspfändungs- und Überweisungsgläubiger betriebenen Teilungsversteigerung kommen nachträglich eingetragene Zwangshypotheken und sonstige dem Pfandgläubiger gegenüber unwirksame Rechte nicht ins geringste Gebot.[27]

(2) Alle den Anteil des Antragstellers belastenden Grundstücksrechte, die auch den Anteil eines oder aller Antragsgegner belasten.

(3) Alle Grundstücksrechte, die einem der bei (1) oder (2) genannten Rechte gem § 879 BGB vorgehen oder gleichstehen, auch wenn sie nur den Anteil eines anderen Miteigentümers belasten. Kein derartiges Rangverhältnis besteht, wenn die Miteigentumsanteile einzeln unterschiedlich belastet sind; deshalb wird dann uU auch ein zeitlich früher beim Antragsgegner eingetragenes Recht nicht in das geringste Gebot aufgenommen, wohl aber ein später auf dem Anteil des Antragstellers eingetragenes Recht.

Wenn der Antragsgegner dem Verfahren beitritt, wird auch er Antragsteller, und dann kommen eigentlich die seinen Anteil belastenden Grundstücksrechte nach den gleichen Regeln in das geringste Gebot; allerdings überschneiden sich dann uU einerseits der Deckungsgrundsatz und andererseits das Recht auf Aufhebung der Gemeinschaft. Die Lösung dieses Konflikts ist schwierig und war lange streitig, insbesondere weil nicht einzusehen ist, warum ein Miteigentümer die Teilungsversteigerung dadurch praktisch verhindern bzw blockieren können soll, daß er seinen Anteil hoch belastet und dann dem Verfahren beitritt.[28]

Vertreten wurden hauptsächlich folgende Theorien:[29] Die Totalbelastungslehre, nach der alle Grundstücksrechte und entsprechende Ausgleichsbeträge gem § 182 II zu berücksichtigen sind und nach der eine bewußt herbeigeführte Versteigerungssperre nur vom Prozeßgericht anhand der §§ 242, 826 BGB geklärt werden kann.[30] Die Zustimmungswegfall-Lösung, die dem Antragsteller das Recht gibt, ohne Zustimmungspflicht der anderen Beteiligten gem § 59 ein Ausgebot ohne Berücksichtigung der Belastungen auf den anderen Anteilen zu verlangen.[31] Die Korrealbelastungslehre (auch Räumungstheorie genannt), nach der in das geringste Gebot nur diejenigen Grundstücksrechte aufgenommen werden, die die Anteile der betreibenden Teilhaber belasten, sowie alle diesen Rechten vorgehenden oder gleichstehenden Rechte.[32]

---

[27] Schiffhauer ZIP 1982, 660; Rz 734; Storz, Teilungsversteigerung B. 5.1.3.

[28] Vgl Storz 1. Aufl 1979 S. 10; Otto und Seyffert Rpfleger 1979, 1; Schiffhauer Rpfleger 1984, 81; Eickmann KTS 1987, 635.

[29] Vgl dazu ausführlich Storz, Teilungsversteigerung B. 5.4.2.

[30] Jäckel-Güthe § 182 Rz 6; Wolff § 182 Anm 2; Lupprian § 182 Anm 4.

[31] Otto und Seyffert Rpfleger 1979, 1, Drischler RpflJahrB 1960, 347.

[32] OLG Kassel NJW 1933, 688; Steiner-Teufel § 182 Rz 13, kritisch dazu Schiffhauer Rpfleger 1987, 394; Mohrbutter-Drischler Muster 183 Vorb II.

Durchgesetzt hat sich inzwischen die Niedrigstgebotslehre; sie bestimmt für jeden Antragsteller zunächst gem § 182 I das geringste Gebot, legt der Versteigerung aber dasjenige zugrunde, das unter Berücksichtigung des § 44 II das niedrigste Gebot ist.[33] Es wäre dringend zu wünschen, daß der Gesetzgeber den § 182 endlich entsprechend ändert.

Damit wird heute das Recht jedes Miteigentümers auf Aufhebung der Gemeinschaft höher eingestuft als der Deckungsgrundsatz. Das bedeutet für jeden Miteigentümer, daß er seinen Anteil nicht mehr so hoch belasten sollte, weil die Beleihung von einzelnen Miteigentumsanteilen nach dieser (heute herrschenden!) Auffassung sehr riskant geworden ist.

Der bar zu zahlende Teil des geringsten Gebots erhöht sich gem § 182 II um einen vom Ersteher gem §§ 49, 180 I zusätzlich bar zu zahlenden Ausgleichsbetrag, wenn bei dem Anteil eines Miteigentümers ein größerer Betrag zu berücksichtigen ist als bei einem anderen Anteil, weil auf jeden Anteil ein seiner Größe entsprechender Teil des Versteigerungserlöses entfallen muß. Dieser Ausgleichsbetrag ist allerdings nur ein Rechnungsposten für das geringste Gebot, wird also nicht bei der Erlösverteilung an die Miteigentümer vorweg ausbezahlt, sondern er ist innerhalb der Gemeinschaft rechtsgeschäftlich aufzuteilen.[34]

6. Nach § 183 finden im Falle der Vermietung oder Verpachtung des Grundstücks die in den §§ 52a und 57b vorgesehenen Maßgaben (Ausnahmekündigungsrecht des Erstehers) keine Anwendung. Der Ersteher muß also gem § 57 in laufende Mietverträge eintreten. Dagegen wird das Recht des Erstehers, gem § 93 aus dem Zuschlagsbeschluß die Räumung gegen frühere Miteigentümer zu vollstrecken, durch § 183 nicht berührt.

7. Nach § 184 braucht ein Miteigentümer für sein Gebot dann keine Sicherheit zu leisten, wenn ihm ein durch sein Gebot ganz oder teilweise gedecktes Grundpfandrecht zusteht. § 184 enthält insofern eine Ausnahme von § 67 II. Die übrigen Bestimmungen über die Sicherheitsleistung (§§ 67–70) sind auch in der Teilungsversteigerung anwendbar.

8. § 185 regelt das Verhältnis der Teilungsversteigerung zu einem Zuweisungsverfahren nach dem Grundstücksverkehrsgesetz in der Weise, daß idR erst das Zuweisungsverfahren abgeschlossen werden muß.

9. Eine Wertfestsetzung nach § 74a V wird spätestens seit Einführung des § 85a jetzt allgemein auch für die Teilungsversteigerung für erforderlich gehalten.[35] § 74a I und § 114a gelten, wobei der Miteigentümer nicht als solcher, sondern nur als Berechtigter eines Grundpfandrechts einen $^7/_{10}$-Antrag stellen kann.[36] – Auch § 59 ist anwendbar, so daß sowohl die Regeln der §§ 182–184 abgeändert als auch eine Beschränkung des Bieterkreises verein-

---

[33] Storz, Teilungsversteigerung B. 5.4.3; Schiffhauer ZIP 1982, 660 und Rpfleger 1984, 81; 1987, 394; Stöber § 182 Anm 3.6; Stöber, Handbuch Rdn 737; LG Lüneburg ZIP 1981, 914; Eickmann KTS 1987, 635; offen LG Düsseldorf Rpfleger 1987, 29.
[34] Schiffhauer Rpfleger 1984, 81; LG Lüneburg ZIP 1981, 914; Storz, Teilungsversteigerung B. 5.5.3.
[35] Storz, Teilungsversteigerung, C. 5.1; Stöber § 180 Anm 3.28.
[36] KG JW 1933, 2295; Storz, Teilungsversteigerung C. 8.2.2.

bart werden kann.[37] Die Veräußerung an einen Dritten ist gem § 753 I 2 BGB auch dann unwirksam, wenn sie in einer letztwilligen Verfügung ausgeschlossen worden ist.

10. Bei der Erlösverteilung werden zwar auch die Verfahrenskosten vorwegentnommen (§ 109 I) und dann die Rechte befriedigt, die durch Zahlung zu decken sind (§ 109 II). Ein dann (idR) noch verbleibender Erlösüberschuß wird aber nicht auch durch das Gericht verteilt, sondern der Gemeinschaft zur Verfügung gestellt, weil Ziel der Teilungsversteigerung die Umwandlung des unteilbaren Grundstücks in einen teilbaren Geldbetrag ist.[38] Können sich die bisherigen Teilhaber nicht außergerichtlich über die Erlösverteilung untereinander einigen, darf der Erlösüberschuß nur an alle gemeinsam oder nach deren gemeinsamer Anweisung ausgezahlt werden; notfalls wird gem § 376 II 1 BGB unter Rücknahmeverzicht hinterlegt (§ 117 II 3). Nur bei Bruchteileigentum und unterschiedlicher Belastung der einzelnen Bruchteile ist eine weitergehende Aufteilung durch das Vollstreckungsgericht gem § 112 nötig, weil die nicht im geringsten Gebot berücksichtigten Belastungen eines Bruchteils nur aus dem auf diesen Bruchteil entfallenden Erlös gedeckt werden können. – Auch wenn ein früherer Miteigentümer das Grundstück ersteigert hat, muß er ohne Rücksicht auf seinen Anteil am Übererlös dem Vollstreckungsgericht das gesamte bare Meistgebot zahlen.

Ersteigert einer der Miteigentümer das bis dahin gemeinschaftliche Grundstück, so gehört eine in das geringste Gebot aufgenommene, nur den Miteigentumsanteil des Erstehers belastende Eigentümergrundschuld zu dem nach § 753 I 1 BGB zu teilenden Erlös. Sie ist bei der Teilung auf den Erlösanteil des Erstehers anzurechnen.[39] Soweit die Forderung, für die eine Gesamthypothek an den Miteigentumsanteilen (§ 1114 BGB) der Schuldner bestellt ist, durch deren ihrem Innenverhältnis entsprechenden Leistungen erlischt, erwerben die Miteigentümer eine ihnen gemeinschaftlich zustehende Eigentümergrundschuld; bleibt diese nach den Versteigerungsbedingungen bestehen, wird sie Fremdgrundschuld, auch wenn einer der Miteigentümer das Grundstück ersteigert; der nunmehrige Alleineigentümer kann gegen eine Inanspruchnahme aus dieser Grundschuld nicht einwenden, sie sei nicht (voll) valutiert gewesen;[40] sondern er muß zu ihrer „Ablösung" den vollen Grundschuldbetrag nebst dinglichen Zinsen ab Zuschlag bezahlen.

Im Gegensatz zur Vollstreckungsversteigerung bleiben bei der Teilungsversteigerung relativ häufig beim Zuschlag Grundschulden bestehen, die nicht (voll) valutiert sind. Hieraus können sich für alle Beteiligten und die Grundschuldgläubiger leicht Mißverständnisse und große Probleme ergeben.[40a]

11. Schwierigkeiten bereitet uU das **Verhältnis von Teilungsversteigerung zur Vollstreckungsversteigerung.** Nach heute ganz herrschender An-

---

[37] Storz, Teilungsversteigerung C. 7.2.2; Stöber § 180 Anm 3.26.
[38] BVerfG NJW 1976, 1391; BGH NJW 1984, 2526; Storz, Teilungsversteigerung A. 1. und C. 9.2.1.
[39] BGH NJW 1984, 2527.
[40] BGH NJW 2003, 2673.
[40a] Vgl dazu ausführlich Storz, Teilungsversteigerung C.9.3.4.3. und **TH** C.9.7.12 – **TH** C.9.7.17.

sicht sind beide Verfahren so verschieden, daß sie nicht miteinander verbunden werden können und daß auch kein wechselseitiger Beitritt möglich ist.[41] Ein Grundpfandgläubiger kann also der Teilungsversteigerung ebensowenig beitreten, wie ein Miteigentümer einer Vollstreckungsversteigerung. Wenn also sowohl Gläubiger die Vollstreckungsversteigerung betreiben wollen/müssen, als auch Miteigentümer die Teilungsversteigerung, und wenn keine Seite „einfach" das Ergebnis der anderen Seite abwarten will, müssen beide Versteigerungsarten nebeneinander und getrennt voneinander betrieben werden.

Das ist relativ unproblematisch (nur besonders teuer) bis zum Versteigerungstermin. Dann aber ist zu entscheiden, für welche Versteigerungsart zuerst terminiert werden soll. Generell wird gesagt, bei gleichzeitiger Terminsreife sei die Versteigerungsart vorzuziehen, die eine umfassende Gesamtlösung am ehesten erreicht.[42] Aber gerechte Ergebnisse können nur bei individueller Einzelfallösung erreicht werden.

Beispiel aus der Praxis:

Nach der Scheidung betrieben beide Eheleute die Teilungsversteigerung des gemeinsamen Wohnhauses. Der Mann betreibt außerdem die Zwangsversteigerung in die Miteigentumshälfte der Frau aus einer Zwangshypothek für den zugesprochenen Zugewinnausgleich. In diesem Fall wird die Frau eindeutig erheblich geschädigt, wenn ihre Miteigentumshälfte „zuerst" versteigert wird; denn nur ihr Mann käme als Interessent in Frage und könnte so den Preis bestimmen, während bei der Teilungsversteigerung (des ganzen Wohnhauses) mit einem angemessenen Preis (auch für die Frau) gerechnet werden könnte. Hier sollte(n) schon der/die Rechtspfleger entsprechend terminieren; mindestens sollte über § 765a ZPO bei gleichzeitiger Terminsreife das Vorziehen der Teilungsversteigerung erreicht werden können.

Dieses Beispiel zeigt, wie fatal sich für manche Beteiligte die Orientierung an „Allgemein-Regeln" auswirken kann! Es ist eben folgende Aussage zB des LG Frankenthal gerade nicht richtig, auch wenn sie Stöber zitiert:[42a] „Gerade dann, wenn sich die Zwangsversteigerung nur gegen einen Grundstücksbruchteil richtet, während die Teilungsversteigerung das Gesamtgrundstück betrifft, und die begründete Aussicht besteht, daß in der Zwangsversteigerung der andere Miteigentümer den zur Versteigerung anstehenden Anteil ersteigert, wird die Vollstreckungsversteigerung vorzuziehen sein, weil dann die Teilungsversteigerung entbehrlich wird (vgl Zeller/Stöber § 180 Anm 14.4)".

Auch ein Gläubiger kann die Teilungsversteigerung betreiben (oder ihr beitreten), wenn er die Ansprüche seines (Miteigentümer-)Schuldners auf Auseinandersetzung der Gemeinschaft am Grundstück, auf Mitwirkung bei der Erlösverteilung und auf Auskehrung des Erlösanteils gepfändet hat.[43]

---

[41] OLG Schleswig SchlHA 1963, 280; LG Berlin MDR 1959, 47; Ebeling Rpfleger 1991, 349; Eickmann S. 28; Storz Teilungsversteigerung A.3.1; Steiner-Teufel § 180 Rz 95; Mohrbutter/Drischler/Radtke/Tiedemann Muster 179 Anm 18; Stöber § 180 Anm. 14; **str. aA:** LG Hamburg KTS 1970, 235; Drischler JurBüro 1981, 1765; Schiffhauer ZiP 1982, 526.

[42] Storz, Teilungsversteigerung A.3.1; Stöber § 180 Anm 14.4b; ausführlich dazu auch Hamme, Rpfleger 2002, 248.

[42a] LG Frankenthal Rpfleger 2002, 219.

[43] Storz, Teilungsversteigerung B.1.6.2.1 und B.1.6.2.2. mwN.

3.2.3. Taktische Hinweise

TH 3.2.3.1.: Auch bei der Teilungsversteigerung ist es sehr wichtig, daß sich die verschiedenen Beteiligten taktisch richtig verhalten, damit sie ihre Interessen in diesem komplizierten Verfahren richtig wahrnehmen können. Deshalb enthält der Leitfaden von „**Storz,** Praxis der Teilungsversteigerung" genauso wie der vorliegende Leitfaden eine große Anzahl wichtiger „Taktischer Hinweise" zu jedem Kapitel.

TH 3.2.3.2.: Die wichtigste taktische Regel in der Teilungsversteigerung heißt, daß der Antragsgegner unbedingt dem Verfahren beitreten muß, auch wenn er die Teilungsversteigerung als solche ablehnt und am liebsten ganz vermeiden würde. Denn ohne diesen Beitritt ist der Antragsgegner vollständig dem Antragsteller ausgeliefert, sodaß dieser zB auch jedes ihm nicht passende Versteigerungsergebnis durch eine Einstellungsbewilligung zwischen Bietstunde und Zuschlagsverkündung zerstören kann! Ob der Beitritt diese wichtige Verteidigungsaufgabe im konkreten Fall auch tatsächlich bewirken kann, bzw welche konkreten Rechtswirkungen er entfaltet, muß in jedem Einzelfall sorgfältig unter dem Stichwort „maßgeblicher Antragsteller" überprüft werden!

TH 3.2.3.3.: Rein rechtlich bereitet die Teilungsversteigerung in der Regel den Beteiligten keine großen Probleme, wenn das Objekt nicht zu hoch (und vor allem nicht: ungleich) belastet ist. Wichtiger ist, die Teilungsversteigerung als wirtschaftliche Auseinandersetzung zu begreifen. Von der Frage, wie klar die (realistischen) Zielvorstellungen des einzelnen Miteigentümers sind, und wie konsequent und fachkundig sie verfolgt werden, hängt der eigentliche Erfolg ab. Das sollte auch bei der Auswahl des Rechtsanwalts bedacht werden.

TH 3.2.3.4.: Sowohl für Grundpfandgläubiger als auch für Berechtigte aus eingetragenen Auflassungsvormerkungen kann das Recht auf abweichende Versteigerungsbedingungen aus §§ 174 und 174a außerordentlich gefährlich sein, weil ihre Rechte bei den abweichenden Ausgeboten erlöschen und es von der Höhe des Versteigerungserlöses abhängt, ob sie dafür wenigstens eine Entschädigung in Geld erhalten und wie hoch diese gegebenenfalls ist. Eine außerordentlich wichtige „Abhilfemöglichkeit" besteht in der Ablösung (vgl dazu ausführlich das ganze Kapitel B. 7!).[44]

TH 3.2.3.5.: Wenn sich Insolvenzverwalter und die (wichtigsten) Grundpfandgläubiger auf ein gemeinsames Vorgehen (und dann wohl auch eine angemessene Vergütung der Masse) verständigen, können die Vorteile der Insolvenzverwalterversteigerung (schnelles Verfahren, keine Vollstreckungstitel nötig) mit einem (nur durch die Grundpfandgläubiger) stellbaren Abweichungsantrag nach § 174 verbunden werden (niedriges geringstes Gebot). Das ist besonders interessant, wenn die vorderen Grundpfandrechte nicht vollstreckbar sein sollten.

---

[44] Die Ablösung ist auch in diesen Fällen unstreitig zulässig, vgl Eickmann § 26, 4; Stöber § 174 Anm 3.12 und § 174a Anm 3.2.

4. Freiwillige Versteigerung

4.1. Rechtsgrundlagen

Gesetz über das Wohnungseigentum und das Dauerwohnrecht (Wohnungseigentumsgesetz)

vom 15. 3. 1951 (BGBl. I S. 175, ber. S. 209, zuletzt geändert durch WEG-Novelle vom 26. 3. 2007 (BGBl I 370)

§ 19 Wirkung des Urteils

(1) [1]Das Urteil, durch das ein Wohnungseigentümer zur Veräußerung seines Wohnungseigentums verurteilt wird, berechtigt jeden Miteigentümer zur Zwangsvollstreckung entsprechend den Vorschriften des Ersten Abschnitts des Gesetzes über die Zwangsversteigerung und die Zwangsverwaltung. [2]Die Ausübung dieses Rechts steht der Gemeinschaft der Wohnungseigentümer zu, soweit es sich nicht um eine Gemeinschaft handelt, die nur aus zwei Wohnungseigentümern besteht.

(2) Der Wohnungseigentümer kann im Falle des § 18 Abs. 2 Nr. 2 bis zur Erteilung des Zuschlags die in Absatz 1 bezeichnete Wirkung des Urteils dadurch abwenden, daß er die Verpflichtungen, wegen deren Nichterfüllung er verurteilt ist, einschließlich der Verpflichtung zum Ersatz der durch den Rechtsstreit und das Versteigerungsverfahren entstandenen Kosten sowie die fälligen weiteren Verpflichtungen zur Lasten- und Kostentragung erfüllt.

(3) Ein gerichtlicher oder vor einer Gütestelle geschlossener Vergleich, durch den sich der Wohnungseigentümer zur Veräußerung seines Wohnungseigentums verpflichtet, steht dem in Absatz 1 bezeichneten Urteil gleich.

§ 62. Übergangsvorschrift

(1) Für die am 1. Juli 2007 bei Gericht anhängigen Verfahren in Wohnungseigentums- oder in Zwangsversteigerungssachen oder für die bei einem Notar beantragten freiwilligen Versteigerungen sind die durch die Artikel 1 und 2 des Gesetzes vom 26. März 2007 (BGBl. I S. 370) geänderten Vorschriften des III. Teils dieses Gesetzes sowie die des Gesetzes über die Zwangsversteigerung und die Zwangsverwaltung in ihrer bis dahin geltenden Fassung weiter anzuwenden.

(2) In Wohnungseigentumssachen nach § 43 Nr. 1 bis 4 finden die Bestimmungen über die Nichtzulassungsbeschwerde (§ 543 Abs. 1 Nr. 2, § 544 der Zivilprozessordnung) keine Anwendung, soweit die anzufechtende Entscheidung vor dem 1. Juli 2012 verkündet worden ist.

3. Abschnitt. Verfahren bei der Versteigerung des Wohnungseigentums[1]

§ 53 Zuständigkeit, Verfahren

(1) Für die freiwillige Versteigerung des Wohnungseigentums im Falle des § 19 ist jeder Notar zuständig, in dessen Amtsbezirk das Grundstück liegt.

(2) [1]Das Verfahren bestimmt sich nach den Vorschriften der §§ 54 bis 58. [2]Für die durch die Versteigerung veranlaßten Beurkundungen gelten die allgemeinen Vorschriften.

§ 54 Antrag, Versteigerungsbedingungen

(1) Die Versteigerung erfolgt auf Antrag eines jeden der Wohnungseigentümer, die das Urteil gemäß § 19 erwirkt haben.

(2) [1]In dem Antrag sollen das Grundstück, das zu versteigernde Wohnungseigentum und das Urteil, auf Grund dessen die Versteigerung erfolgt, bezeichnet sein. [2]Dem Antrag soll eine beglaubigte Abschrift des Wohnungsgrundbuches und ein Auszug aus dem amtlichen Verzeichnis der Grundstücke beigefügt werden.

(3) Die Versteigerungsbedingungen stellt der Notar nach billigem Ermessen fest; die Antragsteller und der verurteilte Wohnungseigentümer sind vor der Feststellung zu hören.

§ 55 Terminsbestimmung

(1) [1]Der Zeitraum zwischen der Anberaumung des Termins und dem Termin soll nicht mehr als drei Monate betragen. [2]Zwischen der Bekanntmachung der Terminsbestimmung und dem Termin soll in der Regel ein Zeitraum von sechs Wochen liegen.

(2) Die Terminsbestimmung soll enthalten:

1. die Bezeichnung des Grundstücks und des zu versteigernden Wohnungseigentums;
2. Zeit und Ort der Versteigerung;
3. die Angabe, daß die Versteigerung eine freiwillige ist;
4. die Bezeichnung des verurteilten Wohnungseigentümers sowie die Angabe des Wohnungsgrundbuchblattes ...,
5. die Angabe des Ortes, wo die festgestellten Versteigerungsbedingungen eingesehen werden können.

(3) Die Terminsbestimmung ist öffentlich bekanntzugeben:

1. durch einmalige, auf Verlangen des verurteilten Wohnungseigentümers mehrmalige Einrückung in das Blatt, das für Bekanntmachungen des nach § 43 zuständigen Amtsgerichts bestimmt ist;
2. durch Anschlag der Terminsbestimmung in der Gemeinde, in deren Bezirk das Grundstück liegt, an die für amtliche Bekanntmachungen bestimmte Stelle;
3. durch Anschlag an die Gerichtstafel des nach § 43 zuständigen Amtsgerichts.

(4) Die Terminsbestimmung ist dem Antragsteller und dem verurteilten Wohnungseigentümer mitzuteilen.

---

[1] Aufgehoben durch die WEG-Novelle (BGBl 2007 I 370).

(5) Die Einsicht der Versteigerungsbedingungen und der in § 54 Abs. 2 bezeichneten Urkunden ist jedem gestattet.

§ 56 Versteigerungstermin

(1) [1]In dem Versteigerungstermin werden nach dem Aufruf der Sache die Versteigerungsbedingungen und die das zu versteigernde Wohnungseigentum betreffenden Nachweisungen bekanntgemacht. [2]Hierauf fordert der Notar zur Abgabe von Geboten auf.

(2) [1]Der verurteilte Wohnungseigentümer ist zur Abgabe von Geboten weder persönlich noch durch einen Stellvertreter berechtigt. [2]Ein gleichwohl erfolgtes Gebot gilt als nicht abgegeben. [3]Die Abtretung des Rechtes aus dem Meistgebot an den verurteilten Wohnungseigentümer ist nichtig.

(3) Hat nach den Versteigerungsbedingungen ein Bieter durch Hinterlegung von Geld oder Wertpapieren Sicherheit zu leisten, so gilt in dem Verhältnis zwischen den Beteiligten die Übergabe an den Notar als Hinterlegung.

§ 57 Zuschlag

(1) [1]Zwischen der Aufforderung zur Abgabe von Geboten und dem Zeitpunkt, in welchem die Versteigerung geschlossen wird, soll ... mindestens eine Stunde liegen. [2]Die Versteigerung soll so lange fortgesetzt werden, bis ungeachtet der Aufforderung des Notars ein Gebot nicht mehr abgegeben wird.

(2) Der Notar hat das letzte Gebot mittels dreimaligen Aufrufs zu verkünden und, soweit tunlich, die Antragsteller und den verurteilten Wohnungseigentümer über den Zuschlag zu hören.

(3) Bleibt das abgegebene Meistgebot ... hinter sieben Zehnteln des Einheitswertes des versteigerten Wohnungseigentums zurück, so kann der verurteilte Wohnungseigentümer bis zum Schluß der Verhandlung über den Zuschlag (Absatz 2) die Versagung des Zuschlags verlangen.

(4) [1]Wird der Zuschlag nach Absatz 3 versagt, so hat der Notar von Amts wegen einen neuen Versteigerungstermin zu bestimmen. [2]Der Zeitraum zwischen den beiden Terminen soll sechs Wochen nicht übersteigen, sofern die Antragsteller nicht einer längeren Frist zustimmen.

(5) In dem neuen Termin kann der Zuschlag nicht nach Absatz 3 versagt werden.

§ 58 Rechtsmittel

(1) [1]Gegen die Verfügung des Notars, durch die die Versteigerungsbedingungen festgesetzt werden, sowie gegen die Entscheidung des Notars über den Zuschlag findet das Rechtsmittel der sofortigen Beschwerde mit aufschiebender Wirkung statt. [2]Über die sofortige Beschwerde entscheidet das Landgericht, in dessen Bezirk das Grundstück liegt. [3]Eine weitere Beschwerde ist nicht zulässig.

(2) Für die sofortige Beschwerde und das Verfahren des Beschwerdegerichts gelten die Vorschriften des Reichsgesetzes über die Angelegenheiten der freiwilligen Gerichtsbarkeit.

Bundesnotarordnung vom 24. 2. 1961 (BGBl I 98)

§ 20 Beurkundungen und Beglaubigungen

(1) [1]Die Notare sind zuständig, Beurkundungen jeder Art vorzunehmen sowie Unterschriften, Handzeichen und Abschriften zu beglaubi-

gen. [2] Zu ihren Aufgaben gehören insbesondere auch die Beurkundung von Versammlungsbeschlüssen, die Vornahme von Verlosungen und Auslosungen, die Aufnahme von Vermögensverzeichnissen, die Anlegung und Abnahme von Siegeln, die Aufnahme von Protesten, die Zustellung von Erklärungen sowie die Beurkundung amtlich von ihnen wahrgenommener Tatsachen.

(2) Die Notare sind auch zuständig, Auflassungen entgegenzunehmen sowie Teilhypotheken- und Teilgrundschuldbriefe auszustellen.

(3) [1] Die Notare sind ferner zuständig, freiwillige Versteigerungen durchzuführen. [2] Eine Versteigerung beweglicher Sachen sollen sie nur vornehmen, wenn diese durch die Versteigerung unbeweglicher Sachen oder durch eine von dem Notar beurkundete oder vermittelte Vermögensauseinandersetzung veranlaßt ist.

(4) Die Notare sind auch zur Vermittlung nach den Bestimmungen des Sachenrechtsbereinigungsgesetzes zuständig.

(5) Inwieweit die Notare zur Vermittlung von Nachlaß- und Gesamtgutauseinandersetzungen – einschließlich der Erteilung von Zeugnissen nach §§ 36 und 37 der Grundbuchordnung –, zur Aufnahme von Nachlaßverzeichnissen und Nachlaßinventaren sowie zur Anlegung und Abnahme von Siegeln im Rahmen eines Nachlaßsicherungsverfahrens zuständig sind, bestimmt sich nach den landesrechtlichen Vorschriften.

Beurkundungsgesetz vom 28. 8. 1969 (BGBl I 1513)

§ 15 Versteigerungen

[1] Bei Der Beurkundung von Versteigerungen gelten nur solche Bieter als beteiligt, die an ihr Gebot gebunden bleiben. [2] Entfernt sich ein solcher Bieter vor dem Schluß der Verhandlung, so gilt § 13 Abs. 1 insoweit nicht; in der Niederschrift muß festgestellt werden, daß sich der Bieter vor dem Schluß der Verhandlung entfernt hat.

Literatur: *Heil,* Freiwillige Versteigerung von Wohnungseigentum MittRhNotK 1999, 73; *Röll,* die freiwillige Versteigerung nach §§ 53 ff WEG, MittBayNot 1981, 64; *Stache,* die Problematik der §§ 18, 19 WEG, Diss Münster 1968, 83 ff. – Vgl auch *Götte* BWNotZ 1992, 105; *Heil* RhlNK 1999, 73.

4.2. Rechtslage

Von den im ZVG geregelten Zwangsversteigerungen zu unterscheiden sind die freiwilligen Versteigerungen, von denen es wiederum zwei verschiedene Alternativen gibt:

– **Einerseits die Vollstreckung eines Entziehungsurteils nach § 18 WEG,** die bisher nach §§ 53–58 WEG im Wege der freiwilligen Versteigerung des Wohnungseigentums erfolgt ist. Diese §§ 53–58 WEG sind aber durch die WEG-Novelle (BGBl 2007 I 370) aufgehoben worden und gelten gemäß § 62 I WEG nur noch für die am 1. 7. 2007 bereits anhängig gewesenen Verfahren. Alle späteren Vollstreckungen eines Entziehungsurteils nach § 18 WEG erfolgen seither gemäß § 19 I 1 WEG im Wege der „ganz normalen Vollstreckungsversteigerung." Diese Alternative der freiwilligen Versteigerung wird es also in Zukunft nicht mehr geben.

– **Andererseits die echte freiwillige Versteigerung auf freiwilligen Antrag des Eigentümers;** bundesrechtlich geregelt ist hierfür nur die Zuständigkeit der Notare (§ 20 III BNotO) und die Beurkundung der Versteigerungserklärungen (§ 15 BeurkG). Landesrechtlich gibt es nur vereinzelt, und wenn überhaupt dann recht unzulängliche Regelungen.[1] Diese Form der freiwilligen Versteigerung besteht also weiterhin.

Bei der freiwilligen Versteigerung, die idR durch einen besonderen Auktionator erfolgt, ist immer ein Notar anwesend, der mindestens den Zuschlag protokolliert; oft versteigert der Notar auch selbst und legt alle wichtigen Versteigerungsbedingungen fest. Die Versteigerungsbedingungen müssen einem angemessenen Kaufvertrag entsprechen[2] und schon vor der Terminsbestimmung festgelegt werden. Die Vorschriften des ZVG sind nicht unmittelbar anwendbar,[3] bieten aber eine gute Orientierung. Ein geringstes Gebot iSd ZVG gibt es nicht, wohl aber ein Mindestgebot, das idR bei 50% des Verkehrswertes liegt. Es können (im Gegensatz zur Zwangsversteigerung) auch schriftliche Gebote zugelassen oder Mindest-„Schritte" für Übergebote festgesetzt werden. Ebenso kann bestimmt werden, daß die Eigentumsumschreibung erst/nur dann erfolgt, wenn das Meistgebot vollständig bezahlt ist. Dingliche Rechte erlöschen mit dem Zuschlag nicht.[4]

Die vom Notar über die freiwillige Versteigerung zu erstellende Urkunde ist nicht schon dann gemäß § 311 b I BGB formunwirksam, wenn darin der bisherige Grundstückseigentümer zwar nicht namentlich benannt ist, aber aus der Beschreibung des Grundstücks unzweifelhaft bestimmt werden kann.[5] Diese Urkunde muß auch dem Auktionator selbst vorgelesen und von diesem genehmigt und unterschrieben werden.[6]

Die Grundsätze der Rechtsprechung, nach der die in einem Kaufvertrag enthaltenen und ausdrücklich zum Gegenstand der Vereinbarung gemachten Angaben über tatsächlich erzielte Mieterträge regelmäßig für die Zusicherung einer Eigenschaft sprechen, finden auch bei der freiwilligen Versteigerung eines Grundstücks Anwendung.[7]

Das Verfahren zur freiwilligen Versteigerung von Grundstücken und grundstücksgleichen Rechten kann also noch flexibler als das (ohnehin schon flexible) Zwangsversteigerungsverfahren gestaltet werden.[8]

4.3. Taktische Hinweise

TH 4.3.1.: Die Vorteile einer freiwilligen Versteigerung werden in Deutschland für Grundstücke mE viel zu selten genutzt, denn die hohe Flexibilität, Schnelligkeit des Verfahrens, Sicherheit einer gerechten Erlösvertei-

---

[1] Die Landesrechtlichen Bestimmungen sind zB abgedruckt bei Steiner-Storz Band II S. 2049–2227 und bei Beck-Textausgabe zum Zwangsversteigerungsrecht, Einführung Storz, 1994 S. 343–551.
[2] LG Freiburg DWE 1990, 34.
[3] LG Mainz Rpfleger 1999, 342.
[4] OLG Hamm WE 1994, 84.
[5] KG Rpfleger 2002, 356.
[6] BGH NJW 1998, 2350.
[7] BGH ZIP 2001, 2283 unter Fortführung von BGH NJW 2001, 2551.
[8] Zur „Internet-Auktion" für Grundstücke vgl KG NJW 2001, 3272.

lung usw können bei gutem Willen für alle Beteiligte nutzbar gemacht werden. Viel mehr, als dies bisher geschieht. Gerade auch bei gesuchten Objekten kann mit einer – auch marketingmäßig gut vorbereiteten! – freiwilligen Versteigerung unter Umständen sogar ein besserer Erlös erzielt werden als durch einen freihändigen Verkauf!

TH 4.3.2.: Freiwillige Versteigerungen dürfen aber hinsichtlich der Objektart und vor allem der Objektzahl nicht überfordert werden. Grundsätzlich gilt, daß nur wenige Objekte gleichzeitig versteigert werden sollten (umgekehrt bietet aber die Chance, verschiedene Objekte gleichzeitig zu versteigern, einen zusätzlichen Anreiz!), und daß insbesondere gesuchte (zB Rendite-) Objekte oder besondere Raritäten am besten für eine freiwillige Versteigerung geeignet sind (am wenigsten also Eigentumswohnungen „von der Stange"; es sei denn, daß unbedingt schnell und viel verkauft werden muß, dann aber muß besonders sorgfältig geworben werden).

TH 4.3.3.: Bei der freiwilligen Versteigerung wird nach den vorher individuell festgelegten Bedingungen versteigert. Das hat ua zur Folge, daß (im Gegensatz zur Vollstreckungsversteigerung und zT auch der Teilungsversteigerung) nicht mehr irgend ein Beteiligter (zB der bestrangig betreibende Gläubiger oder der maßgebliche Antragsteller) den Zuschlag verhindern kann durch eine Einstellungsbewilligung zwischen Ende der Bietstunde und Verkündung des Zuschlags.

TH 4.3.4.: Die Nachteile einer freiwilligen Versteigerung für den Fall eines nicht zuverlässig kooperativen Eigentümers dürfen nicht übersehen werden: es gibt ja keine Beschlagnahme und auch keine Grundbuch-Eintragung, so daß der Eigentümer noch verkaufen und belasten kann; er kann auch nicht zu einer Präsentation der Innenräume oder der wichtigen Unterlagen gezwungen werden. Aber die wirklich freiwillige Versteigerung von gesuchten Objekten liegt so sehr im Interesse des Eigentümers, daß er schon deshalb „kooperativ" ist!

5. Besonderheiten im Beitrittsgebiet

[Bebaute Grundstücke im Beitrittsgebiet]

EGZVG 9a (1) In dem in Artikel 3 des Einigungsvertrages genannten Gebiet umfaßt die nach dem 31. Dezember 2000 angeordnete Beschlagnahme des Grundstücks auch das in Artikel 233 §§ 2b, 4 und 8 des Einführungsgesetzes zum Bürgerlichen Gesetzbuche bezeichnete Gebäudeeigentum. Nach Ablauf der in Satz 1 bezeichneten Frist erlöschen durch den Zuschlag auch die in Artikel 233 § 2c Abs 2 des Einführungsgesetzes zum Bürgerlichen Gesetzbuche bezeichneten Ansprüche, es sei denn, da für diese ein Vermerk im Grundbuch eingetragen ist oder diese im Verfahren nach Absatz 2 angemeldet worden sind. Satz 2 gilt für Ansprüche auf Rückübertragung nach dem Vermögensgesetz sinngemäß.

(2) Dem Inhaber des Gebäudeeigentums stehen die in § 28 des Gesetzes über die Zwangsversteigerung und die Zwangsverwaltung bezeichneten Rechte zu. Die in Artikel 233 § 2c Abs 2 des Einführungsgesetzes zum Bürgerlichen Gesetzbuche bezeichneten Ansprüche sind, sofern sie nicht in dem für das Grundstück angelegten Grundbuch vermerkt sind, spätestens im Versteigerungstermin vor der Aufforderung zur Abgabe von Angeboten anzumelden. § 3b Abs 2 des Vermögensgesetzes bleibt unberührt.

(3) Der Beschluß, durch den die Zwangsversteigerung angeordnet wird, ist dem Nutzer zuzustellen. Ist dieser nicht bekannt, so ist, wenn nicht ein Pfleger bestellt wird, auf Ersuchen des Gerichts in entsprechender Anwendung des Artikels 233 § 2 Abs 3 des Einführungsgesetzes zum Bürgerlichen Gesetzbuche ein Vertreter zu bestellen. Ein Zwangsversteigerungsvermerk ist auch in ein bestehendes Gebäudegrundbuch für Gebäudeeigentum auf dem Grundstück einzutragen.

Literatur: *Böhringer,* Wegfall liegenschaftsrechtlicher Besonderheiten in den neuen Ländern zur Jahrtausendwende, Rpfleger 1999, 425; *Cremer,* Wiederherstellung des öffentlichen Glaubens des Grundbuchs und Beseitigung sonstiger spezifischer Rechtsunsicherheiten im Grundstücksrecht des Beitrittsgebiets, NotBZ 2000, Sonderheft (9) 13; *Grund,* Zwangsversteigerung und Restitution – der mißverstandene § 9a EGZVG, ZIP 1999, 1617; *Keller,* Gebäudeeigentum und Grundstücksversteigerung, Rpfleger 1994, 194; *Limmer,* das Restitutionsverfahren als ein die Zwangsversteigerung hinderndes Recht? VIZ 1994, 516; *Purps/Schumann,* Die Freigabe in der Insolvenz bei getrenntem Boden- und Gebäudeeigentum NJW 1999, 2476.

§ 9a wurde eingefügt in das EGZVG durch RegVBG vom 20. 12. 1993 (BGBl I, 2182), geändert durch das 2. EFG vom 20. 12. 1999 (BGBl I 2493).

Grundsätzlich gilt das ZVG seit dem 3. 10. 1990 auch in den „Neuen Bundesländern". Trotzdem sind für gewisse Übergangszeiten noch einige Besonderheiten zu beachten, deren wichtigste hier kurz angesprochen werden sollen.

5.1. Trennung von Grundstück und Gebäude

Vor dem 3. 10. 1990 konnte nach dem ZGB-DDR auch ein von Grundstückseigentum rechtlich unabhängiges Eigentum an Gebäuden, Baulichkeiten, Anlagen, Einrichtungen und sogar Anpflanzungen begründet werden.[1]

Dieses Gebäudeeigentum war in der Regel verbunden mit einem dinglichen Nutzungsrecht entweder an einem volkseigenen Grundstück und in dessen Grundbuch als Belastung in Abt II gesichert (vergleichbar dem Erbbaurecht) oder am Grundstück einer sozialistischen Genossenschaft und in dessen Grundbuch im Bestandsverzeichnis vermerkt; für das Gebäudeeigentum mit Nutzungsrecht wurde jeweils ein besonderes Gebäudegrundbuchblatt angelegt (vgl Art. 231 § 5, Art 233 § 4 EGBGB und § 9a EGZVG).[2]

Außerdem konnten LPGs und andere sozialistische Genossenschaften selbständiges Eigentum an Gebäuden erwerben, die sie auf von Genossen eingebrachten Grundstücken errichtet hatten; auch hier wurden besondere Gebäudegrundbuchblätter angelegt (vgl Art 233 § 2b EGBGB).

Schließlich konnten bei „Freizeitgrundstücken" vertraglich Nutzungsrechte zB für Wochenendhäuser begründet werden. Diese Wochenendhäuser wurden aber wie bloße bewegliche Sachen ohne jegliche Verlautbarung im Grundbuch behandelt (vgl Art 232 § 4 EGBGB, §§ 1, 29 SchuldRAnpG und das ErholNutzG – BGBl I 1994, 2538, 2548).[3]

Zur Rechtsvereinheitlichung kann der Gebäudeeigentümer jetzt entweder gemäß §§ 28 ff SachenRBerG ein Erbbaurecht oder gemäß §§ 56 ff SachenRBerG sogar das Grundstückseigentum erwerben. Wenn sich das ursprünglich getrennte Grundstücks- und Gebäudeeigentum in einer Person vereinigt haben, dann ist gemäß § 78 SachenRBerG eine getrennte Veräußerung nur des Grundstücks oder nur des Gebäudes nicht mehr zulässig; dies gilt zwar ausdrücklich nicht für Zwangsversteigerungen, sodaß hier das Eigentum wieder auseinanderfallen kann; dafür gibt aber § 78 III 1 SachenRBerG dem Ersteher des Gebäudes (oder des Grundstücks) das Recht, gegen den Eigentümer des Grundstücks (oder des Gebäudes) den Ankauf nach den Bestimmungen der §§ 61 ff SachenRBerG zu verlangen.[4]

Bleibt die Trennung von Grundstücks- und Gebäudeeigentum in der bisherigen Form bestehen (oder kommt es ausnahmsweise trotz Vereinigung wieder zur Trennung), gilt für die Zwangsversteigerung des Grundstücks[5] folgende Regelung (vgl Art 233 § 4 IV EGBGB; § 9a EGZVG):

---

[1] Vgl Eickmann-Böhringer, Sachenrechtsbereinigung, Loseblatt-Kommentar 3/95 Art 233 § 4 EGBGB; Hintzen, RWS-Skript Zwangsversteigerung, 2. Auflage 1996. Rdn 94–113; Stöber Einl 14 und Erläuterungen zu § 9a EGZVG.

[2] Vgl Böttcher Einl 28 f.

[3] Vgl Eickmann Böhringer, Sachenrechtsbereinigung, Loseblatt Kommentar 3/95 Art 233 § 4 EGBGB; Hintzen, RWS-Skript Zwangsversteigerung, 2. Aufl 1996 Rdn 94–113; Stöber Einl 14 und Erläuterungen zu § 9a EGZVG.

[4] Vgl Keller, Anmerkung zu LG Halle, Rpfleger 1997, 35.

[5] Zum Umfang des Zuschlags unvermessener Gebäudegrundstücke vgl BGH DtZ 1996, 212. Vgl auch Purps/Schumann NJW 1999, 2476.

- **Bei Beschlagnahme bis 31. 12. 2000** bleibt ein nach dem ZGB-DDR begründetes Nutzungsrecht auch dann bestehen, wenn es bei der Feststellung des geringsten Gebotes nicht berücksichtigt ist;
- das Nutzungsrecht muß aber aus dem Grundbuch ersichtlich sein, sonst erlischt es mit dem Zuschlag.
- **Bei Beschlagnahme ab 1. 1. 2001** wird zwar zunächst im Interesse der Transparenz auch das selbständige Gebäudeeigentum von der Beschlagnahme erfaßt; aber es wird gemäß § 28 ZVG als entgegenstehendes Recht von Amts wegen wieder freigegeben, wenn es aus dem Grundbuch ersichtlich ist; andernfalls muß es mit der Drittwiderspruchslage nach § 771 ZPO vor dem Prozeßgericht geltend gemacht werden;
  - dies gilt auch dann, wenn die das Nutzungsrecht sichernde Belastung in Abt II des Grundstücks erst nach dem Versteigerungsvermerk eingetragen[6] und rechtzeitig angemeldet worden ist;
  - damit der Nutzungsberechtigte seine Rechte wahrnehmen kann, wird ihm die Anordnung der Grundstücks-Zwangsversteigerung zugestellt; außerdem ist er Beteiligter iSd § 9;[7]
  - auf bestehenbleibende Nutzungsrechte sind die Miet-/Pachtvorschriften des BGB entsprechend anzuwenden; damit hat der Ersteher auch das Sonderkündigungsrecht der §§ 57 a ff.[8]

Macht ein Dritter im Zwangsversteigerungsverfahren selbst ein nicht aus dem Grundbuch ersichtliches selbständiges Gebäudeeigentum geltend (also nicht über eine Drittwiderspruchsklage nach § 771 ZPO), dann kann der betreibende Gläubiger dieses Recht zwar freigeben; eine Aufhebung des das selbständige Gebäudeeigentum betreffenden Verfahrens ist jedoch nur zulässig, wenn entweder der Schuldner freiwillig der Freigabe zustimmt, oder wenn der Dritte einen gegen den Schuldner gerichteten rechtskräftigen Titel vorlegt, der die Unzulässigkeit der Zwangsvollstreckung in dieses selbständige Gebäudeeigentum ausspricht oder feststellt, daß der Dritte selbst der Inhaber des selbständigen Eigentums an dem beschlagnahmten Gebäude ist.[8a]

5.2. Mitbenutzungsrechte

Nach §§ 321, 322 ZBG-DDR konnten im Grundbuch sogenannte Mitbenutzungsrechte eingetragen werden; diese werden (auch) in der Zwangsversteigerung wie beschränkte persönliche Dienstbarkeiten nach dem BGB behandelt.

Bei Beschlagnahmen bis zum 31. 12. 2000 bleiben sie aber auch dann gemäß Art 233 § 5 II 3 EGBGB bestehen, wenn sie bei der Feststellung des geringsten Gebots nicht berücksichtigt worden sind; § 9 I EGZVG ist entsprechend anzuwenden.[9]

---

[6] Stöber § 9 a EGZVG Rdn 3.5.
[7] Stöber § 9 Rdn 3.37.
[8] Vgl A.1.3.2.
[8a] BGH vom 26. 10. 2006 (V ZB 188/05).
[9] Vgl B.4.3.

5.3. Eheliches Güterrecht

Bei Güterstand der Eigentums- und Vermögensgemeinschaft nach FGB-DDR hat die Zwangsvollstreckung in Gegenstände des gemeinschaftlichen Eigentums und Vermögens gemäß § 774a ZPO nach den Vorschriften über die Gütergemeinschaft zu erfolgen.

Wenn die Ehegatten nicht innerhalb von 2 Jahren nach Wirksamwerden des Beitritts gegenüber dem Gericht erklärt haben, daß ihr bisheriger Güterstand fortgelten soll, wird das gemeinschaftliche Eigentum kraft Gesetzes in Bruchteilseigentum zu im Zweifel gleichen Anteilen umgewandelt (vgl Art 234 §§ 4, 4a EGBGB).[10]

5.4. Gesamtvollstreckung und Zwangsversteigerung/Zwangsverwaltung

Gemäß § 7 III der Gesamtvollstreckungsordnung (GesO), die noch für alle bis 31. 12. 1998 beantragten Insolvenzen gilt (danach gilt die InsO), sind vor der Eröffnung eingeleitete und noch nicht beendete Maßnahmen der Zwangsvollstreckung wirkungslos. Da in der GesO eine dem § 47 KO entsprechende Vorschrift fehlt, wurde gelegentlich die Zulässigkeit einer Zwangsversteigerung/-verwaltung generell bestritten, wenn die Gesamtvollstreckung beantragt bzw eröffnet war.[11]

Inzwischen dürfte sich aber die Ansicht durchgesetzt haben, daß das Absonderungsrecht aus rechtsgeschäftlich bestellten Grundpfandrechten sehr wohl ausgeübt werden darf.[12] Allerdings können gemäß § 2 IV GesO nach Eingang des GesO-Antrages auch solche Zwangsversteigerungen/-verwaltungen gemäß § 775 Nr. 2 ZPO vom Vollstreckungsgericht einstweilen eingestellt werden.[13] Nach Eröffnung der Gesamtvollstreckung werden Zwangsversteigerung/-verwaltung aber auf Antrag der Grundschuldgläubiger (§ 31) fortgesetzt.

Anders ist dies bei Zwangshypotheken: diese werden nach § 7 III 1 GesO mit der Eröffnung der Gesamtvollstreckung (relativ) unwirksam,[14] mit der Folge, daß aus ihnen während der Gesamtvollstreckung weder Zwangsversteigerung/-verwaltung betrieben noch bei einem freihändigen Verkauf ein Erlösanspruch hergeleitet werden kann. Bei Beendigung der Gesamtvollstreckung oder Freigabe des Grundstücks während des Verfahrens entfaltet die Zwangshypothek aber wieder ihre volle Wirksamkeit.

---

[10] Brandenburg OLG Rpfleger 1995, 321, LG Neubrandenburg Rpfleger 1995, 250; LG Erfurt Rpfleger 1995, 350.

[11] LG Memmingen Rpfleger 1996, 122; AG Halle-Saalkreis EWiR 1995, 883 (Tintelnot).

[12] OLG Braunschweig OLG Report 2001, 429; OLG Dresden ZIP 1996, 1256; OLG Jena ZiP 1996, 1097; LG Rostock Rpfleger 1997, 125; LG Gera ZiP 1996, 681; LG Leipzig EWiR 1996, 707 (Holzer) und EWiR 1996, 605 (Hess); LG Halle EWiR 1996, 993 (Rombach); LG Schwerin Rpfleger 1996, 259 und DtZ 1994, 416; LG Cottbus EWiR 1998, 31 (Hess); AG Stendal EWiR 1997, 167 (Haasmeyer); Pape KTS 1996, 231, 244 ff; Uhlenbruck W Prax 1995, 66.

[13] LG Magdeburg Rpfleger 1996, 210; früher auch LG Leipzig ZiP 1996, 1051 und 881; Stöber § 15 Rdn 23.13.

[14] BGH ZiP 1995, 1425 (Mitlehner) und 1995, 480 (Pape/Voigt); OLG Dresden ZIP 1995, 142; **Kritisch** hierzu Keller Rpfleger 1997, 45.

Streitig ist, ob bzw wie eine Zwangshypothek eingetragen werden kann, wenn ursprünglich eigentumsrechtlich getrenntes Grundstücks- und Gebäudeeigentum (vgl oben Ziffer 1) in einer Person vereinigt worden ist.[15]

5.5. Sonstiges

Eine beschränkte persönliche Dienstbarkeit (zB zugunsten eines Wasserversorgungsunternehmens gemäß § 9 I und IX GBBerg iVm § 1 SachenR-DV) ist im Rahmen der Zwangsversteigerung des belasteten Grundstücks bei der Feststellung des geringsten Gebots zu berücksichtigen, sofern das Recht vorrangig und eingetragen ist oder die Voraussetzungen des § 45 I vorliegen.[16]

---

[15] Dazu Brandenburg OLG Rpfleger 1997, 60; OLG Dresden Rpfleger 1996, 102; LG Halle Rpfleger 1997, 35 (Keller); LG Frankfurt/Oder Rpfleger 1997, 212.

[16] BGH Rpfleger 2006, 272.

6. Rechte in ausländischer Währung

§ 145 a. [Ausländische Währung bei Zwangsversteigerung]

Für die Zwangsversteigerung eines Grundstücks, das mit einer Hypothek, Grundschuld oder Rentenschuld in einer nach § 28 Satz 2 der Grundbuchordnung zugelassenen Währung belastet ist, gelten folgende Sonderbestimmungen:

1. Die Terminbestimmung muß die Angabe, daß das Grundstück mit einer Hypothek, Grundschuld oder Rentenschuld in einer nach § 28 Satz 2 der Grundbuchordnung zugelassenen Währung belastet ist, und die Bezeichnung dieser Währung enthalten.

2. In dem Zwangsversteigerungstermin wird vor der Aufforderung zur Abgabe von Geboten festgestellt und bekannt gemacht, welchen Wert die in der nach § 28 Satz 2 der Grundbuchordnung zugelassenen Fremdwährung eingetragene Hypothek, Grundschuld oder Rentenschuld nach dem amtlich ermittelten letzten Kurs in Euro hat. Dieser Kurswert bleibt für das weitere Verfahren maßgebend.

3. Die Höhe des Bargebots wird in Euro festgestellt. Die Gebote sind in Euro abzugeben.

4. Der Teilungsplan wird in Euro aufgestellt.

5. Wird ein Gläubiger einer in nach § 28 Satz 2 der Grundbuchordnung zulässigen Fremdwährung eingetragenen Hypothek, Grundschuld oder Rentenschuld nicht vollständig befriedigt, so ist der verbleibende Teil seiner Forderung in der Fremdwährung festzustellen. Die Feststellung ist für die Haftung mitbelasteter Gegenstände, für die Verbindlichkeit des persönlichen Schuldners und für die Geltendmachung des Ausfalls im Insolvenzverfahren maßgebend.

§ 168 c. [Schiffshypothek in ausländischer Währung]

Für die Zwangsversteigerung eines Schiffes, das mit einer Schiffshypothek in ausländischer Währung belastet ist, gelten folgende Sonderbestimmungen:

1. Die Terminbestimmung muß die Angabe, daß das Schiff mit einer Schiffshypothek in ausländischer Währung belastet ist, und die Bezeichnung dieser Währung enthalten.

2. In dem Zwangsversteigerungstermin wird vor der Aufforderung zur Abgabe von Geboten festgestellt und bekanntgemacht, welchen Wert die in ausländischer Währung eingetragene Schiffshypothek nach dem amtlich ermittelten letzten Kurs in Euro hat. Dieser Kurswert bleibt für das weitere Verfahren maßgebend.

3. Die Höhe des Bargebots wird in Euro festgestellt. Die Gebote sind in Euro abzugeben.

4. Der Teilungsplan wird in Euro aufgestellt.

5. Wird ein Gläubiger einer in ausländischer Währung eingetragenen Schiffshypothek nicht vollständig befriedigt, so ist der verbleibende Teil seiner Forderung in der ausländischen Währung festzustellen. Die Feststellung ist für die Haftung mitbelasteter Gegenstände, für die Verbindlichkeit des persönlichen Schuldners und für die Geltendmachung des Ausfalls im Insolvenzverfahren maßgebend.

§ 171 e. [Registerpfandrechte in ausländischer Währung]

Für die Zwangsversteigerung eines Luftfahrzeugs, das mit einem Registerpfandrecht in ausländischer Währung belastet ist, gelten folgende Sonderbestimmungen:

1. Die Terminbestimmung muß die Angabe, daß das Luftfahrzeug mit einem Registerpfandrecht in ausländischer Währung belastet ist, und die Bezeichnung dieser Währung enthalten.

2. In dem Zwangsversteigerungstermin wird vor der Aufforderung zur Abgabe von Geboten festgestellt und bekanntgemacht, welchen Wert das in ausländischer Währung eingetragene Registerpfandrecht nach dem amtlich ermittelten letzten Kurs in Euro hat. Dieser Kurswert bleibt für das weitere Verfahren maßgebend.

3. Die Höhe des Bargebots wird in Euro festgestellt. Die Gebote sind in Euro abzugeben.

4. Der Teilungsplan wird in Euro aufgestellt.

5. Wird ein Gläubiger eines in ausländischer Währung eingetragenen Registerpfandrechts nicht vollständig befriedigt, so ist der verbleibende Teil seiner Forderung in der ausländischen Währung festzustellen. Die Feststellung ist für die Haftung mitbelasteter Gegenstände, für die Verbindlichkeit des persönlichen Schuldners und für die Geltendmachung des Ausfalls im Insolvenzverfahren maßgebend.

B. Allgemeiner Teil

1. Die Beteiligten

§ 9 ZVG

In dem Verfahren gelten als Beteiligte, außer dem Gläubiger und dem Schuldner:

1. diejenigen, für welche zur Zeit der Eintragung des Vollstreckungsvermerkes ein Recht im Grundbuch eingetragen oder durch Eintragung gesichert ist;

2. diejenigen, welche ein der Zwangsvollstreckung entgegenstehendes Recht, ein Recht an dem Grundstück oder an einem das Grundstück belastenden Rechte, einen Anspruch mit dem Rechte auf Befriedigung aus dem Grundstück oder ein Miet- oder Pachtrecht, auf Grund dessen ihnen das Grundstück überlassen ist, bei dem Vollstreckungsgericht anmelden und auf Verlangen des Gerichts oder eines Beteiligten glaubhaft machen.

Wer im Zwangsversteigerungsverfahren als Beteiligter anerkannt wird, richtet sich im wesentlichen (aber nicht ausschließlich) nach § 9, es gibt auch einzelne Sondervorschriften.[1] Allgemein gilt die Kurzformel: „Beteiligte sind diejenigen, deren Interesse sich aus dem Grundbuch ergibt."[2]

Soweit diese Interessen schon zur Zeit der Eintragung des Zwangsversteigerungsvermerks aus dem Grundbuch ersichtlich sind, werden die Berechtigten gemäß § 9 Nr. 1 von Amts wegen berücksichtigt, während später entstandene oder eingetragene Rechte angemeldet werden müssen (§ 9 Nr. 2).[3]

Alle (natürlichen oder juristischen) Personen, die danach Beteiligte des Verfahrens sind, haben die zahlreichen Rechte, Antrags- und Zustimmungsbefugnisse, die das ZVG einem Beteiligten zur Verfügung stellt. Abgesehen davon, daß (nur) die Beteiligten über den Fortgang der Versteigerung informiert (vgl § 41), zur Verkehrswertfestsetzung gehört (vgl § 74a V) und auf den Termin hingewiesen werden (vgl § 43 II), kann jeder Beteiligte:

(1) verlangen, daß andere Beteiligte nach § 9 Nr. 2 ihr Recht glaubhaft machen (§ 9 Nr. 2);[4]

(2) eine abweichende Feststellung des geringsten Gebots oder der sonstigen Versteigerungsbedingungen verlangen (§ 59 I);[5]

(3) Gruppen – und/oder Gesamtausgebote verlangen, wenn mehrere Grundstücke gemeinsam versteigert werden (§ 63 II) oder nicht auf Einzelausgebote verzichten (§ 63 IV);[6]

---

[1] Zum Beispiel: § 24 ErbbaurechtsVO; § 15 ReichsheimstättenAVO; §§ 111a ff LAG; § 24 Rentenbank-Durchführungsbestimmungen; vgl auch B. 1.4.

[2] Vgl Stöber Handbuch Rdn 54.

[3] Vgl dazu unten B. 1.4.

[4] Vgl C. 4.3. und E. 5.1.

[5] Vgl D. 2.1. – D. 2.7. und B. 2.5.2.1.

[6] Vgl D. 2.6.

(4) eine abgesonderte Versteigerung oder anderweitige Verwertung beantragen (§ 65);[7]

(5) Die Versagung des Zuschlags nach § 85 beantragen;[8]

(6) weitere Rechte ergeben sich aus §§ 74, 88, 94, 97, 105f, 115, 146.

In vielen dieser Fälle kann ein einzelner Beteiligter notfalls auch gegen den Willen der übrigen Beteiligten und des Rechtspflegers eine bestimmte Maßnahme durchsetzen oder verhindern und dadurch das Verfahren ganz erheblich beeinflussen.[9]

Auch der Schuldner ist Beteiligter und hat diese Möglichkeiten ....[10]

1.1. Der Schuldner

1.1.1. Rechtslage

Der Schuldner, also meist der Grundstückseigentümer, wird von der Zwangsversteigerung am meisten betroffen; er ist gewissermaßen der Hauptbeteiligte. Ihm stehen bis zum Ende der Versteigerung außer allen Rechten, die das ZVG allen Beteiligten einräumt, noch zusätzliche Abwehr- und Gestaltungsmöglichkeiten zur Verfügung,[11] damit er möglichst viel für die Rettung seines Grundbesitzes oder eine Verbesserung des wirtschaftlichen Ergebnisses tun kann.

In der Praxis fühlt sich der Schuldner aber oft als Gegner aller anderer Beteiligter und beschränkt sich auf Verzögerungs- und Abwehrversuche.[10] Diese werden dann auf Vollstreckungsschutzanträge nach § 30a oder § 765a ZPO oder auf eine Verkehrswert- bzw der Zuschlagsbeschwerde „beschränkt".[11] Dies gilt vor allem dann, wenn der Schuldner aus eigener Initiative selbst tätig wird oder einen Rechtsanwalt um Unterstützung bittet.

Seit einiger Zeit hat sich aber bei Zwangsversteigerungen eine bemerkenswerte Entwicklung ergeben, begünstigt einerseits durch die rapide Zunahme dieser Fälle und andererseits durch die immer häufigeren amtlichen Veröffentlichungen im Internet (vgl. dazu § 38 II, der diese Möglichkeit seit Anfang 2007 ausdrücklich erklärt)[11a] sowie durch sog. „Versteigerungskalender" oder ähnliche Veröffentlichungen;[11b] über diese Medien kann heute jeder Interessierte relativ frühzeitig bundesweit für alle Zwangsversteigerungen erfahren:

– Versteigerungsobjekt mit Lage, Objektbeschreibung, Größe, festgesetztem Verkehrswert und Grundbuchstelle;

– Eigentümer mit vollem Namen und genauer Adresse;

– Zuständiges Amtsgericht mit Telefon + Telefax und Aktenzeichen

– Versteigerungsort und -Termin.

---

[7] Vgl B. 2.5.2.1.

[8] Vgl D. 4.5.1.

[9] Vgl zum Beispiel §§ 9 Nr. 2, 59 I 1, 63 II 1.

[10] Vgl **TH** B. 1.1.2.1. und **TH** B. 1.1.2.3.

[11] Insbesondere § 30a und § 765a ZPO (vgl B. 3.1.); § 74a V (vgl dazu C. 2.3.); § 75 (vgl D. 4.6.3.) und die Ablösung (vgl B. 7.).

[11a] Vgl zB „www.zvg.com" oder „www.versteigerungspool.de" oder „www.zvg.nrw.de" oder „www.hanmark.de".

[11b] Vol zB „www.zwangsversteigerung.de" oder „www.argetra.de".

Aus dieser (seriösen) Quelle holen sich (auch) unseriöse Geschäftemacher die Informationen, um dann idR kurz nach der Wertfestsetzung schriftlich, telefonisch oder persönlich auf den Schuldner/Eigentümer zuzugehen und diesen mit angeblichen „Hilfsangeboten" zu bestürmen.

Dabei wird aber oft nur die Verzweiflung des Schuldners brutal ausgenutzt allein zum Zweck, daß diese „Berater" aus der Not Anderer selbst noch lukrative eigene Geschäfte machen. Dabei wird dem Schuldner eingeredet, die Zwangsversteigerung oder wenigstens ihre schlimmsten Folgen könnten durch eine Zusammenarbeit mit dem Berater noch abgewendet werden; es haben sich regelrechte „Mode-Argumentationen" durchgesetzt, mit denen die Schuldner zu einem Auftrag überredet werden. Einige besonders häufige sollen hier beispielhaft und stark verkürzt angedeutet werden:

– schon seit Jahrzehnten „in Mode" ist die Arbeit mit manipulierten Mietverträgen, die das Ausnahmekündigungsrecht des Erstehers ausschließen und damit das Versteigerungsobjekt unverwertbar machen sollen. Einerseits hat sich dieser Trick abgenutzt, auch weil die Rechtsprechung inzwischen strafrechtlich[12] und zivilrechtlich[13] entsprechend reagiert, und insbesondere auch wegen der Aufhebung der §§ 57 c, d Anfang 2007; andererseits bleibt dieses Gebiet gefährlich, weil Mietverträge leicht zu konstruieren sind, und jeder Mietvertrag ein Zwangsversteigerungsobjekt eindeutig entwertet. Und wie verwundbar ist doch ein lange andauerndes Versteigerungsverfahren, wenn nur zB ein Verwandter des Schuldners einen Keller – oder Dachraum zu Wohnzwecken ausbaut und sich als Gegenleistung dafür einen unentgeltlichen Mietvertrag für 20 Jahre einräumen läßt?! Und wenn kein Verwandter zur Stelle ist, tritt eben der Berater oder ein von ihm benannter Dritter auf, und das Geld für den Ausbau muß letztlich der Schuldner selbst zur Verfügung stellen.[14]

– Häufig überredet der Berater den Schuldner dazu, auch noch die letzten Zahlungen an die Gläubiger/Bank einzustellen und stattdessen an ihn zu leisten; er werde nur einen Teil als Honorar verwenden und den anderen Teil für den Schuldner anlegen für eine spätere Sicherheitsleistung; die Versteigerung werde längstmöglich verzögert; in der eines Tages unvermeidlichen Versteigerung werde das Grundstück ersteigert, nicht durch den Schuldner (wegen der erhöhten Sicherheitsleistung gem § 68 III), sondern für den Schuldner durch einen Dritten, den der Berater ggf benennen und mit der angesparten Sicherheitsleistung ausstatten werde; der Schuldner könne dann im Haus wohnenbleiben und dieses später zurückerwerben.[15]

– Noch skrupelloser ist eine (schon vom 20-Seiten-Umfang mit zahlreichen Gesetzes-Zitaten her) besonders seriös scheinende andere Masche: Hier wird dem Schuldner geraten, zur Vermeidung der Zwangsversteigerung sein

---

[12] AG Dillenburg Rpfleger 1995, 79 (Eickhoff).
[13] OLG Frankfurt Rpfleger 1989, 209; OLG Hamm Rpfleger 1989, 165; LG Wuppertal Rpfleger 1993, 81; LG Freiburg Rpfleger 1990, 266; LG Kassel NJW RR 1990, 976.
[14] Vgl dazu B. 1.3.2.
[15] In den mir bekanntgewordenen Fällen war aber entweder die „mindestens ortsübliche" Miete für den Schuldner unerreichbar hoch, oder das scheinbar günstige Rückkaufsrecht war an unerfüllbare Bedingungen geknüpft.

Haus zu verschenken, und zwar entweder an sein noch minderjähriges Kind oder (falls nicht vorhanden oder falls dieser Weg nicht gewünscht) an den Berater (wieder gegen angebliche Wohn- und Rückerwerbsmöglichkeiten). Man sollte nicht für möglich halten, daß Schuldner auf solche Maschen hereinfallen oder sich auch nur Notare zur Beurkundung solcher Machenschaften bereitfinden; aber ich selbst hatte schon mehrfach von Gläubigern und auch von Schuldnern den Auftrag, hier wieder herauszufinden.

– Ebenfalls skrupellos ist die weitverbreitete Methode, unmittelbar vor oder sogar erst im Versteigerungstermin plötzlich mit der Suicidgefahr des Schuldners oder irgendwelcher Familienangehöriger zu drohen und mit dieser bloßen Drohung (wie verantwortungslos muß ein Arzt sein, „der den Patient aus jahrelanger Behandlung kennt, die Suicidgefahr für den Fall des Versteigerungstermins sehr ernst sieht" und trotzdem während des ganzen langen bisherigen Versteigerungsverfahrens absolut nichts für die Heilung/Rettung seines Patienten unternommen hat) die Aufhebung des Termins und die einstweilige Einstellung des Verfahrens zu erzwingen.[16] Gerade weil das Gericht und die anderen Beteiligten eine auch nur mögliche Suicidgefahr ernst nehmen müssen, wird mit dieser Argumentation seit einigen Jahren systematisch Mißbrauch getrieben.

– Vor einigen Jahren häufiger, inzwischen aber wohl „aus der Mode gekommen" ist der Versuch, der Gläubiger-Bank einen Erlaßvergleich zu unterschieben: die Bank erhält den schriftlichen Vorschlag, gegen Bezahlung eines Abfindungsbetrages auf den Rest ihrer Forderung zu verzichten; dieser Erlaßvergleich komme zustande, sobald die Bank den hiermit eingereichten Scheck vorbehaltlos einlöse; ansonsten möge die Bank von weiteren Äußerungen absehen. Der Trick besteht darin, daß Brief und Scheck zwar gleichzeitig, aber getrennt in einer Bankfiliale abgegeben werden, sodaß der Scheck bereits eingelöst ist, bevor der zuständige Bearbeiter den Brief überhaupt erhält. Dieser Trick geht zwar auf eine BGH-Entscheidung von 1985 zurück,[17] wurde dann aber etwa 10 Jahre später zu einer „richtigen Mode" entwickelt!

– wenn der normale Rechtsweg nicht mehr hilft, werden die (idR Sensations-)Presse, oder das Fernsehen oder Politiker oder Unterschriftssammlungen mobilisiert und darin die Vorgehensweise von Gericht und Gläubigern angeprangert, was allerdings zB vom OLG Köln zurecht beanstandet worden ist.[18]

Diese Entwicklung ist sehr gefährlich und muß vor allem von den Gläubigern durchaus ernst genommen werden. Wenn sie nicht schnell und konsequent reagieren, können sich sonst schnell selbst werthaltige Grundpfandrechte als

---

[16] Vgl (allerdings meist zu Räumungsvollstreckungen); BVerfG NJW 2007, 1869; 1994, 1719; 1992, 1155; 1991, 3207; BGH Rpfleger 2007, 561 und NJW 2006, 508; 2005, 1859; OLG Köln NJW 1994, 1743; NJW 1993, 2248; Rpfleger 1990, 30; KG Rpfleger 1995, 469; LG Krefeld Rpfleger 1996, 363; Walker/Gruß NJW 1996, 352; Egon Schneider Rpfleger 1997, 350.

[17] Insbes BGH EWiR 1986, 241 (Blaurock); vgl aber auch EWiR 1990, 439 (Posthe) und 1990, 873 (Knöpfle). – Zur „Erlaßfalle" vgl OLG Brandenburg EWiR 1997, 351 (Mitlehner); AG Ebersberg EWiR 1997, 831 (v. Randow); Frings BB 1996, 809; Eckardt BB 1996, 1945; Pfeifer BB 1995, 1507; v. Randow ZiP 1995, 445.

[18] OLG Köln Rpfleger 1997, 33.

letztlich unverwertbar herausstellen.[19] Es gibt schon jetzt durchaus Zwangsversteigerungsverfahren, die 10 Jahre und länger dauern! Aber auch Schuld-
ner/Eigentümer sollten beachten, daß Verzögerungen und Störungen nur um
der Verzögerung willen letztlich vor allem zu ihren eigenen Lasten gehen.[20]

Die über § 765 a ZPO mit einer Suicidgefahr begründeten Einstellungs-
und Zuschlagsversagungsanträge des Schuldners haben sich in letzter Zeit
(insbesondere wegen vieler Missbrauchsfälle) so stark vermehrt, daß sich auch
die Literatur[20a] und Rechtsprechung immer mehr mit den Problemen beschäftigen muss,

– wie das wirtschaftliche Interesse des Gläubigers und der Allgemeinheit an
  der Effizienz des Zwangsvollstreckungssystems einerseits mit dem Gebot
  der Rücksichtnahme auf Leben und Gesundheit des Schuldners und seiner
  Angehörigen andererseits in Einklang zu bringen ist, und
– wie darauf zu reagieren ist, daß es in den vergangenen Jahren immer mehr
  Mode geworden ist, diese Rücksichtnahme auf Leben und Gesundheit systematisch zu missbrauchen, um mit lediglich behaupteter Suicidgefahr
  Zwangsversteigerungs- oder Räumungsmaßnahmen zu verzögern oder
  möglichst ganz zu verhindern.

Unbestritten ist, daß auch bei staatlichen Zwangsvollstreckungsmaßnahmen
der Grundsatz der Verhältnismäßigkeit der Mittel zu beachten ist,[20b] und daß
bei ernsthafter Gefährdung von Leib und Leben ein staatlicher Zwangsvollstreckungszugriff auch nach dem Rechtsstaatprinzip des Art. 20 III GG zeitweise
oder auf unbestimmte Zeit oder in krassen Ausnahmefällen sogar gänzlich unzulässig sein kann.[20c] Bundesverfassungsgericht und Bundesgerichtshof haben
sogar den Zuschlag aufgehoben und das Verfahren einstweilen eingestellt, weil
sich die Suicidgefahr erst nach dem Zuschlag aufgrund während des Zuschlagsbeschwerde-Verfahrens aufgetretener neuer Umstände ergeben hat.[20d]

Beispiel:
Im Fall des BVerfG hatte die Schuldnerin einer Vollstreckungsversteigerung über
§ 765 a ZPO zunächst die einstweilige Einstellung und Zuschlagsversagung wegen Verschleuderung beantragt. Das Amtsgericht hat mangels Verschleuderung beide Anträge
zurückgewiesen und den Zuschlag erteilt. Ihre Zuschlagsbeschwerde begründete sie
ausschließlich mit einer Suicidgefahr, die ihr von einem Facharzt bescheinigt worden ist,
an den sie „notfallmäßig" überwiesen worden war. Darauf hob das Amtsgericht den Zuschlagsbeschluss wieder auf; das dagegen angerufene Landgericht stellte den Zuschlagsbeschluss als Beschwerdegericht wieder her. Die dagegen gerichtliche Verfassungsbeschwerde war erfolgreich.

---

[19] Vgl Egon Schneider Rpfleger 1997, 350: „Entschädigungslose Enteignung durch
Vollstreckungsschutz" – und **TH** B. 1.1.2.7; **TH** B. 1.1.2.9.
[20] Vgl OLG Köln Rpfleger 1997, 33 und WM 1987, 1347; LG Darmstadt Rpfleger
1991, 117. – Vgl daher vor allem **TH** B. 1.1.2.1; **TH** B. 1.1.2.2; **TH** B 1.1.2.3; **TH** B
1.1.2.7; **TH** B 1.1.2.10.
[20 a] Vgl zB Schuschke NJW 2006, 874; Belz, DWE 2005, 92; Haentjens NJW 2004,
3609; Schumacher NZM 2003, 257; Linke NZM 2002, 205; Weyke NZM 2000,
1147.
[20 b] BVerfG NJW 2004, 49; 1994, 1719; Schuschke NJW 2006, 875; Fischer Rpfleger 2004, 599.
[20 c] BVerfG Rpfleger 2005, 615; NZM 1998, 21; NJW 1994, 1719; LG Mönchengladbach Rpfleger 2006, 332; Schuschke NJW 2006, 874.
[20 d] BVerfG NJW 2007, 2910; BGH Rpfleger 2006, 147.

Da aber der Staat allein das Vollstreckungsmonopol hat, muß auch er selbst für die Effizienz des Zwangsvollstreckungssystems sorgen und nicht dem Gläubiger allein die Lasten einer Aufgabe überbürden, die auf Grund des Sozialstaatsprinzips dem Staat obliegt; sonst würden die Gläubiger faktisch enteignet.[20e]

Deshalb wird in der neueren Rechtsprechung gerade auch vom BGH immer mehr gefordert, daß der suicidgefährdete Schuldner seinerseits alles Zumutbare und Mögliche unternehmen muss, um die Suicidgefahr zu bannen, wenn er in den Genuss von vollstreckungshemmenden Maßnahmen kommen will.[20f] Nach dem BGH kann und muss vom Schuldner erwartet werden, die Selbsttötungsgefahr durch die Inanspruchnahme fachlicher Hilfe, ggf auch durch einen stationären Klinikaufenthalt auszuschließen oder zu verringern.[20g] Das Vollstreckungsgericht muß dem Schuldner konkrete Auflagen machen und darf sich nicht auf allgemeine Empfehlungen beschränken.[20h] Das Vollstreckungsgericht muss ggf sogar konkret durch die dazu berufenen Behörden Betreuungs- und Schutzmaßnahmen veranlassen, weil es verpflichtet ist, auch dem Gläubiger zu seinem Recht zu verhelfen.[20i] Allerdings entbindet diese Mitwirkungspflicht des Gefährdeten das Gericht bei akuter Suicidgefahr nicht von der Pflicht zur Anwendung des § 765a ZPO.[20k]

In der Zwangsversteigerungspraxis wird wohl etwa wie folgt zu verfahren sein:[20l]

Wenn der Schuldner unter Berufung auf eine ernsthafte Suicidgefahr für sich oder einen nahen Angehörigen[20m] die einstweilige Einstellung des Zwangsversteigerungsverfahrens, oder einen besonderen Verkündungstermin nach § 87 oder die Versagung bzw Aufhebung[20n] des Zuschlags gemäß § 765a ZPO beantragt, sollte nach Anhörung des Gläubigers zunächst das Verfahren einstweilen eingestellt werden, um die Gefährdungssituation durch einen Sachverständigen begutachten zulassen; zweckmäßigerweise wird damit gleich die örtliche Gesundheitsbehörde beauftragt, weil diese auch für ein evtl Vorgehen nach dem jeweiligen Landesunterbringungsgesetz zuständig wäre und schon vorläufige Schutzmaßnahmen ergreifen kann, wenn der Suicidgefährdete selbst sich den notwendigen Maßnahmen verschließen sollte.[20o] Wird die ernsthafte Suicidgefahr gutachterlich bestätigt, muß entweder bei dem nach dem jeweiligen Landesunterbringungsgesetz zuständigen Gericht die notwenige Behandlungs- oder Schutzunterbringung beantragt und/oder die Einrichtung einer Betreuung für den Gefährdeten gemäß § 1896 BGB ange-

---

[20e] BGH NJW 2005, 1859; Schuschke NJW 2006, 874.
[20f] BVerfG Rpfleger 2005, 614; NJW 2004, 49; BGH NJW 2006, 508; 2005, 1859; OLG Jena NJW-RR 2000, 1251; OLG Oldenburg OLG-Report 1995, 309; LG Mönchengladbach Rpfleger 2006, 332; LG Lübeck Rpfleger 2004, 435; LG Bonn NJW-RR 2000, 8.
[20g] BGH NJW 2006, 508; 2005, 1859; WuM 2005, 735.
[20h] BGH NJW 2006, 508.
[20i] BGH NJW 2005, 1859; Schuschke NJW 2006, 874.
[20k] BVerfG NZM 1998, 21.
[20l] Ähnlich Schuschke NJW 2006, 874 für die Räumungsvollstreckung.
[20m] BGH NJW 2005, 1859.
[20n] BGH Rpfleger 2006, 147.
[20o] Schuschke NJW 2006, 874 (876).

regt werden. Das Versteigerungsverfahren bleibt so lange einstweilen einge-stellt, bis die Fortsetzung ohne unmittelbare Lebensgefahr für den Betroffe-nen möglich ist. Evtl kann auch der Zuschlag solange ausgesetzt werden, wenn der Meistbietende damit einverstanden ist.

Wenn der Schuldner schon vor Beginn der Zwangsvollstreckung[21] stirbt oder in die Insolvenz gerät, kann wirksam nur noch in den Nachlaß bezie-hungsweise in die Insolvenzmasse vollstreckt werden (§ 89 InsO verbietet Einzelzwangsvollstreckungen gegen den Gemeinschuldner während der Dau-er des Insolvenzverfahrens). Vor Anordnung der Zwangsversteigerung muß daher der Titel gegen die Erben[22] beziehungsweise den Insolvenzverwalter[23] umgeschrieben und diesem auch zugestellt werden.

Wenn der Schuldner dagegen erst nach Beginn der Zwangsvollstreckung stirbt oder in die Insolvenz gerät, kann das Verfahren ohne Titelumschreibung fortgesetzt werden.[24] Lediglich die weiteren Zustellungen sind an die Erben oder den Insolvenzverwalter zu richten. Streitig ist die Frage, ob der Vollstre-ckungstitel auch umgeschrieben werden muß, wenn die Zwangsversteigerung im Eröffnungsverfahren gegen einen „starken" vorläufigen Insolvenzverwalter (vgl §§ 21 II Nr. 2 (Alt 1) und 22 I InsO) beantragt werden soll.[25] Dagegen ist eine erneute Klauselumschreibung auf den Schuldner unnötig, wenn der Insolvenzverwalter nach der Titelumschreibung auf ihn das Grundstück aus der Insolvenzmasse freigibt.[25a]

Stellt sich erst während des Verfahrens der schon vor Beginn der Zwangsvoll-streckung erfolgte Tod oder die Insolvenz heraus, muß das bisherige Verfahren aufgehoben werden. Jeder betreibende Gläubiger muß seinen Titel umschrei-ben und zustellen lassen; dann erst kann das Verfahren von neuem beginnen.

In der Insolvenz des Schuldners ist nicht mehr dieser sondern der Insol-venzverwalter Beteiligter, solange das Grundstück zur Insolvenzmasse ge-hört.[26] Wechselt auf diese Weise die Beteiligung,[27] so muß der neue Beteiligte jeweils das bisherige Verfahren gegen sich gelten lassen.[28]

Unhaltbar ist m.E. die vereinzelt von Gerichten erhobene Forderung, bei einer Titelumschreibung und -zustellung müsse auch die Bestallungsur-

---

[21] Es ist streitig, ob die Zwangsvollstreckung schon mit dem Erlaß des Anordnungs-beschlusses (so Stöber Einl 20) oder erst mit seiner Herausgabe zur Zustellung (herr-schende Meinung und BGHZ 12, 252) beginnt.

[22] Oder – wenn vorhanden – auf den Testamentsvollstrecker oder Nachlaßverwalter, notfalls auf die unbenannten Erben, vertreten durch einen Pfleger: §§ 727, 730, 750 ZPO; §§ 1906, 2208, 2213 BGB.

[23] Vgl Hintzen Rpfleger 1999, 258. – Das gilt nicht nach Freigabe des Grundstücks durch den Insolvenzverwalter; vgl Zeller-Stöber § 28 Anm 5.

[24] § 799 ZPO; vgl Stöber § 1 Anm 2; § 15 Anm 37; § 28 Anm 5; Steiner-Hage-mann § 9 Rz 36.

[25] Bejahend: LG Cottbus Rpfleger 2000, 465 und 294; Alff Rpfleger 2002, 90 mwN; Knees ZiP 2001 2001, 1572; **str. aA**: LG Halle Rpfleger 2002, 89; Zöller-Stöber § 727 ZPO Rz 18; Böttcher § 28 Rz 20; Hintzen Rpfleger 2004, 69.

[25a] BGH Rpfleger 2006, 423.

[26] Vgl BVerfG NJW 1979, 2510; BGH NJW 2001, 2477, OLG Stuttgart OLGZ 1967, 301; LG Lübeck Rpfleger 2004, 236; AG Ravensburg BWNotZ 1981, 174; Wolff ZiP 1980, 417; Stöber § 9 Anm. 3.15; **anders** noch OLG Hamm Rpfleger 1966, 24.

[27] Vgl **TH** B. 1.1.2.5.

[28] Dassler-Muth § 9 Rz 9.

kunde dem Insolvenzverwalter durch den Gerichtsvollzieher zugestellt werden; diese muß allerdings für die Umschreibung des Vollstreckungstitels vorgelegt werden.

Zu den Auswirkungen eines Gesamtvollstreckungsverfahrens in den Neuen Bundesländern vgl oben „Besonderheiten im Beitrittsgebiet" (A. 5.).

Die Zwangsversteigerung darf nur angeordnet werden, wenn der Schuldner als Eigentümer des Grundstücks eingetragen ist (Eintragungsgrundsatz),[29] oder wenn er Erbe des eingetragenen Eigentümers ist (§ 17 I).

Ist der Eigentümer des versteigerten Grundstücks nicht auch der persönliche Schuldner, so ist letzterer nicht Beteiligter des Verfahrens. Der Gläubiger einer Hypothek muß den Schuldner aber gemäß § 1166 BGB unverzüglich von der Versteigerung unterrichten, weil der Schuldner sonst unter Umständen ein Leistungsverweigerungsrecht hat, wenn der Gläubiger ihn bei einem Ausfall noch in Anspruch nehmen will.

Auch oder gerade dann, wenn der Grundstückseigentümer nicht identisch ist mit dem persönlichen Schuldner, ist ihm eine gute Zusammenarbeit mit dem Gläubiger zu empfehlen.[30]

Wichtig ist, daß ein Schuldner/Eigentümer, der auch bei nüchterner Prüfung der Überzeugung bleibt, daß die gegen ihn betriebene Zwangsversteigerung rechtlich nicht in Ordnung ist, Prozeßkostenhilfe nach §§ 114 ff ZPO[31] uU in Anspruch nehmen kann; darüber kann er ohne Kostenrisiko sich bei der Rechtsantragstelle des Amtsgerichts erkundigen.

1.1.2. Taktische Hinweise

TH 1.1.2.1.: Eigentümer handeln mit einer überzogenen Verzögerungs- und Verhinderungsstrategie meist gegen ihre eigenen Interessen. Besonders Rechtsanwälte sollten sich das sagen lassen. Es ist zwar nicht zu leugnen, daß sich gerade Zwangsversteigerungsverfahren besonders leicht und besonders lange verzögern lassen. Noch eindeutiger aber ist, daß diese Bemühungen fast immer zu besonders schlechten wirtschaftlichen Ergebnissen führen.

Darunter leiden zwar auch die Gläubiger; der eigentlich Leidtragende aber ist der Schuldner, an dem die Restschulden hängen bleiben. Verzögerungen oder Verhinderungsbemühungen können durchaus sinnvoll oder sogar notwendig sein, wenn dadurch die Versteigerung ganz verhindert werden kann. Aber eine Verzögerung nur um der Verzögerung willen bringt nur Nachteile und ist daher besonders dem Schuldner gegenüber unverantwortlich.

---

[29] Vgl B. 4.2.
[30] Vgl **TH** B. 1.1.2.1. und **TH** B. 1.1.2.2.
[31] Vgl auch OLG Nürnberg Rpfleger 1994, 421; OLG Düsseldorf MDR 1989, 1108; OLG Saarbrücken Rpfleger 1987, 125; OLG Köln Rpfleger 1983, 413; OLG Celle JB 1982, 131 (Mümmler); OLG Zweibrücken JB 1982, 294; LG Münster Rpfleger 1995, 36; LG Gießen DGVZ 1993, 26; LG Heilbronn Rpfleger 1993, 26; LG Berlin JB 1989, 836 (Mümmler); LG Köln Rpfleger 1989, 516; LG Krefeld Rpfleger 1988, 156 (teilw **Krit:** Meyer-Stolte); LG Bielefeld Rpfleger 1987, 210 und JB 1985, 1105 (Mümmler); LG Fulda Rpfleger 1984, 34; LG Gießen JB 1984, 291 (Mümmler); LG Frankenthal Rpfleger 1982, 235; LG Bayreuth JB 1982, 1735.

Die Gläubiger haben viele Möglichkeiten, ihr Vorgehen gegen den Schuldner zu verschärfen: neben der Zwangsversteigerung können sie noch die Zwangsverwaltung, eine Mietpfändung, ein Insolvenzverfahren oder sonstige Vollstreckungsmaßnahmen betreiben. All das muß letzten Endes der Schuldner bezahlen, so daß er sich eigentlich um ein Einvernehmen mit seinen Gläubigern bemühen sollte. Umgekehrt sollten die Gläubiger eine Zusammenarbeitsbereitschaft des Schuldners annehmen, erwidern und auch sonst honorieren.

TH 1.1.2.2.: Wichtig ist die Zusammenarbeit mit den Gläubigern, für den Schuldner auch unter dem Gesichtspunkt, daß er nur so verhindern kann, daß die einzelnen Gläubiger zu nachlässig, zu bürokratisch und zu egoistisch nur für sich selbst sorgen und das eigentliche wirtschaftliche Schicksal des Grundstücks weitgehend dem Zufall überlassen. Die Gefahr ist deshalb so groß, weil viele Gläubiger die Beweglichkeit des Verfahrens nicht kennen, und weil diejenigen Gläubiger, die sich sicher fühlen, besondere Maßnahmen oder auch nur eine besondere Wachsamkeit für überflüssig halten, während diejenigen Gläubiger, die um die Schwäche ihrer Absicherung wissen, aus Resignation tatenlos sind. Jede Passivität aber geht zu Lasten des Eigentümers, weil sie einen geringeren Versteigerungserlös verursacht.

TH 1.1.2.3.: Wenn eine Versteigerung wirklich ungerechtfertigt oder wenn sie vermeidbar ist, sollte sich der Schuldner nicht auf bloße Vollstreckungsschutzanträge nach § 30a oder § 765a ZPO[32] oder auf die Verkehrswertbeschwerde nach § 74a V[33] beschränken. Er sollte vielmehr daran denken, daß er während des ganzen Versteigerungsverfahrens einschließlich Versteigerungstermin[34] bis zur Verkündung des Zuschlags[35] Rechte und Möglichkeiten hat, den Zuschlag zu verhindern. Gerade dafür kann eine Zusammenarbeit vor allem mit dem bestrangig betreibenden Gläubiger außerordentlich wichtig sein.[36]

TH 1.1.2.4.: Wenn ein Gläubiger vor dem Antrag auf Zwangsversteigerung über die Person oder Bezeichnung des Schuldners im unklaren ist, weil zum Beispiel über dessen Vermögen das Insolvenzverfahren eröffnet worden ist oder weil der Schuldner gestorben ist ohne daß der Gläubiger Näheres über die Erbfolge weiß, sollte er sich formlos mit dem für die Versteigerung zuständigen Rechtspfleger in Verbindung setzen, um mit diesem das richtige und zweckmäßigste Vorgehen abzustimmen.[37]

TH 1.1.2.5.: Bei einem nach der Beschlagnahme vollzogenen Schuldnerwechsel (zum Beispiel wegen nachträglicher Anordnung oder Einstellung oder Aufhebung eines Insolvenzverfahrens oder wegen nachträglicher Freigabe des Grundstücks aus der Insolvenzmasse) erfolgt auch ein Wechsel in der Beteiligtenstellung. Der neue Eigentümer/Beteiligte muß zwar das bisherige Verfahren gegen sich gelten lassen, aber auch ihm muß zum Beispiel 4 Wochen vor dem Termin mindestens ein Anordnungs- oder Beitritts- oder Fortsetzungs-

---

[32] Vgl B. 3.1.
[33] Vgl C. 2.4.
[34] Vgl D. 1.3.
[35] Vgl D. 4.6.
[36] Zur überragenden Bedeutung des bestrangig betreibenden Gläubigers vgl B. 6.4.
[37] Vgl B. 1.6.

beschluß (vgl § 43 II) und die Terminsbestimmung (vgl § 41 I) zugestellt worden sein; andernfalls muß der Termin aufgehoben (§ 43) oder sogar der Zuschlag versagt werden (vgl §§ 84, 83 Nr. 1, 7). Deshalb ist sehr zu empfehlen, bei einer Insolvenz von vornherein sowohl dem Insolvenzverwalter als auch dem Gemeinschuldner Beschluß und Terminsbestimmung zuzustellen; unter Umständen formlos und beim Gemeinschuldner mit dem Hinweis: vorbehaltlich der Rechte des Insolvenzverwalters.

TH 1.1.2.6.: Wenn der Schuldner kurz vor dem Versteigerungstermin eine gewisse Geldsumme zur Verfügung bekommt und die Versteigerung oder wenigstens den Zuschlag verhindern will, braucht er nicht unbedingt zu versuchen, mit allen betreibenden Gläubigern oder gar überhaupt mit allen Gläubigern einig zu werden. Denn wenn mehrere Gläubiger die Versteigerung betreiben, ist eine derartige kurzfristige Einigung meist gar nicht mehr möglich. Sie ist aber idR auch gar nicht nötig, weil der Schuldner nur sorgfältig ermitteln muß, auf welchen (idR einzelnen) Gläubiger es wirklich entscheidend ankommt; nur mit diesem muß er sich einigen. Das ist der bestrangig betreibende Gläubiger, und der ist oft mit relativ geringen Geldbeträgen zufrieden, weil er ja auch bestrangig gesichert ist und daher in einem evtl erforderlich werdenden späteren Versteigerungstermin auch am wenigsten riskiert.

TH 1.1.2.7.: In einer Zwangsversteigerung kommt es fast zwangsläufig zu Interessengegensätzen zwischen dem Schuldner und den Gläubigern. [38] Aber diese Interessengegensätze sollten nicht zu Machtkämpfen führen, weil darunter beide Seiten leiden. Deshalb sollte trotz allem eine Kooperation versucht werden, und dazu unternimmt am besten der Gläubiger den ersten Schritt. Er kann dem Schuldner schon zu Beginn des Verfahrens anbieten, ihn bei der Suche nach einer Ersatzwohnung zu unterstützen, und er kann ihm den Verzicht auf die Restforderung anbieten, wenn auf Grund der Zusammenarbeit ein (im realistischen Rahmen!) gutes Versteigerungsergebnis erzielt wird. Diese Zusammenarbeit des Schuldners muß insbesondere darin bestehen, daß er sein Grundstück weiter wie bisher pflegt, daß er Besichtigungen durch den Schätzer und durch Interessenten zuläßt und daß er zu angemessener Zeit nach dem Zuschlag auszuziehen bereit ist.

TH 1.1.2.8.: Wenn der Gläubiger schon in einem ganz frühen Stadium des Versteigerungsverfahrens mit dem Schuldner zusammenarbeitet, kann der Versteigerungserlös meist wesentlich verbessert werden. Trotzdem kommt es selten zu dieser Kooperation, wobei die Gläubiger meist dem Schuldner die Schuld dafür gegen. In Wirklichkeit wird die Kooperation idR dadurch behindert, daß es den meisten Mitarbeitern in Kredit-, Versicherungs- und Bausparkasseninstituten an dem dazu erforderlichen Mut, der Einsatzbereitschaft und Phantasie fehlt und daß die meisten Institute hausintern große verwaltungsmäßige Schwierigkeiten haben, auf eine bonitätsmäßig zweifelhafte Forderung zu verzichten und sie nicht erst nach der Zwangsversteigerung abzuschreiben; außerdem müssen die Kompetenzen so geregelt sein, daß die handelnden Mitarbeiter die erforderliche Beweglichkeit haben. Aber

---

[38] Vgl **TS 3** (A.2.1.).

wenn diese Möglichkeiten geschaffen werden, kann sich das Institut nicht nur sozialer verhalten, sondern es wird auch durch ein wesentlich besseres wirtschaftliches Ergebnis belohnt.

TH 1.1.2.9.: Wenn dem Schuldner/Eigentümer unaufgefordert fremde Beratungshilfe „zur Rettung vor der Zwangsversteigerung" angeboten wird, sollte er unbedingt vor einem entsprechenden Vertragsabschluß versuchen, die Seriosität dieses Beraters und Legalität/Plausibilität der empfohlenen Strategie zu klären. Beides ist zwar schwierig, aber „lebenswichtig"! Rechtspfleger werden sich zwar idR mit Bewertungen sehr zurückhalten, aber in ganz eindeutigen positiven oder negativen Fällen einen kleinen Hinweis geben können. Auch seine Bank(en) wird der Schuldner idR hier kaum ansprechen wollen, aber aus deren Reaktionen in eindeutigen Fällen sehr wohl Rückschlüsse ziehen können. Aber auch ein Freund des Schuldners kann sich uU nach der Seriosität erkundigen oder sich eine eigene Meinung über den Berater und/oder dessen Strategie und/oder den vom Schuldner zu bezahlenden Preis bilden. Auch die Frage, wie und wann und in welchem Umfang und mit welchem Nachdruck der Berater sein eigenes Honorar regeln will, kann sehr aufschlußreich sein. Vgl im übrigen auch TH. A. 1.3.3.12.

TH 1.1.2.10.: Je mehr sich der Gläubiger aufrichtig und erkennbar um eine konstruktive Zusammenarbeit mit dem Schuldner bemüht, und je mehr und offener er akzeptiert, daß der Schuldner nach dem Zuschlag sowohl hinsichtlich einer neuen Bleibe (falls er bisher im Versteigerungsobjekt wohnt) als auch hinsichtlich der ihm nach der Versteigerung (idR) noch verbleibenden Verbindlichkeiten eine Perspektive braucht, desto weniger „treibt er den Schuldner in die Arme" von unseriösen und gewissenlosen Geschäftemachern und vermeidet so auch für sich zusätzliche Schwierigkeiten in der Zwangsversteigerung!

1.2. Die Gläubiger

1.2.1. Rechtslage

Alle Gläubiger des Eigentümers, die ein Recht am Grundstück haben oder die wegen eines persönlichen Anspruchs die Zwangsversteigerung betreiben, sind Beteiligte des Verfahrens gemäß § 9 Nr. 1 oder Nr. 2. Das ZVG nennt sie meistens „Beteiligte" oder „Berechtigte". Streitig ist, ob auch der Zessionar oder Pfändungsgläubiger von Rückgewähransprüchen (nach Anmeldung, die in jedem Fall erforderlich ist) Beteiligter ist oder nicht; die herrsch Ansicht verneint mE zurecht.[39]

Wenn das ZVG dagegen von „Gläubigern" spricht,[40] meint es damit nur diejenigen Gläubiger, wegen derer die Zwangsversteigerung auf Grund eines von ihnen erwirkten Anordnungs- oder Beitrittsbeschlusses betrieben wird, also die „betreibenden Gläubiger". Der „Anordnungsgläubiger" hat keine be-

---

[39] BGH Rpfleger 1990, 32; OLG Hamm Rpfleger 1992, 308; OLG Köln Rpfleger 1988, 324; Dassler-Muth § 9 Rdn 17; – str. aA: Stöber § 9 Anm. 2.8.
[40] Z.B. in §§ 9, 10, 20 I, 25, 30, 30a II, 31, 67 II, 68 III, 74a I 2, 77 II.

sonderen Rechte gegenüber den „Beitrittsgläubigern" (vgl § 27 I), weil es für deren Verhältnis ausschließlich auf die Rangfolge nach §§ 10, 11 ankommt.[41]

Dagegen kann bei den Gläubigern der 3. und 7. Rangklasse des § 10 I (öffentliche Lasten) und der 4. und 8. Rangklasse (dingliche Rechte)[42] auf die Unterscheidung zwischen betreibenden und nicht betreibenden Gläubigern nicht verzichtet werden, weil das ZVG den betreibenden Gläubigern einige zusätzliche Rechte einräumt: Vgl §§ 9, 10, 20 I, 25, 30, 30a II, 31, 67 II, 68 III, 74a I 2, 77 II. Trotzdem werden die Vorteile eines nachrangigen betreibenden Gläubigers gegenüber einem nicht betreibenden Gläubiger (der ja alle Rechte eines „normalen Beteiligten" hat) oft überschätzt.[43] Nur der bestrangig betreibende Gläubiger hat eine überragende taktische Position, weil sich das geringste Gebot als wichtigste Verfahrensgrundlage allein nach ihm richtet,[44] und weil er allein das geringste Gebot durch eine bloße und jederzeit kurzfristig mögliche Einstellungsbewilligung ändern und daher das Verfahren verzögern oder sogar die Zuschlagsversagung herbeiführen kann.[45]

In diesem Zusammenhang sollte auch klargestellt werden, daß der Gläubiger während einer einstweiligen Einstellung seines Verfahrens m.E. kein betreibender Gläubiger mehr ist. Über diesen Sprachgebrauch gibt es bei den Kommentaren zwar keine einheitliche Regelung.[46] Auch das Gesetz ist hinsichtlich der Rechtsfolgen unterschiedlich, weil einerseits auch ein Gläubiger der 5. Rangklasse des § 10 I während einer einstweiligen Einstellung Beteiligter bleibt,[47] weil aber andererseits ein einstweilen eingestelltes Verfahren bei der Feststellung des geringsten Gebots nicht berücksichtigt wird[48] und auch nicht mehr abgelöst werden kann.[49] Trotzdem sollte zur Vermeidung von Mißverständnissen eine einheitliche Sprachregelung gefunden werden, und da kann gedanklich am wenigsten falsch gemacht werden, wenn man von der Faustregel ausgeht, daß ein Verfahren während seiner einstweiligen Einstellung nicht als betriebenes Verfahren und demzufolge der Gläubiger insoweit auch nicht als betreibender Gläubiger behandelt werden kann.[50]

Soweit die Zwangsversteigerung nur wegen einer persönlichen Forderung betrieben wird, kann nur aus der 5. Rangklasse des § 10 I, also im Rang nach den dinglichen Rechten vorgegangen werden. Die Beschlagnahme für den persönlichen Gläubiger sperrt zwar nicht das Grundbuch; später eingetragene dingliche Rechte werden in der Zwangsversteigerung aber erst nach diesem persönlichen Anspruch berücksichtigt (§ 10 I Nr. 6).[51]

---

[41] Vgl dazu B. 4.4.2. und B. 4.4.3.

[42] Persönliche Gläubiger der 5. Rangklasse sind nur Beteiligte, wenn sie die Zwangsversteigerung betreiben; sie bleiben aber auch während einer einstweiligen Einstellung ihres Verfahrens Beteiligte.

[43] Vgl C. 1.4.

[44] Vgl B. 6.3.2.

[45] Vgl B. 6.4.

[46] Nach Steiner-Hagemann § 9 Rz 19 bleibt der Gläubiger auch während einer einstweiligen Einstellung betreibender Gläubiger, es ruhen lediglich bestimmte Folgen des Betreibens.

[47] Vgl Anmerkung 31.

[48] Vgl B. 6.2.

[49] Vgl B. 7.2.1.

[50] Vgl ausführlich Mayer Rpfleger 1983, 265.

[51] Vgl dazu B. 4.4.2.

Ein Gläubiger, dessen persönliche Forderung durch ein Grundpfandrecht gesichert ist, kann (wenn er entsprechende Vollstreckungstitel hat),[52] entweder aus dem dinglichen oder aus dem persönlichen Recht oder aus beiden gleichzeitig vorgehen;[53] er kann seine Taktik während des Verfahrens auch (mehrfach) ändern. Allerdings kann er wegen der gleichen Forderung im Verfahren nur einmal befriedigt werden. Spätestens im Verteilungstermin muß er deshalb erklären, auf welches Recht er die Zahlung verlangt.

Wenn mehrere Gläubiger die Versteigerung betreiben, laufen ihre jeweiligen Verfahren innerhalb der Gesamtversteigerung (mit einer für alle Einzelverfahren geltenden Festsetzung des Grundstückswertes, einem oder mehreren Versteigerungsterminen, einem Zuschlag und einer Erlösverteilung) getrennt nebeneinander her: es sind zum Beispiel hinsichtlich der Fristen, einstweiligen Einstellungen, Fortsetzungen und Antragsrücknahmen selbständige „Einzelverfahren" innerhalb des großen gemeinsamen „Hauptverfahrens". In der Zwangsversteigerung herrscht also der Grundsatz von der Selbständigkeit der Einzelverfahren innerhalb der Gesamtversteigerung. Solange nur mindestens ein „Einzelverfahren" von irgendeinem Gläubiger betrieben wird, „läuft" das Hauptverfahren weiter; solange das einzige „Einzelverfahren" einstweilen eingestellt ist, ruht auch das „Hauptverfahren". Wichtig und für das Verständnis des ZVG unentbehrlich ist die Kenntnis, daß das ZVG immer dann, wenn es von „Verfahren" spricht, nicht das „Hauptverfahren" sondern nur das „Einzelverfahren" meint. Gerade auch diese Tatsache und die daraus folgende individuelle Gestaltbarkeit führt dazu, daß die Zwangsversteigerung bei schwierigen Objekten wegen unterschiedlicher Interessen der Beteiligten oft geradezu zu einem Wettlauf auch zwischen den einzelnen Gläubigern wird.[54]

Auch wenn der gleiche Gläubiger aus mehreren Rechten betreibt,[55] oder zB außer den Zinsen in Rangklasse 4 auch Zinsrückstände in Rangklasse 8 geltend macht, handelt es sich um getrennte Verfahren;[56] der gleiche Gläubiger kann sich also bezüglich seiner verschiedenen Rechte in der gleichen Zwangsversteigerung durchaus unterschiedlich verhalten und zum Beispiel aus einem Recht einstweilen einstellen, während er aus einem anderen Recht vestärkt weiterbetreibt. Er kann seine Taktik während der Versteigerung auch beliebig ändern und braucht niemandem gegenüber Rechenschaft abzulegen.

Die vielfältigen Interessengegensätze zwischen allen Beteiligten (auch zwischen den einzelnen Gläubigern) zwingen geradezu zu einem gewissen taktischen Verhalten. Das Gesetz anerkennt diese Interessengegensätze und versteht sich geradezu als Regelwerk für die Auseinandersetzung zwischen den verschiedenen Beteiligten und überträgt dem Rechtspfleger praktisch die Schiedsrichterrolle. Aber auch in dieser Auseinandersetzung sind die Beteiligten an den Grundsatz von „Treu und Glauben" (§ 242 BGB) gebunden und zu redlicher Verfahrensführung verpflichtet und dürfen deshalb prozessuale

---

[52] Vgl dazu C. 1.1.1.
[53] Vgl Stöber § 10 Anm 10.
[54] Vgl **TH** B. 1.2.2.1. und **TH** B. 1.2.2.2.
[55] Was häufig vorkommt! Vgl C. 1.2.1.
[56] Heute unstrittig, vgl OLG Düsseldorf Rpfleger 1991, 28; Hintzen Rpfleger 1991, 69; Steiner-Storz § 30 Rdnr 41; Stöber § 75 Anm 2.4.; Wolff-Hennings Anm 101.

Befugnisse nicht mißbrauchen, wobei ein derartiger Mißbrauch nach dem BGH selbst dann vorliegen kann, wenn das konkrete „Verhalten nicht den gesetzlich vorgesehenen, sondern anderen, nicht notwendig unerlaubten, aber funktionsfremden und rechtlich zu mißbilligenden Zwecken dient."[56a]

Stellt sich heraus, daß der betreibende Gläubiger schon vor der Beschlagnahme gestorben oder in die Insolvenz geraten ist, darf das Gericht die Versteigerung nicht anordnen beziehungsweise muß es das Verfahren aufheben. Tritt dieses Ereignis erst nach der Beschlagnahme ein, wird das Verfahren praktisch nicht beeinflußt. Es muß lediglich der Vollstreckungstitel auf den neuen Gläubiger umgeschrieben und dem Schuldner erneut zugestellt werden.[57] Der neue Gläubiger tritt dann aber voll an die Stelle des alten und zwar sowohl hinsichtlich des persönlichen und dinglichen Rechts als auch hinsichtlich der verfahrensrechtlichen Position.[58]

Ähnliches gilt für die Abtretung oder Ablösung einer Forderung während des Verfahrens.

Der mit der Grundschuld-Bestellung begründete Sicherungsvertrag verpflichtet den Gläubiger, bei seiner Zwangsvollstreckung in zumutbarer Weise auch auf die Interessen des Vollstreckungsschuldners Rücksicht zu nehmen.[58] Der Gläubiger muß deshalb zB auch dann eine wirtschaftlich bestmögliche Verwertung unterstützen, wenn der erzielbare Versteigerungserlös über die Forderung des Gläubigers hinausgeht; uU muß er also eine nachgewiesene freihändige Veräußerungsmöglichkeit fördern, wenn diese für den Schuldner zu einem besseren Ergebnis führen würde als die Zwangsversteigerung;[59] das Gleiche gilt natürlich, wenn dem Gläubiger selbst ein entsprechendes Kaufangebot vorliegt.[60]

Verstöße gegen derartige Gläubiger-Pflichten kann der Schuldner nicht nur mit § 765a ZPO bekämpfen, sondern sie führen uU auch zu Schadensersatzansprüchen nach §§ 823, 826 BGB.[61] Schadensersatzpflichtig ist der Gläubiger auch dann, wenn er bei einem freihändigen Verkauf zur Abwendung der Zwangsversteigerung eine Maklergebühr beansprucht und diesen Teil der Kaufpreiszahlung daher nicht zur Schuldentilgung verwendet.[62]

1.2.2. Taktische Hinweise

TH 1.2.2.1.: Wegen der Interessengegensätze in der Zwangsversteigerung sollte jeder Gläubiger zur aktiven Ausnutzung seiner eigenen Möglichkeiten und zur Vermeidung einer zu großen Abhängigkeit von anderen Beteiligten sein gesamtes Verhalten während der Versteigerung ständig überprüfen und auch solche Fragen entscheiden wie den Beitritt zu einem schon von Anderen betriebenen Verfahren oder die Auswahl des zum Betreiben geeignetsten

---

[56a] BGH NJW 2007, (Anm Storz/Kiderlen); ähnlich BGH V ZB 3/07 vom 21. 6. 2007. – Vgl auch **TH** B.1.2.2.5!
[57] Vgl Stöber § 15 Anm 33.7.
[58] RGZ 91, 341; BGH NJW 1997, 2672 und 1063; Stöber Einl 35.2.
[59] BGH NJW 1997, 2672.
[60] BGH NJW 1985, 3080.
[61] BGH NJW 1985, 3080; 1990, 2675; 1992, 2086.
[62] BGH NJW 1997, 2672; Stöber Einl 35.5.

Rechts oder die Zweckmäßigkeit einer Zwangsverwaltung[63] und/oder Miet-pfändung[64] neben der Zwangsversteigerung und vieles andere mehr.

TH 1.2.2.2.: Überlegungen hinsichtlich der Interessengegensätze sollten auch maßgebend sein für die Frage, ob und gegebenenfalls wann ein Gläubi-gerwechsel durch Abtretung oder Ablösung einer Forderung erfolgen soll.

Ein Gläubigerwechsel vor dem Termin hat den Vorteil, daß die einzelnen Bedingungen zwischen beiden Seiten in Ruhe abgestimmt und daß der um-geschriebene Titel und die Rechtsnachfolgeurkunde noch vor dem Termin zugestellt werden können. Andererseits hat ein Gläubigerwechsel im Termin den großen und oft entscheidenden Vorteil der Überraschung aller anderer Beteiligter; außerdem entfällt die Notwendigkeit einer Umschreibung und Zustellung des Titels. Bei einer Ablösung im Termin muß aber auch mit Schwierigkeiten gerechnet werden, weil der abzulösende Gläubiger unter Umständen weder das Ablösungsrecht kennt noch sie hinnehmen will, weil dadurch seine eigene taktische Position geschwächt werden könnte.[65]

TH 1.2.2.3.: Unter dem Gesichtspunkt von Interessengegensätzen zwi-schen den Beteiligten schließlich erlangt auch eine Verfahrensregel besondere Bedeutung, die ihr vom Gesetzgeber nicht zugedacht war: Für die Ausübung vieler Rechte durch die Beteiligten besteht keine Begründungspflicht. Ein Beteiligter muß niemandem Rechenschaft ablegen, warum er zum Beispiel eine abweichende Versteigerungsbedingung „verlangt" oder die einstweilige Einstellung „bewilligt" (das Gesetz sagt bewußt nicht: „beantragt"!); seine Beweggründe brauchen auch weder logisch noch nachvollziehbar noch ande-ren Beteiligten dienlich zu sein.

Praktisch kann die Ausübung dieser Rechte auch nicht von den übrigen Beteiligten[66] oder vom Rechtspfleger verhindert werden. Theoretisch kann zwar der Mißbrauch von Rechten über §§ 242, 226, 826 BGB oder § 765a ZPO verhindert werden; aber die Gerichte machen von diesen Möglichkei-ten verständlicherweise nur ungern Gebrauch, und außerdem lassen sich ihre Voraussetzungen nur schwer nachweisen. Lediglich § 765a ZPO[67] erlangt in Zwangsversteigerungsverfahren eine immer größere Bedeutung.

TH 1.2.2.4.: Es besteht durchaus die Gefahr, daß nach dem Inkrafttreten der Insolvenzordnung zum 1. 1. 1999 Schuldner noch weniger als bisher (oh-ne konkrete Gegenleistung) zur Zusammenarbeit mit dem Gläubiger bereit sind, weil ihnen im Hinblick auf Restschuldbefreiung gem §§ 286ff InsO das wirtschaftliche Ergebnis der Zwangsversteigerung dann uU völlig gleichgültig sein kann. Das sollten sich besonders solche Gläubiger rechtzeitig bewußt machen, die auf ein gutes Versteigerungsergebnis angewiesen sind.

TH 1.2.2.5.: Bei allen verfahrens-taktischen Überlegungen sollten die Beteiligten stets daran denken, daß gerade auch in der neueren BGH-Rechtsprechung schnell der Vorwurf einer mißbräuchlichen Rechtsausübung erhoben werden kann mit der Folge, daß das erstrebte taktische Ziel evtl

---

[63] Vgl **TH** A. 1.3.3.1. – **TH** A. 1.3.3.8.
[64] Vgl **TH** A. 1.3.2.1. und **TH** A. 1.3.2.2.
[65] Vgl zu diesen Problemen ausführlich B. 7.3.
[66] Außer über das wichtige Abwehrmittel der Ablösung! Vgl dazu B. 7.
[67] Vgl dazu ausführlich B. 3.1.2.

nicht nur nicht erreicht werden kann, sondern daß vielleicht sogar „der Schuß nach hinten geht". Deshalb sollte im Zweifel immer der Rechtspfleger vorher nach seiner Beurteilung gefragt und mindestens rechtzeitig informiert werden.

1.3. Mieter und Pächter

1.3.1. Als Beteiligte

Gemäß § 9 Nr. 2 sind auch Mieter und Pächter Beteiligte des Verfahrens, allerdings nur dann, wenn ihnen der Besitz am Grundstück vom Berechtigten überlassen ist (also zB nicht bei verbotener Eigenmacht), und wenn sie ihre Rechte ausdrücklich in der Versteigerung angemeldet haben. Ein schriftlicher Miet- oder Pachtvertrag ist nicht erforderlich, und das Grundstück muß zwar schon überlassen, braucht aber noch gar nicht benutzungsfähig zu sein.[68] Streitig ist auch, ob ein Untermieter/Unterpächter mit Anmeldung Beteiligter wird, obwohl er zum Schuldner in keinem Rechtsverhältnis steht.[69] Die Frage ist wohl zu bejahen, solange der Untermieter/Unterpächter sich auf ein wirksames Miet-/Pachtrecht berufen kann, das ihm seinerseits von einem gegenüber dem Eigentümer zur Untervermietung Berechtigten eingeräumt worden ist.

Die Anmeldung ist formlos möglich[70] und geht dahin, daß das Miet-/Pachtrecht in der Versteigerung berücksichtigt bzw der Mieter/Pächter als Beteiligter iSd § 9 Nr 2 anerkannt werden soll. Die Anmeldung soll vor dem Versteigerungstermin, sie muß spätestens unmittelbar vor Beginn der Bietstunde erfolgen.

Ohne Anmeldung werden Mieter oder Pächter auch dann nicht Beteiligte, wenn der Rechtspfleger das Miet- oder Pachtverhältnis kennt. Es besteht keine Verpflichtung des Rechtspflegers, solche Berechtigten zu ermitteln und zu einer Anmeldung aufzufordern.[71] Sie ist gemäß § 57 d nur dann gegeben, wenn nach den Umständen anzunehmen ist, daß die in § 57 c vorgesehene Beschränkung des Ausnahmekündigungsrechts (§ 57 a) in Betracht kommt.[72]

1.3.2. Kündigungsrechte

§ 57 ZVG

Ist das Grundstück einem Mieter oder Pächter überlassen, so finden die Vorschriften der §§ 566, 566 a, 566 b Abs. 1, §§ 566 c und 566 d des Bürgerlichen Gesetzbuchs nach Maßgabe der §§ 57 a und 57 b entsprechende Anwendung.

---

[68] Steiner-Hagemann § 9 Rz 87; Stöber § 9 Anm 2.9.

[69] bejahend: Stöber § 9 Anm 2.9.; **str. aA:** Steiner-Hagemann § 9 Rz 87.

[70] notfalls sogar telegrafisch oder telefonisch: BGH KTS 1956, 120; Steiner-Hagemann § 9 Rz 87.

[71] Vgl **TH** B. 1.3.4.1.

[72] Vgl LG Berlin Rpfleger 1977, 69 und **TH** B. 1.3.4.2. und **TH** B. 1.3.4.3.; ein Verstoß (iSd § 83 Nr. 1) führt aber idR nicht zur Zuschlagsversagung: OLG Düsseldorf, Rpfleger 1995, 373; LG Berlin Rpfleger 1977, 69.

§ 57 a ZVG

Der Ersteher ist berechtigt, das Miet- oder Pachtverhältnis unter Einhaltung der gesetzlichen Frist zu kündigen. Die Kündigung ist ausgeschlossen, wenn sie nicht für den ersten Termin erfolgt, für den sie zulässig ist.

§ 57 b ZVG

(1) Soweit nach den Vorschriften des § 566 b Abs. 1 und der §§ 566 c, 566 d des Bürgerlichen Gesetzbuchs für die Wirkung von Verfügungen und Rechtsgeschäften über den Miet- oder Pachtzins der Übergang des Eigentums in Betracht kommt, ist an dessen Stelle die Beschlagnahme des Grundstücks maßgebend. Ist dem Mieter oder Pächter der Beschluß, durch den die Zwangsversteigerung angeordnet wird, zugestellt, so gilt mit der Zustellung die Beschlagnahme als dem Mieter oder Pächter bekannt; die Zustellung erfolgt auf Antrag des Gläubigers an die von ihm bezeichneten Personen. Dem Beschlusse soll eine Belehrung über die Bedeutung der Beschlagnahme für den Mieter oder Pächter beigefügt werden. Das Gericht hat auf Antrag des Gläubigers zur Feststellung der Mieter und Pächter eines Grundstücks Ermittlungen zu veranlassen; es kann damit einen Gerichtsvollzieher oder einen sonstigen Beamten beauftragen, auch die zuständige örtliche Behörde um Mitteilung der ihr bekannten Mieter und Pächter ersuchen.

(2) Der Beschlagnahme zum Zwecke der Zwangsversteigerung steht die Beschlagnahme zum Zwecke der Zwangsverwaltung gleich, wenn sie bis zum Zuschlag fortgedauert hat. Ist dem Mieter oder Pächter der Beschluß, durch den ihm verboten wird, an den Schuldner zu zahlen, zugestellt, so gilt mit der Zustellung die Beschlagnahme als dem Mieter oder Pächter bekannt.

(3) Auf Verfügungen und Rechtsgeschäfte des Zwangsverwalters finden diese Vorschriften keine Anwendung.

§ 57 c ZVG[72a]

(1) Der Ersteher eines Grundstücks kann von dem Kündigungsrecht nach § 57 a keinen Gebrauch machen,

1. wenn und solange die Miete zur Schaffung oder Instandsetzung des Mietraums ganz oder teilweise vorausentrichtet oder mit einem sonstigen zur Schaffung oder Instandsetzung des Mietraums geleisteten Beitrag zu verrechnen ist, und zwar ohne Rücksicht darauf, ob die Verfügung gegenüber dem Ersteher wirksam oder unwirksam ist;

2. wenn der Mieter oder ein anderer zugunsten des Mieters zur Schaffung oder Instandsetzung des Mietraums einen Beitrag im Betrag von mehr als einer Jahresmiete geleistet oder erstattet hat und eine Vorausentrichtung der Miete oder eine Verrechnung mit der Miete nicht vereinbart ist (verlorener Baukostenzuschuß), solange der Zuschuß nicht als durch die Dauer des Vertrages getilgt anzusehen ist.

(2) Im Sinne des Absatzes 1 Nr. 2 ist jeweils ein Zuschußbetrag in Höhe einer Jahresmiete als durch eine Mietdauer von vier Jahren getilgt anzusehen; ist die

---

[72a] Die §§ 57 c und 57 d wurden durch das 2. JuModG (BGBl 2006 I 3416) aufgehoben.

Miete im Hinblick auf den Beitrag erheblich niedriger bemessen worden, als dies ohne den Beitrag geschehen wäre, so tritt für die Berechnung des in Absatz 1 Nr. 2 vorgesehenen Zeitraums an die Stelle der vereinbarten Jahresmiete die Jahresmiete, die ohne Berücksichtigung des Beitrags vereinbart worden wäre. In jedem Falle ist jedoch der Zuschuß nach Ablauf von zwölf Jahren seit der Überlassung der Mieträume oder, sofern die vereinbarte Mietzeit kürzer ist, nach deren Ablauf als getilgt anzusehen.

(3) Ist zur Schaffung oder Instandsetzung des Mietraums sowohl ein Beitrag im Sinne des Absatzes 1 Nr. 1 als auch ein Beitrag im Sinne des Absatzes 1 Nr. 2 geleistet worden, so sind die aus Absatz 1 Nr. 1 und 2 sich ergebenden Zeiträume zusammenzurechnen.

(4) Die Absätze 1 bis 3 gelten für Pachtverhältnisse entsprechend.

§ 57 d ZVG[72 a]

(1) Das Vollstreckungsgericht hat, sofern nach den Umständen anzunehmen ist, daß die in § 57 c vorgesehene Beschränkung des Kündigungsrechts des Erstehers in Betracht kommt, unverzüglich nach Anordnung der Zwangsversteigerung die Mieter und Pächter des Grundstücks aufzufordern, bis zum Beginn des Versteigerungstermins eine Erklärung darüber abzugeben, ob und welche Beiträge im Sinne des § 57 c Abs. 1 von ihnen geleistet und welche Bedingungen hierüber vereinbart worden sind.

(2) Das Vollstreckungsgericht hat im Versteigerungstermin bekanntzugeben, ob und welche Erklärungen nach Absatz 1 abgegeben worden sind.

(3) Hat ein Mieter oder Pächter keine oder eine unvollständige oder eine unrichtige Erklärung abgegeben und ist die Bekanntgabe nach Absatz 2 erfolgt, so ist § 57 c ihm gegenüber nicht anzuwenden. Das gilt nicht, wenn der Ersteher die Höhe der Beiträge gekannt hat oder bei Kenntnis das gleiche Gebot abgegeben haben würde.

(4) Die Aufforderung nach Absatz 1 ist zuzustellen. Sie muß einen Hinweis auf die in Absatz 3 bestimmten Rechtsfolgen enthalten.

Gemäß § 57 ist das Mietrecht des BGB anwendbar. Das bedeutet, daß auch die Versteigerung von Grundstücken (oder auch Erbbaurechten[73]) grundsätzlich bestehende Miet- oder Pachtverträge unberührt läßt. Nur dann, wenn schon vor dem Zuschlag das Mietverhältnis beendet wurde und der Mieter ausgezogen ist, tritt der Ersteher nicht mehr in das Mietverhältnis ein und muß auch keine Kaution erstatten.[73a] Gemäß § 57 a hat aber der Ersteher in der Vollstreckungsversteigerung (nicht dagegen in der Teilungsversteigerung) ein sogenanntes Ausnahmekündigungsrecht, das wiederum gemäß § 57 c gewissen Beschränkungen unterliegt, wenn der Mieter/Pächter sein Recht angemeldet hat (vgl § 57 d).

Die Anmeldung ist in diesen Fällen also doppelt wichtig: Einmal erhält der Mieter/Pächter nur durch sie die Rechte eines Beteiligten; zum anderen kann er nur so eine Beschränkung des Ausnahmekündigungsrechts geltend machen, falls er zur Anmeldung ausdrücklich aufgefordert worden ist. Dagegen kann er durch Anmeldung nicht auch Befriedigung wegen geleisteter

---

[73] BGH NJW 1998, 1220.
[73a] BGH Rpfleger 2007, 415.

Baukostenzuschüsse verlangen.[74] Er kann aber etvl die noch nicht abgewohnten Teile von Baukostenzuschüssen oder Mietvorauszahlungen außerhalb der Versteigerung vom Ersteher zurückverlangen, oder er kann unter Umständen eine angemessene Verrechnung mit der künftigen Miete verlangen, wenn mit diesen Mitteln des Mieters nachweislich ein Sachwert geschaffen wurde, der dem Ersteher und den Gläubigern zugute gekommen ist. Der Ersteher muß also in diesem Fall damit rechnen, daß auf ihn außerhalb seines Gebotes noch Zahlungsverpflichtungen zukommen,[75] deren Höhe er im Versteigerungstermin noch gar nicht kennt. Wegen der Einzelheiten ist hier aber noch vieles streitig![76]

Der Zuschlagsbeschluß ist ein Räumungstitel gegen solche Besitzer des Grundstücks, die entweder kein Recht zum Besitz haben (zB weil kein Mietvertrag besteht) oder deren Recht auf Besitz durch die Versteigerung oder im Zeitpunkt des Zuschlags (zB durch eine dort schon wirksame Kündigung) erloschen ist (vgl § 93 I).

Das Ausnahmekündigungsrecht des § 57a gewährt dem Ersteher sowohl bei vermietetem Wohnraum als auch bei verpachteten Gewerbeflächen ein von den vertraglich vereinbarten Kündigungsfristen unabhängiges Kündigungsrecht. Dieses steht aber unter dem Vorbehalt der Gesetzgebung zum Kündigungsschutz des (insbesondere vertragstreuen) Mieters, so daß auch das Ausnahmekündigungsrecht des § 57a nur im Rahmen der §§ 573 I, 573d I, 575a I, 577a BGB geltend gemacht werden kann;[77] vereinfacht ausgedrückt reduziert das Ausnahmekündigungsrecht lediglich die Kündigungsfristen, läßt aber den sonstigen Schutz des Mieters/Pächters unberührt.[77a]

Die Kündigungsgründe müssen im Kündigungsschreiben benannt werden.[78] Das bedeutet, daß auch der Ersteher ein berechtigtes Interesse iSd § 573 I BGB nachweisen muß, wofür es uU ausreicht, wenn eine Bank nach einem Rettungserwerb die Ausnahmekündigung mit dem Wunsch nach einer „mieterfreien Weiterveräußerung" begründet.[79] Außerdem kann der Mieter auch einer Ausnahmekündigung gem §§ 574, 575a II BGB widersprechen und die Fortsetzung des Mietverhältnisses verlangen,[80] die Ausnahmekündigung gemäß § 57a kann als unzulässige Rechtsausübung unwirksam sein,[81] weiterhin kann dieser gesetzliche Mieterschutz auch nicht durch abweichende Versteigerungsbedingungen gem § 59 abbedungen werden,[82] und

---

[74] Vgl BGH MDR 1971, 102.
[75] Vgl BGH NJW 1970, 2289 und 1124 und 93; NJW 1962, 1860; Klawikowski Rpfleger 1997, 418. – Vgl auch D. 5.3.
[76] Vgl dazu Stöber § 57b Anm 7.
[77] Vgl dazu auch Klawikowski Rpfleger 1997, 418; Witthinrich Rpfleger 1986, 46 und 1987, 98; Stöber § 57a Anm 6.2, BGH NJW 1982, 1696; BVerfG ZMR 1989, 410; OLG Hamm NJW-RR 1994, 1496.
[77a] Ähnlich: Mayer, Rpfleger 1999, 210.
[78] OLG Hamm NJW-RR 1994, 1496. – Gekündigt werden kann erst nach Vollendung des Eigentumsübergangs, vgl BGH EWiR 1998, 249 (Sternel); NJW 1989, 451.
[79] OLG Hamm NJW-RR 1994, 1496; Stöber § 57a Anm 6.1; vgl **aber auch** LG Düsseldorf WuM 1987, 321.
[80] BGH NJW 1982, 1696; Stöber § 57a Anm 6.4; Steiner-Teufel § 57a Rz 42; heute wohl allg. Ansicht; früher anders: OLG Oldenburg NJW 1973, 1841.
[81] BGH MDR 1979, 51.
[82] Stöber § 57a Anm 8.3.

schließlich hat auch der Grundpfandgläubiger keinen Rechtsanspruch auf Feststellung, daß sich der Mieter in einem anhängigen Zwangsversteigerungsverfahren nicht auf die Beschränkung des Sonderkündigungsrechts gemäß § 57 c berufen kann;[82a] der Grundpfandgläubiger könnte allenfalls in einer Leistungsklage verlangen, daß die Mieter ihre Anmeldungen nach §§ 57 c, 57 d widerrufen und es bei Vermeidung eines Ordnungsgeldes unterlassen, diese angeblichen Mieterrechte erneut anzumelden, wobei der Klaganspruch aus einer entsprechenden Anwendung des § 1004 I BGB hergeleitet werden könnte.[82b] Zu beachten ist hier immer, daß die §§ 57 c und 57 d wegen ihrer Aufhebung durch das 2. JuModG nur noch übergangsweise für solche Verfahren anwendbar sind, die bereits am 1. 2. 2007 anhängig waren.[82c]

In diesem Zusammenhang kommt auch für die Zwangsversteigerung den Entscheidungen des Bundesverfassungsgerichts zur Kündigung wegen Eigenbedarfs (§ 573 II Nr. 2 BGB) und zum Zweck der wirtschaftlichen Verwertung (§ 573 II Nr. 3 BGB) eine erhebliche Bedeutung zu.[83] Durch diese Entscheidungen hat das Bundesverfassungsgericht die Rechtsposition des Eigentümers insofern gefestigt, als er festgelegt hat, daß beim Eigenbedarf die Entscheidung des Eigentümers über seinen Wohnbedarf grundsätzlich zu achten ist, und daß ein Kündigungsrecht auch dann besteht, wenn die Fortsetzung des Mietverhältnisses den Vermieter an einer angemessenen wirtschaftlichen Verwertung des Grundstücks hindert und er dadurch erhebliche Nachteile erleidet.

Das Ausnahmekündigungsrecht des § 57 a ist auch noch in einigen anderen Fällen ausgeschlossen oder eingeschränkt:

(1) Im öffentlich geförderten sozialen Wohnungsbau gibt es auch heute noch erhebliche Beschränkungen insofern, als Sozialwohnungen nur an bestimmte Personen (Belegungsbindung) und nur zu bestimmten Preisen (Mietpreisbindung) vermietet werden dürfen.[84] Diese sich im wesentlichen aus dem Wohnungsbindungsgesetz ergebenden Beschränkungen bestehen auch nach der Versteigerung weiter und zwar selbst dann noch eine gewisse Zeit, wenn alle öffentlichen Darlehen zurückgezahlt worden sind.[84] – Wenn sich der Vollstreckungsschuldner bei der öffentlichen Förderung von Modernisierungsmaßnahmen vertraglich zur Beschränkung von Mieterhöhungen verpflichtet hatte, ist der Ersteher zwar nicht an diese vertragliche Beschränkung gebunden, er ist mit dem Zuschlag aber in den Mietvertrag selbst und damit auch gemäß §§ 57, 90 in die dazugehörige Ergänzungsvereinbarung eingetreten; ob er deshalb seinerseits doch an die Mieterhöhungs-Beschränkung gebunden ist, auch wenn er gar nicht in den Genuß der Fördermittel gekommen ist, und auch wenn die Fördermittel aus dem Versteigerungserlös zurückbezahlt wurden, hängt vom Einzelfall ab.[85]

[82a] OLG Dresden, Rpfleger 2003, 311.
[82b] Vgl dazu BGH NJW-RR 2002, 1304; OLG Dresden Rpfleger 2003, 311; OLG Düsseldorf ZflR 1997, 571; LG Heilbronn IGZInfo 2007, 116 (Anm. Schmidberger).
[82c] Ebenso Hintzen/Alff Rpfleger 2007, 233 (239).
[83] BVerfG NJW 1989, 970 und 972.
[84] Näheres bei Storz, Mietpreisrecht S. 16 ff; Steiner-Teufel §§ 57–57d Rz 24 ff; Stöber § 57 a Anm 6.7.
[85] BGH NJW 2003, 3767.

(2) Das Ausnahmekündigungsrecht gilt **für die schon vor dem 1. 2. 2007 angeordneten Verfahren** auch dann nicht, wenn und solange die Miete zur Schaffung oder Instandsetzung des Mietraums ganz oder teilweise vorausentrichtet worden ist (§ 57 c I 1) oder wenn der Mieter zur Schaffung oder Instandhaltung des Mietraums einen Zuschuß im Betrag von mehr als einer Jahresmiete geleistet hat (§ 57 c I 2). Das Ausnahmekündigungsrecht wird aber in diesen Fällen nicht völlig ausgeschlossen, sondern es wird bis zum Ablauf der Sperrfrist verschoben.

Wichtig ist, daß der Zuschuß geleistet worden sein muß, bevor der Mietraum fertiggestellt oder die Instandsetzung durchgeführt war. Außerdem darf es sich nicht um Aufwendungen für bloße Schönheitsreparaturen oder Verbesserungsmaßnahmen gehandelt haben.[86] Weiterhin kommt eine Beschränkung des Kündigungsrechts nicht in Betracht, wenn die Beiträge bei wirtschaftlicher Betrachtung ihren Ursprung nicht im Vermögen des Mieters/Pächters haben, oder wenn sie nicht dazu gedient haben, den Wert des Grundstücks zu erhöhen.[86a] Und schließlich genießt der Mieter/Pächter den Kündigungsschutz des § 57 c nicht, wenn die Voraussetzungen für eine Verrechnung des Mieter/Pächter-Beitrags zur Schaffung von Miet/Pacht-Räumen nach dem zwischen den Parteien geschlossenen Vertrag noch nicht eingetreten sind (zB weil Miete/Pacht noch nicht geschuldet wird), wenn der Miet/Pacht-Raum zur Zeit der Zwangsversteigerung noch nicht fertiggestellt ist,[87] oder wenn die Aufwendungen, die der Vermieter/Verpächter auf das Objekt macht, dem Mieter/Pächter sodann als zinslose Baukostenzuschüsse darlehensweise zur Verfügung gestellt werden.[88]

Da der Schutz des Mieters/Pächters durch § 57 c letztlich auf dem Grundsatz von Treu und Glauben beruht, kommt eine Beschränkung des Sonderkündigungsrechtes nicht in Betracht, wenn die (angeblich geleisteten) Beträge bei wirtschaftlicher Betrachtung ihren Ursprung nicht im Vermögen des Mieters/Pächters haben; sie kommt auch dann nicht in Betracht, wenn die Beträge nicht dazu gedient haben, den Wert des Grundstücks zu erhöhen.[89]

Ganz besonders große Vorsicht ist geboten, wenn behauptet wird, der Mieter habe gemäß dem Mietvertrag den geschuldeten Mietzins für einen nicht nach konkreten Monaten oder Jahren festgelegten, sondern für einen unbestimmten Zeitraum (zB bis zu seinem Lebensende) in einem Einmalbetrag im Voraus bezahlt. Diese sich (ausdrücklich oder gedanklich) auf eine verunglückte BGH-Entscheidung[89a] berufende Konstruktion kann, wenn sie rechtzeitig zum Versteigerungstermin angemeldet wurde, für Ersteher und Grundpfandgläubiger sehr gefährlich werden, weil der Ersteher dann unter Umständen die behaupteten Mietvorauszahlungen gegen sich gelten lassen

---

[86] OLG Düsseldorf Rpfleger 1987, 513; OLG Hamm ZMR 1987, 434 und 1987, 465; LG Lüneburg Rpfleger 1987, 514.
[86a] BGH Rpfleger 2002, 579.
[87] BGH Rpfleger 1984, 108; OLG München NJW 1954, 961.
[88] BGH Rpfleger 1989, 338.
[89] BGH Rpfleger 2002, 579 ausdrücklich **gegen** OLG Stuttgart MDR 1954, 621 und Dassler/Muth § 57 c Rz 9 f; Steiner/Teufel § 57 c Rz 62; Stöber § 57 c Anm 2.3. – wie BGH: OLG Hamm MDR 1987, 1034.
[89a] BGH NJW 1997, 595.

muß. Die genannte BGH-Entscheidung sieht zwar den Ersteher nicht als gefährdet an (weil er sich rechtzeitig informieren und dann von Geboten Abstand nehmen kann); aber sie übersieht völlig, daß damit der Wert und die Verwertbarkeit des Versteigerungsobjekts zu Lasten der Grundpfandgläubiger stark beeinträchtigt oder gänzlich zerstört werden können! Es ist deshalb sehr zu hoffen, daß der BGH schon bald die Gelegenheit erhält, seine unvollständige und verunglückte Betrachtungsweise zu ändern!

Der Mieter selbst muß die Voraussetzungen für den Kündigungsschutz aus § 57 c behaupten und beweisen,[89b] und er muß vor allem seine Rechte im Versteigerungsverfahren ausdrücklich anmelden, wenn er dazu vom Gericht aufgefordert worden ist (§ 57 d III), und zwar gem § 57 d I noch vor dem Beginn des Versteigerungstermins; spätere Erklärungen sind aber nach herrsch Ans wohl auch rechtswirksam. Das Gericht ist deshalb verpflichtet, unverzüglich nach Anordnung der Versteigerung die Mieter und Pächter des Grundstücks zu ermitteln[90] und zu einer Anmeldung aufzufordern, wenn nach den Umständen anzunehmen ist, daß die in § 57 c vorgesehene Beschränkung des Kündigungsrechts in Betracht kommt (§ 57 d I). Ist das nicht geschehen, so verliert der Mieter auch ohne Anmeldung seinen Kündigungsschutz nicht, und der Ersteher kann allenfalls versuchen, im Amtshaftungswege Schadensersatz vom Staat zu erhalten.

Die Aufforderung an die Mieter/Pächter zur Abgabe der Erklärungen muß gem § 57 a IV 1 zwingend entsprechend den §§ 4–7 zugestellt werden, und zwar am zweckmäßigsten zusammen mit der Zustellung der Terminsbestimmung. Die Erklärungen der Mieter/Pächter können schriftlich oder zu Protokoll abgegeben werden und sind in jedem Fall im Versteigerungstermin bekanntzugeben (§ 57 d II).

Mit der Aufhebung der §§ 57 c und 57 d durch das 2. JuModG (BGBl 2006 I 3416) ist nur die Einschränkung des Ausnahmekündigungsrechts aus §§ 57 a, 57 b weggefallen, das langfristig abgeschlossene Mietverhältnis kann also unter Wahrung der gesetzlichen Kündigungsfristen beendet werden, wenn die sonstigen Voraussetzungen erfüllt sind und die Kündigung zum ersten möglichen Termin nach dem Zuschlag ausgesprochen wird.

Damit aber sind der Mieter nicht schutzlos und der Ersteher nicht vor Entschädigungszahlungen außerhalb seines Meistgebots sicher, wenn der Mieter Baukostenzuschüsse oder Mietvorauszahlungen geleistet hat, weil nach wie vor § 547 BGB und auch Art VI des 2. WoBauÄndG (BGBl 1961 I 1041), zuletzt geändert durch Gesetz vom 19. 6. 2001 (BGBl I 1149) gültig sind:

§ 547 Erstattung von im Voraus entrichteter Miete

(1) [1]Ist die Miete für die Zeit nach Beendigung des Mietverhältnisses im Voraus entrichtet worden, so hat der Vermieter sie zurückzuerstatten und ab Empfang zu verzinsen. [2]Hat der Vermieter die Beendigung des Mietverhältnisses nicht zu vertreten, so hat er das Erlangte nach den

---

[89b] BGH Rpfleger 2002, 579.

[90] Gemäß § 57 b I kann der Gläubiger beantragen, daß den Mietern/Pächtern der Anordnungs- bzw Beitrittsbeschluß zugestellt wird und daß vom Gericht bezüglich der Mieter/Pächter die erforderlichen Ermittlungen angestellt werden; vgl auch **TH** B. 1.3.4.1.

Vorschriften über die Herausgabe einer ungerechtfertigten Bereicherung zurückzuerstatten.

(2) Bei einem Mietverhältnis über Wohnraum ist eine zum Nachteil des Mieters abweichende Vereinbarung unwirksam.

Gesetz zur Änderung des 2. WoBauG

„Art. VI. Rückerstattung verlorener Zuschüsse. § 1. [1]Hat ein Mieter oder für ihn ein Dritter dem Vermieter mit Rücksicht auf die Vermietung einer Wohnung auf Grund vertraglicher Verpflichtung einen verlorenen Zuschuß, insbesondere einen verlorenen Baukostenzuschuß, geleistet, und wird das Mietverhältnis nach dem 31. Oktober 1965 beendigt, so hat der Vermieter die Leistung, soweit sie nicht durch die Dauer des Mietverhältnisses als getilgt anzusehen ist, nach Maßgabe des § 347 des Bürgerlichen Gesetzbuchs zurückzuerstatten. [2]Erfolgt die Beendigung des Mietverhältnisses wegen eines Umstandes, den der Vermieter nicht zu vertreten hat, so hat er die Leistung nach den Vorschriften über die Herausgabe einer ungerechtfertigten Bereicherung zurückzuerstatten.

§ 2. [1]Beruht der Zuschuß auf einer nach dem Inkrafttreten dieses Gesetzes getroffenen Vereinbarung, so gilt ein Betrag in Höhe einer Jahresmiete durch eine Mietdauer von vier Jahren von der Leistung an als getilgt. [2]Dabei ist die ortsübliche Miete für Wohnungen gleicher Art, Finanzierungsweise, Lage und Ausstattung zur Zeit der Leistung maßgebend. [3]Leistungen, die den Betrag einer Vierteljahresmiete nicht erreichen, bleiben außer Betracht.

§ 3. Beruht der Zuschuß auf einer vor dem Inkrafttreten dieses Gesetzes getroffenen Vereinbarung, so gilt er als für eine Mietdauer gewährt, die unter Berücksichtigung aller Umstände, insbesondere der Höhe des Zuschusses und der laufenden Miete, der Billigkeit entspricht.

§ 4. Der Anspruch auf Rückerstattung verjährt nach Ablauf eines Jahres von der Beendigung des Mietverhältnisses an.

§ 5. Eine von den Vorschriften der §§ 1 bis 4 zum Nachteil des Mieters abweichende Vereinbarung ist unwirksam.

§ 6. Die §§ 1 bis 5 gelten nicht für verlorene Zuschüsse, die wegen ihrer Unzulässigkeit nach anderen Vorschriften zurückzuerstatten sind.

§ 547 BGB gilt nämlich auch gegenüber einem Ersteher in der Zwangsversteigerung[90a] und ist für Wohnraummietverträge sogar zwingend (§ 547 II BGB). Macht der Ersteher in entsprechenden Fällen von seinem Ausnahmekündigungsrecht aus §§ 57a, 57b Gebrauch, sind Erstattungsansprüche des Mieters gegen ihn also durchaus möglich! Auch die Regelungen aus Art VI des Gesetzes zur Änderung des 2. WoBauG müssen von allen Beteiligten beachtet werden. Praktische und wohl auch rechtliche Schwierigkeiten können sich zudem daraus ergeben, daß nach der Aufhebung der §§ 57c, 57d im Versteigerungstermin evtl keine gerichtlichen Hinweise mehr über die Folgen der Ausübung des Sonderkündigungsrechts mehr gegeben werden.[90b]

[90a] BGHZ 53, 35; MünchKomm/Schilling § 547 BGB Rz 3; Hintzen/Alff Rpfleger 2007, 233 (234).
[90b] So: Hintzen/Alff Rpfleger 2007, 233 (234).

Der Ersteher hat außerdem gemäß §§ 566, 566a BGB für eventuell er-brachte Mietsicherheiten (insbes Kautionen) einzustehen.[90c] Deshalb muß das Gericht weiterhin die (ihm bekannten) Mieter auffordern, eventuelle Ansprü-che aus dem Mietverhältnis rechtzeitig zum Versteigerungstermin anzumel-den, und der Mieter muß (mit oder ohne derartige Aufforderung) im eigenen Interesse spätestens im Bekanntmachungsteil des Versteigerungstermins alle Rechte aus dem Mietvertrag anmelden, deren Berücksichtigung er vom Ersteher erwartet.

(3) Das Ausnahmekündigungsrecht kann durch Vereinbarung der Beteilig-ten gemäß § 59 ausgeschlossen werden mit der Folge von Doppelausgeboten, weil Beeinträchtigungen anderer Beteiligter nicht von vorneherein ausge-schlossen werden können.[91] Allerdings ist dazu die Zustimmung des betroffe-nen Mieters und Pächters erforderlich (vgl § 59 I 2). Es genügt nicht, daß der Schuldner mit den Mietern das Ausnahmekündigungsrecht vertraglich abbe-dungen hat; wohl aber können umgekehrt die Mieter dem Schuldner oder zum Beispiel einem Kreditinstitut gegenüber auf ihren besonderen Kündi-gungsschutz verzichten; dieser Verzicht ist verbindlich, wenn er dem Gericht in öffentlich beglaubigter Form (vgl § 84 II) nachgewiesen und in den Ver-steigerungsbedingungen festgestellt wird. Die gleiche Wirkung tritt ein, wenn die Mieter auf Grund ihres Verzichts ihre Rechte trotz Aufforderung durch das Gericht nicht anmelden.

(4) Wenn der Schuldner selbst einsteigert, bleibt er an die Bestimmungen des Miet-/Pachtvertrages gebunden; er selbst kann also nicht nach § 57a kündigen.

(5) Schließlich entfällt das Ausnahmekündigungsrecht auch dann, wenn nur einer von mehreren ideellen Grundstücksbruchteilen versteigert wurde, oder gegenüber einem Nießbraucher[92] oder bei einer Teilungsversteigerung (vgl § 183).

Das Ausnahmekündigungsrecht ist gem § 57a S. 2 ausgeschlossen, wenn es nicht für den ersten zulässigen Termin ausgeübt wird. Diese Vorgabe darf aber nicht zu eng gehandhabt werden, denn der Ersteher muß – auch im Interesse des Mieters – Gelegenheit haben, die Sach- und Rechtslage zu prüfen und sich über die Besonderheiten des Mietverhältnisses und des Mieters zu infor-mieren. Dafür ist die Frist von einem Tag zu kurz, allerdings diejenige von 1 Woche mE auch ausreichend;[92a] da auch der Mieter ein ganz erhebliches In-teresse an Rechtssicherheit hat, muß die Kündigung unbedingt ohne schuld-haftes Zögern erfolgen. Das Risiko für eine Verspätung trägt allerdings der Ersteher! Unter Umständen kann eine evtl für Mieter und Ersteher gegebene

---

[90c] Das gilt aber dann nicht, wenn das Mietverhältnis noch vor dem Zuschlag beendet wurde und der Mieter auch bereits ausgezogen ist: BGH Rpfleger 2007, 415.

[91] Zur Wirkung des Zuschlags als Räumungstitel vgl auch OLG Düsseldorf Rpfle-ger 1995, 373; Drischler RpflJahrB 1973, 335; Stöber § 57a Anm 8.2.; Steiner-Storz § 59 Rz 17.

[92] Vgl Stöber § 57a Anm 2 und 6.

[92a] OLG Oldenburg Rpfleger 2002, 325; OLG Düsseldorf Rpfleger 1987, 513. – Ähnlich, aber ohne konkrete Fristangaben die herrsch. Ansicht: Stöber § 57a Anm 5.2; Steiner-Teufel §§ 57a ff Rz 46; ganz eng **dagegen** Dassler-Gerhardt § 57a Rz 7. – Vgl auch BayObLG Rpfleger 1992, 531.

Streßsituation dadurch vermieden werden, daß durch einen besonderen Verkündungstermin gemäß § 87 Zeit gewonnen wird; dieser besondere Verkündungstermin für den Zuschlag kann von Mieter und Ersteher im Versteigerungstermin beantragt werden.

Die Einhaltung des ersten möglichen Kündigungstermins nach dem Zuschlag setzt voraus, daß der Ersteher von dem Bestehen des Miet-/Pachtver-
trages überhaupt Kenntnis hat. Ist das nicht der Fall, weil zB nichts angemeldet
wurde, hat er das Kündigungsrecht noch bis zum nächstmöglichen Termin
nach Kenntniserlangung.[93]

Wichtig ist, daß sich der „erste zulässige Termin" nach der Verkündung
des Zuschlags richtet und nicht etwa nach dem Eintritt der Rechtskraft;[93a]
unabhängig von einer Zuschlagsbeschwerde muß also gekündigt werden,
wenn das Ausnahmerecht des § 57a genutzt werden soll. Wird der Zuschlag
auf Beschwerde aufgehoben, bleibt die Kündigung im beiderseitigen Interesse
an Rechtssicherheit nach heute allgemeiner Ansicht wirksam.[93b] Der Ersteher
muß schließlich auch dann sofort nach der Zuschlagsverkündung kündigen,
wenn noch eine Zwangsverwaltung anhängig ist.[93c]

Es wird immer wieder versucht, Zwangsversteigerungsverfahren durch un-
redliche/manipulierte/rückdatierte Mietverträge zu verzögern und zu stören.
Das ist deshalb recht einfach, weil einerseits der Mieter insbesondere nach
werterhöhenden Investitionen geschützt werden muß, andererseits aber im
Zusammenspiel von Mieter und Vermieter die Sach- und Rechtslage leicht
verdreht dargestellt werden kann, vor allem wenn der Vermieter seine eigene
Position stark verschlechtert! Im Versteigerungstermin kann uU bereits eine
gar nicht bewiesene Behauptung (oft bewußt zur allseitigen Überrumpelung
erstmals im Termin vorgetragen) die Bieter so verunsichern, daß es zu keinem akzeptablen Meistgebot mehr kommt.

Die Rechtsprechung hat dies inzwischen erkannt und darauf reagiert:
So wurden Mietvertrags-Manipulationen als Vollstreckungsvereitelung bestraft,[94] die Klauselerteilung für den Räumungstitel auch gegen Scheinmie-
ter erlaubt[95] oder in sonst. Weise die Wirksamkeit solcher Mietverträge gegenüber dem Ersteher verneint.[96] Aber Stör- und Verzögerungsversuche mit
unredlichen Mietverträgen werden immer verlockend bleiben. Deshalb müssen die Gläubiger gerade hier besonders wachsam, energisch und konsequent bleiben.[97] Anderseits: Nicht jeder Mietvertrag zwischen Fami-

---

[93] BGH Rpfleger 2002, 133; RGZ 98, 273; Steiner/Teufel §§ 57–57d Rz 46; Stöber § 57a Anm 5.2.
[93a] RGZ 151, 259; Stöber § 57a Anm 5.3; Bull·ZMR 1953, 234; Steiner-Teufel
§§ 57aff Rz 46.
[93b] Steiner-Teufel §§ 57aff Rz 47; Stöber § 57a Anm 2.9; Dassler-Gerhardt § 57a
Rz 8.
[93c] Stöber § 57a Anm 2.8.
[94] AG Dillenburg Rpfleger 1995, 79 (Anm Eickhoff).
[95] OLG Düsseldorf NJW-RR 1996, 720; OLG Frankfurt Rpfleger 1989, 209; OLG
Hamm Rpfleger 1989, 165, LG Köln Rpfleger 1996, 121; LG Wuppertal Rpfleger
1993, 81; LG Freiburg Rpfleger 1990, 266; vgl auch Witthinrich Rpfleger 1986, 46
und Ertle ZInsO 2003, 644; vgl auch D. 5.2.5.
[96] LG Kassel NJW-RR 1990, 976; ebenso Steiner-Teufel § 24 Rz 17; **anders:** Dass-
ler/Muth § 24 Rz 2.
[97] Vgl B. 1.1.1. und **TH** B. 1.3.4.1.; **TH** B 1.3.4.2.; **TH** B. 1.3.4.6.

lienangehörigen muß wegen Mißbrauchs der Gestaltungsfreiheit unwirksam sein.[98]

1.3.3. Der Schuldner als Mieter

Wenn der Schuldner trotz seiner eventuellen Eigentümerstellung seinen Besitz auf einen Mietvertrag stützen kann, zum Beispiel im Rahmen einer Erbengemeinschaft, kann aus dem Zuschlagsbeschluß auch gegen ihn nicht auf Räumung vollstreckt werden.

Soweit aber ein derartiger Ausnahmefall nicht vorliegt, ist der Zuschlagsbeschluß ein unmittelbar verwendbarer Räumungstitel gegen den auf seinem Grundstück wohnenden oder arbeitenden Schuldner.[99] Dies gilt auch für seine Familienangehörigen, Lebensgefährten und für evtl Hauspersonal.[100]

In seiner Entscheidung vom 27. 2. 2004[100a] hat der Bundesgerichtsshof in einem Fall, in dem die beiden bisherigen Miteigentümer (Vollstreckungsschuldner) dem Ersteher gegenüber plötzlich behauptet haben, Mieter zu sein, entschieden, daß der Ersteher trotzdem eine vollstreckbare Ausfertigung des Zuschlagsbeschlusses zum Zwecke der Räumungsvollstreckung gegen die angeblichen Mieter verlangen könne, wenn diese dem Gericht nicht „zumindest Anhaltspunkte dafür dargetan hätten, daß im Zeitpunkt des Zuschlags ein selbständiges Besitzrecht im Sinne des § 93 besteht". Auch wenn der Besitzer (dort die Schuldner) im Klauselerteilungsverfahren nicht den vollen Beweis für sein Besitzrecht erbringen müsse, genüge es nicht, daß er sich lediglich auf ein solches Recht berufe,[100b] vielmehr müssten – im einzelnen darzulegende – Anhaltspunkte gegeben sein, die sein Besitzrecht zumindest nahelegen.[100c] andernfalls „bestünde die Gefahr, daß der Mißbrauch der Schutzvorschriften des ZVG – insbesondere des § 57 – zum Nachteil des Gläubigers gefördert und das vereinfachte Klauselerteilungsverfahren dadurch entwertet würde". Soweit der BGH, dem man sicher voll zustimmen muß. Anzumerken bleibt allenfalls, daß die Anforderungen an „die darzulegenden Anhaltspunkte" umso höher sein sollten, je abenteuerlicher und unglaubwürdiger die behauptete Besitzkonstruktion ist.

1.3.4. Taktische Hinweise

TH 1.3.4.1.: Da das Gericht schon während der Geltungsdauer der §§ 57 c, 57 d nicht verpflichtet war, und es seither erst recht nicht ist, alle

---

[98] Vgl zB BFH NJW 1996, 2327 und 2390.

[99] Vgl **TH** B. 1.3.4.4.

[100] OLG Köln WM 1994, 285; OLG Frankfurt Rpfleger 1989, 209; LG Baden-Baden FamRZ 1993, 227; LG Oldenburg Rpfleger 1991, 29; LG Lübeck DGVZ 1990, 91; LG Mainz MDR 1978, 765; LG Krefeld DGVZ 1987, 24; Noack ZMR 1970, 97; Schiffhauer BlGBW 1981, 88.

[100a] IX a ZB 269, 03.

[100b] Ebenso OLG Frankfurt Rpfleger 1989, 209; Meyer-Stolte Rpfleger 1987, 259; **gegen** HansOLG WuM 1996, 41.

[100c] OLG Hamm Rpfleger 1989, 165; OLG Frankfurt Rpfleger 1989, 209, LG Detmold Rpfleger 1987, 323; LG Darmstadt DGVZ 1966, 72; noch enger: Böttcher § 93 Rz 11: das Besitzrecht müsse „äußerst wahrscheinlich" sein.

Mieter und Pächter zu ermitteln und zur Anmeldung ihrer Rechte aufzufordern, sondern nur dann, wenn „nach den Umständen anzunehmen ist, daß die in § 57 c vorgesehene Beschränkung des Kündigungsrechts in Betracht kommt" (§ 57 d I), sollten sich die Gläubiger aus eigener Kraft Klarheit über evtl. Mietverhältnisse verschaffen, damit sie im Versteigerungstermin keine Überraschungen erleben, die ihre evtl. Konzeption gefährden. Wenn sie Miet- oder Pachtverhältnisse ermitteln, die ihre Verwertungsbemühungen gefährden könnten, sollten sie mit den Mietern oder Pächtern noch vor dem Versteigerungstermin eine Einigung anstreben.

TH 1.3.4.2.: Wenn im Versteigerungstermin Überraschungen auftreten, weil die Gläubiger die Ermittlungen unterlassen haben oder weil sie es darauf ankommen lassen wollten, ob die Mieter/Pächter ihre Rechte im Termin tatsächlich wahrnehmen, dann sollten sie die Bietstunde dazu benutzen, eine Einigung mit den Mietern/Pächtern darüber herbeizuführen, unter welchen Umständen diese freiwillig zu einer Räumung bereit sind. Je sicherer die Mieter/Pächter schon im Termin nachweisen können, daß und wegen welcher genauer Aufwendungen das Ausnahmekündigungsrecht entfällt, desto größer werden die Zugeständnisse hinsichtlich Abfindungsbetrag und/oder Räumungsfrist sein müssen. In jedem Fall aber ist eine konkrete Abmachung besser als die Ungewißheit, die die meisten Bieter bei der Abgabe ihrer Gebote in viel größerem Umfang berücksichtigen, wenn sie nicht überhaupt das Bieten bleiben lassen.

TH 1.3.4.3.: Umgekehrt sollte jeder Mieter/Pächter eines zu versteigernden Grundstücks unbedingt den Versteigerungstermin wahrnehmen, sich zu Beginn des Termins als Beteiligter ausweisen und bis spätestens unmittelbar vor Beginn der Bietstunde seine Rechte bzw. Wünsche „anmelden". Auf diese Weise erhält jeder Mieter/Pächter eine hervorragende Möglichkeit, seine Interessen durchzusetzen. Wenn der Zuschlag einmal erteilt ist, wird das viel, viel schwieriger!

TH 1.3.4.4.: Wenn der Schuldner das Grundstück selbst bewohnt, besteht zwar rein rechtlich eine bessere Räumungsvoraussetzung für den Ersteher, weil der Zuschlagsbeschluß gemäß § 93 ein Räumungstitel gegen den Ersteher ist. Aber praktisch fürchtet sich jeder Ersteher vor allem dann, wenn der Schuldner eine kinderreiche Familie hat. Viele scheuen das Risiko langwieriger Räumungsstreitereien, und die Praxis gibt ihnen leider recht. Deshalb sollten die Gläubiger versuchen, schon vor dem Termin klare Verhältnisse zu schaffen. Das ist oft gar nicht so schwierig wie es sich anhört; und auf alle Fälle lohnt sich ein Versuch, zumal ein ganz hartnäckiger Schuldner unter Umständen über die Zwangsverwaltung in seinen Wohnansprüchen eingeschränkt oder unter Umständen sogar schon vor dem Versteigerungstermin zur Räumung gezwungen werden kann.

TH 1.3.4.5.: Da gemäß § 57 a S. 2 das Ausnahmekündigungsrecht nur zum allerersten Termin nach dem Zuschlag ausgeübt werden kann, und da in Rechtsprechung und Literatur keine Einigkeit darüber besteht, ob der Ersteher noch eine gewisse Zeit zur Prüfung der Sach- und Rechtslage beanspruchen kann, sollte sich ein Bietinteressent schon vor dem Termin (zum Beispiel beim Rechtspfleger und/oder bei den Gläubigern) möglichst die notwendigen Informationen beschaffen und gegebenenfalls sogar mit dem Mieter/Pächter verhandeln, damit er kein unnötiges Risiko eingehen muß. Unter Umständen ist eine vorsorgliche Kündigung besser als die Hoffnung darauf, daß ihm das Ausnahmekündigungsrecht auch noch zum zweiten Termin nach dem Zuschlag zugestanden wird. Eine derartige vorsorgliche Kündigung empfiehlt sich auch dann, wenn eine Zuschlagsbeschwerde eingelegt worden ist. Noch besser ist es aber in Fällen der Ungewißheit, wenn es dem Ersteher gelingt, den Zuschlag erst in einem späteren (nach dem „ersten Kündigungstermin" liegenden) besonderen Termin verkünden zu lassen (vgl § 87).

TH 1.3.4.6.:[101] Um unredliche Vereinbarungen zum Nachteil der Grundpfandrechtsgläubiger im Vorfeld wenigstens teilweise auszuschließen, sollten durch das Vollstreckungsgericht bereits im Stadium der Wertfestsetzung entsprechende Ermittlungen angestellt werden. In der weitaus überwiegenden Zahl aller Fälle sind die mit der Wertermittlung beauftragten Gutachterausschüsse bzw. öffentlich bestellten und vereidigten Sachverständigen gehalten, Feststellungen über vorhandene Mieter und Pächter zu treffen. Bereits zu diesem Zeitpunkt sollten die Mieter über geleistete Mietvorauszahlungen und deren Verwendung befragt und das Ergebnis im Wertgutachten festgehalten werden. Die Großzahl unredlicher Vereinbarungen zwischen Eigentümer und Mieter dürfte erst angesichts des bevorstehenden Versteigerungstermins getroffen und damit unmöglich gemacht werden.

1.4. Andere Verfahrensbeteiligte

Außer dem Schuldner, den betreibenden Gläubigern und eventuellen Mietern oder Pächtern kann es gemäß § 9 Nr. 1 und 2 sowie auf Grund von Sondervorschriften noch eine Reihe weiterer Beteiligter geben und zwar entweder ohne Anmeldung oder nur auf Grund einer Anmeldung.

Auch ohne Anmeldung sind zum Beispiel Beteiligte:

(1) Berechtigte aus den Grundbuch-Abteilungen II und III, soweit die entsprechenden Rechte schon bei der Eintragung des Versteigerungsvermerks aus dem Grundbuch ersichtlich waren: also Dienstbarkeit, Nießbrauch, Dauerwohnrecht, Vormerkung, Widerspruch, Pfändungsvermerk, Grundpfandrecht,[102] aber auch Miteigentümer oder andere Wohnungseigentümer einer Gemeinschaft;

(2) bei Vollstreckung in ein Erbbaurecht der Grundstückseigentümer (§ 24 ErbbauRVO), oder in eine Reichsheimstätte der Heimstättenausgeber (§ 15 Reichsheimstätten-AVO[102a]), oder in ein Bergwerk die landesrechtlich bestimmte Stelle, oder in ein mit einer Hypothekengewinnabgabe belastetes Grundstück die diese verwaltende Stelle, oder in ein mit einer Rentenbankgrundschuld belastetes Grundstück die Deutsche Rentenbank (§ 42 Rentenbank-Durchführungsbestimmungen).

---

[101] Wörtlich übernommen von Witthinrich Rpfleger 1986, 46.

[102] Bei Briefrechten ist der Buchgläubiger Beteiligter nach § 9 Nr. 1, bis sich der wahre Gläubiger gemäß § 9 Nr. 2 anmeldet; vgl Dassler-Muth § 9 Rz 11.

[102a] Vgl aber unten B. 2.4!

Nur Kraft einer ausdrücklichen Anmeldung sind Beteiligte:
(1) Berechtigte aus einem der Zwangsversteigerung gemäß § 28 entgegenstehenden Recht (§ 9 Nr. 2);
(2) Berechtigte aus den nach Eintragung des Versteigerungsvermerks eingetragenen dinglichen Rechten oder aus Rechten an diesen Rechten oder aus nicht eingetragenen aber wirksamen dinglichen Rechten;[103]
(3) Diejenigen, welche einen Anspruch mit dem Recht auf Befriedigung aus dem Grundstück anmelden; hierher gehören unter anderem die Berechtigten aus den Rangklassen 1–3 des § 10 I.

Alle diese Personen oder Stellen sind Beteiligte oder können es durch Anmeldung werden. Diese Anmeldung verschafft aber nur die Rechtstellung als Beteiligte, nicht auch schon die Beachtung des Rechts als solchem, die zum Beispiel über § 37 Nr. 5 herbeigeführt werden muß.

Die Anmeldung ist formlos gültig; sie muß lediglich gemäß § 66 II bis spätestens vor der Aufforderung zur Abgabe von Geboten erfolgt sein.[104]

Auch bei Anmeldung ist nicht Beteiligter der (Pfändungs- oder Abtretungs-) Gläubiger der Rückgewährsansprüche gegen Grundschuld-Gläubiger.[105]

1.5. Bietinteressenten?

1.5.1. Rechtslage

Bietinteressenten sind keine Beteiligten;[103] sie werden es auch nicht durch die Abgabe von Geboten. Sie können zwar Fragen stellen und in gewissem Umfang auch die Gerichtsakten einsehen (§ 42), aber sie haben kein eigenes Antragsrecht.[104] Das Gesetz unterscheidet sogar noch in den Verhandlungen über den Zuschlag und über die Erlösverteilung zwischen den Beteiligten und dem Meistbietenden (vgl § 81) beziehungsweise dem Ersteher (vgl §§ 88, 97, 105).

Da die Bietinteressenten nicht Beteiligte des Verfahrens sind[106] und ihre Interessen (an einem möglichst billigen Erwerb) den Interessen der Gläubiger und vor allem des Schuldners (an einem möglichst hohen Erlös) entgegenstehen, kann und darf der Rechtspfleger ihren Wünschen nur insoweit entsprechen, als sie mit den Interessen der Beteiligten übereinstimmen. Die Aufgabe des Rechtspflegers besteht nämlich vordringlich darin, im Rahmen seiner gesetzlichen Möglichkeiten alles dazu beizutragen, daß ein guter Erlös erzielt wird.[107]

1.5.2. Taktische Hinweise

TH 1.5.2.1.: Da Bietinteressenten oft keine Fachkenntnisse im Immobilienhandel und erst recht nicht im Zwangsversteigerungsrecht haben, sind sie im Termin unsicher und unentschlossen und warten auf Unterstützung oder auf Aufmunterung. Deshalb sollten die Gläubiger den ersten Teil des Verstei-

---

[103] Vgl Dassler-Muth § 9 Rz 19.
[104] Vgl **TH** B. 1.5.2.2.
[105] BGH Rpfleger 1990, 32; OLG Hamm Rpfleger 1992, 308; OLG Köln Rpfleger 1988, 324; Dassler-Muth § 9 Rz 17; **str. aA:** Stöber § 9 Anm. 2.8.
[106] Vgl **TH** B. 1.5.2.3.
[107] Vgl unten B. 1.6.

gerungstermins, der der Vorbereitung der eigentlichen Bietstunde dient (wir nennen ihn der Einfachheit halber den Bekanntmachungsteil) dazu benutzen, die ihnen unbekannten Anwesenden darauf zu analysieren, ob es sich um Interessenten oder um andere Beteiligte oder nur um Schaulustige handelt. Alle Anwesenden, die nach dieser sorgfältigen Analyse als Interessenten in Frage kommen, sollten in der Bietstunde angesprochen werden. Dieser Aufgabe sollte sich ein Gläubiger nur dann entziehen, wenn er sich seiner Sache absolut sicher sein kann.

TH 1.5.2.2.: Bietinteressenten sind allein wegen ihres Interesses oder wegen evtl. abgegebener Gebote noch keine Beteiligten. Sie können deshalb auch keine Anträge stellen. Die Gläubiger sollten sich diese Anträge aber in größtmöglichem Umfang zu eigen machen. Dadurch wird das wirtschaftliche Versteigerungsergebnis eher positiv als negativ beeinflußt. Außerdem honoriert der Betreffende diese Hilfsbereitschaft meist durch eine erhöhte Bereitschaft zur Zusammenarbeit, und die Gläubiger können die Ernsthaftigkeit bzw. die Schwächen des Interesses leichter herausfinden. Schließlich verschaffen sich Vertreter von Kreditinstituten – und das sind die Gläubiger oft – eine gute Akquisitionsmöglichkeit, auf die nicht deutlich genug hingewiesen werden kann. In diesem Zusammenhang ist auch auf die vielen diesbezüglichen Möglichkeiten mit der Sicherheitsleistung hinzuweisen.[108]

TH 1.5.2.3.: Ein Bietinteressent ist zwar allein wegen seines Interesses oder auch wegen eines abgegebenen Gebots noch nicht Beteiligter; er kann es aber oft sehr einfach dadurch werden, daß er einem aussichtslos „gesicherten" nachrangigen Gläubiger dessen Forderung (billig) abkauft und dadurch dessen Stellung und Rechte als Beteiligter mit übernimmt; wenn er dann alle Rechte eines Beteiligten konsequent ausnutzt, kann er umso leichter einen Billigerwerb herbeiführen, je gewissenloser er vorgeht und je weniger sich die anderen Beteiligten dagegen wehren. Diese Möglichkeit dürfen wachsame Gläubiger nicht übersehen! Umgekehrt kann dieser Einstieg für wirklich ernsthafte Interessenten sehr verlockend und auch lohnend sein; allerdings setzt er gute Fachkenntnisse voraus.[109]

Dieser Forderungsverkauf[110] bedarf weder der Zustimmung des Schuldners noch der Zustimmung der übrigen Beteiligten oder gar des Gerichts. Es muß lediglich unter Umständen der Vollstreckungstitel umgeschrieben und zugestellt werden, wenn der abtretende Gläubiger die Versteigerung betrieben hat und der neue Gläubiger auch die Rechte eines betreibenden Gläubigers ausnutzen will.

1.6. Der Rechtspfleger?

§ 139 ZPO. Materielle Prozessleitung

(1) [1]**Das Gericht hat das Sach- und Streitverhältnis, soweit erforderlich, mit den Parteien nach der tatsächlichen und rechtlichen Seite zu erörtern und Fragen zu stellen. [2]Es hat dahin zu wirken, dass die Parteien sich rechtzeitig und vollständig über alle erheblichen Tatsachen**

---

[108] Vgl D. 3.2.
[109] Vgl **TH** C. 5.5.1. – **TH** C. 5.5.5.
[110] Vgl C. 5.2.

erklären, insbesondere ungenügende Angaben zu den geltend gemachten Tatsachen ergänzen, die Beweismittel bezeichnen und die sachdienlichen Anträge stellen.

(2) [1]Auf einen Gesichtspunkt, den eine Partei erkennbar übersehen oder für unerheblich gehalten hat, darf das Gericht, soweit nicht nur eine Nebenforderung betroffen ist, seine Entscheidung nur stützen, wenn es darauf hingewiesen und Gelegenheit zur Äußerung dazu gegeben hat. [2]Dasselbe gilt für einen Gesichtspunkt, den das Gericht anders beurteilt als beide Parteien.

(3) Das Gericht hat auf die Bedenken aufmerksam zu machen, die hinsichtlich der von Amts wegen zu berücksichtigenden Punkte bestehen.

(4) [1]Hinweise nach dieser Vorschrift sind so früh wie möglich zu erteilen und aktenkundig zu machen. [2]Ihre Erteilung kann nur durch den Inhalt der Akten bewiesen werden. [3]Gegen den Inhalt der Akten ist nur der Nachweis der Fälschung zulässig.

(5) Ist einer Partei eine sofortige Erklärung zu einem gerichtlichen Hinweis nicht möglich, so soll auf ihren Antrag das Gericht eine Frist bestimmen, in der sie die Erklärung in einem Schriftsatz nachbringen kann.

1.6.1. Rechtslage

Der Rechtspfleger ist erst recht kein Beteiligter des Verfahrens. Er steht über dem Verfahren und achtet darauf, daß die gesetzlichen Bestimmungen beachtet werden; er faßt und vollzieht die Beschlüsse, die sich aus den Erklärungen der Beteiligten ergeben. Der Rechtspfleger ist ein neben dem Richter stehendes, selbständiges, sachlich unabhängiges und eigenverantwortliches Organ der Rechtspflege. Der Rechtspfleger ist an Recht und Gesetz gebunden, insbesondere auch an die vom Bundesverfassungsgericht wiederholt aufgestellten Grundsätze über die Gewährung eines „effektiven Rechtsschutzes".

Auch das Zwangsversteigerungsverfahren unterliegt den Garantiefunktionen des Grundgesetzes. Dies gebietet rechtsstaatliche Verfahrensgestaltung, wobei besonders die Eigentumsgarantie des Art 14 GG, der Gleichheitsgrundsatz des Art 33 GG und das Grundrecht auf rechtliches Gehör des Art 103 GG zu beachten sind. Daraus abgeleitet werden der Grundsatz der Verhältnismäßigkeit bzw des Übermaßverbotes sowie das Gebot einer fairen Verhandlungsdurchführung, der Gewährung eines effektiven Rechtsschutzes und das Verbot willkürlicher Gerichtsentscheidungen.[111]

Der Rechtspfleger wird im Rahmen der ihm durch Gesetz übertragenen Aufgaben „als Gericht" tätig, und seine Entscheidungen können nur durch die gesetzlich geregelten Rechtsmittel angefochten werden.[112] Aber nicht der

---

[111] Ausgehend von BVerfG NJW 1979, 2607 und 338 und 534; NJW 1976, 1391 vgl insbesondere BVerfG NJW 1998, 745 und 743; 1995, 2911; 1994, 1853; 1993, 1699 und 51; 1988, 2878; BGH NJW 1979, 162; OLG Düsseldorf Rpfleger 1994, 429; OLG Köln Rpfleger 1980, 233; OLG Schleswig Rpfleger 1979, 470; OLG Celle Rpfleger 1979, 116.

[112] Drischler NJW 1987, 1872. – Vgl auch Mielke, Der Rechtspfleger und das Grundgesetz – Auswirkungen einer gestärkten Stellung des Rechtspflegers, ZRP 2003, 442.

Rechtspfleger sondern der betreibende Gläubiger ist der Herr des Verfahrens, weil der betreibende Gläubiger allein darüber entscheiden kann, ob das Verfahren fortgesetzt, einstweilen eingestellt oder aufgehoben wird.

Trotzdem hängt sehr viel vom Rechtspfleger ab. Er beeinflußt wesentlich die Dauer der Zeit zwischen dem Antragseingang und dem Termin. Und von seiner Fachkenntnis, Geduld und Beweglichkeit im Termin hängt oft der wirtschaftliche Erfolg der Versteigerung ab.

Es ist schon darauf hingewiesen worden,[113] daß sich die Aufgabe und Verantwortung des Rechtspflegers nicht darauf beschränkt, für den gesetzmäßigen Ablauf des Versteigerungsverfahrens zu sorgen; er muß sich außerdem im Rahmen seiner gesetzlichen Möglichkeiten und unter Wahrung seiner Unabhängigkeit und Neutralität darum bemühen, daß ein möglichst gutes wirtschaftliches Ergebnis erzielt wird.[114] Noch viel mehr als in „normalen" Rechtsstreiten besteht in der Zwangsversteigerung eine soziale Verantwortung für das Gericht, weil das ganze Vollstreckungsverfahren einen erheblichen wirtschaftlichen und sozialen Eingriff darstellt und weil sowohl Gläubiger als auch Schuldner trotz aller sonstiger Gegensätze das gleiche Interesse an einem guten wirtschaftlichen Ergebnis haben, wenn sich die Versteigerung als solche nicht vermeiden läßt. Dagegen ist es nicht Aufgabe des Rechtspflegers, eventuellen Bietinteressenten einen möglichst preisgünstigen Erwerb zu ermöglichen oder in anderer Weise die Interessen des Bieters zu fördern, wenn dies den angemessenen Interessen des Schuldners oder der anderen Gläubiger widersprechen würde.

Der Rechtspfleger ist also kein Beteiligter des Verfahrens. Er kann ohne entsprechende Anträge der Beteiligten trotz des weitgehend geltenden Amtsbetriebs[115] keine Änderung des Verfahrens oder der Versteigerungsbedingungen (Ausnahme aber zB: § 63 I 2) herbeiführen;[116] aber er kann auf die Stellung zweckmäßiger Anträge hinwirken, ohne seine Neutralität zu verlieren.[117]

Zu den Amtspflichten des Rechtspflegers gehört auch die Pflicht zur sachdienlichen Verfahrensdurchführung (Prozessleitungspflicht). Nicht nur ein Richter, sondern auch der Rechtspfleger[118] muß gemäß § 139 ZPO dafür sorgen, daß sich die Beteiligten über alle erheblichen Tatsachen vollständig erklären und die sachdienlichen Anträge stellen (§ 139 I ZPO), und auch der Rechtspfleger muß auf die Bedenken aufmerksam machen, die „in Ansehung der von Amts wegen zu berücksichtigenden Punkte obwalten" (§ 139 II ZPO).[119] Gem § 278 ZPO muß der Rechtspfleger außerdem

---

[113] Vgl oben A. 1.1.
[114] Ähnlich Schneider MDR 1977, 353; BVerfG MDR 1976, 389.
[115] Vgl dazu ausführlich Stöber ZIP 1981, 948; Storz ZIP 1982, 416.
[116] Vgl **TH** B. 1.6.2.1. und **TH** B. 1.6.2.2.
[117] Zur richterlichen Aufklärungspflicht gemäß § 139 ZPO im Zwangsversteigerungsverfahren vgl BVerfG MDR 1976, 389. Im einzelnen ist hier aber viel streitig.
[118] BVerfG Rpfleger 1993, 32; OLG Hamm Rpfleger 1986, 441.
[119] BVerfG Rpfleger 1993, 32 (**Krit.** Anm. Hintzen); 1976, 389 mit Anmerkungen Stöber und Vollkommer; BayVerfGH NJW 1992, 1094; BAG NJW 1989, 1236; OLG Frankfurt NJW 1989, 722; Steiner-Hagemann Einl Rz 55; Zeller-Stöber § 1 Anm 8.1. – Vgl dazu ausführlich Piekenbrock, Umfang und Bedeutung der richterlichen Hinweispflicht, NJW 1999, 1360.

vor seiner Entscheidung auf einen wesentlichen rechtlichen Gesichtspunkt hinweisen, den ein Beteiligter übersehen oder für unerheblich gehalten hat.

Prozessleitungspflicht bedeutet Belehrungs-/Hinweispflicht und allgemeine prozessuale Fürsorgepflicht. „Ein Beteiligter ist vor einer seine Rechtslage verändernden Entscheidung zu veranlassen, seinen wahren Willen über den ihn betreffenden Verfahrensfortgang zu äußern." [120] Der Rechtspfleger darf nicht tatenlos zusehen sondern muß durch Aufklärung handelnd eingreifen, wenn ein Beteiligter Gefahr läuft, infolge eines nach Verfahrenslage sachlich gebotenen, aber unterlassenen Antrags einen Rechtsverlust zu erleiden". [121] Deshalb sind zB auch Bietinteressenten auf evtl. Unstimmigkeiten des Sachverständigengutachtens hinzuweisen. [122] Gerichtliche Fürsorgepflicht verbietet Überraschungsentscheidungen. [123]

So, wie dem Vollstreckungsschuldner Gelegenheit gegeben werden muß, bei unzureichendem Meistgebot einen Schutzantrag nach § 765a ZPO zu stellen, muß auch ein vorrangiger Gläubiger, dem wegen § 85a III ein Rechtsverlust droht, auf die Zuschlagsfolgen hingewiesen werden. [124]

Die Aufklärungspflicht besteht auch gegenüber einem durch einen Rechtsanwalt vertretenen Beteiligten [125] und gegenüber im Termin nicht anwesenden Beteiligten; [126] diese sind ggf schriftlich oder durch Übermittlung des den aufklärenden Hinweis enthaltenden Protokolls aufzuklären, wobei uU ein besonderer Verkündungstermin gem § 87 II anzusetzen ist, damit die Betroffenen noch Gelegenheit zum Eingreifen haben. [127]

Seiner Aufklärungspflicht genügt das Gericht zum Teil schon durch die vom ZVG vorgesehenen Hinweise (zB §§ 30b I, 31 III, 37 Nr 4 und 5, 57d I, 66 II). Weitere (keineswegs abschließende!) Beispiele sind die Aufklärung über die Notwendigkeit rechtzeitiger Anmeldungen, die Tragweite der Gebote, [128] Art und Umfang der Sicherheitsleistung, [129] und insbesondere die Tragweite des Zuschlags bei drohender Verschleuderung [130] und (neuerdings immer mehr) im Zusammenhang mit § 85a III. [131] In allen Zweifelsfällen sollte der Rechtspfleger unbedingt die sofortige Entscheidung über den Zu-

---

[120] BVerfG Rpfleger 1977, 245. – Vgl auch: Hintzen, Hinweis- und Belehrungspflichten im Zwangsversteigerungsverfahren, RpflStud 2003, 161. Sowie Mielke ZRP 2003, 442.
[121] BVerfG Rpfleger 1993, 32. Vgl auch Rpfleger 1976, 393.
[122] OLG Oldenburg Rpfleger 1989, 381; Stöber Einl 33.4.
[123] BVerfG Rpfleger 1979, 296 und 1978, 206.
[124] Stöber Einl 33.10.
[125] BGH Rpfleger 1977, 359; OLG Schleswig NJW 1982, 2783; Schiffhauer Rpfleger 1978, 397.
[126] Steiner-Hagemann Einl Rz 56; Vollkommer Rpfleger 1976, 393.
[127] BVerfG Rpfleger 1978, 206; OLG Hamm Rpfleger 1986, 441; Stöber § 1 Anm 8.19.
[128] BVerfG NJW 1993, 1699; NJW 1976, 1391; OLG Hamm Rpfleger 1986, 441 (**abl.** Anm Muth).
[129] OLG Hamm Rpfleger 1987, 469, OLG Celle Rpfleger 1982, 954; OLG Köln Rpfleger 1983, 411; OLG Zweibrücken Rpfleger 1978, 107.
[130] BVerfG Rpfleger 1978, 206; Steiner-Hagemann Einl Rz 57.
[131] Vgl dazu OLG Oldenburg Rpfleger 1988, 277; OLG Hamm Rpfleger 1986, 441; LG Krefeld Rpfleger 1988, 34 aber auch Muth Rpfleger 1986, 417 und LG Krefeld Rpfleger 1988, 34; vgl dazu unten D 4.3.1.

schlag vermeiden und einen besonderen Verkündungstermin gemäß § 87 bestimmen, damit sich die Beteiligten mit dem Ergebnis und evtl Abwehrmaßnahmen beschäftigen können.[132]

So sehr die Ausdehnung der Aufklärungspflicht gem § 139 ZPO im Versteigerungsverfahren zu einer umfassenden prozessualen Fürsorgepflicht zu begrüßen ist, so gefährlich kann dies werden, wenn nicht auch die Grenzen klar und genau gezogen werden. Denn abgesehen davon, daß der Rechtspfleger bei einem Verstoß gegen seine Grundpflicht zur Unparteilichkeit schnell wegen Besorgnis der Befangenheit abgelehnt werden kann,[133] führt eine zu weite Ausdehnung des § 139 ZPO zu einer Flut von Beschwerden, weil jeder Beteiligte, der mit dem wirtschaftlichen Ergebnis eines Versteigerungsverfahrens nicht einverstanden ist, dann irgendwo einen Verfahrensfehler wegen Verstoßes gegen die richterliche Aufklärungspflicht oder gar eine Grundrechtsverletzung entdecken und rügen kann; wie leicht kann im nachhinein argumentiert werden, das als allwissend unterstellte Vollstreckungsgericht hätte eingreifen müssen,[134] und wie leicht kann sich der Rechtspfleger durch Hinweise und Beratungen in die gefährliche Situation begeben, daß der beratene Beteiligte sich umso mehr auf ihn verläßt und dann uU gerade wegen vorheriger Beratungen sich überrumpelt fühlt und mit Recht die Verletzung des § 139 ZPO rügt!

Es bleibt daher der Rechtsprechung vorbehalten, die Grenzen des § 139 ZPO sinnvoll abzustecken. Die Beteiligten haben sicher keinen Anspruch darauf, daß ihnen eigene Entscheidungen durch Rechtspfleger – Tips erleichtert oder gar ganz abgenommen werden,[135] und sie dürfen insbesondere nicht fehlgeschlagene taktische oder bequeme oder kostensparende Verhaltensweisen über angebliche Verstöße gegen § 139 ZPO korrigieren dürfen. Ausdrücklich weist der Bundesgerichtshof die Auffassung zurück,[135a] „gegenüber dem Erkenntnisverfahren, in dem die Berechtigung streitiger Ansprüche im Mittelpunkt stehe, gebe es im Zwangsvollstreckungsverfahren, in dem es um die Realisierung titulierter Ansprüche gehe, deutlich eingeschränkte Prüfungspflichten des Rechtspflegers; deshalb seien jedenfalls keine strengeren, sondern tendenziell eher geringere Anforderungen an die Unparteilichkeit des Rechtspflegers und die Vermeidung des Scheins seiner Parteilichkeit zu stellen.“

Hinweise gemäß § 139 ZPO müssen aktenkundig gemacht werden (§ 139 IV ZPO). Zur Beratung der Beteiligten und damit zu Rechtsauskünften ist das Vollstreckungsgericht weder verpflichtet noch berechtigt.[136]

Nicht jeder Verstoß gegen § 139 ZPO stellt auch eine Verletzung des Art 103 GG dar, weil sich eine allgemeine Frage- und Aufklärungspflicht des

---

[132] Ähnlich auch BVerfG NJW 1978, 368; 1979, 296; OLG Oldenburg Rpfleger 1988, 277; LG Waldshut-Tiengen Rpfleger 1986, 102.
[133] Stöber § 1 Anm 8.2.
[134] So mit Recht Muth Rpfleger 1986, 417; vgl auch die Anm d. Schriftl zu LG Krefeld Rpfleger 1988, 34 und Hintzen EWiR 1992, 1033 (Anm zu BVerfG NJW 1993, 1699).
[135] So mit Recht LG Krefeld Rpfleger 1988, 34.
[135a] BGH Rpfleger 2003, 453.
[136] Stöber Einl 33.12.

Gerichts aus der Verfassung nicht ableiten läßt.[137] Aber nach ständiger Rechtsprechung des Bundesverfassungsgerichts verpflichtet Art 103 I GG das Gericht, alle (schriftlichen und mündlichen) Ausführungen von Prozeßbeteiligten zur Kenntnis zu nehmen und in Erwägung zu ziehen,[138] wenn sie rechtzeitig bei Gericht eingegangen sind. Dies gilt auch in der Zwangsversteigerung und auch im Verfahren vor dem Rechtspfleger.[139] Rechtliches Gehör kann schriftlich oder mündlich und auch mit Fristsetzung zur Äußerung gewährt werden;[140] aber auch Äußerungen, die nach Fristablauf aber vor Herausgabe der Entscheidung (Ausfertigung zur Zustellung) eingehen, müssen noch berücksichtigt werden.[141] Ein Verstoß gegen den Anspruch auf rechtliches Gehör gemäß Art. 103 I GG ist seit 1. 1. 2005 nicht mehr mit der Verfassungsbeschwerde zum Bundesverfassungsgericht, sondern mit der „Anhörungsrüge" gemäß § 321 a ZPO zu dem entscheidenden Gericht (in Zwangsversteigerungsverfahren also nach einer Rechtsbeschwerde zum Bundesgerichtshof und bei Nichtzulassung der Rechtsbeschwerde zum Beschwerdegericht = Landgericht) zu bekämpfen.[141a]

Mangelnde Aufklärung durch den Rechtspfleger ist ein wesentlicher Verfahrensmangel,[142] der gem § 83 Nr 6 als unheilbarer Fehler zur Versagung des Zuschlags führt[143] bzw auch vom Beschwerdegericht von Amts wegen zu berücksichtigen ist[144] bzw uU auch einmal Amtshaftung auslösen kann. Eine verfassungsrechtliche Nachprüfung ist dagegen nur in extremen Fällen möglich, weil nur dann auch Art 3 GG[145] bzw Art 103 GG[146] verletzt sind. Das Bundesverfassungsgericht hat den Rahmen der einfachrechtlichen Vorschrift des § 139 ZPO wesentlich weiter gezogen als früher Rechtsprechung und Schrifttum, so daß heute wegen der auf § 31 I BVerfGG beruhenden Bindungswirkung[147] der Entscheidung die Aufklärungspflicht der § 139 ZPO in der Teilungsversteigerung und in der Vollstreckungsversteigerung als eine sehr weitgehende allgemeine prozessuale Fürsorgepflicht angesehen wird, die jed-

---

[137] BVerfG NJW 1993, 1699; 1987, 1984; 1984, 1741.
[138] BVerfG NJW 1993, 51; 1983, 2187. Vgl auch BVerfG NJW 1993, 1699; 1992, 2878; 1991, 2757 und 2078; BGH NJW 1997, 2524; 1996, 3220; SächsVerfGH NJW 1996, 1737; BelVerfGH NJW 1996, 1738.
[139] Stöber Einl 46.2; Eickmann Rpfleger 2000, 245; Gottwald FamRZ 2000, 1477; Habscheid Rpfleger 2001, 1 und 209; Pawlowski JZ 2000, 913; Dümig Rpfleger 2000, 248 **gegen** BVerfG NJW 2000, 1709, das das Grundrecht des Art. 103 GG nur auf Verfahren vor einem Richter iSd Art. 92 GG beschränkt und gesagt hat, in Verfahren vor dem Rechtspfleger bestimme sich die Pflicht zur Anhörung der in ihren Rechten Betroffenen nach dem rechtsstaatlichen Grundsatz eines fairen Verfahrens und nicht nach Art. 103 I GG (was im praktischen Ergebnis allerdings kaum einen Unterschied macht).
[140] BVerfG NJW 1982, 1691; OLG Köln Rpfleger 1984, 424.
[141] OLG München MDR 1981, 1025; Stöber Einl 46.4.
[141 a] Zur Anhörungsrüge vgl unten B.8.2.1.8.
[142] Schneider MDR 1977, 969.
[143] Steiner-Storz § 83 Rz 27 mwN; Steiner-Hagemann Einl Rz 56.
[144] Steiner-Storz § 100 Rz 20.
[145] So: BVerfG Rpfleger 1976, 389 = BVerfGE 42, 64.
[146] So: Vollkommer Rpfleger 1976, 389 und Sondervotum Geiger zu BVerfGE 42, 64.
[147] Zur Bindungswirkung von Entscheidungen des Bundesverfassungsgerichts vgl auch BVerfG NJW 1988, 249.

wede Überrumpelung eines Beteiligten ausschließen muß.[148] Auch das Versteigerungsgericht muß für ein gerechtes Verfahren sorgen.[149]

Der Rechtspfleger ist wie ein Richter zur Unparteilichkeit verpflichtet (§§ 41–49 ZPO). Er kann wegen Befangenheit abgelehnt werden (§ 44 ZPO, § 10 RpflG). Die Ablehnung setzt einen „gegenständlich vernünftigen Grund voraus, der den Ablehnenden von seinem Standpunkt aus befürchten lässt, der Rechtspfleger werde nicht unparteiisch sachlich entscheiden".[150] Allerdings lassen Verfahrensverstöße oder fehlerhafte Entscheidungen allein noch nicht den Schluß auf Befangenheit zu,[151] und auch die Wahrnehmung der Hinweis- und Aufklärungspflicht aus § 139 ZPO bedeutet keine einseitige Parteinahme.[152]

Über die Ablehnung des Rechtspflegers entscheidet der Richter des Vollstreckungsgerichts (§ 10 S. 2 RpflG), über dessen Ablehnung ein anderer Richter des Amtsgerichts (§ 45 II ZPO). Vor rechtskräftiger Erledigung des Ablehnungsgesuches darf der Rechtspfleger zwar einen Versteigerungstermin zu Ende führen, aber nicht über den Zuschlag entscheiden.[153] Gegen den die Ablehnung für unbegründet erklärenden Beschluss ist die sofortige Beschwerde gegeben (§ 46 II ZPO). Der Rechtspfleger darf sogar (wie ein Richter) über das Ablehnungsgesuch selbst entscheiden, wenn es als missbräuchlich zu verwerfen ist,[153a] bzw lediglich der Verschleppung dient und dies – zB weil es nicht einmal begründet wird – offensichtlich ist.[153b]

Gerade in Zwangsversteigerungsverfahren werden immer häufiger Ablehnungsgesuche völlig sachfremd zu reinen Störungs- und Verzögerungszwecken eingesetzt (vorgehensweise idR: erst werden Anträge zB auf einstweilige Einstellung, Terminsverschiebung und/oder abweichende Versteigerungsbedingungen gestellt, dann bei deren Zurückweisung Befangenheitsanträge). Es ist sehr zu begrüßen, daß die Rechtsprechung und die Literatur hierauf immer selbstbewußter reagieren und dem Rechtspfleger, wo immer dies sachlich gerechtfertigt erscheint, Unterstützung gibt.[154]

Instruktiv ist folgender **1. BGH–Fall:**[154a]

---

[148] Steiner-Hagemann Einl Rz 56.

[149] BVerfG Rpfleger 1978, 206 und 1979, 296; Schneider MDR 1977, 881; Quack Rpfleger 1978, 197.

[150] BGH NJW 1995, 2194; vgl auch BGH Rpfleger 2003, 453; Marx Rpfleger 1999, 518.

[151] OLG Düsseldorf NJW 1993, 2542; BayObLG Rpfleger 1980, 193; BGH NJW 1992, 983; LG München I Rpfleger 2000, 407.

[152] BVerfG NJW 1976, 1391; BGH NJW 1998, 612; 1969, 691; OLG Karlsruhe OLGZ 1978, 224. – Aber die Grenzen können auch schnell überschritten sein; so kann ein Hinweis auf evtl Verjährung zur Befangenheit führen, vgl BGH NJW 2004, 164.

[153] BayVerfGH NJW 1982, 1746; OLG Celle NJW-RR 1989, 569; LG Aachen Rpfleger 1986, 59.

[153a] BVerfG NJW 1974, 55; 1992, 983; BGH Rpfleger 2005, 415; BayObLGZ 93, 9; OLG Koblenz Rpfleger 1985, 368.

[153b] BGH Rpfleger 2005, 415; KG MDR 1992, 997; OLG Braunschweig NJW 1995, 2114.

[154] OLG Hamm, LG Bielefeld, AG Halle/Westf Rpfleger 1989, 379; – vgl **TH** B. 1.6.2.5. – Zum Mißbrauch des Ablehnungsrechts vgl auch BVerwG NJW 1997, 3327.

[154a] BGH Rpfleger 2005, 415.

Im Versteigerungstermin beantragt der Schuldner unter Vorlage eines Arzt-Attestes die einstweilige Einstellung gemäß § 765 a ZPO, weil er „während der nächsten Monate krankheitsbedingt nicht verhandlungsfähig sei". Der Rechtspfleger veranlasst eine sofortige Untersuchung durch den Landgerichtsarzt, der die Verhandlungsunfähigkeit aber nicht bestätigt. 3 Tage später ist Verkündungstermin (§ 87). Wieder beantragt der Schuldner gemäß § 765 a ZPO die einstweilige Einstellung mit einem ärztlichen Attest, nach dem „nicht auszuschließen ist, daß die depressive Erkrankung des Schuldners bei Verlust seines Grundstückseigentums zu einer Suicidgefährdung fahren könne". Nachdem der Rechtspfleger zu erkennen gegeben hat, über diesen Antrag zusammen mit dem Zuschlag zu entscheiden, wird er wegen Befangenheit abgelehnt. Der Rechtspfleger weist dieses Gesuch mit Beschluss ab, verkündet den Zuschlag und weist dabei auch den § 765 a ZPO-Antrag zurück.

Der Bundesgerichtshof hat hier völlig zu Recht das Ablehnungsgesuch als offenkundig mißbräuchlich bezeichnet, so daß der Rechtspfleger selbst darüber entscheiden durfte, und er hat auch in der Sache dem Rechtspfleger völlig Recht gegeben.

Zur Vermeidung und Bekämpfung von mißbräuchlichen Rechtspfleger-Ablehnungen soll noch eine weitere Entscheidung des Bundesgerichtshofs erwähnt werden:

2. BGH-Fall:[154b]

Nach einem Zwangsversteigerungstermin wurde gemäß § 87 ein besonderer Verkündungstermin auf ca 2 Wochen später bestimmt. Eine wenige Minuten vor diesem Termin vom Schuldner beantragte nochmalige Verschiebung hat der Rechtspfleger wegen fehlender Begründung abgelehnt und den Zuschlag erteilt, obwohl er (evtl) kurz vorher wegen Befangenheit abgelehnt worden war. Mit Zuschlags- und Rechtsbeschwerde hat der Schuldner ohne Erfolg einen Verfahrensfehler iSv § 83 Nr. 6 gerügt.

Der Bundesgerichtshof hat auch hier völlig zu Recht das Ablehnungsgesuch als rechtsmißbräuchlich bezeichnet und für den praktischen Umgang damit folgende Grundsätze aufgestellt:
– nach § 83 Nr. 6 darf der Zuschlag (vorläufig) nicht vom Rechtspfleger erteilt werden, wenn er vorher wegen Besorgnis der Befangenheit abgelehnt worden ist;[154c]
– zwar kann gemäß § 10 S. 1 RpflG iVm § 47 II ZPO ein (Versteigerungs-)-Termin bei drohender Vertagung auch unter Mitwirkung des abgelehnten Rechtspflegers fortgeführt werden, aber ein Zuschlag (als Endentscheidung) darf grundsätzlich erst nach Bescheidung des Ablehnungsgesuchs ergehen;[154d]
– dies gilt aber nicht für rechtsmißbräuchliche Ablehnungsgesuche, zB für lediglich der Verfahrensverschleppung dienende Gesuche, weil auch die Beteiligten eines Zwangsversteigerungsverfahrens nach § 242 BGB zu redlicher Verfahrensführung verpflichtet sind und prozessuale Befugnisse nicht mißbrauchen dürfen.[154e]

[154b] BGH vom 21. 6. 2007 V ZB 3/07.
[154c] Ebenso OLG Celle NJW-RR 1989, 569.
[154d] Ebenso Zöller/Vollkommer § 47 ZPO Rz 3 a; Musielak/Heinrich § 47 ZPO Rz 9; **StraA:** Stein/Jonas/Bork § 47 ZPO Rz 2 a.
[154e] BGH NJW-RR 2005, 1226; BGH Rpfleger 2007, 619.

Wenn der Schuldner (oder ein anderer Beteiligter) den Fortgang des Verfahrens unentwegt zielstrebig mit aussichtslosen Anträgen (zB auch untauglichen Ablehnungsgesuchen) und unzulässigen Rechtsmitteln zu blockieren versucht, können seine Anträge mangels Rechtsschutzinteresse als unbeachtlich behandelt, das Verfahren fortgeführt und der Schuldner auf die Möglichkeit einer Zuschlagsbeschwerde verwiesen werden.[155]

Für den Rechtspfleger als Beamter haftet grundsätzlich der Staat gemäß Art. 34 GG iVm § 839 BGB. Die Haftung entfällt bei fahrlässiger Pflichtverletzung aber dann, wenn der Geschädigte auf andere Weise Ersatz verlangen kann, oder wenn er es unterlassen hat, den Schaden durch Gebrauch von Rechtsmitteln abzuwenden.

In den Schutzbereich der bei der Zwangsversteigerung eines Grundstücks bestehenden Amtspflichten hat die Rechtsprechung neben den gemäß § 9 förmlich Beteiligten auch den Meistbietenden[156] und die Bieter[157] einbezogen. Beispielhaft seien einige Haftungsfälle aus der jüngeren Vergangenheit genannt:

– unrichtiger Grundstücksbeschrieb in der Terminsbestimmung;[158]
– fehlerhafte Feststellung des geringsten Gebots;[159]
– unterlassene Protokollierung des Beginns der Bietstunde;[160]
– unterlassener Hinweis, daß folgende Übergebote nach § 72 I das mit einem Widerspruch belegte Gebot unabhängig von seiner Wirksamkeit und Zulässigkeit zum Erlöschen bringen.[161]

Auch der vom Vollstreckungsgericht mit der Schätzung des Grundstücks beauftragte Sachverständige oder Gutachterausschuss kann eine Amtshaftung auslösen.[162]

1.6.2. Taktische Hinweise

Es ist schon darauf hingewiesen worden, daß der Erfolg des Versteigerungsverfahrens häufig von der Qualität der Zusammenarbeit zwischen den Beteiligten und dem Rechtspfleger abhängt. Deshalb kann allen Seiten nicht eindringlich genug dazu geraten werden, sich um eine gute Zusammenarbeit zu bemühen.

TH 1.6.2.1.: Der Schuldner hat in dem Rechtspfleger seinen besten Verbündeten; der Rechtspfleger kann ihm – unter Wahrung seiner Neutralität – sachlich sehr viel besser helfen, wenn beide im Rahmen der gesetzlichen Möglichkeiten des Rechtspflegers zusammenarbeiten. Dabei kann unter ande-

---

[155] OLG Köln Rpfleger 1980, 233; LG Trier Rpfleger 1991, 70; Engel Rpfleger 1981, 81.

[156] RGZ 154, 397; 129, 23; BGH Rpfleger 2003, 310 und 520; 2002, 37; 2001, 609; 1987, 118.

[157] BGH Rpfleger 2001, 609; 1991, 329. – Dagegen werden Dritte, die nur in schuldrechtlicher Beziehung zu einem Beteiligten stehen, nicht geschützt: BGH Rpfleger 2001, 609.

[158] OLG Nürnberg Rpfleger 2006, 215; OLG Koblenz Rpfleger 2000, 342 (Anm. Storz).

[159] BGH Rpfleger 2000, 403.

[160] BGH Rpfleger 1987, 118.

[161] OLG Frankfurt vom 6. 8. 2003 (1 U 112/02).

[162] Vgl BGH Rpfleger 2003, 520 und 310. – Ausführlich dazu unten C. 2.1.4.

rem für den Rechtspfleger auch eine Vermittlung zwischen dem Schuldner und den Gläubigern in Frage kommen, die alle Beteiligten sehr viel weiter bringt als ein konsequentes Ausspielen der jeweiligen Rechtspositionen.

TH 1.6.2.2.: Die Gläubiger haben es im Verlauf einer Versteigerung sehr oft mit dem Rechtspfleger zu tun. Dabei kann man sich durch Gedankenlosigkeit das Leben gegenseitig leicht schwer machen. Eine gute Zusammenarbeit und gegenseitige Rücksichtnahme aber erleichtert die Arbeit auf beiden Seiten, z. B. bei Anmeldungen, z. B. bei der Korrektur von Verfahrensmängeln, z. B. bei der Durchsetzung der sozialen „Wünsche" des Rechtspflegers usw. Dabei versteht es sich von selbst, daß auch eine noch so gute Zusammenarbeit nicht dazu führen darf, daß der Rechtspfleger in seinen sachlichen Entscheidungen unrechtmäßig beeinflußt wird; seine Neutralität muß stets gewahrt bleiben, die Gläubiger müssen ihm m. E. sogar gewisse soziale Schutzfunktionen für den Schuldner zubilligen.

Zu der guten Zusammenarbeit gehört m. E. auch, daß die Gläubiger dem Rechtspfleger (u. U. vertraulich) erklären sollten, warum sie – u. U. sonst unverständliche – Anträge gestellt oder Verfahrenserklärungen abgegeben haben, und sie sollten ihn (u. U. vertraulich) davon unterrichten, was sie mit ihren – u. U. unverständlichen – Anträgen bzw. Erklärungen erreicht haben. Die Gläubiger sind ja zu einer Begründung ihrer Erklärungen bzw. Anträge in aller Regel nicht verpflichtet, und der Rechtspfleger kann oft nicht durchschauen, was „hinter den Kulissen" vor sich geht. Seine Bereitschaft, hier – z. B. durch Gewährung von Sitzungsunterbrechungen – mitzuwirken, wird wesentlich davon abhängen, wie weitgehend er unterrichtet ist und wie weit er sich mit den Vorhaben der einzelnen Beteiligten einverstanden erklären kann.

TH 1.6.2.3.: Der Rechtspfleger sollte während des Versteigerungstermins, insbesondere während des ersten Teils (Verhandlung bis zur Aufforderung zur Abgabe von Geboten) berücksichtigen, daß von seiner Art der Verhandlungsführung, von der Verständlichkeit der Vorgänge und von der Straffheit des Ablaufs weitgehend abhängt, ob die Bietinteressenten sich befreit und ermutigt fühlen, ihre Schüchternheit abzulegen und zu bieten. Damit beeinflußt er mit seiner Verhandlungsführung auch das Versteigerungsergebnis und sollte sich entsprechend um Klarheit und Sicherheit bemühen.

TH 1.6.2.4.: Die Beteiligten sollten in ihre taktischen Überlegungen die Erkenntnis einbeziehen, daß der Rechtspfleger ein höchstpersönliches und menschliches Bestreben hat, einen Versteigerungsfall nicht unnötig kompliziert und langwierig werden zu lassen. Wenn also der Gläubiger eine taktische Maßnahme für erforderlich hält, die das Verfahren verkompliziert, so sollte er sich besondere Mühe machen, den Rechtspfleger von ihrer Notwendigkeit oder Zweckmäßigkeit zu überzeugen. Wenn der Gläubiger eine Maßnahme plant, die z. B. zwar eine kurzfristige Unterbrechung der Verhandlung erfordert, aber die Möglichkeit vergrößert, daß es schon in diesem Termin zu einem positiven Abschluß kommt, dann sollte er auch das dem Rechtspfleger deutlich machen.

TH 1.6.2.5.: Der Rechtpfleger hat nicht nur deswegen eine sehr schwierige Aufgabe, weil das Zwangsversteigerungsverfahren schon rechtlich gesehen ein kompliziertes Gebiet ist, sondern auch deshalb, weil der Ablauf auch eines von ihm gut vorbereiteten und souverän geführten Versteigerungstermins für die Beteiligten und für ihn oft nicht leicht oder gar nicht zu durchschauen ist, und schließlich auch deshalb, weil die Beteiligten meist sehr unterschiedliche Fachkenntnisse mitbringen und höchst unterschiedliche soziale Folgen je nach Verfahrensausgang zu tragen haben. Hier ein faires, transparentes, sozial gerechtes Verfahren durchzuführen, kann außerordentlich schwer sein. Deshalb benötigt der Rechtspfleger mE mehr als zB die Richter einer LG-Kammer oder eines OLG-Senats (deren Partner ja immer Rechtsanwälte sind) eine gewisse Freiheit hinsichtlich seiner Hinweis- und Aufklärungsmöglichkeiten; umgekehrt muß er um so mehr vor Ablehnungsgesuchen geschützt werden. Trotzdem ist dem Ratschlag Schiffhauers zu folgen, im Falle von Ablehnungsgesuchen wann immer möglich einen besonderen Verkündungstermin gemäß § 87 anzuberaumen, und über den Zuschlag erst zu entscheiden, wenn über das Befangenheitsgesuch entschieden ist.[163]

TH 1.6.2.6.: Der Wegfall der sofortigen weiteren Beschwerde ab 1. 1. 2002 kommt dem Zwangsversteigerungsverfahren sehr zu Gute. Zwar waren früher „eigentlich" nur Beschlüsse über die einstweilige Einstellung oder Fortsetzung oder über den Zuschlag erst mit der sofortigen und dann mit der sofortigen weiteren Beschwerde anfechtbar. Aber in der „Verzögerungspraxis" wurden oft zusätzliche rechtsmittelfähige Beschlüsse (zB über Befangenheitsgesuche) provoziert, sodaß zB ein mir bekannter Kollege seine Versteigerungsfälle zT 6x zum OLG gebracht hat! Obwohl seine Rechtsmittel sachlich erfolglos blieben, konnte er seine Verfahren so um viele Jahre verzögern. Dieser Rechtsmittelmißbrauch ist durch die Abschaffung der weiteren Beschwerde stark eingeschränkt worden. Die seither (ausnahmsweise) zulässige Rechtsbeschwerde zum BGH dient gleichzeitig sehr der Rechtsvereinheitlichung, denn oft haben OLGs unterschiedlich entschieden. Allerdings dauert die Entscheidung über Rechtsbeschwerden besonders lange!

TH 1.6.2.7.: Bei allen verfahrens-taktischen Überlegungen sollten die Beteiligten stets daran denken, daß gerade auch in der neueren BGH-Rechtsprechung schnell der Vorwurf einer mißbräuchlichen Rechtsausübung erhoben werden kann mit der Folge, daß das erstrebte taktische Ziel evtl nicht nur nicht erreicht werden kann, sondern daß vielleicht sogar „der Schuß nach hinten geht." Deshalb sollte im Zweifel immer der Rechtspfleger vorher nach seiner Beurteilung gefragt und mindestens rechtzeitig informiert werden.

---

[163] Dassler-Schiffhauer § 83 Rz 17.

2. Objekte der Zwangsversteigerung

Der Zwangsvollstreckung in das unbewegliche Vermögen unterliegen gemäß § 864 I ZPO außer den Grundstücken auch grundstücksgleiche Rechte.[1] In den Bruchteil eines Grundstücks oder eines grundstücksgleichen Rechts kann nur vollstreckt werden, wenn der Bruchteil in dem Anteil eines Miteigentümers besteht oder wenn sich der Anspruch des Gläubigers auf ein Recht richtet, mit dem der Bruchteil als solcher belastet ist (§ 864 II ZPO).

Die Zwangsvollstreckung umfaßt auch die Gegenstände, auf die sich die Hypothek erstreckt (§ 865 I ZPO); diese Gegenstände können, soweit sie Zubehör sind, nicht gepfändet werden (§ 865 II ZPO).

2.1. Grundstück

2.1.1. Rechtslage

Grundstück im Sinne des ZVG ist „ein Stück Land, das gegenüber seiner Umgebung räumlich abgegrenzt, durch Vermessung festgelegt und mit einer (eigenen) amtlichen Nummer versehen ist".[2] Ein Flurstück ist demgegenüber zwar ebenfalls ein räumlich abgegrenztes Stück Land, das vermessungstechnisch festgelegt ist; aber es muß nicht unbedingt auch rechtlich verselbständigt sein; insoweit kann es dann auch nicht selbständig versteigert werden.[2]

Ideelle Grundstücksbruchteile (Miteigentumsanteile) sind rechtlich verselbständigt und können deshalb einzeln belastet und versteigert werden (§ 864 II ZPO). Um derartige ideelle Grundstücksbruchteile handelt es sich z.B., wenn ein Grundstück je zur Hälfte den Eheleuten Karl und Irmgard Grün gehört. Unter Umständen kann auch der „frühere" Bruchteil eines Grundstücks selbständig versteigert werden, z.B. wenn früher Miteigentum bestand, nur der eine Miteigentumsanteil rechtswirksam belastet war, dann aber z.B. durch Verkauf, Schenkung, Vererbung Alleineigentum am Gesamtgrundstück entstanden ist.[3] Dagegen kann der Anteil eines Gesamteigentümers (z.B. an einer Erbengemeinschaft, Gütergemeinschaft oder BGB-Gesellschaft) nicht alleine belastet oder versteigert werden,[4] weil er sich nicht in einem bestimmten ideellen Grundstücksbruchteil ausdrückt und weil der Gesamthandeigentümer über seinen Anteil nicht verfügen darf (§ 719 BGB); bei derartigen Gemeinschaften zur gesamten Hand hilft nur Pfändung und Überweisung (§§ 859, 860 ZPO) und anschließende Teilungsversteigerung (§ 180 ZVG). Reale Grundstücksteile können nur ausnahmsweise selbständig versteigert werden (vgl § 864 ZPO).[4]

Es kommt häufig vor, daß ideelle Grundstücksbruchteile gemeinsam belastet werden. Genau so häufig ist die gemeinsame Belastung verschiedener wirtschaftlich zusammengehörender – aber nicht unbedingt räumlich verbun-

---

[1] Insbesondere Erbbaurechte, landesrechtliche Berg-, Abbau-, Fischereirechte und landesrechtliche Nutzungsrechte.
[2] Bohn, Grundbuchrecht Rz 2.
[3] Vgl BGH NJW 1989, 831; 1984, 1986; BayObLG Rpfleger 1971, 316; 1968, 221.
[4] Stöber § 1 Anm. 21.5.

dener – Grundstücke.[5] Wird hier eine Versteigerung erforderlich, dann ist meist (aber keineswegs immer) eine gemeinsame Versteigerung aller gesamtbelasteter Bruchteile bzw. Einzelgrundstücke wirtschaftlich ratsam. Trotzdem geht das ZVG von dem Grundsatz einer getrennten Versteigerung aus. Die Verfahren können aber unter gewissen Voraussetzungen nach § 18 verbunden werden.

2.1.2. Taktische Hinweise

TH 2.1.2.1.: Ist zugunsten eines bestimmten Gläubigers nur eines von mehreren gemeinsam zu versteigernden Grundstücken oder Grundstücksbruchteilen belastet, so sollte dieser Gläubiger uU auch dann auf die Abgabe von Einzelausgeboten drängen, wenn Bietinteresse nur für das gesamte Grundstück bzw. alle zu versteigernden Grundstücke besteht. Nur so besteht nämlich die Möglichkeit, eine unterschiedliche Dotierung der Einzelausgebote zugunsten des von diesem Gläubiger belasteten Grundstücks herbeizuführen. Allerdings kann die Wirkung unterschiedlich dotierter Einzelausgebote bei Gesamtrechten über § 122 wieder eingeschränkt werden. Außerdem darf sowohl bei Einzelausgeboten als auch bei Gesamtausgeboten die Möglichkeit zur Verteilung von Gesamtgrundpfandrechten nach § 1132 BGB nicht übersehen werden.

TH 2.1.2.2.: Wenn nicht besondere Gründe vorliegen, sollten die Gläubiger sich darauf einigen, daß nur Gesamtausgebote unter Verzicht auf Einzelausgebote zugelassen werden, weil einerseits häufig bei Gesamtausgeboten höhere Erlöse erzielt werden können, und weil andererseits bei vielen nebeneinander herlaufenden Gebotsformen auch im Hinblick auf die komplizierten Berechnungsvorschriften des § 63 schnell der allgemeine Überblick verloren gehen kann.

TH 2.1.2.3.: Gerade bei der Frage von Einzel-, Gruppen- oder Gesamtausgeboten muß aber ausdrücklich vor Verallgemeinerungen gewarnt werden, weil es durchaus sein kann, daß gerade nicht Gesamtausgebote, sondern Einzel- oder Gruppenausgebote viel bessere Verwertungsergebnisse ermöglichen.[6]

2.2. Wohnungseigentum

Literatur: *Bassties,* Zwangsversteigerung nicht mehr bestehender oder noch nicht erbauter Wohnungseigentumsrechte SchlHA 1983, 17; *Bader,* Zwangsmaßnahmen gegen Hausgeldschuldner PIG 17 (1985), 205; *Bärmann,* Erwerberhaftung im Wohnungseigentum für rückständige Lasten und Kosten 1984; *Ebeling,* Hausgeldrückstände in der Zwangsversteigerung Rpfleger 1986, 125; *Friese,* Versteigerung von Wohnungseigentum MDR 1951, 592; *Rudolphi,* Eigentumsbeschränkung nach § 12 WEG und Zwangsversteigerung, BlGrBW 1960, 369; *Schindelmeiser,* Zwangsversteigerung von Wohnungseigentum, SchlHA 1983, 51; *Steiger,* „Hausgeld" in der Zwangsverwaltung,

---

[5] Z. B. wenn Wohnaus und Garage auf 2 verschiedenen Parzellen stehen, oder wenn 1 Fabrikgelände mehrere Grundstücke umfaßt oder bei landwirtschaftlichen Betrieben, die meist viele Grundstücke bewirtschaften.
[6] Vgl dazu ausführlich unten D. 2.6.2.

Rpfleger 1985, 474; *Weimar,* Zwangsvollstreckung in Wohnungseigentum und Erbbaurecht, BlGrBW 1976, 188.

2.2.1. Rechtslage

Wohnungs- und Teileigentum nach §§ 3 und 7 WEG können als rechtlich verselbständigte Grundstücksbruchteile belastet und versteigert werden. In diesem Verfahren sind die übrigen Wohnungseigentümer Beteiligte ohne Anmeldung, wenn sie schon vor Eintragung des Vollstreckungsvermerks eingetragen waren; andernfalls werden sie nur mit Anmeldung als Beteiligte anerkannt.[7] Zustellungen und Ladungen brauchen aber nicht an jeden Wohnungseigentümer sondern nur an den Verwalter für die Wohnungseigentümer gerichtet zu werden.[7]

Eine Besonderheit gegenüber der „normalen" Grundstücksversteigerung besteht darin, daß oft als Inhalt des Sondereigentums vereinbart wird, daß ein Wohnungseigentümer zur Veräußerung seines Wohnungseigentums der Zustimmung der übrigen Wohnungseigentümer oder des Verwalters bedarf (§ 12 I WEG).[8] Dabei handelt es sich zwar nicht um ein Recht, das der Zwangsversteigerung gemäß § 28 entgegensteht;[9] aber der Zuschlag darf nicht ohne diese Zustimmung erteilt werden. Der Anspruch des Wohnungseigentümers auf Zustimmung kann aber an die Gläubiger abgetreten oder von diesen nach §§ 857 ff ZPO gepfändet und überwiesen und dann gegenüber dem Verwalter oder den übrigen Wohnungseigentümern durchgesetzt werden, wenn die Zustimmung aus sachfremden Gründen verweigert wird.[10]

Eine weitere Komplikation gibt es dann, wenn ein Dauerwohn- oder Dauernutzungsrecht bestellt worden ist (§ 31 WEG). Ein solches Recht bleibt bestehen, wenn es Rang vor dem bestrangig betreibenden Gläubiger hat. Es bleibt aber auch dann bestehen, wenn ausdrücklich vereinbart wird, daß es unabhängig von § 44 I immer bestehen bleiben soll; allerdings muß diese Vereinbarung im Grundbuch eingetragen sein, und der Dauerwohnberechtigte muß alle fälligen Zahlungsverpflichtungen gegenüber dem Grundstückseigentümer erfüllt haben (§ 39 III WEG).[11]

Der Ersteher eines Wohnungseigentums haftet nicht von Gesetzes wegen für Hausgeldrückstände des früheren Eigentümers.[12] Diese Haftung kann auch nicht durch einen Beschluß der anderen Wohnungseigentümer begründet werden. Zwar dürfen die Wohnungseigentümer gem § 10 II 2 WEG ihr Verhältnis untereinander frei gestalten und gem §§ 5 I 1, 10 II WEG die Vereinbarungen durch Eintragung ins Grundbuch auch gegen Sonderrechtsnachfolger wirksam werden lassen; sie können auf diese Weise sogar bestimmen, daß rechtsgeschäftliche Sonderrechtsnachfolger auch für Rückstände einste-

---

[7] OLG Stuttgart NJW 1966, 1036.
[8] Vgl **TH** B. 2.2.2.1.
[9] Stober § 15 Anm 45.5; Steiner-Eickmann § 28 Rz 69; vgl auch LG Berlin Rpfleger 1976, 149.
[10] BGH NJW 1960, 2093; Steiner-Hagemann §§ 15, 16 Rz 195.
[11] Vgl **TH** B. 2.2.2.2. und **TH** B. 2.2.2.3. und **TH** B. 2.2.2.4.
[12] Zur Behandlung von Hausgeldrückständen in der Zwangsverwaltung vgl ausführlich Steiger Rpfleger 1985, 474.

hen müssen.[13] Diese Verdinglichung der Wohnlasten unterliegt aber den Schranken des § 134 BGB, die der Bundesgerichtshof in der Zwangsversteigerung durch §§ 56 II, 59 I gezogen sieht. Daher verstößt eine Vereinbarung, wonach auch der Erwerber einer Eigentumswohnung oder eines Teileigentums im Wege der Zwangsversteigerung für Wohngeldrückstände des Voreigentümers haftet, nach bisheriger Rechtsprechung gegen § 56 II und ist gem § 134 BGB nichtig.[14]

Allerdings hält die Rspr es für zulässig, daß die Wohnungseigentümer (nach dem Zuschlagsbeschluß!) beschließen, daß ein Rechtsnachfolger (zB in der Zwangsversteigerung) für Nachforderungen aus Abrechnungen für frühere Wirtschaftsjahre haften soll.[15]

Wenn auf einem versteigerten Wohnungseigentum eine dort zugunsten der übrigen Wohnungseigentümer lastende Grunddienstbarkeit erlischt, ist ihre Eintragung auf den nicht versteigerten Miteigentumsanteilen der anderen Wohnungseigentümer als inhaltlich unzulässig zu löschen.[16]

Durch die WEG-Novelle 2007 (BGBl I 375) hat der Gesetzgeber die Realisierung von Haus- (bzw Wohngeld-)Rückständen bei der Zwangsversteigerung von Wohnungseigentum erheblich erleichtert, indem

– gemäß § 10 I Nr. 2 Hausgeldrückstände wegen der laufenden Beträge und der rückständigen Beträge aus dem Jahr der Beschlagnahme und den letzten zwei Jahren davor in der bevorzugten 2. Rangklasse geltend gemacht werden können, und

– gemäß § 45 III diese Ansprüche bei der (notwendigen!) Anmeldung durch einen entsprechenden Vollstreckungstitel oder durch die Niederschrift der Beschlüsse der Wohnungseigentümer glaubhaft zu machen sind (aus diesem Vorbringen müssen sich die Zahlungspflicht, die Art und der Bezugszeitraum des Anspruchs sowie seine Fälligkeit ergeben), und

– gemäß § 10 III die aktive Vollstreckung in der bevorzugten Rangklasse des § 10 I Nr. 2 lediglich einen Vollstreckungstitel erfordert, aus dem die Verpflichtung des Schuldners zur Zahlung, die Art und der Bezugszeitraum des Anspruchs sowie seine Fälligkeit zu erkennen sind, und

– lediglich zu beachten ist, daß in der bevorzugten Rangklasse des § 10 I Nr. 2 nur Beträge in Höhe von nicht mehr als 5% des festgesetzten Werts geltend gemacht werden können, um eine zu große Abwertung der Grundstücksrechte zu verhindern.

2.2.2. Taktische Hinweise

TH 2.2.2.1.: Wenn eine Zustimmungspflicht des Verwalters oder der übrigen Wohnungseigentümer besteht, sollten sich die Gläubiger schon vor dem Termin um diese Zustimmung bemühen, weil jede Unsicherheit im Termin im Zweifel den wirtschaftlichen Erfolg gefährdet. Kennt ein Gläubiger z.B.

---

[13] OLG Düsseldorf Rpfleger 1983, 387.

[14] BGH Rpfleger 1987, 208; Storz EWiR 1987, 523; BayObLG Rpfleger 1984, 428.

[15] BGH Rpfleger 1994, 498; 1988, 1910; BayObLG Rpfleger 1995, 123; OLG Düsseldorf WM 1995, 215. – Näheres hierzu D.5.3.6.

[16] OLG Frankfurt Rpfleger 1979, 149.

bereits einen konkreten Interessenten, so sollte er sich um die Zustimmung für diesen Interessenten bemühen. Hat er dagegen noch keinen Interessenten, dann sollte er sich um eine allgemeine Zustimmung für einen Zuschlag anläßlich des bevorstehenden Versteigerungstermins oder mindestens darum bemühen, daß der Zustimmungsberechtigte den Versteigerungstermin auch wahrnimmt und dort die Zustimmung sofort erteilt, wenn nicht gewichtige sachliche Gründe dagegen sprechen.

TH 2.2.2.2.: Wenn vom Gericht nicht zweifelsfrei ermittelt werden kann, ob die Voraussetzungen des § 39 III WEG für ein Bestehenbleiben des Dauerwohnrechts gegeben sind, muß das Dauerwohnrecht als bedingtes Recht in das geringste Gebot aufgenommen werden.[17] Verfahrensrechtlich ist dieses Problem also relativ leicht lösbar. Ein Bietinteressent geht aber ein großes Risiko ein und wird dieses Risiko bei seinen Geboten entsprechend berücksichtigen. Die Unsicherheit geht also zulasten der Gläubiger und des Wohnungseigentümers, so daß beide sich sehr darum bemühen sollten, sich aus eigener Kraft noch vor dem Termin Gewißheit zu verschaffen.

TH 2.2.2.3.: Da die Vereinbarung nach § 39 III WEG über das grundsätzliche Bestehenbleiben des Dauerwohnrechts dann nicht zum Zuge kommt, wenn aus einem Recht der Rangklassen 1–3 des § 10 I betrieben wird,[18] empfiehlt es sich u. U. für einen Gläubiger, die Gemeinde um einen Beitritt zu bitten, wenn dies auf Grund fälliger öffentlicher Lasten möglich ist. Dann erlischt das Dauerwohnrecht mit dem Zuschlag; allerdings erhält der Berechtigte aus dem Versteigerungserlös eine Entschädigung entsprechend der Bewertung des Dauerwohnrechts, und erst danach wird – falls der Erlös dazu ausreicht – der Gläubiger bedient. Trotzdem kann dieses Ergebnis für den dinglichen Gläubiger viel besser sein, weil bei bestehenbleibendem Dauerwohnrecht u. U. überhaupt kein Bieter zu finden ist.

TH 2.2.2.4.: Umgekehrt kann es u. U. für den Eigentümer und die Gläubiger auch einmal günstiger sein, ein nach § 44 I eigentlich erlöschendes Dauerwohnrecht bestehen zu lassen und dafür eine Entschädigung des Berechtigten aus dem Versteigerungserlös zu vermeiden.[19] Diese Situation kann sich dann ergeben, wenn das Dauerwohnrecht einen Bietinteressenten nicht besonders stört. Die Gläubiger müssen eben herausfinden, bei welcher Konstellation im konkreten Fall der beste wirtschaftliche Erfolg zu erwarten ist, was sich in erster Linie nach der Interessenlage der Bieter richtet und nicht nach allgemein-theoretischen Überlegungen der Gläubiger. Nach diesen Erkenntnissen muß dann das gestaltet werden, was konkret ausgeboten werden soll.

TH 2.2.2.5.: Der Beitritt der Gemeinde aus Rangklasse 3 des § 10 I kann auch dann sehr wichtig sein, wenn bei einem „steckengebliebenen" Gebäude von z. B. 20 vorgesehenen Eigentumswohnungen schon 4 verkauft, teilweise bezahlt und daher aus der Haftung für die Grundschulden freigegeben worden sind. Können diese Wohnungen nicht mehr fertiggestellt werden, so können die Gläubiger des Bauträgers nur die noch nicht freigegebenen

---

[17] Stöber § 44 Anm 5.27 a.
[18] Einzelheiten vgl Diester Rpfleger 1954, 281.
[19] Vgl dazu **TH** D. 2.2.2.2.

16 Wohnungen versteigern. Damit fängt aber ein Ersteher nichts an, weil er über volle 100% des Grundstücks verfügen können muß. Eine Mitversteigerung auch der 4 freigegebenen Wohnungen ist aber nur möglich, wenn die Gemeinde oder ein anderer Gläubiger aus einem Gesamtrecht die Versteigerung betreibt.

TH 2.2.2.6.: Wenn die Gemeinde z. B. entsprechend den Hinweisen **TH** 2.2.2.4. oder **TH** 2.2.2.5. die Versteigerung aus Rangklasse 3 des § 10 I oder wenn eine Eigentümergemeinschaft die Versteigerung aus Rangklasse 2 des § 10 I betreibt, kann sie meist mit sehr geringen Beträgen abgelöst werden.

Ablösungsberechtigt ist z. B. ein aus Rangklasse 4 des § 10 I berechtigter Gläubiger, der die Gemeinde zum Beitritt veranlaßt hat, um das Dauerwohnrecht zu beseitigen, und der jetzt ablöst, um die taktisch wichtige Position des bestrangig betreibenden Gläubigers zu erlangen.

Ablösungsberechtigt ist aber auch der Dauerwohnberechtigte, der durch die Ablösung und eine Rücknahme des Beitrittsantrags oder durch die einstweilige Einstellung im Falle **TH** 2.2.2.3. sein Dauerwohnrecht retten kann!

Ablösungsberechtigt ist der Eigentümer, der mit einem geringen (Ablösungs-)Betrag den Zuschlag verhindern kann, wenn er nach Schluß der Bietstunde die einstweilige Einstellung bewilligt und dadurch gemäß § 33 die Versagung des Zuschlags erzwingt.

Ablösungsberechtigt sind schließlich wohl auch die übrigen Wohnungseigentümer bzw. für diese der Verwalter, die ebenfalls dadurch und durch eine nach Schluß der Bietstunde erfolgte einstweilige Einstellung oder Antragsrücknahme den Zuschlag an einen ihnen nicht genehmen Ersteher verhindern können.

Die Interessenlage der Ablösungsberechtigten ist also sehr verschieden; sie kann durchaus entgegengesetzt sein. Deshalb ist immer derjenige im Vorteil, der die Möglichkeiten der Ablösung als taktisches Mittel erkennt und auch im richtigen Zeitpunkt ausnutzt.

TH 2.2.2.7.: Da über die Ablösung jeder Betroffene seine Interessen besser durchsetzen bzw. die Durchsetzung der gegnerischen Interessen verhindern oder erschweren kann, sollten die Betroffenen versuchen, sich rechtzeitig vor dem Termin oder spätestens im Termin auf ein gemeinsames Vorgehen zu verständigen. Das ist viel leichter möglich, als es allgemein angenommen wird. Denn jeder kennt im Zweifel nicht nur die Stärken sondern auch die Schwächen seiner eigenen Position und ist deshalb meist zu Zugeständnissen bereit. Praktische Untersuchungen des Autors haben die Vermutung bestätigt, daß es den Beteiligten in der Versteigerungspraxis fast nie gelingt, die tatsächliche Konzessionsbereitschaft der jeweiligen Partner einigermaßen richtig auszuloten ....

2.3. Erbbaurecht

Literatur: *Drischler* Rpfleger 1987, 321; *Groth* DNotZ 1983, 652 und 1984, 372; *Helwich* Rpfleger 1989, 389; *Ingestau* ErbbaurechtsVO 5. Auflage 1980; *Kappelhoff* Rpfleger 1985, 281; *Karow* NJW 1984, 2669; *Knees* Sparkasse 1987, 365; *Muth* Jurbüro

1985, 801; *Ruland* NJW 1983, 96; *Sperling* NJW 1983, 2487; *Stakemann* NJW 1984, 962; *Scherer* Rpfleger 1985, 181; *Tradt* DNotZ 1984, 370; *Winkler* DNotZ 1970, 390 und NJW 1985, 940; *Winkler* NJW 1985, 940.

Zur Neuregelung ab 1. 10. 1994 insbesondere:
Dedekind MittRhlNotK 1993, 109; *Eichel* MittlRhlNotk 1995, 193; *Klawikowski* Rpfleger 1995, 145; *Mayer-Maly* NJW 1996, 2015; *Chr. Mohrbutter,* Eigentümerrechte und Inhalt des Erbbaurechts bei dessen Zwangsversteigerung, Diss 1995; *H. Chr. Mohrbutter* ZiP 1995, 806; *v. Oefele* DtZ 1995, 158; *v. Oefele* DNotZ 1995, 643; *Stöber* Rpfleger 1996, 136; *Streuer* Rpfleger 1997, 141; *Wilke* DNotZ 1995, 654.

2.3.1. Rechtslage

Das Erbbaurecht kann als grundstücksgleiches Recht belastet und gemäß § 864 I ZPO versteigert werden (§ 11 I 1 ErbbaurechtsVO). In diesem Verfahren ist der Grundstückseigentümer auch ohne Anmeldung stets Beteiligter (§ 24 ErbbaurechtsVO). Der Erbbauzins wird als Reallast gemäß §§ 1105ff BGB behandelt (§ 9 I 1 ErbbaurechtsVO), so daß der Ersteher das Erbbaurecht frei von einer dinglichen oder schuldrechtlichen Erbbauzins-Verpflichtung erwirbt, falls die entsprechende Erbbauzins-Reallast nicht bestehengelbieben ist.[20] Im übrigen tritt der Ersteher aber in alle gesetzlichen und vertraglichen Rechte und Pflichten des früheren Erbbauberechtigten ein;[21] für Miet- und Pachtverhältnisse gelten die §§ 57a ff entsprechend.[22]
Beispiel für die Grundbücher von Erbbaurecht und belastetem Grundstück:

Grundstücks-Grundbuch	Erbbau-Grundbuch
Bestandsverzeichnis:	**Bestandsverzeichnis:**
Flur 2, Flurstück 173/1 der Gemarkung Hameln zur Größe von 873 qm.	Erbbaurecht an dem Flurstück 173/1 der Flur 2 der Gemarkung Hameln zur Größe von 873 qm. • Laufzeit des Erbbaurechts • Zustimmung zur Belastung und Veräußerung (muß spätestens bei Zuschlag vorliegen). • Eigentümer des mit dem Erbbaurecht belasteten Grundstücks
Abt. I: Eigentümer	Abt. I: Erbbauberechtigter
Abt. II: − Erbbaurecht (muß absolut erste Rangstelle haben	Abt. II: − Erbbauzins (Reallast)

[20] BGH Rpfleger 1981, 478; und 1987, 257; OLG Oldenburg Rpfleger 1985, 209; LG Münster Rpfleger 1991, 330; Ruland NJW 1983, 96; OLG Nürnberg MDR 1980, 401; Zeller § 44 Anm 5 (4); LG Braunschweig Rpfleger 1976, 310 mwN; **aA:** Palandt-Bassenge § 24 ErbbaurechtsVO Anm 1; Winkler DNotZ 1970, 390. Zum Schicksal des Heimfallanspruchs in der Zwangsversteigerung vgl Scharen Rpfleger 1983, 342; Behmer Rpfleger 1983, 477.
[21] (§§ 1, 2−8 ErbbauVO).
[22] BGH WM 1960, 1125; ausführlich zum Erbbaurecht vgl Zeller-Stöber § 15 Anm 13 und 14.

Grundstücks-Grundbuch	Erbbau-Grundbuch
und behalten, sonst ist das Erbbaurecht nichtig) – Vorkaufsrecht für den jeweiligen Erbbauberechtigten.	– Vormerkung zur Erhöhung des Erbbauzinses (wegen schuldrechtlicher Anpassungsklausel) – Vorkaufsrecht für den jeweiligen Grundstückseigentümer.
Abt. III: Grundpfandrechte sind zwar eintragungsfähig, führen aber nicht zu der gewünschten Sicherheit.	Abt. III: Finanzierungsmittel des Erbbauberechtigten. (Bodenwert bleibt bei der Bewertung des Erbbaurechts außer Ansatz)

Ähnlich wie beim Wohnungseigentum kann es auch bei der Versteigerung eines Erbbaurechts dann Komplikationen geben, wenn gemäß § 5 I ErbbaurechtsVO vereinbart und im Grundbuch eingetragen ist, daß der Erbbauberechtigte zur Belastung und Veräußerung des Erbbaurechts der Zustimmung des Grundstückseigentümers bedarf. Diese Vereinbarung steht zwar der Anordnung und Durchführung des Versteigerungsverfahrens noch nicht entgegen, aber der Zuschlag darf nicht ohne die Zustimmung oder den Ersatz der Zustimmung (§ 7 III ErbbaurechtsVO) erteilt werden,[23] weil die fehlende Zustimmung auch eine Verfügung im Wege der Zwangsvollstreckung unwirksam machen würde (§ 8 ErbbaurechtsVO). Den Antrag auf Ersetzung der Zustimmung kann außer dem Erbbauberechtigten selbst (bzw seinem Insolvenzverwalter) auch der betreibende Gläubiger stellen, aber nicht der Meistbietende.[24] Die Zustimmung des Grundstückseigentümers zur Veräußerung des Erbbaurechts im Wege der Zwangsversteigerung kann auch dann ersetzt werden, wenn sie vom Grundstückseigentümer mit der Begründung verweigert wird, der Ersteher des Erbbaurechts lehne die Übernahme einer nach den Versteigerungsbedingungen erloschenen Erbbauzinsreallast[25] oder die Übernahme lediglich schuldrechtlicher Verpflichtungen zB Preisgleitklausel für einen bestehenbleibenden Erbbauzins ab,[26] oder weil die eingetragenen Grundpfandrechte bestehen bleiben.[27] Der Anspruch auf Zustimmung kann nach §§ 857 ff ZPO zur Ausübung gepfändet, überwiesen und dann von einem Dritten geltend gemacht werden.[28]

---

[23] BGH Rpfleger 1987, 257 (Anm. Drischler 320); NJW 1960, 2093; OLG Hamm Rpfleger 1963, 334; OLGZ 1986, 385; 1985, 159; KG Rpfleger 1982, 282; BayObLG DNotZ 1961, 266.

[24] BGH Rpfleger 1987, 257; OLG Köln Rpfleger 1969, 300; Stöber § 15 Anm 13.12.

[25] BGH Rpfleger 1987, 257 (Anm Drischler 320); KG Rpfleger 1982, 282; Hagemann Rpfleger 1985, 205. – **Anders** nach OLG Hamm OLGZ 1986, 385.

[26] Hagemann Rpfleger 1985, 203 **gegen** OLG Oldenburg Rpfleger 1985, 203.

[27] OLG Hamm EWiR 1996, 67 (Knothe).

[28] Dies ist allerdings nicht unstreitig.

Streitig war die Frage, ob die Zustimmung des Grundstückseigentümers zur Belastung des Erbbaurechts ohne weiteres auch die Zustimmung zur Veräußerung im Wege der Zwangsversteigerung enthält. Der Bundesgerichtshof hat diesen Streit geklärt und die Frage verneint, weil dem Eigentümer zur Zeit der Belastungsgenehmigung die Person des etwaigen Erstehers noch nicht bekannt sei und man auch nicht davon ausgehen könne, daß er sich mit der Belastungsgenehmigung auch der ihm nach § 7 ErbbauRVO zustehenden Zustimmungsbefugnis begeben wolle.[29]

Wird nicht das Erbbaurecht sondern das mit ihm belastete Grundstück versteigert, so bleibt das Erbbaurecht nach den gesetzlichen Versteigerungsbedingungen immer bestehen: entweder wird es als ausschließlich erstrangige Grundstücksbelastung (§ 10 I 1 ErbbaurechtsVO) ohnehin gemäß § 44 Teil des geringsten Gebots, oder es bleibt gemäß § 25 ErbbaurechtsVO außerhalb des geringsten Gebots bestehen. Allerdings können die Beteiligten gemäß § 59 das Erlöschen des Erbbaurechts als abweichende Versteigerungsbedingung vereinbaren.[30]

2.3.2. Taktische Hinweise

TH 2.3.2.1.: Wegen der Streitfrage, ob die Zustimmung des Grundstückseigentümers zur Belastung des Erbbaurechts auch die Zustimmung zur Veräußerung im Wege der Zwangsversteigerung umfaßt, sollten die Kreditinstitute schon bei der Beleihung darauf bestehen, daß die Zustimmung zur Veräußerung in der Zwangsversteigerung ausdrücklich erteilt wird; die Zustimmung zur freihändigen Veräußerung kann sich der Grundstückseigentümer ja vorbehalten. Im Augenblick der Beleihung des Erbbaurechts sind die Interessen von Grundstückseigentümer und Kreditinstitut noch viel eher vereinbar als im Zeitpunkt der Versteigerung, so daß die Zustimmung dort leichter zu erhalten ist. Wird sie trotzdem verweigert, so muß das Kreditinstitut diesen Umstand schon bei der Kreditgewährung entsprechend bewerten.

TH 2.3.2.2.: Unsicherheit ist der gefährlichste Feind des Versteigerungstermins. Deshalb sollten die Gläubiger im Falle eines bestehenden Zustimmungserfordernisses unbedingt versuchen, noch vor dem Termin die Zustimmung für einen evtl. schon bekannten konkreten Bieter zu erlangen (mit dieser Zustimmung können sie den Bieter noch leichter zu einer Ausbietungsgarantie veranlassen)[31] oder eine allgemeine Zustimmung für einen Zuschlag anläßlich des bevorstehenden Versteigerungstermins. Wenigstens sollten sie den Grundstückseigentümer dazu überreden, den Versteigerungstermin wahrzunehmen und dort die Zustimmung sofort zu erteilen, wenn nicht gewichtige sachliche Gründe dagegen sprechen. Bei diesen Bemühungen können sie den Grundstückseigentümer darauf verweisen, daß er – wenn

---

[29] BGH Rpfleger 1987, 257 (Anm Drischler 320); ebenso KG Rpfleger 1982, 282; OLG Hamm Rpfleger 1985, 233; Steiner-Hagemann §§ 15, 16 Rz 187; Stöber Anm 13.6. – **Anders** noch LG Lübeck Rpfleger 1964, 46; LG Frankfurt Rpfleger 1959, 772; LG Hof NJW 1954, 1247.

[30] Stöber § 59 Anm 5.5.

[31] Zur Ausbietungsgarantie vgl im einzelnen C. 5.3.

die Erbbauzins-Verpflichtung als Teil des geringsten Gebots bestehen bleibt –
auch daran interessiert sein muß, wieder einen zahlungsfähigen Erbbauberechtigten zu erhalten; wenn die Erbbauzins-Verpflichtung dagegen erlischt,
erhält der Grundstückseigentümer auch nur dann seine rückständigen und bis
zur Versteigerung laufenden Leistungen, [32] wenn es zu einem Zuschlag
kommt und wenn der Versteigerungserlös dazu ausreicht. Auch der Grundstückseigentümer hat also ein wirtschaftliches Interesse, daß es überhaupt zu
einem Zuschlag und zu hohen Geboten kommt.

TH 2.3.2.3.: Wenn einerseits verhindert werden soll, daß der Erbbauzinsanspruch einer nachrangigen Beleihung des Erbbaurechts (wegen der Kapita-
lisierungsfolge beim Erlöschen der entsprehenden Belastung) im Wege steht,
und wenn er andererseits auch nicht (bei nachrangiger Absicherung) u. U. ersatzlos in der Versteigerung erlöschen soll, kann das Problem folgendermaßen
entschärft (nicht: gelöst!) werden: Der Erbbauzinsanspruch wird zwar erstran-
gig abgesichert, der Grundstückseigentümer verpflichtet sich aber jedem
nachrangigen Gläubiger gegenüber, im Falle der Zwangsversteigerung auf ein
Bestehenbleiben dieses Rechtes, notfalls gem §§ 59, 91 II hinzuwirken. Dieser Weg wird vor allem von staatlichen, kommunalen oder kirchlichen Grund-
eigentümern in letzter Zeit immer häufiger beschritten;[33] die nachrangigen
Gläubiger vermeiden so aber nur einen Teil der Nachteile, die sich für sie aus
der vorrangigen Absicherung des Erbbaurechtes ergeben. Ohne diesen Kompromiß kann aber u. U. ein Erbbaurecht überhaupt nicht beliehen werden.

TH 2.3.2.4.: Das Problem des vorhergehenden Taktischen Hinweises
(TH 2.3.2.3.) tritt entsprechend auch auf bei sog. „Tankstellendienstbar-
keiten" oder Dienstbarkeiten zur Sicherung von Bierlieferungsverträgen. Es
kann uU auch dadurch gelöst werden, daß zB der Erbbauzinsanspruch zwar
im Rang zurücktritt, daß sich Grundpfandgläubiger und Erbbauberechtigter
aber verpflichten, im Falle der Zwangsversteigerung auf ein Bestehenbleiben
dieses Rechtes, ggf über §§ 59, 91 II hinzuwirken. Der Grundstückseigentümer kann bei der Vereinbarung nach § 91 II aber keinen Druck auf den
Ersteher ausüben, weil er seine Zustimmung zum Eigentumswechsel nicht
mit der Begründung verweigern darf, der Ersteher weigere sich seinerseits,
die nach § 52 erloschene Reallast bestehenbleiben zu lassen.

Wichtig zu wissen ist auch, daß derartige Vereinbarungen (das gilt auch für
diejenige im vorhergehenden Taktischen Hinweis) nur schuldrechtlicher Art
sind und deshalb nur diejenigen binden, zwischen denen sie unmittelbar abgeschlossen sind. Im übrigen können die Vereinbarungen noch dadurch ergänzt werden, daß der Berechtigte aus einer trotzdem erlöschenden Dienstbarkeit oder Reallast sich gegenüber dem Gläubiger verpflichtet, maximal
einen bestimmten Betrag im Verteilungstermin anzumelden.

2.4. Heimstätte, Flurbereinigung, Umlegungsverfahren

Rechtsgrundlagen: §§ 1, 11, 20 Heimstättengesetz i. V. mit §§ 13 ff Ausführungs-
VO zum Heimstättengesetz §§ 15, 20 Flurbereinigungsgesetz §§ 45, 49, 51, 54, 70 ff
Bundesbaugesetz;

---

[32] Vgl Stöber § 15 Anm 14.13 d.
[33] Vgl Sperling NJW 1983, 2488; Ruland NJW 1983, 96; Karow NJW 1984, 209.

Literatur: *Drischler* KTS 1971, 145; *Mohrbutter-Drischler* Muster 44, 45; Stöber Handbuch Rdn 399–402; *Stöber* § 15 Anm. 18 und 35. – Vor allem: *Ebeling,* Verfügungsverbot bei Flurbereinigung und Zwangsversteigerung, Rpfleger 1987, 232; *Hornung,* Zur Aufhebung des Reichsheimstättengesetzes Rpfleger 1994, 227.

Hier handelt es sich um Sonderfälle, die zwar keine der Zwangsversteigerung entgegenstehenden Rechte im Sinne des § 28 darstellen, die aber doch gewisse Beschränkungen und Besonderheiten mit sich bringen. Sie sind jedoch nicht sehr häufig, deshalb sollen sie hier nicht näher behandelt werden.

Das Reichsheimstättengesetz ist durch Gesetz vom 17. 6. 1993 (BGBl I 912) mit Wirkung ab 1. 10. 1993 aufgehoben worden, sodaß nur noch einige Übergangsregelungen für Grundpfandrechte und den Vollstreckungsschutz des Heimstätters bestehen (bis 31. 12. 1998).

2.5. Mitversteigerte Gegenstände

§ 55 ZVG

(1) Die Versteigerung des Grundstücks erstreckt sich auf alle Gegenstände, deren Beschlagnahme noch wirksam ist.

(2) Auf Zubehörstücke, die sich im Besitze des Schuldners oder eines neu eingetretenen Eigentümers befinden, erstreckt sich die Versteigerung auch dann, wenn sie einem Dritten gehören, es sei denn, daß dieser sein Recht nach Maßgabe des § 37 Nr. 5 geltend gemacht hat.

§ 65 ZVG

(1) Das Gericht kann auf Antrag anordnen, daß eine Forderung oder eine bewegliche Sache von der Versteigerung des Grundstücks ausgeschlossen und besonders versteigert werden soll. Auf Antrag kann auch eine andere Art der Verwertung angeordnet, insbesondere zur Einziehung einer Forderung ein Vertreter bestellt oder die Forderung einem Beteiligten mit dessen Zustimmung an Zahlungs Statt überwiesen werden. Die Vorschriften der § 817, *820,* 835 der Zivilprozeßordnung finden entsprechende Anwendung. Der Erlös ist zu hinterlegen.

(2) Die besondere Versteigerung oder die anderweitige Verwertung ist nur zulässig, wenn das geringste Gebot erreicht ist.

Die Zwangsversteigerung erstreckt sich gemäß § 55 I zunächst auf alle Gegenstände, deren Beschlagnahme (vgl §§ 20, 21) zu Beginn der Bietstunde[34] noch wirksam ist, also auch auf die wesentlichen Bestandteile (§§ 93, 94 BGB) und die mit dem Grundstückseigentum verbundenen Rechte (§ 96 BGB), zB Erbbauzinsansprüche, Reallasten, Grunddienstbarkeiten, dingliche Vorkaufsrechte, Anliegerrechte usw sowie auf die der Hypothekenhaftung unterliegenden Gegenstände (vgl § 20 II und §§ 1120 ff BGB, 865 I ZPO), also sonstige Bestandteile, Erzeugnisse und Zubehör sowie auf Forderungen. Dagegen klammert § 20 II für die Zwangsversteigerung ausdrücklich Miet- und Pachtzinsforderungen sowie Ansprüche auf wiederkehrende Leistungen aus.[35]

---

[34] Vgl BGHZ 58, 309 (315).
[35] Diese erfaßt der Gläubiger nur über eine Zwangsverwaltung oder Pfändung, vgl dazu A. 1.3.

Die Gefahr des zufälligen Untergangs geht bezüglich des Grundstücks mit dem Zuschlag und bezüglich der übrigen Gegenstände schon mit dem Schluß der Versteigerung auf den Ersteher über (§ 56 S. 1). Von dem Zuschlag an gebühren dem Ersteher die Nutzungen und trägt er die Lasten (§ 56 S. 2). Ein Anspruch auf Gewährleistung findet nicht statt (§ 56 S. 3).

2.5.1. Wesentliche Bestandteile

§ 93 BGB

Bestandteile einer Sache, die voneinander nicht getrennt werden können, ohne daß der eine oder der andere zerstört oder in seinem Wesen verändert wird[36] (wesentliche Bestandteile),[37] können nicht Gegenstand besonderer Rechte sein.

§ 94 BGB

(1) Zu den wesentlichen Bestandteilen eines Grundstücks gehören die mit dem Grund und Boden fest verbundenen Sachen, insbesondere Gebäude, sowie die Erzeugnisse des Grundstücks, solange sie mit dem Boden zusammenhängen. Samen wird mit dem Aussäen, eine Pflanze wird mit dem Einpflanzen wesentlicher Bestandteil des Grundstücks.[38]

(2) Zu den wesentlichen Bestandteilen eines Gebäudes gehören die zur Herstellung des Gebäudes eingefügten Sachen.[39]

§ 95 BGB

(1) Zu den Bestandteilen eines Grundstücks gehören solche Sachen nicht, die nur zu einem vorübergehenden Zwecke mit dem Grund und Boden verbunden sind. Das gleiche gilt von einem Gebäude oder anderen Werke, das in Ausübung eines Rechtes an einem fremden Grundstücke von dem Berechtigten mit dem Grundstück verbunden worden ist.[40]

(2) Sachen, die nur zu einem vorübergehenden Zwecke in ein Gebäude eingefügt sind, gehören nicht zu den Bestandteilen des Gebäudes.[41]

Alle in § 95 genannten Sachen, sogenannte „Scheinbestandteile",[42] können im Gegensatz zu den wesentlichen Bestandteilen Gegenstand besonderer

---

[36] Die neuere Rechtsprechung bemüht sich offenbar um eine enge Auslegung dieses Begriffs, vgl BGH MDR 1974, 298.

[37] Z.B. Warmwasserleitungen; Heizungsanlagen; eingebaute Spültische, Waschtische, Badewannen, Warmwasserbereiter, Heizkessel, natürlich auch die Maschinenanlage eines mit Wasserkraft betriebenen Elektrizitätswerkes (vgl BayObLG Rpfleger 1999, 86). – Dagegen nicht: lose verlegter Linoleumboden, zusätzliche Ölfeuerungsanlage, angehakte Heizkörperverkleidung. – weitere Nachweise bei Palandt-Heinrichs § 93 BGB Anm 6.

[38] Z.B. Pflanzen, Sand, Kies und alle anderen natürlichen Bodenprodukte, auch Früchte auf dem Halm – diese Erzeugnisse können aber u.U. schon vor ihrer Trennung gepfändet werden.

[39] Z.B. Werkstoffe für Mauern, Fußböden, Treppen, Fenster, Türen, Aufzuganlagen, Lüftungsanlagen. – weitere Nachweise bei Palandt-Heinrichs § 94 Anm 4 b.

[40] Auch ein nur auf ein Fundament aufgeschraubter Pavillion kann wesentlicher Bestandteil sein: BGH NJW 1978, 1311.

[41] Z.B. Behelfsheim, Schaubude, Gerüst, Pflanzen einer Baumschule; nicht aber Baumaterial, das noch unter Eigentumsvorbehalt steht: BGH NJW 1972, 1187.

[42] Vgl **TH** B. 2.5.4.1.

Rechte sein, also z. B. auch einen anderen Eigentümer haben als das Grundstück und u. U. selbständig ge- oder verpfändet werden; sie gehören aber dann zu den Gegenständen, die gemäß §§ 1120 ff BGB für die Hypothek mithaften, wenn und solange sie dem Grundstückseigentümer gehören; dann und solange werden sie auch von der Versteigerung erfaßt (§ 55 I).

2.5.2. Erzeugnisse, sonstige Bestandteile, Zubehör

§ 97 BGB

(1) Zubehör sind bewegliche Sachen, die, ohne Bestandteil der Hauptsache zu sein, dem wirtschaftlichen Zwecke der Hauptsache zu dienen bestimmt sind und zu ihr in einem dieser Bestimmung entsprechenden räumlichen Verhältnisse stehen. Eine Sache ist nicht Zubehör, wenn sie im Verkehre nicht als Zubehör angesehen wird.

(2) Die vorübergehende Benutzung einer Sache für den wirtschaftlichen Zweck einer anderen begründet nicht die Zubehöreigenschaft. Die vorübergehende Trennung eines Zubehörstücks von der Hauptsache hebt die Zubehöreigenschaft nicht auf.

§ 98 BGB

Gewerbliches und landwirtschaftliches Inventar. Dem wirtschaftlichen Zwecke der Hauptsache sind zu dienen bestimmt:

1. **bei einem Gebäude, das für einen gewerblichen Betrieb dauernd eingerichtet ist, insbesondere bei einer Mühle, einer Schmiede, einem Brauhaus, einer Fabrik, die zu dem Betrieb bestimmten Maschinen und sonstigen Gerätschaften,**
2. **bei einem Landgut das zum Wirtschaftsbetriebe bestimmte Gerät und Vieh, die landwirtschaftlichen Erzeugnisse, soweit sie zur Fortführung der Wirtschaft bis zu der Zeit erforderlich sind, zu welcher gleiche oder ähnliche Erzeugnisse voraussichtlich gewonnen werden, sowie der vorhandene, auf dem Gut gewonnene Dünger.**

Gemäß § 1120 BGB erstreckt sich die Hypothek auf die vom Grundstück getrennten Erzeugnisse[43] und sonstigen Bestandteile,[44] soweit sie nicht mit der Trennung nach den §§ 954–957 BGB in das Eigentum eines Anderen gelangt sind,[45] sowie auf das Zubehör des Grundstücks.[46] Gemäß § 97 BGB ist eine

---

[43] Z. B. geerntetes Getreide oder ausgebaggerter aber noch auf dem Grundstück lagernder Kies.

[44] Z. B. „ausgebaute" zusätzliche Ölfeuerungsanlage: OLG Celle BB 1958, 134.

[45] Z. B. erwirbt ein Erbbauberechtigter oder Nießbraucher gem § 954 BGB bzw ein Eigenbesitzer gemäß § 955 das Eigentum an den Früchten mit deren Trennung vom Grundstück.

[46] Vgl die ausgezeichnete Abhandlung von Dorn, Rpfleger 1987, 143 über „Bestandteile und Zubehör in der Zwangsversteigerung" – Fast bei jedem Gegenstand kann man über die Zubehöreigenschaft streiten. Deshalb gibt es zahlreiche einschlägige Urteile. Als Zubehör anerkannt wurden z. B. (Nachweise bei Palandt-Heinrichs § 97 BGB Anm 8): Anschlußgleis auf Nachbargrundstück; Baumaterial auf Baugrundstück; Gondeln auf dem Teich bei einer Gastwirtschaft; Hotelomnibus; Geschäftswagen; Kohlenvorräte; Büroeinrichtung auf einem Fabrikgrundstück; lose verlegter Lino-

bewegliche Sache grundsätzlich dann Zubehör, wenn sie – ohne wesentlicher Bestandteil zu sein – nicht nur vorübergehend dem wirtschaftlichen Zweck, der Hauptsache zu dienen bestimmt ist und zu ihr in einem dieser Bestimmung entsprechenden räumlichen Verhältnis steht. § 98 BGB enthält für gewerbliches und landwirtschaftliches Inventar Beispiele für eine solche wirtschaftliche Zweckbestimmung. Über § 98 Nr. 1 BGB hinaus kann aber ein Gebäude nicht nur durch seine Gliederung, Einteilung, Eigenart oder Bauart, sondern auch aufgrund seiner Ausstattung mit betriebsdienlichen Maschinen und sonstigen Gerätschaften als für einen gewerblichen Betrieb dauernd eingerichtet angesehen werden.[46a] Die Vielfalt des Lebens führt allerdings dazu, daß auch juristisch nicht immer einfach allgemeingültige Grenzen gezogen werden können. Ein Musterbeispiel dafür ist die Frage, ob Einbauküchen wesentliche Bestandteile, Zubehör oder nichts von beidem sind. Zahlreiche Entscheidungen anerkennen Einbauküchen als wesentliche Bestandteile,[47] manche sprechen ihnen sogar die Zubehöreigenschaft ab.[48] Nach dem BGH läßt sich die Frage nicht allgemeingültig sondern nur fallbezogen entscheiden, wobei es darauf ankommt, ob nach der Verkehrsanschauung erst ihre Einfügung in das Gebäude eine besondere Eigenart oder ein bestimmtes Gepräge für das Gebäude ergibt, ohne das das Gebäude nicht als fertiggestellt anzusehen wäre, oder ob die Einbauküche dem Baukörper besonders angepaßt ist und deshalb mit ihm eine Einheit bildet.[49] Wann der BGH auch die Zubehöreigenschaft verneint, bleibt in dessen Entscheidungen allerdings offen.

Alle diese Gegenstände werden aber gemäß § 1121 BGB von der Haftung frei, wenn sie veräußert und von dem Grundstück entfernt werden, bevor sie zugunsten des Gläubigers beschlagnahmt worden sind.[50] In diesem Zusammenhang wird oft § 23 I 2 übersehen, der dem Schuldner trotz der umfassenden Beschlagnahmewirkung des § 20 II erlaubt, über einzelne bewegliche Sachen (also Erzeugnisse, unwesentliche Bestandteile, Zubehör) innerhalb der

---

leumboden; vom Eigentümer angebrachte Beleuchtungskörper eines Miethauses; Pferde und Wagen einer Brauerei, Glashütte, Sägerei; Produktionsmaschinen einer Fabrik; Geschäftseinrichtung einer Apotheke, Gastwirtschaft usw. – abgelehnt wurde die Zubehöreigenschaft z. B. für Fernsprechnebenanlagen einer Fabrik; Rohstoffvorräte einer Fabrik; Hölzer eines Sägewerks; Fertigfabrikate und Waren einer Fabrik; Teppiche einer Mietswohnung und zB auch bei Gaststätteninventar (vgl LG Kiel Rpfleger 1983, 167, bedenklich! richtiger wohl jetzt OLG Schleswig Rpfleger 1988, 76) und bei Einbauküchen (vgl. OLG Karlsruhe NJW 1986, 19).

[46a] BGH Rpfleger 2006, 213.

[47] OLG Zweibrücken NJW-RR 1989, 84; OLG Frankfurt FamRZ 1982, 938; OLG Hamburg MDR 1978, 138; **ablehnend dagegen:** OLG Hamm NJW-RR 1989, 333; OLG Frankfurt ZMR 1988, 136; OLG Düsseldorf MDR 1984, 51; OLG Köln VersR 1980, 51; LG Hagen Rpfleger 1999, 341; LG Köln WM 1988, 425.

[48] OLG Düsseldorf Rpfleger 1994, 374; OLG Koblenz ZMR 1993, 66 und Rpfleger 1988, 493; OLG Zweibrücken Rpfleger 1993, 169; OLG Karlsruhe Rpfleger 1988, 542; OLG Frankfurt ZMR 1988, 136; LG Hannover Rpfleger 1988, 543: alle stellen entscheidend ab auf die in der jeweiligen Region geltende Verkehrsanschauung. Die Zubehöreigenschaft bejahen **dagegen:** OLG Hamm NJW-RR 1989, 333; OLG Düsseldorf MDR 1984, 51; OLG Köln VersR 1980, 51; LG Köln WM 1988, 425.

[49] BGH Rpfleger 1990, 218; NJW 1984, 2277.

[50] U. U. ist auch nach der Beschlagnahme noch eine Enthaftung über §§ 1122, 1123 BGB gegeben.

Grenzen einer ordnungsgemäßen Wirtschaft bis zum Zuschlag zu verfügen und den Erlös voll für sich zu behalten.[51] Wenn ein Gläubiger das (und vor allem den Mißbrauch dieses Rechts) verhindern will, kann er die Zwangsverwaltung beantragen, bei der § 23 I 2 durch § 148 I 2 ausdrücklich ausgeschlossen ist.[52]

Beispiel aus der Praxis:

Der Mieter eines zu versteigernden Betriebsgrundstücks kauft noch vor der Beschlagnahme im Einvernehmen aller Beteiligter die (Zubehör-)Maschinen, beläßt diese aber auf dem Grundstück; der Kaufpreis wird an den Grundpfandgläubiger bezahlt, der es mit seinen gesicherten Forderungen gegen den inzwischen insolvent gewordenen Grundstückseigentümer verrechnet.

Der BGH gibt der Klage des Erstehers gegen den Mieter auf Herausgabe dieser Maschinen statt mit der Begründung: „Die Betriebsstillegung und die damit verbundene Aufhebung der Zubehöreigenschaft der Betriebseinrichtung gehen über die Grenzen einer ordnungsmäßigen Wirtschaft hinaus. Die Zubehörstücke werden in einem solchen Fall auch dann nicht von der Haftung frei, wenn der Grundpfandgläubiger ihrem Verkauf – ohne Entfernung vom Grundstück – zustimmt und der Erlös zu seiner Befriedigung verwendet wird."[53]

Dieses Ergebnis hätte noch im Versteigerungstermin durch die Vereinbarung abweichender Versteigerungsbedingungen gemäß § 59 vermieden werden können.

Auch wenn die Beschlagnahme noch nicht erfolgt ist, darf sogar ein Insolvenzverwalter Zubehör zugunsten der Insolvenzmasse nicht veräußern, außer bei ausdrücklicher Freigabe durch die absonderungsberechtigten Gläubiger, es sei denn, die Veräußerung des Zubehörs dient der ordnungsgemäßen Bewirtschaftung des Grundstücks und nicht der Durchführung des Insolvenzverfahrens.[54]

Zubehör, das nach den genannten Bestimmungen nicht im Eigentum des Grundstückseigentümers steht sondern einem Dritten gehört, haftet zwar nicht für die Grundpfandrechte und wird daher auch nicht von der Beschlagnahme erfaßt, es wird aber gemäß § 55 II mitversteigert, wenn es sich im unmittelbaren oder mittelbaren Besitz des Schuldners befindet[55] und der Eigentümer weder das Zubehör vor der Bietstunde aus dem Besitz entfernt[56] noch seine Rechte nach § 37 Nr. 5 geltend gemacht hat. Der Gesetzgeber hat dadurch den Ersteher von der – ohnehin kaum erfüllbaren – Notwendigkeit befreit, die Eigentumsverhältnisse an den Zubehörstücken zu klären.[57]

Leasinggegenstände sind schon deshalb idR kein Zubehör, weil die Verträge nur eine befristete Laufzeit haben; außerdem wird der Schuldner nur selten selbst der Leasingnehmer sein; deshalb werden bei beweglichen Leasing-

---

[51] Vgl Stöber § 23 Anm 6.4.
[52] BGH NJW 1996, 835; dazu Seeker WiB 1996, 270; Plander EWiR 1996, 259.
[53] BGH NJW 1996, 835.
[54] Vgl RGZ 69, 85; Dassler-Schiffhauer-Gerhardt § 20 Anm 2. – Vgl aber das oben erwähnte Beispiel aus BGH NJW 1996, 835!
[55] Vgl BGH NJW 1988, 2789 Steiner-Teufel § 55 Rz 13.
[56] Vgl **TH** B. 2.5.4.8. und **TH** B. 2.5.4.10.
[57] BGH NJW 1969, 2135; Stöber Handbuch Rdn 281.

gegenständen nur selten die Voraussetzungen für eine Mitversteigerung nach § 55 II ZVG gegeben sein. Sicherheitshalber sollte die Leasinggesellschaft aber immer ihre Rechte gemäß § 37 Nr. 5 geltend machen.[57a]

Die Geltendmachung der Drittrechte am Zubehör gemäß § 37 Nr. 5 bewirkt, daß alle betreibenden Gläubiger auf entsprechenden Eigentumsnachweis bezüglich dieses Gegenstandes die einstweilige Einstellung bewilligen[58] oder ihren Versteigerungsantrag zurücknehmen oder den Gegenstand aus der Versteigerung freigeben.[59] Weigert sich ein betreibender Gläubiger,[60] so kann der Zubehöreigentümer Widerspruchsklage gemäß §§ 771, 769 I ZPO erheben.[61]

Hat der Zubehöreigentümer sein Recht nicht schon vor dem Versteigerungstermin geltend gemacht, wird das Zubehör gemäß § 55 II mitversteigert und das Eigentum geht auf den Ersteher über. Unter Umständen kann die Freigabe aber sogar noch zwischen Versteigerung und Zuschlag erzwungen werden; dann muß allerdings nach der herrschenden Meinung der Zuschlag im ganzen versagt werden.[62]

Der Zubehöreigentümer wird für seinen Eigentumsverlust allerdings dadurch entschädigt, daß er einen Anspruch auf einen entsprechenden Teil des Versteigerungserlöses erhält (§ 37 Nr. 5).[63] Wenn er sein Eigentum wenigstens vor dem Verteilungstermin nachweist, richtet sich dieser Anspruch gegen das Gericht (§ 816 I BGB),[64] später gegen denjenigen Gläubiger, der als rangklassenletzter aus dem Versteigerungserlös Zahlungen erhalten hat (§ 812 I 1 BGB):[65] dieser kann sich gegen einen derartigen Anspruch 30 Jahre lang nur wehren, wenn er nicht mehr bereichert ist.

Die Höhe dieses Surrogationsanspruchs richtet sich danach, welcher Erlös für den Zubehörgegenstand erzielt worden ist. Ist das Grundstück zusammen mit dem Zubehör zu einem einheitlichen Preis zugeschlagen worden, so muß im Zweifel[66] der Gesamterlös entsprechend § 471 BGB nach dem Verhältnis von Grundstückswert zu Zubehörwert verteilt werden.[67] Wenn der Ersteher nachweist, daß das Fremdzubehör für sein Gebot absolut bedeutungslos war, entfällt der Surrogationsanspruch unter Umständen ganz.[63]

In der Praxis entstehen häufig auch dadurch Probleme, daß nicht einwandfrei zu klären ist, ob ein konkreter Gegenstand mitversteigert wird oder nicht.

[57a] Ähnlich Gerken, Rpfleger 1999, 209.

[58] Was sie nur tun werden, wenn der Eigentumsnachweis zwar noch nicht vollständig erbracht ist, aber wahrscheinlich noch erbracht werden kann.

[59] Vgl **TH** B. 2.5.4.6. und **TH** B. 2.5.4.7. und **TH** B. 2.5.4.9.

[60] Vgl **TH** B. 2.5.4.5.

[61] Vgl B. 8.2.1.4. und Stöber Handbuch Rdn 283.

[62] Vgl Steiner-Teufel § 55 Rz 21; Dassler-Muth § 33 Rz 4; Stöber § 33 Anm 5.2; Steiner-Storz § 33 Rz 28.

[63] Vgl **TH** B. 2.5.4.9.

[64] RGZ 88, 351; 76, 212; OLG Schleswig SchlHA 1994, 286; Steiner-Teufel § 55 Rz 29; Stöber § 93 Anm 8.2.

[65] BGH NJW 1962, 1498; OLG Celle MDR 1959, 930; Steiner-Teufel § 55 Rz 31.

[66] In anderen Fällen kann eine andere Aufteilung erforderlich sein, wenn zum Beispiel nachgewiesen wird, daß der Ersteher dem Zubehör gar keinen oder einen ganz besonderen Wert beigemessen hat; vgl auch **TH** B. 2.5.4.9.

[67] RGZ 76, 212; 88, 351; OLG Celle OLGZ 1980, 13; Berechnungsbeispiel bei Stöber § 92 Anm 8.2.

Diese Frage wird nicht etwa dadurch verbindlich positiv beantwortet, daß der Gegenstand in der Schätzung mit aufgeführt und bewertet worden ist oder daß das Versteigerungsgericht eine entsprechende Meinung geäußert hat. Denn nicht das Vollstreckungsgericht sondern das Prozeßgericht ist für eine Entscheidung zuständig.[68]

Die Rechtsfolge des § 55 II kann außer durch rechtzeitige Entfernung des Gegenstands aus dem Besitz des Schuldners oder durch rechtzeitige Geltendmachung der Rechte gemäß § 37 Nr. 5 über zwei weitere Wege vermieden werden:

2.5.2.1.: Das Gericht kann auf Antrag eines Beteiligten, der daran ein schutzwürdiges Interesse hat,[69] anordnen, daß eine bewegliche Sache (oder eine Forderung) von der Versteigerung des Grundstücks ausgeschlossen und besonders versteigert werden soll (§ 65 I 1). Die Anordnung der gesonderten Versteigerung steht im pflichtmäßigen Ermessen des Gerichts. Die Zurückweisung eines Antrags kann daher nicht selbständig, sondern nur im Rahmen einer Zuschlagsbeschwerde angefochten werden,[70] dagegen kann die Anordnung u. U. die Sicherheit eines Grundpfandrechts gefährden (§§ 1134, 1135 BGB), so daß dessen Berechtigter u. U. gegen den Anordnungsbeschluß oder den Zuschlagsbeschluß vorgehen (§ 83 Nr. 1) oder sogar Schadensersatzansprüche gegen den Antragsteller gemäß § 823 I BGB[71] oder gegen den Staat (§ 839 BGB i. V. m. Art. 34 GG) geltend machen kann.

Die Anordnung der gesonderten Versteigerung, die übrigens entweder nach den §§ 817, 817a III ZPO durch den Gerichtsvollzieher, oder vom Versteigerungsgericht getrennt vom Grundstück vorgenommen werden kann (§ 65 I 3), kann schon vor dem Versteigerungstermin[72] und bis zum Ende der Bietstunde (§ 73 II) erfolgen; der Vollzug ist jedoch erst nach der Versteigerung des Grundstücks und auch nur dann zulässig, wenn dort das geringste Gebot erreicht worden ist (§ 65 II).

2.5.2.2.: Die Rechtsfolge des § 55 II kann auch dadurch vermieden werden, daß gemäß § 59 geänderte Versteigerungsbedingungen dahingehend vereinbart werden, daß entweder Gegenstände mitversteigert werden, die von Gesetzes wegen ausgeklammert wären, oder umgekehrt. Im ersten Fall muß der Eigentümer der Gegenstände zustimmen (§ 59 I 2), und außerdem muß bestimmt werden, welcher Erlösanteil auf ihn entfallen soll;[73] im zweiten Fall müssen alle Beteiligten zustimmen, deren Rechte durch die Änderung beeinträchtigt werden. Sofern nicht feststeht, ob das Recht eines Beteiligten, der nicht zugestimmt hat, durch die Änderung beeinträchtigt wird, sind Doppelausgebote erforderlich (§ 59 II).

---

[68] RGZ 39, 292.

[69] Also z. B. nicht eines Gläubigers, dessen Recht ins geringste Gebot fällt; auch nicht eines Mieters oder Pächters.

[70] Vgl Dassler-Schiffhauer § 65 Rz 7; Muth 2 A Rz 17.

[71] Dassler-Schiffhauer § 65 Rz 11; m. E. kaum erfolgversprechend, weil das Gericht nach eigenem Ermessen entscheidet.

[72] RGZ 125, 308.

[73] Dassler-Schiffhauer § 55 Rz 15.

2.5.3. Versicherungs- und Entschädigungsforderungen

Die Versteigerung erfaßt gemäß §§ 55 I, 20 II auch Versicherungs- und Entschädigungsforderungen, soweit diese der Hypothekenhaftung unterliegen.[74] Soweit sich diese Forderungen auf land- und forstwirtschaftliche Erzeugnisse beziehen, werden sie nur erfaßt, wenn die Erzeugnisse noch mit dem Boden verbunden oder Zubehör des Grundstücks sind (§ 21 I).

Art und Umfang der mitversteigerten Versicherungsforderungen richten sich nach §§ 1127–1130 BGB. Besteht gegen die Versicherung nur ein Anspruch auf Ersatz der Wiederherstellungskosten (so in der Regel bei einer Gebäudebrandversicherung), dann erfaßt die Beschlagnahme nach herrschender Ansicht[75] auch diese Forderung mit dem Ergebnis, daß sie mit dem Zuschlag auf den Ersteher übergeht; an den Eigentümer kann nach der Beschlagnahme nicht mehr mit befreiender Wirkung gezahlt werden. Dies gilt jedenfalls dann, wenn der den Schaden verursachende Versicherungsfall nach der Beschlagnahme eingetreten ist.[75a]

Ob eine Forderung auf Versicherungsleistung in der Zwangsversteigerung auf den Ersteher übergeht oder dem Grundpfandgläubiger zusteht, hängt nach der Rechtsprechung[76] davon ab, ob im Zeitpunkt des Zuschlags der Versicherer dem Eigentümer gegenüber leistungspflichtig war (dann geht der Anspruch auf den Ersteher über), oder ob der Versicherer zB wegen Obliegenheitsverletzung des Eigentümers leistungsfrei geworden ist. In letzterem Fall hat der Grundpfandgläubiger gem § 102 I VVG einen eigenen, nicht vom Eigentümer abgeleiteten und daher nicht auf den Ersteher übergehenden Anspruch.

Beispiel aus der Praxis:

Am Abend vor der Zwangsversteigerung eines Betriebsgeländes begeht der Schuldner Brandstiftung; die GS-Gläubigerin erleidet deshalb einen Ausfall. Der Versicherer ist zwar gegenüber dem Schuldner freigeworden, nicht aber gegenüber der GS-Gläubigerin. Der BGH hat entschieden:[77]

„Bei dem Anspruch des Grundpfandgläubigers aus § 102 I VVG handelt es sich nicht um ein von dem Grundstückseigentümer abgeleitetes, sondern um ein selbständiges, unmittelbares Recht des Grundpfandgläubigers, das an die Stelle der pfandweisen Haftung der Brandentschädigung getreten ist.

Der Anspruch des Grundpfandgläubigers gegen den Versicherer wird begrenzt durch den Betrag des Grundpfandrechts nebst Zinsen und Kosten einerseits und den vom Versicherer bedingungsgemäß zu ersetzenden Schaden andererseits. Dieser Schaden entsteht mit dem Versicherungsfall.

Der Umstand, daß sich in einer dem Versicherungsfall nachfolgenden Zwangsversteigerung die mangelnde Werthaltigkeit eines Grundpfandrechts ergeben hat, kann den mit dem Versicherungsfall bereits entstandenen Anspruch des Grundpfandgläubigers nach §§ 102, 107b VVG auf bedingungsgemäße Entschädigungsleistung des Versicherers nicht berühren."

---

[74] Vgl dazu ausführlich Mohrbutter FS Herbert Schmidt 1981, 111; Hoes/Tetzlaff ZfIR 2001, 354.

[75] Stöber § 20 Anm 3.6.

[75a] OLG Hamm 27. 8. 2003 (20 U 12/03).

[76] BGH ZiP 1997, 232; VersR 1991, 331; WM 1981, 488; Räfle NJW 1983, 823.

[77] Besprechung von BGH ZiP 1997, 232 in EWiR 1997, 325.

Zu den Entschädigungsansprüchen gehören insbesondere evtl. Ansprüche wegen Enteignung gemäß Art. 14 GG oder eine evtl. Bergschädenvergütung nach Art. 67 EGBGB.[77a] Dagegen fallen Schadensersatzansprüche zB aus Verschulden bei Vertragsschluss gegen Versicherungsunternehmen nicht unter die Beschlagnahme.[77b]

2.5.4. Taktische Hinweise

TH 2.5.4.1.: Sogenannte „Scheinbestandteile" werden nur dann von der Versteigerung erfaßt (§ 55 I), wenn sie dem Schuldner gehören, aber eben dann nicht, wenn sie gemäß § 95 BGB nie dem Schuldner gehört haben oder von diesem an einen Dritten (z.B. sicherungs-) übereignet worden sind. Dies muß schon bei der Beleihung des Grundstücks beachtet werden und zwar besonders dann, wenn ein kreditnehmendes Wirtschaftsunternehmen aus zwei selbständigen juristischen Personen besteht, einer Grundstücks- und einer Betriebsgesellschaft, und wenn die Betriebsgesellschaft als Mieterin des Grundstücks Gebäude errichtet. Diese werden dann von den Grundpfandrechten ebenso wenig erfaßt wie die von der Betriebsgesellschaft angeschafften Produktionsmaschinen, die wegen dieser Trennung nicht Zubehör geworden sind; sie müssen getrennt sicherungsübereignet werden.

TH 2.5.4.2.: Wenn ein mitbeschlagnahmter und mitversteigerter Zubehörgegenstand vom Schuldner verbotenerweise[78] entfernt worden ist, bevor der Ersteher das Grundstück in Besitz genommen hat, kann der Ersteher wegen seiner Schadensersatzforderungen einen evtl. auf den Schuldner entfallenden Erlösanteil zurückbehalten und gegen die deshalb auf den Schuldner gemäß § 118 übertragene Forderung aufrechnen;[79] vgl. aber TH 2.5.4.4!

TH 2.5.4.3.: Den Erlös aus einer gegen die Beschlagnahme verstoßenden Veräußerung von Zubehör muß der Schuldner gemäß §§ 823 I, 251 BGB herausgeben und zwar entweder an das Gericht zur Teilungsmasse (wenn die Verfügung vor Schluß der Bietstunde erfolgt ist) oder an den Ersteher (wenn die Verfügung später erfolgt ist). Ein bösgläubiger Erwerber muß den beschlagnahmten Gegenstand zurückgeben; notfalls kann der Ersteher gegen ihn gemäß § 93 vollstrecken;[80] vgl aber TH 2.5.4.4!

TH 2.5.4.4.: Der Gesetzgeber hat also die Rechtsfolgen einer gegen die Beschlagnahme verstoßenden Verfügung durchaus geregelt. Trotzdem reicht diese theoretische Regelung oft nicht aus: zum einen besteht in der Praxis das eigentliche Problem in dem Nachweis, welchen Gegenstand der Schuldner wann zu welchem Preis an wen verkauft hat und ob dieser Verkauf unbefugt d.h. außerhalb einer ordnungsmäßigen Wirtschaft (§ 23 I 2) erfolgt ist; zum andern wird der Ersteher im Falle des TH 2.5.4.2. nur in den (sehr seltenen) Fällen entschädigt, in denen dem Schuldner aus der Grundstücksversteige-

---

[77a] RGZ 69, 247; LG Saarbrücken Rpfleger 1998, 532.
[77b] BGH NJW 2006, 771 − LMK 2006 Nr. 166328 (Anm Storz/Kiderlen). − Zu der Auswirkung von Schadensfällen auf die Zwangsversteigerung vgl auch Klawikowski, Rpfleger 2006, 341.
[78] Der Schuldner macht sich auch nach § 136 StGB strafbar.
[79] Vgl Stöber § 55 Anm 3.10.
[80] Vgl Stöber § 23 Anm 6.4.

rung ein Übererlös verbleibt, und im Falle des TH 2.5.4.3. ist der Erlös beim Schuldner meist schon vor dem Zugriffsversuch des Gläubigers verschwunden und ein weiterer Zahlungsanspruch gegen ihn ist wegen seiner meist ohnehin vorhandenen Zahlungsunfähigkeit und Überschuldung unergiebig; auch die Bösgläubigkeit des Erwerbers läßt sich nur selten nachweisen.

Wenn es einem Gläubiger auf die Zubehörhaftung ankommt, sollte er daher auch die Zwangsverwaltung betreiben. Er erreicht damit, daß dem Schuldner auch die Verfügungsbefugnis über die beweglichen Sachen genommen wird (§§ 148 I 2, 23 I 2); vor allem kann er so den Mißbrauch des Rechts nach § 23 I 2 von vorneherein verhindern.[81]

TH 2.5.4.5.: Bei der Versteigerung sowohl von Betriebs- als auch von Wohngrundstücken kommt es oft zu Streitereien über die Frage, ob ein bestimmter Gegenstand als Zubehör anzusehen ist. In der Tat ist diese Frage bei vielen Gegenständen trotz der umfangreichen Rechtsprechung und Kommentatur oft nur schwer eindeutig zu beantworten. Deshalb sei jedem Gläubiger empfohlen, niemals gegenüber Bietinteressenten verbindliche Äußerungen über die Zubehöreigenschaft oder über das Vorhandensein bestimmter Gegenstände zu machen.

In der Praxis orientieren sich die Beteiligten gerne daran, ob ein bestimmter Gegenstand bei der Festsetzung des Verkehrswerts als Zubehör benannt und u. U. sogar mit einem eigenen Wert versehen worden ist. Dies ist zwar rechtlich ohne Bedeutung,[82] aber eben doch ein „Rettungsanker". Das Versteigerungsgericht sollte dies berücksichtigen und gegebenenfalls aufklären.

TH 2.5.4.6.: Macht der Zubehöreigentümer sein Recht erst zwischen Versteigerung und Zuschlag geltend, so kann die nach der herrschenden Meinung erforderliche Versagung des Zuschlags im ganzen[87] u. U. dadurch verhindert werden, daß sich die Beteiligten auf folgendes Verfahren einigen: Das Gericht versagt den Zuschlag hier bezüglich des betreffenden Gegenstandes und erteilt den Zuschlag im übrigen, und der Ersteher erklärt seine Zustimmung zu Protokoll. Kein Beteiligter ist durch dieses Verfahren beeinträchtigt, so daß auch keine Beschwerde gegen den Zuschlag zu erwarten ist. Der Ersteher wird sich zwar u. U. seine Zustimmung außerhalb des Verfahrens honorieren lassen (wenn er die Stärke seiner Position erkennt!), aber das Ergebnis kann für die Beteiligten trotzdem günstiger sein als die Versagung des Zuschlags im ganzen.

TH 2.5.4.7.: Der Zubehöreigentümer, der sein Recht nachweisen kann, hat in jeder Phase der Versteigerung (mit Recht) eine starke Position gegenüber den Beschlagnahmegläubigern. Wenn der Gegenstand für die Verwertung des Grundstücks von Bedeutung ist, sollten diese Gläubiger u. U. versuchen, mit dem Zubehöreigentümer eine Einigung dahin zu erzielen, daß der Gegenstand mitversteigert und an seinen Eigentümer ein bestimmter Erlösanteil ausbezahlt wird – diese Einigung kann über § 59 in das Versteigerungsverfahren einbezogen werden.

---

[81] Vgl auch A. 1.3.3.6.
[82] Vgl dazu oben B. 2.5.2.

TH 2.5.4.8.: Der Zubehöreigentümer hat auch nach Schluß der Versteigerung und nach Verteilung des Erlöses noch eine gewisse Position, weil er theoretisch noch 30 Jahre lang Bereicherungsansprüche gemäß § 812 I 1 BGB gegen den als Rangletzten befriedigten Gläubiger geltend machen kann. Deshalb sollten sich die Beschlagnahmegläubiger die Freigabe nicht allzu schwer machen. Die gut gesicherten Gläubiger erleiden durch die Freigabe ohnehin keine Nachteile; und die nicht gut gesicherten Gläubiger sollten keine langfristigen Unsicherheiten hinnehmen. Wenn keine Einigung mit dem Dritten möglich ist und wenn sie wirklich Zweifel am behaupteten Eigentum haben ohne eine Klärung vor dem Versteigerungstermin herbeiführen zu können,[83] dann sollten sie entweder freigeben oder notfalls über § 65[84] oder § 59[85] durchsetzen, daß der betreffende Gegenstand nicht zusammen mit dem Grundstück versteigert wird.

TH 2.5.4.9.: Zum Schluß noch ein „spekulativer" Hinweis an den Zubehöreigentümer. Dieser sollte nicht unter allen Umständen sofort nach Bekanntgabe der Grundstücksversteigerung sein Eigentum nachweisen und die Freigabe verlangen. In geeigneten Fällen kann es für ihn günstiger sein, die Versteigerung (mit seinem Gegenstand) abzuwarten und erst danach – aber vor dem Verteilungstermin – sein Recht geltend zu machen. Dann erhält er einen entsprechenden Anteil am Versteigerungserlös, der u. U. sogar über dem eigentlichen Zeitwert des Gegenstandes liegen kann, wenn mehrere Interessenten für das Grundstück dessen Preis hochgeboten haben. Außerdem hat er den – u. U. schwierigen – Abtransport und Weiterverkauf des Gegenstandes vermieden. Dieses Verfahren kann aber auch gefährlich sein, weil der Erlösanteil u. U. gedrückt werden kann, wenn der Zubehörgegenstand bei den Geboten für das Grundstück nachweislich keine Rolle gespielt hat.[86] Vor allem aber ist Vorsicht geboten, weil der Ersteher unter Umständen nachweisen kann, daß er wegen des Zubehörs nicht höher geboten hat; dann geht der Eigentümer unter Umständen leer aus; er riskiert also, daß er für den Eigentumsverlust überhaupt nicht entschädigt wird. Für die Praxis ist allerdings zu beachten, daß sich die Auseinandersetzung um eine „Entschädigung" zwischen dem ehemaligen Zubehör-Eigentümer und dem letztbefriedigten abspielt, und daß der Ersteher (also ein Dritter) das „Zünglein an der Waage" ist, weil es allein auf seine Aussage ankommt. Also hilft da vielleicht ein vorheriges klärendes Gespräch, unter Umständen noch während des Termins. ...

TH 2.5.4.10.: Für den Zubehöreigentümer ist, wenn kein Sonderfall im Sinne des TH 2.5.4.9. vorliegt, grundsätzlich die unverzügliche Entfernung des Zubehörgegenstandes aus dem mittelbaren oder unmittelbaren Besitz des Schuldners oder eines neu eingetretenen Eigentümers sehr wichtig. Denn wenn der Gegenstand vor Beginn der Bietstunde entfernt ist, wird er von der Versteigerung nicht mehr erfaßt (vgl § 55), und unter Umständen ist die Entfernung gegen den Willen des Schuldners weder strafbar (der Gegenstand ist

---

[83] Die Tatsache, daß der Dritte beweispflichtig ist, nützt hier nicht viel, weil er den Nachweis ja erst später erbringen kann!
[84] Vgl oben B. 2.5.2.1.
[85] Vgl oben B. 2.5.2.2.
[86] Vgl oben B. 2.5.2.

ja nicht beschlagnahmt!) noch ergeben sich privatrechtliche Schadensersatzansprüche. Der Zubehöreigentümer ist also auf die Geltendmachung seiner Rechte gemäß § 37 Nr. 5 nur dann angewiesen, wenn ihm eine rechtzeitige Entfernung nicht gelingt.

TH 2.5.4.11.: Insbesondere bei gewerblichen Grundstücken mit wertvollem (Maschinen-)Zubehör kann das Pfandobjekt von einem böswilligen Ersteher gefährlich entwertet werden, wenn er nach (rechtskräftigem!) Zuschlag die wesentlichen Zubehörteile entfernt und damit enthaftet (!) und dann im Verteilungstermin nicht zahlt, so daß es zur Wiederversteigerung (ohne das Zubehör) kommt. Der Ersteher haftet dann zwar persönlich für die Darlehens- (und jetzt uU auch Schadensersatz-) Forderungen, das nützt aber nichts, wenn er mittellos ist! Die Gläubiger können sich dagegen nur schützen, indem sie entweder wertvolles Zubehör schon vorher verwerten oder bei rechtzeitigem Mißtrauen(?) den Zuschlag verhindern oder besondere Maßnahmen nach § 94 beantragen und in jedem Fall Sicherheit verlangen. In der Praxis wird aber auch all das nicht viel nützen, wenn der Ersteher gezielt und dolos vorgeht.

TH 2.5.4.12.: Die Behandlung der sich auf einem zu versteigernden Grundstück befindlichen Gegenstände erfordert besondere Sorgfalt des Versteigerungsgerichts. Dieses hat keine Klassifizierung dahingehend vorzunehmen, welche Sachen mitversteigert werden. Insbesondere unterliegt eine Prüfung der Eigentumsverhältnisse an diesen Gegenständen nicht seiner Zuständigkeit. Es sollten jedoch im Versteigerungstermin und im Zuschlagsbeschluß die Gegenstände benannt werden, die nicht von der Versteigerung erfaßt werden, weil

– sie offensichtlich nicht zum Versteigerungsobjekt gehören;
– insoweit die Antragsrücknahme sämtlicher betreibenden Gläubiger vorliegt;
– die einstweilige Einstellung des Verfahrens seitens sämtlicher betreibenden Gläubiger bewilligt oder aber gerichtlich beschlossen wurde;
– einem Antrag auf Durchführung der abgesonderten Versteigerung gemäß § 65 ZVG stattgegeben wurde.

Das Gericht sollte während der gesamten Dauer des Verfahrens für eine weitgehende Transparenz der Versteigerungsmasse Sorge tragen. Im Einvernehmen mit allen Beteiligten sollte unter seiner Leitung der Versuch einer umfassenden Feststellung des Versteigerungsvolumens unternommen werden. Gegenstände, deren Eigentumsverhältnisse, Zubehör- oder Bestandteilseigenschaft strittig sind, sollten, soweit es wirtschaftlich vertretbar ist, einer abgesonderten Verwertung zugeführt werden, um insbesondere Bietinteressenten nicht zu verunsichern.

Wo im Einzelfall eine einvernehmliche Regelung bzw. eine Herausnahme aus der Versteigerungsmasse nicht erreicht werden kann, sollte der Rechtspfleger im Rahmen der Wertfestsetzung sämtliche Gegenstände erfassen. Auf diese Weise können bei Einstellungsbeschlüssen bzw. Freigabeerklärungen im vorgerückten Verfahrensstadium die Veränderungen des Verkehrswertes – und damit der $5/_{10}$, $7/_{10}$-Grenze – nachvollziehbar vorgenommen werden. Im übrigen ist der Wert für die Erlösbeteiligung bei Anmeldung von Rechten Dritter nach dem Schluß der Versteigerung von erheblicher Bedeutung.

Auf der anderen Seite müssen die Beteiligten und Interessenten im Termin darauf hingewiesen werden, daß die Tatsache der wertmäßigen Erfassung eines Gegenstandes in Expertisen oder Wertfestsetzungsbeschlüssen nichts über deren Zugehörigkeit zum Versteigerungsobjekt aussagt und daß das Versteigerungsgericht keine Wertung hinsichtlich der Zubehör- oder Bestandteilseigenschaft der beweglichen Gegenstände abzugeben hat.

3. Einstweilige Einstellung, Aufhebung

3.1. Vollstreckungsschutz

§ 30 a ZVG

(1) Das Verfahren ist auf Antrag des Schuldners einstweilen auf die Dauer von höchstens sechs Monaten einzustellen, wenn Aussicht besteht, daß durch die Einstellung die Versteigerung vermieden wird, und wenn die Einstellung nach den persönlichen und wirtschaftlichen Verhältnissen des Schuldners sowie nach der Art der Schuld der Billigkeit entspricht.

(2) Der Antrag ist abzulehnen, wenn die einstweilige Einstellung dem betreibenden Gläubiger unter Berücksichtigung seiner wirtschaftlichen Verhältnisse nicht zuzumuten ist, insbesondere ihm einen unverhältnismäßigen Nachteil bringen würde, oder wenn mit Rücksicht auf die Beschaffenheit oder die sonstigen Verhältnisse des Grundstücks anzunehmen ist, daß die Versteigerung zu einem späteren Zeitpunkte einen wesentlich geringeren Erlös bringen würde.

(3) Die einstweilige Einstellung kann auch mit der Maßgabe angeordnet werden, daß sie außer Kraft tritt, wenn der Schuldner die während der Einstellung fällig werdenden wiederkehrenden Leistungen nicht binnen zwei Wochen nach Eintritt der Fälligkeit bewirkt. Wird die Zwangsversteigerung von einem Gläubiger betrieben, dessen Hypothek oder Grundschuld innerhalb der ersten sieben Zehnteile des Grundstückswertes steht, so darf das Gericht von einer solchen Anordnung nur insoweit absehen, als dies nach den besonderen Umständen des Falles zur Wiederherstellung einer geordneten wirtschaftlichen Lage des Schuldners geboten und dem Gläubiger unter Berücksichtigung seiner gesamten wirtschaftlichen Verhältnisse, insbesondere seiner eigenen Zinsverpflichtungen, zuzumuten ist.

(4) Das Gericht kann ferner anordnen, daß der Schuldner Zahlungen auf Rückstände wiederkehrender Leistungen zu bestimmten Terminen zu bewirken hat.

(5) Das Gericht kann schließlich die einstweilige Einstellung von sonstigen Auflagen mit der Maßgabe abhängig machen, daß die einstweilige Einstellung des Verfahrens bei Nichterfüllung dieser Auflagen außer Kraft tritt.

§ 30 b ZVG

(1) Die einstweilige Einstellung ist binnen einer Notfrist von zwei Wochen zu beantragen. Die Frist beginnt mit der Zustellung der Verfügung, mit welcher der Schuldner auf das Recht zur Stellung des Einstellungsantrags, den Fristbeginn und die Rechtsfolgen eines fruchtlosen Fristablaufs hingewiesen wird. Der Hinweis ist möglichst zugleich mit dem Beschluß, durch den die Zwangsversteigerung angeordnet wird, zuzustellen.

(2) Die Entscheidung über den Antrag auf einstweilige Einstellung des Verfahrens ergeht durch Beschluß. Vor der Entscheidung sind der

Schuldner und der betreibende Gläubiger zu hören; in geeigneten Fällen kann das Gericht mündliche Verhandlung anberaumen. Der Schuldner und der betreibende Gläubiger haben ihre Angaben auf Verlangen des Gerichts glaubhaft zu machen.

(3) Gegen die Entscheidung ist die sofortige Beschwerde zulässig; vor der Entscheidung ist der Gegner zu hören.

(4) Der Versteigerungstermin soll erst nach Rechtskraft des die einstweilige Einstellung ablehnenden Beschlusses bekanntgegeben werden.

§ 30 c ZVG

War das Verfahren gemäß § 30 a einstweilen eingestellt, so kann es auf Grund des § 30 a einmal erneut eingestellt werden, es sei denn, daß die Einstellung dem Gläubiger unter Berücksichtigung seiner gesamten wirtschaftlichen Verhältnisse nicht zuzumuten ist. § 30 b gilt entsprechend.

§ 30 d ZVG

(1) Ist über das Vermögen des Schuldners ein Insolvenzverfahren eröffnet, so ist auf Antrag des Insolvenzverwalters die Zwangsversteigerung einstweilen einzustellen, wenn

1. im Insolvenzverfahren der Berichtstermin nach § 29 Abs 1 Nr 1 der Insolvenzordnung noch bevorsteht,
2. das Grundstück nach dem Ergebnis des Berichtstermins nach § 29 Abs 1 Nr 1 der Insolvenzordnung im Insolvenzverfahren für eine Fortführung des Unternehmens oder für die Vorbereitung der Veräußerung eines Betriebs oder einer anderen Gesamtheit von Gegenständen benötigt wird,
3. durch die Versteigerung die Durchführung eines vorgelegten Insolvenzplans gefährdet würde oder
4. in sonstiger Weise durch die Versteigerung die angemessene Verwertung der Insolvenzmasse wesentlich erschwert würde.

Der Antrag ist abzulehnen, wenn die einstweilige Einstellung dem Gläubiger unter Berücksichtigung seiner wirtschaftlichen Verhältnisse nicht zuzumuten ist.

(2) Hat der Schuldner einen Insolvenzplan vorgelegt und ist dieser nicht nach § 231 in der Insolvenzordnung zurückgewiesen worden, so ist die Zwangsversteigerung auf Antrag des Schuldners unter den Voraussetzungen des Absatzes 1 Satz 1 Nr 3, Satz 2 einstweilen einzustellen.

(3) § 30 b Abs 2 bis 4 gilt entsprechend mit der Maßgabe, daß an die Stelle des Schuldners der Insolvenzverwalter tritt, wenn dieser den Antrag gestellt hat, und daß die Zwangsversteigerung eingestellt wird, wenn die Voraussetzungen für die Einstellung glaubhaft gemacht sind.

(4) Ist vor der Eröffnung des Insolvenzverfahrens ein vorläufiger Verwalter bestellt, so ist auf dessen Antrag die Zwangsversteigerung einstweilen einzustellen, wenn glaubhaft gemacht wird, daß die einstweilige Einstellung zur Verhütung nachteiliger Veränderungen in der Vermögenslage des Schuldners erforderlich ist.

§ 30 e ZVG

(1) Die einstweilige Einstellung ist mit der Auflage anzuordnen, daß dem betreibenden Gläubiger für die Zeit nach dem Berichtstermin nach § 29 Abs 1 Nr 1 der Insolvenzordnung laufend die geschuldeten Zinsen binnen zwei Wochen nach Eintritt der Fälligkeit aus der Insolvenzmasse gezahlt werden. Ist das Versteigerungsverfahren schon vor der Eröffnung des Insolvenzverfahrens nach § 30 d Abs 4 einstweilen eingestellt worden, so ist die Zahlung von Zinsen spätestens von dem Zeitpunkt an anzuordnen, der drei Monate nach der ersten einstweiligen Einstellung liegt.

(2) Wird das Grundstück für die Insolvenzmasse genutzt, so ordnet das Gericht auf Antrag des betreibenden Gläubigers weiter die Auflage an, daß der entstehende Wertverlust von der Einstellung des Versteigerungsverfahrens an durch laufende Zahlungen aus der Insolvenzmasse an den Gläubiger auszugleichen ist.

(3) Die Absätze 1 und 2 gelten nicht, soweit nach der Höhe der Forderung sowie dem Wert und der sonstigen Belastung des Grundstücks nicht mit einer Befriedigung des Gläubigers aus dem Versteigerungserlös zu rechnen ist.

§ 30 f ZVG

(1) Im Falle des § 30 d Abs 1 bis 3 ist die einstweilige Einstellung auf Antrag des Gläubigers aufzuheben, wenn die Voraussetzungen für die Einstellung fortgefallen sind, wenn die Auflagen nach § 30 e nicht beachtet werden oder wenn der Insolvenzverwalter, im Falle des § 30 d Abs 2 der Schuldner, der Aufhebung zustimmt. Auf Antrag des Gläubigers ist weiter die einstweilige Einstellung aufzuheben, wenn das Insolvenzverfahren beendet ist.

(2) Die einstweilige Einstellung nach § 30 d Abs 4 ist auf Antrag des Gläubigers aufzuheben, wenn der Antrag auf Eröffnung des Insolvenzverfahrens zurückgenommen oder abgewiesen wird. Im übrigen gilt Absatz 1 Satz 1 entsprechend.

(3) Vor der Entscheidung des Gerichts ist der Insolvenzverwalter, im Falle des § 30 d Abs 2 der Schuldner, zu hören. § 30 b Abs 3 gilt entsprechend.

§ 153 b ZVG

(1) Ist über das Vermögen des Schuldners das Insolvenzverfahren eröffnet, so ist auf Antrag des Insolvenzverwalters die vollständige oder teilweise Einstellung der Zwangsverwaltung anzuordnen, wenn der Insolvenzverwalter glaubhaft macht, daß durch die Fortsetzung der Zwangsverwaltung eine wirtschaftlich sinnvolle Nutzung der Insolvenzmasse wesentlich erschwert wird.

(2) Die Einstellung ist mit der Auflage anzuordnen, daß die Nachteile, die dem betreibenden Gläubiger aus der Einstellung erwachsen, durch laufende Zahlungen aus der Insolvenzmasse ausgeglichen werden.

(3) Vor der Entscheidung des Gerichts sind der Zwangsverwalter und der betreibende Gläubiger zu hören.

§ 153 c ZVG

(1) Auf Antrag des betreibenden Gläubigers hebt das Gericht die Anordnung der einstweiligen Einstellung auf, wenn die Voraussetzungen für die Einstellung fortgefallen sind, wenn die Auflagen nach § 153 b Abs 2 nicht beachtet werden oder wenn der Insolvenzverwalter der Aufhebung zustimmt.

(2) Vor der Entscheidung des Gerichts ist der Insolvenzverwalter zu hören. Wenn keine Aufhebung erfolgt, enden die Wirkungen der Anordnung mit der Beendigung des Insolvenzverfahrens.

§ 174 a ZVG

Der Insolvenzverwalter kann bis zum Schluß der Verhandlung im Versteigerungstermin verlangen, daß bei der Feststellung des geringsten Gebots nur die den Ansprüchen aus § 10 Abs 1 Nr 1 a vorgehenden Rechte berücksichtigt werden; in diesem Fall ist das Grundstück auch mit der verlangten Abweichung auszubieten.

3.1.1. Vollstreckungsschutz nach §§ 30 a–30 c

Vor der Anordnung der Zwangsversteigerung wird der Vollstreckungsschuldner nicht angehört. Er kann die Anordnung auch nicht gegenüber dem Vollstreckungsgericht mit Rechtsmitteln angreifen.[1] Wohl aber kann er Vollstreckungsschutz in Form einer einstweiligen Einstellung auf höchstens 6 Monate gemäß §§ 30 a–30 c beantragen.

Da der Schuldner gemäß § 30 b I 2 über sein Antragsrecht sowie über die vierzehntägige Antragsfrist und die Rechtsfolgen einer Fristversäumnis belehrt wird,[2] und zwar schon aus Kostengründen[3] in der Regel zugleich mit dem Anordnungs- und mit jedem evtl. Beitrittsbeschluß (§ 30 b I 3), und da das Einstellungsverfahren ohne Rücksicht auf seinen Ausgang auch bei Einschaltung eines Rechtsanwalts[4] keine besonderen Kosten verursacht,[5] ist der Einstellungsantrag eine wichtige Vollstreckungsschutzbestimmung.[6] Es muß allerdings hinzugefügt werden, daß der Antrag vor 1979 nur selten tatsächlich zu einer Einstellung geführt hat, weil die Voraussetzungen des § 30 a früher nur schwer zu erfüllen waren; andererseits ist der Antrag immer dann im Ergebnis erfolgreich, wenn er vorwiegend oder ausschließlich zu Verzögerungszwecken gestellt wird, weil der Schuldner auch bei einer Zurückweisung seines Antrags durch das Beschwerdegericht meist eine tatsächliche Verzögerung um mindestens 6 Monate erreicht.[7]

---

[1] Zu einer evtl Vollstreckungsabwehrklage gem § 767 ZPO vgl unten B. 8.2.1.3.

[2] Muster einer Belehrung im Anhang **AT** Nr. 7.

[3] Vgl Stöber § 30 b Anm 2.2.

[4] Auch die Anwaltskosten für das Einstellungsverfahren nach §§ 30 a–d sind gem. § 68 I 1 BRAGO mit der Versteigerungsverfahrensgebühr abgegolten.

[5] In der Beschwerdeinstanz entstehen allerdings immer Rechtsanwalts- und u. U. auch Gerichtsgebühren.

[6] Etwas kritisch aber Dassler-Muth § 30 a Rz 4.

[7] OLG Köln, Rpfleger 1980, 233; Engel Rpfleger 1981, 81. – Vgl deshalb **TH** B. 3.1.3.3.

Antragsberechtigt ist der Schuldner selbst, bei Gesamtgut einer Gütergemeinschaft jeder EhEgatte[8] und im Fall des § 30c nur der Insolvenzverwalter (nicht der Gemeinschuldner).[9] Der Antrag nach § 30a ist kein Rechtsmittel iSd § 839 III BGB.[10] Der Antrag muß ausdrücklich gegen den Anordnungsund jeden evtl. Beitrittsbeschluß gestellt werden. Das sagt zwar § 30b I 3 nicht ausdrücklich; es ergibt sich aber zwingend daraus, daß alle betreibenden Gläubiger selbständige Verfahren gegen den Schuldner betreiben,[11] für die alle Einstellungsmöglichkeiten völlig getrennt gelten. Der Einstellungsantrag des § 30a kann im übrigen auch nach einem Fortsetzungsbeschluß gestellt werden, wenn die Einstellungsmöglichkeiten noch nicht nach § 30d verbraucht worden sind.[12] Jeder Einstellungsantrag muß auch für sich behandelt werden, was aber nicht ausschließt, daß die Entscheidungen in einem Beschluß zusammengefaßt werden. Theoretisch ist es auch möglich, nur gegenüber einem Gläubiger einzustellen und bei einem anderen fortzusetzen; praktisch ist das aber nicht.

Die Notfrist von 14 Tagen (ab Zugang der Belehrung: § 30b I 1) ist nicht eingehalten, wenn der Antrag beim unzuständigen Gericht eingeht, z.B. bei dem Amtsgericht, in dessen Bezirk das Grundstück liegt, das aber gemäß § 1 II für Zwangsversteigerungen nicht zuständig ist.[13] Als Notfrist ist eine Verlängerung nicht möglich; allerdings kann bei unverschuldeter Fristversäumnis Wiedereinsetzung in den vorigen Stand gemäß §§ 233ff ZPO gewährt werden.

Die einstweilige Einstellung nach § 30a setzt einen Schuldnerantrag voraus, in dem der Schuldner vortragen und auf Verlangen des Gerichts auch glaubhaft machen muß (§ 30b II 3 i.V.m. §§ 138, 286 ZPO),

(1) daß und warum begründete Aussicht besteht, daß durch die Einstellung die Versteigerung vermieden wird,[14] und

(2) daß und warum die Einstellung nach den persönlichen und wirtschaftlichen Verhältnissen des Schuldners sowie nach der Art der Schuld der Billigkeit entspricht.[15]

Die §§ 30a ff sind im Jahre 1953 mit der Zielsetzung in das ZVG eingefügt worden, die bis dahin gegebenen Einstellungsmöglichkeiten einzuschränken; daher darf § 30a nicht nur schuldnerfreundlich ausgedehnt werden, sondern man muß ihn auch nach seiner am 1. 7. 1979 wirksam gewordenen Neufassung zum Anlaß einer Abwägung der Interessen von Schuldner und Gläubiger machen. An der früheren Fassung ist kritisiert worden, daß die Einstellungsvoraussetzungen in allgemein „guten Zeiten" kaum einmal erfüllbar waren, während sie in „schlechten Zeiten" grundsätzlich gegeben waren, so

[8] LG Zweibrücken Rpfleger 1995, 223.
[9] AG Hannover Rpfleger 1987, 166.
[10] BGH NJW 1994, 1403.
[11] Vgl oben B. 1.2. und **TH** B. 3.2.4.4.
[12] Heute unstreitig, vgl LG Aachen MDR 1987, 683; Stöber § 30b Anm 2.1; Dassler-Muth § 30b Rz 2; Steiner-Storz § 30b Rz 17.
[13] Zeller-Stöber § 30b Anm 3.4.
[14] Der Schuldner muß also sanierungsfähig sein, vgl Dassler-Muth § 30a Rz 6; Stöber § 30a Anm 3.2; Steiner-Storz § 30a Rz 35.
[15] So die seit 1. 7. 1979 geltende Voraussetzung. Vgl das Beispiel im Anhang **AT** Nr. 7.

daß sie als Voraussetzungen für einen Antrag ungeeignet sind. Befürchtungen (auch anfangs in diesem Leitfaden geäußert), durch die großzügige Neuregelung werde § 30 a noch mehr als Verzögerungsinstrument mißbraucht werden, haben sich in der Zwischenheit nicht bestätigt. Das liegt wohl auch daran, daß die Gläubiger immer häufiger (wie schon immer in diesem Leitfaden empfohlen) dem Einstellungsantrag nicht entgegentreten, aber darauf drängen, daß die einstweilige Einstellung gem § 30 a III–V mit der Maßgabe angeordnet wird, daß bestimmte Auflagen erfüllt werden.[16] Nach früher herrschender Ansicht galt im Einstellungsverfahren der Amtsbetrieb[17] mit der Folge, daß das Verfahren zwar einen Antrag voraussetzt, der gegebenenfalls vom Gericht sogar nach § 139 ZPO angeregt werden kann, daß dann aber das Gericht von Amts wegen ermittelt, ob die Einstellungsvoraussetzungen gegeben sind. Das hat bedeutet, daß der Schuldner selbst gar nicht unbedingt alle Einstellungsvoraussetzungen vortragen mußte. Heute setzt sich aber mehr die Ansicht durch, das Einstellungsverfahren werde vom Beibringungsgrundsatz mit Darlegungs- und Beweislast beherrscht mit der Folge, daß der Schuldner seinen Einstellungsantrag rechtfertigen und die gegen eine evtl Zahlungsauflage sprechenden Tatsachen vortragen muß, während der Gläubiger darzulegen hat, was gegen die einstweilige Einstellung bzw was für die Anordnung von Auflagen spricht.[18] (Nur) auf Verlangen des Gerichts müssen die Angaben glaubhaft gemacht werden (§ 30 b II 3);[19] verlangt das Gericht keine Glaubhaftmachung, würdigt es die tatsächlichen Behauptungen gemäß § 286 ZPO nach freier Überzeugung.[20]

Gemäß § 30 b II 2 sind vor der Entscheidung über den Antrag Schuldner und Gläubiger zu hören; in geeigneten Fällen kann das Gericht sogar mündliche Verhandlung anberaumen. Bei diesem Verfahren ist leicht verständlich, daß das Einstellungsverfahren bei Ausschöpfung aller Rechtsbehelfsmöglichkeiten[21] oft eine Verzögerung von mehr als 6 Monaten selbst dann bringt, wenn der Antrag letztendlich abgelehnt wird.

Selbst wenn die Voraussetzungen des § 30 a I nach Überzeugung des Gerichts gegeben sind, muß die Einstellung abgelehnt werden, wenn sie dem betreibenden Gläubiger unter den Gesichtspunkten des § 30 a II nicht zugemutet werden kann. Das Gericht hat bei dieser Interessenabwägung noch eine Kompromißmöglichkeit: es kann einerseits einstellen, die Einstellung aber andererseits mit der Auflage verbinden, daß während der Einstellungszeit fällig werdende wiederkehrende Leistungen ganz oder teilweise erbracht werden (§ 30 a III) und/oder daß der Schuldner Zahlungen auf Rückstände der dinglichen Forderung zu bewirken hat (§ 30 a IV) und/oder daß sonstige

---

[16] Vgl **TH** B. 3.1.4.3. und das Beispiel im Anhang **AT** Nr. 8 und 9.

[17] Stöber (11. Auflage 1983) § 30 b Anm 1 (1); Dassler-Schiffhauer-Gerhardt § 30 b Anm 1; Steiner-Storz § 30 a Rz 28 jeweils mwN.

[18] Stöber § 30 b Anm 4.1; Zöller-Stephan § 294 ZPO Anm 5; OLG Koblenz NJW 1955, 148; Dassler-Muth § 30 b Rz 5.

[19] Sofortige Glaubhaftmachung ist dann nötig (vgl § 294 ZPO), wenn – falls zeitlich überhaupt noch möglich – erst in oder kurz vor dem Versteigerungstermin beantragt wurde: OLG Koblenz NJW 1955, 148; Dassler-Muth § 30 b Rz 8; Stöber § 30 b Anm 4.1.

[20] LG Zweibrücken Rpfleger 1995, 223; Stöber § 30 b Anm 4.1.

[21] Sofortige Beschwerde gemäß § 30 b III (B. 8.2.1.5.).

Auflagen erfüllt werden (§ 30a V).[22] Wenn das Verfahren von dem Gläubiger einer Hypothek oder Grundschuld innerhalb der $7/_{10}$-Grenze des Verkehrswerts betrieben wird, darf das Gericht von einer Auflage nach § 30a III 1 nur in Ausnahmefällen absehen (§ 30a III 2). Da im Zeitpunkt der Entscheidung über den Einstellungsantrag meist noch kein Grundstückswert festgesetzt worden ist, muß dann der wahrscheinliche Wert des Grundstücks zugrundegelegt werden. Jedenfalls wäre es nicht zu vertreten, nur wegen § 30a III 2 den Grundstückswert festsetzen zu lassen.[23]

Wenn der Schuldner die Auflagen nicht erfüllt, mit der die einstweilige Einstellung auflösend bedingt verbunden worden ist, kann der Gläubiger die Fortsetzung verlangen;[24] der Schuldner kann dann die Fortsetzung auch nicht mehr durch nachträgliche Auflagenerfüllung verhindern,[25] sondern es kann allenfalls erneut eingestellt werden. Der Gläubiger muß also darauf achten, daß er trotz des etwas mißverständlichen Wortlauts (vor allem des § 30a V) immer Fortsetzungsantrag stellen muß und zwar innerhalb der in § 31 genannten Fristen.[26]

Will das Gericht dem Einstellungsantrag des Schuldners mit oder ohne Auflagen entsprechen, so ergeht ein Einstellungsbeschluß, der – möglichst zusammen mit der Belehrung nach § 31 III – dem Schuldner und dem betreibenden Gläubiger zugestellt wird (§ 32). Nach Schluß der Versteigerung kann über einen Einstellungsantrag nach § 30a – der in der Praxis auch als Antrag nach § 30c in diesem Zeitpunkt nur noch selten vorkommen dürfte – nur noch durch Zuschlagsversagung entschieden werden.[27]

Gemäß § 30c I kann ein Verfahren höchstens zweimal auf Schuldner-Antrag nach § 30a oder auf Konkursverwalter-Antrag nach § 30c (beide sind gleichgestellt) eingestellt werden. Auch diese Vorschrift wurde 1953 in das ZVG neu eingefügt und zum 1. 7. 1979 insofern geändert, als „§ 30" aus § 30c I 1 gestrichen wurde, damit raffinierte Gläubiger nicht mehr die Einstellungsmöglichkeiten auf Schuldnerantrag verkürzen können. § 30c beschränkt dagegen nicht die Einstellungsmöglichkeiten durch den Gläubiger:[28]

Da alle Einstellungen immer nur das spezielle Verfahren betreffen, das von einem bestimmten Gläubiger betrieben wird, weil alle von den verschiedenen Gläubigern betriebenen Verfahren innerhalb der Versteigerung des gleichen Grundstücks selbständig nebeneinander herlaufen, kann eine erneute Einstellung nach § 30c in Verbindung mit § 30a niemals schon anläßlich eines

---

[22] M. E. können auch Zahlungen auf die persönliche Forderung angeordnet werden, wenn nur so eine Einigung zwischen Schuldner und Gläubiger möglich ist. Die angebliche Besserstellung geht nicht zulasten des Schuldners, und Drittinteressen sind hier nicht zu berücksichtigen; ähnlich wohl Dassler-Muth § 30a Rz 18; **str. aA:** Stöber § 30a Anm 6.5.

[23] Steiner-Storz § 30a Rz 55; Stöber § 30a Anm 6.3. **gegen** Jonas-Pohle § 30a Anm 56; Leyerseder NJW 1955, 1427; Nikoleit BWNotZ 1965, 48.

[24] Vgl das Beispiel im Anhang **AT** Nr. 10.

[25] Vgl Steiner-Storz § 30a Rdnr 60.

[26] Vgl **TH** B. 3.1.4.5.

[27] Mit der Folge, daß das Meistgebot nicht erlischt und auf erfolgreiche Beschwerde hin der Zuschlag doch noch möglich ist.

[28] Vgl dazu B. 3.2.2.

Anordnungs- oder Beitrittsbeschlusses in Frage kommen, weil das einzelne Verfahren ja erst mit diesem Beschluß beginnt, so daß vorher noch keine erstmalige Einstellung stattgefunden haben kann. Eine erneute Einstellung nach §§ 30c, 30a wird also nur anläßlich eines Fortsetzungsbeschlusses praktisch,[29] während die erstmalige Einstellung nach § 30a zwar in der Regel anläßlich eines Anordnungs- oder Beitrittsbeschlusses, aber auch – wenn er dort nicht gestellt worden ist – anläßlich eines Fortsetzungsbeschlusses beantragt werden kann.[30]

Da die erneute Einstellung gemäß §§ 30c, 30a also einen Fortsetzungsbeschluß voraussetzt,[31] muß der Schuldner zu diesem Fortsetzungsanlaß eine Belehrung über die Antragsmöglichkeit gemäß §§ 30c, 30a erhalten (§§ 30c I 2, 30b I), damit die 14tägige Notfrist zu laufen beginnt. Es liegt auch im Interesse des Gläubigers darauf zu achten, daß dies nicht vergessen wird.[32]

Nicht anzurechnen auf § 30c I sind: Ablehnungen früherer Einstellungsanträge, prozeßgerichtliche Einstellungen nach §§ 707, 719, 732, 769 ZPO, Vertragshilfeeinstellungen, Einstellungen wegen §§ 28,[33] 75,[34] 76,[35] 977,[36] 85 a[37] oder nach § 765a ZPO[38] und auch keine Einstellungsbewilligungen des Gläubigers.

Wenn eine weitere Einstellung auf Schuldner-Antrag gemäß § 30c I 1 nicht mehr möglich ist, darf das Gericht auch nicht über eine Vertagung des Versteigerungstermins praktisch doch eine Einstellung herbeiführen, weil dadurch der Gläubiger gegen das Gesetz benachteiligt würde. Gemäß § 227 ZPO dürfen Terminverlegungen nicht zu verfahrensfremden Zwecken, also auch nicht als Ersatz für verfahrensrechtlich unzulässige Einstellungen mißbraucht werden.[39]

§ 30c II schloß bis Anfang 2007 nach einer erneuten Einstellung auf Schuldner-Antrag auch die Anwendbarkeit des § 765a ZPO aus, d.h. es konnte weder eine auf § 765a ZPO gestützte weitere Einstellung noch eine Zuschlagsversagung wegen Verschleuderung[40] beantragt bzw. beschlossen werden. Der Wortlaut des § 30c II war eindeutig. Trotzdem gab es in der Praxis Bemühungen, § 765a ZPO trotz § 30c II in gewissen Ausnahmefällen doch noch anzuwenden.[41] Aber abgesehen davon, daß die dabei angewandten „Abgrenzungskriterien" offensichtlich von Billigkeitserwägungen im

---

[29] Vgl auch Dassler-Muth § 30d Rz 2.
[30] Vgl ausführlich: Steiner-Storz § 30d Rdnrn 14–18.
[31] so eindeutig jetzt auch Stöber § 30d Anm 4.2.
[32] Das ist allerdings leichter gesagt als getan, weil der Gläubiger nichts von der Belehrung des Schuldners erfährt, wenn die Belehrung auf einem besonderen Blatt erfolgt.
[33] Vgl B. 8.2.1.4.
[34] Vgl D. 4.5.4. und D. 4.6.3.
[35] Vgl D. 4.6.4.
[36] Vgl D. 4.2.
[37] Vgl D. 4.3.
[38] Vgl B. 3.1.2.
[39] Dassler-Schiffhauer-Gerhardt 11. Auflage 1979 § 30d Anm 6.
[40] Vgl B. 3.1.2.
[41] So auch Stöber § 30d Anm 8.5.

jeweiligen Einzelfall bestimmt wurden[42] und auch in der Formulierung von Stöber[43] zu wenig bestimmt waren, als daß sie allgemein verwendbar wären („die strengen Voraussetzungen des § 765a müssen nochmals verschärft geprüft werden und dürfen nur in äußersten Notfällen" bejaht werden), abgesehen davon also war die weitere Anwendung des § 765a ZPO schlicht unzulässig, weil sie gegen den völlig unzweideutigen Gesetzeswortlaut und gegen den ebenfalls klaren Willen des Gesetzgebers verstoßen hat.

Das änderte allerdings nichts daran, daß der Meinung Stöbers zuzustimmen ist, wonach § 30c II eine undurchdachte und zu starre gesetzliche Regel war,[43] so daß schon seit der 1. Auflage 1979 in diesem Buch dafür plädiert worden ist, dieses Verbot der § 765a ZPO-Anwendung in § 30c II als mE verfassungswidrig ersatzlos zu streichen. Das ist (endlich) durch das 2. JuModG (BGBl 2006 I 3416) geschehen! § 30 II ist dort ersatzlos gestrichen worden, so daß § 765a ZPO als umfassender Vollstreckungsschutz für den Schuldner auch dann weiterhin anwendbar bleibt, wenn die Versteigerung auf Schuldner-Antrag einmal nach § 30a und dann erneut nach § 30c einstweilen eingestellt war.

Einstellungsanträge (nach §§ 30a, 30c oder § 765a ZPO) und auch Rechtsmittel gegen ihre Zurückweisung sind dann unzulässig, wenn sich aus den Umständen (häufige Wiederholung, Fristverlängerungsgesuche, Nichtvorlage zugesagter Begründungen usw) ergibt, daß der Schuldner nicht Rechtsschutz sucht, sondern das Verfahren verschleppen und seine Rechte mißbräuchlich ausüben will.[44]

In der Teilungsversteigerung gilt eine Sonderregelung, weil es dort ja (idR) nicht um finanzielle Probleme geht. Deshalb wird der Vollstreckungsschutz der §§ 30a–30c dort durch einen Einstellungsantrag des Antragsgegners zum eigenen Schutz (§ 180 II) oder zum Schutz des Wohles gemeinsamer Kinder (§ 180 III) ersetzt.[44a]

3.1.2. Einstellung auf Antrag des Insolvenzverwalters

Literatur: *Eickmann,* Problematische Wechselbeziehungen zwischen Immobilienvollstreckung und Insolvenz ZfIR 1999, 81; *Harnack,* Auswirkungen des Insolvenzrechts auf die Einzelzwangsvollstreckung, DGVZ 2003, 161; *Hintzen,* Höhe des Zinsausgleichs nach Einstellung der Zwangsversteigerung, ZInsO 2000, 205; *Hintzen,* Insolvenz und Immobilienvollstreckung Rpfleger 1999, 256; *Knees,* Die Bank als Grundpfandrechtsgläubiger in der Unternehmensinsolvenz, ZiP 2001, 1568; *Stöber,* Insolvenzverfahren und Vollstreckungs-Zwangsversteigerung NZI 1998, 105; *Vallender,* Zwangsversteigerung und Zwangsverwaltung im Lichte des neuen Insolvenzrechts, Rpfleger 1997, 353; *Wenzel,* Die Rechtsstellung des Grundpfandrechtsgläubigers im Insolvenzverfahren, NZI 1999, 101.

---

[42] Vgl einerseits KG OLGZ 190, 61; andererseits LG Osnabrück Rpfleger 1956, 247.

[43] Stöber § 30d Anm 8.5.

[44] LG Trier und AG Bernkastel-Kues Rpfleger 1991, 70; vgl zur mißbräuchlichen Blockierung des Verfahrens durch unzulässige Anträge und Beschwerden auch OLG Köln Rpfleger 1980, 233 und Alisch Rpfleger 1986, 62; Engel Rpfleger 1981, 81.

[44a] Vgl Storz, Teilungsversteigerung B. 3.

Mit Wirkung ab 1. 1. 1999 wurde die einstweilige Einstellung eines Zwangsversteigerungsverfahrens (§§ 30 d–30 f) neu geregelt und diejenige einer Zwangsverwaltung (§§ 153 b, 153 c) neu eingeführt.

Die Neuregelung ist zu begrüßen, weil sie für die verschiedenen Beteiligten (insbesondere Insolvenzverwalter und Grundpfandgläubiger) nicht nur die Rechtssicherheit sondern auch den wirtschaftlichen Interessenausgleich verbessert. Seither kann auch der Insolvenzverwalter die einstweilige Einstellung einer Zwangsversteigerung in das zur Masse gehörende Grundstück beantragen;[44b] Auch der Vollstreckungsschuldner selbst kann dies, wenn er einen Insolvenzplan vorgelegt hat (§ 218 I 1 InsO iVm § 30 d II).

Früher konnte die vom Konkursverwalter gemäß (früheren) § 30 c beantragte einstweilige Einstellung der Zwangsversteigerung (im Gegensatz zu § 30 a) nicht auf bestimmte Zeit erfolgen,[45] sondern sie dauerte bis zur Beendigung des Konkurs- (bzw Gesamtvollstreckungs-)Verfahrens bzw bis zur Freigabe des Grundstücks aus der Konkursmasse, wenn das Zwangsversteigerungsverfahren nicht vorher mit Zustimmung des Konkursverwalters oder wegen Wegfalls der Einstellungsvoraussetzungen fortgesetzt wurde. Das Gericht konnte (ebenfalls im Gegensatz zu § 30 a) die § 30 c – Einstellung auch nicht mit Auflagen verbinden, so daß die Grundpfandgläubiger uU die längerfristige unentgeltliche Nutzung des belasteten Grundstücks und dessen evtl Wertverfall hinnehmen, oder sich mit dem Konkursverwalter auf eine wirtschaftlich ausgewogene Regelung einigen oder ihr Glück versuchen mussten mit einer Zwangsverwaltung.

Die Zwangsverwaltung von Betriebsgrundstücken, deren Nutzer insolvent geworden sind, war aber nach früherem Recht auch in ihrem wirtschaftlichen Erfolg gefährdet: In allen Fällen nämlich, in denen die in der Rechtsprechung insbes zu §§ 30, 31, 32 a, 32 b GmbHG und dem früheren § 32 a KO entwickelten Voraussetzungen für ein „Kapitalersatz-Scenario" bzw für eine „Kapitalersetzende Gebrauchs-/Nutzungsüberlassung" gegeben sind,[46] war eine Verunsicherung in der Frage entstanden, ob der Insolvenzverwalter im Ergebnis das Betriebsgrundstück während der ganzen vereinbarten Restdauer kostenlos selbst nutzen und/oder sogar unterverpachten darf, wenn das Grundstück mit Grundpfandrechten belastet ist, so daß in diesen Fällen selbst Zwangsverwaltung dem Grundpfandgläubiger keinen Zugriff auf die Pachtzinsen verschafft,[47] oder ob sich der Zwangsverwalter (und damit der Grundpfandgläubiger) jedenfalls dann gegenüber dem Insolvenzgläubiger (und damit der Gläubigergesamtheit) durchsetzt, wenn das Grundpfandrecht vor Eintritt der Überschuldung der Gesellschaft bestellt worden ist. Der Bundesgerichtshof hat die Frage im letzteren Sinne entschieden.[48]

[44b] Vgl Knees ZIP 2001, 1569.

[45] Allg Ansicht: Drischler Rpfleger 1956, 91; Mohrbutter KTS 1961, 103; Dassler-Muth § 30 c Rz 5; Steiner-Storz § 30 c Rz 29; Stöber § 30 c Anm 6.5.

[46] Vgl insbesondere die 5 „Lagergrundstück-Entscheidungen" des BGH ZIP 1989, 1542; 1993, 189; 1994, 1262; 1995, 1263; 1997, 1375.

[47] In diesem Sinne: OLG Karlsruhe EWiR 1997, 991 (zust Brandes); LG München II EWiR 1996, 405 (zust. Paulus).

[48] BGH ZiP 2000, 455 und ZIP 1999, 65; ebenso OLG München Rpfleger 1997, 177 (zust. Wenzel).

ME können sich die Grundpfandgläubiger auch mit einer dinglichen Mietpfändung (aus der Grundschuld) gegenüber den Ansprüchen des Insolvenzverwalters aus kapitalersetzender Gebrauchsüberlassung durchsetzen.[48a]

Die Neuregelung hat ab 1. 1. 1999 hier in mehrfacher Hinsicht eine rechtlich sicherere und wirtschaftlich ausgewogenere Regelung gebracht:[48b]

Einerseits erleichtert sie für den Insolvenzverwalter die einstweilige Einstellung der Zwangsversteigerung (§§ 30 d–30 f neu) und gibt ihm zusätzlich gemäß §§ 153 b und 153 c (neu) die Möglichkeit, auch eine evtl Zwangsverwaltung einstweilen einstellen zu lassen (früher konnte das Vollstreckungsgericht eine Zwangsverwaltung idR nicht nach § 30 a oder § 30 c (alt) einstweilen einstellen).[49] Deshalb braucht der Insolvenzverwalter seither nicht mehr zu befürchten, daß ihm das für die Fortführung des Insolvenzunternehmens oder für die Vorbereitung einer Betriebsveräußerung benötigte Grundstück durch Zwangsversteigerung oder Zwangsverwaltung entzogen wird und er zur vorzeitigen Betriebsstillegung gezwungen werden könnte. Da § 30 b I für den Einstellungsantrag des Insolvenzverwalters nicht gilt (vgl § 30 d III), können sowohl der Insolvenzverwalter als auch der Vollstreckungs-/Gemeinschuldner ihre Einstellungsanträge aus § 30 d notfalls bis zur Verkündung der Zuschlagsentscheidung stellen.[49a] Allerdings kann dann der Einstellungsantrag uU wegen verspäteter Antragstellung zurückgewiesen werden.[49b]

Andererseits brauchen die Grundpfandgläubiger nicht mehr zu befürchten, daß ihnen die Verwertung ihres Pfandobjekts auf evtl lange Zeit ohne Ersatz für Zinsschäden und evtl Wertverluste versagt werden könnte. Sie können nämlich zwar die einstweilige Einstellung einer Zwangsversteigerung und/oder Zwangsverwaltung nicht verhindern, aber in beiden Fällen muß (nicht: kann) die Einstellung mit Zahlungsauflagen erfolgen, sodaß die betreibenden Gläubiger werthaltiger Grundpfandrechte einen Nachteilsausgleich erhalten und bei dessen Nichtbezahlung sofort weitervollstrecken können.

Bei der Zwangsversteigerung sind gemäß § 30 e I spätestens für die Zeit nach dem Berichtstermin iSd § 29 I Nr. 1 InsO laufend die geschuldeten Zinsen binnen 2 Wochen nach Eintritt der Fälligkeit zu zahlen und außerdem gemäß § 30 e II auf Antrag des betreibenden Gläubigers durch laufende Zahlungen aus der Insolvenzmasse „der entstehende Wertverlust von der Einstellung des Versteigerungsverfahrens an" auszugleichen.[50]

Bei der Zwangsverwaltung müssen gemäß § 153 b II „die Nachteile, die dem betreibenden Gläubiger aus der Einstellung erwachsen, durch laufende Zahlungen aus der Insolvenzmasse ausgeglichen werden." Durch diese gesetzliche Neuregelung wird möglicherweise auch die Kapitalersatz-Problematik geklärt, wobei allerdings auch hier mE zu fordern ist, daß die durch

---

[48a] Storz EWiR 2001, 963 (Anm) **gegen** OLG München aaO; Vgl auch Knees ZIP 2001, 1568.

[48b] Vgl dazu ausführlich Hintzen, Rpfleger 1999, 256.

[49] Vgl Dassler-Muth § 30 c Rz 2; Stöber § 146 Anm 6.1; Steiner-Storz § 30 c Rz 11.

[49a] AG Hamburg-Wandsbeck Rpfleger 1967, 15; Hintzen Rpfleger 1999, 259.

[49b] Stöber § 30 d Anm 3.

[50] **Streitig** ist, ob in § 30 e die dinglichen (so zB Alff Rpfleger 2000, 228 mwN; Stöber § 30 e Anm 2.2) **oder** die persönlichen Zinsen gemeint sind (so LG Göttingen Rpfleger 2000, 228; LG Stade Rpfleger 2002, 472. – Vgl auch **TH** 3.1.4.7.

die Zwangsverwaltung begünstigten Grundpfandrechte schon vor Eintritt der Überschuldung der Gesellschaft bestellt gewesen sein müssen.[51]

Auch die Grundpfandgläubiger müssen sich entsprechend einem Hauptanliegen des neuen Insolvenzrechts an den Allgemeinkosten des Insolvenzverfahrens beteiligen. Diese Kostenbeteiligung ist pauschal auf 4% des (gemäß § 74a V gerichtlich festgesetzten, nicht des in der Zwangsversteigerung anteilig erlösten!) Wertes des mitversteigerten Grundstückszubehörs festgelegt und wird gemäß § 10 I Nr. 1a noch vor den öffentlichen Lasten oder gar den Grundpfandrechten aus dem Versteigerungserlös bedient. Zusätzlich erhält der Insolvenzverwalter gemäß § 174a das Recht, eine Abweichung von den gesetzlichen Versteigerungsbedingungen dahin zu verlangen, daß bei der Feststellung des geringsten Gebotes nur die den Ansprüchen aus § 10 I Nr. 1a (neu) vorgehenden Rechte berücksichtigt werden.[52]

Nichts geändert hat die gesetzliche Neuregelung daran, daß die vom Insolvenzverwalter beantragte einstweilige Einstellung des Zwangsversteigerungsverfahrens dann abzulehnen ist, wenn die einstweilige Einstellung dem betreibenden Gläubiger „unter Berücksichtigung seiner wirtschaftlichen Verhältnisse nicht zuzumuten ist" (vgl § 30d I 2). Das bedeutet aber nicht etwa, daß diese Voraussetzung im Kreditgeschäft nur erfüllt wäre, wenn die Gläubiger-Bank selbst in einer ernsten Krise sich befindet.[53]

Das auf Antrag des Insolvenzverwalters einstweilen eingestellte Zwangsversteigerungsverfahren wird (auf Antrag des betreibenden Gläubigers) fortgesetzt, wenn die Einstellungsgründe des § 30d I Nr. 1–4 weggefallen sind. Der Insolvenzverwalter muß im Zweifel darlegen und glaubhaft machen, daß die Gründe noch bestehen.[53a]

3.1.3. Vollstreckungsschutz nach § 765a ZPO

§ 765a ZPO

(1) [1]**Auf Antrag des Schuldners kann das Vollstreckungsgericht eine Maßnahme der Zwangsvollstreckung ganz oder teilweise aufheben, untersagen oder einstweilen einstellen, wenn die Maßnahme unter voller Würdigung des Schutzbedürfnisses des Gläubigers wegen ganz besonderer Umstände eine Härte bedeutet, die mit den guten Sitten nicht vereinbar ist. [2]Es ist befugt, die in § 732 Abs. 2 bezeichneten Anordnungen zu erlassen. [3]Betrifft die Maßnahme ein Tier, so hat das Vollstreckungsgericht bei der von ihm vorzunehmenden Abwägung die Verantwortung des Menschen für das Tier zu berücksichtigen.**

(2) Eine Maßnahme zur Erwirkung der Herausgabe von Sachen kann der Gerichtsvollzieher bis zur Entscheidung des Vollstreckungsgerichts, jedoch nicht länger als eine Woche, aufschieben, wenn ihm die Voraussetzungen des Absatzes 1 Satz 1 glaubhaft gemacht werden und dem

---

[51] Vgl **TH** 3.1.4.8.

[52] Vgl **TH** 3.1.4.9.

[53] **So aber** Vallender, Rpfleger 1997, 355; Hess-Page, RWS-Skript zur InsO 1995, Rz 541; zum Thema: Einzelzwangsvollstreckung und Insolvenz vgl auch Steder ZIP 1996, 1072.

[53a] LG Göttingen Rpfleger 2001, 193.

Schuldner die rechtzeitige Anrufung des Vollstreckungsgerichts nicht möglich war.

(3) In Räumungssachen ist der Antrag nach Absatz 1 spätestens zwei Wochen vor dem festgesetzten Räumungstermin zu stellen, es sei denn, daß die Gründe, auf denen der Antrag beruht, erst nach diesem Zeitpunkt entstanden sind oder der Schuldner ohne sein Verschulden an einer rechtzeitigen Antragstellung gehindert war.

(4) Das Vollstreckungsgericht hebt seinen Beschluß auf Antrag auf oder ändert ihn, wenn dies mit Rücksicht auf eine Änderung der Sachlage geboten ist.

(5) Die Aufhebung von Vollstreckungsmaßregeln erfolgt in den Fällen des Absatzes 1 Satz 1 und des Absatzes 4 erst nach Rechtskraft des Beschlusses.

Nach § 869 ZPO ist das ZVG Bestandteil der ZPO, so daß alle Vorschriften der ZPO im Zwangsversteigerungsverfahren anwendbar sind, soweit sich nicht aus dem ZVG etwas anderes ergibt. Also ist auch § 765a ZPO anwendbar und zwar während des ganzen Verfahrens. Konkreter: über § 765a ZPO kann u. U. eine geplante Vollstreckungsmaßnahme schon vor ihrem Beginn untersagt werden[54] und § 765a ZPO kann u. U. bis unmittelbar vor der Verkündung des Zuschlags mit dem Antrag auf Zuschlagsversagung erstmals geltend gemacht werden,[55] dagegen – nach herrschender Meinung – nicht erstmalig im Rahmen einer Zuschlagsbeschwerde.[56]

Der mit der Grundschuld-Bestellung begründete Sicherungsvertrag verpflichtet den Gläubiger, bei seiner Zwangsvollstreckung in zumutbarer Weise auch auf die rechtlichen, wirtschaftlichen und gesundheitlichen Interessen des Schuldners Rücksicht zu nehmen.[56a] Der Gläubiger muß deshalb auch dann eine wirtschaftlich bestmögliche Verwertung unterstützen, wenn der erzielbare Versteigerungserlös über die Forderung des Gläubigers hinausgeht; der Gläubiger muß also eine nachgewiesene freihändige Veräußerungsmöglichkeit fördern, wenn diese für den Schuldner zu einem besseren Ergebnis führen würde als die Zwangsversteigerung;[56b] gleiches gilt, wenn dem Gläubiger selbst ein entsprechendes Kaufangebot vorliegt.[56c]

---

[54] Vgl OLG Köln NJW 1994, 1743; Stöber Einl 56.1; LG Lübeck Rpfleger 1994, 174. – Vgl auch SaartOLG Rpfleger 2003, 37: unmittelbar nach Anordnung der Zwangsversteigerung.

[55] BGH NJW 1965, 2107; OLG Frankfurt Rpfleger 1979, 391; OLG Stuttgart OLGZ 1975, 368; OLG Hamm NJW 1976, 1754; LG Frankenthal Rpfleger 1984, 194; OLG Düsseldorf Rpfleger 1987, 514. – **Früher aA:** OLG Koblenz NJW 1956, 1683; LG Mannheim BWNotZ 1968, 129; Riedel NJW 1955, 1705.

[56] OLG Köln MDR 1988, 253; OLG Düsseldorf Rpfleger 1987, 514; LG Frankenthal Rpfleger 1984, 194; **früher aA:** OLG Düsseldorf JMBlNRW 1962, 127; OLG Bamberg Rpfleger 1975, 144 (**abl. Anm** Schiffhauer); OLG Braunschweig NdsRpfl 1959, 204; KG NJW 1957, 1240; OLG Schleswig SchlHA 1957, 76. – Ausnahme, wenn nach Zuschlagsversagung vom Gläubiger oder Meistbietenden Beschwerde erhoben wurde: OLG Schleswig, Rpfleger 1975, 372 (zust. Anm Schiffhauer); Stöber Einl 59.9.

[56a] Vgl zB RGZ 91, 341; BVerfG Rpfleger 2004, 49; BGH NJW 1997, 1063 und 2672; ZiP 2000, 69.

[56b] BGH NJW 1997, 2672; Stöber Einl. 35.4.

[56c] Stöber Einl. 35.5.

Verstöße gegen diese Pflichten kann der Schuldner über § 765 a ZPO bekämpfen; außerdem können sie uU Schadensersatzansprüche nach §§ 823, 826 BGB auslösen, zB dann, wenn der Gläubiger bei einem freihändigen Verkauf zur Abwendung der Zwangsversteigerung eine Maklergebühr beansprucht und diesen Teil der Käuferzahlung nicht zur Schuldentilgung verwendet.[56d]

Der Vollstreckungsschutzantrag aus § 765 a ZPO muß vom Schuldner gestellt werden[57] und den wichtigsten Sachvortrag enthalten. Die Anforderungen hieran sind aber sehr gering: es genügt schon, wenn „aus den Umständen zu entnehmen ist, daß jede gesetzliche Möglichkeit einer Einstellung beansprucht wird."[58] Deshalb sollte ein Antrag nach § 30 a zusätzlich unter dem Gesichtspunkt des § 765 a ZPO ausdrücklich geprüft und verbeschieden werden, wenn der spätere Zuschlagsbeschluß nicht angreifbar werden soll.[59]

Diese großzügige Handhabung der Antrags- und Vortragspflicht ergibt sich daraus, daß auch das Gericht selbst eine Mitverantwortung dafür trägt, daß eine sittenwidrige Vollstreckung vermieden wird.[60] Deshalb stellt § 765 a ZPO dem Gericht viele Einwirkungsmöglichkeiten zur Verfügung, und deshalb gilt auch im § 765 a ZPO-Verfahren der Grundsatz des Amtsbetriebs, so daß alle notwendigen Ermittlungen von Amts wegen erfolgen, sobald der Schuldner das Verfahren durch seinen Antrag in Gang gebracht hat.

Trotzdem ist § 765 a ZPO eindeutig eine Ausnahmevorschrift,[61] die eng auszulegen ist und an deren Anwendung die herrschende Ansicht strenge Anforderungen stellt, was nach der Einführung des § 85 a zum 1. 7. 1979 besonders wichtig ist. § 765 a ZPO hat also gewissermaßen eine Notbremsenfunktion in den wenigen Ausnahmefällen, in denen der Mechanismus des ZVG mit dem dort eingebauten eigentlichen Bremssystem nicht ausreicht, um eine vermeidbare Verschleuderung von Vermögenswerten oder eine sons-

---

[56d] BGH NJW 1997, 2672.
[57] Ein Gläubiger kann daher § 765 a ZPO nicht geltend machen; vgl § 765 a I und III. Das gilt auch dann, wenn er durch ein „Verschleuderungsergebnis" ganz oder teilweise ausfällt: Stöber Einl. 53.3 mit Recht **gegen** Pöschl BWNotZ 1967, 129. – Der Gläubiger muß sich selbst helfen, notfalls durch eine Ablösung, vgl dazu B. 7.
[58] Vgl auch **TH** B. 3.1.4.6. und das Beispiel im Anhang **AT** Nr. 23. – vgl aber auch LG Frankenthal Rpfleger 1984, 194, das einer allzu weiten Auslegung mit Recht Grenzen zieht.
[59] Steiner-Storz § 30 a Rdnrn 76 ff. – Aber nicht jeder § 30 a-Antrag enthält ohne weiteres auch einen § 765 a ZPO-Antrag: OLG Karlsruhe Rpfleger 1995, 426.
[60] Zu weitgehend ist es aber m. E., wenn das BVerfG im Grenzbereich zwischen § 765 a ZPO und Art 14 GG auf Grund einer Verfassungsbeschwerde nach Ausschöpfung aller Beschwerdemöglichkeiten gegen den Zuschlag diesen gemäß § 95 BVerfGG aufhebt, nur weil der Rechtspfleger entgegen der Sollvorschrift (!) des § 30 b IV den Zuschlag erteilt hatte, ohne vorher über eine noch vorher gestellten Einstellungsantrag nach § 30 a zu entscheiden und die Rechtskraft des Einstellungsbeschlusses (!) abzuwarten: BVerfG BB 1979, 16; **kritisch** auch Schneider EWiR 1987, 1141.
[61] BGH NJW 1965, 2107; OLG Frankfurt Rpfleger 1981, 117, OLG Köln KTS 1968, 59; OLG Karlsruhe BWNotZ 1967, 318; OLG Köln MDR 1988, 152; OLG Düsseldorf Rpfleger 1989, 36; AG Hannover Rpfleger 1990, 174; Baumbach-Lauterbach-Albers-Hartmann § 765 a ZPO Anm 1; Schiffhauer BLGrBW 1964, 72; Stöber Anm 181; Steiner-Storz § 30 a Rz 68; Storz EWiR 1987, 1252 – **kritisch:** Behr Rpfleger 1989, 13.

tige sittenwidrige Schädigung des Schuldners zu vermeiden; dabei ist immer auch die Eigentumsgarantie des Art 14 I 1 GG zu beachten.

Wegen dieser Notbremsenfunktion war m. E. auch die Ausschließung des § 765 a ZPO nach Ausschöpfung der „normalen" Einstellungsmöglichkeiten durch den Schuldner (bis Anfang 2007 geltender § 30 c II) nicht nur unbillig und unpraktisch sondern verfassungswidrig.[62] Nachdem § 30 II aber durch das 2. JuModG (BGBl 2006 I 3416) aufgehoben worden ist, kann § 765 a ZPO wieder uneingeschränkt im Zwangsversteigerungsverfahren zugewandt werden.

Jede Zwangsvollstreckung und ganz besonders der mit jeder Zwangsversteigerung verbundene Eigentumsverlust bedeuten Härten; diese muß der Schuldner aber hinnehmen, weil sonst Zwangsvollstreckung überhaupt nicht möglich wäre.[63] Nicht hinnehmen muß er aber sittenwidrige Vollstreckungen; das sind moralisch verwerfliche Maßnahmen, weil sie den Schuldner unnötig schädigen, ohne dem Gläubiger Nutzen zu bringen. Die Sittenwidrigkeit kann sich auf eine bestimmte Vollstreckungsmaßnahme beziehen oder auch auf die Vollstreckungsart oder -zeit.

Im Zwangsversteigerungsbereich sind insbesondere angesprochen:

- Zwangsversteigerung aus aussichtsloser Rangstelle sittenwidrig? M. E. idR nicht; ohnehin muß dazu idR der Grundstückswert bereits festgesetzt sein und das geringste Gebot feststehen;[64]
- Gefährdung von Leben und Gesundheit des Schuldners oder seiner Angehörigen; Rücksicht auf fortgeschrittene Schwangerschaft oder auf altersbedingte Gebrechlichkeit;[65] hier ist eine besonders gewissenhafte Prüfung erforderlich,[65a] und hier müssen aber im Einzelfall praktische Lösungen gefunden werden, damit die Vollstreckung nicht auf unzumutbar lange Zeit blockiert wird,[66] und damit dem ständig wachsenden Mißbrauch mit be-

---

[62] Vgl oben B. 3.1.1.

[63] BGH NJW 2000, 308; OLG Hamm Rpfleger 2001, 508 und NJW 1955, 149; OLG Köln JurBüro 1996, 159; OLG Karlsruhe BWNotZ 1968, 224; Stöber Einl 54.2.

[64] Ausführlich dazu ZAP 1996, 565; vgl auch OLG Köln JurBüro 1996, 159 und Rpfleger 1972, 378; OLG Düsseldorf Rpfleger 1989, 470; OLG Hamm Rpfleger 1989, 469; LG Detmold Rpfleger 1998, 35 mwN; LG Krefeld Rpfleger 1996, 120; 1994, 35.

[65] BVerfG Rpfleger 2004, 49 und NJW 1994, 1720 und 1272; 1991, 3207; 1979, 2607; OLG Hamm Rpfleger 2001, 508; OLG Brandenburg Rpfleger 2001, 91 und 2000, 406; ThürOLG Rpfleger 2000, 463; OLG Köln NJW 1994, 1743; 1993, 2248; KG DGVZ 1995, 114; OLG Frankfurt NJW-RR 1994, 81; OLG Karlsruhe Rpfleger 1994, 223; LG Magdeburg Rpfleger 1995, 470; LG Wuppertal DGVZ 1995, 40; LG Hildesheim NJW-RR 1995, 1039; LG Wiesbaden DGVZ 1994, 120; LG Bonn DGVZ 1994, 75; LG Krefeld Rpfleger 1996, 363.

[65a] BVerfG NJW 1994, 1272 und 1719; NJW 1979, 2607; SaarlOLG Rpfleger 2003, 37; BGH Rpfleger 2003, 453.

[66] ZB durch stationäre psychatrische Behandlung von suicidgefährdeten Personen bzw ernsthafte ärztliche Betreuung; vgl dazu BVerfG FamRZ 2007, 107; NJW 2007, 2910; Rpfleger 2004, 49; 1993, 463 und NJW 1992, 1155; BGH Rpfleger 2007, 558 und 561; 2006, 147; NJW 2005, 1859; ThürOLG Rpfleger 2000, 463; OLG Brandenburg Rpfleger 2001, 91; 2000, 406; OLG Köln NJW 1994, 1743; 1993, 2248; MDR 1988, 152; LG Braunschweig DGVZ 1991, 187; LG Lübeck DGVZ 1980, 26; E. Schneider Rpfleger 1997, 350 und JurBüro 1994, 321; Scherer DGVZ 1995, 33. – Nur ganz ausnahmsweise Schutz auf Dauer: BVerfG NJW 1992, 1155. – **Vgl dazu ausführlich auch oben B.1.1.1!**

haupteter Suicidgefahr nicht Vorschub geleistet wird;[67] wörtlich verlangt zB das Bundesverfassungsgericht in seiner Entscheidung vom 25. 9. 2003:[67a] „ist der Betroffene jedoch gehalten, daran mitzuwirken, daß sich das geltend gemachte Risiko nicht erhöht. Insoweit kann jedes zumutbare Bemühen um eine Verringerung des Krankheitsrisikos verlangt werden (vgl BVerfG NJW 1992, 1155; NJW-RR 1993, 463). Der Bf. wird daher dazulegen haben, welcher über die bisherige Medikation hinausgehenden, ärztlicherseits empfohlenen lebenserhaltenden Behandlung er sich aktuell zur Abwendung der geltend gemachten Lebensgefahr unterzogen hat."

– Wenn die Möglichkeit zu einer freihändigen Veräusserung mit für den Schuldner deutlich besseren Ergebnis nachgewiesen wird,[67b] muß der Gläubiger dem Schuldner dazu die Möglichkeit geben;[67c]
– Verschleuderung von Vermögenswerten (Krasses Mißverhältnis zwischen Meistgebot und kurzfristig realisierbarem Wert);[68] aber auch bei Verschleuderung keine Zuschlagsversagung, wenn kein höheres Gebot zu erwarten ist;[68a]
– Räumungsschutz nach Zuschlag.[69]

Die sittenwidrige Härte muß zwar eigentlich den Schuldner selbst treffen und nicht Dritte;[69a] aber die Suicidgefahr oder schwere Gesundheitsgefährdung eines nahen Angehörigen kann auch für den Schuldner eine sittenwidrige Härte bedeuten.[69b]

---

[67] BVerfG NJW 1994, 1720; OLG Köln NJW 1993, 2248 und NJW-RR 1990, 590; KG DGVZ 1995, 114; LG Heilbronn DGVZ 1993, 140; LG Darmstadt Rpfleger 1991, 117; E. Schneider Rpfleger 1997, 350 (der sonst von einer „entschädigungslosen Enteignung durch Vollstreckungsschutz" spricht); AG Hannover Rpfleger 1990, 74; LG Trier Rpfleger 1991, 70.

[67a] BVerfG Rpfleger 2004, 49.

[67b] Die Vorlage eines notariellen Vertragsentwurfes mit künftigen Beurkundungstermin ist dafür nicht ausreichend: LG Bayreuth Rpfleger 2001, 367.

[67c] BGH NJW 1997, 2672; 1985, 3080; Stöber Einl 35.4.

[68] Ähnlich OLG Düsseldorf Rpfleger 1989, 36; OLG Koblenz Jurbüro 1986, 1587; OLG Celle ZIP 1981, 1005; Stöber Einl 55.3. – Häufig werden Meistgebot und festgesetzter Grundstückswert miteinander verglichen; dann kann auch bei mehr als 50% noch eine Verschleuderung vorliegen: OLG Karlsruhe Rpfleger 1993, 413; Hintzen ZAP 1996, 572; Hornung Rpfleger 1979, 365; Zeller-Stöber Einl 55.3; vgl **aber auch** OLG Frankfurt Rpfleger 1976, 25; OLG Hamm Rpfleger 1976, 146. – Nach LG Bielefeld Rpfleger 1983, 168 kommt der Zuschlag zu einem Drittel des festgesetzten Grundstückswertes im 2. Termin (im 1. Termin war nach § 85a versagt worden) einer Verschleuderung nahe. M. E. ist bei so allgemeinen Aussagen Vorsicht geboten, weil hier genau so viel für eine unzutreffende Wertfestsetzung spricht; aber dann müßte aus diesem Grund der Zuschlag versagt werden (richtiger: gar nicht erst terminiert werden). Umgekehrt kann ein Grundstück auch einmal bei einem Erlös nahe dem festgesetzten Wert verschleudert sein, wenn z. B. ein wesentlich höheres notarielles Kaufangebot vorliegt.

[68a] BGH FamRZ 2006, 697; NJW-RR 2003, 1648 mwN.

[69] Es gelten auch hier die allgemeinen Räumungsschutz-Regeln des § 765a ZPO (LG Kiel NJW 1992, 1174; LG Oldenburg Rpfleger 1991, 29; Dorn Rpfleger 1989, 262; Dassler-Schiffhauer § 93 Rz 17; Stöber § 93 Anm 5; Hintzen ZAP 1996, 565); dagegen ist § 721 ZPO im Fall des Zuschlags nach herrsch. Ans. nicht anwendbar (OLG München OLGZ 1969, 43; LG Hamburg MDR 1971, 671; Steiner-Eickmann § 93 Rz 47 mwN; **früher aA:** LG Mannheim MDR 1967, 1018; LG Münster MDR 1965, 312.

[69a] OLG Schleswig DGVZ 1956, 106; Stöber Einl 54.5.

[69b] SaarlOLG Rpfleger 2003; OLG Hamm Rpfleger 2001, 508; OLG Köln Rpfleger 1994, 267; OLG Karlsruhe Rpfleger 1994, 223.

§ 765 a ZPO verlangt eine Interessenabwägung, weil das Schutzbedürfnis des Gläubigers voll gewürdigt werden soll (§ 765 a I ZPO). Dabei ist freilich vorauszuschicken, daß ein Vollstreckungsverfahren als solches schon dem Gläubiger ein Recht zu Maßnahmen gibt, die den Schuldner mit einer gewissen Härte treffen und in der Regel auch wirtschaftlich nicht so gute Ergebnisse bringen können wie ein freihändiger Verkauf, für den genügend Zeit zur Verfügung steht. Das in § 765 a ZPO angesprochene Schutzbedürfnis des Gläubigers geht also weiter. Zu berücksichtigen ist hier z. B. wie lange das Vollstreckungsverfahren bisher schon gedauert hat, ob der Schuldner frühere Versprechungen oder Auflagen erfüllt hat, ob der Gläubiger selbst dringend auf einen schnellen Vollstreckungserfolg angewiesen ist usw. Umgekehrt ist der Gläubiger m. E. weniger schutzwürdig, wenn er z. B. aus eigenem taktischen Interesse selbst schon mehrfach eingestellt hat.[70] § 765 a ZPO wegen Verschleuderung kann aber immer nur geltend gemacht werden, wenn konkrete Anhaltspunkte vorliegen und auch glaubhaft gemacht werden, daß das Ergebnis ohne die beanstandete Vollstreckungsmaßnahme wesentlich günstiger sein würde.[71] Einwendungen gegen den Bestand des Anspruchs können im Zusammenhang mit § 765 a ZPO nicht vorgebracht bzw berücksichtigt werden.[71a]

Wenn es die Voraussetzungen des § 765 a ZPO für gegeben hält, kann das Gericht entweder – wohl nur in Ausnahmefällen[72] – schon eine bevorstehende Vollstreckungsmaßnahme des Gläubigers untersagen oder eine bereits erfolgte Maßnahme ganz oder teilweise einstweilen einstellen oder – wohl ebenfalls nur in Ausnahmefällen[73] – auch aufheben (§ 765 a I ZPO). Eine einstweilige Einstellung wird sinnvollerweise vom Gericht befristet, und zwar idR auf 6 Monate,[74] wobei es im Gegensatz zu § 30 a I keine Höchstdauer gibt; andererseits wird die Frist von 6 Monaten wohl nur selten überschritten werden dürfen, weil die einstweilige Einstellung sonst einer Aufhebung sehr nahe kommt und § 765 a ZPO nichts daran ändern kann, daß der Gläubiger zu Recht die Vollstreckung als solche betreibt; diese kann und muß mit anderen Mitteln bekämpft werden.

Das Gericht kann auch – entgegen §§ 793, 577 II ZPO – einen eigenen Vollstreckungsbeschluß aufheben oder abändern, wenn sich die Sachlage geändert hat oder wenn sie inzwischen anders beurteilt wird; allerdings ist auch hierzu ein erneuter Antrag nötig (§ 765 a III). Wirksam wird ein Aufhebungs- oder

[70] Das OLG Koblenz Rpfleger 1985, 499 hat die sittenwidrige Härte auch in einem Fall bejaht, in dem der Gläubiger die Zwangsversteigerung auf Grund einer formalen Position betrieben hat, die zur Verfolgung seiner berechtigten wirtschaftlichen Interessen nicht erforderlich war.
[71] BGH FamRZ 2006, 697; NJW-RR 2003, 1648; OLG Hamm NJW 1976, 1754; OLG Frankfurt Rpfleger 1979, 391; OLG Celle ZIP 1981, 1005; OLG Düsseldorf Rpfleger 1989, 36; OLG Koblenz JurBüro 1986, 1587; LG Köln KTS 1968, 59.
[71a] OLG Hamm Rpfleger 2002, 39; OLG Koblenz NJW 1957, 1197; LG Wiesbaden MDR 1955, 620; Stöber Einl 55.5.
[72] Steiner-Storz § 30 a Rdnr 98.
[73] Steiner-Storz § 30 a Rdnr 98; Stöber Einl 56.3. – OLG Köln WuM 1989, 585; Ottersbach Rpfleger 1989, 517 – beide **gegen** LG Köln Rpfleger 1989, 418.
[74] Steiner-Storz § 30 a Rdnr 99; ThürOLG Rpfleger 2000, 463; Stöber Einl 56.2.

Änderungsbeschluß aber erst mit seiner Rechtskraft. Obwohl dies in § 765a IV ZPO ausdrücklich bestimmt ist, empfiehlt es sich, eine entsprechende ausdrückliche Formulierung auch in den Beschluß mit aufzunehmen.[75]

Das Gericht kann schließlich – ebenfalls auf Antrag, der aber auch vom Gläubiger kommen kann – auch eine eigene § 765a ZPO-Entscheidung ändern oder aufheben, wenn sich die Sachlage oder ihre Beurteilung geändert hat (§ 765a III ZPO).[76]

Alle Eingriffe des Gerichts können sich nur gegen einzelne Vollstreckungsmaßnahmen richten, nicht gegen die Vollstreckung im ganzen; sie sind mit und ohne Zahlungs- oder sonstige Auflagen möglich; sie können auch gemäß §§ 766 I, 732 II ZPO vorläufig angeordnet werden; eine Aufhebung des gesamten Verfahrens kann nur im äußersten Fall und wohl auch dann nur erfolgen, wenn damit dem Gläubiger nicht jede Möglichkeit genommen wird, seinen Anspruch zu verwirklichen.[77]

Wenn das Gericht eine Vollstreckungsmaßnahme einstweilen eingestellt hat, wird das Verfahren nur auf Antrag des Gläubigers fortgesetzt, worüber dieser belehrt werden sollte, weil die Notwendigkeit des Fortsetzungsantrags nicht direkt aus dem Gesetz ersichtlich ist sondern nur aus § 31 III abgeleitet wird.[78] Andererseits gibt es nicht die automatische Aufhebung des Verfahrens, wenn der Fortsetzungsantrag nicht innerhalb von 6 Monaten gestellt wird.[79]

Das Gericht kann gem. § 765a ZPO auf Antrag des Schuldners auch den Zuschlag versagen, wenn der Schutz der §§ 85a, 74a verbraucht ist und der Zuschlag zu einer Verschleuderung des Grundstücks führen würde. Aber eine entsprechende Bewertung darf nicht schematisch erfolgen, sondern muß sich am Einzelfall und an den konkreten Alternativ-Möglichkeiten orientieren. Eine Verschleuderung liegt deshalb nur vor, wenn zwischen Meistgebot und einer realistischen Verwertungsalternative ein Mißverhältnis entsteht; der nach § 74a V festgesetzte Grundstückswert spielt dabei eine wichtige, aber nicht die entscheidende Rolle.[80] Eine Verschleuderung kann deshalb auch dann zu verneinen sein, wenn das Meistgebot nicht einmal ganz die $5/_{10}$-Grenze erreicht; aber sie ist uU zu bejahen, wenn zwar 100% des festgesetzten Wertes erreicht sind, der Schuldner aber nachweist, daß er das Grundstück für 120% verkaufen kann!

Ein Verstoß gegen die guten Sitten liegt auch vor, wenn die Vollstreckung moralisch zu beanstanden wäre, auch wenn dabei den Gläubiger selbst kein

---

[75] § 765a IV ZPO wird allgemein auch für aufzuhebende oder abzuändernde Beschlüsse angewandt.

[76] Deshalb kann das Amtsgericht u.U. sogar eine vorangegangene Beschwerdeentscheidung des Landgerichts wieder ändern; Stöber Einl 58.8; Drischler Rpfleger 1956, 91; Steiner-Storz § 30a Rdnrn 102, 103.

[77] LG Düsseldorf MDR 1961, 510; Thomas-Putzo § 765a ZPO Anm 5a.

[78] Stöber Einl 58.8.

[79] M.E. muß das Gericht aber die Aufhebung des Verfahrens androhen und beschließen können, wenn der Gläubiger nach einer § 765a ZPO-Einstellung nicht innerhalb einer ihm konkret aufgegebenen Frist Fortsetzungsantrag gestellt hat. Freilich ist eine derartige Fristbestimmung nicht bei jeder § 765a-Einstellung sinnvoll.

[80] Vgl. Storz EWiR 1987, 1251; ähnlich BGH FamRZ 2006, 697; NJW-RR 2003, 1648 **gegen** OLG Koblenz ZIP 1987, 1531; **zutreffend aber** LG Frankfurt Rpfleger 1988, 35; OLG Düsseldorf Rpfleger 1989, 36; LG Krefeld Rpfleger 1988, 375; Meyer-Stolte Rpfleger 1989, 36.

moralischer Vorwurf trifft. Aber „weder aus einfachrechtlichen noch aus verfahrensrechtlichen Vorschriften kann die Verantwortung der Gläubiger für das persönliche Schicksal und den Lebensweg eines Schuldners hergeleitet werden".[81] Deshalb rechtfertigt auch die Gefahr schwerer depressiver Störungen nicht unbedingt eine Zuschlagsversagung.

Umgekehrt können Einstellungsanträge (nach §§ 30a, 30c oder § 765a ZPO) sowie Rechtsmittel gegen ihre Zurückweisung unzulässig sein, wenn sich aus den Umständen (zB häufige Wiederholung, Fristverlängerungsversuche, Nichtvorlage zugesagter Begründungen usw) ergibt, daß der Schuldner nicht Rechtsschutz sucht, sondern das Verfahren verschleppen bzw seine Rechte mißbrauchen will.[82]

Der Antrag nach § 765a ZPO ist – im Gegensatz zum § 30a – Antrag – nicht an bestimmte Fristen gebunden, weil er während des gesamten Versteigerungsverfahrens gestellt werden kann, also bereits kurz nach der Anordnung der Zwangsversteigerung[82a] und spätestens kurz vor der Verkündung des Zuschlagsbeschlusses;[83] ausnahmsweise – zB bei ernsthafter Suicidgefahr – kann § 765a ZPO auch erstmals während eines Zuschlagsbeschwerde-Verfahrens geltend gemacht werden.[83a]

Beispiel:

Im Fall des BVerfG hatte die Schuldnerin einer Vollstreckungsversteigerung über § 765a ZPO zunächst die einstweilige Einstellung und Zuschlagsversagung wegen Verschleuderung beantragt. Das Amtsgericht hat mangels Verschleuderung beide Anträge zurückgewiesen und den Zuschlag erteilt. Ihre Zuschlagsbeschwerde begründete sie ausschließlich mit einer Suicidgefahr, die ihr von einem Facharzt bescheinigt worden ist, an den sie nach dem Zuschlag „notfallmäßig" überwiesen worden war. Darauf hob das Amtsgericht den Zuschlagsbeschluß wieder auf; das dagegen angerufene Landgericht stellte den Zuschlagsbeschluß als Beschwerdegericht wieder her. Die dagegen gerichtete Verfassungsbeschwerde war erfolgreich.

Er kann auch wiederholt gestellt werden und zwar selbst dann, wenn er beim letzten Mal rechtskräftig abgelehnt worden ist; allerdings kann er nur erfolgreich sein, wenn die Sachlage oder doch wenigstens deren Beurteilung sich in der Zwischenzeit geändert hat. Der Antrag hat keine aufschiebende Wirkung, sodaß das Gericht u. U. trotz eines laufenden § 765a-Antrags den Versteigerungstermin anberaumen und durchführen und evtl. sogar den Zuschlag erteilen kann. Über den § 765a-Antrag wird dann zusammen mit dem Zuschlag bezw. im Rahmen einer Zuschlagsbeschwerde entschieden.[84]

---

[81] OLG Köln MDR 1988, 152 = EWiR 1987, 1141 (zust Anm Schneider). – Vgl aber auch AG Hannover Rpfleger 1990, 174 und OLG Köln Rpfleger 1990, 30 (letzteres hinsichtlich der Anforderungen an den Inhalt eines entspr ärztlichen Gutachtens).

[82] LG Trier und AG Bernkastel-Kues Rpfleger 1991, 70; vgl auch OLG Köln Rpfleger 1980, 233; Alisch Rpfleger 1986, 62; Engel Rpfleger 1981, 81.

[82a] OLG Brandenburg Rpfleger 2001, 91.

[83] BGHZ 44, 138; OLG Frankfurt Rpfleger 1993, 413; OLG Düsseldorf Rpfleger 1987, 514; Eickmann § 6 II 2; Steiner/Storz § 30a Rz 79; Dassler/Muth § 30a Rz 21; Stöber Einl 57.2; Böttcher § 30a Rz 36.

[83a] BVerfG NJW 2007, 2910; BGH NJW 2006, 505.

[84] Vgl auch das Beispiel im Anhang **AT** Nr. 23.

Über die Antragsmöglichkeit nach § 765 a ZPO wird der Schuldner im Gegensatz zu §§ 30 a, 30 b m. E. mit Recht[84] nicht belehrt, weil eine diesbezügliche Belehrung – die im übrigen auch im sonstigen Geltungsbereich der ZPO nicht erfolgt – entweder so kurz gehalten werden müßte, daß ein Rechtsunkundiger damit nichts anfangen könnte oder aber so umfassend sein müßte, daß sie einen Rechtsunkundigen nur verwirren müßte und wahrscheinlich dazu führen würde, daß das ganze Versteigerungsverfahren bald nur noch aus § 765 a ZPO-Anträgen besteht. Die praktische Erfahrung zeigt außerdem, daß genügend Kontakt zwischen Rechtspfleger und Schuldner besteht, so daß auch ein rechtsunkundiger Schuldner über § 139 ZPO im ausreichenden Umfang über die Antragsmöglichkeiten nach § 765 a ZPO aufgeklärt wird, zumal ja an diesen Antrag nur so geringe Anforderungen gestellt werden.[85]

Gegen Beschlüsse nach § 765 a ZPO ist die sofortige Beschwerde gegeben.[86] Gegen die Beschwerdeentscheidung gibt es nur bei besonderer Zulassung die Rechtsbeschwerde zum Bundesgerichtshof. Wenn der Schuldner einen Einstellungsantrag zunächst nur auf § 30 a stützt und erst in der Beschwerdeinstanz den § 765 a ZPO geltend macht, soll das Landgericht über § 765 a ZPO nicht entscheiden dürfen sondern insoweit an das Amtsgericht zurückverweisen müssen, damit dem Schuldner keine Instanz verloren geht.[87] Diese Auffassung wird von Stöber m. E. mit Recht unter Hinweis auf § 570 ZPO zurückgewiesen.[88]

Die Kosten des § 765 a ZPO-Verfahrens – es entstehen sowohl (geringe) Gerichtsgebühren als auch Rechtsanwaltsgebühren[89] – trägt grundsätzlich der Schuldner; und zwar selbst dann auch die Kosten des Beschwerdeverfahrens, wenn seine Beschwerde Erfolg hat.[90] Hat der Gläubiger dagegen gegen eine § 765 a ZPO-Entscheidung erfolglos Beschwerde eingelegt, so trägt er die Kosten des Beschwerdeverfahrens gemäß §§ 91 ff ZPO.[90]

3.1.4. Taktische Hinweise

TH 3.1.4.1.: Wenn der Schuldner einen Einstellungsantrag nach § 30 a stellen will, so sollte er sich mit der Begründung mehr Mühe geben, als dies oft der Fall ist. Obwohl es eigentlich selbstverständlich sein sollte, daß mindestens zu den Punkten etwas vorgetragen wird, die vom Gesetz als Voraussetzungen genannt sind, genügen viele Einstellungsanträge – auch solche von Rechtsanwälten – diesen Mindestanforderungen nicht. Der Schuldner sollte dem Gläubiger die ablehnende Stellungnahme nicht zu einfach machen. Hier

---

[85] Sehr weitgehend OLG Celle Rpfleger 1979, 116, das einen Zuschlag gem § 83 Zi 6 aufgehoben hat, weil ein Rechtsanwalt mangels Anwesenheit in der Verhandlung über den Zuschlag einen § 765 a – ZPO – Antrag nicht stellen konnte. Gegen zu weitgehende Belehrungspflicht aber LG Frankenthal Rpfleger 1984, 194.

[86] Zur sofortigen Beschwerde vgl B. 8.2.1.5.

[87] Vgl zB KG NJW 1957, 1240; OLG Koblenz MDR 1956, 558 und NJW 1955, 427; OLG Schleswig SchlHA 1957, 76.

[88] Stöber Einl 59.10.

[89] Gerichtsgebühren entstehen für das eigentliche § 765 a ZPO-Verfahren nicht; für das Beschwerdeverfahren entsteht eine Festgebühr in Höhe von EURO 100.– gemäß GKG-KV Nr. 2240.

[90] Steiner-Storz § 30 a Rdnr 106.

kann im übrigen schon die Belehrung des Gerichts nach § 30 b I 2, aber auch ein nachträglicher Hinweis über § 139 ZPO viel bewirken.

TH 3.1.4.2.: Wenn Einstellungsanträge des Schuldners gemäß § 30 a und des Gläubigers gemäß § 30 zusammentreffen, muß das Gericht das Verfahren gemäß § 30 einstweilen einstellen, ohne die Voraussetzungen des § 30 a zu prüfen.[91]

Ein Gläubiger muß sich dessen bewußt sein, weil dadurch eine Einstellungsbewilligung nach § 30 „verbraucht" wird und bei der dritten Bewilligung das Verfahren aufgehoben wird (§§ 30 I 2, 29), auch wenn der Gläubiger diese Rechtsfolge nicht wollte. Zu empfehlen ist daher, daß der Gläubiger im o. g. Fall sofort seine Bewilligung zurücknimmt, bevor über sie entschieden wird.[92]

Hat er die einstweilige Einstellung noch nicht bewilligt, dann sollte er dem Einstellungsantrag des Schuldners ausdrücklich „nicht entgegentreten" und betonen, daß dieses Nichtentgegentreten nicht als Bewilligung der einstweiligen Einstellung nach § 30 verstanden werden darf.

TH 3.1.4.3.: Selbst wenn der Gläubiger den Einstellungsantrag bekämpft, erreicht der Schuldner eine Verzögerung des Verfahrens um in der Regel mindestens 6 Monate, bis das Landgericht als Beschwerdeinstanz den Antrag endgültig abgewiesen hat. Deshalb kann es für den Gläubiger, dem es auf ein rasches Verfahren ankommt, unter mehreren Gesichtspunkten günstiger sein, dem Antrag nicht entgegenzutreten sondern das Gericht zu bitten, die einstweilige Einstellung von bestimmten Auflagen nach § 30 a III–V abhängig zu machen:

(1) Wenn dem Antrag dann (schnell) stattgegeben wird, wird das Verfahren auf höchstens 6 Monate (u. U. kürzer) eingestellt (§ 30 a I). Die Verzögerung dauert also gar nicht länger als bei einer Bekämpfung des Antrags. Der Gläubiger hat aber so die Möglichkeit, dem Schuldner und dem Gericht seinen guten Willen zu beweisen und kann später – z. B. bei erneuten Einstellungsanträgen – umso glaubwürdiger weitere Verzögerungsversuche bekämpfen.

(2) Sein Nachgeben kann er sich in Verhandlungen mit dem Schuldner u. U. honorieren lassen, z. B. durch eine Einigung über den weiteren Fortgang des Verfahrens, z. B. durch einen Rechtsmittelverzicht im Verkehrswertfestsetzungsverfahren, z. B. auf Maßnahmen der Sicherung und Erhaltung des Grundstücks usw.

(3) Wenn das Gericht entsprechend der Stellungnahme des Gläubigers die Einstellung auf einen kürzeren Zeitraum als 6 Monate befristet und/oder mit bestimmten Zahlungsauflagen gemäß § 30 a III–V verbindet, dann ergibt sich die überraschende Folge, daß die mit dem Schuldner-Antrag bezweckte Verzögerung im Ergebnis geringer ist, wenn der Gläubiger dem Antrag nicht entgegentritt, als wenn er ihn bekämpfen würde. Bezüglich der Befristung liegt das auf der Hand und bezüglich der Auflagen kommt das daher, daß der Schuldner in diesen Verzögerungsfällen in der Regel schon nicht die erste spätestens aber nicht die zweite Zahlungsfälligkeit einhält. Hinzu kommt, daß eine erneute Einstellung nach § 30 d I 2 dem Gläubiger kaum noch zugemu-

---

[91] Steiner-Storz § 30 a Rdnr 14.
[92] Das ist möglich; vgl unten B. 3.2.1.

tet werden kann, wenn der Schuldner schon bei der ersten Einstellung die Auflagen nicht erfüllt hat.[93]

(4) Schließlich erreicht der Gläubiger auch über § 30c II einen Vorteil: Wenn er dem Einstellungsantrag nicht entgegentritt, hat der Schuldner eine Einstellung nach § 30a verbraucht; im Falle einer erfolgreichen Ablehnung des Antrags hat der Schuldner dagegen aus der Sicht des § 30c noch alle Möglichkeiten. Der Gläubiger kann dem Schuldner so also weitere Verzögerungsmöglichkeiten nehmen. Wichtiger aber ist für den Gläubiger, daß die Berufungsmöglichkeiten des Schuldners auf § 765a ZPO eingeschränkt, u. U. sogar ausgeschlossen werden. Nachdem immer mehr mit dem § 765a ZPO „gearbeitet" wird und die Gerichte auch nicht immer wirtschaftliche Gesichtspunkte allein maßgebend sein lassen, sollte diese Folge allein schon fast Grund genug sein, dem Einstellungsantrag in der Regel nicht entgegenzutreten.

TH 3.1.4.4.: Der Gläubiger kann im Ergebnis ohne große Verfahrensverzögerung den Vollstreckungsschutz für den Schuldner verkürzen und vor allem seinen Mißbrauch zum Zwecke der Verfahrensverzögerung[94] verhindern, indem er dem Einstellungsantrag auch dann nicht entgegentritt, wenn dieser erkennbar nur in Verzögerungsabsicht gestellt worden ist; stattdessen sollte der Gläubiger darauf drängen, daß die einstweilige Einstellung nur für eine verkürzte Frist erfolgt und außerdem von der Erfüllung von Zahlungsauflagen gemäß § 30a III–V abhängig gemacht wird. Der Gläubiger erreicht durch dieses Verfahren nicht nur die schon erwähnten Vorteile[95] sondern auch, daß gemäß § 30c II selbst § 765a ZPO nicht mehr angewandt werden kann. Allerdings werden die Anhänger der gesetzeswidrigen „Trotzdem-Anwendung" des § 765a ZPO[96] sicherlich wieder einen „Ausnahmetatbestand" finden!

TH 3.1.4.5.: Der Fortsetzungsantrag innerhalb von 6 Monaten nach der Belehrung darf bei keiner einstweiligen Einstellung (nach § 30a oder nach § 765a ZPO) vergessen werden, weil sonst das Verfahren aufgehoben wird (vgl § 31). Die Notwendigkeit für den Fortsetzungsantrag wird vor allem dann leicht übersehen, wenn die Einstellung gegen den Willen des Gläubigers erfolgt ist, oder wenn gleichzeitig die Verfahren mehrerer Gläubiger eingestellt worden sind (hier muß jeder Gläubiger für sich Fortsetzungsantrag stellen!),[97] oder wenn die Einstellung gemäß § 30a V „von sonstigen Auflagen mit der Maßgabe abhängig gemacht wurde, daß sie bei Nichterfüllung dieser Auflagen außer Kraft tritt" (wodurch aber das Verfahren noch nicht fortgesetzt ist).

Damit die 6-Monats-Frist auf keinen Fall versäumt wird, empfiehlt sich u. U. die Stellung des Fortsetzungsantrags unmittelbar nach Zugang des Einstellungsbeschlusses bzw. der Belehrung nach § 30b I. Man beantragt dann, daß das Verfahren sofort fortgesetzt wird, wenn die Einstellungsfrist abgelau-

---

[93] Vgl Stöber § 30d Anm 3.3.
[94] Vgl dazu B. 3.1.1.
[95] Vgl B. 3.1.1. und **TH** B. 3.1.4.3.
[96] Vgl B. 3.1.1. und B. 3.1.2.
[97] Vgl oben B. 1.1.1.

fen ist bezw. wenn der Schuldner die gerichtlichen Auflagen nicht erfüllt hat.[98]

TH 3.1.4.6.: Nachdem die herrschende Meinung davon ausgeht, daß an den für eine Prüfung nach § 765 a ZPO erforderlichen Antrag und Sachvortrag des Schuldners nur äußerst minimale Anforderungen zu stellen sind, so daß sich häufig auch aus einem Einstellungsantrag nach § 30 a die Notwendigkeit für eine Überprüfung auf § 765 a ZPO ergibt,[99] mit der Folge der Anfechtbarkeit des späteren Zuschlagsbeschlusses, wenn auf den Antrag nach § 30 a nicht auch über § 765 a ZPO mitentschieden worden ist,[100] ist sehr zu empfehlen, daß das Gericht grundsätzlich bei jedem Einstellungsverfahren nach § 30 a auch zu § 765 a ZPO ausdrücklich Ausführungen macht; das gleiche gilt für den Gläubiger, wenn er zum Antrag des Schuldners Stellung nimmt.

TH B. 3.1.4.7.: Wegen der gesetzlichen Neuregelung im Zusammenhang mit dem ab 1. 1. 1999 geltenden Insolvenzrecht (vgl oben B. 3.1.1.) sollten die Gläubiger werthaltiger Grundpfandrechte besonders schnell und konsequent die Zwangsversteigerung betreiben, wenn über das Vermögen des Grundstücksnutzers ein Insolvenzverfahren droht oder gar bereits beantragt worden ist. Denn (nur) dann muß der Insolvenzverwalter eine Entschädigung an den Grundpfandgläubiger bezahlen (außer wenn er gar keine Einstellung beantragt). Da auch nach dem neuen Insolvenzrecht nicht ausgeschlossen werden kann, daß zwischen Insolvenzantrag und Berichtstermin ein langer Zeitraum liegt, ist ein schneller Versteigerungsantrag auch deshalb besonders zweckmäßig, weil ein vorläufiger Insolvenzverwalter praktisch zu einem Einstellungsantrag gezwungen ist (vgl § 30 d IV neu), und weil dann unabhängig vom Berichtstermin spätestens 3 Monate nach der ersten Einstellung die Zahlungspflicht beginnt (vgl § 30 e I 2 neu). Wichtig ist dabei: Jeder Gläubiger eines werthaltigen Grundpfandrechtes muß betreiben, weil nur ein betreibender Gläubiger den Nachteilsausgleich beanspruchen kann.

TH B. 3.1.4.8.: Ab 1. 1. 1999 ist im Falle eines drohenden oder gar schon beantragten Insolvenzverfahrens über das Vermögen des Grundstücksnutzers (insbesondere bei sog. „Betriebsaufspaltungen" oder ähnlichen Konstruktionen) auch eine Zwangsverwaltung dringend zu empfehlen. Denn auch nach § 153 b (neu) sind nur den (eine Zwangsverwaltung) betreibenden Gläubigern die Nachteile auszugleichen, die ihnen durch die einstweilige Einstellung der Zwangsverwaltung (auf Antrag des Insolvenzverwalters nach § 153 b, neu) erwachsen. Jeder Gläubiger eines werthaltigen Grundpfandrechts muß für sich anhand der konkreten Einzelfall-Gegebenheiten genau prüfen, ob er die Zwangsverwaltung (unabhängig von entsprechenden Aktivitäten anderer Gläubiger) beantragen sollte.

TH B. 3.1.4.9.: Die Kostenbeteiligungs-Regelung von § 165 InsO bei der Verwertung von Immobilien (vgl oben B. 3.1.1.) sollte bei den Grund-

---

[98] Dagegen ist es nicht möglich, sofort nach Zugang des Einstellungsbeschlusses schon die Fortsetzung zu beantragen; allerdings muß nach allgemeiner Ansicht auch dieser Fortsetzungsantrag berücksichtigt werden, wenn auch bezogen auf das Ende der Einstellungsfrist; Dassler-Schiffhauer-Gerhardt § 31 Anm I.

[99] Vgl oben B. 3.3.1. und Steiner-Storz § 30 a Rdnr 69.

[100] Vgl oben B. 3.3.1.

pfandgläubigern zu der Überlegung führen, ob es sinnvoller ist, im konkreten Fall das Grundstückszubehör mitzuversteigern (sodaß 4% des geschätzten Zubehörwertes gem § 10 I Nr 1 a (neu) im Rang noch vor den öffentlichen Lasten aus dem Versteigerungserlös an die Insolvenzverwaltung fließen) oder gemäß §§ 166 ff InsO die Zubehörgegenstände getrennt vom Grundstück über den Insolvenzverwalter verwerfen zu lassen (sodaß 9% des Verwertungserlöses zuzüglich Mehrwertsteuer an die Insolvenzmasse abzuführen sind).

TH B. 3.1.4.10.: Bei der Insolvenzverwalter-Versteigerung bleiben zwar idR alle dinglichen Rechte einschließlich der alten Zinsrückstände iSd § 10 I 8 im geringsten Gebot zu berücksichtigen, sodaß diese Versteigerung wirtschaftlich bisher zum Scheitern verurteilt war, wenn nicht die dinglich und persönlich berechtigten Gläubiger Doppelausgebote gem § 174 verlangen; aber der Verwalter kann jetzt selbst – wenn er aus § 10 I 1 a berechtigt ist – in der Insolvenzverwalter-Versteigerung (nicht in der Gläubiger-Zwangsversteigerung) ein Doppelausgebot verlangen, nach dem nur die Verfahrenskosten und evtl Mehrkosten aus einer anhängigen Zwangsverwaltung nach § 10 I 1 im geringsten Gebot zu berücksichtigen sind. Jetzt kann also der Insolvenzverwalter auch „aus eigener Kraft" eine erfolgversprechende Zwangsversteigerung betreiben. Allerdings wird den anderen Berechtigten ein Ablösungsrecht zugestanden[101] (wegen der idR niedrigen § 10 I 1 a-Forderungen uU recht verlockend!), so daß sie mit einer einstweiligen Einstellung nach Ablösung die Insolvenzverwalter-Versteigerung doch blockieren können. – Immer aber bleibt den dinglich und persönlich Berechtigten auch die Möglichkeit aus § 174, selbst Doppelausgebote (evtl neben Doppelausgeboten wegen § 174 a) zu verlangen. Davon sollten sie unbedingt Gebrauch machen, gerade wenn der Insolvenzverwalter den Antrag aus § 174 a stellt.

TH B. 3.1.4.11.: Seit dem 1. 1. 1999 besteht die Gefahr, daß Schuldner-Eigentümer noch weniger kooperationsbereit und noch anfälliger sind für unseriöse Berater-Angebote, weil sie im Hinblick auf die Restschuldbefreiung der §§ 286 ff InsO noch weniger als bisher an einem guten wirtschaftlichen Versteigerungsergebnis interessiert sind, sobald die verbleibende Verschuldung ihre Möglichkeiten übersteigt. Es besteht deshalb die Gefahr, daß sie noch mehr als bisher Verhinderungs- und Verzögerungs- und Erschwerungsstrategien verfolgen (und zB insbesondere keine Besichtigungen durch den Gutachter und durch Interessenten zulassen), wenn die Gläubiger nicht konkrete Gegenleistungen für ein verwertungsförderndes Verhalten der Schuldner anbieten.

3.2. Einstweilige Einstellung und Fortsetzung des Verfahrens

3.2.1. Einstweilige Einstellung

Die einstweilige Einstellung des Zwangsversteigerungsverfahrens bedeutet im Gegensatz zu seiner Aufhebung[102] nicht, daß das Verfahren beendet wird; vielmehr kommt es hier lediglich zu einem zeitweiligen Stillstand, zu einer Pause.

---

[101] Dafür: Vallender Rpfleger 1997, 354; Marotzke ZZP 109 (1996), 461.
[102] Vgl B. 3.3.1.

Wenn die Versteigerung von mehreren Gläubigern betrieben wird, betrifft diese Pause nur das konkrete Verfahren, das eingestellt wird; die Verfahren der anderen Gläubiger (oder auch ein evtl. anderes Verfahren des gleichen Gläubigers) werden davon nicht berührt sondern weitergeführt. Wenn also auch nur eines der verschiedenen Verfahren nicht eingestellt oder aufgehoben wird, geht die Zwangsversteigerung als solche weiter. Nur die Einzel-Einstellung des bestrangig betriebenen Verfahrens kann Folgen für das Gesamtverfahren mit sich bringen, weil sich das geringste Gebot nur nach diesem richtet, und weil jede Änderung des geringsten Gebotes je nachdem, in welchem Verfahrensabschnitt die Änderung eintritt, mehr oder weniger schwerwiegende Folgen für das Gesamtverfahren mit sich bringt.[103] Wenn dagegen einzelne andere oder sogar alle anderen (aber nicht das bestrangig betriebene!) Verfahren einstweilen eingestellt oder aufgehoben werden, wirkt sich dies auf das Gesamtverfahren nicht aus. Wenn also zB § 72 III sagt, daß ein Gebot erlischt, weil „das Verfahren einstweilen eingestellt wird", so gilt das unstreitig nur, wenn es sich (mindestens auch) um das bestrangig betriebene Verfahren handelt; die einstweilige Einstellung (wenn auch aller) anderer Verfahren allein berührt die Wirksamkeit des Gebotes dagegen nicht.

Daraus ergibt sich die überragende taktische Verfahrensposition[104] des bestrangig betreibenden Gläubigers: er kann unmittelbar und ohne Einflußmöglichkeit der anderen Beteiligten oder des Rechtspflegers durch eine Einstellungsbewilligung das geringste Gebot ändern. Und daraus ergibt sich außerdem die große praktische Bedeutung des Ablösungsrechts:[105] es gibt fast jedem Beteiligten die Möglichkeit, selbst die Position des bestrangig betreibenden Gläubigers zu erlangen!

Das Vollstreckungsgericht stellt ein Verfahren einstweilen ein,

(1) wenn der betreibende Gläubiger die einstweilige Einstellung gemäß § 30 bewilligt (s. u.); oder

(2) wenn der Schuldner gemäß §§ 30a, 30c oder § 765a ZPO) oder der Konkursverwalter gemäß § 30c dies beantragen und entweder der Gläubiger dem Antrag nicht entgegentritt oder das Gericht die einstweilige Einstellung trotz Entgegentretens durch den Gläubiger für geboten hält;[106] oder

(3) wenn das Vollstreckungsgericht die einstweilige Einstellung auf Grund einer Vollstreckungs-Erinnerung[107] für erforderlich hält oder einer der Tatbestände der §§ 28, 37 Nr. 5,[108] 75,[109] 76,[110] 9,[111] 85a[112] oder des § 775 Nr. 4 oder 5 ZPO[113] gegeben ist; oder

---

[103] Vgl B. 6.3.
[104] Vgl B. 1.2. und B. 6.4. sowie **TH** B. 3.2.4.5. und **TH** B. 3.2.4.6. und **TH** B. 6.5.6. und **TH** B. 6.5.7. und **TH** D. 1.4.2.4. und **TH** D. 4.5.5.2. und **TS** 7 (A. 2.1.).
[105] Vgl B. 7. und **TS** 20, 21, 22 (B. 7.5.5.).
[106] Vgl B. 3.1.1.
[107] Vgl B. 8.2.1.2.
[108] Vgl B. 8.2.1.4.
[109] Vgl D. 4.5.4. und D. 4.6.3.
[110] Vgl D. 4.6.4.
[111] Vgl D. 4.2.
[112] Vgl D. 4.3.
[113] Nachweis der Befriedigung des Gläubigers.

(4) wenn das Prozeßgericht z.B. auf Grund einer Vollstreckungsabwehrklage oder Drittwiderwiderspruchsklage[109] tätig werden muß (§ 769 II ZPO) oder die einstweilige Einstellung anordnet (auch in diesem Fall ergeht ein Einstellungsbeschluß durch das Vollstreckungsgericht) oder wenn ein gerichtliches Vergleichsverfahren ausnahmsweise die Einstellung der Zwangsversteigerung erfordert.[114]

Die einstweilige Einstellung des Verfahrens ist möglich von dem Augenblick an, in dem dieses konkrete Verfahren angeordnet bzw. der Beitritt zugelassen wird, bis zur Verkündung der Entscheidung über den Zuschlag,[115] also während der gesamten Zeit, in der das Verfahren betrieben wird. Wichtig (aber für den Laien nicht auf Anhieb durchschaubar) und verfahrensrechtlich eindeutig ist dabei, daß das Verfahren nicht schon mit dem Schluß der Bietstunde sondern erst mit der Verkündung des Zuschlags beendet wird.

Die Folgen der einstweiligen Einstellung[116] sind unterschiedlich:

(1) Wenn alle Verfahren einstweilen eingestellt werden, aus denen die Versteigerung betrieben wird, tritt in dem Gesamtverfahren für die Einstellungszeit von maximal 6 Monaten (vgl §§ 30a I 1, 31 I 2) eine Pause ein, unabhängig davon, in welchem konkreten Verfahrensstand die Einstellungen erfolgen. Hat die Bietstunde schon begonnen, so muß sie abgebrochen werden;[117] evtl. bereits abgegebene Gebote erlöschen gem § 72 III. War die Bietstunde im Zeitpunkt der Einstellungen schon abgeschlossen und ist mindestens ein zulässiges Gebot abgegeben worden, so erfolgt die Einstellung der Verfahren gemäß § 33 durch einen Zuschlagsversagungsbeschluß.

(2) Werden nicht das bestrangig betriebene Verfahren sondern einzelne andere oder alle anderen Verfahren eingestellt, so haben diese Einstellungen unabhängig vom Verfahrensstadium keinerlei Auswirkung auf das Gesamtverfahren, weil einerseits mindestens ein Verfahren weiterbetrieben wird und weil andererseits das geringste Gebot und damit die Grundlage des Gesamtverfahrens nicht berührt wird, wenn sich – wie hier – am bestrangig betriebenen Verfahren nichts ändert.[118] Evtl bereits abgegebene Gebote erlöschen trotz § 72 III nicht!

(3) Wird (auch) das bestrangig betriebene Verfahren einstweilen eingestellt (oder aufgehoben), wird aber aus mindestens einem anderen Verfahren weiterbetrieben, so tritt zwar im Gesamtverfahren nicht unmittelbar eine Pause ein; die Einstellung des bestrangig betriebenen Verfahrens hat aber Folgen für das Gesamtverfahren, weil sich dadurch das geringste Gebot ändert. Diese Folgen sind unterschiedlich je nachdem, in welchem Verfahrensstadium die Einstellung erfolgt:

– Vor der Bietstunde muß lediglich der Rechtspfleger ein eventuell vorbereitetes geringstes Gebot neu berechnen.

---

[114] Vgl § 48 I Vergleichsordnung.

[115] Vgl Stöber § 30 Anm 2.12; Steiner-Storz § 30 Rdnr 40; Dassler-Muth § 30 Rz 13.

[116] Vgl **TH** B. 3.2.4.1.

[117] Vgl D. 3.1.

[118] Voraussetzung für eine ordnungsgemäße Durchführung oder Weiterführung des Versteigerungstermins ist jedoch, daß die Fristen der §§ 41, 43 für dieses Verfahren eingehalten sind; vgl dazu C. 3.

- Hatte die Bietstunde zur Zeit der Einstellung schon begonnen, so muß sie abgebrochen werden; evtl. schon abgegebene Gebote erlöschen gem § 72 III; das geringste Gebot muß nach dem jetzt bestrangig betreibenden Gläubiger neu berechnet werden, und es muß noch einmal eine volle Bietstunde mit mindestens 30 Minuten Dauer durchgeführt werden.

- Erfolgt die Einstellung erst nach Schluß der Bietstunde, so muß der Zuschlag versagt werden, und zwar auch dann, wenn die Zwangsversteigerung noch von anderen Gläubigern betrieben wird.[119] Jedenfalls kann auch beim allseitigen Einverständnis aller Beteiligten keine neue Bietstunde durchgeführt werden, weil es sich ja um einen neuen Versteigerungstermin handeln würde, der aber 6 (bezw. 2) Wochen (vgl. § 43 I) vorher bekanntgemacht werden muß; ein Verstoß gegen diese Vorschrift wäre unheilbar und müßte gemäß § 83 Nr. 7 zur Versagung des Zuschlags führen.

Es kann im letzten Fall also nur gefragt werden, ob der Zuschlag noch auf das Meistgebot aus der durchgeführten Bietstunde erteilt werden kann, oder ob er gemäß § 33 versagt werden muß. Diese Frage wird zwar in Rechtsprechung und Literatur nicht einheitlich beantwortet. Aber im wesentlichen ist man sich doch darüber einig, daß die Aufrechterhaltung des Meistgebots einen Verfahrensfehler darstellt, weil das Meistgebot auf der Grundlage eines nachträglich falsch gewordenen geringsten Gebots abgegeben wurde. Allerdings einen heilbaren Fehler, der also einen Zuschlag dann ermöglicht, wenn entweder kein Beteiligter beeinträchtigt wird oder wenn jeder evtl. Beeinträchtigte das Verfahren gemäß § 84 genehmigt.[120]

Zum Teil wird die Auffassung vertreten, ein Zuschlag könne noch erteilt werden, wenn auch der nächstfolgende betreibende Gläubiger durch das Meistgebot gedeckt sei.[121] Diese Auffassung ist m.E. abzulehnen, weil der Schutz gerade dieses Gläubigers verfahrensrechtlich nicht ausreichend begründbar und dann auch willkürlich ist, wenn evtl. Beeinträchtigungen anderer Beteiligter einfach übergangen werden.

Die herrschende Meinung geht (allerdings mit recht unterschiedlichen Begründungen und Ergebnissen) davon aus, daß in der Regel der Zuschlag versagt werden muß, daß aber bei (im einzelnen unterschiedlichen) Ausnahmesituationen der Zuschlag erteilt werden könne, wenn bestimmte Beteiligte das Verfahren nachträglich genehmigen.[122] Nach Stöber[123] kann der Zuschlag dann erteilt werden, wenn bisher ein Gläubiger der Rangklasse 1–3 oder 5 (des § 10 I) bestrangig betrieben habe; andernfalls sei in der Regel Zuschlagsversagung nötig.

Wenn man von einem nach §§ 84 I, 83 Nr. 1 heilbaren Verfahrensfehler ausgeht, muß jeder Beteiligte, der durch diesen Fehler möglicherweise beein-

---

[119] Storz Rpfleger 1990, 176 **gegen** OLG Köln aaO; ähnlich LG Braunschweig Rpfleger 1998, 482 und 1998, 256; mE unzutreffend auch OLG Hamm EWiR 1990, 413 (**ablehnende** Anm Muth).

[120] Nach Dassler-Muth § 33 Rz 8 muß der Zuschlag immer versagt werden.

[121] RGZ 89, 426; bis zur 7. Auflage auch Zeller § 33 Anm 4.

[122] OLG Stuttgart Rpfleger 1997, 397; OLG Hamm Rpfleger 1972, 149; OLG Köln Rpfleger 1971, 326; AG Waldshut-Tiengen Rpfleger 1986, 102; Zeller-Stöber § 33 Anm 3.4. und 3.5.; Mohrbutter-Drischler Muster 110 Anm 5; Steiner-Storz § 33 Rdnrn 14–16.

[123] Stöber § 33 Anm 3.4.

trächtigt sein könnte, das Verfahren genehmigen. Wer das konkret ist, kann oft nicht genau gesagt werden; deshalb besteht gerade in dieser Frage ein besonderer Streit. Beeinträchtigt ist idR zunächst der Schuldner mit der Behauptung, bei der eigentlich erforderlichen Zuschlagsversagung hätte er sein Eigentum (mindestens zunächst) behalten, bzw bei richtiger Feststellung des geringsten Gebots hätte ein besseres Ergebnis erzielt werden können (z.B. weil ein Grundpfandrecht stehen geblieben wäre),[124] oder er hätte dann den noch betreibenden Gläubiger ablösen oder nach § 75 befriedigen können. Auch ein nachrangiger Gläubiger könnte vielleicht geltend machen, er hätte ohne den Fehler überhaupt etwas oder mehr erhalten.

Es darf aber auf alle Fälle nichts gegen den Willen desjenigen Gläubigers geschehen, dessen Verfahren auf seine Bewilligung einstweilen eingestellt wurde; denn dieser Gläubiger wird durch einen Zuschlag immer beeinträchtigt, den er ja gerade durch seine Einstellungsbewilligung verhindern wollte! Im Gegensatz zur herrsch. Ans[122] muß dieser Gläubiger also nicht nur zustimmen, wenn er aus Rangklasse 4 betreibt, sondern immer. Es kommt nicht darauf an, ob die sich aus der einstweiligen Einstellung ergebende Änderung des geringsten Gebotes wirtschaftlich bedeutsam ist oder nicht (also z.B. im Verhältnis zum Grundstückswert oder zum geringsten Gebot oder zum Meistgebot), sondern darauf, was der bestrangig betreibende Gläubiger will,[125] denn das Gesetz, das sich in seinem ganzen Aufbau an den handelnden Personen und deren Interessengegensätzen orientiert,[126] löst den Interessengegensatz zwischen den betreibenden Gläubigern dadurch, daß es nur auf den Bestrangigen abstellt, und es löst den Interessengegensatz zwischen Gläubigern und Schuldner dadurch, daß es dem Gläubiger bis zuletzt die Möglichkeit gibt, die Zuschlagsversagung herbeizuführen.[127] Alle anderen Lösungsversuche setzen sich über diesen klaren Willen des Gesetzgebers hinweg. Und sie führen – was noch viel schwerer wiegt – zu einer gefährlichen Rechtsunsicherheit, weil dann überhaupt nicht mehr kalkulierbar ist, ob der Zuschlag versagt oder erteilt wird. Da der Gläubiger des einstweilen eingestellten Verfahrens[128] also immer einen Zuschlag genehmigen muß, sollte m.E. immer dann, wenn die einstweilige Einstellung auf eine Bewilligung des Gläubigers erfolgt, eher eine Rücknahme der Bewilligung als eine Zuschlagserteilung trotz Einstellung erfolgen.

ME muß zunächst unterschieden werden, ob das bestrangig betriebene Verfahren bereits einstweilen eingestellt wurde. Ist das nämlich der Fall, sind die Gebote gemäß § 72 III erloschen und auf erloschene Gebote ist schlechthin kein Zuschlag mehr zulässig; das wäre ein unheilbarer Verfahrensfehler. Wenn die einstweilige Einstellung dagegen erst bewilligt (oder eine Zahlung

---

[124] Vgl Steiner-Storz § 33 Rdnr 16; ähnlich auch OLG Köln Rpfleger 1990, 176; Stöber § 33 Anm 3.5.

[125] **Anders** AG Waldshut-Tiengen Rpfleger 1986, 102; ähnlich auch OLG Köln Rpfleger 1990, 176, LG Mosbach Rpfleger 1992, 360, OLG Stuttgart Rpfleger 1997, 398; LG Kassel Rpfleger 2000, 408. – Vgl daher **TH** B. 3.2.4.14!

[126] Dazu ausführlich Storz Rpfleger 1990, 177. – Vgl auch **TS** 2 (A. 2.1.).

[127] Vgl. **TS** 5–7 (A.2.1.).

[128] Gleiches gilt auch für die Aufhebung des bestrangig betriebenen Verfahrens; vgl dazu B. 3.3.1. und B. 3.3.2. – vgl auch D. 3.5.

nach § 75 erfolgt) war, sind die Gebote noch nicht gemäß § 72 III erloschen, sodaß ein Zuschlag auf sie zwar fehlerhaft aber immerhin möglich wäre. Trotzdem sollte ein Zuschlag mE nur erfolgen, wenn sowohl der Vollstreckungsschuldner als auch der Gläubiger des einzustellenden Verfahrens (im Falle der Ablösung nach § 268 BGB oder der Zahlung nach § 75 der Ablösende!) ausdrücklich zugestimmt haben. Dies ist mE nicht nur aus dem gesamten Rechtszusammenhang des ZVG geboten, sondern auch aus Gründen der Rechtssicherheit. Denn die hiervon abweichende Rechtsprechung verschiedener Oberlandesgerichte führt dazu, daß eine völlige Unklarheit und Rechtsunsicherheit darüber besteht, ob ein Zuschlag möglich ist oder nicht; es fehlen eben brauchbare Abgrenzungskriterien! Deshalb bleibt sehr zu wünschen, daß entweder der Bundesgerichtshof bald über eine Rechtsbeschwerde oder aber der Gesetzgeber Klarheit schafft.

Wenn es auf diese Weise zu unangemessenen Ergebnissen kommen sollte, ist eine Korrektur (nur) dadurch möglich, daß der Einstellungsbewilligung wegen Sittenwidrigkeit die Rechtswirksamkeit versagt wird.[128a] Mit einem entsprechenden Vorwurf muß aber zurückhaltend umgegangen werden.[129] Da sich nachrangige Gläubiger immer selbst gegen ihnen unangenehme Handlungen des besserrangigen Gläubigers durch Ablösung schützen können und müssen, kommt es vor allem auf das Ergebnis für den Schuldner an.

Die einstweilige Einstellung des Verfahrens wird durch einen Beschluß angeordnet,[130] der gemäß § 32 dem Schuldner, dem Gläubiger und, wenn die Anordnung der Einstellung von einem Dritten (z.B. beim Prozeßgericht) veranlaßt worden ist, auch diesem zugestellt wird. Die Zustellung ist auch dann erforderlich, wenn der Beschluß in einem öffentlichen Termin verkündet worden ist, weil sonst die Rechtsmittelfrist nicht zu laufen beginnt. Das Zustellungserfordernis entfällt lediglich im Fall des § 33. Ein besonderer Beschluß des Vollstreckungsgerichts ist auch dann erforderlich, wenn das Prozeßgericht die einstweilige Einstellung angeordnet hat.

Gegen den Einstellungsbeschluß kann der Gläubiger die sofortige Beschwerde erheben, wenn der Beschluß gegen seinen Willen erfolgt ist. Der Schuldner oder evtl. ein Dritter hat die gleichen Rechtsmittel, wenn das Gericht die von ihm beantragte Einstellung ablehnt.

Nach dem Schluß der Versteigerung darf die einstweilige Einstellung gemäß § 33 nur durch die Versagung des Zuschlags erfolgen.[131] Der Gesetzgeber wollte mit dieser Vorschrift vor allem erreichen, daß – wenn auf ein Rechtsmittel hin die einstweilige Einstellung wieder aufgehoben wird – der

---

[128a] Vgl zB LG Braunschweig Rpfleger 1998, 482.

[129] OLG Schleswig KTS 1973, 272; Schiffhauer Rpfleger 1978, 397; Drischler KTS 1975, 283; Storz ZiP 1982, 416. – Noch deutlicher Dassler-Muth § 33 Rz 12: Daß durch die Einstellung der Vollstreckung „gegen das Anstandsgefühl aller billig und gerecht Denkenden verstoßen wird, ist eigentlich unvorstellbar" (mE **zu weitgehend;** ähnlich wie hier: OLG Celle WM 1987, 1438).

[130] Muster bei Stöber Handbuch Rdn 183, 191, 192.

[131] Ganz unzutreffend daher OLG Köln Rpfleger 1990, 176 (**abl. Anm** Storz); gefährlich auch OLG Stuttgart Rpfleger 1997, 397; Richtig **dagegen** LG Hanau MDR 1977, 1028. – Vgl daher **TH** B. 3.2.4.14! – Vgl auch **TH** B. 3.2.4.6. und **TH** B. 3.2.4.7.

Zuschlag noch erteilt werden kann. Durch einen „normalen" Einstellungsbeschluß würden sonst nämlich gemäß § 72 III alle Gebote erlöschen, sodaß
ein Zuschlag auf das Meistgebot nicht mehr möglich wäre. Die Versagung des
Zuschlags bringt gem § 86 erst mit ihrer Rechtskraft die am Schluß der Versteigerung noch gültigen Gebote zum Erlöschen, so daß noch in der Beschwerdeinstanz nach Aufhebung des Versagungsbeschlusses ein Zuschlag
erfolgen kann.[132] § 33 kommt im Fall des § 77 natürlich nicht zur Anwendung, da der Zuschlag nicht versagt werden kann, wenn gar kein zulässiges
Gebot abgegeben worden ist oder sämtliche Gebote erloschen sind.

Ein Rechtsmittel gegen die Ablehnung der einstweiligen Einstellung kann
nicht mehr eingelegt werden, sobald die Bietstunde geschlossen ist. Der behauptete Einstellungsgrund kann nur noch im Rahmen einer Zuschlags-
Beschwerde geltend gemacht werden; eine evtl. Zuschlagsversagung hat aber
die Wirkung einer einstweiligen Einstellung. Der Beschluß nach § 33 bedarf
keiner Zustellung (§§ 98 S. 1, 88). Für die sofortige Beschwerde gegen den
Zuschlagsbeschluß oder gegen den Beschluß, mit dem der Zuschlag versagt
wird, gelten die besonderen Bestimmungen der §§ 96–104.

Auch wenn die einstweilige Einstellung alle Verfahren betrifft, sodaß auch
das Gesamtverfahren ruht, bleibt der Versteigerungsvermerk im Grundbuch
bestehen, und die Beschlagnahme wirkt weiter, bis auch das letzte Verfahren aufgehoben ist; auch die laufenden Beträge wiederkehrender Leistungen wachsen weiter an, sodaß sich während der Einstellungszeit die Erlös-
hoffnung der nachrangigen Gläubiger verringern, wenn nicht gleichzeitig
der Grundstückswert steigt. Das Gesamtverfahren ruht, bis mindestens 1
Gläubiger die Fortsetzung des Verfahrens beantragt;[133] dann wird dessen Verfahren und damit auch das Gesamtverfahren wieder in Gang gebracht, nicht
dagegen ohne jeweiligen Fortsetzungsantrag auch die anderen Einzelverfahren.

3.2.2. Einstellungsbewilligung durch den Gläubiger

§ 30 ZVG

**(1) Das Verfahren ist einstweilen einzustellen, wenn der Gläubiger die
Einstellung bewilligt. Die Einstellung kann wiederholt bewilligt werden.
Ist das Verfahren auf Grund einer Bewilligung des Gläubigers bereits
zweimal eingestellt, so gilt eine erneute Einstellungsbewilligung als
Rücknahme des Versteigerungsantrags.**

**(2) Der Bewilligung der Einstellung steht es gleich, wenn der Gläubi-
ger die Aufhebung des Versteigerungstermins bewilligt.**

Die einstweilige Einstellung des Verfahrens kann auch auf Bewilligung des
(betreibenden) Gläubigers erfolgen; im Gegensatz zum Schuldner muß der
Gläubiger also keinen Antrag stellen, über den nach bestimmten Kriterien
positiv oder negativ entschieden werden kann: Da der Gläubiger Herr des
Verfahrens ist, muß (nicht: kann) auf seine Bewilligung hin einstweilen einge-

---

[132] Vgl. BGH NJW 1984, 1950; OLG Koblenz EWiR 1987, 1251 (Anm Storz);
Storz, Anm zu OLG Köln Rpfleger 1990, 176.
[133] Vgl **TH** B. 3.2.4.11.

stellt werden, auch wenn alle anderen Beteiligten und der Rechtspfleger die Fortsetzung des Verfahrens lieber sehen würden![133a]

Die besondere Stellung des (bestrangig betreibenden) Gläubigers wird noch dadurch unterstrichen, daß die Einstellungsbewilligung nicht begründet werden muß.[134] Lediglich unter ganz besonderen Umständen kann sie einmal unter den Gesichtspunkten von Rechtsmißbrauch oder Schikane (vgl. §§ 242, 226, 138 BGB) unzulässig sein. Hier ist aber große Zurückhaltung geboten,[135] weil das Gesetz den „Beeinträchtigten" andere Abwehrmöglichkeiten bietet. So können sich zum Beispiel auch Schuldner[136] und Gläubiger[137] dagegen wehren, daß der bestrangig betreibende Gläubiger ein hohes Gebot durch eine Einstellungsbewilligung zu Fall bringt und anschließend selbst billiger erwirbt.[138] Als rechtsmißbräuchlich ist es zB angesehen worden, wenn der Gläubiger Haupt- und Nebenforderungen sukzessive geltend macht, um eine Aufhebung des Verfahrens wegen dreimaliger Einstellungsbewilligung nach §§ 30 I 3, 29 zu vermeiden und durch die wiederholte Einstellung und Fortsetzung des ohne ernsthafte Versteigerungsabsicht betriebenen Verfahrens einen permanenten Zahlungsdruck auf den Schuldner auszuüben.[138a]

Da für die Einstellungsbewilligung keine besondere Form vorgeschrieben ist, kann sie auch zu Protokoll der Geschäftsstelle oder mündlich im Termin erfolgen. Im übrigen ist die Praxis auch im Hinblick auf § 30 II sehr großzügig. Nach der herrschenden Meinung reicht selbst ein Telex oder ein Telegramm, und zum Inhalt wird es schon als ausreichend angesehen, wenn der Gläubiger nur irgendwie zum Ausdruck bringt, daß er auf den Fortgang des Verfahrens im Augenblick keinen Wert legt. So reicht schon die Mitteilung an das Gericht, der Gläubiger stunde die Forderung, oder er sei für eine Vertagung des Versteigerungstermins (ausgenommen die Vertagung soll ausschließlich aus verfahrensrechtlichen Gründen erfolgen).[139] Nach manchen Meinungen soll auch der vom betreibenden Gläubiger gestellte Antrag nach § 74a I („⁷/₁₀-Antrag") eine Einstellungsbewilligung nach § 30 sein.[140] Diese Ansicht ist aber abzulehnen, weil § 30 die Aufgabe hat, dem Gläubiger ein Eingehen auf die Lage des Schuldners zu ermöglichen während § 74a eine Schutzvorschrift für den Gläubiger darstellt.

[133a] Böttcher § 30 Rz 11; Ordemann AcP 157, 470.

[134] Stöber § 30 Anm 2.3.

[135] Vgl Stöber § 30 Anm 2 (3) und § 33 Anm 2 (6); OLG Schleswig KTS 1973, 272; Mohrbutter RpflegerJahrbuch 1975, 202.

[136] Durch einen Vollstreckungsschutzantrag nach § 765a ZPO, vgl dazu B. 3.1.2.

[137] Durch eine rechtzeitige Ablösung, vgl. dazu B. 7.

[138] Dieser „Trick" (vgl Drischler KTS 1975, 283) kann also sehr wohl verhindert werden! Vgl dazu auch Stöber ZIP 1981, 944 und Storz ZIP 1982, 416.

[138a] Vgl BGH NJW 2007, 3279 (Anm Storz/Kiderlen); LG Erfurt Rpfleger 2005, 375; LG Bonn Rpfleger 2001, 365; 1990, 433; LG Lüneburg Rpfleger 1987, 469; zurückhaltender **aber** OLG Düsseldorf Rpfleger 1991, 28; LG Dessau Rpfleger 2004, 724.

[139] Diese und weitere Beispiele bei Stöber § 30 Anm 2.3; Steiner-Storz § 30 Rdnrn 27–29.

[140] Z. B. soll nach Schiffhauer MDR 1963, 901 der betreibende Gläubiger nur dann einen Antrag nach § 74a I stellen dürfen, wenn entweder noch weitere Gläubiger betreiben, oder wenn dieser Gläubiger schon 2 mal die einstw. Einstellung bewilligt hat. Sowohl die Hauptaussage als auch beide Ausnahmen sind m. E. systematisch nicht zu begründen. – Wie hier jetzt auch Dassler-Gerhardt § 74a Rz 13.

Die großzügige Auslegung der Gläubiger-Erklärungen im Sinne einer Bewilligung der einstweiligen Einstellung ergibt sich daraus, daß der Schuldner
in aller Regel an jeder – wenn auch nur zeitweisen – Unterbrechung der
Zwangsvollstreckung interessiert ist[141] und daß der Gesetzgeber davon ausgeht, daß der Gläubiger die einstweilige Einstellung deshalb bewilligt, weil er
der Lage des Schuldners Rechnung tragen will und glaubt, seinen Zielen
trotz dieser „Pause" näherkommen zu können.[142] Freilich trifft der Satz von
Dassler-Schiffhauer-Gerhardt: „die hinter den Prozeßerklärungen der einzelnen Beteiligten stehenden wirtschaftlichen Überlegungen bleiben dem Gericht verschlossen"[143] für die Einstellungsbewilligung ganz besonders zu,
wenn sie vom bestrangig betreibenden Gläubiger taktisch eingesetzt wird![144]
  Die einstweilige Einstellung kann im Verfahren weder mit besonderen
Auflagen noch mit bestimmten Fristen verbunden werden, selbst wenn sich
Gläubiger und Schuldner entsprechend geeinigt haben.[145] Dies kann und
muß außerhalb des Verfahrens geregelt werden, wobei Fristvereinbarungen
dadurch realisiert werden, daß der Gläubiger erst nach Ablauf der vereinbarten Frist (aber vor Ablauf der 6-Monats-Frist des § 31 I 2) die Fortsetzung
beantragt bzw. daß der Schuldner Vollstreckungswiderklage gemäß § 767
ZPO erhebt, falls der Gläubiger früher fortsetzen will.[146] Weil das Gericht auf
die Bewilligung hin sofort und ohne weitere Nachprüfungen einstellen muß,
hat die Bewilligung nach § 30 jederzeit Vorrang vor einem Antrag nach
§ 30a oder § 765a ZPO. Treffen die verschiedenen Erklärungen zusammen,
so wird nach § 30 eingestellt[147] und die Anträge nach § 30a oder § 765a
ZPO werden weder beachtet noch im Sinne des § 30d I „verbraucht".[148]
  Die Einstellungsbewilligung ist möglich von der Wirksamkeit des Anord-
nungs- bzw. Beitrittsbeschlusses an bis zur vollständigen Verkündung der Entscheidung über den Zuschlag.[149] Wie bei den anderen Einstellungen auch
hängen ihre Folgen davon ab, ob alle betriebenen Verfahren oder das Verfahren
des bestrangig betreibenden Gläubigers oder nur nachrangig betriebene Verfahren eingestellt werden und in welchem Verfahrensstadium die Einstellung
erfolgt.
  Eine erst nach der vollständigen Verkündung der Zuschlagsentscheidung
(zB in der Beschwerdeinstanz) bewilligte einstweilige Einstellung ist nur be-
achtlich, wenn der Zuschlag versagt worden ist, weil hier im Gegensatz zur
Zuschlagserteilung die durch § 100 I erfolgte Beschränkung der Beschwerdegründe nicht gilt.[150] Wenn zB der Zuschlag nach § 85a I versagt worden ist
und sich in der Beschwerdeinstanz herausstellt, daß § 85a III übersehen worden ist, kann der bestrangig betreibende Gläubiger (oder über dessen Ablö-

[141] Vgl **TS** 3 (A. 2.1.).
[142] Vgl aber **TH** B. 3.2.4.2.
[143] § 30 Anm 1 c. – Vgl deshalb **TH** B. 1.6.2.2.
[144] Vgl **TH** B. 3.2.4.5. und **TH** B. 3.2.4.6. und **TH** B. 3.2.4.7.
[145] Vgl **TH** B. 3.2.4.10.
[146] Vgl **TH** B. 3.2.4.11.
[147] Vgl daher **TH** B. 3.1.3.2. und das Beispiel im Anhang **AT** Nr. 8.
[148] Stöber § 30 Anm 6.9.; Steiner-Storz § 30 Rdnrn 11, 12.
[149] Stöber § 30 Anm 2.12; Stöber Anm 184; Storz EWiR 1987, 1251; Steiner-Storz § 30 Rdnr 40.
[150] Vgl LG Aachen Rpfleger 1985, 452; OLG Zweibrücken v. 10. 8. 87 (3 W 71/87).

173

sung auch ein nachrangiger Gläubiger!) die Zuschlagsversagung noch über eine erst jetzt bewilligte einstweilige Einstellung „retten".

Die einstweilige Einstellung kann noch bis zur vollständigen Verkündung der Entscheidung über den Zuschlag bewilligt werden.

Beispiel:[150a]

Nachdem die Rechtspflegerin mit der Verkündung des Zuschlagsbeschlusses begonnen hatte, wurde sie von dem Beteiligten mit der Frage unterbrochen, warum der Zuschlag nicht nach § 85a I versagt werde. Die Rechtspflegerin verwies auf § 85a III, worauf der Beteiligte die einstweilige Einstellung gemäß § 30 bewilligte. Trotzdem wurde der restliche Zuschlagsbeschluß verkündet. Auf Rechtsbeschwerde wurde der Zuschlag gemäß §§ 30, 33 versagt.

Als taktisches Mittel entfaltet die Einstellungsbewilligung ihre größte Wirksamkeit, wenn sie vom bestrangig betreibenden Gläubiger zwischen dem Schluß der Versteigerung und der Verkündung der Entscheidung über den Zuschlag ausgesprochen wird, weil der bestrangig betreibende Gläubiger in der Regel auf diese Weise die Versagung des Zuschlags ohne Rücksicht auf die Höhe des Meistgebots herbeiführen kann.[151] Die taktische Einsatzfähigkeit wird dadurch begünstigt, daß die Einstellungsbewilligung so lange zurückgenommen werden kann, bis über sie entschieden worden ist, d. h.: durch die rechtzeitige Rücknahme einer nach der Bietstunde aber vor der Verkündung der Zuschlagsentscheidung erklärten Einstellungsbewilligung kann der Gläubiger doch noch den Zuschlag auf das Meistgebot herbeiführen.

Die Rücknahmefähigkeit ergibt sich zwar nicht direkt aus dem ZVG, sie ist aber unbestritten[152] und deshalb gegeben, weil die Einstellungsbewilligung eine Prozeßerklärung ist, die – wie im übrigen Verfahrensrecht – so lange zurückgenommen bzw. widerrufen werden kann, bis über sie entschieden ist. Allerdings gilt eine wichtige Ausnahme: Die dritte Einstellungsbewilligung des gleichen Gläubigers für das gleiche Verfahren gilt gemäß § 30 I 3 als Rücknahme des Versteigerungsantrags und ist deshalb nicht zurücknehmbar,[153] weil die Rücknahme mit ihrem Eingang bei Gericht wirksam wird. Der Gläubiger muß hier also besonders vorsichtig sein.[154]

Bei der Berechnung der dritten Einstellungsbewilligung, die gemäß § 30 I 3 als Antragsrücknahme gilt und zur Verfahrensaufhebung führt, werden nur Einstellungsbewilligungen nach § 30 gezählt, also nicht auch andere Einstellungen (§ 30 I 3). Natürlich werden auch nur diejenigen Bewilligungen gezählt, die dieses konkrete Einzelverfahren betreffen. Die dritte Einstellungsbewilligung, die gemäß § 30 I 3 wie eine Antragsrücknahme zu behandeln ist, setzt also voraus, daß der Gläubiger zum dritten Mal die einstweilige Einstellung

– in dem von ihm durchgängig betriebenen Verfahren bewilligt,
– und in dem Verfahren aufgrund desselben Beschlagnahmebeschlusses bewilligt,

---

[150a] BGH Rpfleger 2007, 414.

[151] Vgl D. 4.5.2. und **TH** B. 3.2.4.6. und **TH** D. 4.5.5.2. und **TH** D. 3.5.4.1.

[152] Stöber § 30 Anm 2.7.; AG Bamberg Rpfleger 1969, 99; Ordemann AcP 157, 470; Steiner-Storz § 30 Rdnr 33; Dassler-Muth § 30 Rz 13.

[153] Stöber § 30 Anm 3.2.; Steiner-Storz § 30 Rdnr 51.

[154] Vgl **TH** B. 3.2.4.8. und **TH** B. 3.2.4.9.

– und wegen des einheitlichen Anspruchs aus derselben Rangposition bewilligt.

Nur wenn alle drei Voraussetzungen für das jeweilige Einzelverfahren gegeben sind, ist die Verfahrensaufhebung gerechtfertigt; also zB dann nicht, wenn der gleiche Gläubiger verschiedene Einzelverfahren betreibt (weil er aus mehreren persönlichen Titeln, aus mehreren Grundschulden oder aus Zinsansprüchen mit verschiedenen Rangklassen betreibt).[155] Schließlich werden auch solche Einstellungen nicht mitgezählt, die vor einer Aufhebung und einem erneuten Beitritt bewilligt worden sind, denn mit dem Beitritt beginnt wieder ein neues selbständiges Einzelverfahren. Ein Gläubiger kann also dreimal die Einstellung nach § 30 bewilligen, dann wieder beitreten und erneut zweimal nach § 30 einstellen; er muß lediglich darauf achten, daß mindestens ein anderes Einzelverfahren immer betrieben wird, damit die Beschlagnahmewirkung für die Zinsen nicht verloren geht.[156]

Andererseits darf der Gläubiger diese Verfahrensmöglichkeiten aber auch nicht zum Dauerdruck auf den Schuldner missbrauchen und zB durch stufen- und wechselweises Betreiben aus verschiedenen Grundpfandrechten oder auch aus Kapitalforderung einerseits und Zinsforderung andererseits das Versteigerungsverfahren über viele Jahre und viele Versteigerungstermine in die Länge ziehen; das Vollstreckungsgericht kann dann uU eine (erneute) Einstellungsbewilligung als Antragsrücknahme fingieren und das ganze Verfahren aufheben.[156a] Allerdings darf es damit die Beteiligten auf keinen Fall überraschen.[156b]

Weil die Einstellungsbewilligung – wie die Antragsrücknahme – nicht auf einen Teil der Vollstreckungsforderung beschränkt werden kann, kann der Gläubiger die Aufhebungsfolgen der § 30 I 3 nicht dadurch vermeiden, daß er zB nur bzgl einer Teilforderung (zB wegen der in Rangklasse 4 geltend gemachten Zinsen) die Einstellung bewilligt, um dann damit nach Aufhebung erneut beizutreten: schon mit der 3. Einstellungsbewilligung bzgl der Teilforderung wird das ganze von diesem Gläubiger betriebene (Einzel-)Verfahren aufgehoben.[157]

Gerichts- und Anwaltsgebühren fallen durch die einstweilige Einstellung nicht besonders an; der Vorgang wird durch die Anordnungs- bzw. Beitrittsgebühr abgegolten.[158] Dagegen fallen dann besondere Gebühren an, wenn das Verfahren gemäß §§ 30 I 3, 29 aufgehoben wurde[159] und der Gläubiger neu beigetreten ist; diese Kosten muß der Gläubiger in der Regel sogar selbst tra-

---

[155] ebenso OLG Düsseldorf Rpfleger 1991, 28; Hintzen Rpfleger 1991, 70; vgl auch OLG Celle WM 1987, 1438; LG Lüneburg Rpfleger 1987, 469.

[156] Vgl B. 5.1. und **TH** B. 3.2.4.8. und **TH** B. 5.4.2.3. – **anders** aber LG Bonn Rpfleger 1990, 433: Nach „erneutem Beitritt" sollen auch die Einstellungsbewilligungen aus dem inzwischen aufgehobenen Verfahren dieses Gläubigers mitgezählt werden (abzulehnen).

[156a] LG Erfurt Rpfleger 2005, 375; LG Bonn Rpfleger 2001, 365; Vgl auch OLG Düsseldorf Rpfleger 1991, 28; LG Lüneburg Rpfleger 1987, 469. **Kritisch** hierzu LG Dessau Rpfleger 2004, 724 (Anm. Witthinrich).

[156b] Vgl oben B. 1.6.1.

[157] Vgl Steiner-Storz § 30 Rz 21; LG Lüneburg Rpfleger 1987, 469.

[158] Stöber § 30 Anm 2.18.; Steiner-Storz § 30 Rdnr 57.

[159] Steiner-Storz § 30 Rdnrn 59, 60.

gen, weil der Schuldner gemäß §§ 788, 91 ZPO nur notwendige Kosten erstatten muß. Doppelte Vollstreckungskosten sind aber nur dann notwendige Kosten, wenn Aufhebung und erneute Anordnung vom Schuldner veranlaßt worden sind.

Gegen den Einstellungsbeschluß oder die Ablehnung der einstweiligen Einstellung gibt es die üblichen Rechtsbehelfe, insbesondere also die sofortige Beschwerde. Ist der Beschluß ohne Anhörung der Betroffenen ergangen, muß zunächst Vollstreckungs-Erinnerung eingelegt werden.

3.2.3. Fortsetzung des Verfahrens

§ 31 ZVG

(1) Im Falle einer einstweiligen Einstellung darf das Verfahren, soweit sich nicht aus dem Gesetz etwas anderes ergibt, nur auf Antrag des Gläubigers fortgesetzt werden. Wird der Antrag nicht binnen sechs Monaten gestellt, so ist das Verfahren aufzuheben.

(2) Die Frist nach Absatz 1 Satz 2 beginnt

a) im Falle des § 30 mit der Einstellung des Verfahrens,

b) im Falle des § 30 a mit dem Zeitpunkt, bis zu dem die Einstellung angeordnet war,

c) im Falle des § 30 f Abs 1 mit dem Ende des Insolvenzverfahrens, im Falle des § 30 f Abs 2 mit der Rücknahme oder der Abweisung des Antrags auf Eröffnung des Insolvenzverfahrens,

d) wenn die Einstellung vom Prozeßgericht angeordnet war, mit der Wiederaufhebung der Anordnung oder mit einer sonstigen Erledigung der Einstellung.

(3) Das Vollstreckungsgericht soll den Gläubiger auf den Fristbeginn unter Bekanntgabe der Rechtsfolgen eines fruchtlosen Fristablaufs hinweisen; die Frist beginnt erst zu laufen, nachdem der Hinweis auf die Rechtsfolgen eines fruchtlosen Fristablaufs dem Gläubiger zugestellt worden ist.

Im Gegensatz zur Aufhebung, die das Verfahren beendet, bringt die einstweilige Einstellung nur einen zeitweiligen Stillstand für die Vollstreckungsbemühungen des Gläubigers. Ein einstweilen eingestelltes Verfahren kann daher fortgesetzt werden, während nach einer Aufhebung ein neues Verfahren angeordnet oder ein neuer Beitritt zugelassen werden muß.

Die Fortsetzung erfordert gemäß § 31 I 1 in aller Regel einen Antrag des Gläubigers. Ein Fortsetzungsantrag ist nur dann entbehrlich, wenn die Einstellung auf Grund des § 28 oder der §§ 769, 771 ZPO erfolgt war; in diesen Fällen wird das Verfahren von Amts wegen fortgesetzt, sobald die Hindernisse beseitigt sind. Umgekehrt reicht ein Antrag des Gläubigers dann für die Fortsetzung nicht aus, wenn das Verfahren auf Anordnung des Prozeßgerichts eingestellt worden ist; hier bedarf es neben einem Antrag noch der Aufhebung oder einer sonstigen Erledigung des Anordnungsbeschlusses.

Wird die Versteigerung gleichzeitig von mehreren Gläubigern betrieben, so wirken Aufhebung und einstweilige Einstellung nur für ein konkretes Verfahren eines bestimmten Gläubigers.[160] Dementsprechend wird auch nur das

---

[160] Vgl oben B. 1.2.1.; vgl auch **TH** B. 3.2.4.4.

einzelne Verfahren fortgesetzt, für das die Fortsetzung konkret beantragt worden ist. Das gilt z.B. auch für eine einstweilige Einstellung gemäß § 77 I (wegen Nichtabgabe von Geboten); auch dort muß jeder Gläubiger für sein Verfahren die Fortsetzung beantragen; der Antrag eines einzelnen Gläubigers betrifft nur sein Einzelverfahren, nicht auch die anderen Einzelverfahren.

Der Antrag ist an keine besondere Form gebunden. Er kann nach herrschender Ansicht[161] nicht an eine Bedingung (z.B. daß auch die anderen Gläubiger fortsetzen) geknüpft werden. Dafür besteht in der Regel auch kein Bedürfnis, weil der Gläubiger sich ohnehin über sein eigenes Verfahren schlüssig werden muß: beantragt er die Fortsetzung nicht innerhalb von 6 Monaten, so wird sein Verfahren ja gemäß § 31 I 2 aufgehoben.

Der Antrag darf nicht zu früh gestellt werden. Logischerweise ist eine Fortsetzung nicht möglich, bevor das Verfahren überhaupt eingestellt ist. Deshalb kann der Gläubiger an sich nicht die Einstellung bewilligen und gleichzeitig die Fortsetzung beantragen,[162] sondern er muß zumindest den Einstellungsbeschluß abwarten. Unbestritten ist, daß ein ausdrücklicher Fortsetzungsantrag nicht etwa durch eine Befristung der bewilligten Einstellung entbehrlich wird.

Ohne weiteres ist eine Verbindung in der Weise denkbar, daß der Gläubiger die Fortsetzung eines bisher eingestellten Verfahrens beantragt und gleichzeitig die erneute Einstellung dieses Verfahrens bewilligt; dieses Vorgehen ist dann nötig, wenn der Gläubiger einerseits dem Schuldner eine weitere Atempause zugestehen, aber andererseits die Aufhebung des Verfahrens (§ 31 I 2) vermeiden will.[163]

Der Fortsetzungsantrag kann solange zurückgenommen werden, bis über ihn entschieden oder das Verfahren auf sonstige Weise wieder in Gang gekommen ist.[164] Erfolgt die Rücknahme dagegen erst nach der Fortsetzung des Verfahrens, so wird sie als erneute Einstellungs-Bewilligung behandelt,[165] was für den Gläubiger im Hinblick auf § 30 I 2 gefährlich sein kann:

Gemäß § 31 I 2 wird das Verfahren aufgehoben, wenn der Fortsetzungsantrag nicht innerhalb von 6 Monaten gestellt wird. Der Fristbeginn richtet sich gemäß § 31 II danach, aus welchem Grund das Verfahren einstweilen eingestellt worden ist. Vereinfacht kann man sagen, daß die Frist immer dann beginnt, wenn die sonstigen Voraussetzungen für eine Fortsetzung wieder gegeben sind; nur bei Einstellungen nach § 30 (§ 31 IIa) und nach §§ 75, 77, 86 beginnt die Frist mit der Einstellung des Verfahrens. Eine Besonderheit gilt für Einstellungen nach § 76, weil der Gläubiger gemäß

---

[161] Stöber § 31 Anm 4.5.; Steiner-Storz § 31 Rdnr 17.

[162] Vgl Steiner-Storz § 31 Rdnrn 18–22 – Dieses „Vereinfachungsverfahren" ist aber gefährlich und sollte wirklich vermieden werden. Vgl dazu LG Frankfurt Rpfleger 1986, 232 mit **kritischer** Anm Schriftleitung. **Noch enger:** LG Traunstein Rpfleger 1989, 35: schon die mit einem Fortsetzungsantrag verbundene Einstellungsbewilligung sei unzulässig – vgl deshalb **TH** D. 3.2.4.13! – Für uneingeschränkt zulässige Verbindung: Dassler-Muth § 31 Rz 11.

[163] Vgl **TH** B. 3.2.4.11.

[164] Vgl Stöber § 31 Anm 4.6.; Steiner-Storz § 31 Rdnrn 34–36.

[165] Weitere Besonderheit: die Frist läuft gem. § 76 II 2 auch dann, wenn der Gläubiger darüber nicht belehrt wird!

§ 76 II 2 die Fortsetzung nur innerhalb von 3 Monaten nach dem Verteilungstermin beantragen kann.[165] Auch bei Einstellungen nach § 765 a ZPO muß der Fortsetzungsantrag innerhalb von 6 Monaten gestellt werden.[166] Die Frist beginnt hier mit dem Zeitpunkt, bis zu dem einstweilen eingestellt worden ist. Abgesehen von diesen Fällen ist aber § 31 III zu beachten, wonach die Frist dann nicht zu laufen beginnt, wenn der Gläubiger nicht über den Fristbeginn und die Rechtsfolgen eines fruchtlosen Fristablaufs belehrt wird.

Einigkeit herrscht darüber, daß die Überschreitung der Frist unheilbar zur Aufhebung des Verfahrens führen muß und zwar auch dann, wenn der verspätete Antrag bei Gericht eingeht, bevor dieses die Aufhebung beschlossen hat.[167] Zum Teil wurde zwar die Auffassung vertreten, daß sich alle Beteiligten wirksam auf eine Verlängerung der Frist einigen können;[168] diese Auffassung wird allerdings zurecht abgelehnt.[169]

Gemäß § 31 III „soll" der Gläubiger über den Fristbeginn und die Folgen eines fruchtlosen Fristablaufs belehrt werden; unterbleibt aber diese Belehrung, so läuft die Frist nicht. Daher handelt es sich um eine „Muß-Vorschrift". Eine Belehrung erfolgt aber nicht über die Rechtsfolgen einer dritten Einstellungsbewilligung, auch nicht, wenn das Verfahren von Amts wegen fortgesetzt werden wird, oder wenn der Gläubiger den erforderlichen Fortsetzungsantrag bereits gestellt hat.

Für die Fortsetzung des Verfahrens ist kein besonderer Beschluß vorgeschrieben, aber sinnvoll und üblich,[170] damit der Gläubiger weiß, daß sein Antrag angenommen ist und damit der Schuldner von der Fortsetzung Kenntnis erhält und daß er gemäß § 30 b I über seine Möglichkeit, Vollstreckungsschutz zu beantragen, belehrt werden kann.

Gegen den Fortsetzungsbeschluß kann der Schuldner, falls er nicht gehört worden ist, Vollstreckungs-Erinnerung[171] einlegen und danach sofortige Beschwerde,[172] u. U. ist auch Vollstreckungsabwehrklage gegeben.[173] Außerdem kann der Schuldner anläßlich des Fortsetzungsbeschlusses die einstweilige Einstellung gemäß § 30 a bzw. § 30 d I beantragen,[174] falls diese Möglichkeiten nicht schon verbraucht sind.

Wenn das Verfahren gemäß § 31 I 2 aufgehoben worden ist, hat der Gläubiger die entsprechenden Rechtsbehelfe. Sind diese Rechtsbehelfe erfolgreich, stellt sich also die Aufhebung als falsch heraus, so kann dies nur als Neuanordnung angesehen werden. Dieses Problem kann aber dadurch um-

---

[166] Stöber § 31 Anm 3.8; Steiner-Storz § 31 Rz 25; **str. aA:** Drischler Rpfleger 1956, 91.
[167] Stöber § 31 Anm 4.3; Steiner-Storz § 31 Rdnr 20.
[168] So Dassler-Schiffhauer-Gerhardt 11. Auflage 1979 § 31 Anm. I und II; Jonas-Pohle ZV Notrecht § 31 Anm 3 e.
[169] So Drischler, Immobiliarvollstreckungsrecht 1969, E 6; Steiner-Storz 31 Rdnr 18; Stöber § 31 Anm 3.12; ähnlich auch LG Frankenthal Rpfleger 1983, 120.
[170] H. M. vgl Stöber § 31 Anm 5.4; Steiner-Storz § 31 Rdnr 42. – Vgl das Beispiel im Anhang **AT** Nr. 11.
[171] Vgl B. 8.2.1.2.
[172] Vgl B. 8.2.1.5.
[173] Vgl B. 8.2.1.3.
[174] Vgl B. 3.1.1.

gangen werden, daß bereits im Aufhebungsbeschluß dessen Wirksamwerden vom Eintritt der Rechtskraft abhängig gemacht wird.[175]

3.2.4. Taktische Hinweise

TH 3.2.4.1.: Um Verwechslungen zu vermeiden, sollte man sich auch für den täglichen Gebrauch angewöhnen, immer von der einstweiligen Einstellung und nicht von der Einstellung zu sprechen, damit durch das Wort „einstweilig" der Unterschied zur Aufhebung deutlich wird. Aus gleichem Grund sagt man: der Gläubiger „bewilligt" die einstweilige Einstellung, während der Schuldner sie „beantragen" muß.

TH 3.2.4.2.: Die (im Interesse des Schuldners) großzügige Auslegung der Gläubiger-Erklärungen im Sinne einer Einstellungs-Bewilligung ist für den Gläubiger Chance und Gefahr zugleich. Chance, weil er die einstweilige Einstellung so recht leicht herbeiführen kann. Gefahr, weil u.U. eine Einstellung erfolgt, die der Gläubiger gar nicht wollte. Zwar kann die Einstellungsbewilligung zurückgenommen werden, so lange über sie noch nicht entschieden ist, aber der Gläubiger erfährt von dieser Auslegung seiner Erklärung u.U. erst durch den Einstellungsbeschluß und dann ist es für die Rücknahme zu spät. Zwar kann der Gläubiger gleich wieder die Fortsetzung beantragen, aber er verliert auch so Zeit, selbst wenn der Schuldner nicht den Fortsetzungsbeschluß zu einem Einstellungsantrag ausnutzt. Und schließlich geht dem Gläubiger gemäß § 30 I 2 eine Einstellungsmöglichkeit verloren.

TH 3.2.4.3.: Vorsicht vor der gelegentlich noch vertretenen Auffassung, daß ein betreibender Gläubiger keinen § 74 a-Antrag stellen kann, insbesondere dann nicht, wenn er der einzige betreibende Gläubiger ist. Im letzten Fall oder wenn der Gläubiger der bestrangig betreibende Gläubiger ist, kann die Zuschlagsversagung auch durch eine nach Schluß der Bietstunde aber vor Verkündung des Zuschlagsbeschlusses bewilligte einstweilige Einstellung herbeigeführt werden; das geht aber auch nur dann, wenn nicht schon zweimal die Einstellung bewilligt worden ist, und außerdem ist ein nicht-bestrangig betreibender Gläubiger machtlos.[176] Sicherheitshalber sollte sich der Gläubiger daher rechtzeitig bei dem Rechtspfleger nach dessen Auffassung erkundigen. Zur Klarstellung sei wiederholt, daß diese Ansicht (ein betreibender Gläubiger könne keinen $^7/_{10}$-Antrag stellen) aus dem Gesetz nicht zu begründen ist und auch zu unbilligen Ergebnissen führt.[177]

TH 3.2.4.4.: Die einstweilige Einstellung gilt nur für ein konkretes Verfahren und kann auch auf einzelne Zubehörgegenstände oder bei verbundenen Verfahren auf einzelne Grundstücke oder Grundstücksbruchteile beschränkt werden. Deshalb sollte zur Vermeidung von Mißverständnissen immer genau bezeichnet werden, worauf sich die Bewilligung im einzelnen bezieht. Besonders wichtig ist diese Klarstellung, wenn ein Gläubiger aus verschiedenen Rechten betreibt, aber nur eines dieser Verfahren einstellen will.

---

[175] So auch Dassler-Muth § 31 Rz 11.

[176] Dieser Gläubiger müßte dann erst die einstweilige Einstellung bewilligen und anschließend den Antrag nach § 74 a stellen; ein abwegiges Ergebnis!

[177] Vgl **TH** B. 3.2.4.7.

TH 3.2.4.5.: Ein nicht einwandfrei gesicherter Gläubiger sollte immer versuchen, bestrangig betreibender Gläubiger zu sein. Das muß schon für den Beitritt maßgebend sein, wenn dem Gläubiger mehrere Rechte zur Verfügung stehen. Aber auch derjenige, der diese Position nicht aus eigenen Rechten hat, sollte sie sich spätestens im Versteigerungstermin durch Ablösung verschaffen. Im Machtkampf zwischen den Gläubigern aber auch mit den Bietern zahlt sich das immer aus, wenn man mit der Ablösung keine zusätzlichen Sicherheitsrisiken eingeht, was vermieden werden sollte.

TH 3.2.4.6.: Der bestrangig betreibende Gläubiger hat eine taktisch besonders starke Position im Zwangsversteigerungsverfahren, weil sich gemäß § 44 das geringste Gebot nach ihm richtet und sich daher ändert, wenn er die einstweilige Einstellung bewilligt. Erfolgt diese Änderung zwischen Bietstunde und Verkündung des Zuschlagsbeschlusses, so wird der Zuschlag versagt, wenn der Gläubiger nicht rechtzeitig noch die Einstellungsbewilligung zurücknimmt und damit doch noch den Zuschlag ermöglicht. Aus dieser Position kann der bestrangig betreibende Gläubiger sowohl den anderen Gläubigern als auch den Bietern gegenüber viel durchsetzen.[177] Deshalb müssen sich diese anderen Gläubiger, die Interessenten und auch der Schuldner in erster Linie mit dem bestrangig betreibenden Gläubiger verständigen. Verhandlungen mit den anderen Gläubigern über Einstellung und Aufhebung ihrer Verfahren sind ohne Einigung mit dem bestrangig betreibenden Gläubiger meist bedeutungslos. Unter Umständen kann ein nachrangiger Gläubiger auch über § 74a eine gewisse taktische Machtposition haben, aber der bestrangig betreibende Gläubiger bleibt trotzdem stärker.

TH 3.2.4.7.: Da der Gesetzgeber davon ausgeht, daß auch die einstweilige Einstellung auf Bewilligung des Schuldners im Interesse des Schuldners erfolgt, ist sie sehr viel leichter und auch schneller herbeizuführen als die an schwere Voraussetzungen gebundene Einstellung auf Antrag des Schuldners. Trotzdem kann die Einstellung vom Gläubiger auch zu ganz anderen Zwecken taktisch eingesetzt werden, vor allem, wenn sie vom bestrangig betreibenden Gläubiger zwischen Bietstunde und Zuschlagverkündung bewilligt wird:[178]

(1) Druckmittel für höhere Gebote oder für Zahlungen außerhalb der Versteigerung;

(2) Zuschlagsversagung an unerwünschte Meistbietende oder „Zuschanzung" des Grundstuckes an bestimmte Interessenten durch negative Beeinflussung anderer Interessenten;

(3) Verzögerungsmöglichkeit für Gläubiger oder (durch Ablösung) auch für Schuldner.

TH 3.2.4.8.: Wenn der Gläubiger zum dritten Mal innerhalb des gleichen Verfahrens die einstweilige Einstellung des Verfahrens bewilligt, so wird dieses zwar gemäß § 30 I 2 aufgehoben. Wenn aber noch mindestens ein weiteres Verfahren noch nicht aufgehoben ist, geht das Gesamtverfahren weiter und die Beschlagnahme bleibt erhalten. Tritt der Gläubiger unmittelbar nach Auf-

---

[178] Im einzelnen vgl unten D. 4.5.2. und **TH** D. 4.5.5.2. und **TH** D. 4.5.5.3.

hebung seines bisherigen Verfahrens erneut bei,[179] so kann er wieder zweimal neu die einstweilige Einstellung bewilligen. Auch der Gläubiger hat also gute Möglichkeiten, das Verfahren hinauszuzögern.

An einer derartigen Verzögerung kann ein Gläubiger dann interessiert sein, wenn die Versteigerung keinen ausreichenden Erlös verspricht, der Schuldner aber nur unter dem Druck der schwebenden Versteigerung zu laufenden Zahlungen bereit ist. Ein Verzögerungsgrund kann auch dann gegeben sein, wenn ein Gläubiger einerseits an guter Rangstelle und außerdem an aussichtsloser Rangstelle beteiligt ist oder einen dinglich nicht gesicherten Forderungsrest hat. Durch die Verzögerung wächst der dingliche Rahmen seines guten Rechtes ständig zu Lasten der nachrangigen Gläubiger an; aber der konkrete Gläubiger kann intern auch seine schlecht- oder nichtgesicherte Forderung aus dem dinglichen Übererlös seines guten Rechtes befriedigen! – Vorsicht ist aber geboten, weil der Gläubiger das Zwangsversteigerungsverfahren nicht als permanentes Druckmittel gegen den Schuldner mißbrauchen darf.[180]

TH 3.2.4.9.: Der Gläubiger wird in der Regel nicht darüber belehrt, daß seine nächste Einstellungsbewilligung zur Aufhebung führen wird. Daher muß er selbst genau Übersicht über alle bisherigen Einstellungen und deren Grundlage behalten (auch wenn sich das Verfahren über Jahre hinzieht!), und er sollte im Kontakt mit dem Rechtspfleger bleiben, damit er keine Überraschungen erlebt. Selbstverständlich gehört eine sorgfältige Formulierung aller Erklärungen dazu, damit auch von dieser Seite die Gefahr von (gegen den Willen des Gläubigers erfolgende) Auslegungen verringert wird.

TH 3.2.4.10.: Da die Bewilligung der einstweiligen Einstellung im Gegensatz zur Einstellung auf Schuldnerantrag nicht innerhalb des Verfahrens mit Auflagen, Fristen oder Bedingungen verbunden werden kann, muß dies außerhalb des Verfahrens geschehen. Solche Vereinbarungen zwischen dem Gläubiger und dem Schuldner oder anderen Glaubigern oder Bietern sind jederzeit möglich. Werden sie in der Hektik des Versteigerungstermins geschlossen, sollten die wichtigsten Punkte unbedingt schriftlich festgehalten werden, nicht nur zu Beweiszwecken sondern auch deshalb, damit allen Beteiligten klar wird und bleibt, wozu sie sich verpflichtet haben. Dies gilt selbstverständlich genauso für Auflagen oder Bedingungen, die an die Rücknahme einer Einstellungsbewilligung oder eines Fortsetzungsantrags geknüpft werden.

TH 3.2.4.11.: Wenn nach einer einstweiligen Einstellung nicht innerhalb von 6 Monaten die Fortsetzung beantragt wird, muß das Verfahren gemäß § 31 I 2 aufgehoben werden. Die Gefahr, daß diese Frist übersehen wird ist

---

[179] Dies ist allerdings für einen Gläubiger der 5. Rangklasse des § 10 I u. U. mit einem Rangverlust verbunden, vgl dazu B. 4.4.2. – **Vorsicht!** Nach LG Bonn Rpfleger 1990, 433 soll dieses Verfahren unzulässig sein! Diese Entscheidung ist aber in der Literatur generell abgelehnt worden, vgl Ströber § 30 Anm 3.2; Hintzen Rpfleger 1991, 69; vgl auch OLG Düsseldorf Rpfleger 1991, 28.
[180] BGH NJW 2007, 3279 (Anm Storz/Kiderlen) und NJW 1979, 162; LG Erfurt Rpfleger 2005, 375; LG Bonn, Rpfleger 2001, 365; 1990, 433; LG Lüneburg Rpfleger 1987, 469; zurückhaltender **aber** OLG Düsseldorf Rpfleger 1991, 28; LG Dessau Rpfleger 2004, 724.

deshalb besonders groß, weil ja in allen Kommentaren gefordert wird, daß der Fortsetzungsantrag nicht zu früh gestellt wird. Trotz dieser juristisch durchaus richtigen Forderung sei empfohlen, die Einstellungsbewilligung grundsätzlich mit einem Fortsetzungsantrag zu verbinden, etwa in der Weise: „Wir bewilligen die einstweilige Einstellung des Verfahrens aus unserem Recht Abt. III Nr. 1 und beantragen schon jetzt, daß das Verfahren unmittelbar nach Ablauf von 6 Monaten fortgesetzt wird."

TH 3.2.4.12.: Damit es wegen unterschiedlicher Rechtsauffassungen nicht zu erheblichen Schwierigkeiten kommt, sollte im Falle eines Gläubigerwechsels[181] unverzüglich die Titelumschreibung und die Zustellung des umgeschriebenen Titels und der Abtretungs- oder Ablösungserklärung erfolgen und dem Gericht gegenüber nachgewiesen werden. Der Rechtsnachfolger riskiert sonst, daß die Einstellungsbewilligung nicht mehr rechtzeitig erklärt werden kann; für den Fortsetzungsantrag ist ein entsprechender Nachweis ohnehin nötig. Wenn der Rechtsnachfolger die Voraussetzungen nicht mehr rechtzeitig schaffen kann und der Rechtspfleger den Nachweis schon für die Einstellungsbewilligung fordert, muß der bisherige Gläubiger gebeten werden, die Einstellung zu bewilligen.

TH 3.2.4.13.: Die Gefahr, daß die Frist für den Fortsetzungsantrag trotz Belehrung übersehen wird, ist auch deshalb groß, weil der Fortsetzungsantrag nicht zu früh gestellt werden darf. Erst kürzlich hat es das LG Traunstein für unzulässig erklärt, gleichzeitig mit der Einstellungsbewilligung die Fortsetzung „nach Ablauf einer bestimmten Frist" zu beantragen, weil danach die Einstellung unzulässigerweise befristet würde (vgl Rpfleger 1989, 35). Um derartigen Risiken vorzubeugen sei empfohlen, die Fortsetzung erst (uU unmittelbar) nach Zugang des Einstellungsbeschlusses zu beantragen und dabei die Frist des § 31 II a zu beachten.

TH 3.2.4.14.: Nachdem immer mehr Gerichtsentscheidungen im Ergebnis den Zuschlag auch dann erteilen lassen, wenn das bestrangig betriebene Verfahren zwischen Ende der Bietstunde und Verkündung der Zuschlagsentscheidung einstweilen eingestellt worden ist,[182] sollte der bestrangig betriebende Gläubiger mit dieser Maßnahme vorsichtig umgehen und möglichst den Rechtspfleger vorher fragen, ob dieser dann auch tatsächlich den Zuschlag versagen wird. Das gilt umso mehr, wenn die bestrangig betriebene Forderung relativ gering ist und wenn die anderen betreibenden Gläubiger fest mit einem Zuschlag rechnen. Der bestrangig betreibende Gläubiger sollte jedenfalls dem Rechtspfleger klarmachen können, daß seine Einstellungsbewilligung keinen Rechtsmißbrauch darstellt.

TH 3.2.4.15.: Die vielfältigen Interessengegensätze zwischen allen Beteiligten (auch zwischen den einzelnen Gläubigern) zwingen geradezu zu einem gewissen taktischen Verhalten. Das Gesetz anerkennt diese Interessengegensätze und versteht sich geradezu als Regelwerk für die Auseinandersetzung

---

[181] Vgl dazu C. 5.2. (Forderungsabtretung) und B. 7. (Ablösung).
[182] Vgl OLG Stuttgart Rpfleger 1997, 398; OLG Köln Rpfleger 1990, 176 (**abl. Anm** Storz); OLG Hamm EWiR 1990, 413 (**abl. Anm** Muth); LG Mosbach Rpfleger 1992, 360; AG Waldshut-Tiengen Rpfleger 1986, 102.

zwischen den verschiedenen Beteiligten und überträgt dem Rechtspfleger praktisch die Schiedsrichterrolle. Aber auch in dieser Auseinandersetzung sind die Beteiligten an den Grundsatz von „Treu und Glauben" (§ 242 BGB) gebunden und zu redlicher Verfahrensführung verpflichtet und dürfen deshalb prozessuale Befugnisse nicht missbrauchen, wobei ein derartiger Missbrauch nach dem BGH selbst dann vorliegen kann, wenn das konkrete „Verhalten nicht den gesetzlich vorgesehenen, sondern anderen, nicht notwendig unerlaubten, aber funktionsfremden und rechtlich zu missbilligenden Zwecken dient."[182a]

3.3. Aufhebung und Neuanordnung des Verfahrens

3.3.1. Aufhebung

§ 28 ZVG

(1) Wird dem Vollstreckungsgericht ein aus dem Grundbuch ersichtliches Recht bekannt, welches der Zwangsversteigerung oder der Fortsetzung des Verfahrens entgegensteht, so hat das Gericht das Verfahren entweder sofort aufzuheben oder unter Bestimmung einer Frist, binnen welcher der Gläubiger die Hebung des Hindernisses nachzuweisen hat, einstweilen einzustellen. Im letzteren Falle ist das Verfahren nach dem Ablaufe der Frist aufzuheben, wenn nicht inzwischen der Nachweis erbracht ist.

(2) Wird dem Vollstreckungsgericht eine Verfügungsbeschränkung oder ein Vollstreckungsmangel bekannt, ist Absatz 1 entsprechend anzuwenden.

§ 32 ZVG

Der Beschluß, durch welchen das Verfahren aufgehoben oder einstweilen eingestellt wird, ist dem Schuldner, dem Gläubiger und, wenn die Anordnung von einem Dritten beantragt war, auch diesem zuzustellen.

§ 33 ZVG

Nach dem Schlusse der Versteigerung darf, wenn ein Grund zur Aufhebung oder zur einstweiligen Einstellung des Verfahrens oder zur Aufhebung des Termins vorliegt, die Entscheidung nur durch Versagung des Zuschlags gegeben werden.

§ 34 ZVG

Im Falle der Aufhebung des Verfahrens ist das Grundbuchamt um Löschung des Versteigerungsvermerkes zu ersuchen.

§ 86 ZVG

Die rechtskräftige Versagung des Zuschlags wirkt, wenn die Fortsetzung des Verfahrens zulässig ist, wie eine einstweilige Einstellung, andernfalls wie die Aufhebung des Verfahrens.

[182a] BGH NJW 2007, 3279 (Anm. Storz/Kiderlen).

Wenn aus dem Grundbuch ersichtlich ist, daß der Zwangsversteigerung Rechte Dritter entgegenstehen, darf die Zwangsversteigerung gar nicht erst angeordnet werden. Werden solche entgegenstehenden Rechte aber dem Rechtspfleger erst später bekannt, oder werden sie erst später wirksam, muß das Verfahren gemäß § 28 I aufgehoben werden. Entsprechendes gilt gemäß § 28 II, wenn dem Vollstreckungsgericht eine (aus dem Grundbuch nicht ersichtliche) Verfügungsbeschränkung oder ein Vollstreckungsmangel bekannt wird.

Die Aufhebung des Verfahrens bedeutet im Gegensatz zur einstweiligen Einstellung[183] nicht, daß lediglich für eine bestimmte Zeit eine Pause in den Vollstreckungsbemühungen des Gläubigers eintritt, sondern durch die Aufhebung wird das Verfahren beendet.

Wenn die Zwangsversteigerung gleichzeitig von mehreren Gläubigern betrieben wird, betrifft dieses Ende allerdings nur das konkrete Einzelverfahren. Die Verfahren der anderen Gläubiger (oder auch ein eventuelles anderes Verfahren des gleichen Gläubigers!) werden von dieser Aufhebung nicht berührt sondern weitergeführt. Wenn also auch nur eines der verschiedenen Einzelverfahren innerhalb des Gesamtverfahrens nicht eingestellt oder aufgehoben wird, geht die Zwangsversteigerung als solche weiter. Die Aufhebung eines Einzelverfahrens hat dann lediglich die Wirkung, daß der betreffende Gläubiger nicht mehr zu den betreibenden Gläubigern gehört; er bleibt aber Beteiligter des Verfahrens, wenn er aus einem Recht der Rangklasse 1–4 des § 10 berechtigt ist (z.B. als Inhaber eines Grundpfandrechts). Mit der Aufhebung des Verfahrens endet zwar auch die Beschlagnahme; die erste Beschlagnahme der Gesamtversteigerung bleibt aber für die Berechnung der wiederkehrenden Leistungen gemäß § 13 IV 1 erhalten, solange nicht alle Verfahren aufgehoben sind.[184]

Nur die Aufhebung des bestrangig betriebenen Verfahrens kann Folgen für das Gesamtverfahren haben, weil sich das geringste Gebot gemäß § 44 nur nach diesem richtet und weil jede Änderung des geringsten Gebots mehr oder weniger schwerwiegende Folgen für das Gesamtverfahren mit sich bringt, je nachdem, in welchem konkreten Verfahrensstadium die Änderung eintritt.[185] Erfolgt z.B. die Aufhebung des bestrangig betriebenen Verfahrens zwischen dem Schluß der Bietstunde und der Verkündung der Entscheidung über den Zuschlag, dann muß der Zuschlag versagt werden, auch wenn noch zahlreiche andere Verfahren betrieben werden; insoweit gelten die gleichen Regeln wie bei der einstweiligen Einstellung.[184]

Das Vollstreckungsgericht hebt das Verfahren auf,

(1) wenn sich nach Anordnung der Zwangsversteigerung herausstellt, daß wesentliche prozessuale Voraussetzungen fehlen oder weggefallen sind; oder

(2) wenn aus materiell-rechtlichen Gründen eine Zwangsversteigerung auf Dauer ausgeschlossen ist, weil z.B. der Gläubiger nicht mehr gegen den Schuldner vorgehen kann (z.B. wegen §§ 775, 776 oder 765a ZPO) oder

---

[183] Vgl oben B. 3.2.1.
[184] Vgl **TH** B. 3.3.4.4. und **TH** B. 3.3.4.5. und **TH** B. 3.3.4.6.
[185] Vgl B. 3.2.1. und **TH** B. 3.3.4.1.

weil das Recht eines Dritten entgegensteht (§ 28); entsprechendes gilt unter gewissen Voraussetzungen, wenn über das Vermögen des Schuldners das Konkurs- oder das gerichtliche Vergleichsverfahren eröffnet worden ist (vgl § 14 KO, 48 VerglO); oder

(3) wenn der Gläubiger seinen Versteigerungsantrag zurückgenommen hat (§ 29) oder wenn er zum dritten Mal die einstweilige Einstellung bewilligt hat (§ 30 I 3);[186] oder

(4) wenn nach einer einstweiligen Einstellung nicht rechtzeitig die Fortsetzung beantragt wird (vgl §§ 31 I 2, 76 II 2);[187] oder

(5) wenn in zwei Versteigerungsterminen keine zulässigen Gebote abgegeben worden oder sämtliche zulässigen Gebote erloschen sind (§ 77 II 1) und keine Überleitung in eine Zwangsverwaltung beantragt worden ist;[188] oder

(6) wenn das (in den Neuen Bundesländern) selbständige Gebäudeeigentum entweder selbst oder das ihm zugrundeliegende Nutzungsrecht (vgl EGBGB Art 233 §§ 2b, 4, 8) zu Lasten des Versteigerungsgrundstücks im Grundbuch eingetragen ist.[188a]

Die Aufhebung des Verfahrens erfolgt durch Beschluß, der gemäß § 32 dem Schuldner, dem Gläubiger und, wenn die Anordnung der Aufhebung von einem Dritten beantragt worden war, auch diesem zuzustellen ist.

Der Aufhebungsbeschluß hat dann nur deklaratorische Bedeutung, wenn die Aufhebung wegen Antragsrücknahme oder wegen dreimaliger Einstellungsbewilligung erfolgt, weil die Rücknahme mit ihrem Eingang bei Gericht wirksam wird und das Verfahren schon dadurch beendet.[189] Auch dann, wenn die Aufhebung des Verfahrens vom Prozeß- oder Insolvenzgericht angeordnet wird, wird sie sofort wirksam, so daß dem Aufhebungsbeschluß des Vollstreckungsgerichts nur noch deklaratorische Bedeutung zukommt. In den übrigen Fällen – zB wegen entgegenstehender Rechte gem § 28 – wird die Aufhebung dagegen erst mit dem Erlaß des Aufhebungsbeschlusses wirksam.

Nach dem Ende der Bietstunde darf gemäß § 33 die Aufhebung nur durch die Versagung des Zuschlags erfolgen, damit im Falle einer erfolgreichen Zuschlagsversagungsbeschwerde noch ein Zuschlag auf das sonst erloschene Meistgebot erfolgen kann. Umgekehrt wirkt die Versagung des Zuschlags gemäß § 86 wie eine Aufhebung, wenn die Fortsetzung des Verfahrens nicht mehr möglich ist.

Durch die Aufhebung entstehen zwar keine neuen Gerichts- oder Anwaltsgebühren;[190] bereits angefallene Gerichtsgebühren und Auslagen werden jetzt aber (nach Anrechnung der Vorschüsse) vom Gläubiger des aufgehobenen Verfahrens und nicht etwa vom Schuldner eingefordert, weil er als Antragsteller dafür aufkommen muß. Dagegen können dem betreibenden Gläubiger nicht Kosten gem § 269 III ZPO auferlegt werden.[191]

---

[186] Vgl B. 3.2.2.
[187] Vgl B. 3.2.3.
[188] Vgl D. 4.2.
[188a] Vgl oben A. 5.1.
[189] Vgl Stöber § 29 Anm 4.5.; Steiner-Storz § 29 Rdnr 44.
[190] Vgl Stöber § 29 Anm 3.1; Steiner-Storz § 29 Rz 47.
[191] Vgl Stöber § 29 Anm 3.2.; Steiner-Storz § 29 Rdnr 47.

Gegen den Aufhebungsbeschluß gibt es die sofortige Beschwerde[192] (bei einer Richterentscheidung).

Sollte einmal ein Aufhebungsbeschluß wegen eines erfolgreichen Rechtsbehelfs aufgehoben werden, dann kann nach allgemeiner Ansicht dadurch der Wegfall der Beschlagnahmewirkung nicht wieder rückgängig gemacht und das Verfahren wieder ins Leben gerufen werden.[193] Es wird daher empfohlen, im Beschluß auszudrücken, daß das Verfahren erst mit der Rechtskraft der Entscheidung aufgehoben wird,[194] was m. E. allerdings dann rechtlich zweifelhaft ist, wenn der Aufhebungsbeschluß nur deklaratorische Bedeutung hat. Aber dieser Vorschlag hat sich inzwischen wohl durchgesetzt und bewährt.[195] Das Problem spielt in der Praxis dann keine große Rolle, wenn der Rechtspfleger vor der Aufhebung mit dem Schuldner und vor allem mit dem Gläubiger den bevorstehenden Beschluß bespricht.[196]

Wenn die Aufhebung alle Verfahren betrifft, also keines mehr weiterbetrieben wird und auch kein Verfahren nur einstweilen eingestellt ist, wird das Grundstück von jeglicher Beschlagnahme befreit und der Versteigerungsvermerk im Grundbuch wird gelöscht (§ 34). Es gibt aber keinen Rechtsanspruch auf Umschreibung des Grundbuch-Blattes allein zu dem Zweck, den (früheren) Zwangsversteigerungsvermerk nicht mehr grundbuchersichtlich zu machen.[197]

3.3.2. Rücknahme des Versteigerungsantrags

§ 29 ZVG

Das Verfahren ist aufzuheben, wenn der Versteigerungsantrag von dem Gläubiger zurückgenommen wird.

Mit dem Eingang der Rücknahmeerklärung bei Gericht ist das Verfahren beendet, der Aufhebungsbeschluß hat nur noch deklaratorische Bedeutung. Gleiches gilt für die dritte Einstellungsbewilligung, die gemäß § 30 I 3 als Rücknahme des Versteigerungsantrags gilt.

Auch für die Rücknahme des Antrags ist keine besondere Form vorgeschrieben; sie kann also zu Protokoll der Geschäftsstelle oder mündlich im Termin, auch durch Telefax oder Telegramm aber nicht per Telefon erfolgen. Zum Inhalt muß nicht unbedingt wörtlich von der Rücknahme des Versteigerungsantrags gesprochen werden; die herrschende Meinung ist mit der Auslegung wie bei der Einstellungsbewilligung recht großzügig und läßt jede Erklärung gelten, mit der der Gläubiger zum Ausdruck bringt, daß die Zwangsversteigerung nicht mehr stattfinden soll.[198] Allerdings sollte bei derart wichtigen Erklärungen bezüglich der Auslegung m. E. Zurückhaltung geübt

---

[192] Vgl oben B. 8.2.1.
[193] Vgl daher **TH** B. 3.3.4.2.
[194] Stöber § 1 Anm 7.1.–5.
[195] Vgl auch Dassler-Muth § 31 Rz 11; Steiner-Storz § 31 Rz 53.
[196] Vgl **TH** B. 3.3.4.3.
[197] BayObLG Rpfleger 1992, 513; OLG Koblenz Rpfleger 1987, 409; OLG Düsseldorf NJW 1988, 975, LG Bonn Rpfleger 1988, 311; LG Köln MittRhlNotK 1984, 247.
[198] Steiner-Storz § 29 Rdnr 22; vgl deshalb **TH** B. 3.3.4.2.

werden und in allen Fällen, wo überhaupt Zweifel möglich sind, beim Gläubiger rückgefragt werden, ob er wirklich die Aufhebung des Verfahrens mit allen Folgen will.[199] Denn wenn das Verfahren einmal aufgehoben ist, kann es auch durch ein erfolgreiches Rechtsmittel nicht wieder ins Leben zurückgerufen werden. Die von Zeller für andere Aufhebungsbeschlüsse empfohlene Bestimmung, daß der Beschluß erst mit seiner Rechtskraft wirksam werden soll[200] gilt hier nicht, weil der auf einer Rücknahme des Versteigerungsantrags folgende Aufhebungsbeschluß ja nur deklaratorische Bedeutung hat.

Die Rücknahme des Versteigerungsantrags ist wie bei der Einstellungsbewilligung während des ganzen Verfahrens möglich, also von der Anordnung bzw. Zulassung des Beitritts bis zur Verkündung der Entscheidung über den Zuschlag. Eine spätere Rücknahme ist nicht mehr möglich; sie kann also auch nicht innerhalb einer Beschwerde gegen die Zuschlagserteilung geltend gemacht werden, es sei denn, daß die Rücknahme im Zeitpunkt der Zuschlagsverkündung schon bei Gericht eingegangen war; nur nach einer Zuschlagsversagung ist die Rücknahme noch in der Beschwerdeinstanz möglich.[201]

Da die Rücknahme des Versteigerungsantrags im Gegensatz zur Einstellungsbewilligung schon mit ihrem Eingang bei Gericht wirksam ist, kann sie danach nicht mehr zurückgenommen oder widerrufen werden. Während also die ersten beiden „echten" Einstellungsbewilligungen noch zurückgenommen werden können, bis das Gericht den Einstellungsbeschluß verkündet hat, kann die als Rücknahme geltende dritte Einstellungsbewilligung nach ihrem Eingang bei Gericht auch dann nicht mehr zurückgenommen oder widerrufen werden, wenn das Gericht den (nur deklaratorischen) Aufhebungsbeschluß noch nicht gefaßt hat.

Da der Gläubiger der Herr des Verfahrens ist, braucht er die Rücknahme seines Versteigerungs- (oder Beitritts-)Antrags nicht zu begründen; eine Begründung wäre auch absolut unüblich. Die Rücknahme kann weder von Bedingungen abhängig gemacht, noch auf eine bestimmte Zeit befristet werden; letzteres deutet u. U. darauf hin, daß der Gläubiger in Wirklichkeit eine einstweilige Einstellung bewilligen will.[202] Die Rücknahme kann dagegen sehr wohl auf einen einzelnen Zubehörgegenstand[203] oder bei verbundenen Verfahren auf ein Grundstück oder – wenn der Gläubiger gleichzeitig mehrere Verfahren betreibt – auf ein Verfahren beschränkt werden.

Auch der (infolge Abtretung oder Ablösung) eingetretene Rechtsnachfolger kann den Antrag zurücknehmen; er braucht dazu lediglich gegenüber dem Gericht die Rechtsnachfolge nachweisen, dagegen ist die vorherige Umschreibung und Zustellung des Vollstreckungstitels dazu nicht erforderlich.[204]

---

[199] Im Ergebnis ähnlich Stöber § 29 Anm 2.2.; Steiner-Storz § 29 Rdnr 23.

[200] Vgl oben B. 3.3.1.; auch in den anderen Fällen ist die Zulässigkeit dieses Weges nicht unbestritten.

[201] LG Aachen Rpfleger 1985, 452; Stöber § 29 Anm 2.7.

[202] Vgl Stöber Handbuch Rdn 203.

[203] Das Vollstreckungsgericht hebt dann die Zwangsversteigerung bzgl dieser freigegebenen Gegenstände auf, ohne darüber zu entscheiden, ob sie wesentliche Bestandteile oder Zubehör wären: OLG Koblenz Rpfleger 1988, 493; OLG Hamm OLGZ 1967, 445.

[204] Steiner-Storz § 75 Rdnrn 65–72. Allerdings nicht ganz unstreitig, vgl dazu ausführlich B. 7.3.4. (Ablösung).

3.3.3. Wiederanordnung des Verfahrens

Im Gegensatz zur einstweiligen Einstellung, die das Verfahren nur für eine bestimmte Zeit unterbricht, kann ein aufgehobenes Verfahren nicht mehr fortgesetzt werden, weil es ja abgeschlossen worden ist. Auch die Aufhebung bezieht sich aber nur auf das konkrete Einzelverfahren, für das z. B. der Antrag zurückgenommen worden ist. Werden noch andere Verfahren betrieben, so werden diese durch die Aufhebung nicht berührt sondern weitergeführt, es sei denn, daß der Aufhebungsgrund für alle Verfahren gilt (z. B. gemäß § 77 II 1, weil zwei Versteigerungstermine ergebnislos geblieben sind).

Wird also trotz Aufhebung des Einzelverfahrens die Gesamtversteigerung weitergeführt, so kann der Gläubiger dem Verfahren erneut beitreten und gehört dann wieder zum Kreis der betreibenden Gläubiger. Betreibt er das Verfahren aus einem Recht der Rangklasse 1–4 des § 10, dann erleidet er durch Aufhebung und neuen Beitritt keinen Rang- oder sonstigen Rechtsverlust, wenn man von der Kostenfolge absieht (s. u.). Betreibt er dagegen das Verfahren aus einem Recht der Rangklasse 5, so verliert er seinen eventuellen bisherigen Vorrang vor anderen persönlichen Gläubigern und muß sich mit dem letzten Platz in der Rangklasse 5 begnügen.[205]

Bleibt nach der Aufhebung des Verfahrens kein weiteres betriebenes Verfahren übrig und gibt es auch kein einstweilen eingestelltes Verfahren mehr, dann wird das Gesamtverfahren beendet, die Beschlagnahme geht endgültig verloren und der Versteigerungsvermerk im Grundbuch wird gemäß § 34 gelöscht.

Auch das bedeutet jedoch nicht unbedingt, daß der Schuldner nun endgültig seine Ruhe hat. Denn wenn das Versteigerungsverfahren nicht deshalb aufgehoben wurde, weil ihm auf Dauer irgendwelche formellen oder materiellen Rechte entgegenstehen, sondern zum Beispiel wegen Rücknahme des Versteigerungsantrags (§ 29) oder wegen dreimaliger Einstellungsbewilligung (§ 30 I 3) oder wegen zweier ergebnisloser Versteigerungstermine (§ 77 II 1) oder wegen nicht rechtzeitig gestellten Fortsetzungsantrags (§§ 31 I 2 oder 76 II 2), dann kann der Gläubiger durchaus erneut die Zwangsversteigerung beantragen mit der Folge, daß alles von vorne losgeht, als hätte es bisher noch gar kein Zwangsversteigerungsverfahren gegeben. Also: neuer Antrag, neues Aktenzeichen, neue Beschlagnahme, neuer Versteigerungsvermerk im Grundbuch, neue Einstellungsmöglichkeit nach § 30a, neues Verkehrswertfestsetzungsverfahren, neuer Versteigerungstermin usw. Vielleicht geht alles etwas schneller als bisher, weil ja vieles schon bekannt ist, was im ersten Verfahren erarbeitet werden mußte. Grundsätzlich handelt es sich aber um zwei völlig getrennte Verfahren.

Es entstehen auch neue Kosten. Die neuen Kosten können im neuen Verfahren als notwendige Kosten der dinglichen Rechtsverfolgung geltend gemacht werden (§§ 788, 91 ZPO). Dagegen können die Kosten des alten Verfahrens nur dann als notwendige Kosten weiter geltend gemacht werden, wenn der Schuldner die Aufhebung und Neuanordnung veranlaßt hat.

---

[205] Vgl dazu unten B. 4.4.2. und **TH** B. 3.2.4.8.

3.3.4. Taktische Hinweise

TH 3.3.4.1.: Grundsätzlich bietet die Rücknahme des Versteigerungsantrags (gleichbedeutend ist die Rücknahme des Beitrittsantrags oder die dritte Einstellungsbewilligung) dem bestrangig betreibenden Gläubiger die gleichen taktischen Möglichkeiten wie die „echte" (= erste und zweite) Einstellungsbewilligung, weil beide in gleicher Weise das geringste Gebot beeinflussen.[206] Zwei Besonderheiten schränken aber die taktischen Möglichkeiten der Rücknahme ein: Einmal führt die Rücknahme des Antrags zur Aufhebung des Verfahrens und stellt daher einen (für rein taktische Überlegungen) zu schweren Eingriff dar, weil das Verfahren nicht einfach fortgesetzt werden kann. Solange also eine echte Einstellungsmöglichkeit besteht, wird der Gläubiger diese nutzen und nicht seinen Versteigerungsantrag zurücknehmen. Zum anderen wird die Rücknahmeerklärung (aufpassen: auch die dritte Einstellungsbewilligung!) sofort mit ihrem Eingang bei Gericht wirksam und kann dann nicht mehr zurückgenommen werden, während die „echte" Einstellungsbewilligung noch bis zur Verkündung des Einstellungsbeschlusses zurückgenommen werden kann (zwischen Eingang der Bewilligung bei Gericht und Verkündung des Einstellungsbeschlusses können u. U. mehrere Tage vergehen). Will also der Gläubiger die Rücknahme der Rücknahme in seine taktischen Überlegungen einbeziehen,[207] so muß er sich auf die Androhung der Rücknahme des Versteigerungsantrags beschränken.

TH 3.3.4.2.: Wegen der „großzügigen" Auslegung der Gläubiger-Erklärung im Sinne einer (u. U. dritten) Einstellungsbewilligung oder einer Antragsrücknahme kann den Gläubigern nicht oft genug eine sorgfältige Formulierung, sorgfältige Terminüberwachung und ein aktiver Kontakt zum Rechtspfleger empfohlen werden. Es geht einfach zu weit, wenn sich der Gläubiger darauf verläßt, daß der Rechtspfleger von sich aus Rückfrage beim Gläubiger hält.

TH 3.3.4.3.: Wegen der streitigen Frage, ob ein Aufhebungsbeschluß durch ein erfolgreiches Rechtsmittel in der Weise aufgehoben werden kann, daß das Verfahren fortgesetzt wird, wenn der Aufhebungsbeschluß sein Wirksamwerden von seiner Rechtskraft abhängig gemacht hat, sollte der Gläubiger anstelle eines Rechtsmittels gegen den Aufhebungsbeschluß lieber gleich ein neues Verfahren beantragen, wenn dies möglich ist, weil er so unter Umständen viel Zeit gewinnt. Dieser Weg ist allerdings dann oft nicht sinnvoll, wenn die Aufhebung deshalb beschlossen worden ist, weil (angeblich) der Versteigerung ein formelles oder materielles Recht dauernd entgegensteht. Ist der Gläubiger hier anderer Ansicht, muß er in der Regel gegen den Aufhebungsbeschluß vorgehen, weil er sonst riskiert, daß das Gericht die (erneute) Anordnung des Verfahrens mit der gleichen Begründung ablehnt.

TH 3.3.4.4.: Die Aufhebung eines Verfahrens ist dann harmlos, wenn das Gesamtverfahren trotzdem weiterläuft. Die Aufhebung des Gesamtverfahrens hat sehr viel weiterreichende Folgen und sollte daher vermieden werden,

---

[206] Siehe dazu oben B. 3.2.1.
[207] Vgl dazu unten D. 4.5.2.

wenn der Gläubiger weiterhin auf die Versteigerung Wert legt. Daher sollte der Gläubiger unter Umständen, bevor die Aufhebung des einzigen Verfahrens (z. B. wegen dreimaliger Einstellungsbewilligung) erfolgt, aus einem anderen Recht beitreten, (falls er über ein weiteres Recht verfügt, andernfalls sollte er versuchen, einen anderen dinglichen Gläubiger zum Beitritt zu veranlassen). Dann kann er nach Aufhebung seines alten Verfahrens dem Gesamtverfahren aus dem gleichen Recht erneut beitreten und hat auf diese Weise die erste Beschlagnahme gerettet (§ 13 IV 1). Aufpassen: wenn und solange die Zwangsversteigerung nur aus einem Recht betrieben wird, hat dessen Gläubiger eine besonders starke taktische Position, auch gegenüber demjenigen Gläubiger, der so sehr an einer Aufrechterhaltung des Gesamtverfahrens interessiert ist. ...

TH 3.3.4.5.: Ein Gläubiger, der an einem möglichst großen „dinglichen Rahmen" interessiert ist[208] oder der aus anderen Gründen Wert legt auf eine Verzögerung (weil z. B. gar nicht die Versteigerung selbst will sondern nur den Druck, der dadurch auf den Schuldner ausgeübt wird), kann die Aufhebung wegen dreier Einstellungsbewilligungen (§ 30 I 3) dadurch in sein taktisches Konzept aufnehmen, daß er irgendwie gewährleistet, daß durch die Aufhebung seines Verfahrens und vor einem Neubeitritt das Gesamtverfahren weiterläuft; aber Vorsicht vor zu großer Taktiererei![209]

TH 3.3.4.6.: Ein nachrangiger Gläubiger wird durch jede Verzögerung benachteiligt, egal ob sie vom Schuldner oder von einem anderen Gläubiger verursacht wird, weil die dinglichen Rahmen der vorrangigen Gläubiger immer größer werden. Je länger eine Zwangsversteigerung dauert, umso mehr sollte deshalb ein nachrangiger Gläubiger versuchen, ein Gesamtverfahren zur Aufhebung zu bringen und dann ein neues Verfahren zu beginnen. Ein gleiches Interesse kann der Schuldner haben. Die Möglichkeiten für beide sind oft größer, als man glaubt. Z. B. kann die Ablösung hier vor allem dann Wunder vollbringen, wenn der oder die vorrangigen Gläubiger nur aus Teilbeträgen die Versteigerung betreiben.

---

[208] Vgl dazu unten B. 5.2. und B. 5.4.
[209] Vgl. oben **TH** B.3.2.4.8.

Thesen-Seite 15: Einige Grundsätze zu § 30 a ZVG

1. Nur innerhalb einer Notfrist von 2 Wochen nach Belehrung; diese soll erfolgen bei:
   1.1. Anordnung des Verfahrens
   1.2. Beitritt zum Verfahren
   1.3. Fortsetzung des Verfahrens

2. Jedes Einzelverfahren kann maximal 2× nach § 30a eingestellt werden (§ 30 c I)

3. Antragsvoraussetzungen sind seit 1. 7. 1979 erheblich erleichtert:
   3.1. Schuldner muß während Einstellungszeit „sanierungsfähig" sein
   3.2. Einstellung muß der Billigkeit entsprechen

4. Gläubiger sollte einem Einstellungsantrag oft nicht entgegentreten, sondern Zahlungsauflagen verlangen (§ 30a III bis § 30a V). Vorteile:
   4.1. Kein Zinsnachteil; für nachrangige Gläubiger besonders wichtig
   4.2. Oft geringerer Zeitverlust als bei Bekämpfung des Einstellungsantrags
   4.3. Kein Verlust der eigenen Beweglichkeit; § 30 bleibt erhalten
   4.4. Nach doppelter Einstellung Ausschluß des § 765a ZPO gemäß § 30 c Abs 2

5. Keine eigenen Gerichts- oder Anwaltskosten

Thesen-Seite 16: Einige Grundsätze zu § 765 a ZPO

1. Zeitlich unbeschränkt während des ganzen Verfahrens bis spätestens zur Verkündung der Zuschlagsentscheidung.

2. § 765 a richtet sich gegen das Einzelverfahren, kann aber beliebig oft wiederholt werden.

3. Belehrung über das Antragsrecht erfolgt allgemein nicht, allenfalls gemäß § 139 ZPO bei entsprechender Einzelsituation.

4. Antrag nach § 765 a ZPO ist grundsätzlich erforderlich; Rechtsprechung und Literatur sind mit der Auslegung aber sehr großzügig.

5. Mit § 765 a ZPO kann alles verlangt werden, was zu einer Aufschiebung, Verhinderung, Änderung oder Beseitigung von Vollstreckungsmaßnahmen führt.

6. Zur Begründung muß immer vorgetragen werden, daß ohne die beanstandete Maßnahme ein besseres Ergebnis erzielt worden wäre.

7. Für jedes Verfahren nach § 765 a ZPO fallen evtl gesonderte Gerichts- und Anwaltskosten an.

4. Die wichtigsten Verfahrens-Grundsätze

4.1. Amtsbetrieb

§ 35 ZVG

Die Versteigerung wird durch das Vollstreckungsgericht ausgeführt.

Der Gläubiger ist der Herr des Zwangsversteigerungsverfahrens, weil er es nicht nur durch seinen Antrag in Gang bringen sondern auch jederzeit einstweilen einstellen, fortsetzen oder aufheben lassen kann, ohne daß er dabei auf die Zustimmung der anderen Beteiligten oder des Gerichts angewiesen wäre. Trotzdem spricht man auch im Zwangsversteigerungsverfahren vom Amtsbetrieb, weil gemäß § 3 die innerhalb des Verfahrens erforderlichen Zustellungen im wesentlichen von Amts wegen erfolgen (während die Zustellungen im Zusammenhang mit der Schaffung der Vollstreckungsvoraussetzungen von den Gläubigern veranlaßt, also im sogenannten Parteibetrieb vorgenommen werden), und weil gemäß § 35 die Versteigerung vom Vollstreckungsgericht durchgeführt wird.[1]

Solange das Verfahren weder einstweilen eingestellt noch aufgehoben ist, wird es vom Rechtspfleger nach den Vorschriften des ZVG durchgeführt. Der Rechtspfleger ist dabei zwar weitgehend an die verfahrensrechtlichen Wünsche des Gläubigers und auch anderer Beteiligter gebunden (vgl zum Beispiel §§ 59 I 1, 63 II 1: „ein Beteiligter kann verlangen. ...). Wie lange aber ein Verfahren dauert, hängt weitgehend davon ab, wie zügig und wie sorgfältig der Rechtspfleger arbeitet. Und wie gut das wirtschaftliche Ergebnis wird, richtet sich auch danach, wie geschickt der Rechtspfleger den Termin vorbereitet, wie übersichtlich und in welcher Atmosphäre er ihn durchführt und wie sehr er wirtschaftlich denken und handeln kann.

4.2. Eintragungsgrundsatz

§ 17 ZVG

(1) Die Zwangsversteigerung darf nur angeordnet werden, wenn der Schuldner als Eigentümer des Grundstücks eingetragen oder wenn er Erbe des eingetragenen Eigentümers ist.

(2) Die Eintragung ist durch ein Zeugnis des Grundbuchamts nachzuweisen. Gehören Vollstreckungsgericht und Grundbuchamt demselben Amtsgericht an, so genügt statt des Zeugnisses die Bezugnahme auf das Grundbuch.

(3) Die Erbfolge ist durch Urkunden glaubhaft zu machen, sofern sie nicht bei dem Gericht offenkundig ist.

§ 26 ZVG

Ist die Zwangsversteigerung wegen des Anspruchs aus einem eingetragenen Rechte angeordnet, so hat eine nach der Beschlagnahme be-

---

[1] Vgl trotz des Amtsbetriebs **TH** B. 4.4.4.1. – Im übrigen aber ist der Amtsbetrieb gerade in der Immobiliarzwangsversteigerung außerordentlich stark eingeschränkt; vgl dazu Storz ZIP 1982, 416; aber auch Stöber ZIP 1981, 944. – Zum Amtsprinzip in der Teilungsversteigerung vgl Storz, Teilungsversteigerung A. 4.6.

**wirkte Veräußerung des Grundstücks auf den Fortgang des Verfahrens
gegen den Schuldner keinen Einfluß.**

Vollstreckungsvoraussetzung ist zunächst, daß das Grundstück, das versteigert werden soll, im Grundbuch eingetragen ist. Erforderlichenfalls kann der Gläubiger die Neuanlage eines Grundbuchblattes beantragen (§ 14 GBO).

Außerdem muß der Vollstreckungsschuldner im Grundbuch als Eigentümer eingetragen[2] oder er muß Erbe des eingetragenen Eigentümers sein (§ 17 I). Dies muß dem Gericht in der Form des § 17 II nachgewiesen werden.[3] Der formelle Nachweis ist ausreichend; das Gericht prüft dagegen nicht, wer der wahre Eigentümer ist.

Wenn der Schuldner zwar Eigentümer aber (noch) nicht eingetragen ist, muß ein persönlicher Gläubiger zuerst die Grundbuchberichtigung herbeiführen; ein dinglicher Gläubiger braucht dagegen nicht zu berichtigen, weil er gegen das Grundstück vorgeht (§ 1148 BGB) und sich auf die Vermutung des § 891 BGB berufen kann. Wenn der Schuldner zwar als Eigentümer eingetragen aber in Wahrheit nicht Eigentümer des Grundstücks ist, kann der wahre Eigentümer Drittwiderspruchsklage erheben (§§ 769, 771 ZPO);[4] diese Klage kann aber gegenüber einem dinglichen Gläubiger nicht auf sein Eigentum gestützt werden.[5]

Hindernisse, die zur Zeit der Eintragung des Vollstreckungsvermerks aus dem Grundbuch ersichtlich waren, dürfen und müssen berücksichtigt werden. Ein nach diesem Zeitpunkt vollzogener Eigentümerwechsel berührt daher die Versteigerung nur dann, wenn er auf eine schon vorher eingetragene Auflassungsvormerkung zurückgeht. In diesem Fall wirkt die Eigentumseintragung auf den Zeitpunkt der Vormerkungseintragung zurück (§ 883 III BGB), sodaß insoweit die Beschlagnahme nicht wirksam werden konnte (§ 883 II BGB). Das Verfahren eines persönlichen Gläubigers muß daraufhin aufgehoben werden, während ein dinglicher Gläubiger nach einer Umschreibung und Zustellung des Vollstreckungstitels das Verfahren dann fortsetzen kann, wenn das dingliche Recht Rang vor der Auflassungsvormerkung hatte.

Hat der Schuldner das Grundstück zwar gekauft, ist aber mangels Eintragung noch nicht Eigentümer, so kann der Gläubiger unter Umständen die Eintragungshindernisse beseitigen (z. B. durch Bezahlung der Grundbuchgebühren oder der Grunderwerbsteuer) und dann die Versteigerung beantragen.

Nicht immer muß der Schuldner als Eigentümer im Grundbuch eingetragen sein.[6] Ausnahmen gelten zum Beispiel für die Zwangsversteigerung gegen den Konkursverwalter (eingetragen bleibt der Gemeinschuldner), gegen den Testamentsvollstrecker (eingetragen bleibt der Erblasser oder sind die Erben) oder gegen den Erben (hier braucht lediglich die Erbfolge glaubhaft gemacht zu werden: § 17 III, wozu nicht unbedingt ein – unter Umständen

---

[2] Zum Eintragungsgrundsatz in der Teilungsversteigerung vgl Storz, Teilungsversteigerung A. 4.4.
[3] Vgl dazu C. 1.1.4.
[4] Vgl dazu B. 3.2.1.4.
[5] Vgl RGZ 94, 55.
[6] Vgl **TH** B. 4.4.4.3.

sehr teurer – Erbschein erforderlich ist, wenn das Gericht auch andere Urkunden anerkennt, § 294 ZPO).[7]

Der Schuldner braucht auch dann nicht als Eigentümer des Grundstücks eingetragen zu sein, wenn der Gläubiger aus einem dinglichen Recht vorgeht und im Besitz eines Duldungstitels gegen den konkreten oder den jeweiligen Eigentümer des Grundstücks ist.

Während ein Eigentumswechsel nach der Eintragung des Zwangsvollstreckungsvermerks das Verfahren überhaupt nicht berührt, kann ein zwar nach der Beschlagnahme aber vor der Eintragung des Zwangsvollstreckungsvermerks vollzogener Eigentumswechsel dann zu einer Aufhebung des Verfahrens führen, wenn dieses von einem persönlichen Gläubiger betrieben wird. Für einen dinglichen Gläubiger bringt dagegen § 26 eine wichtige Ausnahme vom Eintragungsgrundsatz: sein Verfahren läuft nach § 26 gegen den bisherigen Eigentümer weiter, so daß nicht einmal eine Umschreibung und Zustellung des Titels erforderlich ist.[8]

Wird dem Vollstreckungsgericht die Veräußerung des Grundstücks, die nach der Beschlagnahme erfolgt ist, bekannt, so ist eine einstweilige Einstellung gem § 28 dann gerechtfertigt, wenn vor der Beschlagnahme zugunsten des Erwerbers eine Auflassungsvormerkung eingetragen war; die Fortsetzung des Zwangsversteigerungsverfahrens erfordert dann die Umschreibung des Vollstreckungstitels und dessen Zustellung an den Erwerber.[9]

4.3. Deckungs- und Übernahmegrundsatz

§ 52 ZVG

(1) Ein Recht bleibt insoweit bestehen, als es bei der Feststellung des geringsten Gebots berücksichtigt und nicht durch Zahlung zu decken ist. Im übrigen erlöschen die Rechte.

(2) Das Recht auf eine der in den §§ 912 bis 917 des Bürgerlichen Gesetzbuchs bezeichneten Renten bleibt auch dann bestehen, wenn es bei der Feststellung des geringsten Gebots nicht berücksichtigt ist. Satz 1 ist entsprechend auf den Erbbauzins anzuwenden, wenn nach § 9 Abs 3 der Verordnung über das Erbbaurecht das Bestehenbleiben des Erbbauzinses als Inhalt der Reallast vereinbart worden ist.

§ 53 ZVG

(1) Haftet bei einer Hypothek, die bestehenbleibt, der Schuldner zugleich persönlich, so übernimmt der Ersteher die Schuld in Höhe der Hypothek; die Vorschriften des § 416 des Bürgerlichen Gesetzbuchs finden mit der Maßgabe entsprechende Anwendung, daß als Veräußerer im Sinne dieser Vorschriften der Schuldner anzusehen ist.

(2) Das gleiche gilt, wenn bei einer Grundschuld oder Rentenschuld, die bestehenbleibt, der Schuldner zugleich persönlich haftet, sofern er spätestens im Versteigerungstermine vor der Aufforderung zur Abgabe von Geboten die gegen ihn bestehende Forderung unter Angabe ihres

---

[7] Diese und weitere Beispiele bei Steiner-Hagemann § 17 Rz 6 und 24.
[8] Vgl **TH** B. 4.4.4.2.
[9] OLG Hamm Rpfleger 1984, 426; LG Frankenthal Rpfleger 1985, 371.

Betrags und Grundes angemeldet und auf Verlangen des Gerichts oder eines Beteiligten glaubhaft gemacht hat.

§ 9 EG-ZVG [Altenteil, Leibgedinge; nicht eintragungspflichtige Rechte]

(1) Soweit ein nach Landesgesetz begründetes Recht an einem Grundstücke, das nicht in einer Hypothek besteht, zur Wirksamkeit gegen Dritte der Eintragung nicht bedarf oder soweit eine Dienstbarkeit oder eine Reallast als Leibgedinge, Leibzucht, Altenteil oder Auszug eingetragen ist, bleibt das Recht nach Maßgabe des Landesgesetzes von der Zwangsversteigerung unberührt, auch wenn es bei der Feststellung des geringsten Gebots nicht berücksichtigt ist.

(2) Das Erlöschen eines solchen Rechtes ist auf Verlangen eines Beteiligten als Versteigerungsbedingung zu bestimmen, wenn durch das Fortbestehen ein dem Rechte vorgehendes oder gleichstehendes Recht des Beteiligten beeinträchtigt werden würde; die Zustimmung eines anderen Beteiligten ist nicht erforderlich.

§ 9 a EG-ZVG [Bebaute Grundstücke im Beitrittsgebiet]

(1) In dem in Artikel 3 des Einigungsvertrages genannten Gebiet umfaßt die nach dem 31. Dezember 2000 angeordnete Beschlagnahme des Grundstücks auch das in Artikel 233 §§ 2 b, 4 und 8 des Einführungsgesetzes zum Bürgerlichen Gesetzbuche bezeichnete Gebäudeeigentum. Nach Ablauf der in Satz 1 bezeichneten Frist erlöschen durch den Zuschlag auch die in Artikel 233 § 2 c Abs 2 des Einführungsgesetzes zum Bürgerlichen Gesetzbuche bezeichneten Ansprüche, es sei denn, daß für diese ein Vermerk im Grundbuch eingetragen ist oder diese im Verfahren nach Absatz 2 angemeldet worden sind. Satz 2 gilt für Ansprüche auf Rückübertragung nach dem Vermögensgesetz sinngemäß.

(2) Dem Inhaber des Gebäudeeigentums stehen die in § 28 des Gesetzes über die Zwangsversteigerung und die Zwangsverwaltung bezeichneten Rechte zu. Die in Artikel 233 § 2 c Abs 2 des Einführungsgesetzes zum Bürgerlichen Gesetzbuche bezeichneten Ansprüche sind, sofern sie nicht in dem für das Grundstück angelegten Grundbuch vermerkt sind, spätestens im Versteigerungstermin vor der Aufforderung zur Abgabe von Angeboten anzumelden. § 3 b Abs 2 des Vermögensgesetzes bleibt unberührt.

(3) Der Beschluß, durch den die Zwangsversteigerung angeordnet wird, ist dem Nutzer zuzustellen. Ist dieser nicht bekannt, so ist, wenn nicht ein Pfleger bestellt wird, auf Ersuchen des Gerichts in entsprechender Anwendung des Artikels 233 § 2 Abs 3 des Einführungsgesetzes zum Bürgerlichen Gesetzbuche ein Vertreter zu bestellen. Ein Zwangsversteigerungsvermerk ist auch in ein bestehendes Gebäudegrundbuch für Gebäudeeigentum auf dem Grundstück einzutragen.

§ 9 ErbbauVO

(1) [1]Wird für die Bestellung des Erbbaurechts ein Entgelt in wiederkehrenden Leistungen (Erbbauzins) ausbedungen, so finden die Vorschriften des Bürgerlichen Gesetzbuchs über die Reallasten entsprechende Anwendung. [2]Die zugunsten der Landesgesetze bestehenden Vorbehalte über Reallasten finden keine Anwendung.

(2) [1]Der Erbbauzins kann nach Zeit und Höhe für die gesamte Erbbauzeit im voraus bestimmt werden. [2]Inhalt des Erbbauzinses kann auch eine Verpflichtung zu seiner Anpassung an veränderte Verhältnisse sein, wenn die Anpassung nach Zeit und Wertmaßstab bestimmbar ist. [3]Für die Vereinbarung über die Anpassung des Erbbauzinses ist die Zustimmung der Inhaber dinglicher Rechte am Erbbaurecht erforderlich; § 880 Abs. 2 Satz 3 des Bürgerlichen Gesetzbuchs ist entsprechend anzuwenden. [4]Der Anspruch des Grundstückseigentümers auf Entrichtung des Erbbauzinses kann in Ansehung noch nicht fälliger Leistungen nicht von dem Eigentum an dem Grundstück getrennt werden.

(3) [1]Als Inhalt des Erbbauzinses kann vereinbart werden, daß

1. die Reallast abweichend von § 52 Abs. 1 des Gesetzes über die Zwangsversteigerung und die Zwangsverwaltung mit ihrem Hauptanspruch bestehenbleibt, wenn der Grundstückseigentümer aus der Reallast oder der Inhaber eines im Range vorgehenden oder gleichstehenden dinglichen Rechts die Zwangsversteigerung des Erbbaurechts betreibt, und

2. der jeweilige Erbbauberechtigte dem jeweiligen Inhaber der Reallast gegenüber berechtigt ist, das Erbbaurecht in einem bestimmten Umfang mit einer der Reallast im Rang vorgehenden Grundschuld, Hypothek oder Rentenschuld im Erbbaugrundbuch zu belasten.

[2]Ist das Erbbaurecht mit dinglichen Rechten belastet, ist für die Wirksamkeit der Vereinbarung die Zustimmung der Inhaber der der Erbbauzinsreallast im Rang vorgehenden oder gleichstehenden dinglichen Rechte erforderlich.

(4) Zahlungsverzug des Erbbauberechtigten kann den Heimfallanspruch nur dann begründen, wenn der Erbbauberechtigte mit dem Erbbauzins mindestens in Höhe zweier Jahresbeträge im Rückstand ist.

4.3.1. Rechtslage

Alle dem bestrangig betreibenden Gläubiger vorgehenden Rechte müssen durch das geringste Gebot gedeckt sein; diese Rechte bleiben bestehen und werden vom Ersteher übernommen. In dieser Aussage, die den Deckungs- und den Übernahmegrundsatz[10] umfaßt, kommen zwei wichtige Besonderheiten der Immobiliar-Zwangsversteigerung zum Ausdruck: Erstens erwirbt der Ersteher (im Gegensatz zur Versteigerung beweglicher Sachen) keineswegs immer lastenfrei, und zweitens richtet sich das geringste Gebot nicht nach dem Verkehrswert des Grundstücks oder nach dem mutmaßlichen Interesse an ihm oder nach der Höhe der Forderung des Gläubigers, sondern ausschließlich nach der rein verfahrensrechtlichen Frage, aus welchem Recht die Zwangsversteigerung bestrangig betrieben wird.

Wenn nach den Versteigerungsbedingungen ein Grundpfandrecht bestehen bleibt (idR, weil es dem bestrangig betreibenden Gläubiger im Rang vorgeht), dann muß dieses Recht mit seiner Hauptsumme vom Ersteher als Be-

---

[10] Zum Deckungs- und Übernahmegrundsatz in der Teilungsversteigerung vgl Storz Teilungsversteigerung A. 4.3.

lastung des Grundstücks übernommen werden (Übernahmegrundsatz, vgl § 52 I 1). Dagegen erlöschen alle anderen Rechte, also das Recht des bestrangig betreibenden Gläubigers selbst sowie alle diesem gleich – oder nachrangigen Rechte (vgl § 52 I 2).

Weil dieses bestehenbleibende Grundpfandrecht den Ersteher aber erst mit den dinglichen Zinsen ab Zuschlag „belastet", würde der Gläubiger dieses Grundpfandrechtes seinen Anspruch auf die dinglichen Zinsen bis zum Zuschlag ebenso verlieren, wie seinen evtl Kostenerstattungsanspruch. Um das zu vermeiden, verlangt das Gesetz, daß alle berechtigten und auch geltend gemachten Ansprüche auf laufende und für 2 Jahre rückständige Zinsen (vgl § 10 I 4 und § 13) sowie auf notwendige Kosten der dinglichen Rechtsverfolgung (vgl § 10 II) aus dem Barteil des geringsten Gebotes gedeckt werden können (Deckungsgrundsatz). Wenn der Barteil eines Gebotes nicht ausreicht, um diese Ansprüche zu bezahlen, muß dieses Gebot also vom Rechtspfleger als unzulässig zurückgewiesen werden.

Auf diese Weise wird der Gläubiger eines bestehenbleibenden Grundpfandrechtes in doppelter Weise geschützt: Sein Grundpfandrecht selbst mit seiner Hauptsumme muß vom Ersteher als Belastung des versteigerten Grundstücks übernommen werden, und seine Zins- und Kostenansprüche müssen aus dem Barteil des Gebotes gedeckt werden. Für Bietinteressenten bedeutet dies, daß sie sich um die dinglichen Zinsen (bis zum Zuschlag) und Kosten nicht zu kümmern brauchen; dies ist eine reine Frage der Verteilung des Versteigerungserlöses. Dagegen müssen sie den Nominalbetrag des bestehenbleibenden Grundpfandrechtes bei ihren Geboten von demjenigen Betrag abziehen, der ihnen das unbelastete Grundstück wert ist. Denn sie müssen ja zusätzlich zu ihrem Gebot Zahlungen an den Gläubiger des bestehen gebliebenen Grundpfandrechtes bezahlen, wenn sie dessen Löschung erreichen wollen.

Umgekehrt kann der Ersteher auch verlangen, daß gegen Bezahlung von Hauptsumme und dinglichen Zinsen ab Zuschlag die Grundschuld gelöscht oder abgetreten wird. Dies gilt nicht bei Rechten aus Abt II des Grundbuchs, die nach dem geringsten Gebot bestehenbleiben: Hier hat der Ersteher keinerlei Anspruch auf Löschung dieses Rechts gegen Bezahlung irgendeines Betrages, schon gar nicht des nach §§ 50, 51 festgesetzten Zuzahlungsbetrages (dieser hat ja eine ganz andere Bedeutung, vgl unten B. 6.2.4.1.). Hier darf der Bieter zu seinem eigenen Schutz also bei seinem Gebot nicht irgendeinen Betrag von dem Preis abziehen, der ihm das Grundstück unbelastet wert ist. Sondern er muß sich überlegen, was ihm das Grundstück trotz dieser Belastung wert ist, bzw ob er das Grundstück mit dieser Belastung überhaupt noch ersteigern will.

Aus dem Deckungsgrundsatz folgt, daß alle Gebote nach unten begrenzt sind: alle dem bestrangig betreibenden Gläubiger vorgehenden Rechte müssen dadurch gedeckt sein, daß sie bestehen bleiben und vom Ersteher übernommen werden, beziehungsweise daß ihr barzuzahlender Teil gemäß § 49 I den sogenannten Barteil des geringsten Gebots erhöht. Mit dieser Regelung löst der Gesetzgeber den Interessengegensatz zwischen den verschiedenen betreibenden Gläubigern: Jeder Pfandgläubiger hat zwar das Recht, sein Pfandobjekt (zB durch Zwangsversteigerung) zu verwerten; er darf das aber nur in einer Weise tun, die keinen vorrangigen Gläubiger beeinträchtigt, während er auf gleich- oder nachrangige Gläubiger keine Rücksicht zu nehmen braucht, so daß deren Rechte erlöschen. Daraus ergibt sich einerseits eine mehrfache Benachteiligung nachrangiger Gläubiger und andererseits die besondere Stellung des bestrangig betreibenden Gläubigers in der Zwangsversteigerung.[11]

Die Rangordnung bestimmt sich nach § 10, in dem die Rangklassen geregelt sind, nach § 11, der die Rangordnung innerhalb der einzelnen Rangklassen festlegt, nach § 12, der die Rangordnung innerhalb der einzelnen Rechte bestimmt, und schließlich nach § 13, der definiert, was unter „laufende Beträge wiederkehrender Leistungen" iSd § 10 I 3 und 4 zu verstehen ist.

Das bestrangig betriebene Verfahren ist für die Feststellung des geringsten Gebots (§ 44 I) und für die Frage, wie die Rechte bestehen bleiben (§ 52 I) auch dann maßgebend, wenn ein Gläubiger aus mehreren Rechten vorgeht, das heißt mehrere Verfahren betreibt. Wird die Versteigerung nur von persönlichen Gläubigern aus Rangklasse 5 des § 10 I betrieben und auch dort nicht von dem gemäß § 11 II rangbesten Gläubiger, so fallen die Ansprüche auch dieses vorrangigen persönlichen Gläubigers gemäß § 44 I in das geringste Gebot. Da es sich aber nicht um ein dingliches Recht handelt, bleibt insoweit kein Recht bestehen; lediglich der Barteil des geringsten Gebots wird erhöht, obwohl dies in § 49 nicht ausdrücklich geregelt ist.[12]

Als bestrangig betriebenes Verfahren, das gemäß § 44 I der Feststellung des geringsten Gebots zugrunde gelegt wird, gilt gemäß § 44 II nur ein solches Verfahren, für das der Anordnungs-, Beitritts- oder Fortsetzungsbeschluß dem Schuldner mindestens 4 Wochen vor dem Versteigerungstermin zugestellt ist. Diese wichtige Vorschrift ermöglicht den Beteiligten eine bessere Vorbereitung auf den Versteigerungstermin und schützt sie vor Überraschungen, zumal alle Beteiligten gemäß § 41 II im Laufe der vierten Woche vor dem Termin vom Gericht darüber unterrichtet werden sollen, auf wessen Antrag beziehungsweise Anträge die Versteigerung erfolgt.[13] Auf Grund dieser Mitteilung können die Beteiligten das geringste Gebot berechnen, weil sie wissen, aus welchem Verfahren die Versteigerung bestrangig betrieben wird. Änderungen des geringsten Gebotes sind danach nur noch dadurch möglich, daß sich die Beteiligten gemäß § 59 auf eine abweichende Feststellung des geringsten Gebots einigen, oder daß der bisher bestrangig betreibende Gläubiger kurzfristig die einstweilige Einstellung oder die Aufhebung seines Verfahrens herbeiführt, was jederzeit (bis zur Verkündung der Entscheidung über den Zuschlag) durch eine einfache Erklärung möglich ist.[14]

Zwar ist für die Fortsetzung eines einstweilen eingestellten Verfahrens ein besonderer Beschluß nicht vorgeschrieben, aber heute wird es wohl keine Fortsetzung mehr ohne besonderen Beschluß geben. Auch für einen derartigen Fortsetzungsbeschluß gilt nach heute einhelliger Auffassung § 44 II, so

---

[11] Vgl **TS** 2 und 5–7 (A. 2.1.).

[12] BGH NJW 1976, 1398; Steiner Eickmann § 44 Rz 15, Stöber § 44 Anm 4.6.

[13] Deshalb sollte diese wichtige Mitteilung auch nicht irgendwelchen gerichtlichen Sparmaßnahmen zum Opfer fallen! Eine Unterlassung der Mitteilung kann sogar uU als Amtspflichtverletzung zu Schadensersatzansprüchen führen; so auch Zeller-Stöber § 41 Anm 3.1.

[14] Vgl B. 3.2.2. und 3.3.2.

daß ein Verfahren als bestrangig betrieben[15] der Feststellung des geringsten Gebots nur zugrundegelegt werden kann, wenn der Fortsetzungsbeschluß mindestens 4 Wochen vor dem Versteigerungstermin dem Schuldner zugestellt worden ist.[16]

Alle übrigen Rechte, also die dem bestrangig betreibenden Gläubiger nicht vorgehenden und daher nicht in das geringste Gebot fallenden Rechte, erlöschen gemäß § 52 I 2. Auch der Anspruch des betreibenden Gläubigers gehört zu den erlöschenden Rechten. Dies gilt auch dann, wenn er nur aus einem Teil seines Anspruchs betreibt. Eine Ausnahme besteht nur bei Teilabtretung des nachrangigen Teiles oder bei einer Teilablösung gemäß § 268 BGB (die Ablösung darf dem Abgelösten keine Nachteile bringen): Wenn das Verfahren aus dem abgetretenen oder abgelösten nachrangigen Teil bestrangig betrieben wird, kommt der vorrangige Teil des Anspruchs ins geringste Gebot.[17]

Die Beteiligten können gemäß § 59 die gesetzlichen Versteigerungsbedingungen dahingehend abändern, daß Rechte, die nach §§ 44, 52 eigentlich bestehen bleiben würden, erlöschen sollen oder daß eigentlich erlöschende Rechte bestehen bleiben.

Der Übernahmegrundsatz besagt, daß der Ersteher die bestehenbleibenden Rechte aus Abt II und III des Grundbuchs mit allen Nebenrechten (z. B. Löschungsvormerkungen, Rangvermerken) und Belastungen (z. B. Pfandrechten, Verfügungsbeschränkungen), jedoch ohne Kosten und wiederkehrende Leistungen (die gemäß § 49 I in den Barteil des geringsten Gebots aufgenommen werden) übernehmen muß. Auf diese Weise erwirbt er zwar unter Umständen ein belastetes Grundstück, aber er kann die Belastungen ja bei der Höhe seiner Gebote berücksichtigen.

Haftet bei einer bestehenbleibenden Hypothek oder Grundschuld der Schuldner zugleich persönlich, so übernimmt der Ersteher gemäß § 53 auch die persönliche Schuld in Höhe der Hypothek beziehungsweise der Valutierung der Grundschuld. Bei der Grundschuld gilt dies jedoch gemäß § 53 II nur, wenn der Schuldner spätestens im Versteigerungstermin die Forderung anmeldet. Diese Anmeldung kann nur durch den Schuldner (bzw durch seinen Insolvenzverwalter) erfolgen, nicht auch durch den Grundschuldgläubiger,[18] obwohl diesem die Rechtsfolgen der Anmeldung oder Nichtanmeldung keineswegs gleichgültig sein können: Im Kreditgewerbe wird heute sehr häufig anstatt einer Hypothek die Grundschuld verwandt und zwar − wegen der höchstrichterlichen Rechtsprechung − fast immer in der Form der Sicherungsgrundschuld; nur wenn der Schuldner die persönliche Forderung gemäß § 53 II rechtzeitig angemeldet hat,[19] so daß der Ersteher auch die persönliche Schuld übernimmt, wird dieser auch Darlehensschuld-

---

[15] Zu „betriebenen" Verfahren i. S. d. § 41 II gehören nur solche Verfahren, die nicht einstweilen eingestellt sind − auch das ist ein Grund, warum man während der Einstellungszeit besser nicht von einem „betriebenen" Verfahren spricht; vgl. dazu B. 1.2.1.

[16] Ebenso Stöber § 44 Anm 7.4; Steiner-Eickmann § 44 Rz 17; Drischler Rpfleger 1967, 257.

[17] RGZ 131, 325; Steiner-Eickmann § 44 Rz 22.

[18] Vgl Stöber § 53 Anm 3.1.

[19] Vgl daher **TH** B. 4.4.4.4.

ner, und nur dann gehen eventuelle Rückgewähransprüche auf den Ersteher über.[18]

§ 53 ist aber nur anwendbar, wenn der Schuldner bei dem bestehenbleibenden Recht auch die persönliche Verpflichtung gegenüber dem Inhaber des Rechtes trägt. Haftet entweder persönlich ein Dritter oder haftet der Schuldner zwar persönlich aber nicht dem Inhaber des Rechtes sondern einem Dritten gegenüber, so übernimmt der Ersteher die Schuld nicht.

Ob der bisherige persönliche Schuldner bei einer Schuldübernahme gemäß § 53 frei wird oder neben dem Ersteher als Gesamtschuldner weiterhaftet, hängt in der Regel vom Gläubiger ab, wobei die Vorschriften der §§ 414, 415 und 416 BGB entsprechend anwendbar sind.

Der Übernahmegrundsatz bedeutet aber nicht nur, daß der Ersteher die im geringsten Gebot bestehenbleibenden dinglichen Rechte und unter Umständen die entsprechenden persönlichen Schulden übernimmt, sondern er besagt zusätzlich, daß auch außerhalb des geringsten Gebotes zahlreiche Rechte und Verpflichtungen bestehen können, die der Ersteher dann mit übernehmen muß, auch wenn er sie nicht vorher gekannt hat. Zu solchen Rechten gehören außer den in § 52 II besonders erwähnten Überbau- oder Notwegrenten nach §§ 912–917 BGB (Satz 1) sowie Erbbauzins-Vereinbarungen (Satz 2)[20] insbesondere:

(1) Vorkaufsrechte nach dem Bundesbaugesetz,[21]

(2) Dauerwohnrechte nach dem Wohnungseigentumsgesetz,[22]

(3) Erbbaurecht nach der Erbbaurechtsverordnung,[23]

(4) sowie gemäß § 9 ZVG-Einführungsgesetz nach Maßgabe der Landesgesetze nicht eintragungsbedürftige Rechte, als Altenteil eingetragene Dienstbarkeiten und Reallasten.[24]

(5) Landesrentenbankrechte bzw Rentenbankreallasten.[25]

(6) Notwegrenten gem §§ 913–916 BGB.[26]

(7) Reichsheimstättenvermerk nach §§ 4, 5, 21 RHeimstG.[27]

(8) Schuldnerfremdes Gebäudeeigentum im Beitrittsgebiet unter den Voraussetzungen des § 9a EGZVG;[28]

(9) Öffentliche Baulasten nach Maßgabe der Landesgesetze,[29] auch wenn sie von der Behörde nicht zum Versteigerungstermin angemeldet worden sind![30]

---

[20] Vgl zur Erbbauzinsreallast unten B. 6.2.5.4.

[21] Steiner-Eickmann § 52 Rdnrn 27–31.

[22] Steiner-Eickmann § 52 Rdnrn 39–41.

[23] Diese und weitere Beispiele bei Stöber § 52 Anm 4. und 5.

[24] Zum Altenteil vgl auch OLG Hamm Rpfleger 1986, 270; Kahlke Rpfleger 1990, 233; Fuchs Rpfleger 1987, 76; Drischler Rpfleger 1983, 229; Hagena Rpfleger 1975, 73; Steiner-Eickmann § 52 Rdnrn 22–26. – Vgl auch **TH** B. 4.3.2.4.

[25] Steiner-Eickmann § 52 Rdnrn 34.

[26] Steiner-Eickmann § 52 Rdnrn 35.

[27] Steiner-Eickmann § 52 Rdnrn 37. – Das Reichsheimstättengesetz ist mit Wirkung ab 1. 10. 1993 aufgehoben worden; vgl dazu oben D.2.4.

[28] Vgl dazu oben A. 5.1.

[29] Vgl BVerwG NJW 1993, 480; OVG Hamburg NJW 1993, 1877.

[30] Hintzen mit Recht **gegen** Drischler Rpfleger 1986, 289. – Die Behörde macht sich bei Nicht- oder Falsch-Anmeldung aber unter Umständen schadensersatzpflichtig!

Wenn derartige Rechte erlöschen sollen, muß dies ausdrücklich als Versteigerungsbedingung gemäß § 59 vereinbart werden (was in den Fällen des § 9 II ZVG-Einführungsgesetz von einem vorrangigen Gläubiger auch gegen den Widerstand der anderen Beteiligten durchgesetzt werden kann). Andernfalls bleiben die Rechte kraft Gesetzes bestehen. Soweit derartige Rechte bekannt sind, müssen sie mit Rücksicht auf den Bieter bei den Versteigerungsbedingungen erwähnt werden. Sie bleiben zwar auch dann bestehen, wenn sie gar nicht oder nicht richtig im Versteigerungstermin angesprochen worden sind, und man wird selbst bei schwerwiegenden Nachteilen dem Ersteher kein Anfechtungsrecht zubilligen können; aber unter Umständen kann sich eine Amtshaftung ergeben. Der Bieter hatte ja keine Möglichkeit, die Nachteile dieser zu übernehmenden Rechte bei der Höhe seiner Gebote zu berücksichtigen.

Gemäß § 9 I EGZVG bleibt ein nach Landesrecht begründetes Altenteil bei der Zwangsversteigerung auch dann bestehen, wenn es zur Wirksamkeit gegen Dritte nicht der Eintragung im Grundbuch bedarf, und wenn es bei der Feststellung des geringsten Gebots nicht berücksichtigt ist. Derartige Altenteils-Regelungen gibt es fast in allen (alten) Bundesländern.

Beim Altenteil (bzw Leibgeding, Leibzucht oä) handelt es sich um eine idR langfristig, meist sogar auf Lebenszeit, bestellte Belastung des idR gleichzeitig übertragenen Grundstücks zur persönlichen Versorgung des Berechtigten[31] (idR Voreigentümer).[32] Deshalb kann die Auslegung zB auch eines Wohnungsrechtes,[33] oder einer Reallast[34] oder eines Nießbrauchs[35] ergeben, daß es sich tatsächlich um ein Altenteil handelt mit allen sich aus § 9 EGZVG ergebenden Folgen. Verwandtschaftliche Beziehungen zwischen den Beteiligten sind die Regel, aber nicht begriffsnotwendig.[36]

Soll das Altenteil bei der Grundstückszwangsversteigerung erlöschen, muß immer gemäß § 9 II EGZVG ein entsprechendes Doppelausgebot von einem der Beteiligten beantragt werden; darauf muß das Vollstreckungsgericht besonders hinweisen.[37] Der Zuschlag kann nur dann auf das Gebot ohne Altenteil erteilt werden, wenn der Antragsteller durch das gesetzliche Ausgebot benachteiligt wäre.[38] Das alles gilt nicht, wenn das Altenteil erst nach der Beschlagnahme für den betreibenden Gläubiger bestellt und eingetragen wurde,[38a] weil der Schuldner sonst die Verwertbarkeit seines Grundbesitzes zu leicht stören könnte.[38b]

---

[31] BGH Rpfleger 1994, 347; NJW-RR 1989, 451; MDR 1964, 741; BayObLG Rpfleger 1993, 443; 1975, 314; MittBayNot 1965, 303; OLG Zweibrücken MittBayNot 1994, 334; LG Arnsberg Rpfleger 1984, 427.
[32] Regel, aber nicht notwendig: RGZ 162, 52.
[33] BGH Rpfleger 1994, 347; 1991, 329; OLG Zweibrücken BayMittNot 1994, 334; OLG Hamm Rpfleger 1986, 270; OLG Schleswig Rpfleger 1980, 348; LG Frankenthal Rpfleger 1989, 324.
[34] BGH Rpfleger 1984, 364; BayObLG Rpfleger 1970, 202.
[35] BayObLG Rpfleger 1974, 314.
[36] BGH NJW 1962, 2249; OLG Köln DNotZ 1990, 513.
[37] BGH Rpfleger 1991, 329; Stöber § 52 Anm 5.7; Steiner-Storz § 59 Rz 68.
[38] Stöber § 52 Anm 5.8; Steiner-Storz § 59 Rz 69. – Vgl auch **TH** B. 4.3.2.4.
[38a] OLG Hamm Rpfleger 2001, 254; AG Dülmen Rpfleger 1999, 342.
[38b] Ebenso Hintzen Rpfleger 2004, 69 (72).

4.3.2. Taktische Hinweise

TH 4.3.2.1.: Wenn der Schuldner die Anmeldung gem § 53 unterläßt, schadet er sich selbst, weil er nur so die Möglichkeit hat, sich einseitig aus der persönlichen Haftung für die durch die bestehenbleibende Grundschuld gesicherte Forderung zu befreien. Er hat zwar aufgrund des durch die Sicherungsabrede begründeten Treueverhältnisses einen Anspruch gegen den Grundpfandgläubiger darauf, daß dieser die bestehenbleibende Grundschuld entweder vom Ersteher bezahlen oder durch ein Darlehen valutieren läßt und daß die entsprechenden Gegenwerte ihm, dem Schuldner, gutgeschrieben werden. Aber er kann den Zeitlauf nicht beeinflussen, was in Zeiten hoher dinglicher Zinsen stets teuer werden kann. Außerdem kann er das Opfer von Meinungsverschiedenheiten zwischen Grundschuldgläubiger und Ersteher werden. Deshalb sollte der Schuldner viel häufiger als in der Praxis üblich, von seiner Anmeldemöglichkeit gem § 53 Gebrauch machen.

TH 4.3.2.2.: Wenn der Schuldner gem § 53 anmeldet und der Grundpfandgläubiger der Schuldübernahme gem § 416 BGB zustimmt, geht die persönliche Forderung auf den Ersteher über, was in entsprechenden Zinsphasen für letzteren ein sehr schlechtes Ergebnis sein kann. Wenn der Schuldner zB ein hochverzinsliches Darlehen mit einer langen Zinsbindungs- und damit auch Kündigungsfrist, aufgenommen hat, muß der Ersteher diese Bedingungen übernehmen, auch wenn er im Zeitpunkt der Versteigerung wegen einer Änderung des Zinsniveaus oder aus anderen Gründen viel günstiger finanzieren könnte. Er kann auch nicht das Kreditinstitut wechseln, wenn dieses nicht damit einverstanden ist. Diese mißliche Situation für den Ersteher ist aus der Sicht des Grundschuldgläubigers (idR Kreditinstitut) verständlich, weil ja dem betreibenden Gläubiger vorgehende Rechte durch die Zwangsversteigerung in keiner Weise beeinträchtigt werden sollen. Nur in den seltensten Fällen sind die durch bestehenbleibende Grundschulden gesicherten Darlehen vom Gläubiger gegenüber dem Schuldner wegen der Zwangsversteigerung gekündigt; dann gilt natürlich das Gesagte nicht. – Diese Überlegungen sind auch für die Gläubiger bestehenbleibender Grundpfandrechte wichtig, weil sie diese günstige Verhandlungsposition gegenüber dem Ersteher durch die Anmeldung des Schuldners erreichen können und den Schuldner öfter als in der Praxis üblich auf die Anmeldemöglichkeit gem § 53 und deren Vorteile für den Schuldner hinweisen sollten.

TH 4.3.2.3.: Wenn nicht nach § 53 angemeldet worden ist, bleibt auch die bisherige Sicherungsabrede bestehen mit der Folge, daß die Grundschuld einschließlich auch der dinglichen Zinsen für die Zeit nach dem Zuschlag solange für die Forderungen des Grundpfandgläubigers gegen den Schuldner haftet, bis durch eine neue Sicherungsabrede zwischen Grundpfandgläubiger und Ersteher eine neue Haftungsgrundlage vereinbart wird. Wird aus irgendwelchen (zufälligen oder bewußt herbeigeführten) Gründen dieser Termin hinausgezögert, erhält der Grundpfandgläubiger eine nachträgliche Sicherung (über die neuen dinglichen Zinsen) für seine alte Forderung gegen den Schuldner. Deshalb sollte der Ersteher auf eine rasche Klärung mit dem Grundpfandgläubiger (idR Kreditinstitut) drängen.

TH 4.3.2.4.: Bei einem nach den Versteigerungsbedingungen erlöschenden Wohnrecht (bzw einer entsprechenden beschränkten persönlichen Dienstbarkeit) ist es nicht ganz ausgeschlossen, daß sich der Berechtigte nach dem Zuschlag auf den Standpunkt stellt, dieses Recht sei als Altenteil, Leibgeding oä außerhalb des geringsten Gebots gemäß § 9 I EGZVG trotzdem bestehengeblieben. Diese Gefahr ist dann besonders groß, wenn das Recht einem früheren Eigentümer dieses Grundstücks zugestanden hat und uU sogar einen gewissen Versorgungscharakter hat. In entsprechenden Zweifelsfällen sollte daher uU sicherheitshalber der Abweichungsantrag gemäß § 9 II EGZVG gestellt und bei den dann erforderlichen Doppelangeboten auf die Ausgebotsform mit dem auch als evtl Altenteil eindeutig erlöschenden Recht geboten werden.

4.4. Ranggrundsatz

4.4.1. Allgemeines

Ein sehr wichtiger Grundsatz im Zwangsversteigerungsverfahren ist der Ranggrundsatz.[39] Er besagt in seiner allgemeinsten Form, daß die verschiedenen Gläubiger nicht wie Konkursgläubiger prozentual gleiche Quoten auf ihre Forderungen erhalten, sondern daß der jeweils rangbessere Gläubiger erst voll befriedigt wird, bevor der Nächste in der Rangfolge Zahlungen erhält. Allerdings gilt diese strenge Rangfolge nicht uneingeschränkt, weil innerhalb der Rangklassen 1–3 und 7 des § 10 I die jeweiligen Ansprüche untereinander gleichrangig bedient werden. Für die wichtigeren Rangklassen 4 und 5 (und auch für Rangklassen 6 und 8) gibt es aber wieder bestimmte Rangverhältnisse (§ 11).

Der Ranggrundsatz findet im ZVG zunächst seinen Niederschlag in § 10 I, der die verschiedenen Anspruchsarten einzelnen Rangklassen zuordnet. Die Rangfolge der verschiedenen Ansprüche, die der gleichen Rangklasse zugeordnet sind, bestimmt sich nach § 11. Schließlich regelt § 12 die Reihenfolge, in der Zahlungen auf einen Anspruch verrechnet werden dürfen: zuerst auf die Kosten, dann auf die Zinsen und zuletzt auf den Hauptanspruch.

Man mag darüber grübeln, ob der Gesetzgeber in den §§ 10–12 wirklich die gerechteste und beste Lösung gefunden hat. Diese Frage ist aber müßig. Ungleich wichtiger ist der Vorteil einer klaren Regelung, an die sich jeder halten muß und die es jedem Beteiligten erlaubt, schon frühzeitig abzuschätzen, ob und gegebenenfalls in welchem Umfang er bei einem bestimmten Versteigerungserlös mit Zahlungen rechnen kann. Die Unerschütterlichkeit der Rangordnung ist daher wichtig. Allerdings verzichtet unter Umständen einmal ein vorrangiger Gläubiger auf einen Teil seiner Forderung, der dann den nachrangigen Gläubigern zugute kommt, um diese davon abzuhalten, den Zuschlag zum Beispiel über einen „7/10-Antrag" nach § 74a zu Fall zu bringen. Oder der Verzicht erfolgt, um ein (sonst zu hohes) geringstes Gebot „bietfähig" zu machen. Noch häufiger sind in der Praxis schuldrechtliche

---

[39] Zum Ranggrundsatz in der Teilungsversteigerung vgl Storz Teilungsversteigerung A. 4.2.

Vereinbarungen außerhalb des Verfahrens: Diese Vereinbarungen begründen etwa eine interne Ausgleichspflicht zwischen den Gläubigern, damit der nach §§ 10 und 11 nicht zu befriedigende Gläubiger bessergestellt wird und so den Zuschlag akzeptieren kann. Oder der Bieter verpflichtet sich, außerhalb des Verfahrens zusätzliche Zahlungen zu leisten, die auch an einen anderen Gläubiger gehen können als an denjenigen, der sie bekommen hätte, wenn der Bieter sein Gebot entsprechend erhöht hätte. Schließlich können die Beteiligten vereinbaren, daß nicht die Rangordnung des § 10 für den Umfang einer Ausfallbürgschaft maßgebend sein soll, sondern eine andere Regelung.[40]

Es versteht sich von selbst, daß solche Abweichungen von der Befriedigungs-Reihenfolge der §§ 10 und 11 nicht einfach durchzusetzen sind, gleichgültig, ob es sich um eine Vereinbarung nach § 59 oder um eine außergerichtliche Vereinbarung handelt. Denn niemand verzichtet ohne weiteres auf etwas, das er von Gesetzes wegen beanspruchen kann. Deshalb kann eine solche Vereinbarung mit Zugeständnissen Anderer nur von jemandem durchgesetzt werden, der aus anderen Gründen eine besondere Machtposition hat. Diese Machtposition kann z. B. darauf beruhen, daß der betreffende Gläubiger durch einen „$^7/_{10}$-Antrag" gemäß § 74a oder als bestrangig betreibender Gläubiger durch eine Einstellungsbewilligung gemäß § 30 die Versagung des Zuschlags herbeiführen könnte. Wenn diese Zuschlagsversagung einem anderen Gläubiger (oder dem Meistbietenden) sehr ungelegen käme, ist er sicher bereit, etwas zu zahlen, wenn dadurch der Zuschlag gerettet werden kann[41] ....

Das interessante und spannende aber auch das gefährliche (je nach Blickwinkel) ist dabei, daß die Möglichkeit oder Notwendigkeit für eine derartige Vereinbarung ganz kurzfristig in der Hektik des Bietstunden-Endes auftreten kann. Dann erlangt derjenige Beteiligte eine zusätzliche aber sehr wertvolle Machtposition, der sich die klare Übersicht bewahrt; umgekehrt wird die stärkste rechtliche oder wirtschaftliche Position schwach, wenn der Überblick verloren geht. Überhaupt kann in diesem Falle nur jemand bestehen, der nicht bürokratisch sondern wirtschaftlich zu denken und zu handeln versteht.

Andere als die in § 10 genannten Ansprüche werden aus dem Versteigerungserlös selbst dann nicht bedient, wenn nach der Befriedigung aller Gläubiger ein Überschuß für den Schuldner verbleibt. Nichts mit dem Versteigerungserlös zu tun haben vor allem Gläubiger, die nur persönliche Forderungen gegen den Schuldner-Grundstückseigentümer haben, aber die Zwangsversteigerung nicht (mit-)betreiben; ihnen bleibt lediglich die Möglichkeit, einen eventuellen Übererlös beim Schuldner oder die Rückgewähransprüche aus den eingetragenen Grundschulden (oft erfolgversprechend!) zu pfänden.

Die Aussage, daß nicht in § 10 genannte Ansprüche aus dem Versteigerungserlös ohne Rücksicht auf dessen Höhe nicht bedient werden können, gilt aber nicht uneingeschränkt:

Zunächst werden – einer allgemeingültigen Verfahrensregelung entsprechend aus dem Versteigerungserlös vorweg ein Teil der Verfahrenskos-

---

[40] BGH Rpfleger 1992, 533.
[41] Auch das beweist die Bedeutung des bestrangig betreibenden Gläubigers; vgl dazu B. 6.4.

ten entnommen (§ 109), obwohl die Verfahrenskosten in § 10 nicht genannt sind.

Ebenfalls nicht in § 10 direkt genannt, aber trotzdem bei ausreichendem Versteigerungserlös zu berücksichtigen, wenn auch im Rang nach allen übrigen Rechten, sind solche Ansprüche, die nur wegen verspäteter Anmeldung nicht mehr einer der in § 10 I genannten Rangklasse zugeordnet werden können (§§ 37 Nr. 5; 110).

Die §§ 10–12 bleiben – auch wenn die Beteiligten über § 59 oder außergerichtlich eine andere Reihenfolge für die Befriedigung ihrer Ansprüche vereinbart haben – die Grundlage für die Feststellung des geringsten Gebotes, das sich ja nicht nach dem Verkehrswert oder dem mutmaßlichen Interesse am Grundstück oder nach der Höhe geltend gemachten Forderungen, sondern ausschließlich danach richtet, aus welchem Anspruch die Zwangsversteigerung bestrangig betrieben wird: gemäß §§ 44, 52 müssen durch das geringste Gebot alle dem bestrangig betriebenen Verfahren vorgehenden Rechte gedeckt sein.[42]

4.4.2. Rangklassen nach § 10 I

§ 10 ZVG

(1) Ein Recht auf Befriedigung aus dem Grundstücke gewähren nach folgender Rangordnung, bei gleichem Rang nach dem Verhältnis ihrer Beträge:

1. **der Anspruch eines die Zwangsverwaltung betreibenden Gläubigers auf Ersatz seiner Ausgaben zur Erhaltung oder nötigen Verbesserung des Grundstücks, im Falle der Zwangsversteigerung jedoch nur, wenn die Verwaltung bis zum Zuschlag fortdauert und die Ausgaben nicht aus den Nutzungen des Grundstücks erstattet werden können;**

1a. **im Falle einer Zwangsversteigerung, bei der das Insolvenzverfahren über das Vermögen des Schuldners eröffnet ist, die zur Insolvenzmasse gehörenden Ansprüche auf Ersatz der Kosten der Feststellung der beweglichen Gegenstände, auf die sich die Versteigerung erstreckt; diese Kosten sind nur zu erheben, wenn ein Insolvenzverwalter bestellt ist, und pauschal mit vier vom Hundert des Wertes anzusetzen, der nach § 74a Abs. 5 Satz 2 festgesetzt worden ist;**

2. **bei Vollstreckung in ein Wohnungseigentum die daraus fälligen Ansprüche auf Zahlung der Beiträge zu den Lasten und Kosten des gemeinschaftlichen Eigentums oder des Sondereigentums, die nach § 16 Abs. 2, § 28 Abs. 2 und 5 des Wohnungseigentumsgesetzes geschuldet werden, einschließlich der Vorschüsse und Rückstellungen sowie der Rückgriffsansprüche einzelner Wohnungseigentümer. Das Vorrecht erfasst die laufenden und die rückständigen Beträge aus dem Jahr der Beschlagnahme und den letzten zwei Jahren. Das Vorrecht einschließlich aller Nebenleistungen ist begrenzt auf Beträge in Höhe von nicht mehr als 5 vom Hundert des nach § 74a Abs. 5 festgesetzten Wertes. Die Anmeldung erfolgt durch die Gemeinschaft der Wohnungseigen-**

---

[42] Vgl B. 4.3. und B. 6.2.

tümer. Rückgriffsansprüche einzelner Wohnungseigentümer werden von diesen angemeldet;

3. die Ansprüche auf Entrichtung der öffentlichen Lasten des Grundstücks wegen der aus den letzten vier Jahren rückständigen Beträge; wiederkehrende Leistungen, insbesondere Grundsteuern, Zinsen, Zuschläge oder Rentenleistungen, sowie Beträge, die zur allmählichen Tilgung einer Schuld als Zuschlag zu den Zinsen zu entrichten sind, genießen dieses Vorrecht nur für die laufenden Beträge und für die Rückstände aus den letzten zwei Jahren. Untereinander stehen öffentliche Grundstückslasten, gleichviel ob sie auf Bundes- oder Landesrecht beruhen, im Range gleich. Die Vorschriften des § 112 I und der §§ 113 und 116 des Gesetzes über den Lastenausgleich vom 14. 8. 1952 (BGBl I 446) bleiben unberührt;

4. die Ansprüche aus Rechten an dem Grundstück, soweit sie nicht infolge der Beschlagnahme dem Gläubiger gegenüber unwirksam sind, einschließlich der Ansprüche auf Beträge, die zur allmählichen Tilgung einer Schuld als Zuschlag zu den Zinsen zu entrichten sind; Ansprüche auf wiederkehrende Leistungen, insbesondere Zinsen, Zuschläge, Verwaltungskosten oder Rentenleistungen, genießen das Vorrecht dieser Klasse nur wegen des laufenden und der aus den letzten zwei Jahren rückständigen Beträge;

5. der Anspruch des Gläubigers, soweit er nicht in einer der vorhergehenden Klassen zu befriedigen ist;

6. die Ansprüche der vierten Klasse, soweit sie infolge der Beschlagnahme dem Gläubiger gegenüber unwirksam sind;

7. die Ansprüche der dritten Klasse wegen der älteren Rückstände;

8. die Ansprüche der vierten Klasse wegen der älteren Rückstände.

(2) Das Recht auf Befriedigung aus dem Grundstücke besteht auch für die Kosten der Kündigung und der die Befriedigung aus dem Grundstücke bezweckenden Rechtsverfolgung.

(3) ¹Zur Vollstreckung mit dem Range nach Absatz 1 Nr. 2 müssen die dort genannten Beträge die Höhe des Verzugsbetrages nach § 18 Abs. 2 Nr. 2 des Wohnungseigentumsgesetzes übersteigen. ²Für die Vollstreckung genügt ein Titel, aus dem die Verpflichtung des Schuldners zur Zahlung, die Art und der Bezugszeitraum des Anspruchs sowie seine Fälligkeit zu erkennen sind. ³Soweit die Art und der Bezugszeitraum des Anspruchs sowie seine Fälligkeit nicht aus dem Titel zu erkennen sind, sind sie in sonst geeigneter Weise glaubhaft zu machen.

Es hat sich eingebürgert und ist zur Vermeidung von Mißverständnissen auch sinnvoll, daß die Rangklassen des § 10 I auch in der „Umgangssprache" immer mit der Ziffer genannt werden, in der sie in § 10 I aufgeführt werden. Die Ansprüche des § 10 I 4 sind also die Ansprüche der 4. Rangklasse. Das bedarf deshalb einer besonderen Erwähnung, weil der Praktiker immer auch die Verfahrenskosten berücksichtigen muß, die dem Versteigerungserlös vorweg entnommen werden, also der 1. Rangklasse noch vorgehen.

Dem Erlös vorweg zu entnehmen sind gemäß § 109 zunächst die Verfahrenskosten mit Ausnahme der Anordnungs- und Beitrittsgebühren (die von den jeweiligen Antragstellern zu zahlen sind) und der Zuschlagsgebühr (die vom Ersteher erhoben wird).[43]

Kosten einer Ersatzvornahme zur Abwehr von Gefahren für die Öffentlichkeit (zB Errichten eines Zaunes, Abbruch eines Gebäudes, Ungezieferbekämpfung), die unmittelbar von der Polizei oder Ordnungsbehörde vorgenommen werden, gehören in der Regel jedenfalls nach Bundesrecht nicht[44] zu den gem § 109 vorweg zu entnehmenden Kosten, ebensowenig Aufwendungen des Staates zur Bondensanierung.[45] In der Zwangsverwaltung können sie u.U. zu Ansprüchen der Rangklasse 1 gehören und dann unter den Voraussetzungen des § 10 I Nr. 1 auch entsprechend in der Zwangsversteigerung geltend gemacht werden. Soweit die entsprechenden Maßnahmen privatrechtlich vom Gläubiger durchgeführt und bevorschußt worden sind, können die Kosten dagegen nur als notwendige Kosten im Rahmen des § 10 II geltend gemacht werden.

In Rangklasse 1 (§ 10 I Nr. 1) gehören die Ansprüche eines die Zwangsverwaltung betreibenden Gläubigers auf Ersatz seiner Aufwendungen zur Erhaltung oder notwendigen Verbesserung des Grundstücks, wenn diese Kosten nicht aus den Erträgnissen der Zwangsverwaltung befriedigt werden können. Dazu gehört grundsätzlich auch ein Kostenvorschuß, den der Gläubiger gemäß § 161 III für die Zwangsverwaltung leisten mußte.[46] Die 1. Rangklasse kann aber nur unter verschiedenen Voraussetzungen beansprucht werden: Die Aufwendungen müssen im Rahmen einer Zwangsverwaltung entstanden sein, die Zwangsverwaltung muß bis zum Zuschlag angedauert haben, die Aufwendungen müssen auch zur Erhaltung oder Verbesserung des Grundstücks verwendet worden sein und tatsächlich zu einer Verbesserung geführt haben,[47] und die Aufwendungen müssen rechtzeitig angemeldet worden sein, also spätestens im Versteigerungstermin vor der Aufforderung zur Abgabe von Geboten (§ 37 Nr. 4).

Nach dem Bundesgerichtshof reicht es aber nicht aus, daß die Zwangsverwaltung mit Recht angeordnet ist, oder daß die Ausgaben bei vorhandenen Nutzungen aus diesen zu bestreiten gewesen wären; deshalb dürfen bei der Versteigerung von Wohnungseigentum Wohngeldzahlungen des Zwangsverwalters nur insoweit in der 1. Rangklasse berücksichtigt werden, als sie Objekt – erhaltend oder – verbessernd verwandt worden sind.[48] Und auch die Vergütung des Zwangsverwalters darf in der 1. Rangklasse nur geltend gemacht werden, wenn und soweit die Zwangsverwaltung notwendig war, um das Grundstück für die Zwangsversteigerung zu erhalten oder wiederherzustellen.[48a]

---

[43] Siehe unten B. 8.3.1.

[44] Unter Umständen gibt es aber anderslautende landesrechtliche Regelungen, vgl § 2 EGZVG iVm Art 111 EGBGB.

[45] LG Berlin Rpfleger 1991, 518. Vgl hierzu Rangklasse 3!

[46] BGH EWiR 1992, 867 (Muth). – Vgl aber auch die neuere BGH-Rechtsprechung, unten Anm 48.

[47] BGH Rpfleger 2003, 454; LG Mönchengladbach Rpfleger 2000, 80; LG Köln NZM 1999, 94; LG Bochum Rpfleger 1994, 517.

[48] BGH NZM 2006, Heft 9; Rpfleger 2005, 552; 2003, 454; ebenso OLG Braunschweig Rpfleger 2002, 580; OLG Düsseldorf NZM 2002, 1045; LG Frankfurt ZMR 2002, 977; LG Hamburg ZMR 2001, 395.

[48a] BGH Rpfleger 2003, 454.

Kosten einer vom Gläubiger nach § 25 beantragten Maßnahme genießen ebensowenig das Vorrecht der 1. Rangklasse wie außerhalb der Zwangsversteigerung aufgewandte Kosten des Gläubigers zur Erhaltung oder Verbesserung des Grundstücks;[49] diese Kosten können aber als notwendige Kosten der dinglichen Rechtsverfolgung gemäß § 10 II zusammen mit dem Hauptanspruch geltend gemacht werden.[50]

Ansprüche der 1. Rangklasse haben untereinander gleichen Rang.

Die Rangklasse 1 a (§ 10 I Nr. 1a) Auch die Grundpfandgläubiger müssen sich entsprechend einem Hauptanliegen des neuen Insolvenzrechts an den Allgemeinkosten des Insolvenzverfahrens beteiligen. Diese Kostenbeteiligung ist pauschal auf 4% des (gemäß § 74a V gerichtlich festgesetzten, nicht des in der Zwangsversteigerung anteilig erlösten!) Wertes des mitversteigerten Grundstückszubehörs festgelegt und wird gemäß § 10 I Nr. 1a (neu) noch vor den öffentlichen Lasten oder gar den Grundpfandrechten aus dem Versteigerungserlös bedient. Zusätzlich erhält der Insolvenzverwalter gemäß § 174a (neu) das Recht, eine Abweichung von den gesetzlichen Versteigerungsbedingungen dahin zu verlangen, daß bei der Feststellung des geringsten Gebotes nur die den Ansprüchen aus § 10 I Nr. 1a (neu) vorgehenden Rechte berücksichtigt werden.

Die Rangklasse 2 (§ 10 I Nr. 2) war bis Anfang 2007 land- und forstwirtschaftlichen Lohnrückständen vorbehalten und hatte schon seit Jahrzehnten keine praktische Bedeutung mehr. Durch die WEG-Novelle 2007 (BGBl I 375) hat der Gesetzgeber diese bevorzugte Rangklasse aber bei der Versteigerung von Wohnungseigentum den Haus- (bzw Wohn-)Geld-Rückständen zugeordnet und damit deren Realisierung erheblich erleichtert, indem seither

– gemäß § 10 I Nr. 2 Hausgeldrückstände wegen der laufenden Beträge und der rückständigen Beträge aus dem Jahr der Beschlagnahme und den letzten zwei Jahren davor in dieser bevorzugten Rangklasse geltend gemacht werden können, und

– gemäß § 45 III diese Ansprüche bei der (notwendigen!) Anmeldung durch einen entsprechenden Vollstreckungstitel oder durch die Niederschrift der Beschlüsse der Wohnungseigentümer glaubhaft zu machen sind (aus diesem Vorbringen müssen sich die Zahlungspflicht, die Art und der Bezugszeitraum des Anspruchs sowie seine Fälligkeit ergeben), und

– gemäß § 10 III die aktive Vollstreckung in der bevorzugten Rangklasse des § 10 I Nr. 2 lediglich einen Vollstreckungstitel erfordert, aus dem die Verpflichtung des Schuldners zur Zahlung, die Art und der Bezugszeitraum des Anspruchs sowie seine Fälligkeit zu erkennen sind, und

– lediglich zu beachten ist, daß in der bevorzugten Rangklasse des § 19 I Nr. 2 nur Beträge in Höhe von nicht mehr als 5% des festgesetzten Wertes geltend gemacht werden können, um eine zu große Abwertung der Grundstücksrechte zu verhindern.

Die Rangklasse 3 (§ 10 I Nr. 3) hat in der Praxis eine viel größere Bedeutung als die vorhergehenden Rangklassen. Hier wird fast immer etwas

---

[49] Vgl deshalb **TH** A. 1.3.3.1.
[50] Stöber § 25 Anm 4.1. – im übrigen vgl sehr ausführlich zur Rangklasse 1: Steiner-Hagemann § 10 Rz 22–39.

angemeldet, meist auch in mehreren Positionen; trotzdem handelt es sich – wenn keine Erschließungskosten geltend gemacht werden – insgesamt nicht um hohe Beträge.

Unter öffentlichen Grundstückslasten versteht man öffentlich-rechtliche Ansprüche, für die neben dem Grundstückseigentümer auch das Grundstück haftet, und die in dem für die Abgabe maßgebenden Bundes- oder Landesgesetz als öffentliche Last bezeichnet sind oder für die die gesetzliche Regelung die (Mit-)haftung des Grundstücks eindeutig ergibt.[51] Dabei ist zu beachten, daß es heute viele Versorgungsleistungen gibt, die im Gegensatz zu früher in manchen Gebieten nicht mehr öffentlichrechtlich sondern privatrechtlich abgerechnet werden, entweder von den Kommunen selbst oder von Privatunternehmen: Wasser, Entwässerung, Strom, Gas, Müllabfuhr, Straßenreinigung, Schornsteinreinigung, teilweise Versicherungen für das Grundstück. Hier muß von Fall zu Fall geprüft werden, ob die Ansprüche öffentlich- oder privatrechtlich begründet sind; im letzteren Fall handelt es sich nicht um öffentliche Grundstückslasten im Sinne der 3. Rangklasse sondern um persönliche Forderungen, die in der 5. Rangklasse geltend gemacht werden müssen.

Es gibt sowohl bundes- als auch landesrechtliche öffentliche Lasten; beide werden hier aber gleichbehandelt; lediglich die Hypothekengewinnabgabe nach dem Lastenausgleichsgesetz geht gemäß § 112 I LAG innerhalb der 3. Rangklasse den anderen öffentlichen Grundstückslasten nach.[52]

Der Begriff „öffentliche Grundstückslasten" ist gesetzlich nicht definiert. Wesensmerkmale sind einerseits die unmittelbare Haftung (auch) des Grundstücks, und andererseits die Rechtsgrundlage im öffentlichen Recht des Bundes oder des betreffenden Bundeslandes. Abgaben, die die Gemeinden erheben, können nach dem Kommunalabgabengesetz des betreffenden Bundeslandes öffentliche Grundstückslasten sein; dazu ist aber eine Satzung erforderlich, die die Abgabe als öffentliche Last ausweist. Umgekehrt sind die Gemeinden selbstverständlich nicht berechtigt, ohne landesrechtliche Ermächtigung durch Satzung eine Abgabe als öffentliche Grundstückslast zu begründen.[53]

Die in der Praxis wichtigsten öffentlichen Grundstückslasten sind außer den Gebühren für die oben genannten Versorgungsleistungen (falls diese öffentlich-rechtlich abgerechnet werden)[54] und der Hypothekengewinnabgabe vor allem Grundsteuer,[54a] Erschließungskosten, Flurbereinigungsgebühren sowie unter Umständen Kirchen-, Schul- oder Deichlasten.[55] Keine öffentlichen Grundstückslasten sind dagegen andere Versicherungen oder Steu-

---

[51] BGH Rpfleger 1988, 541; 1981, 349 und MDR 1971, 205; LG Aachen NJW-RR 1993, 1488; AG Osterholz-Scharmbeck Rpfleger 1986, 489 und Gaßner Rpfl-JahrB 1989, 223.

[52] Zur Hypothekengewinnabgabe, deren Bedeutung immer mehr abnimmt, vgl ausführlich Steiner-Hagemann § 10 Rz 80–83.

[53] BGH v. 22. 5. 81 (VZR 69/80); vgl Buchmann ZKF 1987, 231.

[54] BGH NJW 1992, 2570.

[54a] Vgl Mayer Rpfleger 2000, 260 („Grundsteuer in … Zwangsversteigerung und Zwangsverwaltung").

[55] Weitere Beispiele bei Stöber § 10 Anm 6.8–16; Steiner-Hagemann § 10 Rz 66–90; – vgl auch **TH** B. 4.4.4.6.

ern;[56] auch nicht Stellplatzablösebeträge,[57] es sei denn daß landesrechtlich eindeutig die Mithaftung des Grundstücks festgelegt ist.

Spätestens seit dem 1. 3. 1999 gehören auch die Wertausgleichsansprüche für eine Bodensanierung (Altlastenbeseitigung) nach dem Bundesbodenschutzgesetz (BGBl I 1999, 502) zu den öffentlichen Lasten iSd § 10 I 3.[57a] Schon vorher hatten einzelne Landesgesetze die Kosten einer Altlastensanierung bzw den Wertzuwachs-Ausgleichsanspruch als öffentliche Last bestimmt.[57b] Gemäß § 4 BBodSchG muß die zuständige Behörde Maßnahmen zur Sicherung und Sanierung ergreifen, wenn auf einem Grundstück Altlasten festgestellt und nicht unverzüglich durch den Eigentümer beseitigt worden sind. Soweit durch diese Behördenmaßnahmen der Grundstückswert nicht nur unwesentlich erhöht wird und der Eigentümer die Kosten hierfür nicht (vollständig) selbst getragen hat, muß er gemäß § 25 BBodSchG einen von der Behörde festzusetzenden Wertausgleich leisten.

Dieser Wertausgleich ruht gemäß § 25 VI BBodSchG als öffentliche Last auf dem Grundstück. Ist der Wertausgleichsanspruch nicht oder erst nach dem Versteigerungsvermerk im Grundbuch eingetragen worden, muß er spätestens im Versteigerungstermin angemeldet werden, damit die Beteiligten wissen, welche (evtl sehr hohen!) Zahlungen vorrangig aus dem Versteigerungserlös zu befriedigen sind.

Das Vorrecht der 3. Rangklasse genießen einmalige Leistungen (Hauptsachebeträge und Saumniszuschläge[57c]) auch, soweit sie bis zu 4 Jahren rückständig sind, während bei den wiederkehrenden Leistungen nur Rückstände für 2 Jahre berücksichtigt werden; die älteren Rückstände können in der 7. Rangklasse geltend gemacht werden. Alle öffentlichen Grundstückslasten müssen rechtzeitig angemeldet werden (§ 37 Nr. 4), sonst werden sie erst nach allen anderen Ansprüchen des § 10 I eingestuft.

Ein in der Zwangsversteigerung erworbenes Grundstück oder Erbbaurecht haftet nicht dinglich für einen vor dem Zuschlag entstandenen Anspruch einer Kommune auf höhere Grundsteuer, den die Kommune zum Versteigerungstermin nicht angemeldet hat und möglicherweise auch nicht anmelden konnte, weil das Finanzamt bis zu diesem Zeitpunkt den höheren Grundsteuermeßbetrag noch nicht festgesetzt hatte.[58]

Das gilt natürlich auch für Erschließungskosten. Für Erschließungskosten, die vor dem Zuschlag fällig waren aber nicht angemeldet worden sind, haftet der Ersteher nicht; aus dem Versteigerungserlös können sie nur bedient werden, wenn nach Befriedigung aller anderer Ansprüche nach § 10 I noch etwas

---

[56] Nach der bis 31. 12. 1976 gültigen Fassung der Abgabenordnung haftete der Ersteher auch für sog. Betriebssteuerrückstände, was in der Praxis häufig zu Schwierigkeiten geführt hat, weil noch in der Bietstunde nicht abzusehen war, ob und in welchem Umfang solche Rückstände vorhanden waren; seit 1. 1. 1977 besteht diese Haftung aber auf Grund einer Änderung der Abgabenordnung nicht mehr, vgl D. 5.3.7.

[57] LG Aachen NJW-RR 1993, 1488.

[57a] Allgemein dazu. Knopp/Albrecht BB 1998, 1853; Albrecht/Teitel Rpfleger 1999, 366; Wagner ZfIR 2003, 841; Sorge MittBayNot 1999, 232.

[57b] Vgl zB §§ 15, 16 Hess. AltlastenG v. 20. 12. 1994 GVBl I 764.

[57c] Vgl LG Ansbach Rpfleger 1999, 141.

[58] BVerwG Rpfleger 1985, 35 (Anm Meyer-Stolte); vgl auch VG Stade KTS 1982, 147.

übrig bleibt. Sind die Erschließungsleistungen dagegen zwar schon (u. U. lange) vor dem Zuschlag erbracht aber die Erschließungskosten erst nach dem Zuschlag abgerechnet und geltend gemacht und damit fällig geworden, so haftet für sie der Ersteher (neben seinen Verpflichtungen aus dem Meistgebot). Meines Erachtens ist die Gemeinde daher verpflichtet, auf solche anstehenden Forderungen gegen den späteren Ersteher schon im Versteigerungstermin hinzuweisen.[59]

Hat der Schuldner vor dem Zuschlag Vorausleistungen auf Erschließungskosten erbracht und entsteht die endgültige Beitragspflicht erst nach dem Zuschlag, so ist die Vorausleistung an den Schuldner auszuzahlen (dort pfändbar) und wird also nicht auf die Erschließungskosten-Beitragspflicht des Erstehers angerechnet.[60] Derartige vom Schuldner vorausgezahlte Erschließungskosten dürfen also keinesfalls bei der Festsetzung des Grundstückswertes erhöhend berücksichtigt werden.

Auch öffentliche Grundstückslasten können abgelöst werden, wenn und solange aus ihnen die Zwangsversteigerung betrieben wird. Durch die Ablösung geht die Forderung mit dem Vorrang über und der Ablösende wird bestrangig betreibender Gläubiger, wenn nicht auch noch aus der 1. oder 2. Rangklasse betrieben wird (was kaum vorkommt).

Unklar und streitig ist die rangmäßige Einordnung des Früchtepfandrechts, das nach dem Düngemittelsicherungsgesetz Ansprüche aus der Lieferung oder Finanzierung von Düngemitteln und Saatgut unter bestimmten Voraussetzungen sichert.

In der 4. Rangklasse (§ 10 I Nr. 4), die praktisch die größte Bedeutung hat, sind die sogenannten beschränkten dinglichen Rechte zusammengefaßt, also Hypothek, Grundschuld, Rentenschuld, Reallast, Erbbaurecht, Dienstbarkeit, dingliches Verkaufsrecht; auch eventuelle Eigentümerrechte gehören in diese 4. Rangklasse.

Innerhalb der 4. Rangklasse richtet sich der Rang der einzelnen Rechte gemäß § 11 I nach den §§ 879–881, 883 BGB. Das Vorrecht der 4. Rangklasse genießen außer dem Hauptanspruch und den einmaligen Nebenleistungen auch die laufenden und für 2 Jahre rückständigen wiederkehrenden Leistungen sowie gemäß § 10 II die notwendigen Kosten der dinglichen Rechtsverfolgung.

Hauptansprüche und einmalige Nebenleistungen werden in der 4. (im Gegensatz zur 3.) Rangklasse ohne zeitliche Begrenzung berücksichtigt, so daß sie auch älter sein können als 4 Jahre. Nebenleistungen können aber nur so lange geltend gemacht werden, als der Hauptanspruch nicht gelöscht ist.[61] Zu den einmaligen Nebenleistungen einer Hypothek gehört uU auch ein Disagio (Damnum); bei vorzeitiger Beendigung des Darlehens wird dann aber unter Umständen nur ein Teil dieses Disagios geschuldet.[62] Zu den Hauptansprüchen zählen (auch das ist anders als in Rangklasse 3) auch Tilgungsleis-

---

[59] Ähnlich: Stoltenberg Rpfl JB 1988, 370.

[60] BVerwG NJW 1982, 951; Steiner-Storz § 58 Rz 20.

[61] Rang zwischen § 10 I 3 und 4: Stöber § 10 Anm 7.1; Hintzen C 47; **anders:** Rang vor allen anderen Ansprüchen: Steiner/Hagemann § 10 Rz 14; Dassler/Muth § 10 Rz 5; Böttcher § 10 Rz 3.

[62] BGH NJW 1995, 2778; 1993, 47; 1992, 2285; 1990, 2250; 1981, 2180.

tungen, so daß diese ebenfalls ohne zeitliche Begrenzung geltend gemacht werden können: „Zinsen altern, Tilgungsbeträge altern nicht".[63] Soweit Tilgungsraten einer bestehenbleibenden Hypothek aus dem Versteigerungserlös befriedigt werden, erlischt die Hypothek, ohne zur Eigentümergrundschuld zu werden (§ 1181 I BGB).[64]

Zu den wiederkehrenden Leistungen gehören außer den Zinsen auch Verzugszinsen, Verwaltungskosten, Kreditprovision sowie Reallast- oder Altenteilsleistungen. Hauptanspruch und wiederkehrende Leistungen können auch verschiedenen Gläubigern zustehen und untereinander eine bestimmte Rangfolge haben. Da eine Ablösung auch nur einen Teil der wiederkehrenden Leistungen betreffen kann (z. B. weil nur aus diesem Teil die Zwangsversteigerung betrieben wird), und da die Ablösung gemäß § 268 III BGB nicht zum Nachteil des Gläubigers geltend gemacht werden kann, geht der abgelöste Teil auch bei den wiederkehrenden Leistungen (gleiches gilt für den Hauptanspruch) dem Restanspruch des abgelösten Gläubigers nach, es sei denn, daß sich aus der Bezeichnung der abgelösten Teile etwas anderes eindeutig ergibt (z. B. weil der abgelöste Teil ausdrücklich aus dem „rangersten Teil der ...." betrieben hat und der Ablösende den Teil ablöst, aus dem betrieben wird).[65]

Alle Nebenleistungen müssen aus dem Grundbuch ersichtlich sein,[66] mindestens durch Bezugnahme auf die Eintragungsbewilligung. Die laufenden wiederkehrenden Leistungen brauchen im Gegensatz zu den rückständigen Zinsen und Kosten nicht angemeldet zu werden, wenn sie zur Zeit der Eintragung des Zwangsvollstreckungsvermerks aus dem Grundbuch ersichtlich waren (§ 45 II).

Außerordentlich wichtig ist (wegen der hohen Beträge!), was bei den wiederkehrenden Leistungen unter den **„laufenden"** und **„rückständigen"** **Beträgen** zu verstehen ist; dies sagt § 13. Danach kommt es für die Definition einerseits auf den Fälligkeitszeitraum und andererseits auf das Datum der ersten Beschlagnahme an: laufende Beträge wiederkehrender Leistungen sind der letzte vor der Beschlagnahme fällig gewordene Betrag sowie die später fällig werdenden Beträge (§ 13 I). Bei einer (kalender-)jährlichen natürlichen Fälligkeit und einer Beschlagnahme am 28. 12. 2005 sind also die Zinsen für das Jahr 2005 noch nicht fällig; die letzten vor der Beschlagnahme fällig gewordenen Beträge sind die Zinsen für das Jahr 2004, so daß die laufenden Zinsen diejenigen vom 1. 1. 2004 bis 14 Tage nach dem Versteigerungstermin (§ 47) beziehungsweise 1 Tag vor dem Verteilungstermin sind (ex § 117 I). Erfolgt die Beschlagnahme erst am 2. 1. 2006, so beginnen die laufenden Zinsen am 1. 1. 2005.[66a] Die Frage, ob Zinsen verjährt sind oder nicht,[66b] spielt für ihre Einordnung in eine besondere Rangklasse keine Rolle.[66c] Im prakti-

[63] Vgl Dassler-Schiffhauer-Gerhart 11. Auflage 1979 § 10 Anm VI 2 b.

[64] Stöber § 10 Anm 8.7.

[65] Wie hier: Steiner-Hagemann § 10 Rz 42 und Muth Rpfleger 1990, 381; **gegen** OLG Celle bestätigt durch BGH Rpfleger 1990, 378. – Vgl auch Stöber § 11 Anm 3.6.

[66] Vgl Stöber § 12 Anm 3.2.

[66a] Zur Berechnung der laufenden und rückständigen Zinsen, vgl B. 5.4; **TH** B. 5.4.2.1 und **TH** B. 5.4.2.2.

[66b] Zur Verjährung dinglicher Zinsen vgl B. 5.3.1.

[66c] Stöber MittBayNot 1999, 441 (446).

schen Ergebnis können daher idR dingliche Zinsen für 4–6 Jahre geltend gemacht werden, was wegen der hohen Zinssätze nicht selten, zu einer Verdop-
pelung der Grundschuld-Hauptsumme und damit zum gelegentlichen Vorwurf einer „planmäßigen Übersicherung durch Grundschuldzinsen" führt.[66d]

Aus einer Eigentümergrundschuld können in der Zwangsversteigerung
(anders in der Zwangsverwaltung) keine Zinsen geltend gemacht werden, es
sei denn, daß ein Dritter z.B. durch Nießbrauch oder Abtretung[67] Rechte an
diesen Zinsen geltend machen kann (§ 1178 BGB).

Schließlich kann die 4. Rangklasse auch für die Kosten der Kündigung und
der dinglichen Rechtsverfolgung für Rechte aus dieser Rangklasse beansprucht werden (§ 10 II).[68]

Die 5. Rangklasse (§ 10 I Nr. 5) erfaßt alle (dinglichen und persönlichen) Ansprüche, aus denen die Zwangsversteigerung betrieben wird. Ist
aber ein Anspruch schon in einer der Rangklassen 1–4 zu befriedigen (was
nichts mit der Frage zu tun hat, ob dort aus ihm die Versteigerung betrieben
wird oder nicht), so wird er aus Rangklasse 5 wieder ausgeklammert. Rangklasse 5 bildet also für die betreibenden Gläubiger eine „Auffang-Rang-
klasse": spätestens dort werden die Ansprüche berücksichtigt.[69]

Betreibt ein Gläubiger die Zwangsversteigerung sowohl aus seinem dinglichen Recht (Rangklasse 4) als auch aus dem persönlichen Anspruch (Rangklasse 5), so werden die Ansprüche jeweils an ihrer Rangstelle berücksichtigt,
der Gläubiger muß aber zum Versteigerungstermin anmelden, daß er den ihm
zustehenden Betrag nur einmal in Anspruch nehmen will. Deshalb ist ein
doppeltes Vorgehen aus Rangklasse 4 und 5 in aller Regel auch sinnlos, wenn
der Gläubiger nicht aus Gründen des Zeitgewinns zunächst aus Rangklasse 5
vorgegangen und später aus Rangklasse 4 beigetreten ist.

Betreibt ein dinglicher Gläubiger nur aus seinem persönlichen Recht, so
fällt sein eigenes dingliches Recht ins geringste Gebot, falls nicht ein anderer
Gläubiger aus einem besseren Recht ebenfalls die Versteigerung betreibt. Es
wirkt sich eben auch hier der schon mehrfach ausgesprochene Grundsatz aus,
daß die einzelnen betriebenen Verfahren innerhalb des Gesamtverfahrens selbständig nebeneinander herlaufen und daß die einzelnen Ansprüche jeweils
ganz getrennt gesehen werden müssen, auch wenn sie dem gleichen Gläubiger zustehen. Deshalb kann sich ein Gläubiger, dem mehrere Ansprüche in
der gleichen Rangklasse oder in verschiedenen Rangklassen zustehen, hinsichtlich der einzelnen Ansprüche auch ganz unterschiedlich verhalten, was
aus taktischen Erwägungen heraus unter Umständen durchaus sinnvoll sein
kann.[70]

Die Ansprüche aus Rangklasse 5 brauchen nicht besonders angemeldet zu
werden, soweit sie sich aus dem Anordnungs- oder Beitrittsantrag ergeben

---

[66d] ZB von Clemente/Lenk ZfiR 2002, 337 ff.

[67] Abgetreten und dann geltend gemacht werden können auch Zinsen aus der Zeit
vor der Abtretung: BGH NJW 1986, 314; BayObLG Rpfleger 1987, 364; OLG Düsseldorf Rpfleger 1989, 498; OLG Celle Rpfleger 1989, 323. – Streitig ist dies im Fall
der Pfändung; vgl dazu Dassler-Schiffhauer § 117 Rz 27 mwN.

[68] Vgl oben B. 8.3.2. und B. 8.3.3.

[69] Vgl Stöber § 10 Anm 9.1. und 9.2.

[70] Vgl oben B. 1.2. und B. 3.4. sowie unten B. 6.4.

(§ 114 I 3); bezüglich der Kosten wird sich trotzdem eine Anmeldung sehr empfehlen, weil diese ja in der Regel erst gegen Ende des Verfahrens genau übersehen werden können.

Auch ein Anspruch der 5. Rangklasse kann abgetreten oder – von einem nachrangigen Gläubiger, einem anderen Beteiligten oder dem Eigentümer – abgelöst werden. Der Zessionar oder Ablösende kann aber erst dann wirksam verfahrensfördernde Erklärungen abgeben, wenn der Vollstreckungstitel umgeschrieben und zusammen mit der Abtretungs- oder Ablösungsurkunde dem Schuldner zugestellt worden ist. – Umgekehrt steht auch einem aus Rangklasse 5 betreibenden persönlichen Gläubiger das Recht zu, andere gleich- und vorrangige Gläubiger abzulösen.[71]

In die 6. Rangklasse (§ 10 I Nr. 6) kommen die dinglichen Rechte, die erst nach der Beschlagnahme für einen anderen Gläubiger eingetragen worden und daher (nur) diesem gegenüber unwirksam sind. Von praktischer Bedeutung ist dies in der Regel nur dann, wenn zunächst ein Gläubiger aus der 5. Rangklasse die Versteigerung beantragt, so daß (für ihn) das Grundstück beschlagnahmt wird. Die Beschlagnahme bewirkt aber keine allgemeine Grundbuchsperre, es können also auch danach noch dingliche Rechte eingetragen werden. Andererseits könnten diese dinglichen Rechte in Rangklasse 4 und damit in einer besseren Rangklasse geltend gemacht werden, wenn dies nicht durch die Beschlagnahme gemäß § 23 verhindert würde. Die Rangklasse 6 gilt für das später eingetragene dingliche Recht also nur bezüglich der schon vorher persönlich betriebenen Verfahren. Treten also nach der Eintragung des dinglichen Rechts weitere Gläubiger der 5. Rangklasse dem Verfahren bei, so geht das dingliche Recht diesen später beigetretenen persönlichen Gläubigern vor. Es entstehen daher sogenannte relative Rangverhältnisse. Die obengenannten Rangverhältnisse gelten im übrigen unabhängig davon, ob aus dem dinglichen Recht ebenfalls betrieben wird oder nicht.

Rangklasse 7 (§ 10 I Nr. 7) betrifft die älteren Rückstände der öffentlichen Grundstückslasten und **Rangklasse 8 (§ 10 I Nr. 8)** die älteren Rückstände der beschränkten dinglichen Rechte aus Rangklasse 4 (nicht aus Rangklasse 6!). Da gemäß §§ 197 II, 195 BGB (seit 1. 1. 2002) wiederkehrende Leistungen nach 3 Jahren verjähren, werden die Ansprüche der 7. und 8. Rangklasse in der Regel verjährt sein, was aber die Geltendmachung in der Zwangsversteigerung nicht hindert, wenn sich der Schuldner nicht ausdrücklich auf die Verjährung beruft (§ 214 I BGB). Dagegen hat der BGH seine frühere Rechtsprechung, wonach die Verjährung von Grundschuldzinsen bis zum Eintritt des Sicherungsfalles gehemmt sein soll; inzwischen wieder aufgegeben.[72] Zur Verjährung dinglicher Zinsen vgl unten B. 5.3.1. Außerdem ist zu beachten, daß jeder einzelne Vollstreckungsakt des Gerichts (zB Anordnung, Festsetzung des Verkehrswertes, Terminsbestimmung usw) die Verjährung neu beginnen lässt.[73]

[71] Stöber § 15 Anm 20.9; Steiner-Storz § 75 Rz 40; Storz ZIP 1980, 159; **anders** die früher herrsch. Ans: Korintenberg/Wenz § 75 Anm 3; Reinhardt/Müller § 75 Anm V; Jäckel/Guthe § 75 Rz 3.
[72] BGH NJW 1999, 2590 **gegen** BGH ZIP 1993, 257; **Kritisch** hierzu Clemente EWiR 1993, 369.
[73] BGH NJW 1985, 581; Bauch Rpfleger 1987, 12.

Die Rechte beider Rangklassen müssen angemeldet werden (§ 37 Nr. 4).

Hinter alle Rangklassen des § 10 I zurückgestellt werden diejenigen Rechte, die trotz Anmeldepflicht nicht spätestens im Versteigerungstermin vor der Aufforderung zur Abgabe von Geboten (vgl. § 37 Nr. 5) angemeldet worden sind, die aber bei rechtzeitiger Anmeldung in einer der Rangklassen des § 10 I berücksichtigt worden wären. Gemäß § 110 gehen sie durch die Nichtanmeldung nicht ganz unter, sondern sie erleiden nur einen Rangverlust, was allerdings praktisch auf das gleiche herausläuft. So wie man die Verfahrenskosten einer „0. Rangklasse" zuordnet, faßt man die verspätet angemeldeten Rechte zuweilen auch in der (ebenfalls imaginären) „9. Rangklasse" zusammen.[74]

Gemäß § 10 II können im Rang des jeweiligen Befriedigungsrechtes auch die **notwendigen Kosten** der Kündigung und der dinglichen Rechtsverfolgung geltend gemacht werden (vgl dazu B. 8.3.2). Wichtig: Anmeldung vor Beginn der Bietstunde ist notwendig!

Streitig ist, ob Kosten für einen Makler, der im Auftrag eines Beteiligten Bietinteressenten akquirieren sollte, hier geltend gemacht werden können oder nicht.[75] Nicht notwendig sind Kosten, wenn dem Schuldner keine ausreichenden Möglichkeiten gegeben waren, die Zwangsvollstreckung durch freiwillige Leistung abzuwenden.[76]

4.4.3. Rangfolge innerhalb der Rangklassen (§ 11)

§ 11 ZVG

(1) Sind Ansprüche aus verschiedenen Rechten nach § 10 Nr. 4, 6 oder 8 in derselben Klasse zu befriedigen, so ist für sie das Rangverhältnis maßgebend, welches unter den Rechten besteht.

(2) In der fünften Klasse geht unter mehreren Ansprüchen derjenige vor, für welchen die Beschlagnahme früher erfolgt ist.

In den Rangklassen 1, 2, 3 und 7 des § 10 I sind die Rechte gemäß § 10 I innerhalb der einzelnen Rangklassen untereinander gleichrangig, wenn man davon absieht, daß die Hypothekengewinnabgabe den anderen öffentlichen Grundstückslasten in der 3. Rangklasse nachgeht. Gleichrangigkeit bedeutet, daß die Ansprüche nach dem Verhältnis ihrer Beträge (Kosten, Zinsen und Hauptanspruch zusammengerechnet) mit der gleichen Quote befriedigt werden, wenn der Erlös zur vollen Befriedigung aller gleichrangiger Rechte nicht ausreicht.

In den Rangklassen 4, 6 und 8 des § 10 I, also bei den beschränkten dinglichen Rechten, richtet sich die Rangfolge innerhalb der jeweiligen Rangklasse nach den §§ 879 ff BGB, also nach ihrem grundbuchmäßigen Rang. Danach gilt – falls kein Rangvorbehalt, Rangtausch oder Rangrücktritt vereinbart ist[77] – für das Rangverhältnis innerhalb der gleichen Grund-

---

[74] Stöber § 10 Anm 13.
[75] **Dafür** OLG Düsseldorf Rpfleger 1999, 501; **dagegen** Stöber § 10 Anm 15.4.
[76] BVerfG NJW 1999, 778.
[77] Bei der Reallast sind uU Besonderheiten zu beachten, vgl BayObLG Rpfleger 1991, 50.

buchabteilung das sogenannte „Lokusprinzip" (maßgebend sind die jeweiligen Eintragungsstellen: § 879 I BGB), während sich das Rangverhältnis von in verschiedenen Grundbuchabteilungen eingetragenen Rechten nach dem „Datumsprinzip" richtet (maßgebend ist hier also das Eintragungsdatum: § 897 I 2 BGB), so daß Rechte mit dem gleichen Eintragungsdatum Gleichrang haben (falls nichts anderes vereinbart ist).

Beispiel:

Abteilung II		Abteilung III	
Wegerecht	v. 3. 2. 2004[2]	Grundschuld J	v. 2. 1. 2004[1]
Leitungsrecht	v. 3. 2. 2004[3]	Grundschuld L	v. 6. 3. 2004[4]
Vorkaufsrecht	v. 4. 4. 2004[5]	Grundschuld D	v. 4. 4. 2004[5]

Wegerecht und Leitungsrecht haben trotz gleichen Eintragungsdatums nicht Gleichrang (§ 879 I 1 BGB) im Gegensatz zu Vorkaufsrecht und Grundschuld D (§ 879 I 2 BGB).

In der Rangklasse 5 ist nach § 11 II die Zeitfolge der einzelnen Beschlagnahmen maßgebend. Derjenige, für welchen die Beschlagnahme früher wirksam geworden ist, hat den Rang vor den anderen. Da die Beschlagnahme durch Zugang des Anordnungs- oder Beitrittsbeschlusses beim Schuldner oder durch Eingang des Eintragungsersuchens beim Grundbuchamt wirksam wird (§ 22 I), läßt sich bei mehreren schnell aufeinanderfolgenden Anträgen oftmals nicht mehr genau feststellen, wann die Beschlagnahme zugunsten der einzelnen Gläubiger wirksam geworden sind; in diesem Fall haben diese Rechte untereinander gleichen Rang.[78]

Zu beachten ist, daß sich unter Umständen auch ein dingliches Recht zwischen einzelne Rechte der 5. Rangklasse schieben kann, wenn es erst nach der Beschlagnahme des einen persönlichen Gläubigers aber vor der Beschlagnahme zugunsten des anderen persönlichen Gläubigers eingetragen worden ist. Das dingliche Recht hat auch dann Rang vor dem zweiten persönlichen Gläubiger, wenn aus ihm die Versteigerung nicht betrieben wird.[79]

An der Rangfolge innerhalb der einzelnen Rangklassen ändert sich auch durch eine Ablösung nichts.[80] Bei einer Teilablösung folgt aber aus § 268 III BGB, daß der abgelöste Teil im Rang hinter den nicht abgelösten Teil tritt, wenn sich aus der Bezeichnung des abgelösten Teils nichts anderes ergibt.

§ 12 ZVG

Die Ansprüche aus einem und demselben Rechte haben untereinander folgende Rangordnung:

1. **die Ansprüche auf Ersatz der im § 10 II bezeichneten Kosten;**
2. **die Ansprüche auf wiederkehrende Leistungen und andere Nebenleistungen;**
3. **der Hauptanspruch.**

Im übrigen gilt **innerhalb des gleichen Anspruchs** die in § 12 genannte Reihenfolge, soweit der ganze Anspruch in der gleichen Rangklasse zum

---

[78] Vgl Stöber § 11 Anm 3.6.; Steiner-Hagemann § 11 Rz 30.
[79] Vgl dazu oben B. 4.4.2.
[80] Stöber § 11 Anm 3.6.

Zuge kommt. § 12 ist also insoweit nicht anwendbar, als ein Recht zum Bei-spiel in Rangklasse 4, mit seinen älteren Rückständen aber in Rangklasse 8 aufgenommen ist. § 12 spielt auch für die Feststellung des geringsten Gebotes keine Rolle, weil auch bei einer Beschränkung des Antrags auf den nachran-gigen Teil der ganze Anspruch nicht in das geringste Gebot aufgenommen wird. Etwas anderes gilt nur dann, wenn die Anspruchsteile (z.B. auf Grund einer Abtretung oder Ablösung) unterschiedlichen Gläubigern zustehen; in diesem Fall kann durchaus einmal der rangbessere Teil in das geringste Gebot aufzunehmen sein, wenn aus ihm selbst nicht betrieben wird.[81]

Bei persönlichen Ansprüchen (Rangklasse 5) ist unter Umständen § 11 III VerbrKrG zu beachten, der für Ansprüche, die unter §§ 1, 3 VerbrKrG fallen, eine andere Verrechnungsreihenfolge vorschreibt: Kosten, Hauptanspruch und erst zuletzt Zinsen.

4.4.4. Taktische Hinweise

TH 4.4.4.1.: Amtsbetrieb bedeutet zwar, daß der Rechtspfleger das Ver-fahren durchführt, solange es weder einstweilen eingestellt noch aufgehoben ist. Trotzdem spielt in der Praxis häufig eine große Rolle, wie sehr sich der Gläubiger um das Verfahren kümmert, wie sehr er es vorantreibt. Nicht nur in dem Sinn, daß der Gläubiger alles, was in seinem Bereich liegt, sorgfältig und richtig und schnell erledigt (gegebenenfalls nach Rücksprache mit dem Rechtspfleger), so daß der Rechtspfleger nicht zeitraubende Zwischenverfü-gungen erlassen muß. Der Gläubiger muß darüberhinaus, wenn es ihm eilig ist, durch entsprechende häufige Nachfragen und Besuche dafür sorgen, daß das Verfahren vom Rechtspfleger zügig bearbeitet wird, und er sollte begrün-den, warum es in diesem Fall besonders auf die Eile ankommt. Unter Um-ständen kann der Gläubiger den Rechtspfleger auch unterstützen, z.B. bei der Ermittlung der Mieter oder bei der Zusammenstellung der Adressen für das Beteiligten-Verzeichnis.

TH 4.4.4.2.: Zur Beschleunigung der Zwangsversteigerung oder zur Ver-einfachung des Verfahrens kann der dingliche Gläubiger unter Umständen die Eintragung des Schuldners als Eigentümer herbeiführen, indem er Grund-buchgebühren oder die Grunderwerbsteuer bezahlt. Auch wenn die herr-schende Meinung derartige Kosten – m.E. zu Unrecht – nicht als notwendi-ge Kosten der dinglichen Rechtsverfolgung anerkennt, kann sich eine derartige Zahlung empfehlen, vor allem dann, wenn es nicht um große Be-träge geht. Ein persönlicher Gläubiger muß dies unter Umständen erst recht tun, weil er sonst überhaupt keinen Zugriff auf das Grundstück hat.

TH 4.4.4.3.: Der Eintragungsgrundsatz darf nicht übertrieben werden: es kommt z.B. bei der Eintragung des Grundstücks nur darauf an, daß hinsicht-lich der Identität des Grundstücks keine Zweifel bestehen. Wenn also die Größenangaben von Grundbuch und Grundschuldbrief geringfügig aus-einandergehen, ist dies kein Vollstreckungshindernis, solange an der Identität keinerlei Zweifel bestehen. Man sollte die Förmelei nicht übertreiben!

---

[81] Vgl Dassler-Muth § 12 Rz 3.

TH 4.4.4.4.: Der Anmeldung nach § 53 II (zur Übernahme der persönlichen Schuld bei einer Grundschuld oder Rentenschuld) wird in der Praxis oft eine viel zu geringe Bedeutung beigemessen. Dies gilt sowohl für den Schuldner, der sich aber nicht auskennt und daher m. E. vom Rechtspfleger auf diese für ihn so wichtige Möglichkeit hingewiesen werden sollte. Aber auch die Gläubiger beachten § 53 II zu wenig, denn aus der Nichtanmeldung können wegen des Nichtübergangs der Rückgewähransprüche erhebliche Verrechnungsprobleme entstehen. Der Gläubiger kann allerdings nicht selbst anmelden.

TH 4.4.4.5.: Obwohl es für die Gläubiger meist unnötig ist, den Verteilungstermin wahrzunehmen, sollten sie grundsätzlich vorsorglich auch angemessene Kosten für die Wahrnehmung dieses Termins anmelden. Denn wenn sich nachträglich die Notwendigkeit der Terminswahrnehmung herausstellt, können die Kosten nicht mehr geltend gemacht werden.

TH 4.4.4.6.: Erschließungskosten können für den Ersteher sehr gefährlich werden, wenn die Erschließungsmaßnahme schon einige Jahre durchgeführt aber noch nicht abgerechnet worden ist. Dann sind die Erschließungskosten u. U. zum Versteigerungstermin noch nicht fällig; sie werden es aber u. U. kurz nach dem Termin und treffen dann voll den Ersteher. Davon betroffen werden können u. U. auch Gläubiger, und zwar nicht nur im Falle eines eigenen (sogenannten „Rettungs")Erwerbs, sondern auch im Falle von Vereinbarungen mit dem Ersteher, wonach dieser für den Erwerb des Grundstücks in der Zwangsversteigerung insgesamt nur einen bestimmten Betrag aufwenden muß. M. E. kann die Kommune u. U. auch das Recht auf Ersatz der Erschließungskosten verwirken, wenn sie zum Versteigerungstermin nicht mitteilen, daß demnächst Erschließungskosten in erheblichem Umfang fällig werden. Das wird aber nur in krassen Ausnahmefällen möglich sein. Aus der eigenen Praxis heraus sei daher den Rechtspflegern empfohlen, die Kommune nicht nur zur Anmeldung der (fälligen) öffentlichen Grundstückslasten sondern auch zur Bekanntgabe eventueller bereits durchgeführter aber noch nicht abgerechneter Erschließungskosten aufzufordern.[82]

TH 4.4.4.7.: Nicht ganz verständlich ist m. E., warum in letzter Zeit zunehmend auch aus öffentlichen Grundstückslasten die Versteigerung betrieben wird. Da diese öffentlichen Lasten in der 3. Rangklasse so gut abgesichert sind, daß sie – außer bei sehr hohen Erschließungskosten – niemals gefährdet sind, handelt es sich wohl in den meisten Fällen entweder um Unkenntnis oder um einen rein bürokratischen Tätigkeitsnachweis. Bedacht werden sollte dabei aber auch, daß die Ablösungsgefahr in diesen Fällen erheblich vergrößert wird.[83] Ablösungsberechtigt ist auch der Schuldner, der so u. U. durch die Bezahlung sehr geringer Beträge die Versagung des Zuschlags herbeiführen kann.[84]

TH 4.4.4.8.: Auch ältere Rückstände (die nur in Rangklasse 8 des § 10 I aufgenommen werden können) sollten die Gläubiger bei der Forderungsan-

---

[82] Vgl auch **TH** C. 5.5.3. und unten D. 5.3.6.
[83] Vgl auch **TH** C. 1.4.4.2. und **TH** C. 1.3.4.3.
[84] Vgl auch B. 3.4. und D. 5.5.

meldung grundsätzlich nicht einfach ganz unter den Tisch fallen lassen, wenn auch nur die leiseste Chance einer Befriedigung der 8. Rangklasse besteht. Dieser Hinweis gilt besonders für nachrangige dingliche Gläubiger, denn die alten Zinsen des vorrangigen Gläubigers werden ja auch bei einer verspäteten Anmeldung unmittelbar nach der 8. Rangklasse befriedigt, falls der Erlös dazu ausreicht. Natürlich darf bei alledem nicht übersehen werden, daß die Rechte der 8. Rangklasse in aller Regel verjährt sein werden;[84a] auf diese Verjährung muß sich der Schuldner aber ausdrücklich berufen.[85]

TH 4.4.4.9.: Im Verteilungstermin muß der Schuldner aufpassen, wenn die Rangklassen 7 und 8 bedient werden. Hier kann er meist die Verjährungseinrede nach § 214 BGB erheben. Dann besteht zwar die Gefahr von Pfändungen, aber der Schuldner kann vorher anderweitig über den Erlösanteil verfügen.

TH 4.4.4.10.: Gemäß §§ 197 II, 195 BGB verjähren wiederkehrende Leistungen seit 1. 1. 2002 in 3 Jahren; gemäß § 212 I Nr. 2 BGB beginnt die Verjährung immer wieder neu, wenn eine gerichtliche Vollstreckungshandlung vorgenommen oder beantragt wird (zB Anordnung, Beitritt, Verkehrswertfestsetzung, Terminsbestimmung usw).[86] Das bedeutet, daß länger als 4 Jahre zurückliegende Zinsen derjenigen Rechte, aus denen die Versteigerung nicht betrieben wird, verjährt sind. Da Versteigerungsverfahren oft lange dauern, umfassen die „laufenden und für 2 Jahre rückständigen Zinsen" im Sinne des § 10 I Nr. 4 oft einen viel größeren Zeitraum als ingesamt 4 Jahre. Auch hier liegt – je nach Blickrichtung – eine große Gefahr oder Chance. ...

[84a] Der BGH hat die Rechtsauffassung, daß die Verjährung von Zinsen aus einer Sicherungsgrundschuld bis zum Eintritt des Sicherungsfalles gehemmt sei (vgl dazu NJW 1993, 253; ZIP 1993, 257; auch OLG Koblenz WM 1993, 1033) mit Beschluß vom 30. 6. 1999 ausdrücklich aufgegeben; NJW 1999, 2590; vgl auch BGH WM 1999, 382).

[85] Vgl auch **TH** C. 1.4.4.5. und **TH** C. 1.2.4.2.

[86] BGH NJW 1985, 581; vgl auch Bauch Rpfleger 1987, 12.

Thesen-Seite 17: Rangrundsatz gem §§ 10–12

§ 10

§ 109 Verfahrenskosten

§ 10 I Nr 1	Kosten einer Zwangsverwaltung
§ 10 I Nr 1 a	Zubehöranteil für Insolvenzmasse
§ 10 I Nr 2	Wohngeldrückstände
§ 10 I Nr 3	öffentliche Lasten
§ 10 I Nr 4	Grundstücksrechte mit laufenden + 2 Jahre rückständigen Zinsen
§ 10 I Nr 5	persönliche Ansprüche
§ 10 I Nr 6	Ansprüche der 4. Klasse nach Beschlagnahme für pers. Gläubiger
§ 10 I Nr 7	ältere öffentl. Lasten
§ 10 I Nr 8	ältere Zinsrückstände der Grundstücksrechte

§ 110 zu spät angemeldete Rechte

§ 11 (i. V. m. § 879 BGB)

Abteilung II		Abteilung III	
(1) Wegerecht	1. 4. 04	(3) Hypothek	1. 5. 04
(2) Leitungsrecht	1. 4. 04	(4) 1. Grundschuld	1. 6. 04
(4) ÜberfahrtsR	1. 6. 04	(6) 2. Grundschuld	1. 7. 04

§ 12 (= § 367 I BGB)

Kosten der dinglichen Rechtsverfolgung
wiederkehrende Leistungen (Zinsen)
Hauptanspruch

Thesen-Seite 18: Berechnung der dinglichen Zinsen gemäß § 13

Fälligkeit	laufend ab	2 Jahre rückstän-dig ab	Versteigerung am 30. 12. 06	insgesamt
1. Beschlagnahme ab 30. 12. 2005				
jährl. nachträgl.	(1. 1. 04) = **2** +	(1. 1. 02) = **2** +	**1** =	**5** Jahre
täglich fällig:	(29. 12. 05) = **2** +	(29. 12. 03) = **0** +	**1** =	**3** Jahre
2. Besclagnahme ab 2. 1. 2006				
jährl. nachträgl.:	(1. 1. 05) = **1** +	(1. 1. 03) = **2** +	**1** =	**4** Jahre
täglich fällig:	(1. 1. 06) = **0** +	(1. 1. 04) = **2** +	**1** =	**3** Jahre

Diese (lange) Jahresdauer hat wirtschaftlich gesehen auch deshalb eine so große Bedeutung, weil für Grundpfandrechte idR dingliche Zinsen iHv 14–18% verlangt werden! Deshalb sind im Versteigerungstermin die (dinglichen) Zinsansprüche oft fast ebenso hoch wie der Hauptanspruch!

5. Beschlagnahme

5.1. Wirksamwerden der Beschlagnahme

5.1.1. Rechtslage

§ 22 ZVG

(1) Die Beschlagnahme des Grundstücks wird mit dem Zeitpunkte wirksam, in welchem der Beschluß, durch den die Zwangsversteigerung angeordnet ist, dem Schuldner zugestellt wird. Sie wird auch wirksam mit dem Zeitpunkt, in welchem das Ersuchen um Eintragung des Versteigerungsvermerkes dem Grundbuchamte zugeht, sofern auf das Ersuchen die Eintragung demnächst erfolgt.

(2) Erstreckt sich die Beschlagnahme auf eine Forderung, so hat das Gericht auf Antrag des Gläubigers dem Drittschuldner zu verbieten, an den Schuldner zu zahlen. Die Beschlagnahme wird dem Drittschuldner gegenüber erst mit dem Zeitpunkte wirksam, in welchem sie ihm bekannt oder das Zahlungsverbot zugestellt wird. Die Vorschriften des § 845 der Zivilprozeßordnung finden entsprechende Anwendung.

Die Beschlagnahme wird wirksam, wenn der Anordnungsbeschluß, der gemäß § 20 I als Beschlagnahme zugunsten (nur) des antragstellenden Gläubigers gilt, dem Schuldner ordnungsgemäß zugestellt ist (§ 22 I 1) oder wenn das Ersuchen um Eintragung des Zwangsvollstreckungsvermerks (§ 19 I) beim Grundbuchamt eingegangen ist (§ 22 I 2).[1] Der frühere Zeitpunkt ist maßgebend. In denjenigen Bundesländern, in denen das Grundbuchamt direkt zum Amtsgericht gehört, wird meist die Zweite Alternative zum Zuge kommen. Es gehört allerdings dazu, daß die Eintragung des Versteigerungsvermerks „demnächst" erfolgt. Aus dieser Einbeziehung der Eintragung wird bei einer Beschlagnahme zugunsten von persönlichen Gläubigern zum Teil die Auffassung vertreten, daß die Beschlagnahme dann nicht wirksam werden könne, wenn zwischen dem Eingang des Grundbuchersuchens und der Eintragung des Vermerks über das Vermögen des Schuldners das Konkursverfahren eröffnet wird; diese Auffassung ist aber mit Stöber als unbegründet abzulehnen.[2]

Für die erste Alternative ist eine ordnungsgemäße Zustellung erforderlich. Bei mehreren Vollstreckungsschuldnern wird jede Zustellung für sich gesondert beurteilt; kann – wie bei einer Gesamthandgemeinschaft – nur gegen die Gemeinschaft als solche vollstreckt werden, ist die letzte Zustellung maßgebend.[3] War die Zustellung fehlerhaft (zum Beispiel wegen falschen Beglaubigungsvermerks),[4] so ist die Zustellung und mit ihr auch die Beschlagnahme nicht wirksam geworden und muß wiederholt werden. Erst dann tritt die Wirksamkeit der Beschlagnahme ein, wenn nicht vorher das Ersuchen gemäß § 19 I beim Grundbuchamt eingegangen ist (§ 22 I 1).

---

[1] Zur Beschlagnahme in der Teilungsversteigerung vgl Storz, Teilungsversteigerung C. 3.3.
[2] Vgl Stöber § 22 Anm 2.5.
[3] Steiner-Teufel § 22 Rz 9.
[4] Stöber § 22 Anm 2.4.

Ist über das Vermögen des Schuldners ein Insolvenzverfahren eröffnet worden, setzt die Fortgeltung der Beschlagnahme trotzdem eine wirksame Zustellung des Anordnungsbeschlusses an den Schuldner voraus; das gilt auch bei Anordnung einer Postsperre.[4a]

Überhaupt kann das Wirksamwerden der Beschlagnahme nicht rückdatiert werden. Wenn also zum Beispiel das Vollstreckungsgericht zu Unrecht die Anordnung der Versteigerung abgelehnt hat und diese erst vom Beschwerdegericht beschlossen worden ist, kann auch erst danach der Anordnungsbeschluß zugestellt beziehungsweise das Grundbuchamt um die Eintragung des Zwangsvollstreckungsvermerks ersucht und damit die Beschlagnahme wirksam gemacht werden. Durch diese zeitliche Verzögerung kann dem Gläubiger erheblicher Schaden entstehen, weil sich der „dingliche Zinsrahmen" seines Rechtes auch bei einer nur um wenige Tage späteren Beschlagnahme um bis zu einem Jahr verkürzen kann,[5] ohne daß dieser Schaden wieder bereinigt werden könnte. Auch eine Amtshaftungsklage muß in aller Regel erfolglos bleiben, weil das Vollstreckungsgericht ja wohl nach bestem Wissen gehandelt hat.

Die Beschlagnahme wirkt – abgesehen von der Berechnung der wiederkehrenden Leistungen[5] – nur zugunsten desjenigen Gläubigers, auf dessen Antrag die Zwangsversteigerung angeordnet wird (§ 20 I). Will also auch ein anderer Gläubiger in den Genuß der Beschlagnahmewirkungen kommen, so muß er den Beitritt zum Verfahren beantragen. Der „Beitrittsgläubiger" hat gemäß § 27 II die gleichen Rechte wie der „Anordnungsgläubiger", – beide sind gleichberechtigte betreibende Gläubiger. Für den Beitrittsgläubiger wird die Beschlagnahme mit der Zustellung des Beitrittsbeschlusses an den Schuldner wirksam (§§ 22 I 1, 27 II);[6] dagegen kommt die zweite Alternative des § 22 I hier nicht zum Zuge, da gemäß § 27 I 2 wegen des Beitritts im Grundbuch kein neuer Zwangsvollstreckungsvermerk eingetragen wird.

Ein Gläubiger, der lediglich eine persönliche Forderung hat, wird abgesehen von den Beschlagnahmegesichtspunkten nur dann überhaupt Beteiligter des Verfahrens und aus dem Versteigerungserlös anspruchsberechtigt, wenn er der Zwangsversteigerung so rechtzeitig beitritt, daß die Beschlagnahme spätestens im Versteigerungstermin vor der Aufforderung zur Abgabe von Geboten wirksam wird.[7]

§ 22 II enthält eine zusätzliche Regelung für das Wirksamwerden der Beschlagnahme, die aber meist nur für die Zwangsverwaltung Bedeutung hat, weil die Zwangsversteigerung gemäß § 21 II abgesehen von Versicherungsforderungen[8] nicht auch Forderungen (insbesondere aus Vermietung oder Verpachtung) erfaßt. Immerhin ist wichtig, daß die Beschlagnahme gegenüber dem Drittschuldner erst wirksam wird, wenn dieser offiziell von der Zwangsversteigerung Kenntnis erhält; die Eintragung des Zwangsvollstreckungsvermerks im Grundbuch allein genügt hier also nicht.

[4a] OLG Braunschweig Rpfleger 2001, 254; Hintzen Rpfleger 2004, 69 (70).
[5] Vgl unten B. 5.2. – Vgl auch **TH** B. 5.1.2.1. und **TH** B. 5.1.2.2. sowie das Beispiel im Anhang **AT** Nr. 1.
[6] BGH Rpfleger 1988, 543.
[7] Bei Feststellung des geringsten Gebots sind aber die Fristen aus §§ 43 II, 44 II zu beachten.
[8] Vgl oben B. 2.5.3.

Die Beschlagnahme bleibt solange wirksam, bis das Verfahren aus irgendeinem Grund aufgehoben wird;[9] die einstweilige Einstellung berührt die Beschlagnahme also nicht. Die Beschlagnahme endet auch nach vollständiger Durchführung der Versteigerung. Streitig ist allerdings, ob dieser Endpunkt schon der Eintritt der Rechtskraft des Zuschlagsbeschlusses[10] oder erst die Inbesitznahme des Grundstücks und der mitversteigerten Gegenstände sowie die Durchführung des Verteilungsverfahrens ist.[11] M.E. verdient die letztere Auffassung den Vorzug, weil mit dem Zuschlag zwar das Eigentum vom Schuldner auf den Ersteher übergeht, sich die Beschlagnahme aber Kraft Surrogation am Versteigerungserlös fortsetzt. – Bezüglich einzelner Gegenstände erlischt die Beschlagnahme auch schon mit der Freigabe durch den Gläubiger, oder mit deren Veräußerung durch den Schuldner im Rahmen einer ordnungsmäßigen Bewirtschaftung (§ 23 I 2) oder mit einem gutgläubigen Erwerb durch einen Dritten.

5.1.2. Taktische Hinweise

TH 5.1.2.1.: Das Vollstreckungsgericht muß sich bei der Anordnung einer Zwangsversteigerung seiner besonderen Verantwortung bewußt werden. Diese Verantwortung besteht natürlich in erster Linie gegenüber dem Schuldner; sie besteht aber auch gegenüber dem Gläubiger. Diesem kommt es oft nicht nur darauf an, daß die Zwangsversteigerung überhaupt angeordnet wird sondern auch darauf, daß dies unverzüglich geschieht. Wenn das Gericht die Anordnung von unberechtigten Auflagen abhängig macht und dadurch eine für den Gläubiger schädliche Verzögerung herbeiführt, so kann dieser Schaden nicht mehr gutgemacht werden, weil die Beschlagnahme nicht rückdatiert werden kann. Auch daran sollte der Rechtspfleger denken und nicht übertrieben formalistisch sein.

Übertrieben formalistisch ist es zum Beispiel, wenn der Rechtspfleger die Anordnung des Verfahrens ablehnt, weil der Gläubiger in seinem Versteigerungsantrag auf Grund eines offensichtlichen Schreibfehlers für 10 Tage zuviel Zinsen geltend macht, oder weil die Größenangabe für das Grundstück im Grundbuch und auf dem Grundschuldbrief um wenige Quadratmeter differiert ohne daß dadurch Zweifel an der Identität des Grundstücks entstehen, oder weil der Gläubiger seinen Antrag nur einfach und nicht doppelt bei Gericht eingereicht hat.

In allen Fällen könnte ein kurzer Anruf des Rechtspflegers beim Gläubiger Klarheit bringen ohne daß wertvolle Zeit verloren geht.

TH 5.1.2.2.: Da die Beschlagnahme auch dann nicht rückdatiert werden kann, wenn das Gericht unberechtigte oder sogar falsche Forderungen stellt, und da der Gläubiger nur selten mit einer Amtshaftungsklage Erfolg haben wird, sollte der Gläubiger vor der Zustellung des Anordnungsbeschlusses nach Möglichkeit nicht auf seiner Rechtsauffassung bestehen und lieber dem

---

[9] Wird die Versteigerung nur von einem Gläubiger betrieben, so endet die Beschlagnahme schon mit der Rücknahme des Versteigerungsantrags, nicht erst mit dem Aufhebungsbeschluß; vgl oben B. 3.3.2.

[10] So Stöber § 22 Anm 2.7.

[11] So Steiner-Teufel § 22 Rz 38; OLG Nürnberg LZ 1929, 858.

Rechtspfleger nachgeben, wenn es ihm mit der Beschlagnahme eilig ist und er so schneller zum Ziel kommen kann (Motto: was nützt es dem Fußgänger, wenn er Recht hatte aber überfahren wurde ....). Nach der Beschlagnahme kann er sich dann bemühen, den Rechtspfleger von seiner Auffassung zu überzeugen.

TH 5.1.2.3.: Wenn der Gläubiger Wert darauf legt, daß die Beschlagnahme spätestens zu einem bestimmten Zeitpunkt (z. B. zum Jahresende) wirksam wird, sollte er rechtzeitig vorher die Versteigerung beantragen. Er muß berücksichtigen, daß auch andere Gläubiger gerade vor diesem Termin Versteigerungsanträge stellen, so daß die Gerichte hier oft überlastet sind. Außerdem muß eine zeitliche Reserve vorhanden sein, damit eventuelle unvorhergesehene Hindernisse noch rechtzeitig beseitigt werden können. Wenn der Gläubiger längere Zeit keine Reaktion des Gerichts auf seinen Antrag spürt und der für ihn wichtige Beschlagnahmetermin immer näher rückt, sollte er sich mit dem Rechtspfleger fernmündlich oder in geeigneten Fällen sogar persönlich in Verbindung setzen und nach etwaigen Hindernissen erkundigen.

5.2. Umfang der Beschlagnahme

5.2.1. Rechtslage

§ 20 ZVG

(1) Der Beschluß, durch welchen die Zwangsversteigerung angeordnet wird, gilt zugunsten des Gläubigers als Beschlagnahme des Grundstücks.

(2) Die Beschlagnahme umfaßt auch diejenigen Gegenstände, auf welche sich bei einem Grundstücke die Hypothek erstreckt.

§ 21 ZVG

(1) Die Beschlagnahme umfaßt land- und forstwirtschaftliche Erzeugnisse des Grundstücks sowie die Forderung aus einer Versicherung solcher Erzeugnisse nur, soweit die Erzeugnisse noch mit dem Boden verbunden oder soweit sie Zubehör des Grundstücks sind.

(2) Die Beschlagnahme umfaßt nicht Miet- und Pachtzinsforderungen sowie die Ansprüche aus einem mit dem Eigentum an dem Grundstücke verbundenen Rechte auf wiederkehrende Leistungen.

(3) Das Recht des Pächters auf den Fruchtgenuß wird von der Beschlagnahme nicht berührt.

§ 148 ZVG (für die Zwangsverwaltung)

(1) Die Beschlagnahme des Grundstücks umfaßt auch die im § 21 I und II bezeichneten Gegenstände. Die Vorschrift des § 23 I 2 findet keine Anwendung.

(2) Durch die Beschlagnahme wird dem Schuldner die Verwaltung und Benutzung des Grundstücks entzogen.

Die Zwangsversteigerung erstreckt sich gemäß § 55 I auf die Gegenstände, deren Beschlagnahme zu Beginn der Bietstunde noch wirksam ist: das

Grundstück, seine wesentlichen Bestandteile (§§ 93, 94 BGB) und die mit dem Grundstückseigentum verbundenen Rechte (§ 96 BGB) wie Erbbauzins, Grunddienstbarkeiten, dingliche Vorkaufsrechte, Anliegerrechte und ähnliches. Außerdem umfaßt die Beschlagnahme gemäß § 20 II solche Gegenstände, die gemäß §§ 1120 ff BGB und § 865 I ZPO der Hypothekenhaftung unterliegen wie sonstige Bestandteile, Erzeugnisse, Zubehör, Anwartschaften,[11a] Versicherungsforderungen[11b] (wenn die Versicherung dem Eigentümer gegenüber zur Leistung verpflichtet ist[11c]) sowie Schadensersatzansprüche zB nach dem Bundesberggesetz.[11d] Dagegen sind Schadensersatzansprüche gegen Versicherungsunternehmen nicht erfasst,[11e] und klammert § 21 II ausdrücklich die Miet- und Pachtzinsforderungen sowie die Ansprüche aus einem mit dem Grundstückseigentum verbundenen Recht auf wiederkehrende Leistungen aus.[12]

Hat ein Gegenstand für das Grundstück erst nach Wirksamwerden der Beschlagnahme die Eigenschaft eines hypothekarisch haftenden Gegenstandes erlangt, so erstreckt sich die Beschlagnahme auch auf ihn.[13]

Von der Beschlagnahme für die Zwangsversteigerung werden nicht erfaßt:

(1) Erzeugnisse und sonstige Bestandteile, die vor der Beschlagnahme vom Grundstück getrennt und mit der Trennung in das Eigentum des Pächters gelangt sind (§ 20 II i. V. m. § 1120 BGB);

(2) land- und forstwirtschaftliche Erzeugnisse des Grundstücks, die im Zeitpunkt der Beschlagnahme nicht mehr mit dem Boden verbunden sind und die auch nicht Zubehör des Grundstücks sind (§ 21 I);[14]

(3) Miet- und Pachtzinsforderungen (§ 21 II), das gleiche gilt für Entgelt für Dauerwohnrecht;[15]

(4) Ansprüche aus einem mit dem Grundstückseigentum verbundenen Recht auf wiederkehrende Leistungen (§ 21 II);

(5) Das Recht des Pächters auf den Fruchtgenuß wird von der Beschlagnahme nicht berührt (§ 21 III);

(6) Scheinbestandteile (§ 95 BGB) sowie Gebäude oder Bauwerke, die in Ausübung eines Erbbaurechts oder eines Nießbrauchs errichtet worden sind.

Das Zubehör des Grundstücks wird von der Beschlagnahme nur insoweit erfaßt, als es dem Grundstückseigentümer gehört (§ 1120 BGB); hier wird allerdings das Anwartschaftsrecht des Schuldners mitbeschlagnahmt.[16] Ande-

---

[11a] BGH NJW 1961, 1349; Braun NJW 1962, 382; Mohrbutter KTS 1963, 77.
[11b] BGH NJW 1981, 1671; Hoes/Tetzlaff ZfIR 2001, 355; Stöber § 20 Anm 3.6; Dassler-Muth § 20 Rz 21.
[11c] Wenn der Versicherungsschutz gemäß § 102 I Versicherungsvertragsgesetz nur dem Grundpfandgläubiger gegenüber bestehen bleibt, hat dies mit der Beschlagnahme nichts zu tun: BGH NJW-RR 1997, 406; NJW 1981, 291.
[11d] RGZ 69, 247; LG Saarbrücken Rpfleger 1998, 532.
[11e] BGH NJW 2006, 771 = LMK 2006 Nr. 166328 (Storz/Kiderlen); vgl auch Klawikowski; Rpfleger 2005, 341.
[12] Zu den von der Zwangsversteigerung erfaßten Gegenständen vgl ausführlich oben B. 2.5. und **TH** B. 5.2.1.; **TH** B. 5.2.2.; **TH** B. 5.3.2.1. bis **TH** B. 5.3.2.3.
[13] Stöber Handbuch Rdn 152.
[14] UU sind Besonderheiten nach dem Düngemittelsicherungsgesetz zu beachten (vgl dazu auch BGH NJW 1993, 1791).
[15] § 40 WEG; vgl Stöber Anm 153.
[16] Vgl BGHZ 35, 85; Möschel BB 1970, 237; Wolff Anm 70.

rerseits werden auch in fremdem Eigentum stehende Zubehörgegenstände gemäß § 55 II (trotz Nicht-Beschlagnahme) von der Zwangsversteigerung erfaßt, wenn sie sich im Besitz des Schuldners oder eines neu eingetretenen Eigentümers befinden; der Dritte kann sein Eigentumsrecht nur durch eine rechtzeitige Anmeldung gemäß § 37 Nr. 5 geltend machen.[17]

Gemäß § 148 umfaßt die Beschlagnahme für eine Zwangsverwaltung auch die in § 21 I und § 21 II bezeichneten Gegenstände. Die Beschlagnahme für eine Zwangsverwaltung geht also weit über die Beschlagnahme für eine Zwangsversteigerung hinaus.

5.2.2. Taktische Hinweise

TH 5.2.2.1.: Will der Gläubiger auch auf eventuelle Miet- oder Pachtzinsforderungen zugreifen, so reicht die Zwangsversteigerung nicht; vielmehr muß er daneben noch die Zwangsverwaltung betreiben, weil dort gemäß §§ 148 I, 21 II auch diese Forderungen erfaßt werden. Die Zwangsverwaltung kann auch dann sinnvoll sein, wenn gar kein Miet- oder Pachtverhältnis mehr besteht, aber aus einem früheren Verhältnis noch Forderungen offenstehen und über das Vermieterpfandrecht gemäß § 559 BGB geltend gemacht werden können; diese Situation ergibt sich vor allem dann, wenn ein Gewerbebetrieb aus einer Grundstücksgesellschaft und einer Betriebsgesellschaft bestanden hat, die Betriebsgesellschaft als Grundstücksmieterin Eigentümerin der Maschinen war (so daß diese nicht Grundstückszubehör werden könnten), Mietrückstände bestehen und die Maschinen sich noch auf dem Grundstück befinden.

TH 5.2.2.2.: Zum Umfang der Beschlagnahme bezüglich Miet- und Pachtzinsforderungen und zur Enthaftung von Zubehörgegenständen vgl auch die taktischen Hinweise B. 2.5.4.1.–B. 2.5.4.9.

5.3. Beschlagnahme-Wirkungen

5.3.1. Rechtslage

§ 23 ZVG

(1) Die Beschlagnahme hat die Wirkung eines Veräußerungsverbots. Der Schuldner kann jedoch, wenn sich die Beschlagnahme auf bewegliche Sachen erstreckt, über einzelne Stücke innerhalb der Grenzen einer ordnungsmäßigen Wirtschaft auch dem Gläubiger gegenüber wirksam verfügen.

(2) Kommt es bei einer gegen die Beschlagnahme verstoßenden Verfügung nach § 135 II BGB darauf an, ob derjenige, zu dessen Gunsten verfügt wurde, die Beschlagnahme kannte, so steht die Kenntnis des Versteigerungsantrags einer Kenntnis der Beschlagnahme gleich. Die Beschlagnahme gilt auch in Ansehung der mithaftenden beweglichen Sachen als bekannt, sobald der Versteigerungsvermerk eingetragen ist.

---

[17] Vgl dazu ausführlich oben B. 2.5.2.

§ 24 ZVG

Die Verwaltung und Benutzung des Grundstücks verbleibt dem Schuldner nur innerhalb der Grenzen einer ordnungsmäßigen Wirtschaft.

§ 25 ZVG

Ist zu besorgen, daß durch das Verhalten des Schuldners die ordnungsmäßige Wirtschaft gefährdet wird, so hat das Vollstreckungsgericht auf Antrag des Gläubigers die zur Abwendung der Gefährdung erforderlichen Maßregeln anzuordnen. Das Gericht kann die Maßregeln aufheben, wenn der zu deren Fortsetzung erforderliche Geldbetrag nicht vorgeschossen wird.

Durch die Beschlagnahme wird ein Sondervermögen gebildet, um das Grundstück und die mitbeschlagnahmten Gegenstände bis zur Versteigerung den Gläubigern zu erhalten und um sie vor Entfernung, Beschädigung oder nachteiligen Verfügungen durch den Schuldner zu schützen. In der Regel muß dazu dem Schuldner aber weder der Besitz noch die gesamte Verwaltung genommen werden. Deshalb beschränkt sich die Versteigerungs-Beschlagnahme im wesentlichen auf ein relatives (also nur dem Beschlagnahme-Gläubiger gegenüber wirkendes) Veräußerungsverbot. Stellt sich dessen Schutz im konkreten Fall als zu gering heraus, so muß beziehungsweise kann der Gläubiger entweder Sicherungs-Maßregeln nach § 25 oder die Zwangsverwaltung beantragen.[18]

Im einzelnen hat die Versteigerungs-Beschlagnahme folgende Wirkungen:

(1) Die Beschlagnahme bewirkt zunächst ein **relatives Veräußerungs- und Belastungsverbot** (§ 23 I 1):[19] Jede rechtsgeschäftliche Verfügung (Begründung, Änderung oder Aufhebung von Rechten) über das Grundstück selbst oder über einen von der Beschlagnahme erfaßten Gegenstand sowie jede Maßnahme der Zwangsvollstreckung ist dem Beschlagnahme-Gläubiger gegenüber also (relativ) unwirksam. Bei (vorheriger) Einwilligung oder (nachträglicher) Genehmigung des Beschlagnahme-Gläubigers werden aber auch diese Maßnahmen voll wirksam.

Weil § 23 I 1 nicht ein absolutes sondern nur ein relatives Verfügungsverbot im Sinne der §§ 135, 136 BGB enthält, bewirkt die Beschlagnahme keine Grundbuch-Sperre. Der Schuldner kann also sein Grundstück weiterhin belasten und sogar verkaufen und zwar ohne Rücksicht darauf, ob die Beschlagnahme zugunsten eines persönlichen oder eines dinglichen Gläubigers erfolgt ist. Nur gegenüber dem Beschlagnahme-Gläubiger wird diese Belastung oder Veräußerung eben nicht wirksam. Die Versteigerung wird dadurch nicht berührt.

Beispiel:

Ist das Grundstück zunächst zugunsten des persönlichen Gläubigers J beschlagnahmt und wurde dann für Gläubiger L eine Grundschuld eingetragen und danach der Beitritt der persönlichen Gläubiger D und S zugelassen, so ergibt sich für die Erlösver-

---

[18] Vgl daher **TH** B. 5.2.2.1. und **TH** B. 5.2.2.2. und **TH** B. 5.3.2.1. bis **TH** B. 5.3.2.3.

[19] Vgl BGH Rpfleger 1988, 543.

teilung die Reihenfolge J L D S. – L hat zwar ein Recht der Rangklasse 4 des § 10 I, aber nur im Verhältnis zu D und S, weil die zugunsten des J erfolgte Beschlagnahme nicht auch zugunsten der später beigetretenen D und S wirkt; gegenüber J (Rangklasse 5 des § 10 I) ist aber die Eintragung der Grundschuld unwirksam, so daß die Grundschuld gegenüber J in Rangklasse 6 des § 10 I aufgenommen werden muß.[20]

Eine Veräußerung des Grundstücks nach dem Wirksamwerden der Beschlagnahme wird nur bei Zustimmung des Gläubigers auch diesem gegenüber wirksam. Wird die Zustimmung verweigert, so wird die Zwangsversteigerung gegen den Schuldner (also den „alten" Eigentümer) fortgesetzt; eine Umschreibung und Zustellung des Titels beziehungsweise der Klausel ist nicht erforderlich.[21] Der Erwerber tritt also nicht an die Stelle des Schuldners und wird nicht einmal Beteiligter des Verfahrens, es sei denn, daß er seine Rechte zum Verfahren anmeldet (§ 9 II). War allerdings schon vor der Beschlagnahme eine dem Beschlagnahme-Gläubiger im Rang vorgehende Auffassungsvormerkung eingetragen, so wirkt der Eigentumsübergang gemäß § 883 II BGB auf den Zeitpunkt der Eintragung der Vormerkung zurück, so daß hier ein der Zwangsversteigerung entgegenstehendes Recht im Sinne des § 28 entstanden ist und entsprechend beachtet werden muß.[22]

§ 26 verlagert im übrigen zugunsten des dinglichen Gläubigers den maßgebenden Zeitpunkt vor: gegenüber einem dinglichen Gläubiger entscheidet für die Frage, ob eine Veräußerung vor oder nach der Beschlagnahme erfolgt ist, der Zeitpunkt des Anordnungs- oder Beitrittsbeschlusses (§ 26 in Verbindung mit § 20 I bzw. § 27 II), während für den persönlichen Gläubiger die Eintragung des Versteigerungsvermerks maßgebend bleibt.

Eigentümerhypotheken, – Grundschulden und dem Schuldner zustehende Rückgewähransprüche werden von der Beschlagnahme nicht erfaßt, so daß der Schuldner über sie wirksam verfügen kann; sie können daher auch gepfändet werden. Nach heute herrschender Ansicht kann der neue Gläubiger einer abgetretenen oder gepfändeten Eigentümergrundschuld trotz § 1197 II Zinsansprüche auch für die Zeit vor dem Gläubigerwechsel erwerben und geltend machen.[23]

(2) **Das relative Veräußerungsverbot erfaßt** in der Zwangsversteigerung (im Gegensatz zur Zwangsverwaltung; vgl § 148 I 2) **nicht auch bewegliche Sachen**. Diese werden zwar von der Beschlagnahme gemäß § 20 II erfaßt; der Schuldner kann über sie aber im Rahmen einer ordnungsmäßigen Wirtschaft verfügen (§ 23 I 2). Sobald sie vom Grundstück entfernt sind, werden sie von der Versteigerung ausgenommen (§ 55 II). Der Erlös aus dem Verkauf dieser Gegenstände steht allein dem Schuldner zu; er kann lediglich gepfändet werden; es handelt sich dann aber um eine völlig getrennte Zwangsvollstreckungsmaßnahme, die auch jeder andere Gläubiger vornehmen kann.

Überschreitet der Schuldner mit seinen Verfügungen über bewegliche Gegenstände die Grenzen einer ordnungsmäßigen Wirtschaft,[24] so sind die Ver-

---

[20] Vgl auch Stöber § 23 Anm 2.3.
[21] Dassler-Muth § 26 Rz 1.
[22] Vgl unten B. 8.2.1.4.
[23] OLG Celle Rpfleger 1987, 364; Steiner-Teufel § 23 Rz 17; Hennings Rpfleger 1989, 363 mwN; **str. aA:** Bayer Rpfleger 1988, 139.
[24] Dazu BGH NJW 1993, 1791.

fügungen dem betreibenden Gläubiger gegenüber unwirksam. Der Gläubiger kann wählen, ob er die Verfügung (nachträglich) genehmigt und damit wirksam macht und dann den Erlös beansprucht oder ob er die Genehmigung verweigert, so daß der Erwerber den Gegenstand herausgeben muß, wenn er nicht gutgläubig erworben hat. § 23 II 1 erschwert aber den gutgläubigen Erwerb, indem er die Kenntnis vom Versteigerungsantrag (nicht erst von dem Wirksamwerden der Beschlagnahme) für die Bösgläubigkeit für ausreichend erklärt, und gemäß § 23 II 2 gilt darüber hinaus die Beschlagnahme als bekannt, sobald der Versteigerungsvermerk im Grundbuch eingetragen ist; von diesem Zeitpunkt an ist auch bei den mithaftenden beweglichen Gegenständen überhaupt kein gutgläubiger Erwerb mehr möglich.

(3) Insoweit von der Beschlagnahme auch Forderungen erfaßt sind, ist die **Abtretung einer beschlagnahmten Forderung auch bei gutem Glauben unwirksam,** weil es einen gutgläubigen Forderungserwerb nicht gibt. Solange dem Drittschuldner gegenüber die Beschlagnahme noch nicht wirksam ist (vgl § 22 II 2), kann er mit Wirkung gegen den Beschlagnahme-Gläubiger sowohl an den Schuldner als auch an den Erwerber der Forderung zahlen. Der Schuldner muß aber, wenn ihm gegenüber die Beschlagnahme bereits wirksam war (vgl § 22 I), und der Erwerber der Forderung muß immer (vgl § 816 BGB) das Erhaltene auf Verlangen des Gläubigers an das Vollstreckungsgericht herausgeben.[25]

(4) Der Zweck der Zwangsversteigerung erfordert es nicht, dem Schuldner die gesamte Verwaltung des Grundstücks zu entziehen. Deshalb beläßt § 24 ihm die **Verwaltung, allerdings nur im Rahmen einer ordnungsmäßigen Wirtschaft.** In diesem Rahmen kann er mit Wirkung auch gegen den betreibenden Gläubiger sowohl einzelne bewegliche Gegenstände veräußern (vgl § 23 I 2) als auch Miet- und Pachtverhältnisse eingehen. Mit eventuellen Zuwiderhandlungen tatsächlicher Art muß sich der Gläubiger weitgehend abfinden; er kann lediglich Sicherungs-Maßregeln nach § 25 beantragen oder die Zwangsverwaltung betreiben, die dem Schuldner auch die Verwaltung und Benutzung des Grundstücks entzieht (§ 148 II). Gegen vorsätzliche Verstöße des Schuldners kann sich der Gläubiger strafrechtlich (siehe unter (6)) und zivilrechtlich mit Schadensersatzansprüchen gemäß §§ 823 II, 826 BGB wehren.[26] Unter Umständen sind solche bewußt schädigenden Mietverträge aber auch unwirksam.[27]

(5) Auf Antrag des betreibenden Gläubigers kann das Gericht **gemäß § 25 Maßregeln zur Abwehr von Gefahren für das Grundstück** anordnen; allerdings muß der Gläubiger unter Umständen Vorschuß leisten, weil das Gericht sonst die Maßregeln wieder aufheben kann (§ 25 S. 2). Der Antrag des Gläubigers kann bis zur Rechtskraft des Zuschlags gestellt werden.[28] Angeordnet werden können alle zur Abwendung der Gefahren erforderlichen Maßregeln von der Androhung einer Ordnungsstrafe gegen den

---

[25] Stöber Anm 157.
[26] Dassler-Muth § 24 Rz 1.
[27] LG Kassel NJW-RR 1990, 976; Steiner-Teufel § 24 Rz 17; vgl auch oben A. 1.1.1.
[28] Steiner-Teufel § 25 Anm 15.

Schuldner bis zur Einsetzung einer Verwaltungs- oder Bewachungsperson (vgl § 24 württ. VVO)[29] oder eines Sequesters.[30] Die Verwaltung gem § 25 kann zB beantragt werden, um wertvolle Maschinen und sonstige Einrichtungsgegenstände auf dem Versteigerungsgrundstück zu schützen, wenn dies durch den Schuldner nicht in erforderlichem Umfang geschieht.

Für Maßnahmen nach § 25 fallen zwar keine besonderen Gerichts- oder Anwaltsgebühren an;[31] die dem betreibenden Gläubiger erwachsenden Kosten und die von ihm bezahlten Vorschüsse sind aber notwendige Kosten der dinglichen Rechtsverfolgung und können gemäß § 10 II zusammen mit dem Hauptrecht geltend gemacht werden. Eventuelle Überschüsse aus Maßnahmen nach § 25 gebühren allein dem Schuldner und müssen gegebenenfalls gesondert gepfändet werden.

(6) Die Beschlagnahme führt auch zu der sogenannten „**öffentlich-rechtlichen Verstrickung**" aller beschlagnahmter Gegenstände und damit zu einem besonderen strafrechtlichen Schutz. Gemäß § 136 I StGB wird nämlich mit Freiheitsstrafe bis zu einem Jahr oder mit Geldstrafe bestraft, wer eine Sache, die gepfändet oder sonst dienstlich in Beschlag genommen ist, zerstört, beschädigt, unbrauchbar macht oder in anderer Weise ganz oder zum Teil der Verstrickung entzieht.

(7) Die Beschlagnahme selbst führt **nicht zu einem Neubeginn der Verjährung** der wiederkehrenden Leistungen; dies geschieht gemäß § 212 I Nr. 2 BGB schon durch die Vornahme von Zwangsvollstreckungsmaßnahmen, also zum Beispiel durch das Stellen eines Versteigerungs- oder Beitrittsantrags. (Nur) Zugunsten der dinglichen Zinsen, aus denen die Zwangsversteigerung betrieben wird,[32] beginnt die Verjährung also neu. Auch jede weitere gerichtliche Vollstreckungshandlung, die vorgenommen oder beantragt wird (auch zB die Verkehrswertfestsetzung oder die Terminsbestimmung[33]), lässt die Verjährung für die Beschlagnahmegläubiger neu beginnen. Dagegen kann der Schuldner gegenüber den nicht betreibenden Gläubigern die Einrede erheben, daß alle Zinsen verjährt sind, die älter als 3 Jahre sind (seit 1. 1. 2002 gemäß §§ 197 II, 195 BGB).[34] Das gilt auch für dingliche Zinsen, weil die Grundbucheintragung an der Verjährbarkeit nichts ändert (vgl § 902 I 2 BGB).[35] Der Bundesgerichtshof hat mit Beschluß vom 15. 4. 1999 ausdrücklich seine frühere Rechtsprechung aufgegeben, wonach die Verjährung dinglicher Zinsen bis zum Eintritt des Sicherungsfalles gehemmt sein sollte.[36]

(8) Streitig ist die Zulässigkeit der **Bildung von Wohnungseigentum/ Teileigentum** nach Beschlagnahme durch Teilungsvereinbarung/-erklärung

---

[29] Vgl LG Schweinfurt WM 190, 1275; Stöber § 25 Anm 3.2.

[30] Zu dem Problem, ob der Gläubiger über § 25 verhindern kann, daß der Schuldner die sog Milchaufgabevergütung gem §§ 7, 8 MAVV beantragt, vgl LG Oldenburg und LG Lüneburg Rpfleger 1986, 188.

[31] Steiner-Teufel § 25 Rz 33; vgl auch **TH** A. 1.3.3.2.

[32] Clemente/Lenk ZfIR 2002, 337 (340); Stöber MittBayNot 1999, 441.

[33] BGH NJW 1985, 581.

[34] Vgl deshalb **TH** B. 4.4.4.9. und **TH** B. 4.4.4.10.

[35] Vgl auch **TH** C. 1.2.4.2. und **TH** C. 1.4.4.5.

[36] Vgl jetzt BGH NJW 1999, 2590 **gegen** BGH NJW 1996, 253; ZiP 1993, 257.

gemäß §§ 3, 8 WEG.[37] Zweifellos kann die Bildung von Wohnungs-/Teileigentum zu einer erheblichen Wertsteigerung des Gesamtobjektes führen, so daß deren Verhinderung durch Zwangsvollstreckungsmaßnahmen gegen § 765a ZPO verstoßen kann. Andererseits wird dadurch unter Umständen die Zwangsversteigerung faktisch unmöglich gemacht oder unzumutbar erschwert (Beispiel aus der Praxis: Kurz vor dem Versteigerungstermin soll das bisher einheitliche Grundstück in 350 Eigentumswohnungen aufgeteilt werden; der Teilungsplan war schon „alt", jedoch hat bisher das Geld für den Grundbuchvollzug gefehlt!). Meines Erachtens kann die Zulässigkeit einer Aufteilung nach der Beschlagnahme nicht allgemein beurteilt werden, sondern nur nach den Besonderheiten des Einzelfalles.

5.3.2. Taktische Hinweise

TH 5.3.2.1.: Trotz der Beschlagnahme bleibt der Schuldner bei einer Zwangsversteigerung ausdrücklich berechtigt, innerhalb der Grenzen einer ordnungsmäßigen Wirtschaft über einzelne bewegliche Gegenstände wirksam zu verfügen, sie vom Grundstück zu entfernen und damit aus der öffentlichen Verstrickung zu lösen. Da die Grenzen der „ordnungsmäßigen Wirtschaft" nicht eindeutig festliegen, sollte immer auch Zwangsverwaltung beantragt werden, wenn wertvolle bewegliche Gegenstände vorhanden sind und auch nur die Möglichkeit besteht, daß der Schuldner in größerem Umfang über sie verfügen will oder daß er sie beschädigen könnte. Man soll nämlich nicht denken, ein Schuldner werde seine eigenen (!) Gegenstände nicht mutwillig beschädigen; es ist leider sehr häufig zu beobachten, daß auf diese Weise erhebliche Vermögenswerte zerstört werden, weil der Schuldner nicht mehr rational denken kann sondern aus Haß oder Verzweiflung handelt. Bei einer Zwangsverwaltung verliert der Schuldner seine Rechte aus § 23 I 2 (vgl § 148 I 2).

TH 5.3.2.2.: In aller Regel ist das Verfahren nach § 25 für den Gläubiger weniger geeignet als eine Zwangsverwaltung und kommt daher in der Praxis auch nur relativ selten vor. Dazu trägt einmal bei, daß die Maßregeln nach § 25 nur einen Teil dessen umfassen, was mit der Zwangsverwaltung gemacht werden kann, und daß diese Maßregeln im voraus genau festgelegt werden müssen, während die Zwangsverwaltung viel beweglicher auf tatsächliche Veränderungen reagieren kann. Wichtiger ist noch, daß eventuelle Übererlöse aus Maßregeln nach § 25 dem Schuldner zustehen, während die Einnahmen aus der Zwangsverwaltung auf die wiederkehrenden Ansprüche des Gläubigers vereinnahmt werden können. Am wichtigsten aber ist m.E., daß der Gläubiger im Falle des § 25 ein zusätzliches Kostenrisiko eingeht (weil er seine dadurch entstehenden Kosten sowie die von ihm zu zahlenden Vorschüsse nur gemäß § 10 II zusammen mit seinem – u.U. schlecht abgesicherten – Hauptrecht geltend machen kann), während die Kosten der Zwangsverwaltung, soweit sie nicht aus den Erträgen gedeckt werden können, ohne

---

[37] **Für** Zulässigkeit: OLG Frankfurt OLGZ 1987, 266; LG Essen Rpfleger 1989, 116 (Meyer-Stolte); Weitnauer § 3 WEG Rz 126. – **Dagegen:** AG/LG Würzburg Rpfleger 1989, 117 (Meyer-Stolte); Dassler-Schiffhauer § 63 Rz 5.

Rücksicht auf den Rang des die Versteigerung betreibenden Gläubigers in Rangklasse 1 des § 10 I geltend gemacht werden können, wenn nur die Zwangsverwaltung bis zum Zuschlag fortdauert.[38]

TH 5.3.2.3.: Sicherungsmaßregeln nach § 25 können auch dann sinnvoll sein und Vorteile gegenüber der Zwangsverwaltung bieten, wenn zu befürchten ist, daß der Schuldner nach dem Zwangsversteigerungstermin aber vor der Rechtskraft des Zuschlags beziehungsweise der Inbesitznahme durch den Ersteher „die ordnungsmäßige Wirtschaft gefährdet." Hier handelt es sich meist nur noch um einen kurzen Zeitraum und um klar absehbare Maßregeln. Interessiert an solchen Maßregeln ist der Ersteher; aber er kann keinen Antrag nach § 25 stellen. Er muß sich also an den betreibenden Gläubiger wenden und diesem alle eventuellen Kosten und Auslagen erstatten.[39]

TH 5.3.2.5.: Es empfiehlt sich für alle Gläubiger, die mit ihren eigentlichen Ansprüchen bei der Erlösverteilung ganz oder teilweise ausfallen, genau nachzuprüfen, ob und inwieweit aus Zwischenrechten Übererlöse anfallen, die an den Schuldner entweder schon vom Vollstreckungsgericht direkt (z. B. bei Eigentümergrundpfandrechten) oder von einem dinglichen Gläubiger (z. B. auf Grund von Rückgewähransprüchen) gezahlt werden. Diese Erlöse können noch während des Verteilungsverfahrens gepfändet werden;[40] allerdings ist dazu ein persönlicher Vollstreckungstitel nötig. Und außerdem müssen die Übererlöse erst einmal aufgespürt werden. ...

5.4. Bedeutung für die Zinsberechnung

5.4.1. Rechtslage

§ 13 ZVG

(1) **Laufende Beträge wiederkehrender Leistungen sind der letzte vor der Beschlagnahme fällig gewordene Betrag sowie die später fällig werdenden Beträge. Die älteren Beträge sind Rückstände.**

(2) **Absatz 1 ist anzuwenden, gleichviel ob die Ansprüche auf wiederkehrende Leistungen auf öffentlichem oder privatem Recht oder ob sie auf Bundes- oder Landesrecht beruhen und ob die gesetzlichen Vorschriften andere als die in § 10 I Nr. 3 und 4 bestimmten Fristen festsetzen; kürzere Fristen als die in § 10 I Nr. 3 und 4 bestimmten werden stets vom letzten Fälligkeitstag vor der Beschlagnahme zurückgerechnet.**

(3) **Fehlt es innerhalb der letzten zwei Jahre an einem Fälligkeitstermin, so entscheidet der Zeitpunkt der Beschlagnahme.**

(4) **Liegen mehrere Beschlagnahmen vor, so ist die erste maßgebend.**

Bei der Zwangsversteigerung gilt, wenn bis zur Beschlagnahme eine Zwangsverwaltung fortgedauert hat, die für diese bewirkte Beschlagnahme als die erste.

---

[38] Vgl dazu oben B. 4.4.2. und B. 4.4.4.

[39] Diese Dinge sollten aber in einer Vereinbarung zwischen Gläubiger und Ersteher vorher geregelt werden.

[40] Vgl E. 6.1.1.

§ 14 ZVG

Ansprüche von unbestimmtem Betrage gelten als aufschiebend bedingt durch die Feststellung des Betrags.

Gemäß § 13 I richtet sich die Bestimmung der „laufenden" und „rückständigen" Beträge wiederkehrender Leistungen nach dem Zeitpunkt, in denen die Beschlagnahme wirksam geworden ist. Wichtig ist diese Bestimmung vor allem im Hinblick auf die Rangklassen des § 10 I (weil z. B. in Rangklasse 4 nur die laufenden und die für 2 Jahre rückständigen Zinsen das Vorrecht dieser Klasse genießen), aber auch für die Feststellung des geringsten Gebots gemäß § 45 II sowie für die Forderungsanmeldung (gemäß § 114 II bedürfen die aus dem Grundbuch ersichtlichen laufenden Zinsen im Gegensatz zu den rückständigen Zinsen nicht der Anmeldung).

Gemäß § 13 IV 1 ist (nur) für die Bestimmung der laufenden und rückständigen Zinsen bei mehreren Beschlagnahmen (d. h. wenn die Zwangsversteigerung aus mehreren Verfahren gleichzeitig betrieben wird) die erste Beschlagnahme für alle Verfahren maßgebend, um eine einheitliche Zinsberechnung zu gewährleisten. Das gilt auch dann, wenn der Gläubiger, der die erste Beschlagnahme herbeigeführt hat (durch den Versteigerungsantrag), im Laufe des Zwangsversteigerungsverfahrens aus dem Kreis der betreibenden Gläubiger ausgeschieden ist, zum Beispiel weil sein Verfahren aufgehoben wurde: für die Bestimmung der laufenden und rückständigen Zinsen bleibt die erste Beschlagnahme maßgebend; aber in jeder anderen Beziehung erlischt die Beschlagnahmewirkung für den Gläubiger, wenn er aus seinem Verfahren die Zwangsversteigerung nicht mehr betreibt.[41]

Der Zeitpunkt des Wirksamwerdens der ersten Beschlagnahme ist also für die Gläubiger von großer Wichtigkeit. Nicht selten dauert ja eine Zwangsversteigerung auch nach der Beschlagnahme noch einige Jahre bis zur Durchführung des (letzten) Versteigerungstermins, und um diese ganze Zeit vergrößert sich der „dingliche Zinsrahmen", den jeder Gläubiger an der bevorzugten Rangstelle seines Hauptrechts geltend machen kann (vgl § 13 I 1), so daß sich die Position der nachrangigen Gläubiger laufend in dem gleichen Umfang verschlechtert, wie sich diejenige der vorrangigen Gläubiger verbessert. Wenn dagegen das Gesamtverfahren in der Zwischenzeit einmal ganz aufgehoben und dann wieder neu in Gang gesetzt worden ist, dann handelt es sich um zwei völlig getrennte selbständige Versteigerungen, so daß mit der ersten Beschlagnahme des früheren Versteigerungsverfahrens auch ein großer Teil des dinglichen Zinsrahmens verloren geht. Das kann für den Gläubiger je nach der Rangstelle seiner Absicherung sehr günstig oder sehr ungünstig sein; auf alle Fälle ist es für ihn von großer Bedeutung.

Für die Bestimmung der laufenden und rückständigen Zinsen kommt es gemäß § 13 I nicht nur auf den Zeitpunkt der Beschlagnahme sondern auch darauf an, welche Fälligkeitsregelung für die betreffenden wiederkehrenden Leistungen gilt: der letzte vor der Beschlagnahme fällig gewordene Betrag

---

[41] Auch § 13 IV 2 verlagert nur bezüglich der Zinsberechnung den Beschlagnahmezeitpunkt bei einer vorgeschalteten Zwangsverwaltung nach vorne; die übrigen Beschlagnahmewirkungen treten ja schon mit der Zwangsverwaltung ein (vgl §§ 146 I, 20, 22; 148; 151).

und die nach der Beschlagnahme fällig werdenden Beträge gehören zu den „laufenden" wiederkehrenden Leistungen (§ 13 I 1). Da die Fälligkeitsregelung für Grundschuld und Grundschuldzinsen neben dem Zeitpunkt der ersten Beschlagnahme das maßgebliche Kriterium für die Berechnung der dinglichen Zinsen ist, muß diese Fälligkeitsregelung schon bei der Grundschuldbestellung sehr sorgfältig überlegt und unmißverständlich klar formuliert werden; genauso sorgfältig ist sie in der Zwangsversteigerung zu überprüfen.[42]

Es gibt zum Beispiel täglich, monatlich, viertel-, halbjährlich und jährlich fällig werdende Zinsen; es gibt die Vorausfälligkeit und die nachträgliche Fälligkeit. Für § 13 I 1 ist nur maßgebend, welcher Fälligkeitstermin der letzte vor der Beschlagnahme war, dagegen kommt es nicht darauf an, ob der Betrag für die Zeit vor oder nach dem Fälligkeitstermin geschuldet wird.

Wenn bei Grundpfandrechten bezüglich der Fälligkeit der dinglichen Zinsen (auf die persönlichen Zinsen und deren Fälligkeit kommt es hier nicht an) nichts besonderes vereinbart ist, gilt die gesetzliche Regelung. Nach § 608 BGB werden Zinsen jährlich nachträglich fällig und nach § 188 II BGB gilt als Fälligkeitszeitraum nicht das Kalenderjahr sondern das Jahr nach der Eintragung der Grundschuld.[43] Dies wird allerdings sehr oft sowohl von Gläubigern als auch von Rechtspflegern übersehen.

Wenn der Beginn der Verzinsung im Grundbuch nicht eingetragen ist, laufen die dinglichen Zinsen in aller Regel ab Eintragung des Grundpfandrechts im Grundbuch. Es darf aber nicht übersehen werden, daß ausnahmsweise der Zinsbeginn auch schon vor der Eintragung liegen kann (zB ab Eintragungsbewilligung).[44] Im übrigen werden wiederkehrende Leistungen vom Vollstreckungsgericht so berücksichtigt, wie sie eingetragen sind. Das bedeutet für die relativ häufigen Eintragungen: „15%, im Verzugsfall 16%" oder „höchstens 16%", daß ohne Anmeldung 16% berücksichtigt werden,[45] wenn der Gläubiger nicht weniger anmeldet oder wenn der Schuldner nicht durch eine Vollstreckungsabwehrklage gem. § 767 ZPO einen geringeren Zinssatz durchsetzt, oder wenn nicht andere Beteiligte mit einem Widerspruch gegen den Teilungsplan gem § 115 erfolgreich sind.

Im übrigen sei darauf hingewiesen, daß bei einer Eigentümergrundschuld bei der Abtretung auch für die zurückliegende Zeit Zinsen vereinbart werden können, und diese sind dann ab dem vereinbarten Zeitpunkt auch eintragungsfähig; für die Eintragungsfähigkeit kommt es nicht darauf an, ob die Grundschuld bereits abgetreten ist oder Grundschuld und Grundstückseigentum noch in einer Person vereinigt sind.[46]

---

[42] Vgl dazu die ausführliche und sehr lesenswerte Abhandlung von Bauch Rpfleger 1985, 40, auch wenn dessen Aussagen m.E. nicht immer gefolgt werden kann.

[43] Vgl Palandt-Bassenge § 1115 BGB Anm 5 cc; RGZ 136, 234; Stöber § 114 Anm 5.31. – Allenfalls für eine echt abstrakte Grundschuld (nicht für die Sicherungsgrundschuld) könnte unter Umständen die Kalenderjahrfälligkeit vertreten werden; vgl dazu Mohrbutter-Drischler Muster 86 Anm 2. – vgl auch **TH** B. 5.4.2.5.

[44] RGZ 136, 234; BayObLG Rpfleger 1978, 300; RGRK-Mattern § 1115 BGB Rz 30.

[45] Vgl Stöber § 114 Anm 4.1 e.

[46] OLG Köln ZIP 1984, 1333 **gegen** BayObLG Rpfleger 1976, 181 und 1979, 100.

Zinsen von Zwangssicherungshypotheken sind immer gesetzliche Zinsen, aber aus dem besonderen Zweck dieser Hypotheken heraus grundsätzlich täglich nachträglich fällig, wobei nur die nach der Beschlagnahme fällig werdenden Zinsen zu den laufenden Zinsen gehören; die früheren Zinsen sind Rückstände:[47] § 13 III hat besonders Zwangssicherungshypotheken im Auge, gilt aber immer dann, wenn die Fälligkeit überhaupt erst nach der Beschlagnahme eingetreten ist.[48]

Wenn die Zwangsversteigerung aus einer persönlichen Forderung betrieben wird, so ergeben sich Fälligkeitszeitraum und Fälligkeitsdatum aus der Rechtsnatur der jeweiligen Forderung; im Zweifel gelten auch hier die gesetzlichen Bestimmungen.

Beispielhafte Übersicht:[49]

1. Beschlagnahme	Fälligkeit[50]	laufend ab	2 Jahre rückständig ab	insgesamt Zinsjahre bei Versteigerung 16. 6. 78
28. 12. 2007	jährlich	1. 1. 2006	1. 1. 2004	4,5
28. 12. 2007	$^1/_4$ jährl.	1. 7. 2007	1. 7. 2005	3,0
28. 12. 2007	täglich	27. 12. 2007	27. 12. 2005	2,5
2. 1. 2008	jährlich	1. 1. 2007	1. 1. 2005	3,5
2. 1. 2008	¼ jährl.	1. 10. 2007	1. 10. 2005	2,75
2. 1. 2008	täglich	1. 1. 2008	1. 1. 2006	2,5

Diese Übersicht macht dreierlei deutlich:

(1) Auch wenn sich die erste Beschlagnahme nur um wenige Tage hinauszögert, kann dies bei jährlich nachträglicher Fälligkeit zu einer Verkleinerung des dinglichen Zinsrahmens um 1 ganzes Jahr führen; bei täglicher Fälligkeit wirkt sich die Verzögerung dagegen kaum aus.[51]

(2) Die Größe des Zinsrahmens wird wesentlich auch vom Fälligkeitszeitraum bestimmt: Er kann sich zum Beispiel bei täglicher Fälligkeit gegenüber einer jährlich nachträglichen Fälligkeit um bis zu 2 Jahren verkürzen.

(3) Ein nachrangiger Gläubiger muß davon ausgehen, daß die vorrangigen dinglichen Gläubiger – wenn es sich nicht um reine Realkreditinstitute handelt – auch bei zeitlich „normal" verlaufenden Zwangsversteigerungsverfahren unter Umständen dingliche Zinsen für ca 6 Jahre (und noch länger) geltend machen können und oft auch müssen; bei einem Zinssatz von zum Beispiel 12% (es gibt auch Sätze von 15–18%!) bedeutet das 72% der Hauptsumme. Der Grundschuldgläubiger kann also neben der Hauptsumme von zum Beispiel EURO 50000,– noch Zinsen in Höhe von EURO 36000,– und Kosten von zum Beispiel EURO 2000,–, insgesamt also EURO 88000,– geltend machen![52]

Unabhängig von der Bestimmung der laufenden und rückständigen wiederkehrenden Leistungen, die in der gleichen Rangklasse des § 10 I geltend

[47] Stöber § 13 Anm 2 (4)
[48] OLG Oldenburg Rpfleger 1982, 350.
[49] Vgl **TS** 18 (B. 4.4.4.).
[50] Jeweils nachträglich.
[51] Vgl daher **TH** B. 5.4.2.1. und **TH** B. 5.4.2.3.
[52] Vgl daher **TH** B. 5.4.2.2. und **TH** B. 5.4.2.4. und **TH** B. 5.4.2.5.

gemacht werden können wie das Hauptrecht, dürfen bei dinglichen Rechten selbstverständlich Zinsen frühestens von dem Zeitpunkt an geltend gemacht werden, in dem das Hauptrecht im Grundbuch eingetragen worden ist beziehungsweise von dem an die Zinsen dem jeweiligen Gläubiger auf Grund der Eintragung, einer besonderen Vereinbarung, einer Abtretung oder einer Ablösung auch zustehen. Außerdem ist eine evtl Verjährung zu beachten (auch dingliche Zinsen verjähren in 4 Jahren gemäß § 197 BGB[53]), wenn sich der Schuldner auf die Verjährung beruft.

Die laufenden wiederkehrenden Leistungen umfassen gemäß § 13 I auch die nach der Beschlagnahme fällig werdenden Beträge, und zwar für die gesamte Zeit bis zum Verteilungstermin. Wenn sich also das Zwangsversteigerungsverfahren – wie in der Übersicht angenommen – von der 1. Beschlagnahme an noch zweieinhalb Jahre hinzieht, was in der Praxis gar nicht selten vorkommt, dann ergeben sich sehr große „dingliche Zinsrahmen". In der Erlösverteilung werden die Zinsen bis 1 Tag vor dem Verteilungstermin berücksichtigt (§ 114 I 1 in Verbindung mit § 188 BGB), weil das Gesetz (oft fälschlicherweise) davon ausgeht, daß der Erlös im Verteilungstermin auch bar verteilt wird. Tatsächlich wird die Erlösverteilung meist bargeldlos abgewickelt mit der Folge, daß der Ersteher zwar rechtzeitig zum Verteilungstermin zahlt, die Gläubiger ihr Geld aber erst ca 3 Wochen nach dem Verteilungstermin erhalten.

Da bestehenbleibende Rechte mit dem Zuschlag auf den Ersteher übergehen (§ 56 S. 4) und sich deshalb von da an mit ihrem Zinsanspruch gegen den Ersteher richten, kann der Gläubiger Zinsen bei bestehenbleibenden Rechten nur bis zum Zuschlag geltend machen.

Zum Versteigerungstermin müssen Gericht und Beteiligte abschätzen können, welche Forderungen geltend gemacht werden und bei welchem Gebot welcher Gläubiger mit welcher Zahlung rechnen kann; außerdem soll der Erlös im Verteilungstermin mindestens ausreichen, um die wiederkehrenden Leistungen der ins geringste Gebot fallenden Rechte zu decken. Deshalb bestimmt § 47 S. 1, daß im Versteigerungstermin wiederkehrende Leistungen bis 14 Tage nach dem Versteigerungstermin berücksichtigt und dem geringsten Gebot zugrundegelegt werden. Der Gesetzgeber ist offenbar bei dieser 14-Tages-Frist davon ausgegangen, daß der Verteilungstermin auch 14 Tage nach dem Versteigerungstermin stattfinden kann. Da in der Praxis eine derart kurze Frist aber nicht eingehalten werden kann und meist 6 Wochen und mehr vergehen, werden die Forderungen zum Verteilungstermin neu angemeldet und berechnet.

5.4.2. Taktische Hinweise

TH 5.4.2.1.: Die unter Fachleuten bekannteste taktische Regel im Zusammenhang mit der Beschlagnahme besagt, daß der Versteigerungsantrag so

---

[53] Der BGH hat seine bisherige Rechtsauffassung, wonach die Verjährung dinglicher Zinsen bis zum Eintritt des Sicherungsfalles gehemmt sei (vgl dazu zB BGH NJW 1996, 253; ZIP 1993, 257; ähnlich OLG Koblenz WM 1993, 1033) mit Beschluß vom 15. 4. 1999 ausdrücklich aufgegeben: BGH ZIP 1999, 917; vgl auch BGH ZIP 1999, 705).

rechtzeitig gestellt werden sollte, daß die Beschlagnahme noch vor Ablauf des Kalenderjahres erfolgt. Der Gläubiger kann dann – wenn die dinglichen Zinsen seines Rechtes kalenderjährlich nachträglich fällig sind – für ein ganzes Jahr mehr Zinsen geltend machen als wenn die Beschlagnahme erst nach dem Jahreswechsel wirksam wird (vgl die obige beispielhafte Übersicht).

Ein Hinweis noch zu dieser Regel: Der Gläubiger sollte daran denken, daß die Vollstreckungsgerichte gerade gegen Jahresende besonders belastet sind, weil auch noch andere Gläubiger diese taktische Regel kennen. Es empfiehlt sich daher sehr, den Antrag sehr rechtzeitig zu stellen und gegebenenfalls beim Gericht schriftlich und unter Umständen telefonisch oder sogar persönlich nachzufragen, ob irgendwelche Hindernisse aufgetreten sind.

TH 5.4.2.2.: Die obengenannte taktische Regel ist aber nicht in jedem Fall sinnvoll. Ein nachrangiger Gläubiger muß zum Beispiel beachten, daß die Erhöhung des Zinsrahmens hauptsächlich den vorrangigen Gläubigern zugute kommt. Nachrangige Gläubiger sollten also, wenn sie nicht selbst auf einen möglichst großen Zinsrahmen angewiesen sind, noch den Jahreswechsel abwarten und erst dann die Zwangsversteigerung beantragen. Natürlich ist dieser Gesichtspunkt dann weggefallen, wenn die Versteigerung bereits von anderen Gläubigern betrieben wird. Beide hiergenannten taktischen Regeln müssen nur dann beachtet werden, wenn noch keine Zwangsversteigerung läuft, denn für die Berechnung der wiederkehrenden Leistungen ist gemäß § 13 IV 1 nur die 1. Beschlagnahme maßgebend.

TH 5.4.2.3.: Entsprechendes gilt für die weitere taktische Regel, daß ein allein betreibender Gläubiger bei langwierigen Zwangsversteigerungsverfahren mit mehreren einstweiligen Einstellungen darauf achten muß, daß das Gesamtverfahren nicht (zum Beispiel gemäß §§ 30 I 2, 29) aufgehoben wird. Der Gläubiger kann dann zwar erneut den Versteigerungsantrag stellen. Aber abgesehen von den dadurch neu entstehenden Kosten (die unter Umständen nicht als „notwendig" anerkannt werden), geht die frühere Beschlagnahme verloren und damit der große Zinsrahmen. Der Gläubiger kann diese Folgen trotz dreimaliger einstweiliger Einstellungen aus seinem Recht dadurch vermeiden, daß er vor der dritten Einstellungsbewilligung entweder – falls vorhanden – noch aus einem weiteren Recht der Zwangsversteigerung beitritt oder daß er einen anderen Gläubiger des Schuldners bittet, dem Verfahren beizutreten. Im letzteren Fall muß sich der Gläubiger aber darüber im klaren sein, daß er sich in der Zeit zwischen der Aufhebung seines bisherigen Verfahrens und dem Wirksamwerden seines erneuten Beitritts aus dem gleichen Recht in eine gewisse Abhängigkeit von dem anderen Gläubiger begibt. Denn der andere Gläubiger könnte ja in dieser wichtigen wenn auch kurzen Zeit (unter Umständen gegen entsprechende Bezahlung) seinen Versteigerungsantrag zurücknehmen und damit doch das Ende des Gesamtverfahrens herbeiführen.

TH 5.4.2.4.: Des einen Freud' ist des anderen Leid: der nachrangige Gläubiger kann bei langwierigen Verfahren unter Umständen große Vorteile von dem Wegfall der ersten Beschlagnahme haben. Allerdings kann nicht geleugnet werden, daß es für einen nachrangigen Gläubiger meist wesentlich schwieriger ist, eine Aufhebung des Gesamtverfahrens herbeizuführen, als es einem vorrangigen Gläubiger möglich ist, trotz dreier Einstellungsbewilligungen aus dem gleichen Recht die Aufhebung des Gesamtverfahrens zu vermeiden. Immerhin gibt es durchaus derartige Konstellationen, zum Beispiel wenn der nachrangige Gläubiger der einzig betreibende Gläubiger ist.

TH 5.4.2.5.: Die Fälligkeiten und die Fälligkeitszeiträume sollten bei allen eigenen und fremden Rechten genauer beachtet werden als dies in der Praxis üblich ist. Dort wird nämlich meist – wenn nicht eine andere Regelung offenkundig ist – die kalenderjährlich nachträgliche Fälligkeit der Zinsen angenommen. Mangels anderer Vereinbarungen gilt aber die gesetzliche Regelung, und danach sind die Zinsen zwar jährlich nachträglich fällig, aber das Jahr wird nach der Eintragung und nicht nach dem Kalenderjahr gerechnet. Gerade Gläubiger der 5. Rangklasse des § 10 I sollten bei den vorrangigen Rechten kritisch sein und sich nicht einfach auf das Vollstreckungsgericht verlassen; davon kann unter Umständen das Schicksal ihrer Forderung abhängen.

TH 5.4.2.6.: Wenn bei dinglichen Gläubigern die persönliche Forderung nicht ganz so hoch ist wie das bei der Erlösverteilung berücksichtigungsfähige dingliche Recht, sollte die persönliche Forderung (intern) bis 3 Wochen nach dem Verteilungstermin abgerechnet und entsprechend der Anmeldung des dinglichen Rechtes zum Verteilungstermin zugrundegelegt werden. Das dingliche Recht selbst muß gemäß § 114 bis einen Tag vor dem Verteilungstermin berechnet werden. Die Weiterrechnung des persönlichen Anspruchs ist deshalb empfehlenswert und gerechtfertigt, weil der Erlös dem Gläubiger in der Regel erst 2–3 Wochen nach dem Verteilungstermin zufließt und solange ja in der Tat Zinsen auflaufen. Ein eventueller Übererlös kann dann herausgegeben werden.

6. Das geringste Gebot

6.1. Grundlage des Verfahrens

§ 44 ZVG

(1) Bei der Versteigerung wird nur ein solches Gebot zugelassen, durch welches die dem Anspruche des Gläubigers vorgehenden Rechte sowie die aus dem Versteigerungserlöse zu entnehmenden Kosten des Verfahrens gedeckt werden (geringstes Gebot).

(2) Wird das Verfahren wegen mehrerer Ansprüche von verschiedenem Range betrieben, so darf der vorgehende Anspruch der Feststellung des geringsten Gebotes nur dann zugrunde gelegt werden, wenn der wegen dieses Anspruchs ergangene Beschluß dem Schuldner vier Wochen vor dem Versteigerungstermin zugestellt ist.

Das geringste Gebot ist die Grundlage der eigentlichen Zwangsversteigerung; auf ihm ruht die Bietstunde und auch der Zuschlag. Im Gegensatz zum Beispiel zu einer Kunstauktion oder auch zu einer Mobiliar-Vollstreckungsversteigerung durch den Gerichtsvollzieher bedeutet das geringste Gebot in der Immobiliar-Zwangsversteigerung also nicht nur das Startzeichen für das Bieten, sondern es stellt während der ganzen Versteigerung bis zu deren Abschluß durch den rechtskräftigen Zuschlag die wichtigste Grundlage der Versteigerung dar. Anders als in der Kunstauktion oder der Versteigerung durch den Gerichtsvollzieher hat das geringste Gebot hier auch überhaupt nichts mit dem Verkehrswert zu tun;[1] es richtet sich auch nicht nach dem mutmaßlichen Interesse am Grundstück oder nach der Höhe der Forderung des betreibenden Gläubigers. In der Immobiliar-Zwangsversteigerung wird das geringste Gebot ausschließlich nach formalen Gesichtspunkten festgestellt: § 44 bestimmt als Definition, daß das geringste Gebot alle dem bestrangig betreibenden Gläubiger vorgehenden Rechte decken muß. Das ZVG will damit sicherstellen, daß „die Versteigerung nur unter Wahrung der dem betreibenden Gläubiger vorgehenden Rechte ausgeführt" wird.[2] Dagegen kann die Zwangsversteigerung durchaus zu einem Meistgebot führen, das eine Befriedigung des Anspruchs des betreibenden Gläubigers ganz oder teilweise unmöglich macht, weil dieser Anspruch gemäß § 44 nicht in das geringste Gebot aufgenommen wird.

Auch in der Teilungsversteigerung ist das geringste Gebot die wichtigste Grundlage des Verfahrens.[3] Hier gelten aber gemäß § 182 zusätzliche Besonderheiten, weil sich das geringste Gebot ja nicht nach betreibenden Gläubigern (die es gar nicht gibt!), sondern nach dem jeweiligen Antragsteller (Miteigentümer) richtet, so daß in der Teilungsversteigerung die Frage zu klären ist, welche Rechte (idR von Gläubigern) dem Auseinandersetzungsverlangen eines Miteigentümers vorgehen und damit bestehenbleiben, bzw welche Rechte erlöschen. Da diese Frage in Literatur und Rechtsprechung wegen

---

[1] Wenn man davon absieht, daß sich die Verfahrenskosten als Teil des geringsten Gebots teilweise auch nach dem Verkehrswert richten; vgl dazu B. 8.3.1.

[2] Stöber Handbuch Rdn 239.

[3] Dazu Storz, Teilungsversteigerung B. 5.

der leicht zu mißbrauchenden gesetzlichen Regelung (§ 182) umstritten ist,
ist die Feststellung des geringsten Gebots in der Teilungsversteigerung gelegentlich praktisch und rechtlich außerordentlich kompliziert.[3]

In der Forderungszwangsversteigerung sind die besondere Bedeutung des
geringsten Gebots (als wichtigste Grundlage der Versteigerung bis zur Verkündung des Zuschlags) und der Aufbau des geringsten Gebots (unabhängig
vom Grundstückswert) der Ausfluß der Bemühungen des Gesetzgebers um
die Lösung der von ihm als gegeben und als berechtigt unterstellten Interessengegensätze einerseits zwischen Schuldner und Gläubiger und andererseits
zwischen den Gläubigern untereinander:

- der erste Interessengegensatz wird dadurch gelöst, daß die Gläubiger jederzeit eine einstweilige Einstellung des Verfahrens oder sogar die Zuschlagsversagung (ohne Rücksicht auf die Höhe des Meistgebots!) herbeiführen
  können, und zwar zum besonderen Schutz des Schuldners „bis zur letzten
  Minute", also bis zur Verkündung des Zuschlags. Da das Gesetz das Interesse des Schuldners an einstweiliger Einstellung und auch an der Zuschlagsversagung unterstellt und beim Gläubiger ein gegensätzliches Interesse vermutet, erleichtert er bewußt jede Gläubigererklärung, die zur
  Einstellung oder Zuschlagsversagung führt: es gibt keinen Abstimmungs-,
  Form- oder Begründungszwang.[4]

- der zweite Interessengegensatz zwischen den Gläubigern untereinander
  wird dadurch gelöst, daß der Gesetzgeber die nachrangigen Gläubiger
  mehrfach benachteiligt und einseitig auf den bestrangig betreibenden
  Gläubiger abstellt. Damit folgt er sehr konsequent dem Ranggrundsatz: Jeder Gläubiger kann zwar sein Pfandrecht verwerten, aber nur in der Weise,
  daß er keinen vorrangigen Gläubiger beeinträchtigt (dessen Rechte bleiben
  bestehen), während auf die gleich- und nachrangigen Gläubiger keine
  Rücksicht genommen wird (deren Rechte erlöschen). Dadurch bekommt
  der bestrangig betreibende Gläubiger allerdings auch eine verfahrensrechtlich besonders hervorgehobene Position; weil er ein Rechtsschutzinteresse
  aber nur hinsichtlich seiner Geldforderung geltend machen kann, erhält jeder gleich- und nachrangige Gläubiger ein einseitiges Ablösungsrecht:
  Durch Bezahlung der Geldforderung kann der bestrangig betreibende
  Gläubiger aus dieser besonderen Verfahrensposition einseitig verdrängt
  werden; dadurch wird die Gleichheit wieder hergestellt.[5]

Das geringste Gebot kann sich bis zur Verkündung des Zuschlags, unter
Umständen sogar bis zu seiner Rechtskraft, noch andern. Weil es aber bis zu
diesem Zeitpunkt die Grundlage des Verfahrens ist, hat jede Änderung des
geringsten Gebots tiefgreifende Folgen für das Verfahren, die je nachdem, in
welchem konkreten Verfahrensstadium die Änderung wirksam wird, unterschiedlich ausfallen:

Vor Beginn der Bietstunde ist die Änderung unwesentlich, weil die Bedeutung des geringsten Gebots erst mit der Bietstunde beginnt. Der Rechtspfleger muß höchstens ein bereits vorbereitetes geringstes Gebot entsprechend
der veränderten Rechtslage neu feststellen. − Tritt die Änderung des gerings-

---

[4] Vgl **TS** 3 (A. 2.1).
[5] Vgl **TS** 5–7 (A. 2.1.).

ten Gebots während der Bietstunde ein, muß diese abgebrochen, ein neues geringstes Gebot festgestellt und eine neue Bietstunde mindestens 30 Minuten lang (§ 73 I 1) durchgeführt werden. – Nach Schluß der Bietstunde (§ 73 II 1) führt eine Änderung des geringsten Gebots in der Regel zur Versagung des Zuschlags (§ 83 Nr. 1), weil einerseits die Bietstunde aus nachträglicher Sicht auf der Grundlage eines falschen geringsten Gebots durchgeführt worden ist, aber andererseits wegen der §§ 39, 41, 43 nicht (auch nicht mit Zustimmung aller Beteiligter!) eine neue Bietstunde angeschlossen werden darf.[6] Nach Verkündung des Zuschlags ist eine Einstellungsbewilligung nicht mehr zulässig; allenfalls kann nach einer Zuschlagsversagung (zB wegen § 85a I) noch in der Beschwerdeinstanz die Einstellung gemäß § 30 bewilligt oder der Versteigerungsantrag gemäß § 29 zurückgenommen werden, um die Zuschlagsversagung zu retten (wenn zB ein Problem gemäß § 85a III aufgetaucht ist).[7]

Das geringste Gebot wird im Versteigerungstermin vor der Aufforderung zur Abgabe von Geboten festgestellt; es kann aber unter Umständen gemäß § 62 auch ein Vortermin zur (unverbindlichen) Erörterung stattfinden. Ein derartiger Vortermin wird sich vor allem dann empfehlen, wenn schwierigere Bewertungsfragen anstehen, zum Beispiel die Festsetzung von Geldwerten für Naturalleistungen (§ 46) oder von Ersatzwerten für bestehenbleibende Rechte (§ 51) oder die Feststellung von Mieterzahlungen nach § 57c. Das geringste Gebot bleibt zwar über die Bietstunde hinaus bis zum Zuschlag die Grundlage des weiteren Verfahrens; für jeden Versteigerungstermin muß aber jeweils ein neues geringstes Gebot festgestellt werden, weil sich ja die Verfahrenskosten und auch die Zinsen eventuell vorgehender Rechte weiter erhöhen, und weil sich außerdem am bestrangig betriebenen Verfahren Änderungen ergeben haben können.

Unter „geringstes Gebot" versteht man entsprechend der Definition in § 44 I das Gebot, das nicht unterschritten werden darf, weil es sonst gemäß § 71 I als unwirksam zurückgewiesen werden müßte. Das geringste Gebot hat immer einen „Barteil" (auch genannt: geringstes Bargebot oder: bar zu zahlender Teil des geringsten Gebots); das ist der Betrag, der mindestens genannt werden muß, der gemäß § 49 I aus den Verfahrenskosten, den vorgehenden Rechten der Rangklassen 1–3 des § 10 I und der Kosten und Zinsen eventuell bestehenbleibender weil vorrangiger Rechte besteht, und gemäß § 49 II zwischen Zuschlag und Verteilungstermin mit mindestens 4 zu verzinsen ist. Außerdem hat das geringste Gebot manchmal den Teil „bestehenbleibende Rechte"; das sind die Rechte, die dem bestrangig betreibenden Gläubiger vorgehen und deshalb gemäß § 52 mit ihren Hauptsummen beziehungsweise Stammbeträgen bestehen bleiben.

Nicht zu verwechseln mit diesen Begriffen sind:

Das **„Meistgebot"**, also das höchste in der Bietstunde abgegebene und zugelassene Gebot, auf das gemäß § 81 I der Zuschlag erteilt wird. Auch das Meistgebot besteht (immer) aus einem Barteil und (manchmal) aus beste-

---

[6] Vgl dazu die Wirkung einer nach Schluss der Bietstunde aber vor Verkündung des Zuschlags bewilligten Einstellung: B. 3.2.1.

[7] So auch LG Aachen Rpfleger 1985, 452; Stöber § 29 Anm 2.7.

henbleibenden Rechten, die im Geiste wertmäßig dem Bargebot hinzugerechnet werden müssen, wenn man den wirtschaftlichen Wert des Meistgebots ermitteln will. Denn auf Grund des baren Meistgebots erwirbt der Ersteher kein lastenfreies Grundstück sondern ein Grundstück, das mit den bestehenbleibenden Rechten (wertmindernd) belastet ist.

Das „**Bargebot**" ist der Teil jedes Gebots, der im Verteilungstermin bar zu berichtigen und bis dahin zu verzinsen ist. Bargebote sind also die Beträge, die von den Bietern während der Bietstunde genannt werden und dann das eigentliche „Preisangebot" darstellen, wenn keine Rechte bestehen bleiben.

Unter „**Übergebot**" versteht man ein Gebot, das über dem vorausgehenden Gebot liegt und dieses gemäß § 72 I 1 zum Erlöschen bringt, wenn das Übergebot zugelassen und nicht (sofort) zurückgewiesen wird.

Da das geringste Gebot und mit dem Wert des Grundstücks nichts zu tun hat sondern sich ausschließlich nach verfahrensrechtlichen Zufälligkeiten richtet, kann es für das gleiche Grundstück einmal 10 (oder weniger) und ein anderes Mal 120 (oder mehr) des Verkehrswertes ausmachen. Deshalb ist es von der Frage der Zulässigkeit der Gebote her gesehen durchaus möglich, daß das höchste in der Bietstunde abgegebene Gebot (= Meistgebot: § 81 I) weder den Schuldner noch die Gläubiger oder einzelne von ihnen zufrieden stellt. Aus diesem Grund eröffnet das ZVG verschiedene Möglichkeiten, wie wirtschaftlich unerwünschte Ergebnisse verhindert werden können, wobei das ZVG die jeweiligen Voraussetzungen nach der jeweiligen Interessenlage unterschiedlich ausgestaltet:

(1) Der Schuldner kann unter Umständen gemäß § 765a ZPO die Versagung des Zuschlags mit der Begründung beantragen, sein Eigentum werde sonst verschleudert.

(2) Bleibt das Meistgebot unter der Hälfte des festgesetzten Grundstückswertes, so wird der Zuschlag von Amts wegen gem § 85a versagt.

(3) Bestimmte Gläubiger können gem § 74a die Versagung des Zuschlags beantragen, wenn das Meistgebot nicht mindestens $^{7}/_{10}$ des festgesetzten Grundstückswertes erreicht.

(4) Andere Gläubiger können gem § 85 unter Versagung des Zuschlags einen neuen Versteigerungstermin beantragen, haften dann aber für einen evtl Schaden und müssen dafür auf Verlangen Sicherheit leisten.

(5) Zusätzlich hat der bestrangig betreibende Gläubiger ohne Rücksicht auf die Höhe des Meistgebots die Möglichkeit, jeden Zuschlag durch eine zwischen der Bietstunde und der Zuschlagsverkündung erklärte Einstellungsbewilligung zu verhindern, was noch dadurch erleichtert wird, daß er keinerlei Begründung geben muß. Gerade diese Möglichkeit führt zu der besonders starken taktischen Machtposition des bestrangig betreibenden Gläubigers.

Daneben gibt es noch weitere Möglichkeiten, auch noch nach Abschluß der Bietstunde aber vor Verkündung der Zuschlags-Entscheidung, mit denen das wirtschaftliche Ergebnis der Zwangsversteigerung verbessert werden kann, sodaß bei entsprechendem Bedarf unbedingt ein besonderer Verkündungstermin gemäß § 87 beantragt und entsprechend begründet werden sollte.[8]

---

[8] Vgl dazu D. 1.4.1. und D. 4.1.1. und vor allem die Taktischen Hinweise **TH** D. 1.4.2.1. – **TH** D. 1.4.2.6. und **TH** D. 4.1.2.1 **TH** D. 4.1.2.3.

6.2. Feststellung des geringsten Gebots

6.2.1. Allgemeines

Die Feststellung des geringsten Gebots ist im Grunde nicht besonders schwierig; sie kann aber dann eine Fülle von Besonderheiten und Problemen aufweisen, wenn relative Rangverhältnisse,[9] Auflassungsvormerkungen, Vorkaufsrechte, Erbbaurechte, Dauerwohnrechte und ähnliches beachtet werden müssen. Wenn solche Spezialfragen im konkreten Verfahren auftreten, wird sich ein Studium der einschlägigen Kommentare kaum vermeiden lassen.[10] Es kann aber nicht Aufgabe dieses Buches sein, alle diese Besonderheiten zu behandeln, zumal dadurch die Verständlichkeit der wichtigsten Grundsätze nur gestört wird, auf die hier das Augenmerk in erster Linie gerichtet werden soll.

6.2.2. Vorgehende Rechte

Ausgangspunkt für die Feststellung des geringsten Gebots ist § 44 I, wonach durch das geringste Gebot die Verfahrenskosten sowie alle Rechte gedeckt sein müssen, die dem Anspruch des Gläubigers vorgehen. Dahinter steht der Gedanke, daß jeder Gläubiger zwar selbständig und unabhängig von den anderen Gläubigern (mit gewissen Einschränkungen im Insolvenzfall) die Zwangsversteigerung betreiben kann, aber doch nur in der Weise, daß dadurch kein vorrangiger Gläubiger beeinträchtigt werden darf: sein (Grundpfand)Recht bleibt bestehen und muß vom Ersteher als Belastung des Grundstücks übernommen werden (Übernahmegrundsatz), und seine berechtigten und beanspruchten Zins- und Kostenansprüche müssen aus dem Barteil des Gebotes bezahlt (= gedeckt: Deckungsgrundsatz) werden können; andernfalls darf nicht versteigert werden.

Wenn mehrere Gläubiger die Zwangsversteigerung betreiben oder wenn ein Gläubiger aus mehreren Ansprüchen vorgeht, sind zwar ihre Einzelverfahren innerhalb des Gesamtverfahrens voneinander völlig unabhängig, trotzdem wird für jeden Versteigerungstermin nur ein für alle geltendes geringstes Gebot festgestellt. Dieses einheitliche geringste Gebot wird an demjenigen Anspruch ausgerichtet, aus dem die Zwangsversteigerung bestrangig betrieben wird (§ 44 II). Auf diese Weise haben einerseits alle Beteiligten und die Bieter einen gemeinsamen Orientierungspunkt, und außerdem wird dem Schutzgedanken des Deckungsgrundsatzes Rechnung getragen: durch das geringste Gebot sollen (nur) die allen betreibenden Gläubigern vorgehenden Ansprüche gedeckt und damit geschützt werden.

Die Regel, daß bei der Feststellung des geringsten Gebots von dem Anspruch auszugehen ist, aus dem die Versteigerung bestrangig betrieben wird,

---

[9] Dazu zum Beispiel BGH Rpfleger 1995, 243; OLG Hamm Rpfleger 1985, 246; Dassler-Schiffhauer § 44 Rz 37–42; Steiner-Eickmann § 44 Rz 69–97; Stöber § 44 Anm 6.

[10] Vgl die Anmerkungen von Steiner-Eickmann, Dassler-Schiffhauer-Gerhardt-Muth, Stöber jeweils zu § 44 sowie Stöber Handbuch Rdn 239–270.

erfährt insofern eine Einschränkung, als ein Anspruch nicht zugrunde gelegt werden darf, wenn der diesbezügliche Anordnungs- oder Beitrittsbeschluß nicht mindestens 4 Wochen vor dem Versteigerungstermin zugestellt worden ist (§ 44 II). Das gleiche gilt, wenn aus ihm das Verfahren einstweilen eingestellt ist;[11] die herrschende Meinung verlangt m. E. zu Recht, daß das eingestellte Verfahren mindestens 4 Wochen vor dem Versteigerungstermin fortgesetzt worden sein muß, damit es der Feststellung des geringsten Gebots zugrunde gelegt werden kann.[12] Schwierigkeiten können sich allerdings dann ergeben, wenn das Gericht keinen besonderen Fortsetzungsbeschluß erlassen hat, der ja nicht vorgeschrieben aber immerhin allgemein üblich ist.

Die Nichteinhaltung der 4-Wochen-Frist des § 44 II führt nur dann nicht zur Versagung des Zuschlags, wenn entweder die Beteiligten gemäß § 59 insoweit eine Änderung der Versteigerungsbedingungen vereinbaren oder wenn der Schuldner und alle von diesem Fehler betroffenen Beteiligten dieses Verfahren gemäß §§ 83 I 1, 84 I nachträglich genehmigen.

Welcher Anspruch als bestrangig anzusehen ist, ergibt sich aus den §§ 10 und 11 in Verbindung mit den einschlägigen Vorschriften des BGB, wobei Rangvorbehalte, Rangvereinbarungen, Rangrücktritte u. s. w. zu beachten sind und zu großen Problemen nicht nur bei der späteren Erlösverteilung sondern auch schon bei der Feststellung des geringsten Gebots führen können.[13]

Wird die Versteigerung nur aus einem von mehreren gleichrangigen Rechten (bestrangig) betrieben, so kommen auch die anderen gleichrangigen Rechte nicht in das geringste Gebot sondern erlöschen mit dem Zuschlag. Wurde die Versteigerung bisher bestrangig aus einem persönlichen Anspruch der 5. Rangklasse des § 10 I betrieben und wird dieses Verfahren einstweilen eingestellt, so kommt auch dieser Anspruch in das geringste Gebot;[14] der auf diesen Gläubiger entfallende Erlösanteil muß aber hinterlegt werden, wenn sein Verfahren nicht rechtzeitig fortgesetzt wird.[15]

Die Rangfolge der Ansprüche für die Feststellung des geringsten Gebots richtet sich nach §§ 10 und 11, aber nicht nach § 12. Das bedeutet, daß der Anspruch des betreibenden Gläubigers auch dann nicht ins geringste Gebot aufgenommen wird, wenn nur aus einem Teil des Anspruchs betrieben wird.[16] Eine Ausnahme wird nur für die Abtretung eines nachrangigen Teils des Anspruchs oder für eine Teilablösung (die gemäß § 268 BGB nicht zum Nachteil des Abgelösten geltend gemacht werden darf) anerkannt. Wird also aus einem abgelösten oder nachrangig abgetretenen Anspruchsteil bestrangig betrieben, dann wird der vorrangige Anspruchsteil in das geringste Gebot aufgenommen.[16]

Ein Nacherbenvermerk ist kein Recht und wird daher nicht in das geringste Gebot aufgenommen. Das gilt selbst dann, wenn das Anwartschaftsrecht

---

[11] LG Braunschweig Rpfleger 1998, 482; Dassler-Schiffhauer § 44 Rz 50; vgl auch Stöber § 44 Anm 7.2.; Steiner-Eickmann § 44 Rz 17.
[12] Stöber § 44 Anm 7.4.; Dassler-Schiffhauer § 44 Rz 50; Steiner-Eickmann § 44 Rz 17 **gegen** Schmidt DRiZ 1959, 119.
[13] Vgl dazu ausführlich Steiner-Eickmann § 44 Rz 69–98.
[14] BGHZ 66, 217; Stöber § 44 Anm 4.6.
[15] RGZ 125, 24.
[16] Stöber § 44 Anm 11.1.; Dassler-Schiffhauer-Gerhardt § 44 Anm 4.

des Nacherben verpfändet und die Verpfändung im Grundbuch eingetragen worden ist.[16a] Die Bestellung einer Reallast, bei der die rückständigen Raten (entgegen § 12) den Rang erst nach dem Recht im übrigen haben sollen, ist nicht möglich.[16b]

6.2.3. Berücksichtigungsfähige Rechte

§ 45 ZVG

(1) Ein Recht ist bei der Feststellung des geringsten Gebots insoweit, als es zur Zeit der Eintragung des Versteigerungsvermerks aus dem Grundbuch ersichtlich war, nach dem Inhalte des Grundbuchs, im übrigen nur dann zu berücksichtigen, wenn es rechtzeitig angemeldet und, falls der Gläubiger widerspricht, glaubhaft gemacht wird.

(2) Von wiederkehrenden Leistungen, die nach dem Inhalt des Grundbuchs zu entrichten sind, brauchen die laufenden Beträge nicht angemeldet, die rückständigen nicht glaubhaft gemacht zu werden.

§ 46 ZVG

Für wiederkehrende Leistungen, die nicht in Geld bestehen, hat das Gericht einen Geldbetrag festzusetzen, auch wenn ein solcher nicht angemeldet ist.

§ 47 ZVG

Laufende Beträge regelmäßig wiederkehrender Leistungen sind für die Zeit bis zum Ablaufe von zwei Wochen nach dem Versteigerungstermine zu decken. Nicht regelmäßig wiederkehrende Leistungen werden mit den Beträgen berücksichtigt, welche vor dem Ablaufe dieser Frist zu entrichten sind.

§ 48 ZVG

Bedingte Rechte sind wie unbedingte, Rechte, die durch Eintragung eines Widerspruchs oder einer Vormerkung gesichert sind, wie eingetragene Rechte zu berücksichtigen.

Gemäß § 45 müssen die Rechte, die bei der Feststellung des geringsten Gebots berücksichtigt werden sollen, entweder zur Zeit der Eintragung des Zwangsversteigerungsvermerks aus dem Grundbuch ersichtlich sein oder sie müssen gemäß § 37 Nr. 4 spätestens im Versteigerungstermin vor der Aufforderung zur Abgabe von Geboten angemeldet werden. Der Versteigerungsbeziehungsweise ein Beitrittsantrag ist die stärkste Form der Anmeldung;[17] er macht also streng genommen eine weitere Anmeldung zum Versteigerungstermin und zum Verteilungstermin überflüssig, wenn im Antrag ausdrücklich auch die anmeldebedürftigen Rechte angesprochen worden sind (bei Rechten der 4. Rangklassen des § 10 I müssen also die rückständigen Zinsen ausdrücklich in den Antrag mit einbezogen werden, auch wenn das Recht zur

---

[16a] BGH Rpfleger 2000, 454.
[16b] BGH NJW 2004, 361; OLG Hamm Rpfleger 2003, 24; LG Münster Rpfleger 2002, 435 **gegen** BayObLG BayObLGZ 1990, 282.
[17] Vgl Dassler-Schiffhauer § 45 Rz 12. – Vgl auch § 114 I 2.

Zeit der Eintragung des Versteigerungsantrags schon aus dem Grundbuch ersichtlich war).

Ohne Anmeldung werden gemäß § 45 berücksichtigt:

(1) die Verfahrenskosten, soweit sie gemäß § 109 I vorweg aus dem Versteigerungserlös zu entnehmen sind;

(2) die Rechte der 4. Rangklasse des § 10 I in dem Umfang, wie sie zur Zeit der Eintragung des Zwangsversteigerungsvermerks aus dem Grundbuch ersichtlich waren;

(3) die laufenden wiederkehrenden Leistungen, soweit sie aus dem Grundbuch ersichtlich sind.

Nur mit Anmeldung werden berücksichtig:[18]

(1) Ansprüche der 1.–3. Rangklasse des § 10 I;

(2) Kosten der Rechtsverfolgung und rückständige wiederkehrende Leistungen auch aus eingetragenen Rechten;

(3) nach dem Versteigerungsantrag eingetragene Rechte mit Kosten sowie laufenden und rückständigen wiederkehrenden Leistungen;

(4) nicht im Grundbuch eingetragene Rechte (Überbau- oder Notwegrente) und nicht eintragungspflichtige Rechte (Entschädigungsforderung des Erbbauberechtigten);

(5) die außerhalb des Grundbuchs erfolgte Abtretung von Briefrechten, Rangänderungen, Rechte aus Nießbrauch und Verpfändung;

(6) zu Unrecht gelöschte Rechte und Wertersatz erlöschender Rechte;

(7) Nebenleistungen, soweit sich ihre Fälligkeit nicht aus dem Grundbuch ergibt (Vorfälligkeitsentschädigung).

Nicht berücksichtigt werden trotz Eintragung oder Anmeldung:[19]

(1) Rechte, deren Nichtigkeit trotz Eintragung feststeht;

(2) einwandfrei erloschene Rechte; dem Gericht muß das Erlöschen allerdings bekannt sein, zB das (teilweise) Erlöschen eines Grundpfandrechts wegen Zahlung durch den Zwangsverwalter, oder das Erlöschen eines Gesamtrechts durch Versteigerung eines mithaftenden Grundstücks gem § 1181 II BGB;[20]

(3) Rechte, für die sämtliche zur Löschung erforderlichen Urkunden vorgelegt werden;

(4) Verfügungsbeschränkungen.

Anmeldepflichtige Ansprüche sind bei Widerspruch eines betreibenden Gläubigers (nicht eines nicht betreibenden Gläubigers oder des Schuldners oder des Gerichts) auch glaubhaft zu machen. Bei einer Behörde genügt für die Glaubhaftmachung eine spezifizierte Anmeldung, sonst erfolgt sie gemäß § 299 ZPO mit allen Beweismitteln oder mit eidesstattlicher Versicherung.[21]

Wiederkehrende Leistungen, die nicht in Geld bestehen (Naturalleistungen) muß das Gericht gemäß § 46 auch dann in Geld umrechnen, wenn kein Geldbetrag angemeldet ist. Laufende Beträge wiederkehrender Leistungen (insbesondere Zinsen) sind gemäß § 47 S. 1 für die Zeit bis zum Ablauf von zwei Wochen nach dem Versteigerungstermin zu berücksichtigen. Bedingte

---

[18] Vgl Stöber § 45 Anm 3.5.
[19] Vgl Stöber Handbuch Rdn 248.
[20] Vgl dazu Stöber § 45 Anm 6.3.
[21] Stöber § 45 Anm 4.

Rechte werden gemäß § 48 wie unbedingte berücksichtigt, und Rechte, die durch Eintragung eines Widerspruchs oder einer Vormerkung gesichert sind, werden wie eingetragene Rechte berücksichtigt.

Minderanmeldung ist möglich, weil das gesamte Versteigerungsverfahren der Parteidisposition unterliegt.[22] Wenn der Gläubiger daher zB weniger an laufenden Zinsen anmeldet, als für ihn nach dem Inhalt des Grundbuchs gem § 45 II von Amts wegen zu berücksichtigen wäre, bekommt er nur den angemeldeten Betrag, und auch nur dieser wird bei der Feststellung des geringsten Gebots[23] und der Antragsberechtigung zu § 74a I berücksichtigt.[24] Zur Minderanmeldung ist der Gläubiger hinsichtlich der Grundschuld-Zinsen auch gegenüber den Gläubigern der Rückgewähransprüche berechtigt;[25] umgekehrt ist er den Gläubigern der nachrangigen Grundschulden gegenüber auch zur Vollanmeldung aller dinglicher Zinsen berechtigt, auch wenn er diese als Sicherheit für seine Forderungen nicht mehr benötigt.[26] Die Minderanmeldung ist als Prozeßhandlung von der Verfügung über das dingliche Recht oder die persönliche Förderung zu unterscheiden, so daß der Gläubiger im Verteilungstermin doch wieder die ganze Forderung geltend machen kann (allerdings mit Rangverlust gem §§ 110, 114).[27] Falls es zB wegen einstweiliger Einstellungsbewilligung oder Zuschlagsversagung zu einem neuen Versteigerungstermin kommt, kann der Gläubiger durch rechtzeitige Anmeldung vor Beginn der neuen Bietstunde auch ohne Rangverlust wieder die ganze Forderung geltend machen.[28]

Die Minderanmeldung kann sich auch auf die Hauptsache beziehen.[29] Bei einer Grundschuld wird dadurch aber auch die Rechtsstellung des Sicherungsgebers (idR Grundstückseigentümer oder Zessionar der Rückgewähransprüche) berührt, deshalb muß dieser zustimmen, falls der Gläubiger sich das Recht zur Minderanmeldung nicht schon früher (zB bei der Bestellung der Grundschuld) ausbedungen hat. Über die Hauptsache auch einer mit dem Zuschlag erlöschenden Grundschuld kann der Gläubiger aber nur verfügen durch formelle Abtretung, Verzichtserklärung oder Löschungsbewilligung. Das ist unstreitig bei der Feststellung des geringsten Gebots, nicht dagegen bei der Erlösverteilung (vgl „Hebungsverzicht" E. 5.1. und E. 5.2.).

Für eine Sicherungsgrundschuld gilt auch nach ihrem Erlöschen durch den Zuschlag das Sachenrecht. Deshalb kann der Gläubiger zwar seinen Erlösanspruch aufgeben, aber nach herrsch Ansicht nur durch Abtretung gem §§ 1154,

---

[22] Steiner-Teufel § 114 Rz 33.
[23] OLG Oldenburg NdsRpfl 1988, 8; LG Frankenthal Rpfleger 1986, 232 (Anm Meyer-Stolte); Dassler-Schiffhauer § 45 Rz 7; Steiner-Teufel § 114 Rz 33; Stöber § 45 Anm 7.1; Riedel JurBüro 1974, 689 **gegen** Warias RpflStud 1980, 78.
[24] Ebenso Meyer-Stolte **gegen** LG Frankenthal jew aaO.
[25] OLG München NJW 1980, 1051; Storz ZIP 1980, 507; Steiner-Teufel § 114 Rz 37; Stöber § 114 Anm 7.6; Dassler-Schiffhauer § 114 Rz 16.
[26] BGH NJW 1981, 1505; Storz ZIP 1980, 507.
[27] BGH KTS 1956, 120; OLG Oldenburg Rpfleger 1980, 485 (Laube); Riedel JurBüro 1974, 689; Dassler-Schiffhauer § 45 Rz 14; Stöber § 45 Anm 7.1 **gegen** Warias RpflStud 1980, 78 **anders** auch Meyer-Stolte Rpfleger 1986, 232.
[28] LG Frankenthal, Meyer-Stolte Rpfleger 1986, 232.
[29] Steiner-Teufel § 114 Rz 38; MünchKomm-Eickmann § 1191 BGB Rz 102. – Zu Besonderheiten bei einer wertgesicherten Reallast vgl OLG Oldenburg NdsRpfl 1988, 8.

873, 398, 1192 BGB, oder durch Verzicht gem §§ 1168, 1192 BGB oder durch Aufhebung gem §§ 1183, 1192 BGB. Bis zur Wirksamkeit dieser Verfügung bleibt der Gläubiger Berechtigter des Erlösanspruchs, den er nach herrsch Ans weder durch Hebungsverzicht aufgeben, noch dem Vollstreckungsgericht zur Auszahlung an den Berechtigten zur Verfügung stellen kann.[30]

Verzichtet ein Gläubiger (mit entsprechender Grundbucheintragung) gemäß § 1168 BGB schon vor dem Versteigerungstermin auf einen Teil seiner mit dem Zuschlag erlöschenden Grundschuld, erwerben die nachrangigen Grundschuldgläubiger den gesetzlichen Löschungsanspruch gemäß § 1179a BGB, der nach § 91 IV bestehenbleibt, so daß die Nachrangigen bei der Erlösverteilung „aufrücken". Erfolgt der Verzicht dagegen erst im Verteilungsverfahren, so kommt er dem bisherigen Eigentümer zugute, und die nachrangigen Grundschuldgläubiger können einer entsprechenden Zuteilung nicht einmal widersprechen.[30a] Deshalb müssen die Nachrangigen rechtzeitig dafür sorgen, daß sich der vorrangige Grundschuldgläubiger rechtzeitig und richtig erklärt, insbesondere, wenn ihnen die Rückgewähransprüche aus der vorrangigen Grundschuld zustehen.

6.2.4. Festsetzung des Zuzahlungsbetrages und des Ersatzbetrages

§ 50 ZVG

(1) Soweit eine bei der Feststellung des geringsten Gebots berücksichtigte Hypothek, Grundschuld oder Rentenschuld nicht besteht, hat der Ersteher außer dem Bargebot auch den Betrag des berücksichtigten Kapitals zu zahlen. In Ansehung der Verzinslichkeit, des Zinssatzes, der Zahlungszeit, der Kündigung und des Zahlungsorts bleiben die für das berücksichtigte Recht getroffenen Bestimmungen maßgebend.

(2) Das gleiche gilt:

1. wenn das Recht bedingt ist und die aufschiebende Bedingung ausfällt oder die auflösende Bedingung eintritt;

2. wenn das Recht noch an einem anderen Grundstücke besteht und an dem versteigerten Grundstücke nach den besonderen Vorschriften über die Gesamthypothek erlischt.

(3) Haftet der Ersteher im Falle des Absatzes 2 Nr. 2 zugleich persönlich, so ist die Erhöhung des zu zahlenden Betrags ausgeschlossen, soweit der Ersteher nicht bereichert ist.

§ 51 ZVG

(1) Ist das berücksichtigte Recht nicht eine Hypothek, Grundschuld oder Rentenschuld, so finden die Vorschriften des § 50 (Erhöhung des Gebots um den Ersatzwert) entsprechende Anwendung. Der Ersteher hat statt des Kapitals den Betrag, um welchen sich der Wert des Grundstücks erhöht, drei Monate nach erfolgter Kündigung zu zahlen und von dem Zuschlag an zu verzinsen.

---

[30] Steiner-Teufel § 114 Rz 40.

[30a] BGH ZIP 2004, 1724. **Sehr kritisch dazu aber:** Clemente EWiR 2004, 1021; Dümig ZflR 2004, 1031; Hintzen/Böhringer Rpfleger 2004, 661; Stöber WM 2006, 607.

(2) Der Betrag soll von dem Gerichte bei der Feststellung des geringsten Gebots bestimmt werden.

§ 92 ZVG

(1) Erlischt durch den Zuschlag ein Recht, das nicht auf Zahlung eines Kapitals gerichtet ist, so tritt an die Stelle des Rechtes der Anspruch auf Ersatz des Wertes aus dem Versteigerungserlöse.

(2) Der Ersatz für einen Nießbrauch, für eine beschränkte persönliche Dienstbarkeit sowie für eine Reallast von unbestimmter Dauer ist durch Zahlung einer Geldrente zu leisten, die dem Jahreswerte des Rechtes gleichkommt. Der Betrag ist für drei Monate vorauszuzahlen. Der Anspruch auf eine fällig gewordene Zahlung verbleibt dem Berechtigten auch dann, wenn das Recht auf die Rente vor dem Ablaufe der drei Monate erlischt.

(3) Bei ablösbaren Rechten bestimmt sich der Betrag der Ersatzleistung durch die Ablösesumme.

§ 119 ZVG

Wird auf einen bedingten Anspruch ein Betrag zugeteilt, so ist durch den Teilungsplan festzustellen, wie der Betrag anderweit verteilt werden soll, wenn der Anspruch wegfällt.

§ 120 ZVG

(1) Ist der Anspruch aufschiebend bedingt, so ist der Betrag für die Berechtigung zu hinterlegen. Soweit der Betrag nicht gezahlt ist, wird die Forderung gegen den Ersteher auf die Berechtigten übertragen. Die Hinterlegung sowie die Übertragung erfolgt für jeden unter der entsprechenden Bedingung.

(2) Während der Schwebezeit gelten für die Anlegung des hinterlegten Geldes, für die Kündigung und Einziehung der übertragenen Forderung sowie für die Anlegung des eingezogenen Geldes die Vorschriften der §§ 1077 bis 1079 des Bürgerlichen Gesetzbuchs; die Art der Anlegung bestimmt derjenige, welchem der Betrag gebührt, wenn die Bedingung ausfällt.

§ 121 ZVG

(1) In den Fällen des § 92 II ist für den Ersatzanspruch in den Teilungsplan ein Betrag aufzunehmen, welcher der Summe aller künftigen Leistungen gleichkommt, den fünfundzwanzigfachen Betrag einer Jahresleistung jedoch nicht übersteigt; zugleich ist zu bestimmen, daß aus den Zinsen und dem Betrage selbst die einzelnen Leistungen zur Zeit der Fälligkeit zu entnehmen sind.

(2) Die Vorschriften der §§ 119, 120 finden entsprechende Anwendung; die Art der Anlegung des Geldes bestimmt der zunächst Berechtigte.

6.2.4.1. Zuzahlungsbetrag gemäß §§ 50, 51

Gemäß § 44 bleiben alle Rechte als Teil des geringsten Gebots bestehen, die dem Anspruch vorgehen, aus dem die Zwangsversteigerung bestrangig betrieben wird. Der Anspruch selbst und alle gleich- und nachrangigen Rechte erlöschen mit dem Zuschlag (§ 91 I), wenn nicht entweder das Bestehenbleiben als abweichende Versteigerungsbedingung von allen betroffenen Beteiligten gemäß § 59 I oder das Liegenbelassen des Rechts zwischen dem Berechtigten und dem Ersteher gemäß § 91 II vereinbart worden ist.

Bestehenbleibende Rechte (vgl § 52) muß der Ersteher übernehmen; er erwirbt insoweit nicht ein unbelastetes Grundstück. Da aber nicht ausgeschlossen ist, daß das zu übernehmende Recht im Zeitpunkt des Zuschlags nicht (mehr) wirksam ist, wäre der Ersteher ungerechtfertigt bereichert, wenn er in diesem Fall nicht einen dem Wert des Rechtes entsprechenden Betrag „zuzahlen", das heißt neben dem Bargebot bezahlen müßte. Bei Hypotheken, Grundschulden und Rentenschulden ergibt sich der Zuzahlungsbetrag ohne weiteres aus dem Betrag dieser Rechte (vergleiche § 50). Bei anderen dinglichen Rechten (zum Beispiel Grunddienstbarkeiten,[31] beschränkte persönliche Dienstbarkeiten[32] usw, aber auch Altenteil)[33] muß das Vollstreckungsgericht einen sogenannten Ersatzwert als Zuzahlungsbetrag festsetzen (§ 51).[34] Es hat sich in der Praxis eingebürgert, den „Ersatzwert" iSd §§ 50, 51 „Zuzahlungsbetrag" zu nennen, um Verwechslungen mit dem „Ersatzbetrag" iSd §§ 92, 121 (vgl B. 6.2.4.2) zu vermeiden.

Ein Zuzahlungsbetrag ist auch für ein bestehenbleibendes Vorkaufsrecht (welches nicht nur für einen Verkaufsfall bestellt wurde), eine Auflassungsvormerkung oder ein Erbbaurecht festzusetzen. Bei ersterem ist der Betrag maßgebend, um den sich der Grundstückswert durch die Behinderung der freien Verfügbarkeit mindert;[35] der Zuzahlungsbetrag für ein Vorkaufsrecht kann aber immer nur ein Bruchteil des Verkehrswertes sein, weil die Behinderung des Erstehers „nur" darin besteht, daß ihm trotz Abgabe des Meistgebots evtl kein Zuschlag erteilt wird (er braucht dann aber auch im wirtschaftlichen Endeffekt nichts zu bezahlen). Dagegen ist während für die Auflassungsvormerkung vom Verkehrswert des Grundstücks auszugehen ist, von diesem aber die der Vormerkung vorgehenden Rechte sowie die vom Vormerkungsberechtigten als Gegenleistung noch zu erbringenden Beträge abzuziehen sind. Notwendig, aber sehr schwierig ist schließlich die Festsetzung eines Zuzahlungsbetrags gemäß § 51 II für eine Erbbaurechts-Belastung bei der Versteigerung des mit einem Erbbaurecht belasteten Grundstücks; der Zuzahlungsbetrag soll dem durch die Erbbaurechts-Belastung geminderten Grundstückswert unter Berücksichtigung der Restdauer entsprechen[36] und kann deshalb recht hoch sein, aber auch uU sogar gegen Null tendieren.[37]

Dieser Zuzahlungsbetrag muß vom Ersteher aber nur in dem sehr unwahrscheinlichen Fall tatsächlich bezahlt werden, daß das dingliche Recht trotz seiner Grundbuch-Eintragung bei Eintritt der Rechtskraft des Zuschlagsbeschlusses nicht (mehr) besteht oder daß es aus öffentlich-rechtlichen Gründen

---

[31] Dazu BGH NJW 1993, 457; 1982, 2179; OLG Hamm Rpfleger 1984, 30.

[32] Dazu BGH NJW 1991, 2759; OLG Hamm Rpfleger 1986, 270 (Anm Fuchs Rpfleger 1987, 76); OLG Schleswig Rpfleger 1980, 348.

[33] Dazu BGH Rpfleger 1994, 347; NJW-RR 1989, 451; BayObLG Rpfleger 1993, 443.

[34] Vgl **TH** B. 6.5.4.

[35] LG Hildesheim Rpfleger 1990, 87; Gyring Rpfleger 1985, 392; Stöber Handbuch Rdn. 268.

[36] BGH NJW 1989, 2129.

[37] Dazu Helwich Rpfleger 1989, 389; Dassler-Schiffhauer § 51 Rz 18.

unwirksam ist.[38] Erlischt das Recht erst nach dem Wirksamwerden des Zuschlags, so tritt die Zuzahlungspflicht nicht ein, es sei denn, das Erlöschen ist auf den Eintritt einer auflösenden oder das Ausfallen einer aufschiebenden Bedingung zurückzuführen; in diesen Fällen besteht die Zuzahlungspflicht gemäß §§ 51 I 1, 50 II unabhängig vom Zeitpunkt des Erlöschens des Rechts.

Die Festsetzung des Zuzahlungsbetrages für bestehenbleibende Rechte soll gemäß § 51 II bei der Feststellung des geringsten Gebotes durch das Vollstreckungsgericht nach dessen billigem Ermessen erfolgen. Unterbleibt die Festsetzung, so liegt darin ein Verstoß, der gemäß § 83 Nr. 1 zur Versagung des Zuschlags führen kann; außerdem wird dann das Prozeßgericht für die Festsetzung des vom Ersteher zu bezahlenden Ausgleichsbetrags zuständig.[39]

Verbindliche Bewertungsregeln bestehen nicht. Die Höhe des Zuzahlungsbetrages soll gem § 51 I 2 dem Betrag entsprechen, um den das Grundstück ohne die bestehenbleibende Belastung wertvoller wäre. Das ist zwar ein anderer Wert als derjenige, den dieses bestehenbleibende Recht für den Berechtigten uU hat und der nach §§ 92, 121 als Ersatzbetrag beim Erlöschen des Rechts aus dem Versteigerungserlös verlangt werden kann. Aber abgesehen davon, daß die Beteiligten eine bestimmte Bewertung vereinbaren können (was dann für das Vollstreckungsgericht verbindlich ist), sollte das Gericht entweder darauf achten, daß die Festsetzung des Zuzahlungsbetrags nicht zu sehr von der Bewertung des Rechtes selbst abweicht, oder es sollte das Recht zusätzlich gem § 74a V bewerten, um bei den Zuschlagsversagungsgründen der §§ 85a I, 74a nicht in Schwierigkeiten zu kommen.[40]

Die Festsetzung ist gem § 95 nicht getrennt, sondern nur im Rahmen der Zuschlagsbeschwerde anfechtbar;[41] eine zu hohe Festsetzung könnte ja ein zu niedriges Gebot zur Folge haben.[42] Wichtige Bewertungskriterien werden vor allem die Dauer des Rechts und die Meinung der Beteiligten darstellen. Der Ersatzwert-Feststellung wird aber in der Praxis keine besondere Bedeutung beigemessen, weil der Ersatzwert nur in außerordentlich seltenen Fällen auch tatsächlich einmal vom Ersteher neben dem Bargebot zugezahlt werden muß.

Bezahlt werden muß der festgesetzte Zuzahlungsbetrag 3 Monate nach der Kündigung (§ 51 I 2), wenn bis dahin die Löschung des Rechtes erfolgt ist oder wenigstens die für die Löschung erforderlichen Urkunden vorliegen.[43]

Keine Zuzahlungspflicht gibt es, wenn der Gläubiger einer bestehenbeleibenden Grundschuld wegen Erledigung des Sicherungszwecks zur Rückgewähr verpflichtet ist,[44] oder wenn der Gläubiger einer bestehenbleibenden Gesamtgrundschuld unter Verstoß gegen den Rückgewähranspruch (der bisherigen Grundstückseigentümer oder evtl Zessionare) nach dem Zuschlag Löschungsbewilligung erteilt, damit der Ersteher sein Grundstück lastenfrei

---

[38] BGH NJW 1990, 154.
[39] Stöber § 51 Anm 5.2.
[40] Vgl dazu unten D. 4.3.1. und D. 4.4.1.
[41] Fischer BWNotZ 1963, 37.
[42] OLG Hamm Rpfleger 1984, 30; Stöber § 51 Anm 5.3.
[43] Dassler-Schiffhauer § 51 Rz 21; Stöber § 51 Anm 6.2. – **etwas abweichend** Steiner-Eickmann § 51 Rz 34.
[44] BGH NJW 1993, 1919.

stellen kann.[45] Aber in entsprechender Anwendung des § 50 II Nr. 1 ist ein Zuzahlungsbetrag zu leisten, wenn dem Ersteher bereits im Zeitpunkt des Zuschlags Löschungsbewilligungen für nach den Versteigerungsbedingungen bestehenbleibende Rechte der Abt. II oder III des Grundbuchs vorliegen und der Ersteher nach seiner Eintragung als Eigentümer diese Rechte löschen läßt.[45a]

6.2.4.2. Ersatzbetrag gemäß §§ 92, 121

Mit dem (Zuzahlungsbetrag) Ersatzwert, der gemäß §§ 50, 51 unter Umständen neben dem Bargebot zugezahlt werden muß, darf nicht verwechselt werden der Ersatzbetrag, der gemäß §§ 92 II, 121 im Wege der Surrogation für erlöschende Rechte festgesetzt werden muß. Zur besseren Unterscheidung wird deshalb heute idR bei §§ 50, 51 vom Zuzahlungsbetrag und bei §§ 92, 121 vom Ersatzbetrag gesprochen. Mit dem Zuschlag verliert nicht nur gemäß § 90 I der Schuldner sein Eigentum am Grundstück, sondern gemäß § 91 I verlieren auch die Realgläubiger ihre dinglichen Rechte, soweit diese nicht bestehenbleiben. So verliert auch der Eigentümer seinen Erbbauzinsanspruch, wenn die diesen sichernde Reallast bei der Versteigerung des Erbbaurechtes erlischt.[46] An die Stelle des erloschenen Rechtes tritt aber durch Surrogation gemäß § 92 ein Ersatzanspruch am Versteigerungserlös entsprechend dem Rang des erloschenen Rechtes. Der Ersatzanspruch erlischt mit der Befriedigung aus dem Erlös und wird gegenstandslos, sobald feststeht, daß dieser zur Befriedigung nicht ausreicht.

Bei ablösbaren Rechten (Reallasten, landesrechtlich zum Teil auch Dienstbarkeiten) bestimmt sich gemäß § 92 III der Ersatzbetrag nach der Ablösesumme. Bei den nicht ablösbaren Rechten muß zwischen den wiederkehrenden und den nicht wiederkehrenden Leistungen unterschieden werden. Bei ersteren (Nießbrauch, beschränkte persönliche Dienstbarkeit, Reallast) muß gemäß §§ 92 II, 121 I ein Deckungskapital aus der Summe aller künftigen Leistungen, höchstens aber aus dem Betrag für 25 Jahre gebildet werden; aus diesem Deckungskapital werden die einzelnen Jahres-Geldrenten in vierteljährigen Raten entnommen. Reicht der Versteigerungserlös zur vollen Bedienung des Ersatzrechts nicht aus, so mindert sich trotzdem nicht die Jahres-Geldrente; der Berechtigte erhält sie ungekürzt bis zur Erschöpfung des Deckungskapitals. Haben mehrere Rechte beziehungsweise Ersatzrechte gleichen Rang, so wird der Erlos nach dem Verhältnis der Rechte aufgeteilt.

Gemäß § 121 I wird aber nicht grundsätzlich die nach § 92 II 1 ermittelte Jahres-Geldrente mit 25 multipliziert; vielmehr ist bei befristeten Rechten von der Restlaufzeit und bei lebenslangen Rechten von der Lebenserwartung auszugehen, die der Berechtigte mit einer gewissen Wahrscheinlichkeit noch erreichen wird.[47] Lediglich der 25-fache Jahresbetrag darf ebensowenig über-

---

[45] BGH NJW 1989, 1349; Stöber § 50 Anm 2.3.
[45a] OLG Hamm MDR 2002, 1273.
[46] BGH NJW 1987, 1942; 1982, 234; OLG Nürnberg MDR 1980, 401; OLG Hamburg MDR 1975, 853. – Vgl aber jetzt die „versteigerungsfeste" Erbbauzins-Reallast iSd § 52 II 2.
[47] Stöber § 121 Anm 2.2.

schritten werden wie ein eventuell eingetragener Höchstbetrag (§ 882 BGB). Da in jedem Fall nicht feststeht, ob der Berechtigte das ganze Ersatzkapital aufbraucht, muß gemäß §§ 121 II, 119 im Teilungsplan festgestellt werden, wem der vom Zunächst-Berechtigten nicht verbrauchte Teil nach dessen Tod zustehen soll.

Auch für Rechte, die nicht auf wiederkehrende Leistungen gerichtet sind, muß gemäß § 92 I ein Ersatzbetrag festgestellt werden. Am schwierigsten ist das bei Vorkaufsrecht oder Auflassungsvormerkung. Für ein persönliches oder für ein nur für einen Verkaufsfall bestelltes dingliches Vorkaufsrecht bedarf es keines Ersatzwertes, weil diese Vorkaufsrechte in der Zwangsversteigerung immer erlöschen oder gegenstandslos werden.[48] Das zB nach § 2b WoBindG dem Mieter einer öffentlich geförderten Wohnung zustehende Vorkaufsrecht gilt nur für den ersten Verkaufsfall und kann daher weder in der Zwangsversteigerung noch in einem darauf folgenden Verkauf ausgeübt werden.[48a]

Dagegen ist eine Ersatzbetrag-Feststellung für solche dingliche Vorkaufsrechte erforderlich, die für mehrere Fälle bestellt sind aber durch den Zuschlag erlöschen. Der Wert solcher Vorkaufsrechte ist mangels objektiver Gesichtspunkte außerordentlich schwer feststellbar. Heute kann als herrschende Meinung in Rechtsprechung und Literatur ein Ersatzwert von idR 2% des festgesetzten Grundstückswertes angesehen werden.[49] – Wenn eine eingetragene Miteigentümer-Vereinbarung (vgl § 1010 I BGB) bei der Zwangsversteigerung eines Miteigentümer-Anteils erlischt, können die übrigen berechtigten Miteigentümer Wertersatz iH ihres dadurch weggefallenen Nutzens verlangen, nicht dagegen bei Erlöschen wegen Versteigerung des ganzen Grundstücks.

Bei der Auflassungsvormerkung ist streitig, ob Ersatzbetrag der volle nach Befriedigung der vorgehenden Rechte verbleibende Erlösrest ist[50] oder ob davon außerdem – wie bei der Ersatzwert-Feststellung nach § 51 – die vom Vormerkungsberechtigten eventuell noch geschuldete Gegenleistung abgezogen werden muß.[51] Für die letztere Auffassung spricht m. E. das gerechtere materielle Ergebnis; allerdings ist nicht zu verkennen, daß dann dem Vollstreckungsgericht die schwierige Entscheidung über Schadensersatzansprüche aufgebürdet wird.[52]

Der Ersatzbetrag wird erst für den Verteilungstermin festgestellt; maßgebend ist regelmäßig die Anmeldung; ohne Anmeldung wird das Recht nicht berücksichtigt, also keine Feststellung von Amts wegen.[53] Das Gericht ist aber

---

[48] Vgl Stöber § 92 Anm 6.12.

[48a] BGH NJW 1999, 2044.

[49] Vgl OLG Celle vom 3. 11. 87 – 4 U 193/86; LG Hildesheim EWIR 1990, 101 (zust Anm Eickmann mwN); LG Hamburg Rpfleger 1986, 443; so jetzt auch Zeller-Stöber § 92 Anm 6.10. – Zum Wertersatz für eine Rückauflassungsvormerkung vgl OLG Düsseldorf Rpfleger 1991, 471.

[50] Sog. „Surrogationstheorie", vgl Dassler-Schiffhauer § 92 Rz 26; Steiner-Eickmann § 92 Rz 36; Haegele BWNotZ 1971, 1.

[51] Sog. „Differenztheorie": Blomeyer DNotZ 1979, 515; Keufe NJW 1968, 476; Siegmann DNotZ 1995, 209 mWn; Stöber § 92 Anm 7.3.

[52] Zum Wertersatz für eine erlöschende Eigentums-/Auflassungsvormerkung vgl auch BGH NJW 1994, 3299; Rpfleger 1987, 426.

[53] Stöber § 92 Anm 4.10.

gemäß § 139 ZPO verpflichtet, auf diese Gefahr ausdrücklich hinzuweisen.[54] Andererseits braucht die Anmeldung des Ersatzbetrages ohne Rangverlust erst zum Verteilungstermin zu erfolgen, weil sich das Recht als solches aus dem Grundbuch ergibt.[55] Dies hat für nachrangige Gläubiger den Nachteil, daß sie oft im Versteigerungstermin noch nicht beurteilen können, wieviel geboten werden muß, damit sie keinen Ausfall erleiden. Manchmal kann dieses Problem durch Ablösung gelöst werden.[56] – Wer mit dem Ersatzbetrag nicht einverstanden ist, hat nur die Möglichkeit eines Widerspruchs gemäß § 115. Eine Anmeldung ist dann nicht erforderlich, wenn sich aus dem Grundbuch nicht nur das Recht seinem Grunde nach sondern auch mit seinem Geldbetrag ergibt.

6.2.5. Barteil – bestehenbleibende Rechte

§ 49 ZVG

(1) Der Teil des geringsten Gebots, welcher zur Deckung der Kosten sowie der im § 10 I Nr. 1–3 und im § 12 Nr. 1 und 2 bezeichneten Ansprüche bestimmt ist, desgleichen der das geringste Gebot übersteigende Betrag des Meistgebots ist von dem Ersteher im Verteilungstermine zu berichtigen (Bargebot).

(2) Das Bargebot ist von dem Zuschlag an zu verzinsen.

(3) Das Bargebot kann entrichtet werden durch Überweisung oder Einzahlung auf ein Konto der Gerichtskasse, sofern der Betrag der Gerichtskasse vor dem Verteilungstermin gutgeschrieben ist und ein Nachweis hierüber im Termin vorliegt, oder durch Barzahlung.

(4) Der Ersteher wird durch Hinterlegung von seiner Verbindlichkeit befreit, wenn die Hinterlegung und die Ausschließung der Rücknahme im Verteilungstermine nachgewiesen werden.

§ 52 ZVG

(1) Ein Recht bleibt insoweit bestehen, als es bei der Feststellung des geringsten Gebots berücksichtigt und nicht durch Zahlung zu decken ist. Im übrigen erlöschen die Rechte.

(2) Das Recht auf eine der in den §§ 912 bis 917 des Bürgerlichen Gesetzbuchs bezeichneten Renten bleibt auch dann bestehen, wenn es bei der Feststellung des geringsten Gebots nicht berücksichtigt ist. Satz 1 ist entsprechend auf den Erbbauzins anzuwenden, wenn nach § 9 Abs 3 der Verordnung über das Erbbaurecht das Bestehenbleiben des Erbbauzinses als Inhalt der Reallast vereinbart worden ist.

Das geringste Gebot enthält immer einen sogenannten „Barteil", also den gemäß § 49 bar zu zahlenden Teil des geringsten Gebots. Wenn gemäß §§ 44, 52 Rechte bestehenbleiben und vom Ersteher übernommen werden müssen, besteht das geringste Gebot aus zwei Teilen, dem „Barteil" und den „be-

---

[54] Schiffhauer BlGrBW 1975, 221; Steiner-Eickmann § 92 Rz 19; Stöber § 92 Anm 4.10.

[55] OLG Koblenz Rpfleger 1984, 242; Dassler-Schiffhauer § 92 Rz 32.

[56] Vgl B. 7.2.1.10. und das **Beispiel** in B. 6.2.6. (Unterschied zwischen 1. und 2. Alternative).

stehenbleibenden Rechten". Gelegentlich muß der Ersteher auch Rechte beziehungsweise Belastungen übernehmen, die außerhalb des geringsten Gebots bestehenbleiben, weil sie von der Zwangsversteigerung unberührt bleiben.[57]

6.2.5.1. Barteil des geringsten Gebots.

Gemäß § 49 I müssen
(1) die gemäß § 109 I aus dem Versteigerungserlös vorweg zu entnehmenden Verfahrenskosten,
(2) die in den Rangklassen 1–3 des § 10 I genannten Ansprüche sowie
(3) die Kosten (§§ 12 Nr. 1, 10 II), die wiederkehrenden Leistungen und die anderen Nebenleistungen (§ 12 Nr. 2) zu den Rechten der Rangklassen 4 und 6–8 des § 10 I
im Verteilungstermin bar gezahlt werden.

Dabei muß unterschieden werden zwischen dem in § 49 I genannten „Bargebot" und dem hier behandelten „Barteil des geringsten Gebots". Letzterer erfaßt nur den bar zu zahlenden Teil des geringsten Gebots, also die Verfahrenskosten und von den Rechten der 1.–3. Rangklasse des § 10 I sowie von den Kosten, wiederkehrenden Leistungen und anderen Nebenleistungen nur diejenigen, die dem Anspruch des bestrangig betreibenden Gläubigers vorgehen und deshalb in das geringste Gebot fallen. Wird also aus dem ersten Recht der 4. Rangklasse des § 10 I bestrangig betrieben, dann besteht der Barteil des geringsten Gebots nur aus den Verfahrenskosten und den eventuellen Ansprüchen der 1.–3. Rangklasse des § 10 I, dagegen nicht aus irgendwelchen Rechtsverfolgungskosten, Zinsen oder ähnlichem; auch gibt es innerhalb des geringsten Gebots keine bestehenbleibenden Rechte.

Zu dem in § 49 I genannten Bargebot gehört außer dem Barteil des geringsten Gebots noch der das geringste Gebot übersteigende Betrag des Meistgebots, also der Differenzbetrag zwischen geringstem Gebot und Meistgebot. Das Bargebot muß außerdem gemäß § 49 II zwischen Zuschlag und Verteilungstermin verzinst werden, und zwar mit dem gesetzlichen Zinssatz von 4 (§ 246 BGB), falls nicht die Beteiligten gemäß § 59 einen anderen Zinssatz als abweichende Versteigerungsbedingung vereinbaren.

In das geringste Bargebot fallen immer die Verfahrenskosten, die gemäß § 109 I vorweg aus dem Versteigerungserlös zu entnehmen sind. Die Kosten werden zu diesem Zweck vorläufig ermittelt, wobei hinsichtlich der Gebühr für das Verteilungsverfahren (die sich bei der endgültigen Abrechnung gemäß § 54 III GKG nach der Höhe des Meistgebots richtet)[58] der nach § 74a V festgesetzte Verkehrswert zugrunde zu legen ist,[59] weil die so ermittelte vorläufige Verteilungsgebühr der endgültigen Verteilungsgebühr mit großer Wahrscheinlichkeit recht nahe kommt und so allen Beteiligten eine einigermaßen zuverlässige Berechnung ihrer Erlöschancen ermöglicht. Zu den Verfahrenskosten gehört auch ein Kostenvorschuß des betreibenden Gläubigers,

---

[57] Vgl das Beispiel im Anhang **AT** Nr. 17 und Nr. 20. – Vgl auch unten B. 6.2.6.1. und D. 5.3.
[58] Vgl oben B. 8.3.1.5.
[59] Herrschende Meinung: Stöber § 44 Anm 12.2.

der dafür aus dem Versteigerungserlös mit der entsprechend bevorzugten Rangstelle befriedigt wird.

Die bei den einzelnen Gläubigern entstandenen notwendigen Kosten der dinglichen Rechtsverfolgung (§ 12 Nr. 1) sind von den oben erwähnten Verfahrenskosten zu unterscheiden und fallen nur dann in das geringste Gebot, wenn das Hauptrecht, an dessen Rangstelle sie gemäß § 10 II ebenfalls geltend gemacht werden können, gemäß §§ 44, 52 bestehen bleibt. Das Haupt- (oder Stamm-)recht fällt dann in den bestehenbleibenden Teil des geringsten Gebots, während die Kosten zusammen mit den bevorzugten wiederkehrenden Leistungen (§§ 10 I, 12 Nr. 2, 13) und den übrigen Nebenleistungen des Rechts in den Barteil des geringsten Gebots gehören.

In den Genuß der bevorzugten Rangklasse des Hauptrechts kommen von den wiederkehrenden Leistungen nur die laufenden Beträge und die Rückstände aus den letzten zwei Jahren (vgl § 10 I Nr. 3 und 4); die älteren Rückstände können erst in der 7. beziehungsweise 8. Rangklasse des § 10 I geltend gemacht werden, so daß sie praktisch niemals in das geringste Gebot fallen.

Zu den gemäß § 49 I bar zu zahlenden Nebenleistungen gehört auch die sogenannte Vorfälligkeitsentschädigung, die gelegentlich von Kreditinstituten bei vorzeitiger Rückzahlung des Darlehens zum Ausgleich für die dadurch entstehenden Refinanzierungsnachteile verlangt wird. Auch wenn das dingliche Hauptrecht bestehenbleibt, muß die Vorfälligkeitsentschädigung aus dem Bargebot befriedigt werden, weil sie sich nur gegen den Schuldner richtet und daher vom Ersteher nicht übernommen zu werden braucht. Die Vorfälligkeitsentschädigung muß, um bei dem dinglichen Recht berücksichtigt werden zu können, aus dem Grundbuch ersichtlich sein.

6.2.5.2. Bestehenbleibende Rechte

Gemäß § 52 I 1 bleibt ein Recht insoweit bestehen, als es bei der Feststellung des geringsten Gebots berücksichtigt und nicht durch Zahlung zu decken ist (Deckungsgrundsatz). Bestehenbleibende Rechte müssen vom Ersteher übernommen werden (Übernahmegrundsatz); der Ersteher erwirbt insoweit kein unbelastetes Grundstück. Er muß diesen Umstand bei der Abgabe seines Gebotes immer im Auge behalten. Das ist deshalb nicht einfach, weil im Termin nur das Bargebot genannt wird, also der Barteil des geringsten Gebots erhöht um die Zuschläge, die sich aus dem Bieten selbst ergeben. Die bestehenbleibenden Rechte werden also nicht mehr ausdrücklich miterwähnt sondern müssen von jedem Bieter bei jedem Gebot „im Geiste" hinzugerechnet werden; denn dieser „Hinzurechnungsbetrag" muß ja vom Ersteher zusätzlich zu seinem Meistgebot aufgebracht werden, wenn er das Grundstück lastenfrei machen will.

Obwohl das Vollstreckungsgericht anläßlich der Feststellung des geringsten Gebots alle Anwesenden je nach der Kompliziertheit der Verhältnisse und nach dem Geschick des Rechtspflegers mehr oder weniger deutlich und verständlich auf diesen Umstand hinweist, entsteht bei den Bietern in der Hitze der Versteigerung sehr häufig Unklarheit und Verwirrung über diesen Punkt. Deshalb sollte bei einer Reform des ZVG daran gedacht werden, im Interesse einer besseren Durchschaubarkeit die Vorschriften dahin zu ändern, daß nicht mehr die Bargebote sondern die vollen Gebote einschließlich des Kapitalwertes der nach den Versteigerungsbedingungen bestehenbleibenden Rechte genannt werden müssen. Es ist für die Fachleute dann kein Problem, für die Erlösverteilung den bar zu zahlenden Teil aus dem Meistgebot zu ermitteln und den Ersteher rechtzeitig aufzugeben.

Hat ein Bieter sich bei der Abgabe seines Gebotes geirrt, weil er zum Beispiel davon ausgegangen ist, sein Bargebot schließe den Betrag der bestehenbleibenden Rechte ein oder weil er eine trotz Nichtaufnahme in das geringste Gebot bestehenbleibende wesentliche Belastung nicht gekannt hat, so kann er sein Gebot gemäß § 119 BGB anfechten.[60] Die Anfechtung muß unverzüglich nach Aufklärung des Irrtums erfolgen, das kann unter Umständen aber auch noch im Rahmen einer Beschwerde gegen den Zuschlag geschehen.[61] Nach Rechtskraft des Zuschlagsbeschlusses ist dagegen im Hinblick auf die Bestandskraft des Hoheitsaktes jede Anfechtung ausgeschlossen.[61]

Wenn die Anfechtung erfolgreich ist, muß das Gebot (falls es noch nicht zugelassen ist) sofort zurückgewiesen werden. War das angefochtene Gebot aber bereits zugelassen mit der Folge, daß das nächstniedrige Gebot gemäß § 72 I erloschen ist, so muß, falls die Versteigerung noch läuft, vollständig neu geboten werden. War die Bietstunde dagegen bereits geschlossen worden, so bleibt nur die Zuschlagsversagung und die Anberaumung eines neuen Versteigerungstermins.[62] Diese Rechtsfolgen können vermieden werden, wenn der Zulassung des später angefochtenen Gebots widersprochen worden ist, so daß das nächstniedrige Gebot gemäß § 72 I 1 nicht erloschen ist; dann kann auf dieses Gebot zugeschlagen werden.[63] Hat die Anfechtung Erfolg, muß der Anfechtende allerdings den anderen Beteiligten, die auf die Wirksamkeit des Meistgebots vertraut und deshalb diesem nicht gem § 72 widersprochen haben, gem § 122 I BGB den Vertrauensschaden ersetzen. Das kann schnell teuer werden: Wenn das Meistgebot von EURO 255 000,– erfolgreich angefochten und in einem späteren Termin nur noch EURO 241 000,– erzielt wurde, so ist ein zu ersetzender Vertrauensschaden in Höhe von EURO 17 000,– nicht ausgeschlossen![64] Wegen dieser großen wirtschaftlichen Gefahren haben aber m. E. alle Beteiligten und auch der Rechtspfleger die Verantwortung, solche Schäden möglichst zu vermeiden, d.h. erkennbare Irrtümer aufzuklären.

Irrtum ist bewußte Unkenntnis vom wirklichen Sachverhalt; deshalb ist nicht im Irrtum, wer sich bewußt ist, daß er den Inhalt seiner Erklärung oder deren Tragweite nicht kennt. Wer deshalb verspätet erscheint und bietet, oh-

---

[60] RGZ 54, 308; BGH NJW 1984, 1950; OLG Frankfurt Rpfleger 1980, 441; OLG Hamm Rpfleger 1972, 378; OLG Stuttgart Justiz 1979, 332; LG Krefeld Rpfleger 1988, 166; Dassler-Gerhardt § 71 Rz 3; Stöber § 71 Anm 2.6; Schiffhauer Rpfleger 1972, 341; zur Anfechtung vgl auch unten D. 1.3.1.

[61] OLG Frankfurt Rpfleger 1980, 441; LG Krefeld Rpfleger 1989, 166; Steiner-Storz § 71 Rz 99; Stöber § 71 Anm 2.7; Dassler-Gerhardt § 71 Rz 4 **gegen** Riggert JurBüro 1970, 359.

[62] Vgl BGH Rpfleger 1984, 243; Stöber § 71 Anm 32; OLG Frankfurt Rpfleger 1980, 441.

[63] BGH Rpfleger 1984, 243; RGZ 54, 332; Stöber § 71 Anm 3.2.

[64] OLG Frankfurt Rpfleger 1980, 441; Stöber § 71 Anm 2.6.

ne sich über die Versteigerungsbedingungen ausreichend zu informieren, ist nicht anfechtungsberechtigt.[65]

Der Rechtspfleger trägt die Verantwortung nicht nur dafür, daß das geringste Gebot korrekt festgestellt wird sondern er muß auch dafür sorgen, daß bei allen Beteiligten und bei den Bietern kein Irrtum entsteht; notfalls muß er gemäß § 139 ZPO auch während der Bietstunde klärend (aber nicht verunsichernd!) eingreifen.[66] Unabhängig davon ist es auch eine der Hauptaufgaben eines von einem Beteiligten oder Bieter zugezogenen Rechtsanwalts oder sonstigen Verfahrensbevollmächtigten, seinen Mandanten über einen etwaigen Irrtum aufzuklären; die Unterlassung macht gegebenenfalls schadensersatzpflichtig.[67]

Bleibt eine Grundschuld bestehen, so bleibt sie auf Grund ihrer dinglichen Abstraktheit (§ 1191 BGB) auch dann mit ihrem vollen Kapitalbetrag bestehen, wenn es sich ausdrücklich oder stillschweigend um eine Sicherungsgrundschuld handelt (was die Rechtsprechung heute nahezu bei jeder Grundschuld unterstellt) und wenn der Gläubiger erklärt, daß die gesicherte Forderung ganz oder teilweise erloschen ist. Der Eigentümer hat dann lediglich einen Anspruch auf Rückgewähr des freien Grundschuldteils; dieser Rückgewähranspruch ist in der Praxis sehr häufig aber nicht immer an nachrangige Grundpfandgläubiger oder an andere Gläubiger im voraus abgetreten; in neuerer Zeit schließen allerdings die meisten Grundschuldgläubiger die Abtretbarkeit der Rückgewähransprüche aus. Wenn die Rückgewähransprüche wirksam abgetreten sind, kann der Zessionar seine Rechte nach Anmeldung in der Versteigerung geltend machen.

Der Ersteher eines Grundstücks in der Zwangsversteigerung, der aus einer bestehengebliebenen Grundschuld dinglich in Anspruch genommen wird, kann dem Grundschuldgläubiger grundsätzlich keine Einreden entgegensetzen, die sich aus dem zwischen dem früheren Eigentümer und dem Grundschuld-Gläubiger abgeschlossenen Sicherungsvertrag ergeben.[67a] Der Ersteher muß also ohne Rücksicht auf die Valutierung der bestehengebliebenen Grundschuld die volle Grundschuld-Hauptsumme (die er ja bei seinem Meistgebot auch gedanklich abgezogen hat) und außerdem gemäß § 56 S. 2 die dinglichen Zinsen ab Zuschlag bezahlen[67b] und zwar so lange, bis der bisherige Eigentümer bzw die Gläubiger der Rückgewähransprüche in den Genuß von Grundschuld-Hauptsumme und dinglichen Zinsen ab Zuschlag gekommen sind.

Erteilt der Gläubiger einer nur noch teilweise valutierten Grundschuld dem Ersteher nach Zahlung des valutierten Betrages eine Löschungsbewilligung über den Gesamtbetrag der Grundschuld und läßt dieser die Grundschuld löschen, so kann der frühere Eigentümer wegen der Unmöglichkeit der Verwirklichung des Rückgewähranspruchs[68] unter Umständen vom

[65] Vgl Dassler-Schiffhauer-Gerhardt § 45 Anm 5.
[66] Vgl **TH** B. 6.5.5.
[67] Auch sonst ist zB eine Anfechtung ausgeschlossen, wenn bewußt Erklärungen abgegeben werden, deren Tragweite nicht bekannt ist: Vgl OLG Frankfurt Rpfleger 1980, 441; Dassler-Gerhardt § 71 Rz 3.
[67a] BGH NJW 2003, 2673.
[67b] Stöber § 56 Anm 3.4. – Vgl auch unten D. 5.2.3.
[68] Vgl dazu BGH NJW 1993, 1919.

Grundschuldgläubiger Schadensersatz verlangen (§ 325 BGB oder positive Vertragsverletzung). Entsprechende Schadensersatzansprüche können gegeben sein, wenn durch den Verkauf oder die Abtretung einer nur noch teilweise valutierten Sicherungsgrundschuld an einen gutgläubigen Dritten die Realisierbarkeit von Rückgewähransprüchen vereitelt wird.

Fällt eine Tilgungshypothek in das geringste Gebot, so kann deren Kapital als bestehenbleibendes Recht nur mit dem Betrag berücksichtigt werden, der sich nach Abzug der vom Schuldner schon bezahlten Tilgungsbeträge sowie der im Bargebot berücksichtigten Tilgungsteile ergibt; insoweit ist nämlich eine Teileigentümergrundschuld entstanden. Fällige Tilgungsleistungen gehören zu den wiederkehrenden Leistungen im Sinne des § 12 Nr. 2, deshalb müssen rückständige Tilgungsleistungen wie rückständige Zinsen angemeldet werden, da gemäß § 45 II nur die laufenden wiederkehrenden Leistungen von Amts wegen berücksichtigt werden. Im Gegensatz zu den Zinsen unterliegen rückständige Tilgungsleistungen aber keiner zeitlichen Begrenzung; alle fälligen Tilgungsleistungen werden also bei rechtzeitiger Anmeldung (§ 37 Nr. 4) ohne Rücksicht auf das Alter des Rückstandes in den Barteil des geringsten Gebots aufgenommen. Streitig ist allerdings, ob auch für Tilgungsleistungen die zeitliche Begrenzung des § 47 gilt (14 Tage nach Versteigerungstermin). Mit Stöber[69] ist davon auszugehen, daß alle vor dem Versteigerungstermin (nicht 14 Tage danach!) fällig gewordenen Beträge (aber dann ohne zeitliche Begrenzung) aufzunehmen sind.

Wenn ein Recht bestehenbleibt, das keine Hypothek, Grundschuld oder Rentenschuld ist, muß ein Zuzahlungsbetrag (früher: „Ersatzwert" genannt) festgestellt werden, der aber keine große praktische Bedeutung hat, sondern nur dann aktuell wird und gemäß §§ 50, 51 zu einer Zuzahlungspflicht des Erstehers führt, wenn das Recht trotz seiner Grundbucheintragung im Zeitpunkt des Wirksamwerdens des Zuschlags nicht (mehr) besteht. Allerdings wird dieser Zuzahlungsbetrag mitgerechnet, wenn es um die Frage geht, ob das Meistgebot („einschließlich des Wertes der bestehenbleibenden Rechte") die Hälfte des Verkehrswertes (bei § 85a) bzw. dessen Sieben-Zehntel-Wertes (bei § 74a erreicht). Insofern kommt dem Zuzahlungsbetrag doch eine größere Bedeutung zu, als oft angenommen wird. Wichtig ist auch, daß bei bestehenbleibenden Rechten der Abt II des Grundbuchs nicht der Zuzahlungsbetrag bestehenbleibt (sondern das Recht selbst!), und daß der Ersteher hier (im Gegensatz zu einer bestehenbleibenden Grundschuld!) nicht das Recht hat, gegen Bezahlung des (Zuzahlungs-)Betrages die Löschung (oder Abtretung) dieses Rechtes herbeizuführen.[69a]

6.2.5.3. Außerhalb des geringsten Gebots bestehenbleibende Rechte

Die §§ 44 und 52 und die anderen Vorschriften des ZVG befassen sich nur mit Rechten, Ansprüchen und Belastungen, die von der Zwangsversteigerung in irgendeiner Form berührt werden und grundsätzlich mit dem Zuschlag erlöschen, wenn sie nicht dem bestrangig betreibenden Gläubiger vor-

---

[69] Handbuch Rdn 261.
[69a] Vgl hiezu **TH** B. 6.5.8.

gehen oder wenn nicht ihr Bestehenbleiben gemäß § 59 oder § 91 II vereinbart worden ist.

Es gibt darüber hinaus aber eine ganze Reihe von öffentlich- und privatrechtlichen Rechten beziehungsweise Belastungen, die von der Zwangsversteigerung völlig unberührt bleiben und außerhalb des geringsten Gebots bestehen bleiben ohne Rücksicht darauf, ob sie dem Anspruch des bestrangig betreibenden Gläubigers vor- oder nachgehen, ob sie im Versteigerungsverfahren bekannt oder gar angemeldet sind oder nicht und ob sie in den Versteigerungsbedingungen erwähnt sind.[70] Auch ein Zuzahlungsbetrag gemäß §§ 50, 51 wird nicht festgesetzt, weil sich das ZVG überhaupt nicht um sie kümmert. Soweit solche Rechte oder Belastungen dem Versteigerungsgericht bekannt sind, sollten sie allerdings in den Versteigerungsbedingungen ausdrücklich genannt werden, zumal der Ersteher unter Umständen ein Anfechtungsrecht gemäß § 119 BGB hat, wenn er ein trotz Nichtaufnahme in das geringste Gebot bestehenbleibendes Recht nicht gekannt hat;[71] allerdings wird man hier sehr strenge Maßstäbe anlegen müssen, weil in einem gewissen Umfang eben mit derartigen Belastungen gerechnet werden muß.

Die wichtigsten Rechte, die außerhalb des geringsten Gebots bestehen bleiben können, sind:

(1) Vorkaufsrecht nach §§ 24–26 Bundesbaugesetz oder nach § 17 Städtebauförderungsgesetz;

(2) Dauerwohnrecht nach § 39 Wohnungseigentumsgesetz;

(3) Erbbaurecht nach § 25 Erbbaurechtsverordnung;

(4) Überbau- und Notwegrente nach §§ 912–917 BGB (vgl § 52 II 1) sowie Erbbauzins-Vereinbarungen (iSd § 52 II 2);

(5) Heimstätteneigenschaft nach § 5 Reichsheimstättengesetz (das allerdings mit Wirkung ab 1. 10. 1993 aufgehoben wurde; vgl dazu oben B. 2.4.);

(6) Hypothekengewinnabgabeschuld nach § 112 III Lastenausgleichsgesetz;

(7) Öffentliche Baulasten nach Bundes- oder Landesrecht,[72] (Übernahme einer Baulast nach Eintragung des Zwangsversteigerungsvermerks ist aber dem Ersteher gegenüber nicht wirksam);[73]

(8) Sonstige nach Landesrecht unter Umständen als Altenteil[74] eingetragene Dienstbarkeiten und Reallasten oder nicht eintragungsbedürftige Rechte, vgl § 9 ZVG-Einführungsgesetz;[75] evtl auch landesrechtlich best. Wohnungsrech-

---

[70] Vgl dazu auch unten D.5.3. Dies gilt zB auch für einen Nacherbenvermerk, selbst wenn das Anwartschaftsrecht des Nacherben gepfändet worden sein sollte: BGH Rpfleger 2000, 403.

[71] Vgl oben B. 6.2.5.2.

[72] BVerwG NJW 1993, 480; OVG Münster NJW 1996, 1362; 1994, 3370 (LS); OVG Hamburg Rpfleger 1993, 209; Masloh NJW 1995, 1993; Drischler Rpfleger 1986, 289 mwN.

[73] Vgl dazu oben B. 4.3.1.

[74] OVG Münster NJW 1996, 1362; Stöber § 66 Anm 6.4. – Ein erst nach der Beschlagnahme bewilligtes und im Grundbuch eingetragenes Altenteil ist aber dem betreibenden Gläubiger gegenüber unwirksam: OLG Hamm Rpfleger 2001, 254 AG Dülmen Rpfleger 1999, 342.

[75] Zum Altenteil vgl ausführlich Drischler Rpfleger 1983, 229 und Kahlke Rpfleger 1990, 233 – **TH** B. 4.3.2.4. – Im übrigen vgl zu den außerhalb des geringsten Gebots bestehenbleibenden Rechten ausführlich Steiner-Eickmann § 52 Rz 22–41.

te, wenn dies nicht durch abweichende Versteigerungsbedingungen ausgeschlossen wird (zB in Nordrhein-Westfalen);

(9) Beschränkungen nach dem Wohnungsbindungsgesetz;[75a]

(10) Schuldnerfremdes Gebäudeeigentum im Beitrittsgebiet unter den Voraussetzungen des § 9 a EGZVG (vgl dazu oben A. 5.1.);

(11) Öffentliche Baulasten nach Maßgabe der Landesgesetze,[76] auch wenn
sie von der betreffenden Behörde nicht zum Versteigerungstermin angemeldet worden sind.[77]

Unangenehme Überraschungen kann der Ersteher auch dann erleben,
wenn Erschließungsmaßnahmen zwar schon lange Zeit vor der Versteigerung
abgeschlossen aber noch nicht abgerechnet und deshalb die diesbezüglichen Erschließungskosten vor dem Versteigerungstermin noch nicht fällig
waren und so auch nicht angemeldet werden mußten aber jetzt vom Ersteher
gefordert werden. Formal ist in diesem Fall die Kommune durchaus im
Recht; andererseits hat die Kommune m. E. die Pflicht, im Rahmen ihrer
sonstigen Anmeldung darauf hinzuweisen, daß derartige Kosten noch zu erwarten und dann vom Ersteher zu bezahlen sind. In extremen Fällen könnte
sie sonst unter Umständen riskieren, daß sich der Ersteher erfolgreich gegen
seine Inanspruchnahme zur Wehr setzt.

Bis zum Jahre 1976 lief der Ersteher bei gewerblich genutzten Objekten
außerdem Gefahr, daß er über § 116 AO (alter Fassung) für die Betriebssteu-
er-Rückstände des Voreigentümers haftbar gemacht wird. Diese Vorschrift
hat auch deshalb in der Praxis zu erheblichen Schwierigkeiten geführt, weil
oft auch noch während der Bietstunde nicht abzusehen war, ob und gegebenenfalls solche Rückstände vorhanden waren und ob beziehungsweise unter
welchen Voraussetzungen der Ersteher mit einer Inanspruchnahme rechnen
muß. Glücklicherweise ist diese Haftung seit 2. 1. 1977 durch § 75 II AO
(neue Fassung) für einen Erwerb im Vollstreckungsverfahren ausdrücklich beseitigt worden.

6.2.5.4. Besonderheit: Erbbauzins-Reallast

Wichtige Besonderheiten gelten bei der Zwangsversteigerung eines Erbbaurechtes für die Erbbauzins-Reallast iSd § 9 I ErbbauVO iVm §§ 1105–
1118 BGB. Wenn diese bei der Feststellung des geringsten Gebots nicht berücksichtigt ist und mit dem Zuschlag gemäß §§ 51 I 2, 91 I erlischt, verliert
der Grundstückseigentümer seine Erbbauzinsansprüche; der Ersteher tritt
dann nicht etwa in die schuldrechtlichen Verpflichtungen ein.[78] Dies gilt

---

[75a] Das dem Mieter einer öffentlich geförderten Wohnung gemäß § 2b WoBindG
zustehende Vorkaufsrecht gilt dagegen nur für den ersten Verkaufsfall und kann daher
weder in einer Zwangsversteigerung noch bei einem darauffolgenden Verkauf ausgeübt
werden: BGH NJW 1999, 2044.

[76] Vgl BVerwG NJW 1993, 480; OVG Hamburg NJW 1993, 1877.

[77] Hintzen Rz 181 mit Recht **gegen** Drischler Rpfleger 1986, 289. – Die Behörde
macht sich aber schadensersatzpflichtig, wenn sie eine entsprechende Anfrage des Vollstreckungsgerichts falsch oder nicht beantwortet.

[78] Heute allg Ansicht: BGH NJW 1987, 1942; 1982, 234; OLG Nürnberg MDR
1980, 401; OLG Hamburg MDR 1975, 853.

auch, wenn der Grundstückseigentümer selbst die Zwangsversteigerung des Erbbaurechts aus seiner Reallast betreibt.[79]

Bei der Beleihung von Erbbaurechten entsteht oft ein Konflikt zwischen den Interessen des Grundstückseigentümers an der „Versteigerungsfestigkeit" seiner Reallast einerseits und dem Interesse der Grundpfandgläubiger an einer möglichst werthaltigen Grundschuld-Absicherung ihrer Darlehen andererseits. Beide bemühen sich daher um die erste Rangstelle. Die Praxis behilft sich hier idR als Kompromiß mit individuellen Vereinbarungen zwischen dem Grundstückseigentümer und den einzelnen Grundpfandgläubigern,[80] wonach

- alle zum Bestehenbleiben einer „eigentlich" mit dem Zuschlag erlöschenden Reallast iSd §§ 59 und 91 II erforderlichen Erklärungen abzugeben sind, und/oder
- im Falle des „Trotzdem-Erlöschens" ein Ersatzbetrag von maximal DM ... geltend gemacht werden darf.[81]

Seit dem 1. 10. 1994 kann gemäß § 9 III ErbbauVO[82] als Inhalt einer Erbbauzins-Reallast[83] auch vereinbart werden, daß die Reallast abweichend von § 52 I dann mit ihrem Hauptanspruch bestehenbleibt, wenn der Grundstückseigentümer aus seiner Reallast oder ein Gläubiger aus einem der Reallast gleich- oder vorrangigen dinglichen Recht die Zwangsversteigerung des Erbbaurechtes betreibt (nicht ein Gläubiger aus Rangklasse 1 a, 2 oder 3).[84] Diese Vereinbarung muß im Grundbuch eingetragen oder mindestens durch Bezugnahme auf die Eintragungsbewilligung aus dem Grundbuch ersichtlich sein.

Für den Fall einer entsprechenden Vereinbarung regelt der neue (und unglücklich formulierte)[85] § 52 II 2 das Bestehenbleiben der Erbbauzins-Reallast auch für den Fall, daß die Reallast Rang nach dem bestrangig betreibenden Gläubiger (oder Gleichrang mit ihm) hat. Dagegen meint § 52 II 2 nicht, daß eine derartige „versteigerungsgeschützte" Reallast außerhalb des geringsten Gebots bestehenbleibt;[85] eine nach § 52 II 2 bestehenbleibende Erbbauzins-Reallast muß deshalb bei der Feststellung des geringsten Gebots ausdrücklich berücksichtigt werden.[86]

---

[79] Stöber § 52 Anm 5.1.

[80] Vgl dazu Groth DNotZ 1984, 372; Karow NJW 1984, 2669; Sperling NJW 1983, 2487; Tracht DNotZ 1984, 370.

[81] Ähnliche Lösungen werden auch bei sogenannten „Tankstellen-Dienstbarkeiten mit Mineralölkonzernen und „Gaststätten-Dienstbarkeiten" mit Brauereien praktiziert.

[82] Vgl dazu oben B. 4.3.1.

[83] Die neue Erbbauzins-Reallast kann seit dem 1. 10. 1994 (vgl SachRÄndG BGBl 1994 I, 2457) auch mit einer Wertsicherungsklausel verbunden werden. Dazu: BayObLG NJW 1997, 468; H und Chr Mohrbutter ZiP 1995, 806; v. Oefele DNotZ 1995, 643; Klawikowski Rpfleger 1995, 145; Wilke DNotZ 1995, 654. – Dadurch ist die bisher nötige Eintragung einer besonderen Vormerkung auf Erhöhung des Erbbauzinses unnötig geworden.

[84] Stöber Rpfleger 1996, 136; H und Chr Mohrbutter ZIP 1995, 806; v. Oefele DNotZ 1995, 643.

[85] Stöber § 52 Anm 6.2.

[86] Stöber Rpfleger 1996, 136; H und Chr Mohrbutter ZIP 1995, 806.

6.2.6. Berechnungsbeispiel

6.2.6.1. Ausgangszahlen

Einfamilienhaus: Irmgard und Karl Grün, Ildorf
Erste Beschlagnahme am 28. 12. 2007; Verkehrswert: EURO 160 000.– Versteigerungstermin am 16. 6. 2008.[87]

Die Aufzählung der Ansprüche erfolgt nach der Rangordnung gemäß §§ 10–12 und nicht nach der zeitlichen Reihenfolge des Versteigerungsantrags und der eventuellen Beitrittsanträge; diese spielt nämlich weder für die Erlösverteilung noch für die Feststellung des geringsten Gebots eine Rolle, wenn die entsprechenden Beschlüsse mindestens 4 Wochen vor dem Versteigerungstermin dem Schuldner zugestellt sind (§ 44 II).
Wenn ein Grundstück wie hier je zur Hälfte auf Eheleute eingetragen ist, müssen beide Grundstückshälften gemäß § 63 I eigentlich getrennt ausgeboten werden; dann muß auch für jede Grundstückshälfte ein eigenes geringstes Gebot festgestellt werden. Jeder Beteiligte kann aber gemäß § 63 II 1 verlangen, daß das Grundstück auch im ganzen ausgeboten wird, und die anwesenden Beteiligten können gemäß § 63 V auf die Abgabe von Einzelausgeboten verzichten. Von dieser Möglichkeit wird in der Regel Gebrauch gemacht,[88] so daß auch hier nur Gesamtausgebote angenommen werden.

Verfahrenskosten gemäß § 109
  Kostenvorschuß des Gläubigers A[89]   1200
  Rest nach vorläufiger[90] Berechnung   800
Öffentliche Lasten gemäß § 10 I Nr. 3
  Ildorf, Grundsteuer 2007 und 2008[91]   250
  Ildorf, Erschließungskosten[91]   750
Grundschuld A (Abt III Nr. 1)
  Rechtsverfolgungskosten[91]   500
  8% laufende Zinsen (jährl. nachträgl.) 1. 1. 06–30. 6. 08[92]   10 000
  8% rückständige Zinsen 1. 1. 04–30. 12. 05[91]   8000
  Hauptsumme[92]   50 000
Wegerecht zugunsten TH (Abt II Nr. 1)
  Zuzahlungsbetrag 1600[92, 93]
Leitungsrecht zugunsten TH (Abt II Nr. 2)
  Zuzahlungsbetrag 1200[92, 93]
Grundschuld B (Abt III Nr. 2)
  Rechtsverfolgungskosten[91]   400
  12% laufende Zinsen (jährl. nachträgl.) 1. 1. 06–30. 6. 08[92]   12 000

---

[87] Die gleichen Zahlen liegen dem Beispiel im Anhang zugrunde; vgl **AT** 1–28.
[88] Vgl D. 2.6.
[89] Der Kostenvorschuß gehört zu den Verfahrenskosten, behält auch die bevorzugte Rangstelle, wird aber bei der Erlösverteilung an den Gläubiger A zurückbezahlt.
[90] Im Versteigerungstermin ist nur eine vorläufige Berechnung möglich, weil die Gebühren für das Verteilungsverfahren mangels festem Bezugspunkt Meistgebot noch nicht genau festgelegt werden können.
[91] Diese Rechte müssen rechtzeitig angemeldet werden, weil sie sonst bei der Feststellung des geringsten Gebots nicht berücksichtigt werden und auch ihren guten Rang verlieren.
[92] Diese Rechte bedürfen keiner Anmeldung, wenn sie bei der Eintragung des Versteigerungsvermerks aus dem Grundbuch ersichtlich waren.
[93] Ein Zuzahlungsbetrag (gem §§ 50, 51, vgl B. 6.2.4.1.) wird im Versteigerungstermin nur festgelegt, wenn die Rechte bestehen bleiben.

12% rückständige Zinsen 1. 1. 04–30. 12. 05[91]	9600
Hauptsumme[92]	40 000
Grundschuld C (Abt III Nr. 3). …	
Grundschuld D (Abt III Nr. 4). …	
….	

6.2.6.2. Erste Alternative

Wenn aus der Grundschuld A (Abt III Nr. 1) über nominal EURO 50 000,– bestrangig betrieben wird, berechnet sich das geringste Gebot wie folgt:

1. Bestehenbleibende Rechte:
   alle Rechte erlöschen.
2. Barteil des geringsten Gebots:

Verfahrenskosten	2000,–
Erschließungskosten und Grundsteuer	1000,–
	3000,–

6.2.6.3. Zweite Alternative

Wenn aus der Grundschuld B (Abt III Nr. 2) über nominal EURO 40 000,– bestrangig betrieben wird, berechnet sich das geringste Gebot wie folgt:

1. Bestehenbleibende Rechte:
   Grundschuld A (Abt III Nr. 1); Hauptsumme 50 000,–
   Wegerecht TH (Abt II Nr. 1); Zuzahlungsbetrag 1600,–
   Leitungsrecht (Abt II Nr. 2); Zuzahlungsbetrag 1200,–
2. Barteil des geringsten Gebots:

Verfahrenskosten	2000,–
Erschließungskosten und Grundsteuern	1000,–
Rechtsverfolgungskosten aus Abt III Nr. 1	500,–
8% laufende Zinsen 1. 1. 06–30. 6. 08 (Abt III Nr. 1)	10 000,–
8% rückständige Zinsen 1. 1. 04–30. 12. 05 (Abt III Nr. 1)	8000,–
Barteil des geringsten Gebots insgesamt	21 500,–

Der „wirtschaftliche Gesamtwert" des geringsten Gebots beträgt hier also EURO 74 300,–, weil EURO 21 500.– bar zu zahlen und außerdem Belastungen im Wert von 52 800,– zu übernehmen sind. Wobei aber zu beachten ist, daß die Wege- und Leitungsrechte (im Gegensatz zur Grundschuld A!) nicht einfach durch Bezahlung der Zuzahlungsbeträge beseitigt werden können. Weniger mißverständlich wäre es daher zu sagen: Bar zu zahlen sind EURO 21 500, , neben einer Grundschuld iHv nominal EURO 50 000,– bleiben ein Wegerecht und ein Leitungsrecht bestehen. Letztere können nicht einfach „abgelöst" werden; jeder Interessent muß sich daher überlegen, ob das Grundstück mit diesen bestehenbleibenden Wege- und Leitungsrechten für ihn überhaupt noch interessant ist oder ggf mit welcher Wertminderung.[93a]

6.2.6.4. Dritte Alternative

Auch aus einem Recht der 3. Rangklasse des § 10 I kann die Zwangsversteigerung betrieben werden; die Zwangsvollstreckung aus öffentlich-rechtlichen Forderungen ist sogar oft erleichtert, weil im Verwaltungszwangsverfahren nicht über ordentliche Gerichte erst Vollstreckungstitel beschafft werden müssen.

[93a] Vgl hierzu **TH** B. 6.5.8.

Wenn also aus den Erschließungskosten bestrangig betrieben wird, berechnet sich das geringste Gebot wie folgt:
1. Bestehenbleibende Rechte:
   alle Rechte erlöschen.
2. Barteil des geringsten Gebots:
   Verfahrenskosten   2000,–

Innerhalb der Rangklasse 3 des § 10 I haben die Rechte den gleichen Rang, so daß auch die Grundsteuern nicht ins geringste Gebot fallen, wenn aus den Erschließungskosten bestrangig betrieben wird.

6.3. Änderung des geringsten Gebots

6.3.1. Änderungsmöglichkeiten

Das geringste Gebot richtet sich entsprechend seiner Definition in § 44 I nicht nach dem Verkehrswert des zu versteigernden Grundstücks sondern danach, welcher Anspruch es ist, aus dem die Versteigerung bestrangig betrieben wird: das geringste Gebot besteht eben (nur) aus allen Ansprüchen, die dem Anspruch des bestrangig betreibenden Gläubigers vorgehen. Da sich diese Bestrangigkeit aber in keiner Weise aus der zeitlichen Reihenfolge des Anordnungs- oder der Beitrittsbeschlüsse für die einzelnen Ansprüche ergibt sondern ausschließlich aus der in den §§ 10–12 festgelegten Rangfolge der Ansprüche, kann sich im Verlaufe eines Zwangsversteigerungsverfahrens mehrfach eine Änderung ergeben:
Das geringste Gebot ermäßigt sich, wenn durch einen Beitritt der neue Gläubiger bestrangig betreibender Gläubiger wird (1); es erhöht sich umgekehrt, wenn der bisher bestrangig betreibende Gläubiger für die Feststellung des geringsten Gebots zum Beispiel durch Aufhebung seines Verfahrens ausfällt (2). Schließlich kann sich das geringste Gebot auch dadurch ändern, daß sich die Beteiligten gemäß § 59 I auf eine abweichende Feststellung des geringsten Gebots einigen (3).
Nicht zutreffend ist die vom OLG Hamm vertretene Auffassung,[94] das geringste Gebot würde sich nicht ändern, wenn der bestrangig betreibende Gläubiger seinen Versteigerungsantrag zum Beispiel nach einer Ablösung zurücknimmt, denn durch die Ablösung erlischt der Anspruch nicht, sondern geht kraft Gesetzes auf den Ablösenden über und muß im Verteilungstermin bei entsprechender Legitimation an der bisherigen Rangstelle bedient werden.

6.3.1.1. Ermäßigung des geringsten Gebots

Wenn während des Zwangsversteigerungsverfahrens gemäß § 27 der Beitritt eines weiteren Gläubigers zugelassen wird und wenn dieser weitere Gläubiger nun der bestrangig betreibende Gläubiger ist, dann ändert sich unmittelbar das geringste Gebot. Es ermäßigt sich, weil nur noch diejenigen Ansprüche ins geringste Gebot fallen, die dem Anspruch des neuen bestrangig betreibenden Gläubigers vorgehen. Wurde die Versteigerung in unserem

---

[94] EWiR 1990, 413 mit **ablehnender** Anm Muth.

Berechnungsbeispiel (vgl oben B. 6.2.6.) zunächst bestrangig aus der Grundschuld A betrieben (erste Alternative), so bestand das geringste Gebot aus einem Barteil mit EURO 3000,–. Tritt später die Stadtkasse aus ihren Erschließungskosten dem Verfahren bei (dritte Alternative), so ermäßigt sich das geringste Gebot auf EURO 2000,–, weil nur noch die Verfahrenskosten den Erschließungskosten vorgehen.

Überraschungen für die Beteiligten durch eine derartige Änderung sind ausgeschlossen, weil § 44 II ausdrücklich vorschreibt, daß der Anspruch des neu beigetretenen Gläubigers der Feststellung des geringsten Gebots nur dann zugrunde gelegt werden darf, wenn der Beitrittsbeschluß dem Schuldner mindestens 4 Wochen vor dem Versteigerungstermin zugestellt ist. Der Beitritt kann also auch noch später zugelassen und wirksam werden, nur spielt er eben für die Feststellung des geringsten Gebots keine Rolle. Wird er dennoch berücksichtigt, so ist das ein Verfahrensfehler, der gemäß § 83 Nr. 1 zur Zuschlagsversagung führt, wenn nicht der Schuldner und die betroffenen Beteiligten das Verfahren nachträglich genehmigen.

Gemäß § 41 II soll den Beteiligten im Laufe der vierten Woche vor dem Versteigerungstermin mitgeteilt werden, auf wessen Antrag und wegen welcher Ansprüche die Versteigerung erfolgt. Auf diese Weise sind die Beteiligten doppelt vor Überraschungen geschützt.

6.3.1.2. Erhöhung des geringsten Gebots

Das geringste Gebot erhöht sich, wenn während des Zwangsversteigerungsverfahrens der bisher bestrangig betreibende Gläubiger für die Feststellung des geringsten Gebots nicht mehr berücksichtigt werden kann, weil sein Verfahren aufgehoben oder einstweilen eingestellt wird und deshalb nicht mehr zu den „betriebenen" Verfahren gehört.[95]

Wurde die Versteigerung in unserem Berechnungsbeispiel (vgl oben B. 6.2.6.) zunächst bestrangig aus der Grundschuld A betrieben (erste Alternative), so bestand das geringste Gebot nur aus einem Barteil von EURO 3000,–. Bewilligt nun der Gläubiger A die einstweilige Einstellung (oder nimmt er seinen Versteigerungsantrag ganz zurück), so wird der Gläubiger B bestrangig betreibender Gläubiger (zweite Alternative) mit der unmittelbaren Folge, daß sich der Barteil des geringsten Gebots auf EURO 21500,– erhöht und daß außerdem 3 Rechte bestehenbleiben!

Während bei der Ermäßigung des geringsten Gebots Überraschungen ausgeschlossen sind, kann sich das geringste Gebot blitzschnell erhöhen: die einstweilige Einstellung kann jederzeit und ohne große Formalitäten und ohne jede Begründung bewilligt werden,[96] und ebenso schnell ist die Rücknahme des Antrages erklärt.[97] Einstellungsbewilligung und Antragsrücknahme sind während des ganzen Verfahrens bis zur Verkündung der Entscheidung

---

[95] Ob der Gläubiger während der einstweiligen Einstellung noch zu den „betreibenden" Gläubigern zählt oder nicht, ist nach den Kommentaren unklar, spielt aber im prakt. Ergebnis keine Rolle. Einigkeit besteht, daß das einstweilen eingestellte Verfahren bei der Feststellung des geringsten Gebots nicht zugrundegelegt werden darf, vgl Stöber § 44 Anm 7.2.

[96] Vgl dazu oben B. 3.4.2.

[97] Vgl dazu oben B. 3.3.2.

über den Zuschlag möglich;[98] bis zu diesem Zeitpunkt kann sich also das geringste Gebot ändern.

6.3.1.3. Abweichende Feststellung gemäß § 59

Jede der in §§ 44–52 enthaltenen Regelungen für das geringste Gebot kann geändert werden, wenn ein Beteiligter dies verlangt und alle beeinträchtigten anderen Beteiligten zustimmen. Auf diese Weise kann zum Beispiel vereinbart werden, daß erlöschende Rechte bestehenbleiben sollen und umgekehrt oder daß auch ein verspätet zugestellter Beitrittsbeschluß trotz § 44 II berücksichtigt wird.

Sofern nicht feststeht, ob das Recht eines anderen Beteiligten durch die abweichende Feststellung des geringsten Gebots beeinträchtigt wird, schreibt § 59 II sogenannte Doppelausgebote vor, das heißt, daß das Grundstück mit der verlangten Abweichung und ohne sie auszubieten ist. Der Zuschlag erfolgt, wenn auf beide Gebotsarten geboten worden ist, auf das Gebot mit den abweichenden Bedingungen, wenn dadurch niemand beeinträchtigt wird, dessen notwendige Zustimmung nicht schon vorliegt oder noch beigebracht wird.

Überraschungen sind durch diese Art der Änderung des geringsten Gebots nicht möglich, weil die Änderung nur im Einvernehmen mit allen Betroffenen erfolgen kann und weil ein Beeinträchtigter mindestens vor dem Zuschlag der Abweichung ausdrücklich zustimmen muß.

Eine Sonderregelung gilt für das Altenteil, Leibgeding oä, das gemäß § 9 I EGZVG auch bestehenbleibt, wenn es bei der Feststellung des geringsten Gebots nicht berücksichtigt worden ist. Hier kann aber ein Beteiligter uU gemäß § 9 II EGZVG verlangen, daß dieses Recht als abweichende Versteigerungsbedingung erlischt; dann sind Doppelausgebote erforderlich.[99]

6.3.2. Folgen der Änderung

Das geringste Gebot ist während der ganzen Zwangsversteigerung, insbesondere vom Beginn der Bietstunde an bis zur Verkündung des Zuschlags die wichtigste Grundlage des Verfahrens.[100] Deshalb hat die Änderung des geringsten Gebots auch Folgen für das Verfahren, die je nachdem unterschiedlich ausfallen, in welchem konkreten Zeitpunkt des Gesamtverfahrens die Änderung wirksam wird.

Für diese Betrachtung kann sowohl die Ermäßigung des geringsten Gebots durch einen neu beitretenden Gläubiger[101] als auch die gemäß § 59 erfolgende abweichende Feststellung des geringsten Gebots[102] außer Betracht bleiben, weil sie ohne Überraschungen und vor der Bietstunde erfolgen müssen. Besondere Beachtung verdient dagegen die Änderung des geringsten Gebots, die auf eine Einstellungsbewilligung oder Antragsrücknahme des bestrangig

---

[98] Vgl Dassler-Muth § 30 R z 13
[99] Näher zum Altenteil insbesondere OLG Hamm Rpfleger 1986, 270; Kahlke Rpfleger 1990, 235; Drischler Rpfleger 1983, 229. – Vgl auch **TH** B. 4.3.2.4.
[100] Vgl Stöber § 44 Anm 4.10.
[101] Vgl oben B. 6.3.1.1.
[102] Vgl oben B. 6.3.1.3.

betreibenden Gläubigers zurückzuführen ist. Dabei soll aber davon ausgegangen werden, daß das Gesamtverfahren trotzdem weitergeführt wird, weil noch andere Gläubiger die Versteigerung betreiben;[103] andernfalls wäre mit der Antragsrücknahme des einzig betreibenden Gläubigers die gesamte Versteigerung vorüber, und bei einer Einstellungsbewilligung würde für die Einstellungszeit eine Pause eintreten, während der auch kein neues geringstes Gebot gebildet werden könnte.

Wenn also mehrere Gläubiger die Versteigerung betreiben (das gleiche gilt, wenn ein Gläubiger aus verschiedenen Ansprüchen betreibt), und wenn sich das geringste Gebot dadurch ändert, daß der bestrangig betreibende Gläubiger durch einstweilige Einstellung oder Aufhebung seines Verfahrens „ausfällt", dann wirkt sich die Änderung des geringsten Gebots auf das Gesamtverfahren wie folgt aus:[104]

(1) Tritt die Änderung **vor der Bietstunde** ein, so muß lediglich der Rechtspfleger das von ihm eventuell schon vorbereitete geringste Gebot neu berechnen; uU muß allerdings der Versteigerungstermin verschoben werden (wenn die Frist des § 44 II bzgl der verbliebenen betreibenden Gläubiger nicht gewahrt wäre).

(2) Tritt die Änderung **während der Bietstunde** ein, so muß die bisherige Bietstunde abgebrochen, das neue geringste Gebot festgestellt und eine neue Bietstunde mit mindestens 30 Minuten durchgeführt werden. Die Gebote der alten Bietstunde erlöschen, gem § 72 III.

Wichtig ist in diesem Zusammenhang, daß die neue Bietstunde auch tatsächlich in diesem Versteigerungstermin durchgeführt werden muß, selbst wenn das dem Rechtspfleger und der Mehrzahl der Beteiligten nicht angenehm sein sollte. Denn dieser offizielle Versteigerungstermin muß durchgeführt werden und dazu gehört auch eine vollständige Bietstunde von mindestens 30 Minuten (§ 73 I 1). Selbstverständlich sind Unterbrechungen des Termins möglich, auch für mehrere Stunden; aber es muß dabei bleiben, daß dieser Versteigerungstermin durchgeführt wird.

(3) Tritt die Änderung **nach Schluß der Bietstunde**[105] aber **vor der Verkündung der Entscheidung über den Zuschlag** ein, so kann auch mit Zustimmung aller Anwesenden keine neue Bietstunde durchgeführt werden, weil dieser Versteigerungstermin mit der Bietstunde formell abgeschlossen worden ist und im Hinblick auf die zwingenden Bekanntmachungsfristen des § 43 I nicht unmittelbar ein neuer Versteigerungstermin durchgeführt werden kann; ein Verstoß gegen § 43 I wäre unheilbar und müßte gemäß § 83 Nr. 7 zur Versagung des Zuschlags führen.

Fraglich ist, ob trotz der nachträglichen Änderung des geringsten Gebots noch auf das alte Meistgebot zugeschlagen werden kann, obwohl dieses gem § 72 III erloschen ist. Weitgehende Einigkeit herrscht in den Kommentaren, daß dies einen Verstoß gegen die Vorschriften über die Feststellung des geringsten Gebots darstellt. Zum Teil wird dies aber als ein gemäß § 84

---

[103] Es kommt ausschließlich auf dieses „Bestrangig Betreiben" an, nicht auf die Höhe der Forderung oder die Qualität des Gläubigers oder irgend ein anderes Kriterium; **unzutreffend** daher OLG Köln Rpfleger 1990, 176 (**abl. Anm** Storz).
[104] Vgl dazu ausführlich auch oben B. 3.2.1.
[105] Zum genauen Endpunkt vgl D. 1.3.1.

heilbarer Verstoß angesehen, wenn jeder eventuell Beeinträchtigte das Verfahren genehmigt; zum Teil wird mit recht unterschiedlichen Begründungen für bestimmte Ausnahmesituationen eine Zuschlagsmöglichkeit gefordert.[106]

M. E. ist von einem gemäß §§ 84 I, 83 Nr. 1 heilbaren Verfahrensfehler auszugehen, der aber dennoch praktisch immer zu einer Zuschlagsversagung führen muß, weil der bisher bestrangig betreibende Gläubiger immer zu den Beeinträchtigten gehört; er hat aber gerade durch die nach der Bietstunde erklärte Einstellungsbewilligung oder Antragsrücknahme deutlich gemacht, daß er mit dem Ergebnis der Bietstunde nicht einverstanden ist. Also wird er jetzt nicht einen Verfahrensverstoß des Gerichts genehmigen, der das von ihm bezweckte Ergebnis der Zuschlagsversagung wieder zerstört![107]

Wenn aber der Gläubiger zu einem Meinungswechsel bewegt werden kann, dann soll er lieber seine Einstellungsbewilligung wieder zurücknehmen, was bis zur Entscheidung über den Zuschlag möglich ist,[107] dann kann der Zuschlag auf das Meistgebot problemlos erfolgen. Allerdings ist der Widerruf einer Rücknahme des Versteigerungsantrags nicht möglich, weil das Verfahren automatisch mit dem Eingang der Rücknahmeerklärung bei Gericht beendet wird.[108]

Als Ergebnis ist also festzuhalten, daß die auf einer einstweiligen Einstellung des bestrangig betriebenen Verfahrens beruhende Änderung des geringsten Gebots dann zu einer Versagung des Zuschlags gemäß § 33 führt, wenn sie nach Schluß der Bietstunde aber vor der Verkündung der Entscheidung über den Zuschlag wirksam wird.[109] Allerdings ist Vorsicht geboten, weil inzwischen einige Oberlandesgerichte die Zuschlagserteilung im Ergebnis dann für zulässig halten, wenn nur wegen eines relativ geringfügigen Betrages bestrangig betrieben und dann einstweilen eingestellt wird, und wenn außerdem noch andere Gläubiger aus deutlich höheren Forderungen die Zwangsversteigerung (nachrangig) betreiben. Das ist zwar rechtlich unzutreffend (wie soll/kann hier allgemeingültig abgegrenzt werden und woher kommt die Berechtigung zur Unterscheidung von alleine – oder mit – betreiben?); aber in der Praxis ist diese Rechtsprechung trotzdem sorgfältig zu beachten!

Etwas anders zu sehen ist der Fall, daß das geringste Gebot von Anfang an falsch festgestellt war, zB auf Grund eines Rechenfehlers. Hier handelt es sich nicht um eine nachträgliche Änderung des geringsten Gebots als wichtigste Versteigerungsgrundlage, sondern um einen „normalen Verfahrensfehler" iSd § 83 Nr. 1. Dieser Fehler steht der Zuschlagserteilung nicht entgegen, wenn das Recht keines Beteiligten betroffen wird, oder wenn jeder Betroffene den Zuschlag genehmigt. Kein Beteiligter ist zB betroffen, wenn auch bei fehlerfreier Berechnung das bar zu zahlenden Teils kein anderes Meistgebot abgegeben worden wäre.[110]

---

[106] Zu den einzelnen Meinungen vgl oben B. 3.2.1.
[107] Vgl oben B. 3.2.2.
[108] Vgl oben B. 3.3.2.
[109] Ebenso AG Bamberg Rpfleger 1968, 98; RGZ 89, 426; Stöber Rpfleger 1971, 327 und ZIP 1981, 944; Steiner-Storz § 30 Rz 48. – Vgl auch D. 3.5. und C. 5.4.1. sowie **TH** 5.4.3.1. und **TH** C. 5.4.3.2.
[110] LG Frankfurt Rpfleger 1988, 494; Storz Rpfleger 1990, 176.

Thesen-Seite 19:
Berechnung und Änderung des geringsten Gebotes

1. Geringstes Gebot	Barteil	Bestehenbleibende Rechte
Verfahrenskosten	2.000,–	
öffentliche Lasten	1.000,–	
	3.000,–	– 0 –

Grundschuld A

Rechtsverfolgungskosten	500,–	
laufende/rückständige Zinsen	18.000,–	
Hauptsumme	–	50.000,–
Wegerecht Abt. II Nr. 1	–	Wegerecht
(ZZB 1.600,–)		
Leitungsrecht II Nr. 2	–	Leitungsrecht
(ZZB 1.200,–)		
	21.500,–	3 Rechte

Grundschuld

2. Änderung des geringsten Gebots

1. Ermäßigung durch Hinzutreten eines neuen Bestrangigen; keine Überraschungen möglich wegen § 44 II.

2. Erhöhung wegen Wegfalls des bisherigen Bestrangigen; jederzeit Überraschungen möglich!

3. Änderung gemäß § 59 durch Vereinbarung; keine Überraschung der Beteiligten wegen Mitwirkung.

6.4. Bedeutung des bestrangig betreibenden Gläubigers

Weil das geringste Gebot die Grundlage des ganzen Zwangsversteigerungsverfahrens ist, so daß jede Änderung des geringsten Gebots zu unter Umständen tiefgreifenden Folgen für das Zwangsversteigerungsverfahren führt,[111]

weil sich das geringste Gebot ausschließlich nach dem bestrangig betreibenden Gläubiger richtet, indem es seiner Definition nach nur aus den Rechten zusammengesetzt wird, die dem Anspruch des bestrangig betreibenden Gläubigers vorgehen.[112]

weil nur der bestrangig betreibende Gläubiger alleine ohne jedes Mitwirkungsbedürfnis eines anderen Beteiligten oder des Rechtspflegers dadurch eine Änderung des geringsten Gebots herbeiführen kann, daß er schnell, formlos und ohne Begründungspflicht in jedem Stadium des Verfahrens bis zur Verkündung der Entscheidung über den Zuschlag die einstweilige Einstellung bewilligt,[113]

und weil er die Einstellungsbewilligung sogar solange noch zurücknehmen kann, bis über sie entschieden worden ist,[113]

kann der bestrangig betreibende Gläubiger und nur er allein die Versagung jedes Zuschlags verhindern, der ihm nicht gelegen kommt. Ohne an irgendwelche Wertgrenzen gebunden zu sein (wie dies beim § 74a-Antrag die $^7/_{10}$-Grenze ist) und ohne irgendwelche sachlichen Gründe für sein Verhalten vorbringen zu müssen (wie dies zum Beispiel beim Vollstreckungsschutz-Antrag nach § 765a ZPO der Fall ist) und ohne durch irgendwelche Fristen gebunden zu sein (die zum Beispiel den Einstellungsantrag nach § 30a auf wenige Verfahrensabschnitte zurückdrängen) kann der bestrangig betreibende Gläubiger die Einstellungsbewilligung zu einem hervorragenden taktischen Kampfmittel machen, das er in den verschiedenen Verfahrensabschnitten mit jeweils anderen taktischen Zielen einsetzen kann.[114] Er darf dieses Recht allerdings nicht mißbrauchen!

Der Gesetzgeber hat jeden betreibenden Gläubiger als Herrn des Verfahrens angesehen; da aber auch bei mehreren betreibenden Gläubigern das geringste Gebot für das ganze Verfahren einheitlich festgestellt werden muß, kann es sich nur nach einem betreibenden Gläubiger richten. Und das kann nach dem Deckungsgrundsatz des § 44 I nur der bestrangig betreibende Gläubiger sein. Das bedeutet einerseits, daß alle anderen betreibenden Gläubiger für das geringste Gebot keine Rolle spielen, so daß eine einstweilige Einstellung ihrer Einzelverfahren das Gesamtverfahren überhaupt nicht berührt. Und das bedeutet andererseits, daß allein der bestrangig betreibende Gläubiger der wirkliche Herr des Verfahrens ist.

Will der Schuldner oder ein anderer Gläubiger eine Verschiebung des Versteigerungstermins oder vor der Bietstunde überhaupt eine einstweilige Einstellung des Gesamtverfahrens erreichen, so müssen zwar auch die anderen

---

[111] Vgl oben B. 6.1.
[112] Vgl oben B. 6.2.
[113] Vgl oben B. 3.4.2.
[114] Vgl **TS** 6 und 7 (A. 2.1.).

betreibenden Gläubiger mitwirken, aber man kommt an dem bestrangig betreibenden Gläubiger nicht vorüber.

Niemand kann leichter als der bestrangig betreibende Gläubiger veranlassen, daß eine schon begonnene Bietstunde abgebrochen und von neuem durchgeführt werden muß. Und vor allem kann niemand so leicht wie der bestrangig betreibende Gläubiger eine Zuschlagsversagung herbeiführen, beziehungsweise eine durch seine Einstellungsbewilligung eigentlich erforderliche Zuschlagsversagung durch eine rechtzeitige Rücknahme seiner Einstellungsbewilligung wieder verhindern.[115]

Mit diesem taktischen Mittel, das dann besonders wirksam ist, wenn die Einstellungsbewilligung nach Schluß der Bietstunde aber vor der Verkündung des Zuschlags erklärt und nach einer erfolgreich ausgenutzten Verhandlungspause wieder zurückgenommen wird, kann der bestrangig betreibende Gläubiger (und nur er allein) vor allem:[116]

(1) höhere Zahlungen außerhalb der eigentlichen Versteigerung erreichen oder sonstige Forderungen als Ausgleich dafür durchsetzen, daß er den Zuschlag nicht verhindert;

(2) die Zuschlagsversagung herbeiführen, um einen ihm nicht genehmen Interessenten nicht zum Zug kommen zu lassen oder in der Hoffnung auf höhere Gebote im nächsten Termin (ähnlich dem $^7/_{10}$-Antrag aber ohne dessen Voraussetzungen).

Das Gesetz hat die Einstellungsbewilligung des Gläubigers im Gegensatz zum Einstellungsantrag des Schuldners sehr leicht gemacht, weil es davon ausgeht, daß der Gläubiger der Herr des Verfahrens ist und daß auch die Einstellungsbewilligung dazu dient, dem Schuldner zu helfen. Der Gesetzgeber hat sich lediglich bemüht, durch das Verbot einer dreimaligen Einstellungsbewilligung (§ 30 I 3) eine Schädigung der nachrangigen Gläubiger zu verhindern. Der bestrangig betreibende Gläubiger selbst (und erst recht nicht Beteiligte, die erst durch Ablösung in diese Rechtsstellung gelangt sind) darf diese rechtlichen Möglichkeiten nicht bewußt zum Nachteil der anderen Beteiligten mißbrauchen. Allerdings müssen die anderen Beteiligten selbst aufpassen und sich schützen: fast jeder Beteiligte und vor allem jeder nachrangige Gläubiger haben nämlich die Möglichkeit, notfalls durch Ablösung selbst bestrangig betreibender Gläubiger zu werden. Deshalb kommt der Ablösung auch eine so große Bedeutung zu, und deshalb herrscht zwischen allen Gläubigern auch eine volle Waffengleichheit.[117]

6.5. Taktische Hinweise

TH 6.5.1.: Wegen der sehr großen Bedeutung des bestrangig betreibenden Gläubigers nicht nur für die Höhe des geringsten Gebots sondern vor allem wegen seiner zahlreichen Verfahrensmöglichkeiten sollte jeder Beteilig-

---

[115] Vgl **TH** C. 5.4.1. und **TH** C. 5.4.3.1. und **TH** C. 5.4.3.2.

[116] Vgl unten D. 5.4.2. und **TH** D. 4.5.5.2. und das Beispiel im Anhang **AT** Nr. 17, 20, 22.

[117] Zu den Interessengegensätzen zwischen den Gläubigern vgl auch **TH** A. 1.3.2.2. und **TH** B. 1.2.2.1. und **TH** B. 1.2.2.3. und **TH** B. 3.4.4.5. und **TH** B. 6.5.6. und **TH** B. 6.5.7. und **TH** C. 1.2.4.3.

te die Mitteilung nach § 41 II sorgfältig lesen. Dabei ist darauf zu achten, daß vor jedem neuen Versteigerungstermin eine neue Mitteilung nach § 41 II erfolgt, weil ja neue Gläubiger dem Verfahren beigetreten sein können und bisher betreibende Gläubiger die einstweilige Einstellung bewilligt oder ihren Versteigerungsantrag inzwischen zurückgenommen haben können. Aufmerksamkeit ist auch deshalb angebracht, weil in der Regel bei der Mitteilung nach § 41 II die verschiedenen betreibenden Gläubiger nicht nach ihrer Rangfolge gemäß §§ 10–12 sondern nach der Zeitfolge der sie betreffenden Beitrittsbeschlüsse aufgeführt sind.[118]

TH 6.5.2.: Da gemäß § 45 II zwar nicht die laufenden wohl aber die rückständigen Zinsen angemeldet werden müssen, um bei der Feststellung des geringsten Gebots berücksichtigt werden zu können, und da gemäß § 114 I 2 die Ansprüche als angemeldet gelten, soweit sie sich aus dem Versteigerungs- oder Beitrittsantrag ergeben, sollten grundsätzlich im Antrag auch die rückständigen wiederkehrenden Leistungen angesprochen werden, gewissermaßen als doppelte Sicherheit. Wenn dann die eigentliche Forderungsanmeldung versehentlich unterlassen wird, geht wenigstens nicht die bevorzugte Rangstelle verloren.

TH 6.5.3.: Kommt es aus irgendwelchen Gründen zu einem Abbruch der Bietstunde, zur Neufeststellung des geringsten Gebots oder zur Festlegung abweichender Versteigerungsbedingungen, dann kann und sollte diese Gelegenheit auch dazu genutzt werden, eventuell vergessene Anmeldungen nachzuholen.[119]

TH 6.5.4.: Die „Festsetzung" eines Ersatzbetrages gemäß §§ 92, 121 für erlöschende Rechte erfolgt erst im Verteilungstermin, wobei sich das Gericht in der Regel auf die Anmeldung des Berechtigten stützt und die anderen Beteiligten auf die Widerspruchsmöglichkeit nach § 115 verweist. Diese Regelung ist zwar verständlich, aber für nachrangige Gläubiger unbefriedigend, weil sie in keiner Weise kalkulieren können, welcher Erlös erzielt werden muß, damit ihr Recht noch befriedigt wird. Deutlich wird dies zum Beispiel bei einem kommunalen Vorkaufsrecht, auf dessen Ausübung die Kommune diesmal verzichtet hat. Hier sollten sich entweder alle Beteiligten darauf einigen, daß der Ersatzbetrag doch schon verbindlich im Versteigerungstermin festgelegt wird, oder sie sollten das Bestehenbleiben dieses Rechtes gemäß § 59 vereinbaren. Gerade Rechte der Abt II stören oft nicht, so daß sie auch das Versteigerungsergebnis nicht negativ beeinflussen. Wenn beides nicht gelingt, und wenn nur der bestrangig betreibende Gläubiger dem so hoch bewerteten Recht aus Abt II vorgeht, kann auch durch eine Einstellungsbewilligung des bestrangig betreibenden Gläubigers erreicht werden, daß sowohl sein eigenes Recht als auch das schwierige Recht aus Abt II innerhalb des geringsten Gebots bestehen bleiben und so die Probleme beseitigt werden.

TH 6.5.5.: Auch wenn sich der Rechtspfleger noch so große Mühe gibt, allen Beteiligten zu erklären, was alles zu berücksichtigen ist, wenn innerhalb

---

[118] Zur Mitteilung nach § 41 II vgl auch **TH** C. 3.5.6.

[119] Die Zulässigkeit derartig „nachgeholter" Anmeldungen wird heute allerdings von der herrsch Ansicht abgelehnt, vgl Dassler-Schiffhauer § 59 Rz 13. – Dazu auch B. 6.4.1. und D. 1.2.1.

des geringsten Gebots auch Rechte bestehen bleiben, übersehen Bieter häufig im Streß der Versteigerung, daß sie mit ihren Bargeboten nicht ein unbelastetes Grundstück erwerben können. Nun ist es zwar primär Aufgabe des Rechtspflegers oder eines eventuellen Rechtsanwalts des Bieters, diesen über seinen Irrtum aufzuklären; es fragt sich aber, ob auch ein Gläubiger auf einen nur von ihm erkannten Irrtum hinweisen sollte. Verpflichtet ist er dazu mit Sicherheit nicht, wenn er nicht gewisse Beratungspflichten gegenüber dem Bieter übernommen hat. Außerdem wäre der Gläubiger unter Umständen über ein so hohes Gebot recht froh. Trotzdem kann es m. E. durchaus Situationen geben, in denen er besser daran täte, den Irrtum aufzudecken. Denn immerhin sind solche Gebote anfechtbar, und zwar unter Umständen erst im Rahmen einer Zuschlagsbeschwerde. Dann ist aber die Bietstunde vorüber und die anderen Bieter haben sich verlaufen. Die dadurch entstehenden Probleme können auch durch die Schadensersatzpflicht nach § 122 BGB des Anfechtenden nicht beseitigt werden. Deshalb sollte der Gläubiger unter Umständen über seinen Schatten springen und unmittelbar nach Abgabe des zweifelhaften Gebots fragen, ob auch die bestehenbleibenden Rechte berücksichtigt sind.

TH 6.5.6.: Die Macht des bestrangig betreibenden Gläubigers ist sehr groß. Jeder Beteiligte in einem Zwangsversteigerungsverfahren muß dessen umfangreiche taktische Möglichkeiten kennen. Nur dann weiß er, wie er sich verhalten kann, wenn er selbst bestrangig betreibender Gläubiger ist; und nur so weiß er, wovor er aufpassen muß, wenn ein anderer bestrangig betreibender Gläubiger ist. Wenn er befürchten muß, daß dieser Maßnahmen ergreift, die ihm schaden könnten, hat er immer die Möglichkeit, den bestrangig betreibenden Gläubiger abzulösen und damit aus seiner guten Position zu drängen.

TH 6.5.7.: Die Zwangsversteigerung führt in der Regel nicht nur zu Interessengegensätzen zwischen den Gläubigern und dem Schuldner oder zwischen Gläubigern und Schuldner gegen die Bieter, sondern unter Umständen auch zwischen den Gläubigern untereinander. Das muß jeder wissen und darauf muß sich jeder einrichten. Jeder hat gleiche Chancen und die gleiche Ausgangsposition, weil jeder durch Ablösung bestrangig betreibender Gläubiger werden kann. Deshalb ist es m. E. sinnlos und nicht gerechtfertigt, wenn sich einzelne Gläubiger nachträglich beklagen, daß der bestrangig betreibende Gläubiger ihnen mit bestimmten Maßnahmen unter Umständen geschadet hat. Jeder muß sich eben selbst verteidigen. ...

TH 6.5.8.: Wenn der Rechtspfleger gegen Ende des Bekanntmachungsteils den „wirtschaftlichen Wert" des geringsten Gebots bekanntgibt und zum Bieten auffordert, sagt er bei bestehenbleibenden Rechten oft:

„Berücksichtigen Sie, daß Sie neben dem bar zu zahlenden Betrag von mindestens EURO 21 500 noch eine Grundschuld über nominal EURO 50 000 und 2 Leitungsrechte mit einem Zuzahlungsbetrag von zus. EURO 2800 als bestehenbleibende Rechte übernehmen müssen. Ziehen Sie deshalb von Ihrem Bargebot (für ein lastenfreies Grundstück) EURO 52 800 gedanklich ab und sagen Sie zB (falls Sie EURO 100 000 für ein lastenfreies Grundstück bieten würden) EURO 47 200".

Diese (meist zu hörende) Aussage ist aber gefährlich mißverständlich, weil der Ersteher eben nicht gegen „Zuzahlung" von EURO 52 800 die Lastenfreiheit des Grundstücks herbeiführen kann. Dies gilt nur für die Grundschuld (hier kann der Ersteher Löschung oder Abtretung gegen Zahlung von EURO 50 000 zzgl dinglicher Zinsen seit dem Zuschlag verlangen), nicht aber für bestehenbleibende Rechte der Abt II, weil die hierfür festgesetzten Zuzahlungsbeträge keineswegs den Wert dieser Rechte für die Berechtigten darstellen! Der Ersteher muß also wissen, daß die Leitungsrechte weiterbestehen, und jeder Ersteher muß sich überlegen, ob
- das Grundstück mit diesen Belastungen für ihn überhaupt noch interessant ist, oder ob
- eine und ggf welche Wertminderung für ihn damit verbunden ist (diese Wertminderung liegt in aller Regel weit über dem Zuzahlungsbetrag).

7. Ablösung des betreibenden Gläubigers

7.1. Ablösung in der Zwangsversteigerung

7.1.1. Allgemeines

§ 268 BGB

(1) Betreibt der Gläubiger die Zwangsvollstreckung in einen dem Schuldner gehörenden Gegenstand, so ist jeder, der Gefahr läuft, durch die Zwangsvollstreckung ein Recht an dem Gegenstande zu verlieren, berechtigt, den Gläubiger zu befriedigen. Das gleiche Recht steht dem Besitzer einer Sache zu, wenn er Gefahr läuft, durch die Zwangsvollstreckung den Besitz zu verlieren.

(2) Die Befriedigung kann auch durch Hinterlegung oder durch Aufrechnung erfolgen.

(3) Soweit der Dritte den Gläubiger befriedigt, geht die Forderung auf ihn über. Der Übergang kann nicht zum Nachteile des Gläubigers geltend gemacht werden.

§ 1142 BGB

(1) Der Eigentümer ist berechtigt, den Gläubiger zu befriedigen, wenn die Forderung ihm gegenüber fällig geworden oder wenn der persönliche Schuldner zur Leistung berechtigt ist.

(2) Die Befriedigung kann auch durch Hinterlegung oder durch Aufrechnung erfolgen.

§ 1143 BGB

(1) Ist der Eigentümer nicht der persönliche Schuldner, so geht, soweit er den Gläubiger befriedigt, die Forderung auf ihn über. Die für einen Bürgen geltenden Vorschriften des § 94 I finden entsprechende Anwendung.

(2) Besteht für die Forderung eine Gesamthypothek, so gelten für diese die Vorschriften des § 1173.

§ 1144 BGB

Der Eigentümer kann gegen Befriedigung des Gläubigers die Aushändigung des Hypothekenbriefs und der sonstigen Urkunden verlangen, die zur Berichtigung des Grundbuchs oder zur Löschung der Hypothek erforderlich sind.

§ 1150 BGB

Verlangt der Gläubiger Befriedigung aus dem Grundstücke, so finden die Vorschriften des § 268, 1144, 1145 entsprechende Anwendung.

§ 75. [Einstellung wegen Vorlage eines Überweisungsnachweises im Termin]

Das Verfahren wird eingestellt, wenn der Schuldner im Versteigerungstermin einen Einzahlungs- oder Überweisungsnachweis einer Bank oder Sparkasse oder eine öffentliche Urkunde vorlegt, aus der sich er-

gibt, dass der Schuldner oder ein Dritter, der berechtigt ist, den Gläubiger zu befriedigen, den zur Befriedigung und zur Deckung der Kosten erforderlichen Betrag an die Gerichtskasse gezahlt hat.

Auch in der Zwangsversteigerung gibt es, im Gegensatz zur Zwangsverwaltung,[1] ein Ablösungsrecht, und zwar entweder

(1) nach § 268 I BGB, für jeden, der durch die Zwangsvollstreckung irgend eines Gläubigers in das Grundstück sein Recht oder seinen Besitz am Grundstück zu verlieren droht, oder

(2) nach §§ 1142, 1150 BGB, für den Grundstückseigentümer oder einen anderen nach § 268 BGB Ablösungsberechtigten, wenn ein gleich – oder vorrangiger Hypotheken – oder Grundschuldgläubiger nach Fälligkeit Befriedigung aus dem Grundstück verlangt.

Beide Alternativen sprechen also die gleichen Berechtigten an, aber die zweite Alternative erleichtert die Ablösung gegenüber einem Hypotheken- oder Grundschuldgläubiger, weil keine Zwangsvollstreckung vorausgesetzt wird, sondern ein Befriedigungsverlangen des Gläubigers ausreicht.

Das Ablösungsrecht gibt dem Berechtigten die Möglichkeit, bei Vorliegen der Voraussetzungen den abzulösenden Gläubiger auch gegen dessen Willen und Interessen durch Befriedigung seiner geltend gemachten Ansprüche sowohl aus der persönlichen Forderung als auch aus einem eventuellen dinglichen Recht als auch aus den Nebenrechten und schließlich sogar aus der Verfahrensposition zu drängen und die entsprechenden Rechtspositionen des Abgelösten ohne weiteren Rechtsakt unmittelbar zu übernehmen. Das Ablösungsrecht ist ein einseitiges Recht, das durch Zahlung vollzogen wird. Dabei ist die Mitwirkung des abzulösenden Gläubigers rechtlich nicht erforderlich, er darf sie auch nicht ablehnen, und auch der Schuldner hat kein Widerspruchsrecht.[2]

Die Ablösung führt zu einem Gläubiger-Wechsel und hat deshalb auch die gleichen Wirkungen wie dieser. Vom beidseitig freiwillig vereinbarten Forderungsverkauf (vgl §§ 398 ff BGB) unterscheidet sie sich also vor allem dadurch, daß sie bei Vorliegen der Voraussetzungen des § 268 BGB oder der §§ 1142, 1150 BGB vom Berechtigten auch gegen den Willen des Abzulösenden durchgesetzt werden kann.

Angesichts der im Zwangsversteigerungsverfahren besonders hervorgehobenen Stellung des bestrangig betreibenden Gläubigers erlangt die Ablösung hier deshalb eine besondere Bedeutung, weil sie jeden Ablösungsberechtigten in die Lage versetzt, diese wichtige Rolle des bestrangig betreibenden Gläubigers zu erreichen und die mehrfache Benachteiligung der nachrangigen Gläubiger durch den Gesetzgeber auszugleichen. Deshalb ist das Ablösungsrecht keineswegs nur eine Ausnahmebefugnis zur Erhaltung von Recht oder Besitz durch Verhinderung der Zwangsversteigerung,[3] sondern der geradezu rechtlich zwingende Ausgleich für die systematische mehrfache Benachteiligung aller gleich- und nachrangiger Gläubiger und sonstiger Berechtigter

---

[1] Vgl Stöber § 15 Anm 20.16; Storz ZIP 1980, 159; vgl auch **TH** B. 7.2.2.1.
[2] Stöber § 15 Anm 20.1; Storz ZIP 1980, 159.
[3] So noch RGZ 146, 317.

gegenüber dem bestrangig betreibenden Gläubiger.[4] Daraus folgt, daß der Ablösende nicht die Absicht haben muß, die Vollstreckung abzuwenden;[5] noch weniger kommt es darauf an, ob im Ergebnis die Versteigerung aufgehoben wurde oder nicht. Die Richtigkeit dieser Auffassung ergibt sich auch durch einen Blick auf § 75: Hier ist ein Sonderfall der BGB-Ablösung in allen Einzelheiten geregelt, und hier verlangt (mit Recht) niemand, von § 75 dürfe nur ausnahmsweise und nur zur Verhinderung der Versteigerung Gebrauch gemacht werden. Allerdings darf das Ablösungsrecht nicht mißbraucht werden.[6]

Die Ablösung verdient auch deshalb besondere Aufmerksamkeit, weil sich die Ablösungsberechtigten oftmals ohne großen Geldaufwand und fast immer ohne jedes Sicherheitsrisiko eine verfahrenstaktisch wichtige Position verschaffen können, ohne daß sie dabei auf die Mitwirkung eines anderen Beteiligten oder des Gerichts angewiesen wären. Die Beteiligten sollten die Ablösung daher beherrschen, damit sie einerseits erforderlichenfalls selbst ablösen können, um bestrangig betreibender Gläubiger zu werden, beziehungsweise daß sie sich andererseits rechtzeitig darauf einstellen können, daß sie – wenn sie selbst bestrangig betreibender Gläubiger sind – von einem berechtigten Dritten abgelöst werden.

Materiellrechtlich wirft die Ablösung keine besonderen Probleme auf; schwieriger sind manche verfahrensrechtlichen Fragen zu beantworten; am schwierigsten ist die praktische Durchführung, vor allem, wenn die Ablösung erst im Versteigerungstermin vollzogen wird und zwar nicht nach dem Verfahren des § 75 sondern nach den Regeln des BGB und der ZPO. Die sogenannte „Zahlung im Termin" nach § 75 (seit Anfang 2007 sind nur noch Überweisungen an die Gerichtskasse zulässig!) hat zwar viele Ähnlichkeiten mit der BGB-Ablösung; sie hat aber andere Voraussetzungen und andere Auswirkungen und wird auch anders vollzogen.[7]

Im umgekehrten Verhältnis zur Bedeutung der Ablösung aber steht ihre Behandlung in den Kommentaren und in der sonstigen Literatur. Nirgends fand sich vor 1979 eine zusammenhängende Darstellung;[8] ein Studium und Vergleich der verschiedenen Erläuterungen der einzelnen Autoren ergab früher meist unklare und oft sogar in sich widersprüchliche Aussagen. Deshalb hat dieser Leitfaden mit seiner 1. Auflage (1979) den Versuch einer systematischen Darstellung der wichtigsten Fragen gemacht.

7.1.2. Taktische Hinweise

TH 7.1.2.1.: In der Zwangsverwaltung alleine ist zwar niemand ablösungsberechtigt, weil hier niemand Recht oder Besitz verliert. Das bedeu-

---

[4] Vgl **TS** 6 und 7 (A. 2.1.).

[5] Inzwischen wohl allgemeine Ansicht: BGH ZIP 1994, 634; 1983, 1044; OLG Köln EWiR 1989, 333 (Storz); OLG Saarbrücken OLGZ 1967, 102; Stöber § 15 Anm 20.27; Reinicke/Tiedke WM 1986, 813; Steiner-Storz § 75 Rz 22.

[6] Trotzdem weitgehend: Stöber § 15 Anm 20.27.

[7] Zu § 75 vgl ausführlich D. 4.5.4. und D. 4.6.3.

[8] Vgl jetzt aber ausführlich Steiner-Storz § 75 Rdnrn 14–73 und Storz ZIP 1980, 159; Muth S. 92–108; Stöber § 15 Anm 20.

tet aber nicht, daß auch ein beidseitig freiwilliger Gläubigerwechsel ausgeschlossen wäre. Außerdem hat die Ablösung eines Gläubigers, der sowohl die Zwangsversteigerung als auch die Zwangsverwaltung betreibt, zur Folge, daß auch bei der Zwangsverwaltung ein Gläubigerwechsel eintritt.

Diese Tatsache sollte aber auch dem Gericht gegenüber eindeutig (gegebenenfalls zu Protokoll) erklärt werden, was besonders dann wichtig ist, wenn innerhalb des gleichen Amtsgerichts zwei verschiedene Rechtspfleger für Zwangsverwaltung und Zwangsversteigerung zuständig sind.

Bezüglich der Notwendigkeit einer Umschreibung und Neuzustellung des Vollstreckungstitels gilt für die Zwangsverwaltung dasselbe wie für die Zwangsversteigerung.

TH 7.1.2.2.: Die Position des bestrangig betreibenden Gläubigers ist so wichtig, daß die Ablösung grundsätzlich in die taktischen Überlegungen einbezogen werden muß, wenn die eigene Absicherung nicht absolut einwandfrei ist. Allerdings sollten mit der Ablösung keine zusätzlichen Sicherheitsrisiken eingegangen werden. Je geringer die Forderung des bestrangig betreibenden Gläubigers ist, desto größer ist die Ablösungsmöglichkeit beziehungsweise -gefahr. Das muß der Gläubiger schon bei der Frage beachten, aus welchem von mehreren Rechten er die Zwangsversteigerung betreiben soll; und das muß bei der Vorbereitung des Versteigerungstermins besonders sorgfältig berücksichtigt werden.

TH 7.1.2.3.: Die Ablösung ist für Kenner nicht nur deshalb verlockend, weil sie dem Ablösenden die wichtige Position des bestrangig betreibenden Gläubigers verschafft, sondern auch aus folgenden Erwägungen:

die Ablösung erfordert keinen verlorenen Geldaufwand, weil der Ablösende ja auf alle Fälle eine gut gesicherte Forderung übernimmt;

der Ablösende geht kein zusätzliches Sicherheitsrisiko ein, weil die abgelöste Forderung auf alle Fälle besser abgesichert ist als das ursprüngliche Recht des Ablösenden;

für den Ablösenden entsteht praktisch kein erhöhter Arbeitsaufwand, weil der Ablösende ohnehin mit dem Objekt befaßt ist;

meist bringt die Ablösung sogar noch eine gut verzinste Geldanlage, weil aus dem abgelösten Recht trotz einwandfreier Absicherung meist Verzugszinsen geltend gemacht werden können;

das schlimmste was bei einer mißglückten Ablösung passieren kann, ist, daß sie scheitert und daß damit die Vorbereitungen umsonst waren, beziehungsweise daß gewisse Geldbeschaffungskosten entstanden sind; mehr kann praktisch nicht passieren! Voraussetzung ist allerdings immer, daß das abgelöste Recht nicht selbst risikobehaftet ist!

7.2. Ablösungsgründe

7.2.1. Übersicht

Das Ablösungsrecht aus § 268 BGB und aus §§ 1142, 1150 BGB soll allen, die durch die Zwangsvollstreckung eines Gläubigers geschädigt werden könnten, eine Möglichkeit zur Rettung ihres gefährdeten Rechts oder Besitzes geben.[9]

Diese einseitig durchsetzbare Ablösungsmöglichkeit steht vor allem dem Schuldner,[10] aber auch allen gleich- oder nachrangigen Gläubigern,[11] den Mietern und Pächtern[12] sowie den Eigentümern von Fremdzubehör zu.[13] Gleichzeitig ist das Ablösungsrecht als zwingende Konsequenz der Ausgleich dafür, daß das Gesetz dem bestrangig betreibenden Gläubiger zwar eine besonders einflußreiche Verfahrensposition einräumt,[14] daß der Gläubiger aber auf diese besondere Einflußmöglichkeit keinen Rechtsanspruch hat; dieser bezieht sich nur auf die Bezahlung der Vollstreckungsforderung, so daß sich der Gläubiger die Bezahlung seiner Vollstreckungsforderung widerstandslos gefallen lassen muß; kraft Gesetzes geht mit der Zahlung seine Forderung auf den Ablösenden über.

Entgegen der Auffassung des Reichsgerichts[15] setzt das Ablösungsrecht nicht die Absicht voraus, die Zwangsversteigerung zu verhindern. Ein Gläubiger ist deshalb auch dann ablösungsberechtigt, wenn er die Zwangsversteigerung selbst betreiben und fortführen will.[16]

Die Ablösung vor allem des bestrangig betreibenden Gläubigers eröffnet aber zahlreiche Möglichkeiten, die weit über diese Rettungsbemühungen hinausgehen:

(1) Auch nachrangige Gläubiger und sonstige ablösungsberechtigte Beteiligte können durch die Ablösung des bestrangig betreibenden Gläubigers unabhängig von der Höhe des Meistgebots nahezu jeden Zuschlag verhindern, und zwar einfacher, billiger und risikoloser als über eine Zahlung im Termin gemäß § 75 oder gar einen Antrag auf neuen Termin nach § 85. Hier ist allerdings Vorsicht geboten, weil inzwischen einige Oberlandesgerichte die Zuschlagserteilung im Ergebnis auch nach einer Ablösung mit einstweiliger Einstellung zwischen Bietstunde und Zuschlagsverkündung dann für zulässig halten, wenn nur wegen eines „realtiv geringfügigen" (was heißt das konkret?) Betrages bestrangig betrieben und dann einstweilen eingestellt wird (zB nach einer Ablösung), und wenn außerdem noch andere (nachrangige) Gläubiger aus „deutlich höheren Forderungen" (was heißt das konkret?) betreiben.[17] Das ist zwar rechtlich unzutreffend (wenn kein Mißbrauch vorliegt),[18] aber in der Praxis ist diese Rechtsprechung trotzdem sorgfältig zu beachten! Genauso unpräzise und willkürlich ist die Abgrenzung, eine Beeinträchtigung

---

[9] Vgl Steiner-Storz § 75 Rdnr 22.

[10] Vgl dazu **TH** B. 1.1.2.1. – **TH** B. 1.1.2.5. und **TH** D. 4.6.5.2. und **TH** D. 4.6.5.3.

[11] Vgl **TH** C. 1.1.5.6.

[12] Vgl **TH** B. 1.3.4.1. – B. 1.3.4.5.

[13] Vgl **TH** C. 3.5.3.

[14] Dazu oben B. 6.4.

[15] RGZ 146, 317, 323.

[16] OLG Köln EWiR 1989, 333 (zust Anm Storz) im Anschluß an BGH NJW 1956, 1197. – Jetzt allgemeine Ansicht, vgl BGH ZiP 1994, 634 mwN; 1983, 1044.

[17] Vgl zB OLG Stuttgart Rpfleger 1997, 397; OLG Köln Rpfleger 1990, 176 (**abl. Anm** Storz). – Vgl auch LG Mosbach Rpfleger 1992, 360; LG Waldshut-Tiengen Rpfleger 1986, 102.

[18] Vgl oben B. 6.3.2.

sei dann nicht gegeben, „wenn die Ablösung nur zu einer Erhöhung des Bargebots führt",[18a] weil der Ablösende (der die Zuschlagsversagung erreichen wollte!) auf alle Fälle durch einen Zuschlag beeinträchtigt ist, und idR auch der Schuldner (dessen Interesse an der Zuschlagsversagung vom ZVG an vielen Stellen unterstellt wird!).

(2) Die Ablösung des bestrangig betreibenden Gläubigers ermöglicht aber auch, lediglich eine Verzögerung des Verfahrens oder eine Verlängerung der Bietstunde durchzusetzen, wodurch unter Umständen bereits abgegebene hohe Gebote zerstört und der Zuschlag auf in der neuen Bietstunde abgegebene niedrigere Gebote herbeigeführt werden kann.[19]

(3) Die Ablösung irgendeines Gläubigers kann dazu dienen, das Verfahren sogar zu beschleunigen, weil sich der Ablösende auf diese Weise indirekt einen Vollstreckungstitel verschaffen kann, den er sonst erst in einem mühsamen, teuren und langwierigen Prozeß für sein eigenes Recht erwirken müßte.[20] Außerdem kann ein dinglicher Gläubiger so eine eventuelle Zwangsverwaltung mitbeeinflussen, wenn der abgelöste Gläubiger sowohl die Zwangsversteigerung als auch die Zwangsverwaltung betrieben hat;[21] umgekehrt kann der Ablösende (zum Beispiel wegen einer Mietpfändung) auch Interesse daran haben, die Zwangsverwaltung schnell zu beenden;[22] in die Zwangsverwaltung kann er aber nur über eine Ablösung in der Zwangsversteigerung einsteigen.

(4) Die Ablösung kann nur ausnahmsweise der Beschaffung weiterer Sicherheiten dienen, zB dann, wenn die abgelöste Forderung übersichert ist oder wenn der Ablösende aus einer bestimmten Reihenfolge der Sicherheitenverwertung Vorteile für sein eigenes Recht erreichen kann;[23] wenn über die Ablösung sogar das Gesamtverfahren aufgehoben und neu angeordnet wird, kann das bei lange gelaufenen Verfahren zu einer erheblichen Reduzierung des in den Jahren aufgelaufenen „Zinsrahmens" führen und damit die Erlöshoffnungen für das nachrangige Recht des Ablösenden entscheidend verbessern.[24]

(5) Die Ablösung kann auch unter einer risikolosen Geldanlagemöglichkeit mit meist recht hoher Verzinsung, unter Akquisitionsgesichtspunkten und letzten Endes sogar zur Arbeitsersparnis erfolgen,[25] oder zur Beseitigung von Abt II-Problemen.[26]

(6) Ganz besonders wichtig ist, daß durch die Ablösung jeder Berechtigte die hervorragende taktische Machtposition des bestrangig betreibenden Gläubigers erlangen und dann zum Nutzen seines eigenen nachrangigen Rechts ausspielen kann. Dadurch können unter Umständen höhere Gebote durchgesetzt[27] oder Zahlungen bzw. sonstige Leistungen außerhalb der Versteigerung

---

[18a] So aber OLG Köln Rpfleger 1990, 176 (**abl** Anm Storz; LG Kassel Rpfleger 2000, 408. – **Wie hier:** Weis Rz 303 ff.
[19] Dazu **TH** B. 6.5.3. und **TH** C. 3.5.3.
[20] Vgl **TH** B. 7.2.2.2. und **TH** C. 1.1.5.6.
[21] Vgl **TH** B. 7.1.2.1.
[22] Vgl **TH** A. 1.3.2.1.
[23] Vgl **TH** B. 7.2.2.3.
[24] Vgl **TH** B. 7.2.2.4.
[25] Vgl **TH** B. 7.1.2.3.
[26] Vgl **TH** B. 6.2.5.
[27] Vgl **TH** B. 7.5.4.3.

durchgesetzt werden;[28] und die Ablösung eines Vorrangigen kann dem Ablösenden vielleicht die Wahlmöglichkeit nach § 1132 BGB verschaffen, was seine eigene Position dann wesentlich verbessert, wenn er selbst nur auf eines von mehreren Grundstücken zugreifen kann.[29]

(7) Wieder unter ganz anderer Blickrichtung kann die Ablösung auch für Zwecke eines Billigerwerbs mißbraucht werden. Insofern ist für die Gläubiger besondere Vorsicht geboten.[30]

(8) Die Ablösung kann auch dann zur Rettung des gefährdeten Rechts führen, wenn die Zwangsversteigerung als solche durchgeführt wird, weil nach Ablösung und einstweiliger Einstellung des bisher bestrangig betriebenen Verfahrens das Recht jetzt bei der Versteigerung für einen anderen Gläubiger bestehenbleibt.[31]

(9) UU kann sich der Ablösende das Wahlrecht aus § 1132 BGB verschaffen, wenn das abgelöste Recht ein Gesamtrecht ist und Einzelausgebote erfolgen.[32]

(10) Ablösung und einstweilige Einstellung des bestrangig betriebenen Verfahrens führen bei Fortführung der Versteigerung für andere Gläubiger uU zum Bestehenbleiben sonst erlöschender Rechte aus Abt II, wodurch die Erlössituation für nachrangige Gläubiger transparenter wird; allein das kann für diese die Ablösung zweckmäßig machen. Insofern ist für die Gläubiger besondere Vorsicht geboten.[33]

(11) Die Ablösung kann präventiv uU sehr sinnvoll sein, um die Störung eines positiven Versteigerungsergebnisses durch unzufriedene Dritte zu verhindern.[34]

Diese Aufzählung ließe sich sicherlich noch weiterführen.[35] Sie zeigt aber auch so m.E. schon deutlich genug, wie vielfältig die mit der Ablösung verbundenen Möglichkeiten sind und wie vielschichtig ihre Anwendbarkeit ist. Diese Aufzählung zeigt aber auch, daß die Ablösung für den Abgelösten und vor allem für die anderen Beteiligten recht gefährlich sein kann[36] ....

7.2.2. Taktische Hinweise

TH 7.2.2.1.: Taktische Hinweise zu den zahlreichen mit einer Ablösung verbundenen Möglichkeiten finden sich über das ganze Buch verstreut. Angesichts der oben gegebenen Übersicht soll auf eine Wiederholung hier verzichtet werden; im folgenden handelt es sich also lediglich um eine Vervollständigung.

---

[28] Vgl **TH** B. 3.2.4.7. und **TH** D. 1.4.2.4. und **TH** D. 4.5.5.1. – 4.5.5.4. und **TH** C. 5.4.3.1. und **TH** C. 5.4.3.2. wie leicht das geht, zeigt auch das Beispiel im Anhang, vgl **AT** Nr. 17, 20, 22.

[29] Vgl **TH** D. 2.6.3.5. und **TH** E. 5.7.2.

[30] Vgl **TH** B. 1.5.2.1. – 1.5.2.3. und **TH** B. 2.2.2.6. und **TH** B. 7.3.5.1.

[31] Storz EWiR 1989, 333 (Anm zu OLG Köln v. 14. 12. 1988).

[32] Dazu unten D. 2.6.1 und E. 5.3 – Vgl auch **TH** D. 2.6.3.5.

[33] Vgl **Beispiel** bei B. 6.2.6. (Unterschied zwischen 1. und 2. Alternative).

[34] **Beispiel** aus der Praxis: Storz Rpfleger 1990, 176 (Anm zu OLG Köln v. 16. 6. 1989).

[35] Weitere Ablösungsgründe zB bei **TH** B. 7.2.2.5; **TH** B.7.2.2.3., **TH** B.7.2.2.4. und **TH** D.1.4.2.6.

[36] Vgl die Übersicht in **TS** 20 (B. 7.5.5.).

TH 7.2.2.2.: Aus dem der Ablösung zugrundeliegenden Rettungsgedanken folgt eigentlich, daß die Ablösung in der Regel zu einer Beendigung oder doch wenigstens Verlangsamung der Zwangsversteigerung führen sollte; deshalb wird auch bei einer Überweisung nach § 75, die oftmals mit der Ablösung nach dem BGB verwechselt wird, das Verfahren von Amts wegen einstweilen eingestellt. Die Ablösung kann aber auch einmal das einzig praktische Mittel vor allem für einen nachrangigen dinglichen Gläubiger ohne Vollstreckungstitel für eine Beschleunigung des Verfahrens sein.

TH 7.2.2.3.: Die Ablösung kann auch einmal einen ganz anderen Zweck verfolgen: wenn der abzulösende Gläubiger einer Grundschuld auch noch andere Sicherheiten für seine Forderung hat und die Rückgewähransprüche aus dieser Grundschuld an einen Dritten abgetreten sind, dann kann die Ablösung dem Ablösenden durch eine Verzögerung der Verwertung der anderen Sicherheiten über den Zeitpunkt der Zwangsversteigerung hinaus unter Umständen zusätzliche Sicherheiten verschaffen.

TH 7.2.2.4.: Die Ablösung des bestrangigen Gläubigers und die Herbeiführung der Zuschlagsversagung kann einem nachrangigen Gläubiger unter Umständen einmal auch dazu dienen, ein schon einige Jahre laufendes Zwangsversteigerungsverfahren ganz aufheben und dann wieder neu anordnen zu lassen, um damit die aufgelaufenen großen Zinsrahmen der vorrangigen Rechte wieder zu verkleinern. Die Konstellation für einen derartigen Erfolg ist zwar keineswegs immer gegeben; sie ist aber dann vorhanden, wenn nur aus wenigen kleinen Forderungen betrieben wird.

TH 7.2.2.5.: Nach einer vom BGH bestätigten Entscheidung des OLG Celle[37] soll bei Ablösung der ausdrücklich aus dem „rangersten Teilbetrag einer Grundschuld" betriebenen Vollstreckungsforderung nur der rangletzte Teil der Grundschuld auf den Ablösenden übergehen. Hier ist also bei Ablösungen Vorsicht geboten, weil die Gefahr besteht, daß der Ablösende nur den uU risikobehafteten letztrangigen Teil der Grundschuld bekommt, obwohl der Abgelöste ausdrücklich aus dem rangersten Teil vorgegangen ist; uU verlangt die Rechtsprechung hier sogar einmal die volle Bezahlung der gesamten Grundschuld (was mE konsequenter wäre).

7.3. Das Recht zur Ablösung

7.3.1. Wer kann abgelöst werden?

Das Ablösungsrecht aus § 268 BGB besteht nur gegenüber Gläubigern, die die Zwangsversteigerung aus einem Vorzugsanspruch (Rangklasse 1–3), einem dinglichen (Rangklasse 4) oder einem persönlichen Anspruch (Rangklasse 5) betreiben;[38] die Zwangsvollstreckung muß also schon begonnen haben. Dagegen können Hypotheken- und Grundschuldgläubiger gemäß §§ 1142, 1150 BGB schon von dem Zeitpunkt an abgelöst werden, indem diese nach Fälligkeit des Anspruchs Befriedigung aus dem Grundstück

---

[37] EWiR 1990, 557 (Anm Storz).
[38] Vgl Staudinger-Selb § 268 BGB Rz 2; Steiner-Storz § 75 Rdnr 27.

verlangen; das ist schon nach einer bloßen Zahlungsaufforderung der Fall.[39]

Die entsprechende Anwendung der §§ 1142, 1150 BGB auch auf öffentliche Lasten[40] wird zwar teilweise bejaht,[41] aber überwiegend zurecht abgelehnt;[42] öffentliche Lasten können also erst nach Beginn der Vollstreckung abgelöst werden.[40] Das gleiche gilt gegenüber Gläubigern der 5. Rangklasse des § 10 I.

Während einer einstweiligen Einstellung kann die Ablösung nicht einseitig durchgesetzt werden, weil insoweit die Zwangsvollstreckung nicht „betrieben" und auch keine Befriedigung aus dem Grundstück verlangt wird. Ein Gläubiger, der abgelöst werden soll, kann sich zwar nicht gegen die Ablösung wehren (wenn die Voraussetzungen des § 268 BGB oder der §§ 1142, 1150 BGB gegeben sind), er kann sie aber dadurch verhindern, daß er ihr durch eine einstweilige Einstellung des betreffenden Verfahrens zuvorkommt.[43] Selbstverständlich bleibt auch während einer einstweiligen Einstellung ein beidseitig erwünschter Gläubigerwechsel durch Forderungsverkauf zulässig (vgl §§ 398 ff BGB).

Das Ablösungsrecht besteht zwar gegenüber jedem gleich- oder vorrangigen Recht, aus dem die Zwangsversteigerung betrieben wird.[44] Praktisch sinnvoll ist die Ablösung aber meist nur entweder gegenüber allen Rechten, aus denen betrieben wird (damit das Gesamtverfahren einstweilen eingestellt oder aufgehoben werden kann; so kann die Ablösung aber teuer werden!), oder gegenüber dem bestrangig betreibenden Gläubiger: dieser viel billigere und einfachere und risikolosere Weg reicht fast immer aus, um die mit der Ablösung bezweckten Ziele zu erreichen.[45] Die Ablösung nützt jedenfalls nur selten etwas, wenn nicht mindestens auch der bestrangig betreibende Gläubiger abgelöst wird.[46]

Das einseitige Ablösungsrecht (das also vom Abzulösenden nicht verhindert werden darf) besteht gegenüber der einzelnen geltendgemachten Vollstreckungsforderung. Wegen des Grundsatzes von der Selbständigkeit der Einzelverfahren kann es durchaus sein, daß ein Gläubiger in der gleichen Zwangsversteigerung mehrere Einzelvollstreckungen betreibt, also verschiedene Vollstreckungsforderungen hat, die gem §§ 10, 11 auch in unterschiedlicher Rangfolge zu berücksichtigen sind: zB wenn der Gläubiger aus mehreren Grundschulden vorgeht oder sowohl aus einer Grundschuld als auch aus der persönlichen Forderung, oder wenn er neben dem Recht aus Rangklasse 4 (gem § 10 I) auch ältere Zinsrückstände in Rangklasse 8 geltend macht. In all diesen Fällen besteht das Ablösungsrecht also gegenüber jeder einzelnen Vollstreckungsforderung; der Abzulösende kann daher nicht verlangen, daß

---

[39] Vgl Palandt-Bassenge § 1150 BGB Anm 2.
[40] Zur Zulässigkeit der Ablösung öff. Lasten vgl unten B. 7.4.1.
[41] So z.B. Fischer NJW 1955, 1585.
[42] So BGH KTS 1971, 192; Zeller § 15 Anm 17 (14); Palandt-Bassenge § 1150 Anm 6; Steiner-Storz § 75 Rdnr 29.
[43] Vgl dazu **TH** B. 7.3.5.3.
[44] Vgl Palandt-Bassenge § 1150 BGB Anm 2.
[45] Vgl B. 7.2.1.
[46] Vgl dazu auch B. 7.2.1. Nr. 3.4.5.7.

auch die jeweils anderen Forderungen mitbezahlt werden. Es handelt sich nämlich (eben wegen der Selbständigkeit der Einzelverfahren) nicht um eine unzulässige Teilablösung.[47]

Wie hoch die abzulösende Forderung ist, kann man entweder beim Gläubiger erfragen, der sowohl gegenüber dem Schuldner als auch gegenüber dem Gläubiger auskunftspflichtig ist;[48] oder man kann sich in der Mitteilung nach § 41 II informieren, oder schließlich beim Rechtspfleger nach der Höhe der jeweiligen Vollstreckungsforderung fragen. Wichtig ist, daß immer die volle Vollstreckungsforderung abgelöst werden muß. Wird (wie meist) aus einer Grundschuld mit ihren dinglichen Zinsen betrieben, dann muß dieser Betrag (soweit er in der 4. Rangklasse geltend gemacht werden kann[48a]) auch dann voll bezahlt werden, wenn die durch diese Grundschuld gesicherte persönliche Forderung geringer ist (die Grundschuld also nicht mehr voll valutiert).[48b]

Der abgelöste Gläubiger darf den Übererlös aber nicht behalten, sondern muß ihn an den Sicherungsgeber (idR Grundstückseigentümer) bzw an denjenigen herausgeben, dem die Rückgewähransprüche zustehen.[48c]

7.3.2. Wer kann ablösen?

Ablösungsberechtigt sind außer dem Eigentümer oder Miteigentümer oder neu eingetretenen Eigentümer[49] diejenigen, die ein Recht am Grundstück (vgl § 268 I 1 BGB) oder ein Recht zum Besitz haben (vgl § 268 I 2 BGB). Berechtigt sind alle dinglichen Rechte aus Abt II und III des Grundbuchs und nach herrschender Meinung auch die persönlichen Gläubiger der 5. Rangklasse des § 10 I, sofern diese gegenüber dem abzulösenden Recht den gleichen oder einen schlechteren Rang haben.[50] Schließlich gehören dazu außer Mietern und Pächtern (einschließlich Untermietern und -pächtern, weil deren Besitz mittelbar ebenfalls gefährdet ist) auch Wohnsitzberechtigte, Inhaber von der Versteigerung entgegenstehenden und als solche angemeldeten Rechten (vgl §§ 28, 37 Nr. 5)[51] sowie Gläubiger öffentlicher Grundstückslasten oder Gläubiger von Zwangshypotheken, selbst wenn diese erst unmittelbar vor der Ablösung eingetragen worden sind.[52]

Trotz dieses großen Kreises von Berechtigten kann nicht jeder Dritte ablösen. Deshalb steht zum Beispiel auch Gläubigern von Rückgewähransprü-

[47] So jetzt eindeutig auch OLG Düsseldorf Rpfleger 1991, 28; Hintzen Rpfleger 1991, 69; ähnlich OLG Celle WM 1987, 1438; LG Lüneburg Rpfleger 1987, 469; Stöber § 75 Anm 2.4. – Zur Teilablösung vgl unten B.7.4.2.
[48] RGZ 91, 391; OLG Karlsruhe Rpfleger 1981, 407; OLG Oldenburg WM 1985, 748; Steiner-Storz § 75 Rdnr 60; Storz ZIP 1980, 162.
[48a] Vgl. dazu ausführlich oben B.4.4.2!
[48b] BGH NJW 2005, 2398; 1990, 258; *Stöber* § 75 Anm. 2.4.
[48c] BGH NJW 2005, 2398; 2003, 2673; 1986, 1487.
[49] Vgl BGH Rpfleger 1994, 374; LG Verden Rpfleger 1973, 296 (Schiffhauer); Stöber § 15 Anm 20.2; Steiner-Storz § 75 Rdnr 34.
[50] Vgl Stöber § 15 Anm 20.9; Steiner-Storz § 75 Rdnr 40; **str. aA:** Palandt-Bassenge § 1150 Anm 2; Münch-Kommentar-Eickmann § 1150 BGB Rz 9.
[51] Auch die Auflassungs/Eigentumübertragungs-Vormerkung berechtigt zur Ablösung: BGH ZIP 1994, 633; OLG Kiel HRR 1934 Nr. 1663; Steiner-Storz § 75 Rz 36; Stöber § 15 Anm 20.3; **aA** nur (ohne Begründung) Staudinger-Selb § 268 BGB Rz. 5.
[52] Vgl LG Verden Rpfleger 1973, 296 (zust Anm Schiffhauer); Stöber § 15 Anm 20.4.

chen[53] oder gar Interessenten oder Bietern kein Ablösungsrecht zu; diese können aber versuchen, die Rechte dem Gläubiger abzukaufen oder sich mittelbar durch den Ankauf eines ganz nachrangigen und daher wertlosen und billigen Rechtes ein Ablösungsrecht zu sichern.[54]

Das Ablösungsrecht besteht auch dann, wenn der Ablösende selbst die Versteigerung ebenfalls betreibt.[55] Aber immer ist Voraussetzung, daß das Recht des Ablösenden durch die Zwangsvollstreckung des abzulösenden Gläubigers gefährdet ist. Diese Gefährdung ist dann gegeben, wenn das Recht des Ablösenden nach den Versteigerungsbedingungen erlöschen und nicht innerhalb des geringsten Gebots bestehen bleiben würde; es muß also gleich- oder schlechterrangig sein als das abgelöste Recht. Dagegen ist bedeutungslos, ob auf das gefährdete Recht eine volle oder teilweise Befriedigung aus dem Versteigerungserlös zu erwarten ist.[56]

Notwendige Voraussetzung für das Ablösungsrecht ist aber immer die Absicht, das eigene gefährdete Recht durch die Ablösung zu retten oder doch mindestens seine Erlösaussichten zu verbessern.[57] Der Ablösungswillige muß seine Berechtigung zur Ablösung nachweisen. Der Gläubiger eines Briefrechts muß dazu den über das Recht gebildeten Brief notfalls vorlegen.[58]

Weil kein Recht durch Zwangsverwaltung gefährdet wird, gibt es dort keine Ablösung.[59]

7.3.3. Wie kann abgelöst werden?

Die Ablösung im weiteren Sinne kann auf verschiedene Weise erfolgen:

(1) Befriedigung des betreibenden Gläubigers gemäß §§ 268, 1150 BGB (Ablösung im engeren Sinne);

(2) Abtretung des bisherigen Gläubigers nach §§ 398, 401 BGB (Forderungsverkauf);[60]

(3) Zahlung an den Gläubiger und Einstellungsantrag nach §§ 769 II, 775 Nr. 4–5 ZPO;

(4) oder durch Überweisung auf ein Konto der Gerichtskasse gemäß § 75.[61]

In den beiden ersten Fällen hat der ablösende Gläubiger die Möglichkeit, das Verfahren aus dem abgelösten Recht weiterzubetreiben, während das Verfahren in den beiden letztgenannten Fällen einstweilen eingestellt wird. Der Unterschied zwischen Nummer 1 und 2 liegt im wesentlichen darin, daß Nummer 2 ein Einvernehmen zwischen Zessionar und Zedent voraussetzt aber dafür praktisch uneingeschränkt zulässig ist, während Nummer 1 auch gegen den Willen des Abzulösenden durchgesetzt werden kann aber dafür

---

[53] Vgl OLG Köln Rpfleger 1988, 324.

[54] Vgl **TH** B. 7.3.5.1. und **TH** B. 1.5.2.1. – 1.5.2.3. und **TH** B. 2.2.2.6.

[55] OLG Köln EWiR 1989, 333 (zust Anm Storz) im Anschluß an BGH NJW 1956, 1197; Stöber § 15 Anm 20 (6).

[56] Vgl LG Verden Rpfleger 1973, 296 (zust Anm Schiffhauer); Stöber § 15 Anm 20.6; Storz ZIP 1980, 159; Palandt-Bassenge § 1150 Anm 2.

[57] Vgl Steiner-Storz § 75 Rdnr 2.

[58] LG Osnabrück KTS 1976, 312; Drischler NJW 1987, 1872.

[59] Vgl Stöber § 15 Anm 20.16. – Vgl aber auch **TH** B. 7.2.2.1.

[60] Zum Forderungsverkauf vgl C. 5.2.

[61] Zu § 75 vgl ausführlich D. 4.5.4. und D. 4.6.3. und D. 3.5.3.

von zahlreichen Voraussetzungen abhängig ist. Der Unterschied zwischen Nummer 3 und 4 besteht unter anderem darin, daß das Gericht bei Nummer 4 von Amts wegen einstellt und daß der Zahlende außer der Forderung des Gläubigers auch die Verfahrenskosten begleichen muß. Nummer 4 unterscheidet sich von den drei anderen Fällen außerdem dadurch, daß hier die Zahlung unmittelbar an das Gericht erfolgt und erst nach Beginn der Versteigerung erfolgen kann, während in den anderen Fällen direkt an den Gläubiger gezahlt wird, wobei diese Möglichkeit von dem Zeitpunkt des Entstehens des Ablösungsrechts an besteht.

In allen vier Fällen ist die Ablösung nur bis zur Verkündung der Entscheidung über den Zuschlag möglich.[62] Das Verfahren wird zwar erst mit der Rechtskraft des Zuschlags abgeschlossen; aber ein Rechtsmittel kann nicht auf eine neue Tatsache gestützt werden, und das wäre eine erst nach dem Zuschlag erfolgte Zahlung.

Die Befriedigung des Gläubigers hat eigentlich durch Barzahlung zu erfolgen;[63] nach § 268 II BGB kann die Ablösung (im engeren Sinne) aber auch durch Hinterlegung oder Aufrechnung vollzogen werden. Ein Bundesbankbestätigter Scheck hat auch hier den gleichen Wert wie Bargeld; er darf im Gegensatz auch zu Euro-Schecks nicht zurückgewiesen werden. Gegen den bargeldlosen Zahlungsverkehr bestehen dann keine Bedenken, wenn die Überweisung rechtzeitig erfolgt; der Abgelöste muß im entscheidenden Zeitpunkt die (theoretische) Möglichkeit haben, über den Ablösungsbetrag zu verfügen.

7.3.4. Rechtsfolgen der Ablösung

Soweit der Ablösende den Gläubiger befriedigt, erlischt die Forderung nicht etwa wie im Falle des § 267 BGB, sondern sie geht kraft Gesetzes (§ 268 III 1 BGB) mit allen Neben- und Vorzugsrechten auf den Ablösenden über. Dazu gehören insbesondere:

(1) Bei Ablösung einer **Grundschuld** geht diese kraft Gesetzes auf den Ablösenden über (§§ 268 III 1, 1150, 1192 BGB). Im Gegensatz zur Ablösung einer **Hypothek** geht die **gesicherte Forderung** hier aber nicht kraft Gesetzes über, sondern nur durch rechtsgeschäftliche Übertragung; hierauf allerdings hat der Ablösende einen Rechtsanspruch.[64] Evtl. Rückgewähransprüche bezüglich der abgelösten Grundschuld sind als Einreden gegen die Grundschuld zu beachten, weil es bei diesem gesetzlichen Übergang keinen Gutglaubensschutz gibt.[65] Die Rückgewähransprüche bezüglich vorrangiger Grundschulden gehen nicht gem §§ 401, 412 BGB auf den Ablösenden über, weil sie keine Nebenrechte der abgelösten Grundschuld sind; vielmehr müssen die Rückgewähransprüche als selbständige Rechte übertragen werden, sonst bleiben sie in der Hand des bisherigen Gläubigers.[65a] Der Ablösende hat

---

[62] Steiner-Storz § 75 Rdnr 55; Stöber § 15 Anm 20.18; Jäckel-Güthe § 75 Anm 2; Drischler JurBüro 1964, 139.

[63] Vgl dazu **TH** B. 7.5.4.1.

[64] BGH ZIP 1999, 123; Scholz/Lwowski, Recht der Kreditsicherung, 7. Auflage 879; Bülow, Recht der Kreditsicherheiten, 4. Auflage 186.

[65] BGH KTS 1986, 368.

[65a] BGH NJW 1988, 306; Stöber § 114 Anm 7.8.

einen Anspruch auf Auskunft gegen den Abgelösten,[66] und kann gemäß §§ 1144, 1145 BGB die Aushändigung oder Vorlegung der Berichtigungsurkunden verlangen.

(2) **Neben- und Vorzugsrechte** gehen gemäß §§ 268 III 1, 401, 412, 1153 I BGB mit über, soweit diese nicht persönlicher Natur sind.

(3) **Befriedigungsvorrechte des § 10 I** gehen mit über, und zwar unstreitig auch bei öffentlichen Lasten die bevorzugte 3. Rangklasse des § 10 I.[67] Die Ablösung einer öffentlichen Last ist aber nach herrschender Ansicht nur zulässig, wenn im Zeitpunkt der Ablösung die Zwangsvollstreckung aus dem abgelösten Recht schon begonnen worden war.[68] Ist das aber der Fall, so bleibt die bevorzugte 3. Rangklasse dem Ablösenden unabhängig davon erhalten, ob er die Zwangsversteigerung aus diesem Recht (nach Erwirken eines entsprechenden Duldungstitels) weiterbetreibt oder ob er das Verfahren einstweilen einstellt[69] oder aufhebt und sich auf die bloße Anmeldung der Forderung (mit der bevorzugten Rangstelle) beschränkt.

(4) **Die Position des Verfahrensbeteiligten im Sinne des § 9** geht über, sobald die Ablösung angemeldet und erforderlichenfalls auch glaubhaft gemacht wird;[70] ein besonderer Beitrittsbeschluß ist also nicht erforderlich: der Ablösende muß ohnehin das Verfahren des Abgelösten im gegebenen Zustand übernehmen und fängt nicht etwa ein neues selbständiges Verfahren an.[71] Für den Erwerb der Beteiligten-Stellung ist m. E. eine Umschreibung und Zustellung des Titels nicht einmal dann erforderlich, wenn ein persönlich betreibender Gläubiger (§ 10 I 5) abgelöst wird, weil dessen Beteiligten-Stellung auch nicht mit dem aktiven Vollstrecken verbunden ist: Auch während einer einstweiligen Einstellung bleibt er Beteiligter![72] Und selbst wenn das Verfahren ganz aufgehoben würde, bliebe der Ablöser eines dinglichen Rechtes schon nach § 9 Nr. 1 Beteiligter.

(5) **Die Stellung eines betreibenden Gläubigers** erlangt der Ablösende dagegen nicht uneingeschränkt in vollem Umfang allein mit der Ablösung. Die Frage, ob er dazu den Titel auf sich umschreiben und dem Schuldner zustellen muß, wird in den Kommentaren aber – wenn überhaupt – unterschiedlich beantwortet, wobei auffällt, daß auch innerhalb des gleichen Kommentars zuweilen unterschiedliche Antworten gegeben werden:

Zum Teil wird gesagt, das Gericht müsse von Amts wegen einstweilen einstellen, weil der abgelöste Gläubiger sein materielles Recht verloren und der neue Gläubiger noch keine formelle Berechtigung habe,[73] so daß niemand

---

[66] RGZ 91, 341; BGH ZIP 1982, 938; OLG Karlsruhe Rpfleger 1981, 407; Steiner-Storz § 75 Rdnr 60.

[67] Vgl RGZ 146, 317; 135, 25; Stöber § 15 Anm 20.26; Steiner-Storz § 75 Rz 62; Stöber Anm 100; Fischer NJW 1955, 1583.

[68] BGH MDR 1971, 205; NJW 1956, 1197; Steiner-Storz § 75 Rz 29; Fischer NJW 1955, 1583; Stöber § 15 Anm 20.14.

[69] Dies ist auch nach Stöber ohne neuen Titel möglich: vgl Stöber § 15 Anm 20.26.

[70] Vgl OLG Düsseldorf Rpfleger 1987, 75; Stöber § 15 Anm 20.22.; Steiner-Storz § 75 Rdnr 64.

[71] Vgl Stöber § 15 Anm 32 (5); Steiner-Storz § 75 Rdnr 64.

[72] So wohl jetzt auch die herrsch Ansicht: Stöber § 9 Anm 3.10; Muth S. 101; Steiner-Storz § 75 Rz 64; **aA:** Steiner-Hagemann § 9 Rz 22.

[73] So BGH DNotZ 1963, 673.

mehr legitimiert sei, Erklärungen abzugeben; mindestens könne das Gericht einstweilen einstellen, um dem neuen Gläubiger Gelegenheit zur Behebung des Mangels zu geben.[74] – Zum Teil wird vertreten, der abgelöste Gläubiger behalte trotz materiellen Rechtsverlusts bis zum Nachweis der umgeschriebenen und zugestellten Klausel seine formelle Verfahrensposition und könne daher auch noch die einstweilige Einstellung bewilligen oder das Verfahren aufheben lassen.[75] – Am häufigsten wird wohl die Auffassung vertreten, das Verfahren aus dem abgelösten Recht werde zwar für den neuen Gläubiger ohne besonderen Beschluß fortgesetzt, die Fortsetzung erfordere aber eine auf den Ablösenden lautende und zugestellte Vollstreckungsklausel; schon vor dem Nachweis der Umschreibung oder Zustellung aber könne der neue Gläubiger das Verfahren einstweilen einstellen oder sogar aufheben lassen.[76]

Richtig ist m. E. folgendes:

Zunächst muß die Ablösung dem Gericht gegenüber bekannt und erforderlichenfalls auch glaubhaft gemacht werden, damit der Ablösende auch aus diesem Recht als Beteiligter anerkannt werden kann; bei der Ablösung außerhalb des Termins geschieht dies durch Vorlage der entsprechenden Urkunden, und bei der Ablösung im Termin geschieht dies durch eine Erklärung zu Protokoll. Für die weiteren Rechtsfolgen muß m. E. aber unterschieden werden:

War das Verfahren aus dem abgelösten Recht im Zeitpunkt der Ablösung einstweilen eingestellt (was bei der eigentlichen Ablösung deshalb selten der Fall ist, weil ein gegen den Willen des Abzulösenden durchsetzbares Ablösungsrecht während der einstweiligen Einstellung nicht besteht, denn der Gläubiger verlangt in dieser Zeit ja keine Befriedigung aus dem Grundstück), so tritt der neue Gläubiger ohne weiteres in dieses eingestellte Verfahren ein. Soll das Verfahren aber auf seinen Antrag fortgesetzt werden, so ist diese verfahrensfördernde Maßnahme ein Wiederbeginn der Zwangsvollstreckung, so daß das Gericht gemäß § 750 ZPO überprüfen muß, ob der neue Gläubiger im Besitz einer auf seinen Namen lautenden und zugestellten Vollstreckungsklausel ist (§§ 725, 727, 750, 799 ZPO). Ohne diese Voraussetzungen darf das Verfahren nicht fortgesetzt werden.[77]

War das Verfahren aus dem abgelösten Recht im Zeitpunkt der Ablösung dagegen nicht einstweilen eingestellt, so wird das Verfahren ohne weiteres für

---

[74] So Dassler-Schiffhauer-Gerhardt 11. Auflage 1979 § 27 Anm 1.

[75] OLG Düsseldorf Rpfleger 1987, 75; OLG Bremen Rpfleger 1987, 381; Stöber Handbuch Rdn 139; Mohrbutter-Drischler 25, 2; **str. aA:** Steiner-Storz § 75 Rz 71; Hintzen, Rz 353; Storz ZiP 1980, 159; nach BGH WM 1993, 520 ist der Titelgläubiger (nach Abtretung des Anspruchs) nur dann zur (weiteren) Zwangsvollstreckung befugt, wenn er „materiellrechtlich aufgrund einer Einziehungsermächtigung weiterhin Leistung an sich verlangen kann."

[76] BGH Rpfleger 2007, 93 und 331; WM 2006, 2316; OLG Hamm Rpfleger 1987, 75; Bischoff und Bobenhausen Rpfleger 1987, 381; Stöber § 15 Anm 20.23; Steiner-Storz § 75 Rdnrn 69–72; Baumbach-Lauterbach Anm 1 vor §§ 750 ff ZPO; Hintzen C Rz 319, anders nur noch Böttcher § 75 Rz 37.

[77] OLG Hamm Rpfleger 2000, 171. – Nach Stöber § 15 Anm 20.24. kann der Ablösende den Fortsetzungsantrag zur Fristwahrung schon vor Titelumschreibung stellen und die formell richtigen Unterlagen nachreichen. Dies muß aber spätestens bis zur Verkündung des Zuschlags geschehen sein, weil sonst der Zuschlag gemäß § 83 Nr. 6 versagt oder aufgehoben werden muß: OLG Hamm aaO.

den neuen Gläubiger fortgesetzt. Ohne daß eine Umschreibung und Zustellung der Klausel erforderlich wäre, gilt der Ablösende also sofort auch aus diesem Recht als betreibender Gläubiger. Da das Gericht aber auch am Ende der Zwangsvollstreckung das Vorliegen der Vollstreckungsvoraussetzungen dann prüfen muß, wenn der Gläubiger Anspruch auf einen Erlösanteil erhebt,[78] muß der neue Gläubiger noch vor dem Verteilungstermin die Vollstreckungsklausel auf sich umschreiben und zustellen lassen. Schon vorher kann er aber alle Rechte eines betreibenden Gläubigers geltend machen, insbesondere also auch zum Beispiel dem $7/_{10}$-Antrag eines anderen Beteiligten gemäß § 74a I 2 widersprechen, den Versteigerungsantrag gemäß § 29 zurücknehmen oder die einstweilige Einstellung gemäß § 30 bewilligen.

Das hat zur Folge, daß das Gericht nicht berechtigt ist, das Verfahren von sich aus oder auf Antrag beziehungsweise mit Zustimmung des abgelösten Gläubigers einstweilen einzustellen oder gar aufzuheben. Eine Aufhebung ist nur dann möglich aber auch nötig, wenn der neue Gläubiger bei einem eingestellten Verfahren nicht rechtzeitig (unter Nachweis der umgeschriebenen und zugestellten Klausel) die Fortsetzung beantragt hat (vgl § 31 I 2).

Die Umschreibung des Titels und seine erneute Zustellung an den Schuldner sind dann überhaupt nicht mehr erforderlich, wenn die Ablösung im Versteigerungstermin erfolgt und beide Parteien zu Protokoll des Gerichts alle nötigen Erklärungen abgeben (über die Ablösung als solche, den Übergang der Forderung mit eventuellen Grundpfandrechten und sonstigen Nebenrechten, den Eintritt des Ablösenden in die verfahrensrechtliche Stellung des Abgelösten).[79] Die Ablösung kann auch durch die Vorlage von per Telefax übermittelten Urkunden nachgewiesen werden.[79a] Das Gericht teilt dann dem Schuldner bei nächster Gelegenheit den Gläubigerwechsel mit,[80] falls der Schuldner im Termin nicht anwesend war. Schließlich ist der Nachweis der Rechtsnachfolge auf der Gläubigerseite durch öffentliche oder öffentlich beglaubigte Urkunden dann entbehrlich, wenn der Schuldner die Rechtsnachfolge zugesteht (§ 288 ZPO), zum Beispiel durch eine entsprechende Erklärung zu Protokoll des Versteigerungstermins, und der abgelöste Gläubiger der Erteilung der Vollstreckungsklausel an den Ablösenden zustimmt.[80a]

7.3.5. Taktische Hinweise

TH 7.3.5.1.: Bieter beziehungsweise Interessenten sind als solche nicht ablösungsberechtigt. Sehr häufig sind zu versteigernde Grundstücke aber an aussichtsloser Rangstelle mit vielen kleinen Rechten belastet; ein Bieter kann meist recht billig ein derartiges Recht erwerben! Er kann dann als Beteiligter

---

[78] Und nicht (auch) ein dingliches Recht (Rangklasse 4) oder ein Vorzugsrecht (Rangklasse 1–3) geltend machen kann, die bei der Erlösverteilung auch dann berücksichtigt werden, wenn aus ihnen die Zwangsversteigerung nicht betrieben wird.

[79] So OLG Düsseldorf Rpfleger 1987, 75; Steiner-Storz § 75 Rdnr 72; **anders** Bischoff/Bobenhausen Rpfleger 1987, 381; Hintzen Rz 354; Stöber § 15 Anm 20.25.

[79a] BGH Rpfleger 2007, 93.

[80] Vgl Steiner-Storz § 75 Rdnr 72.

[80a] BGH Rpfleger 2005, 611.

das Verfahren nachhaltig stören und über eine Ablösung des bestrangig betreibenden Gläubigers ein ihm unerwünschtes Ergebnis verhindern. In der Praxis ist schon häufig beobachtet worden, daß clevere Interessenten auf diese Weise einen Billigerwerb herbeiführen. Zum Schaden des Schuldners und der Gläubiger!

TH 7.3.5.2.: Von mehreren Ablösungsberechtigten hat derjenige Gläubiger die beste Position, der aus dem zweitbesten Recht die Versteigerung betreibt. Er nämlich kann zu jeder Zeit nach einer Ablösung des bestrangig betreibenden Gläubigers dort einstweilen einstellen und wird dann mit seinem anderen Recht bestrangig betreibender Gläubiger, so daß ihm diese wichtige Verfahrensposition erhalten bleibt.

TH 7.3.5.3.: Der abzulösende Gläubiger hat bei Vorliegen aller Voraussetzungen der §§ 268, 1150 BGB kein Recht, die Ablösung zu verweigern; er kann sich sogar schadensersatzpflichtig machen, wenn er die Ablösung unrechtmäßig verhindert. Andererseits kann er eine unerwünschte Ablösung ganz einfach und sehr schnell unmöglich machen, indem er die einstweilige Einstellung aus diesem Recht bewilligt, denn während der einstweiligen Einstellung besteht kein Ablösungsrecht.

7.4. Besonderheiten

7.4.1. Ablösung öffentlicher Lasten

Da auch durch die Zwangsvollstreckung aus öffentlichen Grundstückslasten Rechte am Grundstück oder der Besitz gefährdet werden können, besteht auch gegenüber öffentlichen Lasten ein Ablösungsrecht. Die Anwendbarkeit des § 268 BGB ist dabei unbestritten; die herrschende Ansicht wendet dagegen § 1150 BGB nicht entsprechend an, so daß die Ablösung nicht schon von dem Augenblick an möglich ist, in dem die Vollstreckungsbehörde die Zwangsvollstreckung androht, sondern erst nach Beginn der Zwangsversteigerung.

Mit der Ablösung rückt der neue Gläubiger in die Rangklasse 3 des § 10 I ein;[81] will der Gläubiger aber aus diesem Recht und mit dieser Rangklasse selbst aktiv die Versteigerung neu betreiben, so muß er sich einen Titel auf Duldung der Zwangsvollstreckung aus dieser Rangklasse beschaffen,[82] weil es bei den öffentlichen Grundstückslasten keinen umschreibungsfähigen Vollstreckungstitel gibt: Voraussetzung und Grundlage für die Vollstreckung im Verwaltungszwangsverfahren ist lediglich das Vorhandensein eines vollstreckbaren Anspruchs. Gemäß §§ 259 ff und § 322 der Abgabenordnung in Verbindung mit dem Verwaltungsvollstreckungsgesetz zum Beispiel muß die steuerverwaltende Behörde bei der Einleitung der Vollstreckung nur pflichtgemäß erklären, daß ein bestimmter vollstreckbarer Anspruch besteht und daß die Vorausset-

---

[81] BGH KTS 1971, 192; RGZ 146, 317, 135, 25; KG JW 1937, 3181 (Anm Mentzel); Storz ZIP 1980, 159; Fischer NJW 1955, 1583; Stöber § 15 Anm 20.26; Steiner-Storz § 75 Rz 62; Palandt-Bassenge § 1150 Anm 6; Mohrbutter-Drischler Muster 25 Anm 4.

[82] Stöber § 15 Anm 20.26; RGZ 150, 58; 146, 317; Steiner-Storz § 75 Rdnrn 62, 63; Fischer NJW 1955, 1585.

zungen für die Zwangsvollstreckung vorliegen; ein vollstreckbarer Titel und ein Zustellungsnachweis sind dagegen nicht erforderlich.[83]

Das besondere öffentlich-rechtliche Rechtsverhältnis zwischen den staatlichen Behörden und dem Schuldner ist dem privatrechtlichen Schuldverhältnis nicht ohne weiteres vergleichbar. Gegenüber einer staatlichen Behörde genießt der Schuldner einerseits Vorteile, weil er in den Genuß einer Behördenaufsicht kommt und unter gewissen Voraussetzungen Anspruch auf Stundung oder Erlaß hat; andererseits kann die Behörde sehr viel leichter und schneller mit der Zwangsvollstreckung beginnen.

Aus diesen Besonderheiten folgt, daß der Ablösende die Zwangsvollstreckung aus einer öffentlichen Grundstückslast nicht ohne besonderen eigenen Titel beginnen oder (durch die Fortsetzung eines einstweilen eingestellten Verfahrens) wiederbeginnen kann. Dagegen kann er m. E. ohne weiteres in ein von der Behörde bereits begonnenes Versteigerungsverfahren eintreten und ohne eigenen Titel weiterbetreiben, denn das Verwaltungszwangsverfahren unterscheidet sich vom normalen Vollstreckungsverfahren nur im Beginn, nicht in der Durchführung.[84]

So kann der Ablösende nach heute herrschender Meinung auch ohne eigenen Titel die Aufhebung des Verfahrens herbeiführen oder die einstweilige Einstellung bewilligen.[85] Mit der Aufhebung oder einstweiligen Einstellung geht aber nicht etwa das Befriedigungsvorrecht der 3. Rangklasse verloren, dieses bleibt vielmehr an den öffentlich-rechtlichen Anspruch gebunden ohne Rücksicht darauf, ob die Versteigerung aus diesem Anspruch betrieben wird oder nicht.[86]

Auch für den Verteilungstermin ist die Beschaffung eines auf den Ablösenden lautenden Duldungstitels nicht erforderlich, weil das Recht in der 3. Rangklasse des § 10 I bedient werden muß, auch wenn aus ihm die Versteigerung nicht betrieben wird. Der Ablösende muß bei Gericht lediglich anmelden und gegebenenfalls glaubhaft machen, daß er abgelöst hat.

Unzutreffend ist die Auffassung, Ablösung und Bewilligung der einstweiligen Einstellung durch den Ablösenden nach Schluß der Bietstunde führten nicht zur Zuschlagsversagung, wenn der abgelöste Betrag (zB in Rangklasse 3) so gering sei, daß er im Vergleich zum festgesetzten Grundstückswert und/oder zum Meistgebot keine wirtschaftliche Bedeutung habe.[87]

7.4.2. Teilablösung

Gemäß § 268 III 2 BGB darf die Ablösung nicht zum Nachteil des bisherigen Gläubigers geltend gemacht werden. Das bedeutet zunächst, daß bei der Ablösung nur eines Teils des Anspruchs abweichend von § 12 die Rest-

---

[83] Vgl Mohrbutter-Drischler Muster 4 Anm 3.

[84] Sonst könnte der Ablösende auch gar keinen Duldungstitel für die 3. Rangklasse erwirken.

[85] Stöber § 15 Anm 20.26; Steiner-Storz § 75 Rdnr 71; Fischer NJW 1955, 1586; Wolff Anm 80; Stöber Handbuch Rdnr 139.

[86] So auch (im **Gegensatz** zu früheren Auflagen) Stöber § 15 Anm 20.26.

[87] So **aber** LG Kassel Rpfleger 2000, 408; LG Waldshut-Tiengen Rpfleger 1986, 102; **wie hier aber** Weis Rz 303 ff.

forderung des bisherigen Gläubigers Rang vor dem abgelösten Recht erhält.[88]

Die auf einen bestimmten Anspruchsteil beschränkte Ablösung ist nur dann zulässig, wenn der abgelöste Gläubiger die Zwangsversteigerung nur aus einem Teil seines Anspruchs betrieben hat. Da er nur insoweit Befriedigung aus dem Grundstück verlangt, beschränkt sich auch das Ablösungsrecht auf diesen Forderungsteil; umgekehrt kann auch der abgelöste Gläubiger nicht Befriedigung seines ganzen Anspruchs verlangen, wenn er nur aus einem Teil des Anspruchs betreibt. Schon wenn sich der Grundstückseigentümer nur hinsichtlich eines (idR nachrangigen) Teilbetrages einer Grundschuld der sofortigen Zwangsvollstreckung unterwirft, tritt eine Teilung von Forderung und Grundschuld ein mit der Folge, daß der Grundschuldgläubiger auf Wunsch des Eigentümers sogar die Teilung des Rechts in der Form des § 29 GBO bewilligen muß.[89]

Keine Teilablösung, die nach BGB abgelehnt werden kann, liegt vor, wenn nur aus einem Teil des Anspruchs betrieben wird (s. o.) oder wenn der Ablösende aus mehreren Rechten innerhalb der gleichen Rangklasse (zB aus 2 verschiedenen Grundschulden) oder aus verschiedenen Rangklassen betreibt (zB aus der 4. und 5. bzw aus der 4. und 8. Rangklasse) und nur eines dieser Einzelverfahren abgelöst werden soll;[90] alle Einzelverfahren sind ja selbständig,[91] und nur das bestrangig betriebene liegt der Feststellung des geringsten Gebots zugrunde und gefährdet damit unmittelbar das Recht des Ablösenden. Das gilt auch dann, wenn die verschiedenen Ansprüche im Rahmen einer Gesamtforderung im Versteigerungsantrag und sogar im Anordnungs- oder Beitrittsbeschluß zusammengefaßt sind.

Aus diesen Gründen und wegen des Grundsatzes der Selbständigkeit der Einzelverfahren innerhalb der Gesamtversteigerung braucht der Ablösende, der die Zuschlagsversagung herbeiführen will, nicht etwa alle (oder die betragsmäßig größten) betriebenen Verfahren abzulösen und einzustellen, sondern es reicht, wenn er das bestrangig betriebene Verfahren ablöst.[92]

Ob der Gläubiger aus seinem ganzen Anspruch betreibt oder nur aus einem Anspruchsteil und wie hoch die Ablösesumme ist, kann man entweder bei dem Gläubiger erfragen (dieser ist auskunftspflichtig),[93] oder man kann (wenn der Versteigerungstermin schon bevorsteht) sich in der Mitteilung nach § 41 II informieren, mit der das Gericht allen Beteiligten bekanntgibt, auf wessen Antrag und wegen welcher Ansprüche die Versteigerung erfolgt.

Zu bemerken ist noch, daß bei der Ablösung einer nur noch teilweise „valutierten" Sicherungsgrundschuld der Ablöser diese Grundschuld auch nur in dem Umfang erwirbt, in dem er sie bezahlt. Bezüglich des Differenzbetrages sind nämlich Rückgewähransprüche des Grundschuldbestellers entstanden,

[88] Steiner-Storz § 75 Rdnr 47.
[89] Vgl OLG Hamm ZIP 1984, 227; **unzutreffend** daher OLG Celle, bestätigt durch BGH Rpfleger 1990, 378 mit ablehnender Anm Muth.
[90] So jetzt auch Stöber § 75 Anm 2.4.
[91] So jetzt auch eindeutig OLG Düsseldorf Rpfleger 1991, 28; Hintzen Rpfleger 1991, 69; vgl auch OLG Celle WM 1987, 1438; LG Lüneburg Rpfleger 1987, 469.
[92] Storz Rpfleger 1990, 176 **gegen** OLG Köln.
[93] Steiner-Storz § 75 Rdnr 60.

und die Grundschuld ist insoweit einredebehaftet. Beim Übergang einer Grundschuld kraft Gesetzes auf einen ablösungsberechtigten Dritten wird der gute Glaube des Ablösenden an die Einredefreiheit nicht geschützt.[94]

Inzwischen hat die höchstrichterliche Rechtsprechung eine sehr interessante weitere Alternative entwickelt, die in den Leitsätzen einer BGH-Entscheidung hervorragend zum Ausdruck kommt: „Die Erklärung des Grundstückseigentümers, sich und den jeweiligen Eigentümer **wegen eines zuletzt zu zahlenden Teilbetrags** einer Grundschuld der sofortigen Zwangsvollstreckung zu unterwerfen, ist eintragungsfähig. Im Rahmen des § 1142 BGB muß der Eigentümer, sofern nicht der Gläubiger eine Teilleistung annimmt, die fällige Grundschuld in voller Höhe ablösen."[95] Allerdings hat der BGH in einer neueren Entscheidung dahin eingeschränkt, daß zur Ablösung (und anschließenden Einstellung) doch nur die Zahlung dieses Teilbetrages nebst Kosten erforderlich ist, auch wenn der Vollstreckungstitel als solcher erst nach Zahlung des Gesamtbetrages verbraucht ist.[95a]

7.4.3. Mehrere Ablösungsberechtigte

Da der Kreis der Ablösungsberechtigten recht groß gezogen ist, kann es durchaus vorkommen, daß nicht nur mehrere Personen ablösungsberechtigt sondern auch ablösungswillig und -fähig sind. Nach verbreiteter Meinung – jedenfalls zu § 75 – soll der Bestberechtigte, in erster Linie, also der Schuldner, den Vorzug erhalten.[96] M. E. ist zwar auch dem Schuldner die erste Möglichkeit zur Rettung seines Grundstücks zu geben, während eine rangorientierte Differenzierung von Gläubigern nicht recht begründbar erscheint; das Problem ist aber deshalb theoretisch, weil der abzulösende Gläubiger (oder im Fall des § 75 das Gericht) gar keine Möglichkeit zu einer Auswahl hat: derjenige, der zuerst zahlt, ist der Ablösende. Im Fall des § 75 muß dann das Gericht sofort das Verfahren einstweilen einstellen.

Bei einer Ablösung nach §§ 268, 1150 BGB kann der Ablösende von dem anderen Berechtigten seinerseits abgelöst werden, solange er nicht die einstweilige Einstellung bewilligt. Wird er abgelöst – er kann sich nicht dagegen wehren – so kann er wieder zurückablösen. ... Auf diese Weise kann ein regelrechtes „Ablösungsgerangel" entstehen, bis ein Gläubiger die einstweilige Einstellung bewilligt. Ab da besteht die Ablösungsmöglichkeit nicht mehr.

7.4.4. Taktische Hinweise

TH 7.4.4.1.: Jeder Gläubiger, der die Zwangsversteigerung aus einer relativ kleinen Forderung betreibt, zum Beispiel, weil er nur aus einem Teilbetrag

---

[94] BGH ZiP 1996, 1981 = EWiR 1996, 1127 (Gaberdiel); ZIP 1986, 363 = EWiR 1986, 571 (Clemente); Münch-Komm-Eickmann § 1157 Rz 18; Palandt-Bassenge § 1157 Rz 3; **str. aA:** Soergel-Konzen § 1157 BGB Rz 5; Westermann-Eickmann Sachenrecht II S. 269. – Vgl dazu Hager, Ablösung von Grundpfandrechten und redlicher Erwerb, ZIP 1997, 133.
[95] BGH ZIP 1989, 1449; OLG Hamm WM 1987, 382; vgl auch Wolfsteiner DNotZ 1988, 236. – Vgl auch **TH** B. 7.4.3. und **TH** B. 7.4.4.4.
[95a] BGH Rpfleger 2007, 488.
[96] Vgl Stöber § 75 Anm 2.3.

vorgeht[97] oder weil er als Kommune nur eine geringe Forderung hat[98] oder aus sonstigem Grund, muß sich bewußt sein, daß kleine Forderungen in besonders hohem Maße zur Ablösung provozieren,[99] weil eben nur ein geringerer Geldbetrag eingesetzt werden muß. Das kann dem Gläubiger gleichgültig sein, wenn er nur diese kleine Forderung hat. Die Ablösung kann für ihn aber auch äußerst nachteilig sein, wenn er bestrangig betreibt und noch andere schlecht oder gar nicht gesicherte Forderungen hat; denn mit der Ablösung verliert er seine gute taktische Position. Allerdings sollte der abgelöste Gläubiger „in der Hitze des Gefechts" nicht vergessen, daß er ja zurückablösen kann, wenn er noch andere gleich- oder nachrangige Rechte hat.

TH 7.4.4.2.: Sind mehrere Beteiligte zur Ablösung berechtigt, dann kann es ein „Ablösungsgerangel" geben, weil das Ablösungsrecht unabhängig davon bestehen bleibt, wer gerade Inhaber des Rechtes ist. Es kann solange abgelöst werden, solange aus dem abzulösenden Recht nicht die einstweilige Einstellung bewilligt wird. Der geschickteste Berechtigte nimmt an einem solchen Wettlauf oder Gerangel zunächst nicht teil sondern wartet auf den richtigen Zeitpunkt, in welchem er nach einer Ablösung sofort die einstweilige Einstellung bewilligt (wenn er zum Beispiel die Versagung des Zuschlags herbeiführen will). Die Bewilligung der einstweiligen Einstellung bewirkt zwar sofort, daß dieser Gläubiger nicht mehr abgelöst werden kann. Die weiteren Auswirkungen hängen aber davon ab, wie das Verfahren im Zeitpunkt der Bewilligung steht: war das abgelöste Recht bisher nicht das bestrangig betriebene Recht, so bewirken Ablösung und Einstellungsbewilligung für das Gesamtverfahren überhaupt nichts. War es dagegen das einzige oder das bestrangig betriebene Recht, dann muß die Bietstunde wiederholt werden (wenn die Bietstunde noch lief) beziehungsweise es muß gemäß § 33 der Zuschlag versagt werden (wenn die Bietstunde bereits beendet war).

TH 7.4.4.3.: Nach einer vom BGH bestätigten Entscheidung des OLG Celle[100] soll bei Ablösung auch der ausdrücklich aus dem „rangersten Teilbetrag einer Grundschuld" betriebenen Vollstreckungsforderung nur der rangletzte Teil der Grundschuld auf den Ablösenden übergehen. Hier ist also bei Ablösungen Vorsicht geboten, weil die Gefahr besteht, daß der Ablösende uU nur den risikobehafteten letztrangigen Grundschuldteil erhält, obwohl der Abgelöste ausdrücklich aus dem rangersten Teil vorgegangen ist; evtl verlangt die Rechtsprechung sogar einmal die volle Bezahlung der Grundschuld, was mE konsequenter wäre.

TH 7.4.4.4.: Die Begrenzung der Vollstreckungsunterwerfung auf „den zuletzt zu zahlenden Teilbetrag" bietet zwar die Vorteile einer sehr einfachen und kostengünstigen Handhabung. Aber nach der neuen BGH-Entscheidung[100a] ist die bis dahin geltende „hohe Ablösungshürde" beseitigt worden! Zwar wird der Vollstreckungstitel als solcher erst nach Zahlung der Gesamtsumme verbraucht; aber zur Ablösung und Einstellung reicht der „Teilbetrag"

[97] Vgl dazu auch **TH** D. 4.6.5.3.
[98] Vgl dazu auch **TH** C. 1.3.4.3.
[99] Vgl dazu **TH** D. 4.6.5.2. und **TH** B. 7.2.2.1.
[100] EWiR 1990, 557 (Anm Storz).
[100a] BGH Rpfleger 2007, 488.

zuzüglich Kosten. Damit ist die Ablösung auch in diesen Fällen erheblich erleichtert worden! Es darf aber nicht übersehen werden, daß in diesen Fällen eine evtl spätere Teilabtretung der Grundschuld Schwierigkeiten bereiten kann. Diese sind allerdings lösbar: man muß nur genau bestimmen, auf welchen der Teilbeträge sich die Vollstreckungsunterwerfung beziehen soll.

7.5. Vollzug der Ablösung

§ 727 ZPO

(1) Eine vollstreckbare Ausfertigung kann für den Rechtsnachfolger des in dem Urteil bezeichneten Gläubigers sowie gegen denjenigen Rechtsnachfolger des in dem Urteil bezeichneten Schuldners und denjenigen Besitzer der im Streit befangenen Sache, gegen die das Urteil nach § 325 wirksam ist, erteilt werden, sofern die Rechtsnachfolge oder das Besitzverhältnis bei dem Gericht offenkundig ist oder durch öffentliche oder öffentlich beglaubigte Urkunden nachgewiesen wird.

(2) Ist die Rechtsnachfolge oder das Besitzverhältnis bei dem Gericht offenkundig, so ist dies in der Vollstreckungsklausel zu erwähnen.

§ 750 ZPO

(1) Die Zwangsvollstreckung darf nur beginnen, wenn die Personen, für und gegen die sie stattfinden soll, in dem Urteil oder in der ihm beigefügten Vollstreckungsklausel namentlich bezeichnet sind und das Urteil bereits zugestellt ist oder gleichzeitig zugestellt wird. Eine Zustellung durch den Gläubiger genügt; in diesem Fall braucht die Ausfertigung des Urteils Tatbestand und Entscheidungsgründe nicht zu enthalten.

(2) Handelt es sich um die Vollstreckung eines Urteils, dessen vollstreckbare Ausfertigung nach § 726 I erteilt worden ist, oder soll ein Urteil, das nach den §§ 727–729, 738, 742, 744, 745 II, 749 für oder gegen eine der dort bezeichneten Personen wirksam ist, für oder gegen eine dieser Personen vollstreckt werden, so muß außer dem zu vollstreckenden Urteil auch die ihm beigefügte Vollstreckungsklausel und, sofern die Vollstreckungsklausel auf Grund öffentlicher oder öffentlich beglaubigter Urkunden erteilt ist, auch eine Abschrift dieser Urkunden vor Beginn der Zwangsvollstreckung zugestellt sein oder gleichzeitig mit ihrem Beginn zugestellt werden.

(3) Eine Zwangsvollstreckung nach § 720 a ZPO (Sicherungsvollstreckung) darf nur beginnen, wenn das Urteil und die Vollstreckungsklausel mindestens zwei Wochen vorher zugestellt sind.

7.5.1. Wahl des Zeitpunkts

Wie bereits dargestellt, ist die Ablösung gemäß §§ 268, 1150 BGB auf jeden Fall von dem Zeitpunkt an möglich, in dem der abzulösende Gläubiger die Zwangsversteigerung betreibt, und sie bleibt während des ganzen Verfahrens möglich bis zur Verkündung der Entscheidung über den Zuschlag;[101] die

---

[101] Vgl Stöber § 15 Anm 20.18.

Ablösungsvoraussetzungen liegen aber nicht vor, solange das Verfahren einstweilen eingestellt ist, weil der abzulösende Gläubiger während dieser Zeit „keine Befriedigung aus dem Grundstück verlangt."

Nicht aus materiell-rechtlichen Gründen, sondern eher aus prozeß-rechtlichen, vor allem aber aus praktischen Erwägungen heraus sollte sich der Ablösungswillige genau überlegen, ob die Ablösung vor dem Versteigerungstermin oder im Termin erfolgen soll. Die zu beachtenden Unterschiede liegen im wesentlichen darin, daß die durch die Ablösung erreichbaren Möglichkeiten immer geringer werden, je später abgelöst wird, daß auch immer weniger Zeit für den Vollzug der Ablösung zur Verfügung steht, und daß die Ablösung im Versteigerungstermin zu Protokoll erklärt werden kann. Daraus ergeben sich zahlreiche Vor- oder Nachteile, so daß der Zeitpunkt für die Ablösung sorgfältig ausgewählt werden muß (vgl dazu unten 7.5.2. und 7.5.3.).[102]

Gemeinsam ist aber, daß der wichtigste mit der Ablösung verfolgte Zweck, nämlich die Möglichkeit, die Versagung des Zuschlags herbeizuführen, in jedem Fall erhalten bleibt. Es gibt in den Kommentaren dazu zwar verschiedene Begründungen, aber über dieses Ergebnis herrscht doch im wesentlichen Einigkeit.[103]

Allerdings hat die Ablösung allein nicht automatisch die Versagung des Zuschlags zur Folge. Dazu müssen vielmehr noch drei weitere Voraussetzungen gegeben sein:[104]

(1) Das Verfahren aus dem abgelösten Recht muß einstweilen eingestellt werden; bei der (eigentlichen) Ablösung nach §§ 268, 1150 BGB ist dazu eine Einstellungsbewilligung des Ablösenden erforderlich,[103] während bei der Zahlung im Termin gemäß § 75 das Gericht von Amts wegen einstweilen einstellt;

(2) das Verfahren aus dem abgelösten Recht muß bisher als bestrangig betriebenes Verfahren der Feststellung des geringsten Gebots zugrunde gelegen haben (andernfalls wirken sich Ablösung und einstweilige Einstellung auf das Gesamtverfahren überhaupt nicht aus);[105]

(3) die einstweilige Einstellung muß – wenn die Zwangsversteigerung noch aus anderen nachrangigen Ansprüchen weiterbetrieben wird – nach Abschluß der Bietstunde aber vor Verkündung der Zuschlagsentscheidung bewilligt werden.[106]

(4) Vorsicht ist geboten, weil einige Gerichte die Zuschlagserteilung trotz Ablösung und Einstellung des bestrangig betriebenen Rechts für zulässig halten, wenn nur wegen eines realtiv geringfügigen Betrages bestrangig betrieben wurde, und wenn außerdem noch andere nachrangige Gläubiger mit deutlich höheren Forderungen betreiben.[107] Dies ist zwar mE rechtlich unzutreffend (wie auch soll die Abgrenzung lauten und wie wird die Differenzie-

---

[102] Vgl **TH** B 7.5.4.2.

[103] Vgl dazu B. 7.3.4.

[104] Vgl **TH** B. 7.5.4.3.

[105] Vgl dazu oben B. 6.4.

[106] Vgl dazu oben B. 3.2.2.

[107] Vgl zB OLG Stuttgart Rpfleger 1997, 397; OLG Köln Rpfleger 1990, 176 (**abl.** Anm. Storz); LG Mosbach Rpfleger 1992, 360; LG Landshut-Tiengen Rpfleger 1986, 102.

rung begründet?); aber in der Praxis ist diese Rechtsprechung trotzdem sorgfältig zu beachten!

Gemeinsam ist bei allen Ablösungen nach §§ 268, 1150 BGB außerdem, daß das Ablösungsrecht bei Vorliegen aller Voraussetzungen der §§ 268, 1150 BGB auch gegen den Willen des Abzulösenden durchgesetzt werden kann,[108] und daß sich der Abzulösende unter Umständen sogar schadensersatzpflichtig macht, wenn er die Ablösung verhindert.[109]

Gemeinsam ist schließlich, daß die Ablösung auch dann keine mißbräuchliche Rechtsausübung ist, wenn das eigentliche Recht des Ablösenden durch das bare Meistgebot gedeckt ist.[110] Auch die einstweilige Einstellung ist selbst dann keine mißbräuchliche Rechtsausübung, wenn sie zur Vernichtung eines hohen Gebotes und zu einem Zuschlag auf ein geringeres Gebot oder zur Zahlungsversagung führt.[111]

7.5.2. Ablösung vor dem Termin

Angesichts der unterschiedlichen und zum Teil unklaren Aussagen in den Kommentaren zu der Frage, ob der Ablösende ohne weiteres in das aus dem abgelösten Recht betriebene Verfahren als betreibender Gläubiger eintreten kann oder ob er die Vollstreckungsklausel auf seinen Namen umschreiben und dem Schuldner zustellen muß, bevor er irgendwelche Verfahrenserklärungen abgeben kann, bietet die Ablösung vor dem Versteigerungstermin einige **Vorteile:**

(1) Es steht genügend Zeit zur Verfügung, so daß der Ablösende die Klausel rechtzeitig vor dem Termin umschreiben und zustellen und daß er im Versteigerungstermin schon als einwandfrei berechtigter Rechtsnachfolger auftreten kann.

(2) Da genügend Zeit vorhanden ist, kann er mit dem Abzulösenden in aller Ruhe den Ablösungsbetrag, die Zahlungsweise und andere Abwicklungsfragen klären und insbesondere erforderlichenfalls den Abzulösenden auch vom Ablösungsrecht überzeugen; nicht jedem liegt es, Meinungsverschiedenheiten in einem öffentlichen Versteigerungstermin offen auszutragen!

(3) Bei entsprechendem Einvernehmen mit dem Abzulösenden kann die Umschreibung und Zustellung der Vollstreckungsklausel dadurch vermieden werden, daß die Ablösung nicht offengelegt wird und der abgelöste Gläubiger in oder nach dem Termin alle Verfahrenserklärungen zwar im eigenen Namen aber nach Weisung des Ablösenden abgibt; oder der Abgelöste bewilligt schriftlich die einstweilige Einstellung des Verfahrens und gibt dieses Schriftstück zur freien Verwendung dem Ablösenden mit, der es dann nach eigenem Gutdünken dem Gericht im richtigen Augenblick vorlegt.

(4) Wenn ein diesbezügliches Einvernehmen zwischen Abzulösendem und Ablösendem nicht hergestellt werden kann und auch die Zeit für eine Um-

---

[108] Vgl **TH** B. 7.5.4.4.

[109] Palandt-Bassenge § 1150 BGB Anm 2; Steiner-Storz § 75 Rdnr 30; RGRK-Schuster § 1150 BGB Rz 17; Staudinger-Selb § 268 BGB Rz 1; Staudinger-Scherübl § 1150 BGB Rz 30.

[110] LG Verden RPfleger 1973, 296; Dassler-Schiffhauer-Gerhardt § 75 Anm 2.

[111] Vgl dazu oben B. 3.2.2.

schreibung und Zustellung der Klausel vor dem Versteigerungstermin nicht mehr ausreicht, kann immer noch auf eine Ablösung im Termin ausgewichen werden.

Die Ablösung vor dem Versteigerungstermin hat aber abgesehen von den mit der Umschreibung und Zustellung der Klausel verbundenen Arbeiten, Zeiterfordernissen und Kosten auch einige **Nachteile,** die nicht übersehen werden dürfen:

(1) Falls sich der Abgelöste zwar dem Ablösungsrecht des nachrangigen Gläubigers gebeugt hat, aber aus eigenem Interesse im Besitz des abgelösten Rechts bleiben möchte, hat er genügend Zeit für eine Rückablösung. Falls er dazu auf Grund eines weiteren nachrangigen Rechts selbst berechtigt ist, braucht er sich lediglich die für eine Ablösung erforderlichen Rechts- und Vollzugskenntnisse sowie die Geldmittel zu verschaffen; da er aber selbst bereits abgelöst worden ist, kann er sowohl die dort erworbenen Kenntnisse als auch die Geldmittel unmittelbar für die Rückablösung einsetzen! Falls er selbst kein eigenes Ablösungsrecht mehr hat, kann er unter Umständen einen befreundeten anderen Gläubiger dazu überreden; oder er kann sich unter Umständen ein zur Ablösung berechtigendes anderes nachrangiges Recht zum Beispiel durch Abtretung verschaffen; oder er kann Überlegungen anstellen, wie er sein ursprüngliches Ziel trotzdem erreichen kann.

(2) Die Ablösung ist in der Praxis vor allem deshalb so wirkungsvoll, weil mit ihr ein großer Überraschungseffekt verbunden ist: die anderen Beteiligten haben weder die Möglichkeit, sich ganz kurzfristig mit den für eine Rückablösung erforderlichen Geldmitteln zu versorgen, noch sich die erforderlichen Rechts- und Vollzugskenntnisse zu verschaffen, noch sich voll auf die neue Situation einzustellen. Dieser wichtige Überraschungseffekt geht mindestens zum Teil verloren, wenn die Ablösung schon vor dem Termin erfolgt. Obwohl die Rechtsnachfolge erst im Termin bekanntgegeben wird, muß der Ablösende damit rechnen, daß sich die Ablösung auch schon vorher bei allen interessierten Beteiligten herumspricht.

Die Zustellung der die Rechtsnachfolge nachweisenden öffentlichen oder öffentlich beglaubigten Urkunden ist übrigens gemäß §§ 997, 800 ZPO dann nicht erforderlich, wenn der neue Gläubiger im Grundbuch eingetragen ist oder – bei einer Rechtsnachfolge auf Schuldnerseite – wenn nach dem Grundbucheintrag der jeweilige Grundstückseigentümer die Zwangsvollstreckung in das Grundstück dulden muß und der neue Schuldner als Eigentümer im Grundbuch eingetragen ist.

7.5.3. Ablösung in dem Termin

Die Ablösung im Versteigerungstermin hat einige Vorteile, die zum Teil auch gegeben sind, wenn erst zwischen dem Schluß der Bietstunde und der Zuschlagsverkündung abgelöst wird. Wer erst so spät ablösen will, muß aber beachten, daß häufig zwischen dem Schluß der Versteigerung (§ 73) und der Zuschlagsverkündung nur wenige Minuten vergehen, so daß die Ablösung hier auf besondere praktische Schwierigkeiten stoßen kann.

Gegenüber der Ablösung vor dem Versteigerungstermin kann die Ablösung im Termin je nach konkreter Sachlage erhebliche **Vorteile** bieten:

(1) Die Erklärung der Ablösung zu Protokoll entspricht den Vorschriften der ZPO über eine Rechtsnachfolge und ersetzt außerdem die im ZVG vorgeschriebene Anmeldung und Glaubhaftmachung der Rechtsnachfolge. Die Rechtskenntnisse des Rechtspflegers sind sehr hilfreich, wenn der Abzulösende das Ablösungsrecht nicht kennt oder die Ablösung wegen eigener entgegenstehender Interessen verhindern will.[112]

(2) Die Umschreibung und Zustellung der Vollstreckungsklausel ist hier zwar nicht mehr möglich, sie ist aber nach ganz herrschender Auffassung auch nicht mehr nötig, wenn der Ablösende eine einstweilige Einstellung erreichen will.[113] Allerdings ist Vorsicht geboten: ein Teil der Kommentare gibt dem Gericht das Recht, das Verfahren aus dem abgelösten Recht von sich aus einstweilen einzustellen, bis der Ablösende dem Gericht die Umschreibung und Zustellung der Klausel nachweist.[113] Das ist nur dann für den Ablösenden unschädlich, wenn er einen Zuschlag verhindern will und wenn die Versteigerung ausschließlich aus dem abgelösten Recht betrieben wird. Wird die Versteigerung dagegen aus mehreren Rechten betrieben, muß die Ablösung des bestrangig betreibenden Gläubigers gegebenenfalls erst nach dem Schluß der Bietstunde (aber unbedingt noch vor der Verkündung der Zuschlagsentscheidung) vollzogen werden.

(3) Bei einer Ablösung im Versteigerungstermin besteht erfahrungsgemäß aus ganz naheliegenden praktischen Gründen die größere Aussicht, daß der Rechtspfleger nicht auf einer Umschreibung und Zustellung der Klausel besteht,[114] weil sonst weder der alte noch der neue Gläubiger im Termin handlungsfähig wäre. Auch der abgelöste Gläubiger ist in diesem Fall eher bereit, erforderlichenfalls die vom Ablösenden erbetenen Verfahrenserklärungen abzugeben, so daß aus rein praktischen Erwägungen tatsächlich meist keine Probleme auftreten. Im übrigen können die diesbezüglichen Fragen unter Umständen während des Versteigerungstermins auch offen bleiben und erst zwischen Versteigerung und Zuschlagsverkündung einer Klärung zugeführt werden. Viele Fragen werden in der Zwischenzeit von der Praxis selbst beantwortet.[115]

(4) Nur die Ablösung in dem Versteigerungstermin erhält den vollen Überraschungseffekt; der Abzulösende kann sich bei Vorliegen der Voraussetzungen der §§ 268, 1150 BGB nicht mit Erfolg gegen die Ablösung zur Wehr setzen, und die anderen Beteiligten können nicht mehr rechtzeitig reagieren. ...

(5) Oft ist die Fragestellung müßig, ob die Ablösung vor oder in dem Versteigerungstermin vollzogen werden sollte, weil sich die Notwendigkeit für die Ablösung erst so spät herausstellt, daß nur noch eine Ablösung im Termin in Frage kommen kann!

Die Ablösung in dem Versteigerungstermin kann aber auch **Nachteile** haben, insbesondere:

(1) Die oft vorhandene Rechts- und Vollzugsunkenntnis beim Abzulösenden und manchmal auch beim Rechtspfleger kann die Ablösung erschweren

---

[112] Vgl **TH** B. 7.5.4.5.
[113] Vgl B. 7.3.4.
[114] Vgl dazu oben B. 7.3.4.
[115] Vgl **TH** B. 7.5.4.6.

und den mit ihr erstrebten Erfolg verhindern, weil zu wenig Zeit für eine Klärung der Fragen zur Verfügung steht, und weil die offene Auseinandersetzung im öffentlichen Versteigerungstermin der Sache schaden kann.[116]

(2) Der Abzulösende ist unter Umständen im Termin weder anwesend noch vertreten; wenn dann nicht wenigstens eine kurzfristig während der Bietstunde realisierbare Einzahlungsmöglichkeit gegeben ist, so daß dem Gericht die Befriedigung des abzulösenden Gläubigers nachgewiesen werden kann, kann an einer derartigen Zufälligkeit die ganze Ablösung scheitern.

(3) Bei einer Ablösung im Termin muß darauf geachtet werden, daß die Ablösung auf Grund der §§ 268, 1150 BGB nicht mit der Überweisung nach § 75 verwechselt wird. Beide unterscheiden sich nämlich im Vollzug, im zu zahlenden Betrag und in den Rechtsfolgen:

Bei der Ablösung wird das zur Befriedigung des betreibenden Gläubigers erforderliche Geld diesem unmittelbar ausgehändigt; der Ablösende tritt dann in dessen Position ein; bei § 75 erfolgt die Überweisung an das Gericht, es müssen aber außerdem die Verfahrenskosten gezahlt werden, und das Gericht stellt das Verfahren automatisch sofort einstweilen ein.[117]

7.5.4. Taktische Hinweise

TH 7.5.4.1.: Vor jeder Ablösung muß der Ablösende den Betrag ermitteln, der zur Befriedigung des Abzulösenden aufgebracht werden muß. Das ist immer der Betrag, wegen dessen die Versteigerung betrieben wird. Wird nur aus einem Teilbetrag betrieben, dann muß auch nur dieser Teilbetrag gezahlt werden; der Abzulösende ist nicht berechtigt, Befriedigung seiner ganzen Forderung zu verlangen; dann hätte er eben aus seiner ganzen Forderung betreiben müssen.

Der Ablösungsbetrag kann auch bei Teilforderungen aus der gerichtlichen Mitteilung nach § 41 II ermittelt werden, falls diese schon ergangen ist; andernfalls muß bei Gericht erfragt werden, wegen welcher Forderung das betreffende Verfahren betrieben wird. Die Mitteilung nach § 41 II muß deshalb vor jedem Termin sorgfältig gelesen werden; es erfolgt jeweils eine neue Mitteilung, weil sich ja zu jedem Termin irgend etwas an den betreibenden Gläubigern geändert haben kann. Beim Studium der Mitteilung nach § 41 II (also über die betreibenden Gläubiger) muß berücksichtigt werden, daß die betreibenden Gläubiger meist nicht entsprechend ihrer Rangfolge sondern entsprechend der zeitlichen Reihenfolge der sie betreffenden Beitrittsbeschlüsse aufgeführt werden.

TH 7.5.4.2.: Die Wahl des geeignetsten Ablösungszeitpunkts ist zuweilen recht schwierig, weil oft einerseits der Überraschungseffekt wichtig ist und andererseits die rechtlichen Unsicherheiten sowie die praktischen Unkenntnisse der anderen Beteiligten einkalkuliert werden müssen.

Wer keine Risiken eingehen will, löst vor dem Termin ab und besorgt rechtzeitig Umschreibung und Zustellung der Klausel, beziehungsweise eine Einstellungsbewilligung oder Antragsrücknahme durch den abgelösten Gläu-

---

[116] Vgl dazu **TH** B. 7.5.4.4. bis **TH** B. 7.5.4.6.
[117] Zur Zahlung im Termin vgl D. 4.5.4. und D. 4.6.3. und D. 3.5.3.

biger, die der Ablösende je nach Bedarf im geeignetsten Zeitpunkt dem Gericht vorlegt.

Wem der Überraschungseffekt wichtiger ist, der löst – wenn ein gemeinsames Vorgehen mit dem Abzulösenden nicht erreichbar erscheint und wenn die Versteigerung aus mehreren Rechten betrieben wird – erst im Termin ab und macht sich die Unkenntnis und die Verblüffung der anderen Beteiligten zunutze.

TH 7.5.4.3.: Oft soll mit der Ablösung letzten Endes nicht die Versagung des Zuschlags herbeigeführt sondern der Versuch gemacht werden, höhere Gebote oder Zahlungen außerhalb des Termins oder sonstige Vorteile zu erzielen. Weg: 1. Ablösung des bestrangig betriebenen Rechts; 2. Unterrichtung des Meistbietenden darüber, daß man als jetzt bestrangig betreibender Gläubiger ohne Rücksicht auf die Höhe des Meistgebots die Zuschlagsversagung herbeiführen kann, falls eine Einigung über die Forderungen nicht erzielt wird; 3. Nach Bietstunde aber vor Zuschlagsverkündung einstweilige Einstellung gemäß § 30 bewilligen und Pause beantragen; 4. In der Pause abschließend verhandeln; bei erfolgreichem Abschluß Einstellungsbewilligung zurücknehmen und sofortige Zuschlagserteilung beantragen; bei erfolglosen Verhandlungen je nach Interessenlage trotzdem Einstellungsbewilligung zurücknehmen oder untätig bleiben mit der Folge, daß der Zuschlag gemäß § 33 versagt werden muß. In diesen Fällen ist die Ablösung im Versteigerungstermin am wirksamsten. Oft genügt dazu auch schon die Ankündigung der Ablösung, sofern die Ernsthaftigkeit durch einen entsprechenden bundesbankbestätigten Scheck oder entsprechende Barmittel glaubhaft gemacht wird.

TH 7.5.4.4.: Insbesondere bei Ablösungen im Termin muß mit Widerstand des Abzulösenden gerechnet werden, weil er im Zweifel weder die Rechtslage noch den Vollzug kennt und weil er unter Umständen wegen eigener oder befreundeter nachrangiger Rechte oder wegen eines besonderen Interesses am Zuschlag die Ablösung verhindern will oder einfach aus Bequemlichkeit und Unlust, eine unter Umständen größere Menge Bargeld in Empfang zu nehmen.

Auch von Seiten des Rechtspflegers ist ein gewisser Widerstand nicht ausgeschlossen. Schließlich trägt er die Verantwortung dafür, daß das Verfahren korrekt durchgeführt wird. Seine Bereitschaft kann unter Umständen mit folgenden Argumenten erhöht werden:

(1) Wenn die Voraussetzungen der §§ 268, 1150 BGB gegeben sind, kann sich niemand gegen die Ablösung wehren;

(2) alle Maßnahmen im Zusammenhang mit der Ablösung kommen nicht nur dem Ablösenden sondern auch dem Schuldner unmittelbar zugute; davon muß der Rechtspfleger überzeugt werden, was nur durch eine umfassende Unterrichtung möglich ist;

(3) die Ablösung bezweckt keineswegs immer eine Zuschlagsversagung, sondern sie führt unter Umständen auch zu einem früheren Abschluß des Verfahrens, woran der Rechtspfleger nur interessiert sein kann;

(4) der Rechtspfleger wird frühzeitig über alle geplanten Maßnahmen und Erklärungen und ihren Hintergrund aufgeklärt, so daß er von der Korrektheit überzeugt ist, sofort bei der Abgabe jeder Erklärung weiß, worauf sie unmit-

telbar abzielt und was insgesamt mit ihr bezweckt wird; eine nachträgliche Unterrichtung des Rechtspflegers über das Ergebnis der Maßnahmen fördert sein Vertrauen auch für zukünftige Ablösungen.

TH 7.5.4.5.: Die Ablösung muß nicht nur gegenüber dem Abzulösenden sondern auch gegenüber dem Gericht sorgfältig vorbereitet werden. Bei einer Ablösung im Termin sollte diese mit dem Rechtspfleger vorbesprochen werden, damit dessen Auffassung über die Rechtsfolgen in die taktischen Überlegungen einbezogen werden kann. Beharrt der Rechtspfleger zum Beispiel auf der Meinung, daß das Gericht unmittelbar nach der Ablösung das Verfahren einstweilen einstellen muß, dann löst der Gläubiger erst zwischen Bietstunde und Zuschlagsverkündung ab und macht den Rechtspfleger jetzt schon darauf aufmerksam, damit sich dieser darauf einstellen kann.

TH 7.5.4.6.: Die Unkenntnis der anderen Beteiligten über die Ablösung hat nicht nur Nachteile sondern auch Vorteile: Die Überraschung ist größer, weil niemand mit der Ablösung rechnet, nur wenige sich auf die neue Situation gedanklich einstellen können und fast niemand in der Lage ist, so kurzfristig ausreichende Geldmittel für eine Rückablösung zu beschaffen. Außerdem kennen viele bestrangig betreibende Gläubiger den großen Wert ihrer Verfahrensposition nicht oder geben diese leicht auf, weil sie sonst nicht am Grundstück engagiert sind und sie ja durch die Ablösung wegen des bestrangig betriebenen Rechts voll befriedigt werden. Ein weiterer Vorteil der Unkenntnis über die Ablösung besteht darin, daß von den häufig vielen Ablösungsberechtigten nur ein Beteiligter auf die Ablösungsidee kommt und daher kein „Ablösungsgerangel" entsteht.

TH 7.5.4.7.: Wenn ein Beteiligter im Termin den bestrangig betreibenden Gläubiger ablösen darf und will, aber sowohl beim abzulösenden Gläubiger als auch beim Rechtspfleger auf (zwar rechtlich unbegründeten aber eben praktisch doch wirksamen!) Widerstand stößt, kann der ablösungswillige Beteiligte diese Schwierigkeiten dadurch umgehen, daß er nicht nach BGB ablöst, sondern eine Überweisung nach § 75 vornimmt.[118] Er muß sich allerdings darüber im klaren sein, daß diese Überweisung sich hinsichtlich der zeitlichen Voraussetzungen, des Ablösungsbetrages, des Zahlungsadressats und der Rechtsfolgen von der BGB-Ablösung unterscheidet.[119] Die taktischen Ziele können dabei in aller Regel zwar auch über § 75 erreicht werden.[120] Aber durch das Anfang 2007 erfolgte Barzahlungsverbot ist das „Verfahren nach § 75" doch ganz erheblich entwertet worden! Jetzt kann ja nicht mehr beobachtet, abgewartet und entwicklungsbedingt entschieden werden, sondern jetzt muß der Nachweis der bereits erfolgten Überweisung vorgelegt werden! Der Ablösungswillige ist also darauf angewiesen, daß der Rechtspfleger notfalls die Bietstunde verlängert bzw unterbricht, oder mindestens mit der Verkündung des Zuschlags so lange zuwartet, bis der Ablösungswillige durch Einzahlung/Überweisung sich einen entsprechenden Nachweis beschafft!

---

[118] Vgl unten D.3.5.3.
[119] Vgl **TS** B.7.6.
[120] Vgl auch **TH** D.3.5.4.3. und **TH** D.3.5.4.4.

Thesen-Seite 20: Ablösungsgründe

1. Rettung eines gefährdeten Rechts durch Verhinderung der Versteigerung oder Änderung des geringsten Gebots.

2. Erlangung der Position des bestrangig betreibenden Gläubigers

   2.1. Verhinderung des Zuschlags unabhängig von der Höhe des Meistgebotes

   2.2. Durchsetzung höherer Gebote während der Bietstunde

   2.3. Durchsetzung von Zahlungen oder sonstigen Leistungen außerhalb der Versteigerung

3. Verschaffung des Wahlrechts nach § 1132 BGB (wenn Gesamtgrundpfandrechte vorgehen und Einzelausgebote erfolgen).

4. Verhinderung der Störung eines positiven Ergebnisses durch unzufriedene Dritte.

5. Bestehenlassen sonst erlöschender Rechte aus Abt II, um Erlössituation transparenter zu machen.

6. Gewährleistung der „richtigen" Ausübung der Rechte aus nicht (mehr) voll valutierten Grundschulden.
   Vorsicht: In aller Regel kann nicht zur Beschaffung zusätzlicher Sicherheiten abgelöst werden!

7. Unter Umständen Nebeneffekt: risikolose Geldanlage mit möglicherweise guter Rendite!
   Vorsicht: Die Ablösung wird gelegentlich zu Zwecken des Billigerwerbs mißbraucht.

Thesen-Seite 21: Die Gläubigerablösung

1. Ablösungsarten

1.1. **Ablösung im engeren Sinn (§§ 268, 1150 BGB)**
1.2. Überweisung nach § 75 ZVG
1.3. nicht: Forderungsverkauf (§ 398 BGB)
1.4. nicht: Zahlung an Vollstreckungsgläubiger (§§ 769, 775 ZPO)

2. Voraussetzungen

2.1. Nur ein „Gefährdeter" kann ablösen
2.2. Nur ein „Betreibender" kann idR abgelöst werden

3. Vollzug

3.1. Klärung des Ablösungsbetrages beim Rechtspfleger oder aus Mitteilung gemäß § 41 II
3.2. Bei Vorgehen aus mehreren Rechten/Rangklassen muß nur ein Einzelverfahren abgelöst werden
3.3. Bei Vorgehen aus (vor- oder nachrangigem) Teilbetrag ist nur dieser Teilbetrag (immer nachrangig?) abzulösen
3.4. Bei Vorgehen aus zuletzt zu zahlendem Teilbetrag ist die ganze Forderung zu bezahlen
3.5. Ablösung schon vor dem Termin
Vorteil: es kann leichter alles „klar" gemacht werden; idR Titelumschreibung oder Kooperation möglich
3.6. Ablösung erst während des Termins
Vorteil: Überraschungsmöglichkeit gegenüber Abzulösendem und anderen Beteiligten

4. Rechtsfolgen

4.1. Übergang von Forderung und Nebenrechten
4.2. Übergang der Position als Beteiligter
4.3. Stellung als betreibender Gläubiger (streitig vor Titelumschreibung)

Thesen-Seite 22:

Unterschiede zwischen § 75 und der Ablösung iSd BGB

Merkmal	§ 75	Ablösung
1. **Zahlungsart**	Einzahlungs- oder Überweisungsnachweis einer Bank/Sparkasse auf Gerichtskasse **Kein Bargeld**	Bargeld oder Bundesbank-bestätigter Bankscheck
2. **Beginn** der „Zahlungs"- Berechtigung	Erst **im Versteigerungstermin**	Schon **ab Vollstreckungsbeginn;** bei Grundpfandrechten sogar schon nach Zahlungsaufforderung
3. **Betrag**	Vollstreckungsforderung des Gläubigers; **Außerdem: Verfahrenskosten**	**Nur** die Vollstreckungsforderung des Gläubigers
4. **Adressat**	Der Rechtspfleger	der Vollstreckungsgläubiger
5. **Rechtsfolge**	**Sofortige einstweilige Einstellung** dieses Verfahrens von Amts wegen	**Keine** einstweilige Einstellung von Amts wegen **nur auf Bewilligung des Ablösers**

8. Formelles Verfahren

8.1. Zustellungen

Literatur: *Bischof,* Alte und neue Zustellungsprobleme nach der Vereinfachungsnovelle, NJW 1980, 2235; *Drischler,* Förmliche Zustellungen im Immobiliarvollstreckungsverfahren, JVBl 1965, 225; *Drischler,* Zustellungen im Zwangsversteigerungsverfahren, JVBl 1962, 83; *Fischer,* Die Zustellung im Verfahrensrecht, JuS 1994, 416; *Frank,* Zustellung und Zwangsvollstreckung gegen minderjährige Schuldner, JurBüro 1983, 482; *Guntau,* Die Zuständigkeit für die Bewilligung der öffentlichen Zustellung im Verfahren, die dem Rechtspfleger übertragen sind, MDR 1981, 272; *Hess,* Neues deutsches und europäisches Zustellungsrecht, NJW 2002, 2451; *Hohmann,* Übermittlung von Schriftstücken in der Zivil-, Verwaltungs- und Finanzgerichtsbarkeit (1977); *Kunz,* Der Minderjährige in der Zwangsversteigerung, ZBlJugR 1981, 196; *Mes,* Zustellung an für den Rechtszug bestellte Prozeßbevollmächtigte (§ 176 ZPO) und die Heilung bei Verletzung dieser Zustellungspflicht (§ 187 ZPO), Rpfleger 1969, 40; *Oertmann,* Zustellungs- und Ladungsmängel, ZZP 48, 437; *Vollkommer,* Ist das Empfangsbekenntnis vom Zustellungsempfänger mit seinem vollen Namen zu unterschreiben? Rpfleger 1972, 82.

8.1.1. Rechtslage

§ 3 ZVG

Die Zustellungen erfolgen von Amts wegen. Sie können durch Einschreiben mit Rückschein erfolgen. Zum Nachweis der Zustellung genügt der Rückschein.

§ 4 ZVG

Wohnt derjenige, welchem zugestellt werden soll, weder am Orte noch im Bezirke des Vollstreckungsgerichts, so kann die Zustellung durch Aufgabe zur Post erfolgen, solange nicht die Bestellung eines daselbst wohnhaften Prozeßbevollmächtigten oder Zustellungsbevollmächtigten dem Gericht angezeigt ist. Die Postsendung muß mit der Bezeichnung „Einschreiben" versehen werden.

§ 5 ZVG

Die Bestellung eines Zustellungsbevollmächtigten bei dem Grundbuchamte gilt auch für das Verfahren des Vollstreckungsgerichts, sofern sie diesem bekannt geworden ist.

§ 6 ZVG

(1) Ist der Aufenthalt desjenigen, welchem zugestellt werden soll, und der Aufenthalt seines Zustellungsbevollmächtigten dem Vollstreckungsgericht nicht bekannt oder sind die Voraussetzungen für eine öffentliche Zustellung aus sonstigen Gründen (§ 203 der Zivilprozeßordnung) gegeben, so hat das Gericht für denjenigen, welchem zugestellt werden soll, einen Zustellungsvertreter zu bestellen.

(2) Das gleiche gilt, wenn im Falle der Zustellung durch Aufgabe zur Post die Postsendung als unbestellbar zurückkommt. Die zurückgekommene Sendung soll dem Zustellungsvertreter ausgehändigt werden.

(3) Statt der Bestellung eines Vertreters genügt es, wenn die Zustellung für nicht prozeßfähige Personen an die Vormundschaftsbehörde, für juristische Personen oder für Vereine, die als solche klagen und verklagt werden können, an die Aufsichtsbehörde angeordnet wird.

§ 7 ZVG

(1) An den Zustellungsvertreter erfolgen die Zustellungen, solange derjenige, welchem zugestellt werden soll, nicht ermittelt ist.

(2) Der Zustellungsvertreter ist zur Ermittlung und Benachrichtigung des Vertretenen verpflichtet. Er kann von diesem eine Vergütung für seine Tätigkeit und Ersatz seiner Auslagen fordern. Über die Vergütung und die Erstattung der Auslagen entscheidet das Vollstreckungsgericht.

(3) Für die Erstattung der Auslagen haftet der Gläubiger, soweit der Zustellungsvertreter von dem Vertretenen Ersatz nicht zu erlangen vermag; die dem Gläubiger zur Last fallenden Auslagen gehören zu den Kosten der die Befriedigung aus dem Grundstücke bezweckenden Rechtsverfolgung.

§ 8 ZVG

Die Vorschriften der §§ 4–7 finden auf die an den Schuldner zu bewirkende Zustellung des Beschlusses, durch welchen die Zwangsvollstreckung angeordnet oder der Beitritt eines Gläubigers zugelassen wird, keine Anwendung.

Wenn man davon absieht, daß ein Gläubiger, der die Zwangsversteigerung betreiben will, seinen Vollstreckungstitel vor Antragstellung dem Schuldner durch den Gerichtsvollzieher zustellen lassen muß (§ 750 I ZPO),[1] erfolgen alle Zustellungen im eigentlichen Verfahren nicht im Parteibetrieb sondern von Amts wegen.[2] Anders als nach der ZPO, die vom Grundsatz der Parteizustellung ausgeht, sind im Zwangsversteigerungsverfahren Zustellungen im Parteibetrieb wirkungslos. Auch die Vorschriften der ZPO über Zustellungen von Amts wegen (§§ 166–195 ZPO, mit Wirkung ab 1. 7. 2002 neu geregelt durch das Zustellungsreformgesetz vom 25. 6. 2001 – BGBl I 1206) gelten in der Zwangsversteigerung uneingeschränkt nur für die Zustellung des Anordnungs- oder eines Beitrittsbeschlusses. Aber auch nach dem ZVG hat der Antragsteller die Pflicht, dem Gericht die erforderlichen Adressen zu beschaffen.

Grundsätzlich genügt die formlose Mitteilung, wenn nicht die zuzustellenden Beschlüsse oder Verfügungen

(1) im Termin zu verkünden sind oder

(2) der sofortigen Beschwerde oder befristeten Erinnerung unterliegen oder

(3) eine Terminbestimmung enthalten oder eine Frist in Lauf setzen oder

(4) einen Vollstreckungstitel bilden oder

(5) wenn die formelle Zustellung besonders vorgeschrieben ist.

---

[1] Vgl dazu unten C. 1.1.3.
[2] Vgl auch BGH NJW-RR 1993, 1213; NJW 1956, 1878.

Formelle Zustellungen erfolgen im Zwangsversteigerungsverfahren insbesondere für den Anordnungs- und Beitrittsbeschluss (vgl §§ 22 I, 57 b I), die Bestimmung des Versteigerungstermins (vgl §§ 41 I, 85 II) und des Verteilungstermins (vgl § 105), den Aufhebungs- oder Einstellungsbeschluss (vgl § 32) und den Zuschlagsbeschluss (vgl § 88).

Die formelle Zustellung ersetzt immer die formlose Mitteilung; im umgekehrten Fall dagegen ist die „Zustellung" wirkungslos, aber die Entscheidung ist trotzdem vorhanden und anfechtbar,[3] wenn auch die Rechtsmittelfrist noch nicht läuft. Auch ein in öffentlicher Verhandlung verkündeter Beschluß muß noch zugestellt werden, um die Rechtsmittelfrist in Gang zu setzen, es sei denn, das Gesetz hat – wie gemäß §§ 88, 98 beim Zuschlagsbeschluß – das Gegenteil bestimmt.[4]

Das Zustellungsverfahren kann vereinfacht werden, insbesondere durch die Bestellung eines Zustellungsvertreters durch das Gericht, wenn der Aufenthalt des Empfängers unbekannt ist oder ein sonstiger Grund für eine öffentliche Zustellung vorliegt (§ 6 I). Außerdem besteht die Möglichkeit, für nicht prozeßfähige Personen an die Vormundschaftsbehörde sowie für juristische Personen und prozeßfähige Vereine an deren Aufsichtsbehörde zuzustellen (§ 6 III). Durch das 2. JuModG (BGBl 2007 I 3416) wurde § 3 dem § 175 ZPO angeglichen, so daß Zustellungen seit Anfang 2007 auch im Zwangsversteigerungsverfahren durch Einschreiben mit Rückschein erfolgen können.

Auch über § 4 wird das Zustellungsverfahren vereinfacht, wenn der Empfänger weder am Ort noch im Bezirk des Gerichts wohnt, und wenn dem Gericht auch nicht die Bestellung eines Zustellungsbevollmächtigten angezeigt ist. Die Form dieser vereinfachten Zustellung durch Aufgabe zur Post richtet sich nach § 184 ZPO.[5] Die Zustellung gilt auch dann als mit der (in den Akten zu vermerkenden)[6] Aufgabe zur Post als erfolgt, wenn die Sendung als unzustellbar zurückkommt; es muß aber dann ein Zustellungsvertreter bestellt werden, damit weitere Zustellungen erfolgen können (§ 6 II 1). Da § 175 ZPO (seit dem 1. 7. 2002) auch die Zustellung durch Einschreiben mit Rückschein ermöglicht, hat § 4 keine nennenswerte praktische Bedeutung mehr.

Schließlich erleichtert auch § 5 das Verfahren, indem vermutet wird, daß ein zur Empfangnahme grundbuchamtlicher Zustellungen bestellter Vertreter auch zur Entgegennahme von Zustellungen in der Zwangsversteigerung als befugt gilt.

Wichtig ist aber, daß § 8 alle diese Vereinfachungen der §§ 4–7 für die Zustellung des Anordnungs- und evtl. Beitrittsbeschlüsse verbietet und hier voll auf die Vorschriften der ZPO verweist. Wenn also der Aufenthalt des Schuldners unbekannt ist, muß der Anordnungsbeschluß und jeder Beitrittsbeschluß nach §§ 203–206 ZPO öffentlich zugestellt werden. Zu beachten ist hier

---

[3] Stöber § 3 Anm 2.2.
[4] Vgl **TH** B. 8.1.2.1.
[5] Zur juristischen Einordnung des „Einwurf-Einschreibens" vgl BGH EWiR 1998, 199 (Medicus); Dübbers NJW 1997, 2503.
[6] Vgl dazu BGH NJW 1983, 884; 1987, 1707; 1979, 218; MDR 1966, 131; BVerwG Rpfleger 1982, 30; BayObLG 1975, 184.

auch Art. 36 EUGVÜ. Dieser ist nämlich dahin auszulegen, daß im Falle einer unterbliebenen oder mangelhaften Zustellung des Anordnungs- oder Beitrittsbeschlusses die bloße Tatsache, daß der Vollstreckungsschuldner von diesem Beschluss Kenntnis erlangt hat, nicht ausreicht, um die Rechtsmittelfrist gegen diesen Beschluss beginnen zu lassen.[7]

Wichtig ist auch, daß immer dann, wenn ein Zustellungsempfänger anwaltschaftlich vertreten und diese Vertretung dem Gericht angezeigt ist, Zustellungen gemäß §§ 208, 81, 176, 178 ZPO nur noch an diesen Prozeßbevollmächtigten und nicht mehr unmittelbar an den Empfänger erfolgen dürfen.[8]

Zu erwähnen ist noch, daß die betreibenden Gläubiger als Gesamtschuldner gemäß § 7 III für die Erstattung der Auslagen des Zustellungsvertreters haften, falls der Vertreter bei dem primär verpflichteten Vertretenen nicht zum Zuge kommt. Die Gläubiger können die nach § 7 III bezahlten Beträge zwar im Rahmen ihrer sonstigen Kosten der dinglichen Rechtsverfolgung bei rechtzeitiger Anmeldung (§ 37 Nr. 4) wieder geltend machen. Wenn sie mit diesen aber mangels ausreichendem Versteigerungserlös ausfallen, haften sie trotzdem für die Auslagen.[9]

8.1.2. Taktische Hinweise

TH 8.1.2.1.: Stöber empfiehlt mit Recht,[10] daß die Zustellungserfordernisse genau genommen werden und daß eher zu viel als zu wenig getan wird. Während des Verfahrens bringt das nur unwesentliche Verzögerungen und dafür wird vermieden, daß nach dem Zuschlag u. U. ein Beschwerdegericht das ganze Verfahren wegen falscher Zustellungen in Frage stellt.

TH 8.1.2.2.: Die Vergütungsregelung für den Zustellungsvertreter ist insofern unbefriedigend, als der Vertreter zwar vom Vertretenen neben einem Auslagenersatz auch eine angemessene Vergütung verlangen kann (§ 7 II 2);[11] wenn aber diese Ansprüche z. B. wegen Nichterreichbarkeit oder Zahlungsunfähigkeit nicht durchsetzbar sind, haften die betreibenden Gläubiger nur für die Erstattung der Auslagen (§ 7 III), und auch diese Haftung kann gegebenenfalls nur im Prozeßwege geltend gemacht werden.[12]

Da in erster Linie die betreibenden Gläubiger ein Interesse an einem reibungslosen Ablauf des Verfahrens und damit an der Bestellung eines Zustellungsvertreters haben, sollten sie sich gegebenenfalls bereit erklären, dem Zustellungsvertreter außerhalb des Verfahrens eine angemessene Vergütung zu garantieren. Auf diese Weise können sie verhindern, daß sich kein Zustellungsvertreter findet oder daß dieser ohne Vergütung für sie tätig sein muß.

---

[7] EuGH NJW 2006, 1114.
[8] Näheres zu Zustellungsformen und -Mängeln bei Stöber § 3 Anm 2.1–4.
[9] Vgl auch **TH** B. 8.1.2.2.
[10] Stöber § 3 Anm 2.4.
[11] Der Festsetzungsbeschluß des Vollstreckungsgerichts ist nach einer Woche Vollstreckungstitel gemäß § 794 Nr. 3 ZPO: Stöber § 7 Anm 3.4.
[12] Von Dassler-Muth § 7 Rz 12 mit Recht als reformbedürftig bezeichnet; vgl auch Steiner-Hegemann § 7 Rz 16.

8.2. Rechtsbehelfe in der Zwangsversteigerung

Literatur: *Bloching/Kettinger,* Verfahrensgrundrechte im Zivilprozess – Nun endlich das Comeback der außerordentlichen Beschwerde? NJW 2005, 860; *Braun,* Zuschlagsbeschluß und Wiederaufnahme NJW 1976, 1923 und NJW 1997, 27; *Drischler,* Zuschlagsbeschwerde im Zwangsversteigerungsverfahren KTS 1971, 258; *Engel,* Zwangsversteigerung gegen Querulanten – ein Verfahren ohne Ende, Rpfleger 1981, 81; *Greger,* Zweifelsfragen und erste Entscheidungen zur neuen ZPO, NJW 2002, 3049; *Hannemann,* Auswirkungen der Neuregelung der Beschwerde im ZPO-RG auf das Zwangsversteigerungsverfahren, Rpfleger 2002, 12; *Hansens,* Die ZPO-Reform, AnwBlatt 2002, 125; *Hartmann,* Zivilprozess 2001/2002: Hunderte wichtiger Änderungen, NJW 2001, 2577; *Hintzen,* Beschwerdeberechtigung des Schuldners bei Zuschlagsversagung, Rpfleger 1997, 150; *Kannowski/Distler,* Erfüllungseinwand im Vollstreckungsverfahren, NJW 2005, 865; *Kirberger,* Zulässigkeit der Nichtigkeitsbeschwerde nach der Erlösverteilung im Zwangsversteigerungsverfahren, Rpfleger 1975, 43; *Lindner,* Die Entscheidungserheblichkeit der Grundsatzfrage beim Zulassungsgrund der grundsätzlichen Bedeutung der Rechtssache, NJW 2003, 1097; *Mohrbutter/Leyerseder,* Zuschlagsbeschwerde und neue Tatsachen, NJW 1958, 370; *Schmahl,* Zuschlagsbeschluß und Wiederaufnahme, NJW 1977, 27; *Stackmann,* Neugestaltung des Berufungs- und Beschwerdeverfahrens in Zivilsachen durch das ZPO-Reformgesetz, NJW 2002, 781.

8.2.1 Die verschiedenen Rechtsmittel

Da sich das Zwangsversteigerungsverfahren nach der ZPO richtet, soweit das ZVG selbst nichts anderes bestimmt (vgl § 869 ZPO), richten sich auch die Rechtsbehelfe grundsätzlich nach der ZPO. In der ZPO sind geregelt und daher auch im Zwangsversteigerungsverfahren möglich: die Rechtspfleger-Erinnerung (§ 11 Rechtspflegergesetz), die Vollstreckungs-Erinnerung (§ 766 ZPO), die Vollstreckungsabwehrklage (§ 767 ZPO), die Drittwiderspruchsklage (§ 771 ZPO) und die Beschwerde (§§ 567–577 ZPO); außerdem gibt es den speziellen Rechtsbehelf des Widerspruchs in § 115 sowie die allgemeinen Rechtsbehelfe der Dienstaufsichtsbeschwerde, der Verfassungsbeschwerde und der Petition.[13]

Besondere Regelungen zu Rechtsbehelfen enthält das ZVG in den §§ 95–104. Schon daraus ist ersichtlich, daß das ZVG der (sofortigen)[14] Beschwerde von den Rechtsbehelfen die wichtigste Bedeutung beimißt. Allerdings werden die Möglichkeiten für die Beschwerde[15] gegenüber der ZPO im Interesse eines zügigen Verfahrens[16] eingeschränkt. § 95 beschränkt aber nicht Rechtsbehelfe gegen solche Entscheidungen und Maßnahmen, die mit dem Zuschlag in keinem Zusammenhang stehen,[17] wie die Gebührenfestsetzung

---

[13] Zu den Rechtsmitteln in der Teilungsversteigerung vgl Storz, Teilungsversteigerung C. 2.3.

[14] Wenn das ZVG von Beschwerde spricht, ist die sofortige Beschwerde nach § 567 ZPO gemeint; vgl unten B. 8.2.1.5.

[15] Vgl unten B. 8.2.1.1.

[16] Außerdem dienen die anderen Entscheidungen nur der Vorbereitung des Zuschlagsbeschlusses, so daß ihnen die Selbständigkeit fehlt, die Voraussetzung für die Zulassung eines Rechtsmittels ist; Stöber Handbuch Rdn 364.

[17] Dassler-Muth § 95 Rz 7.

für Zustellungsvertreter nach § 7[18] oder Ordnungsstrafbeschlüsse nach den §§ 175–183 GVG.[19]

Außerdem geht aus diesen beiden Vorschriften hervor, daß das ZVG unterscheidet zwischen den vor dem Zuschlag ergehenden Entscheidungen, dem Zuschlag und den späteren Entscheidungen.[20]

Eine Belehrung über mögliche Rechtsbehelfe ist im ZVG nicht vorgeschrieben. Das ZVG kennt lediglich die „Hinweise" auf den Einstellungsantrag des Schuldners gemäß § 30b I 2,[21] für den Fortsetzungsantrag des Gläubigers gemäß § 31 III[22] und auf die Anmeldungen der Mieter/Pächter gemäß § 57d IV.[23] Das Fehlen einer Belehrung in den anderen Fällen hat also keine Rechtsfolgen.[24] Es gehört aber zu den selbstverständlichsten Pflichten des Rechtspflegers nach § 139 ZPO, die Beteiligten mindestens auf Frage über mögliche Rechtsbehelfe aufzuklären.[25] Auch eine Begründungspflicht für Beschlüsse ist weder in der ZPO noch im ZVG vorgesehen. Eine Entscheidung muß aber immer dann begründet werden, wenn sie mit einem Rechtsmittel angegriffen werden kann, weil sonst die Grundlagen für die Anfechtung und die Nachprüfung fehlen.[26]

Die in der ZPO vorgesehene Wiederaufnahme des Verfahrens (§§ 578ff ZPO) soll zwar auch im Zwangsversteigerungsverfahren nicht ausgeschlossen sein;[27] besonders bei einem rechtskräftigen Zuschlagbeschluß muß aber der Vertrauensschutz für den Ersteher vorgehen.[28]

8.2.1.1. Rechtspfleger-Erinnerung

Bis zum Inkrafttreten des 3. RPflG-Änderungsgesetzes im Jahr 1998 war gegen alle Entscheidungen des Rechtspflegers, die mit der sofortigen Beschwerde angefochten werden können, zunächst Rechtspfleger-Erinnerung nach § 11 Rechtspflegergesetz gegeben. Diese stellte eigentlich nur sicher, daß die Beteiligten durch die gesetzliche Delegation von Richteraufgaben auf den Rechtspfleger keinen (auch keinen theoretischen) Nachteil erleiden.

Seit dieser Gesetzesänderung ist für die anfechtbaren Entscheidungen auch des Rechtspflegers unmittelbar die sofortige Beschwerde gegeben. Die befristete Rechtspfleger-Erinnerung nach § 11 II 1 RPflG ist jetzt nur noch gegeben gegen solche Rechtspfleger-Entscheidungen, die nach den allgemeinen verfahrensrechtlichen Vorschriften nicht anfechtbar sind, oder gegen Kosten-

[18] Vgl oben B. 8.1.1.

[19] Zu den sitzungspolizeilichen Möglichkeiten des Rechtspflegers vgl Stöber Anm 3.1.

[20] Vgl dazu im einzelnen unten B. 8.2.1.5.

[21] Näheres dazu B. 3.1.1.

[22] Näheres dazu B. 3.2.3.

[23] Näheres dazu B. 1.3.2.

[24] Vgl Dassler-Schiffhauer-Gerhardt 11. Auflage 1979 § 95 Anm 1k. – Es ist auch verfassungsrechtlich unbedenklich: BVerfG NJW 1995, 3173; LG Heilbronn Rpfleger 1992, 118.

[25] Vgl Dassler-Schiffhauer-Gerhardt 11. Auflage 1979 § 1 Anm VII 2.

[26] Heute unstreitig, vgl BVerfG NJW 1979, 1161; 1982, 925.

[27] Vgl Braun NJW 1976, 1923; Schmahl/Braun NJW 1977, 27.

[28] Näheres dazu vgl D. 5.4.3.

entscheidungen mit geringem Beschwerdewert (§ 567 II ZPO). Die Beschwerdefrist beträgt 2 Wochen.[29] Der Rechtspfleger kann selbst abhelfen (§ 11 II 2 RPflG); hilft er nicht ab, dann entscheidet der Richter endgültig (§ 11 II 3, 4 RPflG).

8.2.1.2. Vollstreckungs-Erinnerung

Gegen bloße Zwangsvollstreckungsmaßnahmen des Rechtspflegers, die insbesondere deshalb keine Entscheidung im Sinne des § 567 ZPO darstellen, weil sie ohne vorherige Anhörung des Betroffenen ergangen sind, ist vor einer evtl. Beschwerde die Vollstreckungs-Erinnerung gemäß § 766 ZPO gegeben[30] (Beispiele: Untätigkeit oder Verzögerung durch das Gericht,[31] Verfahrensanordnung oder Beitrittszulassung ohne vorherige Anhörung des Schuldners[32] oder Anordnung abgesonderter Verwertung nach § 65).[33] Dieser Vollstreckungs-Erinnerung kann der Rechtspfleger abhelfen (§ 11 II 1 Rechtspflegergesetz); hilft er nicht ab, so entscheidet der Richter (§ 20 Nr. 17a Rechtspflegergesetz). Erst gegen dessen Entscheidung ist dann die sofortige Beschwerde gegeben (§ 567 ZPO).

Die Vollstreckungs-Erinnerung des § 766 ZPO richtet sich gegen die formellen Voraussetzungen und gegen das Verfahren der Zwangsvollstreckung; sie hat mit den materiellen Forderungen der Gläubiger nichts zu tun. Diese Erinnerung kann daher von jedem Beteiligten eingelegt werden, dessen Recht von einer positiven Vollstreckungsmaßnahme oder von der Nichtdurchführung einer Vollstreckungsmaßnahme beeinträchtigt ist.

8.2.1.3. Vollstreckungsabwehrklage

Mit diesem Rechtsbehelf nach § 767 ZPO werden im Gegensatz zur Vollstreckungs-Erinnerung nicht formelle Mängel gerügt, sondern Einwendungen des Schuldners gegen den materiellen Bestand der Forderung geltend gemacht.[34] Will sich nicht der Schuldner sondern ein Dritter aus materiellrechtlichen Gründen gegen die Zwangsvollstreckung wenden, so ist nicht die Vollstreckungsabwehrklage, sondern die Drittwiderspruchsklage des § 771 ZPO der geeignete Rechtsbehelf.[35]

Die Vollstreckungsabwehrklage ist geboten, wenn die Forderung, aus der vollstreckt wird, noch nie bestanden hat oder zum Beispiel wegen Erfüllung nicht mehr besteht oder dem Gläubiger nicht mehr zusteht. Nur ausnahmsweise kann das Vollstreckungsgericht in dringenden Fällen auch hinsichtlich materieller Einwendungen eine einstweilige Anordnung gemäß §§ 769 II, 771 III ZPO treffen.[36] Der Widerspruch des Schuldners gegen die im Teilungsplan vorgesehene Zuteilung an einen vollstreckbaren Anspruch

---

[29] Notfrist iSd § 577 II 1: Stöber § 95 Anm 2.4.
[30] Vgl Steiner-Storz § 95 Rdnr 42.
[31] Stöber § 95 Anm 2.1.
[32] OLG Koblenz Rpfleger 1972, 220.
[33] LG Frankenthal Rpfleger 1986, 146; Steiner-Storz § 65 Rz 45.
[34] Stöber § 95 Anm 3.1.
[35] Vgl unten B. 8.2.1.4.
[36] Stöber § 95 Anm 3.1.

wird gemäß § 115 III nach den §§ 767, 769, 770 ZPO, also als Vollstreckungsabwehrklage erledigt.[37]

Zuständig für die Vollstreckungsabwehrklage nach § 767 ZPO ist nicht das Vollstreckungs- sondern das Prozeßgericht. Das Vollstreckungsgericht stellt das Verfahren solange einstweilen wegen Dringlichkeit ein und bestimmt eine Frist, innerhalb der eine Entscheidung des Prozeßgerichts beizubringen ist; nach Fristablauf wird das Verfahren von Amts wegen fortgesetzt.[38] Hat der Schuldner mit seiner Klage Erfolg, so wird das Zwangsversteigerungsverfahren dieses Gläubigers aufgehoben; betreiben noch andere Gläubiger, so bleibt deren Verfahren unberührt.

8.2.1.4. Drittwiderspruchsklage

Wie die Vollstreckungsabwehrklage (§ 767 ZPO) wendet sich die Drittwiderspruchsklage (§ 771 ZPO, § 37 Nr. 5 ZVG) im Gegensatz zur Vollstreckungs-Erinnerung (§ 766 ZPO) nicht gegen Mängel im Verfahrensablauf sondern gegen den materiellen Bestand der Forderung. Während aber die Vollstreckungsabwehrklage der für den Schuldner vorgesehene Rechtsbehelf ist, ist die Drittwiderspruchsklage der Rechtsbehelf von Dritten, die durch die Zwangsvollstreckung gegen den Schuldner in ihren Rechten beeinträchtigt werden.[39]

Wenn das Gegenrecht des Dritten aus dem Grundbuch ersichtlich ist, muß es in jedem Stand des Verfahrens[40] auch vom Vollstreckungsgericht gemäß § 28 beachtet werden, so daß insoweit eine Drittwiderspruchsklage zum Prozeßgericht unnötig ist. Das Vollstreckungsgericht hebt beim Nachweis des Gegenrechts das Verfahren auf; wenn das Recht auf Dauer der Zwangsversteigerung entgegensteht; steht das Recht nur auf Zeit entgegen (zB ein Insolvenzverfahren), oder gelingt der Nachweis des Gegenrechtes nicht sofort, so kann das Gericht das Verfahren einstweilen einstellen (§ 28 S. 1).

Solche aus dem Grundbuch ersichtlichen **entgegenstehenden Rechte** können zB sein:

(1) Dritteigentum vor der Beschlagnahme;[41]

(2) Eigentumswechsel nach der Beschlagnahme, aber auf Grund vorher eingetragener Auflassungsvormerkung; § 28 gegenüber persönlichen Gläubigern;[42]

---

[37] Zum Widerspruch nach § 115 im übrigen vgl B. 8.2.1.6.

[38] Stöber § 1 Anm 59.4.

[39] RG HRR 1928 Nr. 1153.

[40] Ergibt sich das Gegenrecht aus dem Grundbuch schon vor Anordnung des Verfahrens, so wird dem Versteigerungs- bzw. Beitrittsantrag nicht stattgegeben (§ 17 I ZVG); wird es erst nach der Versteigerung bekannt bzw. nachgewiesen, so ist der Zuschlag zu versagen (§§ 33, 83 Nr. 5 und 6).

[41] Vgl Stöber § 28 Anm 3; aus der Rspr insbesondere BGH NJW 1973, 323; 1969, 2139; MDR 1963, 745; OLG Hamm Rpfleger 1990, 125; 1984, 426; LG Frankenthal Rpfleger 1985, 371.

[42] Vgl Stöber § 28 Anm 3.8; BGH NJW 1981, 447; 1967, 566; OLG Hamm Rpfleger 1984, 426; OLG Frankfurt ZIP 1981, 447; LG Freiburg KTS 1975, 133 (Mohrbutter).

(3) Pfändung oder Verpfändung eines Miterbenanteils vor der Beschlagnahme; § 28 gegenüber persönlichen Gläubigern;[43]

(4) Verfügungsverbote gemäß § 78 I 1 SachenRBerG gegenüber persönlichen Gläubigern;[44]

(5) Wiederkaufsrecht gemäß § 20 Reichsheimstättengesetz; dieses Gesetz ist allerdings mit Wirkung ab 1. 10. 1993 aufgehoben (Gesetz vom 17. 6. 1993, BGBl I 912).

Keine entgegenstehende Rechte sind zum Beispiel:

(1) Auflassungsvormerkungen gegenüber dinglichen Gläubigern;[45]

(2) Eigenbesitz;[46]

(3) Einstweilige Verfügungen;[47]

(4) Enteignungsverfahren, Umlegungsverfahren oder Städtebauliche Sanierungsmaßnahmen nach dem Baugesetzbuch;[48]

(5) Erlöschen des Vollstreckungsanspruchs;[49]

(6) Flurbereinigungsverfahren;[50]

(7) Insolvenzvermerke gegenüber persönlichen Gläubigern;[51]

(8) bei landwirtschaftlichen Grundstücken der Widerspruch gemäß § 7 II Grundstücksverkehrsgesetz;[52]

(9) Nach heute herrschender Ansicht ein Nacherbenvermerk;[53]

(10) Rückerstattungsansprüche nach dem Gesetz zur Regelung offener Vermögensfragen (idF vom 2. 12. 1994, BGBl I 3611);[54]

(11) Widerspruch gegen die Richtigkeit des Grundbuchs (§ 899 I BGB).[55]

Gerichtliche Zuständigkeit und Verfahren sind bei der Drittwiderspruchsklage und bei der Vollstreckungsabwehrklage gleich; auch hier stellt das Vollstreckungsgericht bis zur Entscheidung des Prozeßgerichts das Verfahren einstweilen ein;[56] bei der Drittwiderspruchsklage ist davon allerdings im Ge-

---

[43] Vgl Stöber § 15 Anm 27.1; BayObLG NJW 1959, 1780.

[44] Eickmann § 78 SachenRBerG Rz 3; Zimmermann § 78 Rz 5; Etzbach § 78 Rz 13; **str. aA:** LG Halle Rpfleger 1997, 35.

[45] Stöber § 28 Anm 4.2.

[46] RGZ 128, 81; Stöber § 28 Anm 4.5.

[47] OLG Köln Rpfleger 1983, 450; Stöber § 28 Anm 4.7.

[48] Vgl Stöber § 15 Anm 6.

[49] Stöber § 28 Anm 4.25; LG Tübingen Rpfleger 1984, 165; vgl auch LG Koblenz Rpfleger 1986, 395.

[50] Dazu OLG Hamm Rpfleger 1987, 258; OLG Oldenburg KTS 1975, 239; OLG Koblenz Rpfleger 1967, 417; LG Ellwangen BWNotZ 1989, 91; Ebeling Rpfleger 1987, 232.

[51] Vgl Stöber § 15 Anm 23; OLG Köln OLGZ 1987, 751; OLG Hamm Rpfleger 1985, 310; 1966, 24; LG Frankenthal Rpfleger 1981, 438; LG Oldenburg ZIP 1981, 1011. Betr, DGVZ 1977, 49; Mohrbutter KTS 1958, 81 und JurBüro 1956, 355 und 153.

[52] Stöber § 15 Anm 24; OLG Stuttgart BWNotZ 1981, 92; 1967, 157; OLG Karlsruhe RdL 1966, 153; LG Heilbronn Rpfleger 1994, 223; LG Kiel JurBüro 1981, 1884; AG Waldbröl RdL 1963, 319.

[53] BGH Rpfleger 2000, 403 und 1993, 493; Hofmann Rpfleger 1999, 317; Stöber § 15 Anm 30.10.; **anders noch:** Steiner-Hagemann § 28 Rz 40, Fiack JW 1937, 458.

[54] Stöber § 28 Anm 4.19; Limmer ViZ 1994, 516; Keller Rpfleger 1994, 194; 1992, 501; LG Berlin Rpfleger 1994, 175.

[55] Stöber § 28 Anm 4.22; Steiner-Eickmann § 28 Rz 76; Mohrbutter und Riedel NJW 1957, 1500.

[56] Vgl B. 3.2.1.3.

gensatz zur Vollstreckungsabwehrklage nicht nur das Verfahren eines einzelnen Gläubigers sondern das Verfahren im Ganzen betroffen.[57]

8.2.1.5. Beschwerde

§ 95 ZVG

Gegen eine Entscheidung, die vor der Beschlußfassung über den Zuschlag erfolgt, kann die Beschwerde nur eingelegt werden, soweit die Entscheidung die Anordnung, Aufhebung, einstweilige Einstellung oder Fortsetzung des Verfahrens betrifft.

§ 96 ZVG

Auf die Beschwerde gegen die Entscheidung über den Zuschlag finden die Vorschriften der ZPO über die sofortige Beschwerde nur insoweit Anwendung, als nicht in den §§ 97–104 ein anderes vorgeschrieben ist.

§ 567 ZPO. Sofortige Beschwerde; Anschlussbeschwerde

(1) Die sofortige Beschwerde findet statt gegen die im ersten Rechtszug ergangenen Entscheidungen der Amtsgerichte und Landgerichte, wenn

1. dies im Gesetz ausdrücklich bestimmt ist oder
2. es sich um solche eine mündliche Verhandlung nicht erfordernde Entscheidung handelt, durch die ein das Verfahren betreffendes Gesuch zurückgewiesen worden ist.

(2) [1]Gegen Entscheidungen über die Verpflichtung, die Prozesskosten zu tragen, ist die Beschwerde nur zulässig, wenn der Wert des Beschwerdegegenstandes einhundert Euro übersteigt. [2]Gegen andere Entscheidungen über Kosten ist die Beschwerde nur zulässig, wenn der Wert des Beschwerdegegenstandes fünfzig Euro übersteigt.

(3) [1]Der Beschwerdegegner kann sich der Beschwerde anschließen, selbst wenn er auf die Beschwerde verzichtet hat oder die Beschwerdefrist verstrichen ist. [2]Die Anschließung verliert ihre Wirkung, wenn die Beschwerde zurückgenommen oder als unzulässig verworfen wird.

§ 568 ZPO. Originärer Einzelrichter

[1]Das Beschwerdegericht entscheidet durch eines seiner Mitglieder als Einzelrichter, wenn die angefochtene Entscheidung von einem Einzelrichter oder einem Rechtspfleger erlassen wurde. [2]Der Einzelrichter überträgt das Verfahren dem Beschwerdegericht zur Entscheidung in der im Gerichtsverfassungsgesetz vorgeschriebenen Besetzung, wenn

1. die Sache besondere Schwierigkeiten tatsächlicher oder rechtlicher Art aufweist oder
2. die Rechtssache grundsätzliche Bedeutung hat.

[3]Auf eine erfolgte oder unterlassene Übertragung kann ein Rechtsmittel nicht gestützt werden.

---

[57] Vgl B. 1.2.1.

§ 569 ZPO. Frist und Form

(1) [1]Die sofortige Beschwerde ist, soweit keine andere Frist bestimmt ist, binnen einer Notfrist von zwei Wochen bei dem Gericht, dessen Entscheidung angefochten wird, oder bei dem Beschwerdegericht einzulegen. [2]Die Notfrist beginnt, soweit nichts anderes bestimmt ist, mit der Zustellung der Entscheidung, spätestens mit Ablauf von fünf Monaten nach der Verkündung des Beschlusses. [3]Liegen die Erfordernisse der Nichtigkeits- oder der Restitutionsklage vor, so kann die Beschwerde auch nach Ablauf der Notfrist innerhalb der für diese Klagen geltenden Notfristen erhoben werden.

(2) [1]Die Beschwerde wird durch Einreichung einer Beschwerdeschrift eingelegt. [2]Die Beschwerdeschrift muss die Bezeichnung der angefochtenen Entscheidung sowie die Erklärung enthalten, dass Beschwerde gegen diese Entscheidung eingelegt werde.

(3) Die Beschwerde kann auch durch Erklärung zu Protokoll der Geschäftsstelle eingelegt werden, wenn

1. der Rechtsstreit im ersten Rechtszug nicht als Anwaltsprozess zu führen ist oder war,

2. die Beschwerde die Prozesskostenhilfe betrifft oder

3. sie von einem Zeugen, Sachverständigen oder Dritten im Sinne der §§ 142, 144 erhoben wird.

§ 570 ZPO. Aufschiebende Wirkung; einstweilige Anordnungen

(1) Die Beschwerde hat nur dann aufschiebende Wirkung, wenn sie die Festsetzung eines Ordnungs- oder Zwangsmittels zum Gegenstand hat.

(2) Das Gericht oder der Vorsitzende, dessen Entscheidung angefochten wird, kann die Vollziehung der Entscheidung aussetzen.

(3) Das Beschwerdegericht kann vor der Entscheidung eine einstweilige Anordnung erlassen; es kann insbesondere die Vollziehung der angefochtenen Entscheidung aussetzen.

§ 571 ZPO. Begründung, Präklusion, Ausnahmen vom Anwaltszwang

(1) Die Beschwerde soll begründet werden.

(2) [1]Die Beschwerde kann auf neue Angriffs- und Verteidigungsmittel gestützt werden. [2]Sie kann nicht darauf gestützt werden, dass das Gericht des ersten Rechtszuges seine Zuständigkeit zu Unrecht angenommen hat.

(3) [1]Der Vorsitzende oder das Beschwerdegericht kann für das Vorbringen von Angriffs- und Verteidigungsmitteln eine Frist setzen. [2]Werden Angriffs- und Verteidigungsmittel nicht innerhalb der Frist vorgebracht, so sind sie nur zuzulassen, wenn nach der freien Überzeugung des Gerichts ihre Zulassung die Erledigung des Verfahrens nicht verzögern würde oder wenn die Partei die Verspätung genügend entschuldigt. [3]Der Entschuldigungsgrund ist auf Verlangen des Gerichts glaubhaft zu machen.

(4) Ordnet das Gericht eine schriftliche Erklärung an, so kann diese zu Protokoll der Geschäftsstelle abgegeben werden, wenn die Beschwerde zu Protokoll der Geschäftsstelle eingelegt werden darf (§ 569 Abs. 3).

§ 572 ZPO. Gang des Beschwerdeverfahrens

(1) [1]Erachtet das Gericht oder der Vorsitzende, dessen Entscheidung angefochten wird, die Beschwerde für begründet, so haben sie ihr abzuhelfen; andernfalls ist die Beschwerde unverzüglich dem Beschwerdegericht vorzulegen. [2]§ 318 bleibt unberührt.

(2) [1]Das Beschwerdegericht hat von Amts wegen zu prüfen, ob die Beschwerde an sich statthaft und ob sie in der gesetzlichen Form und Frist eingelegt ist. [2]Mangelt es an einem dieser Erfordernisse, so ist die Beschwerde als unzulässig zu verwerfen.

(3) Erachtet das Beschwerdegericht die Beschwerde für begründet, so kann es dem Gericht oder Vorsitzenden, von dem die beschwerende Entscheidung erlassen war, die erforderliche Anordnung übertragen.

(4) Die Entscheidung über die Beschwerde ergeht durch Beschluss.

Der eigentliche Rechtsbehelf im Zwangsversteigerungsverfahren ist die Beschwerde (§§ 567 ff ZPO), wobei im ZVG grundsätzlich die sofortige Beschwerde gemeint ist,[58] so daß sie innerhalb von 14 Tagen nach Zustellung der Entscheidung bezw. bei der Zuchlagsversagung nach deren Verkündung (§ 98) eingelegt werden muß.

§ 95 beschränkt die Beschwerdemöglichkeit vor dem Zuschlag auf Entscheidungen, die unmittelbar die Anordnung,[59] Aufhebung,[60] einstweilige Einstellung[61] oder Fortsetzung des Verfahrens[62] betreffen. Gemäß § 74a V unterliegt auch der Verkehrswert-Festsetzungsbeschluß der sofortigen Beschwerde. Streitig ist, ob auch die Verbindung oder Trennung von Verfahren nach § 18[63] und die Anordnung von Sicherungsmaßnahmen nach § 25[64] mit der sofortigen Beschwerde angegriffen werden können. Ausgeschlossen wird die sofortige Beschwerde dagegen unstreitig z. B. für Entscheidungen über die Festsetzung des geringsten Gebots gemäß § 44 oder der Versteigerungsbedingungen nach § 59, auch gegen nicht ordnungsgemäße Zustellung der Terminsbestimmung[65] oder gegen Zurückweisung der Verteilung einer Gesamtgrundschuld.[66]

Für den Zuschlag gelten die besonderen Beschwerdevorschriften der §§ 96–104. Vom Zeitpunkt des Zuschlags an können zwar die Vorentschei-

---

[58] Dassler-Muth Vor § 95 Rz 8.

[59] Vgl C. 1.3.1.5.

[60] Vgl B. 3.3.1.

[61] Vgl B. 3.2.1.

[62] Vgl B. 3.2.3.

[63] Nach heute wohl herrsch Ansicht angreifbar idR mit der unbefristeten Vollstreckungserinnerung nach § 766 ZPO, wenn die Beteiligten vorher nicht angehört wurden; vgl OLG Hamm Rpfleger 1987, 467; Böttcher § 18 Rz 16; Eickmann § 23 I; Stöber § 18 Anm 3.10; Steiner-Hagemann § 18 Rz 18; Dassler-Muth § 18 Rz 14 und unten C. 1.3.3.

[64] Nach heute wohl herrsch Ansicht angreifbar idR mit der unbefristeten Vollstreckungserinnerung nach § 766 ZPO, wenn die Beteiligten vorher nicht angehört werden; sonst mit der sofortigen Beschwerde vgl KG NJW 1966, 1273; LG Schweinfurt WM 1966, 1275; Steiner-Teufel § 25 Rz 25; Stöber § 25 Anm 6.1; Dassler-Muth § 25 Rz 11; **str. aA** noch OLG Koblenz MDR 1957, 172.

[65] LG Krefeld Rpfleger 1987, 167.

[66] LG Krefeld Rpfleger 1987, 323.

dungen über Anordnung, Aufhebung, einstweilige Einstellung und Fortsetzung des Verfahrens nicht mehr selbständig angefochten werden; für alle nach dem Zuschlag ergehenden Beschlüsse verbleibt es aber bei der nicht durch § 95 eingeschränkten Beschwerdemöglichkeit nach § 567 ZPO. Gerügt werden kann z. b. die unrichtige Feststellung der Teilungsmasse nach § 107 oder die fehlerhafte Anwendung von § 110.[67]

Die Beschwerde kann innerhalb von 14 Tagen schriftlich oder zu Protokoll der Geschäftsstelle (§ 569 ZPO) des Amtsgerichts oder des Landgerichts als Beschwerdegericht eingelegt werden. Das Vollstreckungsgericht (also der Rechtspfleger) hat das angefochtene Verfahren selbstkritisch zu überprüfen und der Beschwerde selbst abzuhelfen, falls er sie für begründet hält; andernfalls hat er die Beschwerde unverzüglich dem Landgericht vorzulegen (§ 572 I 1 ZPO). Ob gegen Entscheidungen im Zwangsversteigerungsverfahren zuerst die Vollstreckungs-Erinnerung nach § 766 ZPO gegeben ist, richtet sich danach, ob der Anfechtende vor der angefochtenen Entscheidung gehört worden ist (dann gleich sofortige Beschwerde) oder nicht (dann erst Vollstreckungs-Erinnerung).

Das Beschwerdegericht kann ohne mündliche Verhandlung entscheiden, aber auch schriftliche Erklärung oder mündliche Verhandlung anordnen. Die Beschwerde kann zurückgenommen werden, bis über sie entschieden und die Entscheidung bekanntgemacht worden ist.

Die Beschwerde muß von Gesetzes wegen nicht unbedingt (sie „soll") begründet werden.[68] Aber selbstverständlich verbessert eine sinnvolle Begründung ihre Erfolgsaussichten. Hat sich der Beschwerdeführer eine nachträgliche Begründung vorbehalten, so muß ihm das Gericht eine Frist dafür einräumen oder mindestens eine angemessene Frist mit seiner Entscheidung zuwarten.[68]

Gegen den Zuschlagsbeschluß ist die sofortige Beschwerde gegeben (§ 95), für die einige Sonderregelungen gelten, die in den §§ 96–104 im Abschnitt über den Zuschlag (D. 5.4.) erläutert sind. Wichtig ist aber schon hier, daß die herrschende Meinung auch gegen den rechtskräftigen Zuschlagsbeschluß die außerordentliche Beschwerde = Nichtigkeitsbeschwerde des § 569 I 3 ZPO gibt, die nach Ablauf der 14-Tage-Frist für die sofortige Beschwerde aber vor Ablauf der Notfrist von 1 Monat seit Verkündung des Zuschlags eingelegt werden kann (§ 586 ZPO), wenn die Voraussetzungen der Nichtigkeits- oder Restitutionsklage der §§ 579–591 ZPO vorliegen.[68a] In neuerer Zeit hat der Bundesgerichtshof zum Beispiel eine Nichtigkeitsbeschwerde zugelassen und für begründet erklärt, weil der prozessunfähige Schuldner im Zwangsversteigerungsverfahren nicht vertreten war, diese Prozessunfähigkeit bereits im Verfahren erkennbar war und eine nachträgliche Genehmigung durch den Betreuer nicht möglich ist (auf diese Weise ist am 5. 11. 2004 die Rechtsbeschwerde gegen die Beschwerdeentscheidung zurückgewiesen worden, mit der

---

[67] Steiner-Storz § 95 Rz 18.

[68] OLG Köln Rpfleger 1990, 434, LG Frankfurt Rpfleger 1986, 401; Steiner-Storz § 95 Rdnr 28.

[68a] Vgl OLG Oldenburg EWiR 1990, 203 (Anm Storz mwN); OLG Koblenz EWiR 1989, 935 (Anm Storz); Steiner-Storz § 95 Rdnrn 19–22. Vgl dazu auch unten D. 5.4.4.

das Landgericht einen Zuschlagsbeschluss vom 4. 12. 1997 (!) aufgehoben hat.[68b]).

Die sofortige Beschwerde ist unstatthaft, wenn der Beschwerdewert nicht über EURO 100 und der Streitwert der Hauptsache nicht über EURO 600 liegen (§ 567 II 1 ZPO bzw §§ 91 a II, 99 II, 127 II, 269 V ZPO). Sie kann auch auf neue Angriffs- und Verteidigungsmittel gestützt werden (§ 571 II 1 ZPO). Für die Einlegung besteht kein Rechtsanwaltszwang (§ 571 IV ZPO). Das Beschwerdegericht entscheidet über Beschlüsse des Rechtspflegers idR durch einen Einzelrichter (§ 568 ZPO), wenn dieser die Sache nicht wegen „besonderer Schwierigkeiten tatsächlicher oder rechtlicher Art" oder wegen „grundsätzlicher Bedeutung der Rechtssache" der Kammer zur Entscheidung überträgt.

Die früher weitgehend zulässige weitere (sofortige) Beschwerde zum Oberlandesgericht ist durch das Zivilprozessreformgesetz (ZPO-RG) vom 27. 7. 2001 mit Wirkung ab 1. 1. 2002 abgeschafft und durch die (nur noch ausnahmsweise zulässige) Rechtsbeschwerde zum Bundesgerichtshof ersetzt (§§ 574–577 ZPO). Durch die Einführung der Rechtsbeschwerde wird die Möglichkeit eröffnet, Grundsatzfragen auch in zivilprozessualen Beschwerdesachen höchstrichterlich zu klären. Das ist angesichts vieler divergierender OLG-Entscheidungen gerade auch im Zwangsversteigerungsrecht lebhaft zu begrüßen! Ein weiterer Vorteil gerade für dieses Rechtsgebiet besteht in einer erheblichen Verfahrensbeschleunigung in den Fällen, in denen reiner Rechtsmittel-Missbrauch zur Verfahrensstörung und -verschleppung betrieben wurde.[69]

§ 574 ZPO. Rechtsbeschwerde

(1) Gegen einen Beschluss ist die Rechtsbeschwerde statthaft, wenn

1. dies im Gesetz ausdrücklich bestimmt ist oder

2. das Beschwerdegericht, das Berufungsgericht oder das Oberlandesgericht im ersten Rechtszug sie in dem Beschluss zugelassen hat.

(2) In den Fällen des Absatzes 1 Nr. 1 ist die Rechtsbeschwerde nur zulässig, wenn

1. die Rechtssache grundsätzliche Bedeutung hat oder

2. die Fortbildung des Rechts oder die Sicherung einer einheitlichen Rechtsprechung eine Entscheidung des Rechtsbeschwerdegerichts erfordert.

(3) [1]In den Fällen des Absatzes 1 Nr. 2 ist die Rechtsbeschwerde zuzulassen, wenn die Voraussetzungen des Absatzes 2 vorliegen. [2]Das Rechtsbeschwerdegericht ist an die Zulassung gebunden.

(4) [1]Der Rechtsbeschwerdegegner kann sich bis zum Ablauf einer Notfrist von einem Monat nach der Zustellung der Begründungsschrift der Rechtsbeschwerde durch Einreichen der Rechtsbeschwerdeanschlussfrist beim Rechtsbeschwerdegericht anschließen, auch wenn er auf die Rechtsbeschwerde verzichtet hat, die Rechtsbeschwerdefrist verstrichen oder die Rechtsbeschwerde nicht zugelassen worden ist. [2]Die

---

[68b] BGH FamRZ 2005, 200.
[69] Vgl unten D. 1.2.1. und oben **TH** B. 1.6.2.6.

Anschlussbeschwerde ist in der Anschlussschrift zu begründen. [3]Die Anschließung verliert ihre Wirkung, wenn die Rechtsbeschwerde zurückgenommen oder als unzulässig verworfen wird.

§ 575 ZPO. Frist, Form und Begründung der Rechtsbeschwerde

(1) [1]Die Rechtsbeschwerde ist binnen einer Notfrist von einem Monat nach Zustellung des Beschlusses durch Einreichen einer Beschwerdeschrift bei dem Rechtsbeschwerdegericht einzulegen. [2]Die Rechtsbeschwerdeschrift muss enthalten:

1. die Bezeichnung der Entscheidung, gegen die die Rechtsbeschwerde gerichtet wird und
2. die Erklärung, dass gegen diese Entscheidung Rechtsbeschwerde eingelegt werde.

[3]Mit der Rechtsbeschwerdeschrift soll eine Ausfertigung oder beglaubigte Abschrift der angefochtenen Entscheidung vorgelegt werden.

(2) [1]Die Rechtsbeschwerde ist, sofern die Beschwerdeschrift keine Begründung enthält, binnen einer Frist von einem Monat zu begründen. [2]Die Frist beginnt mit der Zustellung der angefochtenen Entscheidung. [3]§ 551 Abs. 2 Satz 5 und 6 gilt entsprechend.

(3) Die Begründung der Rechtsbeschwerde muss enthalten:

1. die Erklärung, inwieweit die Entscheidung des Beschwerdegerichts oder des Berufungsgerichts angefochten und deren Aufhebung beantragt werde (Rechtsbeschwerdeanträge),
2. in den Fällen des § 574 Abs. 1 Nr. 1 eine Darlegung zu den Zulässigkeitsvoraussetzungen des § 574 Abs. 2,
3. die Angabe der Rechtsbeschwerdegründe, und zwar
   a) die bestimmte Bezeichnung der Umstände, aus denen sich die Rechtsverletzung ergibt;
   b) soweit die Rechtsbeschwerde darauf gestützt wird, dass das Gesetz in Bezug auf das Verfahren verletzt sei, die Bezeichnung der Tatsachen, die den Mangel ergeben.

(4) [1]Die allgemeinen Vorschriften über die vorbereitenden Schriftsätze sind auch die Beschwerde- und die Begründungsschrift anzuwenden. [2]Die Beschwerde- und die Begründungsschrift sind der Gegenpartei zuzustellen.

(5) Die §§ 541 und 570 Abs. 1, 3 gelten entsprechend.

§ 576 ZPO. Gründe der Rechtsbeschwerde

(1) Die Rechtsbeschwerde kann nur darauf gestützt werden, dass die Entscheidung auf der Verletzung des Bundesrechts oder einer Vorschrift beruht, deren Geltungsbereich sich über den Bezirk eines Oberlandesgerichts hinaus erstreckt.

(2) Die Rechtsbeschwerde kann nicht darauf gestützt werden, dass das Gericht des ersten Rechtszuges seine Zuständigkeit zu Unrecht angenommen oder verneint hat.

(3) Die §§ 546, 547, 556 und 560 gelten entsprechend.

§ 577 ZPO. Prüfung und Entscheidung der Rechtsbeschwerde

(1) [1]Das Rechtsbeschwerdegericht hat von Amts wegen zu prüfen, ob die Rechtsbeschwerde an sich statthaft und ob sie in der gesetzlichen Form und Frist eingelegt und begründet ist. [2]Mangelt es an einem dieser Erfordernisse, so ist die Rechtsbeschwerde als unzulässig zu verwerfen.

(2) [1]Der Prüfung des Rechtsbeschwerdegerichts unterliegen nur die von den Parteien gestellten Anträge. [2]Das Rechtsbeschwerdegericht ist an die geltend gemachten Rechtsbeschwerdegründe nicht gebunden. [3]Auf Verfahrensmängel, die nicht von Amts wegen zu berücksichtigen sind, darf die angefochtene Entscheidung nur geprüft werden, wenn die Mängel nach § 575 Abs. 3 und § 574 Abs. 4 Satz 2 gerügt worden sind. [4]§ 559 gilt entsprechend.

(3) Ergibt die Begründung der angefochtenen Entscheidung zwar eine Rechtsverletzung, stellt die Entscheidung selbst aber aus anderen Gründen sich als richtig dar, so ist die Rechtsbeschwerde zurückzuweisen.

(4) [1]Wird die Rechtsbeschwerde für begründet erachtet, ist die angefochtene Entscheidung aufzuheben und die Sache zur erneuten Entscheidung zurückzuverweisen. [2]§ 562 Abs. 2 gilt entsprechend. [3]Die Zurückverweisung kann an einen anderen Spruchkörper des Gerichts erfolgen, das die angefochtene Entscheidung erlassen hat. [4]Das Gericht, an das die Sache zurückverwiesen ist, hat die rechtliche Beurteilung, die der Aufhebung zugrunde liegt, auch seiner Entscheidung zugrunde zu legen.

(5) [1]Das Rechtsbeschwerdegericht hat in der Sache selbst zu entscheiden, wenn die Aufhebung der Entscheidung nur wegen Rechtsverletzung bei Anwendung des Rechts auf das festgestellte Sachverhältnis erfolgt und nach letzterem die Sache zur Endentscheidung reif ist. [2]§ 563 Abs. 4 gilt entsprechend.

(6) [1]Die Entscheidung über die Rechtsbeschwerde ergeht durch Beschluss. [2]§ 564 gilt entsprechend.

Die Rechtsbeschwerde ist gemäß § 574 ZPO nur zulässig, wenn
– dies entweder im Gesetz ausdrücklich bestimmt ist (vgl zB §§ 101 II, 102 ZVG) und die Rechtssache grundsätzliche Bedeutung hat oder die Fortbildung des Rechts oder die Sicherung einer einheitlichen Rechtsprechung eine Entscheidung des BGH erfordert, oder wenn
– die Rechtsbeschwerde vom Beschwerdegericht (wegen grundsätzlicher Bedeutung oder zur Sicherung einer einheitlichen Rechtsprechung) zugelassen worden ist.
Die Nichtzulassung der Rechtsbeschwerde durch das Beschwerdegericht kann ihrerseits nicht mit einem „außerordentlichen Rechtsmittel" zum Bundesgerichtshof angegriffen werden, sondern allenfalls mit einer (fristgebundenen) Gegenvorstellung zum Beschwerdegericht, und wenn dadurch immer noch nicht ein Verfassungsverstoß beseitigt wurde, mit der Verfassungsbeschwerde zum Bundesverfassungsgericht.[70]
Die Rechtsbeschwerde muß innerhalb von einem Monat nach Zustellung der Beschwerdeentscheidung direkt beim Bundesgerichtshof eingelegt wer-

---

[70] BGH NJW 2002, 1577.

den (§ 575 ZPO), was ausschließlich durch einen der beim BGH zugelassenen Rechtsanwälte möglich ist.[71] Wenn sich andere Beteiligte dazu äußern wollen, benötigen sie dazu auch im ausschließlich schriftlichen Verfahren ebenfalls einen beim BGH zugelassenen Rechtsanwalt.

Auch die Rechtsbeschwerde hat keine aufschiebende Wirkung, aber der BGH kann (im Gegensatz zum Vollstreckungsgericht und zum „normalen" Beschwerdegericht) uU die Vollstreckbarkeit des Zuschlagsbeschlusses aussetzen (§§ 575 V, 570 III), also nicht auch die Wirksamkeit des Zuschlags als solche.[72] Bei der Prüfung der Erfolgsaussicht der Rechtsbeschwerde ist entscheidend auf den voraussichtlichen Erfolg in der Sache selbst und nicht auf einen davon losgelösten Erfolg der Rechtsbeschwerde wegen eines Verfahrensfehlers abzustellen; für aussichtslose Rechtsbeschwerden gibt es keine Prozesskostenhilfe.[73]

Der BGH hat in seiner Entscheidung vom 4. 7. 2002[74] selbst die Voraussetzungen der Rechtsbeschwerde konkretisiert:

„Eine Sache, die eine entscheidungserhebliche, klärungsbedürftige und klärungsfähige Rechtsfrage aufwirft, welche sich in einer unbestimmten Vielzahl von Fällen stellen kann, hat grundsätzliche Bedeutung.

Die Fortbildung des Rechts erfordert eine Entscheidung des Rechtsbeschwerdegerichts nur dann, wenn der Einzelfall Veranlassung gibt, Leitsätze für die Auslegung von Gesetzesbestimmungen des materiellen oder formellen Rechts aufzustellen oder Gesetzeslücken auszufüllen. Hierzu besteht nur dann Anlass, wenn es für die rechtliche Beurteilung typischer oder verallgemeinerungsfähiger Lebenssachverhalte an einer richtungweisenden Orientierungshilfe ganz oder teilweise fehlt.

Die Sicherung einer einheitlichen Rechtsprechung erfordert eine Entscheidung des Rechtsbeschwerdegerichts nur dann, wenn bei der Auslegung oder Anwendung revisiblen Rechts Fehler über die Einzelfallentscheidung hinaus die Interessen der Allgemeinheit nachhaltig berühren. Dies ist in der Regel dann der Fall, wenn nach den Darlegungen des Beschwerdeführers ein Verstoß gegen Verfahrensgrundrechte im Einzelfall klar zu Tage tritt, also offenkundig ist, und die angefochtene Entscheidung hierauf beruht."

Die Zulässigkeit nach § 574 II ZPO kann nicht damit begründet werden, daß die Frage der Statthaftigkeit nach § 574 I ZPO von grundsätzlicher Bedeutung sei.[75] In Fällen von grundsätzlicher Bedeutung muß der Einzelrichter (der über eine Entscheidung des Rechtspflegers zu entscheiden hat) das Verfahren an die Beschwerdekammer übertragen (§ 568 S. 2 Nr. 2 ZPO), weil allein diese befugt ist darüber zu befinden, ob eine Sache grundsätzliche Bedeutung hat und deshalb die Rechtsbeschwerde – auch zur Fortbildung des Rechts oder zur Sicherung einer einheitlichen Rechtsprechung – zuzulassen ist.[75a]

So sehr die Abschaffung der (sofortigen) weiteren Beschwerde und Einführung der Rechtsbeschwerde zu begrüßen ist, so sehr ist die (zur Zeit noch?) außerordentlich lange Bearbeitungszeit beim Bundesgerichtshof zu bedauern!

---

[71] BGH NJW 2002, 2181 und 3356.
[72] BGH NJW 2002, 1658.
[73] BGH Rpfleger 2003, 604.
[74] BGH NJW 2002, 3029.
[75] BGH ZIP 2002, 1506.
[75a] BGH NJW 2004, 448.

8.2.1.6. Widerspruch nach § 115

Durch den Widerspruch nach § 115 gegen den Teilungsplan wird die Zuteilung gerügt, also die Fehlerhaftigkeit des Verfahrens aus materiellen Gründen. Der Widersprechende „bestreitet die sachliche Hebungsberechtigung eines formell vorschriftsmäßig berücksichtigten Berechtigten"[76] hinsichtlich Person, Rang oder Betrag und strebt einen neuen Teilungsplan an. Behauptet der Widersprechende sowohl eine formelle als auch eine materielle Unrichtigkeit, so kann neben dem Widerspruch auch sofortige Beschwerde eingelegt werden.[77]

8.2.1.7. Dienstaufsichtsbeschwerde

Die (formlose) Dienstaufsichtsbeschwerde ist während des ganzen Zwangsversteigerungsverfahrens zulässig.[78] Sie kann sich gegen Rechtspfleger, Richter des Amtsgerichts, Berichterstatter, Vorsitzenden oder ganze Kammer des Landgerichts oder gegen jeden Dritten richten, der im Auftrag des Gerichts tätig ist, also z. B. auch den mit der Schätzung des Verkehrswerts beauftragten Schätzer oder Gutachterausschuß.

Im Gegensatz zur Vollstreckungs-Erinnerung und den anderen Rechtsbehelfen greift die Dienstaufsichtsbeschwerde den Handelnden bzw. Nichthandelnden direkt und persönlich an, nicht eine bestimmte Vollstreckungsmaßnahme oder Entscheidung. Meist bestehen auch gar keine sachlichen Meinungsverschiedenheiten zwischen Beschwerdeführer und -gegner. Die Dienstaufsichtsbeschwerde kann z. B. nötig sein, wenn das Verfahren nicht vorankommt oder auch einmal, wenn sich der Rechtspfleger schwerwiegend im Ton vergriffen haben sollte.

8.2.1.8. Anhörungsrüge, Verfassungsbeschwerde, EuGH-Beschwerde, Petition

§ 321 a ZPO

(1) [1]Auf die Rüge der durch die Entscheidung beschwerten Partei ist das Verfahren fortzuführen, wenn

1. ein Rechtsmittel oder ein anderer Rechtsbehelf gegen die Entscheidung nicht gegeben ist und

2. das Gericht den Anspruch dieser Partei auf rechtliches Gehör in entscheidungserheblicher Weise verletzt hat.

[2]Gegen eine der Entscheidung vorausgehende Entscheidung findet die Rüge nicht statt

(2) [1]Die Rüge ist innerhalb einer Notfrist von zwei Wochen nach Kenntnis von der Verletzung des rechtlichen Gehörs zu erheben; der Zeitpunkt der Kenntniserlangung ist glaubhaft zu machen. [2]Nach Ablauf eines Jahres seit Bekanngabe der angegriffenen Entscheidung kann die Rüge nicht mehr erhoben werden. [3]Formlos mitgeteilte Entschei-

---

[76] Stöber § 115 Anm 3.2.

[77] Näheres zum Widerspruch gegen den Teilungsplan vgl E. 3.2.

[78] Vgl Stöber § 1 Anm 59.21; nicht ganz unstreitig, weil z. T. auf die Vollstreckungs-Erinnerung verwiesen wird.

dungen gelten mit dem dritten Tage nach Aufgabe zur Post als bekannt gegeben. [4]Die Rüge ist schriftlich bei dem Gericht zu erheben, dessen Entscheidung angegriffen wird. [5]Die Rüge muss die angegriffene Entscheidung bezeichnen und das Vorliegen der in Absatz 1 Satz 1 Nr. 2 genannten Voraussetzungen darlegen.

(3) Dem Gegner ist, soweit erforderlich, Gelegenheit zur Stellungnahme zu geben.

(4) [1]Das Gericht hat von Amts wegen zu prüfen, ob die Rüge an sich statthaft und ob sie in der gesetzlichen Form und Frist erhoben ist. [2]Mangelt es an einem dieser Erfordernisse, so ist die Rüge als unzulässig zu verwerfen. [3]Ist die Rüge unbegründet, weist das Gericht sie zurück. [4]Die Entscheidung ergeht durch unanfechtbaren Beschluss. [5]Der Beschluss soll kurz begründet werden.

(5) [1]Ist die Rüge begründet, so hilft ihr das Gericht ab, indem es das Verfahren fortführt, soweit dies auf Grund der Rüge geboten ist. [2]Das Verfahren wird in die Lage zurückversetzt, in der es sich vor dem Schluss der mündlichen Verhandlung befand. [3]§ 343 gilt entsprechend. [4]In schriftlichen Verfahren tritt an die Stelle des Schlusses der mündlichen Verhandlung der Zeitpunkt, bis zu dem Schriftsätze eingereicht werden können.

Seit Inkrafttreten des „Anhörungsrügengesetzes" am 1. 1. 2005 ist gegen Verstöße gegen den Anspruch auf rechtliches Gehör (Art 103 GG) die Anhörungsrüge gegeben, die im wesentlichen in § 321a ZPO geregelt ist. Diese Anhörungsrüge geht nicht an das Bundesverfassungsgericht, sondern an das Gericht, das die mit „normalen" Rechtsmitteln nicht mehr anfechtbare Entscheidung gefällt hat. Im Zwangsversteigerungsverfahren wird sie sich in aller Regel gegen den das Beschwerdeverfahren abschließenden Beschluss richten, also im Falle einer Rechtbeschwerde an den BGH und bei deren Nichtzulassung an das Landgericht. Die Anhörung ist nur zulässig, wenn das Gericht den Anspruch auf rechtliches Gehör in entscheidungserheblicher Weise verletzt hat, kein „normales" Rechtsmittel mehr eingelegt werden kann und noch keine zwei Wochen seit der Kenntnis von der Verletzung des rechtlichen Gehörs vergangen sind. Mit dieser Rüge wird also die Rechtskraft der angefochtenen Entscheidung durchbrochen, und das Gericht überprüft seine eigene Entscheidung durch Fortführung des Verfahrens, ähnlich einem Wiederaufnahmeverfahren.

Da die Anhörungsrüge nur bei Verstößen gegen Art 103 GG zulässig ist und nicht auch bei anderen Verstößen gegen Grundrechte oder grundlegende Verfahrensrechte, ist die Abgrenzung zur Verfassungsbeschwerde noch ungeklärt.[78a]

Gemäß § 90 Bundesverfassungsgerichtsgesetz hat jeder deutsche Bürger das Recht, über eine Verfassungsbeschwerde das Bundesverfassungsgericht um Nachprüfung zu bitten, ob er durch einen Verwaltungsakt oder durch eine Gerichtsentscheidung in einem Grundrecht verletzt worden ist. Die Verfassungsbeschwerde ist nur zulässig, wenn alle sonstigen Rechtsmittel erfolglos

---

[78a] Vgl. Zuck, NJW 2005, 1226 und 3753.

ausgeschöpft worden sind.[79] Das Bundesverfassungsgericht kann z. B. angerufen werden, wenn ein Landgericht bei seiner (mit der Rechtsbeschwerde nicht anfechtbaren) Beschwerdeentscheidung selbst schwere verfahrensrechtliche Verstöße begangen hat, auf denen die Entscheidung beruhen kann.[80] „Ausgeschöpft" ist der Rechtsweg aber auch hier nur dann, wenn auch eine Gegenvorstellung zum Landgericht mit der Bitte um Korrektur des behaupteten Verfassungsverstoßes erfolglos war.[80a] Die Grundrechte, die in der Zwangsversteigerung am ehesten verletzt zu werden drohen, sind die Garantien von Eigentum (vgl Art 14 GG),[81] Gleichheit (vgl Art 3 GG)[82] und rechtlichem Gehör (vgl Art 103 GG).[83] Der (Gemein-)Schuldner hat nicht mehr die Fähigkeit, rechtswirksam Verfassungsbeschwerde zu erheben, wenn er nach Eröffnung des Insolvenzverfahrens in seiner Verwaltungs- und Verfügungsbefugnis beschränkt ist.[84]

Manche Landesverfassungen eröffnen zusätzliche Beschwerdemöglichkeiten zu dem jeweiligen Landesverfassungsgericht. So hat zum Beispiel der Verfassungsgerichtshof des Landes Berlin eine Verfassungsbeschwerde zwar für unzulässig erklärt, aber trotzdem in der Sache entschieden, daß der vom Gericht nach § 74 a V festgesetzte Verkehrswert dann vom Schuldner nicht als zu niedrig angegriffen werden kann, wenn er dem gerichtlich bestellten Sachverständigen den Zutritt in die Räumlichkeiten verweigert hatte.[84a] Auch diese Möglichkeiten müssen im Zweifel ausgeschöpft sein, bevor das Bundesverfassungsgericht angerufen werden darf.

Auch gegen unanfechtbare Entscheidungen des Bundesverfassungsgerichtes kann noch der Europäische Gerichtshof für Menschenrechte angerufen werden, wenn Kernbereiche des Eigentumsrechts verletzt worden sind, Nach Art 34 EMRK kann jede natürliche Person, nichtstaatliche Organisation oder Personengruppe, die behauptet, durch eine der Hohen Vertragsparteien (also den Staat) in einem der in der Menschenrechts-Konvention oder ihren Zusatzprotokollen anerkannten Rechten verletzt zu sein, den Europäischen Gerichtshof mit einer Beschwerde befassen. Davor müssen gemäß Art. 35 EMRK aber alle innerstaatlichen Rechtsbehelfe erschöpft sein, und die Beschwerde muss innerhalb von sechs Monaten nach der endgültigen innerstaatlichen Entscheidung erhoben werden. Die Beschwerde darf nicht anonym sein und nicht im wesentlichen mit einer anderen vom Gerichtshof geprüften Entscheidung übereinstimmen.

Sowohl beim deutschen Bundestag als auch bei allen Landtagen der deutschen Bundesländer gibt es Petitionsausschüsse, an die sich der Bürger mit

---

[79] BVerfG NJW 2002, 3387 und 1956, 985; 1979, 534; Steiner-Storz § 95 Rdnr 51.

[80] BVerfG Rpfleger 1976, 389 und BB 1979, 16; Steiner-Storz § 95 Rdnr 51.

[80a] BVerfG NJW 2002, 3387; BGH NJW 2002, 1577.

[81] Vgl dazu insbesondere BVerfG NJW 1993, 1699 und 32; 1979, 534; 1978, 368; 1976, 1391.

[82] Vgl dazu insbesonder BVerfG NJW 1993, 1699; 1976, 1391.

[83] Vgl BVerfG NJW 1995, 2095 und 51; 1994, 1210; 1991, 2823 und 2757; 1979, 534; BayVerfGH NJW 1984, 2454; KG Rpfleger 1987, 211; Steiner-Storz § 95 Rdnr 51. – Vgl dazu auch oben B. 1.6.1.

[84] BVerfG NJW 1979, 2510.

[84a] Rpfleger 2007, 491; ebenso LG Dortmund Rpfleger 2000, 466; LG Göttingen Rpfleger 1998, 213; Böttcher § 74 a Rz 28.

einer schriftlichen Petition wenden kann, wenn er sich durch eine staatliche Stelle falsch behandelt fühlt, zB wenn ein Verfahren einfach nicht vorankommt, weil zB eine einflußreiche Persönlichkeit betroffen ist! Der angerufene Petitionsausschuß ermittelt in dem ihm erforderlich erscheinenden Umfang über die zuständigen Ministerien und sonstigen staatlichen Stellen den Sachverhalt und wirkt gegebenenfalls auf eine Änderung der Entscheidung hin.

Die Möglichkeiten des Petitionsausschusses gegenüber Gerichten sind aber aus Gründen der verfassungsmäßigen Dreiteilung der Gewalten und wegen der ebenfalls verfassungsmäßig garantierten Unabhängigkeit der Gerichte sehr gering.

8.2.2. Taktische Hinweise

TH 8.2.2.1.: Durch die in Rechtsprechung und Literatur herrschende Uneinigkeit über die Zulässigkeit bestimmter Rechtsmittel[85] sollte sich der Beteiligte, der mit einer Vollstreckungsmaßnahme oder Entscheidung nicht einverstanden ist, nicht von der Einlegung eines Rechtsbehelfs abhalten lassen. Entweder er erkundigt sich beim Rechtspfleger nach dem gegebenen Rechtsbehelf,[86] oder er benennt seinen Rechtsbehelf gar nicht oder in einer allgemeinen Form (Widerspruch, Rechtsbehelf, Rechtsmittel) oder mit der von ihm konkret für richtig gehaltenen Bezeichnung. Die Gerichte müssen nämlich jeden Rechtsbehelf unabhängig von seiner Bezeichnung als das konkret zulässige Rechtsmittel behandeln.[87]

Wenn Zweifel über die richtige Adresse des Rechtsbehelfs bestehen und auch durch eine Rückfrage beim Rechtspfleger nicht beseitigt werden können, sollte der Rechtsbehelf m. E. beim Richter des Vollstreckungsgerichts (nur die weitere Beschwerde beim Landgericht) eingelegt werden. Ganz allgemein ist zu empfehlen, den Rechtsbehelf rechtzeitig, d. h. möglichst nicht erst am letzten Tag der Frist abzugeben, damit evtl. Mängel noch innerhalb der Frist behoben werden können.

TH 8.2.2.2.: Die Dienstaufsichtsbeschwerde richtet sich nicht gegen eine Maßnahme oder Entscheidung sondern gegen eine Person, und zwar gegen eine Person, die auch weiterhin im Vollstreckungsverfahren in der bisherigen Funktion tätig sein wird. Vor Einlegung einer Dienstaufsichtsbeschwerde sollte sich der Betroffene diesen Schritt daher genau überlegen und besser in einem persönlichen Gespräch nach einer Klärung und nach einer Lösung für sein Problem suchen. Das bringt das Verfahren erfahrungsgemäß viel schneller und viel besser vorwärts als eine Dienstaufsichtsbeschwerde, mit der in der Regel eher Porzellan zerschlagen und die künftige Zusammenarbeit erschwert wird.

TH 8.2.2.3.: Abgesehen davon, daß durch eine Petition keine Gerichtsentscheidungen aufgehoben oder abgeändert werden können, bringen Petitionen auch sonst nur selten in der Sache Erfolg, wenn nicht tatsächlich Fehler begangen worden sind. Mit der Petition erreicht man aber eine nochmalige Überprüfung, die gewährleistet, daß das Verfahren korrekt und

---

[85] Vgl oben B. 8.2.1.2.
[86] Vgl oben B. 8.2.1. a. E.
[87] Dassler-Schiffhauer-Gerhardt 11. Auflage 1979 § 95 Anm 1.

objektiv durchgeführt wird. Außerdem bemühen sich erfahrungsgemäß die mit der Petition angesprochenen Stellen, dem Betroffenen möglichst Hinweise zu geben, wie er auf anderen Wegen sein Ziel erreichen kann. Nochmals: im Zwangsvollstreckungsverfahren ist eine Petition kaum einsetzbar, allenfalls bei Untätigkeit.

TH 8.2.2.4.: Die Erfahrung zeigt, daß der Schuldner Rechtsbehelfe oft ausschließlich mit dem Ziel einsetzt, das Verfahren zu verzögern.[88] Ein diesbezüglicher Erfolg ist ihm immer sicher; es fragt sich lediglich, was er tatsächlich damit gewonnen hat. Zur Begründung solcher Rechtsmittel muß der Schuldner – oft genug gegen seine eigene Überzeugung – vortragen, wodurch sich seine Situation in der Zwischenzeit verbessern wird.

Die Gläubiger tun gut daran, diese Hinweise genau zu beachten: u. U. ergibt sich daraus die Möglichkeit, mit dem Schuldner durch Vereinbarungen voranzukommen. Außerdem kann sich derjenige Gläubiger, der sich am ehesten und am glaubwürdigsten um den Schuldner bemüht, unter dem Gesichtspunkt des Machtkampfes gewisse taktische Vorteile gegenüber den anderen Gläubigern sichern.

In diesem Zusammenhang kann auch die Nichteinlegung eines zulässigen Rechtsbehelfs oder die Rücknahme eines Rechtsbehelfs zum Gegenstand von Verhandlungen gemacht werden. Dadurch kann das Verfahren beschleunigt werden, was durchaus für den Schuldner nicht von Nachteil sein muß.

TH 8.2.2.5.: Wenn der Schuldner Rechtsbehelfe ausschließlich aus Verzögerungsgründen einlegt und dazu sogar noch die Hilfe eines Rechtsanwalts in Anspruch nimmt, sollte er sich überlegen, ob er die dafür erforderlichen Geldmittel nicht besser anlegt, indem er mit den entscheidenden Gläubigern – das ist im Zweifel vor allem der bestrangig betreibende Gläubiger[89] und keineswegs die Gesamtheit aller Gläubiger, meist nicht einmal die Gesamtheit der betreibenden Gläubiger – über ein gemeinsames Vorgehen verhandelt.

Wenn diese Verhandlungen keinen Erfolg haben, kann das Geld des Schuldners sehr häufig über eine Ablösung des bestrangig betreibenden Gläubigers[90] viel besser und wirksamer zu Verzögerungszwecken eingesetzt werden, wenn unmittelbar nach Schluß der Bietstunde dann die einstweilige Einstellung aus dem abgelösten Recht bewilligt und dadurch die Versagung des Zuschlags herbeigeführt wird. . . .[91]

8.3. Kosten der Zwangsversteigerung

Auch für Zwangsversteigerungs- und Zwangsverwaltungsverfahren werden die Gerichtsgebühren (= Verfahrenskosten) nach dem Gerichtskostengesetz (GKG) festgesetzt. Seit 1. Juli 2004 gilt zwar ein völlig neu gefasstes GKG; für das Zwangsversteigerungs- und Zwangsverwaltungsverfahren haben sich aber weder von der Systematik noch von der Gebührenhöhe her nennenswerte Änderungen gegenüber der früheren Regelung ergeben.

---

[88] Vgl auch OLG Köln Rpfleger 1980, 233; Engel Rpfleger 1981, 81.
[89] Vgl unten B. 6.4.
[90] Vgl unten B. 6.5.
[91] Vgl unten D. 5.2.

Gerichtskostengesetz

§ 7 GKG (Fälligkeit der Gerichtsgebühren)

(1) [1]Bei Gebühren für die Entscheidung über den Antrag auf Anordnung der Zwangsversteigerung und über den Beitritt werden mit der Entscheidung fällig. [2]Die Gebühr für die Erteilung des Zuschlags wird mit dessen Verkündung, und, wenn der Zuschlag von dem Beschwerdegericht erteilt wird, mit der Zustellung des Beschlusses an den Ersteher fällig. [3]Im übrigen werden die Gebühren im ersten Rechtszug im Verteilungstermin und, wenn das Verfahren vorher aufgehoben wird, mit der Aufhebung fällig.

(2) [1]Absatz 1 Satz 1 gilt im Verfahren der Zwangsverwaltung entsprechend. [2]Die Jahresgebühr wird jeweils mit Ablauf eines Kalenderjahres, die letzte Jahresgebühr mit der Aufhebung des Verfahrens fällig.

§ 15 GKG (Vorschuss)

(1) Im Zwangsversteigerungsverfahren ist spätestens bei der Bestimmung des Zwangsversteigerungstermins ein Vorschuss in Höhe des Doppelten einer Gebühr für die Abhaltung des Versteigerungstermins zu erheben.

(2) Im Zwangsverwaltungsverfahren hat der Antragsteller jährlich einen angemessenen Gebührenvorschuss zu zahlen.

§ 26 GKG (Kostenhaftung)

(1) Die Kosten des Zwangsversteigerungs- und Zwangsverwaltungsverfahrens sowie des Verfahrens der Zwangsliquidation einer Bahneinheit schuldet vorbehaltlich des Absatzes 2, wer das Verfahren beantragt hat, soweit die Kosten nicht dem Erlös entnommen werden können.

(2) [1]Die Kosten für die Erteilung des Zuschlags schuldet nur der Ersteher; § 29 Nr. 3 bleibt unberührt. [2]Im Fall der Abtretung der Rechte aus dem Meistgebot oder der Erklärung, für einen Dritten geboten zu haben (§ 81 des Gesetzes über die Zwangsversteigerung und die Zwangsverwaltung), haften der Ersteher und der Meistbietende als Gesamtschuldner.

(3) Die Kosten des Beschwerdeverfahrens schuldet der Beschwerdeführer.

§ 54 GKG (Gebühren im Zwangsversteigerungsverfahren)

(1) [1]Bei der Zwangsversteigerung von Grundstücken sind die Gebühren für das Verfahren im Allgemeinen und für die Abhaltung des Versteigerungstermins nach dem gemäß § 74a Abs. 5 des Gesetzes über die Zwangsversteigerung und die Zwangsverwaltung festgesetzten Wert zu berechnen. [2]Ist ein solcher Wert nicht festgesetzt, ist der Einheitswert maßgebend. [3]Weicht der Gegenstand des Verfahrens vom Gegenstand der Einheitsbewertung wesentlich ab oder hat sich der Wert infolge bestimmter Umstände, die nach dem Feststellungszeitpunkt des Einheitswerts eingetreten sind, wesentlich verändert, oder ist ein Einheitswert noch nicht festgestellt, ist der nach den Grundsätzen der Einheitsbewertung geschätzte Wert maßgebend. [4]Wird der Einheitswert nicht nachgewiesen, ist das Finanzamt um Auskunft über die Höhe des Einheitswerts zu ersuchen; § 30 der Abgabenordnung steht der Auskunft nicht entgegen.

(2) [1]Die Gebühr für die Erteilung des Zuschlags bestimmt sich nach dem Gebot ohne Zinsen, für das der Zuschlag erteilt ist, einschließlich des Werts der nach den Versteigerungsbedingungen bestehen bleibenden Rechte zuzüglich des Betrages, in dessen Höhe der Ersteher nach § 114a des Gesetzes über die Zwangsversteigerung und die Zwangsverwaltung als aus dem Grundstück befriedigt gilt. [2]Im Falle der Zwangsversteigerung zur Aufhebung einer Gemeinschaft vermindert sich der Wert nach Satz 1 um den Anteil des Erstehers an dem Gegenstand des Verfahrens; bei Gesamthandeigentum ist jeder Mitberechtigte wie ein Eigentümer nach dem Verhältnis seines Anteils anzusehen.

(3) [1]Die Gebühr für das Verteilungsverfahren bestimmt sich nach dem Gebot ohne Zinsen, für das der Zuschlag erteilt ist, einschließlich des Werts der nach den Versteigerungsbedingungen bestehen bleibenden Rechte. [2]Der Erlös aus einer gesonderten Versteigerung oder sonstigen Verwertung (§ 65 des Gesetzes über die Zwangsversteigerung und die Zwangsverwaltung) wird hinzugerechnet.

(4) Sind mehrere Gegenstände betroffen, ist der Gesamtwert maßgebend.

(5) [1]Bei Zuschlägen an verschiedene Ersteher wird die Gebühr für die Erteilung des Zuschlags von jedem Ersteher nach dem Wert der auf ihn entfallenden Gegenstände erhoben. [2]Eine Bietergemeinschaft gilt als ein Ersteher.

§ 55 GKG (Gebühren im Zwangsverwaltungsverfahren)

Die Gebühr für die Durchführung des Zwangsverwaltungsverfahrens bestimmt sich nach dem Gesamtwert der Einkünfte.

§ 56 GKG (Gebühren bei Zwangsversteigerung von Schiffen usw)

Die §§ 54 und 55 gelten entsprechend für die Zwangsversteigerung von Schiffen, Schiffsbauwerken und Luftfahrzeugen sowie für die Zwangsversteigerung und die Zwangsverwaltung von Rechten, die den Vorschriften der Zwangsvollstreckung in das unbewegliche Vermögen unterliegen, einschließlich der unbeweglichen Kuxe.

§ 70 GKG (Rechnungsgebühren bei Zuziehung von Rechnungsbeamten)

(1) [1]Soweit in den Ländern für Rechnungsarbeiten Beamte oder Angestellte besonders bestellt werden (Rechnungsbeamte), sind als Auslagen Rechnungsgebühren zu erheben, die nach dem für die Arbeit erforderlichen Zeitaufwand bemessen werden. [2]Sie betragen für jede Stunde 10 Euro. [3]Die letzte, bereits begonnene Stunde wird voll gerechnet, wenn sie zu mehr als dreißig Minuten für die Erbringung der Arbeit erforderlich war; anderenfalls sind 5 Euro zu erheben.

(2) [1]Die Rechnungsgebühren setzt das Gericht, das den Rechnungsbeamten beauftragt hat, von Amts wegen fest. [2]Gegen die Festsetzung findet die Beschwerde statt, wenn der Wert des Beschwerdegegenstands 200 Euro übersteigt oder das Gericht, das die angefochtene Entscheidung erlassen hat, die Beschwerde wegen der grundsätzlichen Bedeutung der zur Entscheidung stehenden Frage in dem Beschluss zugelassen hat. [3]§ 66 Abs. 3 bis 8 gilt entsprechend. [4]Beschwerdeberechtigt

sind die Staatskasse und derjenige, der für die Rechnungsgebühren als Kostenschuldner in Anspruch genommen wird. [5] § 69 a gilt entsprechend.

Vorbemerkung 2.2: Die Gebühren 2210, 2220 und 2230 werden für jeden Antragsteller gesondert erhoben. Wird der Antrag von mehreren Gesamtgläubigern, Gesamthandsgläubigern oder im Fall der Zwangsversteigerung zum Zweck der Aufhebung der Gemeinschaft von mehreren Miteigentümern gemeinsam gestellt, gelten diese als ein Antragsteller. Betrifft ein Antrag mehrere Gegenstände, wird die Gebühr nur einmal erhoben, soweit durch einen einheitlichen Beschluss entschieden wird. Für ein Verfahren nach § 765 a ZPO wird keine, für das Beschwerdeverfahren die Gebühr 2240 erhoben; richtet sich die Beschwerde auch gegen eine Entscheidung nach § 30 a ZVG, gilt Satz 2 entsprechend.

I. Zwangsversteigerung

Nr.	Gebührentatbestand	Gebührenbetrag oder Satz der Gebühr nach § 34 GKG
2210	Entscheidung über den Antrag auf Anordnung der Zwangsversteigerung oder über den Beitritt zum Verfahren	50,00 EURO
2211	Verfahren im allgemeinen	0,5
2212	Beendigung des Verfahrens vor Ablauf des Tages, an dem die Verfügung mit der Bestimmung des ersten Versteigerungstermins unterschrieben ist: Die Gebühr 2211 ermäßigt sich auf	0,25
2213	Abhaltung mindestens eines Versteigerungstermins mit Aufforderung zur Abgabe von Geboten	0,5
	Die Gebühr entfällt, wenn der Zuschlag aufgrund des § 74 a oder § 85 a ZVG, § 13 oder § 13 a des Gesetzes über Vollstreckungsschutz für die Binnenschiffahrt versagt bleibt.	
2214	Erteilung des Zuschlags	0,5
	Die Gebühr entfällt, wenn der Zuschlagsbeschluß aufgehoben wird.	
2215	Verteilungsverfahren	0,5
2216	Es findet keine oder nur eine beschränkte Verteilung des Versteigerungserlöses durch das Gericht statt (§§ 143, 144 ZVG):	0,25

II. Zwangsverwaltung

2220	Entscheidung über den Antrag auf Anordnung der Zwangsverwaltung oder über den Beitritt zum Verfahren	50,00 EURO

Nr.	Gebührentatbestand	Gebührenbetrag oder Satz der Gebühr nach § 34 GKG
2221	Durchführung des Verfahrens: Für jedes angefangene Jahr, beginnend mit dem Tag der Beschlagnahme	0,5 – mindestens 100,00 EUR im ersten und letzten Kalenderjahr jeweils mindestens 50,00 EUR

III. Zwangsliquidation einer Bahneinheit

2230	Entscheidung über den Antrag auf Eröffnung der Zwangsliquidation	50,00 EURO
2231	Verfahren im allgemeinen	0,5
2232	Verfahren wird eingestellt: Die Gebühr 2231 ermäßigt sich auf	0,25

IV. Beschwerdeverfahren

2240	Verfahren über Beschwerden, wenn für die angefochtene Entscheidung eine Festgebühr bestimmt ist: Die Beschwerde wird verworfen oder zurückgewiesen. Wird die Beschwerde nur teilweise verworfen oder zurückgewiesen, kann das Gericht die Gebühr nach billigem Ermessen auf die Hälfte ermäßigen oder bestimmen, daß eine Gebühr nicht zu erheben ist.	100,00 EURO
2241	Verfahren über nicht besonders aufgeführte Beschwerden, die nicht nach anderen Vorschriften gebührenfrei sind; soweit die Beschwerde verworfen oder zurückgewiesen wird	1,0
2242	Verfahren über Rechtsbeschwerden, wenn für die angefochtene Entscheidung eine Festgebühr bestimmt ist: Die Rechtsbeschwerde wird verworfen oder zurückgewiesen .... Wird die Rechtsbeschwerde nur teilweise verworfen oder zurückgewiesen, kann das Gericht die Gebühr nach billigem Ermessen auf die Hälfte ermäßigen oder bestimmen, dass eine Gebühr nicht zu erheben ist.	200,00 EURO

Nr.	Gebührentatbestand	Gebührenbetrag oder Satz der Gebühr nach § 34 GKG
2243	Verfahren über nicht besonders aufgeführte Rechtsbeschwerden, die nicht nach anderen Vorschriften gebührenfrei sind: Soweit die Rechtsbeschwerde verworfen oder zurückgewiesen wird	2,0

8.3.1. Verfahrenskosten

Zu den Gerichtskosten gehören gemäß § 54 GKG neben der Festgebühr von EURO 50,00 für die Entscheidung über den Anordnungs- oder einen Beitrittsantrag in erster Linie die Gebühren für das Verfahren im allgemeinen, für die Abhaltung mindestens eines Versteigerungstermins, für die Erteilung des Zuschlags und für das Verteilungsverfahren. Zusätzliche Gebühren können für ein Beschwerdeverfahren oder für eine nachträgliche Erlösverteilung anfallen.

Zu den eigentlichen Gerichtsgebühren kommen noch die Verfahrensauslagen nach Teil 9 KostVerz, insbesondere Kosten für Zustellungen, Bekanntmachungen, Schreibarbeiten und Reisen sowie die Sachversändigen-Entschädigung und evtl sonstige Auslagen

Gemäß § 109 I werden die Kosten des Verfahrens dem Versteigerungserlös vorweg entnommen mit Ausnahme der Anordnungs- bzw Beitrittsgebühr (die vom Antragsteller zu bezahlen ist), der Zuschlagsgebühr (sie trifft den Ersteher) und der Gebühr für eine evtl nachträgliche Verteilung (die aus der entsprechenden Sondermasse zu entnehmen ist).

In aller Kürze soll zu den Gebühren folgendes gesagt werden:[92]

8.3.1.1. Die Anordnungs- bzw Beitrittsgebühr (Nr. 2210 KostVerz)

beträgt als Festgebür EURO 50,00. Diese Gebühr entsteht nur einmal unabhängig davon, ob der Antrag aus dinglichem oder persönlichem Recht gestellt, bzw ob der gleiche Gläubiger gleichzeitig oder zeitlich versetzt aus mehreren Rechten vorgeht, bzw ob das Versteigerungsobjekt aus einem oder mehreren Grundstücken desselben Schuldners besteht, bzw ob der Antrag (teilweise) abgelehnt oder ob ihm (teilweise) stattgegeben wird, bzw ob die entsprechende Entscheidung vom Vollstreckungsgericht oder erst von einem Beschwerdegericht erlassen wird.[93] Die Festgebühr fällt aber dann mehrfach an, wenn der Gläubiger zunächst nur ein Grundstück zu versteigern beantragt, später die Versteigerung aber auf weitere Grundstücke ausdehnt; das gilt auch dann, wenn die Verfahren gemäß § 18 verbunden werden.

Gemäß § 7 GKG wird die Anordnungs- bzw Beitrittsgebühr mit der Entscheidung fällig und gemäß § 26 GKG direkt vom Antragsteller erhoben. Dieser kann die Gebühr aber als notwendige Kosten der dinglichen Rechtsverfolgung iSd § 10 II im gleichen Rang wie seinen eigenen Anspruch gel-

---

[92] Näher: Zeller-Stöber Einl 76–88; – zu den Kosten einer Teilungsversteigerung vgl Storz, Teilungsversteigerung C.2.4.

[93] Stöber Einl 76.8.

tend machen; diese Anmeldung muß aber (zur Vermeidung eines Rangverlustes nach § 110) noch vor Beginn der Bietstunde erfolgen.

Mit der Anordnungs- bzw Beitrittsgebühr wird nur die eigentliche Entscheidung über Anordnung/Beitritt abgegolten, und zwar für jeden selbständigen Gläubiger gesondert, so daß Gesamtgläubiger, die gemeinsam einen Antrag stellen, nur einmal die Festgebühr bezahlen müssen.[94] Wird der Anordnungs- bzw Beitrittsantrag noch vor Erlaß der Entscheidung über ihn zurückgenommen, fällt die Gebühr nicht an; die vorherigen Arbeiten des Gerichts (Antragsentgegennahme, Aktenanlage, evtl Prüfungen usw) sind dann kostenlos.

8.3.1.2. Die Gebühren für das Verfahren im allgemeinen (Nr. 2211, 2212 KostVerz) beträgt 0,5 des Gebührensatzes nach § 34 GKG bzw 0,25, wenn das Verfahren vor Ablauf des Tages beendet wird, an dem die Verfügung mit der Bestimmung des ersten Versteigerungstermins unterschrieben ist. Wird das Verfahren nur für eines von mehreren zu versteigernden Grundstücken vorzeitig beendet, greift die Gebührenermäßigung nicht.

Das Verfahren im allgemeinen beginnt unmittelbar nach seiner Anordnung, setzt also noch nicht die Zustellung an den Schuldner voraus;[95] aber irgendeine gerichtliche Handlung nach der Unterzeichnung des Anordnungsbeschlusses ist zur Entstehung der Verfahrensgebühr von mindestens 0,25 doch nötig. Bei Ablehnung der Anordnung durch das Vollstreckungsgericht entsteht die Verfahrensgebühr daher nicht. Wird ein Anordnungsbeschluß im Beschwerdeverfahren aufgehoben, ist eine 0,25-Gebühr entstanden, weil das Vollstreckungsgericht mit der Zustellung des Anordnungsbeschlusses ja im Verfahren tätig geworden ist.

Mit den Gebühren für das Verfahren im allgemeinen sind auch evtl Einstellungsverfahren gemäß §§ 30 a ff, 30 d ff, 180 II–IV und § 765 a ZPO abgegolten, ebenso wie evtl Beurkundungsvorgänge (zB bei Ablösung im Termin, bei Heilung von Verfahrensmängeln gemäß § 84 II, bei Abtretung der Rechte aus dem Meistgebot gemäß § 81 II oder bei einer Liegenbelassungsvereinbarung gemäß § 91 II).

Geschäftswert für diese Verfahrensgebühr ist gemäß § 54 I der vom Vollstreckungsgericht gemäß § 74 a V festgesetzte Verkehrswert und nur dann, wenn dieser (noch) nicht festgesetzt ist, der Einheitswert. Wird der Verkehrswert im Laufe des Verfahrens wegen neuer Umstände geändert, gilt der höchste in diesem Verfahren festgesetzte Verkehrswert.[96] Die Verfahrensgebühr wird gemäß § 109 I dem Versteigerungserlös vorweg entnommen und daher im Verteilungstermin fällig (§ 7 I 3 GKG). Wenn das Verfahren schon vorher aufgehoben worden ist, werden die Verfahrensgebühren mit der Aufhebung fällig (§ 7 I 3 GKG) und vom Antragsteller erhoben (§ 26 I GKG), der sie dann höchstens außergerichtlich auf den Schuldner abwälzen kann.

8.3.1.3. Die Gebühr für den Versteigerungstermin (Nr. 2213 KostVerz) beträgt ebenfalls 0,5 des Gebührensatzes und richtet sich nach dem Ver-

---

[94] Stöber Einl 76.7.
[95] Ebenso Stöber Einleitung 77.2.
[96] LG Paderborn Rpfleger 1989, 168.

kehrswert, wie er (letztlich maßgebend[97]) gemäß § 74 a V festgesetzt worden ist (§ 54 I 1 GKG). Die Gebühr wird fällig, wenn zur Abgabe von Geboten im ersten Versteigerungstermin aufgefordert worden ist, also mit Beginn der Bietstunde; Verlauf und Ergebnis der Bietstunde spielen dann für diese Gebühr keine Rolle. Wird schon vorher abgebrochen oder wurde zB nur ein Vortermin nach § 62 durchgeführt, fällt keine Versteigerungsterminsgebühr an. Wichtig: bei einer Zuschlagsversagung nach §§ 74 a oder 85 a bzw nach §§ 13, 13 a des Binnenschiffahrtsvollstreckungsschutzgesetzes entfällt die Versteigerungsterminsgebühr.

Wenn verschiedene Grundstücke im gleichen Versteigerungstermin nicht gleichzeitig sondern nacheinander ausgeboten werden, entsteht die volle Versteigerungsterminsgebühr selbst dann für alle Grundstücke bereits mit der ersten Aufforderung zur Gebotsabgabe, wenn es aus irgendwelchen (zB Einstellungs-)Gründen nicht mehr zum Aufruf aller Grundstücke kommt.[98]

Auch die Versteigerungsterminsgebühr wird gemäß § 7 I 3 GKG im Verteilungstermin fällig und gemäß § 109 dem Erlös vorweg entnommen, falls das Verfahren nicht schon vorher aufgehoben wird (dann haftet der Antragsteller gemäß § 26 GKG).

8.3.1.4. Die Gebühr für die Erteilung des Zuschlags (Nr. 2214 KostVerz) beträgt ebenfalls 0,5 des Gebührensatzes, bestimmt sich aber gemäß § 54 II GKG nach dem Gebot (auf das der Zuschlag erteilt wurde) ohne Zinsen aber einschließlich des Wertes der nach den (gesetzlichen oder vereinbarten) Versteigerungsbedingungen bestehenbleibenden Rechte (maßgebend ist dafür aus Vereinfachungsgründen der gemäß §§ 50, 51 festgesetzte Zuzahlungsbetrag[99]) und zuzüglich des Betrages, in dessen Höhe der Ersteher nach § 114 a als befriedigt gilt.

Werden mehrere Grundstücke versteigert und an verschiedene Ersteher zugeschlagen, muß jeder Ersteher gemäß § 54 V 1 GKG die Gebühr nach dem Wert der ihm zugeschlagenen Grundstücke bezahlen; bei Zuschlag mehrerer Grundstücke an denselben Ersteher richtet sich die Zuschlagsgebühr nach dem Gesamtwert dieser Grundstücke. Eine Bietergemeinschaft wird gemäß § 54 V 2 GKG wie ein Einzelbieter behandelt.

Die Zuschlagsgebühr entsteht auch, wenn der Zuschlag erst in der Beschwerdeinstanz erteilt wird; umgekehrt entfällt die Zuschlagsgebühr, wenn der Zuschlag versagt oder in der Beschwerdeinstanz aufgehoben wird. Die Versteigerung abgesondert verwerteter Sachen iSd § 65 löst keine Zuschlagsgebühr aus.

Die Zuschlagsgebühr wird gemäß § 7 I 2 idR mit der Verkündung des Zuschlags fällig und gemäß § 26 II 1 GKG vom Ersteher direkt erhoben, also nicht gemäß § 109 dem Erlös entnommen. Bei Abtretung der Rechte aus dem Meistgebot oder bei verdeckter Vertretung nach § 81 haften Meistbietender und Ersteher gemäß § 26 II 2 GKG als Gesamtschuldner.

---

[97] LG Paderborn Rpfleger 1989, 168. – Vgl auch LG München I JurBüro 1973, 893; 1972, 802; LG Köln MDR 1964, 770.
[98] Stöber Einleitung 78.2.
[99] Ebenso Stöber, Einleitung 79.4. mit Recht **gegen** LG Saarbrücken Rpfleger 1971, 157.

8.3.1.5. Die Gebühr für das Verteilungsverfahren (Nr. 2215, 2216 KostVerz) beträgt als Pauschalgebühr 0,5 des Gebührensatzes und richtet sich gemäß § 54 III GKG ebenfalls nach dem Wert des Gebotes, auf das der Zuschlag erteilt worden ist (vgl dazu oben 8.3.1.4!); hier wird aber gemäß § 54 III 2 GKG der Erlös aus einer gesonderten Versteigerung oder sonstigen Verwertung iSd § 65 hinzugerechnet.

Im Falle einer außergerichtlichen Erlösverteilung nach §§ 143 oder 144 ermäßigt sich die Gebühr auf 0,25. Die Verteilungsgebühr wird gemäß § 7 I 3 GKG im Verteilungstermin fällig und – wie die allgemeine Verfahrensgebühr und die Versteigerungsterminsgebühr – gemäß § 109 dem Versteigerungserlös vorweg entnommen.

8.3.1.6. Eine Beschwerdegebühr wird gemäß Nr. 2240 KostVerz nur erhoben, wenn die Beschwerde gegen eine Entscheidung über Anordnung oder Beitritt für Zwangsversteigerung oder Zwangsverwaltung verworfen oder zurückgewiesen worden ist; sie beträgt dann als Festgebühr EURO 100,00. Bei teilweiser Verwerfung/Zurückweisung kann die Beschwerdegebühr halbiert oder sogar ganz fallengelassen werden.

Im Verfahren über sonstige Beschwerden (zB gegen Entscheidungen über einstweilige Einstellung, Fortsetzung oder Aufhebung des Verfahrens, über den Verkehrswert, den Zuschlag oder die Erlösverteilung) wird gemäß Nr. 2241 KostVerz eine Gebühr iHv 1,0 des Gebührensatzes erhoben, wenn das Verfahren nicht nach anderen Vorschriften gebührenfrei ist. In diesem Punkt sind die Gebühren seit dem 1. 7. 2004 vervierfacht worden!

Im Beschwerdeverfahren gegen eine § 765a ZPO-Entscheidung wird nach der ausdrücklichen Vorbemerkung zu Teil 2.2. KostVerz eine Festgebühr iHv EURO 100,00 erhoben. Die Gebühr entsteht auch dann nur einmal, wenn im angefochtenen Beschluß sowohl nach § 765a ZPO als auch nach anderen Vorschriften (zB § 30a) entschieden worden ist. Auch für ein auch auf § 765a ZPO gestütztes Beschwerdeverfahren gegen den Zuschlag entsteht nur die Festgebühr von EURO 100,00 (Nr. 2240 KostVerz) und nicht etwa die 1,0-Gebühr gemäß Nr. 2241 KostVerz.[99a]

Für die Rechtsbeschwerde entsteht eine zusätzliche Beschwerdegebühr nach entsprechenden Regeln (vgl Nr. 2242, 2243 KostVerz). Führt die Zuschlagsbeschwerde oder Rechtsbeschwerde zur Aufhebung der Entscheidung des Vollstreckungsgerichts, ist das gesamte Beschwerdeverfahren in beiden Instanzen gebührenfrei.

Auch bei Beschwerden mehrerer Beteiligter fällt (bei Erfolglosigkeit) nur einmal die Beschwerdegebühr an.

Der Beschwerdewert bestimmt sich gemäß § 47 I 1 GKG in der Regel nach den Anträgen des Beschwerdeführers, wird aber gemäß § 47 II 1 GKG durch den Gegenstandswert im eigentlichen Verfahren begrenzt.

8.3.1.7. Verfahrensauslagen des Gerichts (Teil 9 KostVerz). Zu den eigentlichen Gerichtskosten kommen noch gerichtliche Auslagen, insbesondere für die Herstellung und Überlassung von Dokumenten (Nr. 9000 KostVerz),

---

[99a] Vorbemerkung zu Teil 2.2. KostVerz; vgl dazu OLG Frankfurt Rpfleger 1984, 479.

Entgelte für besondere Telekommunikationsdienstleistungen (Vorbemerkung zu Teil 9 KostVerz), Bekanntmachungskosten (Nr. 9004 KostVerz) Sachverständigenentschädigungen (Nr. 9005 KostVerz), Reisespesen (Nr. 9006 Kost-Verz), Auslandszustellungskosten (Nr. 9014 KostVerz) und Rechnungsgebühren (§ 70 GKG). Diese Auslagen können durchaus genauso hoch oder sogar noch höher sein als die eigentlichen Gerichtsgebühren, insbesondere wenn es bei relativ geringwertigen Grundstücken zu Komplikationen bei der Festsetzung des Verkehrswertes gekommen ist und/oder mehrere Versteigerungstermine nötig waren.

Gemäß § 15 GKG ist spätestens bei der Bestimmung des Versteigerungstermins ein Vorschuß in Höhe des Doppelten einer Gebühr für die Abhaltung des Versteigerungstermins zu erheben.[99b] Öffentlich-rechtliche Kreditinstitute (zB Sparkassen) sind häufig von dieser Vorschußpflicht ebenso befreit wie Kommunen.

Zu den vom Ersteher zu tragenden Kosten des Zuschlags gehören neben den Zuschlagsgebühren (vgl 8.3.1.4!) auch die Auslagen für die Zustellung des Zuschlagsbeschlusses an ihn selbst und an bestimmte Beteiligte (§ 88), vgl § 26 II 1 GKG.[100]

8.3.1.8. Die konkrete Gebühr wird gemäß § 34 GKG nach der Tabelle der Anlage 2 zum Gerichtskostengesetz berechnet. Diese Tabelle ist zwar wie die meisten Kostentabellen degressiv gestaltet, so daß die Summe der Verfahrenskosten bei den Einzelausgeboten eigentlich höher sein müßte als die Verfahrenskosten beim Gesamtausgebot. Bei einer Mehrheit von Grundstücken in einem nach § 18 verbundenen Verfahren werden die Gebühren aber nach dem zusammengerechneten Wert der mehreren Grundstücke berechnet (§ 54 IV GKG). In den einzelnen geringsten Geboten für die Einzelausgebote wird daher die einheitliche Gebühr im Verhältnis der Grundstückswerte auf die einzelnen geringsten Gebote verteilt.[101] Gegen den Kostenansatz (nicht aber gegen die Kostenfestsetzung als solche) gibt es gemäß § 66 I GKG die Kostenerinnerung sowohl für den Kostenschuldner als auch für die Gerichtskasse, über die der Versteigerungsrechtspfleger entscheidet (bzw sein Vertreter, wenn er selbst die angegriffene Kostenentscheidung getroffen hat).[101a] Gegen diese Rechtspfleger-Entscheidung ist die unbefristete Beschwerde mit Abhilferecht des Rechtspflegers zulässig (§ 66 II GKG), wenn der Beschwerdewert EURO 200,– übersteigt, sonst die befristete Rechtspfleger-Erinnerung gemäß § 11 II RpflG.

8.3.1.9. Keine Vergleichsgebühr. Entgegen der Regelung für streitige Verfahren (vgl GKG-KostVerz Nr. 1211) ist für einen gerichtlichen Vergleich

---

[99b] Zum Kostenvorschuß vgl OLG Stuttgart JurBüro 1981, 253; LG Berlin JurBüro 1985, 259.

[100] LG Freiburg Rpfleger 1991, 382; Steiner-Storz § 58 Rz 9; Drischler Rpfleger 1969, 119; Lappe § 53 GKG Anm 4; Mohrbutter-Drischler Muster 111 Anm 9; **str. aA** (aus dem Erlös gemäß § 109 zu entnehmen) AG Kellinghusen Rpfleger 1968, 61; Zeller-Stöber § 58 Anm 3; Dassler-Schiffhauer § 58 Rz 3.

[101] Vgl Zeller/Stöber Rz 397.

[101a] BayObLG Rpfleger 1993, 484; KG Berlin JurBüro 1987, 406; OLG Zweibrücken Rpfleger 1998, 332; 1991, 54; LG Koblenz Rpfleger 1998, 437.

in Zwangsversteigerungsverfahren (auch Teilungsversteigerungen) keine Gerichtsgebühr vorgesehen. Selbst wenn das Vollstreckungsgericht durch einen Vergleich das ganze Verfahren erledigen kann, ist auch das mit der allgemeinen Verfahrensgebühr (KostVerz 2211) abgegolten.[101b]

8.3.2. Kosten der Beteiligten

8.3.2.1. Notwendige Kosten der Rechtsverfolgung

Gemäß § 10 II können die Beteiligten ihre im Sinne des § 788 ZPO notwendigen Kosten der Kündigung und der dinglichen Rechtsverfolgung geltend machen, und zwar im gleichen Rang wie ihren Hauptanspruch. § 10 II geht zwar vom betreibenden Gläubiger aus; es ist aber anerkannt, daß auch dem nicht betreibenden Gläubiger notwendige Kosten entstehen können, etwa bei der Forderungsanmeldung durch einen Rechtsanwalt oder durch die Wahrnehmung des Versteigerungstermins. Der Kostenersatz steht den Gläubigern aller Rangklassen zu.[102]

Für die Kosten braucht der Gläubiger keinen Vollstreckungstitel, auch keinen Festsetzungsbeschluß; er muß sie aber gemäß § 37 Nr. 4 spätestens im Versteigerungstermin vor der Aufforderung zur Abgabe von Geboten anmelden und gegebenenfalls glaubhaft machen, weil sie sonst erst nach allen anderen Ansprüchen bedient werden; nach Anmeldeschluß ist auch eine Erhöhung nicht mehr möglich.

Notwendige Kosten der dinglichen Rechtsverfolgung sind alle unmittelbar der Vorbereitung und dem Betrieb der Zwangsvollstreckung in das Grundstück dienenden Kosten.[103] Zu ihnen gehören die Kosten für die dingliche Klage oder für eine notarielle Vollstreckungsunterwerfung sowie für die Erteilung und Zustellung des Titels, die Gerichts- und Anwaltsgebühren für die Zwangsversteigerung, die Gebühren für die Anfertigung eines Grundbuchauszugs und für die Wahrnehmung der Versteigerungs- und des Verteilungstermins, Kosten für die Erhaltung oder notwendige Verbesserung des Grundstücks (§ 25) und auch Kosten eines Zwangsverwaltungsverfahrens, die weder aus dem Zwangsverwaltungserlös gedeckt werden können noch das Vorrecht der Rangklasse 1 des § 10 I genießen. Schließlich sind auch die vom Schuldner übernommenen Kosten eines im Zwangsvollstreckungsverfahren geschlossenen Vergleichs, einschließlich der dadurch entstandenen Rechtsanwaltsgebühren, notwendige Kosten der Zwangsvollstreckung.[103a]

Nicht zu den dinglichen Rechtsverfolgungskosten gehören in der Regel Kosten anderer Vollstreckungsversuche aus der persönlichen Forderung;[104]

[101b] Stöber Einl 81.2.

[102] Stöber § 10 Anm 15.2.

[103] Entscheidungen zu **notwendigen** Kosten: OLG Hamburg NJW 1963, 1015; KG Rpfleger 1981, 121; LG Schweinfurt WM 1966, 1275.

[103a] BGH NJW 2006, 1598.

[104] Entscheidungen zu **nicht notwendigen** Kosten zB: KG Rpfleger 1981, 121; OLG Nürnberg Rpfleger 1972, 179; OLG München NJW 1958, 1687; OLG Frankfurt Rpfleger 1952, 445; LG Münster Rpfleger 1980, 401; LG Berlin Rpfleger 1976, 438 und JurBüro 1968, 556; AG Düsseldorf NJW 1955, 594. – Diese Kosten können aber uU tituliert und dann über die 5. Rangklasse geltend gemacht werden.

nicht notwendig sind in der Regel Mehrkosten, die dadurch entstanden sind, daß Anträge nicht zusammengefaßt sondern getrennt gestellt worden sind, oder dadurch, daß das Verfahren aus einem nicht vom Schuldner zu vertretenden Grund aufgehoben und später erneut angeordnet werden mußte. Nicht notwendig sind auch Kosten, die aus von vorneherein aussichtslosen Vollstreckungsmaßnahmen herrühren, oder die im Zusammenhang mit einer Ablösung entstanden sind, selbst wenn der Gläubiger dadurch seine verfahrensrechtlichen Möglichkeiten verbessert hat. Dagegen werden heute von der herrschenden Ansicht auch anerkannt Aufwendungen, die der Gläubiger an Grundbuchgebühren oder Grunderwerbsteuer aufgebracht hat, um die Eintragung des Schuldners in das Grundbuch herbeizuführen.[105]

Die Kosten können auch pauschaliert angemeldet werden, so daß eine bis auf den letzten Entfernungs-Kilometer aufgeschlüsselte Abrechnung nicht erforderlich ist. Allerdings muß der Pauschalbetrag oder müssen die verschiedenen Pauschalbeträge spezifiziert werden, es muß also gesagt werden, wofür sie geltend gemacht werden: Titelbeschaffung, Schreib-, Fernsprech-, Fotokopiergebühren, Kosten für die Wahrnehmung von Versteigerungs- und Verteilungstermin usw; andernfalls können sie nicht nachvollzogen oder gar geprüft werden.

Reisekosten, Entschädigung für Zeitversäumnis und sonstigen Aufwand können auch vom Gläubiger (zB Banken, Bausparkassen, Versicherungen usw) nach dem Gesetz über die Entschädigung von Zeugen und Sachverständigen geltend gemacht werden,[106] sollen aber in der Regel den Satz der Reisekostenstufe B für Richter im Bundesdienst nicht überschreiten.[107]

Zu den Kosten, die gemäß § 10 II im gleichen Rang wie der Hauptanspruch geltend gemacht werden können, gehören auch die Kosten der Kündigung, also insbesondere Zustellungskosten und – bei einer entsprechenden Vertretung – auch Gebühren für einen Rechtsanwalt.

Die angemeldeten Kosten werden bei Feststellung des geringsten Gebots berücksichtigt, soweit sie nach Grund und Höhe glaubhaft gemacht sind (§ 45 I). In den Teilungsplan werden zu hohe Kosten nicht aufgenommen; die Nichtberücksichtigung der angemeldeten Kosten gilt aber gem § 115 II als von Amts wegen zu berücksichtigender Widerspruch. Über die Anmeldung entscheidet das Gericht nach freiem Ermessen; eine gesonderte Anfechtungsmöglichkeit besteht nicht.

8.3.2.2. Prozesskostenhilfe

Grundsätzlich kann auch in Zwangsversteigerungsverfahren Prozesskostenhilfe gemäß §§ 114–127 ZPO beantragt und bewilligt werden. Aber auch hier muß die beabsichtigte Rechtsverfolgung bzw Rechtsverteidigung hinreichende Aussicht auf Erfolg bieten (§ 114 ZPO). Das wird für einen Gläubi-

---

[105] Schiffhauer Rpfleger 1975, 12; Haug NJW 1963, 1909; Stöber § 10 Anm 15.5; **anders** noch LG Köln MDR 1953, 560.
[106] BVerwG Rpfleger 1984, 158 (Anm Hellstab).
[107] Vgl BVerwG Rpfleger 1989, 225; OLG Bamberg JurBüro 1992, 242; OLG Stuttgart MDR 1990, 635; LG Köln JurBüro 1994, 229.

ger nur bejaht, wenn der Verkehrswert unter Rücksicht auf die Vorlasten die Aussicht auf einen Versteigerungserlös begründet.[108]

Für den Schuldner kann nicht rein vorsorglich ein Rechtsanwalt beigeordnet werden,[109] auch nicht etwa mit der Begründung, der Gegner sei anwaltlich vertreten.[110] Bei der Immobiliarvollstreckung kann nach herrschender Ansicht (im Gegensatz zur Mobiliarvollstreckung: ex § 119 II ZPO) Prozess-Kostenhilfe (PKH) nicht insgesamt „für die ganze Zwangsversteigerung", sondern nur für einzelne Verfahrensabschnitte und Verfahrensziele gewährt werden.[111] „Ex ante" lässt sich die Erfolgsaussicht des Schuldners in einer Zwangsversteigerung nur beurteilen, „wenn der Schuldner darlegt, gegen welche vollstreckungsgerichtliche Maßnahme er sich im einzelnen wenden oder wie er sich sonst konkret am Verfahren beteiligen möchte; die pauschale Bewilligung von Prozesskostenhilfe für das Verfahren insgesamt kommt jedenfalls bei der Immobiliarvollstreckung nicht in Betracht."[112]

Gegen die Bewilligung der Prozesskostenhilfe kann die Staatskasse gemäß § 127 III 1 ZPO sofortige Beschwerde einlegen; gegen die – auch teilweise – Versagung kann der Antragsteller innerhalb einer Notfrist von einem Monat sofortige Beschwerde einlegen (§ 127 II 2 ZPO).

In der Zwangsverwaltung kommt Prozesskostenhilfe für den Schuldner erst recht kaum in Frage, mE aber ausnahmsweise dann, wenn zB neue langfristige Mietverträge abgeschlossen, größere Investitionen getätigt, Nutzungsänderungen vorgenommen werden sollen oder Nutzungsbeschränkungen iSd § 149 im Raum stehen.

8.3.3. Rechtsanwaltsgebühren

Die Vergütung von Rechtsanwälten ist durch das Rechtsanwaltsvergütungsgesetz (RVG) vom 12. 2. 2004 mit Wirkung ab 1. 7. 2004 völlig neu geregelt worden; die bisherige BRAGO gilt seither nicht mehr. Im Gegensatz zur BRAGO kennt das RVG keine „Bruchteilsgebühren" mehr (z. B. 3/10; 4/10; 10/10), sondern benutzt „Dezimalgebühren" (z. B. 0,5; 0,75; 1,0); dagegen haben sich die aus der Gebührentabelle ablesbaren Gebührenbeträge nicht verändert.

Soweit ein Beteiligter im Sinne des § 9 ZVG den Rechtsanwalt erstmals mit seiner Vertretung in einem Zwangsversteigerungs- oder Zwangsverwaltungsverfahren beauftragt, lallt in der Regel gemäß Nr. 2400 VV (Vergütungsverzeichnis als Anlage zum RVG) zunächst eine **Geschäftsgebühr** als Rahmengebühr zwischen 0,5 und 2,5 an, wobei nur dann mehr als 1,3 gefordert werden kann, wenn die Tätigkeit umfangreich oder schwierig ist.

Für ein **Gutachten** erhält der Rechtsanwalt gemäß Nr. 2103 VV eine angemessene Gebühr, deren Höhe er gemäß § 14 Abs. 1 Satz 1 RVG (wie bei

---

[108] Ähnlich LG Heilbronn Rpfleger 2007, 40; Stöber Einl 45.2. – Zur Prozesskostenhilfe in der Zwangsvollstreckung allgemein vgl Fischer, Rpfleger 2004, 190.

[109] LG Krefeld Rpfleger 1988, 156 (**krit. Anm** Meyer-Stolte).

[110] BGH Rpfleger 2004, 174.

[111] BGH Rpfleger 2004, 174; LG Münster Rpfleger 1995, 36; LG Krefeld Rpfleger 1988, 156; LG Bielefeld Rpfleger 1987, 210; MK-Wax § 114 ZPO Rz 65; Musielak-Fischer § 119 ZPO Rz 8 **gegen** Zöller-Philippi § 119 ZPO Rz 33; Stöber Einl 4.52.

[112] BGH Rpfleger 2004, 174.

den anderen Rahmengebühren) insbesondere nach Umfang und Schwierigkeit seiner Tätigkeit, Bedeutung der Angelegenheit für den Mandanten sowie nach dessen Einkommens- und Vermögensverhältnissen nach billigem Ermessen bestimmt; außerdem soll er gemäß § 14 Abs. 1 Satz 2 RVG auch sein besonderes Haftungsrisiko berücksichtigen. Für die Prüfung der Erfolgsaussichten eines Rechtsmittels erhält er gemäß Nr. 2200/2201 VV eine Rahmengebühr von 0,5 bis 1,0 bzw. einen festen Satz von 1,3, wenn ein schriftliches Gutachten erstellt wird.

Schließlich sieht das RVG in Nr. 1000 VV eine **Einigungsgebühr** in Höhe von 1,5 vor, die in sämtlichen Angelegenheit entstehen kann und nicht mehr den Abschluss eines Vergleichs voraussetzt. Die Einigungsgebühr entsteht für die Mitwirkung des Rechtsanwalts beim Abschluss eines Vertrages, durch den der Streit oder die Ungewissheit der Parteien über ein Rechtsverhältnis beseitigt wird (dies gilt nicht, wenn sich der Vertrag ausschließlich auf ein Anerkenntnis oder einen Verzicht beschränkt).

Diese bisher genannten Vergütungen können unter Umständen nicht gemäß § 10 Abs. 2 zu Lasten des Vollstreckungsschuldners und der nachrangigen Gläubiger geltend gemacht werden, sondern nur intern gegenüber dem Mandanten abgerechnet werden.

Für das Zwangsversteigerungs- und/oder Zwangsverwaltungsverfahren selbst fällt gemäß Nr. 3311 VV eine **Verfahrensgebühr von 0,4 an, und zwar jeweils gesondert für**

1. die Tätigkeit im Zwangsversteigerungsverfahren bis zur Einleitung des Verteilungsverfahrens;

2. im Zwangsversteigerungsverfahren für die Tätigkeit im Verteilungsverfahren, und zwar auch für eine Mitwirkung an einer außergerichtlichen Verteilung;

3. im Verfahren der Zwangsverwaltung für die Vertretung des Antragstellers im Verfahren über den Antrag auf Anordnung der Zwangsverwaltung und auf Zulassung des Beitritts;

4. im Verfahren der Zwangsverwaltung für die Vertretung des Antragstellers im weiteren Verfahren einschließlich des Verteilungsverfahrens;

5. im Verfahren der Zwangsverwaltung für die Vertretung eines sonstigen Beteiligten im ganzen Verfahren einschließlich des Verteilungsverfahrens und

6. für die Tätigkeit im Verfahren über Anträge auf einstweilige Einstellung oder der Beschränkung der Zwangsvollstreckung und einstweilige Einstellung des Verfahrens sowie für Verhandlungen zwischen Gläubiger und Schuldner mit dem Ziel der Aufhebung des Verfahrens.

Gemäß Nr. 3312 VV entsteht außerdem eine **Terminsgebühr** in Höhe **von 0,4 für die Wahrnehmung des**[112a] **Versteigerungstermins** für einen Beteiligten.

Schließlich hat der Rechtsanwalt Anspruch auf **Erstattung seiner Auslagen,** wobei insbesondere zu erwähnen sind:

[112a] Müssen in demselben Verfahren mehrere Versteigerungstermine wahrgenommen werden (weil zB der Zuschlag versagt wurde), erhält der Rechtsanwalt trotzdem nur eine Terminsgebühr: Gerold/Schmidt-Madert, RVG, VV 3311, 3312 Rz 25.

- gemäß Nr. 7000 VV eine Pauschale für die Herstellung und Überlassung von Fotokopien in Höhe von € 0,50 für die ersten 50 abzurechnenden Seiten und € 0,15 für jede weitere Seite:
- gemäß Nr. 7002 VV eine Pauschale für die Entgelte für Post- und Telekommunikationsdienstleistungen in Höhe von 20% der Gebühren, höchstens € 20,00:
- gemäß Nr. 7003 VV Fahrtkosten bei Benutzung eines eigenen Kfz für jeden gefahrenen Kilometer in Höhe von € 0,30 sowie bei Benutzung eines anderen Verkehrsmittels die vollen Fahrtkosten (soweit sie angemessen sind);
- gemäß Nr. 7005 VV Tage- und Abwesenheitsgelder zwischen € 20,00 (bis zu 4 Stunden) und € 60,00 (mehr als 8 Stunden):
- gemäß Nr. 7007 VV eine im Einzelfall gewählte Prämie für eine Vermögensschadens-Haftpflichtversicherung, soweit die Prämie auf Haftungsbeträge von mehr als € 30 Mio. entfällt;
- gemäß Nr. 7008 VV Umsatzsteuer auf die Vergütung in voller Höhe (wenn die Umsatzsteuer nicht nach § 19 Abs. 1 UStG unerhoben bleibt).

Zu beachten ist, dass nach § 18 RVG u. a. folgende Tätigkeiten jeweils als **„besondere Angelegenheiten"** gelten:

(3) jede Vollstreckungsmaßnahme zusammen mit den durch diese vorbereiteten weiteren Vollstreckungshandlungen bis zur Befriedigung des Gläubigers (jeweils gesonderte Tätigkeiten sind also z. B. die Zwangsversteigerung, die Zwangsverwaltung oder auch die Räumungs- oder Zahlungsvollstreckung aus dem Zuschlagsbeschluss):

(5) jedes Beschwerdeverfahren;

(7) das Verfahren auf Erteilung einer weiteren vollstreckbaren Ausfertigung;

(8) jedes Verfahren über Anträge z. B. nach § 765 a ZPO und jedes Verfahren über Anträge auf Änderung der getroffenen Anordnungen;

(12) das Verteilungsverfahren gemäß §§ 872 bis 877 ZPO nach der Hinterlegung eines aus der Mobiliarzwangsvollstreckung erlösten Geldbetrages;

(13) das Verfahren auf Eintragung einer Zwangshypothek.

Das RVG geht (wie die ehemalige BRAGO) davon aus, dass sich die Gebühren in aller Regel nach dem Gegenstandswert richten (§ 2 Abs. 1 RVG). Dazu bestimmt das RVG:

§ 26 RVG: Gegenstandswert in der Zwangsversteigerung

In der Zwangsversteigerung bestimmt sich der Gegenstandswert

1. bei der Vertretung des Gläubigers oder eines anderen nach § 9 Nr. 1 und 2 des Gesetzes über die Zwangsversteigerung und die Zwangsverwaltung Beteiligten nach dem Wert des dem Gläubiger oder dem Beteiligten zustehenden Rechts; wird das Verfahren wegen einer Teilforderung betrieben, ist der Teilbetrag nur maßgebend, wenn es sich um einen nach § 10 Abs. 1 Nr. 5 des Gesetzes über die Zwangsversteigerung und die Zwangsverwaltung zu befriedigenden Anspruch handelt; Nebenforderungen sind mitzurechnen; der Wert des Gegenstands der Zwangsversteigerung (§ 66 Abs. 1, § 74 a Abs. 5 des Gesetzes über die Zwangsversteigerung und die Zwangsverwaltung), im Verteilungsverfahren der zur Verteilung kommende Erlös, sind maßgebend, wenn sie geringer sind;

2. bei der Vertretung eines anderen Beteiligten, insbesondere des Schuldners, nach dem Wert des Gegenstands der Zwangsversteigerung, im Verteilungsverfahren nach dem zur Verteilung kommenden Erlös; bei Miteigentümern oder sonstigen Mitberechtigten ist der Anteil maßgebend;
3. bei der Vertretung eines Bieters, der nicht Beteiligter ist, nach dem Betrag des höchsten für den Auftraggeber abgegebenen Gebots, wenn ein solches Gebot nicht abgegeben ist nach dem Wert des Gegenstands der Zwangsversteigerung.

§ 27 RVG: Gegenstandswert in der Zwangsverwaltung

In der Zwangsverwaltung bestimmt sich der Gegenstandswert bei der Vertretung des Antragstellers nach dem Anspruch, wegen dessen das Verfahren beantragt ist; Nebenforderungen sind mitzurechnen; bei Ansprüchen auf wiederkehrende Leistungen ist der Wert der Leistungen eines Jahres maßgebend. Bei der Vertretung des Schuldners bestimmt sich der Gegenstandswert nach dem zusammengerechneten Wert aller Ansprüche, wegen derer das Verfahren beantragt ist, bei der Vertretung eines sonstigen Beteiligten nach § 23 Abs. 3 Satz 2.

Gemäß § 4 RVG können Rechtsanwalt und Mandant die Vergütung auch durch eine **Vergütungsvereinbarung** regeln.[113] Eine höhere als die gesetzliche Vergütung kann aber nur vereinbart werden, wenn die Erklärung des Mandanten schriftlich abgegeben und nicht lediglich in der Vollmacht enthalten ist. Ist das Schriftstück nicht vom Mandanten verfaßt, muß es als Vergütungsvereinbarung bezeichnet, und muß die Vergütungsvereinbarung von anderen Vereinbarungen deutlich abgesetzt sein (§ 14 Abs. 1 RVG). Ist eine so vereinbarte Vergütung unter Berücksichtigung aller Umstände unangemessen hoch, kann sie gemäß § 14 Abs. 4 RVG in einem Rechtsstreit auf den angemessenen Betrag bis zur Höhe der gesetzlichen Vergütung herabgesetzt werden.

8.3.4. Taktische Hinweise

TH 8.3.4.1.: Es kommt häufig vor, daß ein Gläubiger die Frage, ob er einem Zwangsversteigerungsverfahren beitreten soll oder nicht, in erster Linie nach Kostengesichtspunkten entscheidet. M.E. sind aber in aller Regel ganz andere Überlegungen ungleich wichtiger: Ist der Gläubiger absolut gesichert, so daß es ihm gleichgültig sein kann, ob es eine Zwangsversteigerung gibt, ob der Schuldner Eigentümer des Grundstücks bleibt oder ob ein Dritter Eigentümer wird und wer dieser Dritte ist? Kann ein nicht einwandfrei abgesicherter Gläubiger (oder ein sonstiger Beteiligter, der durch die Zwangsversteigerung u.U. Rechte verliert) durch den Beitritt Einfluß auf das Verfahren nehmen, weil er z.B. bestrangig betreibender Gläubiger würde? Baut sich ein anderer Beteiligter dadurch eine taktische Machtposition auf, daß er das Verfahren alleine betreibt und sollte dies verhindert werden?[114]

---

[113] Vgl **TH B** 8.3.4.4.
[114] Vgl auch **TH** C. 1.4.4.5.

Die Kostenüberlegung kann auch deshalb vernachlässigt werden, weil die mit dem Beitritt verbundenen Kosten meist geringer sind, als der Gläubiger dies annimmt. Dies gilt jedenfalls dann, wenn der Gläubiger bereits über einen dinglichen Vollstreckungstitel verfügt. Im übrigen können die Kosten ja im gleichen Rang wie das Hauptrecht geltend gemacht werden (§ 10 II), so daß der Gläubiger durch den Nichtbeitritt unter Umständen nur für andere spart.

TH 8.3.4.2.: Ebenfalls weit verbreitet ist die Praxis, daß ein Gläubiger zur Kostensparung die Zwangsversteigerung nicht aus dem vollen Betrag sondern nur aus Teilbeträgen betreibt. Bei der Beschaffung des Vollstreckungstitels spielt diese Überlegung in der Tat eine gewisse Rolle. Ist der Titel aber bereits vorhanden, so können durch die Antragsbeschränkung praktisch keine Gebühren gespart werden, weil sich nur die Anordnungs- bzw Beitrittsgebühr überhaupt nach der vollstreckbaren Forderung richtet, während die anderen Gebühren am Verkehrswert oder am Meistgebot orientiert werden. Und auch bei der Anordnungs- bzw Beitrittsgebühr wird die ganze vollstreckbare Forderung zugrundegelegt, es sei denn, daß es sich um eine Forderung der Rangklasse 5 des § 10 I handelt.

Eine Antragsbeschränkung ist auch insofern gefährlich, als dadurch die Ablösungsgefahr wesentlich erhöht wird, weil der Ablösungswillige nur einen geringeren Betrag aufwenden muß, um die taktische Position zu erlangen. Schließlich kann eine Antragsbeschränkung unter dem Gesichtspunkt des § 76 zu unangenehmen Folgen führen.

TH 8.3.4.3.: Die Tätigkeit eines Rechtsanwalts für einen Gläubiger oder auch für den Schuldner ist zunächst für den Mandanten sehr billig, weil der Rechtsanwalt für seine gesamte Tätigkeit bis zum Beginn der Bietstunde lediglich eine $^3/_{10}$-Gebühr berechnen darf. Dies gilt auch dann, wenn es zu einer oder mehreren Einstellungen auf Bewilligung des Gläubigers oder auf Antrag des Schuldners kommt; lediglich für ein Verfahren nach § 765a ZPO darf auch der Rechtsanwalt besondere Gebühren[115] rechnen.

Ist der Rechtsanwalt dagegen auch nur zeitweilig und gegebenenfalls völlig tatenlos in der Bietstunde anwesend, so verdient er allein dadurch $^4/_{10}$ einer vollen Gebühr. Außerdem entstehen – oft nicht gerade geringe – Auslagen. Dabei hat der Rechtsanwalt als Gläubigervertreter im Termin recht geringe Möglichkeiten, wenn der Gläubiger nicht ebenfalls anwesend ist oder ihm eindeutige Richtlinien mit auf den Weg gegeben hat, was aber in der Praxis nur selten möglich ist. Als Schuldnervertreter könnte ein cleverer Rechtsanwalt im Termin zwar außerordentlich wichtig sein, weil er zahlreiche Blockierungs-, Störungs- und Verzögerungsmöglichkeiten aber selbstverständlich auch die Möglichkeit hat, mit den verschiedenen Beteiligten und auch eventuellen Bietern positiv zusammenzuarbeiten.

In der Praxis muß man aber leider feststellen, daß die Anwesenheit von Rechtsanwälten im Termin sehr häufig kaum bemerkbar ist.

Noch schneller und leichter kann der Rechtsanwalt seine $^3/_{10}$-Gebühr für das Verteilungsverfahren verdienen, weil er als Gläubigervertreter dazu lediglich die Forderung schriftlich anmelden muß.

---

[115] Vgl Stöber § 1 Anm 43.7.

Ein kostenbewußter Gläubiger oder Schuldner sollte sich daher genau überlegen, ob bzw für welche Verfahrensabschnitte er einen Rechtsanwalt beauftragen soll. M.E. sollte aber immer dann, wenn der Rechtsanwalt den Termin wahrnimmt, auch sein Mandant im Termin anwesend sein, weil nur beide zusammen handlungsfähig sind und auf Überraschungen rechtzeitig reagieren können.

TH 8.3.4.4.: In umfangreichen und oder schwierigen Zwangsversteigerungsverfahren bietet sich die Vereinbarung eines Pauschalhonorars geradezu an, damit alle Beteiligten von Anfang an wissen, mit welcher Rechtsanwaltsvergütung zu rechnen ist. Wenn sich der Rechtsanwalt z.B. für den Eigentümer bzw. Vollstreckungsschuldner darum bemüht, das Grundstückseigentum für die Familie zu erhalten oder wenigstens eine wirtschaftlich gute Lösung zu erzielen, oder wenn sich der Rechtsanwalt trotz erkennbarer Ausfallgefahr um ein möglichst gutes wirtschaftliches Ergebnis für den Gläubiger bemüht, dann dürfte (wenn es nur zu einem Versteigerungstermin kommt) normalerweise eine Pauschalgebühr in Höhe von insgesamt 3,0 angemessen sein. Wenn sich der Rechtsanwalt für einen Interessenten über die Mitwirkung im Versteigerungstermin hinaus wirklich darum bemüht, dass sein Mandant ein Versteigerungsobjekt überhaupt und außerdem möglichst preiswert erwerben kann, dann ist im Normalfall eine Pauschalgebühr in Höhe von 2,0 angemessen. Je nach dem zu erwartenden Umfang und Schwierigkeitsgrad der Anwaltstätigkeit können allerdings Zu- oder Abschläge von 1,0 durchaus berechtigt sein. Zu erinnern ist aber noch einmal ausdrücklich daran, dass in der Regel nur die Verfahrensgebühren nach Nr. 3311 VV sowie die Terminsgebühr nach Nr. 3312 VV sowie die Auslagen nach Nr. 7000 bis 7008 VV gemäß § 10 Abs. 2 ZVG zu Lasten des Vollstreckungsschuldners und der nachrangigen Gläubiger im Zwangsversteigerungs- bzw. Zwangsverwaltungsverfahren selbst angemeldet und (falls der Erlös dazu ausreicht) durchgesetzt bzw. erstattet werden können.

C. Verfahren vor dem Termin

1. Einleitung des Verfahrens

1.1. Formelle Vollstreckungs-Voraussetzungen

Wie jede andere Zwangsvollstreckung darf auch die Zwangsversteigerung eines Grundstücks nur angeordnet werden, wenn die allgemeinen Vollstreckungsvoraussetzungen erfüllt sind. Dazu gehört insbesondere,

(1) daß ein dinglicher oder persönlicher Vollstreckungstitel gegen den Schuldner vorliegt;

(2) daß eine Vollstreckungsklausel erteilt ist;

(3) daß die Klausel dem Schuldner rechtzeitig vor Beginn der Zwangsvollstreckung zugestellt ist

(4) und daß der Schuldner als Eigentümer des zu versteigernden Grundstücks eingetragen oder Erbe des eingetragenen Eigentümers ist.

Etwas abweichend hiervon sind die formellen Voraussetzungen der Teilungsversteigerung geregelt.[1] Insbesondere ist dort gemäß § 180 I ein vollstreckbarer Titel nicht erforderlich.

1.1.1. Vollstreckungstitel

§ 704 ZPO (Vollstreckbare Endurteile)

(1) Die Zwangsvollstreckung findet statt aus Endurteilen, die rechtskräftig oder für vorläufig vollstreckbar erklärt sind.

(2) Urteile in Ehesachen. ...

§ 794 ZPO (Weitere Vollstreckungstitel)

(1) Die Zwangsvollstreckung findet ferner statt:

1. aus Vergleichen, die zwischen den Parteien oder zwischen einer Partei und einem Dritten zur Beilegung des Rechtsstreits seinem ganzen Umfang nach oder in betreff eines Teiles des Streitgegenstandes vor einem deutschen Gericht oder vor einer durch die Landesjustizverwaltung eingerichteten oder anerkannten Gütestelle abgeschlossen sind, sowie aus Vergleichen, die gemäß § 118 a Abs 1 Satz 3 oder § 492 Abs 3 zu richterlichem Protokoll genommen sind;

2. aus Kostenfestsetzungsbeschlüssen;

2 a. aus Beschlüssen, die in einem vereinfachten Verfahren über den Unterhalt Minderjähriger den Unterhalt festsetzen, einen Unterhaltstitel abändern oder den Antrag zurückzuweisen;

3. aus Entscheidungen, gegen die das Rechtsmittel der Beschwerde stattfindet; dies gilt nicht für Entscheidungen nach § 620 Nr. 1, 3 und § 620 b in Verbindung mit § 620 Nr. 1, 3;

3 a. aus einstweiligen Anordnungen nach den §§ 127 a, 620 Nr. 4–10, dem § 621 f und dem § 621 g Satz 1, soweit Gegenstand des Verfahrens

---

[1] Dazu Storz, Teilungsversteigerung B. 4.

Regelungen nach der Verordnung über die Behandlung der Ehewohnung und des Hausrats sind, sowie nach dem § 644;

4. aus Vollstreckungsbescheiden;

4 a. aus Entscheidungen, die Schiedssprüche für vollstreckbar erklären, sofern die Entscheidungen rechtskräftig oder für vorläufig vollstreckbar erklärt sind;

4 b. aus Beschlüssen nach § 796 b oder § 796 c;

5. aus Urkunden, die von einem deutschen Gericht oder von einem deutschen Notar innerhalb der Grenzen seiner Amtsbefugnisse in der vorgeschriebenen Form aufgenommen sind, sofern die Urkunde über einen Anspruch errichtet ist, der einer vergleichsweisen Regelung zugänglich, nicht auf Abgabe einer Willenserklärung gerichtet ist und nicht den Bestand eines Mietverhältnisses über Wohnraum betrifft, und der Schuldner sich in der Urkunde wegen des zu bezeichnenden Anspruchs der sofortigen Zwangsvollstreckung unterworfen hat.

(2) Soweit nach den Vorschriften der §§ 737, 743, 745 II, 748 II die Verurteilung eines Beteiligten zur Duldung der Zwangsvollstreckung erforderlich ist, wird sie dadurch ersetzt, daß der Beteiligte in einer nach Abs I Nr. 5 aufgenommenen Urkunde die sofortige Zwangsvollstreckung in die seinem Rechte unterworfenen Gegenstände bewilligt.

Für Urkunden, die vor dem 1. 1. 1999 errichtet wurden, gilt gemäß Art 3 Abs 4 der 2. Zwangsvollstreckungsnovelle noch die frühere Fassung von § 794 I Nr. 5 ZPO:

„aus Urkunden, die von einem deutschen Gericht oder von einem deutschen Notar innerhalb der Grenzen seiner Amtsbefugnisse in der vorgeschriebenen Form aufgenommen sind, sofern die Urkunde über einen Anspruch errichtet ist, der einer vergleichsweisen Regelung zugänglich, nicht auf Abgabe einer Willenserklärung gerichtet ist und nicht den Bestand eines Mietverhältnisses über Wohnraum betrifft, und der Schuldner sich in der Urkunde wegen des zu bezeichnenden Anspruchs der sofortigen Zwangsvollstreckung unterworfen hat."

Die Zwangsvollstreckung kann aus einem dinglichen oder aus einem persönlichen Titel betrieben werden; im ersteren Fall ergreift das Verfahren nur das mit dem dinglichen Recht belastete Grundstück, während sich ein persönlicher Titel gegen den Schuldner selbst richtet, so daß der Gläubiger hieraus auch in andere Grundstücke oder in das bewegliche Vermögen des Schuldners vollstrecken kann. Bei der Zwangsversteigerung muß der Vollstreckungstitel über eine Geldforderung (uU reicht auch ein auf eine Geldforderung gerichteter Duldungstitel[2]) lauten und diese nach Haupt- und Nebenforderungen genau bezeichnen; das erstrebte Ergebnis muß im Titel eindeutig nach Inhalt, Art und Umfang der Vollstreckung angegeben sein, und die Parteien müssen sich zweifelsfrei aus dem Titel ergeben. Eine Ausle-

---

[2] BGH Rpfleger 1988, 181; LG Deggendorf Rpfleger 1990, 308. – Vgl. auch BGH Rpfleger 1997, 76 für den Fall der Anfechtung einer Auflassungsvormerkung.

gung ist zwar grundsätzlich möglich, aber jedenfalls dann nicht mehr zulässig, wenn dadurch das Vollstreckungsgericht über den im Titel enthaltenen materiellen Anspruch entscheiden müßte.[3]

Auch die Immobiliar-Zwangsvollstreckung kann aus einem nur vorläufig vollstreckbaren Titel betrieben werden. Allerdings wird das Prozeßgericht hier meist Sicherheitsleistung vom Gläubiger verlangen. Deren Erbringung muß dann dem Vollstreckungsgericht durch öffentliche oder öffentlich beglaubigte Urkunde nachgewiesen werden; eine Abschrift dieser Urkunde muß dem Schuldner zugestellt sein oder werden (§ 751 II ZPO).

Die Zwangsversteigerung kann aus allen in der ZPO für Geldforderungen anerkannten Vollstreckungstiteln betrieben werden, also insbesondere aus Endurteilen (§ 704 I ZPO), Prozeßvergleichen (§ 794 I Nr. 1 ZPO) und vollstreckbaren Urkunden (§ 794 I Nr. 5 ZPO), aber auch aus vollstreckbaren Auszügen aus der Insolvenztabelle (zum früheren Insolvenzrecht vgl §§ 164 II KO, 86 VerglO), aus strafprozessualen Entscheidungen und aus Entscheidungen von Verwaltungsbehörden.[4] § 794 I Nr. 5 ZPO ist durch die 2. Zwangsvollstreckungsnovelle mit Wirkung ab 1. 1. 1999 neu gefaßt worden.

Soll in das Grundstück vollstreckt werden, so ist ein sogenannter Duldungstitel erforderlich, also ein Titel mit etwa der Formulierung, daß der Schuldner wegen einer bestimmten Forderung die Zwangsvollstreckung in sein Grundstück dulden muß, oder daß sich der Schuldner wegen einer bestimmten Forderung der Zwangsvollstreckung in sein Grundstück unterwirft. Ein derartiger Duldungstitel ist oft nicht nur gegen den Eigentümer nötig, sondern auch gegen Dritte, die durch die Zwangsversteigerung betroffen sind, so zum Beispiel unter Umständen bei in Gütergemeinschaft lebenden Eheleuten,[5] dagegen nicht bei Nießbrauch[6] (anders aber bei Zwangsverwaltung[6a]) oder bei der gesetzlichen Zugewinngemeinschaft.[7] Kompliziert wird das Vorgehen, wenn der Schuldner seine Miteigentumshälfte an dem Grundstück (zur Verhinderung der Zwangsversteigerung) verschenkt hat, so daß erst über einen Anfechtungsprozeß die Voraussetzungen für eine Zwangsversteigerung des ganzen Grundstückes geschaffen werden müssen.[8]

1.1.1.1. Dinglicher Vollstreckungstitel

Der dingliche Vollstreckungstitel beruht auf einem eingetragenen Grundpfandrecht oder auf einer Reallast[9] und berechtigt zur Zwangsvollstreckung in ein Grundstück. Bis zum Inkrafttreten der Vereinfachungsnovelle zur ZPO

---

[3] BGH ZIP 1981, 151.

[4] Vgl dazu unten C. 1.1.1.3.

[5] Vgl Dassler-Schiffhauer-Gerhardt § 16 Anm 7 e; Stöber § 15 Anm 10.2. – Vgl auch BayObLG Rpfleger 1983, 407.

[6] Haegele DNotZ 1976, 5; Stöber § 15 Anm 26.2; **str. aA:** Bünger BWNotZ 1963, 100, nach dem ein persönlicher Gläubiger einen Duldungstitel auch gegen den Nießbraucher benötigt.

[6a] BGH LMK 2003, 226 (Anm Storz).

[7] Stöber § 15 Anm 10.1.

[8] Dazu BGH ZIP 1984, 489; ausführlich: Jens und Harald Wilhelm ZIP 1999, 267.

[9] Zur Vollstreckung aus einer Reallast ist ein Duldungstitel über einen aus dem Grundstück zu zahlenden Geldbetrag erforderlich: AG und LG Deggendorf Rpfleger 1990, 308.

am 1. 7. 1977 konnten auch dingliche Vollstreckungstitel im gerichtlichen Mahnverfahren erwirkt werden. Diese Möglichkeit besteht seither nicht mehr, so daß die Gläubiger auf eine Klage angewiesen sind, wenn sie sich nicht rechtzeitig (das heißt in aller Regel: schon bei der Bestellung des Grundpfandrechts) eine freiwillige notarielle Vollstreckungsunterwerfung beschaffen konnten.[10] Vor einer Duldungsklage muß der Schuldner aufgefordert werden, sich freiwillig der sofortigen Zwangsvollstreckung zu unterwerfen.[11] Dies kann auch in einem vollstreckbaren Anwaltsvergleich gemäß §§ 796 a– 796 c ZPO geschehen.[11a]

Wenn sich der Grundstückseigentümer wegen „eines zuletzt zu zahlenden Teilbetrages" einer Grundschuld der sofortigen Zwangsvollstreckung unterwirft, so ist diese Erklärung im Grundbuch einzutragen und erfordert (im Gegensatz zur Erklärung „letztrangiger/erstrangiger Teilbetrag") nicht die Teilung der Grundschuld; im Rahmen des § 1142 BGB muß der Eigentümer im Falle einer Ablösung die volle Grundschuld bezahlen, wenn er den Vollstreckungstitel „erledigen" will; will er dagegen nur eine einstweilige Einstellung erreichen, reicht auch die Bezahlung des genannten „Teilbetrages" zuzüglich der Kosten.[12]

Der dingliche Titel muß angeben, aus welchem konkreten Recht die Zwangsvollstreckung zu dulden ist. Es ist weder ausreichend, wenn nur auf die Grundbuchstelle Bezug genommen wird, noch wenn „aus den zustehenden Grundschulden" vollstreckt werden soll.[13] Bei dieser streng klingenden Forderung handelt es sich nicht um übertriebenen Formalismus, auch wenn für den Gläubiger nur ein Recht eingetragen ist, weil ihm durch Abtretung außerhalb des Grundbuchs weitere Rechte zustehen können.

Bei Eigentumshypotheken und Eigentümergrundschulden ist § 1197 BGB zu beachten, der dem Eigentümer die Zwangsvollstreckung aus diesem Recht in sein eigenes Grundstück untersagt (§ 1197 I BGB) und seinen Zinsanspruch beschränkt (§ 1197 II BGB). Früher heftig umstritten, heute aber von der ganz herrschenden Meinung anerkannt ist, daß der Gläubiger eines abgetretenen oder gepfändeten und überwiesenen Eigentümerrechts aus diesem Recht die Zwangsversteigerung betreiben und im normalen Umfang Zinsen verlangen kann, wenn er einen entsprechenden dinglichen Vollstreckungstitel erworben hat.[14]

Ein betreibender Gläubiger kann durch Änderung der Versteigerungsbedingungen gemäß § 59 unter Umständen erreichen, daß bezüglich des Ranges seines Betreibens der fehlende dingliche Titel ersetzt wird,[15] so daß der Fest-

---

[10] Vgl **TH** C. 1.1.5.2. und **TH** C. 1.1.5.1.

[11] OLG München Rpfleger 1984, 325. Vgl auch BVerfG NJW 1999, 778.

[11a] Vgl dazu: Münzberg, Einwendungen gegenüber vollstreckbaren Anwaltsvergleichen NJW 1999, 1357; Veeser, der vollstreckbare Anwaltsvergleich 1996.

[12] BGH Rpfleger 2007, 488 in **gewisser Einschränkung** von BGH NJW 1990, 258; OLG Hamm WM 1987, 382; Storz EWiR 1990, 557 (Anm zu OLG Celle). Vgl auch **TH** C. 1.1.5.7.

[13] BGH ZIP 1981, 158. – Nach Umwandlung einer Hypothek in eine Grundschuld bedarf es nach LG Bonn (Rpfleger 1998, 34) keiner neuen Unterwerfungserklärung.

[14] Vgl BGH Rpfleger 1988, 181; OLG Köln NJW 1959, 2167; H. Westermann NJW 1960, 1723.

[15] Stöber § 59 Anm 5.4; Steiner-Storz § 59 Rz 12.

stellung des geringsten Gebots ein anderes als das sich aus den gesetzlichen Versteigerungsbedingungen ergebende Recht zugrunde gelegt wird.[16]

Im übrigen ist noch einmal darauf hinzuweisen, daß die Rangklasse des Rechts nach §§ 10, 11 nicht davon berührt wird, ob der Gläubiger aus diesem Recht die Zwangsversteigerung betreibt oder nicht,[17] während ein persönlicher Gläubiger der 5. Rangklasse des § 10 I überhaupt nur an der Versteigerung und Erlösverteilung teilnehmen kann, wenn und solange er die Versteigerung betreibt (auch die Rangfolge der persönlichen Ansprüche innerhalb der 5. Rangklasse wird danach bestimmt, für welchen Anspruch die Beschlagnahme früher erfolgt ist: § 11 II).[17]

Hat sich ein Darlehensnehmer bei der Bestellung einer (Sicherungs-) Grundschuld der sofortigen Zwangsvollstreckung in sein gesamtes Vermögen unterworfen, so wird diese Zwangsvollstreckung auch dann nicht unzulässig, wenn die Grundschuld in der Zwangsversteigerung gemäß § 91 I erloschen ist und (insoweit) keinen Erlösanteil erhalten hat.[18]

Da die Zwangsversteigerung in der Praxis meistens aus vollstreckbaren Grundschulden betrieben wird, kommt diesen Vollstreckungstiteln eine besonders große Bedeutung zu. In der Regel sind diese Grundschulden und auch die Vollstreckungsunterwerfungen rechtmäßig zustande gekommen, so daß eine rechtliche Gegenwehr selten Erfolg verspricht. Trotzdem empfiehlt sich eine genaue rechtliche Überprüfung, weil die Rechtsprechung den diesbezüglichen Schuldnerschutz in den letzten Jahren erheblich ausgedehnt hat.

Aus der Vielzahl der höchstrichterlichen Neu-Entscheidungen sollen wenigstens einige wichtige kurz zitiert werden:

– Bestellen Miteigentümer eines Grundstücks aus Anlass der Sicherung bestimmter gemeinsamer Verbindlichkeiten eine Grundschuld, ist die formularmäßige Sicherungsabrede, wonach die Grundschuld am eigenen Miteigentumsanteil auch alle bestehenden und künftigen Verbindlichkeiten des anderen Miteigentümers sichert, regelmäßig überraschend i. S. d. § 3 AGBG.

Die Unwirksamkeit der Sicherungsabrede beschränkt sich auf die Einbeziehung der durch den einen Miteigentümer allein begründeten Verbindlichkeiten in den Sicherungszweck der den Anteil des anderen Miteigentümers belastenden Grundschuld. Hat dieser Alleineigentum am Grundstück erworben, ist für seinen Anspruch auf Rückgabe der Grundschuld der Fortbestand der vormaligen Miteigentumsanteile zu fingieren.[18a]

– Die formularmäßige Ausdehnung der dinglichen Haftung des Sicherungsgebers auf alle bestehenden und künftigen Verbindlichkeiten eines Dritten bei Bestellung einer Grundschuld aus Anlass einer bestimmten Kreditauf-

---

[16] Vgl dazu oben B. 6.3.1.3.

[17] Vgl oben B. 1.1.2. – Beispiel eines Versteigerungsantrags im Anhang **AT** Nr. 4.

[18] BGH Rpfleger 1991, 74; WM 1986, 1032; Eickmann ZIP 1989, 137; **aA:** OLG Celle WM 1985, 1313.

[18a] BGH EWiR 2002, 809 (Anm Clemente); vgl auch BGH ZIP 2000, 608; 1999, 876; 1994, 1096.

nahme ist dann nicht überraschend i. S. d. § 3 AGBG, wenn zwischen der ursprünglichen Abtretung der Grundschuld und der neuen Zweckerklärung ca. sieben Jahre liegen.[18b]

- Gegenüber dem Anspruch auf Rückgewähr oder Löschung einer Sicherungsgrundschuld kann kein Zurückbehaltungsrecht gem. § 273 I BGB wegen einer nach der Sicherungsabrede durch die Grundschuld nicht gesicherten Forderung geltend gemacht werden.[18c]

- Ein Darlehensnehmer, der sich im Darlehensvertrag wirksam verpflichtet hat, sich der sofortigen Zwangsvollstreckung in sein gesamtes Vermögen zu unterwerfen, darf aus der Nichterfüllung dieser Verpflichtung keine Vorteile ziehen. Ist die Unterwerfungserklärung nicht durch ihn selbst, sondern durch einen Vertreter ohne Vertretungsmacht abgegeben worden, kann er sich daher gegenüber der kreditgebenden Bank auf die Unwirksamkeit der Erklärung nicht berufen (hier: Abgabe der Unterwerfungserklärung durch Treuhänderin auf Grund einer wegen Verstoßes gegen das Rechtsberatungsgesetz gem. § 134 BGB nichtigen Vollmacht).[18d]

- Stehen einer dem Hauptschuldner Kredite gewährenden Bank außer von diesem gestellte Sicherheiten (hier: Grundpfandrechte) auch solche eines Dritten, insbesondere Sicherungsabtretungen von dessen der Altersversorgung dienenden Lebensversicherungen zur Verfügung, kann deren Verwertung willkürlich zu dessen Nachteil sein, wenn die Verwertung der durch den Hauptschuldner gestellten Sicherheiten zur Befriedigung ausgereicht hätte.[18e]

- Die zur Sittenwidrigkeit einer Bürgschaft entwickelten Grundsätze sind auf die Bestellung einer Sicherungsgrundschuld grundsätzlich nicht übertragbar.
  Die Vorschrift des § 138 Abs. 1 BGB will den Sicherungsgeber insbesondere nicht davor bewahren, einen Vermögensgegenstand als Sicherheit zu geben, bei dessen Verwertung er neben wirtschaftlichen auch persönliche Nachteile, wie etwa den Verlust des langjährig genutzten Eigenheimes erleidet.[18f]

- Der Beschluss des Bundesverfassungsgerichts vom 19. Oktober 1993 *(ZIP 1993, 1775),* mit dem ein die Haftung eines finanziell überforderten Bürgen betreffendes Urteil des Bundesgerichtshofs aufgehoben wurde, bezeichnet nicht eine bestimmte Normauslegung als mit dem Grundgesetz unvereinbar; daher kann auf diese Entscheidung nicht eine Vollstreckungsabwehrklage gegen einen Titel gestützt werden, der die Forderung aus einem Bürgschaftsvertrag betrifft, welcher nach nunmehr geltender höchstrichterlicher Rechtsprechung wegen Sittenwidrigkeit nichtig ist.
  Die Vollstreckung aus einem vor der Entscheidung des Bundesverfassungsgerichts vom 19. Oktober 1993 erwirkten Urteil über die Forderung aus einer Bürgschaft, die nach nunmehr geltender höchstrichterlicher Recht-

---

[18b] BGH ZIP 2001, 408.
[18c] BGH NJW 2000, 2499.
[18d] BGH NJW 2004, 839 und 59 und 62. – **Kritisch** hierzu G. Vollkommer NJW 2004, 818.
[18e] BGH ZIP 2000, 1433.
[18f] BGH EWiR 2002, 845 (Anm Joswig); vgl auch BGH ZIP 2001, 1190.

sprechung wegen Sittenwidrigkeit nichtig ist, kann im Allgemeinen nicht mit der Klage aus § 826 BGB abgewehrt werden.[18g]

— Die Beweislast für die erfolgte Hingabe eines Darlehens trägt der Darlehensgeber auch dann, wenn der die Hingabe bestreitende Schuldner in notarieller Urkunde den Empfang als Darlehen bestätigt, sich der Zwangsvollstreckung unterworfen und dem Notar gestattet hat, eine vollstreckbare Ausfertigung der Urkunde ohne den Nachweis der Fälligkeit des Darlehens zu erteilen (Aufgabe von BGH *ZIP 1981, 1074*).[18h]

— Wer eine Grundschuld einredefrei erworben hat, ist Berechtigter. Einer wirksamen Übertragung der Grundschuld auf einen Folgeerwerber steht dessen Kenntnis über das frühere Bestehen von Einwendungen und Einreden nicht entgegen.[18i]

— Die Erteilung einer vollstreckbaren Ausfertigung einer Grundschuldbestellungsurkunde kann mit der Behauptung, die Briefgrundschuld sei abgetreten worden, nur verlangt werden, wenn nachgewiesen wird, dass der Grundschuldbrief übergeben worden oder die Briefübergabe durch Abtretung des Herausgabeanspruchs oder eine Aushändigungsvereinbarung ersetzt worden ist. Die bloße Anweisung an den Notar, den Brief an den Zessionar zu übergeben, genügt nicht.[18k]

— Die einer Grundschuld mit persönlicher Haftungsübernahme und Unterwerfung unter die sofortige Zwangsvollstreckung zugrunde liegende Sicherungsabrede des mit dem Schuldner identischen Grundschuldbestellers, die formlos und konkludent getroffen werden kann und die den Entschluss zum Abschluss des zu sichernden Vertrages entscheidend fördert, erfasst bei einem wirksamen Widerruf eines Darlehensvertrages auch ohne ausdrückliche Vereinbarung regelmäßig Ansprüche des Kreditgebers aus § 3 HWiG a. F. Etwas anderes kann nur bei Vorliegen besonderer – vom Schuldner darzulegender und zu beweisender – Gründe gelten, die ausnahmsweise gegen die Einbeziehung der Folgeansprüche in die Sicherungsvereinbarung sprechen.[18l]

— Haben die Parteien eine privatautonome Vereinbarung dahin gehend getroffen, dass der gültige Darlehensvertrag durch die Auszahlung einer Lebensversicherung getilgt sein soll, so wird die Tilgung auch durch die Auszahlung einer geringeren Summe als dem Betrag des Darlehensvertrages bewirkt.[18m]

[18g] BGH ZIP 2002, 1615. – Im vorliegenden Fall hat der BGH die Bürgschaft nach seiner „neueren" Rechtsprechung als „unter keinem rechtlichen Gesichtspunkt vertretbar" und wegen Verstoßes gegen die guten Sitten für gem § 138 BGB nichtig erklärt! Aber die Zwangsvollstreckung aus einem nach der damaligen Rechtsprechung zurecht ergangenen Versäumnisurteil hat er für zulässig erklärt.

[18h] BGH EWiR 2001, 693 (Anm Joswig); die aufgegebene Entscheidung war auch vorher überwiegend kritisiert worden, vgl OLG Düsseldorf NJW-RR 1997, 444; Wolfsteiner NJW 1982, 2851; MünchNJW 1991, 795.

[18i] BGH ZIP 2001, 367. Im entschiedenen Fall wandte sich der Kläger gegen die Zwangsvollstreckung aus einer inzwischen mehrfach abgetretenen Grundschuld mit der Begründung, der durch die Grundschuld gesicherte Darlehensvertrag sei von Anfang an sittenwidrig gewesen.

[18k] OLG Düsseldorf EWiR 2001, 953 (Joswig).

[18l] BGH ZIP 2004, 64.

[18m] BGH ZIP 2004, 67.

– Wer sich im Darlehensvertrag wirksam verpflichtet hat, sich wegen seiner Verbindlichkeiten der sofortigen Zwangsvollstreckung in sein Vermögen zu unterwerfen, darf aus der Nichterfüllung dieser Verpflichtung keine Vorteile ziehen (§ 242 BGB); deshalb kann er sich der Kreditgebenden Bank auch nicht auf die (zB wegen Verstoßes gegen das Rechtsberatungsgesetz gem § 134 BGB) rechtsunwirksame Zwangsvollstreckungsunterwerfungserklärung berufen.[18n]

Hat ein Vertreter die Unterwerfung des Schuldners unter die sofortige Zwangsvollstreckung aus einer Urkunde erklärt, so muß auch die Vollmacht des Vertreters oder – bei vollmachtlosem Handeln – die entsprechende Genehmigung des Vertretenen durch öffentliche Urkunden dem Schuldner spätestens mit dem Beginn der Vollstreckung zugestellt worden sein/werden.[18o]

Auch im Falle der Gesamtrechtsnachfolge auf Gläubigerseite muß dem Schuldner eine Ausfertigung des Titels zugestellt worden sein/werden, aus der sich die Berechtigung des Rechtsnachfolgers des Gläubigers zur Vollstreckung ergibt.[18p]

Hat der Vollstreckungsschuldner in anfechtbarer Weise sein Grundstück auf einen Dritten übertragen, sodaß sein Gläubiger einen Anspruch auf Duldung der Zwangsvollstreckung in das Grundstück nach dem Anfechtungsgesetz hat, so bleibt dieser Anspruch auch dann bestehen, wenn dem Dritten das Grundstück später in der Zwangsversteigerung zugeschlagen worden ist.[18q] Hat der Schuldner sein Grundstück unentgeltlich auf seine Ehefrau übertragen, sich aber das Recht vorbehalten, jederzeit und ohne Angabe von Gründen die Rückübereignung zu verlangen, so kann ein Gläubiger des Schuldners dieses Recht jedenfalls zusammen mit dem künftigen oder aufschiebend bedingten und durch eine Vormerkung gesicherten Rückauflassungsanspruch pfänden und sich zur Einziehung überweisen lassen.[18r] Die Übertragung eines belasteten Grundstückes hat nur dann eine Gläubiger-Benachteiligung zur Folge, wenn der in der Zwangsversteigerung erzielbare Grundstückswert die vorrangigen Belastungen und Verfahrenskosten übersteigt.[18s]

1.1.1.2. Persönlicher Vollstreckungstitel

Die Zwangsversteigerung kann auch aus einer titulierten schuldrechtlichen Forderung betrieben werden, weil der persönliche Gläubiger in alle beweglichen und unbeweglichen Vermögensgegenstände des Schuldners vollstrecken darf, also auch in ein Grundstück.

Betreibt der Gläubiger einer dinglich gesicherten Forderung die Zwangsversteigerung nicht aus dem dinglichen Recht sondern aus seiner persönlichen Forderung, so kann er dafür nur die 5. Rangklasse des § 10 I beanspruchen (wenn auch bei der Erlösverteilung sein dingliches Recht trotzdem in der 4. Rangklasse berücksichtigt wird). Will er auch aus Rangklasse 4 be-

---

[18n] BGH NJW 2004, 303.
[18o] BGH Rpfleger 2007, 37.
[18p] BGH Rpfleger 2007, 331.
[18q] BGH ZIP 2004, 1619.
[18r] BGH ZIP 2003, 1217 = EWiR 2003, 667 (Barnert).
[18s] BGH (IX ZR 276/02) vom 20. 10. 2005.

treiben[19] und erwirkt er nachträglich einen entsprechenden dinglichen Titel, so ist dazu ein besonderer Beitritt erforderlich aber auch ohne weiteres möglich, weil es sich um zwei völlig getrennte Verfahren handelt.

1.1.1.3. Vollstreckungsantrag öffentlicher Rechtsträger

Keinen dinglichen Vollstreckungstitel benötigen die im Verwaltungszwangsverfahren vollstreckenden öffentlichen Behörden (zum Beispiel Finanzamt, Kommunen, Gerichtskasse). Die Vollstreckung öffentlich-rechtlicher Geldforderungen erfolgt auf Grund eines bloßen Vollstreckungsantrags nach zahlreichen bundes- und landesrechtlichen Einzelvorschriften: Meist ergeht nach mindestens einer schriftlichen Mahnung ein Leistungsbescheid; danach wird die Zwangsvollstreckung von der zuständigen Vollstreckungsbehörde angeordnet und die Zwangsversteigerung beim Vollstreckungsgericht beantragt. Die Behörde hat die Rolle des betreibenden Gläubigers und stellt die erforderlichen Anträge. Ähnlich wie bei den dinglichen Rechten wird das Befriedigungsvorrecht der öffentlich-rechtlichen Grundstückslasten in Rangklasse 3 des § 10 I nicht davon berührt, ob die Behörde die Zwangsversteigerung betreibt oder sich nur passiv an ihr beteiligt.

Im Versteigerungs- oder Beitrittsantrag muß die Vollstreckungsbehörde angeben, ob sie dinglich oder persönlich vorgehen will.[20] Das Vollstreckungsgericht darf weder die Vollstreckbarkeit der Forderung noch das Vorliegen der allgemeinen Vollstreckungsvoraussetzungen überprüfen und auch keinen Titel (den es im Verwaltungszwangsverfahren nicht gibt) oder Leistungsbescheid oder Zustellungsnachweis verlangen;[21] es genügt, wenn die Behörde die Zwangsversteigerung wegen einer konkret bezeichneten Forderung beantragt und erklärt, daß die Forderung sofort vollstreckbar ist.

1.1.1.4. Europäischer Vollstreckungstitel

Seit dem 21. 10. 2005 steht einem Gläubiger für die Zwangsvollstreckung von unbestrittenen Geldforderungen neben dem „traditionellen" Vorgehen nach der EuGVVO (Art. 27 VTVO) auch der Weg über die Verordnung (EG) Nr. 805/2004 des Europäischen Parlaments und des Rates vom 21. 4. 2004 zur Einführung des Europäischen Vollstreckungstitels für unbestrittene Forderungen (EG-VO zum Europ. Vollstreckungstitel-VTVO[21a]) offen. Danach muß der Gläubiger zwar zunächst den betr. Titel in seinem Ursprungsland mit einem vereinheitlichten Formular als Europ. Vollstreckungstitel bestätigen lassen. Dieser Titel kann aber in den anderen EG-Mitgliedstaaten direkt vollstreckt werden.[21b]

---

[19] Vgl **TH** C. 1.1.5.4. B.
[20] RGZ 88, 99; LG Hildesheim Rpfleger 1959, 56 (Fröhlich); Stöber § 15 Anm 38.6.
[21] Vgl RGZ 88, 99; BayObLG Rpfleger 1952, 133 (Bruhn); OLG Nürnberg Jur-Büro 1976, 1392 (Mümmler); LG Oldenburg Rpfleger 1981, 120; Stöber § 15 Anm 38.4; Hornung Rpfleger 1981, 86.
[21a] Abl EU Nr. L 143 vom 30. 4. 2004 Seite 15.
[21b] Näher dazu Rellermeyer, Rpfleger 2005, 389; Wagner, NJW 2005, 1157; Wagner IPRax 2002, 75.

1.1.2. Vollstreckungsklausel

§ 724 ZPO (Vollstreckbare Ausfertigung)

(1) Die Zwangsvollstreckung wird auf Grund einer mit der Vollstreckungsklausel versehenen Ausfertigung des Urteils (vollstreckbare Ausfertigung) durchgeführt.

(2) Die vollstreckbare Ausfertigung wird von dem Urkundsbeamten der Geschäftsstelle des Gerichts des ersten Rechtszuges und, wenn der Rechtsstreit bei einem höheren Gericht anhängig ist, von dem Urkundsbeamten der Geschäftsstelle dieses Gerichts erteilt.

§ 725 ZPO (Vollstreckungsklausel)

Die Vollstreckungsklausel: „Bevorstehende Ausfertigung wird dem usw (Bezeichnung der Partei) zum Zwecke der Zwangsvollstreckung erteilt" ist der Ausfertigung des Urteils am Schluß beizufügen, von dem Urkundsbeamten der Geschäftsstelle zu unterschreiben und mit dem Gerichtssiegel zu versehen.

§ 797 ZPO (Verfahren bei vollstreckbaren Urkunden)

(1) Die vollstreckbare Ausfertigung gerichtlicher Urkunden wird von dem Urkundsbeamten der Geschäftsstelle des Gerichts erteilt, das die Urkunde verwahrt.

(2) Die vollstreckbare Ausfertigung notarieller Urkunden wird von dem Notar erteilt, der die Urkunde verwahrt. Befindet sich die Urkunde in der Verwahrung einer Behörde, so hat diese die vollstreckbare Ausfertigung zu erteilen.

(3) Die Entscheidung über Einwendungen, welche die Zulässigkeit der Vollstreckungsklausel betreffen. . . .

(4) Auf die Geltendmachung von Einwendungen. . . .

(5) Für Klagen auf Erteilung der Vollstreckungsklausel sowie für Klagen, durch welche die den Anspruch selbst betreffenden Einwendungen geltend gemacht werden. . . . ist das Gericht, bei dem der Schuldner im Inland seinen allgemeinen Gerichtsstand hat, und sonst das Gericht zuständig, bei dem nach § 23 gegen den Schuldner Klage erhoben werden kann.

(6) Auf Beschlüsse nach § 796 c sind die Absätze 2–5 entsprechend anzuwenden.

Alle Vollstreckungstitel mit Ausnahme von Kostenfestsetzungsbeschlüssen (§§ 105, 795 a ZPO), Vollstreckungsbefehlen (§ 796 ZPO), Arresten und einstweiligen Verfügungen (§§ 929, 936 ZPO) müssen gemäß §§ 724, 725 ZPO mit einer Vollstreckungsklausel versehen sein, deren Formulierung in § 725 ZPO vorgeschrieben ist.

Das Vollstreckungsgericht kann die Berechtigung einer erteilten Klausel nicht sachlich sondern nur auf äußere Mängel überprüfen.[22] Der Schuldner selbst kann sich gegen die Erteilung der Klausel aber gemäß §§ 732, 768,

---

[22] Stöber § 15 Anm 40.4.

797 III ZPO zur Wehr setzen. Wenn bei einer Zwangsvollstreckung aus einer notariellen Unterwerfungserklärung eine Vollstreckungsklausel vom Notar ohne besondere Zusätze erteilt ist, kann nach der herrschenden Meinung umfassend, also wegen Hauptsache und wegen aller Zinsen und Kosten vollstreckt werden, die sich aus der Urkunde ergeben; eine etwa gewollte Beschränkung muß in die Klausel aufgenommen werden.[23]

Soll die Zwangsversteigerung von einem Rechtsnachfolger (Abtretung oder Ablösung) fortgesetzt werden, so muß abgesehen von manchen Fällen der Erbfolge[24] eine Umschreibung und Zustellung der Vollstreckungsklausel erfolgen. Allerdings hat das Vollstreckungsgericht dies gemäß § 750 ZPO nur bei Beginn, bei Wiederbeginn (zum Beispiel Fortsetzung eines einstweilen eingestellten Verfahrens) sowie am Ende der Zwangsvollstreckung bei der Erlösverteilung zu prüfen,[25] so daß der Rechtsnachfolger auch ohne Klauselumschreibung und Zustellung sofort an die Stelle des Vorgängers treten kann, wenn er nur die Rechtsnachfolge bei Gericht anmeldet und gegebenenfalls auch glaubhaft macht.[26]

1.1.3. Zustellung des Vollstreckungstitels

§ 750 ZPO (Voraussetzungen der Zwangsvollstreckung)

(1) Die Zwangsvollstreckung darf nur beginnen, wenn die Personen, für und gegen die sie stattfinden soll, in dem Urteil oder in der ihm beigefügten Vollstreckungsklausel namentlich bezeichnet sind und das Urteil bereits zugestellt ist oder gleichzeitig zugestellt wird.

(2) Handelt es sich um die Vollstreckung eines Urteils, dessen vollstreckbare Ausfertigung nach § 726 I erteilt worden ist, oder soll ein Urteil, das nach den §§ 727–729, 738, 742, 744, 745 II und 749 für oder gegen eine dieser Personen vollstreckt werden, so muß außer dem zu vollstreckenden Urteil auch die ihm beigefügte Vollstreckungsklausel und, sofern die Vollstreckungsklausel auf Grund öffentlicher oder öffentlich beglaubigter Urkunden erteilt ist, auch eine Abschrift dieser Urkunden vor Beginn der Zwangsvollstreckung zugestellt sein oder gleichzeitig mit ihrem Beginn zugestellt werden.

(3) Eine Zwangsvollstreckung nach § 720 a darf nur beginnen, wenn das Urteil und die Vollstreckungsklausel mindestens zwei Wochen vorher zugestellt sind.

§ 798 ZPO (Wartefrist)

Aus einem Kostenfestsetzungsbeschluss, der nicht auf das Urteil gesetzt ist, aus Beschlüssen nach § 794 Abs 1 Nr. 2 a und § 794 Abs 1 Nr. 4 b sowie aus den nach § 794 Abs 1 Nr. 5 aufgenommenen Urkunden darf die Zwangsvollstreckung nur beginnen, wenn der Schuldtitel mindestens zwei Wochen vorher zugestellt ist.

---

[23] Stöber § 15 Anm 40.19.
[24] Stöber § 15 Anm 33.9.
[25] Stöber § 15 Anm 46.22.
[26] Vgl ausführlich oben B. 7.2.3.; allerdings ist diese Frage **streitig.**

Gemäß § 750 I ZPO darf die Zwangsvollstreckung nur begonnen werden, wenn der Titel dem Schuldner zugestellt ist oder gleichzeitig zugestellt wird. Bei der Zwangsversteigerung ist in aller Regel die vorherige Zustellung erforderlich, weil die gleichzeitige Zustellung praktische Bedeutung hauptsächlich dann hat, wenn wie bei der Mobiliar-Zwangsvollstreckung sowohl die Vollstreckungshandlung als auch die Zustellung durch den Gerichtsvollzieher erfolgen. Hinzu kommt, daß gemäß § 798 ZPO die Zwangsversteigerung aus einer vollstreckbaren Urkunde (zum Beispiel aus einer notariellen Unterwerfungserklärung) erst 1 Woche nach Zustellung der vollstreckbaren Ausfertigung beginnen darf; die gleiche Frist gilt für die nach einer Klauselumschreibung erforderliche neue Zustellung.[27]

Die Zustellung erfolgt im Parteibetrieb, also durch den Gerichtsvollzieher; sie kann in der Regel nicht durch eine Zustellung vom Amts wegen ersetzt werden.[28] Die Klausel braucht grundsätzlich nicht ebenfalls zugestellt zu werden. Etwas anderes gilt allerdings dann, wenn die Klausel auf Grund einer Urkunde (zum Beispiel Erbschein, Abtretung) umgeschrieben wurde; hier muß vor Beginn oder Wiederbeginn außer dem Titel auch die Klausel und die der Rechtsnachfolge zugrundeliegende Urkunde gemäß § 750 II ZPO zugestellt werden.[28a] Eine Zustellung der Urkunde beziehungsweise einer Abschrift ist aber dann nicht erforderlich, wenn ihr wesentlicher Inhalt vollständig in die Klausel aufgenommen ist.[28b]

Hat ein Vertreter die Unterwerfung des Schuldners unter die Zwangsvollstreckung aus einer Urkunde erklärt, so muß auch die entsprechende Vollmacht des Vertreters oder die Genehmigung des Vertretenen durch öffentliche Urkunden dem Schuldner spätestens mit dem Beginn der Vollstreckung zugestellt werden.[28c]

Streitig ist, ob der Schuldner auf die Zustellung verzichten kann. Die herrschende Meinung anerkennt heute nicht nur einen nachträglichen sondern auch einen Vorausverzicht, sofern dieser eindeutig aus einer vom Schuldner stammenden Urkunde hervorgeht.[29]

1.1.4. Eintragungsnachweis gemäß § 17

§ 17 ZVG

(1) Die Zwangsversteigerung darf nur angeordnet werden, wenn der Schuldner als Eigentümer des Grundstücks eingetragen oder wenn er Erbe des eingetragenen Eigentümers ist.

(2) Die Eintragung ist durch ein Zeugnis des Grundbuchamtes nachzuweisen. Gehören Vollstreckungsgericht und Grundbuchamt demselben Amtsgericht an, so genügt statt des Zeugnisses die Bezugnahme auf das Grundbuch.

---

[27] Stöber § 15 Anm 45.1.
[28] Stöber § 15 Anm 46.22.
[28a] BGH Rpfleger 2007, 331; WM 2006, 2266; 2005, 1995.
[28b] Stöber § 15 Anm 46.22.
[28c] BGH Rpfleger 2007, 37.
[29] Vgl Stöber § 15 Anm 46.27 mit Nachweisen.

(3) Die Erbfolge ist durch Urkunden glaubhaft zu machen, sofern sie nicht bei dem Gericht offenkundig ist.

Der im Vollstreckungstitel bezeichnete Schuldner muß gemäß § 17 I im Grundbuch als Eigentümer eingetragen sein (Eintragungsgrundsatz),[30] und das muß dem Vollstreckungsgericht gemäß § 17 II 1 durch ein besonderes Zeugnis nachgewiesen werden, das sich der Gläubiger bei dem zuständigen Grundbuchamt beschaffen kann.[31]

Ob der Schuldner auch tatsächlich Grundstückseigentümer ist, kann und braucht das Vollstreckungsgericht im Hinblick auf § 891 BGB nicht nachzuprüfen; der wahre Eigentümer kann unter Umständen der Versteigerung seines Grundstücks widersprechen (§ 771 ZPO),[32] wenn er sie nicht dulden muß, weil die Zwangsversteigerung zum Beispiel aus einem dinglichen Recht betrieben wird (§ 1148 BGB).[33]

Der Eintragungsnachweis erfolgt gemäß § 17 II 1 durch ein besonderes Zeugnis,[34] das neueren Datums sein muß. Das Zeugnis kann aber durch eine Bezugnahme auf das Grundbuch ersetzt werden, wenn Vollstreckungsgericht und Grundbuchamt dem gleichen Amtsgericht angehören (§ 17 II 2). Diese Bezugnahme-Möglichkeit gibt es insbesondere nicht in Baden-Württemberg, weil in Württemberg die Grundbücher vom Bezirksnotar und in Baden von Notaren jeweils außerhalb der Amtsgerichte geführt werden. Streitig ist, ob auch in denjenigen Fällen ein Zeugnis nach § 17 II vorgelegt werden muß, wo die Bundesländer durch Rechtsverordnung die Zwangsversteigerungs- und Zwangsverwaltungssachen einem Amtsgericht für die Bezirke mehrerer Amtsgerichte zugewiesen haben, so daß das Grundbuchamt nicht mehr dem zuständigen Vollstreckungsgericht angehört.[35]

Der Eintragungsnachweis durch ein besonderes Zeugnis ist gemäß § 17 I und III auch dann nicht nötig, wenn der Schuldner Erbe des eingetragenen Eigentümers ist und die Erbfolge durch Urkunden glaubhaft gemacht wird (wenn sie bei Gericht nicht offenkundig ist). Für die Glaubhaftmachung verlangt § 17 III ausdrücklich Urkunden, so daß die von der ZPO sonst zugelassenen Mittel wie eidesstattliche Versicherungen, Zeugen, Privatvernehmungen hier nicht ausreichen;[36] andererseits ist nicht unbedingt der (teure) Erbschein erforderlich, so daß auch privatschriftliche Urkunden reichen, wenn sie vom Vollstreckungsgericht für ausreichend angesehen werden (§ 294 ZPO).

Ausnahmen vom Eintragungsgrundsatz gelten abgesehen von der Erbfolge auch dann,

(1) wenn gegen den Insolvenzverwalter vollstreckt wird (eingetragen bleibt der Gemeinschuldner; der Vollstreckungstitel muß aber gegen den Insolvenz-

---

[30] Vgl oben B. 4.2.

[31] Muster eines Schreibens an das Grundbuchamt im Anhang **AT** Nr. 2.

[32] Vgl oben B. 3.2.1.4.

[33] Vgl Dassler-Muth § 17 Rz 3.

[34] Muster eines Zeugnisses im Anhang **AT** Nr. 3. – Unterschrift ist nötig; ein Siegel üblich, aber nicht nötig: LG Stuttgart Rpfleger 1992, 34.

[35] Für Bezugnahme auch hier: Stöber § 17 Anm 5.5. – **Anders** (Zeugnis nötig): Dassler-Muth § 17 Rz 6; Steiner-Hagemann § 17 Rz 22.

[36] Vgl Stöber § 17 Anm 4.2.

verwalter umgeschrieben werden, wenn das Insolvenzverfahren vor Beginn der Zwangsversteigerung eröffnet wurde),[37]

(2) bei Vollstreckungen gegen den Testamentvollstrecker (die Erben oder der Erblasser müssen eingetragen sein),[38]

(3) wenn bei einem nachträglichen Eigentumswechsel der neue Eigentümer die Zwangsversteigerung aufgrund eines Duldungstitels hinnehmen muß, oder

(4) bei herrenlosen Grundstücken (§ 928 BGB; eingetragen bleibt der bisherige Eigentümer, der Titel muß aber gegen den vom Prozeßgericht nach §§ 58, 787 ZPO zu bestellenden Eigentümervertreter umgeschrieben werden);

(5) schließlich ist zur Beschleunigung des Verfahrens auch bei einer Wiederversteigerung nach § 133 keine Eintragung des Erstehers erforderlich.

Ein Verstoß gegen § 17 führt gemäß §§ 83 Nr. 6, 100 III zur Versagung des Zuschlags, ohne daß dieser Mangel über § 84 heilbar wäre. Stellt das Gericht den Mangel schon vor der Zuschlagserteilung fest, muß das Verfahren gemäß § 28 von Amts wegen aufgehoben oder bis zur Beseitigung des Mangels einstweilen eingestellt, beziehungsweise dort gar nicht erst angeordnet werden. Wird der Schuldner nachträglich als Eigentümer eingetragen, so ist der Mangel nur heilbar, wenn er schon bei der Anordnung der Zwangsversteigerung (nicht eingetragener) Eigentümer des Grundstücks war.[39]

1.1.5. Taktische Hinweise

TH 1.1.5.1.: Da ein dinglicher Vollstreckungstitel seit der Vereinfachungsnovelle 1977 nicht mehr im (schnellen und billigen) gerichtlichen Mahnverfahren beschafft werden kann, sollte er wenn irgend möglich rechtzeitig beschafft werden. Rechtzeitig heißt vor allem bei gewerblichen Objekten in der Regel schon bei der Bestellung des Grundpfandrechts; wenn mehrere Grundpfandrechte gleichzeitig bestellt werden, sollte die Vollstreckungsunterwerfung bei mindestens einem Recht verlangt werden, wobei die Auswahl des dafür am besten geeigneten Rechtes unter Umständen schwierig ist.[40]

Es läßt sich im übrigen feststellen, daß es für Kreditinstitute in Württemberg sehr viel schwieriger ist, bei der Bestellung von Grundpfandrechten eine Unterwerfung unter die sofortige Zwangsvollstreckung zu erhalten als in anderen Bundesländern, wo meist sogar eine Vollstreckungsunterwerfung sowohl bezüglich des belasteten Grundstücks als auch bezüglich des sonstigen beweglichen Vermögens unproblematisch ist. Das mag damit zusammenhängen, daß die württembergischen Bezirksnotare die Eigentümer deutlicher auf die mit der Unterwerfungserklärung verbundenen höheren Bestellungskosten aufmerksam machen; immerhin müssen die württembergischen Bezirksnotare im Gegensatz zu ihren Notarkollegen den größten Teil ihrer Gebühren an den Staat weitergeben. ...

---

[37] Vgl oben B. 1.1.1. und B. 4.2.
[38] Vgl E. 6.2.2.
[39] Dassler-Muth § 17 Rz 2.
[40] Es gelten die gleichen Kriterien wie bei C. 1.2.1. und C. 1.2.4. und C. 1.4.1.

Im übrigen gilt auch für die nachträgliche Beschaffung sowohl des dinglichen als auch des persönlichen Vollstreckungstitels der Grundsatz, daß eine rechtzeitige beziehungsweise frühzeitige Titelbeschaffung sehr zu empfehlen ist: Einmal steht dann mehr Zeit zur Verfügung, um auch auf eventuelle Schwierigkeiten, Verzögerungsversuche oder auch ernstgemeinte Einwendungen des Schuldners angemessen reagieren zu können. Zum anderen ist auch hier die Effizienz für den Gläubiger am größten, wenn schon während der Moratoriums- oder Ratenzahlungsverhandlungen mit dem Schuldner die Titelbeschaffung betrieben aber die Verwendung des Titels solange zurückgestellt wird, solange der Schuldner die vereinbarten Raten pünktlich erbringt und sich auch an die sonstigen Abmachungen hält.

TH 1.1.5.2.: Die ausschließlich der Automatisierung des gerichtlichen Mahnverfahrens zum Opfer gefallene Möglichkeit der Beschaffung eines dinglichen Vollstreckungstitels im gerichtlichen Mahnverfahren hat sowohl für den Gläubiger als auch für den Schuldner schwerwiegende Nachteile, weil die nachträgliche Titelbeschaffung im Klagewege nicht nur wesentlich länger dauert, sondern wegen des meist gegebenen Anwaltszwangs auch wesentlich teurer wird, was letztlich vom Schuldner zu bezahlen ist. Eine notarielle Unterwerfungserklärung ist im unmittelbaren Vorstadium einer Zwangsversteigerung in der Regel nicht mehr erreichbar, obwohl die Rechtslage eindeutig ist (immerhin lohnt sich ein diesbezüglicher Versuch durch die Gläubiger, der gewisse Erfolgschancen hat, wenn der Gläubiger die Gebühren dafür zunächst übernimmt).

Die Gläubiger werden jedenfalls durch die Gesetzesänderung in größerem Umfang als bisher gezwungen, schon bei der Bestellung von Grundpfandrechten auf der Vollstreckungsunterwerfung zu bestehen, wodurch wiederum nur für den Schuldner wieder höhere Beurkundungsgebühren anfallen. M. E. ist daher vor allem im Schuldnerinteresse dringend zu empfehlen, die Beschaffung eines dinglichen Vollstreckungstitels im gerichtlichen Mahnverfahren wieder zu ermöglichen, zumal der Schuldner ohnehin nahezu niemals eine rechtliche Abwehrmöglichkeit hat. Wenn solche Mahnbescheide nicht EDV-geeignet sind, sollten und könnten sie ohne weiteres „herkömmlich" bearbeitet werden!

TH 1.1.5.3.: Wenn die Vollstreckungsunterwerfung bei der Bestellung eines Grundpfandrechts oder später mit Schwierigkeiten verbunden ist, dann kommt der Frage eine um so größere Bedeutung zu, welches von eventuell mehreren dinglichen Rechten schon bei der Bestellung tituliert werden soll. Die Auswahl dieses Rechts muß deshalb mit großer Sorgfalt vorgenommen werden, wobei die gleichen Kriterien gelten, wie sie auch für die Frage entscheidend sind, aus welchem von eventuell mehreren Rechten die Zwangsversteigerung oder der Beitritt beantragt werden soll.[41]

TH 1.1.5.4.: Wenn die Vollstreckungsunterwerfung bei der Bestellung des Grundpfandrechts keine besonderen Schwierigkeiten macht, sollte der Gläubiger versuchen, eine Vollstreckungsunterwerfung sowohl hinsichtlich des belasteten Grundstücks (und dort wirksam gegen dessen jeweiligen Eigentümer)

---

[41] Vgl oben B. 1.1.1. und B. 4.2.

als auch hinsichtlich des sonstigen Vermögens des Schuldners zu erhalten, also einen umfassenden dinglichen und persönlichen Vollstreckungstitel.

Das ist für den Schuldner zwar zunächst teurer, als wenn er sich der sofortigen Zwangsvollstreckung nicht unterwerfen würde; aber wenn es später doch zu einer Zwangsversteigerung kommen sollte, wird die Beschaffung des Titels im Klagewege auf alle Fälle unangenehmer und teurer, und außerdem fällt dem Schuldner in diesem Stadium jede Zahlung wesentlich schwerer als bei der Bestellung des Grundpfandrechts.

Die frühzeitige Vollstreckungsunterwerfung kann für den Schuldner allerdings rechtlich etwas gefährlicher sein, weil der Gläubiger sofort vollstrecken kann, ohne daß die sachliche Berechtigung des Anspruchs durch ein Gericht nochmals überprüft würde. Aber bei reinen Darlehensforderungen ist die Berechtigung der Forderung meist über jeden Zweifel erhaben, außerdem können unter Umständen gewisse „Verfügungsbeschränkungen" des Gläubigers bezüglich der Verwendung des Titels vereinbart werden, und schließlich kann sich der Schuldner jedenfalls dann in aller Regel auf die Seriosität des Partners verlassen, wenn dieser ein Kreditinstitut ist.

TH 1.1.5.5.: Wenn ein dinglicher Gläubiger über keinen Vollstreckungstitel verfügt, ist er unter Umständen gut beraten, wenn er den Schuldner zu einer freiwilligen notariellen Vollstreckungsunterwerfung bewegt mit der Maßgabe, daß die Beurkundungsgebühren zunächst vom Gläubiger übernommen beziehungsweise vorgeschossen werden. Diese Beurkundungsgebühren sind nämlich unstreitig notwendige Kosten der dinglichen Rechtsverfolgung, die gemäß § 10 II im gleichen Rang wie der Hauptanspruch geltend gemacht werden können. Außerdem kann der Gläubiger auf diese Weise unter Umständen viel Zeit gewinnen, was ihm nicht nur gegenüber dem Schuldner sondern unter Umständen auch gegenüber den anderen Gläubigern wichtige Vorteile verschafft, weil er durch eine frühere Beschlagnahme einen größeren Zinsrahmen erreichen und als persönlicher Gläubiger der 5. Rangklasse des § 10 I auch Rangvorteile sichern kann. Schließlich riskiert er auch nicht, daß das Gericht dem Gläubiger zwar den Duldungstitel gibt, ihm aber bei sofortigem Anerkenntnis durch den Schuldner gem § 93 ZPO die Kosten auferlegt.[42]

TH 1.1.5.6.: Den Schwierigkeiten mit der Beschaffung eines Vollstreckungstitels kann ein dinglicher Gläubiger unter Umständen auch dadurch entgehen, daß er ein vorrangiges anderes Grundpfandrecht, das bereits tituliert ist, ablöst. Dieser Titel muß dann lediglich umgeschrieben und zugestellt werden, was schnell, unproblematisch und ohne besondere Kosten zu bewerkstelligen ist. Auf diese Weise kann die Ablösung, die eigentlich zur Verzögerung der Zwangsversteigerung gedacht ist, auch einmal ihrer Beschleunigung oder Aktivierung dienen.[43]

Allerdings ist zu beachten, daß das Ablösungsrecht gemäß §§ 268, 1150 BGB nur gegeben ist, wenn der abzulösende Gläubiger Befriedigung aus dem Grundstück verlangt. Tut er das (noch) nicht, besteht kein Ablösungsrecht im

---

[42] OLG Karlsruhe am 19. 5. 1982 (Az 9 W 30/82).
[43] Vgl dazu ausführlich oben B. 7.2.1. und B. 7.3.1.

engen Sinn, das also auch gegen den Willen des Abzulösenden durchgesetzt werden könnte.[43] Dagegen ist eine einvernehmliche Abtretung von Grundpfandrecht mit Titel und mit gesicherter Forderung natürlich jederzeit möglich. Auf diese Weise kann sich auch ein persönlicher Gläubiger unter Umständen schnell einen Titel beschaffen; nur erreicht er damit allein keine Befriedigung seines eigentlichen Anspruchs, die ja voraussetzt, daß er aus ihr die Versteigerung betreibt, wozu er einen Titel braucht.

TH 1.1.5.7.: Will sich der Gläubiger bei der Formulierung der Unterwerfungserklärung einerseits die Möglichkeit verschaffen, eine Ablösung des titulierten Betrages trotz der §§ 1150, 268 BGB zu verhindern, solange der nichttitulierte Betrag nicht bezahlt ist, und will er andererseits die Teilung der Grundschuld verhindern (die nach herrsch. Ans. dann erforderlich ist, wenn der Grundstückseigentümer „wegen des letztrangigen Teilbetrages" der Zwangsvollstreckung unterworfen wird), dann sollte er die Unterwerfung nur „wegen eines zuletzt zu zahlenden Teilbetrags der Grundschuld" vereinbaren. Diese Formulierung ist vom BGH im Anschluß an das OLG Hamm zu diesem Zweck ausdrücklich anerkannt worden.[44]

TH 1.1.5.8.:[45] Auch wenn ein Zeugnis nach § 17 II nicht nötig ist, weil die Bezugnahme auf das Grundbuch genügt, kann der Gläubiger unter Umständen durch Vorlage eines solchen Zeugnisses die Anordnung der Zwangsversteigerung deutlich beschleunigen und dadurch zum Beispiel als persönlicher Gläubiger (Rangklasse 5) den Rang vor anderen persönlichen Gläubigern sichern und/oder erreichen, daß die Beschlagnahme noch kurz vor Jahresende erfolgen kann (mit den Folgen für die Berechnung der laufenden Zinsen gemäß § 13).[46]

1.2. Versteigerungsantrag

1.2.1. Wann und aus welchem Recht beantragen?

Wenn der Schuldner seinen Zahlungsverpflichtungen nicht mehr nachkommt und diese auch nach Mahnungen nicht unverzüglich erfüllt, muß sich der Gläubiger darüber klar werden, ob er die Zwangsversteigerung beantragt. Dabei ist einerseits zu berücksichtigen, daß jede Zwangsversteigerung eines Grundstücks einen erheblichen wirtschaftlichen Eingriff darstellt, der oft genug auch schwerwiegende Folgen für die Existenz und das Leben des Schuldners und seiner Familie mit sich bringt; dieser Verantwortung muß sich jeder Gläubiger voll bewußt werden. Andererseits kann jede Verzögerung einer unabwendbaren Zwangsversteigerung für den Gläubiger Nachteile mit sich bringen,[47] die sich nicht nur in einer verlängerten Vollstreckungszeit und einem erhöhten Arbeitsaufwand, sondern auch in einem ganzen oder teilweisen Forderungsausfall auswirken können. Auch unter Verjährungsgesichts-

---

[44] BGH NJW 1990, 258; OLG Hamm WM 1987, 382. – Vgl auch Storz EWiR 1990, 557 (Anm zu OLG Celle).
[45] Nach Hintzen Rz 34.
[46] Dazu oben B. 5.4!
[47] Vgl **TH** C. 1.2.4.1.

punkten kann eine Verzögerung des Zwangsversteigerungsantrags gefährlich sein, weil die Verjährung nur bei (aktiven) Zwangsvollstreckungsmaßnahmen neu beginnt.[48]

Wenn die Zwangsversteigerung nach alledem erforderlich ist, muß sich der Gläubiger entscheiden, aus welchem Recht er vorgehen soll. Diese Frage stellt sich zwar nur einem Gläubiger, für den auf dem zu versteigernden Grundstück mehrere dingliche Rechte eingetragen sind (wenn man einmal davon absieht, daß auch der Inhaber nur eines dinglichen Rechtes wählen kann, ob er aus diesem dinglichen Recht oder aus der dadurch abgesicherten persönlichen Forderung betreiben will); sie hat für diesen Gläubiger aber eine große praktische Bedeutung.[49]

Die Entscheidung ist deshalb erforderlich, weil die Zwangsversteigerung eines Grundstücks zwar im Rahmen eines Gesamtverfahrens durchgeführt wird; aber dieses Gesamtverfahren ist letztlich doch nichts anderes als die Zusammenfassung verschiedener Einzelzwangsversteigerungsverfahren für jeden einzelnen Gläubiger, der die Zwangsversteigerung „betreibt"; stehen dem gleichen Gläubiger mehrere Rechte an dem Grundstück zu und betreibt er aus verschiedenen oder allen diesen Rechten, so handelt es sich – darauf wurde schon mehrfach hingewiesen[50] – auch hierbei um verschiedene voneinander unabhängige Einzelversteigerungsverfahren.

Allerdings wird dieses Gesamtverfahren unter Umständen durch das Schicksal von Einzelverfahren in Mitleidenschaft gezogen; in der Regel ist das aber nur dann der Fall, wenn alle Einzelverfahren oder das Verfahren des bestrangig betreibenden Gläubigers betroffen ist, woraus sich dessen überragende taktische Position im Gesamtverfahren ergibt.[51]

Der Zeitpunkt der Antragstellung ist deshalb von Bedeutung, weil mit der Zustellung des Anordnungsbeschlusses beziehungsweise mit dem Zugang des Ersuchens beim Grundbuchamt gemäß § 22 I die Beschlagnahme wirksam wird, was unter anderem gemäß §§ 13, 10 I für die Berechnung und rangmäßige Einordnung der Zinsen wichtig ist und bei persönlichen Gläubigern gemäß § 11 II auch über deren Rang innerhalb der 5. Rangklasse des § 10 I entscheidet; schließlich ist der Zeitpunkt der Antragstellung auch für einen Neubeginn der Verjährung maßgebend. Viele dieser Punkte werden bei der Wahl des Zeitpunktes für den Versteigerungsantrag zu wenig beachtet.[52]

1.2.2. Versteigerungsantrag

§ 1 ZVG

(1) Für die Zwangsversteigerung und die Zwangsverwaltung eines Grundstücks ist als Vollstreckungsgericht das Amtsgericht zuständig, in dessen Bezirke das Grundstück belegen ist.

---

[48] Vgl ausführlich oben B. 1.2. und B. 4.4. und **TH** C. 1.2.4.2.
[49] Vgl hierzu insbesondere **TH** C. 1.2.4.4. und **TH** C. 1.1.5.7.
[50] Z. B. oben A. 1.1. und B. 1.2.
[51] Vgl dazu ausführlich oben B. 1.2.; B. 3.2.1.; B. 6.4.
[52] Vgl dazu ausführlich **TH** C. 1.2.4.5.

(2) Die Landesregierungen werden ermächtigt, durch Rechtsverordnung die Zwangsversteigerungs- und Zwangsverwaltungssachen einem Amtsgericht für die Bezirke mehrerer Amtsgerichte zuzuweisen, sofern die Zusammenfassung für eine sachdienliche Förderung und schnellere Erledigung der Verfahren erforderlich ist. Die Landesregierungen können die Ermächtigung auf die Landesjustizverwaltungen übertragen.

§ 2 ZVG

(1) Ist das Grundstück in den Bezirken verschiedener Amtsgerichte belegen oder ist es mit Rücksicht auf die Grenzen der Bezirke ungewiß, welches Gericht zuständig ist, so hat das zunächst höhere Gericht eines der Amtsgerichte zum Vollstreckungsgerichte zu bestellen; § 36 Abs 2 und 3 und § 37 der Zivilprozeßordnung finden entsprechende Anwendung.

(2) Die gleiche Anordnung kann getroffen werden, wenn die Zwangsversteigerung oder die Zwangsverwaltung mehrerer Grundstücke in demselben Verfahren zulässig ist und die Grundstücke in den Bezirken verschiedener Amtsgerichte belegen sind. Von der Anordnung soll das zum Vollstreckungsgerichte bestellte Gericht die übrigen Gerichte in Kenntnis setzen.

§ 15 ZVG

Die Zwangsversteigerung eines Grundstücks wird von dem Vollstreckungsgericht auf Antrag angeordnet.

§ 16 ZVG

(1) Der Antrag soll das Grundstück, den Eigentümer, den Anspruch und den vollstreckbaren Titel bezeichnen.

(2) Die für den Beginn der Zwangsvollstreckung erforderlichen Urkunden sind dem Antrage beizufügen.

Die Anordnung der Zwangsversteigerung und die Zulassung eines Beitritts darf nur auf Antrag, niemals von Amts wegen erfolgen. Es darf auch nichts zugesprochen werden, was nicht beantragt ist, und umgekehrt muß im Rahmen des erzielten Erlöses auch alles zugesprochen werden, worauf ein rechtlicher Anspruch besteht und was beantragt ist.

Auch öffentliche Vollstreckungsbehörden müssen einen Versteigerungsantrag stellen, wenn sie die Zwangsversteigerung betreiben und sich nicht auf die Anmeldung und Geltendmachung ihrer Forderung mit dem Befriedungsvorrecht der 3. Rangklasse des § 10 I begnügen wollen. Sie brauchen lediglich keinen Vollstreckungstitel und genießen auch sonst einige Erleichterungen und Vorrechte.[53]

Der Antrag kann formlos schriftlich oder zu Protokoll des Urkundsbeamten des zuständigen Amtsgerichts angebracht werden; ohne Rücksicht auf die Höhe der Forderung besteht niemals Anwaltszwang. Zuständig ist gemäß § 1 I zunächst das Amtsgericht, in dessen Bezirk das Grundstück liegt; verschiedene Bundesländer[54] haben aber von der Möglichkeit des § 1 II Ge-

---

[53] Vgl oben B. 7.4.1. und C. 1.1.1.3.
[54] ZB Baden-Württemberg; Bayern; Nordrhein-Westfalen; Rheinland-Pfalz; Schleswig-Holstein.

brauch gemacht und durch Rechtsverordnung die Zwangsversteigerungs- und Zwangsverwaltungssachen einem Amtsgericht für die Bezirke mehrerer Amtsgerichte zugewiesen. Liegt das Grundstück in den Bezirken verschiedener Amtsgerichte, so bestimmt gemäß § 2 I das zunächst höhere Gericht eines der Amtsgerichte zum zuständigen Vollstreckungsgericht; entsprechendes gilt gemäß § 2 II für die Zuständigkeit bei der Verbindung von Verfahren.[55]

Der Antrag soll gemäß § 16 I das Grundstück, den Eigentümer, den Anspruch und den vollstreckbaren Titel bezeichnen. Er geht dahin, es möge dem Gläubiger .... wegen der vollstreckbaren (persönlichen oder dinglichen) Forderung über die Hauptsumme von EURO .... nebst .... Zinsen und .... Kosten die Zwangsversteigerung des im Eigentum des Schuldners stehenden und im Grundbuch von .... eingetragenen Grundstücks bewilligt beziehungsweise es möge wegen .... die Zwangsversteigerung des Grundstücks angeordnet werden.[56]

Besondere Anforderungen an den Zwangsversteigerungsantrag:

(1) **Das Grundstück** muß so bezeichnet sein, daß es im Grundbuch aufgefunden werden kann und daß seine Identität mit der in Bezug genommenen Grundbuch-Eintragung außer Zweifel steht.[57] Dagegen ist eine die Identität des Grundstücks nicht in Frage stellende geringfügige Abweichung der Größenangaben im Grundbuch, Grundschuldbrief und Antrag unschädlich, ebenso eine Änderung des Grundbuchbeschriebs (z.B. Bebauung eines bisherigen Bauplatzes).[58] Soll nur in einem Grundstücksbruchteil oder nur in eines von mehreren Grundstücken vollstreckt werden, so ist eine besonders genaue Bezeichnung erforderlich.

(2) Eine genaue Angabe **des Eigentümers** ist nötig, damit das Gericht die Identität des im Vollstreckungstitel genannten Schuldners mit dem im Grundbuch eingetragenen Eigentümer feststellen kann.

(3) **Der Anspruch** des Gläubigers, der eine Geldforderung zum Gegenstand haben und tituliert sein muß, muß nach Hauptsumme, Zinsen und Kosten genau bezeichnet sein; außerdem muß erkennbar sein, ob ein dingliches Recht oder eine persönliche Forderung oder beides geltend gemacht wird. Auch hier gilt, daß die Bezifferung dann besonders sorgfältig vorgenommen werden muß, wenn der Gläubiger nur aus einem Teil seiner Forderung die Zwangsversteigerung betreiben will[59] oder wenn der Gläubiger trotz mehrere verfügbarer Vollstreckungstitel die Zwangsversteigerung nur aus einem oder einem Teil dieser Titel beantragen will.

(4) Eine genauere Bezeichnung des **Vollstreckungstitels** kann durch Bezugnahme auf den nach § 16 II beizufügenden Titel ersetzt werden.

---

[55] Zur Bestimmung des zuständigen Gerichts vgl zB BGH Rpfleger 1984, 363; NJW 1983, 1859; 1975, 1424; BayObLG Rpfleger 1997, 269; 1990, 131; 1986, 98; OLG Frankfurt Rpfleger 1980, 396.

[56] Beispiel eines Antrags im Anhang **AT** Nr. 4.

[57] Das LG Weiden (Rpfleger 1984, 280) hat m.E. zu eng die Umschreibung des Vollstreckungstitels verlangt, weil in diesem noch das Grundstück genannt war, während im Grundbuch bereits Wohnungseigentum eingetragen war; **dagegen** auch LG Berlin Rpfleger 1985, 159 mit zust Anm Witthinrich und LG Essen Rpfleger 1986, 101.

[58] Stöber § 16 Anm 3.7.

[59] Vgl dazu **TH** C. 1.2.4.7.

(5) Für die Zwangsversteigerung muß (wie für jede Zwangsvollstreckung) ein **Rechtsschutzbedürfnis** bestehen.[60]

1.2.3. Beizufügende Urkunden

Gemäß § 16 II müssen dem Antrag alle Urkunden beigefügt werden, die für den Beginn der Zwangsvollstreckung erforderlich sind. Dazu gehören insbesondere:

(1) der Vollstreckungstitel mit Klausel (entfällt im Falle eines Antrages im Verwaltungszwangsverfahren);[61] dabei muß der Vollstreckungstitel bei evtl Rechtsnachfolge auf den Rechtsnachfolger umgeschrieben sein;[61a]

(2) alle Urkunden, aus denen der Gläubiger im Falle der Rechtsnachfolge seine Berechtigung herleitet (z.B. Erbschein, Abtretungs- oder Ablösungsurkunde);

(3) die erforderlichen Zustellungsnachweise;[62]

(4) Zeugnis des Grundbuchamtes gemäß § 17 II 1 (entfällt unter Umständen bei Erbfolge oder wenn Grundbuchamt und Vollstreckungsgericht dem gleichen Amtsgericht angehören);[63]

(5) eventuelle Vollmachten (zur allgemeinen Vertretung im Zwangsversteigerungsverfahren genügt eine privatschriftliche Vollmacht, während eine Bietvollmacht notariell beglaubigt sein muß: § 71 II)[64] oder Genehmigungen von gesetzlichen Vertretern;

(6) bei der Versteigerung von Wohnungseigentum nach §§ 53 ff WEG soll dem Antrag gemäß § 54 II 5 WEG eine beglaubigte Abschrift des Wohnungsgrundbuchs und ein Auszug aus dem amtlichen Verzeichnis der Grundstücke beigefügt werden;[65]

(7) landesrechtlich ist zum Teil gemäß § 5 EGZVG die Vorlage eines Auszugs aus dem Steuerbuch (oder aus dem Kataster/Flurkarte) vorgeschrieben. Diese Unterlagen sind für die Zwangsversteigerung aber in aller Regel bedeutungslos, so daß sich die Praxis m.E. zu Recht meist über diese Vorschrift hinwegzusetzen pflegt.[66] Die Anordnung der Zwangsversteigerung kann nicht grundsätzlich (sondern nur unter besonderen Umständen) zB in Hessen von der Vorlage einer Flurkarte abhängig gemacht werden.[66a]

Nicht erforderlich ist dagegen in der Regel die Vorlage des Hypotheken- oder Grundschuldbriefes (es gibt darüber unterschiedliche landesrechtliche

---

[60] Vgl BVerfG Rpfleger 1983, 559; 1978, 368.
[61] Zur Zwangsversteigerung gegen einen von mehreren Gesamtschuldnern genügt der gegen diesen lautende Vollstreckungstitel; die gegen die anderen Gesamtschuldner lautenden Titel brauchen nicht beigefügt werden: LG Augsburg DGVZ 1993, 188; LG Stuttgart Rpfleger 1983, 161; LG Bremen DGVZ 1982, 76; AG Pirmasens DGVZ 1987, 30; Stöber § 16 Anm 4.4. – **str. aA:** AG Mönchengladbach-Rheydt DGVZ 1982, 79; AG Wilhelmshaven DGVZ 1979, 189.
[61a] Zur Titelumschreibung auf der Schuldnerseite vgl oben B. 1.1.1. – auf der Gläubigerseite vgl zB oben B. 7.5.
[62] Vgl oben C. 1.1.3.
[63] Vgl oben C. 1.1.4.
[64] Vgl unten C. 5.5.
[65] Näheres vgl Stöber § 15 Anm 45.
[66] Vgl Stöber § 16 Anm 4.5.
[66a] LG Frankfurt Rpfleger 2003, 94 mwN **gegen** Böttcher §§ 15, 16 Rz 18.

Vorschriften);[67] jedenfalls darf die Anordnung des Verfahrens nicht von der Vorlage des Briefes abhängig gemacht werden, wenn der Gläubiger durch Vollstreckungstitel und Klausel ausgewiesen ist.[68]

1.2.4. Taktische Hinweise

TH 1.2.4.1.: Wenn der Schuldner nicht mehr zahlt, sollte der Gläubiger unverzüglich das Engagement auf die Notwendigkeit einer Zwangsversteigerung hin überprüfen und lieber früher als später mit der Vorbereitung seines Antrages beginnen. Nebenher kann und sollte er mit dem Schuldner über die Lösung seines Problems verhandeln; aber abgesehen von dem Zeitgewinn verschafft die frühzeitige Vorbereitung des Verfahrens dem Gläubiger auch erhebliche Verhandlungsvorteile.

Der Gläubiger darf auch nicht übersehen, daß die Zwangsversteigerungs-Situation oft anders ist als die Situation zur Zeit der Kreditgewährung. Außerdem muß der Gläubiger in diesem Stadium noch einmal ausdrücklich überprüfen, ob aus dem Grundstück Mieten fließen. Gegebenenfalls muß er nämlich neben oder anstatt der Zwangsversteigerung die Zwangsverwaltung betreiben, weil sonst die Mieten nicht erfaßt und auch andere Möglichkeiten nicht ausgeschöpft werden können.[69]

TH 1.2.4.2.: Die Frage, ob der Gläubiger die Zwangsversteigerung überhaupt und gegebenenfalls ab wann aktiv betreiben soll oder ob er die Versteigerung durch einen anderen Gläubiger abwarten will, muß auch unter Verjährungsgesichtspunkten gesehen werden. Gemäß §§ 197 II, 195 BGB verjähren nämlich sowohl dingliche als auch persönliche Zinsen seit dem 1. 1. 2002 schon nach 3 Jahren ab Fälligkeit.[70] Die Verjährung beginnt nicht neu, wenn der Gläubiger an einer von anderen Gläubigern betriebenen Versteigerung nur passiv teilnimmt (durch Anmeldung seiner Forderung). Persönliche Gläubiger nehmen an der Versteigerung und Erlösverteilung ohnehin nur teil, wenn sie selbst die Versteigerung betreiben; dingliche Rechte nehmen zwar an beidem teil, auch wenn aus ihnen nicht betrieben wird, aber die Verjährung beginnt bei jedem einzelnen Recht nur dann neu, wenn aus ihm die Versteigerung betrieben wird (§ 209 II Nr. 5 BGB). Es genügt also nicht, wenn der Gläubiger mehrerer dinglicher Rechte die Versteigerung nur aus einem dieser Rechte beantragt.

TH 1.2.4.3.: Derjenige Gläubiger, der die Zwangsversteigerung zuerst beantragt, hat zwar gegenüber denjenigen Gläubigern, die der Versteigerung später beitreten, nur dann Rangvorteile, wenn es sich um persönliche Gläubiger handelt (§ 11 II); aber er hat vor allem große taktische Vorteile gegenüber dem Schuldner und gegenüber den anderen Gläubigern, weil sich der Schuldner zuerst bei ihm um eine Rückzahlung oder Teilrückzahlung der Schulden bemüht. Schon oft hat ein ganz schlechtrangiger Gläubiger nur durch einen schnellen Versteigerungsantrag erhebliche Zahlungen erhal-

---

[67] Vgl **TH** C. 1.2.4.6.
[68] LG Stuttgart VersR 1961, 576.
[69] Vgl oben A. 1.3.1.
[70] Vgl dazu auch B. 4.4. und **TH** B. 4.4.4.9. sowie B. 5.3.1. (7).

ten, die im Ergebnis oft zu Lasten der besserrangigen Gläubiger gegangen sind!

Im übrigen muß auch an dieser Stelle noch einmal nachdrücklich darauf hingewiesen werden, daß eine (zwar manchmal schwer zu erreichende aber oft durchaus mögliche!) Zusammenarbeit zwischen Gläubiger und Schuldner gerade während des Zwangsversteigerungsverfahrens zu viel besseren wirtschaftlichen Ergebnissen führt, die meist dem Gläubiger und immer dem Schuldner zugute kommen, besonders wenn der Gläubiger dem Schuldner eine erfolgreiche Zusammenarbeit auch noch auf irgendeine Weise honoriert, zum Beispiel durch einen (Teil-)Verzicht auf eine eventuelle Restforderung.

TH 1.2.4.4.: Wenn dem gleichen Gläubiger mehrere dingliche Rechte zustehen, muß er sich entscheiden, aus welchem Recht er die Zwangsversteigerung betreiben will. Die Problematik soll dargestellt werden an folgendem

Beispiel:

Nr. 1 Grundschuld Hauptsumme	5 000,–	Sparkasse
Nr. 2 Grundschuld Hauptsumme	50 000,–	Sparkasse
Nr. 3 Grundschuld Hauptsumme	40 000,–	Sparkasse
Nr. 4 Hypothek Hauptsumme	30 000,–	Volksbank
Nr. 5 Grundschuld Hauptsumme	100 000,–	Sparkasse
Verkehrswert des Grundstücks:	106 000,–	
Persönliche Forderung der Sparkasse:	120 000,–	

(1) Geht die Sparkasse **aus allen Rechten** vor, so hat sie die größte Beweglichkeit in der Zwangsversteigerung, aber es entstehen für sie auch die meisten Kosten. Allerdings werden diese Kosten insbesondere dann weit überschätzt, wenn bereits für alle Grundschulden Vollstreckungstitel vorliegen sollten.

(2) Geht die Sparkasse entsprechend einer verbreiteten Übung nur **aus dem ersten Recht** vor, so sind zwar die Kosten am geringsten. Andererseits provoziert die Sparkasse geradezu eine Ablösung durch den Schuldner, einen Strohmann des Schuldners oder durch einen nachrangigen Gläubiger. Diese können nämlich mit einem vergleichsweise geringen Betrag, der zudem noch hervorragend abgesichert ist, die Sparkasse von der wichtigen Position des bestrangig betreibenden Gläubigers verdrängen und unter Umständen sogar die Zwangsversteigerung aufheben lassen. Deshalb gilt die Regel: je geringer das erste Recht dotiert ist, um so größer ist die Ablösungsgefahr, wenn aus diesem Recht die Zwangsversteigerung bestrangig betrieben wird.

(3) Geht die Sparkasse dagegen **aus ihrem letzten Recht** vor (auch das ist eine verbreitete Übung), so entfällt zwar die Ablösungsgefahr, weil niemand der Sparkasse auf ein so schwach abgesichertes Recht so viel Geld zahlen wird, nur um die Zwangsversteigerung zu vermeiden. Und wird die Sparkasse mit diesem letzten Recht doch abgelöst, kann sie sich freuen, weil dadurch ihre Ausfallgefahr beseitigt wird. Andererseits ergibt sich jetzt unter Umständen ein so hohes geringstes Gebot, daß dadurch der Erfolg der Zwangsversteigerung gefährdet werden könnte; das wäre dann besonders peinlich, wenn die letzte Grundschuld der Sparkasse gar nicht mehr valutiert wäre. Außerdem sind bei diesem Vorgehen die Einflußmöglichkeiten der Sparkasse auf das Gesamtverfahren vor allem dann sehr gering, wenn die Volks-

bank dem Verfahren beitritt und dann bestrangig betreibende Gläubigerin wird.

Es fragt sich deshalb, ob sich unter diesen Gesichtspunkten ein Beitritt aus diesem Recht überhaupt lohnt!

Über das zweckmäßigste Vorgehen kann man daher m. E. keine allgemeingültigen Regeln aufstellen. Es kommt immer auf die Besonderheiten des Einzelfalles an, und da spielen die Höhe der persönlichen Forderung, die Abschätzung des Versteigerungserlöses, die Stückelung und die Rangfolge der eigenen Rechte eine wichtige Rolle. Unter Umständen kann dieses Problem schon bei der Bestellung der Grundschulden dadurch gelöst werden, daß sich der Grundstückseigentümer nur „wegen eines zuletzt zu zahlenden Teilbetrags" der Vollstreckung unterwirft.[71]

TH 1.2.4.5.: Vielleicht können folgende Gesichtspunkte für die Entscheidung hilfreich sein:

(1) Der Gläubiger sollte m. E. immer versuchen, aus einem Recht zu betreiben, mit dem er die größte Wahrscheinlichkeit hat, bestrangig betreibender Gläubiger zu werden und zu bleiben und mit dem er nicht allzu sehr eine Ablösung provoziert: im Beispiel also nicht aus Grundschuld 1 (Ablösungsgefahr) und nicht aus Grundschuld 5 (Volksbank kann bestrangig betreibende Gläubigerin werden).

(2) Stehen dem Gläubiger mehrere Rechte in ununterbrochener Rangfolge zu, so sollte er aus dem letzten dieser Rechte vorgehen, das unter Einrechnung der dinglichen Zinsen bei allen Rechten noch ganz oder teilweise valutiert ist. Dann erlischt dieses Recht zwar mit dem Zuschlag; der Gläubiger ist aber bestrangig betreibender Gläubiger, und der größte Teil seiner Forderung ist innerhalb des geringsten Gebots gesichert. Geht man in unserem Beispiel bei allen Grundschulden von 10% Zinsen für 4 Jahre aus, so ist Grundschuld Nr. 3 noch mit EURO 43 000,– valutiert, so daß aus diesem Recht betrieben werden sollte. Wenn das Meistgebot der Sparkasse nicht ausreichen sollte, kann sie als bestrangig betreibende Gläubigerin durch eine Einstellungsbewilligung nach der Bietstunde aber vor der Zuschlagserteilung das Gebot auch dann zu Fall bringen, wenn es über der $^7/_{10}$-Grenze liegt.[72]

(3) Wenn dem Gläubiger nur ein relativ kleines Recht ganz vorne zusteht (im Beispiel Grundschuld 1), dann verschiedene Rechte für andere Gläubiger und schließlich wieder Rechte für unseren Gläuber folgen, sollte unbedingt sowohl aus dem ersten Recht als auch aus einem weiteren Recht betrieben werden. Der Gläubiger ist dann einerseits bestrangig betreibender Gläubiger; er geht aber aus einem weiteren Recht vor, um im Falle einer Ablösung des bestrangigen Rechts auch weiterhin betreibender Gläubiger zu sein.

Die Ablösungsgefahr beim ersten Recht wird also bewußt in Kauf genommen. Aber abgesehen davon, daß das Ablösungsrecht und -verfahren vielen Beteiligten gar nicht bekannt ist, so daß in der Praxis immer noch wesentlich seltener abgelöst wird, als es zweckmäßig wäre, sollte der Gläubiger alles versuchen, um bestrangig betreibender Gläubiger zu werden. Und außerdem hat ja unser Gläubiger das Recht, sein erstes Recht wieder zurück

---

[71] Vgl **TH** C. 1.1.5.7.
[72] Vgl dazu oben B. 3.2.2. und B. 6.4.

abzulösen, solange der andere Gläubiger noch nicht die einstweilige Einstellung aus dem abgelösten Recht bewilligt hat.[73]

(4) Der Gläubiger kann auch aus möglichst vielen Rechten vorgehen und die etwas höheren Kosten in Kauf nehmen, weil diese gemäß § 10 II ersetzt werden, wenn der Versteigerungserlös ausreicht. Wenn es aber hinsichtlich des Versteigerungserlöses später schwierig werden sollte, kann die sich aus dem mehrspurigen Betreiben ergebende Beweglichkeit als besonders hilfreich herausstellen.

(5) Wenn dem Gläubiger viel an einer schnellen Anordnung der Zwangsversteigerung gelegen ist und er nur zur Grundschuld 1 oder 5 über einen Vollstreckungstitel verfügt, sollte er m.E. zunächst aus diesem Recht die Zwangsversteigerung beantragen und sich parallel dazu aber einen Vollstreckungstitel aus einem geeigneten Recht beschaffen, damit die Ablösungsgefahr (bei Grundschuld 1) beziehungsweise das zu hohe geringste Gebot (bei Grundschuld 5) für den Versteigerungstermin verhindert wird.

(6) Wenn dem Gläubiger eine schnelle Zwangsversteigerung wichtig ist, er aber zu keinem seiner Rechte einen Vollstreckungstitel hat und Schwierigkeiten bei deren Beschaffung befürchtet, kann unter Umständen auch die Ablösung eines titulierten Rechts in Frage kommen, aus dem dann die Versteigerung nach einer Umschreibung und Zustellung des Titels beantragt wird. Dabei muß aber bedacht werden, daß die Ablösung nach §§ 268, 1150 BGB gegen den Willen des Abzulösenden nur durchgesetzt werden kann, wenn dieser selbst Befriedigung aus dem Grundstück verlangt, also praktisch selbst schon die Versteigerung beantragt hat oder „kurz davor ist"; andernfalls kann allenfalls eine einvernehmliche Abtretung versucht werden.

In unserem Beispiel käme also eine Ablösung der Volksbank-Grundschuld durch die Sparkasse in Frage; allerdings darf m.E. durch eine Ablösung niemals ein zusätzliches Sicherheitsrisiko übernommen werden. Das aber wäre hier der Fall, denn sonst brauchte sich die Sparkasse nicht um die Werthaltigkeit ihrer vorgehenden Grundschulden 1–3 zu sorgen.

(7) Es ist schon darauf hingewiesen worden,[74] daß unter Umständen aus Verjährungsgründen die Versteigerung aus allen oder mehreren Rechten betrieben werden muß, wofür dann im Zweifel die vorrangigen Rechte eher in Frage kommen als die nachrangigen; es muß eben aus so vielen Rechten betrieben werden, daß der dingliche Rahmen für die ganze persönliche Forderung ausreicht. Wenn dem gleichen Gläubiger allerdings so viele dinglichen Rechte in ununterbrochener Reihenfolge zustehen, daß er auf die möglicherweise verjährten Zinsen gar nicht mehr angewiesen ist, entfällt dieser Gesichtspunkt.

(8) Im übrigen ist es m.E. in aller Regel nicht sinnvoll, sowohl aus dem dinglichen Recht als auch aus der persönlichen Forderung zu betreiben, wenn die Forderung durch ein Grundpfandrecht gesichert ist. Ausnahmen bestätigen allerdings auch diese Regel: wenn zunächst noch kein dinglicher Titel vorhanden ist, empfiehlt sich meist ein Parallelvorgehen (vergleiche Vorschlag 5); dies kann auch dann sinnvoll sein, wenn nur wenige dingliche

---

[73] Vgl oben B. 7.3.1.
[74] Vgl oben C. 1.2.1. und **TH** C. 1.2.4.2. ebenso B. 4.4. und **TH** B. 4.4.4.9.

Rechte eingetragen sind, oder wenn der Gläubiger aus zwei Verfahren gleichzeitig vorgehen will.

TH 1.2.4.6.: Der Zeitpunkt, in dem die Zwangsversteigerung beantragt wird, spielt ebenfalls eine größere Rolle, als gemeinhin angenommen wird. Einigermaßen bekannt ist noch die Regel, daß der Antrag so rechtzeitig gestellt werden muß, daß die Beschlagnahme noch vor Jahresende wirksam wird; auf diese Weise werden bei kalenderjährlich nachträglicher Fälligkeit auch noch die Zinsen des Vorjahres als „laufende" Zinsen im Sinne des § 13 I 1 „gerettet".

Berücksichtigt werden sollte dabei aber, daß auch andere Gläubiger auf den gleichen Gedanken kommen, so daß die Vollstreckungsgerichte gerade gegen Jahresende besonders belastet sind. Wer also sicherstellen will, daß die Beschlagnahme noch im laufenden Jahr wirksam werden kann, muß den Versteigerungsantrag rechtzeitig (d. h. spätestens Anfang November) stellen und gegebenenfalls telefonisch oder gar persönlich bei Gericht nachfassen, wenn nicht nach 2–3 Wochen angeordnet ist.

Wichtig ist auch noch etwas anderes: Die obengenannte Regel gilt uneingeschränkt nur für vorrangige Gläubiger; sie gilt dagegen nur mit Vorsicht oder gar nicht für nachrangige Gläubiger! Nachrangige dingliche oder nur persönliche Gläubiger verschlechtern meist ihre eigene Position, wenn sie vor Jahresende die Beschlagnahme herbeiführen und damit die Zinsrahmen der ihnen vorgehenden Rechte erhöhen, so daß deren Gläubiger in der Zwangsversteigerung größere Beträge geltend machen können. Dadurch werden natürlich die Befriedigungschancen der nachrangigen Gläubiger entsprechend gemindert!

Übrigens empfiehlt es sich ohnehin für nachrangige Gläubiger, die Zinsfälligkeiten der vorrangigen Rechte genau zu überprüfen, wozu meist auch während der Bietstunde oder zwischen Zuschlag und Verteilungstermin noch genügend Zeit verbleibt. Immer wieder ergibt sich, daß bei dinglichen Rechten tägliche, monatliche, $1/4$- oder $1/2$-jährliche oder nicht kalenderjährlich nachträgliche sondern von der Eintragung an gerechnet jährliche Fälligkeiten gelten.

TH 1.2.4.7.: Wenn der Gläubiger dem Versteigerungsantrag seinen Hypotheken- oder Grundschuldbrief beifügt, wozu er nicht verpflichtet ist, sollte er sich für seine Akten vorher eine Fotokopie vom Brief und von der vollstreckbaren Ausfertigung anfertigen, weil während des Versteigerungsverfahrens immer wieder überraschende Fragen auftauchen können, die nur aus diesen Unterlagen beantwortet werden können. Auf den Fotokopien sollte dann vermerkt werden, daß und wann die Originale an das Gericht geschickt worden sind.

Mit dem Hypotheken- oder Grundschuldbrief kann man auch umgekehrt verfahren, indem man das Original behält und dem Gericht die Fotokopie schickt. Spätestens zum Verteilungstermin muß aber das Original vorgelegt werden; sicherheitshalber sollte es auch in jeden Versteigerungstermin zum eventuell erforderlichen Nachweis des eigenen Rechts mitgenommen werden. Deshalb erleichtert sich der Gläubiger die Arbeit, wenn er das Original von vornherein an das Gericht schickt und sich selbst nur eine Fotokopie zurückhält.

TH 1.2.4.8.: In der Praxis stellt man häufig fest, daß Gläubiger zur Kostenersparnis die Zwangsversteigerung nicht aus dem vollen Betrag sondern nur aus Teilbeträgen betreiben.[75] Bei der Beschaffung des Titels spielt diese Überlegung in der Tat eine gewisse Rolle, weil sich dort die Gebühren nach der Höhe der Forderung richten. Ist der Titel aber schon vorhanden, können durch die Antragsbeschränkung kaum Kosten gespart werden, weil sich nur die Anordnungs- bzw. Beitrittsgebühr überhaupt nach der vollstreckbaren Forderung (und nicht nach dem Verkehrswert oder dem Meistgebot) richtet. Und auch bei der Anordnungs- bzw. Beitrittsgebühr wird die ganze vollstreckbare Forderung zugrunde gelegt, wenn es sich nicht um eine persönliche Forderung der Rangklasse 5 des § 10 I handelt.[76] Dort kann die Antragsbeschränkung also gewisse Kosten ersparen; der Effekt darf aber auch hier nicht überschätzt werden, weil die Kosten ja gemäß § 10 II im Rang der Hauptforderung wieder geltend gemacht werden können.

Im übrigen kann die Antragsbeschränkung bei vorrangigen Rechten, also besonders bei Rechten der 3. und 4. Rangklasse des § 10 I, auch gefährlich werden: Zum einen erhöht sie die Ablösungsgefahr, weil der Ablösungswillige nur einen geringeren Geldbetrag aufwenden muß, um sein taktisches Ziel zu erreichen.[77] Außerdem kann die Antragsbeschränkung unter dem Gesichtspunkt des § 76 zu unangenehmen Folgen führen.[78]

TH 1.2.4.9.:[79] Wenn der Gläubiger nur noch eine Restforderung hat, verlangen die Gerichte gelegentlich eine spezifizierte Forderungsberechnung, aus der auch die geleisteten Teilzahlungen und deren Verrechnung auf Kosten, Zinsen, Hauptstumme zu erkennen sind.[80] Dem kann der Gläubiger unter Umständen durch eine Antragsbeschränkung auf eine Teilforderung ausweichen, weil dann die Spezifizierung überwiegend nicht verlangt wird.[81]

TH 1.2.4.10.: Wenn ein Gläubiger, gestützt auf die BGH-Entscheidung BGHZ 108, 372, 376 ff, eine Vollstreckungsunterwerfung nach § 800 ZPO „wegen eines zuletzt zu zahlenden Teilbetrages" sich hat beurkunden lassen, muß er nach der späteren BGH-Entscheidung (Rpfleger 2007, 488) jetzt berücksichtigen, daß der Schuldner seither eine einstweilige Einstellung der Zwangsvollstreckung schon dann erreichen kann, wenn er „lediglich" diesen genannten Teilbetrag (zuzüglich Kosten) bezahlt. Zwar wird der Vollstreckungstitel erst dann verbraucht, wenn die gesamte Grundschuld bezahlt ist; aber „die größte aktuelle Not" kann der Schuldner schon mit der Teilzahlung durch eine einstweilige Einstellung beseitigen!

---

[75] Vgl dazu auch **TH** C. 1.1.5.7.
[76] Zu den Kosten vgl ausführlich oben B. 8.3.1.
[77] Zur Ablösung vgl ausführlich oben B. 7.
[78] Vgl dazu unten D. 5.6.
[79] Nach Hintzen Rz 216–218.
[80] ZB LG-Darmstadt DGVZ 1984, 88; LG München DGVZ 1978, 170; AG Berlin-Schöneberg JurBüro 1991, 1265.
[81] LG Amberg DGVZ 1992, 157; LG Oldenburg Rpfleger 1989, 236; 1980, 236; LG Bielefeld DGVZ 1984, 121.

1.3. Anordnung des Verfahrens

1.3.1. Anordnungsbeschluß

1.3.1.1. Prüfungsumfang

Auf Antrag des Gläubigers ordnet das gemäß §§ 1 und 2 zuständige Vollstreckungsgericht die Zwangsversteigerung an,[82] wenn die für den Beginn der Zwangsvollstreckung erforderlichen Urkunden vorliegen (§ 16 II), die allgemeinen Vollstreckungsvoraussetzungen erfüllt sind (§§ 750, 751, 756, 765 ZPO) und dem Gericht keine aus dem Grundbuch ersichtlichen Rechte bekannt sind, die der Zwangsversteigerung entgegenstehen (§ 28). Außerdem müssen etwa zu beachtende Fristen eingehalten sein: so darf die Zwangsvollstreckung aus selbständigen Kostenfestsetzungsbeschlüssen, aus Beschlüssen nach § 794 I Nr. 2a ZPO und aus Urkunden nach § 794 I Nr. 5 ZPO gemäß § 798 ZPO nur erfolgen, wenn der Vollstreckungstitel dem Schuldner mindestens 2 Wochen vorher zugestellt ist.[83]

Das Gericht prüft nur die formelle Zulässigkeit der beantragten Zwangsversteigerung und die formelle Ordnungsmäßigkeit des Titels samt Klausel und Zustellung (§§ 724, 725, 730, 99, 978 ZPO). Dagegen prüft das Gericht nicht die materielle Anspruchsberechtigung; es prüft auch nicht, ob die Vollstreckungsklausel zu Recht erteilt worden ist.[84]

Geprüft wird auch die Parteifähigkeit und Prozeßfähigkeit von Gläubigern und Schuldner,[85] wobei (m. E. zu Unrecht) auch vertreten wird, auf die Prozeßfähigkeit des Schuldners komme es erst an, wenn dieser sich aktiv am Verfahren beteilige.[86] Streitig ist auch die Frage, ob das Vollstreckungsgericht die Prozeßfähigkeit noch überprüfen darf, wenn diese vom Prozeßgericht geprüft und festgestellt worden ist und keine sachlichen Änderungen eingetreten sind.[87]

In gewissem Umfang kann das Gericht auch prüfen, ob das Rechtsschutzbedürfnis für den Versteigerungsantrag gegeben ist. Nach Dassler-Schiffhauer-Gerhardt[88] soll das Gericht den Antrag zum Beispiel zurückweisen, wenn der Gläubiger keine, auch keine teilweise Befriedigung aus dem Grundstück erwarten kann. Andere wollen bei einer endgültig **zwecklosen Zwangsversteigerung** durch eine analoge Anwendung des (unmittelbar nur für die Mobiliarzwangsvollstreckung geltenden) § 803 II ZPO erreichen, daß der

---

[82] Zur Bestimmung des zuständigen Gerichts gemäß § 2 II 1, wenn die gemeinsam zu versteigernden Grundstücke in verschiedenen AG-Bezirken liegen, vgl BGH NJW-RR 1986, 1383; BayOblG Rpfleger 1998, 79. Zur Anordnung der Teilungsversteigerung vgl Storz, Teilungsversteigerung C. 3.2.

[83] Allerdings ist ein Verstoß gegen die Wartefristen durch Fristablauf heilbar: OLG Hamm NJW 1974, 1516.

[84] Vgl Stöber § 15 Anm 3.5.

[85] Zum Fehlen oder späteren Wegfall der Prozeßfähigkeit vgl Stöber § 1 Anm 57.

[86] So OLG Frankfurt Rpfleger 1975, 441; **anders** (wie hier) jetzt Dassler-Muth § 15 Rz. 44.1; Stöber Einl Anm 44.1.

[87] Vgl dazu Stöber Einl Anm 44.2.

[88] § 15 Anm 7 und § 30a Anm 2b; vgl auch Schiffhauer: „Die offensichtlich aussichtslose Zwangsversteigerung" Rpfleger 1983, 236.

Versteigerungsantrag als unzulässig zurückgewiesen bzw ein bereits angeord-
netes Verfahren von Amts wegen aufgehoben wird;[89] nach Beginn der Versteigerung soll allerdings nur noch nach § 77 verfahren werden.[90]

Angesichts der in den letzten Jahren erschreckend angewachsenen Zahl der
Zwangsversteigerungsverfahren und insbesondere auch solcher Verfahren, die
nach langer Dauer ergebnislos aufgehoben werden müssen, sind ernsthafte
Überlegungen zur Vermeidung eindeutig und endgültig zweckloser Zwangsversteigerungen sehr wichtig: der Rechtspfleger sollte von Amts wegen die
Möglichkeit dazu haben, wobei es meines Erachtens weniger wichtig ist, ob
er sich dabei auf fehlendes Rechtsschutzbedürfnis stützt[91] oder auf eine analoge Anwendung des § 803 II ZPO.[92]

Es muß aber zu allergrößter Zurückhaltung bei diesem sehr weitgehenden
Eingriff geraten werden: Zunächst ist zu sagen, daß das Vollstreckungsgericht
in aller Regel aus dem Antrag und den beigefügten Unterlagen nichts oder
zu wenig über Aussichtslosigkeit der Vollstreckungsbemühungen ersehen
kann; der Gläubiger könnte zum Beispiel lediglich aus Zeitgründen aus einem schlechtrangigen Recht vorgehen. Hinzu kommt, daß das Gericht zur
Zeit des Versteigerungsantrages meist nicht abschätzen kann, welcher Erlös
durch die Zwangsversteigerung erzielt werden wird. Frühestens ist eine Beurteilung nach der Festsetzung des Verkehrswertes möglich.[93]

Und schließlich könnte sich eine Situation ergeben, die zu folgender Entscheidung des BGH geführt hat: Bleibt das Recht des betreibenden Gläubigers (zB nach § 9 I EGZVG) von der Zwangsversteigerung unberührt, und
kommt deshalb für jeden anderen Interessenten die Abgabe eines Gebots
nicht in Betracht (weil das geringste Gebot zu hoch ist), verstößt der Gläubiger, wenn er das Grundstück zum geringsten Gebot ersteigert, um es sogleich
lastenfrei zu einem höheren Preis zu veräußern, jedenfalls dann nicht gegen
Treu und Glauben, wenn dessen Erträge nicht ausreichen, seine Forderung zu

---

[89] Schiffhauer bejaht die Zwecklosigkeit schon dann, wenn der Wert des geringsten
Gebots den Grundstückswert um 30% übersteigt (Rpfleger 1983, 239); Niederée bei
33% (DRpflZ 1976, 14); AG Bonn bei 140% (DRpflZ 1973, 100); LG Augsburg
bei 210% (Rpfleger 1986, 146); LG Düsseldorf bei 240% (Rpfleger 1987, 210);
LG Limburg bei 900% (DGVZ 1970, 186); **dagegen** haben an OLG Koblenz
(Rpfleger 1986, 25) bei 45% und das LG Oldenburg bei 96% die endgültige Zwecklosigkeit noch nicht unbedingt bejahen wollen (Rpfleger 1982, 303). – Solche
Prozentsätze sind mE. ohnehin außerordentlich problematisch, vor allem auch angesichts der großen Oberflächlichkeit und Treffunsicherheit vieler Schätzungsgutachten;
ähnlich auch Meyer-Stolte in Anm zu OLG Koblenz Rpfleger 1986, 25. – Vgl auch
OLG Düsseldorf Rpfleger 1989, 470; OLG Hamm Rpfleger 1989, 34; Stöber Einl
48.8.

[90] Wieser Rpfleger 1985, 96 mit einer ausführlichen – wenn auch mE etwas einseitigen – Darstellung des Problems; ähnlich (aber ohne Auseinandersetzung mit Literatur
und Rechtsprechung) LG Berlin Rpfleger 1987, 209.

[91] Vgl LG Limburg Rpfleger 1977, 219; Steiner-Hagemann §§ 15, 16 Rdnr 135;
Schiffhauer Rpfleger 1978, 403; Niederée DRpflZ 1976, 15.

[92] Ebenso ausdrücklich OLG Koblenz Rpfleger 1986, 25.

[93] OLG Hamm Rpfleger 1989, 34; OLG Koblenz Rpfleger 1986, 25; LG Krefeld
Rpfleger 1996, 120; 1994, 35; LG Freiburg Rpfleger 1989, 469; LG Münster Rpfleger
1989, 34; LGs Aachen, Göttingen, Stade Rpfleger 1988, 420; LG Oldenburg Rpfleger
1982, 303 **anders aber** eindeutig BGH Rpfleger 2004, 302 für die Zwangsversteigerung und Rpfleger 2002, 578 für die Zwangsverwaltung!

erfüllen, und er keine Aussicht hat, diese in absehbarer Zeit gegen den persönlichen Schuldner durchzusetzen.[94]

Entscheidend ist aber m. E., daß sich die Zwecklosigkeit der Versteigerung meist erst während des Verfahrens herausstellt und zwar aus Gründen, die vorher weder die Beteiligten noch der Rechtspfleger erkennen konnten. Für diese Fälle bieten schon jetzt der Vollstreckungsschutz gem § 30a und § 765a ZPO[95] sowie die §§ 29, 30, 77 in aller Regel genügend Möglichkeiten, so daß sich die Notwendigkeit für ein so weitgehendes Einschreiten des Rechtspflegers nur für die Ausnahmefälle besonders uneinsichtiger Gläubiger ergibt.

Der Bundesgerichtshof hat aber jetzt klargestellt, daß § 803 II ZPO weder auf Zwangsverwaltungs- noch auf Zwangsversteigerungsverfahren (entsprechend) anwendbar ist, so daß diese Verfahren vom Rechtspfleger nicht mit der Begründung aufgehoben werden dürfen, ein Erlös sei für den Gläubiger nicht zu erwarten.[96]

Andererseits kann die Frage nach dem Rechtsschutzbedürfnis m. E. durchaus auch im entgegengesetzten Fall gestellt werden, wenn nämlich die Kommune mit einer Kleinstforderung einem bereits laufenden Versteigerungsverfahren beitritt, obwohl ihre Forderung auch ohne Beitritt das Vorrecht der Rangklasse 3 des § 10 I genießt und absolut sicher aus dem Versteigerungserlös befriedigt werden kann. Derartige Beitritte werden in letzter Zeit immer häufiger und belasten den Schuldner beziehungsweise benachteiligen sie die nachrangigen Gläubiger mit den Kosten. Nur in wenigen Fällen rechtfertigt die der Allgemeinheit gegenüber zweifellos gegebene Aufgabe, fällige Steuern und Abgaben vollständig und zeitnahe beizutreiben, eine derartige Aktivität in Zwangsversteigerungsverfahren. Aber zB der Beitritt zu einer bereits laufenden Zwangsversteigerung beschleunigt diese nicht, und angesichts der auch bei öffentlichen Lasten üblichen hohen Verzugszinsen kann auch nicht von wirtschaftlichen Nachteilen gesprochen werden, zumal ja in aller Regel für die Rangklasse 3 keinerlei Sicherheitsrisiko besteht!

Unter Umständen kann die Zwangsversteigerung auch einmal unzulässig sein, wenn sie wegen einer Minimalforderung (**„Bagatellforderung"**) beantragt wird und der Gläubiger vorher keine anderen Beitreibungsversuche gemacht hat.[97] Aber auch in diesen Fällen ist m. E. größte Vorsicht mit einer Zurückweisung des Versteigerungsantrags wegen fehlenden Rechtsschutzbedürfnisses geboten. Es gibt nämlich keinen allgemeinen Grundsatz des Inhalts, daß die Zwangsversteigerung oder Zwangsverwaltung wegen einer nur gerin-

---

[94] BGH Rpfleger 1984, 364.

[95] Darauf kann das Gericht den Schuldner gem § 139 ZPO ausdrücklich hinweisen; so auch OLG Köln MDR 1972, 877.

[96] BGH Rpfleger 2002, 578 (Zwangsverwaltung) und Rpfleger 2004, 302 (Zwangsversteigerung); im Ergebnis ebenso: OLG Hamm Rpfleger 1989, 34; LG Koblenz Rpfleger 1998, 300, 26; Detmold Rpfleger 1998, 35; LG Krefeld Rpfleger 1996, 120; LG Münster und LG Dortmund JurBüro 1988, 1416, 1417; LGs Aachen, Göttingen und Stade Rpfleger 1988, 420; **anders:** LG Regensburg NJW-RR 1988, 447; LG Düsseldorf Rpfleger 1987, 210; LG Bonn Rpfleger 1987, 424; LG Bielefeld Rpfleger 1987, 424.

[97] BVerfG NJW 1979, 534, Sondervotum Böhmer; vgl dazu auch LG Oldenburg KTS 1982, 146; AG Mainz Rpfleger 1981, 26; LG Frankenthal Rpfleger 1979, 433. – Vgl dazu insbesondere Schiffhauer ZIP 1981, 832; auch Kirchner Rpfleger 2004, 395.

gen Forderung nicht betrieben werden dürfe,[98] und gerade Bagatellforderungen müßten vom Schuldner (der immerhin Grundstückseigentümer ist!) auch in bedrängten Verhältnissen bezahlt werden können.[99] Evtl besondere Härten bei der Durchführung der Zwangsversteigerung im Einzelfall können über § 765a ZPO[100] aufgefangen werden.[101] Deshalb fehlt im Ergebnis auch dem Zwangsversteigerungsantrag aus einer Bagatellforderung grundsätzlich nicht das Rechtsschutzbedürfnis.[102]

Das Rechtsschutzbedürfnis kann schließlich fehlen, wenn die Zwangsversteigerung zur **Verfolgung rechtswidriger Ziele mißbraucht** wird,[103] zum Beispiel zur Umgehung der Genehmigungspflicht aus § 2 Grundstücksverkehrsgesetz.[104]

Bei der Prüfung der Voraussetzungen für die Anordnung der Zwangsversteigerung hat das Vollstreckungsgericht viele verschiedene Gesichtspunkte zu berücksichtigen, deren Nichtbeachtung unter Umständen Haftungsfolgen für den Rechtspfleger (und gegebenenfalls auch für den Rechtsanwalt von Schuldner, Gläubigern oder anderen Beteiligten) haben kann.

Die Prüfung der Voraussetzungen und die Entscheidung über den Versteigerungsantrag beanspruchen daher die größte Sorgfalt des Rechtspflegers. Die Entscheidung über den Antrag ist aber nicht nur sorgfältig sondern wegen der großen Bedeutung des Zeitfaktors[105] auch mit größter Beschleunigung zu treffen.[106] Eine unverzügliche Entscheidung ist insbesondere deshalb wichtig, weil mit einem Zuwarten für persönliche Gläubiger ein Rangnachteil entstehen kann, wenn vor der Anordnung noch weitere Gläubiger die Zwangsversteigerung beantragen, so daß über alle Anträge gemeinsam entschieden wird: neue dingliche Gläubiger erhalten dann sogar einen Vorrang, andere persönliche Gläubiger den Gleichrang. Beides geschieht zum Nachteil des persönlichen Gläubigers, über dessen Antrag nicht unverzüglich entschieden worden ist.

Weitere erhebliche Nachteile wegen zu großer Verzögerung können im Zinsverlust wegen zu später Beschlagnahme[107] oder wegen nicht rechtzeitig unterbrochener Verjährung[108] liegen.

Ob das Gericht den Schuldner vor der Entscheidung über den Antrag hören will oder nicht, liegt zwar grundsätzlich in seinem pflichtgemäßen Ermessen. In aller Regel wird eine derartige Anhörung aber weder nötig noch

---

[98] BGH NJW 1973, 894; OLG Düsseldorf NJW 1980, 1171; OLG Schleswig Rpfleger 1979, 470; Schiffhauer ZIP 1981, 832.
[99] OLG Düsseldorf NJW 1980, 1171.
[100] Vgl oben B. 3.1.2.
[101] LG Frankenthal Rpfleger 1979, 433; Schiffhauer ZIP 1981, 832; Wieser ZZP 98 (1985), so; Vollkommer Rpfleger 1982, 1.
[102] OLG Düsseldorf NJW 1980, 1171; OLG Schleswig Rpfleger 1979, 470; Zeller-Stöber Einl 48.6; Steiner-Hagemann §§ 15, 16 Rz 128; Böhmer NJW 1979, 535; **anders:** AG Mainz Rpfleger 1981, 26.
[103] Vgl BGH NJW 1973, 894; 1970, 2033; LG Limburg DGVZ 1970, 186; RGZ 155, 72.
[104] OLG Stuttgart Rpfleger 1981, 241; LG Koblenz Rpfleger 1997, 269.
[105] Vgl oben B. 4.4. und B. 5.4. und C. 1.2.1. und **TH** C. 1.2.4.5.
[106] Vgl Zeller/Stöber Rdn 110 und **TH** C. 1.3.4.1.
[107] Vgl dazu B. 5.4. und **TH** C. 1.3.4.1.
[108] Vgl **TH** C. 1.2.4.2.

sinnvoll sein; sie ist auch in der Praxis sehr selten. Dem Schuldner steht ja nicht nur der Vollstreckungsschutzantrag nach § 30a oder § 765a ZPO, sondern auch die Möglichkeit zu, mit Rechtsmitteln unmittelbar gegen den Anordnungsbeschluß vorzugehen. Nach dem BGH macht die Gewährleistung des Zweckes der Zwangsversteigerung regelmäßig auch die Nichtanhörung des Schuldners vor der Anordnung der Zwangsversteigerung erforderlich, und zwar auch dann, wenn der Gläubiger das Verfahren wegen eines dinglichen Rechtes betreibt.[109]

1.3.1.2. Fehlerhafte/unvollständige Anträge

Steht der Zwangsversteigerung ein grundbuchmäßiges Recht entgegen, oder ist der Antrag fehlerhaft oder unvollständig, so muß das Gericht vor einer Zurückweisung des Antrags dem Gläubiger Gelegenheit zur Beseitigung des Mangels beziehungsweise Vervollständigung des Antrags oder der Unterlagen geben, wenn dies überhaupt theoretisch möglich ist. Dies kann geschehen durch eine formelle Zwischenverfügung oder durch einen formlosen Hinweis; beides hat seine Rechtsgrundlage in § 139 ZPO.

Soweit die Zwischenverfügung eine Frist enthält, muß sie dem Gläubiger von Amts wegen förmlich zugestellt werden (§ 329 III ZPO); zweckmäßigerweise wird sie dem Gläubiger aber zuerst formlos mitgeteilt.[110] Die Zwischenverfügung ist aber nicht rangwahrend, weil sich die Rangfolge der persönlichen Gläubiger gemäß § 11 II und auch die Berechnung der laufenden Zinsen gemäß § 13 nach der Beschlagnahme richtet, die mit der Zustellung des Anordnungsbeschlusses wirksam wird, der wiederum einen fehlerfreien und vollständigen Versteigerungsantrag voraussetzt.

Wenn es sich nicht um grundlegende oder schwerwiegende oder nur langwierig zu beseitigende Mängel handelt, erspart der Rechtspfleger sich selbst und dem Gläubiger Arbeit und Verdruß, wenn er sich zunächst formlos mit dem Gläubiger in Verbindung setzt und diesen auf den Mangel hinweist. Wenn der Gläubiger sich dann nicht ohne weiteres zur Mängelbeseitigung bereiterklärt, kann die formelle Zwischenverfügung immer noch ergehen; das ist aber in der Praxis meist nicht mehr nötig.

Wenn es sich lediglich um einen offensichtlichen Schreib- oder Rechenfehler oder um einen aus anderem Grund unbedeutenden Mangel handelt, darf und muß m. E. das Gericht von sich aus korrigieren; gegebenenfalls kann der Rechtspfleger auch hier die telefonische Zustimmung des Gläubigers einholen. Dieses formlose Verfahren hat sich in der Praxis dort längst eingebürgert, wo der Rechtspfleger den Gläubiger beziehungsweise den Gläubiger-Vertreter (zum Beispiel Mitarbeiter eines ortsansässigen Kreditinstituts) kennt; es hat sich auch durchaus bewährt. Deshalb gebietet es m. E. der Gleichbehandlungsgrundsatz, daß der Rechtspfleger auch die ihm nicht persönlich bekannten Gläubiger genauso behandelt.

Verschiedene Beispiele aus der Praxis, in denen Gerichte m. E. zu unrecht und überformell den Weg einer förmlichen Zwischenverfügung gewählt und

---

[109] BGH Rpfleger 1984, 363.
[110] Vgl Zeller/Stöber Rdn 112 mit Muster einer Zwischenverfügung.

dem Gläubiger durch den damit verbundenen Zeitverlust unnötige Nachteile zugefügt haben:

(1) Der Antrag wurde nicht doppelt sondern nur einfach eingereicht (m. E. kann doppelte Ausfertigung nicht verlangt werden).

(2) Auf Grund eines leicht erkennbaren Rechenfehlers wurden für 4 Tage zuviel Zinsen geltend gemacht.

(3) Die Größenangaben für das Grundstück differierten (ohne die Identität des Grundstücks in Frage zu stellen) zwischen Grundbuch und Grundschuldbrief beziehungsweise Vollstreckungstitel um 15 m² oder 0,02 ....

1.3.1.3. Die Entscheidung

Wenn das Gericht die Prüfung aller Voraussetzungen für die Zwangsvollstreckung positiv abschließen konnte und alle eventuellen Mängel behoben sind, wird die Versteigerung angeordnet (§ 15). Dabei ist das Gericht auch im Umfang der Anordnung an den Antrag des Gläubigers gebunden.

Liegen mehrere entscheidungsreife Versteigerungs-Anträge von einem oder von verschiedenen Gläubigern vor, so wird über alle Anträge gemeinsam entschieden. Die zeitliche Reihenfolge der Antragseingänge spielt im Gegensatz zu § 13 GBO hier keine Rolle. Es wird dabei allerdings unterstellt, daß das Gericht über keinen der Anträge hätte früher entscheiden können, sonst ergeben sich unter Umständen Haftungsfragen.

Durch die gemeinsame Entscheidung fällt zwar die Anordnungsgebühr nur einmal an;[111] es erfolgt auch eine gleichzeitige Zustellung. Und der Rangvorteil des § 11 II geht verloren, weil alle persönlichen Ansprüche dieses Beschlusses jetzt gleichrangig sind, und gegenüber neuen dinglichen Rechten (zum Beispiel Zwangshypotheken) wirkt die Beschlagnahme noch nicht, so daß diese sogar Rang vor den gleichzeitigen persönlichen Ansprüchen erhalten.

Aber trotz des einheitlichen Anordnungsbeschlusses bleiben die verschiedenen Verfahren der einzelnen Gläubiger oder des gleichen Gläubigers voneinander unabhängig[112] und zwar genauso, als wäre jeweils ein getrennter Anordnungs- oder Beitrittsbeschluß ergangen.

Wenn ein Gläubiger einen dinglichen und einen persönlichen Titel vorlegt, so will er im Zweifel dinglich und persönlich betreiben;[113] auch hier liegt m. E. ein Fall vor, wo der Rechtspfleger durch eine kurze Rechtsfrage alles klären und spätere Schwierigkeiten vermeiden kann.

Wenn ein Gläubiger die Zwangsversteigerung wegen eines dinglich gesicherten Anspruchs sowohl dinglich als auch persönlich beantragt, aber keinen dinglichen Titel vorlegt, soll das Gericht wenigstens dem persönlichen Antrag entsprechen und die Zwangsversteigerung anordnen. Auch wenn gleichzeitig der dingliche Antrag zurückgewiesen wird (bei kurzfristig behebbaren Mängeln ist eine Zwischenverfügung angebracht), entstehen keine besonderen Kosten, weil die Höhe des verfolgten Anspruchs nicht berührt wird. Will und kann der Gläubiger später auch dinglich betreiben, so kann er gemäß § 27 dem Verfahren beitreten.

---

[111] Vgl oben B. 3.6.1.1.
[112] Vgl B. 1.2.
[113] Vgl Zeller/Stöber Rdn 116.

Unter anderem auch wegen derartiger Konstellationen muß der Anordnungs- oder Beitrittsbeschluß die Rechtsnatur des Anspruchs und dessen rangmäßige Einordnung nach § 10 und § 11 zweifelsfrei erkennen lassen.[114] Diese Angaben wirken aber naturgemäß nur deklaratorisch; eine falsche Angabe hat also auf Rechtsnatur oder Rangstelle des Anspruchs keinen Einfluß. Trotzdem muß das Gericht sehr sorgfältig arbeiten und eventuelle Fehler unverzüglich berichtigen, weil sich die Beteiligten unter Umständen auf diese Angaben verlassen und falsche Schlüsse ziehen, so daß Amtshaftungsprobleme entstehen könnten.

Über Form und Inhalt des Anordnungsbeschlusses[115] enthält das ZVG im übrigen keine näheren Vorschriften. Schon aus Zustellungsgründen (vgl § 8) muß in aller Regel die Schriftform gewählt werden. Inhaltlich muß der Anordnungsbeschluß mindestens enthalten:

(1) Gerichts-, Orts- und Datumsangabe, Aktenzeichen und ähnliches;[116]

(2) Bezeichnung von Eigentümer, Grundstück, Anspruch und Vollstreckungstitel;[117]

(3) Zweckmäßig ist ein Hinweis darauf, daß der Beschluß zugunsten des Gläubigers als Beschlagnahme gilt (§ 20 I);

(4) Zweckmäßig ist ein Hinweis darauf, daß die Zwangsversteigerung auch wegen der notwendigen Rechtsverfolgungskosten betrieben wird (§ 10 II);

(5) in der Praxis häufig aber meist ohne Erfolg[118] ist die Aufforderung an den Schuldner zur Bekanntgabe eventueller Mieter und Pächter und eventueller Mietvorauszahlungen;

(6) zweckmäßigerweise wird entweder direkt in den Anordnungsbeschluß aufgenommen oder diesem angefügt der gemäß § 30 b I vorgeschriebene „Hinweis" des Schuldners auf seine Möglichkeit, einen Vollstreckungsschutz-Antrag nach § 30 a zu stellen.[119]

Der Anordnungsbeschluß wird dem Schuldner formell zugestellt (§ 8 i. V. m. § 329 ZPO), dem Gläubiger aber nur formlos mitgeteilt;[120] lediglich eine teilweise oder vollständige Zurückweisung des Antrags wird auch dem Gläubiger formell zugestellt. Dagegen wird der Anordnungsbeschluß den übrigen Beteiligten (§ 9) weder zugestellt noch mitgeteilt. Gewisse zusätzliche Mitteilungspflichten bestehen unter Umständen gegenüber Finanzbehörden sowie bei Entschuldungsbetrieben, Heimstätten, Erbbaurechten; auf Antrag des Gläubigers erfolgt auch eine Zustellung an Mieter und Pächter, wenn sich der Gläubiger gegen Vorausverfügungen schützen will (vgl § 57 b). Landesrechtlich können weitere Mitteilungspflichten bestehen.[121]

---

[114] Vgl Stöber § 15 Anm 4.4.

[115] Vgl das Beispiel im Anhang **AT** Nr. 5; weitere Muster bei Stöber § 15 Anm 4.2. – Zur Anordnung der Zwangsversteigerung bei Auslandsberührung vgl Rellermeyer Rpfleger 1997, 509.

[116] Vgl Zeller/Stöber Rdn 115.

[117] Ergibt sich aus §§ 15, 16.

[118] Vgl Stöber § 15 Anm 47.6; – Zu Mietern/Pächtern vgl oben B. 1.3.

[119] Vgl oben B. 3.1.1.

[120] Vgl Stöber § 15 Anm 47.1 und 47.2.

[121] Stöber § 15 Anm 47.5. – Vgl dazu Steiner-Storz Band II S. 2049–2051.

Wird ein Anordnungs- oder Beitrittsbeschluß nicht ordnungsgemäß an den Schuldner oder seinen legitimierten Vertreter zugestellt, so kann dieser Mangel nicht geheilt werden.[122]

1.3.1.4. Zurückweisung des Antrags

Wenn der Versteigerungsantrag fehlerhaft oder unvollständig ist, kann das Gericht dem Gläubiger durch eine befristete Zwischenverfügung Gelegenheit zur Behebung des Mangels geben. Die Frist kann unter Umständen verlängert werden. Kann das Vollstreckungshindernis aber nicht beseitigt werden, so wird der Antrag zurückgewiesen. Eine vorherige Anhörung des Schuldners ist nicht erforderlich, in aller Regel wird ihm der Zurückweisungsbeschluß auch nicht mitgeteilt.

Der Zurückweisungsbeschluß[123] ist im ZVG nicht ausdrücklich geregelt. Entsprechend allgemeingültigen Verfahrensregeln gilt aber folgendes: Der Beschluß muß begründet werden, damit der Gläubiger weiß, worauf die Zurückweisung beruht und worauf er gegebenenfalls seine Rechtsmittel (sofortige Beschwerde gemäß § 793 ZPO)[124] stützen kann. Aus dem gleichen Grund wird der Zurückweisungsbeschluß dem Gläubiger von Amts wegen formell zugestellt.

1.3.1.5. Rechtsmittel

(1) Gegen die Zurückweisung des Versteigerungs- oder Beitrittsantrags kann sofortige Beschwerde gemäß § 793 ZPO vom Gläubiger eingelegt werden.

(2) Gegen die Anordnung der Zwangsversteigerung oder die Zulassung des Beitritts kann der Schuldner zunächst Erinnerung gemäß § 766 ZPO einlegen, wenn er – wie das die Regel ist – vor der Entscheidung nicht gehört worden ist.[125] Wenn der Rechtspfleger dieser Erinnerung nicht abhilft, entscheidet der Richter, und gegen dessen Entscheidung ist die sofortige Beschwerde gemäß § 793 ZPO gegeben. Weitere Beschwerde gemäß § 568 II ZPO ist bei neuem selbständigen Beschwerdegrund möglich.

Ist der Schuldner vor der Anordnung der Versteigerung beziehungsweise der Beitrittszulassung gehört worden, so kann er sofortige Beschwerde einlegen.

(3) Einwendungen gegen den durch den Vollstreckungstitel festgestellten Anspruch sind durch die Vollstreckungsabwehrklage gemäß § 767 ZPO geltend zu machen,[126] während Einwendungen gegen die Zulässigkeit der Vollstreckungsklausel nur in dem Verfahren nach §§ 732, 768 ZPO erhoben werden können.[127]

(4) Gegen die Eintragung eines Zwangsversteigerungsvermerks im Grundbuch ist die unbeschränkte Grundbuchbeschwerde mit dem Ziel der Lö-

[122] Dassler-Schiffhauer-Gerhardt 11. Auflage 1979 § 15 Anm 6a.
[123] Muster vgl Zeller/Stöber Rdn 113.
[124] Vgl oben B. 8.2.1.
[125] OLG Hamm KTS 1977, 177.
[126] Vgl oben B. 8.2.1.3.
[127] Vgl Stöber § 95 Anm 3.1.

schung statthaft.[128] Die Löschung setzt ein Ersuchen des Vollstreckungsgerichts nicht voraus.[129]

1.3.2. Wirkungen der Anordnung

§ 19 ZVG

(1) Ordnet das Gericht die Zwangsversteigerung an, so hat es zugleich das Grundbuchamt um Eintragung dieser Anordnung in das Grundbuch zu ersuchen.

(2) Das Grundbuchamt hat nach der Eintragung des Versteigerungsvermerks dem Gericht eine beglaubigte Abschrift des Grundbuchblatts und der Urkunden, auf welche im Grundbuche Bezug genommen wird, zu erteilen, die bei ihm bestellten Zustellungsbevollmächtigten zu bezeichnen und Nachricht zu geben, was ihm über Wohnort und Wohnung der eingetragenen Beteiligten und deren Vertreter bekannt ist. Statt der Erteilung einer beglaubigten Abschrift der Urkunden genügt die Beifügung der Grundakten oder der Urkunden.

(3) Eintragungen im Grundbuch, die nach der Eintragung des Vermerks über die Anordnung der Zwangsversteigerung erfolgen, soll das Grundbuchamt dem Gericht mitteilen.

(1) Das Gericht wird zunächst den Anordnungsbeschluß an den Schuldner zustellen und das Grundbuchamt um Eintragung des Zwangsversteigerungsvermerks ersuchen. Das Grundbuchamt muß dem Ersuchen entsprechen, ohne die Voraussetzungen der Zwangsversteigerung zu prüfen, und es muß den Vermerk: „Die Zwangsversteigerung ist angeordnet" auch dann eintragen, wenn der Schuldner nicht als Eigentümer des Grundstücks eingetragen ist.[130] Bzgl der Eintragung des Zwangsversteigerungsvermerkes gibt es eine Reihe von Zweifelsfragen, die der Praxis gelegentlich Probleme bereiten.[131]

Der Versteigerungsvermerk bewirkt eine relative Verfügungsbeschränkung (§§ 23 II, 123 BGB) zu Lasten des Eigentümers. Dagegen bewirkt der Zwangsversteigerungsvermerk keine Grundbuch-Sperre.

Gemäß § 19 III soll das Grundbuchamt dem Vollstreckungsgericht eventuelle nach dem Versteigerungsvermerk erfolgte Eintragungen mitteilen. Durch diese Mitteilung wird aber die Anmeldepflicht für solche Rechte (vgl § 9 Nr. 2!) nicht berührt.

(2) Der Anordnungsbeschluß gilt gemäß § 20 I zugunsten des Gläubigers als Beschlagnahme des Grundstücks, die aber gemäß § 22 I erst wirksam wird, wenn der Beschluß dem Schuldner zugestellt ist oder das Ersuchen beim Grundbuchamt eingeht.[132]

---

[128] BayObLG Rpfleger 1997, 101; KG HRR 1930 Nr. 1509; Stöber § 19 Anm 6.2; **str. aA:** Steiner-Hagemann § 19 Rz 17; Dassler/Muth § 19 Rz 14.
[129] BayObLG Rpfleger 1997, 101; **anders noch:** KG HRR 1930 Nr. 1509.
[130] Vgl Steiner-Hagemann § 19 Rz 11.
[131] Vgl dazu die ausführliche Darstellung mit begrüßenswerten Lösungsvorschlägen von Hagemann Rpfleger 1984, 397; vgl dazu auch die **Entgegnung** von Tröster Rpfleger 1985, 337. – Zur Behandlung noch unerledigter anderer Eintragungsanträge vgl Baum Rpfleger 1990, 141.
[132] Vgl oben B. 5.1.

Die Beschlagnahme hat eine Reihe von Wirkungen gegenüber dem Schuldner, aber auch gegenüber den anderen Gläubigern, was insbesondere für Gläubiger der 5. Rangklasse des § 10 I wichtig ist.[133]

(3) Mit der Zustellung des Anordnungsbeschlusses bei Mietern oder Pächtern gilt die Zwangsversteigerung auch diesen gegenüber als bekannt, so daß sie keine dem Gläubiger gegenüber wirksamen Vorausverfügungen über den Mietpreis mehr treffen können.

(4) Mit dem Wirksamwerden der Beschlagnahme kann der Gläubiger alle besonderen Rechte eines betreibenden Gläubigers für sich beanspruchen.[134] Für dingliche Gläubiger der 4. Rangklasse des § 10 I wirkt sich die Vorzugsstellung des betreibenden Gläubigers allerdings spürbar nur aus, wenn er auch bestrangig betreibender Gläubiger ist.

Im übrigen ist auf § 44 II hinzuweisen, wonach ein Anspruch der Feststellung des geringsten Gebots nur dann zugrunde gelegt werden darf, wenn der ihm betreffende Anordnungs- oder Beitrittsbeschluß mindestens 4 Wochen vor dem Versteigerungstermin zugestellt worden ist (während einer einstweiligen Einstellung wird der Anspruch ebenfalls nicht berücksichtigt).

(5) Uneinigkeit herrscht zwischen den Kommentatoren in der Frage, welcher Zeitpunkt als „Beginn der Zwangsvollstreckung" im Sinne des § 779 I ZPO anzusehen ist. Während dies nach Stöber[135] das Wirksamwerden der Beschlagnahme im Sinne des § 23 I ist, soll nach einer starken anderen Meinung der Beginn schon auf den Zeitpunkt vorverlegt werden, in dem die Beschlußausfertigung zur Zustellung gegeben wird.[136]

Eine klare Antwort auf diese Frage ist insbesondere dann wichtig, wenn der Schuldner stirbt oder in Konkurs gerät. Geschieht dies erst nach dem „Beginn der Zwangsvollstreckung", so kann das Verfahren ohne große Umstände fortgesetzt werden, während andernfalls Titelumschreibung und Zustellung nötig ist. Außerdem ist der „Beginn" maßgebend für die Zulässigkeit der Erinnerung nach § 766 ZPO und der sofortigen Beschwerde nach § 793 ZPO.

(6) Mit der Zustellung des Anordnungsbeschlusses und der Belehrung des Schuldners gemäß § 30b beginnt die 14tägige Frist für den Vollstreckungsschutz-Antrag des Schuldners nach § 30a.

1.3.3. Verbindung von Verfahren gemäß § 18

§ 18 ZVG

Die Zwangsversteigerung mehrerer Grundstücke kann in demselben Verfahren erfolgen, wenn sie entweder wegen einer Forderung gegen denselben Schuldner oder wegen eines an jedem der Grundstücke bestehenden Rechte oder wegen einer Forderung, für welche die Eigentümer gesamtschuldnerisch haften, betrieben wird.

Nach dem ZVG sind einzelne Grundstücke, Grundstücksbruchteile oder grundstücksgleiche Rechte grundsätzlich getrennt zu versteigern, auch wenn

---

[133] Vgl oben B. 5.3.
[134] Vgl oben B. 1.2.
[135] Vgl § 1 Anm 2; ebenso LG Koblenz Rpfleger 1972, 183.
[136] Mohrbutter-Drischler Muster 2 Anm 1.

sie eine wirtschaftliche und räumliche Einheit bilden. § 18 ermöglicht aber eine Verbindung mehrerer Verfahren. Die Verbindung kann vom Vollstreckungsgericht von Amts wegen oder auf Antrag beschlossen werden. Dabei handelt das Gericht unter Abwägung der Interessen aller Beteiligter[137] zwar nach eigenem pflichtgemäßen Ermessen. Das Gericht muß aber im Rahmen des § 18 diejenige Lösung wählen, die für eine wirtschaftlich sinnvolle Verwertung des Grundstücks voraussichtlich die besten Voraussetzungen bietet; das ist im Zweifel bei einer Verbindung gem § 18 der Fall, weil hier sowohl Gesamt- als auch Einzelangebote möglich sind, während ohne Verbindung nicht gesamt ausgeboten werden kann.[138] Bei der Entscheidung müssen die Vor- und Nachteile abgewogen werden. Von Vorteil kann auch die mögliche Aufteilung eines Gesamtrechts gem § 64 bei einer Verbindung sein; von Nachteil die evtl größere Entfernung des zu versteigernden Grundstücks vom Ort der Versteigerung.[137]

Die Verbindung verschiedener Verfahren kann schon bei der Anordnung der Zwangsversteigerung erfolgen und ist dort auch besonders häufig, weil die Gläubiger in der Regel auf die ganze räumliche und wirtschaftliche Einheit zugreifen wollen und von vornherein einen entsprechenden Antrag stellen. Die Verbindung ist aber während des ganzen Verfahrens zulässig; sie kann auch noch im Versteigerungstermin erfolgen, wenn die Versteigerungstermine für die einzelnen Verfahren zeitlich und räumlich in Übereinstimmung gebracht werden können.[139] Auch die Trennung ist während des ganzen Verfahrens möglich; sie sollte aber nur aus wirklich wichtigem Grund erfolgen (nur ausnahmsweise zum Beispiel deshalb, weil sich die Bewertung einzelner Grundstücke zu lange hinzieht).

Die zeitgleiche Versteigerung mehrerer Grundstücke ist zwar auch dann uU zulässig, wenn die Voraussetzungen für eine Verbindung der Verfahren nach § 18 nicht vorliegen;[139a] wirklich Sinn macht die gleichzeitige Versteigerung in der Praxis aber nur, wenn auch Gesamtausgebote aller Versteigerungsobjekte möglich sind.

§ 18 ist auch in der Insolvenzverwalter-Versteigerung (§ 172) und in der Teilungsversteigerung (§ 180) anwendbar. Verschiedenartige Verfahren können aber in der Regel nicht miteinander verbunden werden; es ist dann aber besonders darauf zu achten, daß die Übersichtlichkeit des Verfahrens gewahrt bleibt.[140] Grundsätzlich soll ja die Verbindung der Erleichterung und Vereinfachung dienen; sie darf niemals zur Unübersichtlichkeit führen. Überhaupt muß immer das wirtschaftliche Ergebnis im Auge behalten werden, denn an einem guten Erlös sind alle Beteiligten gleichermaßen interessiert.

Sind für die zu verbindenden Verfahren gemäß § 1 verschiedene Gerichte zuständig, so entscheidet gemäß § 2 II das höhere Gericht über die Verbindung und über das zuständige Gericht. Haftet der Hälfteanteil des Schuldners an einem Grundstück gemeinsam mit Grundstücken (oder Hälfteanteilen an

[137] BGH KTS 1986, 718 und 719; BGH KTS 1987, 143; LG Oldenburg KTS 1986, 83; OLG Hamm Rpfleger 1987, 467.
[138] OLG Hamm Rpfleger 1989, 249 (mit Anm Schriftleitung).
[139] Vgl **TH** C. 1.3.4.5.
[139a] BGH NJW 2007, 2995.
[140] Vgl Stöber § 18 Anm 3.6.; Storz Teilungsversteigerung C. 2.2.

Grundstücken) aus anderen Amtsgerichtsbezirken für Grundschulden des Gläubigers, ist die hinsichtlich des (erstgenannten) Hälfteanteils beantragte Zwangsversteigerung wie jede andere Grundstückszwangsversteigerung mit den anderen schon beantragten oder angeordneten Verfahren gem § 18 zu verbinden; ggf muß auch hier ein gemeinsames Vollstreckungsgericht bestellt werden.[141]

Im Falle der Verbindung richtet sich der Beschlagnahmezeitpunkt nach § 13 IV, das heißt daß die 1. Beschlagnahme für alle Verfahren maßgebend wird. Durch die Verbindung fallen keine besonderen Kosten an; diese sind durch die allgemeine Verfahrensgebühr gemäß Nr. 5212 KostenV abgegolten.

Weder die vorherige Gewährung rechtlichen Gehörs der Beteiligten, noch die Begründung der Entscheidung sind ausdrücklich vorgeschrieben. Da aber die Verbindung immer zweckmäßig sein und die Interessen der Beteiligten berücksichtigen muß,[141] ist beides tatsächlich um so notwendiger, je weniger die Entscheidung bereits vom Ergebnis her einleuchtend ist oder gar mit den geäußerten Wünschen der Beteiligten übereinstimmt. Gerade bei einer Trennung bereits verbundener Verfahren verstößt das Vollstreckungsgericht gegen das Verbot überraschender Entscheidungen, wenn es den Beteiligten nicht vorher rechtliches Gehör gemäß Art 103 GG bietet. Außerdem gelten hinsichtlich der Begründungspflicht die allgemeinen Grundsätze, wonach die Begründung von anfechtbaren Entscheidungen nach rechtsstaatlichen Regeln erforderlich ist, um den Beteiligten eine sachgemäße Verteidigung ihrer Rechte zu ermöglichen.[142]

Streitig ist, ob und ggf welche Rechtsmittel gegen die Verbindung gem § 18 gegeben sind, weil ja § 95 die Beschwerde auf Entscheidungen über die Anordnung, Aufhebung, einstweilige Einstellung oder Fortsetzung des Verfahrens beschränkt. Nach heute herrsch Ans ist gegen die Anordnung oder Ablehnung der Verbindung bzw der Trennung durch das Vollstreckungsgericht – wenn die Betroffenen vorher nicht gehört wurden – grundsätzlich die Erinnerung gem § 766 ZPO gegeben, weil die Art und Weise der Zwangsvollstreckung betroffen ist. Erst auf die darauf ergehende Entscheidung (für die gem § 11 RpflG der Richter zuständig ist) findet die sofortige Beschwerde statt.[143] Eine Entscheidung ist mit der befristeten Erinnerung anfechtbar, wenn vor der Entscheidung eine Anhörung stattgefunden hat. Soweit die Entscheidung durch ein höheres Gericht zusammen mit der Zuständigkeitsbestimmung gem § 2 getroffen worden ist, ist das dagegen gegebene Rechtsmittel zulässig. Jedem Beteiligten, der durch die Entscheidung verletzt ist, steht der betreffende Rechtsbehelf zu.

Die Verbindung kann mittelbar mit der befristeten Rechtspflegererinnerung/sofortigen Beschwerde gegen den Zuschlag angefochten werden,[144] wenn sie unzulässig war und zu einem unrichtigen geringsten Gebot bzw zu

---

[141] BGH ZIP 1984, 1540.

[142] BVerfG NJW 1979, 1161; wie hier auch Stöber § 18 Anm 3.2.

[143] OLG Hamm Rpfleger 1989, 249; 1987, 467; LG Oldenburg KTS 1986, 33; Steiner-Hagemann § 18 Rz 18; Jäckel-Güthe § 18 Rz 1; Stöber § 18 Anm 3.10. Dassler-Muth § 18 Rz 14; **anders** (unanfechtbar): Drischler RpflJB 1960, 347. – Vgl dazu auch oben B. 8.2.1.

[144] Stöber § 18 Anm 3.10.; Steiner-Hagemann § 18 Rz 19.

einem unzulässigen Gesamtausgebot geführt hat und dieser Fehler nicht gem § 84 geheilt worden ist.

Bis zur Novellierung des ZVG zum 1. 7. 1979 war die Verbindung von Verfahren nach § 18 nur möglich, wenn die Zwangsversteigerung entweder wegen einer Forderung gegen denselben Schuldner oder wegen eines an jedem der Grundstücke bestehenden Rechts betrieben wird. Durch die erfolgte Ergänzung des § 18 durch die Werte „oder wegen einer Forderung, für welche die Eigentümer gesamtschuldnerisch haften", können seither auch ohne dingliche Gesamthaftung die Miteigentumsanteile an einem Grundstück gemeinsam versteigert werden, wenn die Miteigentümer nach Bruchteilen für die beizutreibende Forderung gesamtschuldnerisch haften.

Aus rein praktischen Erwägungen sollte mindestens eine zeitgleiche Versteigerung und auch eine „Zusammenfassung" der Ausgebote im Sinne eines Gesamtausgebotes auch dann in Ausnahmefällen zugelassen werden, wenn nur dann überhaupt mit der Abgabe von Geboten gerechnet werden kann.[145] Es kommt eben gelegentlich vor, daß bestimmte Grundstücke nur dann verwertet werden können, wenn auch bestimmte andere Grundstücke dazuerworben werden können, daß aber die Voraussetzungen des § 18 nicht gegeben sind. Da gemäß § 63 I 2 Grundstücke, die mit einem einheitlichen Bauwerk überbaut sind, auch gemeinsam ausgeboten werden können, sollte der Gesetzgeber mE die Verbindungsmöglichkeiten nach § 18 auf die Fälle erweitern, in denen Grundstücke mit einem einheitlichen Bauwerk überbaut sind oder eine wirtschaftliche Einheit bilden.

Nach heute herrschender Ansicht dienen Teilungsversteigerung einerseits und Forderungszwangsversteigerung andererseits unterschiedlichen Zielen und unterliegen zT unterschiedlichen Regeln. Deshalb können sie nicht nach § 18 verbunden werden, lassen keinen wechselseitigen Beitritt gemäß § 27 zu, aber behindern sich auch nicht gegenseitig, sondern laufen unabhängig voneinander ab.[146] Das allerdings bedeutet einerseits, daß zwei verschiedene Versteigerungsvermerke eingetragen[147] und zwei unterschiedliche Beschlagnahmen beachtet werden müssen, und daß andererseits nicht beide Verfahren durch eine gemeinsame Versteigerung abgeschlossen werden können/sollen.[148]

1.3.4. Taktische Hinweise

TH 1.3.4.1.: Wichtig ist, daß das Gericht zügig über den Zwangsversteigerungsantrag entscheidet. Es muß dabei zwar sorgfältig alle Voraussetzungen prüfen, aber es muß auch schnell und unbürokratisch handeln. Im Falle von Unklarheiten liegt ein formloser Kontakt mit dem Gläubiger nicht nur in dessen Interesse sondern auch im Interesse des Gerichts: der Rechtspfleger kann sich viel Arbeit und Ärger ersparen, wenn er seine eventuellen Beden-

---

[145] Ebenso LG Osnabrück Rpfleger 1987, 471; Bischoff Rpfleger 1988, 374; Schiffhauer Rpfleger 1986, 311; Hagemann Rpfleger 1984, 257; **str. aA:** Stöber § 66 Anm 10.2.

[146] Steiner-Teufel § 180 Rz 95; Storz Teilungsversteigerung A. 3.1. mwN.

[147] Stöber § 180 Anm 14.2.

[148] Schiffhauer ZIP 1982, 526; Storz, Teilungsversteigerung A. 3.1. – Vgl dazu oben A. 3.2.2!

ken gegen die Anordnung dem Gläubiger mitteilt und diesem Gelegenheit zur Ausräumung der Bedenken gibt. Gegen dieses Verfahren bestehen auch im Hinblick auf § 139 ZPO keine Bedenken. Im Gegenteil: nachdem es sich in der Praxis eingebürgert hat, daß die Rechtspfleger in dieser formlosen Art mit ihnen bekannten Gläubiger-Vertretern verkehren, gebietet es der Grundsatz der Chancengleichheit, daß mit fremden Gläubiger-Vertretern auch nicht anders verfahren wird.

TH 1.3.4.2.: Die formlose und unbürokratische Kooperation kann dem Rechtspfleger naturgemäß nicht aufgezwungen werden, wenn der Gläubiger den Rechtspfleger nicht kennt und nicht innerhalb angemessener Frist eine Reaktion auf seinen Versteigerungsantrag feststellt, sollte er sich selbst ebenso formlos mit dem Rechtspfleger in Verbindung setzen und sich höflich erkundigen, wieweit die Verfahrensanordnung gediehen ist, beziehungsweise, was ihr entgegensteht und was der Gläubiger unternehmen kann, um das Verfahren gegebenenfalls zu beschleunigen.

TH 1.3.4.3.: Die in letzter Zeit immer häufiger zu beobachtende Übung, daß Gemeinden wegen kleiner öffentlich-rechtlicher Forderungen die Zwangsversteigerung betreiben oder einem von anderen Gläubigern betriebenen Verfahren beitreten, sollte wieder auf besonders gelagerte Ausnahmefälle beschränkt werden. Denn dieses Verfahren bringt auch Nachteile mit sich: letzten Endes muß der Schuldner für die Kosten aufkommen, oft ergeben sich unnötige Befriedigungsnachteile für nachrangige Gläubiger, und es können Probleme entstehen, weil auch die sonst meist bestehen bleibenden Rechte der Abt. II erlöschen: dadurch können zum Beispiel bei versteigerten Eigentumswohnungen insbesondere die anderen Wohnungseigentümer vor Probleme gestellt werden. Schließlich provoziert die Kommune geradezu die Ablösung durch interessierte Beteiligte.

Deshalb ist dieses Verfahren uU auch schädlich. Etwas anderes gilt natürlich dann, wenn die Gemeinde selbst eine größere Forderung beitreiben muß, zum Beispiel Erschließungskosten. Auch bei Kleinforderungen kann ein Versteigerungsantrag einmal sinnvoll sein, wenn sonst niemand die Versteigerung betreiben würde, so daß Verjährungsprobleme oder Rangnachteile entstehen können.[149] Die Gemeinden sollten aber stärker berücksichtigen, daß die öffentlichen Grundstückslasten auf Grund ihres Befriedigungsvorrechts aus Rangklasse 3 des § 10 I fast ausnahmslos ungefährdet sind und daß es mit den Grundsätzen einer sparsamen Verwaltung nicht vereinbar ist, wenn Beamte wegen kleinster Forderungen nicht nur die Zwangsversteigerung betreiben sondern auch noch den Termin wahrnehmen.

TH 1.3.4.4.: Das Gericht sollte mit der Zurückweisung eines Versteigerungsantrags wegen fehlenden Rechtsschutzbedürfnisses außerordentlich zurückhaltend sein. Schon oben[150] ist dargestellt worden, warum im Antragsstadium allein auf Grund der Antragsunterlagen meist gar keine sachgerechte Nachprüfung des Rechtsschutzbedürfnisses möglich ist. Auch noch so eindeutig erscheinende Fakten (zum Beispiel die absolut aussichtslose Rangstelle

---

[149] Weitere Ausnahmegründe vgl **TH** C. 1.4.4.2. und **TH** B. 2.2.2.5.
[150] Vgl C. 1.3.1.1.

einer Forderung) können unter Umständen für die Beurteilung des Rechtsschutzbedürfnisses irrelevant sein (zum Beispiel weil der Gläubiger unter Umständen nur mit diesem Antrag Ratenzahlungen vom Schuldner erreichen kann).[151]

Im übrigen können die Rechtsschutzbedürfnis-Gesichtspunkte auch im Rahmen von Vollstreckungsschutz-Anträgen nach § 30 a oder § 765 a ZPO[152] berücksichtigt werden, während umgekehrt eine ungerechtfertigte Antragszurückweisung dem Gläubiger einen Schaden beifügen kann, der selbst dadurch nicht wiedergutzumachen ist, daß der Zurückweisungsbeschluß im Beschwerdeweg wieder aufgehoben wird: die Beschlagnahme kann eben nicht mehr vorverlegt werden![153]

TH 1.3.4.5.: Obwohl die Verbindung von Verfahren nach dem Gesetz die Ausnahme ist, weil das ZVG grundsätzlich von der Einzelversteigerung ausgeht (allerdings aus rechtssystematischen Gründen und nicht etwa deshalb, weil das ZVG die gemeinsame Versteigerung behindern wollte), sollten Versteigerungsverfahren im größtmöglichen Umfang und im frühestmöglichen Zeitpunkt verbunden werden. Nicht um dem Rechtspfleger die Arbeit zu erleichtern sondern deshalb, weil die zu verbindenden Verfahren meist Grundstücke oder Grundstücksbruchteile betreffen, die eine räumliche und/oder wirtschaftliche Einheit bilden. Bei mit dinglichen Gesamtrechten belasteten Grundstücken besteht ohne Verbindung außerdem die Gefahr, daß die geringsten Gebote zu hoch werden. Im übrigen kann eine Verbindung ohne weiteres wieder rückgängig gemacht werden, wenn sie sich als unzweckmäßig herausstellt. Und schließlich verlangt das ZVG auch bei verbundenen Verfahren ohnehin, daß jedes Grundstück einzeln ausgeboten wird (§ 63 I), wenn nicht gemäß § 63 II Gruppen- oder Gesamtausgebote verlangt werden.[154]

Aus all diesen Gründen sollte im Zweifel immer verbunden werden, wenn es sich bei den betreffenden Grundstücken, Grundstücksbruchteilen oder grundstücksgleichen Rechten um eine räumliche und/oder wirtschaftliche Einheit handelt, wenn dadurch die Übersichtlichkeit des Verfahrens nicht beeinträchtigt wird und wenn die zu verbindenden Verfahren in ihrem jeweiligen Verfahrensstadium so ähnlich sind, daß die Versteigerung für einzelne Verfahren durch die Verbindung nicht zu sehr verzögert wird.

TH 1.3.4.7.: Wenn die Voraussetzungen für eine Verbindung verschiedener Verfahren nach § 18 nicht gegeben sind, aber die Grundstücke doch wirtschaftlich so sehr zusammengehören, daß nur eine gemeinsame Verwertung annehmbare Ergebnisse erwarten läßt, dann – aber auch nur dann[154] – kann möglicherweise eine gemeinsame Versteigerung all dieser Grundstücke am gleichen Ort weiterhelfen,[155] wobei unter Umständen sogar in allen Fällen die Versteigerungsbedingungen gem § 59 dahin geändert werden können, daß auch „Gesamtangebote" abgegeben werden können.

---

[151] Vgl **TH** C. 1.2.4.1. und C. 1.2.4.2.
[152] Vgl oben B. 3.1.
[153] Zum Rechtsschutzbedürfnis bei Beitrittsanträgen vgl **TH** C. 1.4.4.3.
[154] Vgl dazu unten C. 3.2. am Ende.
[155] So auch Hagemann Rpfleger 1984, 256; Schiffhauer Rpfleger 1986, 311.

TH 1.3.4.8.: Der Zwangsversteigerungsvermerk im Grundbuch deutet im Falle der Vollstreckungsversteigerung auf die Zahlungsschwierigkeiten des Schuldners hin, und im Falle der Teilungsversteigerung werden dingliche Rechte, die nur einen Anteil belasten, besonders gefährdet. Deshalb ist zum Schutz des Schuldners und auch der Gläubiger zu empfehlen, den Vermerk im Grundbuch so zu formulieren, daß er die Art der Versteigerung erkennen läßt, also zB „die Zwangsversteigerung zum Zwecke der Aufhebung der Gemeinschaft ist angeordnet".[155]

TH. 1.3.4.9.: Seit Anfang 2007 kann auch aus Wohngeldrückständen relativ leicht die Zwangsversteigerung aus der bevorzugten 2. Rangklasse des § 10 betrieben werden. Da in dieser Rangklasse aber nur Wohngeldrückstände maximal in Höhe von 5% des festgesetzten Grundstückswertes geltend gemacht werden können, gilt für diese relativ geringen Forderungen bezüglich der Ablösungsgefahr und der Problematik mit den erlöschenden Rechten das gleiche wie für die öffentlichen Lasten. Vgl. deshalb insbesondere auch Th 1.3.4.3!

1.4. Beitritt zur Zwangsversteigerung

1.4.1. Allgemeines

§ 27 ZVG

(1) Wird nach der Anordnung der Zwangsversteigerung ein weiterer Antrag auf Zwangsversteigerung des Grundstücks gestellt, so erfolgt statt des Versteigerungsbeschlusses die Anordnung, daß der Beitritt des Antragstellers zu dem Verfahren zugelassen wird. Eine Eintragung dieser Anordnung in das Grundbuch findet nicht statt.

(2) Der Gläubiger, dessen Beitritt zugelassen ist, hat dieselben Rechte, wie wenn auf seinen Antrag die Versteigerung angeordnet wäre.

Mehrere Gläubiger können voneinander unabhängig die Zwangsversteigerung des gleichen Grundstücks betreiben, oder der gleiche Gläubiger kann aus mehreren Rechten vorgehen. Da aber das gleiche Grundstück nur innerhalb eines Gesamtverfahrens versteigert werden kann, kann nach Anordnung der Zwangsversteigerung für einen Gläubiger für die anderen Gläubiger (oder für andere Rechte des gleichen Gläubigers) keine weitere Anordnung mehr erfolgen, sondern es kann nur der Beitritt zugelassen werden. Teilungsversteigerung einerseits und Forschungszwangsversteigerung andererseits sind nach heute herrschender Ansicht so unterschiedlich, daß weder eine Verfahrensverbindung gemäß § 18 noch ein wechselseitiger Beitritt gemäß § 27 möglich ist.[156]

„Anordnungs"- und „Beitritts"-Gläubiger unterscheiden sich hauptsächlich in der Bezeichnung, sie haben aber gemäß § 27 II genau die gleichen Rechte, weshalb sinnvollerweise auf eine besondere Bezeichnung oder Unterscheidung von vornherein verzichtet wird. Beides sind betreibende Gläubiger und

---

[156] Dazu auch oben A. 3.2.2. und C. 1.3.3. jeweils am Ende. – Zum Beitritt in der Teilungsversteigerung vgl Storz, Teilungsversteigerung C. 3.4.

unterscheiden sich insoweit von den zwar beteiligten aber nicht betreibenden Gläubigern. Auch die Rangstelle ihrer Ansprüche richtet sich nicht nach Anordnung oder Beitritt, sondern ausschließlich nach den Ranggrundsätzen der §§ 10 und 11, wobei allerdings innerhalb der 5. Rangklasse des § 10 I die zeitliche Reihenfolge der jeweiligen Beschlagnahmen maßgebend ist.

Ein Gläubiger-Wechsel durch Abtretung oder Ablösung erfordert keinen neuen Beitrittsbeschluß, weil mit dem Wechsel gemäß § 401 BGB alle Rechte übergehen und der Zessionar ohne weiteres auch in die Verfahrensstellung des Zedenten eintritt;[157] verfahrensfördernde Erklärungen kann er jedoch nur abgeben und an der Erlösverteilung kann er (als persönlicher Gläubiger) nur teilnehmen, wenn er den Vollstreckungstitel hat umschreiben und zustellen lassen.[158]

Will der „neue" Gläubiger die Versteigerung nicht nur eines bereits beschlagnahmten Grundstücks sondern auch eines weiteren Grundstücks betreiben, und stellt er einen einheitlichen umfassenden Versteigerungsantrag, so ergeht hinsichtlich des bereits beschlagnahmten Grundstücks ein Beitrittsbeschluß und hinsichtlich des anderen Grundstücks ein Anordnungsbeschluß; das Gericht kann dann beide Verfahren sofort gemäß § 18 verbinden.[159] Auch für das neu angeordnete Verfahren gilt nach der Verbindung die erste Beschlagnahme gemäß § 13 IV bezüglich der Zinsberechnung.

1.4.2. Voraussetzungen des Beitritts

An den Beitrittsantrag werden die gleichen Anforderungen gestellt wie an den Versteigerungsantrag, weil sich gemäß § 27 I Anordnungs- und Beitrittsbeschluß nur darin unterscheiden, daß nach Anordnung der Zwangsversteigerung nicht noch ein Anordnungsbeschluß sondern nur ein Beitrittsbeschluß ergehen kann.

Wie bei der Anordnung des Verfahrens[160] erfordert der Beitritt zunächst unbedingt einen Antrag. Dieser muß das Grundstück, den Eigentümer, den Anspruch und den vollstreckbaren Titel bezeichnen, und dem Antrag müssen alle Urkunden beigefügt werden, die für den Beginn der Zwangsvollstreckung erforderlich sind.[161] Nach heute wohl herrschender Ansicht muß aber der Eintragungsnachweis gemäß § 17 nur dann (nochmals) geführt werden, wenn das Eigentum in der Zwischenzeit gewechselt hat.[162] Natürlich setzt ein Beitrittsbeschluß außerdem voraus, daß über dasselbe Grundstück beziehungsweise über denselben Grundstücksbruchteil ein Verfahren anhängig und noch nicht beendet ist.

Hat ein belastetes Grundstück durch Vereinigung mit einem anderen Grundstück seine rechtliche Selbständigkeit verloren, bleiben seine bisherigen Belastungen trotzdem auf dem „jetzt unselbständigen" Teil des Grundstücks

---

[157] Stöber § 15 Anm 29.8.
[158] Zum Gläubigerwechsel (Ablösung) vgl oben B. 7.
[159] Vgl oben C. 1.3.3.
[160] Vgl dazu oben C. 1.2.2.
[161] Vgl dazu oben C. 1.2.3.
[162] Niedereé DRpflZ 1975, 26; Dassler-Muth § 27 Rz 2; Stöber § 27 Anm 3.2; **anders:** Steiner-Hagemann § 27 Rz 16.

bestehen, so daß aus einem dieser Rechte auch der Beitritt zu einer Zwangs-versteigerung des ganzen Grundstücks erfolgen kann.[162a]

Anhängig ist das Verfahren auch während einer einstweiligen Einstellung. Es wird beendet durch den Eingang der Antragsrücknahme (§ 29) oder der dritten Einstellungsbewilligung (§§ 30 I 3, 29) oder durch einen auf anderen Gründen beruhenden Aufhebungsbeschluß (zum Beispiel §§ 28, 31 I 2) oder mit der Rechtskraft des Zuschlagsbeschlusses (danach, d. h. im anschließenden Verteilungsverfahren ist nach allgemeiner Ansicht kein Beitritt mehr möglich).[163] Nach herrschender Meinung ist ein Beitritt dann noch möglich, wenn zwar die Aufhebungsvoraussetzungen schon vorliegen (zum Beispiel Ablauf der Frist des § 31 I 2 für die Stellung des Fortsetzungsantrags nach einstweiliger Einstellung), der (hier konstitutiv wirkende) Aufhebungsbe-schluß aber noch nicht ergangen ist.[164]

Wenn vor der Zustellung des Beitrittsbeschlusses das bisherige Verfahren durch Rücknahme des Versteigerungsantrags aufgehoben wird, erhalten der Beitrittsantrag ohne weiteres die Wirkung eines Versteigerungsantrags und der Beitrittsbeschluß die Wirkung eines Anordnungsbeschlusses. Es wird aber mit Recht empfohlen, den Beschluß ausdrücklich richtigzustellen (§ 319 ZPO).[165] In diesen Fällen muß allerdings der Versteigerungsvermerk neu im Grundbuch eingetragen werden, während gemäß § 27 I 2 der Beitritt sonst nicht im Grundbuch eingetragen wird.

Der Beitritt ist auch noch kurz vor oder in dem Versteigerungstermin möglich, wenn dann auch die verschiedenen Fristen nicht mehr eingehalten werden können. Wirksam wird der Beitritt aber nur mit seiner Zustellung an den Schuldner,[166] die aber unter Umständen sogar noch im Versteigerungs-termin möglich ist. Zu berücksichtigen ist, daß ein derartiger Beitritts-beschluß gemäß § 44 II nicht der Feststellung des geringsten Gebots zugrun-degelegt werden kann.[167]

Form und Inhalt des Beitrittsbeschlusses[168] entsprechen im übrigen weitge-hend dem Anordnungsbeschluß. Auch bei jedem Beitrittsbeschluß muß eine Belehrung des Schuldners gemäß § 30b über den Vollstreckungsschutz-Antrag nach § 30a erfolgen. Wirksam wird der Beitrittsbeschluß nur mit sei-ner gemäß § 8 erfolgten Zustellung beim Schuldner (§§ 27 I, 22 I 1), weil es hier anders als beim Anordnungsbeschluß kein Grundbuchersuchen gibt. Die Zustellung erfolgt an den Schuldner oder – falls sich im Zusammenhang mit der Anordnung ein Prozeßbevollmächtigter gemeldet hat[169] – an diesen Prozeßbevollmächtigten. Soweit sonstige Mitteilungen des Anordnungsbe-

---

[162a] BGH Rpfleger 2006, 150.

[163] OLG Stuttgart Rpfleger 1970, 102; Jäckel/Güthe § 27 Rz 3.

[164] Steiner-Teufel § 27 Rz 16; **str. aA:** Mohrbutter-Drischler Muster 6 Anm 1 mit der m. E. unzutreffenden Begründung, der Aufhebungsbeschluß habe hier nur deklara-torische Wirkung.

[165] Stöber § 27 Anm 4.6.

[166] Vgl Stöber § 27 Anm 8.1. – Vgl auch DGH MDR 1988, 453, der auf die Be-deutung der damit verbundenen Beschlagnahmewirkung für den Beitrittsgläubiger hinweist.

[167] Vgl oben B. 6.2. und unten C. 1.4.3.

[168] Muster bei Stöber Rdn 129.

[169] Vgl dazu **TH** C. 1.4.4.6.

schlusses noch wirksam sind (zum Beispiel an Finanzbehörden oder an Mieter/Pächter),[170] brauchen diese nicht wiederholt zu werden;[171] alles andere wäre Formalismus.

1.4.3. Wirkungen des Beitritts

Der Beitritt wird mit der Zustellung des Beschlusses wirksam und führt auch zugunsten des Beitrittsgläubigers zu einer Beschlagnahme des Grundstücks. Zwar gilt gemäß § 13 IV hinsichtlich der Berechnung der laufenden Zinsen die erste Beschlagnahme für alle Verfahren als maßgebende Beschlagnahme,[172] aber alle anderen Beschlagnahmewirkungen (zum Beispiel §§ 20 II, 21, 22 II, 23, 24, 25 …) beginnen für den Beitrittsgläubiger erst mit dem Wirksamwerden seines Beitritts.[173] Daraus folgt zum Beispiel auch, daß ein nach Eintragung des Zwangsversteigerungsvermerks (für Gläubiger J) aber vor Zustellung des Beitrittsbeschlusses (für den persönlichen Gläubiger D) eingetragenes dingliches Recht (für Gläubiger L) zwar dem J gegenüber aber nicht dem D gegenüber unwirksam ist.[174] Reihenfolge also: JLD.

Der Beitritt wird zwar sofort mit der Beschluß-Zustellung wirksam, aber der Beitrittsbeschluß kann der Feststellung des geringsten Gebots gemäß § 44 II nur dann zugrundegelegt werden, wenn er dem Schuldner mindestens 4 Wochen vor dem Versteigerungstermin zugestellt worden ist.[175]

Mit dem Beitritt wird der Gläubiger betreibender Gläubiger genauso, wie wenn seinetwegen die Zwangsversteigerung angeordnet worden wäre (§ 27 II).[176] Die einzelnen Verfahren der verschiedenen Gläubiger und auch die verschiedenen Verfahren des gleichen Gläubigers sind während der ganzen Zwangsversteigerung unabhängig voneinander, so daß einstweilige Einstellungen oder Aufhebungen von einzelnen Verfahren die anderen Verfahren und damit das Gesamtverfahren nicht berühren, solange nicht – zwischen dem Beginn der Bietstunde und der Verkündung der Zuschlagsentscheidung – dadurch auch das geringste Gebot berührt wird![177]

Ein vor dem Beitritt ergangener Wertfestsetzungsbeschluß nach § 74 a V kann vom Beitrittsgläubiger noch mit der sofortigen Beschwerde angefochten werden,[178] auch wenn er den anderen Beteiligten gegenüber schon „rechtskräftig" geworden ist. Zu diesem Zweck ist eine besondere Zustellung nötig, damit die Beschwerdefrist zu laufen beginnt (§ 577 II 1 ZPO). Wird diese Zustellung unterlassen, so kann unter Umständen auf Zuschlagsbeschwerde der Zuschlag aufgehoben werden.[179] Aus der gegenseitigen Unabhängigkeit der Verfahren folgt auch, daß der gleiche Gläubiger, dem gegenüber der Verkehrswert aus seinem einen Verfahren bereits „rechtskräftig" geworden ist,

---

[170] Vgl oben C. 1.3.1.3.
[171] Vgl Stöber § 27 Anm 7.4; **str. aA:** Mohrbutter BlGrBW 1953, 324.
[172] Vgl oben B. 5.4.
[173] BGH MDR 1988, 453.
[174] So auch Stöber § 27 Anm 8.3.
[175] Vgl oben B. 6.2.3.
[176] Vgl **TH** C. 1.4.4.1. und **TH** C. 1.4.4.2.
[177] Vgl oben B. 3.2.2. und B. 6.4.
[178] Vgl Stöber § 27 Anm 9.2.
[179] Vgl Stöber aaO.

nach einem Beitritt zwar nicht noch einmal vor der Zustellung gehört werden muß, wohl aber noch einmal eine Zustellung und auch tatsächlich eine Beschwerdemöglichkeit erhalten muß.

Ist in fremdem Eigentum stehendes Zubehör vor dem Beitritt von den anderen Gläubigern freigegeben und das Verfahren insoweit aufgehoben worden, so erstreckt sich ein neuer Beitritt auf das Zubehör, weil der Beitrittsantrag insoweit als neuer Versteigerungsantrag zu bewerten ist und als solcher alles erfaßt, auf was sich gemäß § 55 die Zwangsversteigerung erstreckt.[180] Wenn der Beitrittsgläubiger dieses Zubehör nicht ausdrücklich aus seinem Antrag ausklammert (gegebenenfalls nach formloser Aufklärung durch das Gericht), ist m. E. diesbezüglich eine Wiederanordnung der Zwangsversteigerung erforderlich, so daß sich Zubehöreigentümer und dieser Gläubiger in der sonst üblichen Form wegen des Schicksals des Zubehörs auseinandersetzen müssen.[181] Es geht aber nicht an, ohne nähere Anhaltspunkte zu unterstellen, der Beitrittsgläubiger wolle nur in dem Umfang an der Zwangsversteigerung teilnehmen, den die anderen Gläubiger für richtig halten.

Ist schon vor dem Beitritt ein Versteigerungstermin anberaumt worden, so darf dieser Termin wegen des Beitritts in der Regel nicht verschoben werden, weil dadurch die anderen Gläubiger ungerechtfertigt benachteiligt würden.[182] Wenn die Terminsverschiebung zweckmäßig ist, muß sich der Beitrittsgläubiger bei den anderen Gläubigern um Einstellungsbewilligungen bemühen. Ausnahmsweise kann eine Terminsverschiebung aber auch ohne Mitwirkung der anderen Gläubiger (Vorsicht: eine Zustimmung gilt als Einstellungsbewilligung!)[183] gerechtfertigt und zulässig sein, wenn durch den Beitritt auch andere Grundstücke über § 18 in die Versteigerung einbezogen werden und damit insgesamt ein besseres Ergebnis zu erwarten ist. Auch hierbei ist aber m. E. Zurückhaltung geboten, weil sonst unter Umständen der Verzögerungstaktik eines interessierten Gläubigers Vorschub geleistet werden könnte.[184]

1.4.4. Taktische Hinweise

TH 1.4.4.1.: Der Wert eines Beitritts zu einer anhängigen Zwangsversteigerung wird vor allem von dinglichen Gläubigern oft stark überschätzt. Persönliche Gläubiger müssen dagegen immer beitreten, wenn sie sich überhaupt an der Zwangsversteigerung und an der Erlösverteilung beteiligen wollen. Dingliche Gläubiger nehmen dagegen bei ausreichendem Erlös immer an beidem teil, so daß ein Beitritt dann zum Beispiel für sie nicht erforderlich ist, wenn das dingliche Recht ohne Beitritt innerhalb des geringsten Gebots bestehen bleibt und auch sonst kein Interesse an der Zwangsversteigerung besteht, oder wenn absolute Gewißheit besteht, daß kein Ausfall entstehen kann. Auch ein nicht beigetretener dinglicher Gläubiger kann den $^{7}/_{10}$-Antrag nach § 74 a stellen, wenn dessen Voraussetzungen im übrigen gegeben sind.

---

[100] OLG Zweibrücken OLGZ 1977, 212, Stöber § 27 Anm 20.1; Steiner-Teufel § 27 Rz 42.
[181] Vgl dazu B. 8.2.1.
[182] Vgl Stöber § 27 Anm 9.1.
[183] Vgl B. 3.2.2.
[184] Vgl **TH** C. 1.4.4.1.–1.4.4.6.

TH 1.4.4.2.: Auch öffentlich-rechtliche Gläubiger sollten wegen ihrer ohnehin in Rangklasse 3 des § 10 I bevorrechtigten Forderungen den Nutzen eines Beitritts nicht überschätzen und eher die Nachteile eines Beitritts etwas sorgfältiger berücksichtigen.[185] Andererseits kann der Beitritt gerade aus Forderungen dieser Rangklasse unter Umständen im allgemeinen Interesse liegen, wenn zum Beispiel verwertungshindernde Rechte in Abt II auf andere Weise nicht beseitigt werden können, oder wenn nur durch diesen Beitritt eine Verbindung gemäß § 18 mit anderen Grundstücken oder Grundstücksbruchteilen und damit eine wirtschaftliche Verwertung aller Einzelgrundstücke oder -Bruchteile möglich wird.[186]

TH 1.4.4.3.: Auch bei einer Beitrittsentscheidung können m. E. Gesichtspunkte des Rechtsschutzbedürfnisses berücksichtigt werden. In der Praxis werden nämlich sehr häufig insbesondere von Rechtsanwälten oder Inkasso-Unternehmen wegen persönlicher Forderungen Beitrittsanträge gestellt, obwohl diese Forderungen angesichts der Vorlasten absolut keine Aussicht auf Befriedigung haben.

Im Gegensatz zum Anordnungs-Stadium kann das Vollstreckungsgericht im Beitritts-Stadium oft schon viel klarer die Befriedigungchancen absehen, weil unter Umständen schon der Verkehrswert festgesetzt ist und schon einige Anmeldungen vorliegen. Trotzdem ist m. E. auch hier große Zurückhaltung am Platze, weil durch Nicht- oder Teilvalutierungen von Grundpfandrechten noch im Verteilungstermin grundlegende Verschiebungen zugunsten der „aussichtslosen" persönlichen Gläubiger vorkommen können.

TH 1.4.4.4.: Wenn einem Gläubiger mehrere dingliche Rechte zustehen, muß er sehr sorgfältig prüfen, aus welchem Recht er dem Verfahren beitreten soll. Dabei spielen zahlreiche Gesichtspunkte eine Rolle, die aber im wesentlichen übereinstimmen mit den Punkten, die bei der Frage zu berücksichtigen sind, aus welchem von mehreren Rechten die Zwangsversteigerung beantragt werden soll.[187] Unter Umständen kann auch einmal die Ablösung des bestrangig betreibenden Gläubigers sinnvoller sein als ein Beitritt aus einem eigenen Recht;[188] oder beides wird kombiniert.

TH 1.4.4.5.: Die wichtigsten Beitrittsgründe (viel wichtiger als die übliche Rücksichtnahme auf die Kosten, die ja gemäß § 10 II an gleicher Rangstelle wie der Hauptanspruch wieder geltend gemacht werden können) sind m. E.:

(1) Der Eintritt der Verjährung für die Zinsen[188a] soll verhindert werden!

(2) Der Gläubiger soll versuchen, mit seinem Recht bestrangig betreibender Gläubiger zu werden!

(3) Man darf sich nicht von einzelnen anderen Gläubigern abhängig machen (deshalb unter Umständen einem Verfahren auch dann beitreten, wenn einem sonst die „passive" Teilnahme genügen würde)!

---

[185] Vgl dazu **TH** C. 1.3.4.3.
[186] Vgl oben **TH** B. 2.2.2.5.
[187] Vgl dazu oben **TH** C. 1.2.4.4.
[188] Vgl oben **TH** C. 1.1.5.6.
[188a] Vgl dazu B 531 (7); fTH **B 444.10**; TH **C 1242.**

(4) Ein Beteiligter kann nur durch seinen Beitritt verhindern, daß ein Teilgrundstück, Bruchteil, Bestandteil oder ein Zubehörgegenstand aus der Versteigerung freigegeben wird!

(5) Keine Ablösung dadurch provozieren, daß aus zu geringen vorrangigen (Teil-)Beträgen betrieben wird!

TH 1.4.4.6.: Will der Schuldner einen Rechtsanwalt mit seiner Vertretung im Zwangsversteigerungsverfahren beauftragen, so sollte er unbedingt einem Ratschlag von Stöber[189] folgen und die Vollmacht nicht auf das Verfahren eines Gläubigers X gegen ihn beschränken, sondern von vorneherein die Vollmacht auf das gesamte Versteigerungsverfahren ausdehnen, weil sonst bei von anderen mitbetriebenen Verfahren Mißverständnisse auftreten können: der Rechtsanwalt geht unter Umständen falscherweise davon aus, daß er auch von den anderen Verfahren unterrichtet wird, während der Schuldner aus Unkenntnis die an ihn gerichteten Zustellungen und Mitteilungen nicht an den Rechtsanwalt weiterleitet.[190]

TH 1.4.4.7.:[191] Ein Beitritt innerhalb der 4 Wochen-Frist des § 44 II bedeutet zwar, daß er bei der Feststellung des geringsten Gebots nicht mehr berücksichtigt werden kann, daß der Beitrittsgläubiger insoweit also (noch) nicht als „betreibender Gläubiger" angesehen wird. Trotzdem kann auch ein derartiger Beitritt im Hinblick auf die verschiedenen Beschlagnahmewirkungen (zB hinsichtlich des Zubehörs!) wichtig sein; außerdem besteht die Möglichkeit, daß es in diesem bevorstehenden Versteigerungstermin gar nicht zum Zuschlag kommt.

---

[189] § 27 Anm 11 (2).
[190] Zu den Vollmachten vgl auch C. 6.3.
[191] Nach Hintzen Rz 173.

2. Festsetzung des Grundstückswertes

§ 74a ZVG

(1)–(4) . . . (abgedruckt bei D.4.4.1.)

§ 74a ZVG

(5) Der Grundstückswert (Verkehrswert) wird vom Vollstreckungsgericht, nötigenfalls nach Anhörung von Sachverständigen, festgesetzt. Der Wert der beweglichen Gegenstände, auf die sich die Versteigerung erstreckt, ist unter Würdigung aller Verhältnisse frei zu schätzen. Der Beschluß über die Festsetzung des Grundstückswertes ist mit der sofortigen Beschwerde anfechtbar. Der Zuschlag oder die Versagung des Zuschlags können mit der Begründung, daß der Grundstückswert unrichtig festgesetzt sei, nicht angefochten werden.

2.1. Grundstückswert ist der Verkehrswert

2.1.1. Definition

Verkehrswert im Sinne des ZVG ist gemäß § 74a V ZVG der Grundstückswert. Darunter ist der Preis zu verstehen, der bei einer freihändigen Veräußerung unter Berücksichtigung von Lage, Zustand und Verwendbarkeit des Grundstücks sowie von allgemeinen örtlichen und zeitlichen Besonderheiten erzielt werden kann. Obwohl der Erlös aus einer Zwangsversteigerung häufig geringer ist, ist eine Orientierung am Erlös aus einer freihändigen Veräußerung[1] schon deshalb angebracht, weil für den später konkret erzielten Versteigerungserlös eine Vergleichsgröße benötigt wird, an Hand von der – zum Schutze des Schuldners (insbesondere über § 765a ZPO)[2] und der Gläubiger (zum Beispiel über § 74a I)[3] – beurteilt werden kann, ob das Versteigerungsergebnis annehmbar ist oder nicht. Außerdem hängt das Ergebnis einer Zwangsversteigerung von so zahlreichen Unwägbarkeiten ab, daß im Zeitpunkt der Festsetzung des Verkehrswertes noch nicht abgesehen werden kann, welchen Erlös die Zwangsversteigerung erbringen kann.

Wie auch bei sonstigen Grundstücksschätzungen üblich, wird zwischen Sachwert (der aus Boden- und Gebäudewert besteht), Ertragswert (der aus einer Kapitalisierung des nachhaltig erzielbaren Ertrages errechnet wird), Vergleichswert (der vergleichbare Objekte berücksichtigt) und einem aus Ertrags- und Sachwert ermittelten Zwischenwert (der eine Kombination der verschiedenen Bewertungsmöglichkeiten mit unterschiedlicher Gewichtung erlaubt) unterschieden. Ganz grob[4] kann gesagt werden: bei Einfamilienhäusern, Eigen-

---

[1] Diese Orientierung ist allgemein anerkannt; vgl Stöber § 74a Anm 7.2.; Steiner-Storz § 74a Rdnr 67.

[2] Vgl dazu oben B. 3.1.2.

[3] Vgl unten D. 4.4.

[4] Vgl Simon/Cors/Troll, Handbuch der Grundstückswertermittlung, 4. Auflage 1997; Zimmermann/Heller, Der Verkehrswert von Grundstücken, 1995. Fischer/Lorenz/Biederbeck, Erstellung von Gutachten bei Zwangsversteigerungen, Rpfleger 2002, 337. – Aus der neueren Rechtsprechung vgl insbesondere BGH NJW 1993,

tumswohnungen, unbebauten Grundstücken und bei Grundstücken, die nicht für eine Vermietung/Verpachtung geeignet sind (zum Beispiel Krankenhaus, Kirche) wird meist die Sachwertmethode, bei Mietshäusern und anderen für eine Vermietung/Verpachtung vorgesehenen Objekten (z.B. auch Einkaufszentrum, Baumarkt, Hotel, Geschäftshaus) wird oft die Ertragswertmethode im Vordergrund stehen und bei den übrigen gewerblich genutzten Grundstücken legt man üblicherweise einen Zwischenwert zugrunde. Eine bestimmte Methode ist aber nicht vorgeschrieben,[5] weil jedes Grundstück eigene Besonderheiten aufweist.

Im Zwangsversteigerungsgesetz gibt es keine besondere Definition von Grundstücks- oder Verkehrswert. Deshalb gilt auch hier die Legaldefinition des § 194 BauGB. Danach wird der Verkehrswert „durch den Preis bestimmt, der in dem Zeitpunkt, auf den sich die Ermittlung bezieht, im gewöhnlichen Geschäftsverkehr nach den rechtlichen Gegebenheiten und tatsächlichen Eigenschaften, der sonstigen Beschaffenheit und der Lage des Grundstücks oder des sonstigen Gegenstandes der Wertermittlung ohne Rücksicht auf ungewöhnliche oder persönliche Verhältnisse zu erzielen wäre."

Der Bundesminister für Bauwesen hat zur Wertermittlung die Wertermittlungsverordnung[6] erlassen, die wegen ihrer allgemein anerkannten Grundsätze zweckmäßigerweise auch im Zwangsversteigerungsverfahren maßgebend angewandt wird.[7] Bereits vorliegende Wertgutachten können verwandt werden, wenn sie nicht zu alt sind und zwischenzeitlich eingetretene wertbeeinflussende Umstände auf anderem Wege angemessen berücksichtigt sind.[8]

Auch andere Grundlagen können herangezogen werden: Bebauungspläne und andere Gegebenheiten, die die rechtliche oder technische Bebaubarkeit betreffen, Umlegungsverfahren, auch der Einheitswert, der Gebäudebrandversicherungsanschlag (Brandkassenwert), die Lage auf dem Immobilienmarkt, Vergleichspreise oder die Meinung der Beteiligten. Bei der Wertfestsetzung spielen „persönliche Verhältnisse" keine Rolle, also Billigkeitserwägungen, Liebhabereien, persönliche Erwartungen oder Verhältnisse.[9]

Dagegen müssen alle objektiven Besonderheiten, die den Wert des konkreten Grundstücks positiv (zB positive Beantwortung einer weitreichenden Bauvoranfrage[10]) oder negativ (zB Brandschaden kurz vor der Versteigerung[11]) beeinflussen, berücksichtigt werden. Dazu gehören insbesondere auch sogenannte „Altlasten", die den Boden oder auch die Gebäude verunreinigen bzw mit Schadstoffen belasten; hier können nämlich auf den Ersteher uU

2804; BFH BB 1986, 791; OLG Celle NJW 1993, 739; OLG Düsseldorf NJW-RR 1989, 1417; LG Göttingen NZM 1999, 55; LG Kempten Rpfleger 1998, 359.

[5] BGH Rpfleger 2001, 311; NJW 1997 – 129.

[6] WertermittlungsVO idF vom 6. 12. 1988 (BGBl I, 2209).

[7] Vgl zur Wertermittlung ausführlich und übersichtlich Schulz Rpfleger 1987, 441; Vgl auch BGH Rpfleger 2001, 311.

[8] LG Rostock Rpfleger 2001, 10 hat ein 20 Monate altes Gutachten für ungeeignet erklärt.

[9] OLG Düsseldorf RdL 1956, 282; LG Coburg Rpfleger 1999, 553; Just/Brückner NJW 1958, 1756; Stöber § 74a Anm 7.3.

[10] OLG Köln Rpfleger 1983, 362.

[11] BGH ZIP 1997, 232; 1995, 1737.

ganz erhebliche Haftungsrisiken zukommen.[12] Deshalb muß das Vollstreckungsgericht bei einem ernstzunehmenden Altlastenverdacht bei der Wertermittlung diesen Verdachtsmomenten nachgehen und alle zumutbaren Erkenntnisquellen über die Bodenbeschaffenheit nutzen; Kosten für Bodengutachten sind jedenfalls dann aufzuwenden, wenn sie in einem angemessenen Verhältnis zu den Auswirkungen stehen, die das Gutachten auch angesichts der Aussagekraft vorhandener Unterlagen auf den festzusetzenden Verkehrswert haben kann.[12a] Auch öffentlich-rechtliche Baulasten (die aus dem Grundbuch nicht ersichtlich sind und daher vom Rechtspfleger ermittelt und bekanntgegeben werden) sind zu berücksichtigen.[13]

Belastungen mit „Schulden" spielen keine Rolle, weil diese vom Ersteher nicht übernommen werden. Ebenso wenig werden die in Abt II und III des Grundbuchs eingetragenen Belastungen berücksichtigt, weil § 5 II WertV für das Zwangsversteigerungsverfahren ungeeignet und daher unanwendbar ist.[14] Für Grundpfandrechte ergibt sich das bereits daraus, daß sie entweder mit dem Zuschlag erlöschen, oder bei den „Bargeboten" (durch „Abzug" der betreffenden Grundschuld-Hauptsummen) berücksichtigt werden: durch Zahlung dieser Summen kann der Ersteher ja die Löschung der bestehengebliebenen Grundpfandrechte herbeiführen.

Bei bestehenbleibenden Belastungen aus Abt II (zB Wege-, Leitungs-, Wohnungsrechte usw) sind die für die einzelnen Bietinteressenten daraus folgenden Besonderheiten so unterschiedlich, daß sie nicht allgemein bewertet werden können; außerdem können sie im Gegensatz zu Grundpfandrechten vom Ersteher nicht durch Zahlung eines Betrages ohne Zustimmung des Berechtigten beseitigt werden. Deshalb müssen die Belastungen aus Abt II als Teil der „Grundstücks-Identität" verstanden werden, und jeder Interessent muß sich beim Bieten darüber klar werden, ob und inwieweit speziell ihn diese bestehenbleibende Belastung stört. Der Interessent darf also vor allem nicht einfach den vom Rechtspfleger gemäß § 51 bestimmten Zuzahlungsbetrag „als die eigentliche Wertminderung des Grundstücks" missverstehen!

Auch Mietzinsvorauszahlungen und Baukostenzuschüsse oder finanzielle Nachteile aus ungünstigen Mietverträgen dürfen nicht wertmindernd abgezogen werden, weil das ZVG hierfür Sonderregelungen, enthält,[15] und weil gerade störungswillige Beteiligte sonst den Verkehrswert durch bloße entsprechende Behauptungen herabsetzen oder geradezu vernichten könnten! Gerade weil ausschließlich das Prozessgericht im Streitfall zwischen Ersteher und Mieter über die Rechtswirksamkeit derartiger Konstruktionen zu entscheiden hat, erfordern Rechtssicherheit und Funktionsfähigkeit des Zwangsversteige-

---

[12] Vgl BVerfG NJW 2000, 2573; BGH NJW 1995, 2633; 1994, 2542; 1989, 2542 und aus der neuen Literatur: Wagner, ZfIR 2003, 841; Westerholt NJW 2000, 931; Bickel NJW 2000, 2562; Harms NJW 1999, 3668; Pützenbacher NJW 1999, 1137; Dorn Rpfleger 1988, 298; Albrecht/Teifel Rpfleger 1999, 366. – Maßgebend ist seit 1. 3. 1999 das Bundes-Bodenschutzgesetz.

[12a] BGH Rpfleger 2006, 554.

[13] Stöber § 74a Anm 7.4.

[14] OLG Köln MDR 1959, 223; Dassler-Muth § 74a Rdnr 25; Schulz Rpfleger 1987, 441; Alff Rpfleger 2003, 113; **str. aA:** LG Heilbronn Rpfleger 2004, 56 (**abl. Anm.** Hintzen).

[15] Stöber § 74a Anm 7.4.

rungsverfahrens die Nichtberücksichtigung solcher Konstruktionen bei der
Wertfestsetzung, aber deren möglichst konkrete Ermittlung und ggf Glaubhaftmachung und deren Bekanntgabe vor der Aufforderung zur Abgabe von
Geboten. Gerade derartige Konstruktionen werden oft erst kurz vor oder gar
im Versteigerungstermin angemeldet, und oft „sieht man diesen Konstruktionen ihren rechtsunwirksamen Scheincharakter" bereits an! Wie soll eine derartige Konstellation bei der Verkehrswertfestsetzung berücksichtigt werden?[16]

Werden von der Zwangsversteigerung mehrere Grundstücke oder Grundstücksbruchteile erfaßt, so ist der Verkehrswert jeweils gesondert festzustellen,
weil die Verfahren jederzeit getrennt werden können, und weil das ZVG gemäß § 63 I davon ausgeht, daß mehrere in demselben Verfahren zu versteigernde Grundstücke oder Bruchteile einzeln ausgeboten werden.

Besteht bei einem Grundstück ein ernstzunehmender Verdacht auf vorhandene Altlasten, muss das Vollstreckungsgericht bei der Verkehrswertermittlung
den Verdachtsmomenten nachgehen und alle zumutbaren Erkenntnisquellen
über die Bodenbeschaffenheit nutzen. Kosten für ein Bodengutachten sind jedenfalls dann aufzuwenden, wenn sie in einem angemessenen Verhältnis zu
den Auswirkungen stehen, die das Gutachten auch angesichts der Aussagekraft
vorhandener Unterlagen auf den festzusetzenden Verkehrswert haben kann.[16a]

Gemäß § 74a V 2 ist auch der Wert der beweglichen Gegenstände, auf die
sich die Versteigerung erstreckt, zu schätzen. Dabei empfiehlt sich nicht nur
eine getrennte Wertfestsetzung für das Grundstück einerseits und das Zubehör
andererseits, sondern auch eine gesonderte Bewertung jedes (wichtigen) einzelnen Zubehörgegenstandes, damit bei einer eventuellen Freigabe einzelner
Zubehörstücke der Verkehrswert nicht neu festgesetzt werden muß. Die getrennte Bewertung von Grundstück und Zubehör insbesondere bei gewerblichen Grundstücken ist bei einer Insolvenz des Grundstückseigentümers auch
wegen § 10 I 1a seit dem 1. 1. 1999 von besonderer Bedeutung.[17] Allerdings
kann der Wert eines Grundstücks durchaus davon beeinflußt sein, ob bestimmte Zubehörgegenstände vorhanden sind oder nicht; das gleiche gilt auch umgekehrt. Hier kann unter Umständen eine Alternativbewertung angebracht sein.

Mit dem Grundstück verbundene Brennrechte[18] oder Versicherungsforderungen[19] sind mitzubewerten, weil sie dem Erwerber gemäß §§ 20 II, 55 I
zustehen. Dagegen müssen Vorauszahlungen des Schuldners auf Erschließungskosten unberücksichtigt bleiben.[20] Das Gericht muß alle tatsächlichen
Umstände, die für den Wert bedeutsam sein können, ermitteln und berücksichtigen und den Beteiligten mitteilen.[21]

---

[16] Vgl **TH** C. 2.1.3.7. und **TH** C. 2.1.3.8.
[16a] BGH Rpfleger 2006, 554.
[17] Vgl dazu oben A. 3.1. und B. 3.1.1. und B. 4.4.2.
[18] Dies gilt, obwohl Brennrechte wohl keine dinglichen Rechte sind: Stöber § 55
Anm 4.1.
[19] Vgl Mohrbutter-Drischler Muster 23 Anm 3. – Vgl auch BGH ZIP 1997, 232;
NJW 1995, 1737; VersR 1991, 331; 1981, 521 zu den Fällen, in denen der Versicherer
(zB wegen Brandstiftung oder wegen Verletzung der Versicherungs-Obliegenheiten)
zwar dem versicherten Grundstückseigentümer gegenüber frei wird, nicht aber dem
Grundpfandgläubiger gegenüber.
[20] BVG NJW 1982, 951; Steiner-Storz § 58 Rz 20; vgl auch B. 4.4.2.
[21] OLG Köln BB 1956, 1012; LG Augsburg Rpfleger 2000, 559.

2.1.2. Festsetzung durch das Gericht

Gemäß § 74 V 1 wird der Grundstückswert vom Vollstreckungsgericht festgesetzt, wobei das Gesetz selbst dem Gericht keineswegs vorschreibt, sich dazu eines Sachverständigen zu bedienen. Es sagt sogar im Gegenteil, daß der Grundstückswert „nötigenfalls nach Anhörung von Sachverständigen" festzusetzen und der Wert der beweglichen Gegenstände „unter Würdigung aller Verhältnisse frei zu schätzen" ist. Aus diesen Formulierungen wurde in der Literatur früher teilweise gefolgt, das Gericht solle sich bei der Einschaltung von Sachverständigen zurückhalten,[22] ja sogar das dürfe nur die Ausnahme sein.[23]

Zweifellos verursacht die Beauftragung von Sachverständigen zusätzliche Kosten, die um so mehr vermieden werden sollten, je geringere Bedeutung der Verkehrswertfestsetzung selbst beigemessen wird. Gerade zu diesem Punkt gibt es in der Literatur große Meinungsunterschiede. M. E. ist die Bedeutung des festgesetzten Verkehrswerts für das ganze Zwangsversteigerungsverfahren schon bisher für den Schuldner und für die Gläubiger so erheblich, daß die Kosten für eine sorgfältige und fachmännische Schätzung jedenfalls dann aufgebracht werden sollten, wenn nicht die Schätzungskosten in einem unangemessenen Verhältnis zum Grundstückswert stehen. Mit der Einführung des § 85 a (Versagung des Zuschlags, wenn das Meistgebot die Hälfte des festgesetzten Verkehrswertes nicht erreicht) dürfte sich aber spätestens die Auffassung durchgesetzt haben, daß nur noch in Ausnahmefällen auf die Einschaltung von Sachverständigen verzichtet werden kann.

Es sollte bei dieser Frage auch berücksichtigt werden, daß der Rechtspfleger, vor allem wenn er außer Zwangsversteigerungsverfahren noch andere Aufgaben zu erfüllen hat oder wenn er für einen großen Bezirk zuständig ist, nicht in der Lage ist, die Grundstücksverhältnisse mit allen Besonderheiten selbst sicher zu beurteilen, daß er insbesondere wegen der mit der Schätzung notwendigerweise verbundenen Grundstücksbesichtigung einen erheblichen Arbeitsmehraufwand zu verkraften hätte und daß ihm meist auch die für eine Schätzung erforderlichen Unterlagen nicht zur Verfügung stehen. Außerdem kann nur aufgrund besonderer Sachkunde beurteilt werden, welchen Erlös ein Grundstück voraussichtlich bei seiner Zwangsversteigerung erbringen wird; deshalb hat der Bundesgerichtshof es dem Gericht sogar untersagt, sich diese besondere Sachkunde im Wege des Zeugenbeweises zu verschaffen und ein Sachverständigengutachten verlangt.[24] Schließlich ist zu bedenken, daß sich die Beteiligten viel eher mit einem gutachtlich abgesicherten Verkehrswert einverstanden erklären werden und daß ein eventuell trotzdem eingelegtes Rechtsmittel schneller behandelt werden kann, wenn ein Sachverständigen-Gutachten schon vorliegt. Umgekehrt ist die Beauftragung eines Sachverständigen dann natürlich entbehrlich, wenn das Grundstück erst kurze Zeit vorher geschätzt worden ist und die Beteiligten mit einer entsprechenden Festsetzung des Verkehrswerts einverstanden sind.

---

[22] So Lorenz MDR 1961, 371; vgl auch Barsties SchlHA 1985, 49.
[23] So Barsties SchlHA 1972, 129; und SchlHA 1985, 49.
[24] BGH ZIP 1993, 868 = EWiR 1993, 533 (Muth). Der Fall betraf allerdings selbst keine Zwangsversteigerung.

Außerhalb all dieser Überlegungen ist in **Baden-Württemberg** zu beachten, daß hier in § 34 des GVG-Ausführungsgesetzes vom 16. 12. 1975 bestimmt ist:

§ 34. Feststellung des Grundstückswerts

(1) [1]Nach Anordnung der Zwangsversteigerung hat das Gericht den Verkehrswert des Grundstücks durch eine amtliche Schätzung ermitteln zu lassen. [2]Mehrere Grundstücke, die in demselben Verfahren versteigert werden, sind einzeln, bei wirtschaftlichem Zusammenhang auch als Einheit zu schätzen.

(2) Von der amtlichen Schätzung kann das Gericht absehen, wenn das Grundstück innerhalb der letzten zwei Jahre amtlich geschätzt worden ist und weder ein Gläubiger noch der Schuldner eine neue Schätzung beantragen.

(3) Für die Ermittlung des Verkehrswertes von grundstücksgleichen Rechten gelten die Absätze 1 und 2 entsprechend.

(4) Das Gericht kann auch den Wert eines Rechts an dem Grundstück und von Nutzungen aus dem Grundstück sowie des Grundstückszubehörs durch eine amtliche Schätzung ermitteln und dabei die Zubehörstücke aufzeichnen lassen.

(5) [1]Für die amtliche Schätzung gelten die §§ 44 und 45 des Landesgesetzes über die freiwillige Gerichtsbarkeit entsprechend. [2]Die für die Wertermittlung maßgeblichen Gesichtspunkte sind dem Gericht mitzuteilen.

(6) Mit der Ermittlung des Verkehrswertes kann das Gericht auch einen öffentlich bestellten Sachverständigen beauftragen.[25]

Als Sachverständige kommen in der Regel die amtlich zugelassenen und allgemein vereidigten Grundstücksschätzer in Frage und auch die Gutachterausschüsse nach dem Baugesetzbuch. Das ist heute von der herrschenden Meinung anerkannt[26] und in Baden-Württemberg sogar die Regel (siehe oben).[27] Grundlage einer sorgfältigen Schätzung ist in aller Regel eine Besichtigung des Grundstücks. An der Besichtigung dürfen der Schuldner und die Gläubiger teilnehmen;[28] sie sollten deshalb rechtzeitig über den Besichtigungstermin unterrichtet werden.[29] Den Zutritt kann der Sachverständige nicht erzwingen;[27] auch das Gericht kann das nicht tun, es kann lediglich versuchen, den Schuldner von der Sinnlosigkeit einer Weigerung zu überzeugen. In der Regel haben Grundpfandgläubiger sich bei der Bestellung des Grundpfandrechts das Recht auf Zutritt zum Grundstück einräumen lassen; diese Rechtsposition nützt hier aber in der Praxis gegenüber einem hartnä-

---

[25] Gesetzblatt für Baden-Württemberg 1975, 868. Abgedruckt bei Steiner-Storz Band II S. 2053 ff.

[26] Vgl BGH NJW 1991, 3271; 1974, 701; Stöber § 74a Anm 10.5.; Mohrbutter-Drischler Muster 23 Anm 3; Steiner-Storz § 74 a Rdnr 85. – Es muß aber nicht unbedingt ein öffentlich bestellter und vereidigter Sachverständiger sein, vgl LG Kempten Rpfleger 1998, 358 (außer in Baden-Württemberg).

[27] Vgl oben **TH** C. 2.1.3.4.

[28] Vgl dazu **TH** C. 2.1.3.1.

[29] Vgl dazu **TH** C. 2.1.3.3.

ckigen Schuldner auch nicht viel,[30] so daß in diesen Fällen die Schätzung ohne eingehende Besichtigung vorgenommen werden muß.[31] Dann muß das im Gutachten aber auch zum Ausdruck gebracht werden.[32] Es kann aber nicht angehen – wie das in der Praxis leider immer wieder zu beobachten ist – daß die Verweigerung des Zutritts dazu führt, daß die Schätzung und die Verkehrswertfestsetzung um viele Monate verzögert wird. … Wenn der Schuldner dem gerichtlich bestellten Gutachter den Zutritt zu den Räumlichkeiten des Versteigerungsobjektes verweigert, kann er hinterher den Wertfestsetzungsbeschluß nicht mehr anfechten, schon gar nicht mit dem Ziel einer Erhöhung des festgesetzten Wertes.[32a]

Das Gutachten des Sachverständigen muß begründet sein, so daß die Beteiligten die Wertbemessung nachvollziehen können; es darf in sich nicht widersprüchlich sein und muß vor allem die Besonderheiten, die das Ergebnis im wesentlichen beeinflussen, belegen.

Auswahl und Bestellung des Sachverständigen sind weder mit der Vollstreckungserinnerung gemäß § 766 ZPO oder der befristeten Rechtspfleger-Erinnerung gemäß § 11 II RpflG noch gar mit der sofortigen Beschwerde gemäß § 793 ZPO anfechtbar.[33] Die Beteiligten können sich allenfalls mit Ablehnungsgesuchen gegen den Rechtspfleger oder den Sachverständigen schützen.[34] Der Ablehnungsantrag muß gemäß § 406 II 1 ZPO spätestens 2 Wochen nach der Bestellung des Sachverständigen gestellt werden, nur ausnahmsweise ist das gemäß § 406 II 2 ZPO auch später möglich.

Die Verantwortung für die Festsetzung des Grundstückswerts verbleibt aber auch bei Einschaltung eines Sachverständigen beim Gericht: gemäß § 74a V 1 hat das Vollstreckungsgericht den Verkehrswert festzusetzen. Es entscheidet dabei nach freier eigener Überzeugung und ist weder an das Gutachten[35] noch an die Auffassung der Beteiligten gebunden, selbst wenn sich alle Beteiligten auf einen bestimmten Wert verständigt haben.[36] Das Gericht muß aber prüfen, ob der Sachverständige sachkundig ist, und ob er den Wert frei von Widersprüchen nach allgemein gültigen Regeln ermittelt hat;[37] einem unvollständigen Gutachten darf es nicht folgen.[38]

2.1.3. Taktische Hinweise

TH 2.1.3.1.: Die Gläubiger sollten sich bei größeren Grundstücken oder bei einer problematischen Absicherung die Mühe einer Teilnahme an der

---

[30] Vgl **TH** C. 2.1.3.2.
[31] Vgl LG Dortmund Rpfleger 2000, 466; Stöber § 74a Anm 10.5.; Mohrbutter-Drischler aaO.
[32] BGH NJW 1984, 355; OLG Köln VersR 1994, 611; Stöber § 74a Anm 10.6.
[32a] VerfGH Berlin Rpfleger 2007, 491; LG Dortmund Rpfleger 2000, 466; LG Göttingen Rpfleger 1998, 213; Stöber § 74a Anm 10.5; Böttcher § 74a Rz 28.
[33] OLG Stuttgart Rpfleger 2000, 227.
[34] OLG Jena MDR 2000, 169; OLG München Rpfleger 1983, 319; Stöber § 74a Anm 10.10; Steiner-Storz § 74a Rdnr 86; vgl auch **TH** C. 2.3.5.6. – **anders** für Mitglieder des Gutachterausschusses: OLG Oldenburg FamRZ 1992, 451; OLG Hamm NJW-RR 1990, 1471; OLG Stuttgart NJW-RR 1987, 190.
[35] Vgl Stöber § 74a Anm 7.5.; Steiner-Storz § 74a Rdnr 88.
[36] Vgl **TH** C. 2.1.3.5. und **TH** C. 2.1.3.6.; vgl auch **TH** C. 2.3.5.7.
[37] LG Braunschweig Rpfleger 1997, 448.
[38] BGH Rpfleger 1995, 80.

Grundstücksbesichtigung durch den Schätzer machen. Abgesehen davon, daß sie ihre eigene Position nur bei eigener Ortskenntnis richtig abschätzen und nur so mit Aussicht auf Erfolg nach Interessenten suchen können, können sie auf diese Weise das Verfahren beschleunigen, Beeinflussungen des Schätzers durch den Schuldner verhindern und ihre eigene Sachkenntnis in die Bewertung einbringen, und sie können bei der Feststellung von Mängeln oder von Mietverhältnissen prüfen, ob sie nicht neben der Zwangsversteigerung auch die Zwangsverwaltung betreiben sollten.

TH 2.1.3.2.: Verweigert der Schuldner dem Schätzer oder dem selbst schätzenden Gericht den Zutritt, so kann der Gläubiger am ehesten helfen, weil er unter Umständen das Recht zur Besichtigung des Grundstücks hat und weil er in jedem Fall mit der Zwangsverwaltung drohen kann, die dann unter Umständen sogar die Entfernung des Schuldners vom Grundstück ermöglicht (§ 149 II).[39] Wenn der Gläubiger aber an einer raschen Versteigerung interessiert ist, sollte er eher darauf drängen, daß der Verkehrswert ohne Besichtigung des Grundstücks beziehungsweise nur auf Grund des äußeren Eindrucks vom Grundstück festgesetzt wird.

TH 2.1.3.3.: Die Gläubiger können an der Besichtigung des Grundstücks nur teilnehmen, wenn sie von dem Termin auch unterrichtet werden, was meist nicht geschieht, jedenfalls nicht unaufgefordert. Am einfachsten ließe sich das bewerkstelligen, wenn die Gerichte schon die Beauftragung des Sachverständigen mit der Auflage verbinden würden, daß mindestens alle (zu dieser Zeit) betreibenden Gläubiger und m. E. auch die anderen dinglichen Gläubiger durch den Sachverständigen vom Besichtigungstermin unterrichtet werden.

Solange dies aber nicht geschieht, sollten die Gläubiger schon im Versteigerungs- oder Beitrittsantrag oder bei einer späteren Gelegenheit darauf hinweisen, daß sie an der Besichtigung teilnehmen wollen.

TII 2.1.3.4.: Die Beauftragung des kommunalen Gutachterausschusses ist (jedenfalls bei größeren Grundstückswerten) teurer und sie ist auch umständlicher, weil der Gutachterausschuß nur zu bestimmten Terminen zusammentritt; sie hat aber auch Vorteile, insbesondere wenn mit Widerstand des Schuldners zu rechnen ist. Der Gutachterausschuß kann nämlich gemäß § 140 I BBauG Zutritt verlangen und dazu gegebenenfalls Amtshilfe in Anspruch nehmen (§ 140 II BBauG).

TH 2.1.3.5.: Das Gericht ist zwar bei der Festsetzung des Grundstückswerts keineswegs an die Meinungen der Beteiligten gebunden, auch wenn diese übereinstimmen, denn die Vorschriften, was Grundstückswert ist und daß er vom Gericht festgesetzt wird, gehören nicht zu den über § 59 verfügbaren Versteigerungsbedingungen. Trotzdem wird das Gericht sich nur in begründeten Ausnahmefällen (zum Beispiel weil sachfremde Überlegungen bei den Beteiligten maßgebend waren; die Gefahr von rein taktischen Maßnahmen darf nicht unterschätzt werden) schon aus praktischen Erwägungen über die einheitliche Meinung der Beteiligten hinwegsetzen.

---

[39] Vgl dazu LG Ellwangen Rpfleger 1995, 427; Steiner-Storz § 74a Rz 86; Stöber § 74a Anm 10.5. – In jedem Fall eines erzwungenen Zutritts sollte eine richterliche Durchsuchungsanordnung beschafft werden.

TH 2.1.3.6.: Welche sachfremden Gesichtspunkte zu einer Einigung der Beteiligten führen können, sollen zwei Beispiele aus der Praxis verdeutlichen (m. E. hätte das Gericht hier nicht folgen dürfen):

(1) Eine nachrangige abgesicherte Brauerei einigt sich mit dem vorrangigen Kreditinstitut, dem Schuldner und dem Rechtspfleger auf eine wesentliche Erhöhung des Verkehrswerts, weil der Brauereivorstand sonst Schwierigkeiten mit seinem Aufsichtsrat befürchtet, weil die schlechte Absicherung bei zu geringem Verkehrswert zu deutlich wird. ...

(2) Hauptgläubiger und Schuldner einigen sich auf eine wesentliche Herabsetzung des Verkehrswertes, um einem anderen Gläubiger die Antragsberechtigung nach § 74a I zu nehmen. ...

TH 2.1.3.7.: Wenn Belastungen aus Abt II des Grundbuches bestehenbleiben (zB Wegerechte, Leitungsrechte, Wohnrechte usw), muß jeder Interessent für sich genau überlegen, ob das Versteigerungsobjekt für ihn überhaupt noch nützlich ist bzw ob und welche Wertminderung das Grundstück für ihn bzw seine Pläne damit erfährt. Danach darf er entweder überhaupt nicht bieten, oder er darf nur weniger bieten als für ein Grundstück ohne diese Belastung. Wie hoch der entsprechende Abzug zB für ein Leitungs- oder Wegerecht bei dem einen Interessenten sein muß, kann ganz anders zu beantworten sein als bei einem anderen Interessenten. Völlig ungeeignet dafür ist der vom Rechtspfleger gemäß § 51 zu bestimmende Zuzahlungsbetrag, denn dessen Höhe wird nicht nur sehr oberflächlich sondern oft auch danach bestimmt, wie (un-)wahrscheinlich es ist, daß dieses Recht im Zeitpunkt des Zuschlags tatsächlich besteht. Deshalb wird zB der Zuzahlungsbetrag für ein Starkstrom-Leitungsrecht uU nur mit EUR 100 festgesetzt, obwohl dadurch das Grundstück für manche Interessenten ganz ausscheidet, für andere erheblich an Wert verliert und für die dritten Interessenten genauso wertvoll bleibt! Deshalb ist es mE weder korrekt noch ungefährlich, wenn manche Rechtspfleger den Interessenten empfehlen, den „Wert der bestehenbleibenden Rechte" von ihrem Bargebot abzuziehen und dabei die Zuzahlungsbeträge wie die Grundschuld-Hauptsummen behandeln.

TH 2.1.3.8.: Wenn Mietvorauszahlungen, Baukostenzuschüsse oder verwertungsschädliche Mietverträge angemeldet und (entgegen meiner Rechtsauffassung und Empfehlung) bei der Wertfestsetzung berücksichtigt sind, bedeutet das meistens eine besonders günstige Erwerbsmöglichkeit für mutige Interessenten. Denn sehr häufig sind derartige Konstruktionen (insbesondere dann, wenn sie erst kurz vor dem oder gar im Versteigerungstermin angemeldet worden sind) lediglich Scheinkonstruktionen, mit denen der Schuldner nur die Zwangsversteigerung verzögern oder verhindern will, und die einer eingehenden rechtlichen Überprüfung nicht standhalten. Wenn diese Anmeldungen (mE zu recht) nicht in die Wertfestsetzung eingeflossen sind, muß der Interessent zwar auch außerordentlich vorsichtig sein; da sich aber viele andere Interessenten durch solche Anmeldungen ganz vom Erwerb abhalten lassen, haben Mutige (und solche, die sich rechtlich auskennen) hier oft besonders gute Chancen!

2.1.4. Haftung des Sachverständigen

Immer wieder stellt sich die Frage, ob der vom Vollstreckungsgericht mit der Schätzung beauftragte Sachverständige oder Gutachterausschuss vom Ersteher oder den Verfahrensbeteiligten auf Schadensersatz in Anspruch genommen werden kann, wenn sein der gerichtlichen Wertfestsetzung zugrundeliegendes Gutachten falsch war. Immerhin hat der Bundesgerichtshof anerkannt, daß auch Dritte in den Schutzbereich eines Wertgutachtens einbezogen werden können (wenn zB der Hausverkäufer ein Gutachten zur Vorlage an Kaufinteressenten bestellt hat), so daß sich der Sachverständige auch einem Dritten gegenüber schadensersatzpflichtig machen kann.[40]

Diese Grundsätze sind aber auf das Zwangsversteigerungsverfahren nicht anwendbar, weil der Sachverständige (im Gegensatz zum Gutachterausschuss) zwar eine Privatperson ist, vom Vollstreckungsgericht aber nicht privat, sondern entsprechend den Beweiserhebungsvorschriften der §§ 402 ff ZPO öffentlich-rechtlich beauftragt wird, so daß für den Sachverständigen eine Haftung nach § 839 BGB ausscheidet.[41] Anders der Gutachterausschuss einer Gemeinde: Seine Gutachten für das Vollstreckungsgericht gehören gemäß § 193 I 1 Nr. 4 BauGB zu seinem gesetzlichen Pflichtenkreis und werden im Rahmen seiner normalen öffentlich-rechtlichen Amtstätigkeit, also unabhängig von der gerichtlichen Beauftragung, als Amtspflichten erstellt, deshalb haftet der Gutachterausschuss gemäß § 839 BGB.[42]

Für private Sachverständige war bis zum 31. 7. 2002 die Haftung unterschiedlich ausgestaltet, je nachdem, ob sie beeidigt (dann Haftung gemäß § 823 II BGB iVm §§ 154, 163 StGB für jeden Vermögensschaden schon bei fahrlässiger Falschbegutachtung) oder unbeeidigt waren (dann Haftung gemäß § 826 BGB nur bei vorsätzlicher Falschbegutachtung; bei Verletzung absoluter Rechte iSd § 823 I BGB war grobe Fahrlässigkeit ausreichend).[43]

Für Schadensfälle seit dem 1. 8. 2002 hat der Gesetzgeber mit § 839 a BGB eine eigenständige und abschließende[44] Anspruchsgrundlage für die Haftung von gerichtlich bestellten privaten Sachverständigen geschaffen, wenn einem Verfahrensbeteiligten ein Schaden durch eine gerichtliche Entscheidung entstanden ist, die auf einem vorsätzlich oder grob fahrlässig erstatteten unrichtigen Sachverständigen-Gutachten beruht. Auch ein Ersteher kann (und muß) nach § 839 a BGB vorgehen, obwohl er im Zeitpunkt der Wertfestsetzung idR noch gar nicht bekannt bzw engagiert ist, und selbst nach dem Zuschlag formal gar nicht Verfahrensbeteiligter iSd § 9 ist.[45]

---

[40] „Vertrag mit Schutzwirkung für Dritte", vgl BGH NJW 2004, 3035; NJW-RR 2002, 1528; NJW 2001, 3115 und 514; 1998, 1948 und 1059.

[41] BGH Rpfleger 2003, 520 und 310.

[42] BGH Rpfleger 2003, 310; vgl auch BGH EWiR 2001, 419 (Littbarski); ZflR 2001, 222.

[43] BVerfGE 49, 304; BGH Rpfleger 2003, 520; OLG Hamm NJW-RR 1998, 1686; OLG Schleswig NJW 1995, 791; OG Düsseldorf NJW 1986, 2891.

[44] Palandt-Thomas § 839 a BGB Rdn 1.

[45] BGH NJW 2006, 1733; 2003, 2825; Staudinger/Wurm § 839 a BGB Rdn 24. – **Ablehnend** (§ 839 a für eine Sachverständigen-Haftung gegenüber dem Ersteher ungeeignet): Wagner/Thole VersR 2004, 275; Alff Rpfleger 2006, 554).

2.2. Bedeutung des Grundstückswerts

2.2.1. Für das ganze Versteigerungsverfahren?

In der ursprünglichen und bis 1953 gültigen Fassung des ZVG gab es keine Vorschrift über die Festsetzung des Grundstückswerts; sie schien auch entbehrlich, weil sich das geringste Gebot als viel wichtigere Ausgangsgröße für die Versteigerung ja nicht nach dem Wert des Grundstücks sondern nach rein formalen Regeln richtet. Das hat nicht nur dazu geführt, daß die verschiedenen Landesgesetze unterschiedliche Wertermittlungsverfahren vorgeschrieben haben (diese Vorschriften sind aber durch § 74a weitgehend überholt), sondern bis 1953 waren, wo das ZVG von Grundstückswert spricht, auch unterschiedliche Werte gemeint.

Seit der Einführung des § 85a im Jahr 1979 setzt sich immer mehr die Auffassung durch, daß der nach § 74a V festgesetzte Verkehrswert auch für die anderen Vorschriften des ZVG gilt, insbesondere also für die §§ 10 I 2, 30a III 2, 38 I, 38 II, 64, 68 I, 85, 85a, 112 II, 114a,[46] für § 765a ZPO und für die Gebühren maßgebend ist. Mit Recht weist Stöber darauf hin, daß „der einmal festgesetzte Wert von Beteiligten und Interessenten allen Berechnungen zugrunde gelegt wird, daß sie nur einen Wert kennen".[47]

Von besonderer Bedeutung ist diese Frage für § 114a, weil hier schwerwiegende materiellrechtliche Folgen in Form einer Befriedigungsfiktion eintreten können, wenn ein Gläubiger einen sogenannten Rettungserwerb durchführt.

Gegen die Anwendung des § 74a V-Wertes für § 114a und für eine unabhängige Neufestsetzung durch das Prozeßgericht wird insbesondere vorgebracht, daß das Vollstreckungsgericht den festgesetzten Grundstückswert nach der Versteigerung nicht mehr ändern könne, weil es sonst in unzulässiger Weise in die Antragsrechte nach § 74a I eingreifen würde und weil keine Reaktion mehr möglich sei, wenn zum Beispiel zwischen Versteigerung und Zuschlagserteilung ein werterhöhender Umstand (Entdeckung eines Kieslagers) eintrete. Diese Argumentation überzeugt aber nicht, insbesondere dann nicht, wenn man richtigerweise annimmt, der Grundstückswert behalte während des gesamten Versteigerungsverfahrens seine Bedeutung, weshalb er auch bei längeren Verfahren und bei Änderung von wertbestimmenden Faktoren jeweils der neuen Sachlage angepaßt werden muß, und zwar auch noch nach dem „Verbrauch" der Zuschlagsversagungsgründe aus §§ 85a und 74a. Bis zum Schluß der Versteigerung hat dann das Vollstreckungsgericht nicht nur das Recht sondern auch die Pflicht, auf eine wesentliche Änderung der

---

[46] Heute herrsch Ans: BGH Rpfleger 1992, 264; 1987, 120 = EWiR 1987, 201 (Anm Storz); OLG Hamm Rpfleger 2000, 120; Hornung Rpfleger 1987, 395; Drischler ZVG § 114a Anm 3 und NJW 1987, 872; Stöber § 74a Anm 7.2; Eickmann § 14 III 1; Böttcher § 74a Rdnr 26; Budde Rpfleger 1991, 189; Alff Rpfleger 2003, 113; **anders** Muth ZiP 1986, 352; Nikoleit BWNotZ 1965, 50; Spies NJW 1955, 813; Lorenz MDR 1961, 371; Schiffhauer MDR 1963, 901; Dassler-Gerhardt § 114a Rz 3. – Die zahlreichen abweichenden Meinungen (Nachweise Dassler-Gerhardt aaO) weisen die unterschiedlichsten Anwendungs-Kombinationen auf.

[47] § 74a Anm 7.2.

Einflußfaktoren mit einer entsprechenden Änderung des Verkehrswertes zu reagieren. Dadurch werden zwar unter Umständen Antragsrechte nach § 74a I geschmälert oder erweitert; aber solange dieses Antragsrecht überhaupt noch besteht, geht auch die herrschende Meinung von einer Änderungspflicht aus und nach dem Wegfall des Antragsrechts gemäß § 74a IV gilt das Beeinträchtigungsargument nicht mehr.

Auch das zweite Argument kann nicht überzeugen, denn der Schuldner kann sogar noch mit der Zuschlagsbeschwerde eine Verschleuderung über § 765a ZPO verhindern,[48] und andere Gläubiger können bis zur Verkündung einer Entscheidung über den Zuschlag dessen Versagung über eine Ablösung des bestrangig betreibenden Gläubigers und eine Einstellungsbewilligung herbeiführen,[49] so daß es genügend Möglichkeiten gibt, auf derart extreme Situationen zu reagieren.

Demgegenüber spielen zwei andere Gesichtspunkte eine wichtigere Rolle: Zum einen sind alle Beteiligte im Versteigerungstermin selbst auf eine feste Größe angewiesen, an der sie sich orientieren können; die Versteigerungspraxis kann nicht damit arbeiten, daß zu Lasten (oder zugunsten) des Gläubigers oder des Schuldners noch lange Zeit nach der Zwangsversteigerung völlig neu entschieden wird, ob der Gläubiger nun plötzlich in größerem oder geringerem Umfang als befriedigt gilt. Zum anderen hat § 114a nicht die Aufgabe, eventuelle kaufmännische Erfolge oder Mißerfolge des Erstehers auf den Schuldner und mithaftende Dritte auszudehnen, sondern § 114a soll verhindern, daß der Gläubiger in Ausnützung seiner Wirtschaftskraft das Grundstück zu Lasten des Schuldners billig ersteht und gleichzeitig eine hohe Restforderung behält. Diese Frage muß und kann aber schon während der Bietstunde entschieden werden. Hinzu kommt noch der formale Gesichtspunkt, daß der Gesetzgeber, der immerhin § 114a gleichzeitig mit § 74a in das ZVG eingefügt hat, wohl ausdrücklich klargestellt hätte, wenn er in beiden Vorschriften von unterschiedlichen Werten hätte ausgehen wollen.[50]

Daraus folgt, daß der nach § 74a V festgesetzte Grundstückswert nicht nur für die Zuschlagsversagungsgründe aus §§ 85 und 74a maßgebend ist (wenn er auch erst wegen der „⁷/₁₀-Grenze" des § 74a in das ZVG eingeführt worden ist), sondern auch für alle anderen Vorschriften des ZVG, in denen der Verkehrswert eine Rolle spielt. Der Gesetzgeber sollte schnellstmöglich klarstellen, daß für § 114a der gemäß § 74a V festgesetzte Wert gilt; dann haben sich viele Streitfragen erledigt!

Leider hat der Bundesgerichtshof mit zwei Entscheidungen aus den Jahren 2003 und 2004 die Bedeutung des festgesetzten Verkehrswertes praktisch doch wieder auf die Zuschlagsversagungsgründe aus §§ 85a und 74a reduziert, indem er das Rechtsschutzinteresse auf Anpassung des festgesetzten Verkehrswerts an die Veränderung der wertbestimmenden Tatumstände für den Fall abgesprochen hat, daß die Zuschlagsversagungsgründe aus §§ 85a, 74a bereits verbraucht sind (anders ausgedrückt hat er die Anpassung des Verkehrswerts verboten, wenn bereits eine Zuschlagsversagung nach § 85a oder

---

[48] Zu § 765a ZPO vgl ausführlich B. 3.1.2.
[49] Zur Ablösung vgl ausführlich B. 7.
[50] So auch Stöber § 114a Anm 3.1.

§ 74a erfolgt ist);[50a] außerdem hat er entschieden, daß der nach § 74a V festgesetzte Verkehrswert auch für die Befriedigungsfiktion des § 114a nicht
maßgebend ist (sondern ein vom Prozeßgericht neu festzusetzender Wert),
wenn der Rettungserwerb erst nach einer Zuschlagsversagung aus § 85a oder
§ 74a erfolgt ist.[50b]

Streitig ist auch die Frage, ob der festgesetzte Wert für das ganze Verfahren
oder nur für einen bestimmten Versteigerungstermin Gültigkeit hat. Nach
heute wohl herrschender Auffassung wird der Wert gemäß § 74a V für das
ganze Verfahren festgesetzt, also nicht für einen bestimmten Versteigerungstermin;[51] deshalb muß er auch angepaßt werden, wenn sich im weiteren Verlauf die wertbestimmenden Tatumstände ändern sollten.[52] Deshalb sollte auch
nicht mehr gesagt werden, nach einer Zuschlagsversagung gemäß § 85a oder
§ 74a gebe es keine Wertfestsetzung mehr,[53] weil dafür das Rechtsschutzinteresse fehle. M. E. sollte eindeutig klargestellt werden, daß der nach § 74a V
festgesetzte Grundstückswert für das gesamte Zwangsversteigerungsverfahren
gilt und daß wegen seiner Bedeutung auch für §§ 10 I 2, 30a III 2, 38 I und
II, 64, 85, 85a, 112 II, 114a und schließlich auch für die Gebühren auch dann
noch Änderungen möglich und nötig sind, wenn bereits eine Zuschlagsversagung nach § 85a (Nichterreichen der $^5/_{10}$-Grenze) oder § 74a (Nichterreichen der $^7/_{10}$-Grenze) erfolgt war.[54] Das LG Kassel hat sogar ein ganzes Versteigerungsverfahren aufgehoben, weil sich während der Wertfestsetzung für
eine Eigentumswohnung herausgestellt hat, daß eine Bewertung wegen gra-
vierender Unrichtigkeit der Teilungserklärung nicht sinnvoll möglich ist.[54a]

2.2.2. Einzelne Funktionen des Grundstückswertes

Die Bedeutung des nach § 74a V festgesetzten Grundstückswertes wird
erst richtig klar, wenn man seine verschiedenen Funktionen einmal zusam-
menstellt:

(1) Wichtige Orientierungsgröße für die Bietinteressenten,[55] und oft bestimmt sich daraus auch das strategische Verhalten der Gläubiger; deshalb
wird der Verkehrswert gemäß § 38 I 1 in der Terminsbestimmung angegeben
und auch in den elektronischen Medien gemäß § 38 II bekanntgemacht;

[50a] BGH NJW-RR 2004, 302 = LMK 2004, 77 (**krit. Anm.** Storz).

[50b] BGH NJW-RR 2004, 666; **kritisch dazu** Storz/Kiderlen NJW 2007, 1846.

[51] OLG Köln Rpfleger 1993, 258; OLG Schleswig Rpfleger 1981, 27; Steiner-Storz
§ 74a Rz 80; und seit der 15. Auflage eindeutig auch Zeller-Stöber § 74a Anm 7.13;
anders noch: OLG Schleswig JurBüro 1959, 250; LG München I Rpfleger 1960, 251.

[52] BGH LMK 2004, 77 (Anm Storz); OLG Düsseldorf Rpfleger 2000, 559; OLG
Köln Rpfleger 1993, 258; OLG Hamm Rpfleger 1991, 73. – Vgl dazu unten C. 2.4.1.

[53] So **aber** BGH LMK 2004, 77 (**abl. Anm.** Storz); OLG Köln OLGZ 1970, 187;
LG Mainz Rpfleger 1974, 125; Böttcher § 74a ZVG Rz 38; Stöber § 74a Anm 7.9;
Dassler-Gerhardt § 74a Rz 30; **dagegen** OLG Düsseldorf Rpfleger 2000, 559; OLG
Köln Rpfleger 1983, 362; OLG Braunschweig NJW 1960, 205; Storz in Anm zu
BGH LMK 2004, 77; Hornung Rpfleger 1979, 365; Steiner-Storz § 74a Rz 80.

[54] So eindeutig auch Hornung Rpfleger 1979, 365 und Storz in Anmerkung zu
BGH LMK 2004, 77.

[54a] LG Kassel Rpfleger 2002, 41; zustimmend Hintzen Rpfleger 2004, 69 (70).

[55] Vgl BGH Rpfleger 2003, 310; 2002, 37; 2001, 609; Steiner/Storz § 74a ZVG
Rz 76; Stöber § 74a Anm 7.2.

(2) Gemäß § 68 I 1 beträgt die Sicherheitsleistung in aller Regel 10% des festgesetzten Verkehrswertes;

(3) Aus dem Grundstückswert ergibt sich die Berechtigung nach § 74a I, die Versagung des Zuschlags wegen Nichterreichung der sogenannten $^7/_{10}$-Grenze zu beantragen;[56]

(4) nach § 85a I ist der Zuschlag von Amts wegen zu versagen, wenn das Meistgebot die Hälfte des Grundstückswertes nicht erreicht;[57]

(5) nach der herrschenden Ansicht richtet sich die Befriedigungsfiktion des § 114a nach dem Grundstückswert des § 74a V;[58]

(6) in der bevorzugten 2. Rangklasse des § 10 I können Wohngeldrückstände geltend gemacht werden, allerdings nur in Höhe von maximal 5% des festgesetzten Grundstückswertes;

(7) Anordnungen nach § 30a III richten sich nach diesem Grundstückswert, falls schon ein solcher festgesetzt ist;[59]

(8) die Verteilung eines im geringsten Gebot bestehenbleibenden Gesamtrechtes richtet sich gemäß § 64 nach dem Wert der einzelnen Grundstücke;

(9) mittelbar orientiert sich auch das Recht, gemäß § 85 unter Versagung des Zuschlags einen neuen Versteigerungstermin zu beantragen, am Grundstückswert;[60]

(10) die Verteilung des Erlöses auf die Einzelgrundstücke nach einem Gesamtausgebot erfolgt gemäß § 112 II entsprechend den einzelnen Grundstückswerten;

(11) die Wertfestsetzung hat Einfluß auf die Gebührenberechnung (vgl § 54 I GKG);

(12) die Frage, ob ein Grundstück in sittenwidriger Weise verschleudert wird, so daß eine Zuschlagsbeschwerde auf § 765a ZPO gestützt werden kann, wird oft aus dem Grundstückswert heraus beantwortet.

(13) Obwohl hier nicht von einer Aufgabe der Wertfestsetzung gesprochen werden kann, muß in diesem Zusammenhang doch erwähnt werden, daß das Festsetzungsverfahren in der Praxis häufig als Verzögerungsmittel mißbraucht wird. Das liegt daran, daß eine auch sachlich erscheinende Argumentation zur Höher- oder Tieferbewertung keine besonderen Schwierigkeiten bereitet, und außerdem spricht sich in einem Amtsgerichtsbezirk schnell herum, ob und in welchem Umfang solche Verzögerungsversuche erfolgversprechend sind.[61]

2.2.3. Bedeutung auch nicht überschätzen!

Auch bei Berücksichtigung all dieser Gesichtspunkte dürfen Bedeutung und Funktion des festgesetzten Wertes aus folgenden Gründen nicht überschätzt werden:

---

[56] Vgl dazu unten D. 4.4. und **TH** C. 2.2.4.1. und **TH** C. 2.2.4.2.
[57] Vgl dazu unten D. 4.3. und **TH** C. 2.2.4.1. und **TH** C. 2.2.4.2.
[58] Vgl dazu unten E. 6.1.3. und **TH** C. 2.2.4.1. und **TH** C 2.2.4.2. und **TH** C. 2.2.4.3. und Anm 31.
[59] Zum Vollstreckungsschutzantrag nach § 30a vgl ausführlich oben B. 3.1.1.
[60] Vgl dazu unten D. 4.5.1. und D. 4.6.1.
[61] Vgl **TH** C. 2.2.4.1. und **TH** C. 2.3.5.1. und **TH** C. 2.3.5.2. und **TH** C. 2.3.5.3. und **TH** C. 2.2.5.4. und **TH** C. 2.4.4.3. und **TH** C. 2.3.5.6.

(1) Das geringste Gebot als eine der wichtigsten Größen für die ganze Zwangsversteigerung hat mit dem Grundstückswert nichts zu tun;

(2) Interessenten und Bieter orientieren sich zwar am Grundstückswert; während der Bietstunde (die ihre eigenen psychologischen Gesetze hat) tritt diese Orientierung aber immer mehr in den Hintergrund; im übrigen verspüren die Bieter keineswegs eine „innere Verpflichtung", den Verkehrswert auch auszubieten, sie bemühen sich im Interesse ihres psychologischen und materiellen Erfolgserlebnisses eher darum, deutlich unter dem Verkehrswert zu bleiben;

(3) auch ohne „rechtskräftigen" Grundstückswert kann terminiert, versteigert und unter Umständen sogar zugeschlagen werden,[62] und kraft ausdrücklicher Bestimmung in § 74a V 4 beeinflußt selbst ein unrichtig festgesetzter Grundstückswert nicht die Wirksamkeit des Zuschlags oder einer Zuschlagsversagung. Allerdings meint das Gesetz nach herrschender Auffassung damit: zu hoch oder zu niedrig; es will dagegen nicht die Verletzung formeller Vorschriften sanktionieren,[63] so daß zum Beispiel die Nichtgewährung des rechtlichen Gehörs während des Festsetzungsverfahrens auch eine Zuschlagsbeschwerde stützen kann.

(4) Der Grundstückswert wird zwar rechtskräftig im Sinne von nicht mehr mit Rechtsmitteln anfechtbar. Diese „Rechtskraft" ist aber aus zwei Gründen nur „relativ": erstens kann jeder neu ins Verfahren eintretende Beteiligte wieder gegen den Verkehrswert vorgehen, und zweitens kann und muß der Verkehrswert geändert werden, wenn sich die wertbestimmenden Faktoren wesentlich geändert haben. Dassler-Schiffhauer-Gerhardt halten es unter bestimmten Voraussetzungen für zulässig, daß von der Festsetzung eines Verkehrswertes ganz abgesehen wird, etwa wenn die gemäß § 74a I Antragsberechtigten auf ihr Antragsrecht verzichten,[64] oder im zweiten Termin aus § 74a IV.[65] M.E. führt jede zu starke Ausrichtung des Verkehrswerts auf die Zuschlagsversagungsgründe aus §§ 85a und 74a zu gefährlichen Ergebnissen (unter anderem auch im Hinblick auf § 114a), so daß lediglich die Frage gestellt werden kann, ob das Gericht in geeigneten Ausnahmefällen vereinfacht festsetzen und zum Beispiel auf die Einholung von Gutachten verzichten darf.[66] Allerdings ist auch hier wegen § 85a größere Zurückhaltung am Platz.[66]

2.2.4. Taktische Hinweise

TH 2.2.4.1.: In der Praxis stellt man fest, daß alle Beteiligten zwar oft den Zeitfaktor bei dem Festsetzungs-Verfahren beachten, sei es weil sie das Verfahren für Verschleppungszwecke mißbrauchen, sei es weil ihnen der mit dem Verfahren verbundene Zeitverlust hinderlich ist. Demgegenüber spielt aber

---

[62] Was aber nicht zu empfehlen ist! Vgl OLG Düsseldorf NJW 1981, 235 (LS); Steiner-Storz § 74a Rdnrn 100 und unten C.2.4.

[63] Vgl Stöber § 74a Anm 9.4.

[64] Dassler-Schiffhauer-Gerhardt 11. Auflage 1979 § 74a Anm 7b. – Diese Auffassung wird jetzt aber im Hinblick auf § 85a nicht mehr aufrechterhalten: Vgl Dassler-Gerhardt § 74a Rz 30.

[65] So Stöber § 74a Anm 7.9.

[66] So m.E. zu Recht Mohrbutter-Drischler Muster 23 Anm 7; vgl dazu ausführlich Steiner-Storz § 74a Rdnrn 89–95.

das Ergebnis des Verfahrens, nämlich der Verkehrswert bei ihnen oft nur noch eine untergeordnete Rolle. Vor allem die Gläubiger sollten dem Verkehrswert aber vor allem unter den Gesichtspunkten der §§ 10 I Nr. 2, 38, 68, 74 a I, 85 a I, 114 a und des § 765 a ZPO eine größere Beachtung schenken.

Es ist zwar sicherlich kein legitimes Ziel, aber wegen der Sorglosigkeit der anderen Beteiligten doch relativ leicht durchsetzbar, wenn ein Gläubiger, um selbst noch nach § 74 a I antragsberechtigt zu werden, mit irgendwelchen sachlich klingenden Argumenten im Anhörungsverfahren eine Heraufsetzung des Verkehrswertes anstrebt; ein anderer Gläubiger könnte – natürlich ebenfalls unter Vorschieben „rein sachlicher" Gesichtspunkte – auf eine Herabsetzung des Wertes drängen, weil er entweder eine Zuschlagsversagung nach § 85 a I verhindern oder andere Gläubiger von der Antragsmöglichkeit nach § 74 a I ausschließen oder weil er seine Ausgangsposition für einen Eigenerwerb (§ 114 a!) verbessern will.

Für diese Hinweise gilt das gleiche wie für alle anderen taktischen Hinweise: jeder Beteiligte sollte diese Möglichkeiten kennen, nicht nur um sie eventuell selbst auszunützen sondern auch, um sie gegebenenfalls abwehren zu können. Auch das Gericht muß immer wieder berücksichtigen, daß oftmals hinter rein sachlich klingenden Auseinandersetzungen über unwichtig erscheinende Positionen wesentliche taktische Zielrichtungen für den Machtkampf zwischen Gläubiger und Schuldner oder zwischen den einzelnen Gläubigern verborgen sind.

TH 2.2.4.2.: Zum Zwecke der oben genannten taktischen Zielrichtungen kann der Verkehrswert auch auf andere Weise beeinflußt werden, was in der Praxis von den cleveren Gläubigern auch häufiger gemacht wird als man das so glaubt: wenn ein Objekt zum Beispiel nach einzelnen größeren Grundpfandrechten mit vielen kleinen Rechten (meist Sicherungszwangshypotheken oder persönliche Forderungen) belastet ist und der Verkehrswert so festgesetzt werden soll, daß viele dieser kleineren Rechte nach § 74 a I antragsberechtigt wären (gefährlich, weil sie durch eine Zuschlagsversagung nichts verlieren aber die vorrangigen Gläubiger schädigen können), können die vorrangigen Gläubiger entweder das Verfahren verzögern, so daß durch ein Anwachsen ihrer dinglichen Zinsen ein Antragsberechtigter nach dem anderen wegfällt, oder sie können einzelne Zubehörgegenstände oder Einzelgrundstücke aus der Versteigerung freigeben, so daß sich dadurch der Verkehrswert ermäßigt. Auch darauf müssen also die Gläubiger achten! Es gibt natürlich auch Abwehrmöglichkeiten gegen sachlich nicht gerechtfertigte $^{7}/_{10}$-Anträge, zB den Widerspruch gem § 74 a I 2.

TH 2.2.4.3.: In letzter Zeit dauern die Zwangsversteigerungsverfahren immer länger, oft vergehen zwischen Anordnung und Zuschlag bis zu zwei Jahre und noch mehr. Das liegt auch an der Überlastung der Gerichte, zum Teil aber auch daran, daß aus den verschiedensten Gründen von den verschiedenen Einstellungsmöglichkeiten Gebrauch gemacht wird, und schließlich trägt auch die schlechtere Verwertungsmöglichkeit für die Objekte zu der langen Verfahrensdauer bei.

Gerade bei einer solch langen Verfahrensdauer und bei einer immer deutlicher werdenden Verwertungsschwierigkeit tritt der einmal festgesetzte Grundstückswert immer mehr in den Hintergrund. Aus Kostenersparnisgründen, Bequemlichkeit und Sorglosigkeit wird der Verkehrswert in der Praxis trotzdem meist auf seinem alten Stand belassen (man will auch nicht mehr erneut das Beschwerdeverfahren durchlaufen müssen). Um so gefährlicher wird aber gerade auch der § 114a, weil in diesen Situationen der eigene Rettungserwerb immer notwendiger erscheint. Gerade bei langen Verfahren muß daher auf den Verkehrswert und auf § 114a besonders geachtet werden!

TH 2.2.4.4.: In der Öffentlichkeit hält sich hartnäckig die (falsche) Meinung, in einer Zwangsversteigerung müsse im ersten Termin höchstens die $^7/_{10}$-Grenze knapp überboten werden, und im zweiten Termin sei das Grundstück dann noch billiger zu haben. Diese „Ausverkaufs-Mentalität" wird sicher dadurch noch verstärkt werden, daß seit der Ergänzung des § 38 in der Bekanntmachung eines neuen Termins gegebenenfalls darauf hingewiesen werden soll, daß in dem früheren Termin eine Zuschlagsversagung nach § 74a I oder § 85a I erfolgt ist.[67]

Diese weit verbreitete Meinung ist zwar sachlich unzutreffend, aber wegen ihrer weiten Verbreitung schon wieder eine eigene Orientierungsgröße, die selbst bei vielen Gläubigern für die interne Entscheidungsfindung eine wichtige Rolle spielt („wenn wenigstens 70% des Verkehrswertes erreicht werden, sind wir zufrieden ...").

2.3. Festsetzungsverfahren

2.3.1. Amtsverfahren

Gemäß § 74a V 1 wird der Grundstückswert vom Vollstreckungsgericht („nötigenfalls" nach Anhörung von Sachverständigen) festgesetzt. Obwohl diese Vorschrift sehr stark $^7/_{10}$-Antrag-orientiert aussieht, ist das Festsetzungsverfahren doch ein besonderes Verfahren mit einem eigenen Rechtsmittelweg (§ 74a V 3). Für das Verfahren gelten die Grundsätze der freien richterlichen Beweiswürdigung und des Amtsbetriebs. Der Verkehrswert wird also von Amts wegen in jedem Vollstreckungsverfahren[68] festgesetzt, und zwar nach der herrschenden Meinung grundsätzlich,[69] nicht nur bei Bedarf, also wenn ein $^7/_{10}$-Antrag möglich oder zu erwarten ist.[70] Die Festsetzung bedarf also keines Antrags, andererseits können die Beteiligten das Verfahren vereinfachen und damit beschleunigen und verbilligen, wenn sie dem Gericht (beziehungsweise dem Sachverständigen) eigene Grundstücksunterlagen wie neue Grundbuchauszüge, Einheitswertbescheide, Baugesuche, neuere Schätzungen, Brandversicherungswerte Mietaufstellungen und ähnliches zur Verfügung stellen.

Da der Verkehrswert nicht nur für den $^7/_{10}$-Antrag nach § 74a I sondern für das ganze Versteigerungsverfahren gilt, muß er grundsätzlich festgesetzt werden, auch wenn ein $^7/_{10}$-Antrag nicht zu erwarten ist. Diese Aussage kann

---

[67] Ebenso Hornung Rpfleger 1987, 395.
[68] Stöber § 74a Anm 7.9.
[69] Mohrbutter NJW 1955, 124; Mohrbutter-Drischler Muster 23 Vorb und Anm 7; – seit der Einführung des § 85a wohl unstreitig.
[70] So **aber** Spies NJW 1955, 813; Schiffhauer MDR 1963, 901. – M.E. wegen zu enger Ausrichtung auf § 74a I unhaltbar.

ohnehin niemals eindeutig gemacht werden: bei unbelasteten Grundstücken nicht, weil auch die Berechtigten aus den Rangklassen 1–3 und 5, 7, 8 des § 10 I antragsberechtigt sein können und weil noch kurz vor Ende der Bietstunde eine dingliche Belastung eingetragen werden kann; bei Verzicht des Antragsberechtigten nicht, weil die Person des Antragsberechtigten durch Ablösung kurzfristig geändert werden kann und weil vor einer Festsetzung des Verkehrswertes gar nicht exakt bestimmt werden kann, wer konkret antragsberechtigt sein könnte.

Eine andere Frage ist, ob das Festsetzungsverfahren dadurch vereinfacht werden kann, daß das Vollstreckungsgericht auf die Anhörung von Sachverständigen verzichtet, die nach § 74 a V 1 ohnehin nicht vorgeschrieben ist sondern nur „nötigenfalls" erfolgen soll. Trotz dieser Formulierung des § 74 a V 1 sollte das Gericht m. E. nur ausnahmsweise auf die gutachtliche Untermauerung seiner Festsetzung verzichten.[71] Derartige Ausnahmefälle liegen zum Beispiel vor,

(1) wenn die Festsetzung des Grundstückswertes nur noch kostenrechtliche Bedeutung hat;[72] in diesem Fall kann der Einheitswert herangezogen werden;[73] oder

(2) ausnahmsweise vielleicht auch dann einmal, wenn ein $7/_{10}$-Antrag gar nicht mehr gestellt werden kann, weil er schon verbraucht ist (vgl § 74 a IV) oder weil der Zuschlag einmal wegen § 85 a I versagt worden ist (vgl § 85 a II 2); m. E. ist es dagegen wegen der umfassenden Bedeutung des Verkehrswertes nicht richtig, hier überhaupt jede Festsetzung oder Änderung des Wertes mangels Rechtsschutzbedürfnis für unzulässig zu erklären;[74] oder

(3) in besonders gelagerten Fällen unter Umständen dann, wenn alle Gläubiger, die nach § 74 a I antragsberechtigt sein könnten, und der Schuldner mit der vereinfachten Festsetzung einverstanden sind; oder

(4) wenn eine neuere Schätzung vorhanden ist, seither keine wertverändernden Umstände bekannt worden sind und weder die Gläubiger noch der Schuldner eine neue Schätzung beantragen.[75] So bestimmt auch das **Baden-Württembergische** GVG-Ausführungsgesetz, das in § 34 I die Einholung einer amtlichen Schätzung als Regel vorsieht,[76] in § 34 II:

Von der amtlichen Schätzung kann das Gericht absehen, wenn das Grundstück innerhalb der letzten zwei Jahre amtlich geschätzt worden ist und weder ein Gläubiger noch der Schuldner eine neue Schätzung beantragen.

(5) Eine vereinfachte Festsetzung ist schließlich auch dann ratsam, wenn die Schätzungskosten in keinem angemessenen Verhältnis zum Grundstückswert stehen würden.

Es ist aber noch einmal ausdrücklich darauf hinzuweisen, daß dem Verkehrswert seit der Einführung des § 85 a eine erhöhte Bedeutung zukommt

---

[71] Vgl oben C. 2.1.2.; im Ergebnis ebenso Stöber § 74 a Anm 10.1.; Steiner-Storz § 74 a Rdnrn 89 95.

[72] Vgl Mohrbutter-Drischler Muster 23 Anm 7.

[73] Vgl Steiner-Storz § 74 a Rz 92.

[74] So **aber** Stöber § 74 a Anm 7.9.

[75] LG Rostock Rpfleger 2001, 40.

[76] Vgl oben C. 2.1.2.

und daß seither noch weniger von vorneherein auf die Anhörung von Sachverständigen verzichtet werden kann.

Was für die Vereinfachung des Festsetzungsverfahrens gesagt worden ist, gilt in noch stärkerem Maße für den gänzlichen Verzicht überhaupt auf die Festsetzung irgendeines Verkehrswertes. M.E. gibt es nur noch einen Tatbestand, der eine Verkehrswert-Festsetzung überhaupt überflüssig macht: [77] wenn vor der Festsetzung die Versteigerung aufgehoben werden kann; selbstverständlich darf dann nicht lediglich zur Ermittlung der Gebühren ein Festsetzungsverfahren eingeleitet werden, weil hier der Einheitswert herangezogen werden kann.

2.3.2. Zeitpunkt der Wertfestsetzung

Die Frage, zu welchem Zeitpunkt der Grundstückswert vom Gericht festgesetzt werden sollte, wurde früher in der Literatur sehr eingehend diskutiert, es gab (deshalb) auch eine Fülle verschiedener Ansichten.[78]

Die Frage ist deshalb schwierig zu beantworten, weil eine frühzeitige Festsetzung zulässig ist und wegen des Bestrebens, möglichst frühzeitig möglichst klare Verhältnisse zu schaffen, auch naheliegt. Andererseits kann sich eine frühzeitige Festsetzung nachträglich auch als überflüssig herausstellen, oder die Festsetzung kann durch ein langwieriges Verfahren überholt werden, so daß unnötige Kosten verursacht worden sind; außerdem können bis zum Versteigerungstermin weitere Gläubiger beitreten und dann jeweils neu gegen die Festsetzung vorgehen, und es können Zubehörgegenstände oder Einzelgrundstücke freigegeben werden, so daß sich der Versteigerungsgegenstand verändert.

Nach heute herrschender Ansicht muß der Wert für alle bis dahin schon Beteiligten so rechtzeitig vor dem Versteigerungstermin festgesetzt werden, daß der Verkehrswert in der Terminsbestimmung gemäß § 38 S. 1 bezeichnet, und daß zwischen der Festsetzung und dem Termin noch ein Rechtsmittel der bis dahin Beteiligten entschieden werden kann.[79] Das Problem besteht darin, daß das Zuschlagsbeschwerde-Verfahren nicht dazu geeignet und bestimmt ist, erstmals die sachliche Richtigkeit der Wertfestsetzung zu überprüfen, weil sonst in unzulässiger Weise neue Tatsachen in das Zuschlagsbeschwerde-Verfahren eingeführt würden.[80] Gerade deshalb wurde das Wertfestsetzungs-Verfahren durch § 74a V 3 mit einem selbständigen Rechtsmittelverfahren ausgestattet.

Auch m.E. kann nur auf diejenigen Beteiligten abgestellt werden, die zur Zeit der Festsetzung bereits Beteiligte waren; sonst könnte die Festsetzung erst unmittelbar vor Beginn der Bietstunde erfolgen, weil sich bis dahin im-

---

[77] Ebenso Steiner-Storz § 74a Rdnr 95.
[78] Überblick und Nachweise bei Stöber § 74a Anm 7.12. und Steiner-Storz § 74a Rz 96–101.
[79] OLG Schleswig JurBüro 1959, 250; OLG Frankfurt BB 1954, 1043; LG München I Rpfleger 1969, 251; LG Aachen Rpfleger 1959, 321; Hornung Rpfleger 1979, 365; Mohrbutter MDR 1952, 211; Stöber § 74a Anm 7.11; Steiner-Storz § 74a Anm 98.
[80] OLG Hamm Rpfleger 2000, 120; Budde Rpfleger 1991, 189.

mer neue Beteiligte melden können (vgl § 9). Andererseits sollte m.E. aus
Zweckmäßigkeitsgründen in aller Regel erst dann terminiert werden, wenn
der Verkehrswert gegenüber diesen Beteiligten auch rechtskräftig geworden
ist, weil (wenn Rechtsmittel eingelegt werden) nur so der Bedeutung des
Verkehrswerts Rechnung getragen wird. Zwar kann unter Umständen auch
dann ein Zuschlag erfolgen, wenn der Verkehrswert noch nicht rechtskräftig
ist,[81] aber zum Beispiel ein Eigenerwerb kann bei noch nicht rechtskräftigem
Verkehrswert im Hinblick auf § 114a rein vom praktischen Risiko her schon
gar nicht mehr in Frage kommen!

Heute setzt sich (auch wegen §§ 10 I, 38 I, 38 II, 64, 68 I, 85, 85 a, 112 II,
114 a sowie § 765 a ZPO) immer mehr die Auffassung durch, daß der Versteigerungstermin erst durchgeführt werden soll, wenn der Verkehrswert-
Festsetzungsbeschluß rechtskräftig geworden ist,[82] oder doch wenigstens daß
der Zuschlag in aller Regel nur erteilt werden darf, wenn die Wertfestsetzung
bzgl aller bisheriger Beteiligter rechtskräftig geworden ist.[83]

Im übrigen sollte auch der Zeitpunkt der Wertfestsetzung (vor der Zuschlagserteilung) nach den Besonderheiten des Einzelfalles bestimmt werden.[84]
Bei langwierigen Verfahren sollte das Gericht darauf achten, daß zwischen
Wertfestsetzungsbeschluß und Versteigerungstermin nicht mehr als 2–3 Jahre
liegen, ohne daß die Wertfestsetzung mindestens auf ihre weitere Gültigkeit
hin überprüft worden ist.[84a] Für den Beschluß, mit dem der ursprünglich festgesetzte Verkehrswert wegen Änderung der wertbestimmenden Tatumstände
geändert/angepaßt wird, ist nach herrschender Auffassung keine Rechtskraft
vor dem Zuschlag nötig.[85]

2.3.3. Rechtliches Gehör

Der auch im Verfahren zur Festsetzung des Grundstückswertes geltende
Grundsatz des rechtlichen Gehörs (Art 103 I GG) verlangt, daß alle am Wertfestsetzungsverfahren Beteiligten vor der Festsetzung angehört werden und

---

[81] Was aber gefährlich werden kann, wenn schon ein Rechtsmittelverfahren läuft.
Auch m.E. kann allerdings zugeschlagen werden, wenn nur noch die Rechtsmittelfrist
gegenüber einem „Nachzügler" nicht abgelaufen ist.
[82] OLG Hamm Rpfleger 2000, 120; OLG Düsseldorf Rpfleger 1981, 69; OLG
Schleswig JurBüro 1959, 250; OLG Frankfurt BB 1954, 1043; LG München I
Rpfleger 1959, 321; Lorenz MDR 1961, 371; 1952, 211; Mohrbutter BB 1953,
875.
[83] Vgl OLG Oldenburg Rpfleger 1992, 209; OLG Braunschweig NdsRpfl 1984,
259; OLG Köln Rpfleger 1983, 362; OLG Düsseldorf Rpfleger 1981, 69; OLG
Schleswig JurBüro 1959, 250; OLG Frankfurt BB 1954, 1043; OLG München Rpfleger 1969, 250; LG Coburg Rpfleger 1999, 553; LG München I Rpfleger 1969, 251;
LG Aachen Rpfleger 1959, 321; Drischler Rpfleger 1983, 99; Stöber § 74a Anm 7.11;
Steiner-Storz § 74a Rz 100 mwN. – **str. aA:** OLG Hamm Rpfleger 1993, 210; LG
Kassel Rpfleger 1984, 474 (Storz); Hornung Rpfleger 1992, 210.
[84] So auch Mohrbutter-Drischler Muster 23 Anm 2; Steiner-Storz § 74a Rdnr 99;
Zeller-Stöber § 74a Anm 7.12.
[84a] Das LG Rostock (Rpfleger 2001, 40) hält einen zeitlichen Abstand von mehr als
20 Monaten für zu groß! Ebenso Hintzen Rpfleger 2004, 69 (73).
[85] OLG Hamm Rpfleger 1993, 474; LG Kassel Rpfleger 1984, 474 (Storz); Hornung Rpfleger 1992, 210; Steiner-Storz § 74a Rz 111; Stöber § 74a Anm 7.11.

daß sie die Möglichkeit erhalten, die für die Entscheidung maßgebenden Unterlagen (insbesondere also das Schätzgutachten) kennenzulernen und sich innerhalb einer angemessenen Frist auch dazu zu äußern. Eine Äußerung des Gerichts, in welcher Höhe es den Wert festzusetzen beabsichtigt, ist zwar nicht vorgeschrieben, aber doch für die Beteiligten hilfreich und wohl auch üblich.[86]

Wenn die Wertfestsetzung erst im Versteigerungstermin erfolgt, sollten die Beteiligten tunlichst schon vorher angehört werden; ausreichend erscheint aber auch eine Anhörung im Termin. Wenn keine Übereinstimmung erzielt werden kann, kann allerdings unter Umständen der Termin nicht durchgeführt werden, ein Risiko, das eben mit dieser späten Festsetzung verbunden ist.

Angehört werden müssen alle am Wertfestsetzungsverfahren Beteiligten, auch diejenigen, die erst kurz vor oder sogar noch nach der Festsetzung Beteiligte geworden sind; auch die letzteren sind zum Wert zu hören, bevor ihnen der Beschluß formell zugestellt wird, damit die Beschwerdefrist zu laufen beginnt.[87]

Beteiligt am Wertfestsetzungsverfahren sind nicht nur diejenigen, die einen Versagungsantrag nach § 74 a I stellen dürfen[88] sondern alle Verfahrensbeteiligten im Sinne des § 9, also insbesondere alle betreibenden Gläubiger und auch die Gläubiger, deren Rechte bestehen bleiben[88] sowie der Schuldner, aber nicht Mieter und Pächter.[89]

Bei einer Verletzung des Anspruchs auf rechtliches Gehör durch das Vollstreckungsgericht ist zunächst die Verkehrswertbeschwerde nach § 74 a V 3 gegeben. Da der Anspruch auf rechtliches Gehör auch für das Rechtsmittelverfahren besteht, ist eine dortige Verletzung dieses Anspruchs seit 1. 1. 2005 nicht mehr mit der Verfassungsbeschwerde, sondern mit der „Anhörungsrüge" nach § 321 a ZPO zu bekämpfen, die sich wieder an das Beschwerdegericht selbst richtet.[90] Trotz § 74 a V 4 kann auch die Zuschlagsbeschwerde gegeben sein (§ 100), wenn bei der Festsetzung des Grundstückswertes formelle Verstöße begangen wurden, zB bei Verletzung des Anspruchs auf rechtliches Gehör.[91] Allerdings kann die Zuschlagsbeschwerde dann nicht auf diesen Verstoß wegen verspäteter Zustellung des Festsetzungsbeschlusses gestützt werden, wenn der Beschwerdeführer die Möglichkeit einer Anfechtung dieses Beschlusses gar nicht wahrgenommen hat.[92]

---

[86] Vgl dazu Steiner-Storz § 74a Rdnr 103; Beispiel einer entsprechenden Mitteilung vgl Anhang **A.T.** Nr. 12. und der Stellungnahme **AT** Nr. 13.

[87] Vgl BVerfG Rpfleger 1964, 41; 1957, 11; LG Aachen Rpfleger 1959, 321; Dorn Rpfleger 1988, 298; Stöber § 74a Anm 7.16; Steiner-Storz § 74a Rdnr 105.

[88] Vgl Stöber § 74a Anm 7.16.; und Meyer-Stolte Rpfleger 1985, 372 mit ausführlicher Begründung und vielen Nachweisen der hersch Ansicht **mit Recht gegen** LG Lüneburg Rpfleger 1985, 371; LG Lübeck SchlHA 1970, 231; Spieß NJW 1955, 813.

[89] Vgl BGH MDR 1971, 287; Zeller/Stöber Anm 214; Mohrbutter-Drischler Muster 23 Anm 4; Steiner-Storz § 74a Rdnr 105.

[90] Zur Anhörungsrüge vgl oben A.8.2.1.8.

[91] OLG Hamburg MDR 1962, 998; LG Saarbrücken JurBüro 1984, 1263; Hornung Rpfleger 1979, 365.

[92] LG Saarbrücken JurBüro 1984, 1263.

2.3.4. Festsetzungsbeschluß

Der Wert wird durch einen Beschluß festgesetzt, der sämtlichen[93] Beteiligten gemäß § 329 III ZPO formell zugestellt wird. Auch bei einer Festsetzung und Verkündung im Versteigerungstermin ist noch eine Zustellung erforderlich (gegebenenfalls im Termin), weil § 74a V im Gegensatz zum Beispiel zu § 98 keine Ausnahme vom Grundsatz des § 577 II 1 ZPO enthält.[94] Den nachträglich beigetretenen Beteiligten muß der Beschluß nach ihrer Anhörung – am besten mit dem Beitrittsbeschluß – ebenfalls zugestellt werden.[95]

Der Festsetzungsbeschluß muß den Zeitpunkt der Festsetzung und den Gegenstand der Versteigerung angeben, und er muß begründet werden,[96] weil er gemäß § 74a V 3 selbständig angreifbar ist und weil einem allgemeinen prozessualen Grundsatz zufolge alle anfechtbaren Entscheidungen begründet werden müssen. Das Gericht muß dabei weder das ganze Gutachten wiederholen noch zu jedem Punkt Stellung nehmen. Es genügt, wenn die Beteiligten nachvollziehen und prüfen können, welche Gesichtspunkte für das Gericht maßgebend waren.

Unabhängig von Anhörung der Beteiligten und Zustellung des Festsetzungsbeschlusses muß der Verkehrswert außerdem gemäß § 66 I im Versteigerungstermin noch einmal besonders bekanntgegeben werden.

2.3.5. Taktische Hinweise

TH 2.3.5.1.: Das Wertfestsetzungsverfahren ist ähnlich wie der Vollstreckungsschutzantrag nach § 30a ein Hauptansatzpunkt für evtl Verzögerungsabsichten des Schuldners. Fairerweise muß aber zugegeben werden, daß der Schuldner selbst hofft und glaubt, der Zeitaufschub werde ihm schon eine Möglichkeit aufzeigen, die Versteigerung überhaupt zu vermeiden. Außerdem ist das Zwangsversteigerungsrecht der breiten Bevölkerung unbekannt und auch für viele Rechtsanwälte ein ungeliebtes Randgebiet. Deshalb bietet die Einlegung eines Rechtsmittels oft einen willkommenen Ansatzpunkt, zumal man bei der Verkehrswertbeschwerde im Gegensatz zum Vollstreckungsschutzantrag nach § 30a meist keine Schwierigkeiten mit der Anführung von Beschwerdegründen hat.

Diese Umstände sowie die Verkennung der Bedeutung des Verkehrswertes führen in der Praxis häufig dazu, daß das ganze Wertfestsetzungsverfahren und auch ein eventuelles Beschwerdeverfahren nicht genügend ernst genommen sondern als lästige Begleiterscheinung angesehen wird.

TH 2.3.5.2.: Der mit dem Festsetzungsverfahren verbundene Zeitverlust und die mit ihm verbundenen Kosten könnten durch die Gläubiger häufig verringert werden, wenn sie ihre Grundstücksunterlagen dem Gericht und damit auch dem Schätzer zur Verfügung stellen würden. In aller Regel verfü-

---

[93] OLG Hamm Rpfleger 1991, 73.

[94] Vgl OLG Hamm Rpfleger 1991, 73; OLG Braunschweig NdsRpfl 1984, 259; Stöber § 74a Anm 7.18; Steiner-Storz § 74a Rdnr 107.

[95] Allg. Ansicht, vgl Stöber § 74a Anm 7.12. und Steiner-Storz § 74a Rz 107.

[96] BGH NJW 1963, 1492; Stöber Anm 212. – Vgl das Beispiel im Anhang AT Nr. 14.

gen nämlich vor allem dingliche Gläubiger über recht aussagefähige Unterlagen und meist auch über einigermaßen aktuelle Schätzungen und Wertberechnungen.

TH 2.3.5.3.: Das Gericht sollte – auch im eigenen Interesse – darauf achten, daß das Wertfestsetzungsverfahren nicht zu lange dauert und daß es vor allem nicht zur Verschleppung der Versteigerung mißbraucht wird. Zur Beschleunigung stehen dem Gericht mehrere Mittel zur Verfügung, unter anderem die Terminierung (gefährlich bei anhängigen Rechtsmitteln aber in Einzelfällen durchaus angebracht) oder die Anweisung an den Sachverständigen, notfalls auch ohne ausführliche Besichtigung des Grundstücks zu schätzen. Es kann jedenfalls nicht angehen, daß allein das Wertfestsetzungsverfahren über ein Jahr in Anspruch nimmt!

TH 2.3.5.4.: Besonders raffinierte „Verschlepper" benützen das Anhörungsverfahren nicht nur dazu, grundsätzliche Bedenken gegen die vorgesehene Wertfestsetzung zum Ausdruck zu bringen, sondern sie vermeiden auch die Angabe eines konkreten Wertes, um sich auf jeden Fall eine Beschwerdemöglichkeit offenzuhalten.

TH 2.3.5.6.: Wenn Sachverständige mit einem Gutachten beauftragt werden, sollte im Fall von in deren Person liegenden Ablehnungsgründen schon vor ihrem Tätigwerden die Ablehnung erfolgen, damit weniger Zeit verloren geht und weniger Kosten aufgewandt werden müssen. – Wenn neuere Gutachten vorhanden sind, sollten diese rechtzeitig dem Gericht vorgelegt werden, weil dann unter Umständen auf die Beauftragung eines Gutachters überhaupt verzichtet werden kann.

Freilich werden gerade Beteiligte, die mit den ihnen vorliegenden Gutachten nicht einverstanden sind oder die das Verfahren verschleppen wollen, diesen Hinweis nicht beachten wollen.

TH 2.3.5.7.: Es ist gefährlich, ausschließlich zur Kaschierung von Beleihungsfehlern eine sachlich ungerechtfertigte Erhöhung des festzusetzenden Grundstückswerts durchsetzen zu wollen, wenn ein Eigenerwerb nicht eindeutig ausgeschlossen ist (§ 114a muß beachtet werden!). Wenn sich die Notwendigkeit eines Eigenerwerbs nachträglich doch noch herausstellt, sollte unbedingt erst im 2. Termin erworben werden, weil dann nach wohl überwiegender Meinung der § 74a V-Wert für § 114a nicht mehr gilt. Diese Auffassung ist zwar m. E. nicht richtig; immerhin hat der Gläubiger eine größere Chance, die Befriedigungswirkung auf der Basis des festgesetzten Wertes so zu vermeiden.

TH 2.3.5.8.: Schon im Anhörungsverfahren, das der eigentlichen Wertfestsetzung durch das Gericht vorangeht, sollten sich die Beteiligten eine Fotokopie des Gutachtens vom Gericht beschaffen, damit sie sehen, wie sorgfältig und damit auch vom Ergebnis überzeugend das Gutachten ist, evtl welche Zubehörstücke mitbewertet worden sind, ob der Gutachterausschuß/ Sachverständige das Objekt auch von innen besichtigen konnte usw. Dieses Gutachten kann dann auch schon vor dem Versteigerungstermin evtl Interessenten vorgelegt werden, die ja oft keine Möglichkeit zur Besichtigung haben und großen Wert auf möglichst weitgehende Information legen.

TH 2.3.5.9.: Die Festsetzung des Grundstückswertes umfaßt in aller Regel keine Bewertung der in Abt II des Grundbuchs eingetragenen und nach den gesetzlichen Versteigerungsbedingungen bestehenbleibenden Rechte. Für diese wird im Versteigerungstermin lediglich gem §§ 51, 50 ein Zuzahlungsbetrag festgesetzt, der aber eigentlich keine Bewertung dieses Rechts darstellt. Da aber bei den Zuschlagsversagungen nach § 74a und § 85a der „Kapitalwert" dieser bestehenbleibenden Rechte mitzuberücksichtigen ist, entstehen hier uU Probleme, die bei falscher Lösung ihrerseits zur Zuschlagsversagung führen können. Deshalb empfiehlt es sich, auch die bestehenbleibenden Rechte der Abt II ausdrücklich nach § 74a V zu bewerten, wobei Zuzahlungsbetrag nach §§ 51, 50 und Bewertung nach § 74a V meist ähnlich ausfallen werden und deshalb auch die Bewertung nach § 74a V erst im Versteigerungstermin erfolgen kann.

TH 2.3.5.10.: Die Beteiligten sollten sich beim Rechtspfleger erkundigen, wann welcher Sachverständige mit der Bewertung beauftragt wird. Dann sollten sich insbesondere die Gläubiger um eine Teilnahme bei der Besichtigung des Grundstücks bemühen und bei dieser Gelegenheit das Haus/ Grundstück bzw die Wohnung möglichst auch von innen fotografieren. Wenn dann später Bietinteressenten keine Besichtigung vornehmen konnten, können sie sich jetzt wenigstens anhand der Photos ein Bild machen. Allerdings sollte ausdrücklich klargestellt werden, daß nicht garantiert werden kann, daß der Zustand nach Räumung gleich ist.

2.4. Verkehrswert-Beschwerde

2.4.1. Relative Rechtskraft der Wertfestsetzung

Der Beschluß über die Festsetzung des Grundstückswertes ist gemäß § 74a V 3 mit der sofortigen Beschwerde anfechtbar. Das bedeutet unter anderem, daß der Beschluß nach Ablauf der Beschwerdefrist nicht mehr anfechtbar ist; auch eine spätere andere Beurteilung der für die Wertbestimmung maßgebenden Umstände oder eine nachträgliche Korrektur von Fehlern sind dann ausgeschlossen (§ 577 III ZPO).

Man muß hier aber von einer nur relativen Rechtskraft sprechen, weil im Zwangsversteigerungsverfahren auch nach der Festsetzung des Verkehrswerts noch weitere Beteiligte beitreten können, denen gegenüber der Beschluß erst nach ihrer Anhörung, der Zustellung des Beschlusses und nach Ablauf der Beschwerdefrist rechtskräftig wird.[97] Außerdem kann bzw muß der Wertfestsetzungsbeschluß trotz Rechtskraft geändert werden, wenn sich seit der Festsetzung neue Tatsachen ergeben haben, die den Wert positiv oder negativ beeinflussen (wesentliche Beschädigungen oder bauliche Verbesserungen, Änderung der baurechtlichen Gegebenheiten oder der allgemeinen Wirtschaftslage oder der Verkehrsverhältnisse, Herausgabe von Zubehör, Zuweisung eines Sondernutzungsrechtes nach Beschlagnahme u. ä.).[98]

---

[97] Vgl dazu **TH** C. 2.4.4.2.
[98] Allg. Ansicht vgl BGH LMK 2004, 77 (Anm Storz) und NJW 1971, 1751; OLG Düsseldorf Rpfleger 2000, 559; OLG Köln Rpfleger 1993, 258; 1983, 362; OLG

Soll der Verkehrswert aus einem dieser beiden Gründe (auf Anhörung oder Beschwerde eines neuen Beteiligten oder wegen neuer Tatsachen) geändert werden, so wirkt dieser neue Wert für und gegen alle Beteiligten,[99] so daß diesen wiederum rechtliches Gehör zu gewähren ist.[100]

Wer die Änderung des festgesetzten Wertes auf Grund neuer Tatsachen herbeiführen will, muß die neuen Tatsachen glaubhaft machen; wird die Änderung erst im Versteigerungstermin verlangt, müssen die Tatsachen so nachgewiesen werden, daß sie als feststehend angesehen werden können.[101] Da im Wertfestsetzungsverfahren das Amtsprinzip gilt, muß der Grundstückswert bei Änderung der wertbestimmenden Tatsachen selbst dann vom Gericht geändert werden, wenn dies von keinem Beteiligten beantragt wird.[102] Hält der Sachverständige auf Grund geltend gemachter Einwände selbst eine zusätzliche Begutachtung für nötig, ist das Gericht verpflichtet, diesen Einwendungen nachzugehen.[102a]

Lehnt das Gericht eine angeregte oder beantragte Änderung ab, obwohl die neuen Tatsachen glaubhaft gemacht worden sind, so liegt darin ein Verstoß, der zwar nicht selbständig nach § 74a V 3,[103] wohl aber mit der Zuschlagsbeschwerde nach §§ 95 ff angefochten werden kann.[104] § 74a V 4 steht dem nicht entgegen, weil der dort genannte Ausschluß nur für einen zu diesem Zeitpunkt bereits bewerteten Sachverhalt gilt.[105] In neuerer Zeit vertritt vor allem der Bundesgerichtshof die Auffassung nach „Verbrauch" der Zuschlagsversagungsgründe aus §§ 85a, 74a fehle das Rechtsschutzbedürfnis für eine Änderung des festgesetzten Verkehrswertes auch dann, wenn sich die wertbestimmenden Tatumstände wesentlich geändert haben. – Diese Reduzierung der Verkehrswert-Bedeutung auf die Zuschlagsversagungsgründe der §§ 85a, 74a ist ebenso bedauerlich wie praxisfremd, und sollte möglichst bald wieder aufgegeben werden.

Daß der gemäß § 74a V festgesetzte Verkehrswert weit über die Zuschlagsversagungsgründe der §§ 85a, 74a hinaus Bedeutung hat, ist schon mehrfach

---

Hamm Rpfleger 1991, 72; 1977, 452; OLGZ 1971, 190; OLG Braunschweig NJW 1960, 205; OLG Koblenz Rpfleger 1985, 410; LG Mönchengladbach Rpfleger 2003, 524; LG Kassel Rpfleger 1984, 474 (Anm Storz); Böttcher § 74a Rdn 38; Muth 1 W Rdn 16; Eickmann 14 III 5; Stöber § 74a Anm 7.20.; Steiner-Storz § 74a Rdnr 110 – Zur Neufestsetzung nach einem Brandschaden vgl Mohrbutter, FS Herbert Schmidt 1981, 111. – Zu Brandschäden am Grundstück vgl auch BGH EWiR 1997, 325 (Littbarski); BGH NJW 1995, 1737.

[99] Stöber § 74a Anm 7.20.

[100] Vgl **TH** C. 2.4.4.1.

[101] BGH NJW 1971, 1751; Mohrbutter-Drischler Muster 23 Anm 5.

[102] Storz zu LG Kassel Rpfleger 1984, 470; Zeller § 74a Anm 7.20.

[102a] LG Augsburg Rpfleger 2000, 559.

[103] **str. aA:** OLG Hamm OLGZ 1993, 354; OLG Oldenburg Rpfleger 1992, 209; OLG Düsseldorf Rpfleger 1981, 69; LG Coburg Rpfleger 1999, 553; LG Kassel Rpfleger 1984, 474 (**abl. Anm.** Storz).

[104] Gemäß § 83 Nr. 5: LG Braunschweig Rpfleger 2001, 611; Budde Rpfleger 1991, 189; Stöber § 74a Anm 9.13; Dassler/Schiffhauer § 83 Rz 5; Storz Anm zu LG Kassel Rpfleger 1984, 474. – **anders** (gemäß § 83 Nr. 1): OLG Köln Rpfleger 1983, 862; OLG Hamm OLGZ 1993, 354; OLG Oldenburg Rpfleger 1992, 209; Hornung Rpfleger 1992, 210.

[105] BGH LMK 2004, 77 (Anm Storz); OLG Düsseldorf Rpfleger 2000, 559; OLG Köln Rpfleger 1983, 362; OLG Braunschweig NJW 1960, 205.

betont und begründet worden. Das Zwangsversteigerungsverfahren, also dessen ganz praktische Abwicklung, ist dringend auf eine Orientierungsgröße Verkehrswert angewiesen, und diese Orientierungsgröße muss dann auch zutreffend sein! Deshalb muss der Verkehrswert auch nach Verbrauch der Zuschlagsversagungsgründe aus §§ 85 a, 74 a überprüft und gegebenenfalls angepasst werden, wenn sich die wertbestimmenden Tatumstände wesentlich geändert haben. Daran haben alle Beteiligten ein fundamentales Rechtsschutzbedürfnis.[106]

Wie unpraktikabel die hier angegriffene BGH-Rechtsprechung ist, soll erläutert werden anfolgendem

Beispiel:
Der Verkehrswert eines Berggasthofes wird im August 2003 gemäß § 74 a V festgesetzt auf 950 000. – Im 1. Versteigerungstermin im Februar 2004 wird der Zuschlag gemäß § 74 a I versagt, im 2. Termin im November 2004 auf Einstellungsbewilligung des Gläubigers gemäß §§ 30, 33. Im 3. Termin im Oktober 2005 wird der Zuschlagsbeschluss auf Schuldner-Beschwerde wegen unzureichender/missverständlicher Grundstücksbezeichnung in der Terminsbestimmung aufgehoben. Inzwischen ist der Betrieb auf dem Berggasthof längst eingestellt und die Gebäude sind verwahrlost und zT Vandalismus-geschädigt. Der nächste Versteigerungstermin steht zum Dezember 2006 an.
Jetzt müssen folgende Fragen geklärt werden:
1. Gemäß § 37 Nr. 1 **muss** das Grundstück in der Terminsbestimmung genau und unmissverständlich bezeichnet werden; ein Verstoß gegen diese Vorschrift ist nach § 83 Nr. 7 unheilbarer Zuschlagsversagungsgrund und löst sogar Amtshaftungsansprüche aus. – Was soll der Rechtspfleger hier bekanntmachen? „alte Bezeichnung wahrscheinlich überholt", „weiß nicht"??
2. Gemäß § 38 **soll** der Verkehrswert angegeben werden. Soll nach Verbrauch der §§ 85 a, 74 a der evtl überholte festgesetzte Wert nicht mehr angegeben werden? Oder mit dem Zusatz: „überholt"?
3. Gemäß § 68 I beträgt die Sicherheitsleistung in der Regel 10% des festgesetzten Verkehrswertes. Bleibt dieser für die Sicherheitsleistung auch dann noch maßgebend, wenn dieser Wert offensichtlich nicht mehr richtig und nach dem BGH für andere Fragen nicht mehr verbindlich ist?
4. Die Zwangsversteigerung ist auf Bietinteressenten angewiesen. Diese müssen sich zuverlässig informieren können; heute geschieht dies weitgehend über Internet. Das Sachverständigen-Gutachten spielt dabei die entscheidende Rolle. Wie soll sich der Rechtspfleger hier im vorliegenden Fall verhalten? Soll er zu seiner eigenen Sicherheit aber zum Schaden des ganzen Verfahrens und aller Beteiligter informieren, daß das vorliegende Gutachten und auch der festgesetzte Verkehrswert überholt sind aber der Bundesgerichtshof eine Aktualisierung „wegen fehlenden Rechtsschutzbedürfnisses" verboten hat??
5. An was soll/kann sich ein Gläubiger orientieren, wenn er einen Rettungserwerb in Betracht zieht, aber eine (zu weitgehende) Befriedigungsfiktion gemäß § 114 a vermeiden muss?
6. An was sollen sich die Gerichte orientieren, wenn der Schuldner den eventuellen Zuschlag wegen behaupteter Verschleuderung gemäß § 765 a ZPO angreift?

Der zeitliche und finanzielle Aufwand für eine Überprüfung des festgesetzten Verkehrswertes nach langer Zeit oder gar nach Bekanntwerden wesentli-

---

[106] Der BGH anerkennt sogar ausdrücklich ein entsprechendes Rechtsschutzbedürfnis: BGH Rpfleger 2004, 433 = EWiR 2004, 463 (Storz), zieht daraus aber unzutreffende Folgerungen!

cher Änderungen der wertbestimmenden Tatumstände ist wesentlich geringer, als die „Nacharbeit" durch evtl regional ganz entlegene Prozessgerichte,
zum Beispiel bei Fragen des § 114a oder auch bei Schadensersatzfragen des
Erstehers gegen den Staat oder gegen den Sachverständigen (wird dieses zB
von einer eindeutigen Schadensersatzpflicht frei, sobald der Zuschlag nach
§§ 85a, 74a versagt worden ist?).

Aus alledem folgt, daß der festgesetzte Verkehrswert bei wesentlicher Änderung der wertbestimmenden Tatumstände auch dann überprüft und gegebenenfalls angepasst werden muss, wenn die Zuschlagsversagungsgründe der
§§ 85a, 74a schon verbraucht sind.[106a] Vollends chaotisch wird alles erst recht,
wenn man mit der neuen BGH-Rechtsprechung bereits rechtskräftige Zu-
schlagsversagungsbeschlüsse aus §§ 85a oder 74a nachträglich als ungesche-
hen/unverbindlich behandelt, weil ein Gläubiger-Vertreter ohne eigenes Erwerbsinteresse geboten und damit einen derartigen Beschluss herbeigeführt
hat.[106b]

Es muß aber ausdrücklich betont werden, daß nur nachträgliche Änderungen der wertbestimmenden Tatsachen zu einer Änderung des Grundstückswertes führen können, nicht also zB ein Vorbringen, der Grundstückswert sei
von Anfang an falsch ermittelt oder festgesetzt worden.[107] Allerdings sind die
Grenzen fließend, denn anerkannt wurde zB die Wertsteigerung des Grundstücks, die sich aus der positiven Antwort auf eine weitgehende Bauvoranfrage ergeben hat.[108]

Die Änderung bedeutet aber nicht eine völlig neue Wertfestsetzung.[109] Das
wäre mit der Rechtskraft des Beschlusses auch nicht vereinbar. Es werden
lediglich die Auswirkungen der neuen Tatsachen auf den rechtskräftigen Verkehrswert vollzogen. Nur insoweit handelt es sich um eine neue Wertfestsetzung (praktisch für den Differenzbetrag), die in diesem Umfange allerdings
den gleichen Vorschriften (sie muß aber nicht erneut veröffentlicht, sondern
nur den Beteiligten zugestellt werden) unterliegt wie die ursprüngliche Wertfestsetzung. Die Änderung hat daher auch keine Rückwirkung, sondern wird
erst wirksam mit ihrer Rechtskraft.

Gemäß § 74a V 4 kann der Beschluß, mit dem der Zuschlag erteilt oder
versagt wird, nicht mit der Begründung angefochten werden, der Grundstückswert sei unrichtig festgesetzt worden. Damit ist aber nur das zu niedrige
oder zu hohe Ergebnis oder die falsche Beurteilung von wertbestimmenden
Faktoren gemeint. Dagegen soll durch § 74a V 4 nicht die Verletzung formeller Vorschriften sanktioniert werden wie die Verletzung des rechtlichen Gehörs oder der Vorschriften über das Mindestgebot in § 74a.[110] Wer-

---

[106a] So auch OLG Düsseldorf Rpfleger 2000, 559; OLG Köln Rpfleger 1983, 362;
OLG Braunschweig NJW 1960, 205; Steiner/Storz § 74a Rz 80 und 112; Hornung
Rpfleger 1979, 365; Hintzen Rpfleger 2004, 69 (73).
[106b] BGH Rpfleger 2006, 144; vgl. auch LG Dessau Rpfleger 2006, 557; LG Detmold Rpfleger 2006, 491; AG Tostedt Rpfleger 2006, 492. – Auch für sich allein gesehen hat diese Rechtsprechung mehr Unruhe gestiftet als Rechtssicherheit gebracht!
[107] So ausdrücklich OLG Koblenz KTS 1982, 690.
[108] OLG Köln Rpfleger 1983, 362; Stöber § 74a Anm 7.20. a.
[109] Stöber § 74a Anm 7.20. c mit Recht **gegen** OLG Hamm Rpfleger 1977, 452.
[110] Vgl OLG Braunschweig NdsRpfl 1985, 259; Storz zu LG Kassel Rpfleger 1984,
470; vgl auch **TH** C. 2.4.4.4.

den solche formellen Vorschriften bei der Wertfestsetzung verletzt, so kann der Zuschlag nach § 83 Nr. 5 versagt oder nach § 100 mit der Beschwerde angegriffen werden. § 74 V 4 ermöglicht immerhin die Erteilung des Zuschlags schon vor der Rechtskraft des Verkehrswertes, wenn dabei auch Zurückhaltung geboten ist.[110] Deshalb schließt nur ein rechtskräftiger Wertfestsetzungsbeschluß die Zuschlagsbeschwerde iSd § 74a V 4 aus.[111] Es liegt im Ermessen des Gerichts, ob es den Zuschlagsbeschluß bis zur Rechtskraft des Wertfestsetzungsbeschlusses nach § 87 aussetzt oder nicht.[112]

2.4.2. Sofortige Beschwerde

Gegen den Wertfestsetzungsbeschluß ist gemäß § 74a V 3 die sofortige Beschwerde gegeben; dagegen ist eine Vollstreckungs-Erinnerung hier unzulässig.[113] Die sofortige Beschwerde muß nicht als solche bezeichnet sein; ausreichend ist jede Erklärung, die deutlich eine sachliche Überprüfung anstrebt.[114] Die Beschwerdefrist beginnt mit der Zustellung des Festsetzungsbeschlusses, auch dann, wenn der Beschluß im Versteigerungstermin verkündet worden ist.[115] Bei unterbliebener Zustellung beginnt die Beschwerdefrist in entsprechender Anwendung des § 516 ZPO fünf Monate nach der Verkündung des Wertfestsetzungsbeschlusses.[116]

Beschwerdeberechtigt sind alle diejenigen, die auch am Festsetzungsverfahren teilgenommen haben, also alle Beteiligte im Sinne des § 9 außer den Mietern und Pächtern.[117] Nach manchen Auffassungen soll der Schuldner nicht beschwerdeberechtigt sein[118] und zum Teil wird die Beschwerdeberechtigung auf diejenigen Gläubiger beschränkt, die so, nicht aber bei einem höheren Verkehrswert zu den $^7/_{10}$-Antragsberechtigten gehören würden[119] (was wegen der über § 74a I hinausgehenden Bedeutung des Verkehrswertes nicht haltbar ist). Richtig ist mE, daß der Schuldner idR durchaus beschwerdeberechtigt und dann auch iSd § 84 I beschwert ist, wenn nicht auszuschließen ist, daß bei einer erneuten Versteigerung aufgrund eines anderweitig festge-

---

[111] Ebenso OLG Hamm Rpfleger 2000, 120; OLG Frankfurt BB 1954, 1043; LG Kempten Rpfleger 1998, 169; LG Lüneburg, Rpfleger 1998, 169; Stöber Rpfleger 1969, 221; Riggers JurBüro 1968, 777; Lorenz MDR 1961, 471; Stöber § 74a Anm 9.8; **anders:** Hammelbeck DWW 1959, 131; Pöschl NJW 1954, 136.

[112] OLG Düsseldorf Rpfleger 1981, 69; Budde Rpfleger 1991, 189; Hornung Rpfleger 1979, 365; Stöber § 74a Anm 9.8.

[113] Vgl Stöber § 74a Rdn 9.1.

[114] OLG Hamm Rpfleger 2000, 120.

[115] OLG Braunschweig NdsRpfl 1985, 259.

[116] OLG Hamm Rpfleger 1991, 73.

[117] Herrschende Meinung: Stöber § 74a Anm 9.2.; ähnlich Mohrbutter-Drischler Muster 23 Anm 4; Steiner-Storz § 74a Rdnr 115.

[118] Spies NJW 1955, 813; LG Braunschweig NJW 1955, 1641; LG Duisburg MDR 1956, 495 **anders** die herrsch Ans; vgl BVerfG NJW 1991, 2757; OLG Hamm Rpfleger 2000, 120; OLG Frankfurt BB 1954, 1043; LG Frankfurt Rpfleger 1980, 30; Dassler-Gerhardt § 74a Rz 35; Stöber § 74a Anm 9.2; Steiner-Storz § 74a Rz 115 mwN.

[119] LG Lübeck SchlHA 1970, 231; LG Lüneburg Rpfleger 1985, 371; **dagegen** mit Recht die herrsch Ansicht, vgl Meyer-Stolte Rpfleger 1985, 372; Mohrbutter-Drischler Muster 23 Anm 4; Stöber Rz 214; Steiner-Storz § 74a Rdnr 115.

setzten Verkehrswertes ein für ihn besseres Ergebnis erzielt werden kann,[119a] daß dem Schuldner aber in der Regel die Verkehrswertbeschwerde zu versagen ist, wenn er dem gerichtlich bestellten Sachverständigen den Zutritt zu den Räumlichkeiten des Versteigerungsobjekts verweigert hat.[119b] Der Schuldner kann grundsätzlich mit seiner Beschwerde auch die Herabsetzung des Verkehrswertes anstreben, muss dann allerdings darlegen, warum er daran (zB trotz negativer Folgen für § 114a) ein Rechtsschutzinteresse hat.[119c]

Streitig ist auch die Frage, ob mit der sofortigen Beschwerde nur eine Erhöhung oder auch eine Herabsetzung des Verkehrswertes angestrebt werden kann. Mit der herrschenden Meinung sind beide Möglichkeiten zu bejahen,[120] weil alle Beteiligten ein Interesse an der richtigen Bewertung haben und jede fehlerhafte Abweichung gegen ihr Interesse verstößt gleichgültig, ob es sich um eine positive oder um eine negative Abweichung handelt.[121] Außerdem entstehen evtl Amtshaftungsansprüche, wenn das Vollstreckungsgericht eine zu hohe Wertfestsetzung wider besseres Wissen nicht nach unten korrigiert.

Sowohl das tatsächliche Unterlassen als auch die beschlußmäßige Ablehnung einer Änderung des (relativ) rechtskräftig festgesetzten Grundstückswertes kann nicht mit der Verkehrswertbeschwerde gem § 74a V 3, sondern trotz § 74a V 4 nur gem §§ 83 Nr. 5, 100 mit der Zuschlagsbeschwerde gerügt werden.[122] Deshalb ist die Rechtskraft eines evtl „Nichtänderungsbeschlusses" vor der Zuschlagsentscheidung nicht erforderlich. Da das Wertfestsetzungs-Verfahren gemäß § 74a V 3 mit einem eigenen Rechtsmittel ausgestattet ist, verbietet § 74a V 4 die Anfechtung des Zuschlags wegen unrichtiger (rechtskräftiger) Wertfestsetzung. Das Vollstreckungsgericht ist deshalb bei der Zuschlagsentscheidung auch an einen sachlich falschen Wertfestsetzungsbeschluß gebunden, wenn dieser bei der Verkündung des Zuschlags bereits rechtskräftig war.[123] Dagegen ist die Verkehrswertbeschwerde gem § 74a V 3 dann das gebotene Rechtsmittel, wenn der Wert tatsächlich geändert worden ist, aber dieses Ergebnis nicht anerkannt wird.[124] Nach Erteilung des Zuschlags gibt es ebenfalls keine Verkehrswert-Beschwerde mehr; hier kann ausschließlich Zuschlagsbeschwerde eingelegt werden.[125]

[119a] OLG Hamm Rpfleger 2000, 120.

[119b] So: VerfGH Berlin Rpfleger 2007, 491; LG Göttingen Rpfleger 1998, 213; LG Dortmund Rpfleger 2000, 466; Stöber § 74a Anm 10.5; Böttcher § 74a Rdn 28; Hintzen Rpfleger 2004, 69 (73).

[119c] BGH vom 19. 3. 2004 (IXa ZB 264/03) und vom 27. 2. 2004 (IXa ZB 185/03).

[120] LG Augsburg Rpfleger 2000, 559; Schiffhauer Rpfleger 1973, 81; Stöber § 74a Anm 9.4.; Mohrbutter-Drischler Muster 23 Anm 4; Steiner-Storz § 74a Rdnr 116; **anders** LG Köln Rpfleger 1989, 75; LG Göttingen Rpfleger 1973, 105. LG Frankfurt Rpfleger 1974, 324 fordert dafür ein besonderes rechtliches Interesse.

[121] Vgl **TH** C. 2.4.4.3. – Auch der Schuldner kann daher mit einer Beschwerde die Ermäßigung des festgesetzten Wertes anstreben: BGH vom 27. 2. 2004 – IXa ZB 185/03; LG Augsburg Rpfleger 2000, 59.

[122] **Ebenso** Stöber § 74a Anm 9.10.

[123] OLG Hamm Rpfleger 2000, 120; LG Kempten Rpfleger 1998, 358; LG Lüneburg Rpfleger 1998, 169; Alff Rpfleger 2003, 113. – Vgl **TH** C. 2.4.4.5.

[124] BVerfG Rpfleger 1957, 11; LG Rostock Rpfleger 2003, 205; Storz Rpfleger 1984, 474; Stöber § 74a Anm 9.6.; Steiner-Storz § 74a Rdnr 113.

[125] LG Rostock Rpfleger 2003, 205; Stöber § 74a Anm 9.9.

2.4.3. Kosten des Beschwerdeverfahrens

Für die sofortige Beschwerde gegen den Wertfestsetzungsbeschluß wird gemäß GKG-KostVerz Nr. 2241 eine Gebühr von 1,0 des Gebührensatzes erhoben, allerdings nur dann, wenn die Beschwerde (als unzulässig) verworfen oder (als unbegründet) zurückgewiesen wird.[126] Der Wert des Beschwerdegegenstandes richtet sich nach dem mit der Beschwerde verfolgten Interesse. Der Beschwerdewert kann also recht unterschiedlich festgesetzt werden.[127]

Nicht unmittelbar maßgebend ist also der Differenzbetrag zwischen festgesetztem und angestrebten Wert, sondern eigentlich zB der angestrebte höhere Erlös, oder die Erhöhung der $^5/_{10}$- bzw $^7/_{10}$-Grenze (§§ 85 a, 74 a).[128] Mittelbar orientieren sich die Gerichte trotzdem oft an der Differenz zwischen festgesetztem und angestrebten Wert.[129] Wer mit der Beschwerde das Sachverständigengutachten erfolglos angreift, hat die im Beschwerdeverfahren entstandenen Sachverständigenkosten zu tragen; diese sind also nicht gemäß § 109 dem Versteigerungserlös zu entnehmen.[129a]

Da sich im Verkehrswert-Beschwerdeverfahren Schuldner und Gläubiger nicht als Parteien gegenüberstehen, gibt es hier in der Regel keine „obsiegende" Partei und deshalb selbst dann idR keine Kostenerstattungsansprüche, wenn ein Beteiligter iSd § 9 vom Beschwerdegericht angehört worden ist.[130] Die durch die Wahrnehmung des rechtlichen Gehörs im Beschwerdeverfahren entstandenen Kosten können aber gemäß § 10 II geltend gemacht werden.[131]

2.4.4. Taktische Hinweise

TH 2.4.4.1.: Trotz der starken Ausrichtung des Verkehrswertes auf einen bestimmten Versteigerungstermin (nämlich den nächsten) gilt der Verkehrswert für das ganze Verfahren. Glücklicherweise kommt es in der Praxis auch nicht so häufig vor, daß während eines zum Beispiel 12–16 Monate dauernden Verfahrens ständig neue Tatsachen bekanntwerden, die den Grundstückswert erheblich beeinflussen. Trotzdem muß während des ganzen Verfahrens der einmal festgesetzte Wert überprüft werden, je länger die Festsetzung zurückliegt, desto kritischer muß die Überprüfung ausfallen.

Andererseits sollten nur wesentliche Änderungen auch zu einer Herauf- oder Herabsetzung des Verkehrswertes führen, weil immerhin erhebliche Verfahrensverzögerungen die Folge sein können: alle Beteiligten erhalten ja nicht nur Gelegenheit zur Meinungsäußerung sondern auch ein neues Beschwerderecht.

TH 2.4.4.2.: Ein Gläubiger, dem mehrere (dingliche) Rechte zustehen, der aber die Zwangsversteigerung nicht aus allen Rechten betreibt, kann die

---

[126] Zu den Gerichtskosten im Versteigerungsverfahren vgl oben B. 8.3.
[127] Vgl Stöber Einl. Anm 33.10.
[128] Stöber Einl. 83.10 c.
[129] ZB KG Berlin Rpfleger 1968, 403 (33%); OLG Celle Rpfleger 1982, 435 (20%).
[129a] OLG Koblenz Rpfleger 2005, 383.
[130] LG München II Rpfleger 1984, 108.
[131] Stöber § 74 a Anm 9.5.

relative Rechtskraft des Wertfestsetzungsbeschlusses dadurch „umgehen", daß er aus einem weiteren Recht der Zwangsversteigerung beitritt. Da er mit diesem Verfahren als neuer selbständiger Gläubiger gilt, muß auch ihm noch einmal ein Beschwerderecht zugestanden werden. Erfolgreich wird dieser Weg aber nur dann sein, wenn bei der bisherigen Festsetzung tatsächlich erhebliche Bewertungsfehler unterlaufen sind, weil von vorneherein ein Mißbrauchsverdacht besteht.

TH 2.4.4.3.: Ein Gläubiger, der sich in seinem Bemühen um ein zügiges Versteigerungsverfahren durch eine Verkehrswert-Beschwerde des Schuldners behindert sieht, kann das Verfahren unter Umständen dadurch schnell weiterbringen, daß er dem Gericht mitteilt, es möge den Verkehrswert auf den vom Beschwerdeführer gewünschten Betrag neu festsetzen. Vielleicht ändert dann schon der Richter die Entscheidung des Rechtspflegers ab, so daß das Verfahren direkt fortgesetzt werden kann. Diesen Weg muß der Gläubiger aber im Hinblick auf §§ 74a I, 85a I und vor allem § 114a sorgfältig überlegen.

Eine andere Möglichkeit, das Verfahren voranzutreiben, besteht darin, daß der Gläubiger seine Stundungs-, Umschuldungs-, Ratenzahlungs- oder sonstigen Verhandlungen mit dem Schuldner wieder aufnimmt und als Gegenleistung für gewisse Zugeständnisse die Rücknahme der Verkehrswertbeschwerde vereinbart.

TH 2.4.4.4.: § 74 V 4 ermöglicht zwar den Zuschlag auch zu einer Zeit, in der der Verkehrswert noch nicht rechtskräftig geworden ist. Wenn das Beschwerdegericht später den festgesetzten Wert bestätigt, kann nichts passieren. Wenn es später feststellt, daß Bewertungsfehler gemacht werden, so wird dadurch die Wirksamkeit des Zuschlags nicht berührt. Auch dieses Ergebnis ist unschädlich, außer wenn ein Tatbestand des § 114a gegeben ist: bei einer nachträglichen Herabsetzung des Verkehrswertes wird der Eigenerwerbs-Gläubiger geschädigt, wenn er wegen § 114a die (vermeintliche) $7/10$-Grenze ausgeboten hatte; bei einer Erhöhung wird er ebenfalls geschädigt, weil er einen Teil seiner Restforderung verliert. Wenn das Beschwerdegericht sogar Verstöße gegen formelle Vorschriften des Festsetzungsverfahrens feststellt, greift § 74a V 4 nicht mehr mit der Folge, daß auch der Zuschlag anfechtbar ist, wenn dessen Rechtsmittelfrist nicht schon verstrichen ist.

Das alles bedeutet m. E., daß das Gericht mit den Beteiligten sehr sorgfältig in jedem Einzelfall prüfen muß, ob es im konkreten Fall wirklich sinnvoll ist, den Termin durchzuführen oder den Zuschlag vor der Entscheidung des Beschwerdegerichts zu erteilen. Es bedeutet aber auch, daß derjenige, der den Verkehrswert angefochten hat oder noch anfechten will und kann, auch den eventuellen Zuschlag anfechten muß, um sein Ziel voll zu erreichen. Dem Beschwerdegegner im Wertfestsetzungsverfahren ist damit aber nicht geholfen, wenn er nicht auch einen Grund für die Zuschlagsbeschwerde findet .... Die sich aus diesem Verfahren möglicherweise ergebenden Komplikationen können so groß (und unter Umständen nicht reparabel) sein, daß es meist besser ist, die Durchführung des Versteigerungstermins nicht zu erzwingen.

TH 2.4.4.5.: Wenn sich im Laufe eines Versteigerungsverfahrens herausstellen sollte, daß die Wertfestsetzung von Anfang an völlig falsch war und jetzt eine sinnvolle Lösung verhindert oder unzumutbar erschwert (weil der

Wertfestsetzungsbeschluß trotz dieser Erkenntnisse nicht geändert werden darf, wenn nicht neue Umstände den Wert verändert haben) kann man sich evtl damit schnell helfen, daß der Versteigerungsantrag zurückgenommen und dann für ein neues Verfahren neu gestellt wird; dann kann dort ein neuer Verkehrswert mit den neuen Erkenntnissen festgesetzt werden. Dies ist zB zu empfehlen, wenn ein Rettungserwerb vorgenommen werden muß und der alte Wert wegen § 114a untragbar ist.

3. Anberaumung des Versteigerungstermins

3.1. Voraussetzungen der Terminsbestimmung

§ 35 ZVG

Die Versteigerung wird durch das Vollstreckungsgericht ausgeführt.

§ 36 ZVG

(1) Der Versteigerungstermin soll erst nach der Beschlagnahme des Grundstücks und nach dem Eingange der Mitteilungen des Grundbuchamts bestimmt werden.

(2) Der Zeitraum zwischen der Anberaumung des Termins und dem Termin soll, wenn nicht besondere Gründe vorliegen, nicht mehr als sechs Monate betragen. War das Verfahren einstweilen eingestellt, so soll diese Frist nicht mehr als zwei Monate, muß aber mindestens einen Monat betragen.

(3) Der Termin kann nach dem Ermessen des Gerichts an der Gerichtsstelle oder an einem anderen Orte im Gerichtsbezirk abgehalten werden.

§ 35 wiederholt noch einmal (vgl § 1 I), daß die Versteigerung durch das Vollstreckungsgericht ausgeführt wird. Dabei gilt der Grundsatz des Amtsbetriebs, weil es, nachdem es auf Grund des Versteigerungsantrages einmal in Gang gekommen ist, ohne weitere Anträge der Beteiligten von Amts wegen bis zum Ende durchgeführt werden kann. Allerdings haben die Beteiligten zahlreiche Möglichkeiten, gestaltend in das Verfahren einzugreifen. Und der betreibende Gläubiger hat es sogar allein in der Hand, ob beziehungsweise wann er das Verfahren einstweilen einstellen, wieder fortsetzen oder aufheben lassen will.

Die Voraussetzungen für die Bestimmung des Termins[1] sind in § 36 genannt, wenn auch nicht abschließend. Es gibt nämlich eine Fülle von Gesichtspunkten, die der Rechtspfleger vor der Terminsbestimmung beachten muß.[2] Die Terminbestimmung soll erst erfolgen, wenn:

(1) die Beschlagnahme des Grundstücks erfolgt ist (§ 36 I); gemeint ist damit das Wirksamwerden der Beschlagnahme gemäß § 22 I;[3] dagegen soll es nicht erforderlich sein, daß der Anordnungsbeschluß rechtskräftig ist, nicht einmal, daß die Anordnung dem Schuldner schon zugestellt ist[4] – man muß allerdings fragen, ob eine Terminsbestimmung dann sinnvoll ist;

(2) die Mitteilungen des Grundbuchamtes gemäß § 19 II und III bei Gericht eingegangen sind (§ 36 I);

(3) aus dem Grundbuch keine Rechte ersichtlich sind, die der Zwangsversteigerung oder Fortsetzung des Verfahrens entgegenstehen (§ 28) und

---

[1] Zur Terminsbestimmung in der Teilungsversteigerung vgl Storz, Teilungsversteigerung C. 6.1.1.

[2] Vgl dazu den aufschlußreichen „Merkzettel" bei Stöber § 35 Anm. 3.2. oder die Übersicht bei Steiner-Teufel Vorbem 7 zu §§ 35 ff.

[3] Vgl dazu oben B. 5.1.

[4] Vgl aber unten (4).

bei Gericht auch keine anderen entgegenstehenden Rechte angemeldet sind;

(4) wenn die Frist des § 30 b I für einen Vollstreckungsschutzantrag abgelaufen oder die Rechtskraft des Beschlusses eingetreten ist, mit der Vollstreckungsschutzantrag zurückgewiesen worden ist (§ 30 b IV); Anträge nach § 765 a ZPO, die ja in jeder Lage des Verfahrens gestellt werden können und oft lediglich eine Verzögerung herbeiführen sollen, sollen die Terminbestimmung dagegen nicht aufhalten;[5]

(5) der Verkehrswert sollte gemäß § 74 a V festgesetzt sein.[6]

Gemäß § 36 II soll der Zeitraum zwischen der Anberaumung des Termins und dem Termin möglichst nicht mehr als sechs Monate und nach einer einstweiligen Einstellung nicht mehr als zwei Monate betragen. Im Falle einer Zuschlagsversagung nach § 74 a I oder § 85 a I darf der Zeitraum zwischen beiden Versteigerungsterminen nicht mehr als sechs (sie soll aber auch nicht weniger als drei) Monate betragen. Die Mindestzeit ergibt sich im übrigen daraus, daß gemäß § 43 I 1 die Terminsbestimmung mindestens sechs Wochen vor dem Termin bekanntgemacht worden sein muß. Mit diesen Zeitvorgaben wird das Gericht gehalten, nach dem Grundsatz: „Termin so rasch, wie es gesetzlich zulässig und dem Gericht möglich ist"[7] das Verfahren ohne Verzögerung durchzuführen, weil jede Verzögerung vor allem den nachrangigen Gläubigern schadet, den Interessen der vorrangigen Gläubiger zuwiderläuft und auch für den Schuldner nachteilig ist, weil letztlich er die Zinsen zahlen muß (daran denkt er bloß bei seiner Verschleppungstaktik oft zu wenig!).

Die Formulierung in § 36 II 1: „wenn nicht besondere Gründe vorliegen" bedeutet nicht etwa, daß das Gericht aus Rücksicht auf den Schuldner auch längere Zeiträume ansetzen darf. Denn jede nicht verfahrensrechtlich oder geschäftstechnisch bedingte Verzögerung ist eine einstweilige Einstellung, die ausdrücklich beschlossen werden muß;[8] wenn das Gericht es für erforderlich hält, daß der Schuldner angesichts einer unproblematischen Absicherung des Gläubigers Zeit für einen freihändigen Verkauf bekommt, kann es entweder beim Gläubiger auf eine einstweilige Einstellung dringen oder eine einstweilige Einstellung zum Beispiel nach § 765 a ZPO herbeiführen. Alles andere ist unzulässig.

Gegen eine unangemessene Verzögerung kann sich der Gläubiger, wenn er es merkt und nachweisen kann, mit der Vollstreckungserinnerung nach § 766 ZPO mit eventuell nachfolgender sofortiger Beschwerde (dadurch wird aber das Verfahren zusätzlich verzögert!) oder mit der Dienstaufsichtsbeschwerde wehren[9] (dadurch entsteht aber unter Umständen eine Verärgerung). Am besten versucht der Gläubiger den Rechtspfleger in einem persönlichen Gespräch zu überzeugen!

Die Zweimonatsfrist des § 36 II 2 gilt für alle einstweiligen Einstellungen, zum Beispiel §§ 30, 30 a ff, 77 I, 86, 180 und §§ 707, 719, 765 a, 769 ZPO,

---

[5] So mit Recht Stöber § 36 Anm 2.4; zu § 30 b IV vgl BVerfG NJW 1979, 534.
[6] Zu diesen Fragen vgl oben C. 2.3.2.
[7] Stöber § 36 Anm 3.3.
[8] So mit Recht Stöber aaO **gegen** Papke KTS 1965, 140.
[9] Vgl oben B. 8.2.1.7.

§ 13 VHG; dagegen nicht für § 113 III LAG.[10] Auf den Lauf der Fristen haben die Gerichtsferien keinen Einfluß.[11]

Gemäß § 36 III kann der Versteigerungstermin nach dem Ermessen des Gerichts an der Gerichtsstelle oder an einem anderen Ort im Gerichtsbezirk abgehalten werden. Die Versteigerung wird am besten dort durchgeführt, wo einerseits die größte Aussicht auf einen guten Besuch ernsthafter Interessenten besteht, und wo andererseits die Sicherheit des Verfahrens gewahrt werden kann.[12]

In der Praxis haben sich dazu vier Grundsätze herausgebildet:

(1) In aller Regel ist es am besten, die Versteigerung in dem Ort selbst durchzuführen, in dem das Grundstück liegt (schon oft hat ein dort nur als „Neugieriger" Erschienener das Grundstück erstanden!);[13]

(2) in aller Regel sollte, wenn ein offizieller Saal (meist im Rathaus, aber auch in einer Schule oder Versammlungshalle) vorhanden ist, nicht eine Gaststätte gewählt werden (weil dann leicht eine Atmosphäre entstehen kann, die der Versteigerung abträglich ist). Im übrigen bestimmt dazu § 17 IV der Württembergischen Zwangsversteigerungsverfügung:

Speisen und Getränke dürfen in der zur Versteigerungsverhandlung bestimmten Räumlichkeit und in den benachbarten Gelassen unmittelbar vor und während der Versteigerungsverhandlung nicht verabreicht werden.

Wenn das zu versteigernde Grundstück dazu geeignet ist (insbesondere gewerbliche Objekte sind dies oft) und wenn der Schuldner damit einverstanden ist, sollte auch eine Versteigerung auf dem Grundstück selbst in die Überlegungen einbezogen werden.

(3) Wo immer die Versteigerung durchgeführt wird: die Räumlichkeiten sollten so bemessen sein, daß die voraussehbare Zahl der Beteiligten und Interessenten darin auch ohne Not unterzubringen sind. Außerdem sollten sie so lange zur Verfügung stehen, daß auch bei einer unerwarteten Ausdehnung des Termins keine Schwierigkeiten entstehen.

(4) Entscheiden müssen immer die Besonderheiten des Einzelfalles und: die beste Planung und Organisation kann sich nachträglich als nicht sinnvoll herausstellen. …

Sehr umstritten ist die gelegentliche Praxis, mehrere voneinander unabhängige Versteigerungstermine durch den gleichen Rechtspfleger am gleichen Ort zur (fast) gleichen Zeit durchzuführen; dabei spricht man von „überlappenden" Terminen, wenn nach Abschluß des Bekanntmachungsteils bei dem einen Verfahren, gleichzeitig mit dessen Bietstunde schon der Bekanntmachungsteil für das nächste Verfahren durchgeführt wird.[14] Allein schon die Anzahl der hierzu notwendig gewordenen Gerichtsentscheidungen

---

[10] Vgl Dassler-Muth § 36 Rz 7.
[11] Stöber § 36 Anm 3.8.
[12] Vgl Büchmann ZiP 1985, 138.
[13] Vgl **TH** C. 3.5.9.
[14] Für die Zulässigkeit: OLG Düsseldorf Rpfleger 1989, 419; OLG Oldenburg NJW-RR 1988, 1468; LG Bremen Rpfleger 1988, 373; AG Düsseldorf Rpfleger 1989, 825; Büchmann ZIP 1988, 825; Stöber § 66 Anm 10.1; **kritisch** LG Osnabrück Rpfleger 1987, 471; **ganz ablehnend** OLG Köln Rpfleger 1987, 167; vgl auch LG Hildesheim Rpfleger 1986, 311; Hagemann Rpfleger 1984, 256; Schiffhauer Rpfleger 1986, 311; Storz Teilungsversteigerung C. 6.1.1; Drischler KTS 1985, 31.

verdeutlicht die Problematik, und man muß sich von vornherein darüber im klaren sein, daß der Zuschlag versagt bzw aufgehoben werden muß, wenn durch diese Handhabung die Übersicht und Klarheit einer bestimmten Versteigerung verloren geht. Nachdem gemäß § 73 I 1 die Mindestzeit für die Bietstunde auf 30 Minuten verkürzt worden ist,[15] besteht kein praktischer Bedarf mehr an gleichzeitigen oder überlappenden Versteigerungsterminen.

Wenn die Versteigerung an einer anderen als der in der öffentlichen Bekanntmachung genannten Stelle stattfinden muß, muß das Gericht alle erforderlichen Maßnahmen ergreifen und diese auch protokollieren, um sicherzustellen, daß alle Beteiligten und Interessenten in gleicher Weise am Geschehen teilnehmen können.[16]

3.2. Form und Inhalt

§ 37 ZVG

Die Terminsbestimmung muß enthalten:

1. die Bezeichnung des Grundstücks;
2. Zeit und Ort des Versteigerungstermins;
3. die Angabe, daß die Versteigerung im Wege der Zwangsvollstreckung erfolgt;
4. die Aufforderung, Rechte, soweit sie zur Zeit der Eintragung des Versteigerungsvermerkes aus dem Grundbuche nicht ersichtlich waren, spätestens im Versteigerungstermine vor der Aufforderung zur Abgabe von Geboten anzumelden und, wenn der Gläubiger widerspricht, glaubhaft zu machen, widrigenfalls die Rechte bei der Feststellung des geringsten Gebots nicht berücksichtigt und bei der Verteilung des Versteigerungserlöses dem Anspruche des Gläubigers und den übrigen Rechten nachgesetzt werden würden;
5. die Aufforderung an diejenigen, welche ein der Versteigerung entgegenstehendes Recht haben, vor der Erteilung des Zuschlags die Aufhebung oder einstweilige Einstellung des Verfahrens herbeizuführen, widrigenfalls für das Recht der Versteigerungserlös an die Stelle des versteigerten Gegenstandes treten würde.

§ 38 ZVG

(1) Die Terminsbestimmung soll die Angabe des Grundbuchblattes, der Größe und des Verkehrswerts des Grundstücks enthalten. Ist in einem früheren Versteigerungstermin der Zuschlag aus den Gründen des § 74 a I oder des § 85 a I versagt worden, so soll auch diese Tatsache in der Terminsbestimmung angegeben werden.

(2) Das Gericht kann Wertgutachten und Abschätzungen in einem für das Gericht bestimmten elektronischen Informations- und Kommunikationssystem öffentlich bekannt machen.

---

[15] Vgl „Entwurf eines Gesetzes zur Änderung des ZVG" vom 9. 4. 1997 (BR-Drucksache 13/7383).

[16] Vgl LG Oldenburg Rpfleger 1985, 311 (Anm Schiffhauer).

Seit der Neufassung des § 38 im Jahre 1998 soll auch der Verkehrswert des Grundstücks in der Terminsbestimmung angegeben werden. Die Terminsbestimmung ist ein Beschluß im Sinne der ZPO, mit einem Inhalt, der in §§ 37 und 38 vorgeschrieben ist. Für die Veröffentlichung der Terminsbestimmung gibt es landesrechtliche Vorschriften.[17] Während § 37 bestimmte Angaben zwingend vorschreibt („Muß-Inhalt"), ohne die die Terminsbestimmung unwirksam ist, sollen nach § 38 und nach einigen landesrechtlichen Vorschriften zusätzliche Angaben gemacht werden („Soll-Inhalt": Ordnungsvorschriften). Die Vorschriften der §§ 37 und 38 gelten auch für eine eventuelle erneute Terminsbestimmung; eine Bezugnahme auf die frühere ist nicht zulässig. Andererseits kann die amtliche Bekanntmachung in der Weise geschehen, daß die Aufforderungen nach § 37 Nr. 4 und 5 aus mehreren insoweit gleichlautenden Veröffentlichungen herausgezogen und diesen mit entsprechendem Hinweis vorangestellt werden;[18] nur muß dann besonders auf Übersichtlichkeit und Verständlichkeit geachtet werden!

Durch das 2. JuModG (BGBl 2007 I 3416) wurde die Möglichkeit legalisiert, Wertgutachten in einem für das Gericht bestimmten elektronischen Informations- und Kommunikationssystem öffentlich bekannt zu machen. Die Vollstreckungsgerichte veröffentlichen in der Tat meistens die zur Terminsbestimmung gehörenden Daten im Internet,[18a] um einerseits einem breiteren Personenkreis diese Daten zugänglich zu machen und dadurch die Verwertungsmöglichkeiten zu verbessern; andererseits werden dadurch die Interessenten-Besuche bei Gericht verringert und die Rechtspfleger bzw Geschäftsstellen entlastet.

Zum **Muß-Inhalt** der Terminsbestimmung gehört nach § 37 insbesondere:

(1) Die Bezeichnung des Grundstücks muß (unter Einbeziehung von § 38 und landesrechtlicher Vorschriften) so genau sein, daß Beteiligte, Interessenten sowie alle diejenigen, an die sich die Anmeldungsaufforderungen richten,[19] feststellen können, welches Grundstück versteigert wird. Jede Verwechslungsgefahr muß ausgeschlossen sein. Diese strengen Anforderungen sind deshalb nötig, weil bei einer Unklarheit oder gar Verwechslung der Versteigerungserfolg gefährdet wird und weil dem Eigentümer des ins Gerede gekommenen Grundstücks ein erheblicher Rufschaden entstehen kann. Im Interesse aller Beteiligter an einem guten wirtschaftlichen Ergebnis muß die Bekanntmachung gerade wegen der „wirtschaftlichen Bedeutung der Nutzungsart so aussagekräftig sein, daß sie geeignet ist, ein breites Publikum auf das Objekt aufmerksam zu machen und einzelnen Personen den Anstoß zu geben, sich weitere Einzelinformationen selbst zu beschaffen."[20] Die Übernahme des Grundbuchbeschriebs reicht heute in aller Regel nicht mehr (vor

---

[17] Abgedruckt bei Steiner-Storz (Band II 1986) Seite 2047 ff. – Vgl auch das Beispiel im Anhang **AT** Nr. 15.

[18] LG Frankenthal Rpfleger 1988, 421.

[18a] Vgl zB „www.ZVG.com" oder „www.ZVG-NRW.de" oder „www.Versteigerungspool.de" oder „www.hanmark.de".

[19] Vgl Stöber § 37 Anm 2.1.

[20] OLG Düsseldorf Rpfleger 1997, 225; ebenso: OLG Hamm Rpfleger 1997, 226; 1992, 122; 1991, 71; OLG Karlsruhe Rpfleger 1993, 256; LG Ellwangen Rpfleger 1996, 361. – Vgl auch BGH NJW 1961, 1012.

allem in Gebieten mit Bautätigkeit); sie darf vor allem nicht ungeprüft geschehen, weil bei einer zu großen Abweichung von Beschrieb und Wirklichkeit unter Umständen sogar der Zuschlag versagt werden muß[21] oder bei Mißverständnissen auch Haftungsgefahren entstehen können.[22] Wird in der Veröffentlichung darauf hingewiesen, daß die Objektbeschreibung aus dem Gutachten übernommen worden ist, hat das Gericht ausreichend deutlich gemacht, daß diese Angaben durch das Gericht nicht abschließend geprüft sind.[22a]

Wegen fehlerhafter Grundstücksbezeichnung wurde zB in folgenden Fällen der Zuschlag aufgehoben:
- falsche Wohnfläche einer Eigentumswohnung;[23]
- fehlender Hinweis auf gewerblich/privat gemischte Nutzung;[24]
- Bezeichnung „Gebäude- und Freifläche" für einen Hotelbetrieb[25] oder ein innerstädtisches, weit überwiegend gewerblich genutztes Wohn- und Geschäftshaus,[26] oder ein schloßähnliches Gebäude;[29a]
- Bezeichnung „Ackerland" für ein bebautes Grundstück[27]
- Bezeichnung „Wiese" für ein zum Teil fertiggestelltes Wohnhaus;[28]
- Bezeichnung „Mehrere Teilstücke verschiedener Wirtschaftsart und Lage" für 2 Wohnungen und Reithalle mit eingebauten Pferdeställen und 2 Remisen;[29]
- nicht einmal schlagwortartiger Hinweis auf die tatsächliche Nutzung, die von Wohngebäuden der üblichen Art erheblich abweicht (hier schloßähnliches Gebäude aus der Barockzeit).[29a]

Bei der Versteigerung eines Erbbaurechtes sind besonders genaue Angaben und auch der Hinweis auf die Zustimmungspflicht des Eigentümers erforderlich. Bei gewerblich genutzten Grundstücken genügen in der öffentlichen Bekanntmachung nicht bloß die die Identität des Grundstücks betreffenden

---

[21] Ebenso RGZ 57, 200; OLG Dresden HRR 1936 Nr. 828; LG Oldenburg Rpfleger 1979, 115; LG Frankenthal Rpfleger 1984, 326 (Zust Anm Meyer-Stolte); Steiner-Teufel §§ 37 f Rdnrn 22 ff; Schiffhauer Rpfleger 1984, 375. **Str. aA:** OLG Oldenburg Rpfleger 1980, 75, wonach die Bezeichnung des Grundstücks im Ermessen des Gerichts stehe (bedenklich, nicht nur unter rein juristischen sondern auch unter wirtschaftlichen Gesichtspunkten!), vgl auch Schiffhauer Rpfleger 1980, 75.
[22] Vgl Steiner-Teufel §§ 37, 38 RZ 12. – Nachforschungen über die rechtliche Zulässigkeit tatsächlicher Nutzungen sind dem Gericht aber nicht zuzumuten; insoweit besteht auch kein Vertrauensschutz: OLG Karlsruhe MDR 1990, 452. Vgl auch OLG Düsseldorf Rpfleger 1997, 225.
[22a] OLG Hamm Rpfleger 2000, 172; Hintzen Rpfleger 2004, 69 (71).
[23] OLG Karlsruhe Rpfleger 1993, 256 (Meyer-Stolte). – Die nach § 38 anzugebende Grundstücksgröße meint zwar nicht die Wohnfläche, trotzdem darf diese nicht falsch angegeben werden.
[24] OLG Hamm Rpfleger 1992, 122; offengelassen von OLG Düsseldorf Rpfleger 1997, 225 = EWiR 1997, 287 (**Kritische** Anm Muth).
[25] OLG Hamm Rpfleger 1991, 71 (Meyer-Stolte); OLG Koblenz Rpfleger 2000, 342 (Storz).
[26] OLG Hamm Rpfleger 1997, 226 (Demharter). Großzügiger **aber** OLG Düsseldorf Rpfleger 1997, 225 und LG Ellwangen Rpfleger 1996, 361.
[27] LG Frankenthal Rpfleger 1984, 326; ähnlich OLG Karlsruhe MDR 1990, 452.
[28] LG Kaiserslautern Rpfleger 1964, 120 (zust Anm Stöber).
[29] LG Oldenburg Rpfleger 1979, 115.
[29a] OLG Hamm Rpfleger 2000, 172.

Angaben; darüber hinaus ist zwingender Mindestinhalt der Bekanntmachung eine mindestens schlagwortartige Bezeichnung der tatsächlichen Nutzungsart, um etwaige Bietinteressenten auf das Verfahren aufmerksam zu machen.[30]

(2) Zeit und Ort des Versteigerungstermins. Auch diese Angaben müssen so genau sein, daß Beteiligte und Interessenten sich zurechtfinden können. Wird der Termin kurzfristig (zeitlich und/oder örtlich) verlegt, so müssen Vorkehrungen getroffen werden, daß die Erscheinenden rechtzeitig zu der neuen Stelle (und/oder Zeit) finden.[31] Höfliche Rechtspfleger berücksichtigen nach Möglichkeit bei der Uhrzeit die eventuell längeren Anfahrtswege der Beteiligten.[32]

(3) Da § 37 für alle Versteigerungsarten gilt, muß ausdrücklich angegeben werden, daß es sich um eine Vollstreckungsversteigerung (oder um eine andere Versteigerungsart) handelt. Auch eine Wiederversteigerung ist eine Vollstreckungsversteigerung; ein zusätzlicher Hinweis auf die Wiederversteigerung ist zweckmäßig.[33]

(4) Aufforderung zur Anmeldung von Rechten, die zur Zeit der Eintragung des Versteigerungsvermerkes aus dem Grundbuch (noch) nicht ersichtlich waren. Von diesem gerichtlichen Aufgebotsverfahren werden auch dingliche Rechte betroffen, wenn sie zum Beispiel erst nachträglich eingetragen oder wenn sie schon früher fälschlicherweise gelöscht worden sind (und noch kein Widerspruch eingetragen ist). Angesprochen sind aber auch andere Befriedigungsrechte, insbesondere diejenigen der 1.–3. Rangklasse des § 10 I. Anzumelden sind weiter die rückständigen Zinsen und die Kosten auch zu den eingetragenen Rechten (vgl § 45 II) und schließlich Rechte, die nicht im Grundbuch eingetragen sein müssen wie die Entschädigungsforderung des Erbbauberechtigten, die Sicherungshypothek des Pfandgläubigers oder ein aus dem Grundbuch nicht ersichtlicher Vorrang.[34]

Nicht anmeldepflichtig sind außer den eingetragenen Rechten auch diejenigen Rechte, die gesetzlich bestehen bleiben wie zum Beispiel Überbau- und Notwegrente, Rentenbankreallast, Leibgedinge und altrechtliche Grunddienstbarkeiten; außerdem Rechte, die zwar als solche ersichtlich sind, aber von denen das Grundbuch nicht ergibt, wem sie zustehen: zB Rechte aus einer Eigentümerhypothek für den nicht mehr eingetragenen früheren Eigentümer oder Rückgewähransprüche.[35]

Die Anmeldungen müssen gemäß § 37 Nr. 4 spätestens im Versteigerungstermin vor der Aufforderung zur Abgabe von Geboten erfolgen, und zwar schriftlich oder zu Protokoll; der Versteigerungs- und ein Beitrittsantrag sind die stärkste Form einer Anmeldung.[36] Bei Widerspruch des betreibenden

---

[30] OLG Hamm Rpfleger 1991, 71; Schiffhauer Rpfleger 1980, 75; Hornung Rpfleger 1979, 321; **teilw aA:** OLG Oldenburg Rpfleger 1980, 74.
[31] BVerfG Rpfleger 1988, 156; LG Oldenburg Rpfleger 1990, 471; LG Bielefeld Rpfleger 1989, 379, 380.
[32] Vgl **TH** C. 3.5.1.
[33] Vgl Stöber § 37 Anm 4.1.
[34] Vgl Stöber § 37 Anm 5.5. und 5.6.
[35] Vgl BGH Rpfleger 1978, 363; Stöber § 37 Anm 5.8. **gegen** Mohrbutter-Drischler Muster 60 Anm 4.
[36] Vgl zu den Anmeldungen im übrigen oben B. 1.4. und unten C. 4.

Gläubigers ist eine Glaubhaftmachung erforderlich, wobei der Gläubiger auf diese Weise mangels Rechtsschutzbedürfnis nicht die Glaubhaftmachung solcher Rechte erzwingen kann, mit denen er gar nichts zu tun hat, weil sie seinen Rechten nachgehen.[37] Nicht betreibende Gläubiger können allenfalls gemäß § 115 dem Teilungsplan widersprechen. Bei nötiger aber unterlassener oder verspäteter Anmeldung, wird das Recht nicht im geringsten Gebot berücksichtigt, erlischt mit dem Zuschlag und wird bei der Erlösverteilung erst ganz zum Schluß berücksichtigt. Der Rangverlust ist endgültig und kann auch durch ein Rechtsmittel nicht mehr rückgängig gemacht werden.[38]

Diese Rechtsfolgen müssen aber in der Terminsbestimmung ausdrücklich angedroht werden, sonst ist die ganze Terminsbestimmung unwirksam mit der Folge, daß der Zuschlag gemäß §§ 43 I, 83 Nr. 7 versagt werden muß.[39]

(5) Aufforderung zur Geltendmachung von Rechten, die der Versteigerung im ganzen oder bezüglich einzelner Teile entgegenstehen. Von diesem Aufgebotsverfahren werden insbesondere diejenigen Rechte betroffen, die zur Zeit der Eintragung des Versteigerungsvermerkes aus dem Grundbuch (noch) nicht ersichtlich waren (die anderen müssen gemäß § 28 von Amts wegen beachtet werden).

Die Geltendmachung geschieht dadurch, daß bezüglich des ganzen Versteigerungsobjektes oder eines Teiles (je nach dem, worauf sich das entgegenstehende Recht erstreckt) das Verfahren vor der Erteilung des Zuschlags aufgehoben oder einstweilen eingestellt wird. Ist nur ein Teil betroffen und geschieht die Aufhebung (möglicherweise in Form einer freiwilligen „Freigabe" durch alle betreibenden Gläubiger) oder einstweilige Einstellung schon vor der Bietstunde, dann wird dieser Teil schon gar nicht mehr mitversteigert. Bei späterer Freigabe muß der Zuschlag im ganzen versagt werden, falls der Meistbietende nicht den Zuschlag auch ohne diesen Teil genehmigt.[40]

Wenn mehrere Gläubiger die Zwangsversteigerung betreiben, müssen sie alle bei der Aufhebung beziehungsweise einstweiligen Einstellung mitwirken.[41] Dagegen haben die nicht betreibenden Gläubiger keinerlei Mitspracherecht; sie müssen also dem Verfahren aktiv beitreten, wenn sie die Freigabe verhindern wollen.[42]

Wer trotz des Aufgebots in der Terminsbestimmung nicht rechtzeitig die Freigabe seines Gegenstandes im Klagewege (über § 771 ZPO)[43] oder durch freiwillige Erklärungen der betreibenden Gläubiger erwirkt, verliert gemäß § 37 Nr. 5 mit dem Zuschlag ohne Rücksicht auf den guten oder bösen Glauben des Erstehers sein Eigentumsrecht und wird auf die entsprechende Teilnahme am Versteigerungserlös beschränkt (Surrogationsgrundsatz).[44]

---

[37] Ähnlich Brox-Walker Rz 886.
[38] Vgl aber **TH** C. 3.5.3.
[39] Vgl Dassler-Muth § 37 Rz 18.
[40] Vgl oben B. 8.2.1.4.
[41] Allerdings kann auch hier – wenn einzelne Gläubiger nicht mitwirken wollen – über eine Einstellungsbewilligung des bestrangig betreibenden Gläubigers die Versagung des Zuschlags im ganzen herbeigeführt werden, vgl dazu oben B. 3.2.2.
[42] Vgl **TH** C. 1.4.4.5.
[43] Vgl oben B. 8.2.1.4.
[44] Vgl oben B. 2.5.2.

Zum **Soll-Inhalt** gehören nach § 38 und den landesrechtlichen Vorschriften (vgl § 6 EGZVG):[45]

(1) die Angabe des Grundbuchblattes, der Größe und des Verkehrswertes des Grundstücks (§ 38); ein Anspruch auf Gewährleistung findet aber gemäß § 56 Satz 3 nicht statt. Grob fahrlässige Falschangaben können dagegen einen Haftungsanspruch begründen.[46]

(2) Seit der im Jahre 1979 erfolgten Ergänzung des § 38 soll in der Terminsbestimmung gegebenenfalls auch angegeben werden, daß in einem früheren Versteigerungstermin der Zuschlag aus den Gründen des § 74a I oder des § 85a I versagt worden ist. Dieser Hinweis soll nach der amtlichen Begründung der Unterrichtung der Beteiligten dienen, damit sie sich darauf einrichten können, „daß möglicherweise auch in dem neuen Termin von dritter Seite nur wenig geboten wird".[47] Die Zweckmäßigkeit dieser Vorschrift ist jedoch zu bezweifeln: für die Beteiligten bringt der Hinweis wohl nichts Neues, weil sie in der Regel diesen früheren Termin und sein Ergebnis kennen. M. E. ist es aber der Versteigerung nicht gerade förderlich, wenn dieser Hinweis auch in der veröffentlichten Terminsbestimmung enthalten ist, weil eventuelle Interessenten daraus eine Motivation herleiten werden, möglichst wenig zu bieten. Im Ergebnis ist der Hinweis also für den Schuldner und manche Gläubiger gefährlicher, als er anderen Beteiligten nützt.[48] ...

Bei einem Verstoß gegen den Muß-Inhalt der Terminsbestimmung (§ 37) muß entsprechend dem aktuellen Verfahrensstand entweder der Termin aufgehoben (§ 43) oder der Zuschlag versagt werden (§§ 83 Nr. 7, 100 III), wenn die Berichtigung des Fehlers unter Einhaltung der Fristen des § 43 nicht mehr möglich ist.[49] Ein Verstoß gegen § 37 kann dagegen nicht durch Genehmigung geheilt werden,[49] und zwar nicht einmal bei Mitwirkung aller Beteiligter.

Wird gegen die Ordnungsvorschriften des § 38 oder einer Landesbestimmung verstoßen, so wird davon zwar nicht unmittelbar die Wirksamkeit der Terminsbestimmung oder des Zuschlags berührt, aber es können sich unter Umständen Amtshaftungsansprüche ergeben. Außerdem ergibt sich dann mittelbar doch die Notwendigkeit der Aufhebung des Termins beziehungsweise der Versagung des Zuschlags, wenn durch unrichtige Angaben zu § 38 oder zu landesrechtlichen Vorschriften die zwingenden Angaben zu § 37 mißverständlich oder unklar werden: „der Soll-Inhalt darf zwar fehlen, aber nicht fehlerhaft sein."[50]

Die Veröffentlichung des Schuldnernamens mit der Terminsbestimmung ist zur Berücksichtigung des grundrechtlich geschützten Persönlichkeitsrechts (Art 2 I, 1 I GG) auch in der Zwangsversteigerung seit 1. 9. 2004 aus dem

---

[45] Die früheren landesrechtlichen Vorschriften zum Inhalt der Terminsbestimmung sind inzwischen weitestgehend aufgehoben; vgl dazu Steiner-Storz, Band II, 1986 S. 2047 ff. – Die Bezeichnung des „zur Zeit der Eintragung des Versteigerungsvermerks eingetragenen Eigentümers" gehört seit 1. 9. 2004 nicht mehr zum Sollinhalt.

[46] Vgl Stöber § 38 Anm 6.1. und § 1 Anm 25.1.–6.

[47] Vgl Bundestags-Drucksache 7/3838 – Sachgebiet 310; S 11, 12.

[48] Vgl dazu auch Büchmann ZiP 1985, 138; ähnlich Hornung Rpfleger 1987, 395.

[49] Allg Ansicht vgl Stöber § 37 Anm 1.2.; Steiner-Teufel §§ 37, 38 Rz 12.

[50] Mohrbutter, Handbuch des Vollstreckungsrechts, 2. Auflage 1974, § 37 (I); § 38 Anm 1.1.

Sollinhalt des § 38 gestrichen worden.[51] M. E. sollte der Schuldnername nur in den wenigen Ausnahmefällen veröffentlicht werden, in denen dies zB zur Identifizierung des Versteigerungs-Grundstücks wirklich nötig ist.

Im übrigen soll auch an dieser Stelle davor gewarnt werden, mehrere voneinander unabhängige Versteigerungstermine durch den gleichen Rechtspfleger am gleichen Ort und (fast) zur gleichen Zeit abzuhalten. Bei allem Verständnis für das Bedürfnis der Rechtspfleger, den zT sehr hohen Geschäftsanfall rationell zu erledigen und dazu die häufig bewegungslosen Bietstunden zu nützen, verbieten die verfassungs- und verfahrensrechtlichen sowie wirtschaftlichen Bedenken dieses Verfahrens, wenn nicht gerade aus der Zusammenlegung der Versteigerungen besondere wirtschaftliche Vorteile für alle Grundstücke zu erwarten sind, aber eine Verbindung nach § 18 unzulässig war.[52]

3.3. Bekanntmachungen der Terminsbestimmung

§ 39 ZVG

(1) Die Terminsbestimmung muß durch einmalige Einrückung in das für Bekanntmachungen des Gerichts bestimmte Blatt oder in einem für das Gericht bestimmten elektronischen Informations- und Kommunikationssystem öffentlich bekanntgemacht werden.

(2) Hat das Grundstück nur einen geringen Wert, so kann das Gericht anordnen, daß die Einrückung oder Veröffentlichung nach Absatz 1 unterbleibt; in diesem Falle muß die Bekanntmachung dadurch erfolgen, daß die Terminsbestimmung in der Gemeinde, in deren Bezirke das Grundstück belegen ist, an die für amtliche Bekanntmachungen bestimmte Stelle angeheftet wird.

§ 40 ZVG

(1) Die Terminsbestimmung soll an die Gerichtstafel angeheftet werden. Ist das Gericht nach § 2 II zum Vollstreckungsgerichte bestellt, so soll die Anheftung auch bei den übrigen Gerichten bewirkt werden. Wird der Termin nach § 39 Abs. 1 durch Veröffentlichung in einem für das Gericht bestimmten elektronischen Informations- und Kommunikationssystem öffentlich bekannt gemacht, so kann die Anheftung an die Gerichtstafel unterbleiben.

(2) Das Gericht ist befugt, noch andere und wiederholte Veröffentlichungen zu veranlassen; bei der Ausübung dieser Befugnis ist insbesondere auf den Ortsgebrauch Rücksicht zu nehmen.

§ 43 ZVG

(1) Der Versteigerungstermin ist aufzuheben und von neuem zu bestimmen, wenn die Terminsbestimmung nicht sechs Wochen vor dem Termin bekanntgemacht ist. War das Verfahren einstweilen eingestellt,

---

[51] Das war an dieser Stelle in allen Vorauflagen gefordert worden! Ähnlich OLG Zweibrücken Rpfleger 1987, 513.

[52] Vgl dazu oben C. 3.1. (am Ende) mit Angaben zu Rechtsprechung und Literatur. – Vgl aber auch BGH NJW 2007, 2995, wonach grundsätzlich auch nicht nach § 18 verbundene Grundstücke gleichzeitig versteigert werden können.

so reicht es aus, daß die Bekanntmachung der Terminsbestimmung zwei Wochen vor dem Termin bewirkt ist.

(2) .... (abgedruckt bei C.3.4.)

§ 39 I schreibt (mindestens) eine Veröffentlichung der Terminsbestimmung im amtlichen Bekanntmachungsblatt oder im Internet zwingend vor, und zwar gemäß § 43 I mindestens sechs Wochen vor dem Termin (nach einer einstweilen Einstellung genügen zwei Wochen). Das Gesetz will damit sicherstellen, daß alle Beteiligten und Interessenten genügend Zeit haben, sich auf den Termin vorzubereiten und alle erforderlichen Unterlagen zu beschaffen. Dieses Anliegen ist dem Gesetz so wichtig, daß ein Verstoß gegen §§ 39 I, 43 I absolut unheilbar ist und auch im Rechtsmittelverfahren noch von Amts wegen berücksichtig werden muß (§§ 83 Nr. 7, 84, 100 III).[53]

Inhaltlich muß die Veröffentlichung mindestens den Muß-Inhalt der Terminsbestimmung nach § 37 (vgl dazu näher oben C.3.2!) enthalten, was m. E. dann auch ausreichend ist, wenn jeder Leser daraus das zu versteigernde Grundstück einwandfrei identifizieren kann. Gegen einen größeren Veröffentlichungsumfang sprechen vor allem die meist recht hohen Kosten. Eventuelle Fehler müssen im gleichen Bekanntmachungsblatt berichtigt werden, und zwar noch innerhalb der Frist des § 43 I, weil sonst keine ordnungsgemäße Bekanntmachung gegeben ist, wobei Stöber eine bloße Berichtigung gar nicht gelten läßt, sondern Wiederholung der vollständigen berichtigten Veröffentlichung verlangt.[54]

Die Veröffentlichung sollte nicht zu früh erfolgen, weil die Leser die Nachricht sonst wieder vergessen und außerdem der Ruf des Schuldners unnötig geschädigt werden könnte;[55] außerdem wird dann das Risiko verringert, daß die Veröffentlichung durch eine Aufhebung oder Vertagung des Termins überholt wird und dadurch (beziehungsweise durch eine eventuelle Bekanntmachung der Terminsaufhebung)[54] unnötige Kosten verursacht werden. Andererseits sollte die Veröffentlichung auch nicht zu knapp vor der Mindestfrist des § 43 I erfolgen, weil ja auch eine eventuell erforderliche Berichtigung noch fristgemäß veröffentlicht sein muß, und weil sich unter Umständen bei der Veröffentlichung unvorhergesehene Verzögerungen ergeben können.

Im Jahr 2005 hat der Gesetzgeber durch eine Ergänzung der §§ 39 und 40 der modernen Entwicklung Rechnung getragen und auch die Bekanntmachung in bestimmten elektronischen Informations- und Kommunikationssystemen als Alternative ausdrücklich zugelassen. Inzwischen veröffentlichen viele Amtsgerichte ihre Zwangsversteigerungstermine auch im Internet; vgl zum Beispiel: „WWW.ZVG.COM" oder „WWW.ZVG.NRW.DE" oder „WWW.VERSTEIGERUNGSPOOL.DE". – Daneben kann man sich im Internet auch über sog. „Versteigerungskalender" über Versteigerungstermine und -objekte (vgl zum Beispiel: „WWW.ZWANGSVERSTEIGE-RUNG. DE" oder „WWW.ZWANGSVERSTEIGERUNG.BIZ") oder auch über Bewertungsgutachten informieren (vgl zum Beispiel: „WWW.HAN-MARK.DE").

---

[53] Vgl Stöber § 43 Anm 2.4. und **TH** C. 3.5.4.
[54] Vgl Stöber § 39 Anm 3.5.
[55] So auch Stöber § 39 Anm 2.6.

Bei geringwertigen Grundstücken kann gemäß § 39 II auf eine Veröffentlichung im amtlichen Bekanntmachungsblatt verzichtet und statt dessen eine Anheftung der Terminsbestimmung an der Gemeindetafel erfolgen. Die Anheftung muß auch fristgerecht erfolgen, wobei die Dauer des Aushängens für § 43 I nicht maßgebend ist; es soll nur ein größerer Kreis von Personen die Möglichkeit zur Kenntnisnahme gehabt haben.[56] Diese nicht konkreter zu fixierende Voraussetzung und die mangelnde Überprüfbarkeit sowie die stark gesunkene Bedeutung der Gemeindetafeln sind die Schwachstellen des vereinfachten Bekanntmachungsverfahrens nach § 39 II. Trotzdem muß eben auch der unter Umständen im Verhältnis zum Grundstückswert hohe Veröffentlichungsaufwand gesehen werden. Im übrigen kann § 39 II einen billigeren und wirksamen Veröffentlichungsweg dann darstellen, wenn statt der Bekanntmachung im Amtsblatt in einem oder mehreren Kleininseraten (die gemäß § 40 II an keine Form, Frist oder inhaltliche Vorschrift gebunden sind) auf die Zwangsversteigerung hingewiesen wird. Wo noch eine wirkungsvolle Gemeindetafel vorhanden ist, sollte sie auch unabhängig von der vereinfachten Bekanntmachung nach § 39 II neben den anderen Veröffentlichungsformen nach § 40 II eingesetzt werden. Eine bestimmte Wertgrenze gibt es nicht, ihre Bestimmung obliegt dem pflichtgemäßen Ermessen des Gerichts. Als Maßstab könnte der Vergleich zwischen den Veröffentlichungskosten und dem Grundstückswert dienen, außerdem die Frage, wie weit Interessenten auch über die Gemeindegrenze hinaus angesprochen werden sollten.

Als weitere Bekanntmachungsform gibt es nach § 40 I die Anheftung an der Gerichtstafel. Hierbei handelt es sich aber lediglich um eine Ordnungsvorschrift, deren Verletzung das Verfahren nicht berührt. Es ist auch keine Frist vorgeschrieben. Wichtig ist auch nicht, daß die Terminsbestimmung schon lange vor dem Termin aushängt (was bei größeren Gerichten nur verwirrt), sondern daß sie in der letzten Zeit bis zum Versteigerungstermin hängen bleibt und daß sie mit ihrem vollen Inhalt aushängt. Im Fall des § 2 II soll die Anheftung auch an der Gerichtstafel der anderen Gerichte erfolgen (§ 40 I 2).

Gemäß § 40 II sind außer der Veröffentlichung im amtlichen Bekanntmachungsblatt oder in bestimmten elektronischen Informations- und Kommunikationssystemen (§ 39 I) und der Anheftung an der Gerichtstafel (§ 40 I) weitere Veröffentlichungen durch das Vollstreckungsgericht möglich. Das Gericht muß dabei die zusätzlichen Kosten ebenso im Auge behalten wie die eventuelle Notwendigkeit, die Versteigerung noch weiter bekannt zu machen. Für die weiteren Veröffentlichungen sind weder Inhalt noch Art noch Umfang noch Zeit vorgeschrieben; es gibt hinsichtlich der Wirksamkeit von Veröffentlichungen auch sehr starke regionale und örtliche Unterschiede, auf die gemäß § 40 II Rücksicht zu nehmen ist. Gerade bei diesen Veröffentlichungen ist besondere Rücksicht auf den Schuldner (hinsichtlich Ruf und Kosten) zu nehmen.[57]

Selbstverständlich können auch die Beteiligten nebenher in Veröffentlichungen auf die Versteigerung hinweisen,[58] wobei auch bei gutem Willen aus

---

[56] Vgl Stöber § 39 Anm 3.4.
[57] So auch Büchmann ZIP 1985, 138.
[58] Vgl dazu **TH** C. 3.5.2. und C. 3.5.8.

nicht koordinierten Aktionen nicht nur Vorteile entstehen können; bewußt falsche oder irreführende Veröffentlichungen kann das Gericht dabei nicht verhindern, aber es kann notfalls von sich aus Richtigstellungen veröffentlichen. Sehr viel besser wäre eine Kooperation zwischen allen Beteiligten und dem Gericht.[59]

Wenn der Gläubiger zusätzliche Veröffentlichungen macht, sollen deren Kosten nicht Kosten im Sinne von § 10 II sein.[60] Das ist m. E. nur dann richtig, wenn die Veröffentlichungen nicht in Absprache mit dem Gericht erfolgen. Ein mit dem Gesetz durchaus vereinbarter Mittelweg könnte nämlich gerade für nachrangige Gläubiger in eigenen Veröffentlichungen bestehen, die vom Gericht anerkannt sind: Der Gläubiger erhält eine Erstattung seiner Kosten vom Gericht über § 10 II ja nur dann, wenn auch ein entsprechend hoher Erlös erzielt wird, der unter Umständen gerade auf diese zusätzlichen Veröffentlichungen zurückzuführen ist, zu denen sich das Gericht im Hinblick auf die Verfahrenskosten nicht selbst entschließen konnte.[61]

Die auf zwei Wochen abgekürzte Frist des § 43 I 2 soll nur zulässig sein, wenn das Verfahren aller in diesem Termin betreibenden Gläubiger mindestens einmal eingestellt war.[62] Das ist m. E. nur für den ersten Termin richtig; die Fristverkürzung muß m. E. auch dann gelten, wenn – ohne daß es vorher überhaupt zu einer einstweiligen Einstellung gekommen sein muß – schon ein Termin stattgefunden hat, aber der bestrangig betreibende Gläubiger durch eine Einstellungsbewilligung die Versagung des Zuschlags gemäß § 33 herbeigeführt und einen neuen Termin erforderlich gemacht hat. Mit Recht wird aber darauf hingewiesen, daß der Fristverkürzung des § 43 I 2 schon deshalb keine große Bedeutung zukommt, weil alle anderen Fristen davon nicht berührt werden.[62]

3.4. Zustellungen und Mitteilungen zur Terminsbestimmung

§ 41 ZVG

(1) **Die Terminsbestimmung ist den Beteiligten zuzustellen.**

(2) **Im Laufe der vierten Woche vor dem Termin soll den Beteiligten mitgeteilt werden, auf wessen Antrag und wegen welcher Ansprüche die Versteigerung erfolgt.**

(3) **Als Beteiligte gelten auch diejenigen, welche das angemeldete Recht noch glaubhaft zu machen haben.**

§ 43 ZVG

(1) **.... (abgedruckt bei C.3.3.)**

(2) **Das gleiche (Aufhebung und Neubestimmung des Versteigerungstermins) gilt, wenn nicht vier Wochen vor dem Termin dem Schuldner ein Beschluß, auf Grund dessen die Versteigerung erfolgen kann, und allen Beteiligten, die schon zur Zeit der Anberaumung des Termins dem Gericht bekannt waren, die Terminsbestimmung zugestellt ist, es**

---

[59] Vgl **TH** C. 3.5.2.
[60] So Dassler-Schiffhauer-Gerhardt 11. Auflage 1979 § 40 Anm 2.
[61] Vgl **TH** C. 3.5.2.
[62] Vgl Stöber § 43 Anm 6.2.

sei denn, daß derjenige, in Ansehung dessen die Frist nicht eingehalten ist, das Verfahren genehmigt.

Gemäß §§ 41, 43 II muß das Gericht neben den Bekanntmachungen (§§ 39, 40) veranlassen:

(1) die spätestens vier Wochen vor dem Termin erforderliche Zustellung der Terminsbestimmung an alle Beteiligten,

(2) die spätestens vier Wochen vor dem Termin erforderliche Zustellung des Anordnungs- und/oder Beitritts- und/oder Fortsetzungsbeschlusses an den Schuldner;

(3) die im Laufe der vierten Woche vor dem Termin erforderliche Mitteilung an alle Beteiligten, auf wessen Antrag und wegen welcher Ansprüche die Versteigerung erfolgt.

Die Zustellung der Terminsladung (§§ 41 I, 43 II) ist zwingend vorgeschrieben. Ein Verstoß, der von Amts wegen zu beachten ist,[63] führt gemäß §§ 43 II, 83 Nr. 1 zur Versagung des Zuschlags. Allerdings kann der Verstoß geheilt werden (§ 84). Die Zustellung wird nach den Vorschriften der §§ 3–7 bewirkt, und zwar bezüglich der schon bei der Terminsanberaumung bekannten Beteiligten mindestens vier Wochen vor dem Termin. Bezüglich der später durch Beitritt oder Anmeldung bekanntgewordenen Beteiligten braucht diese Frist nicht eingehalten zu werden; wichtig ist aber, daß auch an sie zugestellt werden muß, notfalls unmittelbar vor dem Termin. Letzteres gilt auch für den gesetzlichen Vertreter eines erst später geschäftsunfähig gewordenen Beteiligten, eines Insolvenzverwalters oder eines Prozeßbevollmächtigten.[64] Zu den Beteiligten gehören kraft ausdrücklicher Bestimmung des § 41 III auch diejenigen, die das angemeldete Recht erst noch glaubhaft zu machen haben.

Trotz eines Verstoßes gegen §§ 41 I, 43 II kann der Zuschlag erteilt werden, wenn das Recht des Beteiligten durch den Zuschlag nicht beeinträchtigt wird oder wenn der Beteiligte das Verfahren genehmigt. Wenn der Betroffene „mit Wahrscheinlichkeit" volle Deckung erhalten wird, kann trotz eines Verstoßes gegen §§ 41 I, 43 II der Termin durchgeführt werden.[65] Allerdings ist dieses Verfahren nicht ohne Risiken: Wenn sich nach der Bietstunde herausstellt, daß der Betroffene doch beeinträchtigt ist (und wenn er auch das Verfahren nicht genehmigt)[66] dann ist der Termin mit seinen Kosten verloren. Außerdem kann durch die Nichtaufhebung eines nicht fristgerecht vorbereiteten Termins eine Amtshaftungspflicht entstehen.[67]

Eine Heilung des Verstoßes ist auch durch Genehmigung des Betroffenen möglich, die gemäß § 84 II durch eine öffentlich beglaubigte Urkunde nachzuweisen ist, aber auch zu Protokoll des Gerichts erklärt werden kann.[68] Die Genehmigung ist nur bis zur Verkündung der Entscheidung über den Zu-

---

[63] Aber nicht vom Beschwerdegericht vgl § 100.

[64] Vgl Dassler-Schiffhauer-Gerhardt 11. Auflage 1979 § 43 Anm 1 b. – Die Nichtzustellung der Terminsbestimmung an derartige Beteiligte rechtfertigt aber keine Aufhebung des Termins: OLG Düsseldorf Rpfleger 1995, 373; OLG Dresden OLGE 19, 185.

[65] Vgl Mohrbutter-Drischler Muster 38 Anm 3.

[66] Vgl **TH** C. 3.5.5.

[67] BGH MDR 1958, 491.

[68] Dassler-Muth § 43 Rz 7.

schlag (nicht mehr in der Beschwerdeinstanz) zulässig und kann nicht widerrufen werden.[68] Zu beachten ist, daß unter Umständen auch einmal ein Beteiligter beeinträchtigt sein kann und daher ebenfalls genehmigen muß, dem gegenüber der Verstoß gegen §§ 41 I, 43 II gar nicht unmittelbar begangen wurde.[69]

Die Zustellung des Beschlusses, „auf Grund dessen die Versteigerung erfolgen kann", an den Schuldner muß gemäß § 43 II ebenfalls mindestens vier Wochen vor dem Termin erfolgen. Gemeint ist in § 43 II zwar zunächst der Anordnungs- oder ein Beitrittsbeschluß. Die Vorschrift muß aber auch für einen Fortsetzungsbeschluß nach einer einstweiligen Einstellung gelten,[70] wobei das nur deshalb besonders erwähnt werden muß, weil das ZVG ja nirgends konkret einen Fortsetzungsbeschluß vorschreibt. In der Praxis ist er aber üblich. Und wenn einmal eine Fortsetzung nicht durch besonderen Beschluß, sondern durch konkludentes Handeln erfolgen sollte, dann muß dies mindestens vier Wochen vor dem Termin geschehen, und zwar in einer für den Schuldner erkennbaren Form. Allerdings kann so etwas nicht nach §§ 3–7 zugestellt werden, so daß immer ein Verstoß gegen § 43 II übrig bleibt und auch aus diesem Grund grundsätzlich ein ausdrücklicher Fortsetzungsbeschluß und seine rechtzeitige Zustellung an den Schuldner zu empfehlen ist.

Wenn mehrere Gläubiger die Versteigerung betreiben, dann gilt § 43 II wegen der grundsätzlichen Unabhängigkeit der verschiedenen Verfahren für jeden von ihnen. Entsprechend der Regelung für die Terminsladungsfrist ist aber auch hier zu sagen, daß die Vier-Wochen-Frist des § 43 II nur denjenigen Gläubigern gegenüber eingehalten werden kann, die so rechtzeitig betrieben haben,[71] daß die Beschlußzustellung noch fristgemäß erfolgen konnte. Wichtig ist nur, daß mindestens ein Beschluß rechtzeitig zugestellt worden ist und daß gemäß § 44 II ein Anspruch der Feststellung des geringsten Gebotes nur dann zugrunde gelegt werden darf, wenn der seinetwegen ergangene Beschluß dem Schuldner vier Wochen vor dem Versteigerungstermin zugestellt worden ist.[72]

Die Mitteilung über die betreibenden Gläubiger (§ 41 II) ist für alle Beteiligten außerordentlich wichtig, weil aus ihr alle Ansprüche, aus denen die Versteigerung betrieben wird sowie ihre Gläubiger und ihre Rangfolge ersichtlich sind. Besonders wichtig ist es dabei, aus dieser Mitteilung den bestrangig betreibenden Gläubiger festzustellen[73] (er wird als solcher nicht besonders gekennzeichnet), weil ihm für das weitere Verfahren eine so große Bedeutung zukommt.[74]

§ 41 II ist zwar lediglich eine Ordnungsvorschrift, so daß weder eine unterlassene noch eine falsche Mitteilung eine Verlegung des Termins oder eine

---

[69] Vgl Mohrbutter-Drischler aaO.

[70] Vgl oben B. 3.2.3.

[71] Während einer einstweiligen Einstellung zählt der Gläubiger – mindestens in diesem Sinne – nicht zu den betreibenden Gläubigern, vgl oben B. 1.2. – im Ergebnis hier ebenso Stöber § 41 Anm 3.4.

[72] Vgl oben B. 6.2.3.

[73] Vgl dazu **TH** B. 6.5.1. und **TH** C. 3.5.6.

[74] Vgl oben B. 6.4. vgl auch das Beispiel zu Anhang **AT** Nr. 16.

Zuschlagsversagung erforderlich macht;[75] unstreitig können sich daraus aber Amtshaftungsansprüche ergeben,[76] weil sich die Beteiligten bei der Vorbereitung des Versteigerungstermins hauptsächlich auf diese Mitteilung nach § 41 II stützen und lediglich berücksichtigen, daß durch einstweilige Einstellung oder Aufhebung das eine oder andere Verfahren noch aus dem Kreis der „betriebenen Verfahren"[77] ausscheiden kann.[78]

Die Mitteilung umfaßt mindestens alle dem Schuldner rechtzeitig zugestellten Beschlüsse, weil diese gemäß § 44 II der Feststellung des geringsten Gebots zugrundegelegt werden können. Teilweise wird empfohlen, darüber hinaus auch die zur Zeit einstweilen eingestellten Verfahren in die Mitteilung aufzunehmen,[79] was aber dann besonders gekennzeichnet werden muß. Zweckmäßig ist das m. E. allenfalls bei solchen persönlichen Ansprüchen, die dem bestrangig betreibenden Gläubiger vorgehen.

Die Mitteilung nach § 41 II ergeht auch an diejenigen, die ihr angemeldetes Recht noch glaubhaft zu machen haben (§ 41 III), und ebenso an diejenigen Gläubiger, deren Verfahren zur Zeit eingestellt sind (Beteiligte bleiben sie – auch in Rangklasse 5 – trotzdem).[80]

Die Mitteilung nach § 41 II sollte entsprechend der gesetzlichen Vorschrift wegen ihrer großen Bedeutung nicht später als im Laufe der vierten Woche vor dem Termin erfolgen.[81]

3.5. Taktische Hinweise

TH 3.5.1.: Bei der Wahl des Zeitpunkts für den Versteigerungstermin sollte in größtmöglichem Umfang berücksichtigt werden, daß das Versteigerungsergebnis zum Teil auch hiervon abhängt: in der Regel sind die Schulferien oder die Faschings-/Karnevalstage oder auch Werktage zwischen einem verlängerten Wochenende und einem Feiertag nicht gerade förderlich. Die Beteiligten können sich zwar gegen eine ungeeignete Terminierung mit der Vollstreckungserinnerung gemäß § 766 ZPO wehren,[82] aber es sind dann unter Umständen schon die Arbeiten und Kosten für die Bekanntmachungen, Zustellungen und Mitteilungen entstanden. Betreibende Gläubiger müssen zusätzlich aufpassen, daß ihnen ein Wunsch nach Hinausschieben des Termins nicht als Einstellungsbewilligung ausgelegt wird![83]

Auch die Wahl des Versteigerungslokals ist nicht ohne Einfluß auf das Ergebnis: der Saal darf nicht zu kalt und nicht zu warm, nicht zu groß oder zu

---

[75] Stöber § 41 Anm 3.1.; Mohrbutter-Drischler Muster 37 Anm 1.
[76] Stöber, Mohrbutter-Drischler aaO.
[77] Es besteht (nur vom Begriff her) keine Einigkeit darüber, ob der Gläubiger während einer einstweiligen Einstellung noch als betreibender Gläubiger anzusehen ist oder nicht. – Bezüglich der praktischen Ergebnisse besteht aber Einigkeit; vgl **TH** B. 1.2.2.6.
[78] Vgl oben B. 3.2.2.
[79] Vgl Mohrbutter-Drischler Muster 37 Anm 1; Steiner-Teufel § 41 Rz 14; **str. aA:** Stöber § 41 Anm 3.4.
[80] Vgl Stöber § 41 Anm 3.2.
[81] Vgl **TH** C. 3.5.7.
[82] Vgl Dassler-Muth § 36 Rz 9.
[83] Vgl dazu oben B. 3.2.2.

klein, nicht zu laut, nicht zu dunkel und er sollte möglichst in dem Ort des zu versteigernden Grundstücks liegen.

TH 3.5.2.: Auch bei Bekanntmachungen ist in Fällen, die aus dem üblichen Rahmen (nach oben oder nach unten) fallen, eine formlose Absprache zwischen den (wichtigsten) Gläubigern, dem (kooperativen) Schuldner und dem Gericht zu empfehlen. So kann den Besonderheiten des Einzelfalles am besten Rechnung getragen werden. Kreditinstitute können zum Beispiel einen Aushang in den umliegenden Zweigstellen (allerdings wohl ohne Benennung des Schuldners) machen und haben auch sonst für die Suche nach Interessenten noch einige Möglichkeiten,[84] von denen sie um so eher Gebrauch machen, je gefährdeter sie sich fühlen. Die offiziellen Bekanntmachungen reichen oft nicht aus, besonders wenn schon ein erfolgloser Termin durchgeführt worden ist.

TH 3.5.3.: Der Gläubiger eines Rechtes, das nach § 37 Nr. 4 spätestens im Versteigerungstermin vor der Aufforderung zur Abgabe von Geboten hätte angemeldet werden müssen, aber nicht rechtzeitig angemeldet worden ist, hat bis zur Verkündung der Entscheidung über den Zuschlag unter Umständen doch noch eine Möglichkeit zur Rettung seines Rechtes: Wenn die Bietstunde zB wegen einer Änderung des geringsten Gebotes oder der Versteigerungsbedingungen wiederholt werden muß, können auch Anmeldungen rangwahrend vor Beginn der neuen Bietstunde nachgeholt werden.[85] Auch wenn es überhaupt zu einem ganz neuen Versteigerungstermin kommt, können Anmeldungen rangwahrend „nachgeholt" werden.

TH 3.5.4.: Die Regelung, daß ein Verstoß gegen § 43 I unheilbar ist und zwingend zur Aufhebung des Termins oder zur Versagung des Zuschlags führen muß, verstärkt indirekt die Position des bestrangig betreibenden Gläubigers und erhöht damit die Attraktivität der Ablösung. Hauptsächlich ist es doch § 43 I, der es verhindert, daß nach einer nach der Bietstunde bewilligten Einstellung nicht gleich wieder mit einer neuen Bietstunde begonnen werden kann, selbst wenn alle anderen Beteiligten und das Gericht dies gerne haben würden. Nur mit dem Vorwurf der Sittenwidrigkeit oder der unzulässigen Rechtsausübung könnte dem bestrangig betreibenden Gläubiger die einstweilige Einstellung verboten werden, und das wird in der Praxis kaum vorkommen!

TH 3.5.5.: Bei einem Verstoß gegen die Terminsladungsfrist der §§ 41 I, 43 II und einem trotzdem durchgeführten Termin kann es vorkommen, daß die Erwartung in eine Nichtbeeinträchtigung des Betroffenen (und damit in eine Heilung nach § 84) nicht erfüllt werden, weil der Betroffene doch mit seinem Recht ganz oder teilweise ausfällt.

In solchen Situationen sollte niemals sofort der Zuschlag versagt werden, weil es meist irgend jemanden gibt, der ein Interesse am Zuschlag hat (zum Beispiel der Meistbietende oder auch ein Gläubiger). Diese Personen sollten dann versuchen, doch noch eine Genehmigung des Betroffenen herbeizuführen, notfalls gegen gewisse Zugeständnisse außerhalb der Versteigerung. Die

---

[84] Vgl unten C. 5.
[85] Vgl Storz ZiP 1982, 416; **str. aA:** Stöber ZiP 1981, 944.

Erfolgschancen sind nicht schlecht, zumal der Betroffene sich ausrechnen kann, daß beim nächsten Termin, wenn es ihm gegenüber keinen Zustellungsfehler mehr gibt, auch kein besseres Ergebnis zu erwarten ist, und daß er dann sogar noch mehr gefährdet ist, weil zwischenzeitlich weitere Zinsen und Kosten entstehen.

TH 3.5.6.: Auf die Notwendigkeit, die Mitteilung nach § 41 II sehr sorgfältig zu lesen, ist schon mehrfach hingewiesen worden.[86] Die Mitteilung ist deshalb so wichtig, weil sie Aufschluß gibt über die eigene Rangstelle, über die Person des bestrangig betreibenden Gläubigers und über die Höhe des Anspruchs, aus dem bestrangig betrieben wird (wichtig für eine eventuelle Ablösung). Auch der Hinweis sei noch einmal wiederholt, daß in aller Regel die betreibenden Gläubiger nicht in der Reihenfolge ihrer Rangstellen aufgeführt sind und daß der bestrangig betreibende Gläubiger nicht als solcher besonders gekennzeichnet ist, so daß man schon aufpassen muß, und zwar vor jedem neuen Termin neu aufpassen, weil sich gerade auch am bestrangig betriebenen Verfahren etwas geändert haben kann.

TH 3.5.7.: Nach einem früheren Vorschlag von Zeller[87] kann sich das Gericht seine Arbeit dadurch erleichtern und auch Kosten sparen, daß es der Terminsladung (§§ 41 I, 43 II) die Mitteilung gemäß § 41 II schon beilegt und dabei darauf hinweist, daß im Falle von Veränderungen bis zur vierten Woche vor dem Termin eine besondere Mitteilung erfolgen wird. Dieses Verfahren ist aber sehr problematisch, und ein sorgfältiger Beteiligter, dem es zum Beispiel auf eine möglichst frühzeitige aber verbindliche Kenntnis vom bestrangig betreibenden Gläubiger ankommt, wird sich dann unbedingt beim Gericht formlos vergewissern müssen, daß tatsächlich keine Änderungen eingetreten sind.

Besser wäre es deshalb m. E., wenn die Terminsladung schon früher, zum Beispiel zusammen mit der Bekanntmachung nach § 39 I und die Mitteilung nach § 41 II dann wie im Gesetz vorgesehen erfolgen würde. Dadurch entsteht kaum mehr Arbeit, und auch der Kostenaufwand ist nur unwesentlich höher, weil die Mitteilung nach § 41 II formlos verschickt wird.

TH 3.5.8.: Die Verfahrensbeteiligten, die an einem möglichst hohen Versteigerungserlös interessiert sind (also neben dem Schuldner vor allem die Gläubiger) müssen sich darüber im klaren sein, daß von den amtlichen Veröffentlichungen nahezu keine Werbewirksamkeit ausgehen kann. Diese richten sich ja auch stark an die Inhaber entgegenstehender Rechte. Inzwischen gibt es zwar einige Unternehmen, die einen bestimmten Kundenkreis zB über sog „Versteigerungskalender" auf Versteigerungen aufmerksam machen; aber diese Kreise interessieren sich meist nicht für bestimmte Objekte an bestimmten Orten, sondern sie interessieren sich für Objekte, die man (egal wo) billig erwerben kann. Das ist zwar nicht unbedingt schädlich, weil auch das „Interessenten" sind; aber wenn die Verfahrensbeteiligten wirkliche Interessenten für ihr konkretes Versteigerungsobjekt gewinnen wollen, müssen sie selbst

---

[86] Vgl zum Beispiel **TH** B. 6.5.1.; vgl auch das Beispiel im Anhang **AT** Nr. 16, 17.

[87] 11. Auflage § 41 Anm 2 (1); seit der 13. Auflage § 41 Anm 3.6. wird dieses Verfahren **dagegen** von Stöber nicht mehr für zulässig gehalten.

werbewirksame Maßnahmen ergreifen. Was werbewirksam ist, zeigt leicht ein Vergleich zwischen der gerichtlichen Veröffentlichung und der Werbeanzeige eines Immobilienmaklers. Neben der grafischen Gestaltung kommt es vor allem darauf an, daß diejenigen Angaben enthalten sind, die ein Kaufinteressent benötigt (zB Zahl der Zimmer/Wohnungen, wie viele Wohnungen in dieser Gebäudeeinheit, welche Wohnfläche, Baujahr, Verkehrsanbindung, Ruhe vor Verkehrslärm, Erhaltungszustand, Aussichtslage usw).

TH 3.5.9.: In Baden-Württemberg ist es üblich, die Versteigerung möglichst in der Nähe durchzuführen (ein zB in Warmbronn [abseits gelegener Teilort von Leonberg] liegendes Grundstück wird im Rathaus von Warmbronn versteigert und nicht im Amtsgericht Leonberg, erst recht nicht im Amtsgericht Stuttgart, das die Versteigerung durchführt). Diese Ortsnähe hat sehr viele Vorteile, vor allem weil „Schaulustige" anwesend sind, die durch aktive Gläubiger uU noch zum Mitbieten ermuntert werden können, und weil so auch noch während der Bietstunde uU Besichtigungen durchgeführt werden können.

Dieses Verfahren ist zwar für den Rechtspfleger zunächst umständlicher und zeitraubender, aber doch sehr zu empfehlen, insbes für Grundstücke von örtlicher Bedeutung und bei geringer Nachfrage von Interessenten. Das Verfahren hat sich in Baden-Württemberg sehr bewährt und ist vielleicht auch eine Ursache dafür, daß es in Baden-Württemberg nicht so viele ergebnislos verlaufende Versteigerungen bzw. Wiederversteigerungen gibt wie in anderen Bundesländern.

4. Forderungsanmeldung

4.1. Anmeldepflicht gemäß §§ 37 Nr. 4, 54, 110, 111, 114

§ 37 ZVG

Die Terminsbestimmung muß enthalten:

(1)–(3) ... (abgedruckt bei C.3.2.)

(4) die Aufforderung, Rechte, soweit sie zur Zeit der Eintragung des Versteigerungsvermerks aus dem Grundbuche nicht ersichtlich waren, spätestens im Versteigerungstermine vor der Aufforderung zur Abgabe von Geboten anzumelden und, wenn der Gläubiger widerspricht, glaubhaft zu machen, widrigenfalls die Rechte bei der Feststellung des geringsten Gebots nicht berücksichtigt und bei der Verteilung des Versteigerungserlöses dem Anspruche des Gläubigers und den übrigen Rechten nachgesetzt werden würden;

(5) ... (abgedruckt bei C.3.2.)

§ 54 ZVG

(1) Die von dem Gläubiger dem Eigentümer oder von diesem dem Gläubiger erklärte Kündigung einer Hypothek, einer Grundschuld oder einer Rentenschuld ist dem Erstcher gegenüber nur wirksam, wenn sie spätestens in dem Versteigerungstermine vor der Aufforderung zur Abgabe von Geboten erfolgt und bei dem Gericht angemeldet worden ist.

(2) Das gleiche gilt von einer aus dem Grundbuche nicht ersichtlichen Tatsache, infolge deren der Anspruch vor der Zeit geltend gemacht werden kann.

§ 110 ZVG

Rechte, die ungeachtet der im § 37 Nr. 4 bestimmten Aufforderung nicht rechtzeitig angemeldet oder glaubhaft gemacht worden sind, stehen bei der Verteilung den übrigen Rechten nach.

§ 111 ZVG

Ein betagter Anspruch gilt als fällig. Ist der Anspruch unverzinslich, so gebührt dem Berechtigten nur die Summe, welche mit Hinzurechnung der gesetzlichen Zinsen für die Zeit von der Zahlung bis zur Fälligkeit dem Betrage des Anspruchs gleichkommt; solange die Zeit der Fälligkeit ungewiß ist, gilt der Anspruch als aufschiebend bedingt.

§ 114 ZVG

(1) In den Teilungsplan sind Ansprüche, soweit ihr Betrag oder ihr Höchstbetrag zur Zeit der Eintragung des Versteigerungsvermerkes aus dem Grundbuch ersichtlich war, nach dem Inhalte des Buches, im übrigen nur dann aufzunehmen, wenn sie spätestens in dem Termin angemeldet sind. Die Ansprüche des Gläubigers gelten als angemeldet, soweit sie sich aus dem Versteigerungsantrag ergeben.

(2) Laufende Beträge wiederkehrender Leistungen, die nach dem Inhalte des Grundbuchs zu entrichten sind, brauchen nicht angemeldet zu werden.

Forderungen, die zur Zeit der Eintragung des Versteigerungsvermerks aus dem Grundbuch nicht ersichtlich waren, müssen spätestens unmittelbar vor der Bietstunde angemeldet und gegebenenfalls glaubhaft gemacht werden, weil sie andernfalls weder bei der Feststellung des geringsten Gebots (§ 45) noch an der ihnen sonst zustehenden Rangstelle bei der Erlösverteilung be rücksichtigt werden (§ 110); werden sie nicht spätestens zum Verteilungstermin angemeldet, so werden sie bei der Erlösverteilung überhaupt nicht berücksichtigt (§ 114 I 1). Ohne Anmeldung erlöschen also Rechte selbst dann (§§ 45, 52 I) wenn sie sonst bestehen bleiben würden; und sie werden aus dem Versteigerungserlös auch dann nicht befriedigt, wenn dessen Höhe eine Bedienung ihrer Rangstelle nach §§ 10 I, 11 ermöglichen würde. Dies gilt auch für die Teilungsversteigerung.[1]

Dingliche Rechte, die nicht auf Zahlung eines Kapitals gerichtet sind (zB Wohnrechte), brauchen nicht angemeldet zu werden, wenn sie zur Zeit der Eintragung des Versteigerungsvermerks im Grundbuch bereits eingetragen waren. Erlöschen derartige Rechte nach den Versteigerungsbedingungen mit dem Zuschlag, so muß der dafür gem §§ 92, 121 geltendgemachte Ersatzbetrag nicht vor dem Versteigerungstermin angemeldet werden; es reicht vielmehr die Anmeldung erst zum Verteilungstermin,[2] auch wenn dadurch die nachrangigen Gläubiger in der Versteigerung nicht mehr wissen, wieviel geboten werden muß, damit sie selbst keinen Ausfall erleiden. Es soll sogar unschädlich sein, daß der Berechtigte zum Versteigerungstermin einen geringeren Ersatzbetrag anmeldet, als er ihn dann im Verteilungstermin beansprucht.[3] Bei einem derartigen Vorgehen sind aber mE Schadensersatzansprüche von nachrangigen Gläubigern nicht ausgeschlossen, wenn sie sich auf die Bezifferung zum Versteigerungstermin und auf dessen Verbindlichkeit auch noch im Verteilungstermin verlassen durften[4] (was allerdings nicht ohne weiteres der Fall ist!).

Mit der Anmeldung macht der Gläubiger geltend, daß und in welchem Umfang sein Recht bei der Feststellung des geringsten Gebotes und bei der Verteilung des Erlöses berücksichtigt werden soll. Die Forderungsanmeldung muß deshalb Rechtsgrund und Rang der Forderung sowie den geforderten Betrag angeben.[1]

Eine bestimmte Form ist nicht vorgeschrieben. Am häufigsten und zweckmäßigsten ist die schriftliche Anmeldung; möglich ist aber auch die mündliche Anmeldung zu Protokoll im Versteigerungstermin, oder vorher zu Protokoll des Urkundsbeamten; unter Umständen kann sogar telegrafisch oder telefonisch angemeldet werden.[5] Jedenfalls ist eine Willenserklärung erforderlich; bloße Untätigkeit ist selbst dann nicht ausreichend, wenn das Gericht die Forderung aus einer Nachmitteilung des Grundbuchamtes (§ 19 III) oder aus einem Zwangsverwaltungsverfahren oder aus anderer

---

[1] Zur Forderungsanmeldung in der Teilungsversteigerung vgl Storz, Teilungsversteigerung C. 6.2.1.

[2] RG JW 1906, 122; OLG Koblenz Rpfleger 1984, 242; Jäckel-Güthe § 110 Rz 1; Schiffhauer Rpfleger 1975, 187.

[3] OLG Koblenz Rpfleger 1984, 242; Schiffhauer Rpfleger 1975, 187, 192.

[4] Vgl dazu den Lösungsvorschlag in **TH** B. 6.5.4.

[5] Vgl BGH BB 1956, 611.

4. Forderungsanmeldung **4.1 C**

Quelle her kennt. Ein Versteigerungs- oder Beitrittsantrag gilt gemäß § 114 I 2 insoweit als Anmeldung, als sich aus ihm Rechtsgrund, Rang und Betrag ergeben.

Jede Anmeldung gilt für die gesamte Dauer des Versteigerungsverfahrens, so daß im Falle mehrerer Versteigerungstermine nur einmal angemeldet werden muß, wenn auch wiederholte Anmeldungen oft zweckmäßig sind. Deshalb ist eine verspätete Anmeldung bei einer Wiederholung des Versteigerungstermins dann als rechtzeitig zu behandeln,[6] beziehungsweise es kann bei Wiederholung eines Termins eine vorher unterlassene Anmeldung noch wirksam „nachgeholt" werden.[7]

Nach den genannten Vorschriften müssen vor allem die Forderungen **angemeldet** werden, die überhaupt **nicht aus dem Grundbuch ersichtlich** sind (maßgeblicher Zeitpunkt: Eintragung des Zwangsversteigerungsvermerks):

(1) die Forderungen der Rangklassen 1–3 des § 10 I, also gewisse Ansprüche des Zwangsverwaltungsgläubigers, Litlohnansprüche sowie öffentliche Lasten; die öffentlichen Lasten gelten als glaubhaft gemacht, wenn die Anmeldung der zuständigen Behörde eine spezifierte Aufstellung enthält;[7]

(2) ein zu Unrecht gelöschtes Recht, wenn bei der Eintragung des Versteigerungsvermerks (noch) kein Widerspruch eingetragen war (§ 48);

(3) Rechte, die erst nach dem Versteigerungsvermerk eingetragen worden sind und vorher noch nicht durch eine Vormerkung gesichert waren (§ 48),

(4) ein aus dem Grundbuch nicht ersichtlicher Vorrang vor einem anderen Recht oder Anspruch.[8]

(5) dingliche Rechte, die auch ohne Grundbuch-Eintragung entstehen können (zB eine Sicherungshypothek gemäß §§ 1287 BGB, 848 ZPO).

Aber **auch zu aus dem Grundbuch ersichtlichen Rechte sind Anmeldungen nötig** (ohne Anmeldung werden nur die Hauptsumme und die laufenden wiederkehrenden Leistungen berücksichtigt: §§ 45, 114):

(1) die Kosten der Kündigung und der dinglichen Rechtsverfolgung (§§ 10 II, 12 Nr. 1); bei der Zwangssicherungshypothek gehören auch die Eintragungskosten hierzu;[9] die zum Versteigerungstermin angemeldeten Kosten können – mit der bevorzugten Rangstelle des § 10 II – bei der Erlösverteilung nicht überschritten werden, auch wenn unvorhergesehene Unkosten entstanden sind;[10]

(2) Ansprüche auf rückständige wiederkehrende Leistungen; sie brauchen allerdings gemäß § 45 II nicht glaubhaft gemacht zu werden; außerdem einmalige Nebenleistungen, deren Fälligkeit nicht aus dem Grundbuch ersichtlich ist;

---

[6] Vgl Stöber § 45 Anm 2.6.
[7] Vgl Stöber § 45 Anm 3.5 b. – Wird eine öffentliche Last (zB ein Erschließungsbeitrag nach § 134 II BauGB) nicht angemeldet und deshalb auch nicht im geringsten Gebot berücksichtigt, erlischt die Haftung des Grundstücks mit dem Zuschlag, nicht dagegen die pers. Haftung des bisherigen Grundstückseigentümers: VG Freiburg NJW-RR 1997, 1507.
[8] Böttcher §§ 44, 45, Rz 15.
[9] Vgl oben B. 8.3.3.
[10] Vgl Stöber § 45 Anm 5.2.

(3) nichteingetragene gesetzliche Zinsen (Verzugszinsen, Prozeßzinsen: §§ 1118, 1146 BGB) und Nebenleistungen (besonders die Vorfälligkeitsentschädigung);

(4) nachträglich eingetragene Rechte und Rangänderungen;[11]

(5) eine Löschungsvormerkung (§ 1179 BGB) beziehungsweise ein gesetzlicher Löschungsanspruch (§ 1179a BGB);[12] sie können aber trotz Anmeldung nur berücksichtigt werden, wenn das belastete Recht bereits gelöscht ist oder dem Gericht die Löschungsunterlagen beziehungsweise ein entsprechendes Urteil vorliegen.[12]

Abgesehen von der eigentlichen Forderungsanmeldung gibt es auch noch **andere Anmeldungen** mit recht unterschiedlichen Zielrichtungen:

(1) zur Erlangung der Beteiligten-Stellung gemäß § 9 Nr. 2;[13]

(2) zur Bekanntmachung eines Wechsels in der Person des Berechtigten (Abtretung, Ablösung, Pfändung, Verpfändung, gesetzlicher Übergang u. a.);

(3) zur Schuldübernahme, wenn der Schuldner bei einem bestehenbleibenden Recht persönlich haftet (§ 53 I);[14]

(4) zur Wirksamkeit der Kündigung eines Grundpfandrechts gegenüber dem Ersteher (§ 54 I).

In der Praxis ist es üblich, daß auch die aus dem Grundbuch ersichtlichen und insoweit nicht anmeldepflichtigen Grundpfandrechte angemeldet werden. Es entsteht dadurch kein erhöhter Arbeitsaufwand, weil auch für diese Rechte die Kosten, rückständigen Zinsen, nicht eingetragene Nebenleistungen usw angemeldet werden müssen.[15]

Unzulässige Anmeldungen werden nicht zurückgewiesen sondern eben nicht berücksichtigt. Eine Zurückweisung ist allenfalls denkbar, wenn Rechte von offensichtlich nicht am Verfahren Beteiligten angemeldet werden.[16] Aber verspätete (und damit auch unzulässige) Anmeldungen können durch einen neuen Termin noch einmal „wirksam" und zulässig werden.

4.2. Anmeldung von Grundpfandrechten

Ist die persönliche Forderung eines Gläubigers durch ein Grundpfandrecht gesichert, kann der Gläubiger wählen, ob er die Zwangsversteigerung nur aus dem Grundpfandrecht (also Rangklasse 4 des § 10 I) oder nur aus der persönlichen Forderung (also Rangklasse 5 des § 10 I) oder aus beidem betreiben will (in diesem Fall handelt es sich um zwei voneinander unabhängige Verfahren innerhalb des Gesamtverfahrens).

Geht der Gläubiger aus dem Grundpfandrecht vor (und das ist in der Praxis meist so), dann wird für die Forderungsanmeldung ausschließlich das dingliche Recht herangezogen, während der persönliche Anspruch im Hintergrund bleibt. Bei einer Hypothek fällt dies wegen der Akzessiosität nicht

---

[11] Vgl Stöber § 45 Anm 3.5. c.
[12] Vgl Stöber § 45 Anm 6.
[13] Vgl oben B. 1.3. und B. 1.4.
[14] Vgl **TH** B. 4.4.4.4.
[15] Vgl **TH** C. 4.4.1.: und das Beispiel im Anhang **AT** Nr. 19 und 26.
[16] So Mohrbutter-Drischler Muster 60 Anm 1.

besonders ins Gewicht. Dagegen bedarf es bei der Grundschuld vor allem dann einer besonderen Erwähnung, wenn der Gläubiger aus der Grundschuld einen höheren Betrag beanspruchen könnte, als er ihn zur Tilgung des gesicherten persönlichen Anspruchs benötigen würde.

Trotz der gesetzlichen Regelung, wonach die Grundschuld forderungsunabhängig ist (§§ 1191, 1192 BGB), hat die Grundschuld als Kreditsicherungsmittel längst die Hypothek verdrängt. In aller Regel dienen heute Grundschulden der Sicherung von Forderungen. Man spricht daher von Sicherungsgrundschulden.[17] Die Rechtsprechung hat daraus die Konsequenzen gezogen und gesteht dem Eigentümer einen Anspruch auf Rückgewähr der Grundschuld zu, wenn und soweit die Grundschuld nicht mehr zur Sicherung der Forderung benötigt wird. Diese Rückgewähransprüche können abgetreten werden (wenn die Abtretung nicht ausdrücklich ausgeschlossen worden ist) und dienen deshalb heute auch immer häufiger als zusätzliches Sicherungsmittel für nachrangige Grundpfandgläubiger (die Rückgewähransprüche erhalten dann eine ähnliche Funktion wie die Löschungsvormerkung beziehungsweise die Löschungsansprüche bei Hypotheken) oder für andere Gläubiger.[18]

Wenn also die Grundschuld nicht mehr voll „valutiert" ist (also nicht mehr in voller Höhe zur Sicherung der persönlichen Forderung benötigt wird, so daß Rückgewähransprüche entstanden sind), entsteht für den Gläubiger das Problem, ob er seine Grundschuld zum Versteigerungs- und zum Verteilungstermin voll anmelden (hierzu ist der Gläubiger auf alle Fälle berechtigt;[19] er muß dann den Übererlös an den Berechtigten weitergeben) oder ob er die Anmeldung auf den Betrag beschränken soll, den er zur Befriedigung der persönlichen Forderung benötigt („Minderanmeldung"). Grundsätzlich ist der Gläubiger dem Eigentümer gegenüber dazu verpflichtet, die Grundschuld in voller Höhe geltend zu machen und den Übererlös an den Eigentümer beziehungsweise den Zessionar der Rückgewähransprüche auszuzahlen. In der Praxis wird diese Verpflichtung aber meist ausdrücklich ausgeschlossen (ebenso wie die Abtretbarkeit der Rückgewähransprüche), weil sonst für den Gläubiger erhebliche Probleme entstehen können.

In diesem Fall kann der Gläubiger entweder den nicht benötigten Grundschuldteil formell zurückgewähren durch Abtretung, Verzicht oder Aufhebung, oder er kann seine Anmeldung beschränken. In beiden Fällen erhält der Gläubiger dann nur den geringeren Betrag vom Gericht. Im ersten Fall hat er aber endgültig auf den entsprechenden Teil der Grundschuld verfügt, während die Minderanmeldung als Prozeßhandlung nur für das konkrete Verfahren von Bedeutung ist, in dem sie erklärt wurde, so daß sowohl die persönliche Forderung als auch das dingliche Recht unberührt von ihr bestehen bleiben.[20]

---

[17] Ausführlich zur Sicherungsgrundschuld vgl Stöber Anm 441–449; Storz ZIP 1980, 507 und auch unten E. 5.2.(4) und oben C. 1.1.1.

[18] Vgl **TH** C.4.4.5.; **TH** E.5.7.6.; **TH** E.5.7.7.

[19] Vgl BGH ZIP 1981, 488; Storz ZIP 1980, 506; Stöber ZIP 1980, 976; Steiner-Storz 66 Rz 54 **gegen** OLG München ZIP 1980, 974; Vollkommer NJW 1980, 1052.

[20] Riedel JurBüro 1974, 689; Stöber § 45 Anm 7.4.

Durch Minderanmeldung wird also ein sonst uU von Amts wegen zu berücksichtigender Anspruch zur Aufnahme in das geringste Gebot und später in den Teilungsplan begrenzt, was zu einem Rangverlust gem § 110 führt, wenn der höhere Anspruch gem § 114 zur Verteilung doch wieder geltend gemacht wird.[21] Wenn aber ein neuer Versteigerungstermin durchgeführt und rechtzeitig vor der neuen Bietstunde der Anspruch voll angemeldet wird, kann der Gläubiger seinen vollen Anspruch ohne Rangverlust wieder geltend machen.

Aus diesen Besonderheiten der Sicherungsgrundschuld hat sich die Praxis herausgebildet, daß zum Versteigerungstermin noch die ganze Grundschuld einschließlich aller laufender und rückständiger Zinsen und Kosten angemeldet wird,[22] während die Berechnung zum Verteilungstermin[23] (dort wo es nach der schuldrechtlichen Sicherungsabrede oder nach der dinglichen Vereinbarung zur Grundschuldbestellung zulässig ist) auf den zur Rückführung der persönlichen Forderung erforderlichen Teil beschränkt wird.[24] Allerdings ist diese einfache Minderanmeldung nur bezüglich der dinglichen Zinsen möglich, nicht auch bezüglich der Grundschuld-Hauptsumme. Hier gilt vielmehr folgendes: Verzichtet der Gläubiger mit entsprechender Grundbucheintragung schon vor dem Versteigerungstermin auf einen Teil seiner mit dem Zuschlag erlöschenden Grundschuld, dann erwerben die nachrangigen Grundschuldgläubiger den gesetzlichen Löschungsanspruch des § 1179 a BGB, der nach § 91 IV bestehen bleibt, so daß sie bei der Erlösverteilung „aufrücken". Erfolgt der Verzicht dagegen erst im Verteilungsverfahren, dann kommt er dem bisherigen Grundstückseigentümer zugute, sodaß die nachrangigen Grundschuldgläubiger der entsprechenden Erlöszuteilung nicht einmal widersprechen können,[25] wenn sie nur auf den gesetzlichen Löschungsanspruch aus § 1179 a BGB angewiesen sind, was zum Beispiel bei Zwangshypotheken regelmäßig der Fall ist. Nachrangige Grundpfandgläubiger sind besser geschützt, wenn sie sich (auch) die Rückgewährsansprüche aus den vorrangigen Grundschulden sichern.[25a]

In der eigentlichen Forderungsanmeldung zum Versteigerungstermin werden die Kosten, die laufenden und die für zwei Jahre rückständigen Zinsen (unter Umständen auch die noch älteren Zinsrückstände)[26] sowie die Hauptsumme geltend gemacht. Dabei richtet sich der Zinsbeginn nach dem Beschlagnahmezeitpunkt;[27] gemäß § 47 S. 1 werden bei der Feststellung des geringsten Gebots Zinsen nur bis zum Ablauf von zwei Wochen nach dem Versteigerungstermin berücksichtigt. Deshalb werden in der Praxis bei der Forderungsanmeldung (wenn überhaupt) dann die Zinsen auch immer bis 14 Tage nach dem Versteigerungstermin berechnet,[28] woraus allerdings nicht

---

[21] OLG Oldenburg NdsRpfl 1988, 8; LG Oldenburg Rpfleger 1980, 485 (Anm Caube); **str. aA:** Warias RpflStud 1980, 78.
[22] Vgl das Beispiel im Anhang **AT** Nr. 19.
[23] Vgl das Beispiel im Anhang **AT** Nr. 26.
[24] Vgl **TH** C. 4.4.4.
[25] BGH ZiP 2004, 1724. – **Sehr kritisch dazu allerdings** Clemente EWiR 2004, 1022; Alff Rpfleger 2006, 486; Dümig ZflR 2004, 1031.
[25a] Vgl **TH** 4.4.9.
[26] Vgl **TH** C. 4.4.3.
[27] Vgl oben B. 5.4.
[28] Vgl **TH** C. 4.4.4.

geschlossen werden darf, daß der Gläubiger seine Anmeldung insoweit beschränkt; es sind immer auch die noch später bis zum Verteilungstermin fällig werdenden Beträge ebenfalls gemeint.

Bei der Berechnung der Ansprüche zum Verteilungstermin (vgl § 106) ist der Endtermin für die Zinsen dann ein Tag vor dem Verteilungstermin.[29]

4.3. Anmeldung anderer Forderungen

Einfacher als die Anmeldung von Rechten der 4. Rangklasse des § 10 I ist die Anmeldung der Ansprüche der Rangklassen 1–3, 5 und 7 des § 10 I. Besonders bei den öffentlichen Lasten besteht die Anmeldung zwar meist aus zahlreichen kleinen Einzelpositionen,[30] und es müssen für die einzelnen Anspruchsarten oft auch unterschiedliche Fälligkeitsregelungen beachtet werden. Andererseits stehen die einzelnen Beträge meist von vornherein fest und müssen nicht erst wie bei Grundschulden und Hypotheken ermittelt werden; außerdem gibt es hier nicht die Doppelgleisigkeit dingliche/persönliche Ansprüche.

Bei der Anmeldung muß auch bei öffentlichen Lasten darauf geachtet werden, daß sehr unterschiedliche Rangklassen des § 10 I betroffen sein können:[31] die „normalen öffentlichen Lasten" gehören in die 3. Rangklasse, die älteren rechtzeitig angemeldeten Rückstände in die 7. Rangklasse, außer wenn aus ihnen die Versteigerung betrieben wird (dann 5. Rangklasse),[32] und wenn die Anmeldung verspätet kommt, dann werden die Ansprüche erst nach allen Rechten bedient.[33]

Die Anmeldung von Forderungen der 5. Rangklasse des § 10 I ist nicht erforderlich, weil gemäß § 114 I 2 die Ansprüche eines betreibenden Gläubigers als angemeldet gelten, soweit sie sich aus dem Versteigerungs- oder Beitrittsantrag ergeben.[34]

4.4. Taktische Hinweise

TH 4.4.1.: Dingliche Gläubiger (insbesondere Kreditinstitute) sollten grundsätzlich zum Versteigerungstermin schriftlich anmelden, außer wenn alle ihre Rechte im geringsten Gebot bestehenbleiben und die Gläubiger nicht auf rückständige Zinsen angewiesen sind. Diese Empfehlung gilt auch dann, wenn die Gläubiger mit einer Zuteilung auf Hauptsumme und laufende Zinsen zufrieden sind, so daß keine Anmeldepflicht nach §§ 37 Nr. 4, 45, 114 besteht. Aber es handelt sich um ein Gebot der Höflichkeit gegenüber dem Rechtspfleger, der sich seinerseits einer genauen Berechnung der Ansprüche nicht entziehen kann.

---

[29] Vgl **TH** C. 4.4.5.

[30] Vgl **TH** C. 4.4.7.

[31] Vgl dazu oben D. 4.4.2.

[32] Im übrigen ist es meist nicht sinnvoll, aus Rangklasse 3 die Versteigerung zu betreiben, vgl dazu **TH** B. 4.4.4.7. und **TH** C. 1.4.4.2.

[33] Zur Anmeldung öffentlicher Lasten vgl auch **TH** C. 4.4.6.

[34] Sie ist aber ratsam, insbesondere bei lange laufenden Verfahren, auch wegen der zu berücksichtigenden Kosten.

Stellt sich eine schriftliche Anmeldung als fehlerhaft oder unvollständig heraus, dann sollte nach einer formlosen telefonischen Vorabunterrichtung des Rechtspflegers die Berichtigung im Versteigerungstermin zu Protokoll erfolgen.

TH 4.4.2.: Wenn schon angemeldet wird, dann sollte das sorgfältig gemacht werden, denn der Rechtspfleger hat mit einer schlechten Anmeldung unter Umständen mehr Arbeit, als wenn gar keine käme!

Beim Aufbau einer Anmeldung ist eine Orientierung an § 12 (zuerst Kosten, dann wiederkehrende Leistungen und andere Nebenleistungen, zuletzt der Hauptanspruch) weder vorgeschrieben noch meist üblich (allerdings gibt es wohl regionale Unterschiede) und wohl auch weniger übersichtlich, als eine Anmeldung in umgekehrter Reihenfolge.

Stehen dem Gläubiger mehrere Rechte zur Verfügung, dann sollte er die Kosten der dinglichen Rechtsverfolgung konkret einzelnen Rechten zuordnen, was besonders beim Vorhandensein von fremden Zwischenrechten wichtig sein kann.

Wenn die Anmeldung ins einzelne geht, dann sollte sie möglichst auch vollständig sein, weil sonst unter Umständen auf einen Teilverzicht geschlossen werden könnte. Diese Folgerung ist beim Gericht zwar unwahrscheinlich, weil die Rechtsprechung und Literatur eine derartige Auslegung ablehnt; aber möglicherweise fassen andere Beteiligte, die ja gemäß § 42 I die Anmeldungen einsehen können, die Anmeldungsbeschränkung so auf und erleiden dadurch Nachteile.

TH 4.4.3.: Eine sorgfältige Anmeldung gliedert die wiederkehrenden Leistungen in laufende und zwei-Jahre-rückständige, und in noch ältere Rückstände[35] auf (falls die persönliche Forderung eine solch umfangreiche dingliche Anmeldung erfordert); außerdem sollten die Zeiträume für diese Gruppen möglichst genau fixiert werden.

Außer eventuellen Löschungsvormerkungen oder -ansprüchen sollten auch eventuell abgetretene Rückgewähransprüche zu anderen Grundschulden angemeldet werden; diese können zwar vom Gericht meist nicht unmittelbar beachtet werden, vor allem dann nicht, wenn die Gläubiger der betreffenden Grundschulden diese selbst voll anmelden; aber immerhin kann eine derartige Anmeldung im Falle einer Hinterlegung mit berücksichtigt werden.

Vorsorglich sollten auch Kosten für die Wahrnehmung des Verteilungstermins selbst dann angemeldet werden, wenn eine Wahrnehmung des Termins noch gar nicht beabsichtigt ist.[36] Aber wenn sich die Notwendigkeit dafür erst später herausstellt, können nicht angemeldete Kosten nicht mehr geltend gemacht werden. Aus dem gleichen Grund empfiehlt sich bei der Anmeldung für die Kosten ein (höherer) Pauschalbetrag, der dann zum Verteilungstermin aufgegliedert werden muß.

TH 4.4.4.: Die Reduzierung der dinglichen Forderung zum Verteilungstermin ist immer zu empfehlen, wenn sie überhaupt zulässig und wegen einer geringeren persönlichen Forderung auch möglich ist. Dagegen ist es zwar

---

[35] Vgl **TH** B. 4.4.4.8.
[36] Vgl **TH** B. 4.4.4.5.

zulässig aber praktisch problematisch, eine zum Versteigerungstermin reduzierte Forderung zum Verteilungstermin im Rahmen der §§ 37 Nr. 4, 45, 114 wieder auszudehnen, wenn sich die persönliche Forderung – zum Beispiel nach Aufdeckung eines Berechnungsfehlers – inzwischen erhöht hat: immerhin haben sich die nachrangigen Gläubiger auf den geringsten Wert verlassen (wenn sie daraus auch abgesehen vom Fall des § 826 BGB keine Rechte herleiten können).

Wenn die Höhe der persönlichen Forderung eine Reduzierung der dinglichen Forderung zum Verteilungstermin zuläßt, dann können zwar trotzdem beim dinglichen Recht die Zinsen nur bis 1 Tag vor dem Verteilungstermin berechnet werden; niemand kann aber den Gläubiger daran hindern, bei der Reduzierung der dinglichen Ansprüche davon auszugehen, daß der Versteigerungserlös zw Befriedigung der persönlichen Forderung idR frühestens 14 Tage nach dem Verteilungstermin beim Gläubiger eingeht.

TH 4.4.5.: Alle Beteiligten müssen sich darüber im klaren sein, daß die Anmeldungen zum Versteigerungstermin wenig darüber aussagen, welche konkreten Forderungen von den einzelnen Gläubigern tatsächlich geltend gemacht werden. Denn üblicherweise wird das volle Recht angemeldet, auch wenn es nicht mehr voll valutiert ist. Der Schuldner könnte hier natürlich helfen, aber in der Praxis nützt diese Erkenntnis deshalb nicht viel, weil der Schuldner meist nicht kooperativ oder nicht zuverlässig ist.

Ein Blick ein paar Tage vor dem Termin in die Anmeldungen (vgl § 42 I) gibt aber bei Hypotheken doch einige Anhaltspunkte und bei Grundschulden wenigstens einen Hinweis auf die jeweils zuständigen Bearbeiter, die man dann erforderlichenfalls persönlich ansprechen kann (so bekommt man eher eine Auskunft über die Valutierung als bei einer formellen schriftlichen Anfrage).

TH 4.4.6.: Bei öffentlichen Lasten sollte die Behörde zur konkreten Berechnung bis 14 Tage nach dem Versteigerungstermin noch zusätzlich durch einen allgemeinen Satz darauf hinweisen, daß auch die bis zum tatsächlichen Zuschlagstermin noch weiter anfallenden öffentlichen Lasten angemeldet werden, sonst besteht die Gefahr, daß doch einmal ein Gericht feststellt, die öffentlichen Lasten wären über den konkret angegebenen Berechnungstag hinaus nicht angemeldet.[36]

TH 4.4.7.: Die dinglichen und persönlichen Gläubiger sollten größere öffentliche Lasten nicht einfach hinnehmen, insbesondere nicht hohe Erschließungskosten. Die Praxis hat doch schon gezeigt, daß Gemeinden gerne mangels Partner hier recht schnell und „großzügig" mit der Anmeldung antreten.[37]

TH 4.4.8.: Bei der Abtretung von Rückgewähransprüchen sollte darauf geachtet werden, daß ausdrücklich auch ein evtl Übererlös in der Zwangsversteigerung abgetreten und außerdem das Recht eingeräumt wird, bei dem Grundschuld-Gläubiger die Valutierung seiner Grundschuld abzufragen; außerdem sollte der Grundschuld-Gläubiger insoweit von der Pflicht zur Wahrung des Bankgeheimnisses befreit werden. Auf diese Weise kann sich we

---

[37] Vgl **TH** B. 4.4.4.6.

nigstens ein Gläubiger von Rückgewähransprüchen die Klärung der Valutierung sehr erleichtern bzw seine Erfolgsaussichten verbessern.[38]

TH 4.4.9.: Da der gesetzliche Löschungsanspruch aus § 1179a BGB die
nachrangigen Grundpfandgläubiger nur unzureichend schützt und überdies
seinerseits nicht insolvenzfest ist,[39] sollten/können die Nachranggläubiger auf
die Rückgewährsansprüche aus den vorrangigen Grundschulden zugreifen.
Dies kann entweder durch Abtretung, Offenlegung, Gegenbestätigung oder
durch Pfändung geschehen (wenn zB der Eigentümer nicht freiwillig abtritt,
oder der Grundschuldgläubiger die Abtretbarkeit ausgeschlossen hat). Wenn
der Nachranggläubiger noch sicherer gehen will, läßt er sich eine „Rückge-
währsvormerkung" eintragen.[40]

---

[38] Vgl auch **TH** E. 5.7.5., **TH** E. 5.7.6., **TH** E. 5.7.7.
[39] BGH Rpfleger 2006, 486 (**kritische** Anmerkung Alff).
[40] Formulierungsvorschlag von Hintzen/Böhringer Rpfleger 2006, 661.

Thesen-Seite 23: Forderungsanmeldung

Beschlagnahme 28. 12. 1997; **Versteigerungstermin** 16. 6. 1998

Persönliche Forderung:

1. Forderung, Hauptsumme
                        EURO 50 000,–
10% Zinsen vom
16. 6. 97 – 15. 6. 98   EURO   5 000,–
Persönliche Kosten   EURO   500,–

2. Forderung, Hauptsumme
                        EURO 10 000,–
12% Zinsen vom
16. 12. 97 – 15. 6. 98 EURO   600,–

3. Forderung   EURO   900,–

                        EURO 67 000,–

Dingliches Recht:

Grundschuldhauptanspruch

                        EURO 50 000,–
12% **laufende** Zinsen vom
1. 1. 96 – 30. 6. 98   EURO 15 000,–
12% **rückständige** Zinsen vom
1. 1. 94 – 30. 12. 95   EURO 12 000,–
12% alte nicht verjährte Zs.
2. 1. 93 – 31. 12. 93
(Rangklasse 8)   EURO   6 000,–
Rechtsverfolgungskosten
dinglich   700,–

                        EURO 83 700,–

davon in Rangklasse 4:   EURO 77 700,–

Thesen-Seite 24: Verteilungsalternativen als Folge einer nicht (mehr) voll valutierten Sicherungsgrundschuld

Grundstückswert EURO 150 000,– Meistgebot: EURO 123 000,–

Verfahrenskosten, öff. Lasten	5 300,–
Grundschuld A (valutiert: 67 000,–)*	77 700,–
Grundschuld B (voll valutiert)	50 000,–
Grundschuld C	40 000,–
Keinerlei Ausfall bei	173 000,–

*) Rückgewährsansprüche aus GS A an C abgetreten

Alternative 1: A meldet voll an und gibt Übererlös an C:
A: 67 000,–   B: 40 000,–   **C: 10 700,–**

Alternative 2: A tritt gem §§ 398, 1154 BGB freien Zinsanspruch an C ab. Beide Erklärungen und Vereinbarung eines Besitzmittlungsverhältnisses werden nachgewiesen:
A: 67 000,–   **C: 10 700,–**   B: 40 000,–

Alternative 3: A verzichtet gem §§ 1168, 1192 I BGB auf Zinsreste:
A: 67 000,–   E: 0 (wg. § 1178 I)   **B: 50 000,–**   C: 700,–

Alternative 4: A gibt Zinsanspruch gem §§ 875, 1183, 1192 BGB auf und E stimmt zu (sonst wirkungslos!):
A: 67 000,–   **B: 50 000,–**   C: 700,–

Unterschied zwischen 3. und 4. Alternative, wenn auch Hauptsumme betroffen ist:

Bei 3. Alternative bekommt E entspr. Zuteilung;

bei 4. Alternative rücken Nachrangige immer auf.

5. Anbindung von Interessenten

5.1. Taktische Hinweise zur Interessentensuche

TH 5.1.1.: Die Notwendigkeit für den Gläubiger, auch selbst aktiv nach Interessenten für das zu versteigernde Grundstück zu suchen, hat sich gerade in den vergangenen Jahren sehr deutlich gezeigt, in einer Zeit also, in der die Zahl der Zwangsversteigerungsverfahren stark gestiegen, gleichzeitig aber die Nachfrage nach (insbesondere mit Wohnblocks, Bürohäusern, Sanatorien oder Fabriken bebauten) Grundstücken ebenso stark gesunken ist. Dadurch ist es zu ganz erheblichen Ausfällen auch bei solchen Gläubigern gekommen, die sich ursprünglich gut gesichert gefühlt haben.

Gegen solche starken und plötzlichen Veränderungen der Konjunktur und des Marktes sind natürlich alle Beteiligten weitgehend machtlos; trotzdem hat sich gerade auch in dieser Zeit gezeigt, daß die phantasievollen und aktiven und kaufmännisch eingestellten Gläubiger weit geringere Ausfälle hinnehmen mußten als die bürokratisch verwaltenden Gläubiger.

TH 5.1.2.: Die Notwendigkeit zu eigenen Aktivitäten der Gläubiger ergibt sich aus der Erfahrung, daß die vom Gericht aus veranlaßten Bekanntmachungen, sonstigen Veröffentlichungen und Mitteilungen oft nicht ausreichen, um genügend Interessenten beizubringen. Bei Ein- oder Zweifamilienhäusern und bei kleineren vielseitig nutzbaren Objekten können die offiziellen Maßnahmen zwar ausreichen; ähnliches gilt unter Umständen bei Objekten, deren Schicksal und Versteigerung aus anderen Gründen bekannt ist. Aber in den meisten anderen Fällen, insbesondere bei gewerblichen Objekten in strukturschwachen Gebieten, sind flankierende Maßnahmen der Gläubiger außerordentlich wichtig.

Dabei können Gläubiger, die entweder das Verfahren bestrangig betreiben oder doch wenigstens innerhalb der $^7/_{10}$-Grenze abgesichert und mit einem Meistgebot in Höhe der $^7/_{10}$-Grenze zufrieden sind, den ersten Termin als „Markttest" benutzen, also mit eigenen Maßnahmen erst beginnen, wenn der erste Termin nicht wunschgemäß verlaufen ist. Andere Gläubiger dürfen aber nicht unvorbereitet in den Termin gehen, auch wenn sie bei einem für sie ungünstigen Ausgang des Termins eine (falsche und allenfalls nicht nachvollziehbare, bürokratische) „Ausrede" haben, die Zwangsversteigerung „sei eben so gelaufen. ..."

TH 5.1.3.: Wichtigste Voraussetzung für eigene Maßnahmen gleich welcher Art ist eine genaue Kenntnis des Objekts, die nur durch Augenschein und nicht durch Aktenstudium, erworben werden kann (wenn der Besichtigungsaufwand nicht in einem falschen Verhältnis zum Ausfallrisiko steht). Die Besichtigung muß sich auf die Gesichtspunkte konzentrieren, die auch für einen eventuellen Interessenten wichtig sind. Vor allen anderen Fragen muß daher geklärt werden, für welchen Interessentenkreis das Objekt wegen seiner Bebauung, Größe, Ausstattung, Nutzung, Lage und Verkehrsanbindung besonders gut geeignet ist. Bei gewerblichen Objekten kann auch die Hallenhöhe, Bodentragfähigkeit und die Nutzung der Umgebung von großer Bedeutung sein. Der Besichtigungserfolg kann dann noch wesentlich verbessert werden, wenn der Schuldner teilnimmt. Es erleichtert auch die weitere Kooperation: der Schuldner kann viele technische Fragen spontan beantworten, die sonst mühsam erarbeitet werden müßten; er kann schließlich Auskunft geben über eigene Kontakte mit eventuellen Kauf- oder Mietinteressenten. Je nach Größe des Objekts empfiehlt sich unter Umständen die Zusammenstellung eines mehr oder weniger umfangreichen Exposés, an Hand dessen ortsunkundige Interessenten vorab informiert werden können; auch einige Fotografien erleichtern spätere Verkaufsgespräche.

TH 5.1.4.: Bei großen unbebauten aber für eine Bebauung vorgesehenen Grundstücken oder bei „steckengebliebenen" Großbauten kann eine Umplanung oder Neuplanung außerordentlich nützlich sein. Zum einen können durch diese unverbindlichen Planungsüberlegungen auch baurechtliche und bautechnische Fragen mit den zuständigen Behörden vorab geklärt werden (aus der Zusammenarbeit mit diesen Behörden ergeben sich unter Umständen sogar Kontakte mit weiteren Interessenten). Genauso wichtig ist aber, daß der Gläubiger an Hand von konkreten Planungsvorstellungen den Kaufinteressenten nicht nur plastisch vor Augen führen kann, was alles aus dem Grundstück zu machen ist, sondern daß er darüber hinaus mit konkreten Zahlen zum Bauvolumen, erreichbarer Nutzfläche, eventuellen Abbruchkosten u. a. aufwerten kann.

Diese Planungsvorarbeiten muß der Gläubiger zunächst selbst bezahlen. Aber abgesehen davon, daß die Praxis bewiesen hat, daß sich diese Aufwendungen – die zudem gar nicht besonders hoch sein müssen – immer lohnen, können die Kosten entweder durch eine Absprache mit dem Rechtspfleger als notwendige Kosten der dinglichen Rechtsverfolgung gemäß § 10 II anerkannt oder gegebenenfalls über eine Zwangsverwaltung nach § 10 I Nr. 1 geltend gemacht werden.

Im übrigen wird der Gläubiger derart große Anstrengungen ohnehin nur machen, wenn er einen erheblichen Ausfall befürchten muß; und dann lohnen sich diese Aufwendungen allemal, auch wenn sie dem Gläubiger letzten Endes gar nicht erstattet werden sollten.

TH 5.1.5.: Ansatzpunkte für die Suche nach Interessenten könnten unter anderem sein (ohne Anspruch auf annähernde Vollständigkeit; jeder Einzelfall kann andere und neue Ansatzpunkte aufzeigen, man braucht lediglich Phantasie):

(1) Am besten ist immer eine gute Zusammenarbeit mit dem Schuldner, deshalb sollte sich der Gläubiger sehr um eine faire Zusammenarbeit mit ihm bemühen; sie ist sehr viel häufiger möglich als in der Praxis angenommen und gehandhabt wird.

(2) Sowohl bei Wohnobjekten vor allem aber bei gewerblichen Objekten sind die Inhaber oder Mieter/Pächter von vergleichbaren Nachbarobjekten meist sehr nützliche Gesprächspartner; der Gläubiger darf keinesfalls davon ausgehen, daß sich diese Partner angesichts ihrer Kenntnisse von Objekt und Situation von sich aus melden würden, wenn sie interessiert wären; es ist immer wieder festzustellen, daß deren Interesse oft erst geweckt werden muß aber auch relativ leicht geweckt werden kann.

(3) Auch eine Rückfrage beim Rechtspfleger, vor allem etwa eine bis zwei Wochen nach den Bekanntmachungen ist meist nützlich; auf amtliche Veröffentlichungen melden sich vor allem ortsfremde Interessenten meist zunächst beim Rechtspfleger, so daß dieser den besten Überblick über die Nachfrage hat. Der Rechtspfleger wird die Interessenten in der Regel weiterverweisen und zwar entweder an denjenigen, den er für den Hauptgläubiger hält (der hat aber unter Umständen gar kein Interesse an einem Kontakt, weil er sich absolut gesichert fühlt, oder weil er schon einen anderen Interessenten hat, oder weil er aus bürokratischen Gründen den Arbeitsmehraufwand fürchtet oder aus irgendeinem anderen Grund) oder an einen Gläubiger, von dem der Rechtspfleger weiß, daß er den Kontakt mit Interessenten sucht; schon aus diesem Grund ist also eine Rücksprache bei dem Rechtspfleger ratsam.

Bei dieser Gelegenheit kann der Rechtspfleger unter Umständen auch einen Hinweis geben, wenn bei der Zwangsversteigerung eines ähnlichen Objektes ein Interessent etwa nicht zum Zuge gekommen ist.

(4) Erfolgreich kann auch eine Anfrage bei der zuständigen Stelle der Verwaltung einer Großstadt (z. B. Wirtschaftsamt oder Wohnungsamt oder Bauamt oder Planungsamt), beim Stadtoberhaupt einer größeren Stadt oder bei den Bürgermeistern einer kleineren Gemeinde und der umliegenden Gemeinden oder beim Landratsamt sein. Auch wenn man von dorther keinen Interessenten bekommt, wird auf diese Weise der Versteigerungstermin doch in einem ungeahnten Umfang bekannt!

(5) Ein Gläubiger sollte sich niemals ungeprüft darauf verlassen, daß ein großes nachrangiges Recht eine Sicherheitsgarantie für das eigene Recht ist. Es ist schon oft vorgekommen, daß nachrangige Gläubiger auch Rechte mit ganz hohen Beträgen aufgegeben haben; die Finanzverwaltung tut dies bei Zwangsversteigerungen zum Beispiel fast immer.

Aber selbstverständlich ist das nicht, deshalb sind die Gläubiger von großen nachrangigen Rechten immer notwendige Gesprächspartner; aus diesem Gespräch kann sich unter Umständen eine Zusammenarbeit bei der weiteren Interessentensuche ergeben.

(6) Wenn die Objektbesichtigung ergeben hat, daß das Grundstück für einen bestimmten begrenzbaren Interessentenkreis besonders gut geeignet ist, sollte dieser Interessentenkreis angesprochen werden. Wenn die Suche nämlich dort fündig wird, kann meist auch ein guter Erlös erzielt werden, weil das Grundstück ja dann den Ansprüchen dieses Interessenten bereits am ehesten entspricht. Im übrigen sollte man sich vor der Annahme hüten, zum Beispiel ein gewerblich genütztes Grundstück sei immer gerade für diejenige Branche besonders geeignet, der der bisherige Besitzer angehört. Die gedankliche Offenheit gerade auch in dieser Frage ist sehr wichtig.

(7) Ganz besonders wichtig ist, daß der Gläubiger die Erkenntnisse aus einem erfolglos abgelaufenen Termin nicht brachliegen läßt. Genauso wie es dazu gehört, schon im Bekanntmachungsteil alle Anwesenden darauf (aus der Ferne) zu analysieren, ob sie als mögliche Interessenten in Frage kommen könnten,[1] und wie in der Bietstunde alle diejenigen angesprochen werden müssen, die nicht einwandfrei als Nicht-Interessent analysiert worden

---

[1] Vgl unten D. 1.2. und **TH** B. 1.5.2.1.

sind,[2] genauso wichtig ist, daß der Gläubiger alle diejenigen nach einer erfolglosen Bietstunde noch einmal anspricht, die am Erwerb des Grundstücks interessiert sein könnten und eventuell sogar mitgeboten haben.

Außerdem sollten auch die anwesenden Beteiligten nach möglichen Ansatzpunkten oder nach einer eventuellen Zusammenarbeit gefragt werden.

(8) Eine zusätzliche Maßnahme kann die Beauftragung eines Maklers sein, wobei allerdings Provisionsprobleme auftreten können.[2a] M.E. kann dem Makler keine (Verkäufer-)Provision gezahlt werden, wenn sein Kunde ohne besondere Absprachen im Versteigerungstermin Meistbietender bleibt (darauf sollte der Makler fairerweise hingewiesen werden). Dagegen kann für den Fall einer Ausbietungsvereinbarung oder eines Forderungskaufs eine Provision zugestanden werden (sonst wird sich der Makler auch nicht bemühen). Diese Provision fällt allerdings m.E. nicht unter die notwendigen Kosten gemäß § 10 II und kann auch im Falle einer Zwangsverwaltung nicht über § 10 I geltend gemacht werden, so daß sie dem Gläubiger auch bei ausreichendem Versteigerungserlös vom Gericht nicht erstattet werden kann. Eine andere – nur aus dem Einzelfall zu beantwortende – Frage ist, ob der Gläubiger im Innenverhältnis diese Kosten auf den Schuldner abwälzen kann.

Bei der Beauftragung eines Maklers sollte m.E. tunlichst von einem Alleinauftrag abgesehen werden, und außerdem sollte der Auftrag befristet werden. Aber über allem steht, daß ein Maklerauftrag nur erteilt werden sollte, wenn auch Vertrauen besteht, daß der Makler wirklich aktiv tätig wird; die bloße Aufnahme des Grundstücks in einen Makler-Fundus rechtfertigt m.E. nicht die Bezahlung einer Provision.

(9) Schließlich haben Kreditinstitute noch gewisse zusätzliche Ansatzpunkte: sie können Kunden gezielt ansprechen, entweder unter Kapitalanlagegesichtspunkten (aber nur, wenn das auch zu empfehlen ist! – Häuser mit Sozialwohnungen können zum Beispiel in Frage kommen, wenn das Meistgebot deutlich unter den Herstellungskosten liegen darf) oder deshalb, weil die Kunden zu der Branche gehören, für die das Grundstück optimal geeignet ist, oder weil der Kunde selbst expandiert u.a. Außerdem können Kreditinstitute in ihren nahegelegenen Zweigstellen durch einen Aushang auf die Zwangsversteigerung aufmerksam machen.

TH 5.1.6.: In letzter Zeit gehen Gläubiger immer mehr dazu über, zusätzlich zu den amtlichen Veröffentlichungen noch eigene werbewirksame Inserate aufzugeben und zwar entweder anonym (dh nur unter Angabe einer Telefon-Nummer) oder sogar unter voller Namensnennung. Diese Praxis hat sich sehr bewährt, weil sie einerseits zusätzliche Aufmerksamkeit hervorruft und andererseits keine Haftungsprobleme für das Gericht befürchten läßt. Bei entsprechender vorheriger Abstimmung mit dem Vollstreckungsgericht können die Kosten für derartige zweckmäßige Werbeanzeigen vom Gericht unter Umständen sogar als notwendige Kosten der dinglichen Rechtsverfolgung iSd § 10 II anerkannt werden. – Ein wichtiger weiterer Vorteil besteht darin, daß sich die Resonanz auf diese Gläubiger-Inserate direkt an die Gläubiger wen-

---

[2] Vgl unten D. 1.3.
[2a] Vgl dazu unten D. 5.2.3 und oben B. 4.4.2 zu § 10 II.

det, so daß diese noch vor dem Versteigerungstermin ein gutes Gespür für das Nachfragepotential erhalten und außerdem mit den Interessenten konkret verhandeln können. Bei den amtlichen Veröffentlichungen wenden sich die Interessenten an den Rechtspfleger, geben sich idR mit dem Verkehrswertgutachten zufrieden und bleiben daher den Gläubigern unbekannt!

TH 5.1.7.: In einem erschreckend großen Umfang haben Ersteher von Privathäusern bzw -wohnungen das Versteigerungsobjekt vor dem Zuschlag niemals von innen besichtigt. Dann darf nicht verwundern, daß auch allein wegen dieses Umstandes keine hohen Versteigerungserlöse erzielt werden können, wenn die Grundstücksnachfrage nicht überschäumt. Gläubiger, die auf einen guten Erlös angewiesen sind oder/und sich im Interesse ihrer Darlehensnehmer (= Schuldner/Eigentümer) um einen guten Erlös bemühen, sollten daher versuchen, möglichst aktuelle Fotos auch vom Inneren der Häuser/Wohnungen zu machen und zu der Bietstunde bereitzuhalten. Solche Fotos können gemacht werden, wenn Gläubiger und Eigentümer vor der Versteigerung einen freihändigen Verkauf versuchen, anläßlich der Besichtigung zusammen mit dem Sachverständigen oder auch bei einem extra vereinbarten Fototermin; oftmals sind Eigentümer eher mit diesem Verfahren einverstanden als mit Besichtigungen durch Bietinteressenten.

TH 5.1.8.: Dringend abzuraten ist von der gelegentlich zu beobachtenden Praxis, daß Gläubiger in eigenen Inseraten (oder über Makler, Directmailings, Internet-Aktionen) kurz vor dem Versteigerungstermin darauf aufmerksam machen, daß das Objekt dort „weit unter dem Verkehrswert" oder gar (ohne den festgesetzten Grundstückswert überhaupt zu nennen) zum konkreten Preis von EURO ... (deutlich unter dem festgesetzten Wert!) zu erwerben sei. Auch angesichts des § 38 S. 2 ist dieses Verfahren (wenn es nicht in Absprache mit dem Schuldner geschieht) nicht nur menschlich höchst problematisch, sondern es kann evtl sogar Schadensersatzansprüche des Schuldners oder bestimmter Gläubiger auslösen, weil es möglicherweise dazu führt, daß weniger geboten wird, als ohne diese Aktivitäten geboten worden wäre. Das Gesagte gilt ganz besonders dann, wenn derartige Aktivitäten schon vor dem ersten Versteigerungstermin unternommen werden sollten!

5.2. Forderungsverkauf

5.2.1. Rechtslage

§ 398 BGB (Abtretung einer Forderung)

Eine Forderung kann von dem Gläubiger durch Vertrag mit einem anderen auf diesen übertragen werden (Abtretung). Mit dem Abschlusse des Vertrags tritt der neue Gläubiger an die Stelle des bisherigen Gläubigers.

§ 1153 BGB (Übergang von Hypothek und Forderung)

(1) Mit der Übertragung der Forderung geht die Hypothek auf den neuen Gläubiger über.

(2) Die Forderung kann nicht ohne die Hypothek, die Hypothek kann nicht ohne die Forderung übertragen werden.

§ 1154 BGB (Abtretung der Hypotheken-Forderung)

(1) Zur Abtretung der Forderung ist Abtretungserklärung in schriftlicher Form und Übergabe des Hypotheken- (oder Grundschuld-)Briefs erforderlich; die Vorschriften des § 1117 finden Anwendung. Der bisherige Gläubiger hat auf Verlangen des neuen Gläubigers die Abtretungserklärung auf seine Kosten öffentlich beglaubigen zu lassen.

(2) Die schriftliche Form der Abtretungserklärung kann dadurch ersetzt werden, daß die Abtretung in das Grundbuch eingetragen wird.

(3) Ist die Erteilung des Hypotheken- (oder Grundschuld-)Briefs ausgeschlossen, so finden auf die Abtretung der Forderung die Vorschriften der §§ 873, 878 entsprechende Anwendung.

§ 1117 BGB (Erwerb der Briefhypothek)

(1) Der Gläubiger erwirbt, sofern nicht die Erteilung des Hypotheken- (oder Grundschuld-)Briefs ausgeschlossen ist, die Hypothek (oder Grundschuld) erst, wenn ihm der Brief von dem Eigentümer des Grundstücks übergeben wird. Auf die Übergabe finden die Vorschriften des § 929 S. 2 und der §§ 930, 931 Anwendung.

(2) Die schriftliche Form der Abtretungserklärung kann dadurch ersetzt werden, daß die Abtretung in das Grundbuch eingetragen wird.

(3) Ist der Gläubiger im Besitze des Briefes, so wird vermutet, daß die Übergabe erfolgt sei.

Eine Möglichkeit der Anbindung eines Interessenten besteht im Forderungsverkauf:[3] Bei der Hypothek sind Forderung und Grundpfandrecht untrennbar miteinander verbunden (§ 1153 BGB). Dies gilt nicht für die Grundschuld (§ 1192 BGB). Während die Hypothek gemäß §§ 1153, 1154 BGB dadurch übergeht, daß sie der abgetretenen Forderung kraft Gesetzes zwingend folgt, müssen bei der Grundschuld die persönliche Forderung (nach §§ 398 ff BGB) und die Grundschuld (nach §§ 1154 ff BGB) ausdrücklich beide abgetreten werden. In der täglichen Praxis wird dieser theoretische Unterschied vor allem bei der Sicherungsgrundschuld aber kaum ins Gewicht fallen.

Die Abtretung von Buchhypothek oder -grundschuld wird gemäß §§ 1154, 873, 874 BGB grundsätzlich mit der Eintragung im Grundbuch wirksam; zur Wirksamkeit der Übertragung eines Briefrechtes gehört außer der formlosen Einigung über den Übergang der Hypothek (oder Grundschuld) und Übergabe des Briefes noch entweder die Eintragung der Abtretung im Grundbuch (§ 1154 II BGB) oder die Erteilung der (einseitigen) Abtretungserklärung in schriftlicher Form (§ 1154 I 2 BGB).

Für das gesamte Versteigerungsverfahren bis hin zur Erlösverteilung reicht diese privatschriftliche Abtretungserklärung aus,[4] weil die öffentliche Beglaubigung in § 1155 nur für den Fall eines gutgläubigen Erwerbes, oder für den Nachweis der Berechtigung gegenüber dem Eigentümer oder für irgendwelche Grundbucherklärungen verlangt wird.

---

[3] Dazu Steiner-Storz § 66 Rdnr 22.

[4] Trotzdem sollte die Abtretung besser in beglaubigter Form erfolgen, vgl **TH** C. 5.2.2.1.

Der Forderungs- und Hypotheken- beziehungsweise Grundschuldverkauf zur Anbindung eines Interessenten hat folgende **Vorteile:**

(1) Der Verkauf bringt dem Gläubiger eine sofortige und endgültige und risikolose Regelung; wenn die Forderungen oder die dinglichen Rechte nicht voll werthaltig sind, kann dem durch eine entsprechende Ermäßigung des Kaufpreises Rechnung getragen werden. Andererseits erhält der Interessent im Gegensatz zur Ausbietungsvereinbarung sofort eine echte Gegenleistung für seine eigene Verpflichtung.

(2) Trotz der sehr weitgehenden Bindung kann dieser Vertrag in vollem Umfang privatschriftlich vollzogen werden (trotzdem sollte die Abtretung auch von Briefgrundschulden in aller Regel öffentlich/notariell beglaubigt werden), während die Ausbietungsgarantie jedenfalls in ihrer stärkeren Form gemäß § 311 b I BGB notariell beurkundet werden muß.

(3) Wenn die verkaufte Forderung und das dazugehörige dingliche Recht höher sind als der Kaufpreis (weil sich die Partner zum Beispiel das Werthaltigkeitsrisiko geteilt haben oder weil der Kaufpreis der gemeinsamen Bewertung von Forderung und Grundpfandrecht entspricht), dann kann der Interessent schon vor dem Termin ohne Risiko gewisse Vorbereitungen für den Erwerb oder den Ausbau des Grundstücks oder ähnliches vornehmen: Wenn wegen dieser Aktivitäten oder aus anderem Grund im Termin ein Gegeninteressent mitbieten sollte, kann der Interessent seinen Kaufpreis ohne Schaden überbieten, weil der Mehrerlös wieder ihm zufließt. Er kann unter Umständen auch dem Gegeninteressenten das Grundstück lassen und hat dann einen schnellen Gewinn realisiert!

Der Forderungsverkauf hat allerdings gegenüber der Ausbietungsvereinbarung auch **Nachteile:**

(1) Wenn der Gläubigerwechsel offengelegt wird, verlangt das Gericht unter Umständen (m. E. zu Unrecht)[5] eine Umschreibung und Zustellung eines eventuell vorhandenen Vollstreckungstitels (ein Grundpfandgläubiger ist auch dann gemäß § 9 Beteiligter des Verfahrens, wenn er die Zwangsversteigerung nicht betreibt); ein zusätzliches Problem besteht hier deshalb, weil es in der Literatur sehr unterschiedliche Ansichten zu den Rechtsfolgen eines Gläubigerwechsels ohne Umschreibung und Zustellung des Titels gibt: zum Teil wird die einstweilige Einstellung eines eventuell betriebenen Verfahrens von Amts wegen für zulässig gehalten;[6] zum Teil wird gesagt, das Verfahren werde zwar fortgesetzt, eine verfahrenshemmende Erklärung (zum Beispiel die Einstellungsbewilligung) könne aber vor der Titelumschreibung und -Zustellung auch vom alten Gläubiger abgegeben werden;[7] und wieder andere sagen m. E. zu Recht, nur der neue Gläubiger könne sofort derartige Erklärungen abgeben.[8]

Wenn der Interessent im Versteigerungstermin als Beteiligter oder gar als Gläubiger handlungsfähig sein will, dann steht er also vor dem Problem, daß er nicht weiß, ob das Gericht ihm das zugesteht.[9]

---

[5] Vgl oben B. 7.3.4.

[6] Vgl Stöber Hanbuch Rdnr 139.

[7] Vgl Dassler-Schiffhauer-Gerhardt 11. Auflage 1979 § 75 Anm 4.

[8] Vgl OLG Hamm Rpfleger 1987, 75.

[9] Vgl dazu aber **TH** C. 5.2.2.2.

(2) Ein weiterer Nachteil für den Interessenten besteht darin, daß er sich in der Regel im Zwangsversteigerungsrecht nicht auskennt und auf die Hilfe des Gläubigers unter Umständen nicht mehr zurückgreifen kann, weil für den Gläubiger mit dem Verkauf ja alles abgeschlossen ist.[10]

(3) Schließlich kann ja aus irgendeinem Grund der Termin „platzen"; dann bleibt der Interessent an das Schicksal des weiteren Versteigerungsverfahrens gebunden, während er unter Umständen eine Ausbietungsgarantie auf einen Termin begrenzen kann (obwohl dies nicht üblich ist).[11]

(4) Kein Nachteil gegenüber der Ausbietungsgarantie aber doch eine Feststellung, die manche Erwartungen enttäuscht: Durch einen Kauf von Forderung und Grundpfandrecht kann in aller Regel keine Grunderwerbsteuer gespart werden.

5.2.2. Taktische Hinweise

TH 5.2.2.1.: Für die materielle Wirksamkeit der Abtretung eines Brief-Grundpfandrechts und für das Zwangsversteigerungsverfahren reicht zwar die privatschriftliche Abtretungserklärung gemäß § 1154 BGB aus. Trotzdem sollte m. E. von Anfang an eine beglaubigte Abtretungserklärung verlangt werden. Abgesehen davon, daß die Beglaubigungskosten nicht hoch sind und öffentlich-rechtliche Gläubiger (zum Beispiel Sparkassen) dieser Form durch Beidrückung ihres Dienstsiegels genügen können, sind die möglichen mit einer nur privatschriftlichen Abtretungserklärung verbundenen Probleme doch zu groß, insbesondere wenn man in längeren Zeiträumen denkt: Ohne Beglaubigung kann weder eine Löschung dieses Rechtes noch die Eintragung eines anderen Berechtigten im Grundbuch erfolgen (§ 1155 BGB). Zwar kann der neue Gläubiger gemäß § 1154 I 2 BGB vom alten Gläubiger auch nachträglich noch eine Beglaubigung verlangen; dieser Anspruch kann aber unter Umständen nur noch schwer (zum Beispiel gegen den Willen des alten Gläubigers nur mit Beugehaft oder Beugestrafe!) oder gar nicht mehr (zum Beispiel nach dem Tod des alten Gläubigers) durchgesetzt werden!

Bei einer kurzfristigen Regelung (wenn das abgetretene Grundpfandrecht zum Beispiel mit dem Zuschlag erlöschen wird) brauchen diese Probleme nicht überbewertet zu werden. Bei einer längerfristigen Lösung (wenn das Recht zum Beispiel gemäß § 52 bestehen bleibt oder wenn die Zwangsversteigerung wieder aufgehoben wird) ist aber m. E. eine öffentliche Beglaubigung sehr zu empfehlen.

TH 5.2.2.2.: Im Falle eines Gläubigerwechsels durch Forderungs- und Grundpfandrechtsverkauf können die mit der Titelumschreibung und -Zustellung beziehungsweise die mit der Nichtumschreibung und Nichtzustellung verbundenen Probleme dadurch vermieden werden, daß der Gläubigerwechsel nicht offengelegt wird, sondern daß der alte Gläubiger dem neuen Gläubiger eine Vollmacht ausstellt: dann kann der neue Gläubiger alle erforderlichen Erklärungen für den alten Gläubiger abgeben und gleichzeitig im eigenen Namen bieten. Sicherheitshalber sollte in der Vollmacht ausdrücklich

---

[10] Vgl dazu **TH** C. 5.2.2.3.
[11] Vgl **TH** C. 5.3.2.8.

eine Befreiung von § 181 BGB enthalten sein (obwohl der Tatbestand des § 181 BGB m.E. nicht erfüllt ist, weil die jeweiligen Erklärungen sozusagen parallel an das Gericht gehen).[12]

Nicht ganz so weit aber in die gleiche Richtung führt ein anderer Weg: der alte Gläubiger gibt dem neuen Gläubiger ein Schreiben an das Vollstreckungsgericht mit, in dem der alte Gläubiger die einstweilige Einstellung des Verfahrens bewilligt; von diesem Schreiben kann der neue Gläubiger dann Gebrauch machen, wenn ihm dies sinnvoll erscheint. Der neue Gläubiger kann in diesem Fall sonst keine Erklärung als Verfahrensbeteiligter abgeben, aber ihm reicht die Möglichkeit der Einstellungsbewilligung möglicherweise, wenn es sich um das bestrangig betriebene Verfahren handelt (andernfalls ist dieses Vorgehen allerdings witzlos). Außerdem muß gewährleistet sein, daß der alte dem neuen Gläubiger den auf das verkaufte Recht entfallenden Versteigerungserlös weitergibt.

TH 5.2.2.3.: Wenn sich bei einem Gläubigerwechsel der neue Gläubiger im Zwangsversteigerungsverfahren nicht auskennt, kann ebenfalls dadurch geholfen werden, daß der Gläubigerwechsel nicht offengelegt wird und der alte Gläubiger den Termin ebenfalls wahrnimmt (als wäre er noch berechtigt) und jeweils nur solche Erklärungen abgibt, die vorher mit dem neuen Gläubiger abgesprochen worden sind. Dieses Verfahren hat aber nicht nur den Nachteil, daß der alte Gläubiger den Termin wahrnehmen muß, obwohl für ihn die Angelegenheit schon abgeschlossen ist. Schwerer wiegt, daß der neue Gläubiger voll auf die charakterliche Zuverlässigkeit des alten Gläubigers angewiesen ist, weil er mangels eigener Fachkenntnisse nicht beurteilen kann, ob der alte Gläubiger wirklich nur das beste für seinen Rechtsnachfolger tut. ...

5.3. Ausbietungsgarantie und ähnliche Vereinbarungen

5.3.1. Rechtslage

5.3.1.1. Allgemeines

Nach dem ZVG (und auch nach den anderen Gesetzen) ist niemand unmittelbar zur Abgabe von Geboten in einer Zwangsversteigerung verpflichtet. Derartige Verpflichtungen können sich aber mittelbar oder unmittelbar aus Verträgen ergeben. Solche Verträge werden unterschiedlich benannt und zum Teil unter den Oberbegriff der Bietabkommen gestellt, während andernorts mit Bietabkommen Verträge mit dem entgegen gesetzten Inhalt, nämlich zur Begrenzung des Bietens, bezeichnet werden. Zur Vermeidung von Verwechslungen und zur gegenseitigen Abgrenzung soll deshalb hier folgende Begriffsbestimmung eingeführt werden:

Eine Vereinbarung, in der ein Partner die Verpflichtung zur Abgabe eines Gebotes in einer bestimmten Mindesthöhe übernimmt, wird als „Ausbietungsgarantie" bezeichnet; in der Literatur findet man meist den Begriff „Ausbietungsgarantie mit stärkerer Wirkung"[13] (vgl unten 5.3.1.2.).

---

[12] Vgl dazu unten C. 6.3. vgl auch das Beispiel im Anhang **AT** Nr. 18.
[13] Vgl Stöber § 71 Anm 8.5.; Mohrbutter-Drischler Muster 103 Anm 3 und 4; vor allem Sichtermann 12 (bb); Steiner-Storz § 66 Rdnr 24; Droste MittRhNotK 1995, 37.

Eine Vereinbarung, in der ein Partner die Gewähr dafür übernimmt, daß der Gläubiger ohne überhaupt einen (oder ohne einen höheren als unterstellten) Verlust aus der Zwangsversteigerung hervorgeht und gegebenenfalls den höheren Ausfall ersetzt,[14] wird als „Ausfallverhütungsgarantie" bezeichnet;[15] in der Literatur findet man meist den Begriff „Ausbietungsgarantie mit schwächerer Wirkung"[16] (vgl unten 5.3.1.3.).

Eine Vereinbarung, in der auf irgendeine Weise das Bieten ausgeschlossen oder auch nur beschränkt wird (pactum de non Licitando) wird als „negatives Bietabkommen" bezeichnet; in der Literatur findet man meist nur den Begriff „Bietabkommen"[17] (vgl unten 5.4.2.).

Alle drei Vereinbarungen sind Verträge eigener Art, wobei vor allem die Ausfallverhütungsgarantie gewisse Ähnlichkeiten mit einer Bürgschaft oder mit einem Garantievertrag hat.[18] Die Zulässigkeit von Ausbietungsgarantie und Ausfallverhütungsgarantie ist heute anerkannt,[19] während negative Bietabkommen durchaus wegen Sittenwidrigkeit nichtig sein können (§ 138 BGB).[20] Anerkannt ist auch, daß alle drei Vereinbarungen den Verlauf der Versteigerung nicht berühren, vom Vollstreckungsgericht in aller Regel nicht überprüft werden können und erst recht nicht überprüft werden müssen, und daß ihre Befolgung oder Nichtbefolgung keinen Einfluß auf die Wirksamkeit des Zuschlags haben.[21]

Auch Ausbietungsgarantie oder Ausfallverhütungsgarantie können naturgemäß in Einzelfällen wegen Sittenwidrigkeit nichtig sein oder Schadensersatzansprüche irgendeines geschädigten Dritten nach § 826 BGB auslösen.[22] M. E. ist bei der Bejahung dieser Rechtsfolgen aber große Zurückhaltung geboten: Beide Vereinbarungen haben grundsätzlich den Zweck, im Interesse des einen Gläubigers einen möglichst hohen Erlös zu sichern; deshalb kommen sie immer auch dem persönlich haftenden Schuldner zugute. Möglicherweise erhält der Garant als Gegenleistung Kreditzusagen und Konditionszugeständnisse, die die Wettbewerbsfähigkeit des Bieters gegenüber anderen

---

[14] Vgl zB BGH ZiP 1992, 1538.

[15] So auch Steiner-Storz § 66 Rdnr 25 und Zingel, Ausbietungsgarantien, 2001 S. 27 ff.

[16] Vgl Mohrbutter-Drischler aaO; Sichtermann 12 (b aa); Stöber § 71 Anm 8.5. – Droste MittRhNoth 1995, 37 nennt sie (mE mißverständlich): Ausfallgarantie.

[17] Vgl Stöber § 71 Anm 8.8.

[18] Vgl dazu BGH NJW-RR 1993, 14; OLG Köln VersR 1993, 321.

[19] Vgl BGH NJW-RR 1993, 14; OLG Köln VersR 1993, 321; OLG Celle NJW-RR 1991, 866; Droste MittRhNotK 1995, 37; Horn WM 1974, 1038; Drischler KTS 1976, 285; Stöber § 71 Anm 8; Steiner-Storz Rz 25–43; vgl aber auch schon RGZ 157, 175; Eubel (1933); Kuth (1936) und Sichtermann, 4. Auflage 1978.

[20] BGH NJW 1979, 162; 1961, 1012; OLG Karlsruhe Rpfleger 1993, 413; OLG Frankfurt ZIP 1989, 399; OLG Celle NJW 1969, 1764; OLG Köln NJW 1978, 47; OLG Hamm Rpfleger 1974, 276; Heiderhoff MittRhNotK 1966, 45; Stöber § 71 Anm 8.8; Steiner-Storz § 66 Rz 25.

[21] Vgl ebenso Mohrbutter-Drischler Muster 103 Anm 1. – UU muß aber ein Rechtspfleger, der positive Kenntnis von einem (wohl) sittenwidrigen Bietabkommen erlangt hat, die Zuschlagsentscheidung aussetzen und die Betroffenen auf Abwehrmöglichkeiten hinweisen: OLG Karlsruhe Rpfleger 1993, 413.

[22] Vgl Stöber § 71 Anm 3.3.; Steiner-Storz § 66 Rdnr 27.

Interessenten verbessern. Eine solche Besserstellung ist aber nicht sittenwidrig, und auch sie kommt dem persönlich haftenden Schuldner wieder voll zugute.[23]

Ausbietungsgarantie und Ausfallverhütungsgarantie können unterschiedliche Entstehungsursachen haben.[24] Unter langfristigen Gesichtspunkten: bei einer Abtretung der Hypothek oder Grundschuld gibt der Zedent die Garantie zur Untermauerung des Sicherungswertes des Grundpfandrechts, oder sie wird als zusätzliches Kreditsicherungsmittel vereinbart, wenn dies dem Kreditgeber als Sicherung seines Kredites neben der persönlichen Rückzahlungspflicht des Kreditnehmers und neben der dinglichen Absicherung durch das Grundpfandrecht noch erforderlich erscheint (Garant und Kreditnehmer dürfen dann aber nicht personengleich sein).

Daneben gibt es noch den kurzfristigen Gesichtspunkt: Die Garantie wird erst kurz vor dem Zwangsversteigerungstermin übernommen, entweder, weil sich der Garant so die Finanzierung durch den Gläubiger sichern will (ausschließlich deshalb muß aber wohl keine Garantie übernommen werden!), oder weil (das ist fast immer der versteckte oder offene Hauptgrund!) das Kreditinstitut die Ausfallgefahr bei diesem Grundpfandrecht erkannt hat und verhindern oder doch wenigstens begrenzen will.

Bei der Vereinbarung einer Ausbietungsgarantie oder Ausbietungsvereinbarung gibt es sehr viele Punkte, an die man denken muß und die unter Umständen[25] auch ausdrücklich geregelt werden müssen,[26] nur beispielsweise seien hier genannt:

(1) soll die Garantie nur für einen oder (unter welchen Voraussetzungen?) für eventuelle mehrere Versteigerungstermine gelten?

(2) Was ist mit der Sicherheitsleistung (die vom Garanten auch durch Dritte verlangt werden könnte oder die der Gläubiger von allen anderen Bietern verlangen wird)?[27]

(3) Muß der Garant in irgendeiner Form auch dafür einstehen, daß ein eventueller anderer Ersteher seinen Verpflichtungen aus dem Meistgebot auch nachkommt?

(4) Darf der Gläubiger auch mit anderen Personen ähnliche Vereinbarungen abschließen?

(5) Wird die Dauer der gegenseitigen Bindung aus dieser Vereinbarung durch ein bestimmtes Ereignis oder einen festen Zeitpunkt begrenzt?

(6) Welche Rechtsfolgen treten ein, wenn der Garant seinen Verpflichtungen nicht nachkommt?

(7) Worin bestehen die Gegenleistungen des Gläubigers für die zahlreichen Verpflichtungen des Garanten?[28]

---

[23] Vgl dazu auch unten C. 5.4.1.
[24] Vgl dazu **TH** C. 5.3.2.1.
[25] Vgl dazu **TH** 5.3.2.1.
[26] Zur Ausbietungsvereinbarung vgl ausführlich Steiner-Storz § 66 Rdnrn 23–43. – Vgl auch die Muster bei Sichtermann S. 33 ff, und Mohrbutter-Drischler Muster 103.
[27] Vgl unten D. 3.2.
[28] Vgl **TH** C. 5.3.2.4. und **TH** 5.3.2.5.

5.3.1.2. Ausbietungsgarantie

Die eigentliche Ausbietungsgarantie, auch „Ausbietungsgarantie mit stärkerer Wirkung" oder „strenge Ausbietungsgarantie" genannt, verpflichtet den Garanten dazu, selbst ein Gebot in einer betraglich bestimmten Mindesthöhe (zum Beispiel EURO 160 000,–) oder in einer aus festgelegten Daten eindeutig errechenbaren Mindesthöhe abzugeben (zum Beispiel muß die Grundschuld Abt. III Nr. 4 „ausgeboten" werden).[29]

Je nach der langfristigen oder kurzfristigen Projezierung der Ausbietungsgarantie steht die Pflicht entweder unter der Bedingung, daß es einmal zu einer Zwangsversteigerung kommen wird, oder die Verpflichtung besteht uneingeschränkt, weil der Versteigerungstermin schon ansteht. Die Verpflichtung ist dann erfüllt, wenn der Garant ein Gebot in der vereinbarten Mindesthöhe oder wenn ein Dritter ein höheres Gebot abgegeben hat. Eine weitergehende Verpflichtung des Garanten (etwa, daß er auch für die Erfüllung eines eventuell von einem Dritten abgegebenen Meistgebotes einstehen muß oder daß die Garantie auch für alle eventuell erforderlich werdenden weiteren Versteigerungstermine gelten soll) muß ausdrücklich vereinbart werden oder mindestens eindeutig aus den übrigen Bestimmungen der Vereinbarung hervorgehen. Das gilt ganz besonders für die kurzfristigen Ausbietungsgarantien, die in erster Linie dem Schutz des Gläubigers dienen und daher den Garanten nicht überfordern dürfen (zumal sich dieser im Zwangsversteigerungsrecht meist nicht auskennt und daher die Folgen einer Ausbietungsgarantie kaum übersehen kann).[30]

Die Verpflichtung zur Abgabe eines Gebotes in einer festgelegten Mindesthöhe bedeutet eine bedingte Erwerbsverpflichtung bezüglich des Grundstücks. Die Erwerbsverpflichtung ist deshalb nur bedingt, weil nicht feststeht, ob auf dieses Gebot auch der Zuschlag erteilt wird: Es können höhere Gebote abgegeben oder es kann der Termin vor Ende der Bietstunde aufgehoben oder der Zuschlag versagt oder aufgehoben werden. Trotz dieser Bedingung ist die Verpflichtung zur Abgabe von Geboten in einer Zwangsversteigerung nach heute ganz herrschender Ansicht gemäß § 311 b I BGB nur wirksam, wenn sie notariell beurkundet ist.[31] § 311 b I BGB lautet nämlich:

§ 311 b Abs 1 BGB (Verträge über Grundstücke)

Ein Vertrag, durch den sich der eine Teil verpflichtet, das Eigentum an einem Grundstück zu übertragen oder zu erwerben, bedarf der notariellen Beurkundung. Ein ohne Beobachtung dieser Form geschlossener Vertrag wird seinem ganzen Inhalt nach gültig, wenn die Auflassung und die Eintragung in das Grundbuch erfolgen.

---

[29] Zur Ausbietungsvereinbarung vgl ausführlich Steiner-Storz § 66 Rdnrn 23–43.

[30] Vgl dazu **TH** C. 5.3.2.1. und **TH** C. 5.3.2.8.

[31] Vgl BGH NJW-RR 1993, 14 und NJW 1990, 1662 und Rpfleger 1983, 81; OLG Celle NJW-RR 1991, 866 und NJW 1977, 52; Droste MittRhNotK 1995, 52; Stöber § 71 Anm 8.6.; Mohrbutter-Drischler Muster 103 Anm 3; Sichtermann II 4; Palandt-Heinrichs § 313 BGB Anm 4b; Steiner-Storz § 66 Rdnr 32. – **Einschränkend** OLG München DNotZ 1991, 533.

Da der Zweck der Formvorschrift des § 311b I BGB darin besteht, angesichts des Wertes von Grund und Boden den Einzelnen vor der Eingehung übereilter Verpflichtungen zu schützen,[32] ist die Formbedürftigkeit der Ausbietungsgarantie trotz gewisser formaljuristischer Bedenken eindeutig zu bejahen. Auch schon die Verpflichtung zur Abgabe einer Ausbietungsgarantie muß notariell beurkundet werden.[33]

Bei langfristig angelegten Ausbietungsgaranten obliegt es dem Kreditnehmer, den Garanten gegebenenfalls voll über die Einleitung und den Fortgang eines Zwangsversteigerungsverfahrens sowie über den Termin zu unterrichten, damit sich dieser rechtzeitig vorbereiten kann.

Wenn der Garant entgegen seiner Verpflichtung kein Gebot abgibt oder den Zuschlag auf sein Gebot (zum Beispiel durch die Herbeiführung einer Einstellungsbewilligung des bestrangig betreibenden Gläubigers)[34] schuldhaft verhindert, muß er dem Gläubiger den entsprechenden Schaden ersetzen. Der Schaden besteht bei einem Zuschlag auf ein niedrigeres Gebot mindestens aus dem Differenzbetrag, bei einer Zuschlagsversagung außerdem aus den bis zu einem erfolgreichen späteren Versteigerungstermin weiter entstehenden Zinsen (aus dem Betrag, der dem Garantienehmer bei einem Gebot in der vereinbarten Höhe zugeflossen wäre) und den weiteren Kosten.

Bietet der Gläubiger wegen des vertragswidrigen Nichtbietens des Garanten selbst und tritt die Befriedigungsfiktion des § 114a gegenüber dem Schuldner ein,[35] so soll insoweit auch die Schadensersatzpflicht des Garanten entfallen, wenn die Ausbietungsvereinbarung keine ausdrückliche abweichende Regelung enthält.[36] Dieser Auffassung kann nicht zugestimmt werden, weil sie den Gläubiger = Garantienehmer in einer unangemessenen Weise benachteiligen und ihn (zum Nachteil des Schuldners und zum Schaden des Garanten) geradezu zwingen würde, bei einer § 114a-Konstellation überhaupt nicht zu bieten![37]

5.3.1.3. Ausfallverhütungsgarantie

Die Ausfallverhütungsgarantie wird in der Literatur meist als „Ausbietungsgarantie mit schwächerer Wirkung" oder als „Ausfallgarantie" (ein m.E. besonders mißverständlicher Begriff!) bezeichnet und kann sehr unterschiedliche Zielsetzungen und Inhalte haben:[38]

(1) Denkbar ist (vor allem bei einer langfristigen Ausrichtung) eine Gewährleistung, daß dem Gläubiger eines Grundpfandrechts bei einer eventuellen Zwangsversteigerung kein Ausfall entstehen wird. Diese Garantie erlischt dann ihrem Zweck entsprechend erst, wenn der Gläubiger wegen seiner durch das Grundpfandrecht gesicherten Forderung vollständig be-

---

[32] Vgl Palandt-Heinrichs aaO § 313 BGB Rz 2.
[33] BGH NJW 1990, 1662; Droste MittRhNotK 1995, 37.
[34] Vgl dazu oben B. 3.2.2. und unten D. 4.5.2. und D. 4.5.3.
[35] Vgl dazu unten C. 6.3.
[36] So Mohrbutter-Drischler Muster 103 Anm 5. – Vgl dazu auch Zingel, Ausbietungsgarantien, 2001 S. 81–88.
[37] Vgl **TH** C. 5.3.2.7.
[38] Vgl **TH** C. 5.3.2.1.

friedigt ist und gibt solange dem Garanten auch das Recht, jede nicht vom Garantienehmer selbst betriebene Zwangsversteigerung zu verhindern.[39]

(2) Denkbar ist (vor allem bei kurzfristiger Ausrichtung) auch, daß sich der Garant verpflichtet, dafür einzustehen, einen bestimmten Dritten zur Abgabe eines bestimmten Mindestgebotes zu veranlassen, und daß der Garant dafür einsteht, daß dieses Mindestgebot abgegeben und erfüllt wird.[40]

(3) Am häufigsten ist bei einer kurzfristigen Ausrichtung heute wohl die Verpflichtung des Garanten, dem Gläubiger denjenigen Schaden zu ersetzen, der diesem entsteht, wenn in dem bevorstehenden Versteigerungstermin – (oder in eventuell erforderlich werdenden weiteren Terminen) nicht ein Gebot in einer bestimmten Mindesthöhe abgegeben wird.[41]

Die Nähe dieser Absprachen zur (privatschriftlich gültigen) Ausfallbürgschaft und zum (formlos gültigen) Garantieversprechen springt ins Auge. Außerdem enthält keine dieser Absprachen unmittelbar eine auch nur bedingte Erwerbsverpflichtung durch Abgabe von Geboten. Deshalb wird ganz überwiegend die Auffassung vertreten, die Ausfallverhütungsgarantie (oder die Ausbietungsgarantie mit schwächerer Wirkung oder die Ausfallgarantie) bedürfe grundsätzlich nicht der notariellen Beurkundung.[42] Dem kann aus folgenden Gründen nicht uneingeschränkt zugestimmt werden:

Die Formfreiheit[43] gilt m.E. vorbehaltslos nur für Absprachen mit dem Inhalt nach oben (1) und (2). Gegen die Formfreiheit für eine Garantie nach (3) spricht, daß diese Formulierung seit der Neufassung des § 311b I BGB oft gewählt wird, um die notarielle Beurkundung einer eindeutigen Ausbietungsgarantie zu umgehen: Der Gläubiger will den Garanten genau wie bei der Ausbietungsgarantie dazu verpflichten, in dem Termin ein bestimmtes Gebot abzugeben. Etwas anderes ist in der Praxis auch gar nicht möglich, weil weder Gläubiger noch Garant jemanden kennen, der sonst bieten würde (für dessen Gebot also der Garant einstehen könnte!), und weil der Garant auch keinerlei Anlaß hätte, dem Gläubiger irgendeine Garantie für irgendeinen ihm gar nicht bekannten Dritten zu geben. Das ist auch gar nicht beabsichtigt: beide Partner wollen nichts anderes, als daß der Garant selbst im Termin ein bestimmtes Gebot abgibt. Es soll hier nicht behauptet werden, daß immer eine derartige Interessenlage hinter einer Ausfallverhütungsgarantie steht; aber es wird behauptet, daß das bei der Alternative (3) meist der Fall ist. Und deshalb ist m.E. in diesem Fall eine notarielle Beurkundung erforderlich. Bemerkenswerterweise wird auch in der Literatur zugegeben, daß für den Garanten unter bestimmten Voraussetzungen durchaus die praktische

---

[39] Vgl dazu das Muster bei Sichtermann 35 f.

[40] Vgl Stöber § 71 Anm 8.5; Heiderhoff MittRhNotK 1966, 45; Kalter KTS 1964, 193.

[41] Vgl Stöber § 71 Anm 8.5; Mohrbutter-Drischler Muster 103 Anm 1.

[42] Vgl BGH NJW-RR 1993, 14; OLG Köln VersR 1993, 321; Droste MittRhNotK 1995, 37; Mohrbutter-Drischler Muster 103 Anm 3; Sichtermann II 3; Hustedt NJW 1976, 973; Stöber § 71 Anm 8.6; Palandt-Heinrichs § 313 BGB Anm 4 b; **anders** LG Göttingen NJW 1976, 972. – Vgl auch Münch-Komm-Kanzleiter § 313 BGB Rz 34.

[43] Vgl aber **TH** C. 5.3.2.6.

Verpflichtung zur Abgabe von Geboten gegeben ist, auch wenn das rechtlich anders formuliert worden ist.[44]

Wegen der unterschiedlichen Zielrichtungen und Inhalte der Ausfallverhütungsgarantie kann auch die Frage nicht einheitlich beantwortet werden, ob der Garant sich seiner Verpflichtungen dadurch entledigen kann, daß er den bestrangig betreibenden Gläubiger zu einer Einstellungsbewilligung bewegt oder die Nichtabgabe überhaupt eines Gebotes (§ 99) herbeiführt.[45] Das kann so sein, insbesondere bei einer Absprache nach (1). Das kann aber auch umgekehrt genau ein Verstoß gegen die vertragliche Verpflichtung sein, insbesondere bei einer Absprache nach (3). Gerade das zeigt wieder die Notwendigkeit einer notariellen Beurkundung: Ein Verstoß kann nur bei Annahme einer bedingten Erwerbsverpflichtung wirklich begründet werden, und für diese gilt § 311 b I BGB!

Wie bei der Ausbietungsgarantie macht sich auch hier der Garant dem Gläubiger gegenüber schadensersatzpflichtig, wenn er seinen Verpflichtungen nicht nachkommt. – Die Garantie kann zwar zeitlich befristet werden. Aber uU darf sich der Garant auf diese Befristung nicht berufen, wenn die Zwangsversteigerung mangels Geboten ergebnislos beendet wird.[45a]

5.3.2. Taktische Hinweise

TH 5.3.2.1.: Für die rechtliche und praktische Behandlung von Ausbietungsgarantien ist m. E. die Unterscheidung nach ihrem eigentlichen Zweck und damit nach ihrer lang- oder kurzfristigen Ausrichtung wichtiger als diejenige nach ihrer konkreten Formulierung und damit nach ihrer Eingruppierung nach einer „stärkeren" oder „schwächeren" Wirkung!

Steht die langfristige Aufwertung des Grundpfandrechts im Vordergrund, dann sollte jeder einzelne Gesichtspunkt und jede theoretische Entwicklungsmöglichkeit ausdrücklich geregelt werden, am besten durch eine Orientierung an die von Sichtermann[46] beziehungsweise Mohrbutter-Drischler[47] entwickelten Muster. Außerdem sollte berücksichtigt werden, daß die Garantie, auch wenn der Gläubiger sie als Kreditsicherungsmittel verlangt, im Prinzip dem Interesse des Garanten (an der Kreditgewährung für einen Dritten) dient, so daß dem Garanten durchaus das Risiko der verschiedenen Unwägbarkeiten zugemutet werden kann. Und schließlich sollte eine langfristig ausgerichtete Garantie ohne Rücksicht auf ihre juristische Formulierung wegen ihrer wirtschaftlichen Bedeutung und wegen der Unsicherheit der weiteren Rechtsentwicklung grundsätzlich notariell beurkundet werden.

Steht dagegen die kurzfristige Verhinderung oder Begrenzung eines Ausfalls durch eine Zwangsversteigerung im Vordergrund, dann sollte berück-

---

[44] Vgl zum Beispiel Mohrbutter-Drischler Muster 103 Anm 4; Stöber § 71 Anm 8.6. – Auch Droste MittRhNotK 1995, 37 empfiehlt in diesen Fällen die notarielle Beurkundung.

[45] So aber Mohrbutter-Drischler aaO; Zeller aaO.

[45a] BGH ZIP 1999, 234 (hier war allerdings der Schuldner lange vor Ablauf der Garantiefrist in die Insolvenz geraten, so daß der Garant von seiner Einstandspflicht ausgehen mußte).

[46] Vgl dort S. 33 ff.

[47] Vgl Muster 103.

sichtigt werden, daß die Garantie primär dem Interesse des Gläubigers dient, so daß der Garant nicht überfordert werden darf und daß ein einigermaßen ausgewogenes Verhältnis von Leistung und Gegenleistung auch dann erreicht werden muß, wenn sich der Garant im Gegensatz zum Gläubiger im Zwangsversteigerungsrecht nicht auskennt. Außerdem sollte in der Garantie möglichst nur das geregelt werden, was konkret absehbar ist und worauf es kurzfristig ankommt; längere vertragliche Regelungen sind in diesen Situationen kaum durchsetzbar. Schließlich sollten Formulierungen gewählt werden, die nicht von vorneherein die notarielle Beurkundung erzwingen (also zum Beispiel die Version (3), weil in diesen Situationen eine notarielle Beurkundung meist aus rein psychologischen Gründen nicht oder nur sehr schwer durchsetzbar ist.

TH 5.3.2.2.: Wichtiger als die rechtliche Durchsetzbarkeit vor einem Gericht ist die tatsächliche Bindung beider Vertragspartner und das absprachegemäße Verhalten. Das setzt vor allem bei kurzfristigen Garantien gegenseitiges Vertrauen voraus (auch deshalb sollte kein Notar eingeschaltet werden). Der Garant sollte gleich zu Beginn der Bietstunde das vereinbarte Gebot abgeben,[48] oder wenigstens ein Gebot, das nicht wesentlich darunter liegt. Dann weiß der Gläubiger, daß alles absprachegemäß verläuft und er sich nicht um eine andere Lösung bemühen muß. Besser ist es, einen Schaden zu vermeiden, als Schadensersatzansprüche einzuklagen. ...

TH 5.3.2.3.: Die streitige rechtliche Durchsetzbarkeit von Ansprüchen aus Ausbietungs- oder Ausfallverhütungsgarantien ist problematisch, da vor allem die Obergerichte Ausbietungsgarantien eher aus der Sicht der Kreditinstitute zu sehen scheinen, obwohl gerade bei den kurzfristigen Garantien die Kreditinstitute oft froh sein müssen, wenn sie überhaupt eine Garantie erhalten. Wenn aber Ernst gemacht wird mit der Forderung, daß auch bei Garantien zur Vermeidung oder Begrenzung eines konkret absehbaren Ausfalls ein ausgewogenes Verhältnis von Leistung und Gegenleistung bestehen muß und daß auch die Unkenntnis und Unerfahrenheit des Garanten nicht unangemessen ausgenutzt werden darf, dann dürfte die gerichtliche Durchsetzung mancher Ausfallverhütungsgarantie Schwierigkeiten machen.

Andererseits können die Gerichte kaum nachvollziehen, daß kurzfristige Vereinbarungen dieser Art meist auf dem Boden einer völligen Ungewißheit über den möglichen Ausgang einer bevorstehenden Zwangsversteigerung ausgehandelt werden, wobei jeder Partner in einem gewissen Umfang pokert. Insofern hat eine derartige Vereinbarung oft auch Elemente eines negativen Briefabkommens (oder diese Elemente werden unter Pokergesichtspunkten eingebaut), ohne daß daraus gleich die Sittenwidrigkeit einer Vereinbarung gefolgert werden darf. Deshalb ist es m.E. durchaus zulässig, wenn sich ein Gläubiger gegen Bezahlung eines bestimmten Betrages verpflichtet, nicht oder nicht weiter zu bieten, wenn er nur diesen Betrag auf die Forderung gegen den Schuldner anrechnet.[49] Auch das ist eine (ganz entfernte) Form

---

[48] Die psychologische Auswirkung eines frühen hohen Gebotes auf den weiteren Verlauf und das Ergebnis einer Zwangsversteigerung kann mit einem Anspruch auf Allgemeingültigkeit nicht vorausgesagt werden.

[49] Anders OLG Köln NJW 1978, 47.

der Ausfallverhütungsgarantie, die im übrigen dem Schuldner niemals schadet sondern allenfalls einem anderen Gläubiger, dem ein entsprechend höheres Gebot zugute gekommen wäre.

TH 5.3.2.4.: Bei einer kurzfristigen Ausfallverhütungsgarantie besteht meist das Problem der ausgewogenen Gegenleistung: der Garant verpflichtet sich (bei der Alternative 3) zum Ersatz des Schadens, falls nicht (mindestens von ihm selbst) ein Gebot abgegeben wird, das den Gläubiger zufriedenstellt. Dessen Gegenleistung kann nicht darin bestehen, dem Garanten den Zuschlag bei diesem Gebot zu gewährleisten (denn es können noch höhere Gebote abgegeben werden). Die Gegenleistung darf nicht darin bestehen, andere Gebote zu verhindern.[50] Man wird um so größere Anforderungen an die Gegenleistung stellen müssen, je wertvoller angesichts des drohenden Ausfalls die Garantie für den Gläubiger ist. Sie kann zum Beispiel bestehen in:

(1) einer Finanzierung, die aber nur dann eine echte Gegenleistung ist, wenn eine anderweitige Finanzierung Schwierigkeiten machen oder teurer werden würde;

(2) dem Versprechen, keine weiteren Interessenten zu suchen und laufende Bemühungen einzustellen;

(3) der Zusage, von allen anderen Bietern Sicherheitsleistung verlangen, beim Garanten darauf zu verzichten und bei einem eventuellen Verlangen durch andere Gläubiger eventuell sogar Bürgschaft zu leisten;[51]

(4) der Zusage, mit Dritten keine gleichen oder ähnlichen Vereinbarungen abzuschließen;

(5) der Zusage, dem Garanten im Zwangsversteigerungstermin die eigenen Fachkenntnisse und Erfahrungen zugute kommen zu lassen;

(6) aus dem jeweiligen Einzelfall können sich noch andere Zugeständnisse ergeben.

TH 5.3.2.5.: Die Schwierigkeiten beim Abschluß einer kurzfristigen Ausfallverhütungsgarantie liegen trotzdem nicht so sehr bei der Frage, was der Gläubiger dem Garanten als Gegenleistung gewährt, als darin, daß der Garant erst davon überzeugt werden muß, daß er überhaupt eine Garantieerklärung abgeben muß. Er pokert doch auch und wird zunächst von der Überlegung geleitet, daß ihm die Garantie nichts nützt, wenn noch andere Interessenten mit gleichen oder höheren Wertvorstellungen auftreten, daß ihm die Garantie aber schadet, wenn keine weiteren Interessenten auftreten, weil er dann das Grundstück billiger einsteigern könnte!

Diese Argumentation kann nur mit dem Hinweis darauf entkräftet werden, daß der Gläubiger die Möglichkeit und auch die Absicht hat, einen ihm nicht passenden Zuschlag zu verhindern, und zwar durch

(1) einen $^7/_{10}$-Antrag nach § 74a I, falls dessen Voraussetzungen (noch) gegeben sind,[52] oder

(2) als einziger betreibender Gläubiger durch eine Einstellungsbewilligung;[53] oder

[50] Vgl unten C. 5.4.2.
[51] Zur Sicherheitsleistung vgl ausführlich unten D. 3.2.
[52] Zum $^7/_{10}$-Antrag vgl unten D. 4.4.
[53] Vgl oben B. 3.2.2. und D. 4.5.2.

(3) als bestrangig betreibender Gläubiger durch eine Einstellungsbewilligung zwischen Bietstunde und Verkündung der Entscheidung über den Zuschlag;[53]

(4) als nicht einziger und auch nicht bestrangig betreibender Gläubiger durch eine Ablösung und Einstellungsbewilligung wie bei (3).[54]

TH 5.3.2.6.: Auch wenn die Garantieerklärung nach Inhalt und Formulierung keiner notariellen Beurkundung bedarf und damit überhaupt formlos wirksam ist, sollte auch eine kurzfristige Garantievereinbarung unbedingt schriftlich abgefaßt werden, und zwar sowohl aus Beweisgründen als auch aus psychologischen Gründen. Beide Partner können sich dann sicherer fühlen und können nachprüfen, was sie konkret vereinbart haben.

Diese Forderung gilt streng genommen sogar dann, wenn die Vereinbarung erst im Termin getroffen wird, es sei denn, daß sie mit der Abgabe eines Gebotes vollständig erledigt ist und das Gebot sofort abgegeben wird; es darf dann also auch keine erst später erfüllbaren Gegenleistungen geben. Diese formalistisch anmutende Forderung kann nur jemand verstehen, der selbst schon miterlebt hat, wie viele Vereinbarungen in Zwangsversteigerungsterminen getroffen werden, und wie wenig die Beteiligten hinterher noch genau wissen, wozu sie sich „in der Hitze des Gefechts" konkret verpflichtet haben.

TH 5.3.2.7.: Die Situation, daß Garantien auf der Basis eines unterhalb der $^7/_{10}$-Grenze liegenden Mindestgebots erklärt und dann nicht eingehalten werden, dürfte in der Praxis nicht sehr häufig vorkommen. Wenn sie aber eintritt und der Gläubiger gezwungen ist, selbst einzusteigern, hat er nach der herrschenden Meinung[55] kaum die Möglichkeit, vom vertragsbrüchigen Garanten Schadensersatz zu verlangen, wenn er nicht die Rechtsfolgen des § 114 a in seinem Verhältnis zum Garanten ausdrücklich ausgeschlossen hat. Das sollte deshalb auf Fälle gemacht werden, auch wenn m. E. § 114 a im Verhältnis zwischen Garantienehmer und -geber ohnehin nicht gilt.

TH 5.3.2.8.: Bei einer kurzfristigen Ausfallverhütungsgarantie sollte der Garant darauf achten, daß er sein eigenes Risiko einigermaßen begrenzt. Dazu gehört insbesondere, daß die Dauer der Garantie eindeutig begrenzt wird und daß sie nicht auf den Fall einer Wiederversteigerung ausgedehnt wird. Außerdem sollte er vom Garantienehmer verlangen, daß dieser keine weiteren ähnlichen Vereinbarungen abschließt. In den meisten Fällen ist die Position des Garanten stark genug, um diese Forderungen auch durchzusetzen.

5.4. Andere Vereinbarungen

5.4.1. Zahlungen außerhalb der Versteigerung

Es ist schon mehrfach darauf hingewiesen worden, daß es in fast allen Zwangsversteigerungsverfahren zu Interessengegensätzen kommt zunächst

---

[54] Zur Ablösung vgl ausführlich oben B. 7. und D. 4.5.3.
[55] Vgl oben C. 5.3.1.2.

zwischen Gläubigern und Schuldnern, dann aber auch zwischen Gläubigern und Interessenten und schließlich zwischen den Gläubigern untereinander. Wie in jeder anderen Auseinandersetzung entscheidet auch hier über Erfolg oder Mißerfolg einerseits die taktische Position und andererseits die Phantasie und Beweglichkeit der Kämpfer. Das führt unter anderem dazu, daß es im Rahmen einer Zwangsversteigerung immer wieder auch zu solchen Vereinbarungen kommt, die unter Ausnutzung verfahrensrechtlicher Möglichkeiten und Positionen das wirtschaftliche Ergebnis einzelner Beteiligter durch Zahlungen oder andere Zugeständnisse verbessern,[56] die außerhalb der Versteigerung abgewickelt werden.[57]

(1) Die eine Gruppe dieser Vereinbarungen geht von folgendem Tatbestand aus: Die Bietstunde wird mit einem Meistgebot abgeschlossen, das den Vorstellungen und Bedürfnissen des Gläubigers nicht entspricht. Der Gläubiger hat dann die Möglichkeit, den Zuschlag zu verhindern, und zwar entweder über den $^7/_{10}$-Antrag nach § 74a I,[58] oder über eine Einstellungsbewilligung nach § 30.[59] Wenn er nicht der einzige aber der bestrangig betreibende Gläubiger ist, kann die Einstellungsbewilligung nach der Bietstunde aber vor der Entscheidung über den Zuschlag erfolgen;[59] und wenn er nicht einmal bestrangig betreibender Gläubiger und auch nicht nach § 74a antragsberechtigt ist, kann er die Zuschlagsversagung nur über eine Ablösung des bestrangig betreibenden Gläubigers erreichen.[60]

Die Fähigkeit, den Zuschlag verhindern zu können, ist die Position, die dem Meistbietenden entgegengesetzt werden muß. Da das Gebot nach Abschluß der Bietstunde nicht mehr erhöht werden kann, kann nur noch eine Zahlung oder ein sonstiges Zugeständnis außerhalb der Versteigerung helfen. Können sich Gläubiger und Meistbietender nicht einigen, kann der Gläubiger die Versagung des Zuschlags auf einem der oben beschriebenen Wege herbeiführen.

Dieses Verfahren ist für den Gläubiger viel risikoloser (er kann gar nichts verlieren) als der in der Praxis häufiger zu beobachtende Versuch, den Interessenten während der Bietstunde durch eigenes Mitbieten zu höheren Geboten zu veranlassen: bleibt der Gläubiger dann doch Meistbietender, kann er zwar als einziger oder als bestrangig betreibender Gläubiger (dagegen nicht über § 74a I)[61] den Zuschlag an sich selbst verhindern, aber dieser Termin ist erfolglos; es muß mit allen Zeit- und Kostennachteilen ein neuer Termin durchgeführt werden, und der jetzige Interessent ist dann möglicherweise gar nicht mehr dabei ....

Das hier aufgezeigte Verfahren kommt dem Schuldner genauso zugute wie ein entsprechend höheres Gebot, weil der Gläubiger die Zahlung ebenfalls auf seine Forderung gegen den Schuldner anrechnet. Wenn er dies nicht tut, besteht die Gefahr, daß die Zahlung wegen Nötigung oder wegen Sittenwid-

---

[56] Zu derartigen Vereinbarungen vgl auch Steiner-Storz § 66 Rdnrn 44–51 und Kirsch, Risiken des Nachverhandelns in der Zwangsversteigerung, Rpfleger 2006, 373.
[57] Vgl **TH** C. 5.4.3.1.
[58] Vgl unten D. 4.4.1.
[59] Vgl oben B. 3.2.2. und D. 4.5.2. und D. 4.5.3.
[60] Zur Ablösung vgl ausführlich oben B. 7.
[61] Vgl dazu unten D. 4.4.

rigkeit vom Ersteher zurückgefordert werden kann. Außerdem könnte der Schuldner jedenfalls dann, wenn es sich um einen höheren Betrag handelt – und natürlich nur dann, wenn er etwas davon erfährt, aber dieses Problem besteht ja immer – eine auf § 765 a ZPO gestützte Zuschlagsbeschwerde mit der Begründung einreichen, das Grundstück sei (auch dem Ersteher) mehr wert gewesen, als ihm aus der Zwangsversteigerung gutgeschrieben worden ist. Und schließlich kann der Gläubiger dann nicht mit der Mitwirkung des Rechtspflegers rechnen;[62] auf diese Mitwirkung ist der Gläubiger aber in der Weise angewiesen, daß er zwischen Bietstunde und Zuschlagsverkündung genügend Zeit zum Verhandeln mit dem Meistbietenden erhält.

(2) Die zweite Gruppe von Vereinbarungen unterscheidet sich von der ersten „nur" dadurch, daß der verhandelnde Gläubiger nicht der einzige Gläubiger ist und daß der von dem Meistbietenden an ihn zu zahlende Betrag im Falle einer entsprechenden Erhöhung des Meistgebots (die aber wegen der bereits erfolgten Beendigung der Bietstunde nicht mehr möglich ist) einem anderen Gläubiger zufließen würde.[63] Hier kommt wie bei der ersten Gruppe der dem Gläubiger außerhalb der Versteigerung gezahlte Betrag dem Schuldner zugute (wenn der Gläubiger ihn auf seine Forderung gegen den Schuldner anrechnet), so daß insoweit nichts Besonderes gelten kann.

Andererseits wird hier die für das Zwangsversteigerungsverfahren vorgesehene rangmäßige Befriedigung der Gläubiger abgeändert. Es fragt sich, ob diese Tatsache die Vereinbarung unwirksam macht oder ob der andere Gläubiger daraus irgendwelche Ansprüche herleiten kann. Beide Fragen sind m. E. eindeutig zu verneinen: Die Unwirksamkeit könnte sich nur aus dem Gesichtspunkt der Sittenwidrigkeit ergeben. Es kann aber nicht sittenwidrig sein, wenn der eine Gläubiger feststellt und ausnützt, daß der Ersteher bereit und in der Lage ist, den für den Grundstückserwerb insgesamt aufgewendeten Betrag noch zu erhöhen. Der andere Gläubiger hätte die gleiche Möglichkeit gehabt; er hätte sich die dem Ersteher gegenüber erforderliche Machtposition mindestens durch Ablösung verschaffen können. Insofern besteht zwischen den Gläubigern Waffengleichheit.

Der andere Gläubiger kann aus diesem Vorgang auch keinerlei Ansprüche herleiten: gegen den Ersteher schon nicht, weil jegliche Rechtsbeziehungen fehlen. Gegen den Gläubiger käme mangels vertraglicher Beziehungen allenfalls ein Schadensersatzanspruch nach § 826 BGB in Betracht. Aber abgesehen davon, daß der Gläubiger nicht so gehandelt hat, um den anderen Gläubiger zu schädigen, sondern um sein eigenes Ergebnis zu verbessern, ist der andere Gläubiger gar nicht geschädigt worden, weil die Bietstunde schon abgeschlossen war und das Meistgebot damit feststand.

Dies alles gilt insbesondere dann, wenn die Bietstunde bereits abgeschlossen war und das Meistgebot feststand, bevor die Verhandlungen über evtl Zuzahlungen zur „Rettung des Zuschlags" überhaupt begonnen haben. Durch einen evtl Erfolg derartiger „Nachverhandlungen" wird also wirklich

---

[62] Vgl **TH** C. 5.4.3.2.
[63] Ein derartiger Fall lag der Entscheidung des OLG Köln in NJW 1978, 464f zugrunde; das OLG mußte zwar zu diesem Problem nicht Stellung nehmen, aber die Vorinstanz ist von der Wirksamkeit der Vereinbarung ausgegangen.

niemand geschädigt, sondern der Schuldner zusätzlich entlastet. – Fraglicher ist dies, wenn die Verhandlungen schon vor dem Ende der Bietstunde begonnen haben und auch das Bietgeschehen selbst beeinflussen. Hier kommt es bzgl der Sittenwidrigkeit auf die Umstände des Einzelfalles an; die Nähe zu sog „negativen Bietabkommen" springt uU ins Auge.

(3) Der Vollständigkeit halber soll noch eine dritte Gruppe von Vereinbarungen erwähnt werden, die aber noch seltener vorkommt: sie unterscheidet sich von der zweiten Gruppe dadurch, daß der Meistbietende außerhalb der Versteigerung keine zusätzliche Zahlung mehr leisten kann oder will, daß aber andere Gläubiger ein so großes Interesse am Zuschlag haben, daß sie dem Gläubiger außerhalb der Versteigerung eine Zahlung oder sonstige Zugeständnisse erbringen oder zusagen, damit dieser den Zuschlag nicht verhindert.

In diesem Fall kommt der Schuldner nicht in den Genuß einer zusätzlichen Entlastung, aber die Vereinbarung schadet ihm auch nicht, weil sich seine Schulden nur verschieben. Ein Nachteil könnte sich für ihn nur dann ergeben, wenn der zahlende Gläubiger im Gegensatz zum kassierenden Gläubiger für seine Restforderung noch zusätzliche Sicherheiten hat oder wenn unterschiedliche Haftungsverhältnisse gegeben sind. Aber auch in diesem Fall ist die Vereinbarung grundsätzlich nicht zu beanstanden, weil der eine Gläubiger die Möglichkeit hat und auch verwerten können muß, ein ihm nicht ausreichend erscheinendes Zwangsversteigerungsergebnis zu verhindern und der andere Gläubiger die Möglichkeit hat und verwerten können muß, ein ihm gut erscheinendes Zwangsversteigerungsergebnis durch Zugeständnisse an einen anderen Gläubiger zu retten.

5.4.2. Negative Bietabkommen

Unter dem allgemeinen Begriff der „Bietabkommen" kann man zwar auch Vereinbarungen verstehen, die das Bieten fördern sollen (also zum Beispiel auch eine Ausbietungsvereinbarung)[64] oder die die Bildung einer Gemeinschaft zur Abgabe gemeinschaftlicher Gebote zum Ziele haben.[65] Hier soll aber von Vereinbarungen gesprochen werden, die das Abhalten eines oder mehrerer Interessenten vom Bieten bezwecken. Zur Vermeidung von Mißverständnissen werden diese Vereinbarungen hier „negative Bietabkommen" genannt.

Solche negativen Bietabkommen sind nicht schlechthin unwirksam, es kommt vielmehr auf die besonderen Umstände jedes Einzelfalles an.[66] Die

---

[64] Vgl dazu oben C. 5.3.

[65] Solche Bietergemeinschaften sind genauso zulässig wie gemeinschaftliche Gebote; es muß lediglich bei jedem Gebot genau angegeben werden, wie die Eigentumsverhältnisse später aussehen sollen. – Zu Einzelfragen vgl Stöber § 71 Anm 4; Dassler-Schiffhauer-Gerhardt § 71 Anm 58.

[66] Allg Ansicht OLG Karlsruhe Rpfleger 1993, 413; OLG Frankfurt ZIP 1989, 399; OLG Celle NJW 1970, 662; Heiderhoff MittRhNotK 1966, 45, Kalter KTS 1961, 193; Stöber § 71 Anm 8.8; Mohrbutter-Drischler Muster 99; vgl ausführlich Steiner-Storz § 66 Rz 46–51; Droste MittRhNotK 1995, 37; Büchmann ZIP 1986, 7. – Der Fall des OLG Koblenz (ZfIR 2002, 755 mit **krit. Anm.** Storz = EWiR 2002, 653 mit **krit. Anm.** Hintzen) zeigt, wie leicht ein zu sorgloser Umgang mit der Sittenwidrigkeit solcher Abkommen zu ungewollten Ergebnissen führen kann!

Sittenwidrigkeit kann sich aus Inhalt, Beweggrund oder Zweck ergeben.[67] Die Sittenwidrigkeit ist vor allem dann gegeben, wenn in irgendeiner (auch nur mittelbaren) Weise Zahlungen auf das Grundstück geleistet werden, die aber dem Grundstückseigentümer nicht zugute kommen.[68] Weitere Fälle, in denen in der Praxis die Sittenwidrigkeit eines negativen Bietabkommens bejaht wurde, weil es bezweckt hat,

– daß nicht mehr der marktgerechte Preis für das Grundstück erzielt werden kann;[69]
– daß Beteiligte schutzlos gemacht werden, die auf Redlichkeit besonders angewiesen sind;[70]
– daß der Finanzfiskus geschädigt wird;[71]
– daß ein Bieter ausgeschaltet wird, der bereit und in der Lage gewesen wäre, mehr als andere zu bieten,[72] vor allem, wenn dieser dafür vom Ersteher sogar eine besondere Zuwendung erhalten hat.[73]

Die Sittenwidrigkeit führt nicht nur zur Unwirksamkeit des negativen Bietabkommens gemäß § 134 BGB (wenn die Vertragsparteien Unternehmen sind, uU auch nach § 1 Kartellgesetz),[74] sondern es können unter Umständen auch Schadensersatzansprüche nach § 826 BGB entstehen[74] (die allerdings außerhalb des Versteigerungsverfahrens durchgesetzt werden müssen),[75] und der Rechtspfleger kann bei zuverlässiger Kenntnis von einem wahrscheinlich sittenwidrigen Abkommen verpflichtet sein, die Entscheidung über den Zuschlag gemäß § 87 auszusetzen und dem Beteiligten (nicht nur, aber insbesondere dem Schuldner) die Möglichkeit zu evtl rechtlichen Abwehrmaßnahmen zu geben.[76]

Ein Gebot, das trotz einer vertraglichen Abrede (nicht oder nicht so hoch zu bieten), abgegeben wurde, ist voll wirksam. Es kann also auch nicht wegen einer Vereinbarung über Sonderzuwendungen zwischen Bieter und späterem Ersteher außerhalb der Versteigerung unwirksam sein,[77] wenn diese Sonderzuwendungen nicht auch dem Eigentümer zugute kommen.

Das eigentliche Problem solcher negativen Bietabkommen besteht darin, daß man sie in aller Regel nicht feststellen und erst recht nicht nachweisen kann.[78]

---

[67] BGH NJW 1979, 162; OLG Frankfurt ZIP 1989, 399; OLG Köln NJW 1978, 46.

[68] BGH NJW 1979, 162; WM 1961, 447; OLG Karlsruhe OLGZ 1994, 107; OLG Frankfurt ZiP 1989, 399; OLG Celle NJW 1969, 1764; LG Saarbrücken Rpfleger 2000, 80; OLG Köln BB 1963, 1280; Heiderhoff MittRhNotK 1966, 45; Stöber § 71 Anm 8.8; Storz ZfiR 2002, 756. – Vgl auch **TH** C. 5.5.6!

[69] OLG Frankfurt ZIP 1989, 399; OLG Celle NJW 1969, 1764.

[70] BGH NJW 1979, 162.

[71] OLG Celle NJW 1969, 1764. – Vgl deshalb **TH** C. 5.5.6!

[72] BGH NJW 1961, 1012; OLG Frankfurt ZIP 1989, 399.

[73] OLG Karlsruhe Rpfleger 1993, 413; LG Bielefeld NJW 1960, 534; LG Verden Rpfleger 1953, 243.

[74] Stöber § 71 Anm 8.8.

[75] OLG Karlsruhe Rpfleger 1993, 413; LG Verden Rpfleger 1953, 243.

[76] Evtl mit besonderer Hinweispflicht gemäß § 139 ZPO auf § 765 a ZPO (gegenüber dem Schuldner): OLG Karlsruhe Rpfleger 1993, 413.

[77] So **aber** LG Verden Rpfleger 1953, 243.

[78] Vgl **TH** C. 5.4.3.1.

5.4.3. Taktische Hinweise

TH 5.4.3.1.: Es ist sehr wichtig, daß jeder Beteiligte die Möglichkeit von Vereinbarungen über Zahlungen außerhalb der Versteigerung und auch von negativen Bietabkommen kennt. Nicht nur, um sie gegebenenfalls aktiv ausnützen sondern vor allem auch, um sich gegebenenfalls gegen sie wehren zu können. Beide Vereinbarungsarten werden oft erst in der Bietstunde ausgehandelt, so daß auch aus diesem Grund dringend davor gewarnt werden muß, die Bietstunde als „Stunde zum Biertrinken" zu mißbrauchen.[79]

TH 5.4.3.2.: Vereinbarungen über Zahlungen außerhalb der Versteigerung setzen beim Gläubiger voraus, daß er sich der Bedeutung des bestrangig betreibenden Gläubigers bewußt ist, die Möglichkeiten der Ablösung kennt, ein kaufmännisches Gespür hat und genügend beweglich ist.

Außerdem muß er sich in die Interessentensituation seines Partners, also insbesondere des Meistbietenden hineindenken können. Unter diesen psychologischen Gesichtspunkten bestehen die größten Erfolgsaussichten, wenn der Gläubiger nach Abschluß der Bietstunde zunächst die einstweilige Einstellung bewilligt (als bestrangig oder alleine betreibender Gläubiger), dann eine Pause beantragt, in dieser Pause mit dem Meistbietenden verhandelt und nach erfolgreicher Verhandlung seine Einstellungsbewilligung zurücknimmt und den sofortigen Zuschlag beantragt. Der Meistbietende hat sich bei dieser Vorgehensweise schon so sehr an „sein Grundstück gewöhnt", daß er in aller Regel bereit ist, noch gewisse zusätzliche Zahlungen zu leisten, weil er ja weiß, daß er dann das Grundstück sicher bekommt: das Bieten kann nicht fortgesetzt werden, weil die Bietstunde abgeschlossen ist. Das ist gleichzeitig der entscheidende Vorteil gegenüber Verhandlungen vor oder während der Bietstunde, wo die Unsicherheit noch voll auf dem Bieter lastet.

Der Rechtspfleger muß allerdings durch die Gewährung der Pause zu diesem Zeitpunkt mitwirken. Aber das ist dann relativ leicht erreichbar, wenn man den Rechtspfleger schon vor der Versteigerung auf diesen Antrag vorbereitet und wenn man ihn davon überzeugt hat, daß dieses Verfahren dem Schuldner zugute kommt, weil alle Zahlungen außerhalb der Versteigerung der Forderung des Schuldners gutgeschrieben werden.

5.5. Taktische Hinweise für Interessenten

TH 5.5.1.: Der Erwerb eines Grundstücks in der Zwangsversteigerung ist einerseits sehr einfach, weil man einfach zu einem Termin gehen, dem Rechtspfleger gut zuhören und dann eben bieten muß.

Andererseits kann ein Interessent unter Umständen sehr viel billiger einsteigern, wenn er sich im Zwangsversteigerungsrecht einigermaßen auskennt und wenn er über das Grundstück und die Interessenlage der Beteiligten unterrichtet ist. Er kann allerdings nicht erwarten, daß die Beteiligten ihm unaufgefordert erklären, wie er das Grundstück ganz billig erwerben kann. Das wollen sie nicht, weil ein Billigerwerb zu ihren Lasten gehen würde; und das

---

[79] Vgl unten D. 1.1. und D. 1.3.

dürfen sie auch nicht, weil sie sich sonst unter Umständen schadensersatz-pflichtig machen.[80]

Der Interessent muß sich also selbst informieren und fängt damit am besten beim Rechtspfleger an, von dem er Auskunft erhält über die Gläubiger, bei dem er gemäß § 42 Einblick in die Mitteilungen des Grundbuchamts und in die eventuell schon erfolgten Anmeldungen sowie in Schätzungsunterlagen nehmen kann, und von dem er schließlich möglicherweise sogar etwas über die sonstige Nachfrage nach diesem Grundstück erfährt.

TH 5.5.2.: Danach sollte sich der Interessent möglichst mit allen, mindestens aber mit allen innerhalb der $7/10$-Grenze liegenden, den ganz großen nachrangigen und gegebenenfalls auch mit ganz kleinen ganz nachrangigen[81] Gläubigern unterhalten und nach ihren Forderungen fragen, wobei die Valutierung von Grundschulden sehr wichtig ist, weil dadurch das Verhalten der dinglichen Gläubiger bestimmt wird. Gleichzeitig sollte er versuchen, die Meinung der Gläubiger über den voraussichtlichen Ausgang der Versteigerung herauszubekommen und wie jeder einzelne seine Position einschätzt. Allerdings kann sich der Interessent erst dann ein einigermaßen wirklichkeitsnahes Bild machen, wenn er die Äußerungen des Rechtspflegers und aller Gläubiger zusammen betrachtet.

Eins ist dabei wichtig: der Interessent kann auf keine Auskunft hoffen, wenn er sie schriftlich erbittet. Wenn ihm die Angelegenheit wirklich wichtig ist, muß er die Gläubiger beziehungsweise deren zuständige Bearbeiter persönlich aufsuchen.

TH 5.5.3.: Gegebenenfalls sollte der Interessent auch die zuständigen Behörden aufsuchen, insbesondere dann, wenn auf dem Grundstück ein Gebäude steht, das er gerne abbrechen würde (Denkmalschutz?), oder wenn er bestimmte genehmigungspflichtige Baumaßnahmen beabsichtigt, oder wenn in den letzten Jahren Erschließungsmaßnahmen durchgeführt worden sind, von denen nicht mit Sicherheit feststeht, daß sie schon bezahlt oder mindestens abgerechnet beziehungsweise bei Gericht angemeldet sind (Vorsicht: der Ersteher muß neben seinem Meistgebot, den Zinsen hieraus und den Zuschlagskosten auch Kosten für Erschließungsmaßnahmen bezahlen, die schon früher durchgeführt aber vor dem Versteigerungstermin noch nicht abgerechnet worden sind!).

TH 5.5.4.: Wenn der Ersteher nach all diesen Informationen ernsthaft an einem Erwerb des Grundstücks interessiert ist und wenn er sich einigermaßen im Zwangsversteigerungsrecht auskennt, dann empfiehlt sich unter Umständen der Erwerb eines kleinen nachrangigen Rechtes an dem Grundstück. Nachteil: es entstehen dafür zusätzliche Kosten, die dem Interessenten von keiner Seite erstattet werden und die umsonst aufgewendet worden sind, wenn er den Zuschlag nicht erhält.

Vorteil aber: meist muß der Interessent nicht viel bezahlen, weil fast alle zwangsversteigerten Grundstücke hoch belastet sind, und zwar hinten meist mit kleineren Sicherungszwangshypotheken oder persönlichen Forderungen.

---

[80] Vgl oben C. 5.4.2. Vgl auch **TH** B. 1.5.2.3.
[81] Vgl dazu unten **TH** C. 5.5.4.

Deren Gläubiger kennen ihre schlechte Rangstelle und verkaufen ihr Recht daher gerne und billig. Mit dem Erwerb dieses Rechts ist der Interessent dann Beteiligter und hat im Versteigerungstermin alle Rechte eines Beteiligten, wenn er nur den Gläubigerwechsel rechtzeitig vor der Aufforderung zur Abgabe von Geboten anmeldet. Außerdem hat er jetzt ein Ablösungsrecht; er kann also bestrangig betreibender Gläubiger werden und aus dieser Position heraus gegebenenfalls sogar die Versagung des Zuschlags herbeiführen, wenn ihm Verlauf und Ergebnis des Versteigerungsverfahrens nicht passen.[82]

TH 5.5.5.: Trotz hoher Grundstücksbelastungen kann es unter Umständen ratsam sein, doch noch vor dem Versteigerungstermin einen freihändigen Erwerb des Grundstücks zu versuchen. Das hat oft mehr Aussicht auf Erfolg als man denkt, besonders wenn zwar unter Umständen hohe Belastungen vorhanden sind, sich diese aber auf nicht sehr viele Gläubiger verteilen, und wenn die Nachfrage nach dem Grundstück noch nicht allzu groß ist. Die Gläubiger wissen nämlich auch noch nicht, wie der Termin enden wird und sind deshalb in der Regel zu Gesprächen und unter Umständen auch zu Zugeständnissen bereit.

TH 5.5.6.: Wer in seriöser Absicht eine Vereinbarung im Zusammenhang mit einer Zwangsversteigerung schließt, die Elemente eines Bietabkommens hat und deshalb auch nur in die Gefahr gerät, sittenwidrig sein zu können, sollte – vor allem bei Abschluß während des Versteigerungstermins – den wesentlichen Inhalt der Vereinbarung vom Rechtspfleger protokollieren und dabei ausdrücklich vermerken lassen, daß evtl vereinbarte Zahlungen, ungeschmälert dem Vollstreckungsschuldner bzw Grundstückseigentümer zu Gute kommen. Damit ist dann sichergestellt, daß der Schuldner nicht geschädigt, sondern gefördert wird, daß nichts „hinter dem Rücken" des Fiskus geschieht und daß das Abkommen von sachgerechten Überlegungen geleitet ist. Der Rechtspfleger sollte einem entsprechenden Protokollierungswunsch auch dann entsprechen, wenn die Vereinbarung außerhalb des Termins abgeschlossen aber im Termin erklärt worden ist; denn alle Beteiligten profitieren von einer Offenlegung!

---

[82] Vgl auch **TH** B. 1.5.2.3.

6. Vorbereitung des Termins durch den Gläubiger

6.1. Festlegung der eigenen Taktik

6.1.1. Allgemeines

Wenn der Versteigerungstermin heransteht, muß sich der Gläubiger über seine eigene Taktik klar werden. Je besser diese Vorbereitungen sind, je vollkommener die Kenntnis aller wichtiger Faktoren ist und je klarer sich eine eigene taktische Marschroute abzeichnet, um so handlungsfähiger ist der Gläubiger im Termin. Diese Handlungsfähigkeit braucht er, weil das Zwangsversteigerungsverfahren im ganzen und auch der Versteigerungstermin entgegen einer landläufigen Meinung keine in engen und genau festgelegten Bahnen ablaufenden Vorgänge sind sondern in einem außerordentlich großen Umfang von den Beteiligten gestaltet werden können und immer wieder Überraschungen aller Art hervorzaubern, auf die die Beteiligten schnell reagieren können müssen.

Trotz der sorgfältigen Vorbereitung einer eigenen taktischen Marschroute muß sich der Gläubiger seine Beweglichkeit im Termin bewahren, damit er sich schnell umstellen kann, wenn durch irgendwelche unvorhergesehenen Ereignisse eine Verbesserung des vorher gesteckten Zieles erreicht werden kann, oder wenn sich die Grundlagen irgendwie gegenüber den bisherigen Annahmen verschlechtert haben. Die vorherige Festlegung der taktischen Marschroute dient dann als Richtschnur zur Beurteilung der Zweckmäßigkeit oder Notwendigkeit von Abweichungen.

6.1.2. Taktische Hinweise

Grundlage für die Entscheidung über die eigene Taktik im Termin sind insbesondere:

TH 6.1.2.1.: Zunächst ist eine genaue Kenntnis des Objekts über Art, Umfang und Zustand der Bebauung, Grundstücksgröße, Wohn- und/oder Nutzflächen, Ausstattung, derzeitige Nutzung und Eignung für eine andere Nutzung, Lage und Verkehrsanbindung sehr vorteilhaft.[1] Außerdem sollten eventuelle Mietverhältnisse ermittelt werden.[2] Nötig ist auch die Kenntnis des vom Gericht festgesetzten Verkehrswerts und eine eigene kritische Bewertung und Beurteilung der Verwertbarkeit.

TH 6.1.2.2.: Außerdem muß der Gläubiger die rechtlichen Verhältnisse kennen, die er sich einerseits durch einen neuen Grundbuchauszug verschaffen kann (ein alter bei der eventuellen Bestellung eines Grundpfandrechts hereingenommener Auszug hat hierfür in der Regel keine ausreichende Aussagekraft mehr); dabei sind die Eintragungen in Abt. III, ergänzt und die ge-

---

[1] Vgl oben **TH** C. 5.1.3.
[2] Vgl oben **TH** B. 1.3.4.1.

richtliche Mitteilung nach § 41 II[3] wichtig für die Beurteilung der Werthaltigkeit der eigenen Absicherung, während die Eintragungen in Abt II vor allem für den Fall eines späteren Eigenerwerbs wichtig werden können.

Die Kenntnis der rechtlichen Verhältnisse muß bei entsprechenden Grundstücken gegebenenfalls durch eine Rückfrage bei bestimmten Behörden ergänzt werden.[4]

TH 6.1.2.3.: Jeder Gläubiger muß möglichst genau ermitteln, bei welcher Gebotshöhe erste Zahlungen auf sein Recht erfolgen können (wann sein Recht „angeboten" wird) und bei welcher Gebotshöhe das eigene Recht voll befriedigt wird (wann es „ausgeboten" ist beziehungsweise wann es „ausläuft").

Dazu müssen durch Rückfrage beim Rechtspfleger die vorläufigen Verfahrenskosten und die angemeldeten öffentlichen Lasten ermittelt werden (beide können unter Umständen auch geschätzt werden), und es muß versucht werden, die Valutierung vorrangiger Rechte zu klären. Das ist bei Grundschulden besonders wichtig, weil diese meist zum Versteigerungstermin voll angemeldet werden,[5] auch wenn der Grundschuldgläubiger im Hinblick auf die Höhe der gesicherten Forderung nur einen geringeren Erlös aus der Zwangsversteigerung benötigt. Genauso wichtig wie die Klärung der Valutierung der vorrangigen Rechte ist die Ermittlung, wem die eventuellen Rückgewähransprüche zustehen.[6] Zwar lassen sich nachrangige Grundpfandgläubiger die Rückgewähransprüche bei den vorrangigen Grundschulden meist abtreten, besonders wenn die Bestellung der nachrangigen Grundpfandrechte durch Kreditinstitute und formularmäßig vollzogen wird. Aber oft handelt es sich bei den nachrangigen Rechten um abgetretene Eigentümerrechte und bei deren Abtretung oder bei der Bestellung anderer Rechte wird die Abtretung der Rückgewähransprüche oft vergessen. Jedenfalls lohnt sich eine sorgfältige Nachprüfung, wem die Rückgewähransprüche zustehen und ob die betreffenden Gläubiger auf sie angewiesen sind. Entdeckt man „freie" Rückgewähransprüche (was in der Praxis nicht selten vorkommt), können diese noch vor dem Verteilungstermin gepfändet werden.

Diese Auskünfte erhält man besser in einem persönlichen oder mindestens telefonischen Gespräch mit den Gläubigern. Selbst unter Kreditinstituten ist die Auskunftsbereitschaft auf schriftliche Anfragen im Hinblick auf das Bankgeheimnis und auf bürokratische Hemmnisse nicht gerade groß. Der Zessionar von Rückgewähransprüchen hat allerdings Anspruch darauf, daß ihm der Grundschuldgläubiger Auskunft darüber erteilt, inwieweit Rückgewähransprüche bestehen.

Diese mündlichen oder telefonischen Kontakte kommen im übrigen einer eventuellen späteren Zusammenarbeit zugute.

TH 6.1.2.4.: Das Ergebnis der Bemühungen um Interessenten[7] muß ausgewertet werden; eventuell mögliche Vereinbarungen über eine Aus-

---

[3] Vgl **TH** B. 6.5.1. und **TH** C. 3.5.6.
[4] Vgl **TH** C. 5.5.3.
[5] Vgl **TH** C. 4.4.4.
[6] Vgl oben C. 4.2.
[7] Vgl dazu ausführlich oben C. 5. und **TH** C. 5.1.1. – **TH** C. 5.1.5.

bietungsgarantie[8] oder sonstige Vereinbarungen[9] sollten noch vor dem Versteigerungstermin abgeschlossen sein, damit für beide Seiten klare Verhältnisse herrschen. Außerdem besteht immer die Gefahr von plötzlichen Überraschungen, auf die der eine oder andere Partner in der Hitze des Versteigerungstermins unter Umständen nicht mehr rechtzeitig reagieren kann.

TH 6.1.2.5.: Bei einer Versteigerung von Wohnungseigentum oder Erbbaurecht müssen eventuell erforderliche zusätzliche Maßnahmen durchgeführt werden.[10]

TH 6.1.2.6.: Vor dem Versteigerungstermin muß schließlich überprüft werden, welche Möglichkeiten dem Gläubiger zustehen, um einen ihm eventuell nicht passenden Zuschlag zu verhindern, zum Beispiel nach § 74a I[11] oder nach § 30.[12] Gegebenenfalls müssen auch gedankliche Vorbereitungen dafür getroffen werden, daß man den Zuschlag gegen einen unzufriedenen anderen Gläubiger verteidigt, zum Beispiel durch die Vorbereitung auf einen eventuellen Widerspruch gegen den $7/10$-Antrag (vgl § 74a I 2).[11]

In diesem Zusammenhang muß auch geprüft werden, ob die eigene Position durch Ablösung[13] (in Frage kommt dafür nur der bestrangig betreibende Gläubiger) verbessert werden kann oder ob umgekehrt Vorsorge getroffen werden kann, daß die eigene Position nicht durch Ablösung durch einen anderen Gläubiger verschlechtert wird: wenn man selbst bestrangig betreibt, und zwar aus zwei unmittelbar aufeinander folgenden Rechten und wenn das erste Recht nur über einen kleinen Betrag lautet, dann sollte hieraus unter Umständen noch vor der Bietstunde die einstweilige Einstellung bewilligt werden.[13]

TH 6.1.2.7.: Gläubiger, die es öfters mit Zwangsversteigerungen zu tun haben, also insbesondere Kreditinstitute und Bausparkassen verwenden zur eigenen Vorbereitung oft formularmäßig aufbereitete Check-Listen.[14]

TH 6.1.2.8.: Manche Gläubiger schreiben vor dem Zwangsversteigerungstermin an den Rechtspfleger (zB zusammen mit der Forderungsanmeldung), daß der Termin auf alle Fälle durch einen Vertreter wahrgenommen wird; sollte sich dieser aus irgendwelchen Gründen verspäten oder sollte er überhaupt nicht erscheinen, wird schon jetzt dringend um eine Verschiebung der Zuschlagsverkündung gemäß § 87 II gebeten, außerdem wird eine konkrete Adresse mit Tel-Nr. für evtl Rückfragen während des Termins angegeben. Der Rechtspfleger ist an derartige Wünsche zwar nicht gebunden; er wird sie aber idR bei seiner Entscheidung berücksichtigen.

---

[8] Vgl dazu oben C. 5.3.

[9] Vgl oben C. 5.4.

[10] Vgl oben **TH** B. 2.2.2.1. und **TH** B. 2.2.2.2. und **TH** B. 2.3.3.1. und **TH** B. 2.3.3.2.

[11] Vgl unten D. 5.2.

[12] Vgl oben B. 3.4.2.

[13] Vgl dazu ausführlich oben B. 7.

[14] Vgl das Beispiel in Anhang **AT** Nr. 17.

6.2. Eigenerwerb durch den Gläubiger?

6.2.1. Allgemeines

Je nachdem, wie die Interessentensuche verlaufen ist, was man selbst von der Verwertbarkeit des Grundstücks hält, in welcher absoluten Höhe man an dem Grundstück engagiert ist und welche Bedeutung die eigene Forderung im Verhältnis zu den anderen Forderungen hat, kommt unter Umständen auch ein Eigenerwerb durch den Gläubiger zur Rettung seines Rechts in Betracht.

Wann ein Eigenerwerb sinnvoll ist, kann nicht allgemein gesagt werden; es gibt da auch recht unterschiedliche Handhabungen und Einstellungen, die von vielen Faktoren bestimmt werden, die zum Teil mit dem konkreten Grundstück gar nichts zu tun haben: geschäftspolitische oder satzungsmäßige Regeln, Fragen eines eigenen Verkaufsapparates usw.

Es gibt aber auch Gesichtspunkte, die bei jedem Eigenerwerb beachtet werden müssen: einige davon sollen hier kurz angesprochen werden. Sie gelten aber nur für die Vorentscheidung; in dem Versteigerungstermin muß der Gläubiger beweglich sein, damit er sich auf eine veränderte Sachlage rasch einstellen und seine vorbereitete Marschroute unter Umständen noch verbessern kann.

6.2.2. Taktische Hinweise

TH 6.2.2.1.: M.E. kann und sollte ein Eigenerwerb grundsätzlich vermieden werden. Besser ist es, die Zwangsversteigerung terminreif zu machen, sich eine gute taktische Position zu verschaffen (das Antragsrecht anderer nach § 74a I „beseitigen" und selbst bestrangig betreibender Gläubiger sein oder werden) und diese eventuell durch eine nebenbei betriebene Zwangsverwaltung[15] noch zu verstärken und dann mit den Mitteln der einstweiligen Einstellung die Zwangsversteigerung so lange durchzuhalten,[16] bis auf Grund intensiver Bemühungen (die auch bei einem Eigenerwerb nötig sind!) ein Interessent gefunden ist.

Auf diese Weise können gewisse Nachteile vermieden werden, die der Eigenerwerb unter Umständen mit sich bringt: Kreditinstitute kommen schnell in einen schlechten Ruf, wenn sie Eigentümer unverkäuflicher Ladenhüter-Grundstücke sind. Als Grundstückseigentümer unterliegt man einer ganzen Reihe von Verpflichtungen, die man als Grundpfandgläubiger von sich fernhalten kann (insbesondere was die Instandhaltung, Beaufsichtigung und Pflege aber auch die Haftung zB für sog. Altlasten anbetrifft). Als Grundpfandgläubiger hat man schließlich oft auch eine bessere Verhandlungsposition gegenüber eventuell einzuschaltenden Behörden und auch gegenüber den Interessenten; von einem Kreditinstitut als Eigentümer eines derartigen

---

[15] Vgl dazu oben A. 1.3.
[16] Vgl dazu **TH** B. 3.3.3.4. – Allerdings ist Vorsicht und Mäßigung geboten, denn die Zwangsversteigerung darf letztendlich nicht als Dauerdruckmittel mißbraucht werden.

Grundstücks erwartet merkwürdigerweise jedermann erhebliche Zugeständnisse.

TH 6.2.2.2.: Selbstverständlich gibt es auch Konstellationen, die den Eigenerwerb als vorteilhafter erscheinen lassen, zum Beispiel:

(1) wenn erhebliche nachrangige Belastungen abgeschüttelt werden müssen oder wenn man sich von einem störenden Eigentümer lösen will; oder

(2) wenn der Gläubiger eine erhebliche Forderung hat, die teilweise nur nachrangig (nach fremden Zwischenrechten) abgesichert ist und die nur durch einen billigen Zwangsversteigerungserwerb und einen teuren Weiterverkauf befriedigt werden kann; oder

(3) wenn schwierige grundbuchrechtliche oder bautechnische Verhältnisse vorhanden sind (zum Beispiel bei „steckengebliebenen" Großbauten), die nur durch eine Zwangsversteigerung geklärt werden können, wenn aber andererseits ein wirtschaftlich sinnvoller Weiterverkauf nur freihändig möglich ist.

TH 6.2.2.3.: Manche Kreditinstitute haben eigene Gesellschaften zum Erwerb und zur eventuell erforderlichen Fertigstellung, Verwaltung und Weiterveräußerung von geeigneten Grundstücken gegründet. In diesen Fällen gibt es naturgemäß andere und mehr Gründe für den (mittelbaren) „Eigenerwerb", die aber so vielschichtig und im einzelnen auch unterschiedlich sind, daß hier nicht auf sie eingegangen werden kann.

TH 6.2.2.4.: Bei jedem Eigenerwerb darf § 114a nicht übersehen werden.[17] § 114a ist dann naturgemäß bedeutungslos, wenn der Schuldner ohnehin vermögenslos ist und auch keine weiteren Sicherheiten mehr vorhanden sind, so daß eine Befriedigungsfiktion unschädlich ist. In den anderen Fällen wird wegen § 114a oft von vorneherein bei einem Eigenerwerb die $^7/_{10}$-Grenze ausgeboten.[18]

TH 6.2.2.5.: Im Falle eines Eigenerwerbs müssen auch die grunderwerbsteuerlichen und umsatzsteuerlichen Vorschriften beachtet werden.[19] Die Grunderwerbsteuer beträgt immerhin 3,5% aus dem Meistgebot und fällt bei Eigenerwerb und Weiterverkauf doppelt an; befreit ist heute idR nur noch der Erwerb durch Ehegatten und best Verwandte sowie durch Miterben bei Nachlaßteilung und schließlich der Erwerb von Grundstücken mit geringem Wert.

Für mitversteigerte Maschinen und Betriebseinrichtungen fällt idR keine Grunderwerbsteuer, wohl aber uU Mehrwertsteuer an. Dagegen ist die Zwangsversteigerung von (auch: Betriebs-)Grundstücken idR frei von Mehrwertsteuer (vgl § 4 Nr. 9a UStG); uU kann der Ersteher trotzdem die Umsatzsteuer als Vorsteuer abziehen (vgl dazu unten D. 5.3.4.).

TH 6.2.2.6.: Über die Grunderwerbsteuer hinaus gibt es noch zahlreiche weitere Steuervorschriften, die bei einem Eigenerwerb berücksichtigt werden müssen, insbesondere zur Mehrwertsteuer (zum Beispiel zum Zubehör),[20] zur

---

[17] Vgl dazu ausführlich E. 6.1.3.
[18] Vgl aber **TH** C. 2.3.5.6.
[19] Vgl dazu D. 5.3.4. und D. 5.3.7.
[20] Vgl E. 6.1.3.

Spekulationssteuer und zur Einkommenssteuer (zum Beispiel § 7 b EinkommensteuerG). Dies sind aber alles Steuern, die jeden Ersteher treffen unabhängig davon, ob er Gläubiger des bisherigen Grundstückseigentümers war oder nicht.

Die früher geltende Haftung des Erstehers für Betriebsteuerrückstände ist inzwischen weggefallen.[21]

TH 6.2.2.7.: Im Hinblick auf § 114 a und auf die verschiedenen steuerlichen Vorschriften empfiehlt es sich oft, die eigene Forderung mindestens bis zur $^7/_{10}$-Grenze auszubieten und sich vor allem an dem Betrag zu orientieren, den man aus einem Weiterverkauf erwarten kann.

Diese Faustregel gilt aber keineswegs immer und schon dann nicht, wenn erhebliche Zwischenrechte vorhanden sind.[20] Da sehr viele verschiedene Faktoren berücksichtigt werden müssen, erfordert jeder Einzelfall eine sorgfältige diesbezügliche Prüfung.

6.3. Terminsvollmacht

6.3.1. Rechtslage

§ 71 ZVG

(1) Ein unwirksames Gebot ist zurückzuweisen.

(2) Ist die Wirksamkeit eines Gebots von der Vertretungsmacht desjenigen, welcher das Gebot für den Bieter abgegeben hat, oder von der Zustimmung eines anderen oder einer Behörde abhängig, so erfolgt die Zurückweisung, sofern nicht die Vertretungsmacht oder die Zustimmung bei dem Gericht offenkundig ist oder durch eine öffentlich beglaubigte Urkunde sofort nachgewiesen wird.

Im Gegensatz zum ganzen übrigen Zwangsversteigerungsverfahren, für das eine privatschriftliche Vollmacht genügt, bedarf eine Bietungsvollmacht der notariellen Beglaubigung beziehungsweise (bei öffentlich-rechtlichen Anstalten und Körperschaften) des Dienstsiegels. Die Vollmacht muß schon bei der Abgabe des Gebots vorliegen,[22] weil sie nicht nachgereicht werden kann.[23] Sie ist nur entbehrlich, wenn die Vertretungsmacht bei Gericht offenkundig ist, wozu nicht genügt, daß der Rechtspfleger weiß, daß der Bieter in einem anderen Zwangsversteigerungsverfahren über eine formgültige Vollmacht verfügt hat.

Wenn die Vollmacht auch das Bieten abdecken soll, was bei einer normalen Prozeßvollmacht von Rechtsanwälten nicht ohne weiteres der Fall ist,[24] muß das eindeutig aus der Vollmacht hervorgehen, wobei die Formulierung: „zur Abgabe und Entgegennahme aller im Zwangsversteigerungsver-

---

[21] Vgl D. 5.3.7.
[22] Vgl **T II** C. 6.3.2.2.
[23] Vgl Stöber § 71 Anm 6.6; Steiner-Storz § 51 Rz 28; Hintzen Rpfleger 1990, 218; LG Lüneburg Rpfleger 1988, 112; OLG Koblenz Rpfleger 1988, 75 unter **Aufhebung** von LG Koblenz Rpfleger 1987, 425 (**abl. Anm** Storz). – Vgl **TH** C. 6.3.2.3 und **TH** C. 6.3.2.4.
[24] Vgl **TH** C. 1.4.4.6.

fahren erforderlichen Erklärungen" vielleicht gerade noch anerkannt wird, aber die Untergrenze an Klarheit darstellen dürfte.[25] Selbstverständlich darf eine Vollmachtsurkunde nicht nach (evtl notariell beglaubigter) Unterschrift vom Bevollmächtigten „Zur Klarstellung" ergänzt oder gar geändert werden.[26]

Die Vollmacht kann auch beschränkt werden, indem zum Beispiel das Bieten ganz ausgeschlossen oder nur bis zu einer bestimmten Höhe zugelassen wird. Zum Teil wird eine ausdrückliche Befreiung vom Selbstkontrahierungsverbot des BGB verlangt, wenn der Vertreter auch im eigenen Namen Gebote abgeben will. Dieses Verlangen ist m. E. unberechtigt, weil auch in diesem Fall der Vertreter keinen Vertrag mit sich selbst abschließt. Aber trotzdem schadet die Aufnahme dieses kurzen Satzes in die Vollmacht nichts. Er könnte nämlich dann unter Umständen doch nötig sein, wenn der Vertreter eines Kreditinstitutes in dieser Funktion sich selbst eine Bürgschaft gewähren soll, um dem Sicherheitsverlangen eines Beteiligten entsprechen zu können.[27]

Als Vollmacht im Sinne des § 71 II kann auch ein beglaubigter Auszug aus dem Handelsregister dienen, wenn sich aus dem Auszug auch die Vertretungsbefugnis zum Erwerb von Grundstücken ergibt.[28] Der Handelsregisterauszug muß aber neueren Datums sein, wobei feste zeitliche Grenzen nicht bestehen. Schon ein 4 Wochen alter Handelsregisterauszug kann zu alt sein, wenn weitere Umstände hinzukommen, die gegen die Eindeutigkeit des Nachweises sprechen.[28a] Soll ein beglaubigter Auszug im Einzelfall nicht mehr als ausreichend angesehen werden, so können es unter Umständen die Erfordernisse einer fairen Verhandlungsführung im Hinblick auf die Eigentumsgarantie des Art 14 GG und den effektiven Rechtsschutz (für den Vollstreckungsschuldner/Grundstückseigentümer und evtl die anderen Beteiligten, nicht dagegen Interessenten und Bieter) gebieten, noch während des Versteigerungstermins mit geeigneten technischen Hilfsmitteln (Telex, Telefax, Telefon ua) beim Registergericht Rückfrage zu halten.[29] Bedarf der Vorstand eines eingetragenen Vereins zur Ersteigerung eines Grundstücks der Zustimmung der Mitgliederversammlung, so muß auch diese Zustimmung in notariell beglaubigter Form nachgewiesen werden.[30] Eine eventuelle kommunalrechtliche Bindung zB an Beschlüsse des Gemeinderats stellt nach dem BGH[31] lediglich eine verwaltungsinterne Zuständigkeitsregelung dar, die der Rechtspfleger nicht zu beachten braucht; dabei ist aber Vorsicht geboten, wenn dem Rechtspfleger bekannt sein sollte, daß der Gemeinderat zustimmen muß, aber (noch) nicht zugestimmt hat.[32]

---

[25] Vgl deshalb **TH** C. 6.3.2.1.
[26] LG Lüneburg Rpfleger 1988, 112.
[27] Vgl das Beispiel im Anhang **AT** Nr. 18.
[28] Vgl auch **TH** D. 3.2.2.4. und **TH** C. 6.3.2.3.
[28a] LG Mainz Rpfleger 2000, 287 (Dort war die Bietvollmacht nicht auf dem Geschäftspapier und ohne Angabe der Handelsregister-Nummer geschrieben).
[29] OLG Hamm Rpfleger 1990, 85; OLG Köln Rpfleger 1983, 411; **gegen** entsprechende Hinweispflichten: Hintzen Rpfleger 1990, 218; Stöber § 71 Anm 6.4.
[30] OLG Hamm NJW 1988, 73.
[31] NJW 1994, 1528.
[32] Zu weiteren Vollmachts- bzw Vertretungs-Sonderfällen vgl Stöber § 71 Anm 7.

Wer im Versteigerungstermin als Gläubiger-Vertreter auftritt bzw handelt, sollte unbedingt die neue BGH-Rechtsprechung zu sogenannten Eigengeboten des Gläubiger-Vertreters beachten. Diese sollen nämlich rechtsmißbräuchlich und damit rechtsunwirksam sein, wenn sie ausschließlich zum „Verbrauch" der Zuschlagsversagungsgründe aus §§ 85 a oder 74 a abgegeben werden.[32a] Die Folgen dieser Rechtsprechung können allerdings relativ leicht vermieden werden.[32b]

6.3.2. Taktische Hinweise

TH 6.3.2.1.: Eine Zwangsversteigerungsvollmacht für Vertreter von Kreditinstituten sollte so eindeutig und umfassend wie möglich formuliert sein, damit der Terminsvertreter tatsächlich alle Erklärungen einschließlich Geboten (ohne Obergrenze) und Bürgschaftserklärungen abgeben kann, deren Notwendigkeit sich aus der jeweiligen konkreten Situation ergibt. Die Vollmacht muß jedenfalls die volle Bewegungsfreiheit gewährleisten und sollte etwaige Beschränkungen, die im Innenverhältnis selbstverständlich gegeben sind, nicht erkennbar machen; mindestens sollten aus der Vollmacht keine Rückschlüsse auf das konkrete Verhalten in diesem Termin gezogen werden können. Aus dem gleichen Grund erscheint es besser, die Vollmacht nicht auf ein konkretes Verfahren zu beschränken sondern auf alle Zwangsversteigerungsverfahren zu erstrecken, an denen das Kreditinstitut in irgendeiner Form beteiligt ist.[33]

TH 6.3.2.2.: Wegen der Pflicht zur notariellen Beglaubigung beziehungsweise bei öffentlich-rechtlichen Anstalten und Körperschaften (zum Beispiel Sparkassen) zur Beidrückung des Dienstsiegels empfiehlt es sich, daß der Terminsvertreter sich eine für alle Zwangsversteigerungsverfahren gültige Vollmacht erteilen läßt und neben diesem Original in jeden Termin eine Fotokopie mitnimmt. Beides legt er dem Rechtspfleger vor; er kann aber das Original wieder mitnehmen.[34]

TH 6.3.2.3.: Es kommt immer wieder vor, vor allem in der „heißen" Endphase der Versteigerung, daß sich Vollmachten unter irgendeinem Gesichtspunkt als nicht ausreichend darstellen. Ausweichmöglichkeiten über die Abtretung der Rechte aus dem Meistgebot (vgl § 81 II) oder über Bieten mit verdeckter Vertretung (vgl § 81 III) sind oft wegen der idR doppelt anfallenden Grunderwerbsteuer keine geeigneten Wege; ebenso wenig der Widerspruch gegen die Zurückweisung des Gebotes (vgl § 72 II). Deshalb sollte immer auf „Nummer sicher" gegangen werden: Den Rechtspfleger zur Vollmacht befragen, am besten schon vor dem Termin, evtl ganz am Anfang des Termins (Beginn des Bekanntmachungsteiles), allerspätestens zu Beginn der Bietstunde; dann ist unter Umständen noch eine Korrektur möglich. In der Endphase der Bietstunde kann meist nicht mehr abgeholfen werden; au-

---

[32a] Vgl BGH Rpfleger 2006, 144; 2007, 483 und 617; **kritisch** hierzu ua Storz/Kiderlen NJW 2007, 1846 und 3279; Hasselblatt NJW 2006, 1320; Hintzen Rpfleger 2006, 145; Groß Rpfleger 2007, 91; Krainhöfner Rpfleger 2007, 422.

[32b] Vgl dazu **Th** 6.3.2.5.

[33] Vgl das Beispiel im Anhang **AT** Nr. 18.

[34] Vgl auch **TH** D. 3.2.2.4.

ßerdem ist zu beachten, daß die Mindestzeit der Bietstunde im Jahr 1998 von 60 Minuten auf 30 Minuten verkürzt worden ist (vgl dazu unten D. 1.3.).

TH 6.3.2.4.: Nicht nur wegen evtl Vollmachts-Unklarheiten, aber auch ihretwegen, die in der kurzen Bietstunde oft nicht mehr lösbar sind, ist dem Ersteher dringend anzuraten, den Versteigerungstermin wegen irgend möglich (auch) persönlich wahrzunehmen. Das ist auch wegen der zahlreichen sonstigen Überraschungsmöglichkeiten und Unwägbarkeiten zu empfehlen. ZB: Bestehenbleiben oder Erlöschen von Rechten; evtl geänderte Versteigerungsbedingungen; wie hoch soll/kann unter Berücksichtigung der tatsächlichen Gegebenheiten der Versteigerungstermin geboten werden?

TH 6.3.2.5.: Wenn ein Grundpfandgläubiger meint, er müsse die Verwertbarkeit des Pfandobjekts dadurch herbeiführen oder verbessern, daß die Zuschlagsversagungsgründe aus §§ 85a und 74a „verbraucht" werden, wenn also ein unter 50/70% des Verkehrswertes liegendes Gebot abgegeben werden muß, aber von außenstehender Seite nicht abgegeben wird, muß ein derartiges Gebot wegen der neuen BGH-Rechtsprechung eben „organisiert" werden, denn nur der Terminsvertreter dieses Grundpfandgläubigers selbst ist an derartigen Geboten gehindert. Allerdings muß sorgfältig darauf geachtet werden, daß diese „organisierten" Gebote nicht als Umgehung der BGH-Rechtsprechung gewertet werden (können)! Ich selbst habe schon mehrfach wie folgt gehandelt: In meinen Bemühungen um Interessensuche bin ich evtl auf Personen gestoßen, die nicht einmal 50% des Verkehrswertes bieten wollten oder nicht unter 70% des Verkehrswertes erwerben konnten (solange nachrangige Gläubiger die Zuschlagsversagung nach § 74a beantragen können). In diesen Fällen habe ich diese Interessenten dazu überredet, trotzdem schon im ersten Versteigerungstermin zu erscheinen und auch im Rahmen ihrer Möglichkeiten zu bieten. Entweder konnte man (bei zwischen 50% und 70% liegenden Geboten) doch noch den Zuschlag erreichen, oder die Interessenten mußten die Zuschlagsversagung hinnehmen und auf einen Erfolg im nächsten Termin hoffen.

Thesen-Seite 33: Überprüfung der taktischen Position

Ist die Forderung ausfallgefährdet?
- Eigene Grundstücksbewertung (Besichtigung)
- Beeinträchtigungen durch Eigentümer/Mieter?
- Erschwernisse durch bestehenbleibende Rechte oder zusammenhängende Grundstücke?
- genügend Nachfrage auch ohne besondere Zusatz-Werbung?

Besteht ein § 114 a-Problem?
Abhängigkeit von anderen Berechtigten
- Wer ist bestrangig betreibender Gläubiger?
- Wer kann den $^7/_{10}$-Antrag stellen?
- Abhängigkeit von Rückgewähransprüchen?
- Gefahr durch vorgehende Gesamtrechte?

Besteht Ablösungsgefahr/-möglichkeit?

Thesen-Seite 34: Taktische Möglichkeiten innerhalb der Versteigerung

Im Vollstreckungsschutz-Verfahren

- Einem § 30a-Antrag evtl nicht entgegentreten, sondern Auflagen verlangen
- Einem § 765a-Antrag idR wegen Wiederholungsgefahr bekämpfen

Bei der Wertfestsetzung

- Ernst nehmen, insbesondere wegen Bieter-Orientierung und wegen Einflußrecht aus § 74a
- Befriedigungsfiktion des § 114a berücksichtigen
- Bezugspunkt für Verschleuderung (§ 765a ZPO)
- Reduzierbar durch Teilfreigabe von Einzelgrundstücken/Zubehör
- Zeitfaktor von Rechtsmitteln beachten
- Evtl Mitwirkung bei Besichtigung durch Sachverständigen (Bilder?)
- Abgabe von Unterlagen spart uU Zeit und Geld

Zeit und Ort des Versteigerungstermins

beeinflussen uU das Ergebnis

Dreiteilung des Termins

Bekanntmachungsteil (Anwesende analysieren)

Bietstunde (Potentielle Bieter ansprechen und möglichst Adressen notieren!)

Verhandlung über den Zuschlag (evtl Rettung des Ergebnisses durch externe Absprachen)

Besonderer Verkündigungstermin (§ 87)

Gutes Ergebnis durch Zuschlag sichern

Schlechtes Ergebnis durch § 87 offenhalten

Abwehr von evtl Sörversuchen

Mieter-Probleme: Lösen (durch Zugeständnisse) oder bekämpfen + Ersteher unterstützen

Eigentümer-Probleme: Evtl über (Teil-)Verzicht lösen

Heimtückische Versteigerungsbedingungen bekämpfen bzw Bieter auf Normalausgebote verweisen

Thesen-Seite 35: Vorteile von Fremdversteigerung bzw. Rettungs-zwischenerwerb

Vorteile von

Fremdversteigerung	Rettungszwischenerwerb
1) Einfache Abwicklung; alles* ist intern und extern geregelt	1) Überbrückung, falls keine* Interessenten absehbar
2) Keine Abstimmung mit anderen* Gläubigern/dem Eigentümer nötig	2) In schlechten Zeiten besseres* Ergebnis durch freihändigen Verkauf ohne Zeitdruck möglich
3) Keine Befriedigungsfiktion (§ 114 a)	3) Nach Kündigung/Räumung bessere* Verkaufsmöglichkeit
4) Keine Gewährleistung (§ 56 Satz 3)*	4) Besichtigungen möglich
5) Keine zusätzliche Grund-erwerbsteuer; geringere Kosten	5) Haus- und Gartenpflege, uU Fertigstellung/Mängelbeseitigung möglich
6) In guten Zeiten uU bessere Preise* erzielbar als bei frei-händigem Verkauf	6) UU wollen einzig denkbare* Interessenten nicht in Zwangsver-steigerung erwerben
7) Bei Kündigungs- oder Räumungsproblemen kein geschäftspolitischer Ärger	

* UU kann hier Abtretung des Meistgebots mit langer Zwischenzeit als Kompromiß dienen. Allerdings gestehen die Vollstreckungsgerichte in neu-erer Zeit entsprechend § 87 II 1 in der Regel nur noch Verzögerungen um etwa 1 Woche zu, weil auch die Ersteher und Schuldner geschützt werden müssen.

D. Versteigerungstermin und Zuschlag

1. Dreiteilung des Termins

1.1. Allgemeines

1.1.1. Rechtslage

§ 78 ZVG

Vorgänge in dem Termine, die für die Entscheidung über den Zuschlag oder für das Recht eines Beteiligten in Betracht kommen, sind durch das Protokoll festzustellen; bleibt streitig, ob oder für welches Gebot der Zuschlag zu erteilen ist, so ist das Sachverhältnis mit den gestellten Anträgen in das Protokoll aufzunehmen.

§ 79 ZVG

Bei der Beschlußfassung über den Zuschlag ist das Gericht an eine Entscheidung, die es vorher getroffen hat, nicht gebunden.

§ 80 ZVG

Vorgänge in dem Versteigerungstermine, die nicht aus dem Protokoll ersichtlich sind, werden bei der Entscheidung über den Zuschlag nicht berücksichtigt.

Die Versteigerungsverhandlung ist öffentlich und wird von dem zuständigen Rechtspfleger geleitet.[1] Dieser hat auch für die Aufrechterhaltung der Ordnung zu sorgen und kann Ordnungsgeld verhängen und Personen am Zutritt hindern oder aus dem Saal entfernen lassen (vgl §§ 175ff GVG). Dagegen kann der Rechtspfleger (im Gegensatz zum Richter) gemäß § 4 RpflegerG weder Beeidigungen vornehmen noch Ordnungshaft verhängen.

Gemäß § 78 muß ein Sitzungsprotokoll angefertigt werden, das alle für die Zuschlagsentscheidung oder für das Recht eines Beteiligten wichtigen Vorgänge ersehen läßt. Dazu gehören außer dem schon nach §§ 159ff ZPO vorgesehenen Protokollinhalt alle sich aus den Vorschriften des ZVG ergebenden Bekanntmachungen und Feststellungen (vgl insbesondere § 66); Zeit, Ort und Öffentlichkeit der Verhandlung in Übereinstimmung mit der Terminsbestimmung (vgl § 37 Nr. 2); Beginn und Ende sowie eventuelle Unterbrechungen der Bietstunde (§ 73); Anträge, Erklärungen, Anmeldungen, Widersprüche, Genehmigungen sowie gerichtliche Hinweise und Belehrungen (vgl § 139 ZPO) und schließlich die Gebote und die Verhandlung und Entscheidung über den Zuschlag (vgl § 74).

Vorgänge, die nicht aus dem Protokoll ersichtlich sind, gelten als nicht geschehen und dürfen gemäß § 80 weder bei der Zuschlagsentscheidung selbst noch bei einer Anfechtung der Zuschlagsentscheidung berücksichtigt werden.

---

[1] Zum Versteigerungstermin in der Teilungsversteigerung vgl Storz, Teilungsversteigerung C. 7.

Lediglich eine Verletzung des Art 103 GG oder des § 139 ZPO (vgl dazu oben B. 1.6.1.) können als Zuschlagsversagungsgrund auch dann berücksichtigt werden, wenn die Verletzung zwar nach dem Verfahrensgang feststeht, sich aber nicht aus dem Protokoll ergibt.[2]

Das Protokoll kann gemäß § 164 ZPO berichtigt bzw ergänzt werden, und zwar bis zur Rechtskraft des Zuschlags.[3] Eine Beschwerde gegen die Berichtigung ist nicht und gegen die Ablehnung einer Berichtigung idR nicht zulässig.[4]

Wenn der Rechtspfleger im Versteigerungstermin von einem Beteiligten abgelehnt wird, kann er trotzdem den Termin zu Ende führen, da eine Versteigerung keinen Aufschub gestattet.[5] Die Zuschlagsentscheidung kann er dann entweder nach Ablehnung des Gesuchs durch den Richter oder bei offenkundig rechtsmißbräuchlichen Gesuchen[5a] selbst verkünden, oder sie kann von einem anderen Rechtspfleger erlassen und verkündet werden, der seinerseits an der Versteigerung nicht teilnehmen mußte.

Der Termin besteht aus drei Teilen:
- der Bekanntmachungsteil, welcher der Vorbereitung der eigentlichen Versteigerung dient und die Verhandlung bis einschließlich zur „Aufforderung zur Abgabe von Geboten" erfaßt (vgl §§ 37 Nr. 4, 66 II),
- die eigentliche Versteigerung (= Versteigerungsgeschäft = Bietstunde = Bietungsstunde), die nach der Aufforderung zur Abgabe von Geboten beginnt und bis zur Verkündung des Schlusses der Versteigerung (das ist nicht automatisch der dreimalige Aufruf des letzten Gebots!) dauert (vgl § 73 II 1);
- die Verhandlung über den Zuschlag, die nicht mehr zur eigentlichen Versteigerung gehört aber eine Verhandlung über das Versteigerungsergebnis darstellt und mit der Verkündung der Entscheidung über den Zuschlag endet, falls dafür nicht sofort ein anderer Termin bestimmt wird (vgl §§ 74, 87).

Diese drei Teile des Versteigerungstermins müssen genau unterschieden werden, weil zum Beispiel eine Änderung des geringsten Gebots unterschiedliche Folgen hat, je nachdem, in welchem der drei Abschnitte die Änderung wirksam wird:[6]

Vor Beginn der Bietstunde hat eine Änderung des geringsten Gebots lediglich zur Folge, daß der Rechtspfleger ein eventuell schon vorbereitetes geringstes Gebot den neuen Gegebenheiten entsprechend neu feststellen muß;

wird die Änderung während der Bietstunde wirksam, so muß die bisherige Bietstunde abgebrochen werden und alle Gebote werden unwirksam (vgl

---

[2] OLG Hamm Rpfleger 1990, 85 (Anm Hintzen Rpfleger 1990, 218); OLG Köln Rpfleger 1983, 411.

[3] OLG Karlsruhe Rpfleger 1994, 311; OLG München Rpfleger 1981, 67; OLG Hamm MDR 1983, 410; Rpfleger 1979, 29; 1959, 47; Dassler-Schiffhauer § 78 Rz 11; Stöber § 78 Anm 3.1.; Steiner-Storz § 78 Rz 24.

[4] OLG Karlsruhe Rpfleger 1994, 311; OLG Hamm NJW 1989, 1680; großzügiger: LG Frankfurt JurBüro 1993, 744; vgl auch OLG Koblenz MDR 1986, 593; OLG München Rpfleger 1981, 67.

[5] Vgl dazu oben B. 1.6.1.

[5a] BGH Rpfleger 2007, 619.

[6] Vgl oben B. 3.2.1. und B. 6.3.2.

§ 72 III); es müssen dann ein neues geringstes Gebot festgestellt, noch einmal die Aufforderung zur Anmeldung von Rechten (§ 37 Nr. 4) und der Hinweis auf die Ausschließung weiterer Anmeldungen (vgl § 66 II) wiederholt und eine neue mindestens 60 Minuten dauernde Bietstunde durchgeführt werden;

wird die Änderung des geringsten Gebots (zum Beispiel auf Grund einer einstweiligen Einstellung durch den bestrangig betreibenden Gläubiger) erst nach dem Schluß der Versteigerung (§ 73 II 1) wirksam, so muß in aller Regel der Zuschlag auf ein eventuell vorhandenes Meistgebot gemäß § 33 versagt werden. Selbst wenn die Versteigerung noch von anderen Gläubigern betrieben wird und wenn alle Beteiligten damit einverstanden wären, den Termin „fortzusetzen" beziehungsweise einen neuen Versteigerungstermin sofort durchzuführen, ist dieses Verfahren nicht zulässig, denn § 43 I schreibt zwingend eine sechs- bezw zweiwöchige Bekanntmachungsfrist vor. Ein Verstoß gegen § 43 I ist gemäß §§ 83 Nr. 7, 84 I nicht heilbar.

Gemäß § 62 kann das Gericht schon vor dem Termin Erörterungen der Beteiligten über das geringste Gebot und die Versteigerungsbedingungen veranlassen und zu diesem Zweck unter Umständen sogar einen besonderen (Vor-)Termin bestimmen. Das Ergebnis dieser Erörterungen ist aber für den Versteigerungstermin nicht bindend.

Die Versteigerung muß an dem Ort und grundsätzlich auch in dem Raum und zu der Zeit durchgeführt werden, die in der Terminsbestimmung und den amtlichen Veröffentlichungen genannt sind. Die (auch kurzfristige) Verlegung in einen anderen Raum ist zulässig, muß aber einerseits im Protokoll vermerkt[7] und andererseits bei den betr. Räumen so deutlich gemacht werden, daß gewährleistet ist, daß alle sich an dem vorbestimmten Ort Einfindenden ohne jede (auch zeitliche) Benachteiligung problemlos in den tatsächlichen Versteigerungsraum kommen können.[8] Was dazu konkret unternommen werden muß, hängt von den Besonderheiten des Einzelfalles und insbesondere des Versteigerungsgebäudes ab.

Fall aus der Praxis: Nach Terminsbestimmung und allen Veröffentlichungen wird im „großen Saal" des AG X versteigert. Einen „großen Saal" gibt es dort nicht; gemeint ist „Saal 9", in dem auch versteigert wird. Aber an dessen Tafel steht während der ganzen Versteigerung: „Nicht-öffentliche Sitzung in einer Familiensache Y". – ME ein glatter Zuschlagsversagungsgrund!

Die Versteigerung sollte auch dann pünktlich beginnen (idR), wenn der Schuldner (und/oder sein Vertreter) seine evtl Verspätung angekündigt hat, allerdings ohne nachvollziehbare Begründung.[9] Es sollte unbedingt vermieden werden, mehrere von einander unabhängige Versteigerungen am gleichen Ort zur (fast) gleichen Zeit („überlappende" Termine) durchzuführen.[10]

---

[7] OLG Hamm Rpfleger 1979, 29; OLG Frankfurt JR 1954, 183 (Riedel); LG Oldenburg Rpfleger 1990, 171; 1985, 311 (Schiffhauer).
[8] OLG Hamm Rpfleger 1979, 29; LG Oldenburg Rpfleger 1990, 471; Schiffhauer Rpfleger 1985, 312; Stöber § 66 Anm 3.2; Steiner-Storz § 66 Rz 62.
[9] OLG Hamm Rpfleger 1994, 428; Stöber § 66 Anm 3.3. – Zur Terminsverlegung vgl auch Steiner-Storz § 66 Rz 63.
[10] Vgl dazu oben C. 3.1.

1.1.2. Taktische Hinweise

TH 1.1.2.1.: Es ist schon darauf hingewiesen worden, daß sich alle Beteiligten, besonders aber die betreibenden Gläubiger und die Gläubiger von nicht bestehenbleibenden dinglichen Rechten gewissenhaft auf den Termin vorbereiten sollten.[11] Insbesondere betreibende Gläubiger müssen rechtzeitig vorher überlegen, ob sie bestimmte Anmeldungen machen müssen oder wollen, ob sie bieten wollen und bis zu welcher Höhe, bei welchem Gebot sie etwa zum Zuge kommen würden und wie überhaupt das ganze Verfahren allgemein laufen werde. Insbesondere nicht betreibende Gläubiger von öffentlichen Lasten und von Grundstücksrechten müssen überprüfen, ob noch Anmeldungen nötig sind. Diese sind dann unbedingt vor Beginn der Bietstunde zu machen.[12]

TH 1.1.2.2.: Es ist ebenfalls schon darauf hingewiesen worden, daß dem Schuldner nicht dringend genug die Teilnahme am Versteigerungstermin empfohlen werden kann, auch wenn zuzugeben ist, daß es vielen Schuldnern menschlich schwerfällt, der „Exekution ihres Grundbesitzes" persönlich beizuwohnen. Aber nur ein im Termin anwesender oder wenigstens (sinnvoll) vertretener Schuldner kann die ihm als Beteiligter des Verfahrens zustehenden Rechte auch ausüben. Nachteile, die sich aus seiner Abwesenheit ergeben, muß der Schuldner selbst verantworten,[13] auch wenn ein abwesender Schuldner in gewissem Umfang durch die gerichtliche Hinweispflicht gem § 139 ZPO vor allzu schlimmen Überraschungen geschützt wird.[14]

TH 1.1.2.3.: Alle Beteiligten, insbesondere aber die betreibenden Gläubiger und der Schuldner sollten pünktlich zum Versteigerungstermin erscheinen, vor allem dann, wenn sich der Rechtspfleger bemüht hat, bei der Terminierung auf die Länge ihrer Anreisewege Rücksicht zu nehmen. Aber die Pünktlichkeit ist nicht nur eine Frage der Höflichkeit, sondern auch deshalb sehr zu empfehlen, weil einige Rechtspfleger den Bekanntmachungsteil bei unkomplizierten Verfahren in kurzer Zeit abwickeln[15] und nach der Aufforderung zur Abgabe von Geboten weitere Anmeldungen nur noch mit Rechts- und Rangverlusten vorgenommen werden können.[16] Außerdem können die Beteiligten dann unter Umständen nicht mehr bei der Feststellung des geringsten Gebots und der Versteigerungsbedingungen mitwirken. Eine Änderung der Versteigerungsbedingungen kann zwar unter Umständen auch noch während der Bietstunde durchgesetzt werden; eine derartige nachträgliche Änderung sollte aber nur in wirklich begründeten Ausnahmefällen versucht werden, weil sie zu einer Komplikation des Verfahrens führt, die sich uU in einer Verschlechterung der Erlös-Aussichten niederschlägt.

---

[11] Vgl oben C. 6.1. – C. 6.3. und besonders **TH** C. 6.1.2.; **TH** C. 6.2.2. und **TH** C. 6.3.2.
[12] Vgl oben B. 1.1.1. und **TH** B. 1.1.2.3.
[13] Vgl Stöber § 66 Anm 4.5.
[14] Vgl oben B. 1.6.1.
[15] Vgl dazu unten **TH** D. 1.2.2.1.
[16] Vgl dazu oben C. 3.2.

TH 1.1.2.4.: Während des Versteigerungstermins und dann besonders während der Bietstunde kann es zu den verschiedensten Vereinbarungen zwischen den verschiedensten Personen und Gruppen kommen. Es sei auch hier noch einmal[17] dringend empfohlen, diese Vereinbarungen wenigstens in ihren wichtigsten Punkten schriftlich festzuhalten, damit auch hinterher noch nachvollzogen und nachgewiesen werden kann, wozu man selbst beziehungsweise der Partner sich verpflichtet hat. Auf eine derartige schriftliche Fixierung sollte m. E. trotz der eventuellen Hektik im Versteigerungstermin nur dann verzichtet werden, wenn die sich aus der Vereinbarung ergebenden beiderseitigen Verpflichtungen beide noch innerhalb des Versteigerungstermins in ihren wesentlichen Punkten sofort erfüllt werden und bis zu ihrer Erfüllung ein so enger Kontakt zwischen den Partnern bestehenbleibt, daß die Erfüllung gewährleistet ist.

TH 1.1.2.5.: Manche Rechtspfleger halten sich während des Versteigerungstermins an ein – wenigstens in den Grundzügen – bereits vorbereitetes Protokoll, um in Form einer Check-Liste sicherzustellen, daß auch alle wichtigen Punkte bekanntgegeben, erörtert und entsprechend im Protokoll festgehalten werden. Es gibt aber auch Stimmen,[18] die von einem derartigen Vorgehen dringend abraten, damit es sich um ein echtes Original-Protokoll handelt, das zuverlässig darüber Auskunft geben kann, was mit welchem Wortlaut wann und wie behandelt worden ist und damit der Rechtspfleger seinen „Fall" auch im Termin wirklich selbst gestalten kann. Welches Verfahren konkret zweckmäßiger ist, kann wohl nicht allgemein sondern nur nach der Person jedes Rechtspflegers und unter Umständen sogar einmal vom konkreten Verfahren her bestimmt werden. Trotzdem können die veröffentlichten Muster[19] jedem Rechtspfleger gute und nützliche Anregungen für ein Terminsgerüst geben.

TH 1.1.2.6.: Ist ein Beteiligter mit dem Versteigerungsergebnis nicht zufrieden und überlegt er deshalb eine Zuschlagsbeschwerde, sollte er das Versteigerungsprotokoll sorgfältig studieren, weil gemäß § 80 nicht protokollierte Vorgänge bei der Entscheidung über den Zuschlag nicht berücksichtigt werden können (auch nicht in der Beschwerde). Unter Umständen muß deshalb zur Verbreitung einer Beschwerde erst das Protokoll berichtigt werden. –
Beispiel aus der Praxis: Grundstückswert EURO 500 000,– Meistgebot EURO 230 000,–. Ein Gläubiger will Zuschlagsversagung nach § 74a beantragen, weil 70% nicht erreicht sind. Der Rechtspfleger verweist stattdessen auf § 85a und versagt den Zuschlag wegen Nichterreichens der 50%-Grenze. Der Meistbietende geht in die Zuschlagsversagungsbeschwerde und weist die Voraussetzungen des § 85a III nach (vgl dazu unten D. 4.3.1.). In der Beschwerdeinstanz kann der 7/10-Antrag nicht mehr nachgeholt werden (vgl dazu D. 4.4.1.). Aber hier hilft uU eine Protokollberichtigung dahingehend, daß der 7/10-Antrag gestellt, aber wegen § 85a vom Rechtspfleger weder beachtet noch protokolliert worden ist.

---

[17] Vgl dazu oben auch **TH C.** 5.3.2.6.
[18] Vgl Stöber § 66 Anm 8.1.
[19] Vgl Stöber § 66 Anm 8.4; Steiner-Storz § 78 Rdnr 28.

1.2. Bekanntmachungsteil

1.2.1. Rechtslage

§ 66 ZVG

(1) In dem Versteigerungstermine werden nach dem Aufrufe der Sache die das Grundstück betreffenden Nachweisungen, die das Verfahren betreibenden Gläubiger, deren Ansprüche, die Zeit der Beschlagnahme, der vom Gericht festgesetzte Wert des Grundstücks und die erfolgten Anmeldungen bekanntgemacht, hierauf das geringste Gebot und die Versteigerungsbedingungen nach Anhörung der anwesenden Beteiligten, nötigenfalls mit Hilfe eines Rechnungsverständigen, unter Bezeichnung der einzelnen Rechte festgestellt und die erfolgten Feststellungen verlesen.

(2) Nachdem dies geschehen, hat das Gericht auf die bevorstehende Ausschließung weiterer Anmeldungen hinzuweisen und sodann zur Abgabe von Geboten aufzufordern.

§ 42 ZVG

(1) Die Einsicht der Mitteilungen des Grundbuchamts sowie der erfolgten Anmeldungen ist jedem gestattet.

(2) Das gleiche gilt von anderen das Grundstück betreffenden Nachweisungen, welche ein Beteiligter einreicht, insbesondere von Abschätzungen.

Der Bekanntmachungteil und damit der Versteigerungstermin beginnt wie jeder Gerichtstermin mit dem Aufruf der Sache und der Feststellung der anwesenden Beteiligten. Danach werden unter Wahrung der gerichtlichen Aufklärungspflichten die sich insbesondere aus § 66 ergebenden Angaben bekanntgemacht und in dem erforderlichen Umfang mit den Beteiligten erörtert.

Der Bekanntmachungteil, auch „Verhandlung bis zur Aufforderung zur Abgabe von Geboten" genannt, dient der Vorbereitung der eigentlichen Versteigerung. Durch die Bekanntmachungen und Erörterungen können einerseits die Gläubiger und sonstigen Beteiligten die sie selbst betreffenden Angaben überprüfen und gegebenenfalls richtigstellen oder ergänzen, sowie ihre Informationen über die Voraussetzungen und Grundlagen dieser Zwangsversteigerung ergänzen; außerdem können sie bei der Festlegung der Versteigerungsbedingungen mitwirken.[20] Andererseits erfahren die anwesenden Bietinteressenten alles, was sie über das zu versteigernde Grundstück und das Versteigerungsverfahren wissen müssen, um die erforderliche Grundlage für ihre Gebote zu erhalten.

Zur Abrundung haben alle Anwesenden gemäß § 42 das Recht, in gewissem Umfang die Akten des Gerichts einzusehen. Das Akteneinsichtsrecht bezieht sich insbesondere auf die in § 42 genannten Bereiche: Mitteilungen des Grundbuchamtes, erfolgte Anmeldungen sowie (von Beteiligten eingereichte) „das Grundstück betreffende Nachweisungen". Inanspruchgenom-

---

[20] Vgl **TH** D. 1.2.2.1. – **TH** D. 1.2.2.3. und **TH** B. 1.5.2.1.

men wird es insbesondere wegen des Grundbuchs und der Grundstücks-Schätzungen.

Dagegen besteht **kein** Akteneinsichtsrecht zum Beispiel
- hinsichtlich der Vollstreckungsunterlagen,[21]
- hinsichtlich erbrachter Sicherheitsleistungen,[22]
- zur Feststellung der Höhe des Meistgebots,[23]
- nur bei besonderem Interesse für Nachforschungen über aufgehobene Zwangsversteigerungsverfahren.[24]

Akteneinsicht erfolgt in der Regel auf der Geschäftsstelle und während des Zwangsversteigerungstermins direkt beim Rechtspfleger. Dagegen werden die Akten in der Regel nicht ausgehändigt, auch nicht an Rechtsanwälte.[25]

Damit der obengenannte Zweck des Bekanntmachungsteils erreicht werden kann, muß alles klar und verständlich sein.[26] Es müssen in jedem Versteigerungstermin zu mindestens folgenden Punkten Angaben gemacht (vgl § 66) und gegebenenfalls Erörterungen durchgeführt werden (die Beteiligten haben Anspruch auf rechtliches Gehör gem Art 103 GG):[27]

(1) „Die das Grundstück betreffenden Nachweisungen": Beschreibung des Grundstücks mit Größen- und Bebauungsangaben, wesentlicher Inhalt des Grundbuchs, Einheitswert, Brandversicherungssumme, Ergebnis der Schätzung, festgesetzter Verkehrswert (wo noch keine Festsetzung erfolgt ist, muß diese spätestens jetzt erfolgen),[28] wenn sich Unrichtigkeiten des Wertgutachtens herausgestellt haben, muß auf diese hingewiesen werden.[29] Hierher gehören gegebenenfalls auch Hinweise auf Rechte, die trotz Nichteintragung bestehenbleiben (zum Beispiel Rentenbankreallasten, Vorkaufsrechte oder Baulasten) oder auf Besonderheiten bei der Versteigerung von Eigentumswohnungen, Entschuldungsbetrieben, Flurbereinigungs- oder Umlegungsgrundstücken, Erbbaurechten usw.

(2) „Die das Verfahren betreibenden Gläubiger und deren Ansprüche." Diese Bekanntmachung geschieht meist entsprechend der Mitteilung nach § 41 II,[30] oft ergänzt durch Hinzuziehung der durch die betreffenden Gläubiger erfolgten Anmeldungen. Zwischenzeitlich erfolgte Einstellungen oder Antragsrücknahmen müssen mitgeteilt werden, schon weil sie das geringste Gebot verändern können; zwischenzeitlich erfolgte Fortsetzungen oder Beitritte sollten m. E. mitgeteilt werden, obwohl sie gemäß § 44 II bei der Feststellung des geringsten Gebots nicht berücksichtigt werden.

---

[21] Stöber § 42 Anm 2.2.
[22] Steiner-Teufel § 42 Rz 6.
[23] OLG Frankfurt Rpfleger 1992, 267 (Meyer-Stolte); Stöber § 42 Anm 2.2.
[24] OLG Köln KTS 1991, 204.
[25] BGH MDR 1973, 580; 1961, 303; BFH NJW 1968, 864; OLG Schleswig MDR 1990, 254; Rpfleger 1976, 108; OLG Frankfurt JurBüro 1989, 867; OLG Köln Rpfleger 1983, 325; LG Bonn Rpfleger 1993, 354; Schneider Rpfleger 1987, 427; Stöber § 42 Anm 2.4.
[26] Vgl Dassler-Schiffhauer-Gerhardt § 66 Anm 2 d. – Vgl auch **TH** D. 1.2.2.1.
[27] Vgl **TH** B. 8.2.1.8.
[28] Vgl oben C. 2.3.
[29] OLG Oldenburg Rpfleger 1989, 381.
[30] Vgl dazu oben C. 3.4. und **TH** B. 6.5.1. und **TH** C. 3.3.6.

(3) „Die Zeit der Beschlagnahme." Wichtig ist hierbei vor allem der Zeitpunkt der ersten Beschlagnahme, weil dieser gemäß § 13 IV für die Bestimmung der laufenden und rückständigen Zinsen für alle Gläubiger maßgebend ist. Wenn nach der Beschlagnahme für einen persönlichen Gläubiger der 5. Rangklasse des § 10 I weitere dingliche Rechte eingetragen worden sind oder wenn sich durch eine Antragsrücknahme Rangänderungen ergeben haben oder wenn während des Verfahrens ein Eigentumswechsel vollzogen worden ist, müssen auch die Beschlagnahmezeitpunkte bezüglich der anderen Gläubiger bekanntgegeben werden.

(4) „Die erfolgten Anmeldungen" sind ihrem wesentlichen Inhalt nach bekanntzugeben und können jetzt noch richtiggestellt und ergänzt werden. Die Bekanntgabe erfolgt ohne Rücksicht darauf, ob der Anmeldende die Versteigerung betreibt, ob er sein Recht glaubhaft gemacht hat, ob die Anmeldung berechtigt erscheint oder nicht. Erfaßt sind alle Anmeldungen, die nach dem ZVG nötig oder möglich sind: vgl §§ 9 Nr. 2; 37 Nr. 4; 45 I; 53 II; 54; 75 d II und auch § 253 ZPO.

(5) Hinweise auf weitere Besonderheiten, falls diese in dem konkreten Verfahren berücksichtigt werden müssen, zum Beispiel:[31] Altenteil, ausländische Währung, Brennrechte, Dauerwohnrecht, Hypothekengewinnabgabe, Vorkaufsrechte. Üblich sind Hinweise auf die Grunderwerbsteuerpflicht[32] für den direkten Bieter und für die Fälle des § 81 II.[33] Wichtig ist auch ein eventueller Hinweis auf die Rechtshängigkeit oder Rechtskraft von Ansprüchen aus eingetragenen Grundpfandrechten und Reallasten, die allerdings gegen den Ersteher nur wirksam werden, wenn sie noch vor der Aufforderung zur Abgabe von Geboten angemeldet sind (vgl § 325 ZPO).

Der früher erforderliche Hinweis auf die Haftung des Erstehers für Betriebssteuerrückstände des bisherigen Eigentümers ist seit dem 1. 1. 1977 nicht mehr erforderlich, weil diese Haftung für einen Erwerb in der Vollstreckung gesetzlich ausgeschlossen wurde (vgl § 75 II AO).

Mit Ausführungen zur eventuell möglichen Terminsaufhebung wegen evtl möglicher Einigung zwischen den Beteiligten sollte sich der Rechtspfleger selbst zurückhalten (in der Regel); in entsprechenden Situationen kann er unter Umständen besser den (entscheidenden) Gläubiger um eine entsprechende Äußerung im Versteigerungstermin bitten.

(6) „Feststellung des geringsten Gebots." Diese erfolgt nach den Vorschriften der §§ 44–48 unter Berücksichtigung der Rangfolge der einzelnen Rechte und Ansprüche.[34] Die Beteiligten können unter Umständen gemäß § 59 eine abweichende Feststellung des geringsten Gebots verlangen.[35]

Bei der Feststellung des geringsten Gebots[36] ist eine genaue, klare und verständliche Belehrung der Bietinteressenten über die Gebote sehr wichtig. Das

---

[31] Vgl die Aufzählung bei Steiner-Storz § 66 Rdnrn 93–127.
[32] Vgl unten E. 5.3.4.
[33] Vgl unten D. 4.6.
[34] Vgl oben B. 4.4. und B. 6.
[35] Vgl unten D. 2. und oben C. 6.3.1.3.
[36] Die früher in manchen Bundesländern zulässige Heranziehung von Rechnungsbeamten ist heute weitgehend aufgehoben worden, vgl dazu Steiner-Storz § 66 Rz 59 und Steiner-Storz Band II (1986) S. 2047 ff.

gilt besonders dann, wenn Rechte bestehenbleiben, die den wirtschaftlichen Wert eines Bargebots entscheidend beeinflussen.[37]

(7) „Feststellung der anderen Versteigerungsbedingungen." Diese (vgl §§ 49–58) regeln insbesondere den Gegenstand der Versteigerung (§ 55); Rechte und Pflichten des Erstehers, insbesondere Barzahlung und Verzinsung des Bargebots (§ 49); Zuzahlung (§§ 50, 51); bestehenbleibende Rechte (§ 52); Schuldübernahme und Fälligkeit (§§ 53, 54); Übergang von Gefahr, Nutzungen und Lasten, Gewährsleistung (§ 56); Verhältnis zu eventuellen Mietern und Pächtern (§§ 57–57 d). Zu den Versteigerungsbedingungen gehören aber auch Verfahren bei mehreren Grundstücken (§§ 63, 64) und die abgesonderte Versteigerung oder anderweitige Verwertung (§ 65).[38]

(8) „Hinweis auf die bevorstehende Ausschließung weiterer Anmeldungen." Dieser Hinweis (§ 66 II) ist besonders wichtig, weil ohne ihn ein durch die in §§ 37 Nr. 4, 45 I, 110 genannten Rechtsfolgen betroffener Beteiligter die Versagung des Zuschlags herbeiführen (§ 83 Nr. 4) oder den Zuschlag anfechten kann (§ 100 I). Außerdem besteht eine Haftungsgefahr für das Gericht.[39]

Der Hinweis gemäß § 66 II braucht vor Beginn der Bietstunde (am Ende des Bekanntmachungsteils) nur einmal zu erfolgen; er muß aber in jedem Versteigerungstermin und auch dann wiederholt werden, wenn es zu einem Abbruch und zu einer Wiederholung der Bietstunde kommt. Streitig ist die Frage, ob im Falle einer neu durchzuführenden Bietstunde vor deren Beginn rangwahrend auch solche Anmeldungen „nachgeholt" werden können, die in der bisherigen Bietstunde gemäß § 66 II ausgeschlossen wurden.[40]

(9) „Aufforderung zur Abgabe von Geboten." Dies ist der letzte Akt des Bekanntmachungsteils und zugleich der Übergang zur Bietstunde. Wegen der großen Bedeutung dieses Zeitpunktes ist er auf die Minute genau im Protokoll festzuhalten (§§ 73 I 1, 83 Nr. 7).[41]

Der Abschluß des Bekanntmachungsteils und der formelle Beginn der Bietstunde schließt nicht aus, daß auch danach noch Informationen über das Grundstück, das geringste Gebot und andere Versteigerungsbedingungen sowie über andere für die Beteiligten oder Bietinteressenten wichtige Fragen ausgetauscht werden. Nur darf dadurch das Versteigerungsgeschäft nicht behindert werden. Es ist deshalb nicht zulässig, daß der Rechtspfleger „zur Zeitersparnis" im Bekanntmachungsteil „nur" die in § 66 unmittelbar angesprochenen Punkte abhandelt, dann die Bietstunde eröffnet und sowohl zur Gebotsabgabe auffordert als auch zur evtl Unterbrechung des Rechtspflegers ermuntert und dann 15 Minuten lang ununterbrochen die sonstigen Vorschriften über §§ 85a, 74a, 114a, Vollmachten, Grunderwerbsteuer, Haftung neben dem Zuschlag usw erläutert! Seit der Neufassung der §§ 59 und 63 im Jahr 1998 können Versteigerungsbedingungen nicht mehr während der Biet-

---

[37] Vgl **TH** B. 6.5.5.
[38] Vgl dazu oben B. 2.5.2.1.
[39] Vgl Steiner-Storz § 66 Rdnr 95.
[40] Für die Zulässigkeit: LG Köln Rpfleger 1989, 297; Storz ZIP 1982, 416; Muth Rpfleger 1987, 400 und Muth S. 686; **anders:** Dassler-Gerhardt § 66 Rz 16; Schiffhauer Rpfleger 1986, 332; Stöber ZIP 1981, 953.
[41] Vgl Steiner-Storz § 66 Rdnr 139.

stunde geändert werden. Damit steht zwar für alle Beteiligten mit Beginn der Bietstunde fest, auf welcher Grundlage versteigert wird, und damit sind auch frühere Mißbrauchsmöglichkeiten beseitigt worden;[42] aber jetzt ist es bedauerlicherweise nicht mehr möglich, auf Änderungsnotwendigkeiten/Zweckmäßigkeiten zu reagieren, die sich erst während der Bietstunde herausgestellt haben können (zB auf Grund des konkreten Bieterinteresses).

(10) Besondere Vorsicht ist geboten hinsichtlich der in Zwangsversteigerungsterminen immer häufiger zu beobachtenden Stör- und Mißbrauchsaktivitäten.[42a] Stör-, Verzögerungs- und Schädigungsversuche hat es zwar schon immer gegeben. Neu ist aber, wie häufig und wie systematisch ein ständig wachsender Personenkreis aktiv in fremde Zwangsversteigerungsangelegenheiten eingreift und aus der Not anderer Menschen eigene Profite herauszuschlagen versucht. Meist wird auf Schuldnerseite, gelegentlich auch von (tatsächlichen) Mietern/Pächtern und/oder von (idR als Beteiligte auftretenden) Interessenten agiert, ohne daß derartige Aktivitäten nach Herkunft, Motivation und Zielrichtung ohne weiteres durchschaubar wären.

Besonders ärgerlich und gefährlich ist, daß die äußerlich Betroffenen (also idR Schuldner bzw. Grundstückseigentümer, zT Mieter/Pächter) letzten Endes die Hauptgeschädigten sind, weil die meist überregional operierenden professionellen Geschäftemacher nur ihre eigenen Profite anstreben und die behauptete Unterstützung der Betroffenen gar nicht ernstlich bezwecken.

Die Schuldner sollten allen derartigen Hilfs- und Rettungsangeboten von derartigen „Beratern" sehr kritisch gegenüberstehen.[42b] Aber vor allem die Gläubiger müssen eine besondere Sensibilität für entsprechende Gefahr-Situationen entwickeln und sofort aktiv, flexibel und weitblickend darauf reagieren. Es ist viel besser, schon vor dem Versteigerungstermin, spätestens aber im Termin, vorbeugend zu verhindern oder abzuwehren, als die Augen zu verschließen vor Problemen, die oberflächlich die eigene Position gar nicht unmittelbar zu beeinträchtigen scheinen und dann hinterher über ungünstige Gesamtergebnisse zu klagen und die Justiz im Rechtsbehelfs-Verfahren um eine Korrektur zu bitten. Beispiele:

– eine sachlich angemessene Zusammenarbeit zwischen Gläubiger und Schuldner auch im Zwangsversteigerungsverfahren, die auf situationsbedingten Leistungen und Gegenleistungen beruht, mildert oder beseitigt die Anfälligkeit des Schuldners für Versuchungen durch angebliche Rettungsmanöver von fremden Geschäftemachern;

– die Gläubiger sollten alles daran setzen, daß die ernsthaften Bietinteressenten nicht durch überraschende Mietererklärungen im Termin abgeschreckt werden. Oft kann schon eine sorgfältige objekt- und subjektbezogene Terminsvorbereitung (ggf auch durch Zwangsverwaltung[43]) derartige Überraschungen verhindern und eine rechtzeitige Sachklärung herbeiführen; manchmal gelingt bei engagierter Vermittlungsaktivität im Termin eine

---

[42] Dazu zB Hintzen Rpfleger 1998, 148.
[42a] Vgl Ertle, Probleme mit „Versteigerungsverhinderern", Rpfleger 2003, 14. – Vgl auch oben B. 1.1.1. und **TH** A. 1.3.3.11., **TH** A. 1.3.3.12. und **TH** B. 1.1.2.9.
[42b] Vgl **TH** A. 1.3.3.11. und **TH** B. 1.1.2.9.
[43] Vgl dazu oben A. 1.3.

Lösung; und gelegentlich kann nur ein Rettungserwerb evtl Manipulationen entlarven und unschädlich machen;
- wenn die Zwangsversteigerung bestrangig aus einer relativ geringen Forderung betrieben wird, sollten die „eigentlichen" Gläubiger idR unbedingt noch vor Beginn der Bietstunde ablösen und dieses Verfahren einstellen, anstatt die Gerichte im Zuschlagsbeschwerde-Verfahren zu einer ergebnisorientierten Rechts-Akrobatik zu zwingen, wenn ein Dritter ablöst und durch Verfahrenseinstellung zwischen Ende der Bietstunde und Zuschlagsverkündung die Zuschlagsversagung herbeiführt.[44]

Wirklich wirksam bekämpft werden können heimtückische Machenschaften vor allem dann, wenn sowohl die Gerichte als auch die Gläubiger eigene und fremde Erfahrungen über die Hintermänner und über die gerade in Mode stehenden Aktivitäten sammeln. Manche Gerichte und Gläubiger und Rechtsanwälte kennen namentlich Personen und Gesellschaften, die bundesweit meist mit der gleichen „Masche", zB der angeblichen Suicidgefahr[45] und/oder der sog. „Erlaßfalle"[46] und/oder dem Verschenken des Versteigerungsobjektes[47] und/oder den mißbräuchlichen Befangenheitsanträgen[48] usw operieren. Dann ist es viel leichter möglich, entsprechenden Mißbrauch zu erkennen und zu bekämpfen, zum Beispiel:
- durch die Zurückweisung von Anträgen, Erklärungen und sogar Geboten[49] wegen mangelnder Ernstlichkeit oder mißbräuchlicher Rechtsausübung; durch Widerspruch gegen die Zulassung zweifelhafter Gebote (vgl § 72 I), Anberaumung eines besonderen Verkündungstermins zB 4 Wochen später (vgl § 87) und Zuschlagserteilung an den Zweitmeistbietenden, wenn der Meistbietende nicht vorher die Finanzierung seines Meistgebots nachweist.

Solche und ähnliche Ausnahmereaktionen sind aber nur vertretbar, wenn im Einzelfall Anlaß zu besonderem Mißtrauen besteht. Und auch bei den unten aufgeführten Szenarien muß keineswegs immer tatsächlich Mißbrauch vorliegen; es kann sich durchaus um ernstzunehmende Probleme handeln, die entsprechend berücksichtigt werden müssen. Aber gerade weil sie ernst zu nehmen sind, können sie besonders leicht mißbraucht werden.

Indizien für einen Mißbrauch können (müssen aber nicht!) insbesondere sein:
- absichtliche Überraschung aller Beteiligter, die sachlich nicht begründet ist/wird; zB wird eine behauptete Suicidgefahr erst wenige Tage vor dem

---

[44] Vgl dazu oben B. 7.2.1.
[45] Vgl dazu oben B. 1.1.1. und B. 3.1.2. und AG Hannover Rpfleger 1990, 174.
[46] Vgl dazu oben B. 1.1.1. und BGH EWiR 2001, 745 (Anm Haertlein); OLG Karlsruhe WM 1999, 490; OLG Brandenburg EWiR 1997, 351 (Mitlehner); AG Ebersberg EWiR 1997, 831 (v. Randow); Frings BB 1996, 809; Eckardt BB 1996, 1945; Pfeifer BB 1995, 1507; v. Randow ZiP 1995, 445. – Vgl aber auch Schönfelder NJW 2001, 492.
[47] Vgl dazu oben B. 1.1.1.
[48] Vgl dazu oben B. 1.6.1. und BGH NJW 1992, 983; OLG Düsseldorf Rpfleger 1994, 340; OLG Hamm Rpfleger 1989, 379; OLG Koblenz Rpfleger 1985, 368; LG Bielefeld Rpfleger 1989, 379; LG Kiel Rpfleger 1988, 544 (Wabnitz).
[49] Vgl OLG Hamm/LG Essen Rpfleger 1995, 34; AG Dortmund Rpfleger 1994, 119 (Stumpe); Stöber § 71 Anm 2.10. – **Abzulehnen** aber Stöber § 71 Anm 2.10; wonach selbst eine eidesstattliche Versicherung die Ernsthaftigkeit eines Gebotes nicht ausschließe, weil der Bieter uU nur als Strohmann auftrete!

Versteigerungstermin erstmals geltend gemacht, obwohl sie schon längere Zeit bestehen soll;

- keine oder nicht nachvollziehbare Begründung (allenfalls wird deren Nachreichung angeboten);
- keine ernst zu nehmenden Nachweise;[50]
- der „Berater" ist nicht vom Schuldner angesprochen worden, sondern hat umgekehrt dem Schuldner unaufgefordert aufgrund irgendwelcher Veröffentlichungen seine Unterstützung angeboten (und auch gleich eine erhebliche Vergütung eingezogen);[51]
- der „Berater" hat gar keine Erlaubnis zur geschäftsmäßigen Besorgung fremder Rechtsangelegenheiten,[52] macht dies aber trotzdem;[53]
- der gleiche „Berater" hat gerichtsbekannt in anderen völlig anders gelagerten Fällen die gleichen Probleme behauptet, die gleichen Anträge gestellt und in gleicher Weise nach dem Einzug seiner Vergütung den Klienten letztlich im Stich gelassen.

Als Hilfe zur Entwicklung einer besonderen Sensibilität für eventuelle Mißbrauchs-Aktivitäten seien folgende zur Zeit besonders häufige Scenarien genannt (nochmals: auch hier muß es sich keineswegs um Mißbrauch handeln, es kann durchaus ein ernsthaftes Problem angesprochen sein); die insbesondere den Bekanntmachungsteil betreffen:

- **„Rüge-Unwesen":** Gerügt werden angeblich fehlende oder fehlerhafte Zustellungen, oder das Wertgutachten (einerseits wurde Besichtigung durch Sachverständigen verhindert, andererseits ist der Wert jetzt zu niedrig angesetzt); gerügt wird die angebliche Verletzung von Art 103 GG, § 139 ZPO oder des Gebotes einer fairen Verhandlungsführung;[54]
- **„Gezielte Verunsicherung"** durch überraschende Anmeldung von langfristigen Mietverträgen (meist mit Verwandten!) unter Verrechnung von behaupteten Baukostenzuschüssen oder Mieterdarlehen mit der künftigen Miete[55] oder von erst nach der Beschlagnahme geschlossenen verwertungsschädlichen Mietverträgen bei bisheriger Eigennutzung;[56]

---

[50] ME handelt ein Arzt absolut unseriös, wenn er seinem jahrelangen Patienten zwar eine akute Suicidgefährdung für den Fall eines Zuschlags bescheinigt, aber trotz langer Kenntnis dieser Gefährdung noch niemals irgendetwas dagegen unternommen hat.

[51] Vgl dazu oben B. 1.1.1. und TH. B. 1.1.2.9.

[52] Vgl dazu LG Koblenz Rpfleger 1986, 396; Stöber § 66 Anm 4.1.; vgl auch: Vogl, Rechtsberatung durch nicht zugelassene Personen, Rpfleger 1998, 138.

[53] Im südwestdeutschen Raum war zB ein Berater tätig, dem 1995 die Zulassung als Rechtsanwalt entzogen worden ist. Seither nahm er einen Rechtsanwalt in seine Kanzlei auf und verwendete einen Briefbogen „Rechtsanwalt X (seit 1995) und Rechtsanwalt Y (bis 1995)"; in Zwangsversteigerungsverfahren kannte aber nur er sich aus und trat auch allein auf!

[54] Vgl dazu oben B. 1.6.1.

[55] Vgl dazu OLG Frankfurt Rpfleger 1989, 209; OLG Hamm Rpfleger 1989, 165, LG Wuppertal Rpfleger 1993, 81; LG Freiburg Rpfleger 1990, 266; Witthinsich Rpfleger 1986, 46.

[56] Vgl dazu LG Kassel NJW-RR 1990, 976; Steiner-Teufel § 24 Rz 17; **anders** Stöber § 24 Anm 2.4; Dassler-Muth § 24 Rz 12 (jeweils zur Rechtswirksamkeit derartiger Mietverträge). – Vgl auch AG Dillenburg, Rpfleger 1995, 79 (Eickhoff) zur Strafbarkeit wegen Vollstreckungsvereitelung.

- „**Antrags-Chaos**": Überraschende Anträge auf kurzfristige Terminsaufhebung gemäß § 765 a ZPO zB wegen angeblicher Suicidgefährdung oder wegen angeblicher Verkaufs- oder Umschuldungsangebote bzw gemäß § 769 II ZPO wegen angeblich erlassener Vollstreckungsforderung; Anträge gemäß § 59 auf Bestehenlassen eigentlich erlöschender Rechte oder auf alle möglichen sonstigen abweichenden Versteigerungsbedingungen mit dem Ziel möglichst zahlreicher Doppelausgebote; Anträge gemäß §§ 63, 64 mit dem Ziel der Verwirrung.
- „**Mißbräuchliche Befangenheitsanträge**": zur Störung und Verunsicherung und Verzögerung.[57]

Auch noch während der Bietstunde und sogar noch bis zum Verteilungstermin gibt es entsprechende Ansatzpunkte, zum Beispiel:

- nachträgliche Anträge auf Änderung der Versteigerungsbedingungen,[58] die allerdings seit der Änderung der §§ 59 und 63 im Jahre 1998 nur noch hinsichtlich § 64 möglich sind;
- Gebote von Zahlungsunfähigen bzw. Zahlungsunwilligen,[58] oft unter Ausnutzung von fehlender Aufmerksamkeit der Gläubiger, um die Sicherheitsleistung zu vermeiden;
- „negative Bietabkommen";[59]
- Eintragung nachrangiger Grundschulden oder Rechte in Abt III noch vor dem Verteilungstermin ohne nachvollziehbare Begründung und Nichtzahlung im Verteilungstermin;
- Abschluß verwertungsschädlicher Mietverträge oder Abverkauf und Entfernung wertvoller Zubehörgegenstände vor dem Verteilungstermin und Nichtbezahlung des Meistgebotes;[60]
- Rückabtretung von Teilen des Meistgebots an den Schuldner (oder Dritte) und Nichtzahlung im Verteilungstermin.

Da wie gesagt fast alle dieser Maßnahmen auch einen absolut seriösen Hintergrund haben können und dann eine sachgerechte Behandlung erwarben können, ist es oft sehr schwierig, einen evtl Mißbrauch zu erkennen. Das gilt umso mehr, als einige dieser geschäftsmäßigen „Berater" gar nicht nach außen auftreten, sondern im Hintergrund bleiben oder sich allenfalls ein (idR nachrangiges) Recht beschaffen, um dann als Beteiligter handeln zu können. Deshalb ist es umso wichtiger, die wichtigsten Mißbrauchs-Scenarien zu kennen und möglichst auch die handelnden Personen. Das deutsche Datenschutzrecht verbietet ohne eine spezielle Gesetzesunterstützung die Einrichtung einer entsprechenden offiziellen „Clearing-Stelle", aber manche Banken und Rechtsanwälte haben bereits durch eigene und fremde Erfahrungen entsprechende Erkenntnisse; und die Rechtspfleger sollten mindestens im inter-

---

[57] Bei offenkundig nur der Verfahrensverschleppung dienenden und damit rechtsmißbräuchlichen Ablehnungsgesuchen kann der Rechtspfleger eventuell nicht nur den Versteigerungstermin weiterführen, sondern sogar selbst über den Zuschlag entscheiden und die Entscheidung auch verkünden: BGH Rpfleger 2007, 619; vgl auch BGH Rpfleger 2005, 415.
[58] Vgl dazu OLG Hamm und LG Essen Rpfleger 1995, 34; AG Dortmund Rpfleger 1994, 119 (Stumpe).
[59] Vgl oben C. 5.4.2.
[60] Wichtigste Gegenmaßnahme: sofortiger Antrag auf gerichtliche Verwaltung gemäß § 94.

nen Erfahrungsaustausch versuchen, Menschen und Methoden kennenzulernen, damit dieser Geschäftemacherei mit der Not Einhalt geboten werden kann.

Strafrechtlich ist diesen Geschäftemachern realtiv schlecht beizukommen, wenn nicht die getäuschten Klienten nicht selbst strafrechtlichen Schutz in Anspruch nehmen. Inzwischen sind aber bereits eine Reihe von entsprechenden Ermittlungs- und Strafverfahren bekanntgeworden.

1.2.2. Taktische Hinweise

TH 1.2.2.1.: Weil der Zweck des Bekanntmachungsteils darin besteht, die Grundlagen und Voraussetzungen der Versteigerung festzulegen und sowohl den Beteiligten als auch den Bietinteressenten klar und verständlich zu machen, sollte sich der Rechtspfleger auf den Termin gut vorbereiten und ihn straff und übersichtlich durchführen, und er sollte sich auf das wesentliche beschränken. Auch hier gilt: in der Kürze liegt die Würze. Jede übertriebene Ausführlichkeit oder Umständlichkeit langweilt nicht nur die Beteiligten, sondern sie verunsichert, verwirrt und lähmt auch die Bietinteressenten.

Deshalb sollte der Rechtspfleger zum Beispiel nicht das Grundbuch vollständig vorlesen, alle Anmeldungen ihrem gesamten Wortlaut nach vorlesen und diese Vorlesungen wohlmöglich nicht nur beim Punkt „Anmeldungen" sondern nochmals bei den Punkten „Grundstücksbelastungen" und „Ansprüche der betreibenden Gläubiger" wiederholen. Es erscheint in aller Regel auch unnötig, ein ausführliches Sachverständigengutachten vollständig zu verlesen; eine Wiedergabe des wesentlichen Inhalts und des Ergebnisses reicht aus, zumal der Rechtspfleger Einblick in das Gutachten gewähren kann.

Wenn der Rechtspfleger von sich aus zu ausführlich vorliest und vorgeht, können die Beteiligten eine Straffung der Verhandlung dadurch herbeiführen, daß sie auf die Verlesung bestimmter Dinge verzichten, was vor allem bei Terminswiederholungen sinnvoll ist. Allerdings sollten sie derartige Anregungen mit der gebührenden Höflichkeit vorbringen, weil jede atmosphärische Verschlechterung ein gutes Versteigerungsergebnis gefährden kann.

TH 1.2.2.2.: Die Beteiligten – und das gilt besonders für alle nicht absolut gesicherten Gläubiger – sollten den Bekanntmachungsteil nicht nur dazu benützen, die Bekanntmachungen auf ihre Übereinstimmung mit den bisher bekannten Daten zu überprüfen, die Verlesung der eigenen Anmeldung nachzukontrollieren und eventuell sofort richtigzustellen oder zu ergänzen und bei der Feststellung des geringsten Gebots und der anderen Versteigerungsbedingungen ihre Vorstellungen entsprechend der schon vorher festgelegten Verhandlungstaktik durchzusetzen.

Sie sollten darüber hinaus die Gelegenheit auch dazu benützen, die anderen Anwesenden genau zu beobachten um herauszufinden, welcher der Anwesenden wohl als Bietinteressent in Frage kommen könnte. Diese Personen müssen dann in der Bietstunde sofort angesprochen werden. Anders läßt sich nicht feststellen, ob zur Motivation oder sonstigen psychologischen oder materiellen oder fachlichen Unterstützung noch etwas getan werden muß oder kann, um diese Interessenten zu einem Gebot zu veranlassen, das den eigenen Wünschen und Bedürfnissen des Gläubigers entspricht. Wenn man bis zum Ende der Bietstunde wartet, ist es für derartige Maßnahmen fast immer viel zu spät ....

TH 1.2.2.3.: Den Bekanntmachungsteil sollten die Beteiligten – wieder sind die nicht absolut gesicherten Gläubiger besonders angesprochen – auch dazu benützen, die psychologische Allgemeinsituation so gut wie möglich zu analysieren, damit die psychologischen Auswirkungen verschiedener Anträge oder Erklärungen oder Verhaltensweisen auf die Beteiligten, den Rechtspfleger und insbesondere auf die möglichen Bietinteressenten schon einigermaßen abgeschätzt werden können:

Hohe Gebote gleich zu Anfang der Bietstunde können stark motivieren aber auch stark entmutigen; die entsprechend vorgebrachte Vorankündigung eines $7/_{10}$-Antrags nach § 74a kann die gleiche Wirkung haben; das Verlangen nach einer hohen Verzinsung oder nach hohen Übergeboten; die Vorankündigung oder die Nicht-Vorankündigung eines grundsätzlichen Sicherheitsverlangens und vieles andere mehr beeinflußt die ohnehin etwas labile psychologische Stimmung außerordentlich und kann sich sehr schnell auf das Versteigerungsergebnis auswirken. Es gibt dafür m. E. aber keine allgemeingültigen Regeln, sondern von Ort zu Ort, von Zeit zu Zeit, von Objekt zu Objekt, von Beteiligten zu Beteiligten usw kann die gleiche Maßnahme ganz unterschiedliche psychologische Auswirkungen haben. Genaue diesbezügliche Beobachtungen während des Bekanntmachungsteils können dieses Risiko erheblich mindern.

1.3. Die Bietstunde

1.3.1. Rechtslage

§ 72 ZVG

(1) Ein Gebot erlischt, wenn ein Übergebot zugelassen wird und ein Beteiligter der Zulassung nicht sofort widerspricht. Das Übergebot gilt als zugelassen, wenn es nicht sofort zurückgewiesen wird.

(2) Ein Gebot erlischt auch dann, wenn es zurückgewiesen wird und der Bieter oder ein Beteiligter der Zurückweisung nicht sofort widerspricht.

(3) Das gleiche gilt, wenn das Verfahren einstweilen eingestellt oder der Termin aufgehoben wird.

(4) Ein Gebot erlischt nicht, wenn für ein zugelassenes Übergebot die nach § 68 Abs. 2 und 3 zu erbringende Sicherheitsleistung nicht bis zur Entscheidung über den Zuschlag geleistet worden ist.

§ 73 ZVG

(1) Zwischen der Aufforderung zur Abgabe von Geboten und dem Zeitpunkt, in welchem bezüglich sämtlicher zu versteigernder Grundstücke die Versteigerung geschlossen wird, müssen mindestens 30 Minuten liegen. Die Versteigerung muß so lange fortgesetzt werden, bis der Aufforderung des Gerichts ungeachtet ein Gebot nicht mehr abgegeben wird.

(2) Das Gericht hat das letzte Gebot und den Schluß der Versteigerung zu verkünden. Die Verkündung des letzten Gebots soll mittels dreimaligen Aufrufs erfolgen.

Im Jahr 1998 ist die frühere Mindestdauer der „Bietstunde" von 60 auf 30 Minuten verkürzt worden.

Im zweiten Teil des Versteigerungstermins, der unmittelbar nach der Aufforderung zur Abgabe von Geboten beginnt, erfolgt die eigentliche Versteigerung des Grundstücks. Man spricht daher auch vom „Versteigerungsgeschäft" oder, weil dieser Abschnitt gemäß § 73 I 1 bis zum Jahr 1998 mindestens eine volle Stunde dauern mußte, von der „Bietstunde" = „Bieterstunde" = „Bietungsstunde".

Die Versteigerung endet im Gegensatz zu Kunstauktionen oder auch zu Mobiliar-Vollstreckungsversteigerungen durch Gerichtsvollzieher nicht schon mit dem dreimaligen Aufruf des Meistgebots, es sei denn, der Rechtspfleger hat vorher ausdrücklich erklärt, daß für ihn und für dieses Verfahren mit dem dritten Aufruf des Meistgebots zugleich auch die Versteigerung geschlossen wird. Abgesehen von diesem (nicht zu empfehlenden![61]) Sonderfall soll der Rechtspfleger auch nach dem dritten Aufruf des Meistgebots noch einmal nach weiteren Geboten fragen (diese sind im übrigen auch ohne besondere Aufforderung noch zulässig!) und erst danach die Bietstunde (= Bietungsstunde = Versteigerung = Verhandlung) formell schließen. Dies geschieht durch eine entsprechende Erklärung, die mit einer auf die Minute genauen Zeitangabe im Protokoll festgehalten werden muß.

Beendet der Rechtspfleger die Bietstunde, ohne vorher ausdrücklich darauf hinzuweisen, daß kein Gebot abgegeben wurde, oder ohne nach dem dreimaligen Aufruf des Meistgebots noch einmal ausdrücklich zur Gebotsabgabe aufzufordern, so ist das zwar noch nicht unbedingt ein Zuschlagsversagungsgrund;[62] andererseits liegt ein unheilbarer Zuschlagsversagungsgrund vor, wenn durch einen zu schnellen oder überraschenden Abschluß der Bietstunde weitere Gebote verhindert werden (vgl §§ 73 I 2, 83 Nr. 7, 84).[63] Auch § 73 I 2 (Pflicht zum dreimaligen Aufruf des letzten Gebotes) ist zwar nur eine Ordnungsvorschrift.[64] Aber ganz allgemein üblich wird das so gehandhabt, so daß die Öffentlichkeit daran gewöhnt ist; die Aufforderung gehört gewissermaßen zu einem regelmäßigen Verfahrensablauf.[65] Wenn der Rechtspfleger von dieser allgemeinen Übung abweichen will,[66] muß er dies unbedingt vorher ausdrücklich ankündigen, sonst liegt wiederum ein unheilbarer Zuschlagsversagungsgrund iSd §§ 73 II 1, 83 Nr. 7, 84 und ein Verstoß gegen das Verbot überraschender Gerichtsentscheidungen vor.[67]

---

[61] Nach OLG Karlsruhe Rpfleger 1998, 79 ist dieses Verfahren sogar unzulässig!

[62] LG Kassel Rpfleger 1984, 474.

[63] OLG Karlsruhe Rpfleger 1998, 79; Storz in Anm zu LG Kassel Rpfleger 1984, 474.

[64] OLG Hamm Rpfleger 1987, 469; Dassler-Gerhardt § 73 Rz 6; Stöber § 73 Anm 3.1; Steiner-Storz § 73 Rz 31; Storz Rpfleger 1984, 474.

[65] OLG Karlsruhe Rpfleger 1998, 79; Steiner-Storz § 73 Rz 30.

[66] Was er tunlichst vermeiden sollte! Auch wenn er schlechte Erfahrungen damit gemacht haben sollte, daß gelegentlich Bieter absichtlich erst nach dem dritten Aufruf weiterbieten.

[67] Vgl BGH NJW-RR 1997, 441; NJW 1989, 2757.

Ergibt das Protokoll nicht, daß die Vorschriften über die Mindestdauer der Bietstunde eingehalten worden sind, weil zum Beispiel Beginn oder Ende versehentlich nicht vermerkt worden sind, kann das Protokoll unter Umständen nach § 164 ZPO berichtigt werden etwa durch den Vermerk, daß die Zeit eingehalten aber der Vermerk hierüber verschrieben oder vergessen sei.[68] Im übrigen werden aber an die Einhaltung der Mindestfrist und an den Nachweis hierüber sehr strenge Aufforderungen gestellt; so berichtet Zeller von der Aufhebung eines Zuschlagsbeschlusses, weil eine Bietstunde nur von 10.11 Uhr bis 11.11 Uhr und nicht bis mindestens 11.12. Uhr gedauert hat![69]

Die Bietstunde selbst, aber auch die anderen Teile des Versteigerungstermins, können (einmal oder sogar mehrfach) unterbrochen werden. Jede Unterbrechung muß genau protokolliert werden, und die verschiedenen Teile der Bietstunde zusammen müssen ohne Unterbrechungszeiten immer mindestens volle 30 (bzw früher 60) Minuten dauern. Wie lange eine Unterbrechung währen darf, ist nicht festgelegt. Es muß aber sichergestellt sein, daß der Verhandlungszusammenhang und die erinnerungsmäßige Überschaubarkeit des Verfahrensablaufs erhalten bleiben;[70] noch wichtiger ist mE gerade im Versteigerungsverfahren, daß durch eine Unterbrechung insbes der Bietstunde der Kreis der möglichen Bieter und damit der Versteigerungserfolg nicht beeinträchtigt wird; deshalb ist eine Unterbrechung nur zulässig, wenn sie voraussichtlich dem wirtschaftlichen Erfolg des Verfahrens dient. Sind diese Voraussetzungen erfüllt, dann kann uU sogar einmal von Freitag bis Montag unterbrochen werden.[71]

Die Erzielung eines möglichst günstigen Erlöses als Verfahrensziel[71] kann eine angemessene Unterbrechung der Bietstunde insbesondere zur Beseitigung von Problemen mit Vollmachten oder Sicherheitsleistungen erforderlich machen,[72] wobei ein Zeitraum von zum Beispiel 1 Stunde mE in der Regel für alle Beteiligten zumutbar sein dürfte.[73] Wenn noch weitere Bieter vorhanden bzw bessere Erlöse erzielbar sind, die nur durch eine Unterbrechung der Bietstunde nutzbar gemacht werden können, dann ist es im Interesse vor allem des Schuldners, aber auch im Interesse der betr. Gläubiger dem Rechtspfleger, den anderen Beteiligten und den Interessenten durchaus zuzumuten, die mit einer Unterbrechung verbundenen Nachteile in Kauf zu nehmen!

Wichtig ist die Abgrenzung von Unterbrechung zur Vertagung, weil bei einer Vertagung des Versteigerungstermins für den neuen Termin alle Fristen aus § 43 eingehalten werden müssen und Ladungen, Zustellungen, Mitteilungen und Veröffentlichungen mit dem entsprechenden Zeit- und Kostenaufwand wiederholt werden müssen. Eine Vertagung ist deshalb nur zulässig,

---

[68] Vgl Stöber § 73 Anm 2.12.
[69] Stöber § 73 Anm 2.2.
[70] OLG Köln Rpfleger 1984, 280 mit Zust Anm Weber.
[71] Vgl OLG Hamm Rpfleger 1990, 85 (Anm Hintzen S. 218); Stöber § 71 Anm 6.4.
[72] OLG Hamm Rpfleger 1990, 85; 1987, 469; OLG Stuttgart Rpfleger 1983, 493; OLG Zweibrücken Rpfleger 1978, 107 (Vollkommer); Hintzen Rpfleger 1998, 148 aE.
[73] Vgl **TH** D. 1.3.2.10.

wenn ein Einstellungs- oder Aufhebungsgrund vorliegt oder die engen Voraussetzungen des § 227 ZPO erfüllt sind. Eine Vertagung oder Terminaufhebung mit dem Ziel, dem Schuldner einen zusätzlichen Schutz zukommen zu lassen, ist auch angesichts der Folgen von § 72 III unzulässig.[74]

Seit langem schon wird die Frage erörtert, ob die Mindestdauer des § 73 I 1 vom Gesetzgeber herabgesetzt oder ganz abgeschafft werden soll.[75] Durch das Gesetz zur Änderung des ZVG ist die Mindestdauer im Jahre 1998 von 60 auf 30 Minuten herabgesetzt worden. Diesen Überlegungen liegt die praktische Erfahrung zugrunde, daß die Interessenten mit ihren Geboten meist bis zum Ende der Bietstunde zuwarten, so daß „die Arbeitskraft der Rechtspfleger unnötig gebunden werde".[76] ME hätte die Mindestzeit von 60 Minuten beibehalten werden sollen,[76] und zwar aus folgenden Gründen:

Es geht bei der Zwangsversteigerung meist für Schuldner, Gläubiger und Interessenten um solch hohe Werte, daß (auch angesichts der sonstigen Verfahrensdauer) nicht ausgerechnet im entscheidenden Augenblick um die Ersparnis weniger Minuten gekämpft werden sollte. Außerdem kann nur eine ausreichend bemessene Mindestdauer eine übereilte Erledigung des Versteigerungsgeschäfts verhindern[77] und den Beteiligten beziehungsweise Interessenten Gelegenheit geben, Fragen zu stellen, Probleme zu klären, erforderlichenfalls nachträglich Sicherheiten oder Vollmachten oder Zustimmungserklärungen beizubringen und sich die Gebote mit der angemessenen Sorgfalt vorher zu überlegen.[78] Vor allem aber dient die Bietstunde nicht nur der Abgabe von Geboten sondern auch deren Vorbereitung: oft lernen sich die Beteiligten und Interessenten erst während des Termins kennen, so daß sie erst jetzt Kontakte knüpfen und Vereinbarungen treffen können. Gerade dieser letzte Gesichtspunkt erscheint besonders bedeutsam, weil derartige Vereinbarungen fast immer den Beteiligten und vor allem auch dem Schuldner zugute kommen.

Hinzu kommt, daß die Anwesenden die Sicherheit verlieren, daß auch während einer kurzen Abwesenheit[79] nichts Wesentliches passieren kann und sie könnten derartige Absprachen praktisch überhaupt nicht mehr riskieren. Es ist doch die Annahme nicht richtig, daß auch bei einer ohne Gebote ablaufenden Bietstunde überhaupt nichts passiere; die entscheidenden Verhandlungen und Absprachen werden immer nebenher und im Stillen durchgeführt! Gerade deshalb kann jedem Beteiligten nicht dringend genug geraten werden, während der Bietstunde am Orte des Geschehens zu bleiben.[80]

Auch die Möglichkeit, die Bietstunde jederzeit durch eine Unterbrechung verlängern zu lassen,[81] ändert daran nichts. Denn abgesehen davon, daß die Beteiligten keinen Anspruch auf eine Unterbrechung haben, sondern diese nur beim Rechtspfleger beantragen können, machen viele Beteiligte aus Un-

---

[74] Mohrbutter-Drischler Muster 35 Anm 2; Steiner-Teufel § 43 Rdnr 29.
[75] Vgl Hornung KTS 1973, 239 ff.
[76] Ähnlich Stöber § 73 Anm 2.1.
[77] Vgl Dassler-Schiffhauer-Gerhardt 11. Auflage 1979 § 73 Anm 1.
[78] Ähnlich Stöber § 73 Anm 2.1.
[79] Vgl dazu **TH** D. 1.3.2.1. und **TH** 1.3.2.7.
[80] Vgl dazu **TH** D. 1.3.2.1. und **TH** 1.3.2.7. und **TH** D. 1.3.2.8.
[81] Vgl Stöber § 73 Anm 2.6.

kenntnis, Unbeholfenheit oder Schüchternheit von dieser Möglichkeit keinen Gebrauch.[82] Und schließlich kann eine Unterbrechung wohl nur dann mit Aussicht auf Erfolg beantragt werden, wenn auch ein konkreter Grund dafür besteht, nicht aber nur auf die bloße Hoffnung hin, daß man (?) jemanden (?) vielleicht findet, mit dem irgendeine Vereinbarung (?) zur Verbesserung des Ergebnisses abgeschlossen werden könnte. ....

Im Lichte dieser Überlegungen ist auch die gelegentliche Praxis zu sehen, an einem Terminstag und -ort mehrere Zwangsversteigerungen im Abstand von wenigen Minuten durchzuführen, weil einerseits die Last der zahlreichen Termine anders kaum noch bewältigt werden kann und andererseits der größte Teil der Bietstunde oft äußerlich ungenutzt vorübergeht. So verständlich diese Praxis ist,[83] so gefährlich ist sie auch,[84] denn eines steht fest: Wenn sich herausstellen sollte, daß der Rechtspfleger während der jeweiligen Bietstunde nicht voll für jedes Verfahren zur Verfügung stehen konnte, ohne diese Bietstunde zu unterbrechen, oder wenn die Zusammenfassung der Termine zu Unklarheiten, Mißverständnissen oder gar Schäden geführt hat, dann hat er einen unheilbaren Verfahrensverstoß begangen und uU sogar Amtshaftung ausgelöst. Mit Recht mehren sich daher in neuerer Zeit die kritischen Stimmen, die verlangen, daß nur in ganz wenigen Ausnahmefällen von dieser Praxis Gebrauch gemacht wird.[85]

Wenn sich während der Bietstunde das geringste Gebot zum Beispiel wegen einer einstweiligen Einstellung oder Aufhebung des bisrangig betriebenen Verfahrens ändert,[86] muß nach einer Wiederholung der wesentlichen Punkte des Bekanntmachungsteils[87] eine neue Bietstunde mit wiederum vollen 30 Minuten durchgeführt werden, weil die bisherige Bietstunde unter – aus jetziger Sicht – falschen Voraussetzungen stattgefunden hat und daher nicht angerechnet werden kann. Ein bisher eventuell abgegebenes Gebot erlischt gemäß § 72 III mit dem Abbruch der alten Bietstunde.[88] Durch die Änderung der §§ 59, 63 im Jahre 1998 ist seither idR nicht mehr möglich, noch während der Bietstunde die Versteigerungsbedingungen zu ändern.[89]

Weitere Tatbestände, die zum Erlöschen eines Gebotes führen, sind:
(1) die Zulassung eines Übergebotes (§ 72 I), es sei denn, daß ein Beteiligter (nicht lediglich ein Bieter)[90] der Zulassung sofort widerspricht;
(2) die Zurückweisung des Gebotes, wenn der Bieter oder ein Beteiligter der Zurückweisung nicht sofort widerspricht (§ 72 II); im Falle eines

---

[82] Vgl **TH** D. 1.3.2.6.

[83] Sie war in Rspr und Literatur bisher aber als zulässig anerkannt: Vgl BGH NJW 2007, 2995; OLG Düsseldorf Rpfleger 1989, 419; 26 Bremen Rpfleger 1988, 373; OLG Dresden ZBRFG 1, 164; OLG Königsberg DRiZ 1931, 538; Jaeckel-Güthe § 73 Rdnr 1; Mohrbutter-Drischler Muster 99 Anm 4; Stöber § 73 Anm 2.7.; Drischler KTS 1985, 31.

[84] Kritisch auch LG Osnabrück Rpfleger 1987, 471; Schiffhauer Rpfleger 1986, 311; Hagemann Rpfleger 1984, 256 **ganz ablehnend** sogar OLG Köln Rpfleger 1987, 471.

[85] Vgl dazu oben C. 3.1. am Ende.

[86] Vgl oben B. 6.3.1.

[87] Vgl dazu oben D. 1.2.1.

[88] Vgl dazu **TH** D 1.3.2.5. und **TH** D 1.3.2.6.

[89] Vgl Stöber ZIP 1981, 948; Storz ZIP 1982, 416 und unten D. 3.4.

[90] Storz Rpfleger 1987, 426.

Widerspruchs muß ein wirksames weiteres Gebot nur höher sein als das dem Zurückgewiesenen wirksam vorausgehende Gebot;[91] der weitere Bieter riskiert allerdings, daß im Falle eines später erfolgreichen Widerspruchs der Zuschlag auf das zunächst zurückgewiesene Gebot erfolgt;

(3) die einstweilige Einstellung oder Aufhebung des bestrangig betriebenen Verfahrens oder aller betriebener Verfahren (§ 72 III); dadurch ändert sich nämlich das geringste Gebot, so daß dem Meistgebot die Grundlage entzogen wird. Wird nur ein Verfahren eingestellt oder aufgehoben, das dem geringsten Gebot nicht gemäß § 44 I zugrunde liegt, so geht die Versteigerung unberührt weiter;[92]

(4) die Aufhebung des Termins (§ 72 III); eine bloße Vertagung gemäß § 227 ZPO beeinflußt dagegen die Wirksamkeit der Gebote nicht;

(5) die rechtskräftige Versagung des Zuschlags (§§ 86, 72 III).

(6) Ein Gebot kann auch unwirksam sein, wenn es (erkennbar) in der Absicht abgegeben wird, das Meistgebot nicht zu bezahlen bzw wenn die Bezahlung objektiv gar nicht möglich ist.[92a]

Seit dem 2. JuModG (BGBl 2006 I 3416) kann die nach § 68 II oder III erhöhte Sicherheitsleistung „spätestens bis zur Entscheidung über den Zuschlag" erbracht werden; folgerichtig bestimmt der neue § 72 IV, daß ein Gebot nicht erlischt, wenn diese erhöhte Sicherheitsleistung bis dahin nicht geleistet worden ist. Diese gesetzliche Neuregelung ist zwar teilweise verständlich, weil außenstehende Interessenten durch das Verlangen nach erhöhter Sicherheitsleistung gemäß § 68 II überrascht werden können, die Beteiligten aber trotzdem an der Möglichkeit und Bestandskraft derartiger Gebote interessiert sind. Probleme mit § 68 II sind allerdings in der Zwangsversteigerungspraxis äußerst selten aufgetreten und konnten dann in aller Regel ad hoc gelöst werden, wenn sich die Beteiligten einigermaßen flexibel gezeigt und verhalten haben.

Die jetzige Neuregelung war daher praktisch unnötig und führt zu großen rechtlichen Unsicherheiten und zu ungeahnten und völlig unnötigen Mißbrauchsmöglichkeiten. Jetzt kann nämlich ein „Beteiligter, dessen Recht nach § 52 bestehen bleibt" im Zusammenspiel mit einem Außenstehenden über § 68 II iVm § 72 IV, und vor allem kann der Schuldner ganz allein über § 68 III iVm § 72 IV jede Zwangsversteigerung empfindlich stören, indem Gebote abgegeben werden, die weit über den normal zu erzielenden Geboten liegen.

Beispiel:

Für ein Objekt mit Verkehrswert iHv EURO 500 000 werden „normal" EURO 355 000 geboten. Der Schuldner bietet zB € 600 000 (um alle anderen Interessenten abzuschrecken), leistet sofort die „normale" Sicherheit iHv € 50 000 und erbringt die restliche, erhöhte Sicherheitsleistung zum 3 Wochen später anberaumten Verkündungstermin **nicht**. Dann kann auf das gemäß § 72 IV nicht erloschene „Normalgebot von € 355 000 der Zuschlag erteilt werden.

---

[91] Vgl Steiner-Storz § 72 Rdnr 14.

[92] Vgl oben B. 6.3.2. und Steiner-Storz § 72 Rdnrn 17–20.

[92a] Dazu OLG Nürnberg Rpfleger 1999, 87; AG/LG/OLG Bremen Rpfleger 1999, 88. – Vgl dazu **TH** D. 1.3.2.9.

Problematisch (und schon jetzt streitig![92b]) ist aber die Frage, ob/wie nach dem überhöhten Schuldnergebot (€ 600 000) „normal" weitergeboten werden kann. Selbst wenn man zB ein Gebot iHv € 360 000 (mE zu Recht!) für zulässig hält (weil das Schuldnergebot nur bedingt wirksam ist), führt diese Unsicherheit zur Zurückhaltung aller Normalbieter, weil ja niemand weiß, ob er den Zuschlag erhalten kann, wenn er unterhalb des Schuldnergebots bleibt!

Warum der Gesetzgeber geglaubt hat, er müsse dem Schuldner völlig ohne Not weitere Stör- und Verunsicherungsmöglichkeiten einräumen, und er könne ohne Schaden den bisher sehr wichtigen Grundsatz der sofortigen Rechtssicherheit beim Bieten völlig ohne Not aufgeben, bleibt sein Geheimnis! Die Auswirkungen dieser Gesetzesänderungen auf die Praxis müssen abgewartet werden. Mit viel Glück werden sie keinen Schaden anrichten, weil die neu geregelten Sachverhalte auch in Zukunft hoffentlich selten praktisch vorkommen, weil die Fälle des § 68 II selten bleiben werden und der Schuldner im Falle des § 68 III seine (schon im Versteigerungstermin zu erbringende) „Grundsicherheit" von 10% des Verkehrswertes durch Pfändungen verlieren dürfte, wenn er die restliche erhöhte Sicherheit zum Entscheidungstermin nicht bringen sollte.

Ein Übergebot muß mindestens um 1 Cent (also die kleinste Währungseinheit) höher sein als das bisherige Gebot. Bei diesem Vergleich der Gebotswerte darf aber eine evtl mit einem der Gebote verbundene Befriedigungswirkung nach § 114a nicht mitberücksichtigt werden.[93]

Gemäß § 71 I sind unwirksame Gebote sofort zurückzuweisen. Unwirksam sind zum Beispiel Gebote von Geschäftsunfähigen (§§ 104, 105 II BGB); auch eine nur vorübergehende Störung der Geistestätigkeit kann ein Gebot unwirksam machen und daher wegen der Unerkennbarkeit derartiger Störungen einen ganzen Versteigerungstermin zerstören, aber der Schutz der Geschäftsunfähigen muß auch hier vorgehen. Unwirksam sind auch Gebote, bei denen eine Vollmacht, Zustimmung oder Genehmigung im Zeitpunkt der Abgabe des Gebotes (vgl § 71 II) fehlt. Für ihre minderjährigen Kinder müssen die Eltern Gebote gemäß § 1626 I BGB gemeinsam abgeben, und sie benötigen dazu die Genehmigung des Vormundschaftsgerichts gemäß §§ 1821 Nr. 5, 1943 I BGB. Ehegatten, die im gesetzlichen Güterstand der Zugewinngemeinschaft leben, benötigen übrigens nach der heute herrschenden Meinung auch dann nicht die Zustimmung ihres Ehepartners, wenn das zu zahlende Bargebot das gesamte Vermögen des Bieters darstellt (vgl § 1365 BGB), weil es sich nur um eine schuldrechtliche Zahlungsverpflichtung und nicht um eine Verpflichtung zur Übertragung der Vermögenswerte handelt.[94] Unwirksam sind auch Gebote, die nicht mündlich im Termin, oder die bedingt oder in fremder Währung abgegeben werden.[95]

[92b] Vgl Hintzen/Alff Rpfleger 2007, 233, 237 f.

[93] Ebeling Rpfleger 1986, 314 mit Recht **gegen** LG Darmstadt Rpfleger 1986, 314.

[94] LG Freiburg, Rpfleger 1973, 302; Stöber § 71 Anm 7.3.; Steiner-Storz § 71 Rdm 41. Palandt-Diederichsen § 1365 BGB Anm 2, Haegele Rpfleger 1976, 274, **aA:** Mohrbutter-Drischler Anhang I zu Muster 99 Anm 1; zur vormundschaftsgerichtlichen Genehmigung im Zwangsversteigerungsverfahren vgl ausführlich Eickmann Rpfleger 1983, 199.

[95] Bei stummen Personen wird aber eine Ausnahme zugelassen, vgl Zeller-Stöber § 71 Anm. 5.2.

Im übrigen gibt es gerade bei Geboten zahlreiche Besonderheiten, die der Rechtspfleger gegebenenfalls beachten muß, die hier aber nicht alle abgehandelt werden können.[96]

Abgesehen davon ist aber der Bieter an ein wirksames Gebot gebunden und kann es auch nicht mehr zurücknehmen.[97] Andererseits kann ein Gebot wegen Irrtums angefochten werden (§ 119 BGB), etwa weil der Bieter gemeint hat, die bestehenbleibenden Rechte seien im Bargebot enthalten[98] oder weil er sich über wesentliche Eigenschaften des Grundstücks getäuscht hat.[99] Dagegen berechtigt weder ein Irrtum über Grundstücksmängel noch ein Rechenfehler noch ein sonstiger Motivirrtum noch ein Irrtum über den Wert des Grundstücks[100] zur Anfechtung. Die Anfechtung muß unverzüglich nach Entdeckung des Irrtums erklärt werden (§ 121 I BGB), in der Regel also noch vor dem Zuschlag (idR mit der Folge der Zuschlagsversagung[100a]), uU aber auch erst während des Beschwerdeverfahrens;[101] sie führt aber in der Regel zu einer Schadensersatzpflicht des Anfechtenden (§ 122 I BGB).[102] Über die Anfechtung muß sofort entschieden werden, damit gegebenenfalls noch geboten werden kann. Wird aber ein zugelassenes Gebot wirksam angefochten, so muß mit dem Bieten praktisch von neuem begonnen werden, weil durch die Zulassung des Übergebotes das vorher abgegebene Gebot erloschen war (§ 72 I).[103] Kann das Vollstreckungsgericht während der Bietstunde über die Anfechtung noch nicht entscheiden und wird weiter geboten, so sind aus Gründen der Sicherheit und Klarheit im Verfahren nach der herrschenden Meinung keine Gebote zulässig, die unter dem angefochtenen Gebot liegen.[104] Nach der Rechtskraft des Zuschlags ist nach einhelliger Meinung eine Anfechtung nicht mehr möglich.[105]

---

[96] Vgl aber die ausführliche Darstellung bei Stöber § 71 Anm 7 (1–29); und bei Steiner-Storz § 71 Rdnrn 10–85.

[97] Vgl Stöber § 71 Anm 2.1.; Steiner-Storz 71 Rdnr 96.

[98] Vgl RGZ 54, 308; OLG Hamm Rpfleger 1998, 438; OLG Frankfurt Rpfleger 1980, 441; OLG Stuttgart Justiz 1979, 332; OLG Hamm Rpfleger 1972, 378; Stöber § 71 Anm 2.6.; Dassler-Gerhardt § 71 Rz 3; Mohrbutter-Drischler Muster 108 Anm 1; Steiner-Storz § 71 Rdnrn 97–101. **Str. aA:** Stadlhofer-Wissinger, Das Gebot in der Zwangsversteigerung, 1993 S. 133ff.; Eickmann § 15 II 1; Böttcher § 71 Rz 44; wohl auch Klawikowski InVO 1999, 111 (Besprechung der Vorauflage).

[99] Vgl OLG Hamm Rpfleger 1998, 438; LG Bonn JurBüro 1981, 1885 nicht aber wegen Mängeln des Grundstücks, da § 56 S. 3 ausdrücklich jegliche Gewährleistung ausschließt, vgl dazu LG Bielefeld MDR 1978, 678.

[100] OLG Hamm Rpfleger 1998, 438; LG Bielefeld MDR 1978, 678.

[100a] BGH Rpfleger 1984, 243 (uU auch Zuschlagserteilung auf das darunterliegende Gebot, wenn dieses wegen Widerspruchs gem § 72 I gegen das angefochtene Übergebot nicht erloschen war); OLG Frankfurt Rpfleger 1980, 441; Stöber § 71 Anm 3.2.

[101] OLG Frankfurt Rpfleger 1980, 441; OLG Stuttgart Justiz 1979, 332; Schiffhauer Rpfleger 1972, 341.

[102] BGH Rpfleger 1984, 243; LG Krefeld Rpfleger 1989, 166; Stöber § 71 Anm 3.3. und oben B. 6.2.5.

[103] Vgl Mohrbutter-Drischler Muster 108 Anm 3; unklar Stöber § 71 Anm 2.7.

[104] Mohrbutter-Drischler Muster 108 Anm 3; Steiner-Storz § 71 Rdnr 98.

[105] Zur Aufklärung von Irrtümern vgl **TH** B. 6.5.5. und **TH** D. 1.3.2.4.

1.3.2. Taktische Hinweise

TH 1.3.2.1.: M. E. ist es eine gefährliche Unsitte mancher Gläubiger, die Bietstunde als Bierstunde oder Kaffeestunde mißzuverstehen. Die Bietstunde ist nämlich die wichtigste Phase des ganzen Zwangsversteigerungsverfahrens, und zwar nicht nur deswegen, weil dort die Gebote abgegeben werden. Viel bedeutsamer ist, daß die Beteiligten jetzt Gelegenheit zu allen möglichen Kontakten untereinander, mit Zuhörern, eventuellen Bietinteressenten und dem Rechtspfleger haben. Diese Kontakte können für den Ausgang des Verfahrens von großer Bedeutung sein.[106] Wer von diesen Gelegenheiten keinen Gebrauch macht und gar Biertrinken geht, darf sich hinterher nicht beklagen, wenn irgendeine für ihn ungünstige Entwicklung eintritt, weil ein anderer Beteiligter aufmerksamer die Möglichkeiten ausgelotet und zielstrebiger ausgenutzt hat.[107]

Etwas anderes gilt nur dann, wenn das eigene Recht absolut sicher ist (dann braucht aber eigentlich der Termin gar nicht erst wahrgenommen zu werden!) oder wenn feststeht, daß kein tatsächlicher oder auch nur möglicher Interessent vorhanden ist oder während der Bietstunde noch auftauchen könnte (wann kann man das schon absolut sicher voraussagen?).

In der Bietstunde darf jedenfalls nichts dem Zufall überlassen werden! Biertrinken ja, aber erst nach der Versteigerung!

TH 1.3.2.2.: Das Zwangsversteigerungsverfahren ist bis zum Zuschlag (in gewissem Umfang sogar noch darüber hinaus!) ein außerordentlich bewegliches Verfahren.[108] Im Versteigerungstermin können und müssen meist die wichtigsten Weichen gestellt werden: mögliche Interessenten müssen angesprochen und motiviert werden; Bieter und vor allem Partner von Ausbietungsgarantien müssen betreut und beraten werden; Gläubiger müssen aufpassen, daß sie nicht Opfer von irgendwelchen Vereinbarungen anderer Beteiligter und/oder Interessenten werden; die Ablösung des bestrangig betreibenden Gläubigers ist jetzt unter Umständen am zweckmäßigsten (allerdings nicht die „Ablösung" nach § 75; eine einstweilige Einstellung des abgelösten Verfahrens schon während der Bietstunde ist dagegen meist nicht ratsam).[109]

TH 1.3.2.3.: Für Vertreter von Kreditinstituten sei nebenbei auch darauf hingewiesen, daß die Bietstunde m. E. eine hervorragende Akquisitionsmöglichkeit bietet durch das allgemeine Verhalten und Auftreten des Terminsvertreters, durch eine gute fachliche und erforderlichenfalls auch psychologische Beratung, durch Finanzierungsangebote und schließlich auch im Zusammenhang mit dem Verlangen nach Sicherheitsleistung.[110]

TH 1.3.2.4.: Da ein Bieter sein Gebot im Falle eines Irrtums anfechten kann, und zwar, wenn er den Irrtum erst entsprechend spät entdeckt, erst nach dem Schluß der Versteigerung, fragt es sich, ob auch ein Gläubiger –

---

[106] Vgl oben C. 5.4.
[107] Vgl auch **TH** D. 1.3.2.7.
[108] Vgl **TH** B. 1.2.2.2.
[109] Vgl oben B. 7. und B. 6.3.2.
[110] Vgl dazu unten D. 3.2.

gegen seine eigenen unmittelbaren Interessen – gegebenenfalls auf einen von ihm erkannten Irrtum hinweisen und auf sofortige Klärung drängen sollte.[111] Er könnte sich auch auf den Standpunkt stellen, daß die Aufklärung Sache des Rechtspflegers sei. Andererseits besteht zum Beispiel bei einem Irrtum über die Zusammensetzung des geringsten Gebots eine hohe Wahrscheinlichkeit dafür, daß der Irrtum spätestens in der Verhandlung über den Zuschlag aufgedeckt wird. Dann ist aber die Zwangsversteigerung vorbei, alle Gebote sind erloschen und es ist fraglich, ob die anderen im nächsten Versteigerungstermin noch einmal als Bieter auftreten werden. Deshalb ist es m. E. meist besser, wenn auch ein Gläubiger auf einen für ihn klar erkennbaren Irrtum hinweist. Man möchte ja meist auch nicht eigenen Nutzen aus dem Irrtum eines anderen schlagen!

TH 1.3.2.5.: Wenn erst während der Bietstunde eine Änderung des geringsten Gebots oder der sonstigen Versteigerungsbedingungen durchgesetzt wird,[112] kann dies aus rein sachlichen Gründen geschehen. Es kann aber auch ausschließlich zu dem Zweck geschehen, die Bietstunde zum Verdruß der anderen Beteiligten zu verlängern und eventuelle Bietinteressenten zum Weggehen zu veranlassen oder doch wenigstens so zu verunsichern, daß sie nicht mehr oder nur noch in beschränktem Umfang bieten.

Diese letzte Taktik wird vom Gesetz sehr erleichtert, weil gemäß § 59 I 1 jeder Beteiligte eine Änderung der Versteigerungsbedingungen verlangen, das heißt unter Umständen sogar gegen den Willen der anderen Beteiligten durchsetzen kann.[113]

Zwar hat der Rechtspfleger die Möglichkeit (und m. E. auch die Pflicht), einen Mißbrauch solcher Anträge zu verhindern (mißbräuchliche Rechtsausübung), und theoretisch können die anderen Beteiligten diesen Störer sogar gemäß § 826 BGB schadensersatzpflichtig machen. Aber die Anwendung dieser Vorschriften und der Nachweis der Mißbrauchs- und Schädigungsabsicht ist doch recht schwer.

Die Abwehrmaßnahme der anderen Beteiligten kann daher m. E. praktisch meist nur darin bestehen, die eventuellen Bietinteressenten in diesen Fällen besonders gut zu beraten und zu betreuen und auf die Störabsicht des Verzögerers hinzuweisen.

TH 1.3.2.6.: Es ist zwar eine alte Erfahrung, daß der erste (und größte) Teil der Bietstunde äußerlich ohne jede Aktivität abläuft. Ebenso häufig zeigt es sich aber auch in der Praxis (wenn überhaupt Bietinteressenten vorhanden sind), daß gegen Ende der Bietstunde eine außerordentliche Hektik entsteht. Wenn die geringste Unklarheit entsteht, wenn Sicherheiten oder Vollmachten nicht ausreichen, wenn Finanzierungen plötzlich geklärt werden müssen, verlieren viele Beteiligte meist völlig die Übersicht. Auch der Rechtspfleger muß sich voll darauf konzentrieren, daß er die Kontrolle über die offi-

---

[111] Vgl dazu oben **TH** B. 6.5.5.

[112] Ausführlich dazu Stöber ZIP 1981, 948; Storz ZIP 1982, 416. – Seit der Änderung der §§ 59 und 63 im Jahr 1998 ist dies aber nur noch über § 64 in den entsprechenden Sonderfällen möglich!

[113] Vgl dazu Stöber ZIP 1981, 948; Storz ZIP 1982, 416 und Steiner-Storz § 73 Rdnr 13.

zielle Verhandlung behält; er merkt dann nicht mehr, was sonst noch passiert.

In dieser Hektik gewinnen plötzlich diejenigen eine besondere taktische Machtposition, die die Übersicht und einen kühlen Kopf behalten. Deshalb sei hier dringend geraten, daß man sich niemals in den Strudel dieser Hektik hinabreißen lassen darf. Wenn tatsächlich neue Probleme auftreten, die die eigene Position berühren können, sollte gegebenenfalls eine Unterbrechung der Bietstunde verlangt werden. Da jede Problemklärung im Zweifel dem Schuldner zugute kommt und da auch die anderen Beteiligten unter der Hektik leiden, sind derartige kurzfristige Unterbrechungen meist ohne weiteres durchzusetzen.

TH 1.3.2.7.: Es ist schon darauf hingewiesen worden, daß die Beteiligten während der Bietstunde nicht weggehen und erst gegen Ende zurückkehren sollten.[114] Genauso wichtig ist es, die Bietstunde nicht vorzeitig zu verlassen, und zwar auch dann nicht, wenn bereits ein Gebot vorliegt, das die eigenen Interessen voll abdeckt. Es ist nämlich sehr leicht, dieses Ergebnis wieder zu zerstören oder sogar den Zuschlag auf ein geringeres Gebot herbeizuführen, wenn die Beteiligten zu früh weggehen:

Zum Beispiel kann der Schuldner das bekannte Meistgebot überbieten. Wenn niemand mehr Sicherheitsleistung verlangt (das geht gemäß § 67 I 1 nur sofort nach Abgabe des Gebotes!), muß der Rechtspfleger dieses Gebot annehmen mit der Folge, daß das bisherige Meistgebot erlischt (§ 72 I 1). Entweder erteilt der Rechtspfleger den Zuschlag hierauf, dann kommt es wegen der Zahlungsunfähigkeit des Schuldners zu einer Wiederversteigerung:[115] die Gläubiger haben nur Geld und Zeit verloren. Oder der Rechtspfleger erteilt nicht sofort den Zuschlag, der dann auch von den zwischenzeitlich unterrichteten Gläubigern verhindert wird: auch in diesem Fall muß aber unter Wahrung aller Form- und Fristvorschriften ein neuer Versteigerungstermin anberaumt werden.

Es kann auch ein noch in der Verhandlung verbleibender anderer Beteiligter vor Schluß der Bietstunde eine Änderung der Versteigerungsbedingungen verlangen (die gleiche Möglichkeit hat natürlich auch der Schuldner!). Dann erlischt das bisherige Meistgebot gemäß § 73 III, und es muß eine neue Bietstunde durchgeführt werden, die ihrerseits mit einem geringeren Meistgebot abgeschlossen werden kann, auf das dann gegebenenfalls der Zuschlag erteilt wird!

TH 1.3.2.8.: Eine Versteigerung ist für einen Gläubiger auch dann noch nicht „gelaufen", wenn ein Gebot abgegeben und zugelassen worden ist, das alle Ansprüche des Gläubigers deckt. Denn durch eine einstweilige Einstellung des bestrangig betriebenen Verfahrens wird dieses Gebot hinfällig, und es muß eine neue Bietstunde durchgeführt werden, in der möglicherweise ein geringeres Gebot oder überhaupt kein Gebot mehr abgegeben wird.

---

[114] Vgl oben **TH** D. 1.3.2.1.

[115] Ein abschreckendes Beispiel, wie Zwangsversteigerungen durch Wiederversteigerungen bei Einschaltung von zahlungsunfähigen Personen torpediert werden können, findet sich bei Stöber § 71 Anm 2.5.

Es ist daher für alle Beteiligten genauso gefährlich, die Bietstunde vorzeitig zu verlassen wie den Termin überhaupt nicht wahrzunehmen. . . . .

TH 1.3.2.9.: Unter Umständen kann es sinnvoll sein, einem Übergebot zu widersprechen (vgl 72 I), um das durch seine unwidersprochene Zulassung sonst erfolgende Erlöschen des bisherigen Meistgebotes zu verhindern. Wenn das Übergebot zB von einem Geschäftsunfähigen stammt, kann bei einem Widerspruch noch in der Rechtsmittelinstanz auf das darunterliegende Gebot zugeschlagen werden; andernfalls wäre der Zuschlag zu versagen. Ähnliches gilt, wenn das Gericht eine zweifelhafte Sicherheitsleistung zuläßt (zB Euroschecks); in Streitfällen sollte das Gericht die Sicherheitsleistung übrigens immer einbehalten, um so uU nach Klärung der Fragen (ggf in der Rechtsmittelinstanz) den Zuschlag noch zu ermöglichen. Sinnvoll kann dies schließlich sein, wenn der begründete (!) Verdacht besteht, daß der Bieter garnicht beabsichtigt und gar nicht in der Lage ist, das Meistgebot zu bezahlen; der Rechtspfleger kann dann einen besonderen Verkündungstermin (zB 4–6 Wochen später) bestimmen und dem Bieter im Falle seines Meistgebots aufgeben, die Finanzierung des Meistgebots nachzuweisen; gelingt dieser Nachweis nicht, kann der Zuschlag auf das zweithöchste (wegen des Widerspruchs nicht erloschene) Gebot erteilt werden.

TH 1.3.2.10.: Manche Rechtspfleger ermahnen die Bietinteressenten noch im Bekanntmachungsteil, etwaige Zweifel inbesondere zu Vollmachten und Sicherheiten schon zu Beginn der Bietstunde zu klären; wenn sich Mängel erst am Ende der Bietstunde herausstellen sollten, käme deshalb eine Unterbrechung der Bietstunde nicht mehr in Frage. – Derartige Hinweise sind mE durchaus angebracht und helfen oft dazu, etwaige Mängel tatsächlich frühzeitig zu klären. Aber eines steht auch fest: Es geht hier nicht um die (uU berechtigte!) Bestrafung von Bietinteressenten, sondern darum, daß die Zwangsversteigerung mit Rücksicht insbesondere auf den Schuldner, aber auch auf die Gläubiger, einen möglichst hohen Erlös bringen soll. Diesem Ziel ist alles andere unterzuordnen; deshalb muß uU doch unterbrochen werden.

1.4. Verhandlung über den Zuschlag

1.4.1. Rechtslage

§ 74 ZVG

Nach dem Schlusse der Versteigerung sind die anwesenden Beteiligten über den Zuschlag zu hören.

§ 87 ZVG

(1) Der Beschluß, durch welchen der Zuschlag erteilt oder versagt wird, ist in dem Versteigerungstermin oder in einem sofort zu bestimmenden Termine zu verkünden.

(2) Der Verkündungstermin soll nicht über eine Woche hinaus bestimmt werden. Die Bestimmung des Termins ist zu verkünden und durch Anheftung an die Gerichtstafel bekannt zu machen.

(3) Sind nachträglich Tatsachen oder Beweismittel vorgebracht, so sollen in dem Verkündungstermine die anwesenden Beteiligten hierüber gehört werden.

Im dritten Teil des Versteigerungstermins wird über den Zuschlag verhandelt (§ 74), und es wird der Zuschlag verkündet oder versagt oder es wird ein Verkündungstermin bestimmt (§ 87 I). Obwohl dieser Teil noch zum Versteigerungstermin gehört,[116] ist die Versteigerung selbst geschlossen (vgl §§ 73 II, 74) und kann deshalb auch in diesem Termin und auch bei Zustimmung aller Beteiligter nicht mehr wiederaufgenommen werden, ohne daß die Fristen des § 43 nicht eingehalten werden. Diese Unterscheidung zwischen „Versteigerung" und drittem Teil des „Versteigerungstermins" hat deshalb eine große praktische Bedeutung, weil viele Anträge nur bis zum Schluß der Versteigerung gestellt werden können,[117] und weil sich eine Änderung des geringsten Gebots unterschiedlich auswirkt, je nachdem, wann sie vorgenommen worden ist:[118]

Tritt die Änderung vor dem Schluß der Versteigerung ein (§ 73 III 1), müssen die wesentlichen Punkte des Bekanntmachungsteils wiederholt und nochmals eine vollständige Bietstunde durchgeführt werden; tritt die Änderung dagegen erst während des dritten Teils des Versteigerungstermins ein (zum Beispiel durch eine einstweilige Einstellung des bestrangig betriebenen Verfahrens),[119] dann muß auch auf ein wirksames Gebot der Zuschlag versagt werden. Bei beiden Alternativen ist davon ausgegangen worden, daß die Versteigerung auch nach der Änderung des geringsten Gebots noch von mindestens einem Gläubiger aktiv betrieben wird; aber auch er kann die geschilderten Verzögerungen nicht verhindern.[120]

Nach dem Schluß der Versteigerung können auch keine Übergebote, Sicherheitsleistungsanträge oder Sicherheitsleistungen, Vollmachten, Zustimmungen und Genehmigungen mehr angebracht werden. Dagegen ist jetzt der gegebene Zeitpunkt für Anträge nach § 74a I, 75, 76, 77, 85 und § 765a ZPO.[121]

Das Gericht soll den Beteiligten und dem Meistbietenden in der Verhandlung über den Zuschlag Gelegenheit geben, sich zum Zuschlag zu äußern.[122] In dem Antrag auf Zuschlagserteilung und in einer Einverständniserklärung damit liegt auch eine Genehmigung aller dem Erklärenden bekannten Verfahrensmängel (vgl § 83 Nr. 1–5). Ein Verstoß gegen § 74 selbst kann aber nur dann eine Anfechtung des Zuschlags begründen, wenn dadurch der Anspruch auf Gewährung des rechtlichen Gehörs verletzt worden ist.[123]

Sowohl die positive als auch die negative Entscheidung über den Zuschlag muß verkündet werden (§ 87 I), die positive Entscheidung ist außerdem zuzu-

---

[116] Vgl Stöber § 73 Anm 3.3.

[117] Zum Beispiel bezüglich abweichender Versteigerungsbedingungen nach § 59 vgl Stöber § 59 Anm 3.3.

[118] Vgl oben B. 6.3.2.

[119] Was auch jetzt noch möglich ist, vgl oben B. 3.4.2.

[120] Vgl oben B. 3.2.2. und B. 6.3.2.

[121] Zu diesen Anträgen und Erklärungen im einzelnen vgl unten D. 5.

[122] Vgl dazu **TH** D. 1.4.2.2.

[123] Vgl Stöber § 74 Anm 2.1.; Steiner-Storz § 74 Rdnr 5.

stellen (§ 88). Wird die Zuschlagserteilung nicht verkündet, so ist der Beschluß grundsätzlich anfechtbar,[124] weil der Zuschlag ohne Verkündung gemäß § 89 nicht wirksam werden kann (etwas anderes gilt gemäß § 103 nur für Zuschlagserteilungen im Beschwerdeverfahren). Dagegen ist die Nichtverkündung eines Versagungsbeschlusses nicht so schwerwiegend: hier kann lediglich die Anfechtungsfrist erst mit der Zustellung beginnen.[125]

Streitig ist die Frage, ob eine Verkündung durch Verlesen auch dann erforderlich ist, wenn keine Beteiligten (mehr) anwesend sind. Während zum Beispiel bei Dassler-Schiffhauer-Gerhardt die Auffassung vertreten wird, hier reiche die Übergabe des Beschlusses an den Protokollführer mit dem Hinweis, daß damit verkündet sei,[126] verlangt Stöber unter Berufung auf den eindeutigen Wortlaut des § 87 die tatsächliche Verkündung.[127] M.E. kommt es lediglich darauf an, daß der Zeitpunkt der (formalen oder vereinfachten) Ver-kündung zweifelsfrei und genau und jederzeit nachweisbar festgehalten wird: bis zur Verkündung der Entscheidung über den Zuschlag können immerhin außerordentlich wichtige Anträge gestellt (zum Beispiel aus § 765a ZPO oder aus § 74a I) oder Erklärungen abgegeben werden (zum Beispiel die Einstellungsbewilligung nach § 30 oder die Antragsrücknahme gemäß § 29).[128]

Im dritten Abschnitt des Versteigerungstermins wird entweder die Entscheidung über den Zuschlag verkündet, oder es wird sofort ein Verkündungstermin bestimmt (der gemäß § 87 II 1 möglichst nicht später liegen soll als eine Woche). Unzulässig ist ein Beschluß, der Verkündungstermin werde später von Amts wegen festgesetzt.[129]

Ob ein gesonderter Verkündungstermin anberaumt werden soll, entscheidet das Gericht nach Anhörung der Beteiligten nach eigenem pflichtgemäßen Ermessen.[130] Ein derartiges Verfahren bietet sich zum Beispiel an, wenn bei der Versteigerung eines Erbbaurechts noch die Zustimmung des Grundstückseigentümers beigebracht werden muß, oder wenn noch die Frist für die Ausübung eines Vorkaufsrechts abgewartet werden muß, oder wenn der Rechtspfleger für die Prüfung etwaiger Verfahrensfehler noch mehr Zeit benötigt oder bei komplizierten Zwangsversteigerungsverfahren oder Zuschlagsverhältnissen.[131] Allein die Abwesenheit des Schuldners im Versteigerungstermin ist noch kein zwingender Grund für einen besonderen Verkündungstermin.[132] Unter Umständen kann der Rechtspfleger sogar zu einer

---

[124] Vgl Stöber § 87 Anm 2.5.; Steiner-Storz § § 87 Rdnr 7. **Str. aA.:** OLG Köln Rpfleger 1982, 113; Dassler-Schiffhauer § 89 Rdn 2: Heilung durch Zustellung an alle Beteiligten.

[125] Vgl Stöber § 87 Anm 2.6.

[126] Vgl § 87 Anm 2.

[127] Vgl § 87 Anm 2.2.

[128] Vgl Steiner-Storz § 87 Rdnr 6.

[129] Stöber § 87 Anm 3.2.; Steiner-Storz § 87 Rdnr 14.

[130] Die Terminbestimmung für den neuen Verkündungstermin muß den Beteiligten nicht förmlich zugestellt werden, da die Verkündung im Termin ausreicht: OLG Hamm Rpfleger 1995, 176.

[131] Vgl auch **TH** D. 1.4.2.1. und **TH** D. 1.4.2.4. – Zum besonderen Verkündungstermin vgl auch unten C.4.1.1.

[132] BGH Rpfleger 2004, 434; OLG Frankfurt Rpfleger 1991, 470.

zumutbaren Verschiebung der Verkündung der Zuschlagsentscheidung „nach dem Gebot verfassungskonformer Anwendung der Verfahrensvorschriften im Hinblick auf Art. 14 GG" verpflichtet sein, zB wenn Schuldner und Gläubiger dies übereinstimmend beantragen und begründete Aussicht besteht, daß es anschließend zur einstweiligen Einstellung kommt.[133]

Bei der positiven oder negativen Entscheidung über den Zuschlag muß auch berücksichtigt werden, ob sich durch mißbräuchliches Verhalten irgendeines Beteiligten eine andere Rechtsfolge ergibt. Da derartige Mißbrauchsfälle zwar bedauerlicherweise immer häufiger auftreten,[134] aber oft für das Vollstreckungsgericht nicht ohne weiteres erkennbar sind, müssen bzw sollten die Geschädigten dem Vollstreckungsgericht gegenüber den Mißbrauch geltend und ggf auch (mindestens) glaubhaft machen!

Derartige Mißbrauchsfälle sind während des ganzen Verfahrens und in den verschiedensten Versionen denkbar. Einige **Beispiele** aus der neueren Rechtsprechung:

– Ist eine Ehegatten-Bürgschaft nach der höchstrichterlichen Rechtsprechung sittenwidrig, kann die Zwangsvollstreckung aus einem Vollstreckungsbescheid über diese Bürgschaftsschuld rechtsmißbräuchlich sein;[135]
– Gebote, die ausschließlich zum „Verbrauch" der Zuschlagsversagungsgründe aus §§ 85a und 74a abgegeben werden, sind nach neuerer BGH-Rechtsprechung rechtsmißbräuchlich und damit rechtsunwirksam;[135a]
– Gebote, die erkennbar in der Absicht abgegeben werden, im Falle des Meistgebots hierauf keine Zahlung leisten zu wollen oder zu können, sind als rechtsmißbräuchlich zurückzuweisen;[136]
– die teilweise Abtretung des Meistgebots unter den Verfahrensbeteiligten kann rechtsmißbräuchlich sein, wenn damit gezielt gesetzliche Vorschriften umgangen werden und auch das Meistgebot nicht bezahlt werden soll;[137]
– die wiederholte Verhinderung des Zuschlags durch zwischen Bietstunde und Zuschlagsverkündung bewilligte Einstellungen kann bei Hinzutreten weiterer Umstände rechtsmißbräuchlich sein;[138]
– der Schuldner kann den Verkehrswert-Festsetzungsbeschluß nicht mehr anfechten, wenn er dem Sachverständigen den Zutritt zu den Räumlichkeiten verweigert hat.[139]

---

[133] BGH Rpfleger 2005, 151 = LMK 2005, 44 (Anm. Storz); OLG Düsseldorf E-WiR 1994, 831 (Muth); vgl auch BVerfG Rpfleger 1979, 296; 1978, 206.

[134] Vgl dazu auch B. 1.1.1; D. 1.2.2; **TH** A. 1.3.3.11; TH A. 1.3.3.12; **TH** B. 1.1.2.9.

[135] OLG Nürnberg ZiP 1999, 918. – Zur Haftung vermögens- und einkommensschwacher Bürgen vgl Tonner, ZiP 1999, 901 mwN.

[135a] Vgl insbesondere BGH, Rpfleger 2006, 144; 2007, 483 und 617; **kritisch** dazu Storz/Kiderlen NJW 2007, 1848 und 3279 mwN.

[136] OLG Nürnberg 1999, 87; OLG Hamm Rpfleger 1995, 35.

[137] AG/LG/OLG Bremen Rpfleger 1999, 88; LG Essen/OLG Hamm Rpfleger 1995, 34; AG Dortmund Rpfleger 1994, 119 (Anm Stumpe).

[138] BGH NJW 2007, 3279 (Anm Storz/Kiderlen); LG Braunschweig Rpfleger 1998, 482.

[139] VerfGH Berlin, Rpfleger 2007, 491; LG Göttingen Rpfleger 1998, 213.

1.4.2. Taktische Hinweise

TH 1.4.2.1.: Die Verhandlung über den Zuschlag ist meist sehr kurz. Weil sie von vielen Gläubigern als rein „technischer Vollzug" des Bietstunden-Ergebnisses mißverstanden wird, wird ihr oft keine Bedeutung mehr beigemessen: entweder die Beteiligten verlassen den Termin bereits vorher oder sie passen nicht mehr richtig auf.

Das ist einerseits verständlich, weil die Spannung der Bietstunde vorüber ist und durch die aufbrechenden Zuhörer eine gewisse Unruhe entsteht. Andererseits ist dieses Verhalten aber ebenso falsch wie gefährlich: Die Verhandlung über den Zuschlag kann nämlich zum Beispiel durch Unterbrechungen[140] recht lange dauern und auch das Ergebnis der Bietstunde nachhaltig ändern, und zwar sowohl positiv (zum Beispiel durch die Vereinbarung von Zahlungen außerhalb des Termins)[141] als auch negativ: es können ja jetzt noch Ablösungen vollzogen, wichtige Anträge gestellt (zum Beispiel §§ 74a, 765a ZPO), Erklärungen abgegeben (zum Beispiel § 30) oder auch zurückgenommen werden.[142]

Es ist daher für jeden Beteiligten verkehrt und gefährlich, die Verhandlung über den Zuschlag vorzeitig zu verlassen. Genauso wie es falsch ist, die Bietstunde vorzeitig zu verlassen.[143]

TH 1.4.2.2.: Wenn das Gericht einen besonderen Verkündungstermin bestimmt, sollte aus den gleichen Gründen entweder (zum Beispiel bei gefährlichen Verfahren) auch dieser Verkündungstermin wahrgenommen oder doch mindestens sichergestellt werden, daß der Beteiligte vom Rechtspfleger unterrichtet wird, wenn noch irgendwelche Erklärungen erfolgen, die die Zuschlagsentscheidung beeinflussen. Die Praxis zeigt, daß man sich weder darauf verlassen kann, daß dies automatisch geschieht noch darauf, daß der Beteiligte wegen der Verletzung des rechtlichen Gehörs erfolgreich gegen die Entscheidung vorgehen kann. Im übrigen gilt auch hier: Vorbeugen ist viel besser als schimpfen und (im doppelten Sinne) klagen!

TH 1.4.2.3.: Das Gericht entscheidet zwar frei darüber, ob es einen besonderen Termin bestimmen will, aber es wird dies in aller Regel dann tun, wenn es im Zusammenhang mit der Entscheidung Probleme geben könnte. Und Probleme sind immer möglich, wenn die Beteiligten zum Zuschlag unterschiedliche Anträge stellen. Eine taktische Faustregel, die fast immer erfolgreich ist, heißt deshalb für die Beteiligten:

Wenn man mit dem Ergebnis der Bietstunde zufrieden ist, sollte man immer auf den sofortigen Zuschlag drängen; wenn man nicht zufrieden ist, sollte man immer auf einen besonderen Verkündungstermin drängen, und zwar auch dann, wenn man noch keinerlei Vorstellung hat, ob und wie man dieses unerwünschte Ergebnis verbessern oder beseitigen kann (in diesem Zusammenhang immer an die Ablösungsmöglichkeit denken!)

TH 1.4.2.4.: Die wichtigste Möglichkeit, ein Versteigerungsergebnis auch noch nach Schluß der Bietstunde zu beeinflussen, besteht über die Einstel-

---

[140] Vgl **TH** D. 1.4.2.5.
[141] Vgl hierzu oben C. 5.4. und das Beispiel im Anhang **AT** Nr. 20.
[142] Vgl oben B. 3.4.2. und unten D. 5.2.
[143] Vgl dazu oben **TH** D. 1.3.2.1.

lungsbewilligung des bestrangig betreibenden Gläubigers, die bis zur Verkündung der Entscheidung über den Zuschlag erklärt werden kann.[144] Gebote können nach Abschluß der Bietstunde nicht mehr abgegeben werden, es kann auch keine neue Bietstunde mehr direkt angeschlossen werden, § 74a I – Anträge können nur gestellt werden, wenn sie nicht schon verbraucht sind (vgl dazu §§ 74a IV und 85a II 2) und auch dann nur, wenn die $^{7}/_{10}$-Grenze nicht überschritten ist und nur von den speziell zum Antrag Berechtigten. Die Einstellungsbewilligung kann dagegen jederzeit und ohne besondere Voraussetzungen erklärt werden; sie führt allerdings nur dann zur Versagung des Zuschlags, wenn sie vom bestrangig betreibenden Gläubiger erklärt wird. Aber bestrangig betreibender Gläubiger kann auch in diesem Stadium noch jeder nachrangige Beteiligte werden: er braucht nur abzulösen.

TH 1.4.2.5.: Auch wenn die Verhandlung über den Zuschlag sehr häufig nur wenige Minuten dauert, kann sie unterbrochen und dadurch soweit verlängert werden, wie dies sinnvoll ist. Solche Unterbrechungen sind vor allem dann gegenüber der Bestimmung eines besonderen Verkündungstermins vorzuziehen, wenn das aufgetretene Problem oder die sichtbar gewordene Möglichkeit schnell beseitigt beziehungsweise realisiert werden kann, und wenn ein besonderes Interesse daran besteht, daß dann der Zuschlag auch sofort erteilt wird. Wichtigster Anwendungsfall: Wenn der bestrangig betreibende Gläubiger (oder ein Beteiligter, der diese Position über eine Ablösung erreichen kann) mit dem Ergebnis der Bietstunde nicht einverstanden ist, kann er (am besten nach vorheriger Absprache mit dem Rechtspfleger) zunächst die einstweilige Einstellung bewilligen und gleichzeitig eine kurze Unterbrechung der Verhandlung beantragen (die Entscheidung über den Zuschlag unter Berücksichtigung der Einstellungsbewilligung, also die Zuschlagsversagung, darf aber zunächst noch nicht erfolgen!). In dieser Pause verhandelt er mit dem Meistbietenden darüber, ob das Meistgebot durch irgendwelche zusätzlichen Leistungen außerhalb der Versteigerung (das Gebot kann ja nicht mehr erhöht werden!) verbessert werden kann. Je nach dem Ergebnis dieser kurzen Verhandlung nimmt nach der Unterbrechung der bestrangig betreibende Gläubiger seine Einstellungsbewilligung wieder zurück und beantragt die sofortige Zuschlagserteilung, oder er gibt keine Erklärung mehr ab mit der Folge, daß der Zuschlag versagt werden muß.

Dieses Verfahren ist schon deshalb fast immer erfolgreich (wenn die Forderungen des Gläubigers realistisch bleiben), weil der Meistbietende jetzt genau kalkulieren kann, ob ihm der Zuschlag das Eingehen auf die zusätzlichen Forderungen wert ist oder ob er lieber auf den Zuschlag verzichtet. Da er psychologisch schon stark am Grundstück engagiert ist, wird er auf angemessene und sachlich berechtigte Forderungen des Gläubigers meist eingehen.

TH 1.4.2.6.: Es kann vorkommen, daß der bestrangig betreibende Gläubiger auf einen besonderen Verkündungstermin drängt, daß aber ein nachrangiger Gläubiger unbedingt sofortigen Zuschlag haben möchte, weil er befürchtet, daß durch irgendwelche Maßnahme/Antragstellung sonst doch noch der Zuschlag versagt wird (zB weil der Schuldner durch eine Teilzah-

---

[144] Vgl oben B. 3.2.2. – vgl auch das Beispiel im Anhang **AT** Nr. 20 und 22.

lung an den bestrangig betreibenden Gläubiger eine einstweilige Einstellungsbewilligung erreicht, oder weil sich der Meistbietende durch eine Ablösung und Einstellungsbewilligung seiner Erwerbsverpflichtung entziehen will). Wenn der Rechtspfleger angesichts dieser entgegenstehenden Anträge zu einem besonderen Verkündungstermin neigt, kann sich allein aus diesem Grund eine Ablösung empfehlen, weil sich dann ja beide Positionen in der Person des nachrangigen Gläubigers vereinigen. Der Nachrangige muß diese Ablösung aber sorgfältig vorbereiten, und zwar nicht nur finanziell, sondern auch gegenüber dem Rechtspfleger: daß dieser dann tatsächlich den Zuschlag erteilt und nicht etwa die Ablösung zum Anlaß einer einstweiligen Einstellung von Amts wegen nimmt (was mE unzulässig ist).[145]

TH 1.4.2.7.: Manche Gläubiger schreiben vor dem Versteigerungstermin an den Rechtspfleger (zB zusammen mit der Forderungsanmeldung), daß sie im Termin auf alle Fälle vertreten sein werden; sollte dieser aber verspätet sein oder gar nicht erscheinen (zB wegen Verkehrshindernisse), wird schon jetzt unabhängig von der Höhe des Meistgebots um eine Verschiebung der Zuschlagsverkündung gemäß § 87 II gebeten; außerdem wird eine konkrete TelNr. mit Namen angegeben für evtl Rückfragen während des Termins. Der Rechtspfleger ist an derartige Wünsche zwar nicht gebunden; er wird sie aber idR bei seiner Entscheidung berücksichtigen.

---

[145] Vgl dazu B.7.3.4.(5).

2. Vereinbarung von Versteigerungsbedingungen

2.1. Zulässigkeit

2.1.1. Rechtslage

§ 59 ZVG

(1) Jeder Beteiligte kann spätestens im Versteigerungstermin vor der Aufforderung zur Abgabe von Geboten eine von den gesetzlichen Vorschriften abweichende Feststellung des geringsten Gebots und der Versteigerungsbedingungen verlangen. Der Antrag kann spätestens zu dem in Satz 1 genannten Zeitpunkt zurückgenommen werden. Wird durch die Abweichung das Recht eines anderen Beteiligten beeinträchtigt, so ist dessen Zustimmung erforderlich.

(2) Sofern nicht feststeht, ob das Recht durch die Abweichung beeinträchtigt wird, ist das Grundstück mit der verlangten Abweichung und ohne sie auszubieten.

(3) Soll das Fortbestehen eines Rechtes bestimmt werden, das nach § 52 erlöschen würde, so bedarf es nicht der Zustimmung eines nachstehenden Beteiligten.

§ 62 ZVG

Das Gericht kann schon vor dem Versteigerungstermin Erörterungen der Beteiligten über das geringste Gebot und die Versteigerungsbedingungen veranlassen, zu diesem Zwecke auch einen besonderen Termin bestimmen.

Die Vorschriften des ZVG über die Feststellung des geringsten Gebots und der übrigen Versteigerungsbedingungen (vgl §§ 44–57 d und 60–65) sind weitgehend nachgiebiges Recht, die meisten können also geändert werden. Jeder Beteiligte kann eine derartige Änderung verlangen. Das bedeutet zweierlei: „Verlangen" ist mehr als „beantragen", weil ein Beteiligter unter Umständen auch gegen den Willen aller anderer Beteiligter eine Änderung durchsetzen kann. Nur wenn das Recht eines anderen Beteiligten durch die Änderung beeinträchtigt wird, muß dieser Beteiligte zustimmen, sonst wird das Verlangen zurückgewiesen. Verlangen heißt außerdem, daß das Gericht nicht von Amts wegen ändern darf; es kann lediglich entsprechende Initiativen der Beteiligten anregen.[1] Wenn aber eine Änderung verlangt wird, dann muß das Gericht dem Verlangen entsprechen, wenn niemand beeinträchtigt wird beziehungsweise wenn der Beeinträchtigte zustimmt. Allerdings darf das Vollstreckungsgericht das Änderungsverlangen bei fehlendem Rechtsschutzbedürfnis zurückweisen; immerhin kommt es in der Praxis immer wieder vor, daß ein Verlangen aus § 59 keinerlei sachliche Gründe hat.[1a]

Nach § 59 können grundlegende, zwingende Verfahrensbestimmungen nicht geändert werden,[2] und zwar auch nicht mit Zustimmung aller Beteilig-

---

[1] LG Braunschweig Rpfleger 1998, 482; Stöber § 59 Anm 3.1.
[1a] Vgl **TH** D. 2.1.2.1. und **TH** D. 2.1.2.5.
[2] Vgl die Aufzählungen bei Steiner-Storz § 59 Rz 7 und auch unten D. 2.7.2.

ter.[3] Wenn auch gelegentlich streitig ist, ob ein bestimmter Änderungswunsch unter dieses Verbot fällt (zB bei der „Höhe von Übergeboten"), bleiben doch zahlreiche Möglichkeiten für Änderungen übrig,[4] weil der Gesetzgeber durch diese Flexibilität alle Voraussetzungen für ein möglichst gutes wirtschaftliches Ergebnis schaffen wollte. Insofern ist § 59 selbst eine der wichtigsten Vorschriften des ZVG, so daß gelegentlicher Mißbrauch über § 226 BGB verhindert, aber keineswegs § 59 ersatzlos gestrichen werden sollte.[5] Durch eine Änderung des § 59 im Jahr 1998 hat der Gesetzgeber insofern frühere Mißbrauchsmöglichkeiten eingeschränkt, als seither Änderungsverlangen und entsprechende Rücknahmen nur noch bis zum Beginn der Bietstunde möglich sind.

Der zweckmäßigste Zeitpunkt für die Feststellung des geringsten Gebots und der übrigen Versteigerungsbedingungen liegt im Bekanntmachungsteil[6] kurz vor der Aufforderung zur Abgabe von Geboten (vgl § 66 I). Das Verlangen kann aber auch schon vor dem Termin schriftlich oder zu Protokoll des Gerichts und konnte bis zu der Gesetzesänderung im Jahr 1998 sogar noch während der ganzen Bietstunde bis zum Schluß der Versteigerung (§ 73 II 1) vorgebracht werden. Letzteres sollte aber nur ausnahmsweise geschehen, weil dadurch das Verfahren verkompliziert wird. Wenn erst während der Bietstunde Versteigerungsbedingungen geändert wurden, führte das idR zu Doppelausgeboten, die auch mindestens volle 60 Minuten offengehalten werden mußten.[7]

Jeder Beteiligte (nicht also ein Bieter), der durch die Änderung in seinen Rechten beeinträchtigt wird, muß der Änderung zustimmen, sonst wird sie nicht zugelassen. Beeinträchtigt ist ein Beteiligter, wenn sein Recht oder dessen Befriedigung gegenüber den gesetzlichen Versteigerungsbedingungen zu seinen Ungunsten verändert wird: zum Beispiel wenn ein Recht bestehenbleibt anstatt ausbezahlt zu werden oder umgekehrt, wenn der Schuldner einen geringeren Übererlös erhält oder mehr Schulden zurückbehält, oder wenn das geringste Gebot so hoch wird, daß niemand mehr bietet.[8]

Soll das Fortbestehen eines Rechtes bestimmt werden, das nach § 52 erlöschen würde, so bedarf es Kraft der ausdrücklichen Regelung in § 59 III nicht der Zustimmung eines nachstehenden Beteiligten. Für andere Beteiligte und auch für den Schuldner bleibt es dagegen bei der allgemeinen Regelung, dh daß auch der Schuldner zustimmen muß, wenn er durch die Abweichung iSd § 59 III beeinträchtigt wird;[9] im Zweifel gibt es Doppelausgebote. Die abweichende Ansicht verlangt zwar diese Zustimmung des Schuldners nicht, wohl aber im Falle von Doppelausgeboten (zu denen es dann aber mE gar

---

[3] Steiner-Storz § 59 Rz 6; Stöber ZIP 1981, 949.
[4] Vgl die Aufzählungen bei Steiner-Storz § 59 Rz 10–29; Stöber § 59 Anm 5.1.–14.; Schiffhauer Rpfleger 1986, 326 (338 ff).
[5] Ebenso Muth Rpfleger 1987, 397 **gegen** Schiffhauer Rpfleger 1986, 326.
[6] Vgl oben D. 1.2. und **TH** D. 2.1.2.4.
[7] Vgl unten D. 3.4. und Stöber ZIP 1981, 948; Storz ZIP 1982, 416.
[8] Vgl Steiner-Storz § 59 Rdnr 45. – Vgl auch OLG Stuttgart Rpfleger 1988, 200.
[9] Ebenso LG Braunschweig Rpfleger 1998, 482; Muth JurBüro 1985, 13 und Rpfleger 1987, 397 (400); Dassler-Schiffhauer § 59 Rz 48 Schiffhauer Rpfleger 1986, 326 (336); **anders aber** Hintzen Rz 387; Stöber § 59 Anm 7.1; Mohrbutter-Drischler Muster 78 Anm 1. – Vgl auch Mayer Rpfleger 2003, 281.

nicht kommt) die Zustimmung des Schuldners zum Zuschlag auf das abweichende Meistgebot, wenn der Schuldner dadurch beeinträchtigt wäre. Gerade dieses Änderungsverlangen kann leicht mißbraucht werden.

Beispiel:

Verkehrswert eines Hauses EURO 500 000,–; belastet zunächst mit 4 Grundschulden iHv (incl. Zinsen) EURO 900 000,– und dann mit einer (wertlosen) Grundschuld für A über EURO 300 000,–. Verlangt wird das Bestehenbleiben dieser (eigentlich erlöschenden) Grundschuld A; im Zweifel müssen Doppelausgebote zugelassen werden.

Gebote des A auf die Abweichungs-Version („Normalbieter" bieten auf gesetzlich) bewirken nicht nur die mögliche Falle des § 85 a III (dazu unten D. 4.3.), sondern auch, daß die Wertigkeit dieser Gebote immer um EURO 300 000,– höher zu liegen scheint als beim gesetzlichen Ausgebot, so daß sich Normalbieter abschrecken lassen. – Zurückweisung dieses Änderungsvertrages wegen mißbräuchlicher Rechtsausübung ist nicht ausgeschlossen, aber praktisch schwierig, weil die Mißbrauchsabsicht schwer erkennbar und noch schwerer nachzuweisen ist, und weil die Beteiligten auf ihre eigenen rechtlichen Abwehrmöglichkeiten verwiesen werden können: Versagung unerwünschter Zuschläge über Verweigerung der Zustimmung Beeinträchtigter gemäß § 59 oder über Einstellungsbewilligung gemäß § 30. Aber das Ziel der Versteigerung besteht nicht in der Zuschlagsversagung, sondern in einem Zuschlag!

Wenn ein Beteiligter beeinträchtigt wird, kann nur mit seiner Zustimmung abgewichen werden; wenn niemand beeinträchtigt wird, muß dem Änderungs-Verlangen entsprochen werden. Jeder Verstoß gegen diese Regelung führt zu einer Anfechtbarkeit des Zuschlags gemäß § 83 Nr. 1.[10]

Vor der Bietstunde läßt sich aber oft nicht genau bestimmen, ob durch die Abweichung eine Beeinträchtigung erfolgen wird. Das Gesetz schreibt daher (nur) für diesen Fall ein Doppelausgebot vor (vgl § 59 II), also ein Gebot mit den gesetzlichen und ein Gebot mit den geänderten Versteigerungsbedingungen. Werden auf beide Alternativen Gebote abgegeben, bleibt jeder Bieter bis zum Zuschlag auf eines der beiden Meistgebote an sein Gebot gebunden. Das Gericht erteilt den Zuschlag aber nicht grundsätzlich auf das höhere Gebot,[11] sondern unter Bevorzugung des abweichenden Ausgebots nach der Frage der Beeinträchtigung: beeinträchtigt das abweichende Meistgebot keinen anderen Beteiligten oder hat jeder beeinträchtigte Beteiligte zugestimmt, so erhält dieses Meistgebot selbst dann den Zuschlag, wenn das Meistgebot mit den gesetzlichen Versteigerungsbedingungen höher ist.[12] Stimmt nicht jeder Beeinträchtigte der Änderung zu, dann erfolgt Zuschlag auf das Gebot, das die Rechte des nicht zustimmenden Beteiligten am wenigsten beeinträchtigt.

Wurde bei Doppelausgebot nur auf das abweichende Ausgebot geboten, kann hierauf zugeschlagen werden, obwohl ein konkreter Vergleich nicht möglich ist[13] bzw weil das „nichtvorhandene Vergleichsgebot" in der gesetzlichen Ausgebotsform mit Null zu bewerten ist. Allerdings ist diese Frage sehr

---

[10] Steiner-Storz § 59 Rz 5, 65; Schiffhauer Rpfleger 1986, 326 (336).
[11] Vgl Stöber § 59 Anm 6.2.
[12] Vgl **TH** D. 2.1.2.3.
[13] Muth Rpfleger 1987, 397; Drischler RpflJB 1974, 335; Steiner-Storz § 59 Rz 54.

streitig! Zum Teil wird jeglicher Zuschlag für unzulässig erklärt,[14] zum Teil wird Zuschlag nur mit Zustimmung der Beeinträchtigten zugelassen, ohne daß aber gesagt wird, wer in diesem Sinne beeinträchtigt ist.[15]

Die Problematik dieser Frage wird deutlich an folgendem **Beispiel:**

> Doppelausgebote erfolgen, weil gem § 59 das Ausnahmekündigungsrecht gem §§ 57 a ff ausgeschlossen werden soll; geringstes Gebot in beiden Fällen EURO 3544,–. Auf das gesetzliche Gebot wird nicht geboten, auf das abweichende ein Betrag von EURO 160 000,–.

Das abweichende Gebot ist eindeutig besser, weil es die Verwertung des Pfandrechts ermöglicht, was ja das Ziel der Versteigerung ist. Aber „beeinträchtigt" sind neben dem Mieter und Schuldner alle Gläubiger, weil sie entweder ihr Recht gegen einen Erlös tauschen müssen oder gar ihr Recht ohne (vollen) Erlösausgleich verlieren, während sie bei einer Zuschlagsversagung wenigstens ihr (unter Umständen wertloses!) Recht behalten würden. Wenn alle diese Beteiligten zustimmen müßten, würde jede Versteigerung scheitern, bzw es müßte auf die gesetzliche Versteigerungsbedingung wenigstens das geringste Gebot rein der Form halber abgegeben werden, denn dann wäre ein Vergleich problemlos möglich.[16] Dann aber kann auch gleich auf das abweichende Gebot zugeschlagen werden, wenn auf das gesetzliche Gebot nichts geboten wurde. Für die umgekehrte Situation wird das ohnehin allgemein anerkannt,[17] obwohl doch auch hier das über § 59 vereinbarte Vergleichsgebot gilt! Entscheidend ist, daß niemand einen Anspruch darauf hat, daß es zu einem Zuschlag unter den gesetzlichen Bedingungen oder zu einer Zuschlagsversagung kommt!

Wurde vor der Gesetzesänderung im Jahr 1998 eine zu Doppelausgeboten führende Änderung der Versteigerungsbedingungen erst während der Bietstunde verlangt,[18] so mußte zwar für das abweichende Ausgebot eine neue Bietstunde durchgeführt werden. Es erloschen hier dagegen eventuell auf der Basis der gesetzlichen Versteigerungsbedingungen schon abgegebene Gebote nicht, weil diese Ausgebots-Alternative ja weiterhin gültig blieb; für diese Ausgebotsform war auch keine neue Bietstunde mehr nötig, sondern die begonnene konnte zu Ende geführt werden, allerdings bis zu dem Zeitpunkt, in dem auch die Bietstunde für alle anderen Ausgebotsformen beendet wird, weil nur der gleichzeitige Abschluß aller Bietmöglichkeiten einen ständigen Vergleich der Gebotswerte ermöglicht.[19] Abgesehen davon, daß die hier vertretene Auffassung rein rechtlich m. E. zwingend ist, war nur so auch praktisch zu verhindern, daß § 59 und die Spezialbestimmungen der §§ 63, 64 noch mehr als früher rein zu Verzögerungs- und Störungszwecken mißbraucht wurden.[20]

---

[14] LG Freiburg Rpfleger 1975, 105 (Schiffhauer); Drischler RpflJB 1978, 260; Mohrbutter-Drischler Muster 77 Anm 4.

[15] Stöber § 59 Anm 6.3; Schiffhauer Rpfleger 1986, 326.

[16] Vgl **TH** D. 2.1.2.6.

[17] Stöber und Schiffhauer jew wie Anm 15.

[18] Vgl **TH** D. 2.1.2.2.

[19] Vgl Stöber ZIP 1981, 948; Storz ZIP 1982, 316; Muth Rpfleger 1987, 397 (400).

[20] Vgl **TH** D. 2.1.2.1. und **TH** D. 2.1.2.2.

Doppelausgebote kommen in aller Regel nur zustande, wenn sie sich aus einem Änderungsverlangen gem § 59 oder §§ 63 ff ergeben. Es sind aber auch Situationen denkbar, in denen Doppelausgebote schon als gesetzliche Versteigerungsbedingung erforderlich sind, zB wenn ein relatives Rangverhältnis besteht, an dem ein nicht auf Zahlung eines Geldbetrages gerichtetes dingliches Zwischenrecht beteiligt ist.[21]

Die in § 59 I 2 geforderte Zustimmungserklärung muß entweder im Versteigerungstermin zu Protokoll erklärt oder entsprechend § 84 II durch eine öffentlich beglaubigte Urkunde nachgewiesen werden; sie muß spätestens vor der Verkündung der Zuschlagsentscheidung vorliegen.[22]

Wenn vor dem Versteigerungstermin abzusehen ist, daß es zu umfangreichen Erörterungen über das geringste Gebot und die sonstigen Versteigerungsbedingungen kommen wird, kann das Gericht zur Entlastung des Termins gemäß § 62 einen Vortermin (= Erörterungstermin) bestimmen. Der Vorteil eines derartigen Vortermins besteht darin, daß der Versteigerungstermin unter Umständen wesentlich straffer und damit verständlicher und kürzer abgewickelt werden kann (so daß die Bietinteressenten nicht so verunsichert und entmutigt werden, wie das bei langen Bekanntmachungsteilen immer wieder zu beobachten ist),[23] daß unter Umständen das persönliche Erscheinen des Schuldners angeordnet werden kann[24] (was zum Versteigerungstermin nicht möglich ist) und daß der unter Umständen schwierige Vortermin auf Vorlage des Rechtspflegers gemäß § 5 RpflegerG vom Richter durchgeführt werden kann.[24]

Andererseits darf der Wert solcher Vortermine auch nicht überschätzt werden, weil das Ergebnis der Erörterungen für den Versteigerungstermin nicht bindend ist, außer wenn die Beteiligten dies ausdrücklich vereinbart haben oder wenn Anträge gestellt worden sind, die schon vor dem Versteigerungstermin gestellt werden können, zum Beispiel nach §§ 59 oder 63. Im übrigen sollten im Vortermin nur solche Punkte abschließend erörtert werden, die für die Bietinteressenten nicht wichtig sind. Denn gerade Bietinteressenten erwarten aus dem Bekanntmachungsteil noch wichtige Informationen über das Grundstück und die Versteigerungsbedingungen.

Die frühere Streitfrage, ob ein Verlangen auf abweichende Versteigerungsbedingungen widerrufen bzw zurückgenommen werden kann, und bis wann dies ggf zu geschehen hat bzw mit welchen Rechtsfolgen dies verbunden ist,[25] wurde im Jahr 1998 durch den neuen § 59 I 2 geklärt: Das Verlangen kann zurückgenommen werden, aber spätestens bis zum Beginn der Bietstunde.

Eine besondere Rolle spielt in diesem Zusammenhang das Altenteil, Leibgeding oä, das gemäß § 9 I EGZVG uU auch dann bestehenbleibt, wenn es bei der Feststellung des geringsten Gebots nicht berücksichtigt worden ist. Hier ist aber auf Verlangen eines Beteiligten gemäß § 9 II EGZVG als abweichende Versteigerungsbedingung das Erlöschen dieses Rechts zu bestimmen,

---

[21] Vgl einen derartigen Fall bei OLG Hamm Rpfleger 1985, 246.
[22] Vgl Stöber § 59 Anm 4.3.; Steiner-Storz § 59 Rdnr 42.
[23] Vgl dazu **TH** D. 1.2.2.1. und **TH** B. 1.6.2.3.
[24] H. M. vgl Stöber § 59 Anm 3.1.
[25] Vgl Steiner-Storz § 59 Rz 41; Drischler § 59 ZVG Anm 5; Stöber § 59 Anm 3.4.

wenn durch das Fortbestehen ein dem Recht vorgehendes oder gleichstehendes Recht des Beteiligten beeinträchtigt werden wurde.[26]

2.1.2. Taktische Hinweise

TH 2.1.2.1.: Der Zweck des § 59 besteht sicher darin, daß der Gesetzgeber im Interesse eines möglichst hohen Erlöses zwar den Rahmen für ein
Zwangsversteigerungsverfahren abstecken, die Beteiligten aber nicht in eine
Zwangsjacke stecken wollte. Deshalb hat er die Erweiterung von Bietmöglichkeiten sehr erleichtert (in der Erwartung, dadurch zusätzliche Bietinteressenten zu gewinnen) aber umgekehrt die Beschränkung von Bietmöglichkeiten sehr erschwert (in der Erwartung, dadurch das Ausschalten von
Bietinteressenten zu verhindern). Sehr deutlich zeigt sich dies bei § 63. Jeder
Beteiligte kann auch gegen den Willen anderer Beteiligter durchsetzen, daß
auch Gesamtausgebote zugelassen werden; aber nur alle anwesenden Beteiligten zusammen können bewirken, daß Einzelausgebote unterbleiben.

Unversehens hat der Gesetzgeber aber die Möglichkeit geschaffen, daß die
§§ 59 ff nicht nur zu diesem anerkennenswerten Zweck gebraucht, sondern
auch zum entgegengesetzten Zweck mißbraucht werden: abgesehen davon,
daß sich ein einziger Beteiligter (auch der Schuldner ist Beteiligter![27] – Ein
Bietinteressent ist zwar kein Beteiligter; er kann es aber meist ganz einfach
und recht billig dadurch werden, daß er ein ganz nachrangiges aussichtsloses
Recht erwirbt!)[28] erfolgreich jeder Vereinfachung widersetzen kann, kann er
das Verfahren mit dem gleichen Ziel in einem ungeahnten Umfang verkom-
plizieren und damit stören.[29]

Einige „Spezialisten" haben in der Vergangenheit als Schuldner oder
Schuldnervertreter oder als Beteiligte, die an einer Verhinderung des Zuschlags interessiert waren, oder als Bietinteressenten, die einen Billigsterwerb
durchführen wollten, demonstriert, was hier in der Praxis alles möglich ist.
Theoretisch konnte man diesen Störern relativ leicht das Handwerk legen:
man brauchte lediglich auf die Bestimmungen über die Unwirksamkeit (vgl
§ 226 BGB), die unzulässige Rechtsausübung (vgl § 242 BGB) und die Schadensersatzpflicht (vgl § 826 BGB) hinzuweisen: Aber in der Praxis bestand
doch eine sehr starke Zurückhaltung in der Anwendung dieser Vorschriften,
weil die Sittenwidrigkeit des Verhaltens meist nicht so deutlich in Erschei-
nung tritt.[29]

TH 2.1.2.2.: (überholt durch die Gesetzesänderung im Jahr 1998; trotzdem noch hilfreich für das Verständnis der dahinterliegenden Problematik!)
Der Hauptzeitpunkt für die Vereinbarung abweichender Versteigerungsbedingungen liegt zwar im Bekanntmachungsteil kurz vor der Aufforderung zur
Abgabe von Geboten. Jetzt weiß man über das Versteigerungsobjekt, die Beteiligten, ihre Ansprüche und vielleicht auch über die Nachfrage einigermaßen Bescheid, und jetzt steht die eigentliche Versteigerung unmittelbar bevor,

---

[26] Zum Altenteil vgl OLG Hamm Rpfleger 1986, 270; Fuchs Rpfleger 1987, 76;
Kahlke Rpfleger 1990, 233 und **TH** D. 2.1.2.7.
[27] Vgl oben B. 1.1.
[28] Vgl oben **TH** B. 1.5.2.3.
[29] Vgl dazu ausführlich oben D. 1.2.2!

deren Bedingungen nun im einzelnen festzulegen sind. Der Gesetzgeber läßt aber (in der Hoffnung auf ein besseres Ergebnis) Änderungen bis unmittelbar vor Schluß der Versteigerung zu. Änderungen zu diesem späten Zeitpunkt können durchaus sachlich gerechtfertigt sein (auch wenn deshalb eine neue Bietstunde durchgeführt werden muß): es kann ein neuer Bietinteressent mit neuen Wünschen aber auch mit entsprechenden Möglichkeiten aufgetaucht sein, oder es können sich aus dem Verlauf der bisherigen Bietstunde neue Gesichtspunkte ergeben haben. Aber Änderungen zu diesem späten Zeitpunkt können auch ausschließlich mit dem Ziel einer Störung und Verzögerung und Verkomplizierung des Verfahrens verlangt werden.[29] Dann entsteht die Gefahr, daß die Bietinteressenten entmutigt und verunsichert verschwinden und daß die Beteiligten vor lauter Ärger unaufmerksam und unbedacht werden, was zu zusätzlichen Gefahren führt.

Die Beteiligten können sich gegen derartige Aktionen nur schwer wehren: Sie können das Gericht auf die §§ 226 und 242 BGB hinweisen und sie können sich selbst den § 826 BGB vormerken. Aber beides hilft zunächst wenig. Wichtiger ist es deshalb m. E., im Falle von notwendig werdenden Doppelausgeboten darauf zu bestehen, daß die bisher abgegebenen Gebote erhalten bleiben und die bisherige Bietstunde parallel zu der neuen Bietstunde für die abweichenden Ausgebote weitergeführt und baldmöglichst abgeschlossen wird. Dann können die Bietinteressenten nämlich gegebenenfalls nach Hause gehen; sie können lediglich nicht ganz sicher sein, daß der Meistbietende auch den Zuschlag erhält, weil ja das Ergebnis des anderen Ausgebots noch nicht feststeht. Wenn aber die Änderung der Versteigerungsbedingung nur aus Verzögerungs- oder Störungsgründen verlangt worden ist, wird es bei diesem Ausgebot erstens keine Gebote geben und zweitens kann der Störer seinen Zweck nicht mehr durch weitere Aktionen fortsetzen.

TII 2.1.2.3.: Im Falle von Doppelausgeboten kann ein raffinierter Bieter unter Umständen vor allem bei Zusammenarbeit mit Gläubigern zu einem Billigerwerb kommen: Er bietet auf das gesetzliche Ausgebot einen relativ hohen Betrag, so daß andere Bietinteressenten von Geboten abgehalten werden. Dann bietet er auf das abweichende Ausgebot einen wesentlich geringeren Betrag und einigt sich mit dem beeinträchtigten Gläubiger (notfalls durch Zahlung eines bestimmten Betrages außerhalb der Versteigerung) darauf, daß dieser nach Schluß der Bietstunde der Abweichung zustimmt. Dann muß der Zuschlag auf das niedrigere Meistgebot erteilt werden! Dieses Verfahren ist für den Schuldner vor allem dann schädlich, wenn er der abweichenden Ausgebotsform schon im voraus zugestimmt hat und noch weiteres Vermögen hat, in das der Gläubiger mit seiner (auf diese Weise erhaltenen Restforderung) vollstrecken kann, oder wenn dem Gläubiger weitere Sicherheiten zur Verfügung stehen.

Zwar gibt es auch hiergegen die allgemeinen Abwehrmöglichkeiten aus §§ 226, 242, 826 BGB und § 765 a ZPO. Immer wird dafür aber vorausgesetzt, daß man dieses Verfahren durchschaut, daß man es nachweisen kann, und daß man einen mutigen Rechtspfleger findet ....

Wenigstens für die erste dieser Voraussetzungen soll dieser taktische Hinweis eine kleine Hilfestellung bieten!

TH 2.1.2.4.: Für seriöse Beteiligte gilt noch der Hinweis, daß über allem Verhalten insbesondere auch in bezug auf die Abänderung von Versteigerungsbedingungen m. E. der Grundsatz stehen sollte: Möglichst Komplikationen vermeiden, insbesondere wenn sie zu größeren Diskussionen unter den Beteiligten führen: die Bietinteressenten, deren labile Bietmotivation man immer berücksichtigen beziehungsweise unterstellen muß, werden leicht verunsichert, und außerdem baut man sich selbst ein „Negativ-Image" auf, das vor allem für Vertreter von Kreditinstituten, Bausparkassen oder Versicherungen geschäftspolitisch viel nachteiliger sein kann, als die kurzfristigen Vorteile, die man sich aus der Änderung von Versteigerungsbedingungen erhofft. Vielleicht kann man in solchen Situationen von einem nicht wohlgesonnenen „Kollegen" lächerlich gemacht werden.

Daher: m. E. niemals hartnäckig auf einigermaßen unwichtigen Änderungen bestehen (z. B. Höhe von Übergeboten, höhere Verzinsung u. ä.). Wenn im ersten Anlauf Schwierigkeiten entstehen, lieber das Verlangen fallenlassen.

Ähnlich verhält es sich, wenn man schon im Vorfeld des Termins oder spätestens im Bekanntmachungsteil feststellt, daß aus den Reihen der Zuhörer und damit potentiellen Bietinteressenten Wünsche nach einer Änderung von Versteigerungsbedingungen geäußert werden. Die Zuhörer/Bietinteressenten sind nicht Beteiligte und können daher selbst keine Änderung verlangen. Ein Beteiligter kann diese Wünsche aber aufgreifen und sich zu eigen machen. Auch wenn die Änderung ihm nicht unmittelbar nützt, kann er aus diesem Verfahren unter Umständen Vorteile ziehen: ihm ist der Weg geöffnet für die Verhandlung über besondere Vereinbarungen oder er hat als Vertreter eines Kreditinstituts den ersten Schritt zur Gewinnung eines neuen Kunden getan![30]

TH 2.1.2.5.: Weil in der Praxis immer wieder versucht worden ist, aus sachfremden Gründen in das Verfahren einzugreifen und gerade auch § 59 für Verzögerungen und Komplikationen zu mißbrauchen, versuchen die Rechtspfleger immer mehr, das Rechtsschutzbedürfnis für Verlangen aus § 59 mehr oder weniger leichthändig zu verneinen.[31] Es ist daher jedem Beteiligten zu empfehlen, sich schon möglichst frühzeitig über evtl Änderungswünsche klarzuwerden und diese noch vor dem Termin mit dem Rechtspfleger zu besprechen und ihn von der sachlichen Rechtfertigung des Änderungsverlangens zu überzeugen. Dies entspricht nicht nur einem Gebot der Fairneß gegenüber dem Rechtspfleger,[32] sondern ist auch sachdienlich, weil der Rechtspfleger vielleicht einen einfacheren Weg zur Erreichung des gleichen Zieles kennt, und weil so längere Verfahrensdiskussionen im Termin selbst vermieden werden können; letztere gefährden grundsätzlich einen guten wirtschaftlichen Erfolg!

TH 2.1.2.6.: Da die Frage streitig ist, wie beim Zuschlag verfahren werden soll, wenn bei Doppelausgeboten nur auf die abweichenden Bedingungen geboten wurde, und die herrschende Meinung entweder jeden Zuschlag für unzulässig erklärt oder ihn von der Zustimmung aller Beeinträchtigter

---

[30] Vgl **TH** D. 1.3.2.3.
[31] Dazu auch Schiffhauer Rpfleger 1984, 374.
[32] Vgl ausführlich Büchmann ZIP 1986, 7.

abhängig macht, ist jedem Beteiligten oder Bieter, der an einem Zuschlag auf die abweichende Bedingung interessiert ist, sehr zu empfehlen, dafür zu sorgen, daß auch auf die gesetzliche Bedingung ein (wenigstens das geringste Gebot deckendes) Gebot abgegeben wird; dabei ist vorsichtshalber auch § 85 a zu beachten, aber § 85 a III einzukalkulieren!

TH 2.1.2.7.: Bei einem nach den Versteigerungsbedingungen erlöschenden Wohnrecht (bzw einer entsprechenden beschränkten persönlichen Dienstbarkeit) ist es nicht ganz ausgeschlossen, daß sich der Berechtigte nach dem Zuschlag auf den Standpunkt stellt, daß dieses Recht als Altenteil, Leibgeding oä außerhalb des geringsten Gebots gemäß § 9 I EGZVG trotzdem bestehengeblieben ist. Diese Gefahr ist dann besonders groß, wenn das Recht einem früheren Eigentümer dieses Grundstücks zugestanden hat und uU sogar einen gewissen Versorgungscharakter hat. In entsprechenden Zweifelsfällen sollte daher uU sicherheitshalber der Abweichungsantrag gemäß § 9 II EGZVG gestellt und bei dann erforderlichen Doppelausgeboten auf die Gebotsform mit dem auch als evtl Altenteil eindeutig erlöschenden Recht geboten werden.

2.2. Änderung des geringsten Gebots

2.2.1. Rechtslage

Das geringste Gebot kann sich dadurch ermäßigen, daß ein vorrangiger Gläubiger neu beitritt und dadurch bestrangig betreibender Gläubiger wird. Diesbezügliche Überraschungen sind im Termin aber nicht möglich, weil ein Anspruch gemäß § 44 II nur dann der Feststellung des geringsten Gebotes zugrundegelegt werden darf, wenn der wegen dieses Anspruchs ergangene Beschluß dem Schuldner vier Wochen vor dem Versteigerungstermin zugestellt worden ist.

Häufiger ist, daß sich das geringste Gebot auch im Termin und sogar noch während der Verhandlung über den Zuschlag dadurch erhöht, daß der bisher bestrangig betreibende Gläubiger die einstweilige Einstellung des Verfahrens bewilligt.

Das geringste Gebot kann aber auch über § 59 geändert werden, etwa in der Weise, daß das Fortbestehen eines Rechtes bestimmt wird, das nach den gesetzlichen Versteigerungsbedingungen erlöschen würde oder umgekehrt das Erlöschen eines eigentlich bestehenbleibenden Rechtes festgelegt wird.[33] Die Abweichung kann aber zum Beispiel auch dahin gehen, daß ein Recht trotz Nichteinhaltung der Frist nach § 44 II der Feststellung des geringsten Gebots zugrundegelegt wird.

Auch für die Änderung des geringsten Gebots nach § 59 gilt das zu § 59 allgemein Gesagte: Jeder Beteiligte kann die Abweichung verlangen, aber alle Beteiligte, deren Rechte durch diese Abweichung beeinträchtigt werden, müssen zustimmen, anderenfalls wird das Änderungsverlangen zurückgewie-

---

[33] Alle aus dem Meistgebot zu befriedigenden Berechtigten und der Schuldner müssen zustimmen, sonst Doppelausgebot (vgl Stöber § 59 Anm 5.6). Der Inhaber des Rechtes selbst muß zustimmen, sonst darf überhaupt nicht so ausgeboten und schon gar nicht zugeschlagen werden.

sen. § 59 III präzisiert diese Regelung noch dahin, daß für die Bestimmung des Fortbestehens eines eigentlich erlöschenden Rechtes die Zustimmung eines nachstehenden Beteiligten nicht erforderlich ist. Auch die Zustimmung des Schuldners ist hier entbehrlich,[34] dagegen müssen eventuelle Zwischenberechtigte zustimmen, mindestens ist ein Doppelausgebot nötig.[34] Im übrigen liegt aber immer eine Beeinträchtigung des Berechtigten vor, wenn sein eigentlich erlöschendes Recht bestehenbleiben soll oder sein bestehenbleibendes Recht erlöschen soll. Es ist daher mE schlicht unzulässig, was in der Praxis aber immer wieder geschieht: Erlöschen zB nach den gesetzlichen Versteigerungsbedingungen Wege- oder Leitungsrechte aus Abt II, weil bestrangig aus einer öffentlichen Last betrieben wird, so wird oft „aus praktischen Gründen" gemäß § 59 das Bestehenbleiben dieser Rechte ohne Doppelausgebot und mit lediglich unterstellter Zustimmung der Wege- bzw Leitungsberechtigten vereinbart. Und der Schuldner ist beeinträchtigt, wenn durch die Bestimmung des Bestehenbleibens von Rechten das geringste Gebot so hoch wird, daß niemand mehr bietet[35] und umgekehrt, wenn durch die Bestimmung des Erlöschens ein sonst nicht mögliches Gebot erfolgen kann.[36]

2.2.2. Taktische Hinweise

TH 2.2.2.1.: An die Möglichkeit, das geringste Gebot über § 59 zu ändern, sollten die Gläubiger immer dann denken, wenn sich im Termin herausstellt, daß das geringste Gebot so hoch ist, daß keine Gebote abgegeben werden können, daß aber Bietinteressenten anwesend sind, die einen etwas geringeren Betrag durchaus zu bieten bereit sind. Hier sollten die Gläubiger alles versuchen, um eine Einstellung nach § 77 zu verhindern, weil sie dadurch nicht nur Zeit, sondern vielleicht auch diese Bietinteressenten verlieren und außerdem zusätzliche Zinsen und Kosten auflaufen.

Eine von mehreren Möglichkeiten dazu ist die abweichende Feststellung des geringsten Gebots. In der Praxis ist auch schon der Fall vorgekommen, daß ein Interessent (hier eine Religionsgemeinschaft) die Abgabe von Geboten davon abhängig gemacht hat, daß das Grundstück absolut lastenfrei übernommen werden kann. Ein derartiger Wunsch ist in dem oder kurz vor dem Versteigerungstermin überhaupt nur noch durch § 59 zu erfüllen.

Man sollte in diesen Fällen auch nicht vor der in der Regel bestehenden Notwendigkeit, die Zustimmung des Schuldners beizubringen, zurückschrecken. Abgesehen davon, daß auch bei einem Scheitern der Bemühungen nichts Schlimmeres eintreten kann als die Versagung des Zuschlags, macht es sich hier unter Umständen bezahlt, wenn man sich während des Zwangsversteigerungsverfahrens um ein gutes Verhältnis zum Schuldner bemüht hat.

TH 2.2.2.2.: Eine abweichende Feststellung des geringsten Gebots gemäß § 59 liegt auch dann nahe, wenn in Abt. II Rechte erlöschen würden und mit einem hohen Surrogationswert versehen werden müßten, wobei das zusätzliche Problem entstünde, daß dieser Wert erst zum Verteilungstermin oder

---

[34] Vgl Stöber § 59 Anm 3 (3); Steiner-Storz § 59 Rdnr 33.
[35] Vgl Steiner-Storz § 59 Rdnr 45.
[36] Vgl **TH** D. 2.2.2.1. und **TH** D. 2.2.2.2. und **TH** D. 2.2.2.3.

eventuell sogar noch später festgelegt würde, so daß die Gläubiger zur Zeit der Versteigerung gar nicht wissen, bei welchem Gebot ihr Recht voll bedient wird. Problematisch sind in diesem Zusammenhang zum Beispiel Überlandleitungsrechte oder auch Vorkaufsrechte. Bei beiden wird das Problem dadurch besonders sichtbar, weil sie den jeweiligen Grundstückeigentümer im Falle ihres Bestehenbleibens kaum behindern und die Berechtigten sogar Wert auf das Bestehenbleiben legen aber gerade für den Fall des Erlöschens hohe Entschädigungen verlangen.

TH 2.2.2.3.: Trotzdem muß auch darauf hingewiesen werden, daß diese Korrektur des geringsten Gebotes die Zustimmung einiger Beteiligter erfordert, so daß die Gefahr nicht auszuschließen ist, daß die Beteiligten diese Machtposition (man ist jetzt auf ihre Zustimmung angewiesen) durch entsprechend hohe finanzielle oder sonstige Forderungen ausspielen. Ganz abgesehen davon kommt noch die Komplikation hinzu, daß die Zustimmungserklärung öffentlich beglaubigt sein muß, wenn sie erst nachträglich beigebracht werden kann. Durch dieses Formerfordernis wird den Berechtigten die taktische Machtposition noch zuätzlich verdeutlicht.

Deshalb sollte man lieber Wege gehen, die diese Probleme von vorneherein vermeiden. Der Schlüssel dazu ist ein sorgfältiges Studium der Mitteilung nach § 41 II:[37] dort ersieht man den bestrangig betreibenden Gläubiger, so daß man ermitteln kann, welche Rechte im geringsten Gebot bestehenbleiben. Wenn dieses Ergebnis nicht zweckmäßig erscheint, kann man entweder noch einen besserrangigen Gläubiger zum Beitritt überreden und – um diesem genügend Zeit gemäß § 44 II zu verschaffen – für eine gewisse Zeit die einstweilige Einstellung bewilligen, oder man kann (dieser Fall ist in der Praxis häufiger und glücklicherweise leichter durchführbar) umgekehrt den bestrangig betreibenden Gläubiger zu einer einstweiligen Einstellung überreden oder ihn ablösen und dann selbst aus diesem Recht einstweilen einstellen.

2.3. Höhe von Übergeboten

2.3.1. Gesetzliche Versteigerungsbedingungen

§ 72 ZVG

(1) Ein Gebot erlischt, wenn ein Übergebot zugelassen wird und ein Beteiligter der Zulassung nicht sofort widerspricht. Das Übergebot gilt als zugelassen, wenn es nicht sofort zurückgewiesen wird.

(2) .... (abgedruckt bei D. 1.3.1.)

Ein Gebot ist nur wirksam, wenn es mindestens die Höhe des geringsten Gebots gemäß § 44 I erreicht und außerdem höher ist als das vorausgehende noch wirksame Gebot. Gebote, die gleich hoch wie oder niedriger als das noch wirksame Vorgebot sind, sind unwirksam und müssen zurückgewiesen werden;[38] sie können gemäß § 72 I das Vorgebot auch nicht zum Erlöschen

---

[37] Vgl dazu **TH** B. 6.5.1. und **TH** C. 3.3.6.
[38] Vgl Stöber § 71 Anm 2.3.

bringen. Zu der Problematik, die durch den Anfang 2007 neu eingeführten § 72 IV entstanden ist, wurde bereits Stellung genommen.[38a] Es bleibt sehr zu hoffen, daß § 72 IV in der Praxis gar nicht angewandt werden muß!

In der Literatur wird zwar die Frage erörtert,[39] wie Gebote zu bewerten sind, die gleichzeitig und in gleicher Höhe abgegeben werden; aber diese Fragestellung ist für den Praktiker müßig:[40] Zum einen kommt es ohnehin nur sehr selten dazu, daß gleichzeitig gleichhohe Gebote abgegeben werden. Zum anderen erhöhen die Bieter in diesen Fällen von selbst sofort und unaufgefordert ihre Gebote so lange, bis ein Bieter „Sieger" bleibt. Der Rechtspfleger braucht gar nicht einzugreifen.

Zu der Frage, um welchen Betrag ein Gebot das vorausgehende übersteigen muß, um gemäß § 72 I 1 als wirksames Gebot zugelassen werden zu können, sagt das Gesetz nichts. Theoretisch reicht deshalb die kleinste Währungseinheit von einem Pfennig.[41] Derart geringe Beträge kommen in der Praxis zwar nicht vor, aber auch eine Differenz von 10,– EURO kann bei einem Verkehrswert von 100 000 EURO viel zu gering sein, um eine ordnungsgemäße Zwangsversteigerung zu ermöglichen.[42]

2.3.2. Mögliche Abweichung

In der Praxis vereinbaren Beteiligte gelegentlich, in neuerer Zeit aber zum Glück seltener, gemäß § 59 als abweichende Versteigerungsbedingung, daß mindestens ein Betrag von .... EURO jeweils mehr geboten werden muß als das vorherige Gebot. Man spricht hierbei vereinfacht (und mißverständlich) von der Höhe der Übergebote beziehungsweise davon, daß nur Übergebote mit einer bestimmten Mindesthöhe zugelassen werden.

Die Zulässigkeit derartiger Vereinbarungen[43] wird allerdings von Stöber mit dem Hinweis angezweifelt, sie widerspreche dem gesetzlichen Versteigerungssystem des Überbietens.[44] Dem kann nicht zugestimmt werden: abgesehen davon, daß rein rechtlich nicht einzusehen ist, warum die Festlegung eines Mindesterhöhungsbetrages dem Versteigerungssystem widersprechen soll und warum ausgerechnet eine so harmlose und allen Beteiligten nützende Abweichung unzulässig sein soll, während sehr viel gefährlichere Vereinbarungen ohne weiteres anerkannt werden, besteht ein praktisches Bedürfnis nach der Möglichkeit zu derartigen Vereinbarungen, weil sie dazu dienen, das Versteigerungsergebnis zu verbessern und gelegentlich sogar erforderlich sind, um ein ordnungsgemäßes und ernsthaftes Steigern zu gewährleisten.[45] Der Rechtspfleger allein (also ohne die Verfahrensbeteiligten) kann aber nicht erzwingen, daß sich die Bieter entsprechend seinem Hinweis verhalten; er

---

[38a] Vgl oben D.1.3.1.

[39] Vgl Mohrbutter-Drischler Muster 113 Anm 5; Steiner-Storz § 81 Anm 5 (2); **Str. aA:** Eickmann Rpfleger 1983, 199; Schiffhauer Rpfleger 1984, 375.

[40] So auch Stöber § 72 Anm 2.3.; Steiner-Storz 71 Rdnr 13; § 72 Rdnr 7.

[41] Vgl Stöber § 71 Anm 5.7.

[42] Vgl **TH** D. 2.3.3.1. und **TH** D. 2.3.3.2.

[43] Vgl Steiner-Storz § 59 Rdnr 23; anerkannt auch von LG Aurich Rpfleger 1981, 153; OLG Oldenburg Rpfleger 1981, 315 (**abl. Anm** Schiffhauer).

[44] Stöber § 71 Anm 5.14; ebenso Schiffhauer Rpfleger 1986, 326 (340).

[45] Vgl **TH** D. 2.3.3.2.

kann lediglich auf Grund seiner fachlichen und persönlichen Autorität in diese Richtung wirken.

Wenn also die Zulässigkeit einer derartigen Vereinbarung bejaht wird, fragt es sich, wer ihr zustimmen muß, weil er durch sie in seinen Rechten beeinträchtigt wird (vgl § 59 I 2). Da Doppelausgebote bei dieser Versteigerungsbedingung rein praktisch unmöglich sind, muß der Kreis der zustimmungspflichtigen Beteiligten m. E. groß gezogen werden: außer allen Gläubigern, deren Rechte nicht im geringsten Gebot bestehenbleiben, muß wohl auch der Schuldner zustimmen. Gerade diese letzte Forderung kann aber meist nicht erfüllt werden, weil der Schuldner nicht zum Versteigerungstermin erscheint und verständlicherweise in aller Regel zu einer nachträglichen Zustimmung nicht bereit ist. Deshalb könnte ohne Doppelausgebot auch bei Zustimmung aller Gläubiger diese Versteigerungsbedingung eigentlich nicht geändert werden.[46]

Meines Erachtens sollte eine derartige Änderung der Versteigerungsbedingungen daher nur ausgeführt werden, wenn alle Beteiligten und vor allem auch der Schuldner zustimmen. Wenn alle Bieter „vernünftig" sind, ergibt sich in aller Regel von alleine ein Bieten in angemessenen Schritten; es ist aber durchaus schon vorgekommen, daß durch bewußt kleinste Bietschritte eine Versteigerung in ihrem wirtschaftlichen Ergebnis ernsthaft gefährdet wurde; dann muß eine Möglichkeit zur Regulierung bestehen, wozu der Rechtspfleger alleine keine ausreichenden Mittel hat.

2.3.3. Taktische Hinweise

TH 2.3.3.1.: M. E. kann nicht mit dem Anspruch auf Allgemeingültigkeit vorausgesagt werden, wie sich eine Vereinbarung über Mindesterhöhungsbeträge auswirken wird. Die Erfahrung zeigt zwar, daß jede Vereinbarung von Mindesterhöhungsbeträgen das Versteigerungsergebnis fördert, wenn der Betrag nicht unangemessen hoch ist (zum Beispiel 5 des Grundstückswertes oder mehr; dann stört die Vereinbarung im Zweifel mehr als sie nützt!), und wenn er nicht unverhältnismäßig gering ist (zum Beispiel 0,005 des Grundstückswertes oder weniger; dann nützt sie nichts mehr). Aber wie die konkreten Anwesenden reagieren werden, muß während des Bekanntmachungsteils durch eine genaue Beobachtung der potentiellen Bieter möglichst ermittelt werden. Es gibt in Deutschland starke regionale Unterschiede; außerdem muß auch nach dem Versteigerungsobjekt unterschieden werden: Interessenten für ein Einfamilienhaus reagieren meist anders als Interessenten für große Industrieobjekte.

TH 2.3.3.2.: Als Grundregel kann unter Berücksichtigung der genannten Vorbehalte (**TH D.** 2.3.3.1.) vielleicht gelten: Zu kleine Beträge verführen oft zu einer längeren Bietdauer ohne materiellen Erfolg, weil ein gewisser Erschöpfungseffekt entsteht. Zu hohe Beträge frustrieren und halten die Interessenten vielleicht von vorneherein vom Bieten ab. Optimal sind dagegen mittelhohe Beträge, die einerseits nicht negativ auffallen und andererseits im „Bietrausch" vergessen werden. Man sollte sich daran orientieren, in welchen

---

[46] So OLG Oldenburg Rpfleger 1981, 315; Steiner-Storz § 59 Rdnr 23.

Beträgen vernünftige Menschen, die als Interessenten dieses konkreten Objekts an diesem konkreten Ort zu dieser konkreten Zeit von sich aus bieten würden. Das werden meist Beträge zwischen 0,5 und 1,0 des Grundstückswertes sein, selbstverständlich in runden Beträgen.

2.4. Höhere Verzinsung

2.4.1. Gesetzliche Versteigerungsbedingungen

§ 49 ZVG

(1) Der Teil des geringsten Gebots, welcher zur Deckung der Kosten sowie der in § 10 Nr. 1 bis 3 und in § 12 Nr. 1, 2 bezeichneten Ansprüche bestimmt ist, desgleichen der das geringste Gebot übersteigende Betrag des Meistgebots ist von dem Ersteher im Verteilungstermine zu berichtigen (Bargebot).

(2) Das Bargebot ist von dem Zuschlag an zu verzinsen.

(3) Das Bargebot ist so rechtzeitig durch Überweisung oder Einzahlung auf ein Konto der Gerichtskasse zu entrichten, daß der Betrag der Gerichtskasse vor dem Verteilungstermin gutgeschrieben ist und ein Nachweis hierüber im Termin vorliegt.

(4) Der Ersteher wird durch Hinterlegung von seiner Verbindlichkeit befreit, wenn die Hinterlegung und die Ausschließung der Rücknahme im Verteilungstermine nachgewiesen werden.

§ 118 ZVG

(1) Soweit das Bargebot nicht berichtigt wird, ist der Teilungsplan dadurch auszuführen, daß die Forderung gegen den Ersteher auf die Berechtigten übertragen und im Falle des § 69 III gegen den für mithaftend erklärten Bürgen auf die Berechtigten mitübertragen wird; Übertragung und Mitübertragung erfolgen durch Anordnung des Gerichts.

(2) .... (abgedruckt bei E. 6.2.1.)

§ 128 ZVG

Soweit für einen Anspruch die Forderung gegen den Ersteher übertragen wird, ist für die Forderung eine Sicherungshypothek an dem Grundstücke mit dem Range des Anspruchs einzutragen. War das Recht, aus welchem der Anspruch herrührt, nach dem Inhalte des Grundbuchs mit dem Rechte eines Dritten belastet, so wird dieses Recht als Recht an der Forderung miteingetragen.

Ganzer § 128 abgedruckt bei E. 6.2.1.

§ 246 BGB (Gesetzlicher Zinssatz)

Ist eine Schuld nach Gesetz oder Rechtsgeschäft zu verzinsen, so sind vier vom Hundert für das Jahr zu entrichten, sofern nicht ein anderes bestimmt ist.

Gemäß § 49 I muß der Ersteher den Barteil des Meistgebots noch nicht im Versteigerungstermin, auch noch nicht zur Zuschlagsverkündung, sondern erst rechtzeitig zum Verteilungstermin. Aber er muß diesen Betrag zwischen dem Wirksamwerden des Zuschlags (vgl §§ 89, 104) und dem Verteilungstermin verzinsen (vgl § 49 II), und zwar – wenn keine besondere Regelung gilt – gemäß § 246 BGB mit dem gesetzlichen Zinsfuß von 4%. Allerdings wird die Geltendmachung eines über diese 4% hinausgehenden Verzugsschadens im Klagewege nicht ausgeschlossen, da die §§ 49, 59, 118 keine Beschränkung der Verzugsregeln in §§ 286 ff BGB enthalten.[47]

Seit dem 2. JuMoG (BGBl 2006, 3416) kann das Bargebot nur noch durch Überweisung oder Einzahlung auf ein Konto der Gerichtskasse entrichtet werden, also nicht mehr durch Barzahlung an den Rechtspfleger. Die Zahlungsanzeige der Gerichtskasse muß im Termin vorliegen, damit sichergestellt ist, daß das Bargebot auch tatsächlich eingezahlt wurde! Werden Aufgaben der Gerichtskassen – wie in einigen Bundesländern – zB durch die Gerichtszahlstellen wahrgenommen, genügt auch die Überweisung oder Einzahlung auf ein Konto der Gerichtszahlstelle.[48]

Wenn der Ersteher seinen Zahlungsverpflichtungen zum Verteilungstermin aber nicht nachkommt, wird dem Gläubiger gemäß § 118 I 1 eine entsprechende Ersatzforderung und zu dieser Forderung eine Sicherungshypothek zugeteilt, aus der der Gläubiger die beschleunigte Wiederversteigerung des Grundstücks gegen den Ersteher betreiben kann. Forderung und Sicherungshypothek sind zwar zu verzinsen, aber seit verschiedenen Änderungen der BGB-Verzugsbestimmungen ist streitig geworden, ob nach wie vor der Regelzinssatz von 4% (§ 246 BGB)[48a] oder der Verzugszinssatz von 5 Prozentpunkten über dem Basiszinssatz (§§ 286, 288 I BGB) gilt.[48b] In jedem Fall kann gemäß § 288 IV BGB auch ein höherer Schaden geltend gemacht und damit auch eine höhere Verzinsung gemäß § 59 vereinbart werden.[47]

2.4.2. Mögliche Abweichung

Es ist allgemein anerkannt, daß in beiden Fällen über § 59 höhere Zinsen vereinbart werden können.[49] Solche Vereinbarungen sind vor allem in Zeiten einer sogenannten Hochzinsphase üblich geworden,[50] weil die Erfahrung gezeigt hat, daß niemand an der Forderung nach höheren Zinsen Anstoß genommen hat, so daß die Höhe der Meistgebote nicht beeinträchtigt wurde; andererseits aber ist die höhere Verzinsung des Bargebots den Gläubigern und in der Regel (wegen seiner persönlichen Mithaftung) auch dem Schuldner zugute gekommen.

Durch die Vereinbarung einer höheren Verzinsung kann aber mindestens theoretisch der Schuldner beeinträchtigt werden. Das gilt vor allem für die

---

[47] LG Wiesbaden Rpfleger 1975, 375; AG Landstuhl Rpfleger 1985, 314.

[48] Vgl Begründung des Entwurfs, BT-Drucksache 13/7383.

[48a] So: AG Viersen Rpfleger 2003, 256; Stöber § 118 Anm 3.3; Streuer Rpfleger 2001, 401.

[48b] So: LG Cottbus Rpfleger 2003, 256; LG Augsburg Rpfleger 2002, 374; LGs Kempten und Berlin, Rpfleger 2001, 192; LG Kassel Rpfleger 2001, 176; Storz Rpfleger 2003, 50.

[49] Vgl LG Münster Rpfleger 1982, 77; LG Freiburg Rpfleger 1975, 105; Schiffhauer Rpfleger 1986, 326 (338); Stöber § 59 Anm 5.19. und 5.14.; Stöber Anm 295 c; Mohrbutter-Drischler Muster 77 Anm 4; Steiner-Storz § 59 Rdnr 25, 26.

[50] Vgl aber **TH** D. 2.4.3.1.

Verzinsung des Bargebots (zwischen Zuschlag und Verteilungstermin), zum Beispiel, weil ein Gläubiger, dem er persönlich haftet, durch ein niedrigeres Gebot einen größeren Ausfall erleiden könnte. Deshalb muß auch der Schuldner der Abweichung zustimmen, beziehungsweise sind Doppelausgebote erforderlich.[49]

Eine Beeinträchtigung des Schuldners wegen einer Höherverzinsung der gemäß §§ 118, 128 zugeteilten Forderung und Sicherungshypothek ist dann theoretisch möglich, wenn er den verschiedenen Gläubigern in unterschiedlicher Weise persönlich haftet; deshalb ist auch seine Zustimmung nötig.[51]

Dagegen können nachrangige Gläubiger durchaus beeinträchtigt sein, weil ihnen bei einer Wiederversteigerung höhere Zinsen vorausgehen und sie deshalb – je nach der Höhe des Wiederversteigerungserlöses – unter Umständen weniger erhalten.[52] Da aber zur Zeit der Bietstunde in der eigentlichen Zwangsversteigerung noch nicht einmal feststeht, welche Gläubiger später an einem eventuellen Wiederversteigerungsverfahren teilnehmen, müssen entweder alle Gläubiger schon jetzt der höheren Verzinsung zustimmen, oder es muß doppelt ausgeboten werden.[53]

Doppelausgebote in diesen beiden Fällen (sowohl für eine Höherverzinsung des Bargebots gemäß § 49 II als auch für eine solche der Forderung und Sicherungshypothek gemäß §§ 118, 128) sind aber recht problematisch, weil sie in ihrer Höhe meist nicht stark voneinander abweichen werden und ein Vergleich nach ihrem wirtschaftlichen Wert sehr schwierig oder unmöglich werden kann:

Bei der Verzinsung des Bargebots gemäß § 49 II können zwar die beiden Meistgebote verglichen werden, auch die Differenz im Zinssatz steht fest. Aber der Ersteher kann durch Hinterlegung der Höherverzinsung ausweichen und das Gericht weiß nicht, ob er überhaupt und gegebenenfalls wann er hinterlegt.[54] Maßgebend ist allerdings der Zeitpunkt der Zuschlagsverkündung.[55]

Bei der Verzinsung der übertragenen Forderung und Sicherungshypothek kann im Augenblick des Zuschlags noch nicht bestimmt werden, wie hoch die jeweiligen Forderungen und Sicherungshypotheken bei einer eventuellen Wiederversteigerung sein werden und wie lange die Wiederversteigerung von der Übertragung der Forderung (im eigentlichen Verteilungstermin) bis zu ihrer Bedienung (im Wiederversteigerungs-Teilungstermin) dauern wird.

2.4.3. Taktische Hinweise

TH 2.4.3.1.: Die gesetzliche Regelung ist für die Gläubiger in Hochzinsphasen nachteilig. Dies gilt weniger für die Verzinsung des Bargebots, weil

---

[51] Vgl Stöber § 20 Anm 5.14; Steiner-Storz § 59 Rz 26; Schiffhauer Rpfleger 1986, 326 (338).

[52] So auch Stöber aaO.

[53] Steiner-Storz § 59 Rdnr 26; vgl aber **TH** D. 2.4.3.2.

[54] Vgl LG Freiburg Rpfleger 1975, 105.

[55] LG Münster Rpfleger 1982, 77; Drischler KTS 1982, 385; Schiffhauer Rpfleger 1986, 326 (338); Steiner-Storz § 59 Rz 25; Stöber § 59 Anm 5.13; **gegen** LG Freiburg Rpfleger 1975, 105.

zwischen Zuschlag und Verteilungstermin nicht so viel Zeit vergeht, daß die Zinsdifferenz viel ausmacht. Das gilt aber (wenn man der oben dargestellten Ansicht von Stöber, Streuer und AG Viersen folgt[48b]) in starkem Maße für Forderung und Sicherungshypothek gemäß §§ 118, 128, weil eine Wiederversteigerung sehr lange Zeit in Anspruch nehmen kann.

Andererseits müssen diesen Abweichungen viele Beteiligte zustimmen, so daß die Durchsetzung unter Umständen Schwierigkeiten macht. In Niedrigzinsphasen, in denen die gesetzliche Regelung den Gläubigern nicht so sehr schadet, sollte daher m. E. auf die Abweichung verzichtet werden, zumal Kreditinstitute schnell in den Verdacht von Zinstreibern geraten; Privatpersonen können sich eine „Zinstreiberei" in der Öffentlichkeit genauso wenig leisten.

Überhaupt sollten die Höherverzinsungsanträge nicht – wie das gelegentlich zu beobachten ist – immer auch grundsätzlich sondern nur dann gestellt werden, wenn sie reibungslos und ohne große Debatten durchsetzbar sind und wenn die höhere Verzinsung auch dem Antragsteller selbst zugute kommt!

TH 2.4.3.2.: Wenn Doppelausgebote wegen des Höherverzinsungsantrags erforderlich sind, dann sollte auf die Höherverzinsung verzichtet werden. Nicht nur deshalb, weil das Versteigerungsgeschäft durch Doppelausgebote verkompliziert und damit das Ergebnis gefährdet wird, sondern weil dadurch unter Umständen sogar der Zuschlag gefährdet werden kann.[51] Und diese Gefahr steht in keinem Verhältnis zu den Nachteilen einer nur gesetzlichen Verzinsung!

2.5. Gebote mit Zahlungsfristen

2.5.1. Frühere gesetzliche Regelung

Nach den Bestimmungen der zum 30. 6. 1979 aufgehobenen §§ 60 und 61 konnte jeder Beteiligte bis zum Schluß der Versteigerung auch gegen den Widerstand aller anderer Beteiligter und des Gerichts für den das geringste Gebot übersteigenden Betrag des Meistgebots Zahlungsfristen als Versteigerungsbedingung durchsetzen. Ein Zuschlag auf dieses Gebot konnte zwar nur erfolgen, wenn sich ein Dritter unter Sicherheitsleistung verpflichtete, die dem Ersteher obliegende Zahlung im Verteilungstermin zu bewirken; der Dritte konnte aber einen Abzug vornehmen, den er aber nicht unbedingt „schon" während der Bietstunde beziffern mußte. Das Gebot mit Zahlungsfristen mußte nur nach Abzug noch höher sein als das Meistgebot ohne Zahlungsfristen, das als Doppelausgebot auf Antrag zulässig blieb.

Die §§ 60 und 61 sind zum 30. 6. 1979 ersatzlos gestrichen worden, weil sie sich in der Praxis nicht bewährt hatten. Der Gesetzgeber hatte zwar eindeutig den Zweck verfolgt, höhere Gebote zu ermöglichen und diese trotz einer gewissen finanziellen Unsicherheit beim Bieter (sonst wären keine Zahlungsfristen erforderlich gewesen) durch besondere Vorschriften (der Dritte mußte für seine Zahlungsverpflichtung unter Umständen bis zu 100 Sicherheit leisten!) auch abzusichern.

Aber zu diesem positiven Zweck sind die Vorschriften praktisch niemals eingesetzt worden. Vielmehr hat sich im Laufe der Zeit immer mehr herumgesprochen, daß sich die §§ 60 und 61 sehr leicht und in vielfältiger Form mißbrauchen lassen, so daß die Gebote mit Zahlungsfristen in einen solch schlechten Ruf gerieten, daß manche Rechtspfleger auch ohne Überprüfung der Hintergründe schon die Antragstellung selbst als sittenwidrig ansehen wollten.

So gesehen ist es sehr zu begrüßen, daß der Gesetzgeber diese undurchdachten Vorschriften aufgehoben hat. Die folgenden kurzen Erläuterungen dienen daher ausschließlich einem evtl rechtshistorischen Interesse.

2.5.2. Frühere Mißbrauchsmöglichkeiten

(1) Die einfachste Mißbrauchsmöglichkeit bestand darin, die Bietstunde zu stören und zu verzögern. Beides ging deshalb so leicht, weil jeder Beteiligte, also auch der Schuldner oder ein Mieter oder ein Interessent (nach Erwerb eines billigen nachrangigen Rechts) gegen den Willen von allen anderen Beteiligten durchsetzen konnte, daß auch diese Gebotsform zugelassen wird. Er konnte also Doppelausgebote erzwingen und damit das Verfahren undurchsichtig und kompliziert machen, weil sich die wenigsten Beteiligten und Rechtspfleger in dieser Gebotsform auskannten. Da dieser Antrag aber noch kurz vor Schluß der Bietstunde gestellt werden konnte, konnte jeder Beteiligte allein durch diesen Antrag alle bis dahin abgegebenen Gebote[56] zum Erlöschen bringen und eine neue Bietstunde erzwingen. Das mag zwar einen Theoretiker nicht besonders erschrecken, der Praktiker aber weiß, wie sehr Interessenten durch eine derartige Verlängerung und Verkomplizierung verunsichert werden, und wie unsicher es ist, ob auch in der neuen Bietstunde alle Interessenten dableiben und gleich hohe Gebote abgeben.

(2) Eine weitere Mißbrauchsmöglichkeit bestand darin, daß ein cleverer Interessent (über den Erwerb der Beteiligtenstellung) eine Position erwerben konnte, die ihn gegenüber allen Mitinteressenten weit bevorzugte; wenn er noch eine weitere Person als „Mitspieler" gewinnen konnte, konnte er zum Beispiel (ohne erkennbar sittenwidriges Verhalten) auf folgende Weise vorgehen:

Bei einem Objekt mit dem Verkehrswert 160 000,– EURO bietet zunächst er selbst gleich zu Beginn der Bietstunde auf das Gebot ohne Zahlungsfristen, also das „normale" Ausgebot, 115 000,– EURO (knapp über der $^7/_{10}$-Grenze, um den Antrag nach § 74 a I auszuschalten). Kurze Zeit später bietet sein Freund auf das Gebot mit Zahlungsfristen 180 000,– EURO und er selbst erklärt sich als „Dritter" für zahlungspflichtig, beziffert seinen Abzug aber noch nicht während der Bietstunde. Es ist nicht zu erwarten, daß auf das Gebot mit Zahlungsfristen noch höhere Gebote abgegeben werden. Die praktische Erfahrung zeigt, daß bei einem so hohen Gebot von 180 000,– EURO auch auf das (scheinbar aussichtslose) normale Ausgebot nicht mehr geboten wird. Bleiben nun die 115 000,– EURO tatsächlich Meistgebot, dann macht unser Mann als „Dritter" bei dem anderen Meistgebot einen Abzug von

---

[56] Soweit diese nicht bereits gemäß § 72 I 1 erloschen waren.

66 000,– EURO, so daß das Meistgebot auf dem gesetzlichen Ausgebot insgesamt höher ist und den Zuschlag erhält!

Werden aber die 115 000,– EURO von anderer Seite so weit überboten, daß der Erwerb des Objekts für unseren Mann uninteressant ist, dann kann er ebenfalls durch einen hohen Abzug von dem Zahlungsfristengebot sich jeder Verpflichtung entziehen und den Zuschlag an den Fremden erteilen lassen!

Unser Mann konnte also mit einer sehr hohen Erfolgschance durch optisch hohe Parallelgebote einen günstigen Erwerb versuchen, und zwar ohne jedes Risiko, weil er sich jederzeit von allen Verpflichtungen lösen konnte!

(3) Aus der Praxis sind Fälle bekannt geworden, die in einem noch viel extremeren Ausmaß zu Billigsterwerben geführt haben. In diesen Fällen ist allerdings zu fragen, warum der Rechtspfleger und die Gläubiger nicht besser aufgepaßt haben. Über §§ 30, 74 a oder über § 765 a ZPO hätte ein Billigsterwerb auch hier verhindert werden können. Auch sonst gab es durchaus wirksame Abwehrmaßnahmen gegen einen Mißbrauch der §§ 60 und 61. Sie setzten aber alle voraus, daß die Beteiligten mit voller Aufmerksamkeit alle Geschehnisse während der Bietstunde und während der Verhandlung über den Zuschlag bis unmittelbar zur Entscheidung über den Zuschlag verfolgen und daß sie über die genügende Fachkenntnis zum ZVG und speziell auch zu den §§ 60, 61 verfügen und daß sie die Ruhe und ihre Nerven behalten ....

2.6. Einzel-, Gruppen-, Gesamtausgebote

2.6.1. Gesetzliche Versteigerungsbedingung

§ 63 ZVG

(1) **Mehrere in demselben Verfahren zu versteigernde Grundstücke sind einzeln auszubieten. Grundstücke, die mit einem einheitlichen Bauwerk überbaut sind, können auch gemeinsam ausgeboten werden.**

(2) **Jeder Beteiligte kann spätestens im Versteigerungstermin vor der Aufforderung zur Abgabe von Geboten verlangen, daß neben dem Einzelausgebot alle Grundstücke zusammen ausgeboten werden (Gesamtausgebot). Sofern einige Grundstücke mit einem und demselben Recht belastet sind, kann jeder Beteiligte auch verlangen, daß diese Grundstücke gemeinsam ausgeboten werden (Gruppenausgebot). Auf Antrag kann das Gericht auch in anderen Fällen das Gesamtausgebot einiger der Grundstücke anordnen (Gruppenausgebot).**

(3) **Wird bei dem Einzelausgebot auf eines der Grundstücke ein Meistgebot abgegeben, das mehr beträgt als das geringste Gebot für dieses Grundstück, so erhöht sich bei dem Gesamtausgebote das geringste Gebot um den Mehrbetrag. Der Zuschlag wird auf Grund des Gesamtausgebots nur erteilt, wenn das Meistgebot höher ist als das Gesamtergebnis der Einzelausgebote.**

(4) **Das Einzelausgebot unterbleibt, wenn die anwesenden Beteiligten, deren Rechte bei der Feststellung des geringsten Gebots nicht zu berücksichtigen sind, hierauf verzichtet haben. Dieser Verzicht ist bis spätestens vor der Aufforderung zur Abgabe von Geboten zu erklären.**

§ 112 ZVG

(1) Ist bei der Versteigerung mehrerer Grundstücke der Zuschlag auf Grund eines Gesamtausgebots erteilt und wird eine Verteilung des Erlöses auf die einzelnen Grundstücke notwendig, so wird aus dem Erlöse zunächst der Betrag entnommen, welcher zur Deckung der Kosten sowie zur Befriedigung derjenigen bei der Feststellung des geringsten Gebots berücksichtigten und durch Zahlung zu deckenden Rechte erforderlich ist, für welche die Grundstücke ungeteilt haften.

(2) Der Überschuß wird auf die einzelnen Grundstücke nach dem Verhältnisse des Wertes der Grundstücke verteilt. Dem Überschusse wird der Betrag der Rechte, welche nach § 91 nicht erlöschen, hinzugerechnet. Auf den einem Grundstücke zufallenden Anteil am Erlöse wird der Betrag der Rechte, welche an diesem Grundstücke bestehen bleiben, angerechnet. Besteht ein solches Recht an mehreren der versteigerten Grundstücke, so ist bei jedem von ihnen nur ein dem Verhältnisse des Wertes der Grundstücke entsprechender Teilbetrag in Anrechnung zu bringen.

(3) Reicht der nach Absatz 2 auf das einzelne Grundstück entfallende Anteil am Erlöse nicht zur Befriedigung derjenigen Ansprüche aus, welche nach Maßgabe des geringsten Gebots durch Zahlung zu berichtigen sind oder welche durch das bei dem Einzelausgebote für das Grundstück erzielte Meistgebot gedeckt werden, so erhöht sich der Anteil um den Fehlbetrag.

§ 122 ZVG

(1) Sind mehrere für den Anspruch eines Beteiligten haftende Grundstücke in demselben Verfahren versteigert worden, so ist, unbeschadet der Vorschrift des § 1132 Abs. 1 Satz 2 des Bürgerlichen Gesetzbuchs, bei jedem einzelnen Grundstücke nur ein nach dem Verhältnisse der Erlöse zu bestimmender Betrag in den Teilungsplan aufzunehmen. Der Erlös wird unter Abzug des Betrags der Ansprüche berechnet, welche dem Ansprüche des Beteiligten vorgehen.

(2) Unterbleibt die Zahlung eines auf den Anspruch des Beteiligten zugeteilten Betrags, so ist der Anspruch bei jedem Grundstück in Höhe dieses Betrags in den Plan aufzunehmen.

§ 123 ZVG

(1) Soweit auf einen Anspruch, für den auch ein anderes Grundstück haftet, der zugeteilte Betrag nicht gezahlt wird, ist durch den Teilungsplan festzustellen, wie der Betrag anderweit verteilt werden soll, wenn das Recht auf Befriedigung aus dem zugeteilten Betrage nach Maßgabe der besonderen Vorschriften über die Gesamthypothek erlischt.

(2) Die Zuteilung ist dadurch auszuführen, daß die Forderung gegen den Ersteher unter der entsprechenden Bedingung übertragen wird.

§ 1132 BGB (Gesamthypothek)

(1) Besteht für die Forderung eine Hypothek (oder Grundschuld) an mehreren Grundstücken (Gesamthypothek), so haftet jedes Grundstück für die ganze Forderung. Der Gläubiger kann die Befriedigung nach

seinem Belieben aus jedem der Grundstücke ganz oder zu einem Teile suchen.

(2) Der Gläubiger ist berechtigt, den Betrag der Forderung auf die einzelnen Grundstücke in der Weise zu verteilen, daß jedes Grundstück nur für den zugeteilten Betrag haftet. Auf die Verteilung finden die Vorschriften der §§ 875, 876, 878 entsprechende Anwendung.

Das Gesetz geht von dem Grundsatz aus, daß jedes Grundstück, jeder Grundstücks-Bruchteil[57] und jedes grundstücksgleiche Recht in einem eigenen gesonderten Verfahren versteigert wird. Unter bestimmten Voraussetzungen kann das Vollstreckungsgericht aber gemäß § 18 auf Antrag oder auch von Amts wegen solche Verfahren miteinander verbinden, wenn die Verbindung zweckmäßig ist und im Interesse der Beteiligten liegt.[58]

Durch den im Jahr 1998 neu geschaffenen § 63 I 2 hat der Gesetzgeber sogar die Möglichkeit geschaffen, Grundstücke (die mit einem einheitlichen Bauwerk überbaut sind) auch dann gemeinsam auszubieten, wenn der Rechtspfleger dies für zweckmäßig hält und die Beteiligten keine Anträge gemäß § 63 II stellen, und (meines Erachtens) wenn die Verbindungsvoraussetzungen des § 18 nicht erfüllbar sind; dies entspricht einem praktischen Bedürfnis (Näheres dazu unten D. 2.6.2.2.); besser wäre es allerdings, wenn der Gesetzgeber durch eine entsprechende Ergänzung des § 18 eine Verfahrensverbindung auch dann zulassen würde, wenn die Grundstücke mit einem einheitlichen Bauwerk überbaut sind oder eine wirtschaftliche Einheit bilden.

Aber auch nach einer Verbindung der Verfahren gemäß § 18 müssen gemäß § 63 I grundsätzlich die einzelnen Grundstücke, Bruchteile und grundstücksgleichen Rechte einzeln ausgeboten werden. Diese Einzelgebote dürfen nur unterbleiben, wenn ein Gruppen- oder Gesamtausgebot zugelassen wird (vgl § 63 II) und alle anwesenden Beteiligten, deren Rechte bei der Feststellung des geringsten Gebots nicht berücksichtigt sind, dem Verzicht auf die Einzelausgebote zustimmen (vgl § 63 IV); auch der Schuldner muß zustimmen, wenn er der Zwangsversteigerung beiwohnt.[59] Schweigen bedeutet keine Zustimmung;[60] der Verzicht auf Einzelausgebote muß ausdrücklich im Protokoll vermerkt sein.[60a] Streitig ist, ob auch im Falle eines „gemeinsamen Ausgebots" nach § 63 I 2 Einzelausgebote erfolgen müssen, wenn auf sie nicht ausdrücklich gemäß § 63 IV verzichtet worden ist; dies ist zu bejahen.[60b]

Nach Beginn der Bietstunde ist ein Verzicht auf Einzelausgebote dann nicht mehr möglich. Dies hat der Gesetzgeber im Jahr 1998 durch eine ent-

---

[57] OLG Saarbrücken Rpfleger 1991, 123 (Hintzen); LG Aurich Rpfleger 1980, 306 (unstreitig!).

[58] Vgl oben C. 1.3.3. – zu einer möglichen Trennung vgl **TH** D. 2.6.3.4.

[59] OLG Saarbrücken Rpfleger 1991, 123 (Hintzen); Stöber § 63 Anm 2.1; Steiner-Storz § 63 Rz 13. – Dagegen ist die Zustimmung von Mietern und Pächtern nicht erforderlich: Stöber § 63 Anm 2.1; Steiner Storz § 63 Rz 13.

[60] Vgl OLG Saarbrücken Rpfleger 1991, 123 (Hintzen); Stöber § 63 Anm 2.1; großzügiger LG Aurich Rpfleger 1980, 306.

[60a] Thür. OLG Rpfleger 2000, 509.

[60b] Thür. OLG Rpfleger 2000, 509; Hornung NJW 1999, 460; Stöber § 63 Anm 3.1; **str. aA:** Fisch Rpfleger 2002, 637.

sprechende Änderung des § 63 (im neuen Absatz 4) klargestellt. Damit wurden einerseits frühere Streitfragen geklärt (zB, ob ein Verzicht auf Einzelausgebote auch noch während der Bietstunde möglich ist[61]), und andererseits wurden gewisse Mißbrauchsmöglichkeiten beseitigt. Gleichzeitig wurde allerdings das Problem geschaffen, daß die Beteiligten jetzt nicht mehr positiv reagieren können, wenn sich die Zweckmäßigkeit bestimmter Angebotsformen erst während der Bietstunde zB auf Grund konkreter Nachfrage herausstellen sollte.[62]

Streitig ist,[63] ob die Verweigerung des Verzichts auf Einzelausgebote wegen mißbräuchlicher Rechtsausübung unwirksam sein kann. Diese Frage ist für Ausnahmefälle zu bejahen, allerdings mit größter Zurückhaltung. Aber trotz der immer auch durchsetzbaren Gruppen- oder Gesamtausgebote kann das Bestehen auf Einzelausgeboten in Ausnahmefällen rechtsmißbräuchlich sein. Beispiel 1: Unnötigerweise und ohne Rücksicht auf die evtl Vermarktbarkeit wird nur deshalb an (zahlreichen!) Einzelausgeboten festgehalten, um die Versteigerung völlig undurchsichtig zu machen. – Beispiel 2: Einzelausgebote für Bruchteilseigentum bei bestehenbleibenden Gesamtrechten können auch in der Konkurrenz zu Gesamtausgeboten zu abenteuerlichen Ergebnissen führen, wenn sich die Gläubiger nicht durch einen Verteilungsantrag nach § 64 rechtzeitig schützen.[63a]

Werden Einzelausgebote neben Gesamtausgebot zugelassen, kann das Verfahren schnell sehr kompliziert werden. Der Zuschlag wird gemäß § 63 III 2 auf das Gesamtausgebot nur erteilt, wenn es (unter jeweiliger Hinzurechnung des Wertes der jeweils bestehenbleibenden Rechte) höher ist als das Gesamtergebnis der Einzelausgebote. Diese Querrechnung muß und kann jeder Beteiligte bzw Bieter immer vornehmen.[63b] Komplizierter ist die nach § 63 III 1 erforderliche Querrechnung, die zu einer stillschweigenden Erhöhung des geringsten Gebots beim Gesamtausgebot immer dann führt, wenn auf irgendein Einzelausgebot mehr geboten wird als dessen geringstes Gebot.

Bei der Berechnung der Einzelausgebote werden bei ihm alle Verfahrenskosten, öffentlichen Lasten und dinglichen Belastungen eingesetzt, die das einzelne Grundstück betreffen.[64] Es ist also, entgegen der Praxis mancher Gerichte, nicht zulässig, die vollen (für das Gesamtausgebot maßgeblichen) Verfahrenskosten bei jedem Einzelausgebot anzusetzen; ganz gefährliche Auswirkung hätte dies zB bei der „Querrechnung" iSd § 63 III 1. Wenn die öffentlichen Lasten nur insgesamt (also nicht verteilt auf die Einzelgrundstücke) angemeldet sind, werden sie nach dem Verhältnis der einzelnen Grundstückswerte aufgeteilt. Deshalb und im Hinblick auf den $^7/_{10}$-Antrag nach § 74a I muß der Verkehrswert für jedes Einzelgrundstück festgesetzt und gemäß § 66 I bekanntgemacht werden.

Gesamtbelastungen durch Hypotheken, Grundschulden oder Rentenschulden werden bei jedem Einzelgrundstück mit dem vollen Betrag eingesetzt,

---

[61] Vgl Storz ZiP 1982, 416; Steiner-Storz § 63 Rz 15; Stöber § 63 Anm 2.2.
[62] Vgl deshalb **TH** D.2.6.3.10.
[63] Dazu OLG Karlsruhe Rpfleger 1994, 376; kritisch Stöber § 63 Anm 2.5.
[63a] Vgl dazu D.2.6.2.2 und TS 27/28 (bei D.2.7.4.).
[63b] Zu einem komplizierten Fall vgl BGH Rpfleger 2007, 95 und **TH** D.2.6.3.11.
[64] Vgl Stöber § 63 Anm 2.4.; Steiner-Storz § 63 Rdnr 11. – Vgl dazu **TH** D. 2.6.3.7.

wenn nicht entweder der Gläubiger des Gesamtpfandrechts eine andere Verteilung gemäß § 1132 BGB bestimmt oder ein bestehenbleibendes Gesamtpfandrecht auf Antrag des betreibenden Gläubigers oder eines dem Pfandrechtsgläubiger gleich- oder nachrangigen Beteiligten gemäß § 64 verteilt wird.[65]

Gemäß § 1132 I 2 BGB kann der Gläubiger eines Gesamtpfandrechts dieses Recht „nach seinem Belieben" auf die einzelnen Grundstücke verteilen.[66] Es kommt dabei nicht darauf an, ob das Gesamtrecht nach den Versteigerungsbedingungen bestehenbleibt oder erlischt oder ob Einzel-, Gruppen- oder Gesamtausgebote abgegeben worden sind. Der Antrag kann noch im Verteilungstermin gestellt werden.[67] Dieser Möglichkeit wird in der Praxis m. E. zu wenig Bedeutung beigemessen. Zwar kann es dem Gläubiger des Gesamtrechts in der Regel gleichgültig sein, aus welchem der gesamtbelasteten Grundstücke er sein Geld zurückerhält; auch kann man immer darauf hinweisen, daß die nachrangigen Gläubiger in ihre Berechnungen das volle Recht einbeziehen müssen. Trotzdem darf nicht übersehen werden, wie wesentlich sich eine besondere Verteilung des Gesamtrechts insbesondere dann auf die nachrangigen Gläubiger auswirken kann, wenn die Einzelgrundstücke zugunsten von unterschiedlichen Gläubigern belastet sind: ein aufmerksamer Gläubiger kann durch Zusammenwirken mit dem Gläubiger des Gesamtrechts oder durch dessen Ablösung seine eigene Position noch zwischen Zuschlag (wenn also die Ergebnisse bereits feststehen!) und Verteilungstermin erheblich verbessern, allerdings „zu Lasten" der nachrangigen Gläubiger bei den anderen Einzelgrundstücken.[68]

Soll die Verteilung nach § 1132 I 2 BGB schon im Versteigerungsverfahren geltend gemacht werden, also praktisch die Auflösung des Gesamtrechts in Einzelrechte, dann muß die Verteilung im Grundbuch eingetragen (§§ 1132 II, 875 BGB) und dies dem Vollstreckungsgericht bis zum Schluß der Versteigerung (§ 73 II 1) nachgewiesen werden.[69]

Wird dagegen für durch den Zuschlag erlöschende Gesamtrechte nur für die Erlösverteilung das Wahlrecht gemäß § 1132 I 2 erst nach dem Zuschlag ausgeübt, so ist eine Erklärung (die bis zur Ausführung des Teilungsplans abgegeben werden kann)[70] auch ohne Eintragung der Verteilung im Grundbuch vom Vollstreckungsgericht zu beachten (das Gesamtrecht ist ja mit dem Zuschlag bereits erloschen: § 91 I).

Werden Einzelausgebote abgegeben, so kann dies für den betreibenden Gläubiger unter dem Gesichtspunkt von § 76 dann gefährlich werden, wenn er nur aus einem Teil seiner Forderung vorgeht, die Forderung also nur teilweise tituliert hat: Gemäß § 76 I wird nämlich das Verfahren bezüglich der übrigen Einzelgrundstücke einstweilen eingestellt, wenn der titulierte Anspruch des betreibenden Gläubigers aus dem Gebot bei einem Grundstück gedeckt ist; dem Schuldner sollen ja möglichst viele Grundstücke erhalten

---

[65] Vgl dazu unten D. 2.6.2.1. und **TH** D. 2.6.3.5.
[66] Vgl dazu auch OLG Celle ZiP 1997, 1830.
[67] Vgl Stöber § 122 Anm 3.1.; Steiner-Storz § 63 Rdnr 12.
[68] Vgl unten **TH** D. 2.6.3.5.
[69] Vgl Steiner-Storz § 64 Rdnr 28.
[70] Vgl Stöber § 122 Anm 3.1.; Steiner-Storz § 64 Rdnr 30.

bleiben. Auch dies ist eine Vorschrift, die trotz guter Zweckbestimmung recht leicht mißbraucht werden kann![71]

2.6.2. Mögliche Abweichungen

2.6.2.1. bei Einzelausgeboten (§ 64)

§ 64 ZVG

(1) Werden mehrere Grundstücke, die mit einer dem Anspruche des Gläubigers vorgehenden Gesamthypothek belastet sind, in demselben Verfahren versteigert, so ist auf Antrag die Gesamthypothek bei der Feststellung des geringsten Gebots für das einzelne Grundstück nur zu dem Teilbetrage zu berücksichtigen, der dem Verhältnisse des Wertes des Grundstücks zu dem Werte der sämtlichen Grundstücke entspricht; der Wert wird unter Abzug der Belastungen berechnet, die der Gesamthypothek im Range vorgehen und bestehenbleiben. Antragsberechtigt sind der Gläubiger, der Eigentümer und jeder dem Hypothekengläubiger gleich- oder nachstehender Beteiligte.

(2) Wird der im Absatz 1 bezeichnete Antrag gestellt, so kann der Hypothekengläubiger bis zum Schluß der Verhandlung im Versteigerungstermine verlangen, daß bei der Feststellung des geringsten Gebots für die Grundstücke nur die seinem Anspruche vorgehenden Rechte berücksichtigt werden; in diesem Falle sind die Grundstücke auch mit der verlangten Abweichung auszubieten. Erklärt sich nach erfolgtem Ausgebote der Hypothekengläubiger der Aufforderung des Gerichts ungeachtet nicht darüber, welches Ausgebot für die Erteilung des Zuschlags maßgebend sein soll, so verbleibt es bei der auf Grund des Absatzes 1 erfolgten Feststellung des geringsten Gebots.

(3) Diese Vorschriften finden entsprechende Anwendung, wenn die Grundstücke mit einer und derselben Grundschuld oder Rentenschuld belastet sind.

Da die Gesamtbelastungen im Falle von Einzelausgeboten bei jedem Einzelgrundstück mit dem vollen Betrag einzusetzen sind, und da dies auch für bestehenbleibende Rechte gilt, wird das geringste Gebot bei den Einzelgrundstücken unter Umständen unerreichbar hoch. Außerdem werden die Einzelausgebote dadurch erheblich teurer als das Gesamtausgebot (weil dort das Gesamtrecht nur einmal berücksichtigt werden muß), so daß sich ein unter Umständen aus Einzelausgeboten ergebender Mehrerlös nicht verwirklichen läßt.

Deshalb kann das Gericht auf Antrag des betreibenden Gläubigers oder eines dem Gesamtrechtsgläubiger gleich- oder nachrangigen Beteiligten oder der Grundstückseigentümer das Gesamtrecht nach dem Verhältnis der einzelnen Grundstückswerte auf die Einzelgrundstücke verteilen (vgl § 64 I 1).[72] Der Gläubiger des Gesamtrechts ist weder selbst nach § 64 I antragsberechtigt (er kann ja nach § 1132 BGB verteilen) noch kann er eine nach § 64 I beantragte Verteilung verhindern. Er kann ihr lediglich durch eine eigene Vertei-

---

[71] Vgl **TH** D. 4.6.5.3.
[72] Vgl **TS** 28 (D. 2.7.4.).

lung gemäß § 1132 BGB, durch Verzichtserklärungen gemäß §§ 1168, 1175 BGB zuvorkommen (danach ist eine Verteilung nach § 64 I nicht mehr möglich,[73] sofern seine Verteilung oder die Auflösung des Gesamtrechts durch Verzichtserklärungen schon im Grundbuch eingetragen ist),[74] oder er kann den Gegenantrag nach § 64 II stellen.

Der Antrag nach § 64 I ist nur sinnvoll bei Einzelausgeboten, nicht auch dann, wenn nur ein Gesamtausgebot zugelassen ist. Er ist formlos möglich und kann anders als die entsprechenden Anträge gemäß §§ 53 und 63 sogar bis zum Schluß der Versteigerung (§ 73 II 1) gestellt werden.[75] Die Zustimmung eines anderen Beteiligten ist nicht erforderlich. Der Antrag kann auch bis zum Schluß der Versteigerung zurückgenommen werden;[76] allerdings machen sowohl der Antrag selbst als auch seine Rücknahme während der Bietstunde eine vollständige neue Bietstunde jeweils erforderlich!

Auch der Gegenantrag gemäß § 64 II ist formlos möglich und kann nach der herrschenden Ansicht bis zum Schluß der Bietstunde (§ 73 II 1) gestellt werden.[77] Auch er kann widerrufen werden und wird im übrigen gegenstandslos, wenn der Antrag nach § 64 I widerrufen wird. Es wäre dringend zu wünschen, daß der Gesetzgeber auch die Aufträge aus § 64 auf die Zeit bis zur Aufforderung zur Abgabe von Geboten beschränkt, wie er es im Jahre 1998 für die §§ 59 und 63 bereits geregelt hat. Die seither unterschiedliche Behandlung ist sachlich nicht begründet und führt nur zu Streitigkeiten und Rechtsunsicherheit!

Der Gegenantrag, der seinerseits nicht von der Zustimmung anderer Beteiligter abhängig ist, führt zu einem Doppelausgebot: Es werden dann sowohl Einzelausgebote mit einer Verteilung des bestehenbleibenden aber auf die Einzelgrundstücke verteilten „Gesamtrechts" als auch Einzelausgebote zugelassen, bei denen das Gesamtrecht bei der Feststellung des geringsten Gebots nicht mehr berücksichtigt wird.

Ohne Rücksicht auf das Gesamtergebnis[78] kann der Gesamtrechtsgläubiger nach Schluß der Versteigerung (§ 73 II 1) wählen, welchen Zuschlag er will (auch das ist ein Grund, der einen nachrangigen Gläubiger zu erhöhter Aufmerksamkeit und unter Umständen zu einer Ablösung veranlassen sollte!). Der Gläubiger muß gemäß § 64 II 2 zur Ausübung des Wahlrechts vom Gericht aufgefordert werden, ein im Versteigerungstermin nicht (mehr) anwesender Gläubiger also schriftlich unter kurzer Fristsetzung.[79] Bei Nichterklä-

---

[73] Vgl Stöber § 64 Anm 3.5.; Steiner-Storz § 64 Rdnr 14.

[74] RGZ 75, 53; 66, 285; 55, 340.

[75] Hintzen Rpfleger 1998, 145 (VII); Storz ZiP 1982, 416; Drischler RpflJB 1960, 347; Mohrbutter-Drischler Muster 88 Rz 3; Jäckel/Güthe § 63 Rz 10. **Str. aA:** LG Krefeld Rpfleger 1987, 323; Stöber § 64 Anm 3.4.; Klawikowski Rpfleger 2000, 42: nur bis Beginn der Bietstunde.

[76] Steiner-Storz § 64 Rdnr 12; Mohrbutter-Drischler Muster 88 (3); Dassler-Schiffhauer § 64 Rz 8; **str. aA:** Stöber § 64 Anm 3.4.: Rücknehmbar nur bis Beginn der Bietstunde.

[77] Hintzen Rpfleger 1998, 148 (VII); Stöber § 64 Anm 5.3.; Steiner-Storz § 64 Rdnr 35; Dassler-Schiffhauer § 64 Rz 21; **anders noch** Drischler RpflJB 1974, 335.

[78] Vgl Stöber § 64 Anm 7.2.

[79] **aA** anscheinend Stöber § 64 Anm 7.2; Dassler-Schiffhauer § 64 Rz 26; Drischler RpflJB 1974, 335, die einen abwesenden wie einen schweigenden Gläubiger behandeln wollen, was aber m. E. mit § 64 II 2 nicht vereinbar ist.

rung durch den Gläubiger erlöschen die auf Grund seines Gegenantrags abgegebenen Gebote; ein Zuschlag auf die Einzelausgebote gemäß § 64 I kann erfolgen, wenn kein höheres Gesamtausgebot vorliegt (vgl § 63 IV 2).

Der Gegenantrag gemäß § 64 II führt dazu, daß das Gesamtrecht für die Feststellung des geringsten Gebots bei den Einzel- (bzw evtl Gruppen-)Ausgeboten, nicht aber beim Gesamtausgebot (dort bleibt das Gesamtrecht bestehen!) so behandelt wird, als ob aus ihm die Versteigerung bestrangig betrieben würde.[80] Ein Zuschlag kann hierauf aber nur erfolgen, wenn der Gesamtrechtsgläubiger den Zuschlag auf diese Gebotsform gewählt hat (§ 64 II 2), wenn kein höheres Gesamtausgebot vorliegt (§ 63 III 2) und das Gesamtrecht selbst und ein eventuelles gleich- oder nachrangiges (aber dem wirklich bestrangig betreibenden Gläubiger vorgehendes) Recht aus dem Gesamtergebnis der Einzelausgebote gedeckt ist; andernfalls muß der Zuschlag gemäß § 83 Nr. 3 versagt werden, wenn nicht alle beeinträchtigten Beteiligten das Verfahren gemäß § 84 genehmigen.

Hat der Rechtspfleger den Antrag auf Verteilung einer Gesamtgrundschuld (§ 64 I) zurückgewiesen, so kann dieser Beschluß nicht gesondert angefochten werden.[81]

2.6.2.2. bei Gruppen- und Gesamtausgeboten (§ 63 II–V)

§ 63 ZVG

(1) Mehrere in demselben Verfahren zu versteigernde Grundstücke sind einzeln auszubieten. Grundstücke, die mit einem einheitlichen Bauwerk überbaut sind, können auch gemeinsam ausgeboten werden.

(2) Jeder Beteiligte kann spätestens im Versteigerungstermin vor der Aufforderung zur Abgabe von Geboten verlangen, daß neben dem Einzelausgebot alle Grundstücke zusammen ausgeboten werden (Gesamtausgebot). Sofern einige Grundstücke mit einem und demselben Recht belastet sind, kann jeder Beteiligte auch verlangen, daß diese Grundstücke gemeinsam ausgeboten werden (Gruppenausgebot). Auf Antrag kann das Gericht auch in anderen Fällen das Gesamtausgebot einiger der Grundstücke anordnen (Gruppenausgebot).

(3) Wird bei dem Einzelausgebot auf eines der Grundstücke ein Meistgebot abgegeben, das mehr beträgt als das geringste Gebot für dieses Grundstück, so erhöht sich bei dem Gesamtausgebote das geringste Gebot um den Mehrbetrag. Der Zuschlag wird auf Grund des Gesamtausgebots nur erteilt, wenn das Meistgebot höher ist als das Gesamtergebnis der Einzelausgebote.

(4) Das Einzelausgebot unterbleibt, wenn die anwesenden Beteiligten, deren Rechte bei der Feststellung des geringsten Gebots nicht zu berücksichtigen sind, hierauf verzichtet haben. Dieser Verzicht ist bis spätestens vor der Aufforderung zur Abgabe von Geboten zu erklären.

Gruppen- und Gesamtausgebote können eigentlich nur für solche rechtlich selbständigen Grundstücke bzw Grundstücksbruchteile gebildet werden, die

---

[80] Vgl Stöber § 64 Anm 5.1.; Steiner-Storz § 64 Rdnr 36.
[81] LG Krefeld Rpfleger 1987, 323.

nach § 18 verbunden sind. Aus rein praktischen Erwägungen hat der Gesetzgeber im Jahr 1998 durch eine Ergänzung von § 63 I auch dann Gruppen- oder Gesamtausgebote zugelassen, wenn nur dann und bei zeitgleicher Terminsdurchführung überhaupt mit der Abgabe von Geboten gerechnet werden kann.[82] Es kommt eben gelegentlich vor, daß ein bestimmtes Grundstück nur dann verwertet werden kann, wenn auch ein bestimmtes anderes Grundstück dazuerworben werden kann, daß aber trotzdem die eigentlichen Voraussetzungen des § 18 nicht erfüllbar sind.

Die Regelung des § 63 I 2 stellt auch insoweit eine Besonderheit dar, als (nur) hier das Vollstreckungsgericht von Amts wegen tätig werden kann, ohne daß Anträge oder Zustimmungen irgendwelcher Beteiligter nötig wären;[82a] natürlich sind aber die anwesenden Beteiligten vorher zu hören. Wenn nicht nach § 63 IV die anwesenden Beteiligten auf Einzelausgebote verzichten, sind Doppelausgebote nötig (nach § 63 I 1 und nach § 63 I 2).[82b] Auch die nur teilweise Zusammenfassung von gemeinsam überbauten Grundstücken ist durch § 63 I 2 abgedeckt, wo sie im Einzelfall zweckmäßig erscheint.

Beispiel:
Wenn die Grundstücke A, B, C, D mit einem einheitlichen Bauwerk überbaut sind, sind folgende Ausgebotsformen denkbar:
1. Einzelausgebote von A, B, C, D (Regelfall gemäß § 63 I 1);
2. Gesamtausgebot von Amts wegen (§ 63 I 2) oder auf Verlangen eines Beteiligten (§ 63 II 1) entweder als Doppelausgebot neben Einzelausgeboten (§ 63 I 1) oder unter Verzicht auf Einzelausgebote (§ 63 IV);
3. Gruppenausgebote iS irgendwelcher Kombinationen von Amts wegen (§ 63 I 2) oder auf Verlangen (§ 63 II 2) oder auf Antrag (§ 63 II 3) eines Beteiligten neben Einzelausgeboten (§ 63 I 1) oder unter Verzicht auf diese (§ 63 IV).

Gruppen- und Gesamtausgebote im Sinne von § 63 II können nicht von Amts wegen zugelassen werden. Aber jeder Beteiligte im Sinne des § 9[83] (also auch Mieter/Pächter und selbstverständlich der Schuldner) kann verlangen, daß neben den Einzelausgeboten auch Gesamtausgebote und bei einer Gesamtbelastung auch Gruppenausgebote zugelassen werden. Die Zustimmung irgendeines anderen Beteiligten ist nicht erforderlich, auch nicht im Falle einer Beeinträchtigung.[84] Das Gesetz spricht daher nicht von beantragen sondern von verlangen. Das Verlangen kann formlos und bis zum Beginn der Bietstunde erklärt werden; nach Beginn der Bietstunde also nicht mehr. Dies hat der Gesetzgeber im Jahr 1998 endgültig durch eine entsprechende Änderung des § 63 (im neuen Absatz 2) klargestellt. Damit wurden einerseits frühere Streitfragen geklärt (zB ob Gruppen- und Gesamtausgebote auch noch während der Bietstunde beantragt werden können[85]), und gewisse Miß-

---

[82] Vgl die früheren Forderungen zB von LG Osnabrück Rpfleger 1987, 471; Bischoff Rpfleger 1988, 374; Schiffhauer Rpfleger 1986, 311; Hagemann Rpfleger 1984, 257.
[82a] Hornung NJW 1999, 460.
[82b] OLG Jena Rpfleger 2000, 509, Hornung NJW 1999, 460; Stöber § 63 Anm 3.1. **str. aA:** Fisch Rpfleger 2002, 637.
[83] Vgl Stöber § 63 Anm 3.2.; Steiner-Storz § 63 Rdnr 16.
[84] Vgl **TH D.** 2.6.3.1.
[85] Vgl Mohrbutter-Drischler Muster 77 Anm 1; Steiner-Storz § 63 Rdnr 35; Stöber § 63 Anm 3.3; Dassler-Schiffhauer § 63 Rz 3.

brauchsmöglichkeiten wurden eingeschränkt. Aber es wurde leider gleichzeitig das Problem geschaffen, daß die Beteiligten jetzt nicht mehr positiv reagieren können, wenn sich die Zweckmäßigkeit zB besonderer Gruppenausgebote (zB auf Grund konkreter Nachfrage) erst während der Bietstunde herausstellen sollte.[86]

Ob noch während der Bietstunde auf (rechtzeitig zugelassene) Gruppenausgebote verzichtet werden kann, wenn darauf noch nicht geboten worden ist, sagt auch die Neufassung des § 63 (1998) nicht direkt. Gesichert bleibt aber: bereits wirksam abgegebene und zugelassene Gebote können nicht nachträglich durch die Änderung von Versteigerungsbedingungen oder geringstem Gebot unwirksam gemacht werden, es sei denn, die Erlöschensvoraussetzungen des § 72 werden gleichzeitig erfüllt[87] (zB Änderung des geringsten Gebotes durch einstweilige Einstellung des bestrangig betriebenen Verfahrens).

Da für alle eingeführten Ausgebotsformen die Mindestbietzeit gem § 73 eingehalten werden muß, und um während der ganzen Versteigerungsdauer umfassende Vergleichsmöglichkeiten offenzuhalten, müssen alle Ausgebotsformen gleichzeitig abgeschlossen werden.[88]

Trotzdem hat so jeder Beteiligte schon bei relativ einfachen Sachverhalten Stör-, Verwirrungs- und Verzögerungsmöglichkeiten in großer Zahl, denen nur über §§ 226, 242, 826 BGB (unzulässige Rechtsausübung) begegnet werden kann.

1. Beispiel:[89]

Wenn ein aus zwei Grundstücken (Haus und Garage) bestehendes Objekt je zur Hälfte zwei Eheleuten gehört, gibt es immerhin schon 15 verschiedene Ausgebotsarten, von denen einige sinnvoll (zum Beispiel das Gesamtausgebot, alle Einzelausgebote, und die Gruppen: Frau-Hälfte/Mann-Hälfte oder Haus (Mann und Frau), Garage (Mann und Frau) und einzelne eigentlich nie sinnvoll sein können (zum Beispiel: ganzes Haus + Garagenhälfte der Frau). Aber immerhin gibt es 15 Möglichkeiten!

Einzel-, Gruppen- und Gesamtausgebote müssen gleichzeitig begonnen, durchgeführt und beendet werden, weil nur so[90] die Bieter stets eine offene Vergleichsmöglichkeit haben und damit der Vorschrift des § 63 III 2 Rechnung getragen werden kann. (Die Erhöhung des Mindest-Gesamtausgebots gemäß § 63 III 1 muß auch bei einer Verteilung nach § 64 I erfolgen).[91]

---

[86] Vgl deshalb **TH** D.2.6.3.10.

[87] Für die hier vertretene Auffassung spricht außerdem, daß ein Beteiligter sonst auch eigene Gebote zerstören könnte, wenn er aus irgendeinem Grund nicht mehr zu ihnen steht; anders ausgedrückt: er könnte im Bewußtsein seiner Zerstörungkraft gezielte Gebote abgeben, mit denen er z. B. nur andere Bieter abschrecken will, an die er selbst sich aber nicht gebunden fühlt!

[88] Das gilt jedenfalls dann, wenn Gebotsformen zugelassen sind, die sich gegenseitig ausschließen (also zB Doppelausgebote nach § 59 oder Einzel- **und** Gesamtausgebote nach § 63): Ebenso BGH Rpfleger 2003, 452; LG Berlin Rpfleger 1995, 103; Steiner-Storz § 73 Rz 22; Stöber § 73 Anm 2.7; Dassler-Schiffhauer § 63 Rz 26; – Vgl dazu auch 3. Beispiel (unten).

[89] Vgl **TS** 25 (D. 2.7.4.).

[90] Vgl Stöber § 63 Anm 3.4; Steiner-Storz § 63 Rdnrn 39–42.

[91] Backmann Rpfleger 1992, 12; Stöber § 64 Anm 6.1.

2. Beispiel:[92]

Zugelassen sind sowohl Gesamtausgebot mit einem geringsten Gebot von EURO 16 000,– als auch zwei Einzelausgebote mit je einem geringsten Gebot von EURO 8400,–.

Wenn zunächst auf das Einzelausgebot A ein Gebot von EURO 12 000,– abgegeben wird, dann erhöht sich gemäß § 63 III 1 das geringste Gebot beim Gesamtausgebot um den Differenzbetrag zwischen geringstem Gebot und tatsächlichem Einzelausgebot, also um EURO 3600,– auf EURO 19 600,–. Wird auch auf das andere Einzelausgebot T geboten, so erhöht sich das geringste Gebot beim Gesamtausgebot wieder, usw.

Das geringste Gebot beim Gesamtausgebot ist nicht unbedingt identisch mit der Summe der geringsten Einzelausgebote. Das ergibt sich schon daraus, daß zum Beispiel einem Gesamtrecht, aus dem die Versteigerung jeweils bestrangig in verschiedene Einzelgrundstücke betrieben wird, verschieden große Rechte vorgehen können.

Streitig war lange, wie über den Zuschlag zu entscheiden ist, wie über den Zuschlag zu entscheiden ist, wenn das Gesamtausgebot zwar höher ist als die Summe der Einzelausgebote, aber niedriger als nach der Erhöhung gemäß § 63 III 1. Nach heute wohl herrschender Ansicht muß der Zuschlag auf das Gesamtausgebot auch dann versagt werden, wenn es zwar höher ist als die Summe der Einzelausgebote (§ 63 III 2) und auch iSd § 63 III 1 wirksam zugelassen wurde, aber nachträglich nicht mehr die Voraussetzungen des § 63 III 1 erfüllt.[93] Das Gesamtmeistgebot kann auch dann gemäß § 63 III 2 höher sein als das Gesamtergebnis der Einzelausgebote, wenn für einzelne Grundstücke auf Einzelausgebote verzichtet oder nicht geboten wurde. Dann kann es schnell sehr kompliziert werden, wie folgender BGH-Fall[93a] zeigt.

3. Beispiel:

Versteigert werden die Grundstücke A, B, C, D, E je einzeln und insgesamt. Da bei D und E Rechte iHv. € 187 000 bestehenbleiben, bleiben diese Rechte auch beim Gesamtausgebot bestehen. Geboten werden für A: € 290 000 für B € 77 000, für C € 70 000 und auf das Gesamtausgebot (bar) € 300 000. Dieses ist wegen der bestehenbleibenden Rechte von € 187 000 mit insgesamt € 487 000 zwar am höchsten, kann aber gemäß § 63 III 1 keinen Zuschlag erhalten, weil auf A–C Bargebote von zusammen € 437 000 gelegt wurden.[93b]

Bei den Erhöhungs-Rechnungen gilt ein Gruppenausgebot im Verhältnis zu Einzelausgeboten als Gesamtausgebot und im Verhältnis zum Gesamtausgebot als Einzelausgebot.[94] Daher gibt es eine besonders umfangreiche Rechnerei, wenn neben Einzelausgeboten auch Gesamtausgebote und gar noch Gruppenausgebote zugelassen sind. Bei landwirtschaftlichen Grundstücken

---

[92] Vgl **TS** 26 und **TS** 27 (D. 2.7.4.).

[93] BGH Rpfleger 2007, 95; OLG Frankfurt Rpfleger 1995, 512; LG Bielefeld Rpfleger 1988, 32, Döttcher § 63 Rz 17; Stöber § 63 Anm 7.4 **gegen** Bachmann Rpfleger 1992, 3; Hagemann Rpfleger 1988, 33; Steiner-Storz § 63 Rz 45.

[93a] BGH Rpfleger 2007, 95.

[93b] Bei Zulassung von Einzelausgeboten neben Gesamtausgeboten vgl auch **TH** D.2.6.3.11.

[94] Vgl Stöber § 63 Anm 4.1.

läßt sich aber ein so kompliziertes Verfahren oft nicht vermeiden.[95] Die nach § 63 III 1 während der ganzen Bietstunde vorzunehmenden Querrechnungen bewirken eine Verkomplizierung des Verfahrens, gefährden die Rechtssicherheit, verwirren Bieter, Beteiligte und Rechtspfleger und lenken außerdem die Aufmerksamkeit ab von der nach § 63 III 2 für die Zuschlagsentscheidung maßgebenden Vergleichsrechnung. § 63 III 1 sollte daher eventuell ersatzlos gestrichen werden!

Der Zuschlag kann bei Doppelausgeboten auf das Gesamtausgebot gemäß § 63 III 2 nur erfolgen, wenn dieses höher ist als die Summe der Einzelausgebote. Dabei sind bestehenbleibende Gesamtrechte bei jedem Einzelausgebot voll mitzurechnen (falls keine Verteilung nach § 64 I stattgefunden hat), so daß ein rechnerisch geringeres Gesamtausgebot wirtschaftlich viel mehr wert sein kann als die Summe der Einzelausgebote![96] Trotzdem muß gemäß § 63 III 2 auf die Einzelausgebote zugeschlagen werden, sodaß die wichtigste Abwehrmöglichkeit in einem rechtzeitigen Antrag auf Verteilung des bestehenbleibenden Gesamtrechts nach § 64 besteht (vgl das Beispiel bei D. 2.6.1.). Für den Vergleich gemäß § 63 III 2 müssen zunächst alle Einzel-, Gruppen- und Gesamtausgebote ohne Rücksicht auf ihre jeweilige Zuschlagsfähigkeit iSd §§ 85a, 74a gegenübergestellt und verglichen werden.[97] Wenn das Gesamtausgebot danach höher ist als die Summe der Einzelausgebote (für Gruppenausgebote gilt entsprechendes; sie sind ja im Verhältnis zum Gesamtausgebot Einzelausgebote und im Verhältnis zu „ihren" Einzelausgeboten Gruppenausgebote), erhält es den Zuschlag. Ist das nicht der Fall, muß dem Gesamtausgebot der Zuschlag versagt werden (§ 63 III 2). Dann sind für jedes Einzelausgebot die Voraussetzungen der §§ 76, 85a, 74a zu prüfen und entsprechend individuell zuzuschlagen oder zu versagen.

Wenn der bestrangig betreibende Gläubiger die einstweilige Einstellung nach dem Schluß der Versteigerung (§ 73 II 1) aber vor der Verkündung der Zuschlagsentscheidung bezüglich eines von mehreren Einzelgrundstücken bewilligt,[98] muß für dieses Einzelgrundstück der Zuschlag versagt werden (§ 33); auch auf das Gesamtausgebot kann jetzt kein Zuschlag mehr erteilt werden, da auch dessen geringstes Gebot durch die einstweilige Einstellung verändert worden ist.[99] Nach der herrschenden Meinung kann dann aber auch auf die anderen von der einstweiligen Einstellung nicht direkt betroffenen Einzelausgebote kein Zuschlag mehr erfolgen.[100]

Sehr wichtig ist, daß der Abschluß der Bietstunde für alle Einzel-, Gruppen- und Gesamtausgebote gleichzeitig erfolgt.

---

[95] Vgl **TH** D. 2.6.3.3.

[96] Vgl **TS** 27 (D. 2.7.4.).

[97] OLG Frankfurt Rpfleger 1995, 512 **gegen** OLG Hamm Rpfleger 1959, 57.

[98] Vgl oben B. 3.4.2.

[99] Allg. Ansicht: BGH Rpfleger 2002, 165; OLG Stuttgart Rpfleger 2002, 165; OLG Köln Rpfleger 1971, 326; OLG Hamm Rpfleger 1972, 149; Stöber § 63 Anm 5.2; Dassler-Schiffhauer § 63 Rz 32; Steiner-Storz § 63 Rdnrn 52–54.

[100] BGH Rpfleger 2002, 165; OLG Stuttgart Rpfleger 2002, 165; Steiner/Storz § 63 Rz 53; Dassler-Schiffhauer § 63 Rz 32; Stöber Rpfleger 1971, 326; Stöber § 63 Anm 5.2 **gegen** OLG Köln Rpfleger 1971, 326; OLG Celle Rpfleger 1989, 471.

4. Beispiel:

Irgendwie muß der Rechtspfleger die Bietstunde abschließen, nachdem für alle Gebotsformen jeweils die Mindestzeit abgelaufen ist. Wenn er zB erst jedes Einzelausgebot nach 33 Aufruf des jeweiligen Meistgebots abschließt (§ 73 II 1) und danach das Gesamtausgebot entsprechend behandelt, können die Bieter noch auf die früheren Einzelausgebote iSd § 63 III 2 reagieren, aber die Einzelausgebote können nicht mehr erhöht werden. Das ist nicht nur unfair, sondern vernichtet auch Erlöspotential, und der Rechtspfleger kann vielleicht sogar Amtshaftung auslösen, weil er die (hier sehr wichtige!) Reihenfolge des Abschlusses „falsch" gewählt hat!

Deshalb muß (nicht nur: sollte) der Rechtspfleger zwar in irgendeiner (dann beliebigen!) Reihenfolge für die einzelnen Gebotsformen die jeweiligen Meistgebote 33 aufrufen (§ 73 II 2), aber die Versteigerung zunächst „offenlassen"; erst nach dem 3. Aufruf bei der letzten Ausgebotsform fordert er nochmals zum Bieten auf alle Gebotsformen auf und schließt die Versteigerung gleichzeitig für alle Gebotsformen, wenn keinerlei Gebote mehr zu erwarten sind.[101]

Die Erlösverteilung bei einem Gesamtausgebot ist in § 112 geregelt: Für jedes Einzelgrundstück ist eine Sondermasse zu errechnen, die sich aus dem Verhältnis der Grundstückswerte untereinander ergibt. Zunächst müssen dem Gesamterlös die Verfahrenskosten entnommen werden (§ 109); dann werden die Ansprüche befriedigt, für die alle Einzelgrundstücke ungeteilt haften. Dem verbleibenden Barerlös wird der Gesamtbetrag der nach den (gesetzlichen oder vereinbarten) Versteigerungsbedingungen bestehenbleibenden Rechte hinzugerechnet. Aus dieser „berichtigten Teilungsmasse" werden die Sondermassen für die Einzelgrundstücke nach folgender Formel ermittelt:

$$\frac{\text{Berichtigte Teilungsmasse} \times \text{Einzelgrundstückswert}}{\text{Summe aller Grundstückswerte}}$$

Der auf das jeweilige Einzelgrundstück entfallende Barbetrag ergibt sich schließlich, wenn man von dieser Sondermasse die auf den betreffenden Einzelgrundstück bestehenbleibenden Rechte abzieht.

Ein eventueller Überschuß (nach Wegfertigung der Gläubiger) steht bei Gesamtausgeboten den bisherigen (evtl unterschiedlichen!) Eigentümern der Einzelgrundstücke bzw Einzelbruchteile gemeinsam zu und muß deshalb von diesen (nicht vom Rechtspfleger) verteilt werden,[102] also ähnlich wie in der Teilungsversteigerung.[103]

Gemäß § 77 II wird die Versteigerung aufgehoben, wenn in zwei Versteigerungsterminen keine wirksamen Gebote abgegeben wurden. Für die Bestimmung ist es unerheblich, ob in beiden erfolglosen Terminen die Versteigerungsgrundstücke in gleicher Weise gemäß § 63 ausgeboten wurden oder nicht.[103a]

2.6.3. Taktische Hinweise

TH 2.6.3.1.: Das ZVG geht davon aus, daß mehrere Grundstücke oder Grundstücksbruchteile jeweils getrennt versteigert und auch bei einer Ver-

---

[101] So jetzt auch BGH Rpfleger 2003, 452. – Vgl **TH** D. 2.6.3.9.
[102] BGH Rpfleger 1992, 76; Stöber § 112 Anm 4.10.
[103] Vgl Storz, Teilungsversteigerung C. 9.5.
[103a] LG Chemnitz Rpfleger 2003, 205.

bindung nach § 18 nur auf besonderes Verlangen gemeinsam ausgeboten werden. Dabei gilt die Regel, daß ein einzelner Beteiligter das Verfahren erweitern kann, daß für Beschränkungen aber alle Beteiligte mitwirken müssen: ein Beteiligter kann also auch gegen den Willen der anderen ein Gesamtausgebot verlangen, aber alle anwesenden Beteiligten (deren Rechte nicht ins geringste Gebot fallen) müssen mitwirken, wenn auf Einzelausgebote verzichtet werden soll.

Mit dieser Regelung wollte der Gesetzgeber höhere Gebote und ein besseres Gesamtergebnis ermöglichen. Aber gerade § 63 bietet gute Möglichkeiten für einen beteiligten Einzelgänger, aus einfachen Verfahren komplizierte und langwierige Bietstunden zu machen, so daß auch erfahrene Beteiligte die Übersicht verlieren. Die vom Gesetzgeber positiv gemeinte Erweiterung von Ausgebotsformen dient dann nur noch der Verwirrung und Entnervung, und die vom Gesetzgeber ermöglichte Vereinfachung durch Verzicht auf Einzelausgebote wird blockiert. Der Zweck dieses Verhaltens besteht dann nur darin, einen unerwünschten Zuschlag zu verhindern oder gar einen Billigsterwerb herbeizuführen. Also genau das Gegenteil von dem, was der Gesetzgeber erreichen wollte!

Die anderen Beteiligten sind gegen ein derartiges Störverhalten oft machtlos. Nur bei offensichtlicher Schädigung ihrer Interessen können sie über §§ 226, 242, 826 BGB (der Schuldner zusätzlich über § 765 a ZPO) dem Verlangen entgegenzutreten versuchen; sie benötigen dazu aber einen mutigen Rechtspfleger. Außerdem sollte der Rechtspfleger bei so komplizierten Verfahren stets und bei jedem Gebot sagen, wie sich dieses auf andere Ausgebotsformen auswirkt. Eine Tafel oder eine Tageslichtprojektion könnte dabei sehr viel zur Überschaubarkeit beitragen!

TH 2.6.3.2.: Straffheit und Übersichtlichkeit schon der Verhandlung im Bekanntmachungsteil, erst recht aber während der Bietstunde sind zwei außerordentlich wichtige Voraussetzungen für einen guten Erfolg der Versteigerung. Deshalb sollten die konstruktiven Beteiligten darauf achten, daß möglichst wenig Ausgebotsformen zugelassen werden und daß sich deren Auswahl vor allem nach der Nachfrage richtet.

Bei vielen Parallel-Ausgeboten müssen sich die Beteiligten vermehrt um die Interessenten bemühen und diese während der Bietstunde beraten und betreuen. Dabei sollte eine Fixierung auf die interessanten Ausgebotsformen und eine völlige Außerachtlassung der uninteressanten Formen vorgenommen werden. Außerdem sollte ein sofortiger Zuschlag noch im Versteigerungstermin trotz § 87 nur ausnahmsweise dann erfolgen, wenn alle Konsequenzen aus dem Zuschlag wirklich eindeutig sind und vom Gläubiger auch gutgeheißen werden.

TH 2.6.3.3.: Wann Gesamt- oder Gruppenausgebote und wann Einzelausgebote günstiger sind, kann allgemein nicht gesagt werden. Maßgebend sollte in der Regel die tatsächlich oder mutmaßliche Nachfragesituation sein. Für die Wahl muß aber nicht immer die erwartete Gesamthöhe ausschlaggebend sein; der Gläubiger muß auch darauf achten, bei welcher Ausgebotsform er selbst am besten abschneidet. Das ist selbst dann legitim, wenn dadurch insgesamt ein geringerer Erlös zustandekommt.

Generell wird man aber sagen können, daß Gesamtausgebote den Vorteil haben, daß sie bei einer wirtschaftlichen Einheit der Versteigerungsobjekte meist höhere Gebote erbringen, ein einfacheres Verfahren ermöglichen und die Teileinstellungsgefahr nach § 76 vermeiden (wenn auf Einzelausgebote verzichtet wird). Umgekehrt können Einzelausgebote höhere Erlöse bringen, wenn bei räumlich getrennten Grundstücken oder sehr zahlreichen Einzelgrundstücken oder wirtschaftlich trennbaren Grundstücken ein differenziertes Angebot zu größerer Nachfrage führt (zum Beispiel häufig bei landwirtschaftlichen Grundstücken oder bei mehreren Eigentumswohnungen), oder wenn bei einer unterschiedlichen Belastung und unterschiedlichen Geboten für die Einzelgrundstücke eine bessere Befriedigung von einzelnen Gläubigern erfolgen kann.

TH 2.6.3.4.: Der Rechtspfleger muß auf Verlangen eines Beteiligten Gesamtausgebote zulassen, und er darf keine Einzelausgebote zulassen, wenn die zustimmungsberechtigten Beteiligten (vgl § 63 IV) auf sie verzichten. Er muß sich selbst dann nach diesen Wünschen richten, wenn er der Meinung ist, daß durch ein anderes Verfahren bessere Erlöse erzielt werden könnten.

Falls er aber in einem Ausnahmefall gegen den Willen der anwesenden Beteiligten und trotz deren Verzichts nach § 63 IV Einzelgebote durchsetzen will, kann er dies dadurch erreichen, daß er die verbundenen Verfahren gemäß § 18 wieder trennt. Diese Trennung steht in seinem pflichtgemäßen Ermessen, wenn er dabei auch die Interessen der Beteiligten berücksichtigen muß. Aber gerade abwesende Beteiligte (zum Beispiel der Schuldner) können unter Umständen nur auf diese Weise vor schwerwiegenden Nachteilen geschützt werden.

TH 2.6.3.5.: Ein Gläubiger, der nur eines von mehreren gemeinsam versteigerten Grundstücken nachrangig belastet hat oder nur in eines dieser Grundstücke vollstrecken kann, sollte immer im konkreten Einzelfall genau prüfen, ob er bei einem Einzelausgebot wenn „sein" Grundstück besonders gefragt ist) oder bei einem Gesamtausgebot (wenn „sein" Grundstück allenfalls von der Nachfrage nach anderen Grundstücken profitieren kann) bessere Befriedigungsaussichten hat. Zieht er unter diesem Gesichtspunkt Einzelausgebote vor, dann sollte er auch solche Interessenten zu Einzelausgeboten (unter betragsmäßiger Bevorzugung „seines" Grundstücks) überreden, die alle Grundstücke erwerben und daher eigentlich Gesamtausgebote abgeben wollen. Durch eine derartige Verteilung kann der Gläubiger unter Umständen seine Position verbessern, ohne daß der Interessent mehr zu bieten braucht. Denn bei einem Gesamtausgebot erfolgt bei unterschiedlicher Beleihung der Einzelgrundstücke die Erlösverteilung gemäß § 112 nach dem Wert der Einzelgrundstücke.

Gehen dem Gläubiger Gesamtrechte vor, so ist das Verteilungsrecht des Gesamtrechtsgläubigers nach § 1132 BGB immer auch ein wichtiger Gesichtspunkt für eine Ablösung durch den nachrangigen Gläubiger. Denn mit der Ablösung geht dieses Verteilungsrecht über und durch Befriedigungsverlangen aus den ursprünglich vom Gläubiger nicht belasteten Grundstücken kann der Gläubiger seine Befriedigungsmöglichkeiten (noch nach dem Zuschlag!) unter Umständen ganz erheblich verbessern!

TH 2.6.3.6.: Bei der Versteigerung von einzelnen Grundstücken darf auch § 76 nicht übersehen werden, der zur einstweiligen Einstellung bei der einen Grundstücksversteigerung führen kann, wenn der Gläubiger bereits aus der anderen Grundstücksversteigerung befriedigt wird. Einer derartigen einstweiligen Einstellung nach § 76 kann der bestrangig betreibende Gläubiger zwar durch eine Einstellungsbewilligung gem § 30 zuvorkommen.[104] Er muß aber berücksichtigen, daß dann unter Umständen auch bei den anderen Grundstücken der Zuschlag versagt wird.[105] Allerdings kann der Gläubiger unter Umständen erst den Zuschlag bei dem einen Grundstück herbeiführen und erst dann die einstweilige Einstellung bewilligen. Deshalb sollte das Vollstreckungsgericht nicht nur alle Einzelausgebote gleichzeitig durchführen und abschließen, sondern auch die Zuschlagsentscheidungen gleichzeitig verkünden.

TH 2.6.3.7.: Werden neben einem Gesamtausgebot auch Einzelausgebote zugelassen, so muß für alle Gebotsformen jeweils das geringste Gebot festgestellt werden. Dabei empfiehlt es sich, die (vorläufigen) Verfahrenskosten nach den Verkehrswerten der jeweiligen Einzelgrundstücke anzusetzen, um über das geringste Gebot zu gewährleisten, daß alle Verfahrenskosten bezahlt werden können. Bei der Erlösverteilung muß dann aber nach dem GKG die Summe der Verfahrenskosten aus allen Einzelgrundstücken gleich hoch sein wie die Verfahrenskosten beim Gesamtausgebot.

TH 2.6.3.8.: Will ein Beteiligter erreichen, daß auch Einzelausgebote durchgeführt werden, obwohl Gesamtrechte bestehenbleiben, die den Wert der jeweiligen Einzelgrundstücke übersteigen, so sollte er rechtzeitig vor dem Versteigerungstermin unbedingt entweder die (eigenen) Gesamtrechte gemäß § 1132 BGB aufteilen oder (bzgl eigener oder fremder Gesamtrechte) den Verteilungsantrag gemäß § 64 I stellen bzw ankündigen, um zu vermeiden, daß wegen Aussichtslosigkeit gar kein Termin durchgeführt wird; bzw um dem Rechtspfleger die (in diesen Fällen oft sehr aufwendige) Vorbereitung des Termins und der verschiedenen geringsten Gebote zu erleichtern und den Termin von diesen Arbeiten zu entlasten.

TH 2.6.3.9.: Werden (zB bei der Versteigerung von landwirtschaftlichen Anwesen) zahlreiche Einzelausgebote, einige Gruppenausgebote und ein Gesamtausgebot zugelassen, empfiehlt es sich sehr, für den Versteigerungstermin eine schriftliche Übersichtstabelle vorzubereiten, in die dann nur noch die Gebote eingetragen und ggf zusammengerechnet werden können. Dann behält man auch in der Hektik der Bietstunde immer den Überblick, wo durch evtl Gebotserhöhungen Zuschlagschancen eröffnet, gewahrt oder zerstört werden können. Ratsam sind mE folgende Spalten in der Tabelle: Nr, Bezeichnung, Größe, Verkehrswert, $^7/_{10}$-Grenze, Gebote, Meistgebot, Bemerkungen.

TH 2.6.3.10.: Nachdem der Gesetzgeber im Jahr 1998 durch eine Änderung des § 63 die bisher gegebene Möglichkeit verbaut hat, auch noch während der Bietstunde auf neue Erkenntnisse bzgl zweckmäßiger Ausgebotsformen zu reagieren, ist eine gründliche Terminsvorbereitung sowohl durch

---

[104] Ebenso Dassler-Gerhardt § 76 Rz 8.
[105] Vgl Steiner-Storz § 76 Rz 9.

Gläubiger als auch durch Interessenten noch wichtiger als bisher. Immer dann, wenn mehrere Grundstücke versteigert werden (zB bei land-/forst-wirtschaftlichen oder Industrie-Anwesen), sollte nachfrageorientiert nach den zweckmäßigsten Grundstückskombinationen gefragt und danach die Gruppen-ausgebots-Struktur festgelegt werden; dazu helfen uU auch besondere Zei-tungsinserate durch die Gläubiger. – Im Zweifel muß es dann eher mehr als weniger Gruppenausgebots-Kombinationen geben, weil ja nach Beginn der Bietstunde keine neuen Ausgebotsformen mehr gewählt werden können, während zugelassene Gebotsformen, auf die mangels konkreten Interesses nicht geboten wird, relativ unschädlich sind.

TH 2.6.3.11.: Bei der Zulassung von Einzelausgeboten neben einem Ge-samtausgebot kann es wegen der nach § 63 III 1 und § 63 III 2 erforderlichen Querrechnungen insbesondere dann zu erheblichen Komplikationen/Un-übersichtlichkeiten kommen, wenn einzelne Rechte oder gar Gesamtrechte bestehenbleiben. In solchen Fällen ist dringend zu empfehlen, daß immer wieder während des Bietens beim Rechtspfleger ganz offiziell nachgefragt wird, wer nach dem derzeitigen Stand den Zuschlag erhalten würde. Die Antwort des Rechtspflegers sollte uU sogar protokolliert werden. Der Rechtspfleger wird sich über derartige Fragen sicher nicht freuen; aber er muß sich selbst immer den Überblick sichern und daher die Fragen beant-worten, auch wenn dies nur nach einer (kurzen) Unterbrechung der Biet-stunde möglich sein sollte.

2.7. Andere Versteigerungsbedingungen

2.7.1. Abänderbare gesetzliche Bedingungen

Die Änderung des geringsten Gebots (vgl oben 2.2.), der Höhe von Über-geboten (2.3.), der Verzinsung des Bargebots oder der gemäß § 118 übertra-genen Forderung (2.4.) sowie die Zulassung von Geboten mit Zahlungsfri-sten (2.5.) oder von Gruppen- und Gesamtausgeboten (2.6.) sind nur unvoll-ständige Beispiele für das, was die Beteiligten gemäß § 59 als abweichende Versteigerungsbedingung durchsetzen können.[106] Bis auf wenige wesentliche Bestimmungen (vgl unten D. 2.7.2.) sind die gesetzlichen Versteigerungsbe-dingungen nämlich nachgiebiges Recht.[107]

Außer den obengenannten Bedingungen können also noch viele weitere Bedingungen geändert werden. Jede Abweichung muß aber unzweideutig und verständlich sein, und die Beteiligten müssen sich bewußt sein, daß jede Abweichung auch erhebliche Zerstörungs-, Verwirrungs- und Verzögerungs-gefahren in sich birgt.[108]

Weitere Beispiele für zulässige Abweichungen von den gesetzlichen Ver-steigerungsbedingungen sind:

---

[106] Vgl **TH** D. 2.7.3.1.; vgl auch die Aufzählung bei Steiner-Storz § 59 Rdnrn 9–30 und Schiffhauer Rpfleger 1986, 326 (338 f).
[107] Stöber § 59 Anm 1.2.
[108] Vgl oben D. 2.1.1. und **TH** D. 1.3.2.5. und **TH** D. 2.1.2.2. und **TH** D. 2.6.3.1.

(1) die dem Ersteher gemäß §§ 50, 51 obliegenden Zuzahlungspflichten;

(2) die gesetzliche Regelung des § 53 über die Schuldübernahme[109] und die des § 54 über die Kündigung von Grundpfandrechten;

(3) der in § 55 festgelegte Umfang der Versteigerung, soweit nicht wesentliche Bestandteile herausgelöst werden sollen (vgl unten 2.7.2.6.);

(4) der Übergang von Gefahr, Nutzen und Lasten, der gemäß § 56 mit dem Zuschlag erfolgen soll;

(5) das in §§ 57a–57d geregelte Ausnahmekündigungsrecht des Erstehers und die sonstigen sich aus § 57 ergebenden Rechtsbeziehungen zu den Mietern und Pächtern;

(6) die Regelung über das Altenteil, das gemäß § 9 EGZVG in Verbindung mit landesrechtlichen Vorschriften in der Regel auch dann bestehenbleibt, wenn es nicht in das geringste Gebot fällt;[110] wird das Altenteil allerdings erst nach der Beschlagnahme bewilligt und eingetragen, ist es dem betreibenden Gläubiger gegenüber unwirksam, so daß § 9 I EGZVG iVm Art 6 II AGZVG nicht anzuwenden ist;[110a]

(7) die in § 25 ErbbaurechtsVO vorgeschriebene Zustimmungspflicht des Grundstückseigentümers zum Zuschlag eines Erbbaurechts, oder das Bestehenbleiben des Erbbauzinses;

(8) weitere Beispiele wie Dauerwohnrecht und Rangänderung finden sich bei Zeller, Schiffhauer und Steiner-Storz.[111]

2.7.2. Nicht abänderbare gesetzliche Bedingungen

Die grundlegenden Versteigerungsbedingungen sind zwingend und können auch bei Mitwirken aller Beteiligter nicht außer Kraft gesetzt werden.[112] Dazu gehören vor allem:

(1) die Notwendigkeit, daß das Meistgebot bestimmt sein muß;[113]

(2) die Regelung des § 81, wonach der Zuschlag an den Meistbietenden zu erteilen ist (vor Ende der Bietstunde – später kann eine Versteigerungsbedingung nicht mehr geändert werden – kann aber durch die zulässige Änderung einer anderen Versteigerungsbedingung ein eventuell bestehendes zu hohes Gebot und danach die Abgabe eines anderen Gebotes, auf das der Zuschlag erteilt werden soll, durchgesetzt werden);

(3) die Rangfolge der aus dem Meistgebot zu befriedigenden Gläubiger (da aber nach der herrschenden Meinung die Rangfolge der einzelnen Rechte

---

[109] Vgl **TH** B. 4.4.4.4.

[110] Vgl dazu Drischler Rpfleger 1983, 229; Kahlke Rpfleger 1990, 233; Dassler-Schiffhauer § 9 EGZVG Rz 18–24; Steiner-Storz § 59 Rdnr 36. – Vgl auch **TH** D. 2.7.3.3.

[110a] OLG Hamm Rpfleger 2001, 254; Steiner/Eickmann § 52 Rz 23; Dassler/Muth § 9 EGZVG Rz 13.

[111] Schiffhauer Rpfleger 1986, 326 (338 ff); Stöber § 59 Anm 5.1.–14.; Steiner-Storz § 59 Rdnrn 9–30.

[112] Steiner-Storz § 59 Rdnr 2; Stöber ZIP 1981, 944; Stöber § 59 Anm 2.5; Storz ZIP 1982, 416.

[113] Vgl Stöber § 59 Anm 2.4.; Steiner-Storz § 59 Rdnrn 6–8.

gemäß § 59 geändert werden kann,[114] kann praktisch das gleiche Ergebnis herbeigeführt werden);

(4) die Regelung der §§ 114, 37 Nr. 4, 10 I 5, wonach persönliche Ansprüche bei der Erlösverteilung nur berücksichtigt werden dürfen, wenn aus ihnen die Versteigerung betrieben wird und wenn das Verfahren insoweit auch nicht einstweilen eingestellt ist[115] (aber der Schuldner kann sich verpflichten, aus dem Übererlös einen bestimmten Betrag auch einem nicht betreibenden persönlichen Gläubiger zu zahlen; dieser kann unter Umständen auch den Erlösanspruch des Schuldners pfänden);

(5) die Beschränkungen nach dem Wohnungsbindungsgesetz hinsichtlich Mietpreis- und Belegungsbindung, die auch bei Erlöschen der der Sicherung der öffentlichen Darlehen dienenden Grundpfandrechte noch eine gewisse Zeit bestehenbleiben;[116]

(6) die Regelung der §§ 20, 55, wonach wesentliche Bestandteile mitversteigert werden[117] (aber der Bieter/Ersteher kann sich zur Herausgabe eines wesentlichen Bestandteils nach dem Zuschlag verpflichten);

(7) die Regelung des § 90 über den Eigentumsübergang durch den Zuschlag;

(8) die Vollstreckbarkeit des Zuschlagsbeschlusses nach §§ 93, 132;

(9) die allgemeinen Vorschriften über das Verbot gesetz- oder sittenwidrigen Verhaltens (vgl §§ 134, 138, 226, 242 BGB).

(10) Beschränkung des Bieterkreises[118] (anders aber in der Teilungsversteigerung);

(11) gesetzliche Folgen einer Flurbereinigung;[119]

(12) die Regeln über die Sicherheitsleistung (insbesondere über deren Höhe);[120]

(13) nach Stöber[121] soll auch die Vereinbarung eines Mindesterhöhungsbetrages für Übergebote wegen Verstoßes gegen Grundsätze des Versteigerungssystems unzulässig sein. Dieser Auffassung kann aber nicht zugestimmt werden.[122]

2.7.3. Taktische Hinweise

TH 2.7.3.1.: Jeder Beteiligte kann die Änderung einer gesetzlichen Versteigerungsbedingung verlangen. Dem Verlangen muß entsprochen werden, auch wenn alle anderen Beteiligten die Änderung nicht wollen. Wenn aber ein Beteiligter durch die Änderung beeinträchtigt wird, muß er zustimmen.

---

[114] Vgl Stöber § 59 Anm 5.9.

[115] Während einer einstweiligen Einstellung gilt ein Gläubiger m. E. ohnehin nicht als „betreibender" Gläubiger; vgl oben B. 1.2.1.; ebenso Steiner-Storz § 30 Anm 13 (3); Mohrbutter-Drischler Muster 52 Anm 3; **aA** allerdings ohne praktische Auswirkung: Stöber § 9 Anm 3.9.

[116] Vgl Storz, Mietpreisrecht S. 21.

[117] OLG Düsseldorf Rpfleger 1995, 373.

[118] Vgl Stöber § 59 Anm 5.7.

[119] OLG Hamm Rpfleger 1987, 258.

[120] Klawikowski Rpfleger 1997, 203; Stöber § 59 Anm 5.13; Dassler-Schiffhauer § 59 Rz 34.

[121] Vgl Stöber § 71 Anm 5.10.

[122] Vgl Steiner-Storz § 59 Rdnr 8. – Vgl oben D. 2.3.1.

Von den meisten Änderungen ist der Schuldner betroffen; ob er auch beeinträchtigt ist, kann oft nur durch einen Vergleich der Doppelausgebote festgestellt werden. Deshalb sind hier grundsätzlich Doppelausgebote nötig, wenn der Schuldner nicht schon vorher der Änderung zustimmt.

Da der Schuldner häufig dem Termin fernbleibt, sollte aber nicht auf die Änderung und das Doppelausgebot verzichtet werden. Denn meist ist der Schuldner später (unter Umständen gegen gewisse Zugeständnisse in Form von [Teil-]Verzichten oder sogar Zahlungen) zu einer Zustimmung bereit. Die Gläubiger beziehungsweise die Beteiligten müssen aber immer das wirtschaftliche Ergebnis im Auge behalten, so wie es sich ihnen insgesamt darstellt. Formalrechtliche oder bürokratische Betrachtungsweisen führen gerade in der Zwangsversteigerung fast immer zu schlechteren wirtschaftlichen Ergebnissen.

TH 2.7.3.2.: Die wirtschaftliche Gesamtbetrachtung für alle Beteiligten ist auch dann hilfreich und nötig, wenn es um die Vereinbarung von Versteigerungsbedingungen geht, die nicht geändert werden dürfen. Es findet sich hier – wenn sich die Beteiligten auf ein bestimmtes wirtschaftliches Ergebnis einigen – nahezu immer ein Weg, wie dieses angestrebte Ziel auch ohne eine unzulässige Vereinbarung erreicht werden kann.

TH 2.7.3.3.: Bei einem nach den Versteigerungsbedingungen erlöschenden Wohnrecht bzw einer ähnlich ausgestalteten beschränkten persönlichen Dienstbarkeit ist es nicht ganz ausgeschlossen, daß sich der Berechtigte nach dem Zuschlag auf den Standpunkt stellt, daß dieses Recht als Altenteil, Leibgeding oä trotzdem bestehen geblieben ist. Diese Gefahr ist dann besonders groß, wenn das Wohnrecht einem früheren Eigentümer zusteht und uU sogar einen gewissen Versorgungscharakter hat. In entsprechenden Zweifelsfällen empfiehlt es sich sehr, sicherheitshalber den Abweichungsantrag gemäß § 9 II EGZVG zu stellen und bei den dann erforderlichen Doppelausgeboten auf die Gebotsform mit dem eindeutig erlöschenden Recht bieten zu lassen.

Thesen-Seite 25: Einzel-, Gruppen- und Gesamtausgebot gem § 63

Haus + Garage
$^1/_2$ Mann / $^1/_2$ Frau

1. Vorgeschriebene Einzelausgebote:
   $^1/_2$ Haus Mann; $^1/_2$ Garage Mann
   $^1/_2$ Haus Frau; $^1/_2$ Garage Frau

2. Fakultatives Gesamtausgebot:
   Haus + Garage von Mann + Frau

3. Fakultative Gruppenausgebote:
   Haus (Mann + Frau); $^1/_2$ Haus/$^1/_2$ Garage-Mann
   Garage (Mann + Frau); $^1/_2$ Haus/$^1/_2$ Garage-Frau
   $^1/_2$ Haus-Mann + $^1/_2$ Garage-Frau; $^1/_2$ Haus-Frau + $^1/_2$ Garage-Mann
   Haus (Mann + Frau) + $^1/_2$ Garage-Mann
   Haus (Mann + Frau) + $^1/_2$ Garage-Frau
   Garage (Mann + Frau) + $^1/_2$ Haus-Mann
   Garage (Mann + Frau) + $^1/_2$ Haus-Frau

4. Insgesamt 15 Gebotsformen!

Thesen–Seite 26: Probleme um § 63 Abs III Satz 1

	Gesamtausgebot	Gebot A	Gebot B
Verfahrenskosten	2000	1500	500
öffentliche Lasten	1000	700	300
geringstes Gebot:	3000	2200	800

Gebote: ① **10 000**

         10 800   ← (+ 7800)

                                           ② **5000**

         15 000   ← (+ 4200)   (+ 4200)

       ③ **15 000**

Zuschlag auf Gesamtausgebot nur möglich, wenn dieses höher ist als die Summe der Einzelausgebote (§ 63 Abs III Satz 2)

Thesen-Seite 27: Probleme um § 63 Abs III Satz 1 (mit bestehenbleibender Gesamtgrundschuld)

	Gesamtausgebot	Gebot A	Gebot B
Verfahrenskosten	2000	1500	500
öffentliche Lasten	1000	700	300
geringstes Gebot:	3000	2200	800
bestehenbleibendes GS:	50 000	50 000	50 000
(+ Zinsen hieraus)			

Gebote:

		① **10 000**	
		(+ 50 000	
		Gesamtgrund-	
		schuld)	
	10 800	← (+ 7 800)	
		② **5000**	
		(+ 50 000	
		Gesamtgrund-	
		schuld)	
	15 000	← (+ 4200)	(+ 4200)
	③ **15 000**	+ 60 000	55 000
	+ 50 000		
	65 000		115 000

Zuschlag auf Gesamtausgebot nur möglich, wenn dieses höher ist als die Summe der Einzelausgebote (§ 63 Abs III Satz 2). Bei den Einzelausgeboten wird die bestehenbleibende Gesamtgrundschuld aber jeweils voll mitgerechnet!

Thesen-Seite 28: Verteilung einer Gesamtgrundschuld

	§ 63 I		§ 63 II	§ 64 I		§ 64 II	
	Einzel A	Einzel B	Gesamtausgeb	Einzel A	Einzel B	Einzel A	Einzel B
Verfahrenskosten	1500	500	200	1500	500	1500	500
öffentl. Last	700	300	1000	700	300	700	300
Zins GSA	18000	18000	18000	12000	6000	(18000)	(18000)
geringstbar Gebot	20200	18000	21000	14200	6800	2200	800
bestbl. GSA	50000	50000	50000	33000	17000	(50000)	(50000)
wirtschaftlicher Wert des Gebots	70200	68800		47200	23800	2200	800
	139000 (!)		71000	71000		3000 (+68000) (71000)	

Uneingeschränktes Wahlrecht des Gläubigers der GesamtGS (wobei § 1132 BGB gilt); bei Nichtwahl **muß** das Gericht gemäß § 64 Abs I entscheiden

3. Verhandlung während der Bietstunde

3.1. Versteigerungsgeschäft

3.1.1. Rechtslage

Das Versteigerungsgeschäft, also die eigentliche Versteigerung des Grundstücks während der Bietstunde, beginnt mit der Aufforderung zur Abgabe von Geboten (§ 66 II) und endet mit der Verkündung des Schlusses der Versteigerung (§ 73 II 1), also nicht schon mit dem dreimaligen Aufruf des letzten Gebots.

Die Dauer der Bietstunde beträgt seit der Gesetzesänderung im Jahr 1998 gemäß § 73 I 1 30 Minuten (vgl D. 1.3.1.). Eine Bietstunde kann aber durchaus auch länger andauern, zum Beispiel weil weitere Gebote abgegeben werden oder weil die Bietstunde unterbrochen wurde. Wenn wegen der Änderung des geringsten Gebots oder anderer Versteigerungsbedingungen eine neue Bietstunde erforderlich wird,[1] muß auch diese wieder mindestens 30 Minuten dauern. Eine Verkürzung dieser in § 73 I 1 festgelegten Mindestdauer ist auch bei Mitwirken aller Beteiligter nicht zulässig (vgl §§ 83 Nr. 7, 84 I).

Alle diese Punkte sind schon ausführlich besprochen worden.[2] Ebenso wurde bereits auf die allgemeine Bedeutung der Bietstunde[2] und darauf hingewiesen, wie gefährlich es sein kann, während der Bietstunde zum Bier- oder Kaffeetrinken zu gehen[3] oder die Bietstunde zum Beispiel angesichts bereits abgegebener Gebote vorzeitig zu verlassen.[4]

Die ganze Bietstunde steht zur Abgabe von Geboten zur Verfügung, auch wenn das Bieten in der Praxis meist erst gegen Ende der Bietstunde beginnt und dann, wenn verschiedene Interessenten vorhanden sind, nicht selten in einer wahrhaft hektischen Atmosphäre abgewickelt wird.[5] Aber die meisten Menschen warten eben zum Teil aus Ängstlichkeit oder Schüchternheit, zum Teil aber auch nach einer sorgfältig zurechtgelegten Bietstrategie mit dem Bieten solange wie möglich, also praktisch bis zum Schluß der Bietstunde.[6]

Jedes Gebot muß sofort auf Zulässigkeit und Wirksamkeit geprüft werden, weil unwirksame Gebote gemäß § 71 I sofort zurückzuweisen sind. Gebote müssen mündlich während der Bietstunde abgegeben werden. Eine vorherige oder nachträgliche Abgabe ist ausgeschlossen, auch wenn sie schriftlich oder gar in beurkundeter Form erfolgt.[7] Dagegen kann sich der Bieter in der Versteigerung vertreten lassen,[8] das Gesetz ermöglicht sogar ausdrücklich durch § 81 II das Vorschieben eines Strohmannes,[9] weil es im Interesse möglichst

---

[1] Vgl dazu D. 2.1.
[2] Vgl oben D. 1.3.1.
[3] Vgl **TH** D. 1.3.2.1. und **TH** D. 1.3.2.2. und **TH** D. 3.1.2.2.
[4] Vgl **TH** D. 1.3.2.7.
[5] Vgl **TH** D. 1.3.2.6.
[6] Vgl **TH** D. 3.1.2.1.
[7] Vgl Stöber § 71 Anm 5.2; Steiner-Storz § 71 Rdnr 14.
[8] Vgl oben C. 6.3.
[9] Vgl unten D. 3.3.

hoher Gebote auf die Offenlegung der wirklichen Interessenlage zunächst verzichtet.[10]

Abgesehen davon, daß es verschiedene Gründe gibt, die ein Gebot gar nicht erst wirksam werden lassen (zum Beispiel weil die Vertretungsmacht nicht sofort ordnungsgemäß nachgewiesen werden kann[11] oder weil die verlangte Sicherheitsleistung nicht erbracht wird),[12] kann ein wirksames Gebot unter gewissen Voraussetzungen auch angefochten werden,[13] oder es kann erlöschen, weil ein Übergebot zugelassen wurde (§ 72 I) oder weil es zurückgewiesen wurde (§ 72 I) oder weil das Verfahren einstweilen eingestellt oder der Termin aufgehoben wird (§ 72 III).[13]

Nach der neueren Rechtsprechung des Bundesgerichtshofes soll „das Eigengebot eines Gläubigervertreters unwirksam und zurückzuweisen sein, wenn dieser von vorneherein nicht an dem Erwerb des Grundstückes interessiert ist, sondern das Gebot nur abgibt, damit in einem weiteren Versteigerungstermin einem anderen der Zuschlag auf ein Gebot unter $7/_{10}$ oder unter der Hälfte des Grundstückswertes erteilt werden kann".[13a] Diese Argumentation ist schon rechtlich bedenklich, weil der Gläubigervertreter nur eine allgemein übliche (und derzeit in den Neuen Bundesländern geradezu notwendige!) Übung nutzt, um die Verwertungsmöglichkeit überhaupt erst herbeizuführen oder wenigstens zu verbessern, während der Praxis-unerfahrene BGH genau das Gegenteil einfach unterstellt! Diese Rechtsprechung stürzt aber leider die Praxis in ein totales Rechtsunsicherheits-Chaos, weil sie ohne Not zahlreiche unlösbare Probleme aufwirft:

– wie soll die (fehlende) Erwerbsabsicht nachgewiesen werden?
– warum werden Gläubigervertreter schlechter behandelt als andere Bieter, obwohl gerade erstere in aller Regel über solche Gebot sogar bessere Versteigerungsergebnisse herbeizuführen versuchen?
– wie soll verhindert werden, daß diese Rechtsprechung von den Gläubigern durch Strohleute unterlaufen wird?
– wie soll der Missbrauch dieser Rechtsprechung verhindert werden?
– wie soll das Verfahren weitergehen, wenn das Gericht wegen dieses Gläubiger-Gebotes den Zuschlag nach § 85 a versagt hat (der BGH will einen derartigen Beschluss noch nach Jahren als nicht existent behandeln!)?
– an welchem Verkehrswert sollen sich die Beteiligten dann orientieren, welcher Wert soll in den späteren Terminsbestimmungen benannt werden?

Es bleibt nur zu hoffen, daß der Bundesgerichtshof diese Rechtsprechung wieder aufgibt, oder der Gesetzgeber das Problem zB dadurch löst oder min-

---

[10] Vgl BGH Rpfleger 1955, 157; Stöber § 71 Anm 2.5; Steiner-Storz § 71 Rdnr 12.

[11] Vgl oben C. 6.3.

[12] Vgl unten D. 3.2.

[13] Vgl oben D. 1.3.

[13a] BGH Rpfleger 2006, 144; vgl auch BGH NJW 2007, 3279 (mit **kritischer** Anm Storz/Kiderlen) und BGH V ZB 118/06 vom 5. 7. 2007; **str. aA:** LG Detmold Rpfleger 2006, 491; AG Tostedt Rpfleger 2006, 492; Hasselblatt NJW 2006, 1320; Storz/Kiderlen NJW 2007, 1846 (1847); Hintzen Rpfleger 2006, 145; Vgl. auch LG Dessau Rpfleger 2006, 557.

destens entschärft, dass auch nach einer einstweilige Einstellung nach § 77 (mangels wirksamer Gebote) keine Zuschlagsversagung nach § 85 a oder § 74 a mehr möglich ist.[13b]

3.1.2. Taktische Hinweise

TH 3.1.2.1.: Gerade weil sich in der Praxis die meisten Interessenten mit dem Bieten bis kurz vor Ende der Bietstunde zurückhalten, finden Gebote eine besondere Beachtung, die schon frühzeitig abgegeben werden. Ob solche frühzeitigen Gebote aber im Endeffekt zu einem intensiven Bieten mit einem entsprechend guten Ergebnis oder genau zum Gegenteil führen, weil die ängstlichen Interessenten dann erst recht abgeschreckt werden, kann nicht allgemein vorausgesagt werden.

Auch hier gilt, daß je nach Region, Zeit und auch je nach dem konkreten Versteigerungsobjekt unterschiedliche Reaktionen zu erwarten sind.[14] Allgemein kann allenfalls gesagt werden, daß relativ hohe Anfangsgebote nur dann stimulieren, wenn wirklich sehr „heiße" andere Interessenten vorhanden sind, sonst aber eher abschrecken, und daß relativ niedrige Anfangsgebote vor allem dann das Bietergebnis „kaputt" machen können, wenn andere Bieter auf diesem niedrigen Niveau mit kleinen Übergebots-Unterschieden mitbieten.[14] Immerhin sollte die besondere psychologische Auswirkung früher Gebote berücksichtigt und eventuell in die taktischen Überlegungen mit einbezogen werden.

Manche Taktiker machen auch genau vom Gegenteil Gebrauch, indem sie erst dann, beziehungsweise dann noch bieten, wenn der Rechtspfleger das (bisher) letzte Gebot schon dreimal aufgerufen hat. Das ist zwar möglich, weil die Bietstunde nicht mit dem dreimaligen Aufruf des letzten Gebotes sondern erst mit der Verkündung des Schlusses der Versteigerung (vgl § 73 II 1) endet.[15] Ob dadurch aber die Chance für einen günstigen Erwerb erhöht wird, kann ebenfalls nicht allgemein gesagt werden. Immerhin ist auch dies ein kleiner taktischer Zug, den man kennen aber nur mit größter Vorsicht verwenden sollte, denn zwischen dem dritten Aufruf des letzten Gebots und der Verkündung des Schlusses der Bietstunde liegen oft nur wenige Sekunden! Und außerdem verärgert man in aller Regel den Rechtspfleger, was nur in begründeten Ausnahmefällen in Kauf genommen und hinterher zum Anlaß einer Entschuldigung genommen werden sollte.

TH 3.1.2.2.: Es kann nur immer wieder die herrschende Praxis vieler Beteiligter angegriffen werden, die Bietstunde als Stunde zum Biertrinken zu benützen oder die Bietstunde gar vorzeitig endgültig zu verlassen. Wenn die Anwesenheit wirklich nicht erforderlich ist, dann braucht der ganze Versteigerungstermin gar nicht erst wahrgenommen zu werden.

Die Anwesenheit während der Bietstunde kann vor allem deshalb wichtig sein, weil Sicherheitsleistung nur sofort nach Abgabe eines Gebotes verlangt

---

[13b] So der Vorschlag Storz/Kiderlen NJW 2007, 3285.
[14] Vgl **TH** D. 2.3.3.1.
[15] Vgl oben D. 1.3.

werden kann,[16] weil nur während der Bietstunde Vereinbarungen mit anderen Beteiligten oder mit Interessenten geschlossen (oder auch verhindert) werden können,[17] weil in dieser Zeit unentschlossene Interessenten beraten und motiviert werden müssen, weil bereits abgegebene Gebote unter Umständen wieder zum Erlöschen gebracht werden können,[18] und weil sich für Vertreter von Kreditinstituten gerade hier und jetzt gute Akquisitionsmöglichkeiten ergeben.

Biertrinken ist sicher richtig, aber erst nach der Versteigerung![19] Man kann heute sagen, daß diese Unsitte seit der 1. Auflage des vorliegenden Leitfadens praktisch ganz „aus der Mode" gekommen ist (Konzentriertes Zeitungslesen ist aber auch nicht viel besser!).

TH 3.1.2.3.: Man mag zu der BGH-Rechtsprechung zur Rechtsunwirksamkeit von Eigengeboten des Gläubiger-Vertreters stehen wie man will: diese Rechtsprechung muß – solange sie nicht aufgegeben oder durch den Gesetzgeber „entschärft" worden ist – in der Praxis beachtet werden. Gläubigervertreter sollten hier auch „gutwillige" Rechtspfleger nicht überfordern! Deshalb sollte der Gläubigervertreter solche Eigengebote vermeiden und andere Personen zum Bieten veranlassen. Diese anderen Personen riskieren (bei verläßlicher Absprache mit dem Gläubigervertreter!) ja nichts, weil sie für das Gebot wohl keine Sicherheitsleistung beibringen müssen und auf das Gebot keinen Zuschlag erwarten können, oder den Zuschlag doch noch auf ein dann sehr geringes Gebot erhalten.

TH 3.1.2.4.: Wenn eine Grundschuld zB in Höhe von € 25 000 bestehenbleibt, muß der Bieter diesen Betrag an den Grundschuld-Gläubiger bezahlen und deshalb von seinem Gebot abziehen; darauf werden alle Beteiligte vom Rechtspfleger ausdrücklich hingewiesen. Aber gerade in der Teilungsversteigerung machen bisherige Miteigentümer häufig den Fehler, daß sie eine nicht mehr valutierte Grundschuld nicht vom Gebot abziehen. Später müssen sie trotzdem Zahlungen an den Grundschuld-Gläubiger leisten. Dieser muß den Übererlös zwar wieder herausgeben, aber eben an alle bisherigen Miteigentümer!

TH 3.1.2.5.: Wenn Einzel- neben Gruppen- oder Gesamtausgeboten zugelassen sind, entsteht schnell eine große Unübersichtlichkeit und Unsicherheit darüber, wie viel eigentlich geboten werden muß, damit das Gebot überhaupt zugelassen werden kann (dazu § 63 Abs 3 S. 1) bzw den Zuschlag erhalten kann (dazu § 63 Abs 3 S. 2). Ganz besonders gefährlich wird ein Vergleich zwischen Einzel- und Gesamtausgeboten, wenn Gesamtrechte bestehenbleiben sollten. In dieser schwierigen aber sehr wichtigen Situation muß man unbedingt die Übersicht und Ruhe behalten. Da empfiehlt es sich immer, den Rechtspfleger zu fragen, auf welches Gebot nach dem derzeitigen Stand der Zuschlag erteilt würde.

---

[16] Vgl unten D. 3.2.
[17] Vgl zum Beispiel oben C. 5.4.
[18] Vgl zum Beispiel oben D. 1.3. und D. 2.1. und D. 2.6.
[19] Vgl dazu auch **TH** D. 1.3.2.1. und **TH** 1.3.2.2.

3.2. Verlangen nach Sicherheitsleistung

3.2.1. Rechtslage

3.2.1.1. Das Verlangen

§ 67 ZVG

(1) Ein Beteiligter, dessen Recht durch Nichterfüllung des Gebots beeinträchtigt werden würde, kann Sicherheitsleistung verlangen, jedoch nur sofort nach Abgabe des Gebots. Das Verlangen gilt auch für weitere Gebote desselben Bieters.

(2) Steht dem Bieter eine durch das Gebot ganz oder teilweise gedeckte Hypothek, Grundschuld oder Rentenschuld zu, so braucht er Sicherheit nur auf Verlangen des Gläubigers zu leisten. Auf Gebote des Schuldners oder eines neu eingetretenen Eigentümers findet diese Vorschrift keine Anwendung.

(3) .... (abgedruckt bei D. 3.2.1.2.)

Alles was mit der Sicherheitsleistung eines Bieters zu tun hat, muß nach dem Gesetz sofort geschehen: Sie kann nur sofort nach Abgabe des Gebots verlangt werden (§ 67 I 1); über das Verlangen muß vom Gericht sofort entschieden werden (§ 70 I); erforderlichenfalls muß die Sicherheit sofort geleistet werden (§ 70 II 1); das Gericht muß dann sofort über die Zulassung des Gebots entscheiden und dieses gegebenenfalls zurückweisen (§ 70 II 2); schließlich muß auch ein eventueller Widerspruch gegen die Zulassung eines Gebotes ohne Sicherheitsleistung (vgl § 70 III) oder gegen die Zurückweisung eines Gebots sofort erfolgen (vgl § 72 II).

Das Gesetz spricht auch hier bewußt vom „Verlangen" und nicht von einem „Antrag", weil das Gericht kein Ermessen hat: es darf nicht urteilen, ob es das Verlangen für gerechtfertigt hält sondern es darf nur prüfen, ob die Voraussetzungen für das Verlangen vorliegen und ob die geleistete Sicherheit nach Art und Höhe den gesetzlichen Anforderungen entspricht. Es ist auch durchaus zulässig, daß in der Forderungszwangsversteigerung nur von einzelnen Bietern Sicherheit verlangt wird und von anderen nicht, oder daß in einer Teilungsversteigerung ein Miteigentümer von einem anderen bietenden Miteigentümer Sicherheit verlangt.[20] Bei der Teilungsversteigerung ist weiter zu beachten, daß gemäß § 184 Miteigentümer (nur) dann von der Sicherheitsleistung befreit sind, wenn ihnen ein durch ihr Gebot ganz oder teilweise gedecktes Grundpfandrecht zusteht.[21]

Verlangt werden kann Sicherheitsleistung nur sofort nach der Abgabe eines Gebots (§ 67 I 1), der Antrag gilt dann aber auch für alle späteren Gebote des gleichen Bieters (§ 67 I 2), die dieser auf die gleiche Ausgebotsform für das gleiche Objekt abgibt. Allerdings kann derjenige, der die Sicherheit verlangt

---

[20] Vgl OLG Düsseldorf Rpfleger 1989, 167; Storz, Teilungsversteigerung B 7.2. und B. 7.6.
[21] Zur Sicherheitsleistung in der Teilungsversteigerung vgl Storz, Teilungsversteigerung B. 7.

hatte, bei späteren Geboten des Bieters auch auf eine Erhöhung[20] (kommt seit der Gesetzesänderung im Jahr 1998 nur noch selten vor!) oder überhaupt auf Sicherheitsleistung verzichten. Sobald die Sicherheit geleistet ist, kann das Verlangen nach Sicherheit nicht mehr zurückgenommen werden.[22] Sobald der Bieter aber von seiner Verpflichtung aus dem Gebot frei wird, zum Beispiel durch Zulassung eines höheren Gebots, wird die geleistete Sicherheit wieder frei, so daß dann bei weiteren Geboten dieses Bieters auf Sicherheitsleistung verzichtet werden kann.

Nicht jeder Beteiligte oder Gläubiger kann Sicherheitsleistung verlangen, sondern nur ein Beteiligter, der aus dem Barteil des abgegebenen Gebotes Zahlungen erhalten würde,[23] und sei es auch ein noch so geringer Betrag (der unter Umständen wesentlich geringer sein kann als die zu erbringende Sicherheitsleistung!). Auch der Schuldner gehört zu diesen Berechtigten, wenn er den aus dem Bargebot zu befriedigenden Gläubigern auch persönlich haftet, oder wenn ihm ein Eigentümerrecht zusteht oder ein Erlösüberschuß zufließt.[24] Unter diesen Voraussetzungen kann bei der Versteigerung eines Erbbaurechts auch der Grundstückseigentümer Sicherheit verlangen.[25]

Der Kreis der Berechtigten wird dann zusätzlich eingeschränkt, wenn dem Bieter eine durch das Gebot ganz oder teilweise gedeckte Hypothek, Grundschuld oder Rentenschuld (vgl § 67 II 1) oder eine Sicherungsgrundschuld[26] zusteht. In diesem Fall kann nur ein betreibender Gläubiger Sicherheitsleistung verlangen; § 67 II 1 ist eine der wenigen Vorschriften, die dem betreibenden Gläubiger ein Vorrecht vor einem nicht betreibenden aber beteiligten Gläubiger gibt.[27]

3.2.1.2. Pflicht zur Sicherheitsleistung

§ 67 ZVG

(1) und (2) . . . . (abgedruckt bei D. 3.2.1.1.)

(3) Für ein Gebot des Bundes, der Deutschen Bundesbank, der Deutschen Genossenschaftsbank, der Deutschen Girozentrale (Deutsche Kommunalbank) oder eines Landes kann Sicherheitsleistung nicht verlangt werden.

§ 10 EGZVG

Unberührt bleiben die landesgesetzlichen Vorschriften, nach welchen bei der Zwangsversteigerung für Gebote kommunaler Körperschaften

---

[22] Vgl Stöber § 67 Anm 2.6.; Steiner-Storz § 67 Rdnr 25.

[23] Deshalb nicht ein Beteiligter, dessen Recht bestehenbleibt und der keinerlei Ansprüche auf irgendeine Barauszahlung hat. **Anders:** Hintzen Rz 456; Dassler-Gerhardt § 67 Rz 3; wohl auch Stöber § 67 Anm 2.2 (diese Ansicht ist aber abzulehnen, weil der Inhaber eines bestehenbleibenden Rechts keinen Anspruch auf eine erfolgreiche Versteigerung hat).

[24] Vgl Stöber § 67 Anm 2.2.; Steiner-Storz § 67 Rdnr 13; Hornung Rpfleger 2000, 529; Hintzen Rdn 362. Zu pauschal **aber** OLG Düsseldorf Rpfleger 1989, 36 (generelle Berechtigung).

[25] Vgl Stöber § 67 Anm 2.7.; Steiner-Storz § 67 Rdnr 12.

[26] Vgl Stöber § 67 Anm 3.1.; Steiner-Storz § 67 Rdnr 15.

[27] Vgl dazu oben B. 1.2.1.

sowie bestimmter Kreditanstalten und Sparkassen Sicherheitsleistung nicht verlangt werden kann.

§ 36 Bad-Württ. GVG-Ausführungsgesetz

Für Gebote einer Gemeinde, eines Gemeindeverbandes oder einer Kreditanstalt oder Sparkasse des öffentlichen Rechts kann Sicherheitsleistung nicht verlangt werden.[28]

Grundsätzlich kann von jedem Bieter Sicherheitsleistung verlangt werden, und zwar ohne Rücksicht auf seine Wirtschaftskraft.[29] Also müssen auch bei kleinen Objekten nicht nur Privatpersonen sondern auch Großfirmen, private Versicherungen, Banken und Bausparkassen damit rechnen, daß von ihnen Sicherheitsleistung verlangt wird. Nach heute herrschender Auffassung können die Beteiligten auch über § 59 nicht vereinbaren, daß die Sicherheitsleistungspflicht beschränkt oder erhöht wird,[30] oder daß auch solche juristischen Personen Sicherheit leisten müssen, die gemäß § 67 II oder nach den landesrechtlichen Vorschriften befreit sind.[30]

Von der Pflicht zur Sicherheitsleistung sind landesrechtlich auch die Sparkassen befreit, wobei zum Teil auf deren öffentlich-rechtlichen Charakter[31] zum Teil nur auf „öffentliche Sparkasse" abgestellt wird.[32] Diese Unterscheidung ist deshalb wichtig, weil es in der Bundesrepublik auch einige „freie öffentliche Sparkassen" gibt, die privatrechtlichen Charakter haben. Durch die unterschiedlichen gesetzlichen Regelungen ist aber sichergestellt, daß alle deutschen Sparkassen befreit sind.[33] Eine Einschränkung der Pflicht zur Sicherheitsleistung enthält auch § 67 II insofern, als ein Bieter, dem ein Grundpfandrecht an dem Objekt zusteht, das durch sein Gebot wenigstens teilweise gedeckt wird, Sicherheitsleistung nur dann leisten muß, wenn dies vom betreibenden Gläubiger verlangt wird. Diese Einschränkung gilt aber ausdrücklich nicht für den Schuldner oder einen neu eingetragenen Eigentümer.

Wenn mehrere Ausgebote zugelassen sind, die sich aber gegenseitig ausschließen (zB Doppelausgebote gemäß § 59 II oder Einzel- und Gesamtausgebote nach § 63 II), dann muß der gleiche Bieter (auf Verlangen) nur einmal Sicherheit leisten.[34] Mehrfache Sicherheitsleistung ist nur nötig, wenn auch entsprechend mehrfach zugeschlagen werden kann.

In der Teilungsversteigerung sind gemäß § 184 Miteigentümer (nur) dann von der Sicherheitsleistung befreit, wenn ihnen ein durch ihr Gebot ganz oder teilweise gedecktes Grundpfandrecht zusteht.[35]

---

[28] Ähnlich: Art 32 Bay. AGGVG; Art 9 Berl. AGZVG; § 6 Brem. AGZVG; Art 5 Hess. AGZVG; Art 9 Niedersächs. AGZVG; Art 9 Nordrhein-Westf. AGZVG; § 6 RheinlPfalz AGZVG; Art 9 Saarl AGZVG; Art 9 Schlesw-Holst AGZVG. – Wortlaut dieser Bestimmungen bei Steiner-Storz Band II (1986) S. 2047 ff. Eine entsprechende Bestimmung fehlt lediglich für Hamburg.
[29] OLG Düsseldorf Rpfleger 1989, 36 (Meyer-Stolte); Stöber § 70 Anm 2.1. – Vgl **TH** D. 3.2.2.4.
[30] Ebenso Stöber § 59 Anm 5.13; Schiffhauer Rpfleger 1986, 326; Storz, Teilungsversteigerung D. 7.4 und C. 7.2.2.
[31] So § 36 BadWürtt AGGVG.
[32] Zum Beispiel Art 9 Schlesw-Holst AGZVG.
[33] Eine Ausnahme gilt wohl nur für Hamburg.
[34] OLG Düsseldorf Rpfleger 1989, 36; Stöber § 67 Anm 2.6.
[35] Näher dazu Storz, Teilungsversteigerung B. 7.

3.2.1.3. Höhe der Sicherheit

§ 68 ZVG

(1) Die Sicherheit ist für ein Zehntel des in der Terminsbestimmung genannten, anderenfalls des festgesetzten Verkehrswerts zu leisten. Wenn der Betrag, der aus dem Versteigerungserlös zu entnehmenden Kosten höher ist, ist Sicherheit für diesen Betrag zu leisten. Übersteigt die Sicherheit nach Satz 1 das Bargebot, ist der überschießende Betrag freizugeben. Ist die Sicherheitsleistung durch Überweisung auf das Konto der Gerichtskasse bewirkt, ordnet das Gericht die Auszahlung des überschießenden Betrags an.

(2) Ein Beteiligter, dessen Recht nach § 52 bestehenbleibt, kann darüber hinausgehende Sicherheitsleistung bis zur Höhe des Betrages verlangen, welcher zur Deckung der seinem Rechte vorgehenden Ansprüche durch Zahlung zu berichtigen ist.

(3) Bietet der Schuldner oder ein neu eingetretener Eigentümer des Grundstücks, so kann der Gläubiger darüber hinausgehende Sicherheitsleistung bis zur Höhe des Betrags verlangen, welcher zur Deckung seines Anspruchs durch Zahlung zu berichtigen ist.

(4) Die erhöhte Sicherheitsleistung nach den Absätzen 2 und 3 ist spätestens bis zur Entscheidung über den Zuschlag zu erbringen.

Mit der Sicherheitsleistung will der Gesetzgeber den Gläubigern eine etwas erhöhte Sicherung für den Fall geben, daß der Bieter seinen Zahlungsverpflichtungen im Verteilungstermin nicht nachkommt. Der Regelsatz von 10 Prozent erschien deshalb als ausreichend, weil ja auch das Grundstück selbst über §§ 118, 128 als Sicherheit erhalten bleibt.

In der bis 1998 geübten Praxis hat sich aber gezeigt, daß dafür 10% vom Bargebot oft nicht ausreichen, um den Sicherungszweck zu erreichen. Dies gilt besonders dann, wenn viele Rechte bestehen bleiben: gemäß dem alten § 67 I bezogen sich nämlich die 10% nur auf den Barteil des Gebotes, so daß zum Beispiel bei 80 000,– EURO bestehenbleibenden Rechten und EURO 40 000,– Barteil nur EURO 4000,– Sicherheit geleistet werden mußte, obwohl das Gebot einen wirtschaftlichen Wert von EURO 120 000,– hat![36] Deshalb hat der Gesetzgeber im Jahr 1998 den § 68 geändert und die Höhe der Sicherheitsleistung grundsätzlich am Grundstückswert orientiert. Diese Gesetzesänderung hat daneben noch zwei weitere Vorteile: Einerseits wissen seither die Bietinteressenten von vorneherein den genauen und endgültigen Betrag, und andererseits wird das Bietgeschäft nicht mehr durch dauerndes Sicherheiten-Erhöhen gestört.

Maßgebend ist der in der Terminsbestimmung genannte Verkehrswert auch dann, wenn dieser Wert dort falsch angegeben worden ist oder nachträglich geändert wurde.[36a]

---

[36] Vgl **TH** D. 3.2.2.1.
[36a] Klawikowski Rpfleger 2000, 42; Stöber § 68 Anm 2.1; Böttcher § 68 Rz 21; **str. aA:** Hornung NJW 1999, 461.

Auch über § 59 kann kein höherer Prozentsatz vereinbart werden,[37] weil in der öffentlichen Bekanntmachung des Termins (vgl § 38) auf die eventuelle Pflicht zur Sicherheitsleistung, und zwar in Höhe von 10% des (idR: festgesetzten) Grundstückswertes hingewiesen wird.

Der Regelsatz von 10% aus dem Grundstückswert wird dann überschritten, wenn entweder die gemäß § 109 aus dem Versteigerungserlös zu entnehmenden Verfahrenskosten überschritten sind (dann gilt dies als der Mindestbetrag: § 68 I), oder wenn ein Beteiligter, dessen Recht nach § 52 (nicht nach irgendeiner anderen Bestimmung)[38] bestehenbleibt, verlangt, daß aus der Sicherheitsleistung alle dem bestehenbleibenden Recht vorgehenden Ansprüche befriedigt werden können (vgl § 68 II), oder wenn der betreibende Gläubiger (nicht ein anderer Berechtigter) vom eventuell bietenden Schuldner (oder neu eingetretenen Eigentümer) Sicherheitsleistung bis zur Höhe des Betrages verlangt, der zur vollständigen Deckung seines titulierten Anspruchs durch Zahlung erforderlich ist (vgl § 68 III). Auch der Insolvenzverwalter des Schuldners muß sich so behandeln lassen,[39] dagegen nicht die Ehefrau, Kinder oder eine dazu neu gegründete Gesellschaft mit eigener Rechtspersönlichkeit.[40]

Diese erhöhte Sicherheitsleistungs-Pflicht kann für Bietinteressenten zu bösen Überraschungen führen. IdR verlassen sie sich ja auf die bekannten und bekanntgemachten 10% vom Grundstückswert und bereiten sich entsprechend vor. Aber während der Bietstunde wird eventuell eine viel höhere Sicherheit verlangt; kann diese nicht „sofort" erbracht werden, muß das Gebot eventuell zurückgewiesen werden! Zum Glück sind diese Fälle in der Praxis selten!

Beispiel:
Der Verkehrswert eines Hotelgrundstücks wurde incl Zubehör auf EURO 300 000 festgesetzt. Bietinteressent A beschafft sich also eine Bankbürgschaft über EURO 30 000,–. Ein Wegeberechtigter, dessen Recht nach § 52 bestehenbleibt, verlangt erhöhte Sicherheitsleistung gemäß § 68 II; diese wird vom Rechtspfleger wie folgt berechnet:

– Verfahrenskosten (§ 109):	5 000
– Mehrkosten Zwangsverw (§ 10 I 1):	4 800
– Zubehörerlösanteil (§ 10 I 1 a):	3 500
– Erschließungskosten (§ 10 I 3):	26 500
– Grundsteuerrückstände (§ 10 I 3):	1 200
Zu erbringende Sicherheitsleistung:	**41 000** (!)

Dieses (aber leider nur dieses) Problem hat der Gesetzgeber im Jahr 2007 dadurch zu lösen versucht, daß nach dem dort eingeführten § 68 IV diese erhöhte Sicherheitsleistung noch bis zur Entscheidung über den Zuschlag (also nicht schon in der Bietstunde!) erbracht werden kann. Aber einerseits hat der Gesetzgeber die Parallel-Problematik aus § 68 I 2 (erhöhte Sicherheitsleistung wegen höherer Verfahrenskosten) nicht (gleichartig) gelöst; und

[37] Vgl Stöber § 59 Anm 5.13; Schiffhauer Rpfleger 1986, 326; Storz Teilungsversteigerung C. 7.2.2.
[38] Vgl Stöber § 68 Anm 3.1; Steiner-Storz § 68 Rdnrn 12–14.
[39] Vgl Stöber § 68 Anm 4.1; Steiner-Storz § 68 Rdnr 16.
[40] Vgl **TH** D. 3.2.2.8.

andererseits hat der Gesetzgeber mit dieser „Lösung" schwerwiegende neue Probleme geschaffen![41]

Auch nach § 68 III muß erhöhte Sicherheitsleistung erbracht werden; diese Pflicht betrifft aber nicht „normale Bietinteressenten", sondern nur den Schuldner (oder einen neu eingetretenen Eigentümer). Das bedeutet (nicht immer, aber) meist, daß „volle" Sicherheit zu leisten ist, also in Höhe des gebotenen Betrages. Deshalb konnten bis 2007 auch der Schuldner selbst oder ein neu eingetretener Eigentümer idR nicht selbst mitbieten.[42] Auch hier hat der Gesetzgeber im Jahr 2007 für den Schuldner die Möglichkeit eröffnet, diese erhöhte Sicherheitsleistung erst bis zur Entscheidung über den Zuschlag zu erbringen. Diese Neuregelung war nicht nur unnötig (weil der Schuldner seine Pflicht zur erhöhten Sicherheitsleistung ja kennt und daher nicht vor Überraschungen geschützt werden muß!), sondern eröffnet ihm zusätzliche Möglichkeiten, die Zwangsversteigerung zu stören![41]

Vor der Gesetzesänderung 1998 galt gemäß § 67 I 2 das Verlangen nach Sicherheitsleistung auch für weitere Gebote desselben Bieters auf dasselbe Objekt und dieselbe Ausgebotsform, sodaß sich mit jedem weiteren Gebot dieses Bieters auch die Höhe der Sicherheitsleistung, erhöhte und eine automatische Nachschußpflicht entstand, wenn nicht von vorneherein schon eine für alle späteren Gebote ausreichende Sicherheit geleistet wurde oder wenn nicht auf eine Erhöhung oder überhaupt auf jede Sicherheit verzichtet worden ist (der Verzicht kann nur von demjenigen ausgesprochen werden, der die Sicherheitsleistung verlangt hatte). Dadurch wurde oft gerade in der letzten und entscheidenden Phase der Bietstunde das Bieten zT empfindlich gestört und unterbrochen. Seit 1998 steht idR der Betrag der Sicherheitsleistung von vorneherein und unabänderlich fest, die Sicherheitsleistung wird einmal und endgültig erbracht, so daß das Störpotential erheblich verringert worden ist. Jetzt hat diese Regelung noch Bedeutung für den Fall, daß der Bieter noch auf andere Ausgebotsarten bietet.

Beispiel:

Versteigert wird eine Wohnung mit Verkehrswert EURO 200000 und eine Garage mit Verkehrswert EURO 30000. A bietet zunächst nur auf die Wohnung und leistet Sicherheit in Höhe von EURO 20000. Wenn er später zusätzlich auf die Garage oder auf ein eventuelles Gesamtausgebot bietet, muß er auch ohne erneutes Verlangen zusätzlich Sicherheit in Höhe von EURO 3000 leisten.

Wenn mehrere Ausgebote zugelassen sind, die sich gegenseitig ausschließen (zB Doppelausgebote iSd § 59 oder Einzel-Gruppen-Gesamtausgebote gemäß § 63), dann muß der gleiche Bieter doch nur einmal Sicherheit leisten.[43]

3.2.1.4. Art der Sicherheitsleistung

§ 69 ZVG

(1) Eine Sicherheitsleistung durch Barzahlung ist ausgeschlossen.

---

[41] Dazu oben D.1.3.1!
[42] Vgl **TH** D. 3.2.2.8.
[43] OLG Düsseldorf Rpfleger 1989, 36 (Meyer-Stolte); Stöber § 67 Anm 2.6.

(2) Zur Sicherheitsleistung sind Bundesbankschecks und Verrechnungsschecks geeignet, die frühestens am dritten Werktag vor dem Versteigerungstermin ausgestellt worden sind. Dies gilt nur, wenn sie von einem im Geltungsbereich dieses Gesetzes zum Betreiben von Bankgeschäften berechtigten Kreditinstitut oder der Bundesbank ausgestellt und im Inland zahlbar sind. Als berechtigt im Sinne dieser Vorschrift gelten Kreditinstitute, die in der Liste der zugelassenen Kreditinstitute gem. Artikel 3 Abs. 7 und Artikel 10 Abs. 2 der Richtlinie 77/780/EWG des Rates vom 12. Dezember 1977 zur Koordinierung der Rechts- und Verwaltungsvorschriften über die Aufnahme und Ausübung der Tätigkeit der Kreditinstitute (ABl. EG Nr. L 322 S. 30) aufgeführt sind.

(3) Als Sicherheitsleistung ist eine unbefristete, unbedingte und selbstschuldnerische Bürgschaft eines Kreditinstituts im Sinne des Absatzes 1 zuzulassen, wenn die Verpflichtung aus der Bürgschaft im Inland zu erfüllen ist. Dies gilt nicht für Gebote des Schuldners oder des neu eingetretenen Eigentümers.

(4) Die Sicherheitsleistung kann durch Überweisung auf ein Konto der Gerichtskasse bewirkt werden, wenn der Betrag der Gerichtskasse vor dem Versteigerungstermin gutgeschrieben ist und ein Nachweis hierüber im Termin vorliegt.

Sicherheitsleistung durch Übergabe von **Bargeld** (Euro) war bis zum Februar 2007 vom Gesetzgeber zwar nicht gewollt und formal nur subsidiär zugelassen (früherer § 69 III), kam aber in der Praxis trotzdem sehr häufig vor, weil Bargeld – vor allem wenn es sich nicht um große Summen handelte – auch am einfachsten zu beschaffen ist. Andererseits wurden deshalb oft erhebliche Geldbeträge von den Bietinteressenten im Versteigerungstermin bereitgehalten und gelangten mindestens zum Teil in den Besitz des Gerichts. Die Sicherheit der Beteiligten, der Bietinteressenten und des Gerichts wurde dadurch unter Umständen gefährdet.

Deshalb hat der Gesetzgeber die Sicherheitsleistung durch Barzahlung schlicht ausgeschlossen. Sie kann auch durch abweichende Versteigerungsbedingungen nach § 59 nicht für zulässig erklärt werden.

Eine größere Rolle spielen in der Praxis schon immer die gemäß § 69 II zugelassenen **bestätigten Schecks der Bundesbank** oder einer Landeszentralbank. Diese Schecks haben den großen Vorteil, daß sie zwar als Sicherheitsleistung voll ausreichen, den Inhaber aber weitestgehend vor Schäden durch Verlust oder Diebstahl schützen. Sie sind in der Praxis bei der Hausbank auch wesentlich leichter und unkomplizierter zu erhalten und sind auch viel billiger als dies oft bekannt ist. Für das Vollstreckungsgericht brachten bis 2007 die Schecks allenfalls insofern gewisse Schwierigkeiten mit sich, als es prüfen mußte, ob der Bestätigungsvermerk und die Vorlegungsfrist ordnungsgemäß sind;[44] dieses Problem hat der Gesetzgeber zum Februar 2007 dadurch gelöst, daß er seither verlangt, daß der Scheck frühestens am dritten Werktag vor dem Versteigerungstermin ausgestellt sein muß. Außerdem muß das Gericht dafür sorgen, daß der Scheck unverzüglich eingelöst wird, wenn

---

[44] Vgl **TH** D. 3.2.2.5. und **TH** D. 3.2.2.11.

nicht die Sicherheitsleistung zurückgegeben werden muß.[45] Da die Vorlege-frist aber immer sieben Tage nach dem Tag abläuft, an dem die Landeszent-ralbank den Bestätigungsvermerk aufgestempelt hat, muß die Bank den Scheck also immer erst kurz vor dem Versteigerungstermin beschaffen und aushändigen. Geht das aus irgendwelchen Gründen nicht, kann nicht mit solchen „bestätigten Bankschecks" Sicherheit geleistet werden!

Im Jahr 1998 hat der Gesetzgeber Art und Höhe der Sicherheitsleistung wesentlich geändert. Die bedeutendste Änderung betrifft die Zulassung von Verrechnungsschecks von in Deutschland zum Betreiben von Bankgeschäften berechtigten Kreditinstituten, die im Inland zahlbar sind, also (vereinfacht ausgedrückt) **Bank-Verrechnungsschecks.**

Die Zulassung dieses neuen Sicherungsmittels ist insbesondere darauf zu-rückzuführen, daß der Gesetzgeber einerseits aus Sicherheitsgründen die Bar-zahlungspraxis weiter einschränken und andererseits ein unkompliziert zu beschaffendes und vielseitig einsetzbares unbares Zahlungsmittel schaffen wollte. Frühere Bedenken, die Zulassung derartiger Verrechnungsschecks könnte sich negativ auf den Geldumlauf auswirken, werden jetzt unter Hin-weis auf die kurze Vorlegungsfrist zerstreut.

Allerdings müssen diese Schecks (mit Blick auf Europa) von einem Kreditin-stitut ausgestellt sein, das im Geltungsbereich des ZVG zum Betreiben von Bankgeschäften berechtigt ist. Das sind also keineswegs nur deutsche Kreditin-stitute, sondern alle Institute, die in einer von der Europäischen Kommission herausgegebenen entsprechenden Liste aufgeführt sind; diese Liste wird jähr-lich aktualisiert und muß ab sofort jedem Rechtspfleger zugänglich sein.

Leider ist diese Liste nicht unbedingt vollständig, sodaß auch Verrech-nungsschecks anderer Kreditinstitute als Sicherheitsleistung akzeptiert werden müssen, wenn diese Institute zwar nicht in der Liste aufgeführt sind, wohl aber im Geltungsbereich des ZVG Bankgeschäfte betreiben dürfen. Maßgeb-lich ist also nicht die Liste, sondern die Zulassung zum Betreiben von Bank-geschäften.

Die Verrechnungsschecks müssen schließlich im Inland zahlbar sein, und auch sie dürfen gemäß § 69 II 1 frühestens am 3. Werktag vor dem Versteige-rungstermin ausgestellt worden sein.

Beispiel:

Ein Kunde aus Stuttgart braucht für eine Zwangsversteigerung in Berlin eine Sicher-heitsleistung. Wenn das Grundstück zB am Donnerstag, den 18. 10. 2007 versteigert wird, kann sich der Kunde nicht am Freitag vorher (12. 10. 2007) einen bestätigten Bun-desbankscheck, wohl aber einen Bank-Verrechnungsscheck geben lassen. Denn die Bank müßte den Bankscheck spätestens am 12. 10. 2007 der Landeszentralbank vorlegen und dort bestätigen lassen mit der Folge, daß das Ausstellungsdatum mehr als 3 Werktage vor dem Versteigerungstermin läge, so daß der Scheck als Sicherheitsleistung nicht mehr geeignet wäre. Einen Bankverrechnungsscheck kann die Bank in Stuttgart dagegen schon am 12. 10. 2007 aushängigen, aber mit Ausstellungsdatum 18. 10. 2007 versehen, so daß dieser Bankverrechnungsscheck auf alle Fälle gemäß § 69 II als Sicherheitsleistung geeig-net ist. Allerdings ist Art 28 II ScheckG zu beachten: Danach ist ein Scheck, der vor Ein-tritt des auf ihm angegebenen Ausstellungstages zur Zahlung vorlegt wird, am Tage der Vorlegung zahlbar.

---

[45] Vgl Stöber § 69 Anm 3.5; Steiner-Storz § 69 Rdnr 12.

Es ist zu erwarten, daß diese Bank-Verrechnungsschecks als Sicherheitsmittel eine große Bedeutung erhalten und alle anderen Formen der Sicherheitsleistung im Versteigerungsalltag zurückdrängen werden. Allerdings ist vielen Bankfilialen dieser „Bankverrechnungsscheck" immer noch unbekannt, immer wieder wird er als Bankprodukt abgelehnt. Es bleibt sehr zu hoffen, daß diese „Bankverrechnungsschecks" bald überall problemlos zu erhalten sind, obwohl es außerhalb der Zwangsversteigerungs-Sicherheitsleistung kaum andere Einsatzgebiete geben dürfte.

Eine wichtige Änderung hat sich seit 1998 auch insofern ergeben, als nicht mehr „Bürgen nach § 239 BGB" (also sogenannte taugliche Bürgen), sondern nur noch **Bankbürgschaften** als Sicherheitsleistung zugelassen sind (vgl § 69 II). In den Veröffentlichungen für Zwangsversteigerungen wurden zwar auch vor 1998 immer häufiger Bankbürgschaften als evtl geforderte Sicherheitsleistung (neben Bargeld und LZB-Schecks) genannt. Dies entsprach aber nicht der gesetzlichen Regelung, sondern sollte vermeiden helfen, daß der Rechtspfleger im Versteigerungstermin die Tauglichkeit eines privaten Bürgen prüfen muß.[46]

Seit 1998 ist also durch § 69 II klargestellt, daß nur noch Bankbürgschaften als Sicherheitsleistung zugelassen sind, und diese Bankbürgschaften

– müssen unbefristet, unbedingt und selbstschuldnerisch sein,

– müssen im Inland zu erfüllen sein,

– und müssen von einem Kreditinstitut abgegeben sein, das im Geltungsbereich des ZVG zum Betreiben von Bankgeschäften berechtigt ist.

Hinsichtlich der Berechtigung zum Betreiben von Bankgeschäften im Geltungsbereich des ZVG gilt also gemäß § 69 II das gleiche wie gemäß § 69 I das zu Bank-Verrechnungsschecks Gesagte. Wird die Sicherheit durch Bankbürgschaft geleistet, so wird gemäß § 82 der Bürge unter Angabe der Höhe seiner Schuld für mithaftend erklärt.[47]

Die Bankbürgschaft spielt bei der Sicherheitsleistung schon heute in der Praxis eine große Rolle, weil im Versteigerungstermin meist Vertreter von Kreditinstituten anwesend sind, die auch ganz kurzfristig Bankbürgschaften übernehmen können.[48]

Die Bürgschaft muß gemäß § 69 II unbefristet und unbedingt sein, einen Verzicht auf die Einrede der Vorausklage enthalten und gemäß § 766 schriftlich erklärt werden, wenn sie nicht von einem Vollkaufmann im Rahmen seines Handelsgeschäftes übernommen wird, was bei Bank- oder Sparkassenbürgschaften in Zwangsversteigerungsverfahren regelmäßig der Fall ist; dann sind diese Bürgschaftserklärungen gemäß §§ 350, 351, 344 I, 343 I HGB formfrei. Die Sicherheit durch Bürgschaft ist aber dann nicht wirksam geleistet, wenn die Bürgschaft nach dem Text der Urkunde durch deren Rückgabe an die Bank erlischt, der Bieter dem Gericht aber nur eine beglaubigte Abschrift der Urkunde überreicht.[49]

---

[46] Vgl Drucksache 13/9438.
[47] Vgl auch §§ 88, 103, 105, 116, 118, 132, 144.
[48] Vgl einerseits oben C. 6.3. und andererseits **TH** D. 3.2.2.1. und **TH** D. 3.2.2.2. und **TH** D. 3.2.2.4.
[49] Vgl OLG München MDR 1979, 1029.

Seit der Gesetzesänderung zum 1. 8. 1998 kann/sollte der Bürgschaftsbetrag genau angegeben werden (nicht mehr wie vorher: ein Höchstbetrag), weil er ja seither gemäß § 68 I idR 10% des festgesetzten Verkehrswertes beträgt. Zwei Dinge sind außerdem besonders zu beachten, damit die Wirksamkeit der Bankbürgschaft nicht in Zweifel gezogen werden kann:

– Gläubiger der verbürgten Forderung gegen den Bieter bzw Ersteher ist eindeutig nicht etwa das Vollstreckungsgericht, sondern der Vollstreckungsschuldner;[49a] deshalb Vorsicht bei Verwendung der üblichen Bürgschaftsformulare;

– da § 69 II 1 eine Befristung der Bürgschaft ausdrücklich verbietet, kann das zeitliche Risiko nur dadurch eingeschränkt werden, daß die Bürgschaftsurkunde nicht für das ganze Zwangsversteigerungsverfahren, sondern nur für einen bestimmten Versteigerungstermin ausgestellt wird.

> **Muster** einer Bankbürgschaft als Sicherheit:
> „Die Bank ... übernimmt hiermit zum Zwecke der Sicherheitsleistung gemäß §§ 67–70 ZVG
> die unbefristete, unbedingte und selbstschuldnerische Bürgschaft in Höhe von DM ...
> für alle Gebote, die Herr/Frau ... am ...
> im Zwangsversteigerungsverfahren AZ ... vor dem Amtsgericht ...
> zum Erwerb des dort versteigerten Grundbesitzes abgibt. Die Bürgschaft ist ggf am Sitz der Bank in ... zu erfüllen. Die Verpflichtungen aus der Bürgschaft erlöschen mit der Rückgabe dieser Bürgschafturkunde."[50]

Die Schriftform kann auch dadurch gewahrt werden, daß der Vertreter der Bank eine Erklärung zu Protokoll abgibt, die alle Einzelheiten (also auch den Verzicht auf die Vorausklage) enthält und die Erklärung im Protokoll auch unterschreibt.[51] Mündliche Bürgschaftserklärungen eines Sparkassen- oder Bankenvertreters müssen natürlich auch im Protokoll festgehalten werden, brauchen aber nicht unbedingt vom Terminsvertreter unterschrieben zu werden, wenn dies auch aus Beweissicherungsgründen nicht unzweckmäßig ist.[52]

Nicht ganz unproblematisch ist m. E. die Bestimmung, daß der Schuldner oder ein neueingetretener Eigentümer Sicherheitsleistung nicht durch Stellung einer Bankbürgschaft erbringen darf. Es ist zwar sicher wegen des gerechtfertigten Mißtrauens gegen den Schuldner sinnvoll, daß dieser unter Umständen erhöhte Sicherheit leisten muß (vgl § 68 III); aber es ist m. E. nicht zu begründen, ihm die Sicherheitsleistung durch Bankbürgschaft zu verbieten, zumal er wegen der Zugriffsmöglichkeiten seiner Gläubiger kaum riskieren kann, mit Bargeld oder bargeldähnlichen Werten im Termin zu erscheinen.

Beides: Tauglichkeitsprüfung im öffentlichen Termin und Bürgschaftsverbot für den Schuldner ist aber nicht neu und hat in der Praxis bisher – soweit ersichtlich – nicht zu besonderen Problemen geführt.

[49a] Allg Ansicht: BGH NJW 1977, 246; Stöber § 107 Anm 3.1; Dassler/Schiffhauer § 107 Rz 12.

[50] Vgl auch **TH** D. 3.2.2.12.

[51] Vgl Stöber § 69 Anm 3.3.; Steiner-Storz § 69 Rdnrn 16–21.

[52] So jetzt auch Stöber § 69 Anm 3.4.

Gemäß § 69 IV kann die Sicherheitsleistung seit Februar 2007 auch durch **Überweisung auf ein Konto der Gerichtskasse** bewirkt werden; allerdings muß dem Rechtspfleger im Versteigerungstermin bereits ein Nachweis über die erfolgte Gutschrift vorliegen. Wird die überwiesene Sicherheitsleistung nicht benötigt, weil der Interessent nicht geboten hat oder mit seinem Gebot „nicht zum Zug" gekommen ist oder der Zuschlag auf sein Gebot wieder aufgehoben wurde, muß der Rechtspfleger erst die Auszahlung bzw. Rücküberweisung ausdrücklich anordnen und die Gerichtskasse diese Anordnung ausführen, bevor der Betrag wieder auf dem Konto des Interessenten gutgeschrieben ist. Das alles kann sehr lange dauern! Deshalb wird diese Form der Sicherheitsleistung in der Praxis keine nennenswerte Rolle spielen, was wohl ganz im Sinne des Gesetzgebers liegt.

Früher war streitig, ob ordnungsgemäß ausgestellte **Euro-Schecks** als Sicherheitsleistung geeignet sind.[53] Dieser Streit hat sich dadurch erledigt, daß es seit 2002 keine Euro-Schecks mehr gibt.

Nach § 69 nicht zulässig ist auch Sicherheitsleistung durch Übergabe eines Sparbuches.[54] Auch wenn in manchen Bevölkerungskreisen kaum verstanden wird, warum nicht auch „ihr Sparbuch" wie Bargeld bewertet wird, besteht hier Anlaß zur Vorsicht: Immerhin ist für den wirklichen Stand des Guthabens nicht die Bucheintragung sondern die bankinterne Buchung maßgebend, und außerdem könnte das Guthaben bereits abgetreten oder gepfändet sein, wenn auch in aller Regel dann das Sparbuch nicht mehr beim Kontoinhaber verbleibt. Besondere Vorsicht ist ohnehin geboten, wenn das Sparbuch auf einen anderen Namen lautet als auf den derzeitigen Inhaber.

Im übrigen würde rechtlich die bloße Übergabe des Buches gar nicht genügen: Hinzu kommen muß noch eine ausdrückliche Ermächtigung zur Abhebung eines bestimmten Betrages oder eine Verpfändung nach §§ 1280 ff BGB, die eine schriftliche Anzeige des Kontoinhabers an das Kreditinstitut erforderlich macht.[55] Deshalb ist die Sicherheitsleistung durch Sparbücher kompliziert und mit Recht nur dann zulässig, wenn der die Sicherheit verlangende Berechtigte dies ausdrücklich genehmigt.

Auch sonst ist Sicherheitsleistung **auf „jede andere Weise" zulässig, der der Verlangende ausdrücklich zustimmt.**[56] Da aber an den anderen als den gesetzlichen Sicherheiten nicht schon kraft Gesetzes ein Pfandrecht entsteht, muß dieses hier erst durch entsprechende Erklärungen der betreffenden Person begründet werden; diese Erklärungen müssen protokolliert werden und auch die evtl Aufbewahrungsart und Verwertung regeln.[57] Als Beispiele werden für derartige „besondere Sicherheiten" genannt: normale Schecks, Grundschuldbriefe, ausländische Zahlungsmittel, Waren (Gold, Schmuck, Briefmarken, Münzen), abtretbare Forderungen. Hinsichtlich Wa-

---

[53] Für ihre Zulassung: OLG Zweibrücken Rpfleger 1978, 108; OLG Celle ZIP 1982, 954; Steiner-Storz § 69 Rdnr 23; **gegen** die Zulassung: Stöber § 69 Anm 5.4; Vollkommer Rpfleger 1978, 108; Weber Rpflegerblatt 1985, 47
[54] Vgl Steiner-Storz § 69 Rdnr 26.
[55] Vgl Stöber § 69 Anm 5.2; Steiner-Storz § 69 Rdnr 27.
[56] OLG Hamm JMBlNRW 1961, 202; Dassler-Schiffhauer § 69 Rz 5; Stöber § 69 Anm 5.2; Steiner-Storz § 69 Rz 22; ausführlich: Klawikowski Rpfleger 1997, 202.
[57] Klawikowski Rpfleger 1997, 202.

ren und Gegenständen kann es aber nicht angehen, daß allein der Sicherheitsverlangende (mit dem Bieter) regelt, welche Gegenstände akzeptierbar sind. Vielmehr muß der Rechtspfleger die Möglichkeit zur Ablehnung solcher Gegenstände berechtigt sein, deren Entgegennahme, Aufbewahrung usw überhaupt nicht für das Gericht zumutbar ist! Meines Erachtens sollte der Gesetzgeber klarstellen, daß andere als die in § 69 ausdrücklich genannten Arten nicht zulässig sind.

Wegen des ausdrücklichen gesetzlichen Verbots in § 69 I ist Sicherheitsleistung durch Bargeld immer ausgeschlossen, also auch nicht mit Zustimmung des Verlangenden möglich.[57a]

3.2.1.5. Entscheidung über Sicherheitsleistung und Gebot

§ 70 ZVG

> **(1) Das Gericht hat über die Sicherheitsleistung sofort zu entscheiden.**
>
> **(2) Erklärt das Gericht die Sicherheit für erforderlich, so ist sie sofort zu leisten. Die Sicherheitsleistung durch Überweisung auf ein Konto der Gerichtskasse muß bereits vor dem Versteigerungstermin erfolgen. Unterbleibt die Leistung, so ist das Gebot zurückzuweisen.**
>
> **(3) Wird das Gebot ohne Sicherheitsleistung zugelassen und von dem Beteiligten, welcher die Sicherheit verlangt hat, nicht sofort Widerspruch erhoben, so gilt das Verlangen als zurückgenommen.**

Gemäß § 70 I muß das Gericht sofort darüber entscheiden, ob das Verlangen nach Sicherheit berechtigt ist. Dabei gibt es keine Ermessensentscheidung, sondern das Gericht kann nur prüfen, ob die in den §§ 67 ff genannten Voraussetzungen gegeben sind.[58] Ist das der Fall, muß es dem Verlangen stattgeben, auch wenn es die Sicherheitsleistung für unnötig hält.

Grundsätzlich ist die Entscheidung zur Sicherheitsleistung auch dann nötig, wenn das Gebot gleich wieder gemäß § 72 I 1 durch die Zulassung eines Übergebotes erlischt. Dies ist nicht nur deshalb nötig, weil bei der Aufhebung des Übergebots klare Verhältnisse herrschen müssen sondern auch deshalb, weil die ganze Versteigerung unter Umständen anders verlaufen würde, wenn der Bieter die geforderte Sicherheit nicht erbringen könnte.[59] Deshalb sollte auch ein hektisches Bieten den Rechtspfleger nicht davon abhalten, vor allem bei den Erstgeboten der Interessenten über jedes Verlangen nach Sicherheitsleistung gesondert und ausdrücklich zu entscheiden und gegebenenfalls auch dafür zu sorgen, daß die Sicherheit sofort erbracht wird (§ 70 II 1). Eine Störung des Versteigerungsgeschäfts ist damit nicht verbunden, weil der Rechtspfleger ohnehin die Personalien des Bieters protokollieren muß (§ 78).

Wird dem Verlangen stattgegeben, muß die Sicherheit gemäß § 70 II 1 sofort geleistet werden, wenn sie nicht schon – wie dies gemäß § 70 II 2 vorgeschrieben ist – durch vorherige Überweisung auf ein Konto der Gerichtskasse erbracht wurde. Sofortige Leistung heißt nicht nur, daß dies während der Bietstunde geschehen muß, sondern sofort heißt auch: unmittelbar

---

[57a] Vgl aber **TH** D.3.2.2.3!
[58] Vgl Steiner-Storz § 70 Rdnr 3.
[59] Vgl Stöber § 70 Anm 2.2.

nach Abgabe des Gebotes. Vor Leistung der Sicherheit kann ja nicht entschieden werden, ob das Gebot zugelassen wird. Solange sollte deshalb auch nicht weitergeboten werden, auch wenn das „bedingt wirksame" Gebot durch die Zulassung eines Übergebotes erlischt (§ 72 I) und damit auch die Pflicht zur Sicherheitsleistung wegfällt.[60] Bis zur vollständigen Leistung einer verlangten Sicherheit kann m. E. jedenfalls dieser Bieter keine weiteren Gebote auf dieselbe Ausgebotsform mehr abgeben; andere Bieter können dies unter Umständen tun; zu ihren Ungunsten wird dann aber die volle Wirksamkeit dieses Gebotes unterstellt.

Unbillige Härten oder unangemessene Verzögerungen sind durch dieses Verfahren nicht zu befürchten: Jeder Bieter muß sich doch entgegenhalten lassen, daß in der öffentlichen Bekanntmachung des Versteigerungstermins auf die eventuelle Sicherheitsleistungspflicht hingewiesen wurde, außerdem kann und sollte die Bietstunde kurz unterbrochen werden,[61] wenn die Sicherheit kurzfristig (zum Beispiel durch Beschaffung von Bargeld oder Bürgen) erbracht werden kann. Wichtig ist aber, daß der Bieter keinerlei Anspruch auf die Unterbrechung der Bietstunde bzw Gewährung einer Frist zur Beschaffung geeigneter Sicherheitsmittel hat.[62] Nach Auffassung des Bundesgerichtshofs ist es mit dem Zweck des Gesetzes (das die Mindestbietzeit im Jahr 1998 von 60 auf 30 Minuten verkürzt hat) grundsätzlich nicht vereinbar, einem Bieter, der seiner Obliegenheit zur Beschaffung einer geeigneten Sicherheit rechtzeitig vor dem Termin nicht nachgekommen ist, im Termin durch Verlängerung der Bietstunde die Gelegenheit zur Beschaffung der Sicherheit zu geben.[63] Der BGH übersieht dabei allerdings, daß es nicht darum geht, einen zu nachlässigen Bieter „zu bestrafen", sondern daß durch diese Rechtsprechung der Schuldner und die Gläubiger geschädigt werden, die grundsätzlich auf hohe Gebote angewiesen sind!

Seit dem 2. JuModG (BGBl 2006 I 3416) kann die nach § 68 II oder III erhöhte Sicherheitsleistung „spätestens bis zur Entscheidung über den Zuschlag" erbracht werden; folgerichtig bestimmt der neue § 72 IV, daß ein Gebot nicht erlischt, wenn diese erhöhte Sicherheitsleistung bis dahin nicht geleistet worden ist. Diese gesetzliche Neuregelung ist zwar teilweise verständlich, weil außenstehende Interessenten durch das Verlangen nach erhöhter Sicherheitsleistung gemäß § 68 II überrascht werden können, die Beteiligten aber trotzdem an der Möglichkeit und Bestandskraft derartiger Gebote interessiert sind. Probleme mit § 68 II sind allerdings in der Zwangsversteigerungspraxis äußerst selten aufgetreten und konnten dann in aller Regel ad hoc gelöst werden, wenn sich die Beteiligten einigermaßen flexibel gezeigt und verhalten haben.

---

[60] Vgl **TH** D. 3.2.2.7.
[61] BGH NJW 2000, 2810; OLG Brandenburg Rpfleger 2001, 610; OLG Düsseldorf Rpfleger 1989, 167; OLG Stuttgart Rpfleger 1983, 493; OLG Zweibrücken JurBüro 1981, 112 und Rpfleger 1978, 107; OLG Hamm Rpfleger 1987, 469; OLG Celle ZiP 1982, 954; Dassler-Schiffhauer § 70 Rz 3; Storz Teilungsversteigerung B. 7.6; Stöber § 70 Anm 3.2; Steiner-Storz § 70 Rdnr 5; **str. aA:** Flies zu LG Münster MDR 1958, 173.
[62] OLG Brandenburg Rpfleger 2001, 610; OLG Düsseldorf Rpfleger 1989, 167.
[63] BGH Rpfleger 2006, 211.

Die jetzige Neuregelung war daher praktisch unnötig und führt zu großen rechtlichen Unsicherheiten und zu ungeahnten und völlig unnötigen Mißbrauchsmöglichkeiten. Jetzt kann nämlich ein „Beteiligter, dessen Recht nach § 52 bestehenbleibt" im Zusammenspiel mit einem Außenstehenden über § 68 II iVm § 72 IV, und vor allem kann der Schuldner ganz allein über § 68 III iVm § 72 IV jede Zwangsversteigerung empfindlich stören, indem Gebote abgegeben werden, die weit über den normal zu erzielenden Geboten liegen.

Beispiel:

Für ein Objekt mit Verkehrswert iHv EURO 500 000 werden „normal" € 355 000 geboten. Der Schuldner bietet zB 600 000 (um alle anderen Interessenten abzuschrecken), leistet sofort die „normale" Sicherheit iHv € 50 000 und erbringt die restliche, erhöhte Sicherheitsleistung zum 3 Wochen später anberaumten Verkündungstermin **nicht**. Dann kann auf das gemäß § 72 IV nicht erloschene „Normalgebot" von € 355 000 der Zuschlag erteilt werden.

Problematisch (und schon jetzt streitig![63a]) ist aber die Frage, ob/wie nach dem überhöhten Schuldnergebot (€ 600 000) „normal" weitergeboten werden kann. Selbst wenn man zB ein Gebot iHv € 360 000 (mE zu Recht!) für zulässig hält (weil das Schuldnergebot nur bedingt wirksam ist), führt diese Unsicherheit zur Rückhaltung aller Normalbieter, weil ja niemand weiß, ob er den Zuschlag erhalten kann, wenn er unterhalb des Schuldnergebots bleibt!

Warum der Gesetzgeber geglaubt hat, er müsse dem Schuldner völlig ohne Not weitere Stör- und Verunsicherungsmöglichkeiten einräumen, und er könne ohne Schaden den bisher sehr wichtigen Grundsatz der sofortigen Rechtssicherheit beim Bieten völlig ohne Not aufgeben, bleibt sein Geheimnis! Die Auswirkungen dieser Gesetzesänderungen auf die Praxis müssen abgewartet werden. Mit viel Glück werden sie keinen Schaden anrichten, weil die neu geregelten Sachverhalte auch in Zukunft hoffentlich selten praktisch vorkommen, weil die Fälle des § 68 II selten bleiben werden und der Schuldner im Falle des § 68 III seine (schon im Versteigerungstermin zu erbringende) „Grundsicherheit" von 10% des Verkehrswertes durch Pfändungen verlieren dürfte, wenn er die restliche erhöhte Sicherheit zum Entscheidungstermin nicht bringen sollte.

Der Rechtspfleger muß bei der Prüfung und Entgegennahme der Sicherheit sehr sorgfältig verfahren, er muß die Sicherheit sorgfältig verwahren, die eventuell übergebenen Schecks innerhalb der Vorlegungsfrist einlösen, und er muß darauf achten, daß frei gewordene Sicherheiten unverzüglich zurückgegeben bzw zurücküberwiesen werden. Bei einer Verletzung dieser Sorgfaltspflichten können Amtshaftungsprobleme entstehen.[64]

3.2.1.6. Rückgabe der Sicherheit

Die Sicherheit für ein Gebot wird frei und muß zurückgegeben bzw zurücküberwiesen werden, wenn ein Gebot gemäß § 71 zurückgewiesen wird oder gemäß § 72 oder aus anderen Gründen erlischt, oder wenn auf das Gebot der Zuschlag erteilt wird und der Bieter seinen Zahlungsverpflichtungen aus dem Barteil des Meistgebots sowie aus den Nebenverpflichtungen wie

---

[63a] Vgl Hintzen/Alff Rpfleger 2007, 233 (237 f).
[64] Vgl Steiner-Storz § 69 Rdnrn 34 ff und § 70 Rdnr 11.

Verzinsung des Barteils gemäß § 49 II oder Zuzahlungspflichten) nachgekommen ist.

Der Meistbietende hat dabei die Möglichkeit, die Sicherheitsleistung als Teilvorauszahlung auf das bare Meistgebot anrechnen zu lassen, wodurch er Zinsen aus diesem Betrag sparen kann, die er sonst gemäß § 49 II beziehungsweise § 59 zahlen müßte. Dazu ist jedoch ein Antrag erforderlich, was praktisch niemand weiß. Deshalb sollte der Rechtspfleger den Meistbietenden immer gem § 139 ZPO auf diese Möglichkeit hinweisen.[65]

Seit der Gesetzesänderung Anfang 2007 ist unklar, ob die vom späteren Ersteher geleistete Sicherheit schon kraft Gesetzes als Teilzahlung auf das Meistgebot anzusehen und daher von der Verzinsungspflicht des § 49 Abs 2 ausgenommen ist (so sollte die derzeitige Gesetzeslage mE ausgelegt werden), oder ob der Meistbietende nach wie vor im Versteigerungstermin zu Protokoll ausdrücklich auf Rücknahme dieses Betrags verzichten und die Sicherheitsleistung als Anzahlung auf das Meistgebot bezeichnen muß.[65a]

Wenn die Sicherheit wegen Zurückweisung oder Erlöschens eines Gebotes frei wird, sollte die Rückgabe erst nach Schluß der Versteigerung erfolgen, weil der gleiche Bieter ja unter Umständen noch einmal bieten möchte und dann wieder Sicherheit leisten muß.[66] Bei Zuschlagsversagung oder bei Zweifeln über die Zulässigkeit der geleisteten Sicherheit sollte die Rückgabe erst bei Rechtskraft der Entscheidung erfolgen. Die Rückgabe sollte tunlichst in Anwesenheit des Verlangenden[67] oder wenigstens mit dessen Zustimmung erfolgen, weil sonst bei eventuellen Fehlern des Gerichts Amtshaftungsansprüche und auch Verteilungsprobleme entstehen könnten.

3.2.2. Taktische Hinweise

TH 3.2.2.1.: Der gesetzgeberische Zweck der Sicherheitsleistung besteht – wie schon der Name sagt – in einer gewissen Absicherung gegen zahlungsunfähige Bieter. Aber abgesehen davon, daß dieser Zweck häufig nicht erfüllt werden kann, kann das Sicherheitsverlangen in vielfältiger Weise umfunktioniert werden:

(1) Man kann damit in gewissem Umfang (der in der Praxis viel größer ist als man meinen möchte!) die Höhe der Gebote beeinflussen etwa nach der Grundregel: Wer niedrige Gebote will, verlangt grundsätzlich Sicherheitsleistung, betont dies sogar besonders deutlich und oft, sperrt sich gegen Unterbrechungen der Bietstunde zur Beschaffung von Sicherheiten und stellt strenge Anforderungen an die Art der Sicherheit. Wer hohe Gebote will, verlangt nur dann Sicherheit, wenn er weiß, daß diese auch erbracht werden kann, gewährt unter Umständen sogar Sicherheit durch Bürgschaft, läßt Unterbrechungen der Bietstunde zur Beschaffung von Sicherheiten zu und verhält sich großzügig bei der Annahme von Sicherheiten.

(2) Wenn der die Sicherheit Verlangende die angebotene Sicherheit nicht an das Gericht leisten läßt, sondern unter Verzicht auf das Verlangen die

---

[65] So auch Stöber § 70 Anm 6.2.
[65a] Vgl dazu auch Hintzen/Alff Rpfleger 2007, 233/236).
[66] Vgl Stöber § 70 Anm 5.1; Steiner-Storz § 69 Rdnr 38.
[67] Vgl Stöber § 70 Anm 5.3.

Übergabe der Sicherheit an sich selbst herbeiführt, erreicht er meist eine bessere eigene Sicherstellung als bei dem offiziellen Verfahren, weil der volle Betrag ihm zusteht, während die Sicherheit sonst unter Umständen ganz oder teilweise (auch) einem anderen Beteiligten zugute kommt.

(3) Durch das Verlangen nach Sicherheit (durch einen Berechtigten) und die Nichtleistung (durch den Bieter) kann unter Umständen ein Gebot wieder zum Erlöschen gebracht werden, an das der Bieter selbst nicht mehr gebunden sein will. Auf diese Weise kann zum Beispiel eine Anfechtung eines Gebotes wegen irrtümlicher Nichtbeachtung bestehenbleibender Rechte vermieden werden, bei der man in gewissem Umfang auf das Wohlwollen des Rechtspflegers angewiesen ist!

(4) Interessenten, die Sicherheit in bar leisten wollen, können von Vertretern von Kreditinstituten angesprochen werden. Dabei bieten sich meist gute Akquisitionsmöglichkeiten (s. u.).

TH 3.2.2.2.: Wenn die angebotene Art der Sicherheitsleistung nicht zulässig ist, zum Beispiel bei Barzahlung oder einem Sparkassenbuch, dann sollte der die Sicherheit verlangende Gläubiger im Zweifel die Sicherheit selbst annehmen und auf Sicherheitsleistung an das Gericht verzichten. Abgesehen davon, daß der Gläubiger so ein Gebot retten kann, das sonst unter Umständen nicht erfolgen würde, erhält er eine höhere Sicherheit (s. o.), macht einen guten Eindruck auf den Bieter (Akquisition!), kann bei einem Sparkassenbuch oft auch einen Einzugsauftrag erhalten und dadurch einen Geldanleger gewinnen und hat mit einer eventuellen erforderlichen Verwertung des Sparkassenbuches bei ordnungsgemäßer Vereinbarung eines Pfandrechts (die Übergabe allein reicht nicht!) auch geringere Schwierigkeiten als das Gericht.

Wenn ein anderer Gläubiger Sicherheitsleistung verlangt und Barzahlung versucht oder ein angebotenes Sparkassenbuch abgelehnt wird, kann man als Bankenvertreter mit entsprechender Vollmacht ebenfalls die Barzahlung oder das Sparbuch selbst entgegennehmen und dafür Bürgschaft leisten. Auch hier ergeben sich die gleichen Vorteile, wobei der gute Eindruck sogar noch besser ist ....

TH 3.2.2.3.: Finger weg von der Sicherheitsleistung durch Überweisung auf ein Konto der Gerichtskasse! Hier wimmelt es vor rechtlichen, technischen und bürokratischen Problemen, so daß der Bieter riskiert, daß ihm der Nachweis der rechtzeitigen Überweisung im Versteigerungstermin nicht gelingt, und/oder daß ihm der Überweisungsbetrag nur mit Problemen[68] und zeitlichen Verzögerungen zurücküberwiesen wird, falls er mit seinem Gebot nicht zum Zuge kommt! Sicherheitshalber kann man sich evtl im Internet über die konkreten Praktiken der einzelnen Gerichte informieren, zB „www.zvg.com" oder „www.zwangsversteigerung.de" oder www.zvg.nrw.de".

TH 3.2.2.4.: Durch die (sinnvolle) Zulassung von Bankbürgschaften entsteht auf den ersten Blick schon eine etwas merkwürdige Situation: Auch von unzweifelhaft finanzstarken Bietern (zum Beispiel privaten Banken, Bausparkassen, Versicherungen, Großunternehmen, reichen Privatpersonen) kann

---

[68] Vgl Hintzen/Alff Rpfleger 2007, 233 ff.

Sicherheit verlangt werden (vgl § 67 I 1). Das kann vor allem deshalb gefährlich sein, weil diese „Reichen" (wenn sie keine Zwangsversteigerungs-Erfahrung haben) oft keine Sicherheit mitbringen!

Da von unzweifelhaft finanzstarken Bietern meist nur unter dem Gesichtspunkt Sicherheit verlangt wird, ihr Gebot zu verhindern (s. o.!), und da im Hinblick auf § 67 I 1 nur bei ganz offensichtlichem Mißbrauch über §§ 226, 242, 826 BGB eine Abwehr versucht werden kann, ist auch hier Vorsorge besser: Bisher haben vor allem private Banken, Bausparkassen und Versicherungen jedesmal dann, wenn ein Mitbieten (zum eventuellen Rettungserwerb oder um andere Bieter zu höheren Geboten mitzureißen) möglich war, entsprechende bestätigte Bundesbankschecks mitgebracht (vgl § 69 I). Das ist zwar unkomplizierter und billiger als meist angenommen, aber seit der Zulassung von Bank-Verrechnungsschecks noch einfacher zu überbrücken bzw zu bewältigen. Damit entfällt auch die Notwendigkeit und Möglichkeit, daß der Terminsvertreter der Bank selbst seiner Bank eine Bürgschaft als Bietsicherheit zur Verfügung stellt (vgl diesen **TH** in seiner Fassung bis zur 6. Auflage!)

TH 3.2.2.5.: Durch die Änderung der §§ 68 und 69 im Jahr 1998 entfällt auch das früher übliche Taktieren mit der Höhe der geleisteten Sicherheit. Nur zur Erinnerung an die frühere Problematik soll daher dieser Taktische Hinweis noch dienen: Das Gericht darf zwar nicht erkennen lassen, in welcher Höhe Sicherheit geleistet worden ist, sondern es muß auf Frage lediglich erklären, daß die Sicherheit für das konkrete Gebot ausreicht. Da aber die Höhe des Betrages zum Beispiel bei abgeliefertem Bargeld oder bei einem Bundesbankscheck unter Umständen gewisse Rückschlüsse auf das Ausmaß des Interesses dieses Bieters zuläßt, versuchen die Beteiligten oft, durch geschickte Fragen doch die Höhe des Betrages zu erfahren.

Besonders erfolgreich ist das, wenn der Vertreter eines Kreditinstitutes den Rechtspfleger um Einblick in den Bundesbankscheck bittet, damit (wegen schlechter Erfahrungen!) die Ordnungsmäßigkeit der Bestätigung, Vorlegungsfrist und ähnliches geprüft werden könne. Diesem Wunsch ist bisher immer (unzulässigerweise!) entsprochen worden.

TH 3.2.2.6.: Dadurch, daß der Gesetzgeber seit Anfang 2007 die Möglichkeit geschaffen hat, die nach § 68 II oder III erhöhte Sicherheitsleistung nicht schon bei der Gebotsabgabe, sondern erst bis zur Entscheidung über den Zuschlag zu erbringen, ist eine große Unsicherheit über den weiteren Verlauf der Bietstunde entstanden.[69] Hier empfiehlt sich dringend, auf der „gesicherten Grundlage" weiterzubieten und im Falle der Zurückweisung des Gebotes auf dessen Protokollierung zu bestehen, damit ggf im Rechtsmittelverfahren doch noch die eigenen Rechte bzw Interessen durchgesetzt werden können.

Beispiel:

Im Termin zur Versteigerung eines Objekts mit Verkehrswert EURO 300 000 wird „normal" EURO 200 000 geboten. Jetzt bietet der Schuldner EURO 350 000, leistet sofort die „normale" Sicherheit in Höhe von EURO 30 000, so daß sein Gebot zugelassen wird, aber das „Normalgebot" von EURO 200 000 gemäß § 72 IV noch nicht

---

[69] Vgl dazu oben D. 1.2. und D. 1.3.

erlischt. Jetzt kann also zum Beispiel weitergeboten werden mit EURO 210 000. Sollte der Rechtspfleger dieses Gebot zurückweisen, weil es nicht höher ist als das Schuldner-Gebot, besteht man auf der Protokollierung, wenn der Schuldner die erhöhte Sicherheitsleistung bis zur Zuschlagsentscheidung nicht bringen sollte, darf mE nicht auf das Gebot von EURO 200 000 zugeschlagen werden, auch nicht auf das nicht zugelassene Gebot von EURO 210 000. Vielmehr muß der Zuschlag insgesamt versagt werden, womit der Schuldner sein eigentliches Ziel erreicht hat!

TH 3.2.2.7.: In der Hektik der Bietstunde wird gelegentlich die Versuchung groß, auch vor Leistung einer verlangten Sicherheit weiterbieten zu lassen, und zwar sogar unter (dann konsequenter) Mitwirkung des gleichen Bieters. Vor einem solchen Verfahren muß aber gewarnt werden: Rechtlich ist die bedingte Zulassung eines Gebotes genauso unzulässig wie ein bedingtes Gebot. Und praktisch würde die Bietstunde einen ganz anderen Verlauf nehmen, wenn auf der Basis von bedingt wirksamen Geboten weitergeboten würde (auch eine behauptete Vertretungsmacht muß sofort nachgewiesen werden). Beim Nichteintritt der Bedingung könnte unter Umständen auch gar nicht mehr festgestellt werden, welches Gebot als Meistgebot wirksam wäre, wenn das bedingt wirksame Gebot gar nicht zugelassen worden wäre.

Deshalb lieber die Bietstunde unterbrechen und warten, ob die Sicherheit kurzfristig erbracht werden kann, oder ob auf das Verlangen wieder verzichtet wird.

TH 3.2.2.8.: Die Regelsicherheit beträgt gemäß § 68 I 10% des Grundstückswertes. Zwar kann gemäß § 68 III der betreibende Gläubiger vom Schuldner eine höhere Sicherheit verlangen, aber eben nur ein betreibender Gläubiger und auch nur vom Schuldner selbst (oder von einem neu eingetretenen Eigentümer). Diese Möglichkeit gilt aber schon nicht für die Ehefrau oder die Kinder,[70] und erst recht nicht für eine vom Schuldner neu gegründete Gesellschaft oder für eine juristische Person, an der der Schuldner beteiligt ist. Trotzdem ist die Berechtigung für ein Verlangen nach höherer Sicherheit dort genauso gegeben.

Vorsicht ist insofern geboten, als der Schuldner den § 68 III durch folgendes Verfahren umgehen kann: Er lässt in der Bietstunde einen Strohmann bieten, der die Regelsicherheit von 10% gemäß § 68 I ordnungsgemäß leistet. Nach Schluss der Bietstunde wird ein besonderer Verkündungstermin beantragt und durchgesetzt, und kurz vor der Verkündung des Zuschlags werden die Rechte aus dem Meistgebot an den Schuldner abgetreten (§ 81 II), so daß der Schuldner den Zuschlag erhält (wobei der Strohmann in der Haftung bleibt). Wenn die Gläubiger sich vor derartigen Überraschungen schützen wollen, müssen sie auch einen besonderen Verkündungstermin wahrnehmen.

TH 3.2.2.9.: Wer Sicherheitsleistung verlangen will, muß bzw sollte dies selbst tun und sofort tun, damit zB nicht folgendes passieren kann: Geboten werden EURO 160 000,–. A verlangt sofort Sicherheitsleistung; dieses Verlangen wird aber vom Rechtspfleger zurückgewiesen, weil zB die Voraussetzungen des § 67 I nicht für A erfüllt sind. Wenn jetzt B für dieses Gebot Sicherheitsleistung verlangt, kann es uU vom Rechtspfleger zurückgewiesen werden, weil es nicht mehr „sofort" ausgesprochen worden ist.

---

[70] Vgl Stöber § 68 Anm 4.1.

TH 3.2.2.10.: Keine Sicherheitsleistung im eigentlichen Sinn und doch eine ganz wesentliche Absicherung gegen Ersteher, denen man aus bonitätsmäßigen oder charakterlichen Gründen mißtraut, oder denen man einfach nicht vertraut, weil man sie nicht kennt, ist die gerichtliche Verwaltung gemäß § 94, von der in der Praxis viel zu wenig Gebrauch gemacht wird.[71] Mit ihr kann nicht nur verhindert werden, daß der Ersteher (als sonst voll berechtigter Eigentümer!) vor dem Verteilungstermin Maßnahmen ergreift, die den Wert des Objekts mindern (zB durch den Verkauf wertvollen Zubehörs) oder die Wiederversteigerung erschweren (zB durch den Abschluß schädlicher Mietverträge). Gegenüber der Sicherheitsleistung besteht zudem noch der außerordentliche Vorteil, daß sie nicht nur unmittelbar nach Abgabe des Gebotes, sondern praktisch bis zur Bezahlung der Forderung beantragt werden kann.

TH 3.2.2.11.: Vorsicht ist geboten bei Sicherheitsleistung durch bestätigte LZB-Schecks oder Verrechnungsschecks mit einer bestimmten kurzen Vorlegungsfrist. Vorsicht besonders dann, wenn der Bieter sich (zB wegen Entfernungsproblemen oder wegen Verhinderung) schon frühzeitig mit der Sicherheit versorgen muß. Denn einerseits ist die Vorlegungsfrist insgesamt nur sehr kurz (in aller Regel 8 Tage); und sie beginnt in der Regel mit der Aushändigung des Schecks durch die Bank an den Kunden. Andererseits darf die Vorlegungsfrist nicht vor dem vierten Tage nach dem Versteigerungstermin ablaufen. Deshalb darf der Bietinteressent den bestätigten Bundesbankscheck höchstens 2 Tage vor dem Versteigerungstermin abholen (bzw die Bank den Bestätigungsvermerk durch die LZB beschaffen). Ein Verrechnungsscheck kann dagegen vordatiert und so für den konkreten Zweck verwendbar gemacht werden.

TH 3.2.2.12.: Bankbürgschaften können auch als Höchstbetragsbürgschaften und ohne Bezugnahme auf ein konkretes Zwangsversteigerungsverfahren ausgestellt werden. Wenn darin „alle Verpflichtungen einer bestimmten Person aus Sicherheitsverlangen bei Zwangsversteigerungsverfahren" verbürgt werden, kann diese Bankbürgschaft von professionellen Versteigerungsbesuchern und Bietern mehrfach und dauerhaft verwendet werden, ohne daß die Urkunde für jede Versteigerung neu ausgestellt werden muß.

3.3. Abtretung des Meistgebots, Verdeckte Vertretung

3.3.1. Abtretung der Rechte aus dem Meistgebot

§ 81 ZVG

(1) Der Zuschlag ist dem Meistbietenden zu erteilen.

(2) Hat der Meistbietende das Recht aus dem Meistgebot an einen anderen abgetreten und dieser die Verpflichtung aus dem Meistgebot übernommen, so ist, wenn die Erklärungen im Versteigerungstermin abgegeben oder nachträglich durch öffentlich beglaubigte Urkunden nachgewiesen werden, der Zuschlag nicht dem Meistbietenden, sondern dem anderen zu erteilen.

(3) .... (abgedruckt bei D. 3.3.2.)

---

[71] Näheres dazu D. 5.2.6.

(4) Wird der Zuschlag erteilt, so haften der Meistbietende und der Ersteher als Gesamtschuldner.

Wenn kein Zuschlagsversagungsgrund gegeben ist, muß der Zuschlag gemäß § 81 I an den Meistbietenden erteilt werden, wenn nicht eine der beiden in § 81 II und § 81 III genannten Ausnahmen vorliegen.

Der Zuschlag erfolgt nur dann gemäß § 81 II nicht an den Meistbietenden, wenn sowohl die Abtretungserklärung des Meistbietenden als auch die Übernahmeerklärung des Zessionars[72] bis spätestens unmittelbar vor der Verkündung des Zuschlags abgegeben werden (aber nicht notwendig gleichzeitig).[73] Später kann das Eigentum nur noch notariell übertragen werden.[74] Abtretbar sind auch lediglich Bruchteile der Rechte aus dem Meistgebot oder einzelne von mehreren gleichzeitig zugeschlagenen Grundstücken oder Grundstücksbruchteilen[75] und zwar auch dann, wenn der Zuschlag auf ein Gesamtmeistgebot erfolgt.[76] Die beiden Erklärungen müssen entweder im Versteigerungstermin zu Protokoll oder nachträglich in einer öffentlich beglaubigten Urkunde (vgl §§ 129 BGB, 29 GBO) erfolgen. Auch die Verhandlung über den Zuschlag (§ 74) gehört zum Versteigerungstermin, was sich nicht nur aus der systematischen Stellung der §§ 74–78, sondern zum Beispiel auch aus dem Wortlaut des § 87 I ergibt. Deshalb kann die Abtretung und Übernahme auch noch nach dem Schluß der eigentlichen Versteigerung (§ 73 II 1) in der ausschließenden Verhandlung über den Zuschlag zu Protokoll erklärt werden.[77]

Eine öffentlich beglaubigte Erklärung ist also nur erforderlich, wenn der Erklärende nicht anwesend ist, oder wenn auch noch nach dem Versteigerungstermin wegen eines besonderen Verkündungstermins (vgl § 87) Erklärungen zum Zuschlag abgegeben werden können.

Nicht übersehen werden darf, daß nicht nur der Erwerb eines Grundstücks in der Zwangsversteigerung, sondern auch schon die Abgabe des Meistgebots und dann auch wieder dessen Abtretung grunderwerbsteuerpflichtige Vorgänge sind. Deshalb fällt bei diesem Verfahren die Grunderwerbsteuer zweimal an.[78]

Meistbietender und Ersteher haften gemäß § 81 IV als Gesamtschuldner für alle Verpflichtungen aus dem Meistgebot[79] und für die Zuschlagskosten; dagegen haftet nur der Ersteher für Zuzahlungspflichten nach §§ 50, 51 und für die nach § 53 eventuell zu übernehmende Hypothekenhaftung.[80]

Rücknahme oder Widerruf der § 81-Erklärungen sind nach herrschender Ansicht nicht mehr möglich; es kann vor der Zuschlagsverkündung nur eine

---

[72] LG Heilbronn Rpfleger 1996, 78.
[73] OLG Frankfurt WM 1988, 38; Steiner-Storz § 81 Rz 47; Stöber § 81 Anm 4.3.
[74] OLG Frankfurt WM 1988, 38.
[75] Dassler-Schiffhauer § 81 Rz 15; Stöber § 81 Anm 4.1.
[76] **Str. aA:** Stöber § 81 Anm 4.1.
[77] Im Ergebnis ebenso: Stöber Handbuch Rdn 362; Steiner-Storz § 81 Rdnr 48; wohl auch Mohrbutter-Drischler Muster 110 Anm 1/2.
[78] Allg. Ansicht, vgl Stöber § 81 Anm 7.3; Steiner-Storz § 81 Rdnr 40.
[79] Zu den Problemen des Abtretenden aus seiner Mithaft, wenn der Zessionar seinen Zahlungsverpflichtungen aus dem Meistgebot nicht nachkommen kann, vgl Helwich Rpfleger 1988, 467 und Strauch/Helwich Rpfleger 1989, 314.
[80] Vgl Stöber § 81 Anm 7; Steiner-Storz § 81 Rdnr 50.

Rückabtretung erfolgen, die allerdings einen weiteren grunderwerbsteuerpflichtigen Vorgang auslöst.[81]

Die Ansprüche aus dem Meistgebot können (bis zum Wirksamwerden des Zuschlags gemäß §§ 89, 104)[82] auch verpfändet oder (nach §§ 857 I, 848 ZPO) gepfändet werden; der Pfandgläubiger erwirbt dann mit dem Zuschlag eine im Rang nach allen bestehenbleibenden Rechten und evtl Sicherungshypotheken (§ 128) liegende Sicherungshypothek in Höhe seiner Forderung.[83]

Schwierig (und streitig) ist die Frage, wie über den Zuschlag zu entscheiden ist, wenn der Meistbietende seine Meistgebotsrechte gemäß § 81 II an einen Gläubiger abgetreten hat und erst dadurch die Voraussetzungen des § 85 a III erfüllt sind. Hier ist mE der Zuschlag zu erteilen,[84] weil der Schutzzweck des § 85 a auch so erreicht wird. Dies eröffnet zwar zusätzliche Überraschungs- und Verschleierungsmöglichkeiten, die aber bei § 85 a III ohnehin gegeben sind, indem zB der Meistbietende zwischen Bietstunde und Verkündung der Zuschlagsentscheidung so viele Ausfallforderungen erwirbt, daß die Voraussetzungen des § 85 a III erfüllt sind. Diese Verhaltensweise muß für sich gesehen nicht unbedingt schuldnerschädlich (wegen § 114 a) und verwerflich sein. Evtl nachweisbarer Mißbrauch kann über §§ 134, 138, 826 BGB bekämpft werden; aber insbesondere die anderen Gläubiger müssen wegen § 85 a III vorsichtig sein und ihre (durchaus ausreichenden!) Schutzmöglichkeiten rechtzeitig wahrnehmen.

Im umgekehrten Fall (die Voraussetzungen des § 85 a III liegen zwar beim Meistbietenden, nicht aber beim Zessionar vor) ist der Zuschlag mE ebenfalls zu erteilen,[85] weil der Schutzzweck des § 85 a (wegen § 114 a) so am besten erreicht wird, und weil sich andernfalls jeder Bieter über § 81 II ganz leicht aus der Bindung für sein Gebot befreien und jeden auf § 85 a III gegründeten Zuschlag aus eigener Kraft verhindern könnte.

Im Fall des § 81 III kommt es unstreitig immer auf den vertretenen Hintermann an,[86] obwohl auch dadurch Überraschungen möglich sind. Als Faustregel kann man sich also merken: Für § 85 a III-Entscheidungen kommt es bei § 81 III immer auf den Hintermann an, während bei § 81 II immer der Zuschlag zu erteilen ist, wenn auch nur bei Meistbietendem (= Zedenten) oder Ersteher (= Zessionar) die Voraussetzungen des § 85 a III erfüllt sind. Aber Vorsicht: Bezüglich § 81 II sind die genannten Rechtsfolgen sehr umstritten!

---

[81] Dassler-Schiffhauer § 81 Rz 13.

[82] LG Köln NJW-RR 1986, 1058; Stöber § 81 Anm 3.7.

[83] BGH Rpfleger 1990, 471; Steiner-Storz § 81 Rz 8; Krammer/Riedel Rpfleger 1989, 144; Dassler-Schiffhauer § 81 Rz 4; Stöber § 81 Anm 3.7.

[84] Ebenso Eickmann KTS 1987, 617; Rosenberger Rpfleger 1986, 397; Klemm Sparkasse 1985, 362; Storz, Teilungsversteigerung C. 8.2.2; **str. aA:** OLG Koblenz Rpfleger 1986, 233; Dassler-Schiffhauer § 85 a Rz 29; Stöber § 85 a Anm 5.3. vgl auch **TH** D. 4.3.2.6 und **TH** D. 4.3.2.8.

[85] OLG Düsseldorf JurBüro 1988, 673; OLG Koblenz Rpfleger 1986, 233 (LS) Ebeling Rpfleger 1988, 400; Eickmann KTS 1987, 63; Dassler-Schiffhauer § 85 a Rz 29; Wolff-Hennings S. 140; Storz Teilungsversteigerung C. 8.2.2; Stöber § 85 a Anm 5.2. – Vgl auch **TH** D. 4.3.2.6, **TH** D. 4.3.2.8 und **TH** D. 3.3.3.2.

[86] Ebeling Rpfleger 1988, 400; Rosenberger Rpfleger 1986, 398; Stöber § 85 a Anm 5.6; Dassler-Schiffhauer § 81 Rz 30; Storz Teilungsversteigerung C. 8.2.2.

Bei § 81 II und III ist auch zu entscheiden, auf wen sich eine evtl Befriedigungsfiktion gemäß § 114a bezieht. Drei Fallgestaltungen sind denkbar: Sind die Voraussetzungen nur bzgl Ersteher/Zessionar gegeben, so trifft ihn die Befriedigungsfiktion, weil § 114a ja unmittelbar auf den Ersteher abstellt.[87] Sind die Voraussetzungen dagegen nur beim Meistbietenden/Zedenten erfüllt, so greift § 114a ihm gegenüber, weil für ihn die Abtretung der Meistgebotsrechte einem Verkauf des ersteigerten Objekts entspricht.[88] Sind die Voraussetzungen des § 114a sogar bei beiden (Zessionar und Zedent) erfüllt, so greift § 114a beiden gegenüber;[89] da der Schuldner aber nur einmal in den Genuß des § 114a kommen kann, bestimmt sich die Reihenfolge der als befriedigt geltenden Ansprüche nach § 10.[90] Entsprechendes gilt für § 81 III.

Es darf aber nicht übersehen werden, daß über § 81 II oder III unter Ausnutzung des § 85a III überraschende Zuschlagsentscheidungen herbeigeführt werden können, die auch vom Rechtspfleger weder vorherzusehen noch über § 139 ZPO immer zu verhindern sind, weil die Erklärungen zu § 81 II oder III so spät abgegeben werden dürfen, daß nur noch der bestrangig betreibende Gläubiger einen Zuschlag verhindern kann.[91] Offensichtlicher Mißbrauch kann über §§ 138, 226, 826 BGB vielleicht verhindert werden.

Rechtsmißbräuchlich (und damit unwirksam) sein kann die gezielte und methodisch angelegte teilweise Abtretung des Meistgebots (oft wieder an die Schuldnerfamilie!), wenn damit gesetzliche Vorschriften umgangen werden (zB hinsichtlich erhöhter Sicherheitsleistung gemäß § 68 III) und auch sonst nicht beabsichtigt ist, das Meistgebot zu bezahlen.[91a]

3.3.2. Verdeckte Vertretung

§ 81 ZVG

(1) Der Zuschlag ist dem Meistbietenden zu erteilen.

(2) . . . . (abgedruckt bei D. 3.3.1.)

(3) Erklärt der Meistbietende im Termin oder nachträglich in einer öffentlich beglaubigten Urkunde, daß er für einen anderen geboten habe, so ist diesem der Zuschlag zu erteilen, wenn die Vertretungsmacht

---

[87] Muth S. 112; Dassler-Schiffhauer § 114a Rz 15; Stöber § 114a Anm 2.7; Storz Teilungsversteigerung C. 8.3.2.

[88] BGH Rpfleger 1989, 421; OLG Düsseldorf JurBüro 1988, 673; Mohrbutter-Drischler Muster 110 Anm 8; Steiner-Eickmann § 114a Rz 11; Dassler-Schiffhauer § 114a Rz 16; Muth S. 112; **str. aA:** Stöber § 114a Anm 2.7.

[89] BGH Rpfleger 1989, 421; Ebeling Rpfleger 1988, 400; Kahler MDR 1983, 903; Storz Teilungsversteigerung C. 8.3.2.; Mohrbutter-Drischler Muster 110 Anm 8; Dassler-Schiffhauer § 114a Rz 17; **str. aA:** Muth S. 311 und ZIP 1986, 356; anders auch Vorauflage: nur der Ersteher gelte als befriedigt.

[90] Ebenso: Dassler-Schiffhauer § 114a Rz 17; Storz EWiR 1989, 557.

[91] Das Vollstreckungsgericht hat im Rahmen seiner eigenen Erkenntnisse aber sicher eine besondere Hinweispflicht gemäß § 139 ZPO in diesen für alle Beteiligte überraschenden Konstellationen; vgl dazu unten D. 4.3 und LG Bonn Rpfleger 1989, 211; Dassler-Schiffhauer § 85a Rz 30.

[91a] Vgl AG/LG/OLG Bremen Rpfleger 1999, 88; LG Essen/OLG Hamm Rpfleger 1995, 34; AG Dortmund Rpfleger 1994, 199 (Anm Stumpe). – Zum Rechtsmißbrauch vgl auch oben D. 1.4.1.

des Meistbietenden oder die Zustimmung des anderen entweder bei dem Gericht offenkundig ist oder durch eine öffentlich beglaubigte Urkunde nachgewiesen wird.

(4) Wird der Zuschlag erteilt, so haften der Meistbietende und der Ersteher als Gesamtschuldner.

Im Gegensatz zu der offenen Vertretung, bei der der Vertreter sofort bekannt gibt, für wen er bietet, und bei der er seine Vertretungsmacht sofort nachweist (vgl § 71 II), bietet der Bieter im Falle des § 81 III zunächst im eigenen Namen und erklärt erst später, daß er für einen anderen geboten hat und wer dies ist, und außerdem weist er erst jetzt die Vertretungsmacht nach.

Das Vorschieben eines Strohmannes ist also in § 81 III ausdrücklich ermöglicht worden, weil das ZVG anerkennt, daß die anderen Beteiligten keinen Anspruch auf die Offenlegung der wahren Interessenlage beim Bieten haben.[92] Im Interesse möglichst hoher Gebote berücksichtigt das Gesetz damit, daß ein Interessent unter Umständen gute Gründe haben kann, beim Bieten unerkannt im Hintergrund zu bleiben. Hinter diesem Verhalten kann der Wunsch stehen, einem anderen Interessenten aus Rücksichtnahme nicht unmittelbar Konkurrenz zu machen; häufiger aber steht die Befürchtung (zum Beispiel für öffentliche Stellen oder auch für ortsansässige Unternehmer) im Vordergrund, durch ein offenes Auftreten könnten die Preise hochgetrieben werden.

Die Offenlegung der Vertretung muß (wie bei der Abtretung des Meistgebots) entweder im Versteigerungstermin (einschließlich Verhandlung über den Zuschlag gemäß § 74 und evtl besonderem Verkündungstermin nach § 87 II)[93] zu Protokoll oder später in öffentlich beglaubigter Form erklärt werden. In der gleichen Form muß außerdem die Vertretungsmacht nachgewiesen werden, wenn sie nicht bei Gericht offenkundig ist. Erfolgt dieser Nachweis nicht, so wird das Gebot im Gegensatz zur offenen Vertretung nach § 71 II nicht zurückgewiesen,[94] sondern es bleibt als eigenes Gebot des Bieters wirksam.[95] Ein weiterer Unterschied besteht darin, daß im Gegensatz zu § 71 II bei der verdeckten Vertretung auch der Vertreter neben dem Vertretenen als Gesamtschuldner mitverpflichtet wird (vgl § 81 IV). Außerdem fällt bei verdeckter Vertretung die Grunderwerbsteuer zweimal an.[96]

Wie bei der Abtretung des Meistgebots (§ 81 II) können auch bei der verdeckten Vertretung die einmal abgegebenen Erklärungen des § 81 III nicht widerrufen oder zurückgenommen werden;[97] es können lediglich die Rechte aus dem Meistgebot weiterabgetreten werden, wodurch aber noch eine weitere Grunderwerbsteuer anfällt.[98]

---

[92] Vgl BGH Rpfleger 1955, 157.
[93] Vgl Steiner-Storz § 81 Rdnr 54; Stöber § 81 Anm 5.2.
[94] Vgl **TH** D. 3.3.3.1.
[95] Vgl Steiner-Storz § 81 Rdnr 54.
[96] Vgl **TH** D. 3.3.3.3.
[97] Vgl Stöber § 81 Anm 5.2.; Steiner-Storz § 81 Rdnr 55.
[98] Vgl Stöber § 81 Anm 5.2.

3.3.3. Taktische Hinweise

TH 3.3.3.1.: Ein Vertreter, dessen Gebot gemäß § 71 II zurückgewiesen worden ist, weil er die Vertretungsmacht nicht sofort nachweisen konnte, kann unter Umständen im eigenen Namen weiterbieten und erklären, daß er gemäß § 81 III für einen anderen geboten habe. Er hat dann für den Nachweis der Vertretungsmacht bis zur Verkündung der Zuschlagsentscheidung Zeit.[99]

TH 3.3.3.2.: Früher war die „Zwischenschaltung" von Gläubigern gem § 81 II oder III wegen der Befreiung des Rettungserwerbs von der 7% Grunderwerbsteuer eine reizvolle Spielart beim Ersteigern von Grundstükken. Dieser Reiz ist durch Senkung der Steuer auf zunächst 2% und jetzt 3,5% und Wegfall der Steuerbefreiung weggefallen.

Jetzt ist aber ein neuer Anreiz durch § 85a III entstanden: Sowohl bei § 81 II als auch bei § 81 III drohen gefährliche Überraschungen! Der Schuldner ist zwar über § 114a in gewissem Umfang geschützt, aber die an einer Zuschlagsversagung interessierten Gläubiger müssen für sich selbst sorgen. Insbesondere müssen sie immer ausdrücklich den $^7/_{10}$-Antrag nach § 74a I stellen, wenn sie dazu berechtigt sind, auch wenn eine Zuschlagsversagung nach § 85a I zu erwarten ist. Und sie sollten immer auf sofortiger Zuschlagsversagung bestehen, also einen besonderen Verkündungstermin nach § 87 vermeiden, weil der $^7/_{10}$-Antrag nur in der Verhandlung über den Zuschlag gestellt werden kann, während Erklärungen nach § 81 II oder III auch noch danach möglich sind. Im äußersten Notfall kann die Zuschlagsversagung noch durch den bestrangig betreibenden Gläubiger oder über dessen Ablösung auch noch durch alle diesem gleich- oder nachrangigen Berechtigten herbeigeführt werden.

TH 3.3.3.3.: Die verdeckte Vertretung oder auch die Abtretung der Rechte aus dem Meistgebot ist in aller Regel nur sinnvoll, wenn die entsprechenden Erklärungen nicht schon während der Bietstunde sondern erst in der Verhandlung über den Zuschlag (§ 74) abgegeben werden, wenn also keine weiteren Gebote mehr abgegeben werden können, weil die Versteigerung schon geschlossen wurde (§ 73 II 1). Wegen der erhöhten Grunderwerbsteuerpflicht und wegen der Mitverpflichtung des § 81 IV sollte dieses Verfahren ohnehin nur angewandt werden, wenn es wirklich nötig ist.

Im übrigen kann der betreibende Gläubiger den Zuschlag auch noch in der Verhandlung über den Zuschlag verhindern, wenn ihm der Vertretene oder der Zessionar des Meistgebots nicht paßt, in dem er die einstweilige Einstellung nach § 30 bewilligt. Der Vertretene oder der Zessionar könnte für ihn ja unangenehmer oder nachteiliger sein als der Meistbietende. Dagegen haben die Gläubiger auch dann in der Regel (anders kann es bei erheblichen bestehenbleibenden Rechten sein) keine wirtschaftlichen Nachteile zu befürchten, wenn der Vertretene (Zessionar) finanziell wesentlich schwächer sein sollte als der Meistbietende: gemäß § 81 IV werden ja beide mitverpflichtet.

TH 3.3.3.4.: Wenn die Rechte aus dem Meistgebot abgetreten werden, haftet neben dem Zessionar auch der Zedent für die Erfüllung des Meistgebots (§ 81 IV). Befürchtet der Zedent, daß der Zessionar nicht zahlen kann

---

[99] Vgl Dassler-Schiffhauer § 81 Rz 22.

(oder will), sollte er sich sofort eine entsprechende Grundschuld eintragen lassen, weil der Zessionar durch den Zuschlag Eigentümer wird (nicht der Zedent!), und weil uU keine Forderungen übertragen und Sicherungshypotheken eingetragen werden (wenn der Zedent zahlt). Jedenfalls erhöht der Zedent durch diese Absicherung eine erhöhte Handlungs-Flexibilität, und jedenfalls kann der mithaftende Meistbietende wegen eigener gegen den Ersteher übertragener Forderungen weder die Wiederversteigerung beantragen, noch die Eintragung von Sicherungshypotheken erwirken.[100]

3.4. Keine nachträgliche Änderung mehr von Versteigerungsbedingungen

3.4.1. Rechtslage

Gem §§ 59 ff kann jeder Beteiligte eine von den gesetzlichen Vorschriften abweichende Feststellung des geringsten Gebots und der Versteigerungsbedingungen verlangen. Ohne Zweifel ist der zweckmäßigste Zeitpunkt dafür der Bekanntmachungsteil vor Beginn der Bietstunde (vgl § 66 I), weil bei einer Änderung nach der Aufforderung zur Abgabe von Geboten (§ 66 II) eine neue vollständige Bietstunde (§ 73 I) durchgeführt werden muß.

Früher war ohne Bedenken allgemein angenommen worden, daß aber auch derartige nachträgliche Änderungen ohne weiteres zulässig sind und daß dadurch sogar bereits abgegebene Gebote unwirksam werden können. Später wurde dagegen diese Frage gerade auch wegen hoher Mißbrauchsgefahr differenzierter gesehen, wobei aber noch Meinungsverschiedenheiten bestanden.[101] Diese Probleme hat der Gesetzgeber im Jahr 1998 durch eine Änderung der §§ 59, 63 gelöst, indem er entschieden hat,
– daß spätestens vor der Aufforderung zur Abgabe von Geboten abweichende Versteigerungsbedingungen verlangt werden können (§ 59 I 1);
  daß spätestens bis zu diesem Zeitpunkt Änderungsanträge zurückgenommen werden können (§ 59 I 2);
– daß Gesamt- oder Gruppenausgebote spätestens bis zu diesem Zeitpunkt verlangt werden können (§ 63 II);
– daß spätestens bis zu diesem Zeitpunkt auf Einzelausgebote verzichtet werden kann (§ 63 IV).

3.4.2. Taktischer Hinweis

TH 3.4.2.1.: Durch die Änderung der §§ 59 und 63 im Jahr 1998 hat der Gesetzgeber die nachträgliche Änderung von Versteigerungsbedingungen während der Bietstunde verboten, damit während der ganzen Bietstunde Klarheit über die Rechtsverhältnisse besteht und der früher gelegentlich zu beobachtende Mißbrauch verhindert wird. Gleichzeitig hat er aber auch den Beteiligten die Möglichkeit genommen, während der Versteigerung auf Konstellationen zu reagieren, deren Zweckmäßigkeit oder gar Notwendigkeit sich erst während der Bietstunde auf Grund konkreter Nachfrage herausstellt.

---

[100] LG und AG Dortmund Rpfleger 1991, 168 (Anm Sievers).
[101] Vgl vor allem Stöber ZIP 1981, 944; Storz ZIP 1982, 416; Stöber § 59 Anm 3.3; Steiner-Storz § 59 Rz 60 ff.

Deshalb gilt vor allem bei der Zwangsversteigerung von verschiedenen Grundstücken noch mehr als bisher, daß sich die Beteiligten sorgfältig auf die Versteigerung vorbereiten und auch die Einzelheiten einer Nachfrage zu klären versuchen müssen. Evtl kann auch eine Umfrage bei den im Versteigerungslokal Anwesenden während des Bekanntmachungsteils noch klären, ob bestimmte Gruppenausgebote oder sonstige Versteigerungsbedingungen (zB hinsichtlich Bestehenbleibens oder Erlöschens von Rechten der Abt II) bessere Versteigerungsergebnisse erwarten lassen.

3.5. Einstweilige Einstellung in der Bietstunde

3.5.1. Einstellungsbewilligung nach § 30

Es gibt im Zwangsversteigerungsrecht eine große Anzahl von Gründen und Tatbeständen, die zu einer einstweiligen Einstellung des Verfahrens führen können.[102] Die meisten dieser Einstellungsmöglichkeiten bestehen auch noch während der Bietstunde. Stellvertretend für sie soll hier aber noch einmal kurz auf die Einstellungsbewilligung des betreibenden Gläubigers eingegangen werden; für die übrigen Arten gilt hinsichtlich der Wirkungen einer während der Bietstunde erfolgenden einstweiligen Einstellung das gleiche.

Die einstweilige Einstellung betrifft in der Regel zunächst nur ein bestimmtes Einzelverfahren, was natürlich nicht ausschließt, daß alle betreibenden Gläubiger die einstweilige Einstellung bewilligen oder daß eine Einstellung auf Schuldnerantrag (zum Beispiel nach § 765a ZPO) alle Einzelverfahren betrifft. Festzuhalten ist aber, daß sich Auswirkungen auf das Gesamtverfahren nur dann ergeben, wenn mindestens auch das bestrangig betriebene Verfahren einstweilen eingestellt wird.

Ist dies aber der Fall, so ändert sich das geringste Gebot (vgl § 44 I) mit der Folge, daß die bisherige Bietstunde abgebrochen werden muß und eventuell bereits abgegebene Gebote gemäß § 72 III erlöschen. Wenn noch wenigstens ein anderes Verfahren betrieben wird und der betreffende Anordnungs-, Beitritts- oder Fortsetzungsbeschluß dem Schuldner mindestens 4 Wochen vor dem Versteigerungstermin zugestellt worden ist (vgl § 44 II), dann wird das Gesamtverfahren fortgesetzt; es kann und muß also eine neue Bietstunde durchgeführt werden, so daß die Einstellungsbewilligung nur zu einer Änderung (= Erhöhung) des geringsten Gebots und zur Verzögerung des Verfahrens geführt hat,[103] u U auch zur Zerstörung bereits abgegebener Gebote.

War der Gläubiger dagegen der einzige betreibende Gläubiger, so tritt im Einzelverfahren und damit gleichzeitig im Gesamtverfahren für die Einstellungzeit von höchstens 6 Monaten (vgl § 31 I 2) eine Pause ein, das Verfahren wird also nicht sofort fortgesetzt.

Das Gesagte gilt nur, wenn die Einstellungsbewilligung während der Bietstunde erfolgt, also zwischen der Aufforderung zur Abgabe von Geboten (vgl § 66 II) und dem Schluß der Versteigerung (vgl § 73 II 1). Eine spätere Einstellungsbewilligung hat wesentlich tiefgreifendere Folgen,[104] so daß der

---

[102] Vgl ausführlich oben B. 3.2.1.
[103] Vgl **TH** D. 3.5.4.1.
[104] Vgl oben B. 3.2.1. und unten D. 4.5.2.

Gläubiger sehr genau aufpassen muß, wann er die einstweilige Einstellung bewilligt.

3.5.2. Ablösung während der Bietstunde

Über das Ablösungsrecht, seine Voraussetzungen und Folgen sowie über den Vollzug der Ablösung ist ausführlich berichtet worden,[105] so daß hier eine Beschränkung auf den Hinweis erfolgen kann, daß die Ablösung auch in dem Versteigerungstermin und damit auch während der Bietstunde erfolgen kann, und daß diese Ablösung selbst sich auf den Ablauf des Verfahrens nicht auswirkt. Wirkungen treten erst ein, wenn der Ablösende aus dem abgelösten Recht einzelne Verfahrenserklärungen abgibt, zum Beispiel aus dem abgelösten bestrangig betriebenen Verfahren die einstweilige Einstellung bewilligt.

Die Ablösung im Versteigerungstermin hat – auch darauf ist schon ausführlich hingewiesen worden[106] – gegenüber der Ablösung vor dem Termin zwar den Nachteil, daß der Abzulösende sich möglicherweise gegen die Ablösung zu sträuben versucht; aber sie hat den Vorteil des Überraschungseffekts, und sie erfordert nicht die Umschreibung und Zustellung des Titels.[107]

Wichtig ist, daß die Ablösung nach §§ 268, 1150 BGB, auch soweit sie während der Bietstunde erfolgt,[108] nicht mit der Überweisung nach § 75 verwechselt werden darf, weil sie sich von dieser hinsichtlich Betrag, Vollzug und Wirkungen erheblich unterscheidet.

3.5.3. Zahlung im Termin nach § 75

§ 75

Das Verfahren wird eingestellt, wenn der Schuldner im Versteigerungstermin einen Einzahlungs- oder Überweisungsnachweis einer Bank oder Sparkasse oder eine öffentliche Urkunde vorlegt, aus der sich ergibt, daß der Schuldner oder ein Dritter, der berechtigt ist, den Gläubiger zu befriedigen, den zur Befriedigung und zur Deckung der Kosten erforderlichen Betrag an die Gerichtskasse gezahlt hat.

Auch bei § 75 handelt es sich um eine Form der Ablösung im weiteren Sinne, weil die gleichen Voraussetzungen an den Kreis der Berechtigten gestellt werden und weil auch hier die Ablösung der Rettung von Rechten dienen soll, die durch die Zwangsversteigerung gefährdet sind.[109]

Vor Beginn der Versteigerung (das Gesetz meint hiermit den Versteigerungstermin)[110] besteht zwar auch schon ein Ablösungsrecht nach §§ 268, 1150 BGB, aber noch nicht die Möglichkeit des § 75.

Nach Aufruf des Termins haben die Berechtigten die Wahl zwischen der Ablösung im engeren Sinne und der Ablösung nach § 75.[111] Zahlt der Be-

---

[105] Vgl oben B. 7.
[106] Vgl D. 7.5.3.
[107] Vgl Steiner-Storz § 75 Rdnr 72; Storz ZIP 1980, 159 (163).
[108] Vgl **TH** D. 3.5.4.2.
[109] Vgl oben B. 7.2.2. und **TS** 22 (B 7.5.5.).
[110] Stöber § 75 Anm 2.1; Steiner-Storz § 75 Rdnr 78.
[111] Insoweit mißverständlich Stöber § 75 Anm 2.2.

rechtigte an den Gläubiger, und bezahlt er dessen Forderung mit Hauptsumme, Zinsen und Kosten, so tritt er in dessen Forderung und auch in dessen verfahrensrechtliche Stellung ein, das Verfahren wird also nicht automatisch einstweilen eingestellt.[112] Bei § 75 überweist der Berechtigte dagegen an das Gericht, er überweist zusätzlich zu der Forderung des Gläubigers noch die Gerichtskosten,[113] und das Gericht muß das Verfahren sofort nach Vorlage des Einzahlungs- oder Überweisungsnachweises einstweilen einstellen. Der Berechtigte muß also genau wissen, was er will.[114]

Wenn mehrere Berechtigte ablösen wollen, so ist nach herrschender Ansicht der rangbeste Berechtigte, immer aber zunächst der Schuldner zu bevorzugen.[115] Aber entscheidend ist letztlich, wer tatsächlich zuerst ablöst, denn der Vorgang der Ablösung löst bereits kraft Gesetzes die Rechtsfolgen aus. Die Ablösung nach § 75 betrifft immer nur ein bestimmtes Verfahren. Betreiben mehrere Gläubiger, so erreicht der Berechtigte die einstweilige Einstellung des Gesamtverfahrens während der Bietstunde nur bei Ablösung aller Forderungen dieser Gläubiger und der Gerichtskosten. Wird auch nur ein betreibender Gläubiger ganz oder teilweise nicht abgelöst, so muß zwar unter Umständen (wenn der bestrangig betreibende Gläubiger befriedigt wurde) die bisherige Bietstunde abgebrochen werden, wobei eventuelle Gebote gemäß § 72 III erlöschen; aber nach Feststellung eines neuen geringsten Gebots kann und muß eine neue Bietstunde durchgeführt werden.

Wenn der Berechtigte über § 75 sicherstellen will, daß kein Zuschlag erfolgt, muß er entweder alle Gläubiger und die Gerichtskosten (während der Bietstunde) ablösen, oder er darf erst nach Schluß der Bietstunde (§ 73 II 1) aber unbedingt vor der Verkündung der Zuschlagsentscheidung ablösen; dafür braucht er nur die Forderung des bestrangig betreibenden Gläubigers und die Gerichtskosten abzulösen. Deshalb ist diese Zeitspanne auch für § 75 viel günstiger!

Der eingezahlte bzw überwiesene Betrag muß alle aus dem Anordnungs- oder Beitrittsbeschluß ersichtlichen Beträge sowie die zwischenzeitlich weiter aufgelaufenen Kosten des Gläubigers erfassen. Aus der Mitteilung nach § 41 II kann jeder Beteiligte ermitteln, mit welchem Betrag er rechnen muß. Gegen eine Ablehnung durch das Gericht gibt es nicht nur die Vollstreckungserinnerung gemäß § 793 ZPO,[116] sondern unter Umständen auch Amtshaftungsansprüche.

Das nach § 75 einstweilen eingestellte Verfahren kann auf Antrag fortgesetzt werden, wobei zunächst der bisherige Gläubiger antragsberechtigt ist. Ist die Ablösung aber durch einen anderen Gläubiger erfolgt, so ist mit ihr die Forderung samt allen Rechten auf den ablösenden Gläubiger übergegangen. Also ist dieser antragsberechtigt; allerdings muß er vor dieser verfahrensfördernden Erklärung den Titel umschreiben und zustellen lassen. Insoweit gilt das gleiche wie bei der Ablösung im engeren Sinn.[117]

---

[112] Vgl oben B. 7.3.4.
[113] Allg Ansicht vgl Stöber § 75 Anm 2.8; Steiner-Storz § 75 Rdnr 82.
[114] Vgl **TH** D. 3.5.4.3.
[115] Vgl Stöber § 75 Anm 2.3; Steiner-Storz § 75 Rdnr 76.
[116] Stöber § 75 Anm 2.12; Steiner-Storz § 75 Rdnr 86.
[117] Vgl **TH** D. 3.5.4.

Das Gericht leitet den überwiesenen Betrag an den Berechtigten weiter, und zwar gegen Aushändigung des Grundschuld-Briefes und der zur Grundbuch-Berichtigung erforderlichen Unterlagen.[118] Der entsprechende Protokollvermerk kann dem Zahlenden als Quittung dienen.

Hinsichtlich der abgelösten Verfahrenskosten geht auch diese Forderung mit der bevorzugten „Rangstelle" des § 109 auf den Ablösenden über, so daß bei Fortsetzung des Verfahrens der Ablösende diesen Betrag ebenfalls vorweg aus dem Erlös erhält und damit kein wirtschaftliches Risiko hierfür eingeht.

Bis zum Inkrafttreten des 2. JuMoDG im Frühjahr 2007 hieß § 75: „Zahlung im Termin", und konnte der Ablösungsbetrag (Gläubigerforderung zuzüglich Verfahrenskosten) an das Gericht bar bezahlt oder durch Übergabe eines bestätigten Bundesbankschecks realisiert werden. Das hatte für den Ablösenden den sehr wichtigen Vorteil, daß er zwar die Barzahlung oder Scheckübergabe vorbereiten mußte, dann aber den Verlauf des Versteigerungstermins abwarten und beobachten konnte, ob und gegebenenfalls in welchem genauen Terminsabschnitt er an das Gericht zahlt. Seit Frühjahr 2007 ist diese Flexibilität verlorengegangen, weil der Ablösungswillige zwar immer noch entscheiden kann, in welchem genauen Terminsabschnitt er den Einzahlungs- bzw. Überweisungsnachweis dem Rechtspfleger vorlegt; aber er muß diese Einzahlung bzw Überweisung eben schon vorher vornehmen (ohne oft zu wissen, ob der Terminsverlauf die Ablösung überhaupt notwendig oder zweckmäßig macht!). Der Ablösungswillige ist deshalb voll auf den Rechtspfleger angewiesen, ob dieser gegebenenfalls den Termin unterbricht, um ihm die Einzahlung oder Überweisung noch zu ermöglichen![119]

3.5.4. Taktische Hinweise

TH 3.5.4.1.: Eine Einstellungsbewilligung während der Bietstunde ist oft sinnlos, wenn nicht alle betriebenen Verfahren eingestellt werden. Die einstweilige Einstellung eines nachrangig betriebenen Verfahrens berührt das Gesamtverfahren nicht, und diejenige des bestrangig betriebenen Verfahrens führt oft nur zu einer Verzögerung. Manchmal allerdings können sich auch schwerwiegende Folgen ergeben: die Einstellungsbewilligung des bestrangig betriebenden Gläubigers verhindert zwar nicht die Durchführung einer neuen Bietstunde (wenn noch andere Gläubiger die Versteigerung betreiben); aber sie führt doch gemäß § 72 III zum Erlöschen der bisher eventuell abgegebenen Gebote und über die Erhöhung des geringsten Gebotes unter Umständen dazu, daß keine wirksamen Gebote mehr abgegeben werden können. Der Gläubiger muß sich daher genau überlegen, welche Folgen mit seiner Einstellungsbewilligung verbunden sind, und in welchem genauen Zeitpunkt er sie erklären soll.

TH 3.5.4.2.: Eine Ablösung im weiteren Sinne während der Bietstunde ist dann durchaus sinnvoll, wenn vorher dazu keine Zeit bestand oder wenn aus Überraschungsgründen so lange gewartet werden sollte. Während des ersten Bietstundenteils passiert meist nicht sehr viel, so daß hier auch genügend Zeit für den Vollzug zur Verfügung steht.

---

[118] Stöber § 75 Anm 2.10.
[119] Vgl die folgenden taktischen Hinweise!

Im übrigen zeigt die Erfahrung, daß meist schon das Ankündigen der Ablösung und der Nachweis der entsprechenden Barmittel eine so große psychologische Wirkung hat, daß die Ablösung selbst gar nicht mehr nötig wird. Das gilt allerdings dann nicht, wenn die Ablösung die Versagung des Zuschlags zum Ziel hat; aber dann sollte auch erst in der Verhandlung über den Zuschlag (§ 74) abgelöst und eingestellt werden.

Viele der sonstigen Ablösungsziele[120] können schon während der Bietstunde und durch bloße Ankündigung der Ablösung erreicht werden.

TH 3.5.4.3.: Die Ablösung nach § 75 ist zwar teurer und umständlicher und auch unbeweglicher als die direkte Ablösung des bestrangig betreibenden Gläubigers nach §§ 268, 1150 BGB; aber sie bietet einen oftmals entscheidenden Vorteil, der darin besteht, daß sie nach Voraussetzungen und Vollzug und Folgen in § 75 geregelt ist, während die Ablösung nach §§ 268, 1150 BGB keinen Niederschlag im ZVG gefunden hat und deshalb dort sowohl bei Gläubigern als auch bei vielen Rechtspflegern oft noch unbekannt ist.

TH 3.5.4.4.: Trotz der Nachteile des § 75 kann und sollte auf diese Möglichkeit immer zurückgegriffen werden, wenn die direkte Ablösung des bestrangig betreibenden Gläubigers nicht möglich ist oder Schwierigkeiten entstehen, weil der Rechtspfleger zum Beispiel eine Einstellungsbewilligung des Ablösenden für das abgelöste Recht (meines Erachtens zu Unrecht!) nur beachten will, wenn der Titel umgeschrieben und zugestellt ist. Die Versagung des Zuschlags kann der Ablösende also auf alle Fälle herbeiführen, wenn er auch die Gerichtskosten mit ablöst.

Allerdings darf nicht übersehen werden, daß der Nachweis einer Einzahlung oder Überweisung im Termin und die damit verbundene einstweilige Einstellung nicht rückgängig gemacht werden kann, während die Einstellungsbewilligung nach einer BGB-Ablösung bis zur Verkündung des Einstellungsbeschlusses rücknehmbar ist.

TH 3.5.4.5.: Wie gefährlich es sein kann, während der Bietstunde wegzugehen, zeigt sich schon daran, daß in dieser Zeit der Schuldner ein überhöhtes Gebot abgeben kann. Sicherheitsleistung kann nur sofort nach Abgabe des Gebots verlangt werden, auch ein überhöhtes Gebot eines zahlungsunfähigen Schuldners kann also ohne Sicherheitsleistung wirksam werden. Durch das Gebot erlischt nicht nur das bisher höchste Fremdgebot (§ 72 I), sondern der Zuschlag kann nur noch über eine einstweilige Einstellung des bestrangig betreibenden Gläubigers verhindert werden.

---

[120] Vgl B. 7.2.1. und **TH** B. 7.2.2.1. – **TH** B. 7.2.2.4.

4. Nichterteilung des Zuschlags

4.1. Verhandlung über den Zuschlag

4.1.1. Rechtslage

§ 74 ZVG

Nach dem Schlusse der Versteigerung sind die anwesenden Beteiligten über den Zuschlag zu hören.

§ 87 ZVG

(1) Der Beschluß, durch welchen der Zuschlag erteilt oder versagt wird, ist in dem Versteigerungstermin oder in einem sofort zu bestimmenden Termine zu verkünden.

(2) Der Verkündungstermin soll nicht über eine Woche hinaus bestimmt werden. Die Bestimmung des Termins ist zu verkünden und durch Anheftung an die Gerichtstafel bekanntzumachen.

(3) Sind nachträglich Tatsachen oder Beweismittel vorgebracht, so sollen in dem Verkündungstermine die anwesenden Beteiligten hierüber gehört werden.

Über den Zuschlag wird gemäß § 74 zunächst im unmittelbaren Anschluß an die Bietstunde verhandelt, und zwar als dritter Teil des Versteigerungstermins. Diese Verhandlung soll nach Anhörung der anwesenden Beteiligten zum Zuschlag[1] möglichst mit der Verkündung einer (positiven oder negativen) Entscheidung über den Zuschlag abgeschlossen werden, weil Rechtspfleger und Beteiligte jetzt den Sachverhalt noch in voller Erinnerung haben, und weil jetzt noch die meisten Beteiligten anwesend sind. Der Rechtspfleger kann aber auch nach eigenem pflichtgemäßen Ermessen gemäß § 87 I einen besonderen Verkündungstermin bestimmen; unter Umständen kann er dazu sogar verpflichtet sein, so zum **Beispiel:**

- wenn der Fall verwickelt liegt und eingehender Prüfung bedarf (zB bei mehreren zuschlagsfähigen Geboten oder bei Zustimmungserfordernissen, bei unerledigten Befangenheitsanträgen oder nach der Rüge von Verfahrensfehlern),[2]
- wenn das Versteigerungsergebnis unzureichend ist und dem Schuldner (insbesondere wenn er abwesend war) ein Vollstreckungsschutzantrag nach § 765a ZPO ermöglicht werden soll;[3]
- wenn einem abwesenden Gläubiger die Möglichkeit erhalten werden soll, bei völlig unzureichendem Versteigerungsergebnis den Zuschlag zu verhindern;[4]

---

[1] Vgl BVerfG Rpfleger 1993, 32 (Hintzen).
[2] OLG Oldenburg Rpfleger 1988, 277; Dassler-Schiffhauer § 87 Rz 5; Stöber § 87 Anm 2.1; Steiner-Storz § 87 Rz 10.
[3] BVerfG Rpfleger 1979, 269; 1978, 202; 1976, 389; BGH Rpfleger 2005, 151 = LMK 2005, 44 (Anm. Storz); Mohrbutter DRiZ 1977, 41; Dassler-Schiffhauer § 87 Rz 6; Stöber § 87 Anm 2.1; Steiner-Storz § 87 Rz 12. – Vgl **aber auch** BGH Rpfleger 2004, 434.
[4] OLG Düsseldorf EWiR 1994, 831 (Muth).

– wenn durch die Verschiebung eine realistische Möglichkeit zur Verbesserung des wirtschaftlichen Ergebnisses für den Schuldner eröffnet wird, zB durch eine Zuschlagsversagung[5] oder auch umgekehrt durch außergerichtliche Leistungen.[6]

Die Abwesenheit von Beteiligten allein ist noch kein zwingender Anlaß für einen besonderen Verkündungstermin[7] und umgekehrt die Anwesenheit aller Beteiligter kein zwingender Grund für die sofortige Verkündung. UU hilft auch die Unterbrechung der Verhandlung über den Zuschlag für 1 oder 2 Stunden. Wichtiger ist, daß der Rechtspfleger in der Verhandlung über den Zuschlag seiner Hinweispflicht gemäß § 139 ZPO und dem Gebot verfassungskonformer Anwendung der Verfahrensvorschriften im Hinblick auf Art 3, 14, 103 GG[8] nachkommt, so daß die Beteiligten nicht von unerwarteten Entscheidungen überrascht werden.

Der besondere Verkündungstermin soll nach der Ordnungsvorschrift des § 87 II 1 nicht über eine Woche hinaus angesetzt werden, weil ja vor allem der Meistbietende angesichts seiner Bindung an sein Gebot Klarheit erhalten muß. In der Praxis hat sich aber aus den verschiedensten Gründen heraus immer wieder die Notwendigkeit für deutlich längere Zeiträume[9] und/oder für wiederholte Verkündungsverschiebungen herausgestellt.[10] Trotzdem bleibt das grundsätzliche Gebot einer möglichst kurzfristigen Entscheidung. Es dürfen nicht einzelne Beteiligte zu Lasten des Meistbietenden oder anderer Beteiligter durch eine Verzögerung über Gebühr begünstigt werden.[11]

Insbesondere die Verhandlung über den Zuschlag selbst (§ 74), aber auch die Zeit bis zu einem evtl besonderen Verkündungstermin ist die eigentliche Schicksalsstunde des ganzen Verfahrens und verdient die allergrößte Aufmerksamkeit. Denn jetzt geht's um's Ganze! Immerhin kann auch jetzt noch jedes (noch so gut erscheinende) Ergebnis durch eine Zuschlagsversagung zerstört werden, und umgekehrt kann auch jetzt noch fast jedes (ungünstig erscheinende) Ergebnis aufgebessert werden und einen Zuschlag ermöglichen.

Hauptansatzpunkte für derartige Bemühungen sind insbesondere folgende Fakten:

– Der bestrangig betreibende Gläubiger kann mit einer Einstellungsbewilligung gemäß § 30 noch jeden Zuschlag verhindern, unabhängig von der Höhe des Meistgebots;
– der bestrangig betreibende Gläubiger kann die einstweilige Einstellung noch bis zum Schluß der Verkündung der Zuschlagsentscheidung bewilli-

---

[5] Steiner-Storz § 87 Rz 12.

[6] Dassler-Schiffhauer § 87 Rz 6; Stöber § 87 Anm 2.1; **str. aA:** LG Kiel Rpfleger 1988, 277 (zust Anm Harm).

[7] BGH Rpfleger 2004, 434; OLG Frankfurt Rpfleger 1991, 470. – auch nicht ein noch nicht entschiedenes Rechtsmittelverfahren zB zu § 75: OLG Köln Rpfleger 1989, 298.

[8] Vgl dazu oben B. 1.6.1.

[9] Zulässig: BGH Rpfleger 1961, 192; AG Hamburg-Wandsbeck Rpfleger 1967, 15 (Stöber); Dassler-Schiffhauer § 87 Rz 5; Stöber § 87 Anm 3.3; Steiner-Storz § 87 Rz 13.

[10] Zulässig: OLG Hamm Rpfleger 1995, 176; OLG Düsseldorf EWiR 1994, 831; Stöber § 87 Anm 3.3.

[11] Steiner-Storz § 87 Rz 13; ähnlich Stöber § 87 Anm 3.3.

gen und damit unter Umständen eine (bereits begonnene!) Zuschlagserteilung nach § 85 III verhindern;[11a]
- fast jeder andere Beteiligte hat das einseitige Recht, den bestrangig betreibenden Gläubiger abzulösen und durch eine Einstellungsbewilligung oder
auch durch eine Zahlung an das Gericht gemäß § 75 die Versagung des
Zuschlags herbeizuführen;
- erreicht das Meistgebot die $^7/_{10}$-Grenze nicht, so kann der dazu Berechtigte den Zuschlagsversagungsantrag entweder stellen, oder nicht stellen, oder
einen gestellten Antrag zurücknehmen, oder der betreibende Gläubiger
kann dem gestellten Antrag gemäß § 74a I 2 widersprechen;
- Nachverhandlungen zwischen den Beteiligten und/oder mit dem Meistbietenden können den Zuschlag möglich machen, der sonst zu versagen
wäre;
- die Abtretbarkeit der Rechte aus dem Meistgebot gemäß § 81 II ermöglicht uU eine Lösung durch Zuschlag an einen Dritten (zB den „Zweit-
Meistbietenden");
- wichtig: durch einen zusätzlichen Forderungs-(Teil-)Verzicht kann der
Gläubiger uU das Versteigerungsergebnis für den Schuldner erheblich auf-
bessern und dadurch einen § 765a ZPO-Vertrag vermeiden.

Im Gegensatz zu der Zuschlagsverhandlung im unmittelbaren Anschluß
an die Bietstunde (vgl § 74) ist die Verhandlung im besonderen Verkündungstermin (vgl § 87 I) kein Teil des eigentlichen Versteigerungstermins
mehr; andererseits setzt der besondere Verkündungstermin den Versteigerungstermin fort,[12] so daß auch hier noch in gewissem Umfang neue Tatsachen und Beweismittel vorgebracht sowie Erklärungen zum Zuschlag
abgegeben werden können.[12] Dazu sollen die im Verkündungstermin anwesenden (aber in der Regel auch nur diese) Beteiligten gehört werden
(§ 87 III); das gleiche gilt auch für die Zuschlagsverhandlung nach § 74. In
dem besonderen Verkündungstermin kann zB kein Antrag auf Zuschlagsversagung wegen nicht erreichter $^7/_{10}$-Grenze (§ 74a) mehr gestellt, wohl aber
kann ein bereits gestellter „$^7/_{10}$-Antrag" jetzt noch zurückgenommen werden.

Auch über den Verkündungstermin ist ein Protokoll zu führen.[13] Wenn der
Versagungsbeschluß trotz § 87 I nicht verkündet wird, beginnt die Beschwerdefrist nicht zu laufen (§ 98 S. 1). Eine besondere Zustellung dieses Beschlusses erfolgt nicht;[14] aber nach seiner Rechtskraft muß wegen der mit ihm e-
ventuell verbundenen einstweiligen Einstellung die Belehrung über den
Fortsetzungsantrag zugestellt werden, weil sonst die 6-Monats-Frist (vgl § 31
I 2) nicht zu laufen beginnt (vgl § 31 III).

Die Wirkung des Versagungsbeschlusses als einstweilige Einstellung oder
Aufhebung des Verfahrens (vgl § 86) tritt immer nur gegenüber dem jeweiligen Gläubiger für dieses einzelne Verfahren ein. Für die nicht betroffenen
betreibenden Gläubiger wirkt die Zuschlagsversagung nicht als einstweilige

---

[11a] Vgl BGH Rpfleger 2007, 414.
[12] Vgl Stöber § 87 Anm 3.7.
[13] Vgl Stöber § 87 Anm 3.9; Steiner-Storz § 87 Rdnr 5.
[14] Vgl Stöber § 87 Anm 2.3.

Einstellung oder Aufhebung, so daß ihnen gegenüber das Verfahren von Amts wegen fortgesetzt werden muß.[15]

4.1.2. Taktische Hinweise

TH 4.1.2.1.: Da nach dem Schluß der Versteigerung (§ 73 II 1) keine weiteren Gebote mehr abgegeben werden dürfen, messen die Beteiligten der Verhandlung über den Zuschlag oft keine besondere Bedeutung mehr bei und verlassen den Saal vorzeitig oder passen nicht mehr auf; der Streß der Bietstunde hat sich gelöst, die Versteigerung scheint „gelaufen" zu sein, und die Verhandlung über den Zuschlag dauert ohnehin nur noch kurze Zeit.

Diese oft beobachtete Einstellung ist jedoch gefährlich, wie schon ein Blick auf die zahlreichen Anträge und Erklärungen zeigt, die bis zur Verkündung der Entscheidung über den Zuschlag möglich sind. Mit ihnen kann zwar nur selten das Versteigerungsergebnis verbessert werden; aber um so leichter und zahlreicher sind die Möglichkeiten zur Zerstörung von Geboten. Deshalb muß die Grundregel gelten: Wenn man mit dem Ergebnis zufrieden ist, sollte man auf sofortige Zuschlagserteilung drängen; ist man nicht zufrieden, sollte man auf einen besonderen Verkündungstermin drängen, auch wenn man noch keinerlei Vorstellung hat, wie das Ergebnis verbessert werden könnte. Aber die Zuschlagsversagung kann man fast immer erzwingen, und vielleicht finden sich Ansatzpunkte auch für eine außergerichtliche Verbesserung des Ergebnisses.

TH 4.1.2.2.: Da noch sehr viel (vor allem Negatives) in der Verhandlung über den Zuschlag passieren kann, sollte kein Beteiligter vor Schluß dieser Verhandlung weggehen oder auch nur unaufmerksam sein. Außerdem sollte man sicherstellen, daß man auch bei Abwesenheit im Verkündungstermin über wichtige neue Erklärungen unterrichtet wird. Auch in der Verhandlung über den Zuschlag kann es gelegentlich wie in der Bietstunde hektisch werden. Hektisch ist aber immer gefährlich, deshalb kann und sollte auch hier die Sitzung unter Umständen kurz unterbrochen werden, was gelegentlich für alle Beteiligten besser ist als die Bestimmung eines besonderen Verkündungstermins. Auch ohne besondere Hektik kann eine kurze Sitzungsunterbrechung sehr nützlich sein; man sollte sich hierüber aber rechtzeitig mit dem Rechtspfleger abstimmen.

TH 4.1.2.3.: Die große Beweglichkeit des Verfahrens zeigt sich besonders auch in der Zeit zwischen dem Ende der Bietstunde und der Verkündung der Entscheidung über den Zuschlag. Wenn ein besonderer Verkündungstermin gem § 87 festgesetzt wurde, dann muß zwischen der Verhandlung über den Zuschlag (die nur wenige Minuten zu dauern pflegt, aber sehr wichtig ist) und der übrigen Zeit unterschieden werden. Denn manche Anträge können nur in der Verhandlung über den Zuschlag gestellt werden, später nicht mehr (zB der $^{7}/_{10}$-Antrag). Aber auch in der Zeit danach kann bis zur Verkündung des Zuschlags noch sehr viel geschehen, zB kann jeder Zuschlag ohne Rücksicht auf die Höhe des Meistgebotes noch verhindert werden. Deshalb kann nicht oft genug betont werden, daß auch diese letzte Zeit von allen Beteiligten außeror-

---

[15] Vgl Stöber § 87 Anm 2.2.

dentlich ernst genommen werden muß. Vgl dazu daher auch noch **TH** D. 1.4.2.1. – **TH** D. 1.4.2.6. und **TH** D. 3.3.3.2.

4.2. Einstweilige Einstellung nach § 77

4.2.1. Rechtslage

§ 77 ZVG

(1) Ist ein Gebot nicht abgegeben oder sind sämtliche Gebote erloschen, so wird das Verfahren einstweilen eingestellt.

(2) Bleibt die Versteigerung in einem zweiten Termine gleichfalls ergebnislos, so wird das Verfahren aufgehoben. Liegen die Voraussetzungen für die Anordnung der Zwangsverwaltung vor, so kann auf Antrag des Gläubigers das Gericht anordnen, daß das Verfahren als Zwangsverwaltung fortgesetzt wird. In einem solchen Falle bleiben die Wirkungen der für die Zwangsversteigerung erfolgten Beschlagnahme bestehen; die Vorschrift des § 155 I findet jedoch auf die Kosten der Zwangsversteigerung keine Anwendung.

Gemäß § 77 I müssen die Verfahren aller in diesem Termin betreibender Gläubiger einstweilen eingestellt werden, wenn hier überhaupt kein zulässiges Gebot abgegeben worden ist, oder wenn sämtliche Gebote erloschen sind. Das ist meist (aber nicht zwingend) der erste Versteigerungstermin überhaupt. Keine einstweilige Einstellung nach § 77 sondern eine Zuschlagsversagung nach § 86 erfolgt, wenn auch nur ein zulässiges Gebot abgegeben wurde, auf das aber kein Zuschlag erfolgen kann, zum Beispiel wegen einer Anfechtung durch den Bieter, oder auf Vollstreckungsschutzantrag des Schuldners nach § 765a ZPO oder auf Einstellungsbewilligung des bestrangig betreibenden Gläubigers nach § 30. Die betreibenden Gläubiger können einer einstweiligen Einstellung nach § 77 auch dann durch eine Einstellungsbewilligung nach § 30 zuvorkommen, wenn gar kein Gebot abgegeben worden ist.[16]

Wird die Versteigerung von mehreren Gläubigern betrieben, so wirkt die einstweilige Einstellung des § 77 I gegenüber allen Gläubigern (je einzeln), deren Verfahren am Schluß des Versteigerungstermins unter Wahrung der Frist des § 44 II aktiv betrieben wurden, also in dieser Zeit auch nicht einstweilen eingestellt waren.

Der Einstellungsbeschluß aus § 77 wird im Termin verkündet und außerdem nach § 32 zugestellt; zusätzlich erhält der Gläubiger eine Belehrung gemäß § 31 III, weil er innerhalb von 6 Monaten die Fortsetzung seines Verfahrens beantragen muß (vgl § 31 I). Beantragt nur einer von mehreren Gläubigern fristgerecht die Fortsetzung, dann wird nur sein Verfahren fortgesetzt, die anderen werden aufgehoben (§ 31 I 2). Diese Gläubiger können zwar erneut beitreten, die Kosten dafür können aber nicht als notwendige Kosten im Sinne des § 10 II anerkannt werden, weil die Gläubiger sie selbst durch Unachtsamkeit verschuldet haben. Trotzdem kann sich der Beitritt für

---

[16] LG Mainz Rpfleger 1988, 376; Dassler-Gerhardt § 77 Rz 4. – Vgl deshalb auch Taktischen Hinweis **TH** D. 4.2.2.5.

sie lohnen, weil sie so auch für sich die erste Beschlagnahme retten können (§ 13 IV 1).

Bleibt auch ein weiterer Termin (oft nicht der zweite Versteigerungstermin überhaupt) wegen Nichtabgabe von wirksamen Geboten ergebnislos, so werden alle Verfahren gemäß § 77 II 1 aufgehoben, die früher nach § 77 I einstweilen eingestellt worden sind. Hier zeigt sich besonders die Selbständigkeit der einzelnen Verfahren innerhalb des Gesamtverfahrens: Nur diejenigen Verfahren werden aufgehoben, bei denen die oben für § 77 I genannten Voraussetzungen in zwei (nicht notwendig aufeinanderfolgenden) Terminen erfüllt worden sind. Es ist also durchaus möglich, daß bezüglich mancher anderer (zum Beispiel beigetretener) Gläubiger der „zweite" Termin erst der „erste" Termin ist (Folge: lediglich einstweilige Einstellung nach § 77 I mit Fortsetzungsmöglichkeit nach § 31), oder daß bei einem anderen Gläubiger bei keinem der beiden Termine die Voraussetzungen des § 77 I gegeben waren (zum Beispiel weil sein Verfahren während beider Termine einstweilen eingestellt war: für ihn wird dann von Amts wegen fortgesetzt).

Die beiden mangels wirksamer Gebote erfolglosen Termine müssen sich außer auf die gleichen Gläubiger auch auf die gleichen Grundstücke beziehen. Aber es müssen nicht die gleichen Gebotsformen zugelassen gewesen sein; deshalb erfolgt Aufhebung nach § 77 II nach zwei erfolglosen Terminen auch dann, wenn einmal nur Gesamtausgebote und dann nur Einzelausgebote zugelassen waren.[17]

Auch im Falle der Aufhebung nach § 77 II 1 kann ein erneuter Beitritt zur Erhaltung der früheren Beschlagnahmewirkung (§ 13 IV) sinnvoll sein; in diesem Fall können die zusätzlichen Kosten unter Umständen sogar an der bevorzugten Rangstelle des § 10 II geltend gemacht werden.[18]

Diese Beschlagnahmewirkung kann auch durch eine Überleitung in die Zwangsverwaltung gerettet werden, wenn der Gläubiger nicht überhaupt eine Aufhebung nach § 77 II 1 durch andere Maßnahmen vermeidet. Dazu müssen aber die Voraussetzungen für die Zwangsverwaltung vorliegen (§ 77 II 2), was regelmäßig der Fall ist, wenn dazu nicht zum Beispiel ein zusätzlicher Titel gegen einen Nießbraucher erforderlich wird.[19] Den Überleitungsantrag (der ebenfalls jeweils nur für ein konkretes Einzelverfahren gilt) kann nur ein betreibender Gläubiger stellen, dessen Verfahren sonst nach § 77 II 1 ganz aufgehoben werden müßte. Die anderen Gläubiger können sich aber nach herrschender Meinung diesem Antrag anschließen, so dass sie nicht auf den normalen Zwangsverwaltungsantrag nach § 146 angewiesen sind.[20] Natürlich müssen auch bei ihnen die Voraussetzungen für das Betreiben der Zwangsverwaltung vorliegen. Gestellt werden kann der Überleitungsantrag spätestens bis zur Verkündung des Aufhebungsbeschlusses[21] und nur im Falle der Nichtverkündung bis zu dessen Zustellung. Um evtl Schwierigkeiten

---

[17] LG Chemnitz Rpfleger 2003, 205. – **Anders** noch die Vorauflage und Steiner-Storz § 77 Rdnr 7.
[18] Vgl Steiner-Storz § 77 Rdnr 11.
[19] Vgl Stöber § 77 Anm 3.4; Steiner-Storz § 77 Rdnr 13.
[20] Vgl Stöber § 77 Anm 4 (3); Steiner-Storz § 77 Rdnr 14.
[21] Heute allg Ansicht: Vgl LG Krefeld Rpfleger 1986, 233; Drischler § 77 Anm 6; Stöber § 77 Anm 3.2; Steiner-Storz § 77 Rz 12.

vorzubeugen, kann der Gläubiger den Überleitungsantrag bereits vor dem Termin schriftlich oder im Termin zu Protokoll stellen.

Nur am Rande sei darauf hingewiesen, daß ein nachrangiger Gläubiger unter Umständen besser steht, wenn er nicht überleitet und auch sonst eher auf eine Zerstörung der ersten Beschlagnahme hinarbeitet.

4.2.2. Taktische Hinweise

TH 4.2.2.1.: Ein Gläubiger tut gut daran, vor einem Zwangsversteigerungsantrag die Erfolgsaussichten zu prüfen und das Kostenrisiko mit seiner Forderung zu vergleichen. Bei einer erfolglosen Zwangsversteigerung muß nämlich der Gläubiger auch die Verfahrenskosten zunächst allein tragen. Wenn der Gläubiger also nur aus einem nachrangigen Recht vorgehen kann, so daß bei einem Alleingang ein sehr hohes geringstes Gebot von vornherein jede Verwertung unmöglich macht, dann sollte der Gläubiger lieber warten, bis auch noch andere Gläubiger die Zwangsversteigerung betreiben. Ein Alleingang macht nicht nur viel Arbeit sondern bringt auch ein erhebliches Kostenrisiko mit sich, vor allem dann, wenn die Forderung im Verhältnis zum Grundstückswert gering ist (die meisten Kosten richten sich nicht nach der Forderung sondern nach dem Verkehrswert).

Andererseits darf nicht übersehen werden, daß auch ein ganz aussichtslos gesichert erscheinender Gläubiger durch einen Versteigerungsantrag Zahlungen des Schuldners erreichen kann, wenn und solange dieser sich noch wirklich Mühe gibt, die Zwangsversteigerung zu vermeiden.

TH 4.2.2.2.: Nach einer einstweiligen Einstellung gemäß § 77 I darf der Fortsetzungsantrag nicht vergessen werden. Das passiert trotz der Belehrung nach § 31 immer wieder, weil sich viele Gläubiger nicht klar genug machen, daß auch § 77 nur die verschiedenen Einzelverfahren betrifft, so daß der Fortsetzungsantrag eines Gläubigers die anderen Verfahren nicht berührt. Der rechtzeitige Fortsetzungsantrag ist nicht nur wegen eines sonst unter Umständen kaum mehr erreichbaren geringsten Gebots oder wegen der nicht erstattungsfähigen Kosten für einen Neubeitritt wichtig, sondern vor allem wegen des Machtkampfes zwischen den Gläubigern: ein eventuell allein Fortsetzender hat sowohl gegenüber dem Schuldner (s. o.) als auch gegenüber den anderen Gläubigern besonders dann eine große taktische Machtposition, wenn er nur ein nachrangiges Recht hat. Er könnte nämlich durch eine Rücknahme seines Versteigerungsantrags (und durch kurzfristigen Neuantrag) die eventuell schon sehr angewachsenen Zinsrahmen (vgl § 13 IV 1!) erheblich reduzieren und dadurch seine eigenen Befriedigungsaussichten entsprechend verbessern.

TH 4.2.2.3.: Unter ähnlichen Gesichtspunkten sollte ein Nachrangiger jedenfalls nicht im Alleingang die Überleitung eines Zwangsversteigerungs- in ein Zwangsverwaltungsverfahren gemäß § 77 II 2 beantragen, weil er so nur den vorrangigen Gläubigern nützt und sich selbst schadet. Lieber erst aufheben lassen und dann die Zwangsverwaltung beantragen.

TH 4.2.2.4.: Die Überleitung der Zwangsversteigerung in eine Zwangsverwaltung nach § 77 II 2 ist für einen vorrangigen Gläubiger auch deshalb unter Umständen zweckmäßig, weil er später wieder von der Zwangsverwaltung (durch einen normalen Antrag) in die Zwangsversteigerung zurückkehren kann und dabei wiederum gemäß § 13 IV 2 die Wirkung der ersten Beschlagnahme erhalten bleibt. Unabhängig von diesen Möglichkeiten sollte sich der Gläubiger aber genau überlegen, ob er es wirklich zu einer Situation nach § 77 II 1 kommen lassen will. Es gibt schließlich zahlreiche Möglichkeiten, dies zu umgehen, zum Beispiel durch die Abgabe eines eigenen Gebotes, auf das aber der Zuschlag dann nicht erteilt wird, z. B. wegen Zuschlagsversagung nach § 85 a oder nach § 30.

TH 4.2.2.5.: Nachdem das LG Mainz[22] die Konkurrenz der Einstellungs-/ Aufhebungsgründe aus § 30 und § 77 II zugunsten des § 77 II entschieden hat,[22a] empfiehlt sich der folgende Hinweis der Schriftleitung (in der Anmerkung zu og Entscheidung): „Unterstellt man die Richtigkeit vorstehender Entscheidung, so ist der Gläubiger dennoch nicht benachteiligt. Ist er im Termin anwesend und erkennt er, daß Gebote nicht abgegeben werden, so kann er reagieren. Die Nichtabgabe von Geboten ist entsprechend § 73 I 2 durch das Versteigerungsgericht festzustellen und bekanntzumachen. Bis zur Verkündung des Schlusses der Versteigerung (§ 73 II) ist es dann ein weiterer Schritt. In diesem Zeitraum, in dem also nach vernünftiger Abwägung mit einem Gebot ebenfalls nicht mehr zu rechnen ist, kann der Gläubiger die einstweilige Einstellung rechtzeitig vor Schluß der Versteigerung und vor Eintritt der Folge des § 77 II bewilligen, wenn er die Aufhebung vermeiden will." Dieser Hinweis zeigt mE zurecht, wie man die Folgen des LG Mainz verhindern kann; er zeigt aber mE ebenso deutlich die Zweifelhaftigkeit dieser Entscheidung!

4.3. Zuschlagsversagung nach § 85 a

4.3.1. Rechtslage

§ 85 a ZVG

(1) Der Zuschlag ist ferner zu versagen, wenn das abgegebene Meistgebot einschließlich des Kapitalwertes der nach den Versteigerungsbedingungen bestehenbleibenden Rechte die Hälfte des Grundstückswertes nicht erreicht.

(2) § 74 a III und V ist entsprechend anzuwenden. In dem neuen Versteigerungstermin darf der Zuschlag weder aus den Gründen des Absatzes 1 noch aus denen des § 74 a I versagt werden.

(3) Ist das Meistgebot von einem zur Befriedigung aus dem Grundstück Berechtigten abgegeben worden, so ist Absatz 1 nicht anzuwenden, wenn das Gebot einschließlich des Kapitalwertes der nach den Versteigerungsbedingungen bestehenbleibenden Rechte zusammen mit dem Betrage, mit dem der Meistbietende bei der Verteilung des Erlöses ausfallen würde, die Hälfte des Grundstückswertes erreicht.

§ 85 a ist die wesentlichste Bestimmung, die bei der Änderung des ZVG zum 1. 7. 1979 neu eingefügt worden ist. Kaum eine andere Vorschrift des ZVG hat in den Jahren danach so viele Gerichtsentscheidungen und sonstige

---

[22] Rpfleger 1988, 377 mit Anm Schriftleitung.
[22a] Jedenfalls nach Schluß der Bietstunde! Ebenso LG Bremen Rpfleger 1987, 381; Dassler/Gerhardt § 77 Rz 4.

Veröffentlichungen ausgelöst wie § 85 a, und insbesondere eine sinnvolle Anwendung des § 85 a III bereitet immer noch so große Schwierigkeiten, daß gefragt werden muß, ob § 85 a III wirklich nötig ist oder nicht besser einfach wieder aufgegeben werden sollte. Andererseits muß auch betont werden, daß § 85 a I gerade in der bedauerlichen „Hochkonjunktur" der Zwangsversteigerungsverfahren noch rechtzeitig gekommen ist und bei der Bewältigung der zahlreichen Problemfälle wertvolle Hilfe leistet.

§ 85 a soll helfen, die Verschleuderung von Grundstücken durch die Zwangsversteigerung zu verhindern. Allerdings hatte die Rechtsprechung in den Jahren davor auch ohne § 85 a bereits die Regel entwickelt, daß bei einem Meistgebot unterhalb der $^5/_{10}$-Grenze der Zuschlag gemäß § 765 a ZPO unter Umständen unabhängig von einem Gläubiger-Antrag im Interesse des Schuldners verhindert werden müsse.[23]

Die gesetzliche Regelung unterscheidet sich aber in drei wesentlichen Punkten von dieser Rechtsprechung:

(1) Die Versagung des Zuschlags wegen Nichterreichens der $^5/_{10}$-Grenze erfolgt gemäß § 85 a I grundsätzlich, ohne Rücksicht auf die Aussicht auf eine bessere Verwertungsmöglichkeit; sie ist gemäß § 85 a II nur ausgeschlossen, wenn schon in einem früheren Versteigerungstermin der Zuschlag nach § 85 a I oder nach § 74 a I versagt worden ist. Wichtig: eine Zuschlagsversagung nach § 85 a (wegen Nicht-Erreichens der $^5/_{10}$-Grenze) oder nach § 74 a (wegen Nichterreichens der $^7/_{10}$-Grenze ist keineswegs nur im ersten Versteigerungstermin möglich, sondern **nur einmal** im Versteigerungsverfahren.

Beispiel nach BGH[23a]

Im ersten Termin wurde kein wirksames Gebot abgegeben, deshalb nach § 77 Abs 1 einstweilen eingestellt. Im zweiten Termin hat der bestrangig betreibende Gläubiger eine Zuschlagserteilung durch eine einstweilige Einstellung gemäß § 30 verhindert. Im dritten Termin wurde weniger als die Hälfte des Verkehrswertes geboten, so daß der Zuschlag nach § 85 a versagt werden mußte. Das gilt nach dieser BGH-Entscheidung auch dann, wenn im ersten Termin fälschlicherweise das Eigengebot des Gläubigervertreters zugelassen und der Zuschlag nach § 85 a versagt worden ist.

Vorsicht: Nach neuerer BGH –Rechtsprechung soll trotz § 85 a II („noch einmal") eine Zuschlagsversagung nach § 85 a oder § 74 a möglich sein, wenn die frühere Zuschlagsversagung auf das Eigengebot eines Gläubiger-Vertreters zurückzuführen ist![23b]

(2) Die Versagung des Zuschlags erfolgt bei § 85 a I von Amts wegen, während bisher ein Vollstreckungsschutzantrag des Schuldners nach § 765 a ZPO erforderlich war.

(3) Eine Zuschlagsversagung nach § 85 a I steht selbständig neben § 765 a ZPO und „verbraucht" dessen Anwendbarkeit deshalb nicht. Allerdings schränkt er bei einem eventuellen § 765 a ZPO-Antrag die Argumentation mit der Verschleuderung erheblich ein und verschärft die Voraussetzungen an den

---

[23] Vgl OLG Bremen NJW 1968, 2249; OLG Karlsruhe BWNotZ 1968, 224, OLG Hamm Rpfleger 1976, 146.
[23a] BGH Rpfleger 2008, 146.
[23b] BGH Rpfleger 2006, 144 (**abl.** Anm. Hintzen); BGH NJW 2007, 3279 (Anm Storz/Kiderlen); **str. aA:** AG Stade Rpfleger 2006, 275; Alff Rpfleger 2005, 44 mwN; Hasselblatt NJW 2006, 1320. – Vgl auch oben D 3.1.1 und unten!

Nachweis einer besseren Verwertungsmöglichkeit, falls der Zuschlag versagt werden soll. So kann zB auch im zweiten Termin (bei Zuschlagsversagung gem § 85a I im ersten Termin) der Zuschlag nach § 765a ZPO zu versagen sein, wenn das Meistgebot nur ein Drittel des nach § 74a V festgesetzten Wertes erreicht.[24] In solchen Fällen spricht m. E. allerdings mehr dafür, daß der (Verkehrs-!)Wert nicht richtig festgesetzt worden ist oder nicht mehr richtig ist.

Gemäß § 85a I ist der Zuschlag zu versagen, wenn das abgegebene Meistgebot „einschließlich des Kapitalwertes" der bestehenbleibenden Rechte die Hälfte des Grundstückswertes nicht erreicht. Entsprechendes gilt für § 74a I; deshalb gilt in beiden Fällen: Bei Hypotheken und Grundschulden ist darunter ohne Rücksicht auf die Höhe der gesicherten Forderung der Nominalbetrag des dinglichen Rechts zuzüglich der dinglichen Zinsen und anderen Nebenleistungen,[24a] bei Rentenschulden die Ablösesumme und bei Grundstücksbelastungen aus Abt II des Grundbuchs mangels besonderer Bewertung der als Zuzahlungsbetrag gem §§ 51 II, 50 festgesetzte Wert zu verstehen, mit dem das Grundstück belastet wird.[25]

Berücksichtigt werden nur die nach den gesetzlichen oder vereinbarten Versteigerungsbedingungen bestehenbleibenden Rechte sowie solche Rechte, die außerhalb des geringsten Gebotes kraft Gesetzes bestehenbleiben, wie zB ein Altenteil.[26] Unberücksichtigt bleiben daher Vereinbarungen nach § 91 II und selbstverständlich auch eine evtl Befriedigungsfiktion gem § 114a (diesen Gesichtspunkt berücksichtigt § 85a III).[27]

In neuerer Zeit wird immer wieder die Frage erörtert, ob das unter 50% des Verkehrswerts liegende Eigengebot eines Gläubiger-Vertreters (der mit seinem Gebot lediglich die Zuschlagsversagungsgründe aus §§ 85a, 74a „verbrauchen" will) rechtsmissbräuchlich und sittenwidrig ist,[27a] ob es als eine gegen Treu und Glauben verstoßende Umgehung der Schuldnerschutzvorschrift des § 85a I anzusehen ist,[27b] ob es sich um ein rechtlich nicht beachtliches Scheingebot handelt[27c] oder ob ein Eigengebot des Gläubiger-Vertreters ohne Erwerbsinteresse immer rechtsunwirksam ist.[27d] Diesen Auffassungen liegt die in aller Regel unzutreffende Vorstellung zugrunde, die Gläubiger-Vertreter würden mit derartigen Eigengeboten die Verschleuderung des Versteigerungsobjekts zum Schaden des Vollstreckungsschuldners betreiben. Das aber ist eben in aller Regel nicht der Fall; im Gegenteil versuchen die Gläubiger-Vertreter auf diese Weise, im Interesse des Schuldners und im eigenen

---

[24] Vgl LG Bielefeld Rpfleger 1983, 168.

[24a] BGH ZIP 2004, 874. Bei Grundschulden gilt das auch dann, wenn einem nachrangigen Gläubiger die Rückgewähransprüche abgetreten sind.

[25] OLG Hamm Rpfleger 1984, 30; LG Hamburg Rpfleger 2003, 142; Steiner-Storz § 74a Rz 34; Storz, Teilungsversteigerung C. 8.2.2.2 und C. 8.2.2.3; Schiffhauer Rpfleger 1986, 337; Helwich Rpfleger 1989, 389 und Stöber § 74a Anm 3.1; Hintzen Rz 477; **gegen** LG Verden Rpfleger 1982, 33.

[26] Steiner-Storz § 74a Rz 36; Stöber § 85a Anm 2.2.

[27] **Mißverständlich** daher LG Darmstadt Rpfleger 1986, 314 (**abl. Anm** Ebeling).

[27a] So neuerdings BGH NJW 2007, 3279 (Anm Storz/Kiderlen). Hornung Rpfleger 2000, 363.

[27b] LG Neubrandenburg Rpfleger 2005, 42.

[27c] LG Kassel Rpfleger 1986, 397.

[27d] BGH Rpfleger 2006, 144; diese Argumentation hat der BGH (NJW 2007, 3279 Anm Storz/Kiderlen) selbst schon wieder aufgegeben!

Interesse das Versteigerungsobjekt überhaupt zwangsversteigerungsfähig zu machen! Denn ohne das angegriffene Eigengebot des Gläubiger-Vertreters gäbe es offensichtlich überhaupt kein Gebot und damit eine Einstellung nach § 77 I und im Wiederholungsfall eine Aufhebung nach § 77 II.[27e] Außerdem ist der Vorwurf lebensfremd, die Banken und Sparkassen wollten Versteigerungsobjekte selbst billig erwerben oder irgendwelchen bevorzugten Kunden billig „zuschanzen", alles zum Nachteil des Schuldners. Tatsächlich bemühen sich alle Banken und Sparkassen (und auch die anderen Gläubiger) darum, ihren eigenen Ausfall möglichst gering zu halten, und das setzt eben möglichst gute Versteigerungsergebnisse und überhaupt einen Zuschlag voraus.

Sicher gibt es da zuweilen auch Ausnahmen, insbesondere, wenn der erstrangige Grundschuldgläubiger nur eine (im Verhältnis zum Verkehrswert) sehr niedrige Forderung hat und sich die anderen Gläubiger nicht um dieses Objekt kümmern. Aber derartige seltene Ausnahmefälle dürfen doch nicht zur Regel erklärt und damit sinnvolle und meist notwendige Praktiken verteufelt werden. Mit Recht werden deshalb von der überwiegenden Ansicht auch derartige Eigengebote von Gläubiger-Vertretern als durchaus seriös angesehen und als rechtswirksam behandelt.[27f]

Es kommt aber noch ein weiteres rechtliches Problem hinzu, wenn man dem BGH[27g] folgt, derartige Eigengebote des Gläubiger-Vertreters als rechtsunwirksam behandelt und dann so tut, als hätte es eine Zuschlagsversagung nach § 85a oder nach § 74a gar nicht gegeben, und das noch nach Jahren! Es mag zwar angehen, daß ein Rechtspfleger in einem Ausnahmefall bei für ihn sittenwidrigem Verhalten des Gläubiger-Vertreters dessen Eigengebot als rechtsunwirksam zurückweist. Wenn er das Gebot aber zugelassen und den Zuschlag (nach § 85a oder § 74a) versagt hat, dann muß auch dieser Beschluß nach seiner Rechtskraft Bestand haben. Die Rechtspraxis und ganz besonders die Zwangsversteigerungspraxis ist dringend auf diese Rechtssicherheit angewiesen. Zwar ist erst die Zuschlagserteilung eine Endentscheidung (bei der das Gericht auch dann nicht an eigene Vorentscheidungen gebunden ist, wenn diese rechtskräftig geworden sind[27h]), aber der BGH selbst knüpft zB an eine Zuschlagsversagung nach § 85a oder § 74a die Rechtsfolge, daß der Verkehrswert selbst dann nicht mehr angepaßt werden darf, wenn sich die wertbestimmenden Tatsachen wesentlich geändert haben[27i]: Wie soll denn bei diesen Rechtsunklarheiten weiter verfahren werden?? Die praktischen Notwendigkeiten der Zwangsversteigerung werden von dieser BGH-Rechtsprechung den dogmatischen Argumentationen geopfert!

Und ein letztes: Der BGH-Versuch, den Erwerbswillen (noch nach Jahren!) zur Rechtswirksamkeitsvoraussetzung eines Gebotes zu machen, provoziert nicht nur zu allen möglichen Umgehungsstrategien, sondern auch dazu, nachträglich die Bindung an einen unerwünschten Zuschlag loszuwerden. So

---

[27e] So mit Recht Kirsch Rpfleger 2000, 147.
[77f] OLG Koblenz Rpfleger 1999, 407; AG Stade Rpfleger 2006, 275; Alff Rpfleger 2005, 44 in Anm zu LG Neubrandenburg Rpfleger 2005, 42; Hintzen in Anm zu BGH Rpfleger 2006, 144; Hasselblatt NJW 2006, 1320.
[27g] BGH NJW 2007, 3279; Rpfleger 2007, 617 und 155; BGH Rpfleger 2006, 144.
[27h] BGH Rpfleger 2007, 617 und 155.
[27i] BGH NJW-RR 2004, 302; vgl auch BGH NJW-RR 2004, 666.

könnte man ein Mitbieten ohne Erwerbsinteresse allein mit dem Ziel, einen anderen Bieter „hochzudrücken" dann ins Feld führen, wenn man selbst auf dem Gebot „sitzenbleibt". Oder eine Gesellschaft, die einen Vertreter zur Abgabe von Geboten extern unbegrenzt bevollmächtigt hat, könnte einen unbequem gewordenen Zuschlag unter nachträglicher Offenlegung der internen Vollmachtsbegrenzung wieder beseitigen!

Es bleibt sehr zu hoffen, daß der Bundesgerichtshof diese geradezu praxistötende Entscheidung bald wieder aufhebt!

Gemäß § 85 a III kann der Zuschlag wegen Erreichens der $^5/_{10}$-Grenze nicht versagt werden, wenn das Meistgebot zusammen mit dem Ausfallbetrag des Meistbietenden die Hälfte des festgesetzten Grundstückswertes übersteigt, weil hier die Befriedigungsfiktion des § 114a dem Schuldner zugute kommt.[28] Während also der Schuldner geschützt ist, können vorrangige Gläubiger durch den Rettungserwerb eines ganz nachrangigen Gläubigers gefährdet werden, weil der eindeutige Wortlaut des § 85a III (im Gegensatz zum vergleichbaren § 74b) nicht voraussetzt, daß der Meistbietende „in sein Recht hineinbietet" bzw daß dieses bis zur Hälfte des Grundstückswertes „hinunterreicht".[29]

Schwierig ist die Frage zu beantworten, ob der Ausfallbetrag iSd § 85 a III bei einer (Sicherungs-)Grundschuld aus deren Nominalbetrag (dann aber zuzüglich der dinglichen Zinsen)[30] oder lediglich aus der durch die Grundschuld gesicherten persönlichen Forderung zu berechnen ist. Schwierig zu beantworten vor allem deshalb, weil es wirtschaftlich gesehen zur Wahrung der Interessen des Erstehers ausreichen muß, auf die persönliche Forderung abzustellen,[31] weil aber andererseits bei Grundschuldberechtigten in der Zwangsversteigerung immer auf das dingliche Recht abgestellt wird, insbesondere (aber keineswegs ausschließlich), wenn aus der Grundschuld sogar betrieben wird; außerdem ist die Grundschuld nach dem BGB abstrakt. Für die inzwischen wohl herrschende letztere Auffassung[32] sprechen mE daher die „systematischen" Gründe, zumal zB anerkannt ist, daß auch bei Teilvalutierung aus der vollen Grundschuld betrieben oder die Anmeldung berechnet werden darf, oder daß bei der Antragsberechtigung nach § 74 a I die volle Grundschuld auch dann zugrundegelegt wird, wenn die Teilvalutierung und die Abtretung der Rückgewähransprüche bekannt sind; außerdem bringt die Gegenmeinung das Problem mit sich, daß der Grundschuldgläubiger aus-

---

[28] Vgl amtliche Begründung BTagsDrucks 8/693 – Sachgebiet 3104, S. 52.

[29] Vgl dazu ausführlich Steiner-Storz § 85 a Rdnr 17–24; vgl auch **TH** D. 4.3.2.5. – **TH** D. 4.3.2.7.

[30] Besonders heikel (und streitig) ist dies hinsichtlich angemeldeter Altrückstände in Rangklasse 8! Diese sollen nach LG Verden Rpfleger 1994, 34 überhaupt nicht, **aber** nach Hintzen Rpfleger 1994, 34; Stöber § 85 a Anm 4.8. dann berücksichtigt werden, wenn ihnen eine persönliche Forderung zugrundeliegt. Problematisch!

[31] Die persönliche Forderung halten für maßgebend: OLG Koblenz Rpfleger 1991, 468 (**abl.** Anm Hintzen); LG Flensburg Rpfleger 1985, 372 bestätigt durch OLG Schleswig KTS 1986, 83; LG Trier Rpfleger 1985, 451; Scherer Rpfleger 1984, 259 und 1985, 181; Ebeling Rpfleger 1985, 279 und 1986, 315.

[32] Für Berücksichtigung des Nennbetrags der Grundschuld zuzüglich der dinglichen Zinsen: BGH ZIP 2004, 874; LG Lüneburg Rpfleger 1986, 188; LG München I KTS 1986, 83; LG Frankfurt Rpfleger 1988, 35; LG Hanau Rpfleger 1988, 77; Muth Rpfleger 1985, 45 und 1987, 89; Bauch Rpfleger 1986, 59; Brendle Rpfleger 1986, 61; Eickmann KTS 1987, 617; Stöber § 85 a Anm 4.3; Dassler-Schiffhauer Rz 25/26.

schließlich für diese Frage dem Vollstreckungsgericht offenlegen muß, wie hoch die persönliche Forderung ist, obwohl Vollstreckungsforderung die Grundschuld ist (wenn aus ihr betrieben wird)!

Nach einer (mE unzutreffenden) weiteren Meinung soll zwar zunächt auf den dinglichen Anspruch abgestellt, dann aber dem Schuldner eine Zuschlagsbeschwerde zugestanden werden, wenn das dingliche Recht nicht mehr voll valutiert ist.[33]

Heute scheint sich die auf die dingliche Seite abstellende Meinung durchzusetzen, auch weil die praktischen Schwierigkeiten der Gegenansicht zu groß sind und der Schuldner auch über § 765a ZPO geschützt werden kann,[34] wenn für ihn das Ergebnis auch unter Berücksichtigung der Befriedigungsfiktion des § 114a zu ungünstig ist. Im übrigen steht sicher nichts im Wege, ausnahmsweise dann doch auf das geringere dingliche Recht (anstatt auf den Nominalbetrag zuzüglich Zinsen und Kosten) abzustellen, wenn der Gläubiger wegen geringerer Valutierung seiner Grundschuld eine entsprechende Minderanmeldung vornimmt; auch hier wird ja auf das dingliche Recht und nicht auf die persönliche Forderung abgestellt.[35]

Folgt man der Mindermeinung von der Relevanz der persönlichen Forderung, so muß man dem Rechtspfleger ein Fragerecht nach der Höhe der persönlichen Forderung einräumen (dieses wird aus § 139 ZPO abgeleitet)[36] und dem Grundschuldgläubiger für den Fall einer Nicht- oder Falschauskunft Sanktionen androhen, wenn nicht über die Anberaumung eines besonderen Verkündungstermins gem § 87 Klarheit gewonnen werden kann (also: Anfechtbarkeit des Zuschlags bzw evtl sogar Schadensersatz gem §§ 823 II BGB, 85a ZVG).

Schwierig (und streitig) ist die Frage, wie zu entscheiden ist, wenn der Meistbietende seine Rechte aus dem Meistgebot gem § 81 II an einen Gläubiger abgetreten und erst dadurch − zB nach der Bietstunde oder sogar erst nach der Verhandlung über den Zuschlag, in der letztmals der Versagungsantrag nach § 74a I gestellt werden konnte − die Zuschlagserteilung gem § 85a III ermöglicht hat. Hier ist mE der Zuschlag zu erteilen,[37] weil der Schutzzweck des § 85a III auch so erreicht wird. Dies eröffnet zwar zusätzliche Überraschungs- und Verschleierungsmöglichkeiten, die aber bzgl § 85a III ohnehin gegeben sind, zB indem der Meistbietende zwischen Bietstunde und Zuschlagsverkündung so viele Ausfallforderungen erwirbt, daß die Voraussetzungen des § 85a III erfüllt sind. Diese Verhaltensweisen müssen trotzdem für sich gesehen nicht unbedingt schuldnerschädlich (§ 114a gilt ja!) und verwerflich sein. Evtl nachweisbarer Mißbrauch kann über §§ 134, 138, 826 BGB bekämpft werden; aber auch hier gilt, daß insbesondere die anderen Gläubiger wegen § 85a III vorsichtig sein und ihre (ausreichenden!) Schutzmöglichkeiten aufmerksam wahrnehmen müssen.

---

[33] Hennings Rpfleger 1986, 234 − **dagegen** mit Recht Muth Rpfleger 1985, 45.
[34] LG Frankfurt Rpfleger 1988, 35; Dassler-Schiffhauer § 85a Rz 26.
[35] Insoweit mißverständlich LG Frankfurt Rpfleger 1988, 35.
[36] Ebeling Rpfleger 1985, 279; Scherer Rpfleger 1985, 452.
[37] Ebenso Eickmann KTS 1987, 617; Rosenberger Rpfleger 1986, 397; Klemm Sparkasse 1985, 362; Storz, Teilungsversteigerung C. 8.2.2; **str. aA:** OLG Koblenz Rpfleger 1986, 233; Dassler-Schiffhauer § 85a Rz 29; Stöber § 85a Anm 5.3; Ebeling Rpfleger 1988, 400 − vgl auch oben **TH** D. 4.3.2.6. und **TH** D. 4.3.2.8.

Im umgekehrten Fall (die Voraussetzungen des § 85a III liegen zwar beim Meistbietenden, nicht aber beim Zessionar vor) ist der Zuschlag mE zu erteilen, weil der Schutzzweck des § 85a III (§ 114a gilt auch hier!) so am besten erreicht wird,[38] und weil sich andernfalls ein Bieter zu leicht über § 81 II aus der Bindung für sein Gebot lösen könnte.

Ob § 85a III letztlich eine hilfreiche und notwendige Bestimmung ist bzw ob auf § 85a III ebenso wie auf § 74b nicht besser verzichtet würde, soll dahingestellt bleiben. Auf alle Fälle hat § 85a III nicht den Zweck, einigen wenigen besonders wachsamen Gläubigern speziell dadurch besondere Vorteile zu verschaffen, daß andere Beteiligte nicht genügend aufpassen. Deshalb sollte der Rechtspfleger mE die (uU auch abwesenden) Beteiligten gemäß §§ 139, 278 ZPO dann auf eine bevorstehende Zuschlagsentscheidung besonders hinweisen, wenn über die reine Anwendung des § 85a III hinaus weitere Besonderheiten gegeben sind, die die Zuschlagsentscheidung für die Beteiligten zu einer Überraschungsentscheidung machen können. Derartige Besonderheiten können zB darin liegen, daß der Rechtspfleger selbst vorher den Eindruck erweckt oder gar die Auskunft erteilt hat, er werde wegen § 85a I den Zuschlag versagen, oder daß sich die Voraussetzungen des § 85a III erst durch besondere Umstände ergeben haben (bzw erst später offengelegt wurden), zB durch Abtretung einer (idR nachrangigen) Grundschuld vor der Zuschlagsverkündung an den Meistbietenden oder durch Offenlegung, daß der gemäß § 81 III verdeckt Vertretene in der Versteigerung einen Ausfall erlitten hat! Nur bei einer rechtzeitigen Aufklärung wird das Gericht seiner Pflicht zur fairen Verfahrensführung gerecht, und nur dann können sich die anderen Beteiligten noch über § 74a, §§ 30, 33, § 75 (bzw § 268 BGB) oder § 765a ZPO usw wehren.[39]

Andererseits darf diese Hinweispflicht auch nicht überzogen werden, weil sonst jeder mit einem Versteigerungsergebnis unzufriedene Beteiligte irgendwo die Verletzung der §§ 139, 278 ZPO ex post finden und rügen könnte, weil sonst jeder seine eigene Unerfahrenheit oder Achtlosigkeit zu Lasten einer besonderen Verantwortung des Rechtspflegers pflegen könnte. Die neuere Rechtsprechung und Literatur versucht ebenfalls, die gerichtliche Hinweispflicht im Zusammenhang mit § 85a III möglichst einzuschränken.[40]

Wie die Zuschlagsversagung gemäß § 74a I betrifft auch diejenige gemäß § 85a I das Gesamtverfahren, nicht das Einzelverfahren eines bestimmten Gläubigers und kann auch nur einmal (aber nicht notwendig im ersten Termin) in dem Gesamtverfahren zum Zuge kommen, wobei die Zuschlagsversagung nach § 85a I auch die spätere Anwendbarkeit des § 74a I ausschließt

---

[38] OLG Düsseldorf JurBüro 1988, 673; OLG Koblenz Rpfleger 1986, 233 (LS); Ebeling Rpfleger 1988, 400 Eickmann KTS 1987, 63; Dassler-Schiffhauer § 85a Rz 29; Wolff-Hennings S. 140; Storz, Teilungsversteigerung C. 8.2.2; Stöber § 85a Anm 5.2. – Vgl auch taktische Hinweise oben **TH** D. 4.3.2.6. und **TH** D. 4.3.2.8.

[39] **Zu weitgehend aber** mE OLG Hamm Rpfleger 1986, 44; LG Krefeld Rpfleger 1988, 34 und auch Dassler-Schiffhauer § 85a Rz 42. – **Kritisch** zu OLG Hamm auch Muth Rpfleger 1986, 417; Knees Sparkasse 1986, 465.

[40] Vgl OLG Oldenburg Rpfleger 1988, 277; OLG Schleswig JurBüro 1984, 1263; LG Bonn Rpfleger 1989, 211; LG Kiel Rpfleger 1988, 277 (Harm); LG Krefeld Rpfleger 1988, 34; Knees Sparkasse 1986, 465; Muth Rpfleger 1986, 417; Stöber § 85a Anm 4.6.

(vgl § 85a II 2) und umgekehrt (vgl § 74a IV). Es gilt der Grundsatz der Einmaligkeit. Deshalb ist die immer wieder anzutreffende Formulierung, eine Zuschlagsversagung nach §§ 85a oder 74a sei „nur im ersten Termin" möglich,[41] sachlich falsch und sprachlich irreführend: sie ist nämlich zB auch noch im 3. Termin denkbar, wenn im 1. Termin nicht geboten (§ 77) und im 2. Termin eine Zuschlagsversagung wegen Verfahrensfehlern (§ 83) oder nachträglicher Einstellungsbewilligung erfolgt ist (§§ 30, 33). Wenn ein Gläubiger oder irgendein Dritter nur deshalb ein unterhalb der $^5/_{10}$-Grenze liegendes Gebot abgibt, um für den nächsten Versteigerungstermin die Wertgrenzen der §§ 85a und 74a zu Fall zu bringen (vgl §§ 85a II 2, 74a IV), ist dies nicht zu beanstanden, und zwar auch dann nicht, wenn der Gläubigervertreter zur Vermeidung eines Zuschlags gem § 85a III das Gebot nicht für den vertretenen Gläubiger, sondern für sich selbst abgibt.[42]

Durch den Hinweis auf § 74a V in § 85a II 1 ist außerdem klargestellt, daß auch für § 85a der nach § 74a V festgesetzte Verkehrswert maßgebend ist. Zwar erfolgt die Zuschlagsversagung gemäß § 85a I von Amts wegen (bei § 74a I ist ein Antrag nötig), aber in beiden Fällen wird von Amts wegen ein neuer Termin bestimmt (vgl §§ 85a II 1, 74a III). Schließlich soll auch nach einer Zuschlagsversagung gemäß § 85a I (gleiches gilt für § 74a I) in der Bekanntmachung des neuen Termins auf diesen Umstand hingewiesen werden (vgl § 38 S. 2).

Die Zuschlagsgebühr richtet sich im Falle des § 85a III nur nach dem tatsächlichen Meistgebot, nicht nach $^5/_{10}$ oder $^7/_{10}$ (§ 114a) oder nach Meistgebot plus Ausfallforderung.[43] Zu den Kosten des Zuschlags, die vom Ersteher zu tragen sind, gehören auch die Auslagen für die Zustellung an den Ersteher und an bestimmte Beteiligte (§ 88); durch eine Änderung des § 53 II 1 GKG (BGBl I 1975, 3047) ist die frühere Abweichung zwischen § 58 ZVG und § 98 II aF GKG beseitigt und damit auch die frühere Streitfrage entschieden worden.[44]

4.3.2. Taktische Hinweise

TH 4.3.2.1.: Durch die Einführung des § 85a ist es für die Gläubiger noch wichtiger geworden, schon bei der Festsetzung des Verkehrswertes auf dessen Auswirkungen hinsichtlich einer Befriedigungswirkung bei einem Rettungserwerb (§ 114a), hinsichtlich des Kreises der $^7/_{10}$-Antragsberechtigten (§ 74a I) und jetzt auch hinsichtlich der von Amts wegen erfolgenden Zuschlagsversagung (§ 85a) zu achten.

---

[41] Vgl zB BGH LMK 2004, 77; Hornung Rpfleger 2000, 363.
[42] OLG Koblenz Rpfleger 1999, 407; LG Kassel Rpfleger 1986, 397; Hornung aaO.
[43] LG Aurich Rpfleger 1985, 328; LG Mainz Rpfleger 1985, 79 m Anm Meyer Stolte; LG Frankfurt Rpfleger 1985, 212; LG Gießen Rpfleger 1984, 372 m Anm Meyer-Stolte; Ebeling Rpfleger 1985, 279; Lappe Rpfleger 1984, 338 **str. aA:** LG Verden Rpfleger 1984, 372; AG Offenbach/AG Syke Rpfleger 1984, 372.
[44] Wie hier: Steiner-Storz § 58 Rdnr 9; Drischler Rpfleger 1969, 119; Mohrbutter-Drischler Muster 111 Anm 9; Drischler-Oestreich-Heun-Haupt 3. Aufl 1976 ff § 53 GKG Rdnr 15; Lappe 1975 § 53 GKG Anm 4; **str. aA:** AG Kellinghusen Rpfleger 1968, 61; Stöber Rpfleger 1969, 122; Stöber § 58 Anm 3.

TH 4.3.2.2.: Die Einführung des § 85 a kann auch zu einer Abwertung des § 74 a und damit zu einer Gefährdung der dort antragsberechtigten Gläubiger und schließlich zu einer Benachteiligung des Schuldners führen: Während bei schwierig zu verwertenden Grundstücken (und nur bei diesen besteht überhaupt eine Verschleuderungsgefahr!) geduldige Interessenten bisher im ersten Termin ein Gebot unterhalb der $^7/_{10}$-Grenze abgegeben haben in der Erwartung einer Zuschlagsversagung nach § 74 a I und einer im zweiten Termin erheblich erhöhten Chance auf einen Billigerwerb, werden wohl in Zukunft im ersten Termin nur noch Gebote unterhalb der $^5/_{10}$-Grenze abgegeben. Das hat für Billiginteressierte verschiedene Vorteile: Die Erlöserwartungen im zweiten Termin werden auch auf Gläubigerseite reduziert, und außerdem wird dem Schuldner eine § 765 a ZPO-Argumentation erschwert, weil man wohl schwerer von Verschleuderung reden kann, wenn schon im ersten Termin nicht einmal 50% geboten worden sind.

TH 4.3.2.3.: Bleibt das Meistgebot unterhalb der $^5/_{10}$-Grenze, so sollte der bestrangig betreibende Gläubiger tunlichst nicht eine Zuschlagsversagung über § 30 herbeiführen, weil sonst der Zuschlagsversagungsgrund des § 85 a I und auch derjenige des § 74 a I erhalten bleibt und weil auch die Gefahr einer späteren Zuschlagsversagung gemäß § 765 a ZPO größer ist, als wenn er den Zuschlag nach § 85 a I versagen ließe. Hat er voreilig die einstweilige Einstellung nach § 30 bewilligt, dann sollte er diese zurücknehmen, bevor über sie durch Zuschlagsversagung entschieden wird. Dieses Verfahren hat für den bestrangig betreibenden Gläubiger noch den weiteren Vorteil, daß er sich gegenüber den anderen Beteiligten selbständiger macht und er sich gleichzeitig eine weitere Einstellungsmöglichkeit nach § 30 erhält.

TH 4.3.2.4.: Die in § 38 S. 2 neu eingeführte Hinweispflicht ist m. E. nicht glücklich:

(1) Sie macht bekannter, daß jedenfalls im ersten Termin Gebote unterhalb der $^5/_{10}$-Grenze keine Chance haben, also gehen bei schlecht verwertbaren Grundstücken noch weniger Interessenten als bisher zu diesem Termin, was diesen abwertet.

(2) Im zweiten Termin wird die Hoffnung auf einen Billigerwerb verstärkt, was den Wert des Grundstücks psychologisch stark mindert.

Durch beides wird eine wirtschaftlich sinnvolle Verwertung des Grundstücks m. E. nicht erleichtert sondern erschwert. Bis heute hat sich in der Allgemeinheit die Auffassung herangebildet, daß in der Zwangsversteigerung höchstens 70% des Verkehrswertes bezahlt werden müsse, bei längeren Versteigerungsverfahren sogar weniger. Diese falsche Auffassung hat recht viel dazu beigetragen, daß in der Zwangsversteigerung oft nur schlechte Erlöse zu erzielen sind. In Zukunft wird dies durch die Einführung der $^5/_{10}$-Grenze und durch den ausdrücklichen Hinweis auf bisher erfolglose Termine noch wesentlich verstärkt werden ....

TH 4.3.2.5.: Wegen § 85 a III kann ein Rettungserwerb für einen ganz nachrangigen Gläubiger uU sehr sinnvoll sein, weil er mit seinem Meistgebot zusammen mit seiner (nachrangigen) Ausfallforderung nur die Hälfte des festgesetzten Grundstückswertes erreichen muß, und weil § 85 a III anders als § 74 b nicht verlangt, daß der Ausfallbetrag im Rang unmittelbar hinter dem letzten Betrag steht, der durch das Gebot noch gedeckt ist. Ungeklärt ist noch die Frage, inwieweit ein Interessent einen Billigerwerb dadurch versuchen kann, daß er (nachweisbar!) erst kurz vor oder gar erst nach dem Versteigerungstermin ein ganz nachrangiges Recht erwirbt und das erst in der Beschwerde gegen eine Zuschlagsversagung nach § 85a offenlegt.

TH 4.3.2.6.: Jedenfalls kann sich kein Gläubiger darauf verlassen, daß bei Geboten unterhalb der $5/_{10}$-Grenze der Zuschlag versagt wird. Wegen § 85a III muß er den Versteigerungstermin wahrnehmen und – wenn die entsprechenden Voraussetzungen erfüllt sind – den $7/_{10}$-Antrag schon jetzt (mindestens vorsorglich) stellen, weil der Antrag nach Schluß der Verhandlung über den Zuschlag (§ 74) nicht mehr gestellt werden kann, also auch nicht in einem besonderen Verkündungstermin nach § 87 oder gar in der Rechtsmittelinstanz. UU helfen auch höhere eigene Gebote oder eine einstweilige Einstellung bzw Antragsrücknahme durch den bestrangig Betreibenden Gläubiger. Beides ist noch bis zur Verkündung der Entscheidung über den Zuschlag möglich, uU sogar erst im Beschwerdeverfahren, wenn nämlich der Zuschlag (mit falscher Begründung) versagt wurde und auf die Zuschlagsversagungsbeschwerde jetzt ein neuer Versagungsgrund (einstweilige Einstellung oder Antragsrücknahme) eingeführt wird.[45]

TH 4.3.2.7.: § 85a I ist auch insofern gefährlich, als ein nachrangiger Gläubiger das Bestehenbleiben seines Rechtes – mindestens als Doppelausgebot – gem § 59 verlangen und dann ein Gebot unterhalb der $5/_{10}$-Grenze abgeben kann. Einem derartigen Vergehen kann man uU nicht einmal mit einem $7/_{10}$-Antrag abhelfen (falls die $7/_{10}$-Grenze unter Hinzurechnung dieses bestehenbleibenden Rechtes überschritten wird), sondern allenfalls durch die Einstellungsbewilligung des bestrangig betreibenden Gläubigers, notfalls verbunden mit einer Ablösung dieses Rechts.

TH 4.3.2.8.: Bei Abtretung der Rechte aus dem Meistgebot gem § 81 II und bei verdeckter Vertretung gem § 81 III kommt es für die Frage des § 85a III auch auf den Ausfall des Zessionars bzw des Vertretenen an. Beide treten beim Bieten nicht auf, und in beiden Fällen können die zu § 81 II oder III erforderlichen Erklärungen noch nach der Verhandlung über den Zuschlag abgegeben werden, so daß Rechtspfleger und Beteiligte überrascht werden können. Der Schuldner ist zwar über § 114a (teilweise) geschützt, aber die am Zuschlag interessierten Gläubiger müssen für sich selbst sorgen: auf alle Fälle den $7/_{10}$-Antrag stellen (falls Berechtigung dazu vorhanden), auf alle Fälle auf sofortiger Zuschlagsversagung bestehen (also besonderen Verkündungstermin nach § 87 verhindern) und notfalls als bestrangig betreibender Gläubiger direkt (oder als nachrangiger Gläubiger über dessen Ablösung) die Zuschlagsversagung über Einstellungsbewilligung nach § 30 herbeiführen.

TH 4.3.2.9.: Bei schlecht verwertbaren Grundstücken stellt sich oft erst im Versteigerungstermin heraus, daß der Grundstückswert zu hoch angesetzt worden ist. Deshalb wird manchmal nur deshalb ein geringes Gebot abgege-

---

[45] LG Aachen Rpfleger 1985, 452, bestätigt durch OLG Köln v. 1. 8. 1985 (ZW 87/85).

ben, um für die nächsten Termine die Grenzen der §§ 85a, 74a zu beseitigen. Dadurch kann dann zwar mit niedrigeren Geboten begonnen werden, aber oft wird erst dadurch überhaupt die Versteigerung ermöglicht und zT sogar ein über der $^5/_{10}$-Grenze (manchmal sogar über der $^7/_{10}$-Grenze) liegendes Meistgebot erreicht.

Ein Gläubiger, der in dieser Weise vorgeht, muß aber den § 85a III beachten, also vermeiden, daß er wegen Hinzurechnens seines Ausfalls gem § 85a III den (gar nicht gewünschten!) Zuschlag erhält. Deshalb gibt in der Praxis der Terminsvertreter das Gebot nicht für die vertretene Institution sondern im eigenen Namen ab.[45a] Besondere Vorsicht ist aber mit solchen Eigengeboten des Gläubigervertreters geboten, weil diese vom Bundesgerichtshof neuerdings als rechtsunwirksam angesehen werden, wenn der Gläubigervertreter keinen eigenen Erwerbswillen nachweisen kann.[45b]

TH 4.3.2.10.: Wenn der bestrangig betreibende Gläubiger sich bei einem Gebot unterhalb der $^5/_{10}$-Grenze auf eine Zuschlagsversagung nach § 85a I verlassen hat und diese auch erfolgt ist, und wenn sich in der Beschwerdeinstanz ergibt, daß der Zuschlag nach § 85a III hätte erteilt werden müssen, kann zwar jetzt kein $^7/_{10}$-Antrag nach § 74a mehr gestellt, wohl aber die einstweilige Einstellung nach § 30 bewilligt werden, so daß dann aus diesem Grund der Zuschlag zu versagen ist.

TH 4.3.2.11.: Für den Schuldner ist § 85a III besonders gefährlich, wenn seine persönlichen Verpflichtungen deutlich niedriger sind als die eingetragenen Grundschulden. Dann verliert er nämlich eventuell sein Grundstückseigentum gemäß § 85a III, ohne aber in den Genuss der Befriedigungsfiktion aus § 114a zu kommen. Hiergegen muss er rechtzeitig ankämpfen, zB durch eine Vollstreckungsabwehrklage iSd §§ 767, 769 ZPO.[45c] Evtl können ihm Bereicherungsansprüche gegen den ersteigenden Grundschuldgläubiger zustehen[45d] und schließlich müssten solche „schlimmen" Ergebnisse auch über § 765a ZPO zu verhindern sein.[45e]

TH 4.3.2.12.: Wenn das Gericht den Zuschlag gemäß § 85a III erteilen will (weil der Meistbietende einen Ausfall erleidet, der zusammen mit seinem Meistgebot mindestens 50% des festgesetzten Verkehrswertes ausmacht; vgl dazu oben C.8222) und ein Beteiligter diese Ergebnis vermeiden will, dann kann dieser die Zuschlagsversagung entweder über einen $^7/_{10}$-Antrag gemäß § 74a (wenn er antragsberechtigt ist!) oder über einen Versagungsantrag gemäß § 765a ZPO (wenn eine Verschleuderung vorliegt!) oder über Einstellungsbewilligung gemäß § 30 (wenn er bestrangig betreibender Gläubiger ist!)

[45a] Das wird von den Rechtspflegern zwar oft nicht gerne gesehen und zT als „Unkultur der Geldinstitute" kritisiert (vgl Hornung Rpfleger 2000, 363, 367), ist aber idR nicht zu beanstanden: OLG Koblenz Rpfleger 1999, 407; LG Kassel Rpfleger 1986, 397; Hornung Rpfleger 2000, 363; **str. aA:** Kirsch Rpfleger 2000, 147.

[45b] BGH Rpfleger 2006, 144; **str. aA:** Hintzen Rpfleger 2006, 145; Hasselblatt NJW 2006, 1320; Alff Rpfleger 2005, 44.

[45c] BGH ZIP 2004, 874; OLG Köln ZIP 1980, 112; Muth Rpfleger 1985, 45 (48); Stöber § 115 Anm 6.1.

[45d] BGH ZIP 2004, 874; LG Hanau Rpfleger 1988, 77; Storz ZIP 1980, 506 (510); Böttcher § 85a Rz 9.

[45e] BGH ZIP 2004, 874.

herbeiführen. Diese Einstellung kann auch noch bis zur vollständigen Verkündung des Zuschlags bewilligt werden.

Beispiel:[45f]

Nachdem die Rechtspflegerin mit der Verkündung des Zuschlagsbeschlusses begonnen hatte, wurde sie von dem Beteiligten mit der Frage unterbrochen, warum der Zuschlag nicht nach § 85 a I versagt werde. Die Rechtspflegerin verwies auf § 85 a III, worauf der Beteiligte die einstweilige Einstellung gemäß § 30 bewilligte. Trotzdem wurde der restliche Zuschlagsbeschluß verkündet. Auf Rechtsbeschwerde wurde der Zuschlag gemäß §§ 30, 33 versagt.

4.4. Zuschlagsversagung nach § 74 a

4.4.1. Der $^7/_{10}$-Antrag (§ 74 a I 1)

§ 74 a ZVG

(1) Bleibt das abgegebene Meistgebot einschließlich des Kapitalwertes der nach den Versteigerungsbedingungen bestehenbleibenden Rechte unter sieben Zehnteilen des Grundstückswertes, so kann ein Berechtigter, dessen Anspruch ganz oder teilweise durch das Meistgebot nicht gedeckt ist, aber bei einem Gebot in der genannten Höhe voraussichtlich gedeckt sein würde, die Versagung des Zuschlags beantragen. Der Antrag ist abzulehnen, wenn der betreibende Gläubiger widerspricht und glaubhaft macht, daß ihm durch die Versagung des Zuschlags ein unverhältnismäßiger Nachteil erwachsen würde.

(2) Der Antrag auf Versagung des Zuschlags kann nur bis zum Schluß der Verhandlung über den Zuschlag gestellt werden; das gleiche gilt von der Erklärung des Widerspruchs.

(3) Wird der Zuschlag gemäß Absatz 1 versagt, so ist von Amts wegen ein neuer Versteigerungstermin zu bestimmen. Der Zeitraum zwischen den beiden Terminen soll, sofern nicht nach den besonderen Verhältnissen des Einzelfalles etwas anderes geboten ist, mindestens drei Monate betragen, darf aber sechs Monate nicht übersteigen.

(4) In dem neuen Versteigerungstermin darf der Zuschlag weder aus den Gründen des Absatzes 1 noch aus denen des § 85 a I versagt werden.

(5) Der Grundstückswert (Verkehrswert) wird vom Versteigerungsgericht .... festgesetzt .... (abgedruckt bei C. 2.)

§ 74 b ZVG

Ist das Meistgebot von einem zur Befriedigung aus dem Grundstück Berechtigten abgegeben worden, so findet § 74 a keine Anwendung, wenn das Gebot einschließlich des Kapitalwertes der nach den Versteigerungsbedingungen bestehenbleibenden Rechte zusammen mit dem Betrage, mit dem der Meistbietende bei der Verteilung des Erlöses ausfallen würde, sieben Zehnteile der Grundstückswerte erreicht und dieser Betrag im Range unmittelbar hinter dem letzten Betrage steht, der durch das Gebot noch gedeckt ist.

Der $^7/_{10}$-Antrag des § 74 a I – bemerkenswerterweise die in der Öffentlichkeit am meisten bekannte Bestimmung des ganzen Zwangsversteigerungsver-

---

[45f] BGH Rpfleger 2007, 414.

fahrens – dient vorwiegend nicht dem Schutz des Schuldners sondern demjenigen bestimmter Gläubiger.

Der Antrag kann nicht nur im ersten Versteigerungstermin gestellt werden,[45] aber es kann im Gesamtverfahren nur insgesamt einmal der Zuschlag wegen Nichterreichens der $^7/_{10}$-Grenze versagt werden, und auch das seit der Einführung des § 85a nur, wenn nicht schon eine Zuschlagsversagung nach § 85a I erfolgt ist (vgl § 74a IV). Vorsicht: Nach neuerer BGH-Rechtsprechung soll trotz § 74a IV („noch einmal") eine Zuschlagsversagung nach § 85a oder § 74a möglich sein, wenn die frühere Zuschlagsversagung (nach § 85a oder § 74a) auf das Eigengebot eines Gläubiger-Vertreters zurückzuführen war, der selbst keine ernsthafte Erwerbsabsicht hatte![45g] Insoweit weicht also § 74a (wie § 85a) von der sonstigen Grundregel ab, daß ein bestimmter Antrag zunächst nur das Einzelverfahren eines konkreten betreibenden Gläubigers betrifft. Deshalb wird auch nach einer § 74a I-Zuschlagsversagung ein neuer Termin von Amts wegen und nicht lediglich auf Antrag festgesetzt (vgl § 74a III). Es gilt also der Grundsatz der Einmaligkeit. Deshalb ist die immer wieder anzutreffende Formulierung, eine Zuschlagsversagung aus §§ 85a oder 74a sei „nur im ersten Termin" möglich,[45h] sachlich falsch und sprachlich irreführend: Sie ist nämlich zB auch noch im 3. Termin denkbar, wenn im 1. Termin nicht geboten (§ 77) und im 2. Termin der Zuschlag wegen Verfahrensfehlern (§ 83) oder nachträglicher Einstellungsbewilligung (§§ 30, 33) versagt worden ist.[45i]

Der $^7/_{10}$-Antrag auf Versagung des Zuschlags kann gestellt werden, wenn nicht 70% des Grundstückswertes geboten worden sind. Maßgebend ist der nach § 74a V festgesetzte Verkehrswert.[46] Da dieser niemals „absolut rechtskräftig" wird sondern ermäßigt oder erhöht werden muß, wenn sich die tatsächlichen Verhältnisse wesentlich geändert haben,[47] kann bei einer Erhöhung des festgesetzten Verkehrswerts auch nach dem „Verbrauch" des $^7/_{10}$-Antrags trotz § 74a III ein neues Antragsrecht nach § 74a I entstehen, allerdings nur dann, wenn dadurch neue Gläubiger antragsberechtigt werden, und auch nur diese können dann den Antrag stellen.[48] Sind diese Voraussetzungen gegeben, genügt aber m. E. jede Erhöhung des Verkehrswertes durch das Gericht, nicht nur eine „bedeutende" Erhöhung[49] (ab wann ist eine Erhöhung bedeutend?). Dagegen besteht bei einer Ermäßigung des Verkehrswerts diese Möglichkeit nicht, weil der Kreis der Antragsberechtigten hierdurch nicht erweitert sondern sogar eingeengt wird.[50]

Antragsberechtigt sind gemäß § 74a I vereinfacht ausgedrückt alle diejenigen, die aus der Differenz zwischen dem tatsächlichen Meistgebot und einem fiktiven Gebot in Höhe der $^7/_{10}$-Grenze im Verteilungstermin nach dem Stand der Anmeldungen eine Zahlung erhalten würden. Also nicht diejeni-

---

[45g] BGH Rpfleger 2006, 144 (abl Anm Hintzen); str. aA: AG Stade Rpfleger 2006, 275; LG Neubrandenburg Rpfleger 2005, 42; Alff Rpfleger 2005, 44; Hasselblatt NJW 2006, 1320. – Vgl dazu auch D.4.3.1 und D.3.1.1.

[45h] BGH LMK 2004, 77.

[45i] Vgl BGH Rpfleger 2008, 146.

[46] Jetzt unmißverständlich auch Stöber § 74a Anm 4.3.

[47] Vgl oben C. 2.2.

[48] Vgl Stöber § 74a Anm 4.3.

[49] So jetzt auch Stöber § 74a Anm 4.3.

[50] Vgl auch **TH** D. 4.4.4.1.

gen Gläubiger, die schon durch das Meistgebot voll gedeckt sind, und auch nicht diejenigen, die auch bei einem Gebot in Höhe der $7/10$-Grenze noch nichts oder nicht mehr erhalten würden.

Bei der Berechnung des Meistgebots werden die Kapitalwerte (bzw die nach § 51 festgesetzten Zuzahlungsbeträge) der nach den Versteigerungsbedingungen bestehenbleibenden Rechte mitgezählt. Ist zB für eine bestehenbleibende Dienstbarkeit, Rentenschuld oder Reallast nur ein Zuzahlungsbetrag nach § 51 II und nicht ausdrücklich auch ein Verkehrswert nach § 74 a V festgesetzt worden, so kann ersterer auch für die Frage der Zuschlagsversagung nach § 85 a oder § 74 a herangezogen werden,[51] weil die einzig andere Möglichkeit darin bestehen würde, diese Rechte entgegen dem eindeutigen Wortlaut und Sinn der §§ 74 a I, 85 a I überhaupt nicht zu berücksichtigen, und weil der Verkehrswert gem § 74 a V sich logischerweise nicht sehr von dem Zuzahlungsbetrag nach § 51 II unterscheidet. Wegen dieser Problematik ist es aber sehr zu empfehlen, diese bestehenbleibenden Rechte immer auch ausdrücklich nach § 74 a V zu bewerten (vgl oben C. 2.1.1.).

Die Frage, welcher Berechtigte aus dem Differenzbetrag „voraussichtlich eine Zahlung erhalten würde" (vgl § 74 a I 1), ist nach einem wahrscheinlichen Verteilungszeitpunkt, nicht nach § 47 II zu ermitteln.[52] Bei dieser „fiktiven Verteilung" werden Grundschulden mit ihrem Nominalbetrag und dinglichen Zinsen und sonstigen Nebenleistungen berücksichtigt und nicht etwa die durch sie gesicherten persönlichen Forderungen.[52a] Dagegen sind weder dem Meistgebot, noch dem fiktiven $7/10$-Gebot bis zu diesem Zeitpunkt Zinsen (§ 49 II) hinzuzurechnen; entsprechend muß ermittelt werden, auf welchen Betrag die ja nur nach § 47 II angemeldeten Forderungen durch die bis zum mutmaßlichen Verteilungstermin hochzurechnenden Zinsen anwachsen würden.[53]

Die Antragsberechtigung setzt weder voraus, daß der Antragsteller durch das Meistgebot teilweise gedeckt ist noch daß er bei einem Gebot in Höhe der $7/10$-Grenze erhebliche Mehrzahlungen erhalten würde (theoretisch reicht schon 1 Cent für die Antragsberechtigung).

Antragsberechtigt sein kann unter den genannten Voraussetzungen auch der Schuldner, aber nur wenn zum Beispiel auf Grund eines ihm zustehenden und angemeldeten Rechtes aus dem Differenzbetrag Zahlungen geleistet werden könnten.[54] Antragsberechtigt ist unter diesen Voraussetzungen auch jeder betreibende Gläubiger, und zwar – entgegen einer vor allem früher weit verbreiteten Meinung[55] – auch dann, wenn er der einzige betreibende Gläu-

[51] OLG Hamm Rpfleger 1984, 30; LG Hamburg Rpfleger 2003, 142; Steiner-Storz § 74 a Rz 34; Storz Teilungsversteigerung C. 8.2.2.2 und C. 8.2.2.3; Schiffhauer Rpfleger 1986, 337; Helwich Rpfleger 1989, 389 und jetzt auch Stöber § 74 a Anm 3.2.; Hintzen Rz 477; **gegen** LG Verden Rpfleger 1982, 32.

[52] Vgl Dassler-Gerhardt § 74 a Rz 9; Steiner-Storz § 74 a Rdnrn 34–37.

[52a] BGH ZIP 2004, 874.

[53] Vgl **TS** 29 (D. 4.4.4. am Ende).

[54] BGH KTS 1988, 376. OLG Hamburg MDR 1957, 238 (LS); Dassler-Gerhardt § 74 a Rz 14; Stöber § 74 a Anm 3.5; Steiner-Storz § 74 a Rz 27; heute wohl unstreitig.

[55] BVerfG Rpfleger 1993, 32 (Hintzen); BGH NJW 1966, 2403; Mohrbutter-Drischler Muster 88 Anm 6. Mayer Rpfleger 1983, 265; Dassler-Gerhardt § 74 a Rz 13; Stöber § 74 a Anm 37; Steiner-Storz § 74 a Rz 20.

biger ist. Die Richtigkeit der hier vertretenen Ansicht ergibt sich außer aus den bei Stöber genannten Gründen[56] (weder aus dem Wortlaut noch aus dem Sinn des § 74 a könne abgeleitet werden, daß der betreibende Gläubiger auf die Einstellungsbewilligung nach § 30 verwiesen werden muß, und außerdem wolle der betreibende Gläubiger nicht die Versteigerung um jeden Preis sondern eine erfolgreiche Versteigerung) auch daraus, daß bei mehreren betreibenden Gläubigern der bestrangige immer die Möglichkeit hat, über § 30 die Zuschlagsversagung herbeizuführen[57] (so daß die Unterscheidung nach alleine betreiben [dann kein § 74 a I] und nicht alleine betreiben nicht gerechtfertigt ist), und daß fast jeder Beteiligte die Möglichkeit hat, über die Ablösung[58] des bestrangig betreibenden Gläubigers ebenfalls die Zuschlagsversagung nach § 30 herbeizuführen (so daß die Schlechterbehandlung des betreibenden Gläubigers nicht gerechtfertigt ist). Abgesehen davon ist die abweichende Auffassung nicht nur systemfremd sondern führt auch zu unnötigen Komplikationen und Ausnahmenotwendigkeiten.

Antragsberechtigt ist schließlich auch der Gläubiger eines nur vorgemerkten Rechts, dagegen nicht der Berechtigte aus einem Widerspruch oder einer Löschungsvormerkung,[59] auch nicht der Pfändungsgläubiger oder Zessionar von Rückgewähransprüchen, es sei denn, daß der Grundschuldgläubiger in der Anmeldung auf die Geltendmachung eines entsprechenden Teils seiner Grundschuld verzichtet hat.[60] Der Zessionar von Rückgewähransprüchen nicht mehr (voll) valutierender Grundschulden muß also entweder schon vor dem Versteigerungstermin seine Rückgewähransprüche rechtlich durchsetzen (also zB Löschung oder Abtretung), oder er muss/kann dem Teilungsplan nach § 115 I widersprechen, wenn der vorrangige Gläubiger mehr erhält als ihm nach seiner persönlichen Forderung zusteht.[61]

Eine besondere Form ist für den Antrag nicht vorgeschrieben. Er kann aber nur mündlich im Versteigerungstermin selbst von einem dort Anwesenden (also nicht schriftlich im voraus)[62] gestellt werden, frühestens nach Abgabe des konkreten Gebotes, spätestens bis zum Schluß der Verhandlung über den Zuschlag (§ 74), also nicht mehr in einem eventuellen besonderen Verkündungstermin (§ 87),[63] erst recht nicht erst in der Beschwerdeinstanz,[64] am sinnvollsten erst nach Schluß der Bietstunde, weil erst dann das Meistgebot feststeht.[65] Aus psychologischen Gründen im allseitigen Interesse der Beteiligten an einem guten Ergebnis ist es meist nicht sinnvoll, den $7/_{10}$-Antrag schon vor oder während der Bietstunde anzukündigen.[66]

---

[56] Vgl § 74 a Anm 3.7.; ebenso LG Oldenburg Rpfleger 1974, 324; Meyer Rpfleger 1983, 265; vgl ausführlich auch Steiner-Storz § 74 a Rdnr 20.

[57] Vgl unten D. 4.5.2.

[58] Vgl unten D. 4.5.3.

[59] Vgl Stöber § 74 a Anm 3.8; Steiner-Storz § 74 a Rdnr 22 **gegen** Riggers JurBüro 1968, 777.

[60] Vgl BGH ZiP 2004, 874; Stöber § 74 a Anm 3.15.

[61] BGH ZiP 2004, 874; 2002, 407.

[62] Vgl Stöber § 74 a Anm 4.1.; Steiner-Storz § 74 a Rdnr 14.

[63] Vgl Drischler Rpfleger 1953, 49; Stöber § 74 a Anm 4.1; Steiner-Storz § 74 a Rz 40.

[64] Muth S. 499; Steiner-Storz § 74 a Rz 40; Storz, Teilungsversteigerung C. 8.2.2.3.

[65] Vgl **TH** D. 4.4.4.2.

[66] Vgl **TH** D. 4.4.4.4.

Der $^{7}/_{10}$-Antrag kann bis zur Verkündung einer Entscheidung über ihn zurückgenommen werden,[67] also auch noch in einem eventuellen besonderen Verkündungstermin (§ 87), weil der Antrag ausschließlich dem Schutz des Antragstellers dient und der Antragsteller auf diesen Schutz auch wieder verzichten kann. Durch diese Rücknehmbarkeit bekommt der $^{7}/_{10}$-Antrag auch ein gewisses taktisches Gewicht.[65] Die Entscheidung über den Antrag kann – wenn die Voraussetzungen des § 74a I 1 gegeben sind, kein Fall des § 74b vorliegt, und auch kein betreibender Gläubiger widersprochen hat – nur auf Versagung des Zuschlags lauten. Das Gericht hat kein Ermessen und kann daher auch keine Interessenabwägung vornehmen.[68]

Streitig ist, ob ein Gläubiger die Verwertbarkeit des Versteigerungsobjekts dadurch erleichtern darf, daß sein Terminsvertreter auf seinen eigenen Namen nur mit dem Ziel, die Schutzgrenzen der §§ 85a, 74a für den nächsten Termin zu beseitigen, ein Gebot unterhalb der $^{5}/_{10}$-Grenze abgibt (für den Gläubiger kann mit dieser Zielrichtung idR nicht geboten werden, weil sonst evtl ein ungewollter Zuschlag nach § 85a III erfolgen würde!). Viele Rechtspfleger sehen dieses Verhalten ungern und kritisieren es zT als „Unkultur der Geldinstitute".[68a] Aber diese Praxis bezweckt nicht die Verschleuderung der Grundstücke, sondern die Erleichterung der Verwertbarkeit überhaupt, oft werden nur dadurch auch andere Bieter erst „aus der Reserve gelockt". IdR ist dieses Verhalten daher nicht zu beanstanden.[68b]

Gemäß § 74b kann unter den dort genannten Voraussetzungen der $^{7}/_{10}$-Antrag nicht gestellt werden, wenn das Meistgebot von bestimmten Gläubigern abgegeben worden ist. § 74b hat aber kaum eine eigenständige Bedeutung, weil gemäß § 74a I 1 ohnehin in der Regel niemand anderes antragsberechtigt ist, wenn das anschließende Recht dieses Gläubigers über die $^{7}/_{10}$-Grenze hinausreicht. Deshalb ist § 74b nur für den Fall wichtig, daß innerhalb der $^{7}/_{10}$-Grenze mehrere gleichrangige Rechte liegen und daß einer dieser Gläubiger Meistbietender bleibt. Die Anwendung des § 74b kann in Einzelfällen (zum Beispiel bei Pfandrechten an einer Eigentümergrundschuld oder bei Abtretung des Meistgebots beziehungsweise bei verdeckter Stellvertretung) komplizierte Berechnungen erforderlich machen.[69]

4.4.2. Widerspruch (§ 74a I 2)

Vielfach ist unbekannt, daß ein betreibender Gläubiger[70] dem $^{7}/_{10}$-Antrag auch widersprechen kann, wenn ihm durch die Versagung des Zuschlags ein

---

[67] Vgl LG Oldenburg KTS 1971, 60; Stöber § 74a Anm 4.5; Steiner-Storz § 74a Rdnr 47.

[68] Vgl Stöber § 74a Anm 6.1. vgl auch **TH** D. 4.4.4.5.

[68a] Hornung Rpfleger 2000, 363 (367).

[68b] Ebenso OLG Hamm Rpfleger 1999, 407; LG Kassel Rpfleger 1986, 397; Hornung Rpfleger 2000, 363; str aA: Kirsch Rpfleger 2000, 147. Vgl auch **TII** D. 4.3.2.9.

[69] Vgl die Berechnungsbeispiele bei Dassler-Gerhardt § 74b Rz 1–9 und Steiner-Storz § 74b Rz 13–22.

[70] Die Voraussetzungen des § 44 II müssen für ihn gegeben sein: Mayer Rpfleger 1983, 265; Steiner-Storz § 74a Rz 53.

unverhältnismäßiger Nachteil erwachsen würde (§ 74a I 2). Aus dieser Formulierung geht allerdings hervor, daß der Widerspruch nur bei einem ganz erheblichen Interesse des betreibenden Gläubigers am sofortigen Zuschlag Erfolg haben kann.

Ein unverhältnismäßiger Nachteil wird zum Beispiel bejaht, wenn eine Wertminderung des Grundstücks abzusehen ist, zum Beispiel weil es weder genutzt noch beaufsichtigt ist, oder wenn die vorgehenden und eigenen Zinsen des betreibenden Gläubigers viel schneller anwachsen als der Wert des Grundstücks, oder wenn der betreibende Gläubiger wegen eigener Zahlungsschwierigkeiten dringend auf sofortige Bezahlung angewiesen ist.[71]

Die unverhältnismäßigen Nachteile muß der Widersprechende glaubhaft machen, unter Umständen durch eidesstattliche Versicherung oder durch sofort verfügbare Urkunden (vgl § 249 ZPO).

Der Widerspruch führt zu einer (sonst nicht möglichen!) Abwägung der Interessen von Antragsteller und Widersprechendem. Dagegen bleiben die Interessen des Schuldners, der anderen Gläubiger (auch wenn sie nach § 74a I antragsberechtigt gewesen wären aber keinen Antrag gestellt haben)[72] und vor allem des Meistbietenden unberücksichtigt,[73] so daß das Ergebnis der Entscheidung bei mehreren nach § 74a I Antragsberechtigten davon abhängen kann, welcher Berechtigte tatsächlich den 7/10-Antrag gestellt hat.[72] Bei der Interessenabwägung wird ja auch zu berücksichtigen sein, welche Aussichten der Antragsteller hat, bei einem neuen Versteigerungstermin Zahlungen zu erhalten.

Der Widerspruch kann (wie auch der Antrag selbst) zurückgenommen werden bis zu dem Zeitpunkt, in dem die Entscheidung über Antrag und Widerspruch verkündet wird.[74] Es bleibt also die Möglichkeit, daß sich Antragsteller und Widersprechender außerhalb der Versteigerung einigen.[75]

Widerspruchsberechtigt kann m. E. nur ein betreibender Gläubiger sein, der aus dem Meistgebot auch Zahlungen erhalten würde, also nicht jeder betreibende Gläubiger. Ein anderer könnte auch kaum glaubhaft machen, warum er bei einer Zuschlagsversagung unverhältnismäßige Nachteile hinnehmen müßte.

4.4.3. Neuer Termin (§§ 74a III und IV sowie 85a II)

Wird der Zuschlag auf Grund eines 7/10-Antrags versagt, so wird von Amts wegen ein neuer Termin bestimmt (§ 74a III 1). In diesem Termin (es muß nicht unbedingt der zweite Termin im Gesamtverfahren sein) und in späteren Terminen kann kein 7/10-Antrag mehr gestellt werden. Eine Ausnahme gilt nur für den Fall, daß zwischenzeitlich der ursprünglich festgesetzte Verkehrswert vom Gericht erhöht wurde.

Der 7/10-Antrag kann seit der Einführung des § 85a auch dann nicht mehr gestellt werden, wenn in einem früheren Termin die Zuschlagsversagung nicht nach § 74a I sondern nach § 85a I erfolgt ist (§ 74a IV). Nach der

[71] Vgl Stöber § 74a Anm 5.3; Steiner-Storz § 74a Rdnr 49.
[72] Vgl **TH** D. 4.4.4.5.
[73] Vgl Stöber § 74a Anm 5.2.
[74] Vgl Stöber § 74a Anm 4.5; Steiner-Storz § 74a Rdnr 53.
[75] Vgl **TH** D. 4.4.4.3.

Neufassung des § 38 soll jetzt auch in der Bekanntmachung der Terminsbestimmung angegeben werden, daß in einem früheren Versteigerungstermin der Zuschlag aus den Gründen des § 74a I oder des § 85a I versagt worden ist. Die Zweckmäßigkeit dieser Vorschrift muß allerdings bezweifelt werden, weil viele Leser diesen Hinweis nicht verstehen werden und andernfalls in ihrer Hoffnung auf einen Billigsterwerb bestärkt werden, was den Versteigerungserfolg sehr erschweren kann.[76]

Es kann auch dann kein $^7/_{10}$-Antrag mehr gestellt werden, wenn in dem früheren § 74a I- oder § 85a I-Termin das gleiche Grundstück unter anderen Versteigerungsbedingungen ausgeboten worden ist (zum Beispiel früher nur über Einzelausgebote, jetzt nur über Gesamtausgebote).[77]

Die in § 74a III 2 genannten Terminierungsfristen sind bloße Sollvorschriften, deren Verletzung keine Folgen hat. Die obligatorische Bekanntmachungsfrist des § 43 I darf nicht gemäß § 43 I 2 verkürzt werden, weil die Zuschlagsversagung nach § 74a I (oder nach § 85a) keine einstweilige Einstellung ist.[78]

4.4.4. Taktische Hinweise

TH 4.4.4.1.: Immer wieder muß daran erinnert werden, daß die Beteiligten schon bei der Festsetzung des Verkehrswerts dessen Auswirkungen auf §§ 85a, 114a aber auch auf § 74a berücksichtigen müssen.[79] Durch eine geringfügige Herabsetzung kann unter Umständen erreicht werden, daß mehrere Kleingläubiger ihr Antragsrecht verlieren; durch eine geringfügige Erhöhung wird vielleicht ein weiterer Gläubiger antragsberechtigt. Sicher kann nicht mit diesen Argumenten eine Änderung der beabsichtigten Festsetzung herbeigeführt werden; aber ebenso sicher können „sachliche" Gründe für eine Änderung gefunden werden.

Ein unter den genannten Gesichtspunkten „zu hoher" Verkehrswert kann unter Umständen auch durch die Abtrennung bisher einbezogener Zubehörgegenstände oder einzelner Grundstücksteile herabgesetzt werden! Diese Überlegungen sollten auch berücksichtigt werden, wenn das Gericht nach dem „Verbrauch" des § 74a I beabsichtigt, den Verkehrswert wegen veränderter Sachlage zu erhöhen.

TH 4.4.4.2.: Sind mehrere Antragsberechtigte vorhanden, hat immer der die größten Vorteile, der den Antrag zuerst stellt. Dies nicht deshalb, weil er dadurch ein besseres Recht erlangen würde, sondern deshalb, weil erfahrungsgemäß die anderen Berechtigten dann keinen Antrag mehr stellen. So erhält der Antragsteller eine besonders starke Stellung, wenn noch nicht in der Verhandlung über den Zuschlag (§ 74), sondern erst in einem besonderen Verkündungstermin (§ 87) über den Zuschlag entschieden wird.

Nach dem Schluß der Verhandlung über den Zuschlag kann nämlich kein weiterer $^7/_{10}$-Antrag mehr gestellt aber der bereits gestellte Antrag noch zurückgenommen werden. Der Antragsteller braucht also nur mit dem Meistbietenden über irgendwelche Leistungen außerhalb der Versteigerung zu ver-

---

[76] Vgl **TH** D. 4.3.2.4.
[77] Vgl ausführlich Steiner-Storz § 74a Rdn 40–46.
[78] Vgl Stöber § 74a Anm 6.2.
[79] Vgl **TH** D. 4.3.2.1.

handeln und kann dann den baldigen Zuschlag ermöglichen. Wegen der Ausschaltung der anderen Antragsberechtigten hat der Antragsteller gegenüber dem Meistbietenden eine sehr starke Position, falls dieser überhaupt am Erwerb des Grundstücks interessiert ist.

Nach dem Gesagten ist auch der weitere taktische Hinweis verständlich, daß es sehr gefährlich sein kann, den $^7/_{10}$-Antrag nicht selbst zu stellen sondern sich auf den Antrag eines anderen Berechtigten zu verlassen. Man liefert sich diesem im Gegenteil aus, wenn man nicht mindestens darauf achtet, daß der Zuschlag tatsächlich (möglichst sofort) versagt wird. Man kann sich auch nicht darauf verlassen, daß das Gericht schon alle Interessen berücksichtigen werde: das Gericht darf keine Interessen der Beteiligten berücksichtigen, solange kein Widerspruch nach § 74a I 2 erhoben worden ist; vorher hat es keinen Ermessensspielraum.

TH 4.4.4.3.: Wenn ein betreibender Gläubiger mit einem Meistgebot unterhalb der $^7/_{10}$-Grenze aus irgendwelchen Gründen nicht nur einverstanden ist sondern sogar einen entsprechenden Zuschlag erteilt wissen möchte, dann sollte dieser Gläubiger auf alle Fälle einem eventuellen $^7/_{10}$-Antrag eines anderen Berechtigten widersprechen. Der Zuschlag kann dann weder sofort erteilt noch sofort versagt werden, weil dem Widersprechenden Zeit zur Glaubhaftmachung gegeben werden muß. In den wenigen Tagen oder unter Umständen Stunden bis zum Verkündungstermin kann der Widersprechende weitere Argumente suchen, aber er kann auch versuchen, mit dem Antragsteller und möglichst auch dem Meistbietenden eine außergerichtliche Einigung herbeizuführen. Gelingt dies, so kann durch Rücknahme von Antrag und Widerspruch die Versteigerung gerettet werden.

Auch der Schuldner profitiert davon, weil ein seriöser Gläubiger auch solche Zahlungen auf seine Forderung gegen den Schuldner gutschreibt, die er außerhalb der Versteigerung erhält.

TH 4.4.4.4.: § 74a ist nur sehr beschränkt dazu geeignet, Interessenten zur Abgabe höherer Gebote zu veranlassen. Als Überraschungsmittel ist er schon deshalb ungeeignet, weil der $^7/_{10}$-Antrag in der Öffentlichkeit meist bekannt ist und eher als Garantie dafür (miß-)verstanden wird, daß man Objekte, für die das allgemeine Interesse nicht groß ist, unterhalb der $^7/_{10}$-Grenze erwerben kann. Aber auch als Kampfmittel für den antragsberechtigten Gläubiger ist § 74a eine schwierig zu handhabende Waffe. Unter anderem schon deswegen, weil der Gläubiger nicht selbst mitbieten kann (um den Interessenten zu höheren Geboten zu veranlassen), weil er – falls er dann doch auf einem Gebot „sitzenbleibt" – nicht über § 74a I die Zuschlagsversagung auf sein eigenes Gebot herbeiführen kann.[79a] Der Gläubiger kann zwar einen Vertreter (oder auch einen Strohmann) mitbieten lassen (das wird in der Praxis auch häufig gemacht); aber wenn der Vertreter Meistbietender bleibt, kann auch nur noch das Gebot durch § 74a I vernichtet werden. Dagegen scheidet zum Beispiel eine Abtretung des Meistgebots (§ 81 II) hier meist aus, weil sonst die Grunderwerbsteuer zweimal anfällt!

[79a] Jedenfalls nicht nach herrschender Ansicht, vgl (mwN) Stöber § 74a Anm 3.9. – **Anders** neuerdings OLG Koblenz Rpfleger 1999, 407; kritisch auch schon Steiner-Storz § 74a Rz 29.

Aus diesem Grunde ist für den bestrangig betreibenden Gläubiger die Waffe des § 30 oft viel besser; er wird sie auch bevorzugt einsetzen, wenn kein anderer Beteiligter (mehr) den $^7/_{10}$-Antrag stellen kann. Allerdings kann der bestrangig betreibende Gläubiger unter Umständen auch daran interessiert sein, daß die Zuschlagsversagung gerade nicht über § 30 sondern über § 74 a oder § 85 a erfolgt, damit diese Antragsmöglichkeit „verbraucht" wird.

Die Wirkung einer Ankündigung des $^7/_{10}$-Antrags durch den berechtigten Gläubiger vor oder während der Bietstunde ist schwer abzuschätzen. Für einen guten Erfolg ist es m. E. besser, wenn das (neutrale) Gericht im Rahmen der Feststellung der Versteigerungsbedingungen auf § 74 a I hinweist (aber nur, wenn es noch möglich ist!) und die Gläubiger sich bemühen, während der Bietstunde mit allen potentiellen Interessenten ins individuelle Gespräch zu kommen.[80]

TH 4.4.4.5.: Wenn kein nach § 74 a I Antragsberechtigter trotz eines Gebotes unter der $^7/_{10}$-Grenze die Zuschlagsversagung beantragt, müssen die anderen Gläubiger und Beteiligten doch nicht unbedingt den Zuschlag hinnehmen. Sie müssen nach anderen Wegen suchen, auch wenn diese zwangsläufig etwas komplizierter sind. Da eine Zuschlagsversagung direkt aus § 30 hier meist ausscheidet, weil der bestrangig betreibende Gläubiger ja meist auch den $^7/_{10}$-Antrag stellen könnte, und da ein Antrag nach § 85 immer sehr gefährlich ist,[81] bleibt als wichtigster oder nahezu immer offener und risikoloser Weg die Ablösung entweder über § 75[82] oder – noch billiger und noch besser – über §§ 268, 1150 BGB mit anschließender Einstellungsbewilligung nach § 30.[83]

TH. 4.4.4.6.: Wenn die Voraussetzungen des § 74 b gegeben sind, kann sich der bestrangig betreibende Gläubiger gegen einen ihm unerwünschten Zuschlag immer noch über eine Einstellungsbewilligung nach Schluß der Bietstunde schützen. Im übrigen ist § 74 b praktisch bedeutungslos. Nur wenn mehrere Rechte gleichrangig im Bereich zwischen Meistgebot und $^7/_{10}$-Grenze liegen und außerdem die Rechte aus dem Meistgebot gem § 81 II abgetreten werden, können über § 74 b die Inhaber der anderen gleichrangigen Rechte ihren $^7/_{10}$-Antrag verlieren.

TH 4.4.4.7.: Wegen § 85 a III kann sich kein Gläubiger darauf verlassen, daß bei Geboten unterhalb der $^5/_{10}$-Grenze der Zuschlag nach § 85 a I von Amts wegen versagt wird. Gläubiger, die eine Zuschlagsversagung nach § 74 a I bei entsprechend niedrigen Geboten beantragen könnten und wollten, müssen daher unbedingt den Termin wahrnehmen und ihren Antrag uU mindestens vorsorglich stellen, weil er nur bis zum Schluß der Verhandlung über den Zuschlag (§ 74) und zB nicht mehr in einem besonderen Verkündungstermin oder gar in der Rechtsmittelinstanz gestellt werden kann (vgl dazu **TH D.** 4.3.2.5. – **TH D.** 4.3.2.7.).

TH 4.4.4.8.: Der an einer Zuschlagsversagung interessierte Gläubiger muß – falls er dazu nach § 74 a berechtigt ist – den $^7/_{10}$-Antrag unbedingt

---

[80] Vgl **TH** D. 1.3.2.1. und **TH** D. 1.3.2.2. und **TH** D. 3.1.2.2.
[81] Vgl unten D. 4.5.1.
[82] Vgl unten D. 4.5.4.
[83] Vgl unten D. 4.5.3.

auch bei einem Gebot unterhalb der $^7/_{10}$-Grenze stellen, weil er sich auf eine Zuschlagsversagung nach § 85 a I nicht verlassen kann und nicht einmal sicher sein kann, daß es bei einer Zuschlagsversagung nach § 85 a I auch noch in der Beschwerdeinstanz bleibt. Auch der Rechtspfleger kann zu einem Zeitpunkt von der § 85 a III-Konstellation überrascht werden, wo der $^7/_{10}$-Antrag nicht mehr gestellt werden kann, zB in den Fällen der § 81 II oder § 81 III.

TH 4.4.4.9.: Nachdem der Bundesgerichtshof entschieden hat, daß Gebote eines Gläubiger-Vertreters rechtsunwirksam sind, wenn der Vertreter keinen ernsthaften eigenen Erwerbswillen nachweisen kann,[83a] müssen sich die Grundschuld-Gläubiger etwas anderes einfallen lassen. Auch das Einsetzen eines Strohmannes[83b] ist sehr gefährlich, weil auch bei ihm evtl die Nicht-Erwerbs-Absicht festgestellt und sein Gebot dann als rechtsunwirksam behandelt werden könnte. Mit dieser praxisfremden Rechtsprechung erschwert der BGH die ohnehin schon schwierige Versteigerung, so daß sehr zu wünschen ist, daß der BGH schnell wieder darauf verzichtet, die eigene ernste Erwerbsabsicht zur Vorraussetzung eines rechtswirksamen Gebotes zu machen.

[83a] Vgl BGH Rpfleger 2006, 144. – Vgl dazu **aber** oben D.3.1.1. und D.4.3.1!
[83b] So aber vorgeschlagen von Hintzen Rpfleger 2006, 145 und Hasselblatt NJW 2006, 1320.

TS 29: Antragsberechtigung nach § 74 a

Beispiel:

	Gebote:		Belastungen: jeweils mit Zinsen + Kosten	
fiktiv		*tatsächlich*	SH III 4	40 000.–
			Hyp III 3	6 000.–
		······· 70 000.–	GS III 2	10 000.–
		} entscheidender { Differenzbetrag		
		······· 60 000.–		
Grundstückswert 100 000.–	*⁷/₁₀-Wert* 70 000.–	*Meistgebot* 60 000.–	GS III 1	55 000.–
			Verfahrenskosten öffentliche Lasten	4 350.–

GS III 1 hat kein Antragsrecht, weil schon aus dem Meistgebot voll zu befriedigen; SH III 4 hat kein Antragsrecht, weil auch bei einem fiktiven Gebot in $^7/_{10}$-Höhe keine Zuteilung möglich ist.

GS III 2 hat Antragsrecht, weil zwar auch aus Meistgebot eine gewisse Zuteilung erfolgen könnte (650,–), aber bei Gebot in $^7/_{10}$-Höhe volle Befriedigung möglich wäre. Hyp III 3 hat Antragsrecht, weil aus Meistgebot keine Zahlung möglich wäre; bei fiktivem Gebot in $^7/_{10}$-Höhe gäbe es zwar auch keine volle Deckung, aber immerhin eine gewisse Zahlung (650,–).

4.5. Weitere Versagungsgründe auf Gläubiger-Antrag

4.5.1. Antrag auf neuen Termin (§ 85)

§ 85 ZVG

(1) Der Zuschlag ist zu versagen, wenn vor dem Schlusse der Verhandlung ein Beteiligter, dessen Recht durch den Zuschlag beeinträchtigt werden würde und der nicht zu den Berechtigten des § 74 a I gehört, die Bestimmung eines neuen Versteigerungstermins beantragt und sich zugleich zum Ersatze des durch die Versagung des Zuschlags entstehenden Schadens verpflichtet, auch auf Verlangen eines anderen Beteiligten Sicherheit leistet. Die Vorschriften des § 67 III und des § 69 sind entsprechend anzuwenden. Die Sicherheit ist in Höhe des im Verteilungstermin durch Zahlung zu berichtigenden Teils des bisherigen Meistgebots zu leisten.

(2) Die neue Terminsbestimmung ist auch dem Meistbietenden zuzustellen.

(3) Für die weitere Versteigerung gilt das bisherige Meistgebot mit Zinsen von dem durch Zahlung zu berichtigenden Teile des Meistgebots unter Hinzurechnung derjenigen Mehrkosten, welche aus dem Versteigerungserlöse zu entnehmen sind, als ein von dem Beteiligten abgegebenes Gebot.

(4) In dem fortgesetzten Verfahren findet die Vorschrift des Absatzes 1 keine Anwendung.

§ 85 gibt auch denjenigen Beteiligten, die keinen $^7/_{10}$-Antrag nach § 74 a I stellen können, eine Möglichkeit, die Versagung des Zuschlags herbeizuführen, allerdings nur unter sehr erschwerten Voraussetzungen:

(1) der Antrag auf neuen Termin kann nur von einem Beteiligten, auch dem Schuldner, gestellt werden, dessen Recht durch den Zuschlag beeinträchtigt würde, der selbst aber keinen Antrag nach § 74 a I stellen kann. Beide Antragsberechtigungen können also nicht in einer Person zusammentreffen, es sei denn, daß der gleichen Person verschiedene Rechte zustehen, aus denen einmal § 74 a I und einmal § 85 geltend gemacht werden kann.

(2) Der Antragsteller muß sich zum Schadensersatz gegenüber denjenigen Berechtigten verpflichten, die durch die Versagung des Zuschlags auf das jetzige Meistgebot benachteiligt werden, wenn es später nicht zu einem entsprechenden Abschluß des Verfahrens kommen sollte. Gemäß § 85 III wird daher für den neuen Termin und für alle etwa weiter erforderlich werdenden Termine[84] ein Gebot des Antragstellers fingiert, dessen Höhe sich zusammensetzt aus dem bisherigen Meistgebot, den zwischen altem und neuem Termin gemäß § 49 II anwachsenden Zinsen des Bargebots und allen zusätzlich entstehenden Verfahrenskosten (§ 109).

(3) Der Antragsteller muß auf Verlangen eines anderen Beteiligten Sicherheit leisten, wenn er nicht nach § 67 III oder nach landesrechtlichen Vor-

---

[84] Vgl Steiner-Storz § 85 Rdnr 19.

schriften generell von der Pflicht zur Sicherheitsleistung befreit ist;[85] Sicherheit verlangen kann aber entsprechend § 67 I 1 nur jemand, der aus dem bisherigen Meistgebot Zahlungen erwarten könnte, sowie Schuldner, Mieter und Pächter.[86] Für die Höhe der Sicherheitsleistung gilt aber nicht § 68 sondern § 85 I 3, wonach der volle im Verteilungstermin zu berichtigende Barteil des bisherigen Meistgebots (ohne Zinsen gemäß § 49 II) aufgebracht werden muß.

Wegen dieser harten Voraussetzungen und Folgen spielt § 85 in der Praxis keine besondere Rolle.[87] Besonders gefährlich für den Antragsteller ist es, daß er unter Umständen nicht nur lange Zeit an seine Verpflichtungen gebunden bleibt, sondern daß das für ihn fingierte Gebot wegen der immer weiter wachsenden Zinsen des Bargebots (§ 49 II) und der steigenden Verfahrensmehrkosten (§ 109) immer teurer wird, während das Grundstück in der gleichen Zeit wohlmöglich an Wert verliert! In dieser Zeit hängt der Antragsteller stark von den anderen Beteiligten ab, weil diese zahlreiche Möglichkeiten haben, das geringste Gebot zu ändern oder eine Zuschlagsversagung herbeizuführen und damit angesichts der fortbestehenden Verpflichtung des Antragstellers und der von ihm geleisteten Sicherheit kein besonderes eigenes Risiko eingehen![88]

Werden in einem Versteigerungstermin nach Schluß der Bietstunde (vgl § 85 I 1) Anträge sowohl nach § 85 als auch nach § 74 a gestellt und wird der $^{7}/_{10}$ Antrag nicht zurückgenommen, so muß der Zuschlag gleichzeitig aus beiden Gründen versagt werden, weil durch eine Zurückweisung oder Nichtberücksichtigung des § 85-Antrags alle anderen Beteiligten (außer dem § 85-Antragsteller selbst!) schlechter gestellt würden!

Da mit dem Antrag die Fiktion eines Gebotes verbunden ist, braucht ein Vertreter eine Bietvollmacht in öffentlicher Form,[89] wenn seine Vertretungsmacht bei Gericht nicht offenkundig ist (vgl § 71 II). Wegen dieser Fiktion kann der Antrag nach § 85 auch nicht zurückgenommen werden;[90] wenn aber die verlangte Sicherheit nicht geleistet wird, muß der Antrag zurückgewiesen werden. Auf diesem Umweg kann der Antrag also doch „zurückgenommen" werden, allerdings geht der Antragsteller das Risiko ein, daß niemand Sicherheitsleistung verlangt, so daß er doch gebunden bleibt.

Im übrigen kann der Antrag auf neuen Termin nur in der Verhandlung über den Zuschlag (§ 74) gestellt werden.[91] In dem neuen Termin, der schon im Versagungsbeschluß bestimmt wird, kann von niemandem mehr ein weiterer Antrag nach § 85 gestellt werden (§ 85 IV); es gilt also wie bei §§ 74 a und 85 a der Grundsatz der Einmaligkeit im Verfahren. In dem neuen Termin wird das geringste Gebot (ohne Rücksicht auf § 85) nach den allgemeinen

---

[85] Vgl Stöber § 85 Anm 2.2 c; Steiner-Storz § 85 Rdnr 14.

[86] Steiner-Storz § 85 Rdnr 15; Stöber § 85 Anm 2.2. c. **aA** noch Jäckel-Güthe § 85 Anm 6.

[87] Vgl **TH** D. 4.5.5.1.

[88] Vgl **TH** D. 4.5.5.1.

[89] Vgl Böttcher § 85 Rz 3; Stöber § 85 Anm 2.2; Steiner-Storz § 85 Rz 9; Dassler/Schiffhauer § 85 Rz 7.

[90] Vgl Dassler/Schiffhauer § 85 Rz 6; Stöber § 85 Anm 2.2; Steiner-Storz § 85 Rdnr 9.

[91] Vgl Böttcher § 85 Rz 4; Stöber § 85 Anm 2.2; Steiner-Storz § 85 Rdnr 7.

Vorschriften festgestellt,[92] auch hier ist ein Gebot unterhalb des geringsten Gebots unzulässig. Liegt das geringste Gebot unterhalb des fingierten Gebots (§ 85 III), dann muß ein zulässiges Gebot das fingierte Gebot übersteigen (§ 72 I). Ist das geringste Gebot dagegen höher, so versagt § 85 III: das geringste Gebot muß mindestens erreicht werden. Ist das geringste Gebot (zum Beispiel wegen einer zwischenzeitlich vom bestrangig betreibenden Gläubiger bewilligten einstweiligen Einstellung) im neuen Termin so hoch, daß kein zulässiges Gebot mehr abgegeben werden kann, so muß nach § 77 einstweilen eingestellt werden; in einem weiteren Versteigerungstermin bleibt der Antragsteller immer noch nach § 85 gebunden.[93]

Kommt es in dieser Zwangsversteigerung überhaupt nicht mehr zu einem Zuschlag, soll der Schaden nur den betreibenden Gläubigern zu ersetzen sein, weil die nicht betreibenden Beteiligten keinen Anspruch auf eine Versteigerung hätten.[94] Diese Einschränkung ist meines Erachtens aber sachlich nicht gerechtfertigt, weil Vergleichsmaßstab nur sein kann, ob ein Beteiligter durch die nach § 85 erfolgte Zuschlagsversagung geschädigt worden ist. Wenn also die Voraussetzungen des § 85 gegeben sind, kann ein geschädigter Berechtigter wohl auch dann (im Klagewege außerhalb des Versteigerungsverfahrens)[95] Schadensersatz verlangen, wenn er die Versteigerung selbst nicht aktiv betrieben hat.

4.5.2. Einstellungsbewilligung nach § 30

Wenn der einzige oder der bestrangig betreibende Gläubiger nach dem Schluß der Bietstunde (§ 73 II 1) aber vor der Verkündung des Zuschlags die einstweilige Einstellung bewilligt, muß der Zuschlag versagt werden.[96] Der Bundesgerichtshof hat ausdrücklich festgestellt, daß diese Einstellungsbewilligung sogar noch nach Beginn der Verkündung der Zuschlagsentscheidung, also während der Entscheidungsverkündung erfolgen kann.[96a] In der betreffenden Entscheidung hatte der Rechtspfleger zur Überraschung des Gläubigervertreters nicht den Zuschlag nach § 85 a I versagt, sondern nach § 85 a III erteilen wollen; um dies zu verhindern hat der Gläubigervertreter (mit Billigung durch den BGH) noch während der Entscheidungsverkündung die einstweilige Einstellung bewilligt. Der bestrangig betreibende Gläubiger kann also ohne Rücksicht auf die Höhe des Meistgebots und ohne Rücksicht auf die Frage, ob überhaupt oder in welchem Umfang aus dem Meistgebot Zahlungen auf sein Recht erfolgt wären, also selbst bei voller Befriedigung, jeden Zuschlag verhindern. Er braucht die Einstellungsbewilligung nicht einmal zu begründen und darf lediglich nicht in reiner Schädigungsabsicht oder in sonstiger sittenwidriger Weise handeln.[97] Die eventuelle Überschreitung dieser Grenze ist aber nur schwer feststellbar und noch schwerer nachweisbar.

---

[92] Vgl dazu oben B. 6.2.
[93] Vgl **TH** D. 4.5.5.1.
[94] So Stöber § 85 Anm 4.5.
[95] Vgl Stöber a. a. O; Steiner-Storz § 85 Rdnr 16.
[96] Vgl dazu ausführlich oben B. 3.2 und Storz Rpfleger 1990, 176.
[96a] BGH Rpfleger 2007, 414.
[97] Vgl LG Braunschweig Rpfleger 1998, 482 (für eine Teilungsversteigerung); Dassler-Muth § 30 Rz 3.

Aus dieser Möglichkeit ergibt sich die überragende taktische Machtposition des bestrangig betreibenden Gläubigers.[98] Die Einstellungsbewilligung kann vom bestrangig betreibenden Gläubiger bis zur Verkündung der Entscheidung über den Zuschlag zurückgenommen werden;[99] dadurch wird dieses taktische Kampfmittel noch wirksamer.[98]

4.5.3. Ablösung und Einstellung nach § 30

Die Ablösung eines Rechts, aus dem die Zwangsversteigerung betrieben wird, ist bis zur Verkündung der Entscheidung über den Zuschlag zulässig.[100] Bei der Ablösung im engeren Sinne (§§ 268, 1150 BGB) tritt der Ablösende unmittelbar auch in die verfahrensrechtliche Stellung des Abgelösten ein; wird die Ablösung während des Versteigerungstermins (auch die Verhandlung über den Zuschlag nach § 74 gehört dazu) vollzogen, so ist die sonst unter Umständen erforderliche Umschreibung und Zustellung des Titels nicht nötig.[101] Durch die Ablösung wird also das Verfahren nicht etwa automatisch, sondern nur auf Grund einer ausdrücklichen Bewilligung durch den Ablösenden einstweilen eingestellt.

Durch die Ablösung kann der Ablösende also auch noch in diesem späten Verfahrensstadium die taktisch so wichtige Position des bestrangig betreibenden Gläubigers erlangen (und zwar auch gegen dessen Willen) und kann entweder (wie vorher der bestrangig betreibende Gläubiger) jeden Zuschlag verhindern,[102] oder er kann durch Einstellungsbewilligung, Unterbrechung der Verhandlung, Gespräche mit dem Meistbietenden während der Unterbrechung, Rücknahme der Einstellungsbewilligung und Herbeiführung des Zuschlags[103] versuchen, noch kurzfristig eine Lösung für sein eigentliches nachrangiges Recht zu finden, was aber jetzt nur noch außerhalb der Versteigerung möglich ist, weil die Bietstunde bereits abgeschlossen worden ist (vgl § 73 II 1)[104]

4.5.4. Ablösung nach § 75

Auch die Ablösung nach § 75 kann noch nach Schluß der Bietstunde bis zur Verkündung der Entscheidung über den Zuschlag erfolgen.[105] Sie erfordert im Gegensatz zur Ablösung nach §§ 268, 1150 BGB aber außer dem für

---

[98] Vgl **TH** D. 4.5.5.2.
[99] Vgl oben B. 3.2.2.
[100] Zur Ablösung vgl ausführlich oben B. 7.
[101] Vgl oben D. 3.5.2.
[102] Es ist aber zu beachten, daß in der Rechtsprechung immer wieder der Zuschlag doch erteilt wird, wenn das bestrangig betriebene Verfahren nach Schluß der Bietstunde eingestellt wird: Vgl zB OLG Stuttgart Rpfleger 1997, 397; OLG Köln Rpfleger 1990, 176 (Anm Storz); LG Mosbach Rpfleger 1992, 360; LG Waldshut-Tiengen Rpfleger 1986, 102; deshalb ist höchste Vorsicht geboten! Vgl dazu oben B. 6.3; B. 7.3.4.
[103] Zu diesem Verfahren ausführlich vgl oben B. 3.4.1.; vgl außerdem **TH** D. 4.5.5.2.
[104] Vgl **TH** D. 4.5.5.4.
[105] Vgl **TH** D. 4.5.5.3.

den betreibenden Gläubiger erforderlichen Betrag auch die Bezahlung der Gerichtskosten, und sie führt (ebenfalls im Gegensatz zur Ablösung nach §§ 268, 1150 BGB) automatisch und unmittelbar zur einstweiligen Einstellung des Verfahrens aus dem bezahlten Recht bzw zur Zuschlagsversagung gemäß § 33.[106] Vorsicht: Seit Frühjahr 2007 ist **keine Zahlung** an den Rechtspfleger mehr möglich; vielmehr muß dem Rechtspfleger die Einzahlung oder Überweisung des Ablösungsbetrages auf ein Konto der Gerichtskasse nachgewiesen werden.

Als taktisches Mittel ist die Ablösung nach § 75 daher fast genauso gut geeignet wie die Ablösung nach §§ 268, 1150 BGB.[107]

4.5.5. Taktische Hinweise

TH 4.5.5.1.: Der Antrag auf neuen Termin nach § 85 hat in der Praxis keine Bedeutung erlangt. Vor seiner Anwendung muß auch dringend gewarnt werden (gleichzeitig wird ebenso dringend davor gewarnt, ihn ohne Sicherheitsleistung nach § 85 I 3 zuzulassen). Für den Antragsteller hat § 85 vor allem folgende Nachteile:

(1) hohe Verpflichtungen durch Schadensersatzrisiko und Sicherheitsleistung;

(2) langes Bindungsrisiko mit unter Umständen höherem Preis (wegen weiterer Zinsen und Kosten) für unter Umständen wertloseres Grundstück;

(3) keine Rücknehmbarkeit des Antrags;

(4) weitgehende Auslieferung an die anderen Beteiligten, die ohne eigenes Risiko eine Zuschlagsversagung herbeiführen können oder auch (zum Beispiel durch einstweilige Einstellungen) das geringste Gebot unerreichbar hoch machen können, so daß ein Zuschlag gar nicht mehr möglich ist;

(5) es gibt viel kurzfristigere, billigere, risikolosere und einfachere Möglichkeiten zur Zuschlagsversagung.

TH 4.5.5.2.: Die hervorragende taktische Position des bestrangig betreibenden Gläubigers ist schon oft betont worden.[108] Diese Position ist allerdings nur dann nötig und einsetzbar, wenn dem bestrangig betreibenden Gläubiger noch andere Rechte zustehen, auf die aus dem beseitigten Meistgebot keine oder keine ausreichenden Zahlungen erfolgen würden, oder wenn er noch ungesicherte persönliche Forderungen oder sonstige Bedürfnisse hat, deren Durchsetzung bei einer Zuschlagsversagung erfolgreicher erscheint. Ein wichtiger Gesichtspunkt kann dabei schon sein, daß bei einer höheren Verzinsung einer Grundschuld als des gesicherten persönlichen Anspruchs ein „dinglicher Zinsfreiraum" während der Einstellungszeit weiter anwächst, der zur Sicherung einer bisher nicht gesicherten persönlichen Forderung mitverwendet werden kann.

Durch ihre Rücknahmemöglichkeit kann die Einstellungsbewilligung zusätzlich taktisch eingesetzt werden (und zwar besonders wirkungsvoll), weil

---

[106] Vgl Stöber § 75 Anm 2.5; Storz Rpfleger 1990, 176 **gegen** OLG Köln Rpfleger 1990, 176; anders auch OLG Stuttgart Rpfleger 1997, 397.

[107] Zur Zahlung im Termin nach § 75 ausführlicher vgl oben D. 3.5.3. – vgl auch **TS** 22 (B. 7.5.).

[108] Vgl u. a. **TH** B. 3.2.4.6. und **TH** B. 3.2.4.7. und **TH** D. 1.4.2.4.

während einer Unterbrechung der Verhandlung über den Zuschlag (§ 74)[109] mit dem Meistbietenden über Zahlungen oder sonstige Leistungen außerhalb der Versteigerung verhandelt werden kann. Wird eine Einigung erzielt, so wird die Einstellungsbewilligung zurückgenommen und der Zuschlag kann erfolgen. Kommt es zu keiner Einigung, so wird der Zuschlag versagt (§ 33), es sei denn, daß der Gläubiger trotzdem seine Einstellungsbewilligung zurücknimmt und zuschlagen läßt.

TH 4.5.5.3.: Nur durch die Ablösungsmöglichkeit wird die überragende taktische Position des bestrangig betreibenden Gläubigers etwas relativiert. Sie verbessert die Chancengleichheit zwischen den Beteiligten, weil fast jeder Beteiligte während des ganzen Zwangsversteigerungsverfahrens die Möglichkeit hat, in der Regel ohne jedes finanzielle Risiko die Position des bestrangig betreibenden Gläubigers zu erlangen. Deshalb sollte die Ablösungsmöglichkeit von allen Beteiligten viel mehr beachtet werden, als dies in der Praxis noch geschieht!

Die Ablösung hat viele Vorteile;[110] die meisten von ihnen können auch jetzt noch durchgesetzt werden, wobei vor allem zwei Richtungen verfolgt werden können:

(1) entweder wird so die Zuschlagsversagung herbeigeführt, damit das eigentliche eigene Recht vor dem Erlöschen durch den Zuschlag gerettet werden kann;

(2) oder über die Ablösung wird versucht, außerhalb der Versteigerung irgendwelche zusätzliche Leistungen für das ureigene Recht des Ablösers einzuhandeln, der Zuschlag wird aber dann erteilt.

TH 4.5.5.4.: Die Ablösung nach § 75 hat gegenüber der Ablösung nach §§ 268, 1150 BGB viele Nachteile[111] (sie ist insbesondere unbeweglicher und teurer); sie hat aber auch einige Vorteile[112] (vor allem, weil sie nach Voraussetzungen, Vollzug, Wirkung gesetzlich geregelt ist). Besonders wirksam ist sie in der Verhandlung über den Zuschlag (§ 74), weil eine Zuschlagsversagung zum Beispiel schon vor Schluß der Bietstunde nur erreicht werden kann, wenn alle betreibenden Gläubiger und die Gerichtskosten bezahlt werden.

4.6. Versagung zum Schuldner-Schutz

4.6.1. Vollstreckungsschutz-Anträge (§ 30 a und § 765 a ZPO)

(1) Die einstweilige Einstellung nach § 30 a spielt in diesem späten Verfahrensstadium nur noch selten eine Rolle, weil dieser Vollstreckungsschutz-Antrag gemäß § 30 d I nach zwei erfolgreichen Anträgen für dieses Einzelverfahren ausgeschlossen ist, und weil der Antrag gemäß § 30 b I 1 nur innerhalb einer Notfrist von 2 Wochen gestellt werden kann, allerdings auch nach der Fortsetzung eines einstweilen eingestellten Verfahrens.

---

[109] Vgl **TH** D. 1.4.2.5.
[110] Vgl u. a. B. 7.2.1. und **TH** B. 7.2.2.1.–7.2.2.4.
[111] Vgl dazu D. 3.5.2. und **TH** D. 3.5.4.3.
[112] Vgl **TH** D. 3.5.4.4.

Der Antrag nach § 30a bezieht sich entsprechend der ZVG-Systematik nur auf ein bestimmtes Einzelverfahren, so daß in der Verhandlung über den Zuschlag eine Zuschlagsversagung über § 30a nur dann erreicht werden kann, wenn entweder alle betriebenen oder doch mindestens das bestrangig betriebene Verfahren einstweilen eingestellt werden.

(2) Dagegen nimmt die praktische Bedeutung des § 765a ZPO gerade in der Verhandlung über den Zuschlag immer mehr zu, weil nach Abschluß der Bietstunde und Feststellung des Meistgebots (vgl § 73 II) am ehesten beurteilt werden kann, ob die Versteigerung insgesamt zu einer Verschleuderung des Grundstücks führen würde, und weil die Argumentation aus § 765a ZPO (wenn überhaupt) meist gegenüber allen betreibenden Gläubigern durchschlägt und damit indirekt das Gesamtverfahren erfaßt.[112a]

Durch die Einführung des § 85a hat der Gesetzgeber zwar einen bisher über § 765a ZPO geregelten Tatbestand kodifiziert; § 85a steht aber selbständig neben § 765a ZPO und „verbraucht" diesen nicht; andererseits führt er sicher zu einer eingeschränkten Anwendung des § 765a ZPO, weil die Verschleuderungsargumentation aus dem Versteigerungsergebnis sehr erschwert wird, wenn schon einer oder mehrere Termine erfolglos waren! Überhaupt setzt eine auf § 765a ZPO gestützte Zuschlagsversagung den Nachweis oder doch mindestens die Glaubhaftmachung einer erheblich besseren und kurzfristig realisierbaren Verwertbarkeit voraus.[113] Die Zuschlagsversagung kann auch nicht lediglich damit begründet werden, die Zwangsversteigerung führe möglicherweise zu psychologischen Gesundheitsstörungen beim Schuldner.[114] Gerade, wenn derartige Gesundheitsgefährdungen oder gar Infarkt- und Suicidgefahr geltend gemacht werden,[115] kann ein angemessenes Ergebnis oft eher durch eine (uU mehrmalige) Verschiebung der Zuschlagsverkündung gemäß § 87 II als durch eine sofortige Zuschlagsversagung erreicht werden.

Die über § 765a ZPO mit einer Suicidgefahr begründeten Einstellungs- und Zuschlagsversagungsanträge des Schuldners haben sich in letzter Zeit (insbesondere wegen vieler Missbrauchsfälle) so stark vermehrt, daß sich auch die Literatur[115a] und Rechtsprechung[115b] immer mehr mit den Problemen beschäftigen muss,
– wie das wirtschaftliche Interesse des Gläubigers und der Allgemeinheit an der Effizienz des Zwangsvollstreckungssystems einerseits mit dem Gebot der Rücksichtnahme auf Leben und Gesundheit des Schuldners und seiner Angehörigen andererseits in Einklang zu bringen ist, und

---

[112a] Ausführlich zu § 765a ZPO vgl oben B. 3.1.3. – Vgl auch **TH** D. 4.6.5.1. und **TH** D. 4.6.5.5.!

[113] Vgl dazu BGH NJW 1965, 2107; OLG Düsseldorf Rpfleger 1989, 36; OLG Koblenz Rpfleger 1985, 499; OLG Frankfurt Rpfleger 1981, 117; Storz, Teilungsversteigerung C. 8.2.2.5.

[114] Vgl OLG Köln MDR 1988, 152 = EWiR 1987 (zust Anm Schneider). – Vgl aber auch AG Hannover Rpfleger 1990, 174 und OLG Köln Rpfleger 1990, 30 (letzteres auch hinsichtlich der Anforderungen an den Inhalt eines ärztlichen Gutachtens).

[115] Vgl dazu oben B. 1.1.1. und D. 1.2.2.

[115a] Vgl zB Schuschke NJW 2006, 874; Belz, DWE 2005, 92; Haentjens NJW 2004, 3609; Schumacher NZM 2003, 257; Linke NZM 2002, 205; Weyke NZM 2000, 1147.

– wie darauf zu reagieren ist, daß es in den vergangenen Jahren immer mehr Mode geworden ist, diese Rücksichtnahme auf Leben und Gesundheit systematisch zu missbrauchen, um mit lediglich behaupteter Suicidgefahr Zwangsversteigerungs- oder Räumungsmaßnahmen zu verzögern oder möglichst ganz zu verhindern.

Unbestritten ist, daß auch bei staatlichen Zwangsvollstreckungsmaßnahmen der Grundsatz der Verhältnismäßigkeit der Mittel zu beachten ist,[115b] und daß bei ernsthafter Gefährdung von Leib und Leben ein staatlicher Zwangsvollstreckungszugriff auch nach dem Rechtsstaatsprinzip des Art. 20 III GG zeitweise oder auf unbestimmte Zeit oder in krassen Ausnahmefällen sogar gänzlich unzulässig sein kann.[115c] Der BGH hat sogar jüngst den Zuschlag aufgehoben und das Verfahren einstweilen eingestellt, weil sich die Suicidgefahr erst nach dem Zuschlag aufgrund während des Zuschlagsbeschwerde-Verfahrens aufgetretener neuer Umstände ergeben hat.[115d]

Da aber der Staat allein das Vollstreckungsmonopol hat, muß auch er selbst für die Effizienz des Zwangsvollstreckungssystems sorgen und nicht dem Gläubiger allein die Lasten einer Aufgabe überbürden, die auf Grund des Sozialstaatsprinzips dem Staat obliegt; sonst würden die Gläubiger faktisch enteignet.[115e]

Deshalb wird in der neueren Rechtsprechung gerade auch von BVerfG und BGH immer mehr gefordert, daß der suicidgefährdete Schuldner seinerseits alles Zumutbare und Mögliche unternehmen muß, um die Suicidgefahr zu bannen, wenn er in den Genuss von vollstreckungshemmenden Maßnahmen kommen will.[115f] Nach dem BGH kann und muss vom Schuldner erwartet werden, die Selbsttötungsgefahr durch die Inanspruchnahme fachlicher Hilfe, ggf auch durch einen stationären Klinikaufenthalt auszuschließen oder zu verringern.[115g] Das Vollstreckungsgericht muß dem Schuldner konkrete Auflagen machen und darf sich nicht auf allgemeine Empfehlungen beschränken.[115h] Das Vollstreckungsgericht muss ggf sogar konkret durch die dazu berufenen Behörden Betreuungs- und Schutzmaßnahmen veranlassen, weil es verpflichtet ist, auch dem Gläubiger zu seinem Recht zu verhelfen.[115i] Allerdings entbindet diese Mitwirkungspflicht des Gefährdeten das Gericht bei akuter Suicidgefahr nicht von der Pflicht zur Anwendung des § 765a ZPO.[115k]

In der Zwangsversteigerungspraxis wird wohl etwa wie folgt zu verfahren sein:[115l]

[115b] Vgl zB BVerfG NJW 2007, 1869 und 2910; BGH Rpfleger 2007, 561; NJW 2006, 508.

[115c] BVerfG Rpfleger 2005, 615; NZM 1998, 21; NJW 1994, 1719; LG Mönchengladbach Rpfleger 2006, 332; Schuschke NJW 2006, 874.

[115d] BGH Rpfleger 2006, 147.

[115e] BGH NJW 2005, 1859; Schuschke NJW 2006, 874.

[115f] BVerfG NJW 2007, 2910 und 1869; Rpfleger 2005, 614; NJW 2004, 49; BGH Rpfleger 2007, 561; NJW 2006, 508; 2005, 1859; OLG Jena NJW-RR 2000, 1251; OLG Oldenburg OLG-Report 1995, 309; LG Mönchengladbach Rpfleger 2006, 332; LG Lübeck Rpfleger 2004, 435; LG Bonn NJW-RR 2000, 8.

[115g] BGH NJW 2006, 508; 2005, 1859; WuM 2005, 735.

[115h] BGH NJW 2006, 508.

[115i] BGH NJW 2005, 1859; Schuschke NJW 2006, 874.

[115k] BVerfG NJW 2007, 2910; BGH NJW 2006, 505.

[115l] Ähnlich Schuschke NJW 2006, 874 für die Räumungsvollstreckung.

Wenn der Schuldner unter Berufung auf eine ernsthafte Suicidgefahr für sich oder einen nahen Angehörigen[115m] die einstweilige Einstellung des Zwangsversteigerungsverfahrens, oder einen besonderen Verkündungstermin nach § 87 oder die Versagung bzw Aufhebung[115d] des Zuschlags gemäß § 765a ZPO beantragt, sollte nach Anhörung des Gläubigers zunächst das Verfahren einstweilen eingestellt werden, um die Gefährdungssituation durch einen Sachverständigen begutachten zu lassen; zweckmäßigerweise wird damit gleich die örtliche Gesundheitsbehörde beauftragt, weil diese auch für ein evtl Vorgehen nach dem jeweiligen Landesunterbringungsgesetz zuständig wäre und schon vorläufige Schutzmaßnahmen ergreifen kann, wenn der Suicidgefährdete selbst sich den notwendigen Maßnahmen verschließen sollte.[115n] Wird die ernsthafte Suicidgefahr gutachterlich bestätigt, muß entweder bei dem nach dem jeweiligen Landesunterbringungsgesetz zuständigen Gericht die notwenige Behandlungs- oder Schutzunterbringung beantragt und bzw oder die Einrichtung einer Betreuung für den Gefährdeten gemäß § 1896 BGB angeregt werden. Das Versteigerungsverfahren bleibt so lange einstweilen eingestellt, bis die Fortsetzung ohne unmittelbare Lebensgefahr für den Betroffenen möglich ist.[115o] Evtl kann auch der Zuschlag solange ausgesetzt werden, wenn der Meistbietende damit einverstanden ist.

Wichtig ist in diesem Zusammenhang, daß auch eine erstmals in der Zuschlagsbeschwerdezeit aufgetretene Suicidgefährdung zur Zuschlagsversagung führen kann, weil es das Grundrecht auf Leben und körperliche Unversehrtheit aus Art 2 Abs 2 Satz 1 GG gebieten kann, eine aufgetretene Suicidgefahr auch dann zu berücksichtigen, wenn diese erst nach der Zuschlagserteilung erstmals mit der Zuschlagsbeschwerde geltend gemacht wurde.[116]

Beispiel:

Im Fall des BVerfG hatte die Schuldnerin einer Vollstreckungsversteigerung über § 765a ZPO zunächst die einstweilige Einstellung und Zuschlagsversagung wegen Verschleuderung beantragt. Das Amtsgericht hat mangels Verschleuderung beide Anträge zurückgewiesen und den Zuschlag erteilt. Ihre Zuschlagsbeschwerde begründete sie ausschließlich mit einer Suicidgefahr, die ihr von einem Facharzt bescheinigt worden ist, an den sie nach dem Zuschlag „notfallmäßig" überwiesen worden war. Darauf hob das Amtsgericht den Zuschlagsbeschluß wieder auf; das dagegen angerufene Landgericht stellte den Zuschlagsbeschluß als Beschwerdegericht wieder her. Die dagegen gerichtete Verfassungsbeschwerde war erfolgreich.

Die Verhandlung über den Zuschlag (§ 74) ist nicht nur der geeignetste Zeitpunkt für einen Vollstreckungsschutz-Antrag nach § 765a ZPO sondern auch der letzte. Nach allgemeiner Ansicht kann er nämlich (abgesehen von dem gerade geschilderten „Suicid-Gefährdungs-Fall") nach der Verkündung der Zuschlagsentscheidung nicht mehr gestellt werden, also auch nicht im Rahmen einer Zuschlagsbeschwerde. Andererseits kann die Zuschlagsbe-

---

[115m] BGH NJW 2005, 1859.

[115n] Schuschke NJW 2006, 874 (876).

[115o] Der BGH hat es zum Beispiel akzeptiert, dass eine Zwangsversteigerung auf etwa 3,5 Jahre eingestellt wurde, weil der Gefahr der Selbsttötung des Schuldners nur durch dessen dauerhafte Unterbringung entgegengewirkt werden könnte, NJW 2008, 586.

[116] BVerG NJW 2007, 2910; BGH NJW 2006, 505.

schwerde des Schuldners auch darauf gestützt werden, daß über einen schon früher gestellten § 765 a ZPO-Antrag noch nicht entschieden worden ist.[117] Neues Vorbringen zu einem bereits früher gestellten Antrag kann aber ebenfalls im Beschwerdeverfahren nicht mehr berücksichtigt werden.

Das Gericht muß den Schuldner unter Umständen sogar ausdrücklich auf § 765 a ZPO hinweisen und ihm Gelegenheit zur Antragstellung geben; dies gilt in entsprechenden Fällen sogar auch dann, wenn der Schuldner der Versteigerung nicht beigewohnt hat.[118]

4.6.2. Antrag auf neuen Termin (§ 85)

Auch der Schuldner gehört zu den Beteiligten, die den Antrag auf einen neuen Termin nach § 85 stellen können,[119] weil der Schuldner kein Antragsrecht nach § 74 a I hat, wenn ihm nicht irgendein besonderes Befriedigungsrecht zusteht. Aber abgesehen von den vielen allgemeinen Nachteilen des § 85,[120] ist dieser Antrag gerade für den Schuldner besonders wenig geeignet und scheidet für ihn als Mittel zur Zuschlagsversagung aus praktischen Gründen aus.

4.6.3. Ablösung nach §§ 268, 1150 BGB oder nach § 75

Das Ablösungsrecht des BGB (Zahlung an den Gläubiger)[121] steht auch dem Schuldner zu, weil das stärkste durch die Zwangsversteigerung gefährdete Recht das Eigentum ist. § 1142 BGB erleichtert sogar die Ablösungsvoraussetzungen für den Eigentümer, der nicht persönlicher Schuldner ist, weil der Eigentümer schon bei bloßer Fälligkeit der Forderung ablösen kann.

§ 75 (Einzahlungs- oder Überweisungsnachweis im Termin an das Gericht)[122] nennt als Berechtigten in erster Linie den Schuldner, und bei mehreren Zahlungswilligen ist diesem auch der Vorzug zu geben.[122]

Die jeweiligen Vor- und Nachteile der BGB-Ablösung und der Ablösung nach § 75 sind bereits genannt worden.[123] Sie gelten, soweit es um die Verhinderung des Zuschlags oder doch wenigstens um die außergerichtliche Aufbesserung des Ergebnisses geht, in gleichem Maße auch für den Schuldner. Gerade wenn die Zwangsversteigerung bestrangig aus einer kleinen Forderung betrieben wird (zum Beispiel aus einem Wohngeldrückstand der 2. Rangklasse oder aus einer öffentlichen Last der 3. Rangklasse des § 10 I oder aus einem Teilanspruch der 4. Rangklasse) kann durch eine Ablösung mit einem geringen Geldbetrag die Zuschlagsversagung erzwungen werden, wenn aus dem abgelösten Recht nach Schluß der Bietstunde (§ 73 II 1) aber vor der Verkündung der Entscheidung über den Zuschlag die einstweilige

---

[117] Vgl **TH** D. 4.6.5.1. – vgl auch das Beispiel im Anhang **AT** Nr. 21, 22, 23.

[118] Vgl BVerfG NJW 1978, 368; vgl auch Hintzen, ZAP 1996, 565.

[119] Nach Stöber § 85 Anm 2.1. soll das Antragsrecht nur bestehen, wenn der „wahre Grundstückswert" nicht erricht wird, nach Dassler Schiffhauer § 85 Rz 5, wenn der festgesetzte Grundstückswert nicht erreicht wird.

[120] Vgl oben D. 4.5.1.

[121] Vgl oben B. 7.

[122] Vgl oben D. 3.5.3.

[123] Vgl **TH** B. 7.1.2.3. und **TH** D. 3.5.4.3. und **TH** D. 3.5.4.4.

Einstellung bewilligt wird, beziehungsweise wenn in dieser Zeit der Ablösungsnachweis gegenüber dem Gericht nach § 75 erfolgt.[124] Diese Möglichkeit darf aber nicht mißbraucht werden, sonst ist die Ablösung/einstweilige Einstellung bzw der Ablösungsnachweis gegenüber dem Gericht gemäß § 138 BGB unwirksam. Darüberhinaus wird auch ohne Sittenwidrigkeit von der Rechtsprechung immer wieder der Zuschlag erteilt, obwohl das bestrangig betriebene Verfahren nach der Bietstunde abgelöst/einstweilen eingestellt wurde;[125] diese Rspr ist zwar mE unzutreffend und führt auch zu einer gefährlichen Rechtsunsicherheit, aber sie darf in der Praxis keinesfalls einfach übersehen werden![126]

Diese einfache und oft recht billige Möglichkeit ist aber den Schuldnern weitgehend unbekannt.[127]

4.6.4. Einstellung wegen anderweitiger Deckung (§ 76)

§ 76 ZVG

(1) Wird bei der Versteigerung mehrerer Grundstücke auf eines oder einige so viel geboten, daß der Anspruch des Gläubigers gedeckt ist, so wird das Verfahren in Ansehung der übrigen Grundstücke einstweilen eingestellt; die Einstellung unterbleibt, wenn sie dem berechtigten Interesse des Gläubigers widerspricht.

(2) Ist die einstweilige Einstellung erfolgt, so kann der Gläubiger die Fortsetzung des Verfahrens verlangen, wenn er ein berechtigtes Interesse daran hat, insbesondere wenn er im Verteilungstermine nicht befriedigt worden ist. Beantragt der Gläubiger die Fortsetzung nicht vor dem Ablaufe von drei Monaten nach dem Verteilungstermine, so gilt der Versteigerungsantrag als zurückgenommen.

§ 76 will verhindern, daß der Schuldner durch die Zwangsversteigerung mehr Grundstücke verliert, als dies zur Befriedigung der betreibenden Gläubiger erforderlich ist. § 76 setzt deshalb zunächst voraus, daß mehrere Grundstücke oder Grundstücksbruchteile versteigert werden, und zwar in einem nach § 18 verbundenen Verfahren.[128] Dagegen kommt es nicht darauf an, ob in diesem verbundenen Verfahren nur Einzelausgebote oder auch Gruppen- und Gesamtausgebote zugelassen sind. § 76 ist nur dann nicht anwendbar, wenn ausschließlich Gesamtausgebote erfolgen;[128] aber über § 76 kann auch ein Gesamtausgebot zu Fall gebracht werden, das höher ist als die Summe der Einzelausgebote und auf das daher nach § 63 IV 2 der Zuschlag erfolgen müßte.[129]

Die einstweilige Einstellung erfolgt nicht auf Antrag sondern von Amts wegen (§ 76 I), unter Umständen sogar gegen den erklärten Willen des

---

[124] Vgl oben B. 3.2.1.
[125] Vgl zB OLG Stuttgart Rpfleger 1997, 397; OLG Köln Rpfleger 1990, 176 (**abl. Anm** Storz); LG Mosbach Rpfleger 1992, 360; LG Waldshut-Tiengen Rpfleger 1986, 102.
[126] Ausführlich dazu oben B. 6.3. und B. 7.3.4.
[127] Vgl **TH** D. 4.6.5.2.
[128] Vgl Stöber § 76 Anm 2.1; Steiner-Storz § 76 Rdnr 3.
[129] Zu Einzel-, Gruppen- und Gesamtausgeboten vgl oben D. 2.6.

Schuldners,[130] obwohl § 76 in erster Linie seinem Schutz dient. Dagegen muß sie unterbleiben, wenn sie dem Interesse des betreibenden Gläubigers widerspricht; dazu müssen alle Beteiligten (auch der Schuldner[130a]) gehört werden, ggf in einem besonderen Verkündungstermin. Wird danach durch die Versteigerung eines anderen Grundstücks schon der ganze titulierte Anspruch des betreibenden Gläubigers gedeckt, so wird im übrigen das Verfahren eingestellt. Diese Einstellung kann schon im Laufe der Einzelversteigerung erfolgen, unter Umständen sogar schon vor Beginn der Bietstunde; in der Regel wird aber erst in der Verhandlung über den Zuschlag (§ 74) entschieden werden können, ob die Gebote für die anderen Objekte zuschlagsfähig sind und zur Befriedigung des Gläubigers ausreichen, oder welche von mehreren Grundstücken im Interesse der betreibenden Gläubiger und des Schuldners losgeschlagen und welche über § 76 gerettet werden sollen. Deshalb erfolgt die einstweilige Einstellung gemäß § 76 meist in der Form der Versagung des Zuschlags (§ 33).

Trotz der Selbständigkeit der Einzelverfahren kann bei von mehreren Gläubigern betriebener Zwangsversteigerung nach § 76 die Gesamtversteigerung nur dann einstweilen eingestellt werden, wenn die Vollstreckungsforderungen aller (betreibender) Gläubiger anderweitig gedeckt sind. Anders läßt sich nämlich die Versteigerung mehrerer Grundstücke nicht sinnvoll durchführen.[131]

Soll die Einstellung erst nach Schluß der Bietstunde (§ 73 II 1) erfolgen, dann ist sie nach dem 2. Halbsatz von § 76 I ausgeschlossen, wenn noch betreibende Gläubiger vorhanden sind, die aus den anderen Versteigerungsergebnissen nicht befriedigt werden können; eine Zuschlagsversagung nach § 76 kann also nur erfolgen, wenn die titulierten Ansprüche aller betreibenden Gläubiger anderweitig gedeckt sind.[132]

Gedeckt wird ein Anspruch, wenn das Meistgebot für das andere Grundstück nach Befriedigung der Verfahrenskosten und öffentlichen Lasten sowie aller dem Anspruch vor- oder gleichrangigen Rechte (soweit sie bar bezahlt werden müssen) ausreicht, um alle aus dem Anordnungs- oder Beitrittsbeschluß ersichtlichen Beträge an Hauptsumme, Zinsen, Kosten (die bis zum mutmaßlichen Verteilungstermin insgesamt anfallen werden) zu decken.[132a] Wenn also ein Gläubiger die Zwangsversteigerung nicht aus seiner Gesamtforderung sondern nur aus einem Teilbetrag betreibt, so wird nur dieser Teilbetrag bei der Anwendung des § 76 berücksichtigt.[133] Umgekehrt gilt aber auch: wenn ein Gläubiger einer Grundschuld nicht nur aus deren Hauptsumme und laufenden Zinsen, sondern auch aus allen dinglichen Zinsen seit

---

[130] Vgl Stöber § 76 Anm 2.2.; **str. aA:** Muth Rpfleger 1993, 268; vgl auch OLG München Rpfleger 1993, 121. – Hier **aber** ist m. E. große Zurückhaltung geboten: Gegen die übereinstimmenden Interessen von Gläubigern und Schuldner sollte nicht eingestellt werden!

[130a] OLG München Rpfleger 1993, 121.

[131] So mit Recht Stöber § 76 Anm 2.5; Mayer Rpfleger 1985, 265, Steiner-Storz § 76 Rdnr 7; **str. aA:** Muth Rpfleger 1993, 268; nur auf das bestrangig betriebene Verfahren sei abzustellen.

[132] Im Ergebnis ebenso Stöber aaO.

[132a] OLG München Rpfleger 1993, 121.

[133] Vgl **TH D.** 4.6.5.3.

Eintragung betreibt (was oft routinemäßig geschieht), fallen zwar die älteren Zinsrückstände in die Rangklasse 8 (§ 10 I Nr. 8) und damit hinter alle sonst noch eingetragenen dingliche Rechte zurück, aber auch diese nachrangigen Ansprüche müssen gedeckt sein, damit nach § 76 einstweilen eingestellt werden kann!

Übersteigt eine dem Vollstreckungsgericht für den Schuldner bezahlte Brandversicherungsleistung den zur Deckung aller Ansprüche erforderlichen Betrag, wird das Verfahren bezüglich der Grundstücke nach § 76 eingestellt und nur bzgl der Versicherungsleistung fortgesetzt.[133a]

Zu beachten ist, daß gemäß § 76 II eine Fortsetzung nur erfolgt, wenn der Gläubiger innerhalb von 3 Monaten nach dem Verteilungstermin einen entsprechenden Antrag stellt. Das muß deshalb besonders betont werden, weil sonst die Fortsetzung 6 Monate nach der Einstellung beantragt werden kann (vgl § 31), und weil der Gläubiger sonst über Frist und Folgen der Fristversäumung belehrt werden muß (§ 31 III), was nach § 76 II nicht geschieht! Der Gläubiger muß nach § 76 II 1 außerdem ein berechtigtes Interesse an der Fortsetzung haben.

Gegen die Fortsetzung kann sich der Schuldner nicht nur mit der Vollstreckungsabwehrklage nach § 767 ZPO wehren,[134] sondern er kann auch gemäß § 30 a die einstweilige Einstellung beantragen, falls dieses Antragsrecht noch nicht gemäß § 30 d I verbraucht ist. Der Gläubiger kann sich gegen die Einstellung mit dem Argument wehren, er habe ein berechtigtes Interesse an der Fortsetzung der Versteigerung (z. B. weil er noch nichttitulierte Ansprüche hat).

4.6.5. Taktische Hinweise

TH 4.6.5.1.: Da eine Zuschlagsbeschwerde auch darauf gestützt werden kann, daß über einen § 765 a ZPO-Antrag noch nicht entschieden worden ist, und da nach der herrschenden Ansicht im Zweifel in jedem Schuldner-Antrag ausdrücklich oder stillschweigend auch ein Vollstreckungsschutzantrag nach § 765 a ZPO enthalten ist, sollte jeder Schuldner-Antrag immer auch unter diesem Gesichtspunkt betrachtet und ausdrücklich verbeschieden werden. Damit auch das Gericht hier nichts übersieht, sollte der Gläubiger in seiner Stellungnahme zu einem Schuldner-Antrag grundsätzlich auch § 765 a ZPO berücksichtigen und ausdrücklich ansprechen.[135]

TH 4.6.5.2.: Wenn die Zwangsversteigerung bestrangig aus einer relativ kleinen Forderung betrieben wird, liegt grundsätzlich eine Ablösungsgefahr beziehungsweise eine Ablösungsversuchung für nachrangige Berechtigte oder für den Schuldner in der Luft.[136] Das bedeutet für diejenigen, die an einem reibungslosen und erfolgreichen Verlauf der Versteigerung interessiert sind, daß ein derartiges Vorgehen unbedingt vermieden werden sollte. Das bedeutet umgekehrt für alle, die den Zuschlag verhindern wollen, daß zu einer

---

[133a] BGH Rpfleger 1967, 109; Stöber § 76 Anm 2.8.
[134] So **aber** Stöber § 76 Anm 2.3.
[135] Vgl auch **TH** B. 3.1.3.6.
[136] Vgl **TH** B. 7.1.2.1.

sorgfältigen Vorbereitung des Versteigerungstermins[137] auch ein sorgfältiges Studium der gerichtlichen Mitteilung nach § 41 II gehört.[138] Ein ablösungswilliger Schuldner muß außerdem darauf achten, daß die für die Ablösung erforderlichen und beschafften Mittel nicht schon vor der Zahlung an den Gläubiger oder an das Gericht von einem anderen Gläubiger gepfändet werden; auch eventuelle sich aus der Ablösung/Zahlung ergebenden Zahlungsansprüche des Schuldners sind gefährdet!

TH 4.6.5.3.: Die Vollstreckungsbeschränkung auf einen Teilanspruch kann für den Gläubiger nicht nur im Hinblick auf die Ablösung[139] sondern auch wegen § 76 gefährlich werden (insbesondere dann, wenn mehrere Grundstücksbruchteile versteigert werden): Ein raffiniert Vorgehender kann ein sehr hohes Gesamtausgebot abgeben, das die Forderungen aller Gläubiger deckt und die anderen Interessenten abschreckt. Außerdem wird auf eines der Bruchteile ein Gebot abgegeben, das gerade den titulierten Teil der Forderung deckt. Der Zuschlag muß gemäß § 76 I auf das Einzelausgebot erfolgen, wenn der Interessengegensatz nicht erkennbar wird. Letzteres ist dann leicht der Fall, wenn sich die anderen Beteiligten angesichts des hohen Gesamtausgebots vorzeitig entfernt haben ....

TH 4.6.5.4.: Der bestrangig betreibende Gläubiger kann einer Zuschlagsversagung wegen § 76 zwar uU durch eine Einstellungsbewilligung gem § 30 zuvorkommen, er muß aber berücksichtigen, daß dann uU auch bei den anderen Ausgeboten der Zuschlag versagt wird.[140] Allerdings kann der Gläubiger uU erst den Zuschlag beim Grundstück A herbeiführen und danach die einstweilige Einstellung bei Grundstück B bewilligen, falls das Vollstreckungsgericht nicht die Zuschlagsentscheidung in allen Fällen gleichzeitig verkündet.

TH 4.6.5.5.: Wenn ein Grundpfandgläubiger nach schlechten Erfahrungen in vorangegangen Versteigerungsterminen einen Zuschlag deutlich unter dem festgesetzten Verkehrswert akzeptieren will, der Schuldner aber dessen Versagung nach § 765a ZPO wegen Verschleuderung beantragt, kann der Zuschlag oft doch noch dadurch gerettet werden, daß der Gläubiger dem Vollstreckungsgericht formell für den Fall des sofortigen Zuschlags den Verzicht auf seine (evtl noch recht hohe!) Restforderung erklärt. In diesem Fall wird der Schuldner ja so gestellt, als wäre entsprechend viel geboten worden, so daß trotz niedrigem Meistgebot keine Verschleuderung mehr gegeben ist. Der Gläubiger verliert meist trotzdem nicht viel, wenn Zwangsvollstreckungsmaßnahmen gegen den Schuldner nach dem Verlust des Grundbesitzes ohnehin keinen Erfolg mehr versprechen. – Da diese Lösung auch für den Schuldner sehr günstig sein kann, sollte er sich in entsprechenden Fällen selbst aktiv darum bemühen!

---

[137] Vgl oben C. 6.1.
[138] Vgl **TH** C. 3.5.6. und **TH** B. 6.5.1.
[139] Vgl oben D 4.6.3.
[140] Vgl Steiner-Storz § 76 Rz 9.

4.7. Versagung wegen Verfahrensfehlern

4.7.1. Versagungsgründe (§ 83)

§ 83 ZVG

Der Zuschlag ist zu versagen:

1. wenn die Vorschrift des § 43 II oder eine der Vorschriften über die Feststellung des geringsten Gebots oder der Versteigerungsbedingungen verletzt ist;
2. wenn bei der Versteigerung mehrerer Grundstücke das Einzelausgebot oder das Gesamtausgebot den Vorschriften des § 63 I, § 63 II 1, § 63 IV zuwider unterblieben ist;
3. wenn in den Fällen des § 64 II 1, § 64 III die Hypothek, Grundschuld oder Rentenschuld oder das Recht eines gleich- oder nachstehenden Beteiligten, der dem Gläubiger vorgeht, durch das Gesamtergebnis der Einzelausgebote nicht gedeckt werden;
4. wenn die nach der Aufforderung zur Abgabe von Geboten erfolgte Anmeldung oder Glaubhaftmachung eines Rechtes ohne Beachtung der Vorschrift des § 66 II zurückgewiesen ist;
5. wenn der Zwangsversteigerung oder der Fortsetzung des Verfahrens das Recht eines Beteiligten entgegensteht;
6. wenn die Zwangsversteigerung oder die Fortsetzung des Verfahrens aus einem sonstigen Grunde unzulässig ist;
7. wenn eine der Vorschriften des § 43 I oder des § 73 I verletzt ist.
8. wenn die nach § 68 Abs 2 und 3 verlangte Sicherheitsleistung nicht bis zur Entscheidung über den Zuschlag geleistet worden ist.

(1) Vor der Entscheidung über den Zuschlag muß das Gericht noch einmal die Gesetzmäßigkeit des Verfahrens prüfen, und zwar auch dann, wenn keine ausdrücklichen Rügen oder Widersprüche durch die Beteiligten erfolgt sind. Die Versagungsgründe (auch nicht die wegen Verfahrensfehlern) sind in § 83 nicht abschließend aufgezählt. Weitere Gründe ergeben sich aus § 100 I: Wenn das Meistgebot nicht (mehr) wirksam ist und die anderen Gebote erloschen sind (§ 81 I) oder wenn nach Schluß der Bietstunde Zubehörstücke freigegeben worden sind und der Meistbietende den Zuschlag nicht trotzdem will. Zu beachten ist aber, daß nicht jeder Fehler des Gerichts zu einer Zuschlagsversagung führt: insbesondere Verstöße gegen die Aufklärungspflicht (§ 139 ZPO) können statt zur Zuschlagsversagung unter Umständen zu einer Amtshaftung führen.

Die in § 83 Nr. 1–5 genannten Verstöße stehen einer Zuschlagserteilung dann nicht entgegen, wenn durch den Zuschlag das Recht keines Beteiligten beeinträchtigt wird oder wenn der beeinträchtigte Beteiligte das Verfahren genehmigt (vgl § 84). Dagegen sind die in § 83 Nr. 6 und 7 genannten Verstöße unheilbar.

Unter **§ 83 Nr. 1** fallen die dort ausdrücklich genannten Verstöße gegen die Zustellungsvorschriften des § 43 II[141] (ein Verstoß gegen § 43 I ist dage-

---

[141] Auch ein Fortsetzungsbeschluß muß dem Schuldner fristgemäß zugestellt werden; vgl Stöber § 83 Anm 2.5 b; Steiner-Storz § 83 Rdnr 8.

gen unheilbar – vgl § 83 Nr. 7!) sowie gegen eine der Vorschriften zur Feststellung des geringsten Gebots oder der Versteigerungsbedingungen (§§ 44–65).[142] Dagegen kann der Zuschlag nicht mit der Begründung versagt werden, eine erst nach Terminsbestimmung durch Anmeldung zur Beteiligten gewordene Person sei nicht nachgeladen worden,[142a] oder der Grundstückswert sei unrichtig festgesetzt (vgl § 74a V 4), oder der Festsetzungsbeschluß sei noch nicht rechtskräftig; im letzteren Fall kann aber die Zuschlagsbeschwerde mit einer (noch zulässigen) Verkehrswertbeschwerde nach § 74a V 3 verbunden werden. Ein Verfahrensfehler gemäß § 83 Nr. 1 ist heilbar.

Unter **§ 83 Nr. 2 und 3** sind heilbare Verfahrensfehler im Zusammenhang mit Einzel-, Gruppen- und Gesamtausgeboten angesprochen. Selbstverständlich meint § 83 Nr. 2 nur das gesetzwidrige, nicht das vorschriftsmäßig zustande gekommene Unterlassen von Einzelausgeboten. Wann eine Zuschlagsversagung gemäß § 83 Nr. 3 erforderlich ist, kann nur durch komplizierte Berechnungen ermittelt werden.[143]

Ein Verstoß im Sinne des **§ 83 Nr. 4** liegt nur vor, wenn der Rechtspfleger entgegen § 66 II vor der Aufforderung zur Abgabe von Geboten nicht auf die bevorstehende Ausschließung weiterer Anmeldungen hingewiesen hat, wenn später Anmeldungen erfolgt sind, und wenn diese Anmeldungen zurückgewiesen worden sind. Ein Verstoß im Sinne des § 83 Nr. 4 ist heilbar.

§ 83 Nr. 5 steht einer Zuschlagserteilung nur entgegen, wenn zum Beispiel ein von Amts wegen zu berücksichtigendes (vgl § 28) oder ein angemeldetes (vgl § 37 Nr. 5) Gegenrecht noch berücksichtigt werden muß, oder wenn eine Wertfestsetzung für das Grundstück unterlassen oder trotz erheblicher Änderung der wertbestimmenden Tatumstände nicht geändert worden ist. Unter § 83 Nr. 5 fällt auch das Fehlen des Vollstreckungstitels im Versteigerungstermin;[143a] der Zuschlag kann trotzdem erteilt werden, wenn spätestens im Verfahren über eine Zuschlagsbeschwerde nachgewiesen wird, daß der Vollstreckungstitel während des ganzen Versteigerungsverfahrens unverändert Bestand hatte.[143b] Ein unzureichendes Meistgebot kann nicht über § 83 Nr. 5, sondern nur über die Vorschriften der §§ 30, 74a I, 75, 77, 85a, 85 oder § 765a ZPO zu einer Zuschlagsversagung führen.[144] Ein Verfahrensfehler im Sinne des § 83 Nr. 5 ist heilbar.

Unter den unheilbaren Tatbestand des **§ 83 Nr. 6** fallen alle grundlegenden Verfahrensverstöße, soweit diese nicht in § 83 Nr. 1–5 oder 7 genannt sind. Die Zwangsversteigerung oder die Fortsetzung des Verfahrens ist zum Beispiel unzulässig, wenn das Gericht unzuständig ist, die Vollstreckungsvoraussetzungen fehlen,[145] der Schuldner prozeß- oder parteiunfähig ist,[145a] Veräußerungsverbote bestehen, die Befriedigung des Gläubigers nachgewiesen

---

[142] Vgl dazu LG Frankfurt Rpfleger 1988, 494 (Anm Schriftleitung); Storz Rpfleger 1990, 176. – Vgl zur fehlerhaften Berechnung wiederkehrender Leistungen gem § 47: LG Frankfurt Rpfleger 1988, 494; LG Lübeck SchlHA 1973, 129.
[142a] OLG Düsseldorf Rpfleger 1995, 373.
[143] Vgl die Beispiele bei Dassler-Schiffhauer § 83 Rz 9.
[143a] So mit Recht Stöber § 83 Anm 2.1. **gegen** BGH Rpfleger 2004, 368.
[143b] So auch BGH Rpfleger 2004, 368, allerdings mit unzutreffender Begründung.
[144] Vgl dazu oben D. 4.2. – D. 4.6.
[145] Vgl dazu OLG Hamm Rpfleger 1985, 310.
[145a] Vgl BGH FamRZ 2005, 200.

werden kann, oder wenn ein Vollstreckungsschutzantrag (§ 765 a ZPO) nicht beachtet oder unbegründet zurückgewiesen worden ist.[146] Unter § 83 Nr. 6 fallen Verstöße gegen Vorschriften, bei denen ungewiß ist, wie weit sich ihre Wirkung erstreckt (während § 83 Nr. 5 Gesetzesverstöße erfaßt, die nur bestimmte Rechte betreffen).[147] Weitere Beispiele für unheilbare Fehler iSd § 83 Nr. 6 sind daher Verstöße gegen das verfassungsrechtliche Gebot einer rechtsstaatlichen, fairen Verfahrensgestaltung[148] oder gegen die gerichtliche Hinweispflicht aus § 139 ZPO.[149]

Gegen die bisher allgemeine Ansicht und auch gegen die Denkschrift zu dem Entwurf des Zwangsversteigerungsgesetzes[150a] behauptet der Bundesgerichtshof neuerdings,[150b] § 83 Nr. 6 stelle einen Auffangtatbestand für sämtliche Fälle dar, in denen die Zwangsversteigerung oder die Fortsetzung des Verfahrens aus einem anderen Grunde als den in § 83 Nr. 1–5 genannten Verfahrensmängeln unzulässig ist, deshalb sei auch ein Verstoß gegen § 83 Nr. 6 heilbar.[150c]

Dieser Rechtsauffassung hat Stöber mit Recht widersprochen,[150d] sie bringt auch ohne Not das ganze wohldurchdachte System der Heilbarkeit und Nichtheilbarkeit von Verfahrensfehlern durcheinander und führt zu einer absolut unnötigen und praxisschädlichen Rechtsverunsicherung. Es ist völlig unverständlich, warum der Bundesgerichtshof das Fehlen des Vollstreckungstitels im Versteigerungstermin nicht unter § 83 Nr. 5 sondern unter § 83 Nr. 6 subsummiert, obwohl hier allenfalls das Recht eines Beteiligten (nämlich das Recht des Vollstreckungsschuldners) entgegenstehen könnte; bei Anwendung von § 83 Nr. 5 wäre dieser Fehler – wie vom BGH gewünscht – heilbar.

Schlimmer ist, daß sich der Bundesgerichtshof mit seiner neuen Auffassung, auch Verstöße gegen § 83 Nr. 6 seien heilbar, über sämtliche bisher vertretenen Ansichten[150e] und über das Gesetz und die Gesetzessystematik hinwegsetzt, ohne diesen sehr bedeutsamen Schritt auch nur einigermaßen angemessen zu begründen!

Nach dem Bundesgerichtshof ist auch das Fehlen des Vollstreckungstitels im Versteigerungstermin ein unheilbarer Versagungsgrund im Sinne des § 83

---

[146] Weitere Beispiele bei Steiner-Storz § 83 Rdnrn 19–28. Vgl auch BVerfG Rpfleger 1983, 80.

[147] Stöber § 83 Anm 2.9/10.

[148] OLG Düsseldorf Rpfleger 1994, 429; OLG Oldenburg Rpfleger 1989, 381; OLG Celle Rpfleger 1979, 116; OLG Zweibrücken Rpfleger 1978, 108 (Vollkommer); LG Heilbronn Rpfleger 1996, 79; Storz, Teilungsversteigerung C. 8.2.4.

[149] Dazu BVerfG Rpfleger 1993, 32 (Hintzen); OLG Koblenz ZiP 1987, 1531; OLG Celle Rpfleger 1979, 470; OLG Zweibrücken Rpfleger 1978, 108 (Vollkommer); LG Waldshut-Tiengen Rpfleger 1986, 102; LG Oldenburg Rpfleger 1990, 370.

[150a] Materialien zum Zwangsversteigerungsgesetz nebst dem Einführungsgesetz vom 24. 3. 1897 S. 91.

[150b] Rpfleger 2004, 369; zweideutig-missverständlich auch BGH FamRZ 2005, 200.

[150c] Kritiklos übernommen von Böttcher § 83 Rdn 7 und Hintzen Rpfleger 2006, 57 (60).

[150d] Stöber § 83 Anm 2.1.

[150e] Neben den vom BGH zitierten OLG Hamm Rpfleger 2000, 171; OLG Königsberg JW 1930, 657; Stöber und Dassler-Muth zB auch Steiner-Storz § 83 Rdn 5 und 19; Jäckel-Güthe § 83 Rdn 9; Reinhard-Müller § 83 Anm I 3; Korinthenberg-Wenz § 84 Anm 1 und 4; mir ist keine Gegenansicht bekannt!

Nr. 6; trotzdem soll der Zuschlag erteilt (bzw darf er auf Beschwerde nicht aufgehoben) werden, wenn er später vorgelegt und wenn festgestellt wird, daß er im gesamten Versteigerungsverfahren Bestand hatte (Beschluß vom 30. 1. 2004 – IX a ZB 285/03).

Auch die Verstöße gemäß **§ 83 Nr. 7** sind nicht heilbar. Hierunter fallen insbesondere eine unterlassene oder verspätete oder fehlerhafte oder unvollständige Terminsveröffentlichung (§§ 43 I, 39 I)[149a] sowie die Nichteinhaltung der Mindestzeit von 30 Minuten für die Bietstunde (§ 73 I) beziehungsweise der (wegen weiteren Bietinteresses) voreilige Abschluß der Bietstunde. Gerade zur Einhaltung des § 73 I muß das Protokoll alle erforderlichen Angaben enthalten.[149b] Ein Verstoß gegen § 73 I liegt auch vor, wenn die Bietstunde während erheblicher Störungen[150] oder während einer wenn auch nur kurzfristigen Abwesenheit des Rechtspflegers nicht unterbrochen worden ist.

Unklar ist, ob der durch das 2. JuModG im Frühjahr 2007 neu eingefügte Versagungsgrund gemäß **§ 83 Nr. 8** heilbar ist (dann hätte er aber auch in § 84 I erwähnt werden müssen!) oder nicht (was mE inkonsequent wäre, weil der die erhöhte Sicherheit verlangende Beteiligte den Zuschlag genehmigen können müßte!). Aber diese gesamte Regelung ist ohnehin undurchdacht und problematisch![150a]

Der Versagungsgrund § 83 Nr. 8 trägt der ebenfalls zum Frühjahr 2007 neu eingeführten Regelung Rechnung, wonach die erhöhte Sicherheitsleistung nach § 68 II oder III (nicht § 68 I!?) nicht schon sofort nach Gebotsabgabe, sondern erst bis zur Entscheidung über den Zuschlag erbracht werden muß. Wird sie nicht erbracht, kann auf das darunterliegende Gebot der Zuschlag erteilt werden, weil dieses Gebot gemäß dem ebenfalls neuen § 72 IV nicht erloschen ist; dazu muß aber der Zuschlag auf das Übergebot (für das erhöhte Sicherheitsleistung nach § 68 II oder III verlangt wurde) versagt werden.

4.7.2. Heilung von Verfahrensmängeln (§ 84)

§ 84 ZVG

(1) Die im § 83 Nr. 1 bis 5 bezeichneten Versagungsgründe stehen der Erteilung des Zuschlags nicht entgegen, wenn das Recht des Beteiligten durch den Zuschlag nicht beeinträchtigt wird oder wenn der Beteiligte das Verfahren genehmigt.

(2) Die Genehmigung ist durch eine öffentlich beglaubigte Urkunde nachzuweisen.

[149a] ZB auch die Angabe eines falschen Stockwerks der zu versteigernden Wohnung in der veröffentlichten Terminsbestimmung: LG Augsburg Rpfleger 1999, 232. – Vgl auch OLG Düsseldorf Rpfleger 1997, 225 und MDR 1956, 113; OLG Koblenz Rpfleger 1957, 253; LG Kaiserslautern Rpfleger 1964, 120.

[149b] OLG Karlsruhe Rpfleger 1998, 79.

[150] Vgl OLG Karlsruhe Rpfleger 1993, 413; Stöber § 83 Anm 2.11; Steiner-Storz 83 Rdnr 31.

[150a] Vgl dazu oben D.3.2.1 und Hintzen/Alff Rpfleger 2007, 233.

Trotz eines (heilbaren) Verfahrensmangels im Sinne des § 83 Nr. 1–5 kann der Zuschlag erteilt werden, wenn entweder keine Beeinträchtigung vorliegt oder wenn der Beeinträchtigte das Verfahren genehmigt.

Die Nichtbeeinträchtigung muß mit an Gewißheit grenzender Wahrscheinlichkeit ausgeschlossen sein;[151] das muß vom Gericht positiv festgestellt werden.[152] Eine Beeinträchtigung liegt zum Beispiel vor, wenn ein Gläubiger Anspruch auf Bestehenbleiben seines Rechtes hat, aber Barzahlung erhalten soll oder umgekehrt, wenn ein Vorrecht nach § 37 Nr. 5 nicht beachtet wird oder wenn ohne den Verstoß ein höheres Ergebnis möglich gewesen wäre.[153] Eine Beeinträchtigung liegt auch vor, wenn ein Beteiligter oder der Meistbietende für volle Deckung des vom Mangel betroffenen Beteiligten Sicherheit bietet.[154] Sie liegt dagegen nicht vor, wenn der Anspruch eines dem bestrangig betreibenden Gläubiger Vorgehenden zwar nicht durch das geringste Gebot wohl aber durch das Meistgebot (in der richtigen Form) gedeckt ist,[155] oder wenn die Versteigerungsbedingungen zwar unter Verstoß gegen § 59 abgeändert worden sind, aber der betreffende Beteiligte auch sonst keinerlei Aussicht auf Befriedigung gehabt hätte.[156] Auch durch eine nachträgliche Unrichtigkeit des geringsten Gebots, zum Beispiel durch die nach Schluß der Bietstunde erfolgte Einstellungsbewilligung des bestrangig betreibenden Gläubigers, wird immer dieser Gläubiger, meist auch der Schuldner beeinträchtigt.[157]

Liegt eine Beeinträchtigung vor oder kann sie nicht ausgeschlossen werden, ist in den Fällen des § 83 Nr. 1–5 (nicht dagegen bei § 83 Nr. 6 und 7!) ein Zuschlag trotzdem möglich, wenn der beeinträchtigte Beteiligte das Verfahren genehmigt. Die Genehmigung kann entweder zu Protokoll des Gerichts oder gemäß § 84 II durch Vorlage einer öffentlich beglaubigten Erklärung erfolgen. Bloßes Schweigen ist keine Genehmigung, andererseits kann diese unter Umständen auch aus anderen formgerechten Erklärungen abgeleitet werden,[158] zum Beispiel aus einem Antrag auf Erteilung des Zuschlags.

Die Genehmigung kann nicht widerrufen werden und nimmt dem Genehmigenden die Möglichkeit, sich bei einer eventuellen Zuschlagsbeschwerde auf diesen Mangel zu berufen.

4.7.3. Taktischer Hinweis

TH 4.7.3.1.: Wenn ein Versagungsgrund nach § 83 Nr. 1–5 vorliegt und ein Beteiligter dadurch beeinträchtigt ist, sollte nicht unbedingt sofort der Zuschlag versagt werden. In der Praxis zeigt sich nämlich, daß solche Beeinträchtigungen oftmals außerhalb des Versteigerungsverfahrens zwischen den am Zuschlag Interessierten (meist der Meistbietende, oft auch einige Gläubi-

---

[151] Vgl Steiner-Storz § 84 Rdnr 3. – Schon die Möglichkeit einer Beeinträchtigung verhindert die Heilung: OLG Hamm Rpfleger 2000, 120.

[152] Vgl Stöber § 84 Anm 2.4 c; Steiner-Storz § 84 Rdnr 3.

[153] Diese und weitere Beispiele bei Steiner-Storz aaO.

[154] Vgl aber **TH** D. 4.7.3.1.

[155] Vgl Stöber § 84 Anm 2.3; Steiner-Storz § 84 Rdnr 4.

[156] Vgl OLG Stuttgart Rpfleger 1988, 200.

[157] Vgl dazu oben B. 3.4.1. und B. 3.4.2.

[158] Allg. Ansicht vgl Stöber § 84 Anm 3.2; Steiner-Storz § 84 Rdnr 16.

ger!) und dem beeinträchtigten Beteiligten ausgeglichen werden können, so
daß der Zuschlag in einem besonderen Verkündungstermin noch erteilt werden kann. Dieses Ergebnis entspricht fast immer den Interessen aller Beteiligter mehr als die Versagung des Zuschlags.

5. Der Zuschlag

5.1. Zuschlagsentscheidung

§ 81 ZVG

(1) Der Zuschlag ist dem Meistbietenden zu erteilen.

(2), (3), (4) .... (abgedruckt bei D. 3.3)

§ 82 ZVG

In dem Beschlusse, durch welchen der Zuschlag erteilt wird, sind das Grundstück, der Ersteher, das Gebot und die Versteigerungsbedingungen zu bezeichnen; auch sind im Falle des § 69 II der Bürge unter Angabe der Höhe seiner Schuld und im Falle des § 81 IV der Meistbietende für mithaftend zu erklären.

§ 88 ZVG

Der Beschluß, durch welchen der Zuschlag erteilt wird, ist den Beteiligten, soweit sie weder im Versteigerungstermine noch im Verkündungstermin erschienen sind, und dem Ersteher sowie im Falle des § 69 II dem für mithaftend erklärten Bürgen und im Falle des § 81 IV dem Meistbietenden zuzustellen. Als Beteiligte gelten auch diejenigen, welche das angemeldete Recht noch glaubhaft zu machen haben.

§ 89 ZVG

Der Zuschlag wird mit der Verkündung wirksam.

§ 58 ZVG

Die Kosten des Beschlusses, durch welchen der Zuschlag erteilt wird, fallen dem Ersteher zur Last.

Der Zuschlag muß, wenn er nicht versagt wird, gemäß § 81 I an den Meistbietenden erteilt werden, außer es liegt ein Fall des § 81 II oder III vor;[1] auch bei Doppelausgeboten erfolgt der Zuschlag nicht unbedingt auf das höchste Gebot, weil das Gebot mit der abweichenden Versteigerungsbedingung den Vorrang hat, falls ein eventuell Beeinträchtigter zustimmt.[2] Wenn der Meistbietende zwischen Schluß der Bietstunde und Verkündung der Zuschlagsentscheidung stirbt, in Insolvenz gerät oder sonst geschäftsunfähig wird, erfolgt der Zuschlag zwar trotzdem an ihn, aber zugestellt wird an die (bekannten) Erben beziehungsweise an den Insolvenzverwalter.[3]

Bei der Zuschlagsentscheidung[4] ist das Gericht an eine eigene frühere Entscheidung nicht mehr gebunden (vgl § 79), damit ein insgesamt ordnungsmäßiges Verfahren gewährleistet ist. Diese Nichtbindung gilt aber nur hinsichtlich solcher Entscheidungen, die nicht selbständig anfechtbar waren.[5]

---

[1] Vgl dazu oben D. 3.3.
[2] Vgl dazu oben D. 1.2. und D. 2.1.
[3] Vgl Stöber § 81 Anm 4.3.
[4] Muster vgl Stöber § 82 Anm 6.1; Steiner-Storz § 82 Rz 20/21; – vgl auch **AT** 23.
[5] Vgl Stöber Handbuch Rdn 350.

Dem Zuschlag dürfen gemäß § 80 nur diejenigen Vorgänge aus dem Versteigerungstermin zugrundegelegt werden, die auch protokolliert worden sind, wobei nichtprotokollierte Vorgänge auch als nicht geschehen gelten;[6] allerdings kann das Protokoll (wie die Zuschlagsentscheidung auch) unter den Voraussetzungen des § 319 ZPO nachträglich berichtigt (nicht sachlich ergänzt!) werden. Die Tatsache, daß und wann der Zuschlagsbeschluß verkündet worden ist, muß unbedingt protokolliert werden.[7]

Die Zuschlagsentscheidung ergeht durch Beschluß (§ 79), dessen wesentlicher Inhalt in § 82 vorgeschrieben ist. Zum notwendigen Inhalt gehört auch die Aufzählung aller Besonderheiten, wie das Erlöschen eines Altenteils (weil dieses sonst kraft Gesetzes bestehenbleibt) oder eine gemäß § 59 vereinbarte höhere Verzinsung des Bargebots gemäß § 49 II (weil sonst die gesetzliche Verzinsung mit 4% gilt).[8] Dagegen ist eine Begründung des Beschlusses nicht vorgeschrieben. Sie sollte aber erfolgen, wenn streitige Fragen oder ungeklärte Verhältnisse zu entscheiden sind,[9] oder wenn die Einlegung von Rechtsmitteln abzusehen ist, oder wenn die Erteilung des Zuschlags verbunden ist mit der Zurückweisung eines Antrags zB auf Zuschlagsversagung, einstweilige Einstellung des Verfahrens, besonderen Verkündungstermin oä; eine kurze Begründung kann aber auch sonst niemals schaden.[8]

Weil der Ersteher den Barteil des Meistgebots noch nicht zum Zuschlag sondern erst zum Verteilungstermin zu bezahlen braucht, und weil eine eventuell verlangte Sicherheit meist keine wirtschaftliche Absicherung der Beteiligten ist,[10] können sich die Beteiligten unter Umständen gegen einen nicht von vornherein vertrauenswürdigen Ersteher gemäß § 94 durch den Antrag auf gerichtliche Verwaltung des Grundstücks bis zur Bezahlung des Bargebots schützen.

Der Zuschlagsbeschluß wird im Versteigerungstermin oder in einem besonderen Termin verkündet (§ 87 I).[11] Im Gegensatz zum Versagungsbeschluß wird der Zuschlagsbeschluß aber außerdem gemäß § 88 noch bestimmten Personen zugestellt; mit der Zustellung beginnt die Beschwerdefrist (§ 98). Neben der Zustellung muß noch eine Anzeige über den Zuschlag an das für die Grunderwerbsteuer zuständige Finanzamt ergehen (vgl § 5 I EGAO), und schließlich ist landesrechtlich meist die formlose Mitteilung an verschiedene öffentliche Stellen (zum Beispiel Gemeindeverwaltung, Schornsteinfeger) vorgeschrieben.

Auch hinsichtlich des Wirksamwerdens gibt es Unterschiede zum Versagungsbeschluß: Während dieser gemäß § 86 erst mit seiner Rechtskraft wirksam wird, wird der Zuschlagsbeschluß des Rechtspflegers sofort mit seiner Verkündung (vgl § 89) und derjenige des Beschwerdegerichts (nach vorausgehender Versagung durch das Vollstreckungsgericht) mit der Zustellung der Beschwerdeentscheidung wirksam (vgl § 104); entsprechendes gilt, wenn

---

[6] Vgl Stöber § 80 Anm 2.3; Steiner-Storz § 80 Rz 7.
[7] Vgl Stöber § 82 Anm 2.13.
[8] Vgl Stöber § 82 Anm 2.5; Steiner-Storz § 82 Rz 13. – Vgl auch das Beispiel im Anhang **AT** Nr. 23.
[9] Vgl Stöber Handbuch Rdn 353.
[10] Vgl zu diesem Problem oben D. 3.2.1.
[11] Vgl dazu oben D. 4.1.

der Richter des Vollstreckungsgerichts auf Rechtspflegererinnerung hin den Zuschlag erteilt.[12]

5.2. Wirkungen des Zuschlags

5.2.1. Allgemeine Bedeutung

Der Zuschlagsbeschluß hat die Bedeutung eines Richterspruchs und bestimmt damit originär die Rechtsstellung des Erstehers und das Schicksal der bisherigen Rechte am Grundstück und an den mitversteigerten Gegenständen. Es handelt sich dabei um einen (öffentlich-rechtlichen) Staatshoheitsakt, der aber seine rechtsbegründenden Wirkungen im privatrechtlichen Bereich hat.[13] Der Zuschlagsbeschluß bildet also einen selbständigen Rechtsgrund, so daß Eigentum nicht übertragen sondern neu begründet wird und gegen den Ersteher auch dann keine Bereicherungsansprüche geltend gemacht werden können, wenn er das Grundstück zu einem geringeren als vereinbarten Gebot erworben hat. Allerdings können hier Schadensersatzansprüche gegeben sein.[14]

Der Zuschlag wird gem § 81 I in der Regel an den Meistbietenden, ausnahmsweise gemäß § 81 II an den Zessionar der Rechte aus dem Meistgebot oder an den (in der Bietstunde verdeckt) Vertretenen gem § 81 III erteilt; in beiden Ausnahmefällen haften neben den Erstehern auch diejenigen, die das Meistgebot abgegeben haben.[14a]

Der Zuschlag bewirkt:
- den Eigentumsübergang gem § 90;
- den Übergang von Gefahr, Nutzen und Lasten gem §§ 56, 57;
- das Erlöschen von Rechten gem §§ 91, 92, wobei aber gem § 91 II das Liegenbelassen vereinbart werden kann;
- einen Vollstreckungstitel gem §§ 132, 118, 128 auf Zahlung des Meistgebots gegen den Ersteher und gem § 93 auf Räumung gegen den Eigenbesitzer;
- die Befriedigungsfiktion zugunsten des Schuldners gem § 114a;[14b]
- den Abschluß der Zwangsvollstreckung gegen den Schuldner und die Möglichkeit einer gerichtlichen Verwaltung gegen den Ersteher;
- den Übergang bestimmter Ansprüche zB Versicherungsansprüche oder Ansprüche aus dem Bundeslärmschutzgesetz;
- das Ausnahmekündigungsrecht gem §§ 57a ff gegen Mieter und Pächter.[14c]

Neben seinen Verpflichtungen aus dem Meistgebot haftet der Ersteher:
- für die Zinsen aus dem Bargebot gem § 49 II;
- für eine evtl Zuzahlungspflicht gem §§ 50, 51;
- für die Kosten des Zuschlags gem § 29 GKG;

---

[12] Vgl Stöber § 89 Anm 2.2.
[13] Vgl BGH Rpfleger 1990, 523; 1986, 396; NJW 1971, 1751; 1970, 565; RGZ 89, 77; BFH NJW 1993, 1416.
[14] Vgl BGH Rpfleger 1986, 396; Stöber 90 Anm 2.1.
[14a] Zu § 81 II–IV vgl oben D. 3.3.1. und D. 3.3.2.
[14b] Zu § 114a vgl oben C. 2.2.1. und unten E. 6.1.3.
[14c] Zu §§ 57a–57d vgl oben B. 1.3.2.

- für die Grunderwerbsteuer gem § 1 I Nr. 4 GrEStG;
- evtl für die Rückzahlung von Baukostenzuschüssen;
- evtl für Erschließungskosten; idR nicht für Hausgeldrückstände;
- idR nicht für Betriebsteuerrückstände;
- evtl für umweltgefährdende Altlasten;
- (indirekt mit dem ersteigerten Grundstück) für bestehengebliebene Grundpfandrechte und deren (dingliche) Zinsen ab Zuschlag.

5.2.2. Eigentumsübergang (§ 90)

§ 90 ZVG

(1) Durch den Zuschlag wird der Ersteher Eigentümer des Grundstücks, sofern nicht im Beschwerdewege der Beschluß rechtskräftig aufgehoben wird.

(2) Mit dem Grundstücke erwirbt er zugleich die Gegenstände, auf welche sich die Versteigerung erstreckt hat.

Der Übergang des Eigentums am Grundstück (§ 90 I) und an den mitversteigerten Gegenständen (§ 90 II) erfolgt automatisch mit dem Wirksamwerden des Zuschlags (§§ 89, 104), setzt also weder die Eintragung im Grundbuch noch die Bezahlung im (späteren) Verteilungstermin voraus und ist auch unabhängig von den bisherigen Eigentumsverhältnissen und vom guten oder bösen Glauben des Erstehers.

Wegen dieser frühzeitigen und weitgehenden Auslieferung an den Ersteher können sich die Gläubiger in gewissem Umfang gegen tatsächliche (vgl § 94) und rechtliche (vgl § 130) Verfügungen des Erstehers vor der Bezahlung des Bargebots schützen.

Zu den mitversteigerten Gegenständen gehören die wesentlichen Bestandteile, das Zubehör und die subjektiv-dinglichen Rechte (§§ 96, 1110 BGB).[15] Beim Zubehör muß aber unterschieden werden zwischen den dem Vollstreckungsschuldner gehörenden und daher gemäß § 20 II von der Beschlagnahme erfaßten Gegenständen einerseits und den dem Schuldner nicht gehörenden und daher auch nicht beschlagnahmten sondern nur gemäß § 55 II mitversteigerten Gegenständen andererseits: Das Eigentum an ersteren erlangt der Ersteher durch den Zuschlag auch dann, wenn die Gegenstände erst nach der Grundstücksbeschlagnahme auf das Grundstück gelangt und/oder wenn sie schon vor der Versteigerung unberechtigterweise entfernt worden sind; nicht dagegen im Falle einer ordnungsmäßigen Freigabe durch die betreibenden Gläubiger. Ohne formelle Freigabe werden die Zubehörstücke selbst dann von der Zwangsversteigerung erfaßt, wenn der Grundpfandgläubiger ihrem Verkauf zugestimmt und den Verkaufserlös vereinnahmt hat (zur Schuldnertilgung des Eigentümers), wenn die Zubehörstücke aber nicht vom Grundstück entfernt wurden (zB wegen Verkaufs an den Mieter!).[16] Bei den lediglich nach § 55 II mitversteigerten Gegenständen erwirbt der Ersteher

---

[15] Vgl dazu OLG Koblenz Rpfleger 1988, 493; Dorn Rpfleger 1987, 143 und oben B. 2.5.
[16] Vgl BGH ZiP 1996, 223 = EWiR 1996, 259 (Plander).

dagegen nur dann Eigentum, wenn sie im Zeitpunkt der Versteigerung noch im Besitz des Schuldners waren.[17]

Der Eigentumsübergang erfolgt gemäß § 90 I nur, sofern nicht im Beschwerdewege der Beschluß aufgehoben wird. Bei dieser Einschränkung handelt es sich nach der herrschenden Meinung nicht um eine auflösende Bedingung sondern um eine Rechtsbedingung, auf die § 161 II BGB nicht anwendbar ist.[18] Das bedeutet, daß der Ersteher das Eigentum bei einer Aufhebung des Zuschlags zwar mit rückwirkender Kraft wieder verliert. Aber die inzwischen ausgesprochenen Mietkündigungen oder neugeschlossenen Mietverträge bleiben voll wirksam.[18]

Wird der Ersteher auf Grund des Zuschlagsbeschlusses in das Grundbuch als Eigentümer eingetragen, so ist die volle Gebühr auch dann zu erheben, wenn er zuvor schon als Eigentümer eingetragen war.[19]

Oft muß der Ersteher das von ihm im Verteilungstermin zu bezahlende Meistgebot durch eine Bank finanzieren; diese verlangt dafür idR als Sicherheit eine Grundschuld auf dem ersteigerten Objekt. Der Ersteher kann nach dem Zuschlag zwar eine Grundschuld bewilligen und auch deren Eintragung im Grundbuch beantragen. Die Eintragung kann aber erst erfolgen, nachdem der Ersteher selbst als Eigentümer eingetragen ist, worum das Grundbuchamt gem § 130 erst nach dem Verteilungstermin ersucht wird. Trotzdem ist die Bank gesichert, wenn die Eintragung der Grundschuld früh genug rangwahrend beantragt wurde; der Antrag darf nämlich weder zurückgewiesen werden,[19a] noch darf wegen dieses Hindernisses eine Zwischenverfügung ergehen.[19b]

5.2.3. Übergang von Gefahr, Nutzungen und Lasten (§§ 56, 57)

§ 56 ZVG

Die Gefahr des zufälligen Unterganges geht in Ansehung des Grundstücks mit dem Zuschlag, in Ansehung der übrigen Gegenstände mit dem Schlusse der Versteigerung auf den Ersteher über. Von dem Zuschlag an gebühren dem Ersteher die Nutzungen und trägt er die Lasten. Ein Anspruch auf Gewährleistung findet nicht statt.

§ 57 ZVG

Ist das Grundstück einem Mieter oder Pächter überlassen, so finden die Vorschriften der §§ 571, 572, 573 S. 1, 574, 575 BGB nach Maßgabe der §§ 57 a und 57 b entsprechende Anwendung.

Die Gefahr des zufälligen Untergangs oder einer zufälligen Beschädigung (durch Krieg, Brand, Erdbeben, Überschwemmung) geht hinsichtlich des

---

[17] Vgl **TH** D. 5.

[18] Vgl zu dieser etwas eigentümlichen Regelung und den daraus entstehenden Problemen ausführlich Steiner-Eickmann § 90 Rz 22, 23.

[19] OLG Düsseldorf Rpfleger 1989, 250 und 1987, 411; OLG Zweibrücken Rpfleger 1988, 409; **str. aA:** Göttlich-Mümmler Kostenordnung, 9. Auflage unter „Ersteher" 1.1.

[19a] LG Darmstadt WM 1987, 636; LG Gießen Rpfleger 1979, 352 (zust. Anm. Schiffhauer).

[19b] Dazu OLG Jena Rpfleger 1996, 100; Amann DNotZ 1997, 113.

Grundstücks mit dem Wirksamwerden des Zuschlags (§§ 89, 104), hinsichtlich der mitversteigerten Gegenstände sogar schon mit dem Schluß der Versteigerung auf den Ersteher über (§ 56 S. 1). Der Erwerb geschieht auf eigenes Risiko, weil Gewährleistungsansprüche ausdrücklich ausgeschlossen sind
(§ 56 S. 3).

Gemäß § 56 S. 2 gehen alle öffentlichen und privaten Nutzungen (vgl
§§ 101, 102 BGB) und Lasten (vgl § 103 BGB) mit dem Zuschlag auf den
Ersteher über, soweit letztere nicht gemäß §§ 52 I, 91 I erlöschen. So haftet der
Ersteher auch für die Grundsteuern, die auf die Zeit vom Zuschlag bis zum
Ende des Kalenderjahres entfallen; diese Haftung kann durch einen Duldungs-
bescheid geltend gemacht werden.[20] Der Ersteher haftet dagegen nicht für einen vor dem Zuschlag entstandenen Anspruch auf höhere Grundsteuern, der
nicht rechtzeitig zum Versteigerungstermin angemeldet worden ist.[21] Wenn
der Schuldner Vorauszahlungen erhalten hat, muß er die auf die Zeit nach dem
Zuschlag entfallenden Beträge nach Abzug der entsprechenden Kosten an den
Ersteher herausgeben. Der Ersteher haftet nicht für die Anschlußkosten, wenn
noch der alte Grundstückseigentümer einen Anschlußvertrag für Gas, Wasser
oä geschlossen hatte und der Ersteher die Versorgungsleistungen über den
Anschluß erstmals nach dem Zuschlag in Anspruch nimmt.[22]

Zu den vom Ersteher gem § 56 S. 2 zu tragenden privatrechtlichen Lasten
gehören insbesondere die laufenden wiederkehrenden Leistungen (Zinsen)
aus evtl bestehengebliebenen Grundpfandrechten.[22a] Diese dinglichen Zinsen
muß der Ersteher ab dem Zuschlag tragen und zwar so lange, bis er Grundschuldhauptsumme und dingliche Zinsen bezahlt hat. Das gilt auch dann,
wenn die Grundschuld nicht mehr (voll) valutiert war, denn der Ersteher hat
ja bei seinem Gebot die volle Grundschuldhauptsumme abgezogen und damit
eingespart. Der Unterschiedsbetrag (der durch die laufenden Zinsen ab Zuschlag anwächst) steht in aller Regel dem bisherigen Schuldner als Rückgewähranspruch zu.[22b]

Wird der Zuschlag wieder aufgehoben, muß nach den allgemeinen Regeln
der §§ 988 ff BGB zwischen Schuldner und Ersteher außerhalb des Versteigerungsverfahrens rückabgewickelt werden.

Ist das Grundstück an Dritte vermietet oder verpachtet, gelten nach § 57
die §§ 566, 566a, 566b I, 566c, 566d BGB mit der Folge, daß der Ersteher
wie ein Käufer in die Miet-/Pachtverträge eintritt und daher an alle sich daraus ergebenden Verpflichtungen gebunden ist (dagegen nicht an eine Verpflichtung des Schuldners zur Rückerstattung des bei der Kündigung eines
Altenheimvertrages noch nicht abgewohnten Darlehensteils).[23] Das gilt auch
für eine vereinbarte Vertragslaufzeit oder Kündigungsfrist. Der Ersteher (nicht

[20] BVerwG NJW 1993, 871; OVG Lüneburg Rpfleger 1990, 377 (Anm Hornung);
anders noch BVerwG Rpfleger 1985, 35 (Anm Meyer-Stolte).
[21] BVerwG Rpfleger 1985, 35 (Anm Meyer-Stolte); vgl auch VG Freiburg NJW-
RR 1997, 1507 (hinsichtlich Erschließungsbeiträgen).
[22] BGH Rpfleger 1991, 213; 1990, 309; vgl auch BGH Rpfleger 1988, 274 (Hagemann).
[22a] OLG Frankfurt FamRZ 2007, 1667; Dassler/Gerhardt § 56 Rz 6; Steiner/Teufel
§ 56 Rz 17; Stöber § 56 Anm 3.6.
[22b] Vgl dazu auch BGH EWiR 2003, 761 (Dümig) – und **TH** D. 5.5.4.
[23] BGH KTS 1982, 251.

aber der Mieter!) hat jedoch gemäß § 57a unter bestimmten Voraussetzungen die Möglichkeit, das Miet-/Pachtverhältnis einmalig und nur zum frühestmöglichen Zeitpunkt unter Wahrung der gesetzlichen Fristen zu kündigen, weshalb nicht etwa der Eintritt der Rechtskraft des Zuschlagsbeschlusses abgewartet werden darf.[24]

Der Ersteher muß unbedingt berücksichtigen, daß er im Falle von noch nicht vollständig abgewohnten Mieterdarlehen uU verpflichtet sein kann,

– bei einer vorzeitigen Beendigung des Mietverhältnisses den noch nicht abgewohnten Teil des Mieterdarlehens oder sonstiger Finanzierungsbeiträge des Mieters[24a] auszuzahlen; entsprechendes gilt uU für verlorene Baukostenzuschüsse, sowie für sonstige Baukostenzuschüsse des Mieters, die uU dem Mieter zurückzuerstatten sind;[24b]

– bei einer Fortführung des Mietverhältnisses die weitere Kürzung des Mietzinses wegen Verrechnung mit dem noch nicht abgewohnten Mieterdarlehen zu dulden.[24c]

Wenn der Mieter tatsächlich dem bisherigen Vermieter ein Mieterdarlehen gegeben hat und dieses Mieterdarlehen nachweisbar für das Gebäude verwendet wurde, und wenn eine Verrechnung mit dem Mietzins vereinbart wurde, dann können derartige Verpflichtungen entgegen dem Wortlaut der § 57 ZVG iVm §§ 566 ff BGB auf den Ersteher zukommen,[25] zuzüglich zu seinen Verpflichtungen aus dem Meistgebot. Besonderes Augenmerk verdienen dabei folgende BGH-Entscheidungen aus neuerer Zeit:

– Vorauszahlungen des Mietzinses in einem Einmalbetrag können dem Ersteher gegenüber wirksam sein, wenn die Höhe des Mietzinses nicht nach wiederkehrenden Zeitabschnitten bemessen ist.[25a]

– Verwendungsersatz kann der Mieter uU verlangen aus Geschäftsführung ohne Auftrag (wenn die Verwendungen wenigstens dem mutmaßlichen Willen des Vermieters entsprechen) oder aus ungerechtfertigter Bereicherung (wenn die Verwendungen eine noch wirksame Wertsteigerung bewirkt haben).[25b]

Zusammenfassend kann gesagt werden, daß der Ersteher trotz des Wortlauts der § 57 ZVG iVm §§ 566 ff BGB neben seinem Meistgebot uU noch nicht abgewohnte Teile eines Baukostenzuschusses oder Mieterdarlehens bzw einer Mietvorauszahlung dem Mieter erstatten muß,

– wenn entweder die Leistung des Mieters tatsächlich zum Ausbau der Wohnung verwendet worden ist,[25c] wobei die Beweislastfrage in Rechtsprechung und Literatur unterschiedlich beantwortet wird,[25d]

---

[24] Zum Ausnahmekündigungsrecht vgl ausführlich oben B. 1.3.2.

[24a] Soergel–Kummer § 557a BGB Rz 12; Klawikowski Rpfleger 1997, 418.

[24b] BGH NJW 1967, 555; Muth S. 492; Klawikowski Rpfleger 1997, 418.

[24c] BGH NJW 1998, 595; 1967, 555.

[25] Vgl dazu auch BGH NJW 1998, 595.

[25a] BGH NJW 1998, 595; NJW 1962, 1860.

[25b] BGH VII ZS 136/96 NJW 1998, Heft 50, VIII.

[25c] BGH Rpfleger 1970, 236; NJW 1962, 1860; 1959, 380; 1955, 301; 1952, 867; OLG Frankfurt ZMR 1970, 181; MK-Eickmann § 1124 BGB Rz 27 ff; Schuster MDR 1960, 181.

[25d] Nach BGH NJW 1959, 23 trägt der Mieter die Beweislast; **nach** MK-Eickmann § 1124 BGB Rz 27; Palandt-Bassenge § 1124 BGB Rz 2a der Ersteher.

– oder wenn bei einer Einmalvorauszahlung die Höhe der Miete nicht nach wiederkehrenden Zeitabschnitten bemessen ist.[25e]

Gerade die Wirksamkeit einer Einmalvorauszahlung kann für Zwangsversteigerungsverfahren außerordentlich gefährlich sein/werden!

Eine besondere Schwierigkeit besteht darin, daß der Rechtspfleger hierüber in aller Regel keine Auskünfte erteilen kann und auf den normalen Prozeßweg (zwischen Ersteher und Mieter) verweisen muß.

Ist zugunsten des Mieters auch ein dingliches Wohnungsrecht eingetragen und in der Zwangsversteigerung bestehen geblieben, kann der Mieter uU trotz wirksamer Kündigung des Mietvertrages und trotz dafür erwirktem Räumungstitel die Wiedereinweisung in seinen Mietraum verlangen.[25f]

Nach dem Zuschlag ist nicht der Ersteher, sondern der Alteigentümer gegenüber dem Mieter bezüglich der bis zum Zuschlag laufenden Abrechnungsperiode zur Abrechnung der Betriebskosten verpflichtet und zur Erhebung evtl Nachzahlungen berechtigt; es kommt also nicht darauf an, wann der Zahlungsanspruch fällig geworden ist.[25g]

Einem Makler, dessen Kunde ein von ihm benanntes Grundstück in der Zwangsversteigerung erwirbt, steht kein Provisionsanspruch nach § 652 BGB zu, wenn er dem Kunden lediglich seine Allgemeinen Bedingungen zugesandt hat, nach denen auch ein Erwerb in der Zwangsversteigerung provisionspflichtig ist.[26] Nur durch eine ganz individuelle Vereinbarung kann ein derartiger Anspruch begründet werden. Ein Maklerlohnanspruch entsteht auch dann nicht gegen den Grundstückserwerber, wenn auf Grund des vermittelten Kaufvertrags zunächst ein gesetzliches Vorkaufsrecht (zB gemäß § 3 BauGB-MaßnahmenG iVm § 24 I 1 Nr. 5, 6 BauGB) ausgeübt wird, und der Erwerb erst in einer anschließenden Zwangsversteigerung erfolgt.[27] – Betreibt eine Bank die Zwangsversteigerung aus einem Grundpfandrecht, so macht sie sich wegen positiver Vertragsverletzung schadensersatzpflichtig, wenn sie im Falle eines von ihr vermittelten freihändigen Verkaufes eine Maklerprovision verlangt;[28] deshalb kann die Bank auch in der Zwangsversteigerung (erst recht) keine Maklerprovision geltend machen, sondern allenfalls eine angemessene Bearbeitungsgebühr.[28a]

5.2.4. Erlöschen von Rechten (§§ 91, 92)

§ 91 ZVG

(1) Durch den Zuschlag erlöschen unter der im § 90 I bestimmten Voraussetzung die Rechte, welche nicht nach den Versteigerungsbedingungen bestehenbleiben sollen.

[25e] BGH NJW 1998, 595; NJW 1962, 1860.
[25f] BGH NJW-RR 1999, 376.
[25g] BGH Rpfleger 2004, 303.
[26] BGH EWiR 1993, 313 (Dehner); Rpfleger 1990, 522. – Vgl auch **TH** C. 5.1.5 (8).
[27] BGH NJW 1999, 2271.
[28] BGH EWiR 1997, 775 (Schwerdtner).
[28a] Vgl OLG Düsseldorf Rpfleger 1999, 501.

(2), (3) .... (Liegenbelassungsvereinbarung) . . . .

(4) Das Erlöschen eines Rechts, dessen Inhaber zur Zeit des Erlöschens nach § 1179 a BGB die Löschung einer bestehenbleibenden Hypothek, Grundschuld oder Rentenschuld verlangen kann, hat nicht das Erlöschen dieses Anspruchs zur Folge. Der Anspruch erlischt, wenn der Berechtigte aus dem Grundstück befriedigt wird.

§ 92 ZVG

(1) Erlischt durch den Zuschlag ein Recht, das nicht auf Zahlung eines Kapitals gerichtet ist, so tritt an die Stelle des Rechtes der Anspruch auf Ersatz des Wertes aus dem Versteigerungserlöse.

(2) Der Ersatz für einen Nießbrauch, für eine beschränkte persönliche Dienstbarkeit sowie für eine Reallast von unbestimmter Dauer ist durch Zahlung einer Geldrente zu leisten, die dem Jahreswerte des Rechtes gleichkommt. Der Betrag ist für drei Monate vorauszuzahlen. Der Anspruch auf eine fällig gewordene Zahlung verbleibt dem Berechtigten auch dann, wenn das Recht auf die Rente vor dem Ablaufe der drei Monate erlischt.

(3) Bei ablösbaren Rechten bestimmt sich der Betrag der Ersatzleistung durch die Ablösesumme.

Falls der Zuschlag nicht wieder aufgehoben wird (vgl § 90 I), erlöschen gemäß § 91 I mit seinem Wirksamwerden (§§ 89, 104) alle Rechte, die nicht nach den Versteigerungsbedingungen oder auf Grund einer Liegenbelassungsvereinbarung gemäß § 91 II bestehenbleiben.[29]

An Stelle der erlöschenden Rechte treten aber gemäß § 92 entsprechende Zahlungs- beziehungsweise Ersatzansprüche (Surrogationsprinzip), mit denen die Berechtigten für ihr Interesse entschädigt werden sollen.[30] Für Nießbrauch, beschränkte persönliche Dienstbarkeit und Reallast von unbestimmter Dauer ist in § 92 II eine Geldrente vorgesehen;[31] an die Stelle von ablösbaren Rechten tritt gemäß § 92 III die Ablösesumme. Für alle anderen erlöschenden und nicht auf Zahlung eines Kapitals gerichteten Ansprüche (zum Beispiel Auflassungsvormerkungen, Grunddienstbarkeiten, alte Erbbaurechte) muß gemäß § 92 I ein Ersatzwert ermittelt werden,[31] dessen Berechnungsart vom Gesetz aber offengelassen ist. Der Ersatzwert für ein durch den Zuschlag erlöschendes aber alle oder mehrere Verkaufsfälle sicherndes dingliches Vorkaufsrecht beträgt idR 2% des Grundstückswertes;[32] bei der Wertbe-

---

[29] Zu evtl außerhalb des geringsten Gebots bestehenbleibenden Rechten vgl oben B. 6.2.5.3.

[30] Vgl BGH Rpfleger 1993, 493 (zB bei Vor- und Nacherbschaft); LG Hildesheim Rpfleger 1990, 87; Pöschl BWNotZ 1956, 41; Stöber § 92 Anm 6.10; ähnlich auch OLG Düsseldorf Rpfleger 1991, 471.

[31] Vgl zur Festsetzung des Ersatzwertes gem § 92 ausführlich oben B. 6.2.4. und **TH** D. 5.5.6.

[32] OLG Celle vom 3. 11. 87 – 4 U 193/86; LG Hildesheim EWiR 1990, 101 (zust Anm Eickmann mwN); LG Hamburg Rpfleger 1986, 443; Stöber § 92 Anm 6.10. – Zu den Verkaufsrechten in der Zwangsversteigerung vgl auch Stöber NJW 1988, 3121; zum Verkaufsrecht des Mieters einer öff. geförderten Wohnung gemäß § 2b WoBindG in der Zwangsversteigerung vgl BGH NJW 1999, 2044 und oben B. 6.2.4.2. – Ein nur persönliches Vorkaufsrecht iSd § 463 BGB gewährt dagegen

rechnung für ein durch eine erlöschende Auflassungsvormerkung gesichertes Wiederkaufsrecht ist zu berücksichtigen, daß der Wiederverkäufer idR gemäß § 499 BGB evtl Rechte Dritter beseitigen muß.[33] Alle diese Zahlungs- und Ersatzansprüche werden vom Gericht auf Grund der Anmeldung (und gegebenenfalls auch Glaubhaftmachung) geprüft und festgestellt, dies allerdings nur im Verhältnis zum Vollstreckungsschuldner;[34] wer mit dieser Feststellung nicht einverstanden ist, kann nur gegen den Teilungsplan Widerspruch einlegen (vgl § 115). Gegebenenfalls wird der Betrag dann vom Gericht gemäß § 120 hinterlegt.[35]

Mit den Rechten am Grundstück erlöschen auch die bei ihnen bestehenden Rangvorbehalte und vereinbarten Löschungsvormerkungen.[36] Die seit dem 1. 1. 1978 bestehenden gesetzlichen Löschungsansprüche gemäß § 1179a BGB erlöschen dagegen Kraft der seit 1. 1. 1978 neu eingeführten Vorschrift des § 91 IV erst dann, wenn der Berechtigte aus dem Grundstück befriedigt ist.[37] Andere Rechte wie Nießbrauch, Pfandrecht oder Einreden und Beschränkungen bleiben dagegen bestehen, nur richten sie sich jetzt nicht mehr auf das erlöschende Recht sondern auf den entsprechenden Anteil am Versteigerungserlös.[38]

Die nach den Versteigerungsbedingungen bestehenbleibenden Rechte (vgl § 52) sowie eine durch ein bestehenbleibendes Grundpfandrecht gesicherte und angemeldete persönliche Schuld (vgl § 53) werden vom Ersteher übernommen. Deckt das Meistgebot ein erlöschendes Grundpfandrecht nicht (ganz), so bleibt die durch dieses Recht gesicherte persönliche Forderung (insoweit) gegenüber dem Schuldner bestehen; sie berührt aber den Ersteher nicht. Dagegen übernimmt der Ersteher auch die sich auf das Grundstück und die mitversteigerten Gegenstände beziehenden Versicherungs- und Entschädigungsforderungen; diese werden ja ebenfalls gemäß §§ 20 II, 55 I von der Beschlagnahme und von der Versteigerung erfaßt.

Ist der Ersteher eines Grundstücks zugleich Gläubiger einer bestehenbleibenden Hypothek und der dadurch gesicherten Forderung, so erlischt die Forderung regelmäßig gemäß § 53 I in Höhe der Hypothek.[39] – Bleibt eine Grundschuld bestehen und wird der Ersteher hieraus (indirekt) in Anspruch genommen, so kann er dem Grundschuldgläubiger grundsätzlich keine Einreden entgegensetzen, die sich aus dem zwischen dem Schuldner (Sicherungsgeber) und Gläubiger (Sicherungsnehmer) abgeschlossenen Sicherungs-

---

kein Recht auf Befriedigung aus dem Grundstück und erhält deshalb ebensowenig einen Wertersatz wie ein nur für einen Verkaufsfall bestelltes dingliches Vorkaufsrecht.
[33] OLG Düsseldorf, Rpfleger 1991, 471; OLG Bamberg JurBüro 1973, 665. – Zum Wiederkaufsrecht bei der Zwangsversteigerung vgl auch BGH DNotZ 1995, 204 (Anm Siegmann) = EWiR 1994, 1255 (Anm Muth).
[34] Vgl Stöber § 92 Anm 4.13.
[35] Zur Ermittlung der Ersatzwerte vgl ausführlich Stöber § 92 Anm 6.1.–14. und Steiner-Eickmann § 92 Rz 5–34
[36] Vgl Stöber § 91 Anm 2.3.
[37] Vgl Stöber § 91 Anm 6. – Zum gesetzlichen Löschungsanspruch in der Zwangsversteigerung vgl auch BGH Rpfleger 2006, 484.
[38] Vgl Stöber § 92 Anm 4.1.
[39] BGH NJW 1996, 2310.

vertrag ergeben.[39a] Er kann sich also insbesondere nicht auf eine evtl Nichtvalutierung der Grundschuld berufen, denn er hat ja den vollen Grundschuldbetrag bereits bei seinem Bargebot abgezogen. Der Ersteher haftet gem § 56 S. 2 auch für die dinglichen Zinsen solcher Grundschulden ab dem Zuschlag. – Bleibt eine zur Sicherung eines Leibrentenversprechens eingetragene Reallast bestehen, haftet im Innenverhältnis zu dem ursprünglichen Rentenschuldner allein der Ersteher für die nach dem Zuschlag fällig werdenden Leistungen.[40]

5.2.5. Vollstreckungstitel (§ 93)

§ 93 ZVG

(1) Aus dem Beschlusse, durch welchen der Zuschlag erteilt wird, findet gegen den Besitzer des Grundstücks, oder einer mitversteigerten Sache die Zwangsvollstreckung auf Räumung und Herausgabe statt. Die Zwangsvollstreckung soll nicht erfolgen, wenn der Besitzer auf Grund eines Rechtes besitzt, das durch den Zuschlag nicht erloschen ist. Erfolgt gleichwohl die Zwangsvollstreckung, so kann der Besitzer nach Maßgabe des § 771 ZPO Widerspruch erheben.

(2) Zum Ersatze von Verwendungen, die vor dem Zuschlage gemacht sind, ist der Ersteher nicht verpflichtet.

Der Zuschlagsbeschluß kann in zweierlei Hinsicht die Funktion eines Vollstreckungstitels haben:

(1) Gemäß §§ 132, 118, 128 für bestimmte Gläubiger gegen den Ersteher, wenn dieser seiner Zahlungspflicht zum Verteilungstermin (vgl § 49 I) nicht nachkommt;[41] dieser Vollstreckungstitel geht auf Zahlung und auf Duldung der Zwangsvollstreckung (Wiederversteigerung).

(2) Gemäß § 93 I für den Ersteher gegen den Schuldner, wenn dieser das Grundstück oder einen mitversteigerten Gegenstand besitzt und nicht herausgibt; dieser Titel geht auf Räumung des Grundstücks beziehungsweise Herausgabe des Gegenstandes, dagegen idR nicht auf Durchsuchung der Wohnung.[42] Vollstreckt werden kann auch gegen Dritte als Besitzer (zB Familienangehörige oder Personal des Schuldners), außer wenn deren Besitz auf einem Recht beruht, das zur Zeit des Zuschlags noch gegeben war (also nicht zB bei einem bereits wirksam gekündigten Mietvertrag), und das auch durch den Zuschlag nicht erloschen ist (§ 93 I 2). Wird ein derartiger Mietvertrag vorgelegt und dadurch eine eigenständige Klausel mit Zustellung erforderlich, so kann unter Umständen die einstweilige Einstellung der Vollstreckung angeordnet werden, um dem Ersteher Gelegenheit entweder zur Erfüllung dieser Vollstreckungsvoraussetzungen oder zum Nachweis

---

[39a] BGH EWiR 2003, 761 (Dümig).

[40] BGH EWiR 1993, 935 (Muth); vgl auch BGH WM 1991, 1734; Steiner-Eickmann § 53 Rz 50; Dassler-Gerhardt § 53 Rz 13.

[41] Vgl dazu unten E. 6.2.

[42] BVerfG NJW 1981, 2111 und 1979, 1539; Noack JurBüro 1980, 1135; Drischler KTS 1981, 397.

einer evtl. Manipulation des Mietvertrages zu geben.[43] Sind Umstände erkennbar, die für ein nach dem Zuschlag weiterwirkendes Besitzrecht eines
Mieters sprechen, so muß die Klauselerteilung abgelehnt werden. Dies gilt
insbesondere dann, wenn ein Rechtsstreit über das Bestehen des Mietverhältnisses bereits anhängig ist.[44] Andererseits ist die Vollstreckungsklausel
zum Zuschlagsbeschluß sofort zu erteilen, wenn ein behauptetes Mietverhältnis (zB mit einem nahen Angehörigen oder mit einem bisherigen Miteigentümer) mit großer Wahrscheinlichkeit wegen mangelnder Ernsthaftigkeit des Vertragsabschlusses nicht wirksam zustandegekommen ist.[45] Auch
der Bundesgerichtshof verlangt, daß ein behauptetes Besitzrecht in diesem
vereinfachten Klauselerteilungsverfahren nur dann zu beachten ist, wenn
dem Vollstreckungsgericht zumindest Anhaltspunkte dargetan werden, die
ein eigenes Besitzrecht zum Zeitpunkt der Zuschlagserteilung nahe legen.[45a]

Es ist schon wiederholt darauf hingewiesen worden,[46] daß sich die Zwangsversteigerungspraxis häufig mit manipulierten Mietverträgen auseinanderzu-
setzen hat. Das wirkt sich naturgemäß auch auf die Räumungsvollstreckung
aus. Besonders deshalb, aber auch sonst, sollte der Ersteher zur Vermeidung
von Schwierigkeiten sicherheitshalber auch eine richterliche Durchsuchungsanordnung erwirken, falls der Zuschlag nicht durch einen Richter (des AG
oder Beschwerdegerichts) erteilt worden ist.[47] Zwar erfolgt die Räumungsvollstreckung aus dem Zuschlagsbeschluß auch gegen Ehegatten, Lebensgefährten, Familienangehörige des Schuldners (soweit diese kein eigenständiges
Besitzrecht geltend machen);[48] aber die Vollstreckungsklausel sollte nicht nur
den Schuldner selbst bezeichnen, sondern auch Ehegatten, Lebensgefährten,
Kinder und sonstige Familienangehörige.[49] Bei wahrscheinlich manipulierten
Mietverträgen, sollte die Vollstreckungsklausel auch sofort gegen die „Schein-

---

[43] Vgl LG Krefeld Rpfleger 1987, 259 (Anm Meyer-Stolte); LG Detmold Rpfleger
1987, 323.
[44] OLG Hamm Rpfleger 1989, 165.
[45] OLG Frankfurt Rpfleger 1989, 209; LG Freiburg Rpfleger 1990, 266; LG Kre-
feld/LG Detmold Rpfleger 1987, 259 bzw 323; Meyer-Stolte Rpfleger 1987, 259. –
Vgl auch **TH** D. 5.5.7.
[45a] BGH Rpfleger 2004, 368. In der dortigen Entscheidung hat der BGH solche
Anhaltspunkte verneint, weil der Mietvertrag erst nach dem Zuschlag geschlossen
wurde und einen schon vor dem Zuschlag liegenden Mietbeginn festgelegt hat; der
BGH hat diese Mieter auf den Klageweg des § 771 ZPO verwiesen.
[46] Vgl zB A. 1.1.1. und B. 1.3.2!
[47] Die Notwendigkeit ist bestritten. **Dafür:** OLG Bremen Rpfleger 1994, 77; AG
Bad Segeberg NJW-RR 1989, 61; Stöber § 93 Anm 2.1; Dassler-Schiffhauer
§ 93 Rz 15; **dagegen:** LG Aachen DGVZ 1996, 10; LG Düsseldorf JurBüro 1987,
1578.
[48] OLG Frankfurt Rpfleger 1989, 209; LG Baden-Baden FamRZ 1993, 227; LG
Oldenburg Rpfleger 1991, 29; LG Krefeld Rpfleger 1987, 259; AG Bergisch-
Gladbach DGVZ 1994, 46.
[49] Die Notwendigkeit ist bestritten. **Dafür:** OLG Köln WM 1994, 285, LG Lübeck
DGVZ 1990, 91; LG Mainz MDR 1978, 765; AG Bad Neuenahr-Ahrweiler DGVZ
1987, 142; **dagegen:** LG Baden-Baden WuM 1992, 493; LG Oldenburg Rpfleger
1991, 29 (Meyer-Stolte). – Lediglich bei Kindern ohne eigenes Besitzrecht reicht auch
heute noch die Vollstreckungsklausel gegen die Eltern: OLG Hamburg NJW-RR
1991, 909.

mieter" erteilt werden,[50] die sich ihrerseits ggf gemäß § 771 ZPO wehren müssen.[51]

Für beide Funktionen ist der Zuschlagsbeschluß schon ab seiner Wirksamkeit (§§ 89, 104) Vollstreckungstitel; es kommt also auch hier nicht darauf an, ob der Beschluß schon rechtskräftig ist. Wie bei anderen Vollstreckungen auch muß der Titel den Vollstreckungsschuldner (zum Beispiel die Dritten als Besitzer) genau bezeichnen, mit einer Vollstreckungsklausel versehen und zugestellt werden; lediglich dem früheren Grundstückseigentümer und Vollstreckungsschuldner kann der Titel gemäß § 750 I ZPO auch ohne Klausel zugestellt werden.[52]

Die Kosten der Vollstreckung nach § 93 sind keine Kosten des Versteigerungsverfahrens sondern müssen gemäß § 788 ZPO vom jeweiligen Vollstreckungsschuldner bezahlt werden; ist dieser dazu nicht in der Lage, haftet der Vollstreckende.[53]

Streitig ist schon lange die Frage, ob dem Schuldner Vollstreckungsschutz nach § 721 ZPO (Zubilligung einer Räumungsfrist) gewährt werden kann. Diese Frage wird von der heute herrschenden Meinung verneint,[54] weil § 765a ZPO als letzter Schutz gegen unbillige Räumungsverlangen ausreiche.[55] Wird der Eigentümer vom Gerichtsvollzieher wieder in das von ihm genutzte Haus (Wohnung) eingewiesen, so kann der Ersteher von dem Träger der ordnungsbehördlichen Kosten nicht nur eine Nutzungsentschädigung sondern idR auch Ersatz derjenigen Schäden verlangen, die der Eingewiesene durch unsachgemäßen Gebrauch der Wohnung angerichtet hat.[56] Wurde bei der Wiedereinweisung nicht der Zustand des Hauses (Wohnung) festgehalten, so kommen für den Ersteher Beweiserleichterungen im Schadensersatzprozeß in Betracht.[56]

5.2.6. Abschluß der Vollstreckung, gerichtl. Verwaltung (§ 94)

§ 94 ZVG

(1) Auf Antrag eines Beteiligten, der Befriedigung aus dem Bargebote zu erwarten hat, ist das Grundstück für Rechnung des Erstehers in gerichtliche Verwaltung zu nehmen, solange nicht die Zahlung oder Hinterlegung erfolgt ist. Der Antrag kann schon im Versteigerungstermine gestellt werden.

(2) Auf die Bestellung des Verwalters sowie auf dessen Rechte und Pflichten finden die Vorschriften über die Zwangsverwaltung entsprechende Anwendung.

---

[50] Vgl OLG Frankfurt Rpfleger 1989, 209; OLG Hamm Rpfleger 1989, 165; LG Wuppertal Rpfleger 1993, 81; LG Freiburg Rpfleger 1990, 266.

[51] OLG Frankfurt Rpfleger 1989, 209; LG Freiburg Rpfleger 1990, 266; Dassler-Schiffhauer § 93 Rz 22.

[52] Vgl Stöber § 93 Anm 2.5.

[53] Vgl Stöber § 93 Anm 2.13.

[54] So Steiner-Eickmann § 93 Rz 47 m. w. W.

[55] Vgl dazu zB BVerfG NJW 1992, 1155; LG Kiel NJW 1992, 1174.

[56] BGH EWiR 1996, 135 (Medicus) für die behördliche Einweisung von Obdachlosen.

Der Zuschlag bedeutet hinsichtlich des Grundstücks gleichzeitig den Abschluß der Zwangsvollstreckung gegen den Schuldner. Das zeigt sich nicht nur daran, daß nach der Rechtskraft des Zuschlags etwaige Willensmängel bei der Abgabe des Meistgebots nicht mehr geltend gemacht werden können, daß im Verfahren eventuell vorgekommene Fehler nicht mehr gerügt und auch nicht mehr beseitigt werden können, sondern auch darin, daß der Schuldner jetzt auch durch einen Vollstreckungsschutzantrag nach § 765a ZPO sein Eigentum nicht mehr retten kann. Eine etwaige Zwangsverwaltung muß aufgehoben werden, weil die Nutzungen des Schuldners vom Zuschlag an dem Ersteher gebühren und damit der Zwangsverwaltung entzogen sind. Die Aufhebung der Zwangsverwaltung soll allerdings erst mit Rechtskraft des Zuschlagsbeschlusses angeordnet werden.[57]

Zur Sicherung derjenigen Gläubiger, die aus dem Bargebot eine Befriedigung zu erwarten haben, kann gemäß § 94 auf Antrag die gerichtliche Verwaltung des Grundstücks angeordnet werden.[58] Überschüsse aus dieser Verwaltung werden nicht an den Ersteher sondern nach einem besonderen Teilungsplan an die Gläubiger der bestehenbleibenden Rechte und Lasten ausbezahlt.[59] Der Nutzungsentschädigungsanspruch des Vermieters (Erstehers) besteht in Höhe des ortsüblichen Mietzinses bei verspäteter Räumung auch ohne besondere Erklärung.[59a] Obwohl auf die gerichtliche Verwaltung gem § 94 II die Vorschriften der Zwangsverwaltung entsprechend anwendbar sind, so daß nur der Verwalter Mietverträge abschließen und kündigen kann, ist hier der Verwalter in besonderem Maße zur Abstimmung mit dem Ersteher verpflichtet.[59b] Der Ersteher kann die gerichtliche Verwaltung andererseits jederzeit durch vorzeitige Bezahlung des Meistgebots beenden lassen.[59c]

5.2.7. Übergang von Versicherungsforderungen u. a.

Die Zwangsversteigerung erfasst gemäß §§ 55 I, 20 II auch Versicherungs- und Entschädigungsforderungen, soweit diese der Hypothekenhaftung unterliegen.[59d] Deshalb geht mit dem Zuschlag ein Entschädigungsanspruch gegen die (idR: Gebäude-)Versicherung jedenfalls dann auf den Ersteher über, wenn der den Schaden verursachende Versicherungsfall nach der Beschlagnahme eingetreten ist.[59e]

Inhaber eines Entschädigungsanspruchs für Schallschutzmaßnahmen kann auch der Ersteher eines von derartigen Maßnahmen betroffenen Grundstücks sein, wenn die (sonstigen) gesetzlichen Anspruchsvoraussetzungen (§ 42 Abs 1, 2 des Bundeslärmschutzgesetzes) im Zeitpunkt des Zuschlags bereits gegeben waren.[59f]

---

[57] Vgl Stöber Handbuch Rz 673.
[58] Vgl **TH** D. 5.5.2. und **TH** D. 5.5.5.
[59] Vgl Steiner-Eickmann § 94 Rz 17.
[59a] BGH ZiP 1999, 1395.
[59b] Vgl OLG Düsseldorf NJW-RR 1997, 1100; Stöber § 94 Anm 3.4.
[59c] Stöber § 94 Anm 3.9; Böttcher § 94 Rz 8; Steiner/Eickmann § 94 Rz 19; Dassler/Schiffhauer § 94 Rz 12.
[59d] Vgl oben B. 2.5.3.
[59e] OLG Hamm vom 27. 8. 2003 (20 U 12/03).
[59f] BGH NVwZ 2003, 1286.

Nicht von der Beschlagnahme erfasst werden dagegen Schadensersatzansprüche gegen das Versicherungsunternehmen zB aus Verschulden bei Vertragsverhandlungen; diese Ansprüche gehen also auch nicht auf den Ersteher über.[59g]

5.3. Haftung des Erstehers außerhalb des Meistgebots

5.3.1. Zinsen aus dem Bargebot (§ 49 II)

Der Barteil des Meistgebots muß von dem Ersteher zwischen Zuschlag und Verteilungstermin gemäß § 49 II verzinst werden, und zwar mit den gesetzlichen 4%, wenn nicht gemäß § 59 ein anderer Zinssatz festgelegt wurde. Für bestehenbleibende Grundpfandrechte muß der Ersteher die dort eingetragenen Zinsen ab Zuschlag tragen, so daß insoweit keine zusätzliche Zahlungspflicht neben dem Meistgebot entsteht.

Im Falle einer Liegenbelassungsvereinbarung nach § 91 II[60] mindert sich der zu verzinsende Bargebotsanteil (vgl § 91 III), weil der Ersteher das liegenbelassene Recht wie ein bestehenbleibendes Recht ab Zuschlag verzinsen muß.

Der Ersteher kann die Verzinsungspflicht dadurch abwenden oder mindern, daß er eine eventuell geleistete Barsicherheit als Vorauszahlung auf seine Barzahlungspflicht bestimmt oder daß er den Barteil seines Meistgebots schon vor dem Verteilungstermin hinterlegt (vgl § 49 III).

5.3.2. Zuzahlungspflicht nach §§ 50, 51

Wenn die Verhältnisse bei der Erlösverteilung beziehungsweise im Zeitpunkt des Wirksamwerdens des Zuschlags (§§ 89, 104) anders sind als dies bei der Feststellung der Versteigerungsbedingungen angenommen war, muß der Ersteher unter Umständen eine sogenannte Zuzahlung (neben dem Meistgebot) leisten, damit er nicht ohne entsprechende Gegenleistung bereichert ist.[61]

Eine Zuzahlungspflicht besteht nach § 50 I, wenn ein nach den Versteigerungsbedingungen bestehenbleibendes Grundpfandrecht schon beim Wirksamwerden des Zuschlags nicht (mehr) besteht, oder wenn bei einem bedingten Recht (auch später noch) die Bedingung wegfällt, so daß das Recht erlischt (§ 50 II). Nach § 51 I gibt es eine entsprechende Zuzahlungspflicht für andere Rechte als Grundpfandrechte, wobei hierfür gemäß § 51 II schon bei der Feststellung des geringsten Gebots ein Ersatzwert festzusetzen ist.

Keine Zuzahlungspflicht entsteht bei einer bestehenbleibenden aber nur teilweise valutierten Grundschuld, weil der nicht valutierte Teil dem Eigentümer zusteht. Eine Ausnahme gilt aber dann, wenn der Eigentümer seinen Löschungsanspruch abgetreten hat und dieser Löschungsanspruch vom Zessionar geltend gemacht wird.

[59g] Vgl BGH NJW 2006, 771 = LMK 2006 Nr. 166328 (Anmerkung Storz/Kiderlen). – Zu der Auswirkung von Schadensfällen in der Zwangsversteigerung vgl auch Klawikowski, Rpfleger 2005, 341.

[60] Zur Liegenbelassungsvereinbarung vgl unten E. 5.5.

[61] Zur Zuzahlungspflicht nach §§ 50, 51 vgl ausführlich oben B. 6.2.4.

Wichtig ist, daß die Zuzahlungspflicht nach §§ 50 I, 51 I nur dann besteht, wenn das Recht schon im Zeitpunkt des Wirksamwerdens des Zuschlags (§§ 89, 104) nicht mehr besteht oder noch gar nicht bestanden hat; ein späteres Erlöschen ist also nur im Falle des § 50 II von Bedeutung. Allerdings kann es unter Umständen lange dauern, bis sich das Nichtbestehen herausstellt ....

5.3.3. Kosten des Zuschlags

Neben dem Meistgebot muß der Ersteher die Zuschlagsgebühr bezahlen (vgl § 29 GKG, Nr. 1525 GKG-Kostenverzeichnis). Der Gegenstandswert der Zuschlagsgebühr bestimmt sich seit der zum 1. 1. 1987 wirksam gewordenen Änderung des § 29 II GKG nach dem Meistgebot ohne die Zinsen aus § 49 II aber einschließlich des Wertes der nach den Versteigerungsbedingungen bestehenbleibenden Rechte (vgl § 29 II 1 GKG) und zuzüglich des Betrages, in dessen Höhe der Ersteher nach § 114a als aus dem Grundstück befriedigt gilt.[62] Dies gilt auch dann, wenn der zur Befriedigung aus dem Grundstück Berechtigte seine Rechte aus dem Meistgebot gem § 81 II abgetreten hat und der Zessionar die Voraussetzungen des § 85a III nicht erfüllt.[63]

Ist der Meistbietende (der nicht zugleich auch Beteiligter des Zwangsversteigerungsverfahrens ist) durch einen Rechtsanwalt vertreten worden, so fällt eine Bietervertretungsgebühr zu 2/10 an (vgl § 68 II BRAGO), die die gesamte Anwaltstätigkeit in diesem Zusammenhang abdeckt. Lediglich Verhandlungen mit Gläubigern oder über Bietabkommen oder Ausbietungsvereinbarungen und auch Bemühungen um behördliche Genehmigungen können nach §§ 118, 120 BRAGO gesondert abgerechnet werden.

Auch die Gebühr für die Eintragung im Grundbuch hat der Ersteher zu tragen; dabei wird die volle Gebühr gemäß § 60 Abs 1 KostO auch dann erhoben, wenn der Ersteher schon bisher als Miteigentümer eingetragen war.[64] Der Geschäftswert ist grundsätzlich der gemäß § 74a V festgesetzte Verkehrswert und nicht das geringste Meistgebot,[65] uU aber ein höheres Meistgebot.[66]

5.3.4. Grunderwerbsteuer und Umsatzsteuer

(1) Grunderwerbsteuer: Ende 1982 wurde unter Aufhebung aller Grunderwerbsteuergesetze der Länder ein neues Bundesgrunderwerbsteuergesetz verabschiedet,[67] das für alle Erwerbsvorgänge ab 1. 1. 1983 gilt (§ 23 I GrEStG). Die wesentlichen Änderungen bestehen darin, daß der Steuersatz von 7% auf 2% gesenkt und praktisch alle Befreiungstatbestände beseitigt

[62] Stöber Einl Anm 79.3; Dassler-Schiffhauer § 58 Rz 4; Storz Teilungsversteigerung C. 8.3.3.
[63] LG Lüneburg Rpfleger 1988, 113.
[64] OLG Düsseldorf Rpfleger 1989, 250; OLG Zweibrücken Rpfleger 1988, 409; Storz, Teilungsversteigerung C. 8.3.3.
[65] OLG Stuttgart Rpfleger 1991, 30; BayObLG Rpfleger 1986, 158 (LS); OLG Zweibrücken Rpfleger 1988, 409; LG Düsseldorf Rpfleger 1987, 62; LG Oldenburg Rpfleger 1986, 451; LG Bielefeld Rpfleger 1985, 40. – **Anders** nur OLG Düsseldorf Rpfleger 1987, 411.
[66] BayObLG Rpfleger 1989, 399 (LS).
[67] GrEStG vom 17. 12. 1982 (BGBl I, 1777).

wurden, ua auch derjenige des sogenannten Rettungserwerbs. Grundsätzlich muß jeder Ersteher Grunderwerbsteuer zahlen, weil der Erwerb eines Grundstücks in der Zwangsversteigerung steuerlich einem freihändigen Erwerb gleichgestellt ist.[68] Durch Gesetz vom 20. 12. 1996 (BGBl I S. 2049) wurde der Steuersatz mit Wirkung ab 1. 1. 1997 auf 3,5% angehoben.

Steuerpflichtig ist dabei schon die Abgabe des Meistgebots, so daß bei einer Abtretung der Rechte aus dem Meistgebot (§ 81 II) oder bei der nachträglichen Offenlegung einer verdeckten Vertretung (§ 81 III) die Grunderwerbsteuer zweimal anfällt (§ 1 I 4 und § 1 I 5 GrEStG).[69] Wenn ein Gläubiger zur Rettung seines Rechts das Grundstück selbst erwirbt und sich die Befriedigungsfiktion des § 114a gefallen lassen muß, wird die Grunderwerbsteuer seit der Entscheidung des Bundesfinanzhofes vom 16. 10. 1985 (II R 183/84) aus dem Meistgebot unter Hinzurechnung des Betrages ermittelt, in dessen Höhe der Ersteher wegen § 114a als befriedigt gilt.[70] Der volle Nennwert einer Grundschuld, die nach den Versteigerungsbedingungen bestehenbleibt, wird auch dann gerechnet, wenn der Ersteher sie vor der Versteigerung zu einem niedrigeren Preis erworben hat.[71]

Von der Grunderwerbsteuer befreit ist uU der Erwerb unter EURO 2500,–, der Grundstückserwerb von Todes wegen oder durch Schenkung iSd Erbschafts- und des Schenkungssteuergesetzes, der Erwerb eines Nachlaßgrundstückes durch Miterben zur Teilung des Nachlasses, der Grundstückserwerb durch den Ehegatten oder Personen, die mit dem Veräußerer in gerader Linie verwandt sind sowie durch den früheren Ehegatten im Rahmen der Vermögensauseinandersetzung nach der Scheidung (vgl, auch zu weiteren Befreiungstatbeständen, §§ 3 und 4 GrEStG).

(2) Umsatzsteuer: Nach der insoweit verbindlichen Entscheidung des Bundesfinanzhofes vom 19. 12. 1985 (VR 139/76) ist die Zwangsversteigerung eines Grundstücks umsatzsteuerlich keine Lieferung des Eigentümers an das jeweilige Bundesland und von diesem an den Ersteher, sondern eine Lieferung unmittelbar vom Eigentümer an den Ersteher.[72] Die Lieferung des Grundstücks ist somit (wenn der bisherige Eigentümer ein Unternehmer ist) steuerbar nach § 4 Nr. 9a UStG, aber von der Umsatzsteuerpflicht befreit. Allerdings kann auf diese Befreiung unter Umständen verzichtet werden.[73]

---

[68] Vgl dazu Steiner-Storz § 81 Rdnrn 38–40.

[69] Vgl Steiner-Storz § 81 Rdnr 40. – Grunderwerbsteuer fällt auch dann (doppelt) an, wenn das Grundstück das Grundstück sofort weiterveräußert und die Eigentumsumschreibung unmittelbar vom alten Eigentümer auf den Dritten erfolgt; für einen Steuererlaß aus sachlichen Billigkeitsgründen ist in solchen Fällen kein Raum, vgl OVG Koblenz NJW 1995, 149.

[70] BVerfG WM 1990, 1306 = EWiR 1990, 933 (**abl.** Muth); BFH EWiR 1990, 621 (**abl.** Anm Muth) und BFH BB 1994, 2194; 1990, 1261; 1986, 724. – Vgl auch Klasen DB 1985, 1049 und Muth BB 1985, 1260. – Nach BFH 1995, 1227 wird aber die Differenz zwischen Meistgebot und $^7/_{10}$-Grenze bei einer Grundschuld nicht nach ihren (höheren) Nennbetrag, sondern nach der durch die Grundschuld gesicherten Forderung bemessen.

[71] BFH BStBl II 1985, 339.

[72] BFH BStBl II 1986, 500 = ZIP 1986, 991; vgl auch BFH NJW 1994, 1176; BB 1991, 1622. – Vgl jetzt auch § 18 VIII UStG 1993.

[73] Und zwar auch noch nach Abschluß des Versteigerungsverfahrens: BFH NJW 1994, 1176; 1986, 991; **TH** D. 5.5.3.

Daraus hat sich eine gewisse Zeit ein „beliebtes Spiel" ergeben: der Ersteher verlangte und erhielt vom (idR: mittellosen) Schuldner eine Rechnung gem § 14 UStG mit dem Ausweis einer zusätzlichen Mehrwertsteuer und machten diesen (von ihm nicht bezahlten!) Mehrbetrag gem § 15 I Nr. 1 UStG als Vorsteuer geltend, während das Finanzamt beim Schuldner „nichts mehr holen konnte". Dieses „Spiel" wurde schon von der Rechtsprechung bekämpft[74] und ab 1. 1. 2002 auch vom Gesetz durch den neuen § 13b UStG unter gleichzeitiger Aufhebung der §§ 51 ff UStDV unmöglich gemacht.

Der Bundesgerichtshof hat in einer Grundsatzentscheidung[75] mit ausführlicher Begründung entschieden, daß das Meistgebot bei der Zwangsversteigerung von Grundstücken grundsätzlich ein Nettobetrag ist, also auch dann, wenn der Schuldner rechtzeitig auf die Umsatzsteuer verzichtet hat. Damit hat sich der BGH im nicht ganz harmonisch geregelten Widerstreit von Steuerrecht und Zwangsversteigerungsrecht gegen die Auffassung des Meistgebots als Bruttobetrag ausgesprochen, so daß der Meistbietende nicht mehr die Mehrwertsteuer aus dem Meistgebot herausrechnen und nur den (viel geringeren!) Nettobetrag an das Vollstreckungsgericht zahlen kann.[76]

Da das Meistgebot für Grundstücke also grundsätzlich der Nettobetrag ist, muß der Ersteher ggf die Mehrwertsteuer zusätzlich an das Finanzamt bezahlen (dazu ist er nach § 13b UStG jetzt alleine verpflichtet); aber er kann sie als Vorsteuer wieder geltend machen. Nur diese Regelung ist für das Zwangsversteigerungsverfahren brauchbar, weil hier unabhängig von personen- oder situationsbedingten Besonderheiten auf der Ersteher-Seite immer gewährleistet sein muß, daß das Meistgebot ungeschmälert an das Vollstreckungsgericht bezahlt und von diesem ausschließlich nach den Regeln des ZVG an die Berechtigten verteilt wird.[77] Damit der Ersteher hier nicht überrascht werden kann, lässt § 4 Nr. 9a UStG den Verzicht des Schuldners auf Steuerbefreiung nur noch bis zur Aufforderung zur Abgabe von Geboten (also unmittelbar vor Beginn der Bietstunde) zu.[78]

Für die Zwangsversteigerung von Zubehörgegenständen kann im Ergebnis nichts anderes gelten. Da gem § 2 I Nr 1 GrEStG für mitversteigertes Zubehör idR keine Grunderwerbsteuer erhoben wird, ist die Zwangsversteigerung von gewerblichem Zubehör ein umsatzsteuerpflichtiger Vorgang. Aber auch hier ist das Meistgebot immer ein Nettobetrag, so daß der Ersteher auch hier keine Rechnung mit dem Ausweis einer (darin enthaltenen) Mehrwertsteuer nach § 14 UStG mehr verlangen kann. Um diese Frage ging es besonders in der obengenannten Grundsatzentscheidung des BGH.[75] Dort wollte der Ersteher nämlich das oben erwähnte „beliebte Spiel" durchsetzen:

---

[74] Vgl zB FG Niedersachsen EWiR 1990, 415 (Weiß).

[75] BGH Rpfleger 2003, 450 = NJW 2003, 2238 = ZiP 2003, 1109 = ZflR 2003, 653 (Anm Storz).

[76] Zur früheren Rechtslage vgl Vorauflage D. 5.3.4. und Gaßner Rpfleger 1998, 455; Suppmann DStR 1994, 1567; Welzel DStZ 1994, 647.

[77] So schon ausführlich Stöber § 81 Anm 7.11.

[78] Früher war der Verzicht auch noch nach dem Zuschlag möglich: BFH NJW 1994, 1176.

Beispiel:

Das zuständige Finanzamt ordnet vom Meistgebot (EURO 800 000) einen Teilbetrag iHv EURO 128 008,60 dem ersteigerten Zubehör zu. Der Ersteher verlangt vom Schuldner gem § 14 UStG eine Rechnung über brutto EURO 148 489,97 obwohl er die dort auszuweisende Mehrwertsteuer iHv EURO 20 481,37 gar nicht selbst bezahlen, trotzdem aber als Vorsteuer gem § 15 UStG geltend machen wollte.

Der BGH[75] hat das (eine entsprechende Klage des Erstehers abweisende erstinstanzliche) Urteil des LG Waldshut-Tiengen[79] bestätigt und damit sowohl der Auffassung des Berufungsgerichts als auch der „Bruttobetrags-Theorie"[80] mit dem Argument eine Absage erteilt, diesem Verständnis sei spätestens durch die zum 1. 1. 2002 erfolgte Aufhebung des Abzugsverfahrens (§§ 51 ff UStDV) der formale Boden entzogen worden.

5.3.5. Rückzahlung von Baukostenzuschüssen

Unter (selten gegebenen) Voraussetzungen muß der Ersteher einem Mieter noch nicht abgewohnte Baukostenzuschüsse oder Mietvorauszahlungen zurückzahlen, wenn er von seinem Ausnahmekündigungsrecht Gebrauch macht (§§ 57 a ff), oder er muß auch für die Zukunft eine Verrechnung mit Mietansprüchen gegen sich gelten lassen, wenn das Miet/Pachtverhältnis fortbesteht.[81]

5.3.6. Frühere Erschließungskosten? Hausgeldrückstände?

(1) Erschließungskosten nach dem Bundesbaugesetz (vgl §§ 127, 128, 133, 134, 135, 180 BBauG) fallen unter die öffentlichen Lasten und genießen daher bei entsprechender Anmeldung das Vorrecht der Rangklasse 3 des § 10 I. Werden fällige Erschließungskosten trotz Aufforderung an die Gemeinde nicht angemeldet, so werden sie nicht aus dem Erlös beglichen, aber auch der Ersteher haftet nicht für sie, weil er nicht Rechtsnachfolger des Schuldners ist.

Erschließungskosten, die aber erst nach dem Zuschlag fällig werden, treffen dagegen den Ersteher außerhalb des Meistgebots. Fällig werden die Kosten gemäß § 135 I BBauG erst 1 Monat nach der Zustellung des Bescheides, und der Bescheid soll alsbald nach Abrechnung der Maßnahmen ergehen. Immerhin ist es nicht ausgeschlossen, daß ein Ersteher auch nach dem Zuschlag noch mit Erschließungskosten für Maßnahmen konfrontiert wird, die lange Zeit vor dem Zuschlag bereits abgeschlossen (aber noch nicht abgerechnet) worden sind.

Allerdings kann die Gemeinde meines Erachtens ihr Recht auf Heranziehung des Erstehers verwirken, wenn sie auf absehbare Kosten und eine bereits laufende Abrechnung bei der Versteigerung nicht hinweist und der Ersteher

---

[79] Rpfleger 2001, 510.

[80] Vgl insbes: Onusseit Rpfleger 1995, 1; Lippross Umsatzsteuer, 20. Aufl. 2001, Rz 768.

[81] Vgl BGH ZiP 1996, 281; NJW 1996, 52; NJW 1970, 2289 und 1124; NJW 1962, 1860; Stöber § 57 b Anm 7.7; Dassler-Gerhardt § 57 a Rz 20. – Und oben B. 1.3.2.

wegen der lange zurückliegenden Durchführung der Erschließungsmaßnahmen nicht mehr mit einer Kostenbelastung zu rechnen brauchte.[82]

Nach der Rspr haftet der Ersteher bezw das Grundstück auch nicht, wenn
nach dem Zuschlag Erschließungskosten oder Grundsteuern oä mit rückwirkender Kraft festgesetzt werden; das gilt selbst dann, wenn diese Beträge im
Zeitpunkt des Zuschlags noch nicht anmeldbar waren.[83]

(2) Der Ersteher eines Wohnungseigentums haftet nicht von Gesetzes wegen für **Hausgeldrückstände** des früheren Eigentümers.[84] Dies gilt auch
dann, wenn dies in der Teilungserklärung ausdrücklich so geregelt ist, weil
eine derartige Vereinbarung gegen § 56 S. 2 verstößt und daher gem § 134
BGB nichtig ist.[85] Verbindlich dagegen auch für den Ersteher ist ein nach dem
Zuschlag gefaßter Gemeinschaftsbeschluß, auch wenn dieser Nachforderungen für die vor dem Zuschlag liegende Zeit vorsieht.[86]

Mit seiner Entscheidung vom 23. 9. 1999[86a] hat der Bundesgerichtshof
klargestellt, daß der Ersteher im Gegensatz zur früheren Rechtsprechung einiger Oberlandesgerichte[86b] auch durch einen rechtskräftigen gegenteiligen
Beschluß der Wohnungseigentümer nicht zur Haftung von rückständigen
Wohngeld-/Hausgeldvorschüssen verpflichtet werden kann, sondern nur für
nach der Einzelabrechnung auf den jeweiligen Wohnungseigentümer entfallende, die Vorschüsse übersteigenden, Ausgleichsbeträge.[86c]

Da der Ersteher also im Ergebnis in aller Regel nicht für Hausgeldrückstände des früheren Eigentümers haftet, war die Beitreibung solcher Rückstände durch die WEG-Gemeinschaft meist sehr schwierig. Dieses Problem
hat der Gesetzgeber mit der WEG-Novelle gelöst, die zum 1. 7. 2007 in
Kraft getreten ist: Seither können Hausgeldrückstände bis zu einer Höhe von
5% des Verkehrswerts in der bevorzugten Rangklasse 2 des § 10 I geltend
gemacht werden, werden also bevorzugt aus dem Versteigerungserlös befriedigt und „bedrohen" daher den Ersteher erst recht mehr.

5.3.7. Betriebsteuerrückstände?

Der Ersteher ist nicht Rechtsnachfolger des Schuldners, sondern er erwirbt
originär durch einen Staatshoheitsakt. Er haftet daher nicht für dessen Steuer-
rückstände. Dies gilt jetzt auch für sogenannte Betriebsteuerrückstände. Frü-

---

[82] Ähnlich Stoltenberg RpflJB 1988, 370. – Vgl auch **TH** B. 4.4.4.6.

[83] BVerwG Rpfleger 1985, 35; VG Stade KTS 1982, 147; OVG Rheinland-Pfalz
KTS 1982, 484. – Vgl auch VG Freiburg NJW-RR 1997, 1507.

[84] BGH ZIP 1984, 225; BayObLG Rpfleger 1979, 352; BGH Rpfleger 1985, 409;
vgl oben B. 2.2.1. Zur Haftung für Wohngeldrückstände vgl allgemein auch BGH
NJW 1994, 3352 und 2950 und 1866.

[85] BGH Rpfleger 1987, 208; Storz EWiR 1987, 523; Ebeling Rpfleger 1986, 125;
Schiffhauer Rpfleger 1984, 72 **gegen** OLG Düsseldorf Rpfleger 1983, 387; OLG
Frankfurt OLGZ 1980, 240; OLG Köln DNotZ 1981, 584.

[86] BGH Rpfleger 1994, 498; NJW 1988, 1910; BayObLG Rpfleger 1995, 123;
OLG Düsseldorf WM 1995, 215. – Vgl auch **TH** B. 2.2.2.9; Storz, Teilungsversteigerung C. 8.3.3. und dort **TH** C. 8.4.18.

[86a] BGH NJW 1999, 3713.

[86b] Vgl zB BayObLG Rpfleger 1995, 123; OLG Düsseldorf WM 1995, 215; OLG
Hamburg MDR 1998, 1404.

[86c] Ebenso OLG Zweibrücken ZMR 1996, 340.

her bestand zwar eine entsprechende Haftung insbesondere für rückständige Umsatz- oder Gewerbesteuer, wenn ein noch lebender Betrieb oder die wesentlichen Grundlagen eines Unternehmens mit dem Grundstück auf den Ersteher übergegangen sind. Das hat häufig wegen Unklarheiten über die Voraussetzung und den Umfang der Haftung zu Problemen während der Versteigerung geführt. Heute ist aber durch eine Neufassung des § 75 AO für einen Erwerb aus einem „Vollstreckungsverfahren" diese Haftung beseitigt worden, so daß der Ersteher auch dann nichts diesbezügliches mehr zu befürchten hat, wenn er einen noch lebenden Betrieb aus der Zwangsversteigerung übernimmt und weiterführt.[87]

5.3.8. Haftung für umweltgefährdende Altlasten

Altlasten auf dem Grundstück müssen schon im Wertfestsetzungsverfahren gemäß § 74a Abs 5 berücksichtigt werden, da sie uU den gesamten Grundstückswert aufzehren und uU sogar zu noch darüber hinausgehenden Schäden führen können; außerdem sollte der Rechtspfleger im Versteigerungstermin unbedingt auf derartige ihm bekannte Probleme hinweisen.[88] Besteht bei einem Grundstück ein ernstzunehmender Altlastenverdacht, muss das Vollstreckungsgericht bei der Verkehrswertermittlung den Verdachtsmomenten nachgehen und alle zumutbaren Erkenntnisquellen über die Bodenbeschaffenheit nutzen. Kosten für ein besoderes Bodenwertgutachen sind jedenfalls dann aufzuwenden, wenn sie in einem angemessenen Verhältnis zu den Auswirkungen stehen, die das Gutachen auch angesichts der Aussagekraft bereits vorhandener Unterlagen auf den Verkehrswert haben kann.[88a] Wenn diese Altlasten aber erst nach Rechtskraft des Zuschlags bekannt werden, führen sie für den Ersteher zu uU erheblichen Duldungs-, Leistungs- und/oder Zahlungspflichten ohne jeglichen Gewährleistungsrückgriff.[89] Deshalb ist vor dem Erwerb derart gefährdeter (meist: Industrie-)Grundstücke insbesondere bei einer Zwangsversteigerung eine sorgfältige Untersuchung dringend zu empfehlen.[90]

5.4. Die Zuschlagsbeschwerde

5.4.1. Beschwerderecht

§ 96 ZVG

Auf die Beschwerde gegen die Entscheidung über den Zuschlag finden die Vorschriften der ZPO über die Beschwerde nur insoweit Anwendung, als nicht in den §§ 97 bis 104 ein anderes vorgeschrieben ist.

---

[87] Vgl Stöber § 41 Anm 4.3.

[88] Dazu ausführlich Dorn, Rpfleger 1988, 298. – Vgl außerdem Wächter NJW 1997, 2073; Karsten Schmidt ZiP 1997, 1441; Knocke NJW 1995, 1985; Pape NJW 1992, 2661 jeweils mwN.

[88a] BGH Rpfleger 2006, 554.

[89] Dazu **TH** D. 5.5.2.

[90] Vgl auch Bickel NJW 2000, 2562.

§ 97 ZVG

(1) Die Beschwerde steht im Falle der Erteilung des Zuschlags jedem Beteiligten sowie dem Ersteher und dem für zahlungspflichtig erklärten Dritten, im Falle der Versagung dem Gläubiger zu, in beiden Fällen auch dem Bieter, dessen Gebot nicht erloschen ist, sowie demjenigen, welcher nach § 81 an die Stelle des Bieters treten soll.

(2) Im Falle des § 9 Nr. 2 genügt es, wenn die Anmeldung und Glaubhaftmachung des Rechtes bei dem Beschwerdegericht erfolgt.

§ 98 ZVG

Die Frist für die Beschwerde gegen einen Beschluß des Vollstreckungsgerichts, durch welchen der Zuschlag versagt wird, beginnt mit der Verkündung des Beschlusses. Das gleiche gilt im Falle der Erteilung des Zuschlags für die Beteiligten, welche im Versteigerungstermin oder im Verkündungstermin erschienen waren.

§ 99 ZVG

(1) Erachtet das Beschwerdegericht eine Gegenerklärung für erforderlich, so hat es zu bestimmen, wer als Gegner des Beschwerdeführers zuzuziehen ist.

(2) Mehrere Beschwerden sind miteinander zu verbinden.

§ 103 ZVG

Der Beschluß des Beschwerdegerichts ist, wenn der angefochtene Beschluß aufgehoben oder abgeändert wird, allen Beteiligten und demjenigen Bieter, welchem der Zuschlag verweigert oder erteilt wird, sowie im Falle des § 69 Abs. 2 dem für mithaftend erklärten Bürgen und in den Fällen des § 81 Abs. 2, 3 dem Meistbietenden zuzustellen. Wird die Beschwerde zurückgewiesen, so erfolgt die Zustellung des Beschlusses nur an den Beschwerdeführer und den zugezogenen Gegner.

§ 104 ZVG

Der Beschluß, durch welchen das Beschwerdegericht den Zuschlag erteilt, wird erst mit der Zustellung an den Ersteher wirksam.

Die sofortige Beschwerde ist sowohl gegen den Zuschlag als auch gegen die Zuschlagsversagung gegeben. Die Vorschriften der ZPO insbesondere über Zulässigkeit (§ 567), orginäre Zuständigkeit des Einzelrichters (§ 568), Frist und Form (§ 569), Aussetzbarkeit des Vollzugs des Zuschlags (§ 570 II, III), Beschwerdebegründung (§ 571 I–III), schriftliche Erklärungen ohne Rechtsanwaltszwang (§ 571 IV), Beschwerdeverfahren (§ 572) und Rechtsbeschwerde (§§ 574–477) finden entsprechende Anwendung,[91] soweit nicht im Hinblick auf die Besonderheiten des Versteigerungsverfahrens allgemein und der Entscheidung über den Zuschlag im besonderen in den §§ 97–104 etwas anderes vorgeschrieben ist. Die wichtigsten Abweichungen sind:

(1) Bei der Zuschlagserteilung beschwerdeberechtigt sind nach der erschöpfenden Aufzählung in § 97[92] außer dem Schuldner und den anderen Beteiligten

---

[91] Näheres vgl Stöber § 96 Anm 2.2; Steiner-Storz § 95 Rdnrn 19–40; § 96 Rdnrn 4–17.

[92] Steiner-Storz § 96 Rdnr 7.

im Sinne des § 9 nur der Ersteher und der nach §§ 82, 69 II für mithaftend erklärte Bürge; bei einer Zuschlagsversagung sind es nur die betreibenden Gläubiger (also nicht während einer einstweiligen Einstellung);[93] und in beiden Fällen außerdem der Bieter, dessen Gebot nicht erloschen ist sowie im Falle des
§ 81 II oder III der Dritte, der den Zuschlag erhalten soll. Nicht beschwerdepflichtig ist gegen die Zuschlagsversagung nach ganz herrsch Ansicht[94] der
Schuldner, weil dieser in § 97 nicht genannt ist, weil er keinen Anspruch auf
Zuschlagserteilung hat, und weil das Verfahren nicht seinem Interesse an einer
möglichst weitgehenden Tilgung seiner Schulden diene.[95]

Es sind allerdings durchaus Fälle denkbar, in denen der Schuldner ein großes
(idR wirtschaftliches) Interesse an einer Zuschlagserteilung hat, insbesondere
auch deshalb, weil die Zuschlagsversagung ja idR nicht das Versteigerungsverfahren als solches beendet, ihm also sein Eigentum endgültig rettet, sondern nur
zu einem baldigen neuen Versteigerungstermin führt, bei dem uU ein viel
schlechteres Ergebnis erzielt wird. Deshalb sollte die (vorwiegend formal geführte) Argumentation einer mehr an Art 14 GG orientierten Argumentation
weichen, und auch der Schuldner sollte das Recht erhalten, gegen die Zuschlagsversagung Beschwerde einzulegen.[96] In diesem Sinne liegt es auch, daß
der BGH dem Schuldner entgegen dem Wortlaut des § 97 I ein Beschwerderecht dann zugesteht, wenn der Zuschlag rechtsfehlerhaft nach § 85 a I versagt
worden ist, obwohl das Meistgebot hätte nach § 71 I zurückgewiesen und
dann eine einstweilige Einstellung nach § 77 hätte erfolgen müssen.[96a] – Auch
dingliche Gläubiger können eine Zuschlagsversagung nicht anfechten, wenn
sie die Versteigerung nicht aktiv betreiben.[97] Erst recht nicht berechtigt ist
der Zessionar eines Rückgewähranspruchs, und zwar auch dann nicht, wenn
aus der Grundschuld, auf die sich der Rückgewähranspruch bezieht, die
Zwangsversteigerung betrieben wird.[98]

(2) Die zweiwöchige Beschwerdefrist (vgl § 569 I ZPO) beginnt bei der
Zuschlagserteilung gemäß § 98 für diejenigen Beteiligten, die weder im
Versteigerungs- noch in einem Verkündungstermin anwesend oder vertreten
waren, mit der Zustellung der Entscheidung, bezüglich der übrigen (anwesenden) Beteiligten schon mit der Verkündung.[99] Bei einer Zuschlagsversagung ist grundsätzlich die Verkündung maßgebend. Die Verkündung ist für
den Fristbeginn auch dann analog § 98 S. 2 maßgebend, wenn der Beteiligte
sein Recht gemäß § 97 II erst im Beschwerdeverfahren nachträglich angemeldet hat.[99a] Unterbleibt eine notwendige Zustellung, so beginnt für den betref-

---

[93] Vgl Stöber § 97 Anm 2.11 a; Steiner-Storz § 96 Rdnr 7 und oben B. 1.2.1. Dassler-Muth § 97 Rdn 8.
[94] OLG Köln Rpfleger 1997, 176; Dassler-Muth § 97 Rz 1; Böttcher § 97 Rz 1;
Stöber § 97 Rz 1; Steiner-Storz § 97 Rz 7.
[95] So: OLG Köln Rpfleger 1997, 176.
[96] Somit Recht im Ergebnis auch Hintzen Rpfleger 1997, 150.
[96a] BGH Rpfleger 2008, 147.
[97] Steiner-Storz § 96 Rdnr 8; Stöber § 97 Anm 2.11.
[98] OLG Köln Rpfleger 1988, 324.
[99] Vgl OLG Köln Rpfleger 1997, 34; OLG Hamm Rpfleger 1991, 262 und JB
1989, 708; OLG Celle Rpfleger 1986, 489; OLG Köln ZiP 1980, 476; OLG Frankfurt Rpfleger 1977, 417; LG Göttingen Rpfleger 2000, 510.
[99a] BGH Rpfleger 2007, 675.

fenden Beteiligten die Beschwerdefrist nicht. Theoretisch kann auf diese Weise noch nach Jahren der Zuschlag aufgehoben werden![100] Nicht mehr anfechtbar ist der Zuschlag, wenn der Ersteher das Grundstück veräußert hat und der Erwerber die Anfechtbarkeit des Zuschlagsbeschlusses nicht gekannt hat.[101]

Für den Ersteher beginnt die Beschwerdefrist immer mit der Zustellung des Zuschlagsbeschlusses (§§ 98 I, 88 I iVm § 569 I 2 ZPO). Falls er auch Verfahrensbeteiligter ist, laufen für ihn also zwei Fristen. Wenn seine Frist als Beteiligter schon abgelaufen ist (weil er zB im Versteigerungstermin erschienen oder vertreten war), kann er zwar noch innerhalb der für Ersteher geltenden Frist Beschwerde einlegen, diese aber nur noch auf Gründe stützen, die ihn speziell als Ersteher beschweren;[101a] der Ersteher ist aber in aller Regel nicht beschwert, wenn er genau das durch den Zuschlag erhalten hat, worum er sich mit seinem Gebot bemüht hat,[101b] und er kann auch nicht eine falsche Feststellung des geringsten Gebots rügen.[101c]

(3) Als Beschwerdegegner kommt gemäß § 99 nur in Betracht, wer vom Beschwerdegericht zugezogen worden ist. Der Zugezogene ist aber keine echte Partei, so daß es keine gegenseitige Kostenerstattung gibt.[102]

(4) Nach § 572 III ZPO könnte das Beschwerdegericht bei einer begründeten Beschwerde die Sachentscheidung der Vorinstanz überlassen. § 101 verlangt aber, daß das Beschwerdegericht im Interesse einer Verfahrensbeschleunigung in der Sache selbst erkennt. Ein so erteilter Zuschlag wird gemäß § 104 erst mit der (hier gemäß § 103 immer erforderlichen) Zustellung an den Ersteher wirksam.

5.4.2. Beschwerdegründe
§ 100 ZVG

(1) Die Beschwerde kann nur darauf gestützt werden, daß eine der Vorschriften der §§ 81, 83–85a verletzt oder daß der Zuschlag unter anderen als den der Versteigerung zugrunde gelegten Bedingungen erteilt ist.

(2) Auf einen Grund, der nur das Recht eines anderen betrifft, kann weder die Beschwerde noch ein Antrag auf deren Zurückweisung gestützt werden.

(3) Die im § 83 Nr. 6, 7 bezeichneten Versagungsgründe hat das Beschwerdegericht von Amts wegen zu berücksichtigen.

Die Beschwerdegründe sind in § 100 ausdrücklich und erschöpfend geregelt.[103] Dadurch ist die nach § 571 II und III ZPO sonst gegebene Möglichkeit ausgeschaltet, eine Zuschlagsbeschwerde allein auf neue Tatsachen und Beweise zu stützen.[104] Dies gilt besonders dann, wenn das Gesetz ein schon

---

[100] Vgl Stöber § 98 Anm 2.7; Steiner-Storz § 96 Rdnr 8.

[101] OLG Frankfurt MDR 1991, 900.

[101a] OLG Colmar OLGE 13, 8; Dassler/Muth § 97 Rz 6; Stöber § 97 Anm 2.7 und § 98 Anm 2.1 c.

[101b] Stöber § 97 Anm 2.7; Steiner-Storz § 97 Rz 9.

[101c] Stöber, Storz je aaO.

[102] Vgl BGH WM 2007, 82 (86); Stöber § 99 Anm 2.5; Steiner-Storz § 96 Rdnr 9.

[103] Vgl Steiner-Storz § 100 Rdnr 1.

[104] OLG Hamm NJW 1976, 1754; Steiner-Storz § 100 Rdnr 1.

früheres Vorbringen vorschreibt (wie zum Beispiel in §§ 37 Nr. 4 und 5, 45, 59 ff, 70–72, 74 a)[105] oder wenn ein früheres Vorbringen nach der Sachlage notwendig ist (wie zum Beispiel bei § 765 a ZPO).[106] Es dürfen also nur solche Gründe berücksichtigt werden, die schon vor der Erteilung des Zuschlags eingetreten oder dem Versteigerungsgericht bekannt gewesen sind.[107]

Im Interesse der Rechtssicherheit und des besonders für den Ersteher wichtigen umfassenden Vertrauensschutzes ist die sofortige Beschwerde gegen die positive oder negative Zuschlagsentscheidung aber auch sonst erheblich eingeschränkt:

(1) Für alle Vorgänge im Versteigerungstermin ist ausschließlich das Protokoll maßgebend, nicht der tatsächliche Hergang (vgl § 80);[108] die Beschwerde setzt also unter Umständen eine Berichtigung des Protokolls voraus.

(2) Ein rechtliches Interesse an der Beschwerde wird nur anerkannt, wenn der Beschwerdeführer selbst beeinträchtigt ist (§ 100 II).[108a] Mangels Beschwer kann die Beschwerde aber nur zurückgewiesen werden, wenn feststeht, daß der geltend gemachte Grund die Rechtssphäre des Beschwerdeführers nicht berührt.[109] Nur bei Verstößen gemäß § 83 Nr. 6 und 7 kommt es auf eine Beschwer nicht an.

(3) Im Gegensatz zum Vollstreckungsgericht darf das Beschwerdegericht nur die vom Beschwerdeführer geltend gemachten Verstöße berücksichtigen. Von Amts wegen dürfen gemäß § 100 III nur die in § 83 Nr. 6 und 7 bezeichneten Versagungsgründe aufgegriffen werden; unterläßt das Beschwerdegericht eine diesbezügliche Prüfung, so liegt ein neuer selbständiger Beschwerdegrund vor.

(4) Gemäß § 100 I darf die Beschwerde nur auf einige wenige Beschwerdegründe gestützt werden:

4.1. Verstoß gegen § 81. Er liegt zum Beispiel vor bei einem Zuschlag an einen geschäftsunfähigen oder nicht ordnungsgemäß vertretenen Bieter oder bei einem Zuschlag auf ein angefochtenes Gebot;[110]

4.2. Verstoß gegen § 83.[111] Die in § 83 Nr. 1–5 genannten Versagungsgründe dürfen vom Beschwerdegericht nicht von Amts wegen berücksichtigt werden;

4.3. Verstoß gegen § 84.[112] Er kann darin liegen, daß bei einem Zuschlag zu Unrecht die Heilung angenommen oder bei einer Versagung abgelehnt worden ist;

---

[105] Vgl oben D. 4.1. – 4.6.
[106] Vgl oben B. 3.1.3. und D. 4.6.1.
[107] OLG Köln Rpfleger 1992, 491 und WM 1987, 1347; OLG Düsseldorf Rpfleger 1987, 514; Dassler-Muth § 100 Rdn 12; Steiner-Storz § 100 Rdn 14.
[108] Vgl oben D. 1.1. und TH B. 1.1.2.6.
[108a] Vgl zB BGH Beschluss vom 20. 7. 2006 (V ZB 168/05): Keine Beschwer, wenn ein zur Sicherheitsleistung eingereichter Bankscheck zwar den Anforderungen des § 69 I 1 nicht entsprach, von der Bank aber anstandslos eingelöst worden ist.
[109] Vgl Dassler-Muth § 100 Rz 15. – Vgl auch KG Rpfleger 1977, 146; LG Berlin Rpfleger 1997, 123.
[110] Diese und weitere Beispiele bei Stöber § 100 Anm 2.3 a–e; Steiner-Storz § 100 Rdnrn 20–28.
[111] Vgl dazu ausführlich oben D. 4.7.1.
[112] Vgl dazu ausführlich oben D. 4.7.2.

4.4. Verstoß gegen § 85[113] oder § 85a.[114]

4.5. Auch ein völlig unzureichendes Versteigerungsergebnis, das zur Verletzung der Eigentumsgarantie des Art 14 GG führt, kann ein Zuschlagsanfechtungsgrund sein;[115] man wird mit dieser Argumentation nach der Einführung des § 85a aber noch zurückhaltender sein müssen.[116]

4.6. Unter Umständen kann die Verletzung der Aufklärungspflicht des § 139 ZPO ein Anfechtungsgrund sein.[117]

4.7. Die Beschwerde kann schließlich auch darauf gestützt werden, daß ein schon vor der Verkündung der angefochtenen Entscheidung gestellter Vollstreckungsschutz-Antrag nach § 765a ZPO übergangen worden ist.[116]

(5) Auf eine nach der Zuschlagsentscheidung in Kraft getretene Gesetzesänderung kann die Beschwerde nicht gestützt werden, da der Zuschlag mit seiner Verkündung wirksam wird.[117] Gemäß § 74a V 4 können schließlich der Zuschlag oder die Zuschlagsversagung nicht mit der Begründung angefochten werden, der Verkehrswert sei (rechtskräftig) unrichtig festgesetzt worden.[118] Sowohl das tatsächliche Unterlassen als auch die beschlußmäßige Ablehnung einer Änderung des (relativ) rechtskräftig festgesetzten Grundstückswertes kann nicht mit der Verkehrswertbeschwerde gem § 74a V 3, sondern trotz § 74a V 4 nur gem §§ 83 Nr. 1, 100 mit der Zuschlagsbeschwerde gerügt werden.[119] Dagegen ist die Verkehrswertbeschwerde gem § 74a V 3 dann das gebotene Rechtsmittel, wenn der Wert tatsächlich geändert worden ist, aber nicht anerkannt wird.[120]

Die Zuschlagsbeschwerde kann schließlich auch nicht mit einem Irrtum über eine verkehrswesentliche Eigenschaft begründet werden; Irrtümer über Grundstücksmängel berechtigen schon wegen des Gewährleistungsausschlusses in § 56 S. 2 nicht zur Irrtumsanfechtung.[121]

5.4.3. Beschwerdeentscheidung

§ 101 ZVG

(1) Wird die Beschwerde für begründet erachtet, so hat das Beschwerdegericht unter Aufhebung des angefochtenen Beschlusses in der Sache selbst zu entscheiden.

(2) Wird ein Beschluß, durch welchen der Zuschlag erteilt ist, aufgehoben, auf Rechtsbeschwerde aber für begründet erachtet, so ist unter Aufhebung des Beschlusses des Beschwerdegerichts die gegen die Erteilung des Zuschlags erhobene Beschwerde zurückzuweisen.

---

[113] Vgl dazu ausführlich oben D. 4.6.2.
[114] Vgl dazu ausführlich oben D. 4.3.
[115] Vgl BVerfG MDR 1976, 820; NJW 1978, 368.
[116] Vgl dazu oben B. 3.3.2. und D. 4.3.
[117] Vgl OLG Zweibrücken Rpfleger 1978, 107.
[118] Vgl Stöber § 100 Anm 2.10.
[119] OLG Köln Rpfleger 1983, 262; Storz Rpfleger 1984, 474.
[120] BVerfG Rpfleger 1957, 11; Storz Rpfleger 1984, 474; Steiner-Storz § 74a Rdnr 113.
[121] Vgl LG Neuruppin Rpfleger 2002, 40; dort hatte der Ersteher einen direkten Zugang zum See erwartet.

§ 102 ZVG

Hat das Beschwerdegericht den Beschluß, durch welchen der Zuschlag erteilt war, nach der Verteilung des Versteigerungserlöses aufgehoben, so steht die Rechtsbeschwerde auch denjenigen zu, welchen der Erlös zugeteilt ist.

Ist die (sofortige) Zuschlagsbeschwerde (formal) unzulässig, wird sie vom Beschwerdegericht gem § 572 II 2 ZPO verworfen; ist sie (sachlich) unbegründet, wird sie zurückgewiesen. Der Rechtspfleger kann einer für begründet gehaltenen Beschwerde selbst abhelfen (§ 572 I ZPO), muß davor aber dem Beschwerdegegner rechtliches Gehör gewähren. Bei Nichtabhilfe muß er unverzüglich dem Beschwerdegericht vorlegen.

Um das Verfahren zu beschleunigen, schreibt § 101 dem Beschwerdegericht vor, im Falle einer zulässigen und begründeten Beschwerde in der Sache selbst zu entscheiden und (entgegen § 572 III ZPO) nicht an das Vollstreckungsgericht zurückzuverweisen; gem § 101 II darf auch der Bundesgerichtshof bei einer Rechtsbeschwerde[122] nicht zurückverweisen.[123] Andererseits erweitert § 102 die Möglichkeiten für eine Rechtsbeschwerde[122] über § 97 hinaus, um auch diejenigen Beteiligten zu schützen, denen wegen des Zuschlags ein Erlösanteil zugeteilt worden ist.

5.4.4. Außerordentliche Beschwerde, Wiederaufnahme

§ 578 ZPO (Arten der Wiederaufnahme)

(1) Die Wiederaufnahme eines durch rechtskräftiges Endurteil geschlossenen Verfahrens kann durch Nichtigkeitsklage und durch Restitutionsklage erfolgen.

(2) Werden beide Klagen von derselben Partei oder von verschiedenen Parteien erhoben, so ist die Verhandlung und Entscheidung über die Restitutionsklage bis zur rechtskräftigen Entscheidung über die Nichtigkeitsklage auszusetzen.

§ 579 ZPO (Nichtigkeitsklage)

(1) Die Nichtigkeitsklage findet statt:

1. wenn das erkennende Gericht nicht vorschriftsmäßig besetzt war;

2. wenn ein Richter bei der Entscheidung mitgewirkt hat, der von der Ausübung des Richteramts kraft Gesetzes ausgeschlossen war, sofern nicht dieses Hindernis mittels eines Ablehnungsgesuchs oder eines Rechtsmittels ohne Erfolg geltend gemacht ist;

3. wenn bei der Entscheidung ein Richter mitgewirkt hat, obgleich er wegen Besorgnis der Befangenheit abgelehnt und das Ablehnungsgesuch für begründet erklärt war;

4. wenn eine Partei in dem Verfahren nicht nach Vorschrift der Gesetze vertreten war, sofern sie nicht die Prozeßführung ausdrücklich oder stillschweigend genehmigt hat.

(2) In den Fällen der Nummern 1, 3 findet die Klage nicht statt, wenn die Nichtigkeit mittels eines Rechtsmittels geltend gemacht werden konnte.

---

[122] Zur Rechtsbeschwerde vgl ausführlich oben B. 8.2.1.5.
[123] Mohrbutter-Drischler Muster 113 Anm 15; Steiner-Storz § 101 Rdnr 10.

§ 580 ZPO (Restitutionsklage)

Die Restitutionsklage findet statt:

1. wenn der Gegner durch Beeidigung einer Aussage, auf die das Urteil gegründet ist, sich einer vorsätzlichen oder fahrlässigen Verletzung der Eidespflicht schuldig gemacht hat;
2. wenn eine Urkunde, auf die das Urteil gegründet ist, fälschlich angefertigt oder verfälscht war;
3. wenn bei einem Zeugnis oder Gutachten, auf welches das Urteil gegründet ist, der Zeuge oder Sachverständige sich einer strafbaren Verletzung der Wahrheitspflicht schuldig gemacht hat;
4. wenn das Urteil von dem Vertreter der Partei oder von dem Gegner oder dessen Vertreter durch eine in Beziehung auf den Rechtsstreit verübte Straftat erwirkt ist;
5. wenn ein Richter bei dem Urteil mitgewirkt hat, der sich in Beziehung auf den Rechtsstreit einer strafbaren Verletzung seiner Amtspflichten gegen die Partei schuldig gemacht hat;
6. wenn das Urteil eines ordentlichen Gerichts, eines früheren Sondergerichts oder eines Verwaltungsgerichts, auf welches das Urteil gegründet ist, durch ein anderes rechtskräftiges Urteil aufgehoben ist;
7. wenn die Partei
   a) ein in derselben Sache erlassenes, früher rechtskräftig gewordenes Urteil oder
   b) eine andere Urkunde auffindet oder zu benutzen in den Stand gesetzt wird, die eine ihr günstigere Entscheidung herbeigeführt haben würde;
8. wenn der Europäische Gerichtshof für Menschenrechte eine Verletzung der Europäischen Konvention zum Schutz der Menschenrechte und Grundfreiheiten oder ihrer Protokolle festgestellt hat und das Urteil auf dieser Verletzung beruht.

§ 581 ZPO (Besondere Voraussetzungen der Restitutionsklage)

(1) In den Fällen des vorhergehenden Paragraphen Nummern 1 bis 5 findet die Restitutionsklage nur statt, wenn wegen der Straftat eine rechtskräftige Verurteilung ergangen ist oder wenn die Einleitung oder Durchführung eines Strafverfahrens aus anderen Gründen als wegen Mangels an Beweis nicht erfolgen kann.

(2) Der Beweis der Tatsachen, welche die Restitutionsklage begründen, kann durch den Antrag auf Parteivernehmung nicht geführt werden.

§ 582 ZPO (Hilfsnatur der Restitutionsklage)

Die Restitutionsklage ist nur zulässig, wenn die Partei ohne ihr Verschulden außerstande war, den Restitutionsgrund in dem früheren Verfahren, insbesondere durch Einspruch oder Berufung oder mittels Anschließung an eine Berufung, geltend zu machen.

§ 586 ZPO (Frist für Nichtigkeits- und Restitutionsklage)

(1) Die Klagen sind vor Ablauf der Notfrist eines Monats zu erheben.

(2) Die Frist beginnt mit dem Tage, an dem die Partei von dem Anfechtungsgrund Kenntnis erhalten hat, jedoch nicht vor eingetretener

Rechtskraft des Urteils. Nach Ablauf von 5 Jahren, von dem Tage der Rechtskraft des Urteils an gerechnet, sind die Klagen unstatthaft.

(3) ....

Liegen die Voraussetzungen der Nichtigkeitsklage (vgl § 579 ZPO) oder der Restitutionsklage (vgl § 580 ZPO) vor, so kann unter Umständen auch noch nach Ablauf der zweiwöchigen Notfrist des § 569 I noch eine (außerordentliche) Beschwerde eingelegt werden.[124]

Die außerordentliche Beschwerde verlängert aber nur die Beschwerdefrist; außer dem besonderen Anlaß für die Fristverlängerung muß also ein Beschwerdegrund nach § 100 vorliegen. Der besondere Anlaß kann bestehen in: unvorschriftsmäßige Besetzung des Gerichts (vgl § 579 I Nr. 1–3 ZPO) oder in einer unzureichenden Vertretung einer Partei (vgl § 579 I Nr. 4 ZPO) oder in einer Verwendung gefälschter Beweismittel (vgl § 580 Nr. 1–3 ZPO) oder in einer nachträglichen Auffindung entscheidungserheblicher Urkunden (vgl § 580 Nr. 7 ZPO). Oft ist außerdem erforderlich, daß die Gründe nicht im „normalen" Rechtsmittelverfahren geltend gemacht werden konnten (vgl § 579 II ZPO).

Wenn auf eine erfolgreiche außerordentliche Beschwerde der Zuschlag (unter Umständen erst nach 5 Jahren, vgl § 586 II 2 ZPO!) wieder aufgehoben wird, muß wie bei einer erfolgreichen normalen Zuschlagsbeschwerde der frühere Zustand wiederhergestellt werden. Das Eigentum am Grundstück und an den mitversteigerten Gegenständen fällt wieder zurück, wenn nicht inzwischen ein Dritter gutgläubig Eigentum erworben hat. Das aus dem Versteigerungserlös Ausbezahlte muß – soweit noch vorhanden! – nach den Grundsätzen über die ungerechtfertigte Bereicherung herausgegeben werden.

Neben dieser außerordentlichen Beschwerde (auch Nichtigkeitsbeschwerde genannt) gibt es nach der wohl herrschenden Meinung keine Wiederaufnahmeklage, mindestens kann eine Wiederaufnahme in entsprechender Anwendung der §§ 578 ff ZPO niemals begründet sein, weil das Bedürfnis nach Vertrauensschutz als überwiegend anzusehen ist.[125] Die Gegenmeinung[126] berücksichtigt meines Erachtens zu wenig, daß die Verfahrensbeteiligten schon wegen der langen Dauer des Versteigerungsverfahrens weitgehend vor Überraschungen geschützt sind, während der meist völlig außenstehende Bieter klare Verhältnisse vorfinden muß, wenn nicht die ganze Versteigerung (insbesondere zu Lasten des Schuldners!) fragwürdig werden soll.[127]

---

[124] Vgl OLG Oldenburg EWiR 1990, 203 (Anm Storz mwN); OLG Koblenz EWiR 1989, 935 (Anm Storz); Steiner-Storz § 96 Rdnrn 19–22; Dassler/Muth Rz 34 vor § 95; Böttcher § 96 Rz 4.

[125] Vgl OLG Köln Rpfleger 1997, 34; 1975, 406; OLG Oldenburg EWiR 1990, 203 (Storz); OLG Koblenz EWiR 1988, 935; OLG Bremen JurBüro 1980, 452; OLG Stuttgart NJW 1976, 1324; Steiner-Storz § 96 Rz 18; Stöber § 96 Anm 3.1. – **anders:** OLG Braunschweig OLGZ 1974, 51; Braun NJW 1976, 1923; Kirberger Rpfleger 1975, 407; Eickmann § 16 IV 5h; Böttcher § 96 Rz 3; ausdrücklich offengelassen von BGH ZIP 1981, 209.

[126] Vgl insbesondere Braun NJW 1976, 1923 ff mwN.

[127] Dagegen kann unter Umständen eine Verfassungsbeschwerde nach Ausschöpfung aller Rechtsmittel noch weiterhelfen, vgl dazu oben B. 8.2.1.8. und BVerfG, NJW 1979, 534.

Eine Anfechtung des Zuschlagsbeschlusses nach § 7 I AnfG kommt nicht in Betracht, weil der Eigentumswechsel hier nicht auf einer anfechtbaren Rechtshandlung beruht.[128]

Ist die dem Zuschlagsbeschluß beigefügte Rechtsmittelbelehrung fehlerhaft (weil darin zB ein zu später Fristbeginn genannt wurde), und ist die Zuschlagsbeschwerde darauf zu spät eingelegt worden, so ist sie trotzdem unzulässig,[129] weil das ZVG keine Rechtsmittel-Belehrung für den Zuschlagsbeschluß vorschreibt.[130] Eine Wiedereinsetzung in den vorigen Stand ist nur dann möglich, wenn der Beschwerdeführer nicht durch einen Rechtsanwalt vertreten war,[131] in diesem Fall hat der Beschwerdeführer aber idR wohl einen Schadensersatzanspruch gegen den Rechtsanwalt; evtl sind sogar Amtshaftungsansprüche gegeben.[130]

5.5. Taktische Hinweise

TH 5.5.1.: Fremdzubehör muß – damit es nicht gemäß § 55 II mitversteigert wird – gemäß § 37 Nr. 5 von den betreibenden Gläubigern freigegeben werden. Wenn der Zubehöreigentümer zu spät von der Zwangsversteigerung erfährt, um eine Freigabe von allen betreibenden Gläubigern zu erhalten (was bei entsprechendem Eigentumsnachweis allerdings auch im Versteigerungstermin noch meist reibungslos möglich ist), kann er sein Zubehör unter Umständen noch dadurch retten, daß er es noch vor der Versteigerung vom Grundstück weggeholt. Soweit er dabei im Einvernehmen mit dem Schuldner handelt (sonst unter Umständen Hausfriedensbruch!) kann er so sein Eigentum erhalten, weil Fremdzubehör ja nicht von der Beschlagnahme erfaßt wird (vgl § 20 II). Auf alle Fälle sollte er trotzdem seine Rechte spätestens bis zur Aufforderung zur Abgabe von Geboten (vgl § 66 II) notfalls mündlich anmelden.

TH 5.5.2.: Die gerichtliche Verwaltung nach § 94 wird zwar nicht sehr häufig praktiziert, sie bietet aber dann entscheidende Vorteile, wenn die Beteiligten aus irgendeinem Grund kein Vertrauen zum Ersteher finden können. Sie können dann über § 94 verhindern, daß der Ersteher vor dem Verteilungstermin Maßnahmen ergreift, die den Wert des Objekts mindern und eine eventuelle Wiederversteigerung erschweren, zum Beispiel eine wirtschaftlich unsinnige außerordentliche Kündigung langfristiger Mietverträge (§ 57 a), oder ein Entzug von laufenden Einnahmen, oder die Schaffung anderer rechtlicher oder tatsächlicher Verhältnisse, die die Nutzung erschweren. Dabei müssen nicht die Beteiligten sondern der Ersteher die Kosten der Verwaltung tragen. Der Ersteher kann die für ihn recht ungünstige Verwaltung nur durch Zahlung oder Hinterlegung abwenden (§ 94 I 1).

TH 5.5.3.: Der Beginn der Frist für die Zuschlagsbeschwerde kann sehr unterschiedlich ausfallen; deshalb können sich bei ihrer Berechnung leicht Fehler

---

[128] BGH Rpfleger 1986, 396.
[129] OLG Köln JMBl NRW 1966, 103; OLG Koblenz Rpfleger 1957, 311; LG Göttingen Rpfleger 2000, 510; Stöber § 98 Anm 2/1 a.
[130] Vgl unten **TH** D. 5.5.3.
[131] LG Hannover NJW 1984, 2836; LG Göttingen Rpfleger 2000, 510; Stöber § 98 An. 2.1 a.

einschleichen. Beispiel: den im Versteigerungstermin erschienenen oder vertretenen Beteiligten wird der Zuschlagsbeschluss irrtümlich doch zugestellt,[132] so daß sie den nach § 98 S. 2 kürzeren Fristbeginn übersehen. Deshalb sei allen beschwerdegeneigten Beteiligten dringend geraten, den Fristbeginn selbst sorgfältig zu überwachen und „es nicht auf den letzten Tag ankommen zu lassen!" Ist der Beschwerdeführer nicht durch einen Rechtsanwalt vertreten, so hat er – wenn überhaupt – einen Amtshaftungsanspruch nur dann, wenn er die Wiedereinsetzung in den vorigen Stand erfolglos versucht hat.

Dem Rechtspfleger sei (leider) empfohlen, die Belehrung ganz zu unterlassen, um Fehler zu vermeiden.[133] Aber sinnvoller wäre es, wenn der Gesetzgeber für den so wichtigen Zuschlagsbeschluss ausdrücklich eine Rechtsmittelbelehrung vorschreiben würde, gerade weil der Fristbeginn so kompliziert und unterschiedlich geregelt ist!

TH 5.5.4.: Wenn Grundschulden nicht mit dem Zuschlag erlöschen sondern bestehenbleiben, sollte sich der Ersteher umgehend mit dem Gläubiger durch Bezahlung um eine Löschung oder Abtretung bemühen! Denn diese Grundschulden sichern ja Forderungen gegen den Schuldner (dessen Zahlungsunfähigkeit durch die Zwangsversteigerung im Zweifel bewiesen ist!), so daß der Ersteher die erneute Zwangsversteigerung seines Grundstücks befürchten muß, wenn der Schuldner seinen Zahlungsverpflichtungen nicht nachkommt. Auch der Schuldner hat großes Interesse an baldiger Regelung durch den Ersteher, weil er erst bei dessen Zahlung von seinen Verbindlichkeiten befreit wird. Er ist lediglich durch das Anwachsen der (hohen!) dinglichen Zinsen ab Zuschlag geschützt.

Sehr wichtig für alle Beteiligten ist, daß die Zweckmäßigkeit einer schnellen Regelung auch dann gilt, wenn die bestehengebliebene Grundschuld nicht mehr (voll) valutiert sein sollte, so daß von der „schuldrechtlichen/persönlichen Seite" her keine Gefahr zu drohen scheint. Denn die Rückgewähransprüche aus dieser Grundschuld stehen dem bisherigen Schuldner als Sicherungsgeber bzw einem Zessionar oder Pfändungsgläubiger zu und wachsen durch die ab Zuschlag laufenden (hohen!) dinglichen Zinsen schnell und stark an! Das ist auch gerechtfertigt, weil die Inhaber der Rückgewähransprüche große Schwierigkeiten haben, ihre Rückgewähransprüche gegen einen untätigen Ersteher rechtlich durchzusetzen. Dieses wirtschaftliche „Druckmittel" der hohen dinglichen Zinsen ist deshalb für sie sehr wichtig!

TH 5.5.5.: Neben den sachlichen Vorteilen der gerichtlichen Verwaltung gem § 94 (Schutz vor nicht vertrauenswürdigen Erstehern)[134] gibt es noch einen wichtigen Vorteil: Sie kann bereits im Versteigerungstermin (also uU noch vor der Zuschlagserteilung!) und dann so lange beantragt werden, bis der Ersteher seinen Verpflichtungen aus dem Meistgebot gegenüber dem Antragsteller nachgekommen ist. Auch die gerichtliche Verwaltung gemäß § 94 ist damit eine Art „Sicherheitsleistung", die viel weiter geht als die eigentliche Sicherheitsleistung der §§ 67–70 und auch dann noch eingesetzt

---

[132] OLG Hamm Rpfleger 1995, 176; OLG Celle Rpfleger 1986, 489.
[133] Stöber § 98 Anm 2.1 a.
[134] Vgl dazu auch oben **TH** D. 5.5.2.

werden kann, wenn die andere Sicherheitsleistung zu spät oder gar nicht verlangt worden ist. So gesehen ist nicht richtig verständlich, warum von der gerichtlichen Verwaltung nicht viel mehr Gebrauch gemacht wird (insbesondere bei gewerblichen Objekten).

TH 5.5.6.: Gemäß § 92 II 2 ist der Ersatz für einen Nießbrauch oder eine Reallast von unbestimmter Dauer durch Zahlung einer Geldrente zu leisten, und zwar in 3-Monats-Raten aus einem zu diesem Zweck zu hinterlegenden Betrag. Die Höhe des zu hinterlegenden Betrags wird aus der statistisch zu ermittelnden Restlaufzeit berechnet. Hier empfiehlt es sich für alle Beteiligten (also Berechtigte aus dem erlöschenden Recht, Schuldner, nachrangige Gläubiger) mindestens den Versuch einer Einigung auf einen Einmalbetrag zu unternehmen, der dann sofort ausgezahlt werden könnte. Sehr häufig sind dann alle Beteiligten besser gestellt, weil auch eine niedrigere (als die zu hinterlegende) Summe für alle Beteiligten die Vorteile einer raschen Klärung und einer endgültigen Regelung und der sofortigen Vollziehbarkeit hat.

TH 5.5.7.: Da auch das Behaupten angeblicher Mietverträge mit nahen Angehörigen oder Strohmännern seit langer Zeit zu den geradezu „modehaften" Störmöglichkeiten gehört, und da derartige Manipulationen nicht nur strafbar sind, sondern allen Beteiligten (langfristig auch den Schuldner!) schaden, müssen sie mE engagiert bekämpft werden. Dazu gehört auch der Mut der Gerichte bei der Klauselerteilung und bei den Anforderungen an den Ernst und die Seriosität der Mietverträge. Auch der Ersteher braucht ja viel Mut, sich auf ein derartiges Abenteuer einzulassen.

5.6. Thesen-Seite 32: Außergerichtliche Ergebnisrettung

Außergerichtliche Ergebnisrettung

– Bestrangig betreibender Gläubiger kann jeden Zuschlag verhindern
– Ablösung dieses Gläubiger bis zur Verkündigung des Zuschlags möglich
– Zuschlagsrettung möglich durch
  • Nachverhandlungen mit Meistbietendem
  • Abfindung des $^7/_{10}$-Antragsberechtigten oder des Ablösungsbereiten
  • § 74 a I.2. – Widerspruchsrecht beachten
  • Forderungs(teil)verzicht zur Vermeidung einer § 765 a – Versagung
  • Bei Versagung wegen § 85 a hilft uU Abtretung des Meistgebots an Ausfallgläubiger (streitig)
– Zuschlagsversagung gemäß § 85 a durch zusätzlichen Versagungsantrag gemäß § 74 a absichern
– Bei $^7/_{10}$-Berechtigung nicht sofortige Versagung, sondern besonderen Verkündungstermin (§ 87) anstreben und inzwischen verhandeln

E. Verteilung des Versteigerungserlöses

1. Taktische Vorbemerkung

Für die Verteilung des Versteigerungserlöses ist ein besonderes Verteilungsverfahren vorgesehen, das wegen der Vielgestaltigkeit der möglichen tatsächlichen und rechtlichen Verhältnisse in einem eigenen VIII. Abschnitt des ZVG (§§ 105–145) bis ins einzelne geregelt ist, wobei sich auch hier die hohe Qualität des Gesetzes eindrucksvoll bestätigt.

Wegen dieser eingehenden gesetzlichen Regelung und wegen der sehr ausführlichen Darstellung dieses Verfahrensteils in der Fachliteratur, die sich entweder an den einzelnen gesetzlichen Bestimmungen orientiert[1] oder mehr systematisch aufgebaut ist,[2] soll hier eine Beschränkung auf die wesentlichen allgemeinen Regeln des Verteilungsverfahrens erfolgen. Wenn bei einer konkreten Versteigerung schwierige Einzelfragen auftreten sollten, die aus dem Gesetz allein nicht beantwortet werden können, muß ohnehin die einschlägige Fachliteratur zu Rate gezogen werden.

Die Versteigerung ist zwar jetzt abgeschlossen, so daß weder der Zuschlag verhindert noch das Meistgebot aufgebessert noch durch irgendeine taktische Maßnahme eine außergerichtliche Zusatzleistung des Erstehers herbeigeführt werden kann. Trotzdem können einzelne Gläubiger auch noch im Verteilungsverfahren ihre Position unter Umständen noch verbessern, z.B. wenn vorrangige (meist dingliche) Gläubiger aus dem Versteigerungserlös nur geringere Zahlungen für sich fordern, als sie sie eigentlich beanspruchen könnten. Auf diese Weise entstehen in der Praxis sehr viel häufiger irgendwelche „Freiräume", als dies gemeinhin angenommen wird. Auf diese Freiräume kann derjenige Gläubiger am erfolgreichsten zugreifen, der sie am schnellsten aufspürt und der am schnellsten darauf reagiert. Deshalb sollte den Punkten „Sicherungsgrundschuld",[3] „Löschungsvormerkung",[4] „gesetzlicher Löschungsanspruch"[4a] und „Verteilung von Gesamtgrundpfandrechten"[5] eine besonders hohe Aufmerksamkeit gewidmet werden.

Jeder Gläubiger des Vollstreckungsschuldners, dessen Befriedigung aus dem Versteigerungserlös nicht absolut sicher gewährleistet ist, sollte daher zwischen Zuschlag und Verteilungstermin auf Grund der jetzt vorliegenden kla-

---

[1] Vgl z.B. Böttcher §§ 105–145; Stöber §§ 105–145; Steiner-Eickmann und Teufel §§ 105–145; Mohrbutter-Drischler Muster 117 ff. und Dassler-Schiffhauer/Gerhardt §§ 105–145.

[2] Vgl z.B. Stöber Anm 403–575 und Storz Teilungsversteigerung C. 9. (Erlösverteilung bei Zahlung), C. 10. (Nichtzahlung des Meitgebots), C. 11. (Abschluß des Verfahrens).

[3] Vgl unten E. 5.2.

[4] Vgl unten E. 5.4.

[4a] Vgl zB die (allerdings umstrittene!) Entscheidung BGH Rpfleger 2006, 484 mit **abl. Anm** Alff zum nicht insolvenzfesten Löschungsanspruch des nachrangigen Grundschuldgläubigers.

[5] Vgl unten E. 5.3.

ren Daten die Sach- und Rechtslage noch einmal sorgfältig prüfen, um gegebenenfalls rasch eingreifen zu können.[6]

---

[6] Vgl **TH** E. 2.3.1.

2. Verteilungstermin

§ 105 ZVG

(1) Nach der Erteilung des Zuschlags hat das Gericht einen Termin zur Verteilung des Versteigerungserlöses zu bestimmen.

(2) Die Terminsbestimmung ist den Beteiligten und dem Ersteher sowie im Falle des § 69 II dem für mithaftend erklärten Bürgen und in den Fällen des § 81 II, III dem Meistbietenden zuzustellen. Als Beteiligte gelten auch diejenigen, welche das angemeldete Recht noch glaubhaft zu machen haben.

(3) Die Terminsbestimmung soll an die Gerichtstafel angeheftet werden.

(4) Ist die Terminsbestimmung dem Ersteher und im Falle des § 69 II auch dem für mithaftend erklärten Bürgen sowie in den Fällen des § 81 II, III auch dem Meistbietenden nicht zwei Wochen vor dem Termin zugestellt, so ist der Termin aufzuheben und von neuem zu bestimmen, sofern nicht das Verfahren genehmigt wird.

§ 106 ZVG

Zur Vorbereitung des Verteilungsverfahrens kann das Gericht in der Terminsbestimmung die Beteiligten auffordern, binnen zwei Wochen eine Berechnung ihrer Ansprüche einzureichen. In diesem Falle hat das Gericht nach dem Ablaufe der Frist den Teilungsplan anzufertigen und ihn spätestens drei Tage vor dem Termin auf der Geschäftsstelle zur Einsicht der Beteiligten niederzulegen.

2.1. Bedeutung des Verteilungstermins

Außer in den Fällen der außergerichtlichen Einigung über die Erlösverteilung (vgl § 143)[1] oder der außergerichtlichen Befriedigung aller Berechtigter (vgl § 144)[2] wird der Versteigerungserlös in einem nach Wirksamwerden des Zuschlags (§§ 89, 104)[3] von Amts wegen anzuberaumenden Termin verteilt (§ 105 I). Die Terminsbestimmung wird den in § 105 II genannten Personen gemäß §§ 3–7 zugestellt;[4] eine Aufforderung zur Wahrnehmung des Termins erfolgt dabei jedoch nicht.[5] Die Zustellung ist auch dann nötig, wenn der Verteilungstermin bei der Zuschlagserteilung verkündet oder sonst bekanntgegeben worden ist.

In dem nichtöffentlichen Termin (vgl § 169 GVG) wird der Teilungsplan aufgestellt (§ 113) und verhandelt (§ 115), der Erlös entgegengenommen (§ 107 II) und verteilt (§§ 109, 115 ff) und das Verfahren abgeschlossen

---

[1] Vgl unten E. 7.

[2] Vgl unten E. 7.

[3] Dagegen ist das Warten auf die Rechtskraft des Zuschlags weder nötig noch zweckmäßig, vgl Dassler-Gerhardt § 105 Rz 1 a.

[4] Vgl oben B. 3.1.1.1. – Vgl auch das Beispiel im Anhang **AT** Nr. 24.

[5] Die Wahrnehmung des Verteilungstermins ist aber oft ratsam, vgl **TH** E. 2.3.1. und **TH** E. 3.3.1. und **TH** E. 3.3.2.

(§§ 127, 130, 136). Es können auch noch Anmeldungen erfolgen;[6] eine Anmeldung erst nach der Aufforderung zur Abgabe von Geboten im Versteigerungstermin schließt also die Aufnahme eines Rechtes in den Teilungsplan nicht aus; eine eventuelle Verspätung (vgl zum Beispiel § 37 Nr. 4) führt aber zum Rangverlust (§ 110).

In dem Verteilungstermin wird nach den allgemeinen Vorschriften der ZPO (vgl §§ 159 ff ZPO) ein Protokoll aufgenommen.[7] Auf einen besonderen Protokollführer kann gem § 159 I 2 ZPO verzichtet werden. Zum Inhalt des Protokolls gehören Ort und Tag, Namen der mitwirkenden Personen, Bezeichnung der Sache, Angabe über nichtöffentliche Verhandlung, Namen der Erschienenen, die wesentlichen Vorgänge (§ 160 II ZPO), alle wichtigen Verfügungen, Wortlaut der auf Briefe oder Vollstreckungstitel zu setzenden Vermerke (§ 127 III) usw. Die zu Protokoll erklärten Anträge sowie der nach § 160 III Nr 1 und § 3 ZPO notwendige Protokollinhalt (insbesondere Anerkenntnisse, Verzichtsleistungen, Vergleiche, Liegenbelassungsvereinbarungen gem § 91 II und Befriedigungserklärungen) sind den Beteiligten vorzulesen und von ihnen zu genehmigen; der Vollzug dieser Vorschrift ist ebenfalls im Protokoll zu vermerken bzw eine Angabe, welche Einwendungen erhoben worden sind (§ 162 ZPO).

Auch im Verteilungstermin ist der Rechtspfleger zur Beurkundung eines Vergleiches befugt.[8]

2.2. Vorbereitung des Termins

Der Verteilungstermin, dessen Bestimmung den in § 105 II genannten Personen mindestens zwei Wochen vorher zugestellt sein muß (vgl § 105 IV), liegt bei unproblematischen Versteigerungen in der Regel etwa 6 Wochen nach dem Wirksamwerden des Zuschlags. Diese Zeitspanne dient der allseitigen Vorbereitung des Termins:

(1) Der Ersteher kennt jetzt die genaue Höhe seiner Zahlungsverpflichtungen und muß die Finanzierung sicherstellen.

(2) Der Rechtspfleger muß entsprechend den Besonderheiten des vorliegenden Falles untersuchen, welchen Gläubigern welcher Anteil am Versteigerungserlös zugeteilt werden wird.

(3) Die Gläubiger müssen einerseits ihre Forderungen (intern) abrechnen und prüfen, inwieweit sie ohne weiteres Tätigwerden aus dem Erlös befriedigt werden oder ob es noch die Notwendigkeit und eine Möglichkeit gibt, einen sonst drohenden Ausfall durch bestimmte Maßnahmen zu verhindern oder zu verringern. Andererseits reichen sie dem Gericht eine Berechnung ihrer Ansprüche ein.

Der Vorbereitung des Termins dient auch die Terminsbestimmung. Deren Inhalt ist zwar nicht vorgeschrieben. Neben der eigentlichen Bestimmung des Termins mit Angabe von Ort (= Gerichtsstelle gem § 219 ZPO), Tag und Stunde erfolgen meist verschiedene Hinweise, zum Beispiel darauf, daß eine

---

[6] Vgl unten E. 2.2.
[7] Muster bei Stöber § 113 Anm 5.1.
[8] OLG Nürnberg Rpfleger 1972, 305; Stöber § 113 Anm 5.2.

Vertretung im Termin zulässig ist, aber eine auch zum Geldempfang berechtigende Vollmacht erfordert, daß noch Anmeldungen möglich sind (§ 114) und daß die gem § 126 wichtigsten Unterlagen vorgelegt werden müssen, zum Beispiel Hypotheken-, Grundschuld- und Rentenschuldbriefe, Abtretungs- oder Ablösungserklärungen, Erbscheine, Pfändungsbeschlüsse usw. Außerdem wird den Berechtigten idR (unverbindlich) empfohlen, ihre Ansprüche nach Kapital, Zinsen und Kosten mit Angabe des beanspruchten Ranges zu berechnen und beim Vollstreckungsgericht anzumelden (vgl AT 24). Die Ladung zum Verteilungstermin ist grundsätzlich von Amts wegen an alle Beteiligten zuzustellen, außerdem der Justizkasse. Eine Verkündung oder Bekanntgabe des Verteilungstermins im Versteigerungstermin erübrigt die Zustellung der Terminsbestimmung. Dagegen muß der verkündete Teilungsplan trotz § 329 III ZPO nach herrsch. Ansicht nicht zugestellt werden.[9]

Bezüglich der Anmeldungen wird sich das Gericht in der Regel auf eine bloße Empfehlung zur Vorlage beschränken. Diese wird nämlich von den Gläubigern genauso beachtet wie eine formelle Aufforderung, und eine Nichtbeachtung hat in beiden Fällen für die Gläubiger keine Konsequenzen.[10] Andererseits muß das Gericht im Falle einer Aufforderung zur Einreichung der berechneten Ansprüche einen offiziellen vorläufigen Teilungsplan aufstellen und diesen spätestens 3 Tage vor dem Termin zur Einsicht der Beteiligten niederlegen, während es sich bei der bloßen Empfehlung mit einem internen und nicht aufzulegenden Entwurf begnügen kann. Die Aufforderung nach § 106 hat also für das Gericht meist mehr Nach- als Vorteile, weshalb von diesem Verfahren meines Erachtens zu Recht für den Regelfall abgeraten wird.

Rechtzeitig vor dem Verteilungstermin reichen die Beteiligten, die sich Hoffnung auf einen Erlösanteil machen können, dem Gericht eine Berechnung ihrer Ansprüche ein, und zwar – einem Gebot der Höflichkeit gegenüber dem Rechtspfleger zufolge und auch aus eigenem Interesse – auch wenn eine formelle Aufforderung nach § 106 nicht erfolgt ist und auch dann, wenn sie ihre Ansprüche schon zum Versteigerungstermin angemeldet und berechnet haben.[11] Die jetzige Berechnung orientiert sich an den früheren Anmeldungen und ist ebenfalls geordnet nach der Rangfolge der einzelnen Ansprüche und diese unterteilt in Hauptsumme, laufende Zinsen, für zwei Jahre rückständige Zinsen, notwendige Kosten der dinglichen Rechtsverfolgung und eventuell auch ältere Zinsrückstände. Die Berechnungen zum Versteigerungstermin einerseits und zum Verteilungstermin andererseits unterscheiden sich (vor allem bei dinglichen Gläubigern) insbesondere in zwei Punkten:

(1) während bei der ersten Anmeldung die laufenden Zinsen nur bis 14 Tage nach dem Versteigerungstermin berechnet werden durften (vgl § 47 S. 1), können sie jetzt bis 1 Tag vor dem Verteilungstermin geltend gemacht werden;

---

[9] OLG Stuttgart Rpfleger 2000, 226; OLG Koblenz InVo 1998, 81, OLG Karlsruhe Rpfleger 1995, 427; Dassler/Muth § 113 Rz 14; Stöber § 13 Anm 3.1; **str. aA:** OLG Hamm Rpfleger 1985, 453; Böttcher § 113 Rz 10; Perger Rpfleger 1991, 45.

[10] Vgl Zeller-Stöber § 106 Anm 2.2.

[11] Vgl **TH** E. 2.3.2.

(2) während für die erste Anmeldung empfohlen worden ist, die dinglichen Rechte auch dann voll anzumelden, wenn die durch sie gesicherten persönlichen Ansprüche geringer sind,[12] sollte zum Verteilungstermin nur soviel (dinglich) beansprucht werden, als zur Rückführung der persönlichen Forderung benötigt wird.[13]

Die Anmeldung zum Versteigerungstermin und die Berechnung nach § 106 sind also nicht gleichzusetzen. Letztere entspricht einem Gebot der Höflichkeit und ist auch im Interesse des Gläubigers meist sinnvoll, ihre Nichtbeachtung hat aber für den Gläubiger keine rechtlichen Folgen.[14] Erstere muß von wenigen Ausnahmefällen abgesehen erfolgen, wenn das Recht im Teilungsplan überhaupt und an der richtigen Rangstelle berücksichtigt werden soll.[15]

Eine Aufhebung des Verteilungstermins ist möglich, zum Beispiel bei nicht fristgerechter Zustellung an den Ersteher, an den evtl mithaftenden Bürgen oder Meistbietenden (§ 105 IV; Fehler können formlos, zB durch vorbehaltslose Zahlung des Meistgebots genehmigt werden); bei Zuschlagsanfechtung, auch auf Anordnung des Beschwerdegerichts oder aus wichtigem Grund; das Interesse allein des Erstehers an einer Aufhebung bzw Verlegung des Termins genügt dagegen nicht.[16]

2.3. Taktische Hinweise

TH 2.3.1.: Der Verteilungstermin braucht von einem Gläubiger nicht wahrgenommen zu werden, wenn die Befriedigung seiner Forderung absolut sicher gewährleistet ist, was sich in der Regel leicht ausrechnen läßt. Besteht diese Sicherheit dagegen nicht, sollte der Gläubiger zum Termin erscheinen (verpflichtet dazu ist er in keinem Fall). Das gilt insbesondere dann, wenn er auf Löschungsvormerkungen angewiesen ist oder Rechte aus abgetretenen Rückgewähransprüchen geltend machen will. Entsprechendes gilt, wenn noch Anmeldungen nötig sind, eine Liegenbelassungsvereinbarung nach § 91 II ausgehandelt werden soll, oder wenn ein Ausfall droht, der auf Grund eines vorhandenen persönlichen Titels durch einen raschen Zugriff auf einen sonst dem Vollstreckungsschuldner zuzuteilenden Betrag vermindert werden könnte. Überhaupt empfiehlt sich die Wahrnehmung des Verteilungstermins immer, wenn irgendwelche Probleme nicht ausgeschlossen sind.[17]

TH 2.3.2.: Der Gläubiger, dessen Recht keiner Anmeldung bedarf oder schon angemeldet ist, kann sich sein Leben im Verteilungsverfahren zwar durch Untätigkeit einfach machen. Der Rechtspfleger ist aber zu einer sorgfältigen Berechnung aller Ansprüche gezwungen. Deshalb gebietet es meines Erachtens schon die Höflichkeit gegenüber dem Rechtspfleger, die eigenen(!) Ansprüche ebenso sorgfältig zu berechnen und die Forderung entsprechend „anzumelden". Das hat gleichzeitig den Vorteil einer gegenseitigen Kontroll-

---

[12] Vgl oben C. 4.2. und **TH** C. 4.4.1., **TH** C. 4.4.2., **TH** C. 4.4.5.
[13] Vgl **TH** E. 2.3.2. und **TH** C. 4.4.4.
[14] Vgl Stöber § 106 Anm 2.2.
[15] Vgl unten E. 5.2.
[16] Jäckel-Güthe § 105 Anm 1; Stöber § 105 Anm 4.6.
[17] Vgl auch **TH** E. 3.3.1. und **TH** E. 3.3.2. und unten E. 3.2.

rechnung. Im übrigen ist die rechtzeitig vor dem Verteilungstermin erfolgte Bekanntgabe der eigenen Ansprüche auch für einen Grundpfandgläubiger wichtig, wenn er sein dingliches Recht voll ausschöpfen muß und Zweifel über den geltendgemachten Umfang nicht ausgeschlossen sind; immerhin gilt bei einer Abweichung vom Teilungsplan dann die Anmeldung als Widerspruch.[18] Die besondere Anmeldung ist aber sogar nötig, wenn nicht das ganze dingliche Recht beansprucht werden soll, weil die gesicherte persönliche Forderung nicht mehr in vollem Umfang besteht.[19]

---

[18] Vgl dazu unten E. 3.2.
[19] Vgl **TH** C. 4.4.4.

3. Teilungsplan

3.1. Grundfassung

§ 113 ZVG

(1) In dem Verteilungstermine wird nach Anhörung der anwesenden Beteiligten von dem Gerichte, nötigenfalls mit Hilfe eines Rechnungsverständigen, der Teilungsplan aufgestellt.

(2) In dem Plane sind auch die nach § 91 nicht erlöschenden Rechte anzugeben.

§ 113 verpflichtet das Gericht zur Aufstellung eines Teilungsplans, der die Grundlage für die spätere Erlösverteilung ist; in zahlreichen anderen Vorschriften ist dann geregelt, was in den Teilungsplan im einzelnen aufzunehmen ist (vgl §§ 107, 110 ff). Der Teilungsplan wird im Verteilungstermin aufgestellt (§ 113 I) und mit den anwesenden Beteiligten sofort mündlich verhandelt (§ 115 I 1); die abwesenden Beteiligten werden nicht gehört.[1] Er hat – im Gegensatz zum Zuschlagsbeschluß – nicht die Wirkung eines Richterspruchs, sondern enthält nur formelle Entscheidungen, was auch bei den gegen ihn zulässigen Rechtsmitteln zum Ausdruck kommt: wurde bei der Aufstellung des Teilungsplans gegen Verfahrensvorschriften verstoßen, ist die sofortige Beschwerde gegeben,[2] während bei sachlichen Einwendungen gegen die vorgesehene Erlösverteilung Widerspruch eingelegt werden kann (§ 115), über den das Vollstreckungsgericht aber nicht sachlich entscheidet.

Streitig ist, ob der Teilungsplan einen materiellen Rechtsanspruch auf die Zuteilung begründet mit der Folge, daß nach dem Verteilungstermin eingetretene Ereignisse weder für eine Widerspruchs- noch für eine verlängerte Vollstreckungsabwehrklage berücksichtigt werden können;[3] oder ob der Teilungsplan lediglich verfahrensrechtliche Grundlage und Rechtfertigung der Verteilung zum Abschluß der Verteilung ist, ohne Änderung der materiellen Rechtslage mit der Folge, daß spätere Ereignisse zu einem Bereicherungsausgleich führen können.[4]

Ebenfalls streitig ist in Literatur und Rechtsprechung, wann die Frist für die sofortige Beschwerde gegen den Teilungsplan beginnt: mit dem Schluß des Verteilungstermins,[5] mit der Verkündung des Planes[6] oder mit der Zustellung des Planes.[7]

Der Teilungsplan enthält nach einem Vorbericht 4 Abschnitte:

(1) Zunächst wird gemäß § 107 die Teilungsmasse festgestellt.

---

[1] Vgl dazu **TH** E. 2.3.1. und **TH** E. 3.3.1. und **TH** E. 3.3.2.

[2] OLG Stuttgart Rpfleger 2000, 226; OLG Koblenz OLGRep 1997, 278; OLG Düsseldorf Rpfleger 1995, 265; OLG Karlsruhe Rpfleger 1995, 427; vgl OLG Köln MDR 1969, 401; LG Verden Rpfleger 1974, 31; Stöber § 113 Anm 6.3.

[3] BGH ZIP 1991, 245.

[4] So mE mit Recht Eickmann § 20 II 1; Muth EWiR 1991, 415.

[5] Drischler RpflJahrB 1962, 322.

[6] OLG Karlsruhe Rpfleger 1995, 427; OLG Schleswig SchlHA 1983, 194; Stöber § 113 Anm 6.3. (mit Aufstellung).

[7] OLG Hamm Rpfleger 1985, 453.

(2) Im zweiten Abschnitt werden die bestehenbleibenden Rechte aufgezählt, und zwar nicht nur die nach den (gesetzlichen oder vereinbarten) Versteigerungsbedingungen, sondern gemäß § 113 II auch die auf Grund einer Liegenbelassungsvereinbarung nach § 91 II bestehenbleibenden Rechte. Dabei ist auch anzugeben, auf welcher Rechtsgrundlage das jeweilige Recht bestehenbleibt.[8] Die erlöschenden Rechte werden nur dann aufgeführt, wenn sie sonst kraft Gesetzes bestehenbleiben würden.[9] Die Angabe der bestehenbleibenden Rechte hat keine eigene rechtliche Wirkung, sondern dient nur der Klarstellung und soll den Beteiligten Gelegenheit geben, eventuelle Einwendungen zu erheben.[10]

(3) Der dritte Abschnitt enthält die Schuldenmasse.[11]

(4) Schließlich erfolgt im Plan die (nicht mit der Planausführung zu verwechselnde!) Zuteilung der Teilungsmasse auf die Schuldenmasse; dabei wird auch die Rangfolge der zugeteilten Ansprüche dargestellt, ebenso eine eventuelle Beschränkung des Empfängers. Der Ausfall der nicht zum Zuge kommenden Rechte wird dagegen nicht ausdrücklich dargestellt. Ein etwaiger Erlösüberschuß steht auch ohne förmliche Zuteilung dem bisherigen Grundstückseigentümer (meist der Vollstreckungsschuldner) zu.[12]

Die Verhandlung über den Teilungsplan soll schriftliche und mündliche Widersprüche aufdecken und feststellen, inwieweit sie schon im Verteilungstermin erledigt werden können. Der Versteigerungserlös ist gemäß § 117 I sofort und nicht erst nach Rechtskraft des Teilungsplans auszuzahlen.[13] Nach Planausführung kann nichts mehr geändert werden, auch nicht im Rechtsbehelfs-Weg; evtl anhängige Rechtsbehelfe werden gegenstandslos.[14]

3.2. Widerspruch gegen den Teilungsplan

§ 115 ZVG

(1) Über den Teilungsplan wird sofort verhandelt. Auf die Verhandlung sowie auf die Erledigung erhobener Widersprüche und die Ausführung des Planes finden die §§ 876–882 ZPO entsprechende Anwendung.

(2) Ist ein vor dem Termin angemeldeter Anspruch nicht nach dem Antrag in den Plan aufgenommen, so gilt die Anmeldung als Widerspruch gegen den Plan.

(3) Der Widerspruch des Schuldners gegen einen vollstreckbaren Anspruch wird nach den §§ 767, 769, 770 ZPO erledigt.

(4) Soweit der Schuldner durch Sicherheitsleistung oder Hinterlegung die Befriedigung eines solchen Anspruchs abwenden darf, unterbleibt

---

[8] Vgl Stöber § 113 Anm 4.
[9] Vgl Stöber § 52 Anm 3.
[10] Vgl Stöber Handbuch Rdn 420.
[11] Vgl unten E. 5. und E. 6.
[12] Vgl TH E. 3.3.1.
[13] OLG Düsseldorf Rpfleger 1995, 265; OLG Köln Rpfleger 1991, 519 (Meyer-Stolte) Perger Rpfleger 1991, 45; Drischler Rpfleger 1989, 359 **gegen** Sievers Rpfleger 1989, 53.
[14] OLG Düsseldorf Rpfleger 1995, 265.

die Ausführung des Planes, wenn die Sicherheit geleistet oder die Hinterlegung erfolgt ist.

§ 124 ZVG

(1) Im Falle eines Widerspruchs gegen den Teilungsplan ist durch den Plan festzustellen, wie der streitige Betrag verteilt werden soll, wenn der Widerspruch für begründet erklärt wird.

(2) Die Vorschriften des § 120 finden entsprechende Anwendung; die Art der Anlegung bestimmt derjenige, welcher den Anspruch geltend macht.

(3) Das gleiche gilt, soweit nach § 115 IV die Ausführung des Planes unterbleibt.

§ 125 ZVG (Zuteilung des erhöhten Betrages)

(1) Hat der Erstehet außer dem durch Zahlung zu berichtigenden Teile des Meistgebots einen weiteren Betrag nach den §§ 50, 51 zu zahlen, so ist durch den Teilungsplan festzustellen, wem dieser Betrag zugeteilt werden soll. Die Zuteilung ist dadurch auszuführen, daß die Forderung gegen den Ersteher übertragen wird.

(2) Ist ungewiß oder streitig, ob der weitere Betrag zu zahlen ist, so erfolgt die Zuteilung und Übertragung unter der entsprechenden Bedingung. Die §§ 878 bis 882 der Zivilprozeßordnung finden keine Anwendung.

(3) Die Übertragung hat nicht die Wirkung der Befriedigung aus dem Grundstücke.

§ 126 ZVG (Hilfszuteilung bei unbekannten Berechtigten)

(1) Ist für einen zugeteilten Betrag die Person des Berechtigten unbekannt, insbesondere bei einer Hypothek, Grundschuld oder Rentenschuld der Brief nicht vorgelegt, so ist durch den Teilungsplan festzustellen, wie der Betrag verteilt werden soll, wenn der Berechtigte nicht ermittelt wird.

(2) Der Betrag ist für den unbekannten Berechtigten zu hinterlegen. Soweit der Betrag nicht gezahlt wird, ist die Forderung gegen den Ersteher auf den Berechtigten zu übertragen.

§ 127 ZVG (Vermerke auf Hypothekenbriefen und vollstreckbaren Titeln)

(1) Wird der Brief über eine infolge der Versteigerung erloschene Hypothek, Grundschuld oder Rentenschuld vorgelegt, so hat das Gericht ihn unbrauchbar zu machen. Ist das Recht nur zum Teil erloschen, so ist dies auf dem Briefe zu vermerken. Wird der Brief nicht vorgelegt, so kann das Gericht ihn von dem Berechtigten einfordern.

(2) Im Falle der Vorlegung eines vollstreckbaren Titels über einen Anspruch, auf welchen ein Betrag zugeteilt wird, hat das Gericht auf dem Titel zu vermerken, in welchem Umfange der Betrag durch Zahlung, Hinterlegung oder Übertragung gedeckt worden ist.

(3) Der Wortlaut der Vermerke ist durch das Protokoll festzustellen.

§ 876 ZPO (Verteilungstermin)

Wird in dem Termin ein Widerspruch gegen den Plan nicht erhoben, so ist dieser zur Ausführung zu bringen. Erfolgt ein Widerspruch, so hat sich jeder dabei beteiligte Gläubiger sofort zu erklären. Wird der Widerspruch von den Beteiligten als begründet anerkannt oder kommt anderweit eine Einigung zustande, so ist der Plan demgemäß zu berichtigen. Wenn ein Widerspruch sich nicht erledigt, so wird der Plan insoweit ausgeführt, als er durch den Widerspruch nicht betroffen wird.

§ 877 ZPO (Säumnisfolgen)

(1) Gegen einen Gläubiger, der in dem Termin weder erschienen ist noch vor dem Termin bei dem Gericht Widerspruch erhoben hat, wird angenommen, daß er mit der Ausführung des Planes einverstanden sei.

(2) Ist ein in dem Termin nicht erschienener Gläubiger bei dem Widerspruch beteiligt, den ein anderer Gläubiger erhoben hat, so wird angenommen, daß er diesen Widerspruch nicht als begründet anerkenne.

§ 878 ZPO (Widerspruchsklage)

(1) Der widersprechende Gläubiger muß ohne vorherige Aufforderung binnen einer Frist von einem Monat, die mit dem Terminstag beginnt, dem Gericht nachweisen, daß er gegen die beteiligten Gläubiger Klage erhoben habe. Nach fruchtlosem Ablauf dieser Frist wird die Ausführung des Planes ohne Rücksicht auf den Widerspruch angeordnet.

(2) Die Befugnis des Gläubigers, der dem Plan widersprochen hat, ein besseres Recht gegen den Gläubiger, der einen Geldbetrag nach dem Plan erhalten hat, im Wege der Klage geltend zu machen, wird durch die Versäumung der Frist und durch die Ausführung des Planes nicht ausgeschlossen.

Nicht formelle Einwendungen gegen die Aufstellung des Teilungsplanes (dafür gibt es die sofortige Beschwerde gemäß § 793 ZPO),[15] auch nicht die Beanstandung von Schreib-, Rechenfehlern oder anderen offensichtlichen Unrichtigkeiten (die nach § 319 I ZPO berichtigt werden können),[16] sondern materielle Einwendungen gegen die im Teilungsplan vorgesehene Erlösverteilung, sind mit dem Widerspruch nach § 115 geltend zu machen. Der Widerspruch soll also eine andere als geplante Verteilung herbeiführen und hält daher die Planausführung auf (vgl § 876 ZPO).[17]

Der Widerspruch ist das einzige Mittel, mit dem überhöhte Zuteilungen verhindert werden können. Er ist deshalb vor allem dann wichtig, wenn auf erlöschende Rechte (die nicht selbst auf Zahlung eines eindeutig bestimmten Betrages gerichtet sind) Ersatzzahlungen zugeteilt werden sollen. Ohne Widerspruch wird nämlich der als Ersatzzahlung angemeldete Betrag auch für das Gericht bindend und muß wie angemeldet in den Teilungsplan aufgenommen werden.[18] Auch deshalb sollten nachrangige Gläubiger immer den Verteilungstermin wahrnehmen, wenn Rechte der Abteilung II erlöschen

---

[15] OLG Düsseldorf Rpfleger 1995, 265; OLG Oldenburg Rpfleger 1980, 485.
[16] Vgl Stöber § 113 Anm 6.2.
[17] Vgl Stöber Handbuch Rz 497.
[18] Vgl Stöber Anm 458.

und „ausgezahlt" werden.[19] Aber Einwendungen gegen den Teilungsplan können nicht nur aus dinglichen Rechten, sondern auch aus schuldrechtlichen Ansprüchen, also – in der Zwangsversteigerung besonders wichtig – zB auch aus Rückgewähransprüchen hergeleitet werden.[19a]

Nur ein Beteiligter, der eine Planänderung zu seinen eigenen Gunsten[20] verlangt, ist zum Widerspruch berechtigt, also auch der Schuldner (wenn kein Fall des § 115 III vorliegt), aber nicht der Ersteher, wenn er nicht gleichzeitig ein Befriedigungsrecht hat.[21] Der widersprechende Beteiligte muß ein Recht auf Befriedigung aus dem Erlös haben, aber durch das Befriedigungsrecht eines anderen ganz oder teilweise verdrängt sein.[22] Daher kann der Gläubiger einer nur persönlichen Forderung gegen den bisherigen Eigentümer nicht widersprechen,[23] wohl aber der Gläubiger eines Anspruchs, der geeignet ist, die Zuteilung auf das Recht eines anderen Verfahrensbeteiligten zu beeinträchtigen;[24] zB kann der Zessionar von Rückgewähransprüchen verhindern, daß dem Eigentümer ein Erlösanteil zugeteilt wird.[19a] – Widerspricht der Schuldner, um Zuteilung auf einen vollstreckbaren Anspruch zu verhindern, so ist nach § 115 III nur die Vollstreckungsgegenklage gegen den betreffenden Gläubiger gem § 767 ZPO zulässig. Wenn der Vollstreckungsgläubiger allerdings außerhalb der Zwangsversteigerung befriedigt worden ist (vgl zB § 144), muß der Schuldner Widerspruch gegen den Ersteher erheben.[25]

Der Widerspruch kann schriftlich oder mündlich zu Protokoll bis zum Schluß des Verteilungstermins,[26] spätestens vor Ausführung des Teilungsplanes,[27] erhoben werden. Eine Anmeldung (als solche gilt unter Umständen auch ein im Versteigerungs- oder Beitrittsantrag geltend gemachter Anspruch: § 114 I 2), gilt gemäß § 115 II als Widerspruch, wenn der Anspruch nicht entsprechend der Anmeldung im Plan berücksichtigt ist. Der Widerspruch muß zwar nicht begründet werden, er muß aber erkennen lassen, welche konkrete andere Verteilung er verlangt.[28] Als Prozeßhandlung kann der Widerspruch solange zurückgenommen werden, bis über ihn entschieden worden ist.

Das Vollstreckungsgericht prüft nur, ob der Widerspruch von einem dazu Berechtigten erhoben worden ist; dagegen entscheidet es nicht darüber, ob der Widerspruch auch sachlich begründet ist. Ein unzulässiger Widerspruch wird durch Beschluß zurückgewiesen, gegen den die sofortige Beschwerde möglich ist.[29] Es verhandelt mit den anwesenden Beteiligten (vgl § 115 I 2,

---

[19] Vgl **TH** E. 2.3.1.
[19a] BGH EWiR 2002, 355 (Hegerl); EWiR 1989, 881 (Clemente). – Zum Widerspruchsrecht von Anfechtungsklägern vgl auch BGH Rpfleger 2001, 443 und NJW 1995, 2846. – Vgl außerdem Zwingel Rpfleger 2000, 437.
[20] Vgl Stöber § 115 Anm 3.4 a.
[21] BGH WM 1972, 1032.
[22] BGH Rpfleger 1971, 102 und WM 1972, 1032.
[23] Vgl zB BGH Rpfleger 1990, 32; WM 1962, 1138; Stöber § 115 Anm 3.5.
[24] BGH WM 1981, 693; Räfle ZIP 1981, 824.
[25] BGH ZIP 1980, 577.
[26] OLG Köln Rpfleger 1991, 519.
[27] Stöber § 115 Anm 3.7.
[28] Vgl Stöber § 115 Anm 3.6 b.
[29] OLG Stuttgart Rpfleger 2000, 226; OLG Köln Rpfleger 1991, 519; LG Münster MDR 1966, 1011; Steiner-Teufel § 115 Rz 61.

§ 876 S. 2 ZPO) darüber, ob der Widerspruch von diesen anerkannt wird und ob eine Einigung zwischen allen betroffenen Beteiligten möglich ist. Auf abwesende Beteiligte wird keine Rücksicht genommen (§ 877 I ZPO); allerdings wird für Abwesende die Nichtanerkennung eines fremden Widerspruchs unterstellt (vgl § 877 II ZPO). Kann der Widerspruch so durch die Verhandlung ausgeräumt oder sonst erledigt werden, wird der Plan entsprechend ausgeführt (§ 876 S. 3 ZPO).[30] Andernfalls kann er nur insoweit ausgeführt werden, als er vom Widerspruch nicht betroffen ist (§ 876 S. 4 ZPO). Bezüglich des nicht erledigten Teils muß gemäß § 124 eine Ergänzung des Teilungsplans und eine Hilfszuteilung erfolgen: Bis zur Erledigung des nicht bereinigten Widerspruchs ist der streitige Betrag für den Erstberechtigten und den nach der ergänzten Planfassung Berechtigten anzulegen oder zu hinterlegen; der Ausgleich zwischen den Berechtigten ist dann nach der materiellen Rechtslage durch Zustimmungserklärungen der Beteiligten oder durch rechtskräftige Verurteilung des Widersprechenden herbeizuführen.[31]

Der Widerspruch muß dann vom Widersprechenden im Klagewege weiterverfolgt und die Klageerhebung innerhalb eines Monats nachgewiesen werden (vgl § 878 ZPO); das Prozeßgericht bestimmt dann auch, wem der streitige Betrag gebührt (vgl § 880 S. 1 ZPO). Die Widerspruchsklage nach § 878 ZPO ist zu richten auf vorrangige Befriedigung der eigenen (zu beziffernden) Forderung vor derjenigen des Beklagten in dem (näher zu bezeichnenden) Teilungsverfahren.[32] Versäumt ein Beteiligter die Teilnahme am Zwangsversteigerungsverfahren (insbesondere an der dortigen Erlösverteilung), so kann er noch im Wege der Bereicherungsklage den Anspruch auf Einwilligung in die Auszahlung des auf das streitige Recht entfallenden Erlöses geltend machen.[33]

3.3. Taktische Hinweise

TH 3.3.1.: Die Wahrnehmung des Verteilungstermins für (teilweise) ausfallende Gläubiger hat neben den schon genannten[34] auch den Vorteil, daß bei der Feststellung eines Erlösüberschusses für den Eigentümer unter Umständen noch ältere Zinsrückstände angemeldet werden können. Der mit der verspäteten Anmeldung verbundene Rangverlust (vgl § 110) fällt hier nicht ins Gewicht, da alte Zinsrückstände ohnehin nur die 7. und 8. Rangklasse des § 10 I beanspruchen können, aber immer noch vor dem Eigentümer zum Zuge kommen.

TH 3.3.2.: Den Beteiligten kann nur empfohlen werden, unter allen Umständen eine Einigung über den Widerspruch schon im Verteilungstermin herbeizuführen, notfalls unter Hinnahme von Konzessionen. Denn der Vorteil einer raschen Einigung und Auszahlung von Geldern wiegt meist mehr

---

[30] Vgl **TH** E. 3.3.2.
[31] Vgl BGH ZiP 1987, 831.
[32] BGH EWiR 2001, 695 (Marotzke).
[33] Näheres zur Widerspruchsklage (§ 878 I ZPO) und zur Bereicherungsklage (§ 878 II ZPO) bei Stöber § 115 Anm 5 sowie den verschiedenen Kommentaren zur ZPO.
[34] Vgl **TH** 2.3.1.

als der Nachteil eines langwierigen und prozeßrisikobehafteten Klageverfahrens, auch wenn damit unter Umständen gewisse materielle Mehrerlöse erzielt werden könnten. Angesichts dieser Erkenntnis gilt aber auch der Erfahrungssatz, daß gerade im Falle von Widersprüchen die Wahrnehmung des Verteilungstermins wichtig ist. Und es gilt schließlich der Satz, daß schon der bloße Widerspruch (wenn er nicht völlig aus der Luft gegriffen ist) eine gute taktische Position verschafft, die bei entsprechender Beweglichkeit in der Verhandlung zur schnellen Realisierung materieller Erfolge genützt werden kann. Auch im Verteilungsverfahren gibt es noch gewisse Machtkämpfe auch zwischen den Gläubigern!

4. Teilungsmasse

4.1. Rechtslage

§ 107 ZVG

(1) In dem Verteilungstermin ist festzustellen, wieviel die zu verteilende Masse beträgt. Zu der Masse gehört auch der Erlös aus denjenigen Gegenständen, welche im Falle des § 65 besonders versteigert oder anderweit verwertet sind.

(2) Die von dem Ersteher im Termine zu leistende Zahlung erfolgt an das Gericht. § 49 Abs. 3 gilt entsprechend.

(3) Ein Geldbetrag, der zur Sicherheit für das Gebot des Erstehers hinterlegt ist, gilt als gezahlt.

Der (nach dem Vorbericht) erste Abschnitt des Teilungsplans dient der Feststellung der Teilungsmasse, also des Betrages, der als Erlös aus der Zwangsversteigerung zur Verteilung kommt.

Der Versteigerungserlös und damit die Teilungsmasse ist das Surrogat für das Grundstück. Der Versteigerungserlös steht zunächst noch dem ehemaligen Grundstückseigentümer (idR identisch mit dem Schuldner) zu. Schuldner des Versteigerungserlöses ist der Ersteher bzw die Konkursmasse, wenn der Zuschlag nach der Konkurseröffnung auf ein vor Konkurseröffnung abgegebenes Gebot erteilt wurde (bloße Konkursforderung, aber mit Absonderungsrecht nach § 47 KO). Am Versteigerungserlös bestehen die durch den Zuschlag erloschenen Grundstücksrechte als Vorzugsrechte fort; sie werden daher im Versteigerungstermin befriedigt, soweit der Erlös dazu ausreicht.

Der Versteigerungserlös ist bar an das Gericht zu zahlen (§ 107 II); dieses nimmt ihn in amtlicher Eigenschaft entgegen.[1] Das Gericht wird aber weder vor Zahlung Gläubiger des Anspruchs, noch nach Zahlung Schuldner gegenüber den Berechtigten oder Drittschuldner für eine Pfändung.[2] Da der Erlös an das Gericht zu zahlen ist, kann der Ersteher andererseits auch nicht mit einer Forderung gegen den Schuldner aufrechnen.[3]

Als Zahlung im Sinne des § 107 II gilt auch die Hinterlegung eines Geldbetrages zur Sicherheitsleistung für das Meistgebot (§ 107 III). Das Gericht erteilt daher ggf der Hinterlegungsstelle Anweisung auf den Betrag (§ 117 III); es kann ihn aber auch selbst abheben oder durch Überweisung an die Berechtigten abwickeln (§ 117 I).

Die Teilungsmasse kann sich aus mehreren Positionen zusammensetzen:

(1) Der barzuzahlende Teil des Meistgebots (§ 49 I) zuzüglich der Zinsen für die Zeit zwischen Zuschlag und Verteilungstermin (§ 49 II); Zinsen aus einer eventuellen Hinterlegung des ganzen Bargebots zur Vermeidung einer Verzinsungspflicht (vgl § 49 III) fallen ebenfalls in die Teilungsmasse.[4]

(2) Der Erlös aus denjenigen Gegenständen, welche gemäß § 65 besonders versteigert oder anderweit verwertet worden sind (§ 107 I 2); deshalb sollte

---

[1] BGH NJW 1977, 1287.
[2] Dassler-Schiffhauer § 107 Rz 12.
[3] BGH NJW 1963, 1497; Stöber Handbuch Rz 416.
[4] Vgl Stöber Handbuch Rdn 415 a.

vor dem Verteilungstermin möglichst auch die besondere Versteigerung beziehungsweise anderweitige Verwertung abgeschlossen sein. Allzugroße Verzögerungen für die Verteilung des Haupterlöses sollten aber im Interesse aller Beteiligter vermieden werden; ausnahmsweise kann für den (in der Regel verhältnismäßig geringeren Sondererlös) eine Nachtragsverteilung durchgeführt werden.[5]

(3) Der Betrag, den der Ersteher gemäß §§ 50, 51 unter Umständen zahlen muß, wenn ein nach den Versteigerungsbedingungen bestehenbleibendes Recht wegfällt (§ 125 I). Dieser Zuzahlungsbetrag kann naturgemäß nur in den Plan aufgenommen werden, wenn er im Verteilungstermin schon feststellbar ist. Andernfalls muß er außergerichtlich geltend gemacht werden;[6] es gibt hierfür also keine Nachtragsverteilung.

(4) Versicherungsgelder, die durch besondere Versteigerungsbedingungen trotz Zugehörigkeit zur Teilungsmasse vom Zuschlag (an den Ersteher) ausgeschlossen sind.[7]

Die so zusammengesetzte Teilungsmasse verringert sich um die Kapitalbeträge und Zinsen (ab Zuschlag) derjenigen Rechte, deren Liegenbelassen gemäß § 91 II besonders vereinbart worden ist.

Nicht zur Teilungsmasse gehören Überschüsse aus einer gleichzeitig laufenden Zwangsverwaltung,[8] weil beide Teilungsmassen – wie auch die Verfahren selbst[9] – getrennt zu behandeln sind. Allerdings sind die Erlöse aus dem einen Verfahren auch im anderen Verfahren anzurechnen, weil der Gläubiger nicht doppelte Zahlungen erhalten darf.[10]

Gläubiger der Teilungsmasse ist der bisherige Eigentümer des Grundstücks und der mitversteigerten oder getrennt versteigerten Gegenstände, also in der Regel der Vollstreckungsschuldner. Dieser erwirbt die Rechte an der Teilungsmasse als Surrogat für das verlorene Sacheigentum,[11] allerdings gleichermaßen belastet mit den fremden Rechten und Befriedigungsansprüchen. Die Forderung des Schuldners gegen den Ersteher des Grundstücks und der getrennt versteigerten Gegenstände unterliegt aber der Beschlagnahme, so daß nur das Vollstreckungsgericht darüber verfügen kann und auch Pfändungen ausgeschlossen sind.[12] Nur soweit ein Überschuß freigegeben ist, kann der Schuldner wieder verfügen.

Nach herrschender Ansicht kann vor dem Zuschlag weder der künftige Erlösanspruch eines Gläubigers noch der Übererlösanspruch des Schuldners gepfändet werden, weil die Vollstreckung in das Grundstück selbst zu erfolgen hat.[13] Nach dem Zuschlag sind Pfändungen dagegen zulässig, wobei mangels eines Drittschuldners (dafür kommen weder das Vollstreckungsgericht noch

---

[5] Vgl Jäckel-Güthe § 107 Rz 3; Stöber § 107 Anm 2.2. c.
[6] Vgl Stöber § 107 Anm 2.2 d.
[7] Stöber § 107 Anm 2.2 e. – Vgl auch BGH ZiP 1997, 232; NJW 1995, 1737.
[8] Vgl Stöber § 107 Anm 2.4.
[9] Vgl oben A. 1.3.
[10] Vgl **TH** E. 4.2.
[11] Vgl BGH Rpfleger 1977, 246; Stöber § 114 Anm 1.4.
[12] Vgl Stöber § 114 Anm 5.21 d.
[13] RGZ 70, 278; OLG Hamburg MDR 1959, 496; Stöber § 114 Anm 5, 20 d; Storz Teilungsversteigerung C. 9.3; **anders noch** Jokeit JurBüro 1952, 387; Busse MDR 1958, 825.

der Ersteher in Frage; nur bei evtl Hinterlegung ist die Hinterlegungsstelle Drittschuldner) die Zustellung gemäß § 857 II ZPO an den Pfändungsschuldner selbst genügt.[14]

4.2. Taktischer Hinweis

TH 4.2.1.: Wenn Zwangsversteigerung und Zwangsverwaltung in das gleiche Grundstück betrieben worden sind, und die Verteilung im Zwangsversteigerungsverfahren schon durchgeführt wird, bevor der Übererlös aus der Zwangsverwaltung verteilt wird, dann kann unter Umständen ein Gläubiger einen insgesamt höheren Erlös erzielen, wenn er aus dem Versteigerungserlös insoweit keine Zinsen geltend macht, als er diese aus der Zwangsverwaltung erhalten kann. Er vermeidet dadurch – worauf Zeller-Stöber zutreffend hinweist[15] –, daß seine Zinsen in der Zwangsversteigerung bezahlt werden, so daß die entsprechenden Beträge aus der Zwangsverwaltung an den dort Nächstberechtigten ausbezahlt werden, während er in der Versteigerung mit seiner Hauptforderung (auf die in der Zwangsverwaltung nicht gezahlt werden darf) ganz oder teilweise ausfällt. Zeller-Stöber schreibt zwar auch, es sei möglichst darauf hinzuwirken, daß die Zwangsverwaltungsmasse möglichst schon vor der Versteigerungsmasse verteilt wird.[16] Anderseits könnte sich ein nachrangiger Gläubiger um eine umgekehrte Abrechnungsreihenfolge bemühen in der Hoffnung, daß der vorrangige Gläubiger nicht wie oben dargestellt verfährt (weil er es nicht merkt ....).

---

[14] Drischler Rpfl, JB 1962, 322; Stöber Forderungspfändung Rz 1983.

[15] § 107 Anm 2.4. – Vgl auch Mohrbutter-Drischler Muster 122 Anm 14; Stöber Forderungspfändung Rz 1989 **gegen** Busse MDR 1958, 825, der auch die Pfändung eines künftigen Erlösanspruchs schon vor dem Zuschlag für zulässig hält.

[16] Vgl Stöber § 107 Anm 2.4.

5. Schuldenmasse

5.1. Aufzunehmende Ansprüche

§ 114 ZVG

(1) In den Teilungsplan sind Ansprüche, soweit ihr Betrag oder ihr Höchstbetrag zur Zeit der Eintragung des Versteigerungsvermerkes aus dem Grundbuch ersichtlich war, nach dem Inhalte des Buches, im übrigen nur dann aufzunehmen, wenn sie spätestens in dem Termin angemeldet sind. Die Ansprüche des Gläubigers gelten als angemeldet, soweit sie sich aus dem Versteigerungsantrag ergeben.

(2) Laufende Beträge wiederkehrender Leistungen, die nach dem Inhalte des Grundbuchs zu entrichten sind, brauchen nicht angemeldet zu werden.

Die Schuldenmasse besteht aus allen Ansprüchen, mit denen ein Anteil am Versteigerungserlös geltend gemacht wird. Es gibt dabei Ansprüche, die nur auf Grund einer Anmeldung in den Teilungsplan aufgenommen werden und solche, die nicht anmeldebedürftig sind, weil sie zur Zeit der Eintragung des Zwangsversteigerungsvermerks aus dem Grundbuch ersichtlich waren.[1]

Gemäß § 114 I 2 gelten die Ansprüche eines betreibenden Gläubigers als angemeldet, soweit sie sich eindeutig aus dem Versteigerungs- oder Beitrittsantrag ergeben. Hier ist also eine erneute Anmeldung nicht erforderlich, und zwar auch dann nicht, wenn das Verfahren gerade einstweilen eingestellt ist.[2] Eine Verschlechterung der sich aus den Anträgen ergebenden Ansprüche muß das Gericht von Amts wegen beachten, während eine Verbesserung (zum Beispiel des Ranges) nur auf Anmeldung berücksichtigt wird. Die Anmeldewirkung gilt dabei auch für Kosten der dinglichen Rechtsverfolgung, die im Antrag genau beziffert oder auch nur pauschal angegeben sind.[3]

Die in § 114 für die Aufnahme in den Teilungsplan geforderte Anmeldung muß spätestens im Verteilungstermin vor der Ausführung des Teilungsplans vorgenommen werden, wenn sie nicht schon früher, zum Beispiel zum Versteigerungstermin erfolgt ist. Eine Anmeldung genügt also.[4] Wenn aber ein Anspruch nicht spätestens im Versteigerungstermin vor der Aufforderung zur Abgabe von Geboten (vgl § 66 II) angemeldet wurde, dann wird er (außer im Falle des § 37 Nr. 5) gemäß § 110 bei der Verteilung allen anderen Rechten nachgestellt.[5]

Überhaupt **ohne Anmeldung** werden in den Teilungsplan zur Schuldenmasse aufgenommen:[6]

---

[1] Zur Forderungsanmeldung vgl ausführlich oben C. 4.
[2] Vgl Stöber § 114 Anm 4.1 f.
[3] Vgl Stöber § 114 Anm 4.1 f. **str. aA:** Drischler RpflJahrB 1962, 322: Kosten seien immer anzumelden.
[4] Stöber § 114 Anm 4.4.
[5] Vgl dazu ausführlich auch oben C. 4.1.
[6] Vgl auch die Aufstellungen bei Stöber § 114 Anm 4.1.

(1) Alle Ansprüche, deren Betrag oder Höchstbetrag sich bei der Eintragung des Zwangsversteigerungsvermerks aus dem Grundbuch ergeben hat (§ 114 I 1);

(2) die sich aus dem Grundbuch ergebenden laufenden wiederkehrenden Leistungen zu diesen Rechten (§ 114 II), wobei im Zweifel der dort angegebene Höchstzusatz zur Anwendung kommt;[7]

(3) vorgemerkte oder durch Widerspruch belegte Rechte, weil diese gemäß § 49 wie eingetragene Rechte zu behandeln sind;

(4) bedingte Rechte, weil diese gemäß § 48 wie unbedingte Rechte zu behandeln sind;

(5) unter bestimmten Voraussetzungen sind auch unbestimmte Ansprüche ohne Anmeldung aufzunehmen.[8]

Umgekehrt können **nur mit Anmeldung** berücksichtigt werden:[9]

(1) die nach dem Zwangsversteigerungsvermerk eingetragenen dinglichen Rechte aller Art einschließlich der laufenden und rückständigen wiederkehrenden Leistungen und Kosten;

(2) die rückständigen wiederkehrenden Leistungen zu den schon früher eingetragenen dinglichen Rechten sowie alle Kosten der dinglichen Rechtsverfolgung;

(3) ein durch Abtretung oder Ablösung erfolgter Gläubigerwechsel, ebenso Pfändungen und Verpfändungen;

(4) Ansprüche der Rangklassen 1–3 des § 10 I, und auch der Rangklasse 5 des § 10 I; bei letzteren ist aber in der Regel im Hinblick auf § 114 I 2 keine erneute Anmeldung nötig;

(5) Geldersatzansprüche nach § 37 Nr. 5 für mitversteigerte Gegenstände, die nicht dem Grundstückseigentümer gehört hatten;

(6) das Entstehen eines Eigentümerrechts und der Begünstigte hieraus;

(7) Rechte aus Löschungs- oder Rückgewährvormerkungen oder aus dem in § 1179 a BGB geregelten gesetzlichen Löschungsanspruch;[10]

(8) Wertersatz für erlöschende Rechte, bei denen kein Höchst- oder Ablösungsbetrag eingetragen ist;

(9) Rechte, die ohne Aufnahme in das geringste Gebot oder außerhalb des Grundbuchs bestehen bleiben, hinsichtlich ihrer aus der Teilungsmasse zu befriedigenden Teile.[11]

Wenn nach diesen Vorschriften eine Anmeldung erforderlich ist, dann muß sie auch erfolgen, wenn das Gericht den Anspruch schon aus anderem Grunde kennt. Andererseits kann nicht durch eine Aufforderung gemäß § 106 oder eine entsprechende Empfehlung eine Anmeldepflicht begründet werden, wo sonst keine Pflicht besteht. Im übrigen ist aber die in § 106 genannte Berechnung durchaus einer Anmeldung gleichzusetzen.

Auch wenn keine (weitere) Anmeldepflicht zum Verteilungstermin besteht, entspricht es aber einem Gebot der Höflichkeit gegenüber dem Rechtspfleger und auch dem eigenen Interesse, wenn vor allem die Gläubiger, die auf einen

---

[7] Vgl Stöber § 114 Anm 4.1 e.
[8] Vgl Stöber § 114 Anm 4.1 d; § 14 Anm 2; § 92 Anm 2.3.
[9] Vgl Aufzählung bei Stöber § 114 Anm 4.2 a–g.
[10] Vgl dazu unten E. 5.4.
[11] Vgl Stöber § 114 Anm 4.2 e.

Erlösanteil hoffen können, ihre Ansprüche genauberechnen und ohne Aufforderung nach § 106 oder ausdrückliche Empfehlung dem Gericht rechtzeitig vor dem Verteilungstermin bekanntgeben.[12]

5.2. Grundpfandrechte

Literatur: *Bayer,* Zinsen für Eigentümergrundschulden? AcP 189, 470; *Clemente,* Anrechnung des Versteigerungserlöses auf die gesicherte Forderung, ZflR 1998, 61; *Dorrie,* Anspruch auf Rückgewähr der Grundschuld ... JflR 1999, 717; *Drischler,* Hinterlegung in der Immobiliarversteigerung RpflJB 1984 351; *Eickmann,* Die in der Zwangsversteigerung bestehenbleibende Grundschuld, FS Merz 1992, 49; *Geißler,* die Verwertung der Sicherungsgrundschuld in der Zwangsversteigerung, JuS 1990, 284; *Hagemann,* Die Zwangshypothek in der Zwangsversteigerung, Rpfleger 1982, 165; *ders,* Tilgungshypothek ... im Teilungsplan, RpflStud 1982, 25; *Mayer,* ... Rückgewähransprüche und Zwangsversteigerung, RpflStud 1986, 94; *Mümmler,* Pfändung erloschener Eigentümergrundschulden im Zwangsversteigerungsverfahren JurBüro 1983, 1141; *Perger,* Zustellung des Teilungsplans und Auszahlung des Versteigerungserlöses Rpfleger 1991, 45; *Steffen,* die Zwangshypothek in der Zwangsversteigerung RpflStud 1996, 129; *Stöber,* Verjährte Grundschuldzinsen in der Zwangsversteigerung MittBayNot 1999, 441; *ders,* Zuteilung des Versteigerungserlöses an den Gläubiger einer Grundschuld, ZIP 1980, 833; *ders,* Pfändung hypothekarischer Rechte und Ansprüche, RpflJB 1962, 303; *ders,* Pfändung des Rückgewähranspruchs bei Sicherungsgrundschulden, Rpfleger 1959, 84; *ders,* Zweifelsfragen bei der Pfändung von Eigentümergrundschulden, Rpfleger 1958, 251; *Storz,* die nicht voll valutierte Grundschuld in der Zwangsversteigerung, ZIP 1980, 506; *Wieser,* das Verteilungsverfahren als Zwangsvollstreckung ZZP 103 (1990), 171; *Wolfsteiner,* Verjährung von Rückgewähransprüchen, DNotZ 2003, 321; *Zwingel,* Widerspruch des Schuldners gegen den nicht valutierten Teil einer Grundschuld, Rpfleger 2000, 437.

Nach der Vorwegentnahme der Verfahrenskosten (vgl § 109)[13] sind nächstberechtigt die Ansprüche der Rangklassen 1–3 des § 10 I.[14] Anschließend werden die Ansprüche der 4. Rangklasse des § 10 I berücksichtigt,[14] wobei die Grundpfandrechte einer besonderen Betrachtung bedürfen:

(1) Bei einer **Hypothek** sind die Zinsen zu berücksichtigen bis 1 Tag vor dem Verteilungstermin, wenn die Hypothek erlischt, andernfalls nur bis zum Zuschlag, weil ab da der Ersteher verpflichtet ist (vgl § 56 S. 2). Bei einer Tilgungshypothek muß das Kapital um die schon mit den wiederkehrenden Leistungen aus dem Bargebot berücksichtigten Tilgungsbeträge gekürzt werden.

Eine nach den Versteigerungsbedingungen erloschene Gesamthypothek (§ 1132 BGB) ist bei der Versteigerung eines mitbelasteten Einzelgrundstücks mit dem vollen Betrag zu berücksichtigen, wenn der Gesamtgläubiger nicht bis spätestens zum Verteilungstermin erklärt, daß er Befriedigung aus diesem Einzelgrundstück bzw betr. Versteigerungserlös nur zum Teil oder gar nicht beansprucht (§ 1132 I 2 BGB).[15]

---

[12] Vgl dazu oben E. 2.2. und **TH** E. 2.3.2.
[13] Vgl zu den Kosten oben B. 3.6.1.
[14] Vgl dazu oben B. 4.4.2.
[15] Zu 1132 BGB vgl im übrigen D. 2.6.1. und E. 5.3. sowie **TH** D. 2.6.5.3. und **TH** E. 5.7.2.

(2) Die **Höchstbetragshypothek** unterscheidet sich von der „normalen" Hypothek dadurch, daß das Grundstück zwar bis zu dem Höchstbetrag unbedingt belastet ist, daß die Forderung aber erst noch festgestellt werden muß (vgl § 1190 BGB). Bis dahin ist die Höchstbetragshypothek eine auflösend bedingte Eigentümergrundschuld; danach steht sie im Rahmen der festgestellten Forderung dem eingetragenen Gläubiger zu. Deshalb erfolgt vor einer Feststellung Hinterlegung für den eingetragenen Gläubiger und den Besteller, oder die Forderung wird beiden gemeinsam übertragen.[16]

(3) Für die **Grundschuld** gilt das gleiche wie für die „normale" Hypothek, soweit sich nicht daraus etwas Besonderes ergibt, daß sie in ihrem sachenrechtlichen Bestand von einer Forderung unabhängig dh abstrakt ist (§ 1191 BGB). Die Grundschuld steht dem Gläubiger daher sachenrechtlich auch dann voll zu, wenn die durch sie gesicherte(n) Forderung(en) ganz oder teilweise erloschen ist (sind). Es entsteht also keine (Teil-)Eigentümergrundschuld; auch nicht, wenn es sich um eine sog Sicherungsgrundschuld handelt. Genauso ist der auf eine nach den Versteigerungsbedingungen erloschene (Sicherungs-)Grundschuld entfallende Versteigerungserlös ihrem Gläubiger unabhängig davon zuzuteilen, ob die gesicherte Forderung noch ganz oder nur noch teilweise oder gar nicht mehr besteht bzw dem Gläubiger zusteht.

(4) Eine Grundschuld ist dann eine sog **Sicherungsgrundschuld,** wenn sie – was heute allgemein üblich ist – der dinglichen Sicherung einer (oder mehrerer) schuldrechtlicher Forderung dient. Der Sicherungsumfang der Grundschuld ergibt sich aus der sog. Zweckerklärung/Sicherungserklärung oä, die bei der Bestellung oder Abtretung einer Grundschuld zwischen Sicherungsgeber und Sicherungsnehmer ausdrücklich (oder auch stillschweigend)[17] vereinbart wird und auch später formlos[18] geändert werden kann. In der Zweckerklärung kann auch die Haftung der Grundschuld für künftige (Kredit-)Forderungen des Sicherungsnehmers gegen den Sicherungsgeber[19] oder sogar gegen Dritte vereinbart werden.[20] Der Sicherungsnehmer (Grundschuld-Gläubiger) darf diese Möglichkeit aber nicht mißbrauchen.[21]

Für die Sicherungsgrundschuld haben Rechtsprechung und Literatur inzwischen die vom Gesetzgeber ursprünglich vorgesehene Trennung der (dinglichen) Grundschuld von der (schuldrechtlichen) Forderung dadurch eingeschränkt, daß der Grundschuldgläubiger von seinen (dinglich uneingeschränkten) Befugnissen aus der Grundschuld schuldrechtlich nur insoweit Gebrauch machen darf, als dies zur Sicherung seiner (schuldrechtlichen) Forderung (noch) nötig ist.

---

[16] Vgl Stöber § 114 Anm 5.15.
[17] BGH MDR 1959, 571; NJW 1976, 567; OLG Köln BB 1970, 1233; Storz ZIP 1980, 507.
[18] Formlosigkeit gilt auch für vollstreckbare Grundschulden: BGH ZIP 1997, 1229.
[19] BGH NJW 1989, 831; 1987, 2228; 1981, 756; einschränkend. BGH NJW 1992, 1822.
[20] BGH NJW 1997, 2677; 1987, 1885 und 946; 1981, 756.
[21] BGH NJW 1983, 1753; 1981, 1600; einschränkend auch BGH NJW 1992, 1822; 1990, 576; 1989, 831; 1988, 558; 1982, 1035. – Vgl dazu Tiedke ZIP 1997, 1953.

Wenn feststeht, daß der Grundschuldgläubiger die Grundschuld ganz oder teilweise für diesen Sicherungszweck nicht (mehr) benötigt, ist er dem Eigentümer gegenüber (schuldrechtlich) verpflichtet, die Grundschuld insoweit zurückzugewähren,[22] und zwar spätestens bei Beendigung der Geschäftsverbindung (zB durch Ablösung) oder bei vollständiger Tilgung der gesicherten Forderung. Dieser Rückgewähranspruch hat seine Rechtsgrundlage unmittelbar im Bestellungsvertrag, in der Sicherungsabrede, in einer sonst ungerechtfertigten Bereicherung oder auch in § 242 BGB.[23]

Die schuldrechtliche Beschränkung der dinglichen Verfügungsbefugnis begründet gem §§ 1157, 1192 BGB eine Einrede, die der Eigentümer bei einer Abtretung der Grundschuld auch dem Zessionar gegenüber geltend machen kann, falls dieser nicht als Gutgläubiger gem §§ 1157, 892, 1192 BGB einredefrei erworben hat. Der Rückgewähranspruch des Eigentümers kann abgetreten, verpfändet und gepfändet werden und hat daher in der Praxis eine erhebliche Bedeutung als selbständiger Sicherungswert erlangt.

Erfüllt wird der Rückgewähranspruch durch

– Abtretung der Grundschuld(-teile) an den Eigentümer oder an den Gläubiger des Rückgewähranspruchs gem §§ 873, 1154, 1155, 1192 BGB, bzw an einen von diesen zu benennenden Dritten, oder

– Verzicht auf die Grundschuld(-teile) gem §§ 1168, 1192 BGB (dann entsteht insoweit eine Eigentümergrundschuld im Rahmen des § 1178 BGB), oder

– Löschung der Grundschuld(-teile) durch Aufhebungserklärung des Grundschuldgläubigers und Zustimmung des Eigentümers gem §§ 875, 1183, 1192 BGB (nachrangige Gläubiger „rücken" auf).

Der Gläubiger des Rückgewähranspruchs hat zwar grundsätzlich das Wahlrecht zwischen diesen Möglichkeiten,[24] aber in der Regel wird das Wahlrecht bereits bei der Bestellung der Grundschuld oder in der Sicherungsabrede beschränkt, zB so: „der Rückgewähranspruch beschränkt sich auf den Löschungsanspruch".[25]

An die Stelle einer durch den Zuschlag erloschenen (Sicherungs-)Grundschuld tritt kraft Surrogation der Anspruch auf einen entsprechenden Teil des Versteigerungserlöses; an ihm bestehen also die früheren Rechtsbeziehungen fort.[26] Der Gläubiger eines Rückgewähranspruchs aus dieser Grundschuld hat aber nur dann Anspruch auf den (vom Grundschuldgläubiger selbst nicht beanspruchten aber zunächst vom Vollstreckungsgericht eingezogenen) Teil des Übererlöses, wenn ihm vom Eigentümer nicht nur die Ansprüche auf Verzicht, Löschung oder Abtretung der nicht mehr benötigten Grundschuld-

---

[22] BGH NJW 1992, 1620; MDR 1990, 706; 1981, 209; Stöber § 114 Anm 7.7 c. – UU ist der Gläubiger sogar zur ersatzlosen Freigabe verpflichtet, wenn nur so ein günstiger freihändiger Verlauf des belasteten Grundstücks möglich ist: OLG Köln ZiP 1995, 1668.

[23] BGH NJW 1992, 1620; 1993, 1919; 1990, 1177; 1989, 1349; ZIP 1986, 1452.

[24] Vgl dazu **TH** E. 5.7.9. – Vgl außerdem BGH NJW-RR 1994, 847; Rpfleger 1990, 32.

[25] Einschränkend dazu aber BGH EWiR 1989, 417 (Köndgen); dazu auch Schiffhauer Rpfleger 1988, 498.

[26] BGH NJW 1992, 1620; 1990, 576; Rpfleger 1985, 74; 1975, 219; vgl dazu ausführlich Steiner-Eickmann § 91 Rdnrn 9–20.

teile sondern auch der Anspruch auf Abführung evtl Übererlöse aus einer Zwangsversteigerung abgetreten waren.[27] Auch bei nur teilweiser Valutierung der Grundschuld ist der Gläubiger dem Besteller gegenüber vertraglich oder doch nach § 242 BGB verpflichtet, zur Wahrung von dessen Rechten die Sicherungsgrundschuld in der Versteigerung voll anzumelden[28] (allerdings nach heute herrschender Ansicht ohne laufende und rückständige Zinsen)[29] und den nichtbenötigten Teil an den Besteller herauszugeben.

Bei der Herausgabe muß der Gläubiger aber die Abtretung, Verpfändung oder Pfändung der Rückgewährsansprüche beachten, soweit sie ihm (nicht dem Vollstreckungsgericht) bekannt sind. Da Abtretungen von Rückgewährsansprüchen bei der nachrangigen Beleihung von Grundstücken heute banküblich sind, und da die Pfändung von Rückgewährsansprüchen immer häufiger wird,[30] muß der Grundschuldgläubiger sehr sorgfältig arbeiten, wenn er die Grundschuld im Verteilungsverfahren voll geltend macht und den Übererlös herausgibt; er kann sich leicht schadensersatzpflichtig machen.[31] Des,halb wird in der Praxis meist schon bei der Bestellung einer (Sicherungs-) Grundschuld die Pflicht zur Geltendmachung des Übererlöses ausgeschlossen.

Der Gläubiger kann bei einer durch Zuschlag erloschenen und nur teilvalutierten Grundschuld dann für den Verteilungstermin wählen:[32]

a) Der Gläubiger kann den durch die nicht volle Valutierung entstandenen Rückgewährungsanspruch dadurch gegenüber dem jeweils Berechtigten erfüllen, daß er die freien Grundschuldteile jeweils unter Eintragung im Grundbuch formell abtritt (vgl § 1154, 873, 398, 1192 BGB) oder daß er formell auf sie verzichtet (vgl §§ 1168, 1192 BGB) oder daß er mit dem Berechtigten zusammen einen Aufhebungsvertrag schließt (vgl §§ 1183, 1192, 875 BGB).[33]

b) Der Gläubiger kann aber auch das Recht in vollem Umfang geltend machen und den Übererlös an den Berechtigten herausgeben.[34] Der Zessionar der Rückgewähransprüche kann einer derartigen Zuteilung durch

---

[27] BGH NJW 1981, 1505. – Vgl aber auch BGH NJW 1992, 1620; Rpfleger 1991, 381.

[28] Vgl LG Düsseldorf Rpfleger 1974, 124; Stöber ZIP 1980, 974; Storz ZIP 1980, 507; BGH NJW 1981, 1505 **gegen** OLG München ZIP 1980, 974; Vollkommer NJW 1980, 1052.

[29] Vgl OLG München NJW 1980, 1052 (Anm Vollkommer); Stöber § 114 Anm 8.5 e; Storz ZIP 1980, 506; Stöber Anm 447; **str. aA:** Blumenthal NJW 1971, 2032; Eckelt WM 1980, 454; Kolbenschlag WM 1958, 1434; **offen** BGH ZIP 1981, 487.

[30] Vgl auch **TH** E. 2.3.1. und **TH** E. 5.7.5.

[31] Vgl BGH NJW 1993, 1919; Dassler-Schiffhauer-Gerhardt § 114 Anm II 6 b; Storz ZIP 1980, 507.

[32] Vgl aber **TH** E. 5.7.1. und **TH** E. 5.7.8.

[33] Die Grundbucheintragung entfällt bei Briefgrundschulden (sie wird dort durch die Briefübergabe oder die Vereinbarung eines Besitzmittlungsverhältnisses ersetzt) und bei Grundschulden, die durch den Zuschlag erlöschen (hier wird nur über den Erlösanspruch entsprechend verfügt).

[34] BGH NJW 1992, 1620; 1981, 1505; Storz ZIP 1980, 507; Stöber ZIP 1980, 974; Stöber § 114 Anm 8.5; **gegen** OLG München ZIP 1980, 974; Vollkommer NJW 1980, 1052.

Widerspruch gegen den Teilungsplan gemäß § 115 iVm § 878 ZPO zuvorkommen.[34a]

c) Der Gläubiger kann schließlich auch dem Gericht mitteilen, daß die Grundschuld nicht voll valutiert ist und daß er den Mehrbetrag nicht annehme oder nicht beanspruche, oder er meldet einfach nur den geringeren Betrag an. Die Zulässigkeit eines derartigen „Hebungsverzichtes"[35] ist allerdings bezüglich der Grundschuldhauptsumme (nicht auch bezüglich Zinsen und Kosten, dort spricht man von einer zulässigen „Minderanmeldung")[36] bestritten,[37] so daß der nicht benötigte bzw beanspruchte Erlös uU hinterlegt wird.

d) Der Gläubiger kann seinen Erlösanspruch ganz oder teilweise abtreten (wozu ein Vertrag erforderlich ist und bei Briefrechten die Übergabe des Grundschuld-Briefes), oder er kann auf ihn gem §§ 1168, 1192 BGB verzichten (dann erhält der Eigentümer den Erlösanspruch, allerdings gem § 1178 BGB ohne Zinsen), oder er kann den Erlösanspruch mit Zustimmung des Eigentümers gem §§ 875, 1183, 1192 BGB aufgeben (dann rücken die nachrangigen Gläubiger auf). Auch hier gilt für das Wahlrecht das oben Gesagte.

Ist eine nicht voll valutierte Grundschuld bestehengeblieben, wird der Rückgewähranspruch von der Zwangsvollstreckung nicht berührt, also allein deshalb auch noch gar nicht fällig.[38] Wenn aber der Gläubiger ihre Löschung gegen Zahlung ihres valutierten Teils durch den Ersteher bewilligt, so kann der frühere Eigentümer zwar gegen den Ersteher in der Regel keine Bereicherungsansprüche gemäß § 812 I 2 BGB[39] geltend machen; unter Umständen hat er aber gegenüber dem Grundschuldgläubiger Schadensersatzansprüche aus § 325 BGB oder aus positiver Vertragsverletzung, wenn dieser durch die Löschungsbewilligung dem Eigentümer eine Realisierung seiner Rückgewährsansprüche unmöglich macht.[40]

Der Rückgewähranspruch kann abgetreten werden,[41] und das ist in der Kreditpraxis bei der Bestellung von (nachrangigen) Grundschulden auch allgemein üblich. Auch erst künftig entstehende Rückgewähransprüche können abgetreten werden.[42] Die Abtretbarkeit kann allerdings auch vertraglich ausgeschlossen[43] oder in ihrer Wirksamkeit von der Zustimmung des Grundschuldgläubigers abhängig gemacht werden.

[34a] Vgl BGH ZIP 2004, 874; 2002, 407.

[35] Dazu Storz ZIP 1980, 507.

[36] Vgl OLG Oldenburg Rpfleger 1980, 485; BGH NJW 1981, 1505; OLG München NJW 1980, 1051; LG Frankenthal Rpfleger 1986, 232; Warias RpflStud 1980, 78; Dassler-Schiffhauer § 114 Rz 33; Stöber § 45 Anm 7; Steiner-Teufel § 114 Rz 33; Hintzen Rz 327 f und 580 ff.

[37] Insbesondere Dassler-Schiffhauer § 114 Rz 22; Mayer Rpfleger 1986, 443; Stöber § 114 Anm 8.5; Steiner-Teufel § 114 Rz 40. – **Wie hier aber** BGH Rpfleger 1986, 312.

[38] BGH Rpfleger 1987, 30.

[39] BGH NJW 1993, 1919. – UU sind aber Bereicherungsansprüche aus § 816 II BGB möglich, wenn er die Löschung genehmigt, vgl dazu BGH NJW 1989, 1349.

[40] BGH Rpfleger 1989, 120; NJW 1974, 2279; Köndgen EWiR 1993, 973.

[41] BGH NJW 1997, 247; Dassler-Schiffhauer § 114 Rz 19; Stöber § 114 Anm 7.8 (allgemeine Ansicht).

[42] BGH NJW 1977, 56; 1958, 53 (Brahn); 1952, 487.

[43] Stöber § 114 Anm 7.8.

Werden die Rückgewähransprüche gleichzeitig und im Zusammenhang mit der Bestellung einer nachrangigen Grundschuld abgetreten (das ist in der Kreditpraxis die Regel), dann ist die formularmäßige Erklärung, wonach die Rückgewähransprüche als weitere Sicherheit dienen, dahin auszulegen, daß der Grundschuld-Gläubiger nur den Vorrang ausnutzen darf, nicht aber über die Höhe seiner eigenen Grundschuld hinaus Befriedigung verlangen kann.[44] Will der Grundschuldgläubiger über die Rückgewähransprüche den Haftungsumfang seiner Grundschuld ausdehnen, muß er dies in der Zweckerklärung entweder eindeutig zum Ausdruck bringen, oder die Abtretung der Rückgewähransprüche muß getrennt von der Bestellung der eigenen Grundschuld erfolgen.[45]

Der Rückgewähranspruch kann gem §§ 829, 857 ZPO gepfändet[46] und gem § 1273 BGB auch verpfändet werden.[47] Drittschuldner einer Pfändung ist der Grundschuldgläubiger. Das am Rückgewähranspruch erlangte Pfändungsrecht besteht an dem Anspruch auf den vom Grundschuldgläubiger eingezogenen aber nicht selbst benötigten Übererlös fort.[48] Der Pfändungsgläubiger erwirbt nur dann ein Ersatzpfandrecht an der Eigentümergrundschuld, wenn diese durch Rückübertragung vom Grundschuld-Gläubiger entsteht,[49] nicht wenn sie durch dessen Verzicht gemäß §§ 1168, 1192 BGB entsteht.[50]

Sowohl der künftige Erlösanspruch eines Rechtes als auch der künftige Übererlös-Anspruch des Vollstreckungs-Schuldners kann nach herrschender Ansicht erst nach dem Zuschlag gepfändet werden,[51] wobei in letzterem Fall kein Drittschuldner vorhanden ist, so daß Zustellung an den Pfändungsschuldner gem § 857 II ZPO genügt.[52]

Auch der Abtretungs- oder Pfändungsgläubiger von Rückgewähransprüchen kann gemäß § 115 Widerspruch gegen den Teilungsplan einlegen.[53]

(5) Die **Eigentümergrundschuld,** die bei der Eintragung des Zwangsversteigerungsvermerks schon auf den Eigentümer eingetragen war, wird von Amts wegen im Teilungsplan berücksichtigt; Zinsen können aber nicht verlangt werden (vgl § 1197 II BGB). Bei Abtretung einer Eigentümergrundschuld können Zinsen aber auch aus der Zeit vor der Abtretung geltend gemacht werden.[54] Wenn die Eigentümergrundschuld aber nachträglich aus einem Fremdrecht zum Beispiel durch Befriedigung des Grundschuld-Gläubigers entstanden ist, muß dies angemeldet werden (§ 114 I). Bei Befriedi-

---

[44] BGH NJW 1990, 1177.
[45] Vgl dazu **TH** E. 5.7.13.
[46] BGH Rpfleger 1991, 381; 1990, 32; NJW 1975, 980; Riedel JurBüro 1972, 945.
[47] Riedel JurBüro 1972, 945; Schiffhauer Rpfleger 1974, 124.
[48] BGH NJW 1975, 980; Stöber Rpfleger 1959, 374.
[49] OLG Frankfurt JurBüro 1985, 790; OLG Hamm ZIP 1983, 806; Hintzen Rz 612.
[50] BGH Rpfleger 1990, 32. Allerdings hat der Pfändungsgläubiger dann uU Schadensersatzansprüche gegen den Grundschuld-Gläubiger, vgl Clemente EWiR 1989, 881.
[51] OLG Hamburg MDR 1959, 496; Stöber § 114 Anm 5.21 d.
[52] Stöber § 114 Anm 5.21 d.
[53] BGH Rpfleger 1991, 382; WM 1981, 693; Steiner-Teufel § 114 Rz 82; Stöber § 9 Anm 2.8; Hintzen Rz 624.
[54] BGH Rpfleger 1986, 9; OLG Düsseldorf Rpfleger 1989, 498; 1986, 468; OLG Celle Rpfleger 1989, 323; BayObLG Rpfleger 1987, 364.

gung des Gläubigers muß aber auf die Grundschuld und nicht auf die gesicherte Forderung bezahlt worden sein.[55]

Die bei einem (ursprünglichen) Fremdrecht eingetragene Löschungsvormerkung (§ 1179 BGB) oder der gesetzliche Löschungsanspruch eines nachrangigen Grundpfandgläubigers (§ 1179a BGB) hindert das Entstehen einer Eigentümergrundschuld nicht. – Wenn die Voraussetzungen für das Entstehen einer Eigentümergrundschuld nur bzgl eines Teils des Grundpfandrechts erfüllt sind, hat das Eigentümerrecht grundsätzlich Nachrang hinter dem verbleibenden Fremdrecht (§ 1176 BGB).

Unterliegt eine nach den Versteigerungsbedingungen erlöschende Eigentümergrundschuld dem Löschungsanspruch, so richtet sich dieser Anspruch jetzt auf Herausgabe des entsprechenden Löschungsanspruchs.[56] Der Löschungsanspruch, auch der gesetzliche aus § 1179a BGB, muß aber unbedingt ausdrücklich geltend gemacht werden, wobei Anmeldung zum Verteilungstermin reicht.[57] Wenn das Entstehen der Eigentümer-Grundschuld dem Vollstreckungsgericht nicht nachgewiesen werden kann, oder wenn der Schuldner einer entsprechenden Erlösauszahlung an den Löschungsberechtigten nicht zustimmt, muß dieser seine Rechte mit dem Widerspruch gemäß § 115 II verfolgen.[58]

5.3. Verteilung eines Gesamtrechts

Wenn ein Gesamtgrundpfandrecht an mehreren Grundstücken bestellt ist und jedes Grundstück für die gesamte Forderung haftet (vgl § 1132 I 1 BGB), wenn außerdem diese Grundstücke in einem gemeinsamen nach § 18 verbundenen Verfahren versteigert worden sind, gibt es zwei Möglichkeiten für die Berücksichtigung eines erlöschenden Gesamtrechts: entweder der Gläubiger macht von seinem Wahlrecht nach § 1132 I 2 BGB Gebrauch (1), oder das Gesamtrecht wird gemäß § 122 nach dem Verhältnis der Nettoerlöse aufgeteilt (2).

(1) Das Wahlrecht des Gläubigers aus § 1132 I 2 BGB hat den Vorrang vor einer Verteilung nach § 122. Der Gläubiger kann im Verteilungsverfahren bis zur Ausführung des Teilungsplans schriftlich oder mündlich zu Protokoll nach eigenem Belieben wählen, ob und in welchem Umfang die jeweiligen Einzelerlöse zur Befriedigung seines Gesamtrechts herangezogen werden sollen; er braucht dabei auf nachrangige Gläubiger keine Rücksicht zu nehmen – wenn er sie auch nicht bewußt schädigen darf, weil sonst Schadensersatzansprüche gemäß § 826 BGB entstehen könnten. Das Wahlrecht setzt nicht voraus, daß der Gläubiger die Zwangsversteigerung selbst betreibt, und es schreibt auch nicht vor, ob innerhalb der verbundenen Verfahren Einzel- oder Gesamtausgebote erfolgt sind.

---

[55] Vgl dazu BGH Rpfleger 1995, 14; 1988, 524; NJW 1987, 838; 1983, 2502; 1981, 1554.

[56] BGH Rpfleger 1990, 32; NJW 1987, 2078; OLG Düsseldorf Rpfleger 1989, 422.

[57] Dassler-Schiffhauer § 114 Rz 57; Stöber § 114 Anm 9.15.

[58] Dassler-Schiffhauer § 114 Rz 59; Stöber § 114 Anm 9.16; Steiner-Eickmann § 114 Rz 90.

(2) Wenn der Gläubiger sein Wahlrecht nicht ausübt, und wenn der Gesamterlös nicht zur Befriedigung aller Ansprüche ausreicht, werden bei einem Gesamtausgebot zunächst gemäß § 112 die Einzelmassen ermittelt. Dann sind gemäß § 122 I 2 die einzelnen Nettoerlöse festzustellen. Schließlich erfolgt die Verteilung der Nettoerlöse nach folgender **Formel:**

$$\frac{\text{Nettoerlös des Einzelgrundstücks} \times \text{Gesamtrechtsanspruch}}{\text{Summe aller Nettoerlöse}} = \frac{\text{Einzelanteil am Gesamt-}}{\text{rechtsanspruch}}$$

Auch bei dieser Verteilung wird das Gesamtrecht (Hauptsache, Zinsen, Kosten) immer voll befriedigt, sofern die Summe der Nettoerlöse ausreicht. Deshalb ist die Ausübung des Wahlrechts nach § 1132 I 2 BGB für den Gläubiger oft nicht sehr wichtig. Das ändert sich aber sofort, wenn diesem Gläubiger auf Einzelgrundstücken noch nachrangige Rechte zustehen, auf deren Befriedigung er angewiesen ist. Hier kann er durch eine geschickte Wahl unter Umständen eine Zuteilung erreichen, die bei einer Verteilung nach § 122 nicht möglich wäre.

5.4. Löschungsvormerkungen

Literatur: *Drischler,* Neuregelung der Löschungsvormerkung und Zwangsversteigerung RpflJB 1979, 327; *Keller,* Löschungsanspruch in der Zwangsversteigerung, RpflJB 1993, 213; *Mohrbutter,* Löschungsvormerkungen in der Zwangsversteigerung ... KTS 1978, 17; *Riggers,* Löschungsvormerkung in der Zwangsversteigerung, JurBüro 1969, 23; *Ripfel,* Zur Löschungsvormerkung in der Zwangsversteigerung, JurBüro 1970, 121; *Stöber,* Löschungsvormerkung und gesetzlicher Löschungsanspruch Rpfleger 1977, 399; *ders,* der Streit um die Löschungsvormerkung in der Zwangsversteigerung, Rpfleger 1957, 205.

Seit Inkrafttreten des Gesetzes zur Änderung sachenrechtlicher, grundbuchrechtlicher und anderer Vorschriften vom 22. 6. 1977 (BGBl I 998) muß unterschieden werden zwischen der Löschungsvormerkung alten Rechts (vgl § 1179 BGB a. F.) und dem gesetzlichen Löschungsanspruch (vgl §§ 1179a, b BGB n. F.). Beide hindern nicht das Entstehen einer Eigentümergrundschuld sondern geben nur dem Berechtigten das Recht, vom Eigentümer die Löschung dieser Eigentümergrundschuld zu verlangen. Löschungsvormerkung und Löschungsanspruch gibt es auch gegenüber der Grundschuld; letzteren jedoch nur, wenn das Recht vorher ein Fremdrecht war (vgl § 1196 BGB).[59] Da eine Grundschuld nicht automatisch Eigentümergrundschuld wird, wenn die gesicherte persönliche Forderung zurückgeführt wird, kann hier Löschung erst verlangt werden, wenn die Fremdgrundschuld durch besondere Umstände zum Eigentümerrecht geworden ist, zum Beispiel durch den formellen Verzicht des Grundschuldgläubigers, oder auch durch Abtretung an den Eigentümer, die von diesem aber auch formal angenommen worden sein muß.[59a] Der sich bei Grundschulden aus der Sicherungsabrede oder aus § 242 BGB ergebende Rückgewährsanspruch[60] kann durch eine Rückgewährs-Vormer-

---

[59] Stöber § 114 Anm 9.3 f.
[59a] Vgl BGH NJW 2006, 2408.
[60] Vgl dazu oben E. 5.2. (4).

kung nach § 883 BGB gesichert werden, für die entsprechendes gilt wie für die Löschungsvormerkung.

Im Verteilungsverfahren wird der durch die Vormerkung gesicherte Löschungs- oder Rückgewährsanspruch nur berücksichtigt, wenn er spätestens im Verteilungstermin (schriftlich oder zu Protokoll) durch Anmeldung oder Widerspruch geltend gemacht wird.[61]

Bleibt das Recht, bei dem die Löschungsvormerkung eingetragen ist, nach den Versteigerungsbedingungen bestehen, dann bleibt der Löschungsanspruch auch dann bestehen, wenn das begünstigte Recht erloschen ist; der Löschungsanspruch beschränkt sich aber jetzt auf Vorgänge, die vor dem Zuschlag liegen; die Löschungsvoraussetzungen müssen also bereits erfüllt sein. – Bleibt das begünstigte Recht dagegen nicht bestehen, erlischt mit ihm auch der Löschungsanspruch. Nur wenn die Löschungsvoraussetzungen beim Zuschlag bereits erfüllt waren, kann der Gläubiger des begünstigten Rechts (trotz des Erlöschens) die Rechte aus dem gesetzlichen Löschungsanspruch nach § 91 IV iVm §§ 883 II 1, 888 I BGB geltend machen.[62]

Uneinigkeit herrscht in der Literatur in der Frage, wie der auf das belastete Eigentümerrecht entfallende Erlösanteil zu verteilen ist, wenn fremde Zwischenrechte vorhanden sind. Nach der wohl herrschenden Meinung dürfen weder fremde Zwischenrechte noch der Löschungsberechtigte Vorteile daraus herleiten, daß das Eigentümerrecht nicht schon früher gelöscht wurde. Deshalb gibt es kein allgemeines Aufrücken der Nachrangigen, und auch der Berechtigte erhält nur soviel, wie er auch bei einer früheren Löschung erhalten hätte.[63]

Beispiel nach Stöber:

Eigentümerrecht: 20000,–; Zwischenrecht: 5000,–; Löschungsberechtigtes Recht: 10000,–.

Wenn für das Eigentümerrecht 8000,– zur Verfügung stehen, erhalten der Eigentümer (!) 5000.– und der Löschungsberechtigte 3000,–. Zwischenrecht: 0. Bei rechtzeitiger Löschung hätte das Zwischenrecht 5000,– beanspruchen können, davon darf der Berechtigte jetzt also nichts erhalten. Andererseits darf das Zwischenrecht keinen Vorteil daraus ziehen, daß ein fremder Löschungsanspruch besteht!

Verzichtet ein Grundschuldgläubiger mit entsprechender Grundbuch-Eintragung gemäß § 1168 BGB schon vor dem Versteigerungstermin ganz oder teilweise auf seine Grundschuld, kommen die nachrangigen Grundschuldgläubiger in den Genuss des gesetzlichen Löschungsanspruchs (§ 1179a BGB), der gemäß § 91 IV bestehen bleibt auch wenn die Grundschuld mit dem Zuschlag erlischt, so daß sie bei der Erlösverteilung „aufrücken". Erfolgt der Verzicht auf die mit dem Zuschlag erloschene Grundschuld dagegen erst im Verteilungsverfahren, dann kommt er dem bisherigen Grundstückseigentümer zugute, und die nachrangigen Grundschuldgläubiger können der Erlöszuteilung an ihn nicht einmal widersprechen.[63a]

---

[61] Vgl Stöber § 114 Anm 9.15.

[62] BGH NJW 2006, 2408; BGHZ 160, 168 (170 f); 108, 237 (244 f); 99, 363 (366 f).

[63] Vgl BGH ZIP 2004, 1724; Rpfleger 1958, 49 (Anm Bruhn); BGH Rpfleger 1963, 1497 (**kritische** Anm Stöber); Stöber § 114 Anm 10.10; Mohrbutter-Drischler Muster 124 Anm 7 c.

[63a] BGH ZIP 2004, 1724.

Nach der (allerdings umstrittenen!) Rechtsprechung des Bundesgerichtshofs ist der gesetzliche Löschungsanspruch des nachrangigen Grundpfandgläubigers nicht insolvenzfest, wenn die vorrangige Grundschuld zwar schon bei der Eröffnung des Insolvenzverfahrens nicht mehr valutiert war, in diesem Zeitpunkt aber Grundstückseigentum und Grundschuld noch nicht zusammengefallen waren (weil die Grundschuld zB erst später auf den Grundstückseigentümer durch Abtretung oder Verzicht übergegangen ist).[63b]

Trotz der Belastung mit Löschungsvormerkungen entstehen also unter Umständen Erlösansprüche für den bisherigen Grundstückseigentümer (in der Regel: Vollstreckungsschuldner), auf die ein Gläubiger noch zugreifen kann, wenn er sie spätestens im Verteilungstermin aufspürt und mit einem persönlichen Vollstreckungstitel pfändet. Dazu ist die Wahrnehmung des Verteilungstermins sehr ratsam![64]

5.5. Liegenbelassungsvereinbarung

§ 91 ZVG

(1) Durch den Zuschlag erlöschen unter der im § 90 I bestimmten Voraussetzung die Rechte, welche nicht nach den Versteigerungsbedingungen bestehenbleiben sollen.

(2) Ein Recht an dem Grundstück bleibt jedoch bestehen, wenn dies zwischen dem Berechtigten und dem Ersteher vereinbart ist und die Erklärungen entweder im Verteilungstermin abgegeben oder, bevor das Grundbuchamt um Berichtigung des Grundbuchs ersucht ist, durch eine öffentlich beglaubigte Urkunde nachgewiesen werden.

(3) Im Falle des Absatzes 2 vermindert sich der durch Zahlung zu berichtigende Teil des Meistgebots um den Betrag, welcher sonst dem Berechtigten gebühren würde. Im übrigen wirkt die Vereinbarung wie die Befriedigung des Berechtigten aus dem Grundstücke.

(4) Das Erlöschen eines Rechts, dessen Inhaber zur Zeit des Erlöschens nach § 1179 a BGB die Löschung einer bestehenbleibenden Hypothek, Grundschuld oder Rentenschuld verlangen kann, hat nicht das Erlöschen dieses Anspruchs zur Folge. Der Anspruch erlischt, wenn der Berechtigte aus dem Grundstück befriedigt wird.

Literatur: *Drischler,* Der Einfluss einer Vereinbarung gem § 91 II auf den Teilungsplan, NJW 1966, 766; *Eickmann,* Vormundschaftliche Genehmigungen im Zwangsversteigerungsverfahren, Rpfleger 1983, 199; *Haegele,* Zur Frage des Genehmigungserfordernisses des Vormundschaftsgerichts bei der Liegenbelassungsvereinbarung nach § 91 II, Rpfleger 1970, 232; *Hornung,* Der Einfluss des Beurkundungsgesetzes auf die gerichtlichen Beurkundungen in der Zwangsversteigerung, Rpfleger 1972, 203; *Mayer,* Behandlung einer Liegenbelassungsvereinbarung im Verteilungstermin, Rpfleger 1969, 3; *Muth,* Zum Befriedigungsumfang bei einer Liegenbelassung, Rpfleger 1992, 2; *Scholtz,* Schuldübernahme in der Zwangsversteigerung, ZfIR 1999, 165; *Sickinger,* Die

---

[63b] BGH Rpfleger 2006, 484 (**abl. Anm.** Alff); vgl auch Hintzen/Alff Rpfleger 2007, 642 (648).

[64] Vgl **TH** E. 2.3.1.

Finanzierung des Grundstückserwerbs aus der Zwangsversteigerung MittRhNotk 1996, 241; *Strauch,* Befriedigungsfiktion im ZVG, 1993.

(1) Durch Vereinbarung zwischen dem Ersteher und dem Gläubiger (beide Positionen können auch in einer Person zusammentreffen)[65] kann bestimmt werden, dass ein nach den (gesetzlichen oder vereinbarten) Versteigerungsbedingungen eigentlich (gemäß § 91 I) erlöschendes Recht bestehenbleiben soll. Die Vereinbarung kann in den Erklärungen beider Partner mündlich zu Protokoll erklärt oder durch öffentlich beglaubigte Urkunde nachgewiesen werden, wobei für jede Erklärung eine andere Form gewählt werden kann.[66] Die Vereinbarung kann auch schon vor dem Zuschlag getroffen und auch im Versteigerungs- oder im Verkündungstermin protokolliert werden;[67] sie muß aber dem Vollstreckungsgericht spätestens im Zeitpunkt des Eingangs des Ersuchens beim Grundbuchamt zugehen (vgl § 91 II);[68] eine nachträgliche Erklärung kann nicht mehr berücksichtigt werden. Hypotheken- und Grundschuldbriefe sowie die in § 1115 BGB genannten Urkunden müssen natürlich vorgelegt werden.

Nach herrsch. Ansicht benötigt ein Kind (oder Betreuter) als Ersteher zum Abschluß einer Liegenbelassungsvereinbarung eine vormundschaftsgerichtliche Genehmigung;[68a] dagegen muß nach der Versteigerung eines Erbbaurechts der Grundstückseigentümer nicht zustimmen, wenn er der ursprünglichen Pfandrechtsbestellung zugestimmt hatte.[68b]

Über § 91 II kann das Bestehenbleiben nicht nur von Grundpfandrechten sondern auch von nicht auf Kapitalzahlung gerichteten Rechten wie Nießbrauch oder Dienstbarkeiten, überhaupt von allen Rechten der Abt. II und III vereinbart werden.[69] Das gilt auch dann, wenn das betreffende Recht bei der Erlösverteilung sonst ganz oder teilweise ausfallen würde.[70] Der Betrag, der bestehenbleiben soll, kann im Rahmen der bisherigen Hauptsumme beliebig verändert werden,[71] auch eine Stückelung oder Zusammenfassung ist möglich ebenso wie die Umwandlung einer Hypothek in eine Grundschuld.[72] War ein Grundpfandrecht bisher gemäß §§ 800, 794 I Nr. 5 ZPO vollstreckbar, so kann nach Grundbuchberichtigung (§ 130) hinsichtlich des dinglichen Anspruchs die Vollstreckungsklausel gemäß §§ 800 II, 727 ZPO gegen den Ersteher erteilt werden.[73] Dagegen kann man nach herrschender Meinung nicht liegenbelassen eine einmalige Nebenleistung bzw eine Vorfälligkeitsentschädigungspflicht;[74]

---

[65] Vgl BGH Rpfleger 1981, 140.

[66] Vgl auch das Beispiel im Anhang **AT** Nr. 27/28.

[67] Vgl Stöber § 91 Anm 3.6; Steiner-Eickmann § 91 Rz 40; **aA:** Hornung Rpfleger 1972, 203.

[68] Vgl Stöber § 91 Anm 3.6.

[68a] Haegele Rpfleger 1970, 232; Stöber § 91 Anm 3.7; **str. aA:** Brüggemann FamRZ 1990, 124.

[68b] LG Detmold Rpfleger 2001, 312; Böttcher § 91 Rz 7; Dassler/Schiffhauer § 91 Rz 16; **str. aA:** Stöber § 91 Anm 3.8.

[69] Vgl Steiner-Eickmann § 91 Rdnr 45; Hornung Rpfleger 1972, 203.

[70] Vgl Steiner-Eickmann § 91 Rz 27.

[71] Vgl Dassler-Schiffhauer § 91 Rz 10.

[72] Vgl Dassler-Schiffhauer § 91 Rz 11.

[73] Vgl Dassler-Schiffhauer-Gerhardt 11. Auflage 1979 § 91 Anm 9.

[74] Vgl OLG Köln Rpfleger 1983, 168; Stöber § 91 Anm 3.4; **str. aA:** Muth S. 244.

zum Teil wird sogar trotz Liegenbelassens des Rechtes ein Anspruch auf Vorfälligkeitsentschädigung gegen den Schuldner anerkannt.[75]

Im übrigen ist aber eine Änderung der bisherigen Bedingungen nicht
möglich, weil das Recht nur in der bisherigen Form liegenbelassen werden
kann. So kann weder der Zinssatz geändert werden, noch kann das Bestehenbleiben auf Zinsen und Kosten für die Zeit vor dem Zuschlag ausgedehnt
werden,[76] dagegen kann es auf die Hauptsumme beschränkt werden, also die
Zinsen und Kosten ab Zuschlag ausschließen, damit diese aus einer noch
nicht abgerechneten Zwangsverwaltung oder durch Mobiliarzwangsvollstreckung befriedigt werden.[77] Die Rangfolge des Rechts wird zwar nicht direkt
verändert; falls vorgehende Rechte erlöschen, rückt das Recht aber vor.[78]

Das liegenbelassene Recht behält seinen Grundbuchrang, weil das Recht
durch die Vereinbarung rückwirkend auf den Zeitpunkt des Zuschlags wieder
auflebt.[78a] Allerdings erhalten diejenigen Sicherungshypotheken, die für (dem
liegenbelassenen Recht vorgehende) nicht bezahlte Ansprüche gem §§ 118,
128 angeordnet und eingetragen werden, entsprechend dem Teilungsplan
Vorrang,[78b] weil sonst die Erlösverteilung durch Liegenbelassungsvereinbarungen unterlaufen werden könnte.

Gemäß § 91 III 1 vermindert sich bei einer Liegenbelassungsvereinbarung
„der durch Zahlung zu berichtigende Teil des Meistgebots um den Betrag,
welcher sonst dem Berechtigten gebühren würde". Die Auslegung dieser
Bestimmung ist sehr umstritten.[79] Nach der heute herrschenden und auch
überzeugendsten Meinung ändert die Vereinbarung nichts an der Verpflichtung des Erstehers, das Bargebot vom Zuschlag an zu verzinsen (§ 49 II); das
nach § 49 I und II zu zahlende Meistgebot (also ungekürzter Barteil und Zinsen hieraus) mindert sich jedoch gemäß § 91 III 1 um den Kapitalbetrag und
die dinglichen Zinsen des bestehenbleibenden Rechts für die Zeit vom Zuschlag bis zum Verteilungstermin.[80]

Beispiel:

bares Meistgebot	133 500,–
+ 4% (Zuschlag-Verteilungstermin)	489,50
Zwischensumme	133 989,50
./. liegenbelassenes Recht	90 000,–
./. 10% (Zuschlag-Verteilungstermin)	810,–
im Verteilungstermin zu zahlen	43 197,50

---

[75] Vgl BGH MDR 1974, 394; Drischler RpflJahrbuch 1978, 306; **gegen** OLG
Düsseldorf KTS 1968, 251.
[76] Vgl Stöber § 91 Anm 3.3.
[77] Vgl Stöber § 91 Anm 4.5. und **TH** E. 5.7.3.
[78] Stöber Handbuch Rz 545.
[78a] BGH Rpfleger 1985, 74; 1974, 148; OLG Hamburg OLGE 46, 93; Stöber § 91
Anm 3.3.
[78b] Stöber § 91 Anm 3.11.
[79] Vgl zu der Auseinandersetzung ausführlich Stöber § 91 Anm 4.1–6. und Steiner-
Eickmann § 91 Rdnrn 48–53; Muth Rpfleger 1990, 2.
[80] BGH Rpfleger 1981, 140; NJW 1970, 1188. – Vgl auch das Beispiel im Anhang
AT Nr. 28.

Betrifft die Vereinbarung ein nicht auf Kapitalzahlung gerichtetes Recht, so mindert sich das Bargebot um den Ersatzbetrag, der bei Erlöschen gemäß § 92 I zuzuteilen wäre.[81]

(2) Jede Liegenbelassungsvereinbarung wirkt gegenüber dem Vollstreckungsschuldner wie die **Befriedigung des Gläubigers aus dem Grundstück (§ 91 III 2)**. Nach der Rechtsprechung erbringt der Gläubiger durch die Liegenbelassungsvereinbarung eine Leistung für den Ersteher in Höhe des Anteils am Versteigerungserlös, der nach dem Teilungsplan auf die Grundschuld entfallen wäre.[82] Die Vereinbarung kann die Rechte der anderen Verfahrensbeteiligten nicht beeinträchtigen, dh die Vereinbarung darf weder zu einer Benachteiligung des Erstehers, noch zu einer Begünstigung der anderen Gläubiger führen.[83] Deshalb ist auch eine einmalige fällige Nebenleistung vom Bargebot abzuziehen, wenn deren Bestehenbleiben nach § 91 II vereinbart wurde.[83] Weil die Liegenbelassungsvereinbarung für den früheren Eigentümer (Schuldner) wie eine Leistung des Erstehers an den Grundschuldgläubiger wirkt, muß sich dieser so behandeln lassen, als hätte er den entsprechenden Betrag (Kapital, Zinsen ab Zuschlag und Nebenleistungen iSd § 12 Zi 2) aus dem Versteigerungserlös erhalten; soweit dieser Betrag die durch die Grundschuld gesicherte persönliche Forderung übersteigt, verwandelt sich der frühere Rückgewähranspruch des früheren Eigentümers (Schuldners) oder Zessionars in einen Rückzahlungsanspruch in Höhe des Überschusses.[82]

Die Befriedigungswirkung des § 91 III 2 kommt auch dem Schuldner, einem Bürgen oder einem mithaftenden Dritten zugute. Ein Faustpfand oder eine Gesamthypothek an einem mithaftenden Grundstück oder die Haftung eines von der Zwangsversteigerung ausgeschlossenen Zubehörs erlöschen, wenn nicht die Einwilligung in die Vereinbarung erfolgt.[84] Die Befriedigungswirkung gilt nach ganz herrschender Auffassung in der vollen vereinbarten Höhe auch dann, wenn der Gläubiger des Rechts ohne die Vereinbarung aus dem Erlös nichts oder weniger erhalten hätte.[85]

Die Liegenbelassungsvereinbarung bezieht sich formell nur auf das dingliche Recht. Ob auch die zugrundeliegende persönliche Schuld übernommen wird, richtet sich nach dem Willen der Beteiligten. Erfolgt die Vereinbarung vor Gericht, muß auch eine eventuelle schuldrechtliche Vereinbarung protokolliert werden, weil § 53 hier nicht anwendbar ist.[86]

(3) Die Vereinbarung nach § 91 II verursacht keine zusätzlichen Kosten, weil diese mit der Verteilungsgebühr abgegolten sind;[87] auch für die Grundbucheintragung entstehen keine Kosten.[88] Stellt sich nachträglich heraus, daß

---

[81] Vgl Dassler-Schiffhauer-Gerhardt § 91 Anm 9b.

[82] BGH Rpfleger 1989, 120; 1985, 74; 1981, 140; **str. aA:** Muth Rpfleger 1990, 2; Dassler-Schiffhauer § 91 Rz 28.

[83] BGH Rpfleger 1985, 74; NJW 1970, 1184; OLG Hamm Rpfleger 1985, 247.

[84] Vgl Steiner-Eickmann § 91 Rdnr 55.

[85] RGZ 156, 276; BGH ZIP 1981, 161; Hornung Rpfleger 1972, 203; Steiner-Eickmann § 91 Rz 54; Stöber § 91 Anm 5.1. – **Kritisch dazu** Muth Rpfleger 1990, 1: der Umfang der Befriedigung könne nicht über den Umfang der Erlöszuteilung nach dem Teilungsplan hinausgehen. – Vgl deshalb auch **TH** E. 5.7.4.

[86] Stöber § 91 Anm 3.12.

[87] Stöber § 91 Anm 3.6.

[88] Vgl **TH** E. 5.7.4.

das liegenbelassene Recht ganz oder teilweise gar nicht mehr bestanden hatte oder dem Gläubiger nicht zustand, so wird dadurch der Bestand des Rechtes nicht berührt; aber der Ersteher muß die Zahlungen nicht mehr an den Partner der Vereinbarung sondern an den wirklich Berechtigten leisten.[89]

5.6. Bedingte, betagte Ansprüche, unbekannte Berechtigte

(1) Bedingte Ansprüche machen eine sogenannte Hilfsverteilung gemäß §§ 119, 120 erforderlich. Es erfolgt also eine Zuteilung, im Teilungsplan wird aber festgestellt, wie der Betrag anderweit zu verteilen ist, wenn die auflösende Bedingung wegfällt oder die aufschiebende Bedingung eintritt. Bei der auflösenden Bedingung erfolgt eine Hinterlegung nur auf Widerspruch (sonst wird das Recht als unbedingtes Recht behandelt), während bei der aufschiebenden Bedingung immer hinterlegt wird.[90]

(2) Ein betagter (also wirksamer aber noch nicht fälliger) Anspruch wird nach § 111 als fällig behandelt. Zinsen werden bis zum Verteilungstermin berechnet, eine Entschädigung für die vorzeitige Auszahlung erfolgt nicht. Bei einem unverzinslichen Anspruch muß eine angemessene Abzinsung vorgenommen werden.[91]

(3) Ist der Berechtigte bei Aufstellung des Teilungsplans unbekannt, wird nach § 126 festgestellt, wie der Betrag für den Fall zu verteilen ist, daß der Unbekannte nicht ermittelt werden kann.[92] Der Plan wird durch Hinterlegung für den unbekannten Berechtigten ausgeführt (§ 126 II 1).

5.7. Taktische Hinweise

TH 5.7.1.: Vor einer Beschränkung der Anmeldung zum Verteilungstermin[93] sollte sorgfältig geprüft werden, ob der Gläubiger zu dieser Beschränkung berechtigt ist. Das ist er im Zweifel nur bei ausdrücklicher Vereinbarung. Diese darf auch bei Kreditinstituten nicht einfach unterstellt werden, denn es werden immer wieder Kredite auf abgetretene Rechte gewährt, und bei der Abtretung wird erfahrungsgemäß auf diese Dinge wenig geachtet.

Aber grundsätzlich kann nur noch einmal zugeraten werden, die Berechtigung zur Beschränkung der Anmeldung zu vereinbaren und entsprechend zu handeln, weil der Gläubiger sich dadurch vieler Sorgen einer richtigen Weiterleitung der Beträge entledigen kann: abgesehen von der Gefahr, daß gefälschte Abtretungserklärungen präsentiert werden können, kann auch oft der wirklich Berechtigte rechtlich und tatsächlich nur schwer festgestellt werden.

TH 5.7.2.: Der Gesamtrechtsgläubiger selbst hat meist kein besonderes Interesse an der Ausübung seines Wahlrechts nach § 1132 I 2 BGB, es sei denn, daß er zusätzlich noch auf einem Einzelgrundstück für weitere Forderungen abgesichert ist. Aber nachrangige Gläubiger, die selbst keine Gesamt-

---

[89] Vgl Stöber § 91 Anm 5.
[90] Vgl Stöber Handbuch Rdn 489–499 (497).
[91] Vgl Stöber Handbuch Rz 500 mit Berechnungsbeispiel.
[92] Vgl Stöber Handbuch Rz 503.
[93] Vgl **TH** C. 4.4.4. und **TH** E. 2.3.2.

rechte haben und bei einer Verteilung nach § 122 ausfallen würden, können oft Zahlungen auf ihre nachrangigen Rechte erreichen, wenn sie das Gesamtrecht ablösen und dann (zugunsten ihres nachrangigen Einzelrechts) die Befriedigung des Gesamtrechts aus den anderen Einzelgrundstücken wählen.[94]

TH 5.7.3.: Zeller-Stöber weist mit Recht darauf hin,[95] daß der Gläubiger bei noch ausstehenden Zwangsverwaltungserlösen unter Umständen insgesamt mehr vereinnahmen kann, wenn er die Liegenbelassungsvereinbarung auf die Hauptsumme des Rechtes beschränkt, so daß Kosten und Zinsen aus der Zwangsverwaltung befriedigt werden. Würde er zuerst in der Zwangsversteigerung normal abrechnen, dann würde in der Regel der Zwangsverwaltungserlös an die anderen nachrangigen Gläubiger fließen, weil der Gläubiger wegen § 12 schon hinsichtlich der Kosten und Zinsen aus der Versteigerung befriedigt worden ist und aus der Zwangsverwaltung nicht auf die Hauptsumme gezahlt werden darf.[96]

Allerdings darf dieser taktische Hinweis nicht überbewertet werden, weil er nur die Zinsen und Kosten als Zuschlag berührt: es ist allgemein anerkannt, daß die Liegenbelassungsvereinbarung nicht auf Zinsen und Kosten vor dem Zuschlag ausgedehnt werden kann.[97]

TH 5.7.4.: Die Liegenbelassungsvereinbarung hat zwei Seiten, die unbedingt immer bedacht werden müssen: Einerseits verschafft sie ohne zusätzliche Kosten, schnell und mit einem außerordentlich geringen Arbeitsaufwand Grundpfandrechte, die man – wenn sie nicht schon sofort benötigt werden – für spätere Beleihungen verwenden kann; dieser Gedanke ist besonders dann aktuell, wenn ein Gläubiger einen Rettungserwerb vornehmen muß; er sollte dann in der Regel als Ersteher mit sich selbst als Gläubiger in größtmöglichem Umfang und in einer geeigneten Stückelung das Bestehenbleiben seiner Rechte vereinbaren.

Andererseits hat die Liegenbelassungsvereinbarung mit ihrer Befriedigungswirkung dann eine unerwünschte Tragweite, wenn sie ein größeres Volumen hat, als Zahlungen im Falle des Erlöschens des Rechtes erfolgt wären. § 91 III 2 sagt eindeutig, daß die Vereinbarung wie die Befriedigung des Berechtigten aus dem Grundstück wirkt, und die höchstrichterliche Rechtsprechung ist einhellig der Meinung, daß diese Befriedigungswirkung auch über das hinausgeht, was der Gläubiger ohne die Vereinbarung aus dem Versteigerungserlös erhalten hätte.[98] Dieser Befriedigungsumfang ist zwar meines Erachtens nicht gerechtfertigt, weil die Versteigerung mit dem Zuschlag abgeschlossen ist, so daß der Schuldner eine anschließende Verbesserung der Ergebnisse nicht „verdient" hat; abgesehen davon kann dieser weite Befriedigungsumfang dadurch umgangen werden, daß insoweit nicht eine Vereinbarung nach § 91 II sondern eine außergerichtliche Neubestellung eines entsprechenden Rechts erfolgt. Aber auf alle Fälle muß dieses Problem erkannt und bei Abschluß einer weitreichenden Liegenbelassungsvereinbarung be-

---

[94] Vgl **TH** D. 2.6.3.5.
[95] Vgl Stöber § 91 Anm 4.5.
[96] Vgl oben A. 1.3.1. und **TH** E. 4.2.1.
[97] Vgl Stöber § 91 Anm 3.3.
[98] **Kritisch** dazu allerdings Muth Rpfleger 1990, 1.

rücksichtigt werden. Es empfiehlt sich also dringend, das Liegenbelassen einer Grundschuld nur in der Höhe zu vereinbaren, die durch das Meistgebot auch tatsächlich gedeckt ist.[99] Um die mit § 91 II verbundene Befriedigungswirkung etwas einzuschränken, kann unter Umständen die übliche Befriedigungsreihenfolge (vgl § 12) umgekehrt werden: wenn zuerst das Kapital, dann die Zinsen und schließlich die Kosten als befriedigt gelten, können weniger Probleme entstehen.

TH 5.7.5.: Nach einer neueren Entscheidung des BGH[100] kann trotz Abtretung der Ansprüche auf Löschung, Verzicht und Abtretung der nicht benötigten Grundschuldteile ein evtl Übererlös in der Zwangsversteigerung gepfändet werden. Daher sollte bei der Abtretung von Rückgewähransprüchen grundsätzlich auch ausdrücklich ein evtl Übererlös in der Zwangsversteigerung abgetreten werden. Um als Gläubiger der Rückgewähransprüche besser zu erfahren, wie hoch die entsprechende Grundschuld valutiert bzw wie wertvoll im konkreten Fall der Rückgewähranspruch ist, empfiehlt es sich außerdem, schon bei der Abtretung der Rückgewähransprüche sich das Recht zur Abfrage der entsprechenden Valutierung einräumen zu lassen und den Gläubiger der entsprechenden Grundschuld insoweit von der Pflicht zur Wahrung des Bankgeheimnisses zu befreien. Dies ist zweckmäßig, obwohl der Grundschuldgläubiger ohnehin dem Gläubiger der Rückgewähransprüche gegenüber zur Auskunft über die Valutierung der Grundschuld verpflichtet ist.[101]

TH 5.7.6.: Da die Abtretung oder Pfändung von Rückgewähransprüchen den Übererlös auch dann nicht erfaßt, wenn dieser kontokorrentgebunden ist,[102] sollte bei der Abtretung von Rückgewähransprüchen ggf noch folgende Bestimmung vereinbart werden: „Für den Fall, daß der Anspruch des Sicherungsgebers auf den Übererlös aus der Sicherheitenverwertung kontokorrentgebunden ist, werden die gegenwärtigen und künftigen Ansprüche aus dem Girovertrag, insbesondere auf Gutschrift der eingehenden Beträge, auf laufende Auszahlung der zwischen den Rechnungsabschlüssen auf dem Kontokorrentkonto oder einem sonstigen Konto gutgeschriebenen Beträge sowie auf Durchführung von Überweisungen an Dritte abgetreten".

TH 5.7.7.: Da sich die Grundschuld einerseits längst als das am häufigsten verwendete Grundpfandrecht durchgesetzt hat, da andererseits heute jede Grundschuld praktisch als Sicherungsgrundschuld anzusehen ist, und da schließlich (auch Sicherungs-)Grundschulden zur Versteigerung in aller Regel voll (dh auch mit den laufenden und für 2 Jahre rückständigen Zinsen) angemeldet werden, selbst wenn sie nur noch teilweise valutiert sind, haben die Rückgewähransprüche eine sehr hohe praktische Bedeutung, die aber oft übersehen wird. Rückgewähransprüche sind ja nicht nur abtretbar, sondern auch pfändbar und verpfändbar.[103] Es lohnt sich also sehr, die Valutierung

---

[99] Ebenso Muth Rpfleger 1990, 2; Hintzen Rz 654; Dassler-Schiffhauer § 91 Rz 28.
[100] ZIP 1981, 487. Vgl auch E. 5.2.4.
[101] BGH MDR 1988, 47; OLG Karlsruhe NJW-RR 1998, 990 und KTS 1982, 137; Stöber § 114 Anm 7.8.
[102] BGH WM 1982, 233.
[103] Vgl E. 5.2.4.

aller Grundschulden mit Zuteilungschancen zu erforschen ohne Rücksicht auf die Höhe der diesbezüglichen Anmeldungen und ohne Rücksicht darauf, ob einem die Rückgewähransprüche daraus schon zustehen oder erst durch Abtretung der Pfändung erworben werden müssen. Das ist zwar nicht immer leicht, insbesondere wenn man sich auf den ganz bürokratischen Weg der schriftlichen Abfrage beschränkt, aber hier lohnt sich durchaus eine gewisse Anstrengung!

TH 5.7.8.: Wenn ein Grundstück mit einer erlöschenden Grundschuld belastet war, deren Gläubiger den zur Verfügung stehenden Erlös nicht voll selbst benötigt, und wenn die Rückgewähransprüche aus dieser Grundschuld nicht dem nächstrangigen Grundpfandgläubiger sondern einem außenstehenden Dritten zustehen, kann der Grundschuldgläubiger unter Wahrung der Rückgewähransprüche idR trotzdem selbst frei entscheiden, wem er den nicht benötigten Erlösanteil zukommen lassen will: wenn er den vollen Erlös geltend macht und erhält, gibt er ihn an den Gläubiger der Rückgewähransprüche weiter; wenn er dagegen in Beachtung der Rückgewähransprüche seinen nicht benötigten Grundschuldteil löschen läßt (worauf der Rückgewähranspruch neuerdings ohnehin idR beschränkt wird), kommt das nachfolgende Grundpfandrecht in den Genuß. Besteht eine derartige Konstellation, kommt es also für den jeweiligen wirtschaftlichen Erfolg darauf an, wer sie zuerst erkennt und die entsprechenden Maßnahmen trifft bzw veranlaßt. Durch eine rechtzeitige Ablösung des Grundschuldgläubigers kann im übrigen idR verhindert werden, daß dieser sein „Wahlrecht" in einer für den ablösenden Gläubiger ungünstigen Form ausübt!

TH. 5.7.9.: Der Gläubiger einer nicht bzw nicht mehr voll valutierten (Sicherungs-)Grundschuld darf das Wahlrecht des Berechtigten für den Rückgewährsanspruch und die Art der Realisierung der Rückgewähr keineswegs übersehen. Dieses Wahlrecht steht nicht dem Grundschuldgläubiger, sondern dem Rückgewähransspruchs-Berechtigten zu. Trotzdem kann der Grundschuldgläubiger unter Beachtung des fremden Wahlrechts starken Einfluß ausüben, wohin der von ihm nicht benötigte Übererlös aus der Grundschuld verteilt wird. Es kann nämlich entweder die Grundschuld voll anmelden und den Übererlös an den Berechtigten des Rückgewährsanspruchs ausbezahlen, oder er kann auf den nicht benötigten Grundschuldteil formell verzichten (wenn ihm dieses Recht wie in der Praxis üblich bei der Grundschuldbestellung ausdrücklich eingeräumt wurde), dann entsteht eine Eigentümergrundschuld, die vom gesetzlichen Löschungsanspruch des § 1179a BGB erfaßt wird, so daß die nachrangigen Gläubiger aufrücken. Je nach Fallgestaltung kann es sein, daß ganz andere Gläubiger dann in den Genuß des von ihm nicht benötigten Grundschuldteiles kommen.

TH 5.7.10.: Die (häufige) Abtretung der Rückgewähransprüche aus nicht (mehr/voll) valutierten Grundschulden bedarf gemäß §§ 398 ff BGB zu ihrer Wirksamkeit zwar nicht der Offenlegung/Anzeige gegenüber dem jeweiligen Grundschuld-Gläubiger. Da dieser aber häufig die Wirksamkeit der Abtretung von seiner Zustimmung abhängig macht, empfiehlt sich diese (unverzügliche!) Offenlegung bzw Anzeige, weil sonst uU erst zeitlich spätere Abtretungen zum Zuge kommen.

TH 5.7.11.: Immer häufiger wird bei der Grundschuldbestellung (zB auch in der Zweckerklärung) vereinbart, daß die Rückgewähransprüche aus dieser Grundschuld überhaupt nicht abtretbar sein sollen. In diesen Fällen empfiehlt sich deshalb eine Pfändung.

TH 5.7.12.: Der Gläubiger, der einen Versteigerungserlös erzielt, sollte im Falle eines gleichzeitig laufenden Insolvenzverfahrens daran denken, daß sich das Recht auf abgesonderte Befriedigung auch auf solche Zinsansprüche (aus der Insolvenzforderung) erstreckt, die nach Eröffnung des Insolvenzverfahrens entstanden sind. Diese Wirkung ist nämlich zugleich auch für die Berechnung der Ausfallforderung maßgebend.[104]

TH 5.7.13.: Wenn dem Gläubiger einer nachrangigen, aber noch werthaltigen Grundschuld die Rückgewähransprüche aus den vorrangigen Grundschulden gleichzeitig mit der Bestellung der eigenen Grundschuld abgetreten worden sind, und wenn diese Rückgewähransprüche im konkreten Fall „werthaltig" sind (weil die vorrangigen Grundschulden nur noch teilweise valutieren), sollte der Grundschuld-Gläubiger diese (ihm bereits zustehenden!) Rückgewähransprüche oder die Rückgewähransprüche aus seiner eigenen Grundschuld schnell pfänden, weil er nur dann insgesamt mehr geltend machen kann als den dinglichen Gesamtrahmen seiner Grundschuld. Diese Pfändung ist natürlich nur dann notwendig, wenn der Gesamtrahmen der ergangenen Grundschuld nicht ausreicht, um die persönlichen Forderungen zurückzufahren.

---

[104] BGH NJW 1997, 522.

Thesen-Seite 29:
Verteilungsalternativen als Folge einer nicht (mehr) voll valutierten Sicherungsgrundschuld

Grundstückswert EURO 150 000,–	**Meistgebot: EURO 123 000,–**
Verfahrenskosten, öff. Lasten	5 300,–
Grundschuld A (valutiert: 67 000,–)*)	77 700,–
Grundschuld B (voll valutiert)	50 000,–
Grundschuld C	40 000,–
Keinerlei Ausfall bei	173 000,–

*) Rückgewährsansprüche aus GS A an C abgetreten

Alternative 1: A meldet voll an und gibt Übererlös an C:
A: 67 000,–   B: 40 000,–   **C: 10 700,–**

Alternative 2: A tritt gem §§ 398, 1154 BGB freien Zinsanspruch an C ab. Beide Erklärungen werden nachgewiesen:
A: 67 000,–   **C: 10 700,–**   B: 40 000,–
gleiches Ergebnis bei einseitigem „Hebungsverzicht" durch A (zulässig?)

Alternative 3: A verzichtet gem §§ 1168, 1192 I BGB auf Zinsreste:
A: 67 000,–   E: 0 (wg. § 1178 I)   **B: 50 000,–**   C: 700,–

Alternative 4: A gibt Zinsanspruch gem §§ 875, 1183, 1192 BGB auf und E stimmt zu (sonst wirkungslos!):
A: 67 000,–   **B: 50 000,–**   C: 700,–
Unterschied zwischen 3. und 4. Alternative, wenn auch Hauptsumme betroffen ist:
Bei 3. Alternative bekommt E entspr. Zuteilung;
bei 4. Alternative rücken Nachrangige immer auf.

6. Ausführung des Teilungsplans

6.1. Bei Zahlung

6.1.1. Allgemeines

§ 116 ZVG

Die Ausführung des Teilungsplans soll bis zur Rechtskraft des Zuschlags ausgesetzt werden, wenn der Ersteher oder im Falle des § 69 Abs. 2 der für mithaftend erklärte Bürge sowie in den Fällen des § 81 Abs. 2, 3 der Meistbietende die Aussetzung beantragt.

§ 117 ZVG

(1) Soweit der Versteigerungserlös in Geld vorhanden ist, wird der Teilungsplan durch Zahlung an die Berechtigten ausgeführt. Die Zahlung soll unbar geleistet werden.

(2) Die Auszahlung an einen im Termin nicht erschienenen Berechtigten ist von Amts wegen anzuordnen. Die Art der Auszahlung bestimmt sich nach den Landesgesetzen. Kann die Auszahlung nicht erfolgen, so ist der Betrag für den Berechtigten zu hinterlegen.

(3) Im Falle der Hinterlegung des Erloses kann statt der Zahlung eine Anweisung auf den hinterlegten Betrag erteilt werden.

§ 109 ZVG

(1) Aus dem Versteigerungserlöse sind die Kosten des Verfahrens vorweg zu entnehmen, mit Ausnahme der durch die Anordnung des Verfahrens oder den Beitritt eines Gläubigers, durch den Zuschlag oder durch nachträgliche Verteilungsverhandlungen entstehenden Kosten.

(2) Der Überschuß wird auf die Rechte, welche durch Zahlung zu decken sind, verteilt.

Der Teilungsplan wird, wenn ein Widerspruch nicht erhoben oder inzwischen erledigt ist oder soweit er den Teilungsplan nicht berührt, entsprechend der im Plan erfolgten Zuteilung ausgeführt.

Die Planausführung erfolgt, soweit der Versteigerungserlös in Geld vorhanden ist, durch Barzahlung an die anwesenden Berechtigten (§ 117 I). Die sachliche (auf welchen Anspruch wird ausgezahlt?) und persönliche Berechtigung (bei Vertretung ist eine besondere Geldempfangsvollmacht nötig)[1] muß geprüft werden. Die Auszahlung an die nicht erschienenen Berechtigten wird von Amts wegen angeordnet, wobei die in § 117 II 2 erwähnten Landesgesetze durch das Gesetz über Auszahlungen öffentlicher Kassen überholt sind.[2] Ein hinterlegter Erlös wird durch entsprechende Anweisungen verteilt. Kann eine Auszahlung nicht erfolgen, weil zum Beispiel ein Widerspruch noch nicht erledigt ist, ein Anspruch aufschiebend bedingt oder unbestimmt ist,

---

[1] Vgl LG Bielefeld DGVZ 1993, 28; LG Aachen DGVZ 1991, 173; AG Frankfurt DGVZ 1995, 46; Stöber § 117 Anm 3.2 c.

[2] Vgl Stöber § 117 Anm 4.1.

eine prozeßgerichtliche Einstellung vorliegt, materielles oder verfahrensrechtliches Unbekanntsein gegeben ist oder sonstige Anzahlungsvoraussetzungen wie die Vorlage von Urkunden und Briefen fehlen, wird der Betrag hinterlegt (vgl § 117 II 3).

Die Ausführung des Teilungsplans soll gemäß § 116 auf Antrag des Erstehers, eines eventuell mitverpflichteten Bürgen oder nach § 81 II, III Meistbietenden ausgesetzt werden, wenn der Zuschlag noch nicht rechtskräftig ist.

Aus dem Versteigerungserlös sind gemäß § 109 I die Verfahrenskosten vorweg zu entnehmen. Das sind entsprechend der Negativaufzählung in § 109 I die Gebühren für das allgemeine Verfahren und den Versteigerungstermin und für das Verteilungsverfahren sowie die Verfahrensauslagen, also im wesentlichen diejenigen Verfahrenskosten, die bisher allgemein angefallen sind. Die danach verbleibende Teilungsmasse wird entsprechend der Zuteilung im Teilungsplan verteilt, die sich ihrerseits nach der in §§ 10–12 geregelten Rangfolge richtet. Ein eventueller Überschuß verbleibt dem Grundstückseigentümer.

Der Versteigerungserlös ist gemäß § 117 I sofort und nicht erst nach Rechtskraft des Teilungsplans auszuzahlen.[3]

6.1.2. Befriedigungserklärung

Eine vereinfachte Form der Erlösverteilung[4] wird durch eine zu Protokoll des Vollstreckungsgerichts oder in öffentlich beglaubigter Form abzugebende Befriedigungserklärung ermöglicht. Sie hat zum Inhalt, daß der Gläubiger das, was ihm im Teilungsplan zugeteilt ist, schon erhalten hat und daß er deshalb wegen des ihm aus dem Versteigerungserlös zu zahlenden Betrags bereits befriedigt ist. Diesen Betrag muss der Ersteher also nicht mehr an das Gericht bezahlen.

Wenn Gläubiger (= Zahlungsempfänger) und Ersteher (= Zahlungspflichtiger) identisch sind, spricht man von einer echten Befriedigungserklärung. Diese stellt nach herrschender Ansicht keine Aufrechnung dar, sondern nur eine vereinfachte Form der Erlöszahlung[5] und hat zur Folge, daß das Bargebot gemäß § 49 II ab der Abgabe der Erklärung nicht mehr zu verzinsen ist (der Ersteher tut also gut daran, die Befriedigung möglichst bald zu erklären).

Wenn ein Gläubiger, der nicht Ersteher ist, seine Befriedigung erklärt, spricht man von einer unechten Befriedigungserklärung. Diese ändert an der Verzinsungspflicht des § 49 II überhaupt nichts und führt lediglich dazu, daß der Ersteher nur einen um den Betrag der Befriedigungserklärung gekürzte Barzahlung erbringen muß und der erklärende Gläubiger nichts mehr erhält.

Selbstverständlich kann die (echte oder unechte) Befriedigungserklärung auch nur über einen Teilbetrag lauten.

Solche Befriedigungserklärungen müssen natürlich sorgfältig unterschieden werden von einer sog. Minderanmeldung.[5a] Dort erklärt ein Grundschuld-

---

[3] Perger Rpfleger 1991, 45; Drischler Rpfleger 1989, 359 **gegen** Sievers Rpfleger 1989, 53.

[4] Vgl dazu BGH Rpfleger 1988, 495 (Schiffhauer).

[5] Vgl Stöber § 114 Anm 6.2.

[5a] Zur Minderanmeldung vgl B 623, C 42, E 51, E 22.

gläubiger, daß er zB die zum Versteigerungstermin angemeldeten dinglichen Zinsen nicht benötigt (oder: auf deren Zuteilung verzichtet). Diese Minderanmeldung führt nicht etwa dazu, daß der Ersteher weniger an das Gericht bezahlten muss, sondern daß die nach dem Teilungsplan nächstrangigen Gläubiger hieraus bedient werden.

6.1.3. Befriedigungsfiktion des § 114a

§ 114a ZVG

Ist der Zuschlag einem zur Befriedigung aus dem Grundstück Berechtigten zu einem Gebot erteilt, das einschließlich des Kapitalwertes der nach den Versteigerungsbedingungen bestehenbleibenden Rechte unter sieben Zehnteilen des Grundstückswertes zurückbleibt, so gilt der Ersteher auch insoweit als aus dem Grundstück befriedigt, als sein Anspruch durch das abgegebene Meistgebot nicht gedeckt ist, aber bei einem Gebot zum Betrage der Sieben-Zehnteile-Grenze gedeckt sein würde. Hierbei sind dem Anspruch des Erstehers vorgehende oder gleichstehende Rechte, die erlöschen, nicht zu berücksichtigen.

Literatur: *Bauch,* Befriedigungsfiktion nach § 114a, Rpfleger 1986, 457; *Ebeling,* Befriedigungsfiktion des § 114a in der Vollstreckungspraxis, Rpfleger 1985, 279; *Eickmann,* Aktuelle Probleme des Zwangsversteigerungsrechts, KTS 1987, 617; *Häusele,* Verfassungswidrigkeit der Befriedigungsfiktion des § 114a, KTS 1991, 47; *Kahler,* die fiktive Befriedigungswirkung gem § 114a, MDR 1983, 903; *Mohrbutter,* Zum Verzicht auf die fiktive Befriedigung aus § 114a, KTS 1977, 89; *Muth,* Probleme bei der Abgabe eines Gebots ... aus Gläubigersicht, ZIP 1986, 350; *ders,* Alte und neue Fragen zu § 114a, Rpfleger 1987, 89; *Schiffhauer,* Was ist Grundstückswert im Sinne des § 114a? KTS 1968, 218 und 1969, 165; *ders,* Die Befriedigungsfiktion des § 114a bei ... Zwischenrechten, Rpfleger 1970, 316; *Strauch,* Die Befriedigungsfiktion im ZVG 1993; *Weber/Beckers,* Umfang und Wirkung der Befriedigungsfiktion ... WM 1988, 1.

§ 114a ist wie § 85a eine Vorschrift, deren Anwendung nach wie vor Schwierigkeiten bereitet, so daß viele Entscheidungen und Aufsätze § 114a zum Gegenstand ausführlicher Erörterungen machen.[6] Dabei bildet sich offenbar zu einzelnen Fragen allmählich eine herrsch Ansicht (zB daß der nach § 74a V festgesetzte Grundstückswert mindestens bis zum „Verbrauch" der Zuschlagsversagungsgründe aus §§ 85a, 74a maßgebend ist),[7] während andere Fragen völlig neu aufgeworfen werden (zB wie weit die Befriedigungs-

---

[6] Vgl BGH Rpfleger 1992, 264; ZIP 1986, 90 = EWiR 1987, 201 (Anm Storz); OLG Celle Rpfleger 1989, 118 (Muth); OLG Düsseldorf JurBüro 1988, 673; LG Verden Rpfleger 1994, 34; LG Lüneburg Rpfleger 1988, 113; Muth ZiP 1986, 350; Bauch Rpfleger 1986, 457; Ebeling ZIP 1986, 314; Eickmann KTS 1987, 617; Weber/Beckers WM 1988, 1.

[7] BGH Rpfleger 2004, 433 = EWiR 2004, 463 (Storz); 1992, 264; ZIP 1987, 156 = EWiR 1987, 201 (Anm Storz mwN); und ZIP 1986, 90; OLG Celle Rpfleger 1989, 118; Storz, Teilungsversteigerung C. 8.3.2; Alff Rpfleger 2003, 113; **str. aA:** Muth Rpfleger 1987, 89; Schiffhauer KTS 1986, 218. Dassler-Schiffhauer § 114a Rz 3; Mohrbutter-Drischler Muster 101 Anm 3. – Auch der Wert des Zubehörs ist mitzuberücksichtigen: BGH Rpfleger 1992, 264; Hintzen Rz 497; Zeller-Stöber § 114a Anm 3.1.

wirkung bei nur teilweise valutierten Grundschulden geht). Auch in Zukunft wird § 114 a daher ein wichtiges Betätigungsfeld für Literatur und Rechtsprechung sein. Diese Unklarheit ist leider für die Versteigerungspraxis besonders gefährlich, weil bei einem Rettungserwerb zu der Unsicherheit über die wirtschaftliche Verwertungsmöglichkeit des Grundstücks die Rechtsunsicherheit über Bedeutung und Tragweite des § 114 a kommt, und das in einer Zeit, in der wegen der ungünstigen Nachfrage nach Grundstücken immer mehr Gläubiger ihr Heil in einem Rettungserwerb suchen müssen.[8]

Die Befriedigungsfiktion des § 114 a hat eigentlich in dem Verteilungsverfahren nicht viel zu tun, sie wird dort weder festgestellt noch irgendwo vermerkt; es handelt sich um eine rein materiellrechtliche Versteigerungsfolge für ein eventuelles weiteres Vorgehen des Gläubigers gegen den Schuldner oder einen mitverpflichteten Dritten und wird daher nur in einem dieserhalb geführten Prozeß oder auch in einem Schadensersatzprozeß wegen Amtspflichtverletzung beachtet.[8a] Die Befriedigungsfiktion kann aber auch in der Versteigerung selbst schon aktuell werden, wenn nämlich der Schuldner zum Beispiel die Zuschlagsversagung nach § 765 a ZPO wegen Verschleuderung beantragt oder Widerspruch gegen den Teilungsplan erhebt. In jedem Fall muß sie von einem Gläubiger vor der Versteigerung berücksichtigt werden, wenn ein Rettungserwerb beabsichtigt ist, sie kann nur dann außer acht gelassen werden, wenn der Schuldner absolut mittellos ist und bleibt und wenn keine Drittsicherheiten vorhanden sind: dann schadet die Fiktion nicht![9]

Werden die Rechte aus dem Meistgebot gemäß § 81 II abgetreten, ist zu entscheiden, auf wen sich eine evtl Befriedigungsfiktion bezieht. Drei Fallgestaltungen sind denkbar: Sind die Voraussetzungen des § 114 a nur bei dem Meistbietenden (Zedenten) erfüllt, so gilt § 114 a ihm gegenüber, weil die Abtretung der Meistgebotsrechte aus seiner Sicht praktisch dem Verkauf des Versteigerungsobjekts entspricht.[10] Sind die Voraussetzungen des § 114 a nur bei dem Ersteher (Zessionar) erfüllt, so trifft diesen die Befriedigungsfiktion, weil § 114 a ja unmittelbar auf den Ersteher abstellt.[10] Sind die Voraussetzungen des § 114 a sogar bei beiden (Zedent und Zessionar) erfüllt, so greift § 114 a beiden gegenüber;[11] da der Schuldner aber nur einmal in den Genuß des § 114 a kommen kann/soll, bestimmt sich die Reihenfolge der als befrie-

---

[8] Vgl **TH** E. 6.3.3.; **TH** E. 6.3.4.; **TH** E. 6.3.5.

[8a] Gibt zum Beispiel die betreibende Gläubigerin (nicht für sich selbst sondern) für eine von ihr wirtschaftlich beherrschte Immobiliengesellschaft ein unter der $5/10$-Grenze liegendes Gebot ab, wird der Zuschlag nach § 85 a I versagt (und nicht etwa mit Rücksicht auf § 114 a gem § 85 a III erteilt), weil die Befriedigungsfiktion des § 114 a nicht vom Vollstreckungsgericht, sondern nur vom Prozessgericht zu berücksichtigen ist: LG Landau, Rpfleger 2001, 366.

[9] Vgl dazu **TH** E. 6.3.1. und **TH** E. 6.3.2.

[10] Im Ergebnis ebenso BGH Rpfleger 1989, 421; OLG Düsseldorf JurBüro 1988, 673; Mohrbutter-Drischler Muster 110 Anm 8; Steiner-Eickmann § 114 a Rz 11; Dassler-Schiffhauer § 114 a Rz 16; Muth S. 112; Stöber § 114 a Anm 2.8.

[11] BGH ZIP 1989, 1088; WM 1979, 977; Steiner-Eickmann § 114 a Rz 29; Storz Teilungsversteigerung C. 8.3.2; Dassler-Schiffhauer § 114 a Rz 15. **Str. aA:** Muth Rpfleger 1986, 350.

digt geltenden Ansprüche nach § 10.[12] Entsprechendes gilt für § 81 III, also das Bieten in verdeckter Vertretung.[13]

Wenn der Berechtigte (nachweisbar) einen Strohmann zum Bieten einschaltet, soll die Befriedigungsfiktion diesen treffen und dem Berechtigten eine Berufung auf die noch bestehende Forderung wegen Arglist versagt sein.[14] Richtigerweise muss hier aber weniger auf die formale, sondern mehr auf die wirtschaftliche Auswirkung abgestellt werden, sodaß die vor dem Zuschlag bestehende Forderung gemäß § 114a als befriedigt gilt, unabhängig davon, wer formal Ersteher und wer Gläubiger ist.[14a] Das Problem besteht im Nachweis des Umgehungsgeschehens! Umgekehrt sollte klar sein, daß grundsätzlich als weisungsgebundener Strohmann angesehen werden kann.[15] Da es für § 114a auf die wirtschaftliche Auswirkung ankommt,[16] trifft auch bei sonstigen Umgehungsversuchen die Befriedigungsfiktion den „Hintermann", also zB wenn Gläubiger eine Einmann-GmbH ist, deren Gesellschafter Meistbietender bleibt,[17] oder uU, wenn die weisungsgebundene Konzerngesellschaft einer Gläubiger-Bank erwirbt.[18] Eine Umgehung durch eine Tochtergesellschaft kann aber auch bei geringeren Beteiligungsquoten gegeben sein, zB wegen besonderen rechtlichen und/oder tatsächlichen Einflusses.[17] Ganz allgemein sagt der Bundesgerichtshof in einer neuen Entscheidung: „Auf einen dinglichen Gläubiger, der den materiellrechtlichen Folgen eines eigenen Meistgebotes zu entgehen sucht, indem er einen Dritten den Grundbesitz ersteigern lässt, ist § 114a entsprechend anzuwenden."[18a]

§ 114a gilt auch bei Zuschlag an einen aus Rangklasse 5 vollstreckenden persönlichen Gläubiger[19] oder an den Gläubiger eines Gesamtgrundpfandrechts, wenn das mithaftende Grundstück (noch) nicht versteigert wird.[20] Dagegen wirkt sich die Befriedigungsfiktion nicht aus auf eine sonstige (zB ungesicherte) Forderung des Erstehers gegen den Schuldner.[21]

Nach dem richtigen Grundgedanken des § 114a soll ein Gläubiger nicht seine wirtschaftliche Machtstellung gegenüber dem Schuldner dazu mißbrauchen dürfen, daß er das Grundstück billig erwirbt und mit seiner persönli-

---

[12] BGH Rpfleger 1989, 421; Ebeling Rpfleger 1988, 400; Kohler MDR 1983, 903; Dassler-Schiffhauer § 114a Rz 17; Storz Teilungsversteigerung C. 8.3.2; **anders** Muth S. 311 und ZIP 1986, 356: nur der Ersteher gelte als befriedigt.

[13] Vgl dazu auch OLG Koblenz Rpfleger 1986, 397 (Anm Rosenberger) und oben D. 3.3.1. und (wegen § 85a III) D. 4.3.

[14] OLG Dresden SächsArchRpfl 1935, 12; Dassler-Schiffhauer § 114a Rz 20; Böttcher § 114a Rz 6.

[14a] Steiner-Eickmann § 114a Rz 12; vgl auch BGH Rpfleger 2005, 554; 1992, 246; Stöber § 114a Anm 2.8.

[15] Dassler-Schiffhauer § 114a Rz 20; Stöber § 114a Anm 2.6.; Muth ZIP 1986, 350; **anders** Kahler MDR 1983, 903.

[16] Vgl Steiner-Eickmann § 114a Rz 12. – Vgl auch LG Landau Rpfleger 2001, 366.

[17] Stöber § 114a Anm 2.6.

[18] BGH Rpfleger 1992, 264.

[18a] BGH Rpfleger 2005, 554.

[19] BGH Rpfleger 1987, 120 (Ebeling); Stöber § 114a Anm 2.4; Dassler-Schiffhauer § 114a Rz 21; vgl auch OLG Celle Rpfleger 1989, 118 (Anm Muth). – Gleiches gilt für den Gläubiger aller Zinsrückstände (§ 10 I Nr. 8): Zeller-Stöber § 114a Anm 2.4; Hintzen Rz 493 **gegen** LG Verden Rpfleger 1994, 34.

[20] Stöber Handbuch Rdn 571.

[21] BAG ZIP 1981, 1373; Stöber Handbuch Rz 571.

chen Restforderung weiter gegen den Schuldner vorgeht. Das Gesetz sucht hier einen Kompromiß, indem es unterstellt, daß der Gläubiger das ersteigerte Grundstück zu einem Preis von $^7/_{10}$ des Grundstückswertes jederzeit wieder veräußern und den Erlös vereinnahmen kann. Deshalb gilt der Gläubiger insoweit als befriedigt.[22]

Das hat zur Folge, daß etwaige erlöschende Zwischenrechte bei der Berechnung der erweiterten Befriedigungswirkung nicht berücksichtigt werden dürfen (vgl § 114a S. 2). Die früher streitige Frage ist seit dem 1. 7. 1979 durch die Ergänzung des § 114a (durch den neuen Satz 2) im Sinne der schon vorher herrschenden Meinung geklärt worden.

Beispiel: Verfahrenskosten   4 000,–
         Grundschuld J   20 000,–
         Grundschuld L   20 000,–
         Grundschuld D   20 000,–
         Grundschuld S   120 000,–

Bei einem Grundstückswert von 160 000.– und einer persönlichen Forderung des S von 120 000,– erwirbt S zu 16 000,– Er muß sich von seiner persönlichen Forderung (120 000) den Differenzbetrag aus $^7/_{10}$-Grenze (112 000,–) und Erwerbspreis (16 000,–), also 96 000,– abziehen lassen, so daß er vom Schuldner nur noch 24 000,– verlangen kann. Für den Rest gilt er nach § 114a als befriedigt.

Soweit die fiktive Befriedigung reicht, erlischt der Anspruch, dh die Befriedigungsfiktion führt nicht zu einem Zahlungsanspruch des Schuldners.[23] In neuerer Zeit wird allerdings versucht, bei einer nicht voll valutierten (Sicherungs-)Grundschuld doch zu einem schuldrechtlichen Auszahlungsanspruch zu kommen, wenn die Befriedigungswirkung über den valutierten Teil der Grundschuld hinausreicht.[24] Dem kann der Gläubiger uU dadurch ausweichen, daß er noch vor dem Verteilungstermin in Erfüllung des Rückgewähranspruchs auf den nichtvalutierten Teil seiner Grundschuld formell verzichtet.[25]

Die Befriedigungsfiktion des § 114a kann uU vertraglich ausgeschlossen werden,[26] da es sich um eine disponible schuldrechtliche Regelung handelt. Die entsprechende Vereinbarung muß aber getroffen werden, bevor der Zuschlag gem §§ 87, 89, 104 wirksam wird;[27] allerdings unterliegt sie – falls nicht eine angemessene Gegenleistung erfolgt – dann dem Formzwang für ein Schenkungsversprechen gem §§ 2, 7 I, 10, 12 ErbStG; mit dem Wirksamwerden des Zuschlags wird allerdings ein evtl Formmangel (durch Leistungsfiktion) geheilt.[28] Eine derartige Verzichtsvereinbarung wirkt allerdings

---

[22] BGH Rpfleger 1992, 264; 1989, 421. – § 114a ist deshalb mit dem Grundgesetz vereinbar: BGH Rpfleger 1992, 264; **anders:** Häusele KTS 1991, 47.
[23] OLG Bamberg vom 12. 8. 2005 (649/05); Ebeling Rpfleger 1985, 297.
[24] Eickmann KTS 1987, 617; Bauch Rpfleger 1986, 457; Stöber 114a Anm 3.7.; **anders:** BGH Rpfleger 1987, 120 (Anm Ebeling); OLG Köln EWiR 1990, 725 (Muth); OLG München BayJMBl 1953, 246; Böttcher § 114a Rz 24; Storz, Teilungsversteigerung C. 8.3.2.; Weber/Beckers WM 1988, 1. – Vgl auch **TH** E. 6.3.3. – **TH** E. 6.3.5.
[25] Ähnlich Hintzen Rz 437; Dassler-Schiffhauer § 114a Rz 7.
[26] Dassler-Schiffhauer § 114a Rz 23; Mohrbutter KTS 1977, 89; Klemm Sparkasse 1985, 362.
[27] Vgl **TH** E. 6.3.2.
[28] Mohrbutter KTS 1977, 89; Klemm Sparkasse 1985, 362.

nicht gegenüber Mitschuldnern, Bürgen oder sonstigen Mitverpflichteten. Dagegen steht ihr nicht § 3 AnfG entgegen,[29] weil keine anderen Gläubiger benachteiligt werden und auch § 3 AnfG nur ein einjähriges Anfechtungsrecht gibt und nicht anfechtbare Handlungen verbietet.

Streitig ist, was unter „Grundstückswert" im Sinne des § 114a zu verstehen ist. Unter Berücksichtigung der Tatsache, daß fast alle Vorschriften des ZVG, die den Grundstückswert erwähnen (vgl §§ 30a, 66, 74a, 85, 114a) im Jahre 1953 gleichzeitig geändert oder neu eingefügt worden sind, wendet die heute herrschende Meinung zu Recht auch bei § 114a den nach § 74a V ermittelten Wert an, so daß das Prozeßgericht im Falle eines Streites über den Umfang der Befriedigungsfiktion an den vom Vollstreckungsgericht gem § 74a V festgesetzten Grundstückswert gebunden ist.[30] In seiner neueren Rechtsprechung geht der Bundesgerichtshof aber einen anderen Weg und sagt: Der gemäß § 74a V festgesetzte Verkehrswert darf mangels Rechtsschutzbedürfnis nicht mehr geändert werden, wenn die Zuschlagsversagungsgründe der §§ 85a, 74a „verbraucht" sind; deshalb ist ab diesem „verbrauch" nicht mehr der festgesetzte Verkehrswert, sondern ein im materiellen Prozess über die § 114a – Frage zu ermittelnder Grundstückswert maßgebend.[30a]

Offen war lange die Frage, ob die Befriedigungsfiktion des § 114a bei der Berechnung der Grunderwerbsteuer mitgerechnet werden muß oder außer Betracht bleiben kann. Nunmehr hat das Bundesverfassungsgericht mehrere Urteile des Bundesfinanzhofs bestätigt, daß zur grunderwerbsteuerlichen Gegenleistung auch die Beträge gehören, in deren Höhe der Erwerber auf Grund der Fiktion des § 114a als befriedigt gilt.[31] Auch der Gegenstandswert der Zuschlagsgebühr muß die fiktive Befriedigung gem § 114a umfassen, was durch die Änderung des § 29 II GKG mit Wirkung ab 1. 1. 1987 klargestellt worden ist.

§ 114a gilt zwar nach allgemeiner Ansicht auch in einem im Sinne der § 74a III, 85a II zweiten Termin; allerdings soll dann der Grundstückswert des § 74a V mindestens dann nicht mehr bindend sein, wenn dafür keine neue Festsetzung erfolgt ist,[32] wofür aber kein Rechtsschutzbedürfnis mehr bestehen soll.[33] M.E. ist das nicht richtig. Es muß während des ganzen Versteigerungsverfahrens der Verkehrswert immer aktuell gültig festgesetzt sein und notfalls korrigiert werden, auch nach einer Zuschlagsversagung gemäß

---

[29] **Str. aA:** Muth ZIP 1986, 350.

[30] Vgl BGH Rpfleger 1992, 264; ZIP 1986, 90 = EWiR 1987, 201 (Anm Storz); OLG Celle Rpfleger 1989, 118; OLG Frankfurt JurBüro 1976, 553; Stöber § 114a Anm 3.1; Steiner-Storz § 74a Rz 77, 78; Steiner-Eickmann § 114a Rz 14; Drischler NJW 1987, 1872; Mohrbutter-Drischler Muster 65 Anm 5. **aA** Dassler-Schiffhauer § 114a Rz 3; Spies NJW 1955, 813; Nikoleit BWNotZ 1965, 50; Muth ZIP 1986, 352.

[30a] BGH Rpfleger 2003, 172 = LMK 2004, 77 (**abl. Anm.** Storz); Rpfleger 2004, 433 = EWiR 2004, 463 (**abl. Anm.** Storz); Rpfleger 2005, 554.

[31] BVerfG EWiR 1990, 933; BFH ZIP 1986, 495; DB 1986, 309; EWiR 1990, 621; **kritisch dazu:** Klassen DB 1985, 1049; Muth EWiR 1990, 621 und 933; Rittel DB 1986, 2305.

[32] Vgl Stöber § 114a Anm 3.1; so jetzt auch BGH EWiR 2004, 463 (Anm Storz).

[33] Zu diesen Fragen ausführlich oben C. 2.4.1. und BGH LMK 2004, 77 (Anm Storz); BGH EWiR 2004, 463 (Anm Storz) und oben C. 6.2.; vgl auch **TH** C. 6.2.2.4. und **TH** E. 6.3.1.

§§ 74a oder 85a. Dann kann er aber auch immer für § 114a maßgebend bleiben! Alle Beteiligten, insbesondere der ersteigernde Gläubiger sowie Schuldner und mithaftende Dritte, sind darauf angewiesen, daß schon vor der Ersteigerung klare und verbindliche Verhältnisse herrschen, an denen sich jeder orientieren kann. Andernfalls, wenn also der Umfang der Befriedigungsfiktion offenbleibt und von irgendeinem Prozeßgericht, irgendwann später in irgendeinem Sinne festgelegt werden soll, kann der Gläubiger kein Grundstück mehr selbst ersteigern, mindestens muß er alle Drittsicherheiten vorher verwerten. Beide Folgen schädigen aber den Schuldner, und das sollte doch gerade vermieden werden.[33]

6.2. Ausführung bei Nichtzahlung

6.2.1. Übertragung der Forderung, Sicherungshypothek

§ 118 ZVG

(1) Soweit das Bargebot nicht berichtigt wird, ist der Teilungsplan dadurch auszuführen, daß die Forderung gegen den Ersteher auf die Berechtigten übertragen und im Falle des § 69 II gegen den für mithaftend erklärten Bürgen auf die Berechtigten mit übertragen wird; Übertragung und Mitübertragung erfolgen durch Anordnung des Gerichts.

(2) Die Übertragung wirkt wie die Befriedigung aus dem Grundstücke. Diese Wirkung tritt jedoch im Falle des Absatzes 1 nicht ein, wenn vor dem Ablaufe von drei Monaten der Berechtigte dem Gerichte gegenüber den Verzicht auf die Rechte aus der Übertragung erklärt oder die Zwangsversteigerung beantragt. Wird der Antrag auf Zwangsversteigerung zurückgenommen oder das Verfahren nach § 31 II aufgehoben, so gilt er als nicht gestellt. Im Falle des Verzichts soll das Gericht die Erklärung dem Ersteher sowie demjenigen mitteilen, auf welchen die Forderung infolge des Verzichts übergeht.

§ 128 ZVG

(1) Soweit für einen Anspruch die Forderung gegen den Ersteher übertragen wird, ist für die Forderung eine Sicherungshypothek an dem Grundstück mit dem Range des Anspruchs einzutragen. War das Recht, aus welchem der Anspruch herrührt, nach dem Inhalte des Grundbuchs mit dem Rechte eines Dritten belastet, so wird dieses Recht als Recht an der Forderung mit eingetragen.

(2) Soweit die Forderung gegen den Ersteher unverteilt bleibt, wird eine Sicherungshypothek für denjenigen eingetragen, welcher zur Zeit des Zuschlags Eigentümer des Grundstücks war.

(3) Mit der Eintragung entsteht die Hypothek. Vereinigt sich die Hypothek mit dem Eigentum in einer Person, so kann sie nicht zum Nachteil des Rechtes, das bestehengeblieben ist, oder einer nach Absätzen I, II eingetragenen Sicherungshypothek geltend gemacht werden.

(4) Wird das Grundstück von neuem versteigert, so ist der zur Deckung der Hypothek erforderliche Betrag bar zu berichtigen.

Literatur: *Fischer,* Forderungsübertragung und Sicherungshypothek im Zwangsversteigerungsverfahren NJW 1956, 1095; *Helwich,* Mithaft des Meistbietenden in der Zwangsversteigerung, Rpfleger 1988, 467 und 1989, 316; *Oertmann,* Auslegung und Kritik des § 118, AcP 135 (1932), 191; *Strauch,* Mithaft des Meistbietenden in der Zwangsversteigerung, Rpfleger 1989, 314; *Streuer,* Verzinsung der nach § 118 übertragenen Forderung und Neuregelung des Schuldnerverzugs, Rpfleger 2001, 401.

Bei Nichtzahlung wird der Teilungsplan zwar aufgestellt, aber in anderer Weise ausgeführt als bei Barzahlung. Meist geht es dann so weiter:[34]

Zunächst wird auch hier die eventuell geleistete Sicherheit als Zahlung abgezogen (vgl § 107 III);

dann erfolgt die Forderungsübertragung an die Berechtigten bezüglich der Restforderung (vgl § 118);[35]

danach werden Sicherungshypotheken eingetragen (vgl § 128),

und schließlich wird in das Grundstück und unter Umständen auch in das Privatvermögen des Erstehers vollstreckt (vgl §§ 132, 133) ....

Als Grundstückssurrogat steht der Anspruch gegen den Ersteher zunächst dem bisherigen Grundstückseigentümer zu. Dieser Anspruch wird in Ausführung des Teilungsplans auf den Berechtigten übertragen (§ 118 I 1)[36] und ist vom Verteilungstermin an zu verzinsen; der Teil der übertragenen Forderung, der aus den Zinsen des Bargebots (§ 49 II) besteht, ist dabei unverzinslich.[37] Seit verschiedenen Änderungen der BGB-Verzugsbestimmungen ist streitig geworden, ob nach wie vor der Regelzinssatz 4% gem § 246 BGB[37a] oder der Verzugszinssatz von 5 Prozentpunkten über dem Basiszinssatz gem §§ 286, 288 I BGB gilt.[37b] Dieser letztgenannten Auffassung ist zuzustimmen, weil ein Verzugsfall im Sinne des § 286 II Nr. 2 eingetreten ist, wenn der Ersteher trotz § 49 I im Verteilungstermin nicht zahlt. In jedem Fall kann auch ein anderer Zinssatz gem § 59 vereinbart werden. Der Rang der verschiedenen Ansprüche ist auch für den Rang der nach § 128 einzutragenden Sicherungshypotheken maßgebend; er muß daher entsprechend dem Teilungsplan jeweils festgelegt werden.

Wird nur ein Teil des Meistgebots nicht bezahlt, so wird der vorhandene Geldbetrag an die Erstberechtigten bezahlt und nur die Restforderung auf die nachfolgenden Berechtigten übertragen.

---

[34] Vgl **TH** E. 6.3.6. – Zur entsprechenden Problematik bei der Teilungsversteigerung vgl Storz, Teilungsversteigerung C. 10.

[35] **Streitig** ist, ob auch ohne ausdrückliche Mitübertragung der Forderung gegen einen gemäß § 81 IV mithaftenden Dritten dessen Inanspruchnahme möglich ist oder nicht. **Dafür:** Stöber § 118 Anm 3.1. – **Dagegen:** Hellwich Rpfleger 1989, 316; Strauch Rpfleger 1989, 314; Dassler-Schiffhauer § 118 Rz 11; Steiner-Teufel § 118 Rz 14. –

[36] Muster einer Forderungsübertragung bei Stöber Handbuch Rz 473.

[37] LG Oldenburg Rpfleger 1986, 103 mit zust Anm Schiffhauer; Steiner-Teufel § 118 Rz 16 **gegen** Stöber § 118 Anm 3.10.

[37a] So: AG Viersen Rpfleger 2003, 256; Stöber § 118 Anm 3.3. und 5.1; Streuer Rpfleger 2001, 401.

[37b] So **aber: die herrsch Rechtsprechung: LG Hannover Rpfleger 2005, 324.** LG Cottbus Rpfleger 2003, 256; LG Augsburg Rpfleger 2002, 374; LGs Kempten, Berlin Rpfleger 2001, 192; LG Kassel Rpfleger 2001, 176; Storz Rpfleger 2003, 50.

Wurde die Zwangsversteigerung aus einer Sicherungsgrundschuld betrieben, so führt die Forderungsübertragung zu einer Abtretung erfüllungshalber für den dinglichen Anspruch auf Befriedigung aus dem Grundstück; der Fortbestand der persönlichen Forderung bleibt davon unberührt.[38] Bei Übertragung der Forderung gegen den Ersteher vom Schuldner auf den berechtigten Gläubiger kann der Ersteher übrigens diese Forderung auch durch Aufrechnung gegenüber dem Gläubiger erfüllen, weil die Besonderheiten des Zwangsversteigerungsverfahrens dem nicht entgegenstehen.[39]

Die Forderungsübertragung führt dazu, daß die Berechtigten anstelle des Schuldners in das Schuldverhältnis als Gläubiger eintreten, und daß sie deshalb als aus dem Grundstück befriedigt gelten (§ 118 II 1). Diese Befriedigungswirkung kann nur vermieden werden, wenn die Gläubiger entweder auf die Rechte aus der Übertragung verzichten oder die Wiederversteigerung des Grundstücks beantragen.

Der Verzicht bewirkt, daß der Berechtigte seine alte Forderung gegen den Schuldner (gegebenenfalls auch gegen den bisher mithaftenden Dritten) behält, aber die Rechte gegen den Ersteher (auch gegen einen evtl gemäß § 81 IV mithaftenden Dritten) nicht bekommt; diese gehen kraft Gesetzes auf den nach dem Teilungsplan Nächstberechtigten über. Die Befriedigungswirkung des § 118 II 1 tritt auch ein, wenn eine zunächst beantragte Zwangsversteigerung später zurückgenommen oder nach § 31 II aufgehoben wird.

Die nach § 128 eingetragene Sicherungshypothek unterliegt nicht der sonst nach § 866 II ZPO geltenden Wertgrenze von EUR 750,01.[40] Sie soll mit Rücksicht auf eine eventuelle spätere Rangverschiebung (vgl § 129) erkennen lassen, ob die übertragene Forderung aus Kosten-, Zinsen- oder Hauptsacheansprüchen entstanden ist und welcher Rangklasse die früheren Ansprüche angehört haben.[41]

6.2.2. Vollstreckbarkeit, Wiederversteigerung

§ 132 ZVG

(1) Nach der Ausführung des Teilungsplans ist die Forderung gegen den Ersteher, im Falle des § 69 II auch gegen den für mithaftend erklärten Bürgen und im Falle des § 81 IV auch gegen den für mithaftend erklärten Meistbietenden, der Anspruch aus der Sicherungshypothek gegen den Ersteher und jeden späteren Eigentümer vollstreckbar. Diese Vorschrift findet keine Anwendung, soweit der Ersteher einen weiteren Betrag nach den §§ 50, 51 zu zahlen hat.

(2) Die Zwangsvollstreckung erfolgt auf Grund einer vollstreckbaren Ausfertigung des Beschlusses, durch welchen der Zuschlag erteilt ist. In der Vollstreckungsklausel ist der Berechtigte sowie der Betrag der Forderung anzugeben; der Zustellung einer Urkunde über die Übertragung der Forderung bedarf es nicht.

---

[38] BGH Rpfleger 1987, 324.
[39] BGH EWiR 1987, 1041 (Anm Storz).
[40] Vgl Stöber Handbuch Rz 558.
[41] Vgl Stöber Handbuch Rz 562.

§ 133 ZVG

Die Zwangsvollstreckung in das Grundstück ist gegen den Ersteher ohne Zustellung des vollstreckbaren Titels oder der nach § 132 erteilten Vollstreckungsklausel zulässig; sie kann erfolgen, auch wenn der Ersteher noch nicht als Eigentümer eingetragen ist. Der Vorlegung des im § 17 Abs 2 bezeichneten Zeugnisses bedarf es nicht, solange das Grundbuchamt noch nicht um die Eintragung ersucht ist.

Literatur: *Hornung,* Wiederversteigerung aus der Sicherungshypothek, Rpfleger 1994, 9; *Muth,* Wiederversteigerung und Unbedenklichkeitsbescheinigung, JurBüro 1984, 1779; *Schiffhauer,* Wiederversteigerung ohne vorherige Grundbuchberichtigung? Rpfleger 1975, 12; *Schiffhauer und Hornung,* Nochmals: Wiederversteigerung aus der Sicherungshypothek, Rpfleger 1994, 402.

Mit der Übertragung der Forderung (vgl § 118) wird diese gegen den Ersteher sowie gegen eventuell mithaftende Bürgen (§ 69 II) oder Meistbietenden, (§ 81 IV) persönlich, das heißt in das gesamte Privatvermögen vollstreckbar, und mit der Eintragung der Sicherungshypothek (vgl § 128) wird der Anspruch aus dieser gegen den Ersteher und jeden späteren Eigentümer vollstreckbar.[42] Grundlage der Vollstreckung bildet die vollstreckbare Ausfertigung des Zuschlagsbeschlusses (§ 132 I 1). Die Vollstreckungsklausel wird durch den Urkundsbeamten des Vollstreckungsgerichts erteilt; eine Zustellung des Zuschlagsbeschlusses mit Klausel ist für die Wiederversteigerung oder eine Zwangsverwaltung nicht nötig (vgl § 133 I), wohl aber für die Zwangsvollstreckung in das sonstige Schuldnervermögen (vgl § 750 I ZPO).

Bei der sogenannten Wiederversteigerung handelt es sich um ein von der ersten Zwangsversteigerung materiell unabhängiges Verfahren; es richtet sich auch nicht mehr gegen den früheren Schuldner sondern gegen den Ersteher. Es gibt jedoch einige Verfahrenserleichterungen, die vor allem den Verfahrensbeginn betreffen. Aber abgesehen von dem erforderlichen Zwangsversteigerungsantrag (vgl § 118 II 2) muß auch ein neuer Zwangsversteigerungsvermerk eingetragen und es muß neu beschlagnahmt werden.

Abgesehen von den ausdrücklichen Erleichterungen in § 133 muß der Ersteher für die Durchführung der Wiederversteigerung im Grundbuch als Eigentümer eingetragen sein. Dazu ist u. a. eine Unbedenklichkeitsbescheinigung des Finanzamts als Nachweis für die Bezahlung der Grunderwerbsteuer erforderlich. Nach Inkrafttreten des neuen Grunderwerbsteuergesetzes 1983 haben die einzelnen Landesfinanzverwaltungen aber die Erteilung dieser Unbedenklichkeitsbescheinigung auch ohne Bezahlung der Steuer für den Fall ermöglicht, daß sie vom Vollstreckungsgericht beantragt wird.[43]

Wenn ein Grundstück mit Grundpfandrechten für verschiedene Gläubiger belastet ist und in der Weise zwangsversteigert wird, daß alle Grundpfandrechte erlöschen, und wenn außerdem der Meistbietende im Verteilungster-

---

[42] **Streitig!** Wie hier Schiffhauer Rz 669; Hintzen Rpfleger 1994, 402; **dagegen** ist nach Hornung Rpfleger 1994, 405 und 9; Stöber § 132 Anm 3.2 die Zwangsvollstreckung = Wiederversteigerung aus den Sicherungshypotheken auch schon vor deren Eintragung möglich.

[43] Vgl dazu zB den im Einvernehmen mit den obersten Finanzbehörden der anderen Bundesländer ergangenen Erlaß des Nieders. Finanzministers vom 24. 5. 1984 – S 4540–43–323 (Betrieb 1984, 1326).

min nicht bezahlt, haben die Gläubiger der erloschenen Rechte grundsätzlich folgende Handlungsmöglichkeiten:

a) In Höhe ihres Erlösanspruchs wird ihnen gem § 118 I ein Teil der Forderung gegen den Ersteher übertragen und gem § 128 I erhalten sie zu deren Absicherung eine Sicherungshypothek in gleicher Höhe; hieraus können sie innerhalb von 3 Monaten die Wiederversteigerung betreiben (ihr altes Grundpfandrecht ist gem § 91 I erloschen, aber ihre persönliche Altforderung ist mit evtl Zusatzsicherheiten bestehengeblieben);

b) Sie können stattdessen auf die Forderungsübertragung und damit auch auf die Sicherungshypothek verzichten; trotzdem erlischt ihr altes Grundpfandrecht gem § 91 I;

c) Sie können die Wiederversteigerung aus der übertragenden Forderung bzw Sicherungshypothek auch erst nach Ablauf von 3 Monaten betreiben; dann ist aber auch die Altforderung gem § 118 II erloschen;

d) Statt Forderungsübertragung und Sicherungshypothek können sie mit dem Ersteher das Liegenbelassen ihres Altgrundpfandrechts gem § 91 II vereinbaren, wobei allerdings die Altforderung gem § 91 III 2 erlischt, so daß sie dringend mit dem Ersteher auch eine Vereinbarung darüber treffen sollten, welche Forderung jetzt durch das liegenbelassene Recht besichert wird.

Der wichtigste strategische Unterschied zwischen diesen Alternativen besteht in folgendem:

a) die Alternative a) als Normalfall wird gewählt, wenn der Gläubiger einerseits auf die Altforderung (und evtl dortige Zusatzsicherheiten) zurückgreifen, und andererseits die Wiederversteigerung betreiben möchte.

b) Ein Verzicht auf Forderungsübertragung und Sicherungshypothek kommt wohl nur dann in Betracht, wenn der alte Schuldner (trotz Zwangsversteigerung!) bonitätsmäßig gut ist und/oder wenn werthaltige Zusatzsicherheiten bestehen (dann kann man das Versteigerungsobjekt freigeben, damit man „keinen weiteren Ärger hat").

c) Die Wiederversteigerung erst nach 3 Monaten ist einerseits wohl nur ein „Notnagel", aber immerhin möglich. Wenn der Gläubiger einerseits die Befriedigungswirkung des § 118 II 1 wegen Wertlosigkeit der Altforderung in Kauf genommen, andererseits aber wegen Werthaltigkeit der Sicherungshypothek (§ 128) zunächst nichts unternommen hat, kann er später Wiederversteigerung bzw Beitritt hierzu beantragen, wenn er das anders sieht.

d) Die Liegenbelassungsvereinbarung setzt die Mitwirkung des Erstehers voraus und kann dann eine echte Alternative sein, wenn doch noch eine Vertrauensbasis vorhanden ist und Interesse an einer Fortsetzung der (Geschäfts-)Verbindung besteht. Wenn das liegenbelassene Recht den 1. Rang hatte, behält es diesen und bleibt auch in der Wiederversteigerung bestehen.

6.3. Taktische Hinweise

TH 6.3.1.: Die Befriedigungswirkung des § 114a wird leicht übersehen, weil sie in dem Verfahren, aus dem sie sich ergibt (Zwangsversteigerung) in der Regel keine unmittelbare Rolle spielt, und dort wo sie eine Rolle spielt, mangels Vermerk auf irgendwelchen Vollstreckungsunterlagen nicht genügend bekannt ist. Auch Schuldner und mithaftende Dritte sollten immer an § 114a denken, wobei sie auf dem Boden der herrschenden Meinung (die den nach § 74a V festgesetzten Wert bei § 114a nicht mehr für bindend hält, wenn im Sinne der §§ 74a, 85a schon mindestens der zweite Termin stattgefunden hat) große Chancen haben, mit einem höheren Wert für § 114a und damit einer größeren eigenen Entlastung davonzukommen, je länger die Versteigerung zurückliegt, je weniger Ortskenntnis das Prozeßgericht hat, je mehr sich die Grundstückswerte allgemein und der Wert dieses Grundstücks (unter Umständen sogar durch Maßnahmen des Erstehers!) gebessert haben .... Solche durch die früher herrschende Meinung provozierten Spekulationen sind zwar unerfreulich, aber meines Erachtens nicht zu vermeiden, wenn man nicht grundsätzlich den § 74a V-Wert auch bei § 114a anwendet.

Um jedes diesbezügliche Risiko zu vermeiden, sollte der Gläubiger vor einem Rettungserwerb möglichst alle Drittsicherheiten vorher verwerten, um seine Forderung zu reduzieren. Dies geht allerdings zu Lasten des Schuldners.[44]

TH 6.3.2.: Wenn ein Gläubiger die Befriedigungsfiktion des § 114a vertraglich ausschließen oder zB dadurch einschränken will, daß er mit dem Schuldner vereinbart, den aus der Weiterveräußerung des ersteigerten Grundstücks evtl zu erzielenden Gewinn auf seine Forderung zu verrechnen, ist diese Vereinbarung unwirksam, wenn sie erst nach dem Wirksamwerden des Zuschlags getroffen wird.[45] Aber auch eine derartige Vereinbarung ist nicht ganz unerheblich, weil sie dahingehend ausgelegt werden kann, daß der Schuldner darauf verzichtet hat, die Befriedigungsfiktion geltend zu machen.[46] Dadurch wird aber die Befriedigungsfiktion des § 114a zugunsten von Bürgen oder anderen Mitverpflichteten nicht berührt.

TH 6.3.3.: Wenn ein Gläubiger zur Rettung seiner Forderung das Grundstück ersteigern muß, kann er zur Vermeidung einer zu weitgehenden Befriedigungsfiktion oder gar eines Auszahlungsanspruchs uU weitere Forderungen gegen den Schuldner von anderen Gläubigern erwerben. Diese Forderungen sind gegen Ende eines Zwangsversteigerungsverfahrens oft in großem Umfang vorhanden und mangels Befriedigungsmöglichkeit aus dem Versteigerungserlös auch billig zu haben.

TH 6.3.4.: Wenn sich die Theorie von dem Auszahlungsanspruch durchsetzen sollte, und der Gläubiger diesen weder durch einen rechtzeitigen Verzicht auf den nichtvalutierten Teil seiner Grundschuld noch durch den Erwerb weiterer Forderungen gegen den Schuldner vermeiden kann, muß der Rettungserwerb noch sorgfältiger und kritischer überlegt werden als bisher. Dann hilft es ja auch nichts mehr, wenn der Gläubiger vor der Ersteigerung des Grundstücks alle anderen Sicherheiten verwertet. – In diesem Fall muß der Gläubiger auch noch kritischer an die Festsetzung des Grundstückswertes gem § 74a V herangehen und bereits in diesem frühen Verfahrensstadium für den eventuellen Fall eines späteren Rettungserwerbes

---

[44] Vgl auch **TH** C. 6.2.2.4.
[45] Vgl oben E. 6.1.3.
[46] Mohrbutter KTS 199, 89.

darauf achten, daß der Grundstückswert auf keinen Fall zu hoch angesetzt wird.

TH 6.3.5.: Wenn sich die Theorie vom Auszahlungsanspruch des Schuldners gegen den ersteigernden Gläubiger durchsetzen sollte, erhalten die anderen (in der Zwangsversteigerung ausfallenden) Gläubiger eine weitere Vollstreckungsmöglichkeit gegen den Schuldner, weil dieser Auszahlungsanspruch nicht nur relativ leicht auch für außenstehende Dritte zu quantifizieren ist, sondern dann von ihnen auch gepfändet werden kann (beim „Rettungserwerber").

TH 6.3.6.: Die Durchführung einer Wiederversteigerung bei Nichtzahlung durch den Ersteher ist fast immer, aber nicht grundsätzlich, die sinnvollste Form, die Beitreibung fortzusetzen. Wenn das Meistgebot bezogen auf den Grundstückswert nicht sehr hoch war und der Schuldner bonitätsmäßig besser ist als der Ersteher und wenn dem Gläubiger gar noch realisierbare Drittsicherheiten zur Verfügung stehen, sollte er lieber gemäß § 118 II 2 auf die Forderungsübertragung verzichten und weiter gegen den Schuldner vorgehen. An je schlechterer Rangstelle die nach § 128 einzutragende Sicherungshypothek stehen würde, um so reizvoller kann der Verzicht werden.

Auch unter einem ganz anderen Gesichtspunkt kann es besser sein, nicht den Weg der Wiederversteigerung zu wählen: wenn nämlich der Ersteher zwar noch nicht zahlen aber das Grundstück in tatsächlicher Hinsicht besser verwertbar machen und damit im Wert steigen kann, sollte der Gläubiger lieber ein Darlehen geben, dieses durch gemäß § 91 II liegenbelassene oder neu einzutragende Grundschulden absichern und im erforderlichen Umfang eine Befriedigungserklärung abgeben. Mittel- und langfristig kann ihm das viel bessere Ergebnisse bringen!

TH 6.3.7.: Die Reichweite der Befriedigungsfiktion (§ 114a) ist dann schwer greifbar, wenn fremde Zwischenrechte vorhanden sind. Abgesehen davon, daß der Gesetzestext des § 114a relativ schwer zu verstehen ist, kommt man auch leicht zu falschen Ergebnissen, wenn man der Formel folgt: Berechtigte (= Ersteher) und Schuldner „werden damit rechtlich so gestellt, als ob der Berechtigte ein Gebot abgegeben hätte, das $7/10$ des Grundstückswertes erreicht," wobei dem Anspruch des Erstehers vorgehende oder gleichstehende Rechte, die erlöschen, gemäß § 114a S. 2 nicht zu berücksichtigen sind.[47] Vom Ergebnis leichter zu verstehen ist bei Vorhandensein fremder Zwischenrechte innerhalb der $7/10$-Grenze folgende Formel: Der Ersteher muß sich auch den Differenzbetrag zwischen seinem Gebot und der $7/10$-Grenze anrechnen lassen, ohne Rücksicht auf evtl Zuteilungen aus seinem Meistgebot.

---

[47] So **aber** Stöber § 114a Anm 2.3. unter Benutzung auf BGH Rpfleger 1987, 120 (Ebeling).

Thesen-Seite 30: Befriedigungsfiktion gemäß § 114 a ZVG

Verkehrswert des Grundstücks: 160 000,–
$^7/_{10}$-Grenze: 112 000,–

Verfahrenskosten, öffentl. Lasten	4 000,–
Grundschuld A	20 000,–
Grundschuld B	20 000,–
Grundschuld C	20 000,–
Grundschuld D	100 000,–

Meistgebot: 16 000,–

1. Alternative: Alle Grundschulden stehen dem gleichen Gläubiger Gl zu, der auch eine pers. Forderung von EURO 106 000,– hat. Gl erwirbt zu EURO 16 000,–

Ergebnis: Gl muß sich so stellen lassen, als wären EURO 112 000,– geboten worden, bzw als könnte er zu diesem Preis weiterverkaufen. Deshalb muß er sich auch den Differenzbetrag zwischen tats. Meistgebot und $^7/_{10}$-Betrag anrechnen lassen (abzüglich Kosten/öff. Lasten). Er kann also nur noch EURO 52 000,– von S (bzw Bürgen) fordern.

2. Alternative: Dem Gl steht nur die Grundschuld D (EURO 100 000,–) zu. Er hat wieder eine pers. Forderung von EURO 160 000,– und erwirbt wieder zu EURO 16 000,–

Ergebnis: Gl muß sich so stellen lassen, als könnte er zu EURO 112 000,– weiterverkaufen und er muß schon jetzt den Differenzbetrag zwischen tats. Meistgebot und fiktivem Verkaufspreis dem Schuldner gutschreiben. Er kann nur noch EURO 64 000,– von S (bzw Bürgen) fordern.

7. Außergerichtliche Erlösverteilung

§ 143 ZVG

Die Verteilung des Versteigerungserlöses durch das Gericht findet nicht statt, wenn dem Gerichte durch öffentliche oder öffentlich beglaubigte Urkunden nachgewiesen wird, daß sich die Beteiligten über die Verteilung des Erlöses geeinigt haben.

§ 144 ZVG

(1) Weist der Ersteher oder im Falle des § 69 II der für mithaftend erklärte Bürge dem Gerichte durch öffentliche oder öffentlich beglaubigte Urkunden nach, daß er diejenigen Berechtigten, deren Ansprüche durch das Gebot gedeckt sind, befriedigt hat oder daß er von ihnen als alleiniger Schuldner angenommen ist, so sind auf Anordnung des Gerichts die Urkunden nebst der Erklärung des Erstehers oder des Bürgen zur Einsicht der Beteiligten auf der Geschäftsstelle niederzulegen. Die Beteiligten sind von der Niederlegung zu benachrichtigen und aufzufordern, Erinnerungen binnen zwei Wochen geltend zu machen.

(2) Werden Erinnerungen nicht innerhalb der zweiwöchigen Frist erhoben, so beschränkt sich das Verteilungsverfahren auf die Verteilung des Erlöses aus denjenigen Gegenständen, welche im Falle des § 65 besonders versteigert oder anderweit verwertet worden sind.

Literatur: *Drischler,* die Verteilung des Versteigerungserlöses, RpflJB 1962, 322 (359); *Fritz,* Die außergerichtliche Verteilung des Versteigerungserlöses, SchlHA 1972, 130.

§ 143 regelt die außergerichtliche Einigung über die Erlösverteilung, während § 144 die außergerichtliche Befriedigung der Berechtigten behandelt. Beide Vorschriften ermöglichen unter den jeweils genannten Voraussetzungen eine unter Umständen einfachere, billigere und schnellere Erlösverteilung, verlangen aber eine Einigung der Betroffenen, im Falle des § 143 sogar aller gemäß § 9 Beteiligter, also auch der ausgefallenen Gläubiger, des Schuldners, der Gerichtskasse, aber nicht der Gläubiger von bestehenbleibenden Rechten.[1]

Die gerichtliche Erlösverteilung (und die damit verbundene besondere Kostenpflicht) kann vermieden werden, wenn sich alle Beteiligten über die vollständige Verteilung des Versteigerungserlöses (einschließlich eines evtl Sondererlöses nach § 65)[2] außergerichtlich einigen und dies dem Gericht durch öffentliche oder öffentlich beglaubigte Urkunden nachweisen. Die Erklärung kann **zum Beispiel** lauten:[3]

„Wir haben uns über die Verteilung des Versteigerungserlöses, bestehend aus dem baren Meistgebot iHv ... nebst 4% Zinsen hieraus vom ... (Zuschlagsdatum) bis zum ... (Verteilungstermin), insgesamt ... wie folgt geeinigt: ...

---

[1] Vgl Stöber Handbuch Rdn 567; Fritz SchlHA 1972, 130.
[2] Fritz SchlHA 1972, 130.
[3] Nach Stöber Handbuch Rdn 566.

Gemäß § 143 ist daher eine gerichtliche Verteilung des Versteigerungserlöses nicht erforderlich".

Die bloße Angabe, daß eine außergerichtliche Einigung über die Erlösverteilung erfolgt sei, genügt nicht.[4] Es muß auch ersichtlich sein, in welcher Art der Erlös verteilt wird.

Das Gericht prüft, ob die Voraussetzungen des § 143 für den Wegfall des Verteilungstermins erfüllt sind. Ergeben sich bei der Prüfung behebbare Mängel (zB fehlende Vollmachten), so kann uU durch eine Zwischenverfügung geholfen werden; andernfalls muß (idR durch formellen Beschluß)[5] das normale gerichtliche Verteilungsverfahren durchgeführt werden.

Sind die Voraussetzungen des § 143 erfüllt, findet der gerichtliche Verteilungstermin nicht statt, sondern es wird lediglich der Ersteher benachrichtigt, welche Beträge er an welche Beteiligte zu zahlen hat. Die außergerichtliche Einigung bewirkt, daß die Forderung gegen den Ersteher jetzt den Beteiligten in der jeweils festgelegten Höhe zusteht und daß die Beteiligten deshalb insoweit als aus dem Grundstück befriedigt gelten.[6] Eine hypothekarische Sicherstellung der Forderung durch das Gericht (etwa nach § 130) ist nicht möglich, allenfalls nach § 866 ZPO oder auf Bewilligung des Erstehers.[7] Die Forderung ist nach §§ 132, 133 vollstreckbar, falls nicht eine Stundung vereinbart wurde.

Um Eintragung des Erstehers und Löschung des Versteigerungsvermerks und der erloschenen Rechte im Grundbuch ersucht das Vollstreckungsgericht nach Rechtskraft des Zuschlags.[8]

Die außergerichtliche Befriedigung gem § 144 führt zwar auch dazu, daß kein gerichtlicher Verteilungstermin anberaumt oder ein schon festgesetzter Termin wieder aufgehoben wird; sie unterscheidet sich aber deutlich von der außergerichtlichen Einigung, weil bei letzterer alle Beteiligten mitwirken müssen, während bei § 144 nur Erklärungen derjenigen Beteiligten erforderlich sind, die Anspruch auf einen Teil des Versteigerungserlöses haben.

Da die außergerichtliche Befriedigung (§ 144) durch den Ersteher durchgeführt wird, sind hier die Voraussetzungen leichter zu erfüllen als bei § 143. Die außergerichtliche Befriedigung kann deshalb verlockend (und damit für die Betroffenen auch gefährlich) sein, weil kein Verteilungstermin anberaumt wird und daher unter Umständen die Möglichkeit zu weiteren Anmeldungen verbaut wird. Allerdings ergeht die Aufforderung nach § 144 I 2 an alle Beteiligten, so daß noch Erinnerung eingelegt werden kann.

Befriedigungserklärungen der Gläubiger setzen nach der Rechtsprechung nur existent gewordenen Forderungen voraus, nicht auch deren Fortbestehen. Nichtexistente Forderungen, hinsichtlich deren eine Befriedigungserklärung nach § 144 abgegeben worden ist, begünstigen nicht den Eigentümer, sondern den an bereitester Stelle ausgefallenen Gläubiger.[9]

---

[4] Stöber Handbuch Rz 567
[5] Stöber § 143 Anm 2.4.
[6] Stöber § 143 Anm 2.6.
[7] Stöber § 143 Anm 2.6.
[8] Fritz SchlHA 1972, 130.
[9] OLG Köln OLGZ 1983, 315.

Schon die Tatsache der Erinnerung beendet das Verfahren nach § 144, eine Begründung ist nicht erforderlich. Es wird dann das gerichtliche Verteilungsverfahren nach §§ 105 ff durchgeführt, so daß durch die Erinnerung dem Ersteher das Vorrecht des einseitigen Handelns nach § 144 genommen wird.[10] Wird gegen den dann doch aufzustellenden Teilungsplan, der die durch den Ersteher bereits erfolgte Befriedigung berücksichtigt, erfolgreich Widerspruch eingelegt, so muß der Ersteher unter Umständen zweimal zahlen und versuchen, von dem Zuerstbefriedigten das Gezahlte zurückzuerhalten. Die außergerichtliche Befriedigung nach § 144 ist also für den Ersteher nicht ganz ungefährlich!

Im Gegensatz zur Forderungzwangsversteigerung ist bei der Teilungsversteigerung das Verfahrensziel bereits erreicht, wenn aus der Gemeinschaft am unteilbaren Grundstück eine Gemeinschaft am teilbaren Übererlös (nach Befriedigung der Berechtigten iSd. § 10) geworden ist. Deshalb gehört die Verteilung des Übererlöses an die einzelnen Teilhaber der Gemeinschaft nicht mehr zu den Aufgaben des Versteigerungsgerichts.[11] Folgerichtig kann das Gericht den Übererlös nur entweder auf der Grundlage übereinstimmender Erklärungen aller Teilhaber auszahlen bzw verteilen[12] oder ihn hinterlegen,[13] falls nicht eine Anteilspfändung zu berücksichtigen ist.[14] Gerade wegen dieses Verfahrens kommt der außergerichtlichen Erlösverteilung dort eine besondere Bedeutung zu.[15]

---

[10] LG Lübeck Rpfleger 1986, 235 (Anm Schriftleitung).
[11] Vgl Storz, Teilungsversteigerung C. 9.2.1.
[12] Storz, Teilungsversteigerung C. 9.5.2.
[13] Storz, Teilungsversteigerung C. 9.5.4.
[14] Storz, Teilungsversteigerung C. 9.5.3.
[15] Storz, Teilungsversteigerung C. 9.2.5.

8. Abschluß der Zwangsversteigerung

Die Versteigerung wird mit der Erlösverteilung abgeschlossen. Das Vollstreckungsgericht muß aber noch die Grundbuchberichtigung veranlassen (Eintragung des Erstehers als neuer Eigentümer, Löschung des Zwangsversteigerungsvermerks, Löschung der erloschenen dinglichen Rechte und Berichtigung der nach den Versteigerungsbedingungen oder nach einer Liegenbelassungsvereinbarung bestehenbleibenden Rechte) und selbst die Briefe der erloschenen Rechte unbrauchbar machen beziehungsweise mit einem Zahlungsvermerk zu versehen; auch auf Vollstreckungstiteln ist zu vermerken, welche Beträge gezahlt oder durch Hinterlegung oder Übertragung gedeckt worden sind (vgl § 127 II und § 757 I ZPO).

Wenn und soweit das Bargebot im Verteilungstermin nicht berichtigt wird,[1] werden die Ansprüche, die aus der gegen den Ersteher verbliebenen Forderung gem § 118 zu befriedigen sind, durch Eintragung einer Sicherungshypothek gem § 128 I 1 gesichert, für die die sonstige Wertuntergrenze von DM 500,– (§ 866 II ZPO) nicht gilt. Um die Eintragung dieser Sicherungshypothek ersucht das Vollstreckungsgericht gem § 130 I 1.

Eingetragen wird die Sicherungshypothek nur auf solchen Grundstücken oder Grundstücksanteilen, die dem jeweils Berechtigten auch schon vor dem Zuschlag gehaftet haben, auf einem früheren Miteigentumsbruchteil auch dann, wenn der Ersteher als Alleineigentümer erworben hat, so daß eigentlich keine Bruchteile mehr vorhanden wären.[2] Für einen nicht nach § 122 verteilten Gesamtanspruch wird um Eintragung einer Gesamtsicherungshypothek an den Grundstücken ersucht, aus deren Erlös der Anspruch auf die Forderung gegen den Ersteher übertragen worden ist; § 867 II ZPO ist hier nicht anwendbar.[3]

---

[1] Vgl. oben E. 6.2.1.
[2] RGZ 94, 154; Haegele Rpfleger 1971, 283.
[3] Fischer NJW 1956, 1095; Mohrbutter-Drischler Muster 130 (11 g).

Anhang: Aktenteil (AT)

Vorbemerkung

Zusammengefaßt ist hier der wichtigste Schriftverkehr, wie er sich bei einem Gläubiger (hier Landkasse Ildorf) ergeben könnte. Aller hier verwendeten Zahlen entsprechen weitgehend den in den Textbeispielen genannten Zahlen und gehen von folgender Grundbuchsituation aus (Rangfolge entsprechend § 11 ZVG; § 897 BGB):

Abt. III Nr. 1	Grundschuld HS 50 000,– Ilbank Ildorf
Abt. II Nr. 1	Wegerecht zugunsten Frau Tanja Hieber
Abt. II Nr. 2	Leitungsrecht zugunsten Frau Tanja Hieber
Abt. III Nr. 2	Grundschuld HS 40 000,– Landkasse Ildorf
Abt. III Nr. 3	Grundschuld HS 30 000,– Dorfmeister
Abt. III Nr. 4	Grundschuld HS 100 000,– Spielbank.

Alle Namen und der ganze Fall sind frei erfunden. Die Zitierweise ist AT unter Beifügung der betreffenden Nummer des Aktenteils.

Der Aktenfall „spielt" zwar schon in der Zeit vom November 1977 bis August 1978. Aber er ist – abgesehen von der jetzt erforderlichen Umstellung der DM-Beträge auf EURO – sowohl inhaltlich als auch rechtlich und faktisch uneingeschränkt aktuell und gültig!

Übersicht

1. Aktenvermerk Landkasse über Ausgangssituation
2. Antrag der Landkasse auf Ausstellung eines Zeugnisses nach § 17 ZVG
3. Zeugnis nach § 17 ZVG des Grundbuchamtes
4. Antrag der Landkasse auf Anordnung der Zwangsversteigerung
5. Anordnung der Zwangsversteigerung durch das Amtsgericht
6. Belehrung gemäß §§ 30 a, 30 b ZVG durch das Amtsgericht
7. Vollstreckungsschutzantrag der Schuldner gemäß § 30 a ZVG
8. Stellungnahme der Landkasse zum Vollstreckungsschutzantrag
9. Einstellungsbeschluß durch das Amtsgericht
10. Fortsetzungsantrag der Landkasse
11. Fortsetzungsbeschluß durch das Amtsgericht
12. Mitteilung des Amtsgerichts zur beabsichtigten Wertfestsetzung
13. Stellungnahme der Landkasse zur beabsichtigten Wertfestsetzung
14. Beschluß des Amtsgerichts über die Festsetzung des Grundstückswertes
15. Bestimmung des Versteigerungstermins durch das Amtsgericht
16. Mitteilung des Amtsgerichts gemäß § 41 II ZVG über die betreibenden Gläubiger
17. Aktenvermerk der Landkasse zur Vorbereitung der Versteigerung
18. Terminsvollmacht
19. Anmeldung der Forderungen durch die Landkasse
20. Aktenvermerk der Landkasse über den Versteigerungstermin
21. Vollstreckungsschutzantrag der Schuldner auf Versagung des Zuschlags
22. Stellungnahme der Landkasse zum Vollstreckungsschutzantrag

Aktenteil 1

LANDKASSE ILDORF

Aktenvermerk

Die Eheleute Karl und Irmgard Grün, Fernfahrer in Ildorf, schulden der
Landkasse als Gesamtschuldner aus einem Darlehen:

Kapitalforderung	62.000,--
8 % Zinsen 1.1.1977 - 31.12.1977	4.960,--
Forderung per 31.12.1977	66.960,--

Die Forderung ist gesichert durch eine Grundschuld Abt. III Nr. 2 über
DM 40.000,--, verzinslich mit 12 % Zinsen (jährlich nachträglich fällig)
auf dem im Grundbuch in Ildorf Heft 3544 Abt. I Nr. 1 eingetragenen
Grundstück Gemarkung Ildorf, Beleihungswert 1972 DM 160.000,--. Die
Grundschuld wurde eingetragen am 6.3.1972 und ist sofort vollstreckbar.

Vorgang: Abt. II : Je ein Wege- und Leitungsrecht (unbedeutend)
         Abt. III : Grundschuld der Ilbank über DM 50.000,--
                    verzinslich mit 8 %.

Die wohl werthaltige Grundschuld deckt auch bei einer Beschlagnahme noch
im Jahre 1977 die persönliche Forderung nicht ganz; gelingt die Beschlagnahme erst 1978, ist ein weiterer Teil von ca. DM 5.000,-- ungedeckt.
Die Schuldner haben auf alle Mahnungen nicht reagiert und seit Jahresbe-
ginn keine Zinsen mehr gezahlt; deshalb ist dringend Zwangsversteigerung
geboten.

                                                    .1.1977

LANDKASSE ILDORF

An das
Grundbuchamt Ildorf

16.11.1977

Sehr geehrte Damen und Herren,

zum Zwecke der Zwangsversteigerung benötigen wir ein Zeugnis gemäß § 17 II ZVG, aus dem hervorgeht, daß

die Eheleute Karl und Irmgard Grün, Ildorf

Eigentümer sind des

im Grundbuch von Ildorf, Heft 3544 Abt. I Nr. 1
Wohnhaus, Garage, Garten : 12 a 16 qm

eingetragenen Grundstücks.

Für baldige Übersendung des Zeugnisses sind wir dankbar.

Mit freundlichen Grüßen

Aktenteil 3

ZEUGNIS gemäß § 17 II ZVG
=========================

Als Eigentümer des im Grundbuch von Ildorf, Heft 3544 Abt. I Nr. 1
verzeichneten Grundstücks

Gemarkung Ildorf

Flst. Im Linken Dorf-Stich 88
Wohnhaus, Garage, Garten

sind je zur Hälfte eingetragen die Eheleute

Karl Grün, Fernfahrer in Ildorf
Irmgard Grün.

Ildorf, den 12.12.1977
– Grundbuchamt –

G.Reg B 1977 Nr. 354

März

Justizamtmann

LANDKASSE ILDORF

<u>Per Einschreiben</u>

An das
Amtsgericht
- Vollstreckungsgericht -

<u>ILDORF</u>

16.12.1977

Antrag auf Zwangsversteigerung

Sehr geehrte Damen und Herren,

die Eheleute Karl und Irmgard Grün sind – je zur Hälfte – Eigentümer des im Grundbuch von Ildorf eingetragenen Grundstücks der Gemarkung Ildorf:

GBH 3544 Abt. I Nr. 1 Im Linken Dorf-Stich 88
            Wohnhaus, Garage, Garten, zusammen 12 a 16 qm.

Für die Landkasse Ildorf ist im Grundbuch für obengenanntes Grundstück in Heft 3544 Abt. III Nr. 2 eine Grundschuld mit Brief über DM 40.000,-- nebst 12 % Zinsen jährlich (nachträglich fällig) eingetragen.

Wir übergeben:

(1) vollstreckbare Ausfertigung der Grundschuldbestellung vom 6.3.1972 über DM 40.000,-- nebst Zustellungsnachweis;

(2) Grundschuldbrief Baden-Württemberg Gruppe 4 Nr. 100 900 6 über DM 40.000,--;

(3) Zeugnis des Grundbuchamts gemäß § 17 II vom 12.12.1977

und <u>b e a n t r a g e n :</u>

       wegen der dinglichen Forderung aus der Grundschuld in Höhe von DM 40.000,-- nebst 12 % Zinsen hieraus seit 1.1.1974 und den notwendigen Kosten der dinglichen Rechtsverfolgung

       die <u>Z w a n g s v e r s t e i g e r u n g</u>
       des obengenannten Grundstücks

       <u>a n z u o r d n e n .</u>

Wegen der Gefahr erheblicher Zinsverluste bitten wir, dafür Sorge zu tragen, daß die Beschlagnahme der Grundstücke noch in diesem Kalenderjahr wirksam wird. Für Ihre Bemühungen vielen Dank.

Mit freundlichen Grüßen

(Unterschriften)

751

K 16/77

Amtsgericht Ildorf
- Vollstreckungsgericht -
Beschluß vom 28.12.1977

In der Zwangsvollstreckungssache

Landkasse Ildorf   - Gläubigerin -

gegen

Karl und Irmgard Grün, Ildorf   - Schuldner -

wird wegen des der Gläubigerin zustehenden dinglichen Anspruchs, nämlich:

Hauptforderung   40.000,--
- vierzigtausend Deutsche Mark -

nebst 12 % Zinsen hieraus seit 1.1.1974
sowie der Kosten dieses Verfahrens

auf Grund der vollstreckbaren Ausfertigung der Grundschuldbestellung vom
6.3.1972 und der im Grundbuch von Ildorf, Heft 3544 Abt. III Nr. 2 eingetragenen Grundschuld über DM 40.000,--

auf Antrag der Gläubigerin die Z w a n g s v e r s t e i g e r u n g

des nach-folgenden im Grundbuch von Ildorf Heft 3544 Abt. I Nr. 1 auf den
Namen von

Karl Grün und dessen Ehefrau Irmgard Grün

eingetragenen Grundstücks   a n g e o r d n e t :

Markung Ildorf
Im Linken Dorf-Stich 88
Wohnhaus, Garage, Garten: 12 a 16 qm

Dieser Beschluß gilt zugunsten der Gläubigerin als Beschlagnahme des vorge-
nannten Grundbesitzes. Die Beschlagnahme und der ihr gewährte strafrecht-
liche Schutz gegen Verstrickungsbruch erstreckt sich auch auf die dem Eigentümer gehörenden Zubehörstücke.

Rechtspfleger

gez. Schwarz

Ausgefertigt!

Ildorf, den   29. 12. 77

Urkundsbeamter der Geschäftsstelle
des Amtsgerichts:

752

Amtsgericht Ildorf

Belehrung zum Anordnungsbeschluß vom   2 8. 12. 77.
_____

über eine einstweilige Einstellung nach §' 30 a ff ZVG

Das Zwangsversteigerungsverfahren aus dem Beschluß vom   2 8. 12. 77.
kann gemäß § 30 a ZVG auf längstens sechs Monate auf Antrag des
Schuldners einstweilen eingestellt werden, wenn

    1. Aussicht besteht, daß durch die Einstellung die
       Versteigerung vermieden werden kann und

    2. die Einstellung nach den persönlichen und wirtschaft-
       lichen Verhältnissen des Schuldners sowie nach der Art
       der Schuld der Billigkeit entspricht.

Diese beiden Voraussetzungen sind eingehend darzulegen und glaubhaft zu
machen (z.B. mit welchen Raten soll die Schuld abgedeckt werden, wie
hoch sind die monatlichen Einnahmen und regelmäßigen Ausgaben, wann und
wie ist die Forderung entstanden, durch welche Umstände waren Sie bisher
verhindert, die Schuld abzudecken, worin sind diese Umstände begründet
u.s.w.).

Der Einstellungsantrag muß gemäß § 30 b ZVG innerhalb von einer Notfrist
von zwei Wochen seit Zustellung dieser Belehrung bei Gericht eingegangen
sein. Ein verspäteter Antrag müßte als unzulässig verworfen werden. Der
Antrag ist schriftlich (zweifach) oder zu Protokoll der Geschäftsstelle
zu stellen.

Es wird noch darauf hingewiesen, daß sich die Einstellung wegen einer Forderung
eines Gläubigers nicht automatisch auf das Verfahren anderer Gläubiger
erstreckt, d.h., daß das Verfahren für jeden Gläubiger gesondert eingestellt werden muß.

Vor einer Einstellung muß auch der Gläubiger gehört werden; wenn über-
wiegende Interessen des Gläubigers entgegenstehen, muß der Einstellungsantrag abgelehnt werden.

2.1.1978

An das
Amtsgericht
- Vollstreckungsgericht -

ILDORF

Sehr geehrte Damen und Herren,

in der gegen uns angeordneten Zwangsversteigerung K 16/77

b e a n t r a g e n wir die e i n s t w e i l i g e   E i n s t e l l u n g

des Verfahrens.

Es trifft zu, daß wir im Jahre 1977 keine Zinsen mehr gezahlt und auch auf
die Mahnungen der Landkasse nicht reagiert haben. Trotzdem wäre es nicht
nötig gewesen, daß uns noch kurz vor dem Ende des alten Jahres der Anordnungsbeschluß zugestellt wird. Immerhin sind wir ja bereit, jetzt jeden
Monat DM 2.100,-- zu zahlen und werden die erste Rate schon bis 3.2.1978
überweisen.

Wir wollen auf alle Fälle unser Haus retten und beantragen daher die einstweilige Einstellung der Zwangsversteigerung!

Hochachtungsvoll

Irmgard und Karl Grün

LANDKASSE ILDORF

An das
Amtsgericht
- Vollstreckungsgericht -

ILDORF

12.1.1978

Zwangsversteigerungsverfahren K 16/77

Landkasse gegen Eheleute Grün

Sehr geehrte Damen und Herren,

obwohl die Eheleute Grün in ihrem Einstellungsantrag gar nicht alle
Voraussetzungen vorgetragen haben, die für eine einstweilige Einstellung nach § 30 a ZVG gegeben sein müssen, wollen wir diesem Antrag

n i c h t   e n t g e g e n t r e t e n.

Wir haben zwar kein Vertrauen, daß die Eheleute Grün ihre Zahlungsver-
sprechungen einhalten; andererseits wollen wir unseren guten Willen
noch einmal unter Beweis stellen. Wir bitten aber darum, daß die einstweilige Einstellung von der Auflage monatlicher Zahlungen von DM 2.100,--
beginnend ab Februar 1978 mit der Maßgabe abhängig gemacht wird, daß
die einstweilige Einstellung des Verfahrens bei Nichterfüllung dieser
Auflagen außer Kraft tritt (§ 30 a III - V).

Diese Erklärung ist keine Einstellungsbewilligung im Sinne des § 30 ZVG.

Mit freundlichen Grüßen

K 16/77

Amtsgericht Ildorf
- Vollstreckungsgericht -
Beschluß vom 3.2.1978

In der Zwangsversteigerungssache

      Landkasse Ildorf   - Gläubigerin -

                gegen

      Karl und Irmgard Grün, Ildorf   - Schuldner -

betreffend das im Grundbuch von Ildorf, Heft 3544 Abt. I Nr. 1 eingetragene Grundstück der Markung Ildorf

        Im Linken Dorf-Stich 88
        Wohnhaus, Garage und Garten: 12 a 16 qm

wird auf Antrag der Schuldner vom 2.1.1978 das Verfahren

      bis zum 31. Juli 1978   e i n s t w e i l e n   e i n g e s t e l l t .

Die einstweilige Einstellung wird gemäß § 30 a V mit der Auflage verbunden,
daß die Schuldner ab Februar jeweils zum 12. eines Monats Raten von monatlich DM 2.100,-- an die Landkasse Ildorf bezahlen müssen. Bei ganzer oder
teilweiser Nichteinhaltung dieser Auflage tritt die einstweilige Einstellung
vorzeitig außer Kraft.

Die Schuldner haben diese Ratenzahlungen in ihrem Einstellungsantrag selbst
angeboten; die Gläubigerin ist dem Antrag nicht entgegengetreten, hat aber
um entsprechende Zahlungsauflagen gebeten.

Die Beschlagnahme des Grundstücks bleibt bestehen.

Die Gläubigerin wird darauf hingewiesen, daß das Verfahren nur auf Antrag
fortgesetzt wird, daß der Antrag aber frühestens nach dem 31.7.1978 oder
nach dem vorzeitigen Außerkrafttreten der Einstellung gestellt werden kann.
Er muß spätestens bis zum 31.1.1979 gestellt sein, sonst wird das Verfahren
gemäß § 31 I 2 aufgehoben.

Rechtspfleger   Ausgefertigt!
                                   Ildorf, den   - 3. 82. 78
gez. Schwarz   Urkundsbeamter der Geschäftsstelle
                                   des Amtsgerichts:

LANDKASSE ILDORF

An das
Amtsgericht
- Vollstreckungsgericht -

<u>ILDORF</u>

6.3.1978

Zwangsversteigerungsverfahren K 16/77
                    Landkasse gegen Eheleute Grün

Sehr geehrte Damen und Herren,

erwartungsgemäß haben die Schuldner schon die erste der ihnen im Einstellungsbeschluß vom 3.2.1978 auferlegten Monatsraten nicht bezahlt
und auch auf eine schriftliche Mahnung nicht nachgeholt. Sie sind
offensichtlich auch in Zukunft nicht zu Ratenzahlungen in der Lage.

Da die Zwangsversteigerung unvermeidbar ist,

    <u>b e a n t r a g e n</u> wir die
    <u>F o r t s e t z u n g   d e s   V e r f a h r e n s</u>.

Die einstweilige Einstellung ist wegen Nichterfüllung der gerichtlichen
Auflagen vorzeitig außer Kraft getreten.

Mit freundlichen Grüßen

Aktenteil 11

K 16/77

Amtsgericht Ildorf
- Vollstreckungsgericht -
Beschluß vom 16.3.1978

In der Zwangsversteigerungssache

Landkasse Ildorf gegen Karl und Irmgard Grün, Ildorf

betreffend das im Grundbuch von Ildorf Heft 3544 in Abt. I Nr. 1 ver-
merkte Grundstück der <u>Markung Ildorf</u>

Im Linken Dorf-Stich 88
Wohnhaus, Garage und Garten: 12 a 16 qm

wird auf Antrag der Gläubigerin

d a s   V e r f a h r e n   f o r t g e s e t z t .

Das durch Beschluß vom 28.12.1977 angeordnete Verfahren wurde auf Antrag
der Schuldner, dem die Gläubigerin nicht entgegengetreten ist, mit Beschluß vom 3.2.1978 bis zum 31.7.1978 gemäß § 30 a ZVG einstweilen eingestellt. Die Einstellung wurde mit der Auflage monatlicher Zahlungen
verbunden, die im Februar 1978 beginnen sollten.

Da die Schuldner schon die erste Rate trotz einer Mahnung durch die Gläubigerin nicht bezahlt haben, ist die einstweilige Einstellung gemäß
§ 30 a V ZVG vorzeitig außer Kraft getreten.

Nachdem die Gläubigerin am 16.3.1978 die Fortsetzung des Verfahrens beantragt hat, wird die Fortsetzung beschlossen.

Rechtspfleger

gez. Schwarz

Ausgefertigt!
Ildorf, den   16. 03. 78
Urkundsbeamter der Geschäftsstelle
des Amtsgerichts:

Traum

Amtsgericht Ildorf, den 16. 3. 78
Archivstraße 16
Geschäfts-Nr.: K 16/77
Bitte bei allen Schreiben angeben!

Betr.: Zwangsversteigerungssache des im Grundbuch von Ildorf Heft 3544 Abt. I Nr. 1 eingetragenen Grundstücks

– vergleiche beil. Fortsetzungsbeschluß –.

In vorbezeichneter Zwangsversteigerungssache ist die Fortsetzung des Verfahrens angeordnet worden.

Nach § 30 d ZVG können Sie einmal erneut einen Antrag auf einstweilige Einstellung der Zwangsversteigerung gemäß § 30 a ZVG innerhalb von 2 Wochen seit der Zustellung dieses Schreibens bei dem Gericht stellen. Ein später eingehender Antrag muß als unzulässig verworfen werden.

Auf die Ihnen mit dem Anordnungsbeschluß-Beitrittsbeschluß übersandte Rechtsbelehrung wird hingewiesen, sie gilt auch für den erneuten Einstellungsantrag.

Sollten Sie dieses Merkblatt nicht mehr in Händen haben, können Sie ein solches hier bei Bedarf anfordern.

Auf Anordnung

Traum

....

Aktenteil 12

Amtsgericht Ildorf   Ildorf, den 4.4.1978
Geschäfts-Nr. K 16/77

An die
Landkasse

ILDORF

Zwangsversteigerung des im Grundbuch von Ildorf Heft 3544 Abt. I Nr. 1
                  eingetragenen Grundstücks der <u>Markung Ildorf</u>

                  <u>Im Linken Dorf-Stich 88</u>

                  Wohnhaus, Garage und Garten   12 a 16 qm

                  Eigentümer: Karl und Irmgard G r ü n , Ildorf

Zur Vorbereitung des Versteigerungstermins hat das Vollstreckungsgericht
gemäß § 74 a V ZVG den Verkehrswert des oben bezeichneten Grundbesitzes
festzusetzen.

Über die Höhe des Verkehrswertes ist eine Schätzung des Gutachterausschusses eingeholt worden. Der Verkehrswert wurde mit Stichtag vom
6.3.1978 geschätzt auf

<u>160.000,-- DM.</u>

Das Gutachten kann auf der Geschäftsstelle des Amtsgerichts eingesehen
werden.

Es wird Ihnen hiermit Gelegenheit gegeben, etwaige Einwendungen gegen das
Gutachten innerhalb von 14 Tagen bei dem Vollstreckungsgericht zu erheben.
Nach Ablauf der Frist wird das Gericht den Wert nach den vorhandenen Unterlagen festsetzen, und zwar auch dann, wenn Sie sich bis dahin nicht geäußert haben sollten.

Auf Anordnung

.... Traum

LANDKASSE ILDORF

An das
Amtsgericht
- Vollstreckungsgericht -

ILDORF

12.4.1978

Zwangsversteigerungsverfahren K 16/77
Landkasse gegen Eheleute Grün

Sehr geehrte Damen und Herren,

Wir sind damit einverstanden, daß der Grundstückswert auf DM 160.000,--
festgesetzt wird.

Mit freundlichen Grüßen

K 16/77

Amtsgericht Ildorf
- Vollstreckungsgericht -
Beschluß vom 16.4.1978

In dem Zwangsversteigerungsverfahren betreffend das im Grundbuch von
Ildorf, Heft 3544 Abt. I Nr. 1 eingetragene Grundstück der
Markung Ildorf

Im Linken Dorf-Stich 88
Wohnhaus, Garage und Garten   12 a 16 qm

Eigentümer: Karl und Irmgard G r ü n , Ildorf

wird der Wert des Grundstücks gemäß § 74 a V ZVG festgesetzt auf

DM 160.000,--   (einhundertsechzigtausend)

Das Gericht hat den Wert des Grundbesitzes durch den Gutacherausschuß
der Gemeinde Ildorf schätzen lassen. Dieser hat einen Verkehrswert von
DM 160.000,-- ermittelt.

Nachdem keiner der Beteiligten gegen die Höhe des Schätzwertes Einwendungen erhoben hat, wird der Wert entsprechend festgesetzt.

Rechtspfleger

[Unterschrift]

K 16/77

Amtsgericht Ildorf
- Vollstreckungsgericht -
Beschluß vom 16.4.1978

Z w a n g s v e r s t e i g e r u n g

Im Wege der Zwangsvollstreckung soll das im Grundbuch von Ildorf
Heft 3544 Abtl. I Nr. 1 eingetragene Grundstück der Markung Ildorf

Im Linken Dorf-Stich 88
Wohnhaus, Garage und Garten :   12 a 16 qm

am Donnerstag, den 16. Juni 1978   10.00 Uhr   im Sitzungssaal des
Amtsgerichts Ildorf

versteigert werden.

Der Versteigerungsvermerk ist am 2.1.1978 in das Grundbuch eingetragen
worden.

Als Eigentümer waren damals eingetragen:

Karl G r ü n , Fernfahrer in Ildorf
und seine Ehefrau Irmgard Grün.

Der Verkehrswert des Grundstücks ist gemäß § 74 V ZVG festgesetzt worden
auf

DM 160.000,--.

Rechte, die zur Zeit der Eintragung des Versteigerungsvermerks aus dem Grundbuche nicht
ersichtlich waren, sind spätestens im Versteigerungstermin vor der Aufforderung zur Abgabe
von Geboten anzumelden und, wenn der Gläubiger widerspricht, glaubhaft zu machen, widrigenfalls sie bei der Feststellung des geringsten Gebots nicht berücksichtigt und bei der Verteilung des Versteigerungserlöses dem Anspruche des Gläubigers und den übrigen Rechten nachgesetzt werden. Wer ein Recht hat, das der Versteigerung des Grundstücks oder des nach § 55
ZVG mithaftenden Zubehörs entgegensteht, wird aufgefordert, vor der Erteilung des Zuschlags
die Aufhebung oder einstweilige Einstellung des Verfahrens herbeizuführen, widrigenfalls für
das Recht der Versteigerungserlös an die Stelle des versteigerten Gegenstandes tritt.

Rechtspfleger

Amtsgericht Ildorf

Ildorf, den 27.5.1978

Geschäfts-Nr. K 16/77

MITTEILUNG

nach § 41 II ZVG

An die

Landkasse

ILDORF

In der Zwangsversteigerungssache betreffend das im Grundbuch von Ildorf Heft 3544 Abt. I Nr. 1 eingetragene Grundstück

Eigentümer: Karl und Irmgard G r ü n.

In dem Versteigerungstermin am 16.6.1978 wird nach den bis heute den Schuldnern zugestellten Beschlüssen über die Anordnung der Zwangsversteigerung und die Zulassung des Beitritts die Versteigerung vorgenommen auf Antrag:

1. der Landkasse Ildorf

   wegen eines dinglichen Anspruchs in Höhe von   DM 40.000,--
   nebst 12 % Zinsen hieraus seit 1.1.1974
   und der Kosten dieses Verfahrens

   aus der im Grundbuch in Abt. III unter Nr. 2 eingetragenen Grundschuld;

2. der Ilbank, Ildorf

   wegen eines dinglichen Anspruchs in Höhe von   DM 50.000,--
   nebst 8 % Zinsen hieraus seit 1.1.1974
   und der Kosten dieses Verfahrens

   aus der im Grundbuch in Abt. III unter Nr. 1 eingetragenen Grundschuld.

Rechtspfleger

__LANDKASSE ILDORF=LK__ Bericht zur Zwangsversteigerung am _16. Juni 1978_

Name, Anschrift: _Karl und Irmgard Grün_
Objekt: _Im Linken Dorf - Stich 88_, _Ildorf_   AZ: _K 16/77_
Objektbeschreibung: _Einfamilienhaus_   Größe: _12 a 16 m²_
Besichtigung durch uns am _28.12.77_ Eindruck: _zuletzt verwahrlässigt!_
Bisherige Einstellungen gem. _§30a_ am _3.2.78_; gem. _—_ am _—_
　Beleihungs-bzw.Schätzwert der _LK_   DM _160.000.-_
　ger. festgesetzter Verkehrswert   DM _160.000.-_
　7/10 Grenze (_LK_ antragsberechtigt?) DM _112.000.-_ ja/~~nein~~

Persönliche Forderung d. LK per _30.6.78_ DM _69.720.-_
Forderungsanmeldung   vom _1.6.78_ DM _61.880.-_

Belastung des Objekts   voraussichtlich
　Verfahrenskosten _____ DM _2.000.-_
　öffentl. Lasten _____ DM _1.000.-_
Abt.
III Nr. 1 _Ilbank_   _50'_   DM _68.500.-_
　　2 _Landkasse_ _40'_   DM _62.000.-_
　　3 _Doctmeister_ _30'_   DM _40.000.-_
　　4 _Spielbank_ _100'_   DM _100.000.-_
　　5 _____ DM _____
　　6 _____ DM _____

| Betreibende GL:(gem. § 41 II - Mitteilung vom _27.5.1978_　) |
| _Ilbank aus III 1 und Landkasse aus III 2_ |
| GERINGSTES GEBOT: bar : 3.000.- (_Wege-u. Leitungsrecht bleiben bestehen_) |

Vorgang insgesamt DM _71.500.-_ Auslauf DM _133.500.-_
Stellungnahme: Ein Interessent scheint bereit zu sein, bis zu 145.000.- aufzuwenden (Herr Felix Meier); eine feste Vereinbarung zB Ausbietungsgarantie, was
nicht abzuschließen, da er "möglichst billig einsteigen will". Unsere QS 40.000.- scheint
einschließlich Zinsen werthaltig zu sein, deckt die persönliche Forderung aber nicht
ganz (Fehlbetrag ca 8.000.-).
Da für uns ein Rettungserwerb ausscheidet, können wir Gebote knapp über das 7/10-
Grenze nicht verhindern (wir sind nicht bestrangig beteiligt GB). Mit Ablösung des Ilbank
können wir aber einen nicht passenden Zuschlag über §30 verhindern und so höhere Gebote oder Zahlungen außerhalb der Versteigerung durchzusetzen versuchen.

Erforderliche Maßnahmen: 1. Ablösung des Ilbank (erforderlich laut heutigem Telefon:
67.933.- 2. Nach Bietstunde evtl Verhandlungen mit Felix Meier, falls Meistgebot unzureichend.
Sonst. Beitreibungsmöglichkeiten: nicht vorhanden. Kein weiteres Vermögen. Herr Grün
ist unselbständiger Fernfahrer; Frau Grün erwartet demnächst ihr zweites Kind ....

Gesehen/genehmigt:
VS _Hen_   RL _Lun_   Ildorf, 1.6.78
　　　　　　SB i.V. _Muls_

1. 6. 1978

VOLLMACHT

Herr _Albert Stimmung_ ist beauftragt und bevollmächtigt, die Landkasse
Ildorf in dem Zwangsversteigerungsverfahren G r ü n vor dem Amtsgericht
Ildorf (K 16/77)

              allein zu vertreten

und alle in diesem Versteigerungs- und Verteilungsverfahren erforderlichen Erklärungen für die Landkasse abzugeben und entgegenzunehmen. Die
Vollmacht berechtigt insbesondere auch zur Abgabe von Geboten und Bürgschaftserklärungen zum Zwecke der Sicherheitsleistung sowie zum Geldempfang.

Der Bevollmächtigte ist von den Beschränkungen des § 181 BGB befreit.

                    Beglaubigung!

                    Nebenstehende Unterschriften von

- A U F S I C H T S R A T -   1. Herrn Präsident
                                    Imanuel L a m m
                Ildorfer Allee, Ildorf

                                 2. Frau Doris S i e g
                                    Haus 354, Ildorf

                    werden beglaubigt.

                    Die Unterschriften wurden vor mir
                    vollzogen. Die Personen sind mir
                    bekannt.

Ildorf, den 1. 6. 1978

                                              Notar

LANDKASSE ILDORF

An das
Amtsgericht
- Vollstreckungsgericht -

ILDORF

1.6.1978

Zwangsversteigerungsverfahren Grün, K 16/77

Sehr geehrte Damen und Herren,

zu dem obengenannten Verfahren melden wir unsere Forderung wie folgt an:

Grundschuld Abt. III Nr. 2 - Hauptsumme	40.000,--
12 % rückständige und laufende Zinsen 1.1.74 - 30.6.78	21.600,--
Kosten (auch für die Wahrnehmung von Versteigerungs- und Verteilungstermin)	280,--
Geleisteter Kostenvorschuß	1.200,--
	63.080,--.

Im übrigen melden wir vorsorglich die Rechte aus der zu unseren Günsten bei dem Recht Abt. III Nr. 1 eingetragenen Löschungsvormerkung an.

Mit freundlichen Grüßen

LANDKASSE ILDORF

16.6.1978

<u>Bericht über den heutigen Versteigerungstermin in Sachen Grün (K 16/77)</u>

Persönliche Forderung per 30.6.1978	69.720,--
Dingliche Ansprüche (Grundschuld III 2) per 30.6.1978	61.880,--
ungedeckte persönliche Forderung	7.840,--

Im übrigen wird auf den Vorbericht vom 1.6.1978 verwiesen.

Im Termin (vor der Bietstunde) haben wir die Ilbank wegen ihrer gesamten im Beitrittsantrag aus der erstrangigen Grundschuld geltend gemachten Ansprüche über zusammen DM 67.933,-- abgelöst und gemeinsam mit dem Vertreter der Ilbank folgende Erklärung zu Protokoll des Amtsgerichts abgegeben:

> "Auf Grund Ihrer in Abt. III Nr. 2 eingetragenen Grundschuld hat die Landkasse Ildorf soeben die gesamten Ansprüche der Ilbank aus deren Grundschuld Abt. III Nr. 1 über DM 50.000,-- samt Nebenforderungen abgelöst und ist dadurch dinglich, persönlich und verfahrensrechtlich an die Stelle der Ilbank getreten."

Wir haben von der Ilbank alle erforderlichen Unterlagen sofort erhalten. Als abweichende Versteigerungsbedingungen wurden gemäß § 59 festgelegt:

(1) Das Wegerecht (Abt. II Nr. 1) und das Leitungsrecht (Abt. II Nr. 2) bleiben bestehen (die Berechtigte Tanja Hieber hat im Termin zugestimmt).

(2) Es werden nur solche Übergebote zugelassen, die die vorherigen Gebote um mindestens DM 500,-- übersteigen.

(3) Es werden unter Verzicht auf Einzelausgebote nur Gesamtausgebote zugelassen.

Die Bietstunde begann um 10.32 Uhr und wurde um 11.33 Uhr beendet. Einziger Bieter war Herr Felix Meier, ebenfalls Fernfahrer aus Ildorf, der zunächst nur DM 115.000,-- geboten aber auf unser Drängen dann noch während der Bietstunde sein Gebot auf DM 133.500,-- erhöht hatte. Nach Schluß der Bietstunde sollte auf das Meistgebot Felix Meier über DM 133.500,-- der Zuschlag sofort erteilt werden.

Um das zu verhindern, haben wir aus dem abgelösten Recht Abt. III Nr. 1 die einstweilige Einstellung bewilligt und um eine kurze Unterbrechung der Verhandlung gebeten. Darauf wurde die Verhandlung für 15 Minuten unterbrochen.

In dieser Zeit konnten wir den Meistbietenden davon überzeugen, daß der Zuschlag wegen unserer Einstellungsbewilligung gemäß §§ 30, 33 ZVG versagt werden muß, wenn wir uns mit ihm nicht einigen können; daß wir aber unsere Einstellungsbewilligung zurücknehmen und die sofortige Zuschlagserteilung herbeiführen werden, wenn er uns noch außerhalb der Zwangsversteigerung die DM 7.700,-- bezahlt, die wir zur vollständigen Rückführung unserer persönlichen Forderung gegen den Schuldner benötigen. Außerdem konnten wir ihn davon überzeugen, daß DM 133.500,-- (Meistgebot) + DM 7.700,-- (Zuzahlung) immer noch ein günstiger Preis ist. Und schließlich konnten

- 2 -

Aktenteil 20 *(Fortsetzung)*

wir ihm ein Darlehen über DM 90.000,-- zu marktgerechten Konditionen anbieten. Daraufhin übergab uns Herr Felix Meier den geforderten Betrag.

Wir nahmen die Einstellungsbewilligung zurück und beantragten die sofortige Zuschlagserteilung.

Da der Schuldner aber die Zuschlagsversagung nach § 30 a ZVG beantragte,
setzte der Rechtspfleger einen besonderen Verkündungstermin auf 4.7.1978
fest und gab den Beteiligten Gelegenheit, ihre Anträge bis dahin schriftlich zu begründen.

Der Vollstreckungsschutzantrag hat unseres Erachtens keine Aussicht auf
Erfolg. Das Ergebnis der Versteigerung ist für uns optimal. Durch die
Ablösung konnten wir einen Verlust von fast DM 8.000,-- vermeiden.

Zum Verteilungstermin werden wir mit dem Ersteher Felix Meier das Liegenbelassen der beiden Grundschulden Abt. III Nr. 1 und 2 vereinbaren (zusammen DM 90.000,--, beide sofort vollstreckbar).

Der Termin wurde um 12.00 Uhr abgeschlossen.

Aktenteil 21

An das
Amtsgericht
- Vollstreckungsgericht -

ILDORF

16.6.1978

Sehr geehrter Herr Rechtspfleger,

wir haben schon heute vormittag während der Zwangsversteigerung
darum gebeten, das Verfahren noch einmal einstweilen einzustellen.
Wir wiederholen hiermit diesen Antrag, weil wir das Haus unbedingt
behalten möchten. Mindestens müßten wir einen freihändigen Verkauf
zu besseren Preisen versuchen können; dazu brauchen wir aber einige
Monate Zeit. Deshalb stellen Sie bitte noch einmal gemäß § 30 a ZVG
ein.

Hochachtungsvoll!

Irmgard und Karl Grün

LANDKASSE ILDORF

An das
Amtsgericht
- Vollstreckungsgericht -

ILDORF

24. 6. 1978

Zwangsversteigerungsverfahren Grün K 16/77

Sehr geehrte Damen und Herren,

wir b e a n t r a g e n , den Zuschlagsversagungsantrag der Schuldner vom
16.6.1978 k o s t e n p f l i c h t i g z u r ü c k z u w e i s e n .

Als Antrag nach § 30 a ZVG ist er nicht einmal zulässig, weil er nicht
innerhalb der Notfrist von zwei Wochen seit der Zustellung weder des Fortsetzungsbeschlusses vom 16.3.1978 noch des Beitrittsbeschlusses für die
Ilbank vom 12.5.1978 gestellt worden ist (vgl. § 30 b I 1 ZVG). Abgesehen
davon entspricht er auch nicht den sachlichen Voraussetzungen der §§ 30 a I
und 30 d I ZVG. Die einstweilige Einstellung und die damit verbundene Zuschlagsversagung wäre uns als einziger betreibenden Gläubigerin auch nicht
zuzumuten, da bei einem Zuschlag die gesamte Forderung gegen die Schuldner
befriedigt würde.

Auch unter dem Gesichtspunkt des § 765 a ZPO kann der Zuschlag nicht versagt werden: Mit viel Mühe konnten wir den einzigen Interessenten dazu veranlassen, nicht nur sein knapp über der 7/10-Grenze liegendes erstes Gebot
erheblich auf DM 133.500,-- zu erhöhen, sondern auch außerhalb noch
DM 7.700,-- an uns zu bezahlen, die wir voll den Schuldnern gutschreiben
werden, so daß aus deren Sicht ein Gesamterlös von DM 141.200,-- erzielt
worden ist. Damit kann nicht mehr von einer Verschleuderung gesprochen werden, zumal die Schuldner ganz offensichtlich das Anwesen in letzter Zeit
stark vernachlässigt haben.

Wir wiederholen daher unseren Antrag auf Erteilung des Zuschlags an Herrn
Felix Meier.

Mit freundlichen Grüßen

Amtsgericht Ildorf
– Vollstreckungsgericht –
Beschluß vom 4. 7. 1978

Verkündet am
4. 7. 1978

gez. Ehwart

Rechtspfleger

In dem Zwangsversteigerungsverfahren des auf die Namen von

Karl Grün, Fernfahrer in Ildorf
und dessen Ehefrau Irmgard Grün

– Miteigentümer je zur Hälfte –

eingetragenen Grundstücks

Markung Ildorf, Heft 3544 Abtl. I Nr. 1
Geb. 88 Im Linken Dorf-Stich
Wohnhaus, Garage und Garten : 12a 16 qm

ist im Versteigerungstermin vom 16. 6. 1978 mit einem baren Meistgebot von

<u>DM 133500,—</u>

Meistbietender geblieben:

Herr Felix Meier, Fernfahrer in Ildorf.
Dieses Grundstück wird dem Meistbietenden unter folgenden Bedingungen

<u>zugeschlagen:</u>

1. Als im Grundbuch eingetragene Rechte bleiben bestehen:
    Abt. II des Grundbuchs:
        Nr. 1 Wegerecht zugunsten Frau Tanja Hieber
        Nr. 2 Leitungsrecht zugunsten Frau Tanja Hieber
    Abt. III des Grundbuchs: keine

2. Der Ersteher hat sein Meistgebot (Bargebot) von heute an zu 4 v.H. im Jahr zu verzinsen und mit den Zinsen im Verteilungstermin bar zu erlegen.

3. Von dem Zuschlag an gebühren dem Ersteher die Nutzungen und trägt er die Lasten. Die Gefahr eines zufälligen Untergangs oder einer zufälligen Verschlechterung geht ebenfalls vom Zuschlag an auf den Erwerber über, soweit das Grundstück betroffen ist. Soweit bewegliche Sachen mitversteigert sind (Zubehör), geht die Gefahr mit dem Schluß der Versteigerung auf den Erwerber über.

4. Ein Anspruch auf Gewährleistung (Sach- und Rechtsmängel) besteht nicht.

5. Der Ersteher hat die Kosten des Zuschlags und der ihn betreffenden Eintragungen der Eigentumsänderung im Grundbuch zu tragen. Desgleichen ist von ihm die Grunderwerbsteuer zu tragen.

6. Im übrigen gelten die gesetzlichen Bestimmungen.

7. Mit dieser Zuschlagserteilung wird gleichzeitig der von den Schuldnern am 16. 6. 1978 aus § 765 a ZPO gestellte Antrag auf Einstellung des Verfahrens aus dem Anordnungsbeschluß vom 28. 12. 1977 und aus dem Beitrittsbeschluß vom 12. 5. 1978 abgelehnt. Die Schuldner haben die durch die Entscheidung des Antrags aus § 765 a ZPO entstehenden besonderen Kosten zu tragen; Gegenstandswert hierfür gegenüber dem Anordnungsbeschluß DM 20.000,—, gegenüber dem Beitrittsbeschluß DM 25.000,—; die Gerichtsgebühr beträgt DM 12,—.

Gründe:

Im Versteigerungstermin vom 16. 6. 1978 ist der in der Beschlußformel Genannte Meistbietender geblieben. Alle Verfahrensvorschriften sind beachtet worden. Das Wegerecht (Abt. II Nr. 1) und das Leitungsrecht (Abt. II Nr. 2) bleiben bestehen, weil alle Beteiligten dem entsprechenden Antrag der Berechtigten nach § 59 ZVG zugestimmt haben. Für jedes dieser Rechte wurde gemäß § 51 ZVG ein Ersatzwert von DM 1.600,— festgelegt.

Der Einstellungsantrag der Schuldner konnte nicht zur Versagung des Zuschlags führen, weil ein Vollstreckungsschutzantrag nach §§ 30 a, 30 d ZVG schon wegen Nichteinhaltung der Notfrist des § 30 b I 1 ZVG unzulässig war. Auch § 765 a ZPO kann eine Zuschlagsversagung nicht rechtfertigen, weil bei einem Meistgebot von DM 133.500,— und einem festgesetzten Grundstückswert von DM 160.000,— nicht von einer Härte gesprochen werden kann, die mit den guten Sitten nicht vereinbar ist. Im übrigen haben die Schuldner zu keiner Zeit behauptet oder gar glaubhaft gemacht, daß ein besserer Erlös erzielbar wäre. Schließlich kommen die Schuldner noch in den Genuß der DM 7.700,—, die der Ersteher der Gläubigerin außerhalb der Versteigerung zur Befriedigung der persönlichen Restforderung gegen die Schuldner gezahlt hat.

Die Kostenentscheidung beruht auf GKG-Kostenverzeichnis Nr. 1150.

Ausgefertigt
Ildorf, den

Rechtspfleger
gez. Schwarz

gez. Schwarz

Urkundsbeamter der Geschäftsstelle des Amtsgerichts

Traum

K 16/77

Amtsgericht Ildorf
- Vollstreckungsgericht -
Beschluß vom 4.7.1978

In der Zwangsversteigerungssache

Landkasse Ildorf gegen Karl und Irmgard Grün

betreffend das im Grundbuch von Ildorf, Heft 3544 Abt. I Nr. 1 eingetragene Grundstück

<u>Markung Ildorf</u>

Im Linken Dorf-Stich 88
Wohnhaus, Garage und Garten :   12 a 16 qm

wird Termin zur Verteilung des Versteigerungserlöses bestimmt auf

<u>8. August 1978, 10.00 Uhr im Gerichtsgebäude hier, Zimmer 4</u>

Es ist zweckmäßig, schon zwei Wochen vor dem Termin dem Gericht eine genaue Berechnung der Ansprüche an Kapital, Zinsen und Kosten der Kündigung und der dinglichen Rechtsverfolgung mit Angabe des beanspruchten
Ranges schriftlich einzureichen. Auch empfiehlt es sich anzuzeigen, wenn
ein aus dem Barerlös zu deckendes Recht auf Grund einer Vereinbarung mit
dem Ersteher bestehen bleiben soll. Eine solche Vereinbarung ist nur
dann wirksam, wenn die hierauf gerichteten Erklärungen des Berechtigten
und des Erstehers entweder im Verteilungstermin abgegeben oder - bevor
das Grundbuchamt um Berichtigung des Grundbuchs ersucht ist - durch eine
öffentlich beglaubigte Urkunde nachgewiesen werden.

Die wiederkehrenden Leistungen (z.B. Zinsen, Tilgungsbeträge) sind bei
den erlöschenden Rechten bis zum Tage vor dem Verteilungstermin und bei
den bestehenbleibenden Rechten bis zum Tage vor der Zuschlagsverkündung
zu berechnen.

Die zum Nachweis der Berechtigung erforderlichen Urkunden (Grundschuldbriefe, Vollmachten, Abtretungserklärungen usw.) sind <u>spätestens</u> im
Termin vorzulegen.

Rechtspfleger

Schwarz

LANDKASSE ILDORF

19. 7. 1978

Zwangsversteigerungsverfahren Grün, Ildorf K 16/77

Angesichts der heutigen Liegenbelassungsvereinbarung mit Herrn Felix Meier über zwei Grundschulden (DM 40.000,-- und DM 50.000,--) sind die persönlichen und dinglichen Ansprüche wie folgt zu berechnen:

1. Persönliche Ansprüche:

Kapitalrestschuld	62.000,--
8 % Zinsen 1.1.77 - 30.6.78	7.440,--
Kosten	280,--
Ablösungsbetrag für Ilbank	67.933,--
Zwischensumme	137.653,--
abzüglich Zahlung Felix Meier	7.700,--
	129.953,--
abzüglich bestehenbleibende Rechte	90.000,--
Persönliche Forderung per 30.6.1978	39.953,--
8 % Zinsen hieraus 1.7.78 - 7.8.78	160,--
Persönliche Restforderung per 7.8.1978	40.113,--

2. Dingliche Ansprüche:

Grundschuld Abt. III Nr. 1 Hauptsumme	50.000,--
8 % Zinsen 1.1.74 - 7.8.78 hieraus	18.200,--
Rechtsverfolgungskosten	100,--
Grundschuld Abt. III Nr. 2 Hauptsumme	40.000,--
12 % Zinsen 1.1.74 - 7.8.78 hieraus	21.840,--
Rechtsverfolgungskosten	280,--
	130.420,--
abzüglich bestehenbleibende Rechte	90.000,--
nebst 8 bzw. 12 % Zinsen hieraus	
4.7.78 - 7.8.78	810,--
Dingliche Restforderung per 7.8.1978	39.610,--

dazu kommen die vom Ersteher für das Darlehen über DM 90.000,-- für die Zeit vom 4.7. - 7.8.1978 zu zahlenden Zinsen (bei 8 % sind dies DM 600.--).
Außerdem steht uns noch der geleistete (aber bei uns getrennt verrechnete) Kostenvorschuß von DM 1.200,-- zu.

3. Ergebnis für die Landkasse

Wir konnten einen Ausfall vermeiden.

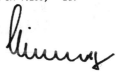

LANDKASSE ILDORF

An das
Amtsgericht
- Vollstreckungsgericht -

<u>ILDORF</u>

19. 7. 1978

Zwangsversteigerungsverfahren K 16/77

Sehr geehrte Damen und Herren,

zum Verteilungstermin am 8.8.1978 berechnen wir unsere Ansprüche wie
folgt:

1. geleisteter Kostenvorschuß	1.200,--
2. abgelöste Ansprüche der Ilbank aus der Grundschuld	
Abt. III Nr. 1, Hauptsumme	50.000,--
8 % Zinsen hieraus 1.1.74 - 7.8.78	18.200,--
Rechtsverfolgungskosten der Ilbank	100,--
3. eigene Ansprüche aus der Grundschuld	
Abt. III Nr. 2, Hauptsumme	40.000,--
12 % Zinsen hieraus 1.1.74 - 7.8.78	21.840,--
Rechtsverfolgungskosten	280,--
Forderung insgesamt	131.620,--

Gleichzeitig weisen wir schon jetzt darauf hin, daß wir im Verteilungstermin am 8.8.1978 zusammen mit dem Ersteher Felix Meier zu Protokoll
erklären werden, daß die Grundschulden Abt. III Nr. 1 und Nr. 2 liegenbelassen werden sollen (vgl. die beiliegende Vereinbarung).

Mit freundlichen Grüßen

[Unterschriften]

19.7.1978

VEREINBARUNG
─────────────────

In dem Zwangsversteigerungsverfahren G r ü n K 16/77 hat das Amtsgericht Ildorf mit Beschluß vom 4.7.1978 auf das Meistgebot von Herrn Felix Meier den Zuschlag erteilt.

Die Landkasse Ildorf als Gläubigerin der beiden nach den Versteigerungsbedingungen erlöschenden Grundschulden Abt. III Nr. 1 über DM 50.000,-- und Abt. III Nr. 2 über DM 40.000,-- und Herr Felix Meier als Ersteher vereinbaren hiermit das Bestehenbleiben beider Grundschulden zu den bisherigen Bedingungen.

Die Vereinbarungserklärungen sollen im Verteilungstermin am 8.8.1978 zu Protokoll des Amtsgerichts Ildorf abgegeben werden. Gleichzeitig soll die Änderung des Grundbuchs insoweit beantragt und bewilligt werden, daß als Gläubigerin der Grundschuld Abt. III Nr. 1 über DM 50.000,-- statt der Ilbank die Landkasse Ildorf eingetragen wird.

-----------------------------   -----------------------------
Felix Meier   Landkasse Ildorf

LANDKASSE ILDORF

8.8.1978

Bericht über den heutigen Verteilungstermin in Sachen Grün (K 16/77)

Persönliche Forderung per 7.8.1978   40.113,--
Dingliche Forderung gegenüber dem Gericht   39.610,--
vgl. dazu die anliegende besondere Berechnung.

Zum Verteilungstermin waren nur Herr Felix Meier als Ersteher und der
Unterzeichnete erschienen. Zu Beginn haben wir beide die Erklärungen
zum Liegenbelassen der beiden erstrangigen Grundschulden zu Protokoll
des Gerichts abgegeben.

A. Danach wurde die Teilungsmasse wie folgt ermittelt:

   1. Bargebot   133.500,--
      4 % hieraus vom 4.7. - 7.8.1978   489,50

                                        133.989,50

   2. Wegen des Liegenbelassens der beiden Grund-
      schulden Abt. III Nr. 1 und Nr. 2 ermäßigt
      sich die vorstehend errechnete Teilungsmasse
      gemäß § 91 III um:

      (1) Kapitalbetrag der Grundschuld Abt. III Nr. 1   50.000,--
      (2) 8 % Zinsen hieraus 4.7. - 7.8.1978   370,--
      (3) Kapitalbetrag der Grundschuld Abt. III Nr. 2   40.000,--
      (4) 12 % Zinsen hieraus 4.7. - 7.8.1978   440,--

   3. Die Teilungsmasse beträgt daher   43.179,50

B. Als nächstes wurden die bestehenbleibenden Rechte festgestellt:

   1. Nach den Versteigerungsbedingungen:

      Abt. II Nr. 1   Wegerecht zugunsten Frau Tanja Hieber, Ildorf
      Abt. II Nr. 2   Leitungsrecht zugunsten Frau Tanja Hieber, Ildorf

                mit einem jeweiligen Ersatzwert gemäß § 51 von
                DM 1.600,--

   2. Auf Grund der Liegenbelassungsvereinbarung von heute:

      Abt. III Nr. 1   Grundschuld über DM 50.000,-- für die Landkasse
                  Ildorf, verzinslich zu 8 %
      Abt. III Nr. 2   Grundschuld über DM 40.000,-- für die Landkasse
                  Ildorf, verzinslich zu 12 %.

- 2 -

- 2 -

C. Feststellung der <u>Schuldenmasse</u> und D. <u>Zuteilung</u>:

1. <u>Gerichtszahlstelle Ildorf</u>

   die gemäß § 109 ZVG vorweg zu entnehmenden Verfahrenskosten (Restbetrag nach Abzug des Kostenvorschusses)   800,--

2. <u>Landkasse Ildorf</u>

   Erstattung des von ihr geleisteten Kostenvorschusses   1.200,--

3. <u>Gemeinde Ildorf</u>

   Grundsteuer 1977 und 1978   250,--
   Erschließungskosten   750,--

4. <u>Landkasse Ildorf</u>

   Anspruch aus der abgelösten Grundschuld Abt. III Nr. 1
   Rechtsverfolgungskosten   100,--
   8 % Zinsen aus DM 50.000,-- (1.1.74 - 3.7.78)   17.830,--
   (Hauptanspruch = Bestehenbleiben vereinbart)

5. <u>Landkasse Ildorf</u>

   Anspruch aus der Grundschuld Abt. III Nr. 2
   Rechtsverfolgungskosten   280,--
   12 % Zinsen aus DM 40.000,-- (1.1.74 - 3.7.78)   21.400,--
   Hauptanspruch gem § 91 II berücksichtigt

6. <u>Auf die Eheleute Dorfmeister</u>

   entfiel dann der Restbetrag von   569,50
                                                       43.179,50
                                                       =========

Wir haben also (außer dem getrennt verrechneten Kostenvorschuß) wie beantragt DM 39.010,-- erhalten.

[Unterschrift]

Kahn 8.8.

Sachregister

Die Zahlen beziehen sich auf Textnummern (wobei die Punkte weggelassen wurden); große Buchstaben A, B, C etc betreffen die Hauptkapitel des Buches. – **AT** = Aktenteil (Anhang); **TH** = Taktische Hinweise.

Register

Register

Register

Register

Register

Register

Register

Register

Register

Register

Register

Register